Basistexte
Öffentliches Recht

Textausgabe mit Sachregister
und einer Einführung von
Prof. Dr. Steffen Detterbeck,
Philipps-Universität Marburg,
Richter am Hessischen Staatsgerichtshof

29. Auflage
Stand: 1. Januar 2020

dtv

www.dtv.de
www.beck.de

Sonderausgabe
dtv Verlagsgesellschaft mbH & Co. KG,
Tumblingerstraße 21, 80337 München

Gesamtherstellung: Druckerei C. H. Beck, Nördlingen
(Adresse der Druckerei: Wilhelmstraße 9, 80801 München)
Umschlaggestaltung auf der Grundlage
der Gestaltung von Celestino Piatti
ISBN 978-3-423-53031-6 (dtv)
ISBN 978-3-406-75289-6 (C. H. Beck)

9 783406 752896

Inhaltsverzeichnis

Inhaltsverzeichnis

Inhaltsverzeichnis

Abkürzungsverzeichnis

AbgG	Abgeordnetengesetz
Abk.	Abkommen
Abl.	Amtsblatt
Abs.	Absatz
AEUV	Vertrag über die Arbeitsweise der Europäischen Union
Art.	Artikel
aufgeh.	aufgehoben
BAnz.	Bundesanzeiger
ber.	berichtigt
BGBl. I bzw. II ..	Bundesgesetzblatt Teil I bzw. II
BVerfGG	Bundesverfassungsgerichtsgesetz
BWG	Bundeswahlgesetz
Erl.	Erlass
EFA	Einheitliche Europäische Akte
EG	Europäische Gemeinschaften
EGV	Vertrag zur Gründung der Europäischen Gemeinschaft
eingef.	eingefügt
EMRK	Konvention zum Schutze der Menschenrechte und Grundfreiheiten
EU	Europäische Union
EUV	Vertrag über die Europäische Union
Eu-ZabB/L	Gesetz über die Zusammenarbeit von Bund und Ländern in der Europäischen Union
EuZBBG	Gesetz über die Zusammenarbeit von Bundesregierung und Deutschem Bundestag in Angelegenheiten der Europäischen Union
G	Gesetz
GG	Grundgesetz für die Bundesrepublik Deutschland
GOBReg	Geschäftsordnung der Bundesregierung
GO BT	Geschäftsordnung des Bundestages
geänd.	geändert
IFG	Informationsfreiheitsgesetz
IntVG	Integrationsverantwortungsgesetz
Nr.	Nummer
PartG	Parteiengesetz
PUAG	Untersuchungsausschussgesetz
S.	Seite
s.	siehe
StAG	Staatsangehörigkeitsgesetz
UNTS	United Nations Treaty Series
v.	vom
VereinsG	Vereinsgesetz
VersG	Versammlungsgesetz
vgl.	vergleiche

Abkürzungsverzeichnis

VO	Verordnung
VwVG	Verwaltungs-Vollstreckungsgesetz
VwVfG	Verwaltungsverfahrensgesetz
VwGO	Verwaltungsgerichtsordnung
VwZG	Verwaltungszustellungsgesetz
WahlprüfG	Wahlprüfungsgesetz

Einführung

von Universitätsprofessor Dr. Steffen Detterbeck
Philipps-Universität Marburg
Richter am Hessischen Staatsgerichtshof

I. Der Standort des öffentlichen Rechts

Die deutsche Rechtsordnung besteht aus den beiden großen Blöcken des Privatrechts und des öffentlichen Rechts. Das Privatrecht regelt im Wesentlichen die rechtlichen Beziehungen zwischen den Bürgern sowie die Rechtsverhältnisse sonstiger Privatrechtssubjekte wie z. B. Vereine, Aktiengesellschaften, Gesellschaften mit beschränkter Haftung (GmbH) oder Gesellschaften bürgerlichen Rechts (GbR).

Beim öffentlichen Recht geht es dagegen im Wesentlichen um das Verhältnis zwischen den Bürgern und dem Staat und dessen Einrichtungen. Kurz: wenn sich Bürger und Staat gegenüberstehen, wenn z. B. die Polizei einen randalierenden Demonstranten auf die Wache mitnimmt, um die Personalien festzustellen, oder wenn ein Bürger bei der Baubehörde die Erteilung einer Baugenehmigung beantragt. Weiterhin regelt das öffentliche Recht auch den staatlichen Binnenrechtsraum wie z. B. die Aufgaben und Befugnisse von Legislative, Exekutive und Judikative, das Verhältnis zwischen Bund und Ländern oder die Rechte und Aufgaben der Gemeinden. All dies sind freilich nur Grobumschreibungen, um eine erste vage Vorstellung über Begriff und Inhalt des öffentlichen Rechts zu vermitteln.

Folgende Rechtsgebiete gehören zum öffentlichen Recht:

- Das Staatsrecht, und hier vor allem das Verfassungsrecht
- Das Verwaltungsrecht
- Das gerichtliche Verfahrensrecht
- Das Europarecht
- Das Völkerrecht

Auch das Strafrecht, das ebenfalls das Staat-Bürger-Verhältnis zum Gegenstand hat, gehört formell zum öffentlichen Recht; allerdings wird es nicht zum öffentlichen Recht im engeren Sinn gerechnet, sondern – neben dem Privatrecht – als eigenständiges Rechtsgebiet genannt. Ähnlich verhält es sich beim Gerichtsverfassungsrecht, das Grundfragen der ordentlichen Gerichtsbarkeit (der Zivil- und Strafgerichte) regelt, und beim Zivil- und Strafprozessrecht als Teilgebieten des gerichtlichen Verfahrensrechts. Auch diese Rechtsgebiete gehören (nur) formell zum öffentlichen Recht. Das bekannteste Teilgebiet des Privatrechts ist das bürgerliche Recht (geregelt im Bürgerlichen Gesetzbuch). Weitere Rechtsgebiete des Privatrechts sind etwa das Handelsrecht (HGB) oder das Gesellschaftsrecht (insbes. AktG, GmbHG).

II. Staatsrecht

Das erste große Rechtsgebiet des öffentlichen Rechts ist das Staatsrecht. Hierzu gehören alle Rechtsnormen, die grundlegend für die staatliche Ordnung sind. Wesensmerkmale eines Staates sind die drei Elemente Staatsgebiet, Staatsvolk und Staatsgewalt. Zum Staatsrecht gehören deshalb solche Rechtssätze und Rechtsvorschriften, die eines dieser drei Elemente betreffen. Hierzu zählt in erster Linie das Grundgesetz. Zu nennen sind aber auch unterverfassungsrechtliche einfachgesetzliche Vorschriften wie z.B. das Reichs- und Staatsangehörigkeitsgesetz, in dem die deutsche Staatsangehörigkeit geregelt ist, das Gesetz über die Rechtsverhältnisse der Mitglieder der Bundesregierung oder das Bundeswahlgesetz. Weitere prominente staatsrechtliche Gesetze sind das Abgeordnetengesetz, das Parteiengesetz und das Bundesverfassungsgerichtsgesetz.

Schließlich gehören zum Staatsrecht auch die **Geschäftsordnungen der Verfassungsorgane,** z.B. die Geschäftsordnung des Bundestages (GOBT), des Bundesrates (GOBR), der Bundesregierung (GOBReg.) oder des Bundesverfassungsgerichts (GOBVerfG). Die Geschäftsordnungen regeln organisatorische und verfahrensrechtliche Fragen der Verfassungsorgane. Im Unterschied zu den oben genannten Gesetzen ist der Geltungsbereich der Geschäftsordnungen auf den verfassungsorganinternen Binnenbereich beschränkt. Sie gelten nur für die Mitglieder und Einrichtungen des entsprechenden Verfassungsorgans, nicht dagegen für außenstehende Dritte, d.h. insbesondere nicht für die Bürger. Gerade wegen dieser organinternen Binnenwirkung ist die genaue Rechtsnatur der Geschäftsordnungen umstritten. Ihre tatsächliche Bedeutung ist indes sehr groß. Das gilt vor allem für die Geschäftsordnung des Bundestages. Sie regelt so bedeutsame Angelegenheiten wie Bildung, Aufgaben und Befugnisse der Fraktionen, die Einberufung und den Ablauf der Bundestagssitzungen oder Details des Gesetzgebungsverfahrens.

Schon die bisherigen Ausführungen haben gezeigt, dass Staats- und Verfassungsrecht nicht deckungsgleich sind. Das Staatsrecht ist weiter. Die genaue Abgrenzung ist allerdings umstritten. Praktische Bedeutung kommt dieser Frage jedoch nicht zu. So werden die Begriffe Staats- und Verfassungsrecht nicht eben selten gleichbedeutend verwendet.

Hinzuweisen ist auf Folgendes: Die Bundesrepublik Deutschland ist ein Bundesstaat (Art. 20 I GG). Sie ist ein zweigliedriges Staatsgebilde. Es besteht aus dem Bund und aus den 16 Ländern. Staatsqualität kommt sowohl dem Bund als auch jedem einzelnen Bundesland für sich genommen zu. Dies äußert sich unter anderem darin, dass jedes Bundesland eine eigene Verfassung besitzt. Damit gibt es neben dem Grundgesetz als Bundesverfassung 16 verschiedene Landesverfassungen, die dem Grundgesetz allerdings nicht widersprechen dürfen. Auch beim Staatsrecht ist zwischen dem Bundesstaatsrecht und dem Landesstaatsrecht zu unterscheiden. Zum Landesstaatsrecht gehören neben dem Landesverfassungsrecht z.B. die landesrechtlichen Vorschriften über die Landesverfassungsorgane wie Landtage und Landesverfassungsgerichte (Staatsgerichtshöfe), die Abgeordnetengesetze oder die Landtagswahlgesetze.

III. Verfassungsrecht

Das Verfassungsrecht des Bundes ist größtenteils im **Grundgesetz** kodifiziert. Das Grundgesetz ist Maßstab allen staatlichen Handelns in Deutschland. Es bindet Bund und Länder gleichermaßen. Das Grundgesetz ist in mehrere Abschnitte untergliedert. Herkömmlicherweise wird zwischen dem **Grundrechtsteil** und dem **Staatsorganisationsrecht** unterschieden. Die einzelnen **Grundrechte** finden sich im ersten Abschnitt (Art. 1–19 GG). Außerhalb dieses Abschnitts enthält das Grundgesetz noch einige weitere Vorschriften, die in Bedeutung und Struktur den Grundrechten gleichstehen: Art. 20 IV, 33, 38, 101, 103, 104 GG. Die in diesen Bestimmungen den Bürgern gewährten Rechte werden deshalb als grundrechtsgleiche oder grundrechtsähnliche Rechte bezeichnet. Das Staatsorganisationsrecht findet sich in den übrigen Abschnitten des Grundgesetzes. Das Staatsorganisationsrecht besteht aus denjenigen Grundgesetzbestimmungen, die den Aufbau, die Grundlagen und das Funktionieren des Staates betreffen. Dies sind insbesondere die **Staatszielbestimmungen** – die grundlegenden Prinzipien des Verfassungsrechts (verfassungsgestaltende Strukturentscheidungen) – wie das Rechtsstaats-, Demokratie-, Bundesstaats-, Sozialstaats- und republikanische Prinzip sowie die Staatsziele Umwelt- und Tierschutz, dann die Bestimmungen, die das Verhältnis zwischen Bund und Ländern betreffen, sowie die Vorschriften über die Verfassungsorgane wie vor allem den Bundespräsidenten, den Bundestag, den Bundesrat, die Bundesregierung und das Bundesverfassungsgericht.

Grundrechte sind verfassungskräftige Rechte des Bürgers gegen den Staat und seine Untergliederungen und Einrichtungen. In erster Linie sind Grundrechte gegen den Staat gerichtete **Abwehrrechte,** d.h. Unterlassungsansprüche des Bürgers. So schützt z.B. Art. 4 I, II GG vor staatlicher Beeinträchtigung der freien religiösen Betätigung, schützt Art. 5 I 1 GG die freie und ungehinderte Meinungsäußerung oder schützt Art. 14 I 1 GG vor staatlichen Eingriffen in das Eigentum. Die Grundrechte haben aber auch noch weitere Funktionen und Dimensionen. Sie können unter bestimmten Voraussetzungen **Ansprüche auf staatliches Handeln** einräumen – z.B. Zuweisung eines vorhandenen Studienplatzes –, **Rechte auf Mitwirkung** am Staat gewähren – vor allem in Form von Wahlen – oder den **Fortbestand bestimmter Einrichtungen** garantieren – etwa Eigentum und Erbrecht (Art. 14 I 1 GG) oder die Ehe (Art. 6 I GG). Im Grundsatz anerkannt sind auch die **grundrechtlichen Schutzpflichten des Staates.** Danach ist der Staat verpflichtet, Gefahren für die einzelnen Grundrechte und die in ihnen zum Ausdruck gekommenen Wertentscheidungen abzuwehren. Die Grundrechte verpflichten damit den Staat zum Tätigwerden, wenn Grundrechte durch andere Bürger bedroht werden – etwa Schutz des (auch ungeborenen) Lebens, Schutz von Leib und Leben vor den Gefahren der friedlichen Nutzung der Kernenergie oder Schutz von Versammlungsteilnehmern vor Störern. Allerdings hat der Staat einen sehr weiten Entscheidungsspielraum, wie und durch welche (gesetzliche) Maßnahmen er seine Schutzpflichten erfüllt. Die Grundrechte begründen in erster Linie nur objektiv-rechtliche Schutzpflichten des Staates. Einen gerichtlich einklagbaren grundrechtlichen Anspruch auf ganz bestimmte staatliche Maßnahmen haben die Bürger in aller Regel nicht. Schließlich enthalten die Grundrechte **objektive Wertentscheidungen.** Die grundrechtlichen Werte und Wertungen sind Richtlinien und Impulse für den Gesetzgeber, die Exekutive und die Rechtsprechung. Insbesondere bei der

Auslegung des einfachen Gesetzesrechts durch die Behörden und Gerichte sind die in den Grundrechten zum Ausdruck gelangten Wertvorstellungen des Grundgesetzes zu beachten.

Grundrechtsberechtigt, d.h. durch die Grundrechte geschützt, sind alle natürlichen Personen (Menschen) und prinzipiell auch privatrechtliche Vereinigungen wie z.B. Vereine, Aktiengesellschaften oder Gesellschaften mit beschränkter Haftung. Der Staat sowie seine Untergliederungen und Einrichtungen sind dagegen – von seltenen Ausnahmen abgesehen – nicht grundrechtsberechtigt. Denn sie sind die Grundrechtsadressaten, d.h., sie sind an die Grundrechte gebunden. In der Umkehrung besteht auch keine unmittelbare Bindung der Bürger an die Grundrechte **(keine unmittelbare Drittwirkung).** Denn sie sind die Grundrechtsberechtigten. So verstößt z.B. ein Bürger, der sein Auto nur deshalb nicht bei einem bestimmten Händler kauft, weil dieser Mitglied in einer bestimmten politischen Partei ist, nicht gegen Art. 3 I, III GG (allgemeiner Gleichheitssatz, Diskriminierungsverbot). Die Grundrechte gelten demnach unmittelbar nur im Staat-Bürger-Verhältnis, und zwar zu Gunsten der Bürger. Allerdings müssen die grundrechtlichen Wertungen auch im Verhältnis der Bürger untereinander berücksichtigt werden, wenn es um die Auslegung und Anwendung einfachgesetzlicher Rechtsvorschriften (z.B. des Bürgerlichen Gesetzbuches) durch Gerichte und Behörden geht. Man spricht hier von der **mittelbaren Drittwirkung der Grundrechte.**

Staatliche Eingriffe in die Grundrechte der Bürger sind nicht per se unzulässig. Sämtliche Grundrechte – mit Ausnahme von Art. 1 I GG (Unantastbarkeit der Menschenwürde) – unterliegen geschriebenen oder ungeschriebenen **Schranken:** Siehe nur Art. 2 II 3 GG (Beschränkbarkeit des Rechts auf Leben und körperliche Unversehrtheit und der Freiheit der Person), Art. 5 II GG (Beschränkbarkeit der Meinungs-, Presse- und Rundfunkfreiheit) oder Art. 10 II GG (Beschränkbarkeit des Brief-, Post- und Fernmeldegeheimnisses). Der Staat darf unter bestimmten Voraussetzungen in die Grundrechte eingreifen. Tut er dies und beachtet er die dabei geltenden allgemeinen und besonderen Eingriffsvoraussetzungen – z.B. den Verhältnismäßigkeitsgrundsatz –, ist der Grundrechtseingriff rechtmäßig. Nur rechtswidrige Grundrechtseingriffe sind Grundrechtsverstöße (Grundrechtsverletzungen).

Fühlt sich ein Bürger in seinen Grundrechten durch staatliches Handeln verletzt, kann er die (Fach-)Gerichte anrufen; überwiegend, aber eben nicht nur, werden dies die Verwaltungsgerichte sein. Erst nach der erfolglosen Inanspruchnahme des (fach-)gerichtlichen Rechtsschutzes kann der Bürger sich mit der **Verfassungsbeschwerde** gem. Art. 93 I Nr. 4a GG an das Bundesverfassungsgericht wenden. Die Verfassungsbeschwerde ist allerdings nur zulässig, wenn der Bürger durch das staatliche Handeln in seinen Grundrechten beeinträchtigt ist. Gegen sonstige Rechtsbeeinträchtigungen steht dem Bürger bundesverfassungsgerichtlicher Rechtsschutz nicht zur Verfügung. Das Bundesverfassungsgericht prüft insbesondere nicht, ob die Behörden und Gerichte die unterverfassungsrechtlichen Gesetze (z.B. das Bürgerliche Gesetzbuch) richtig angewendet haben. Das Bundesverfassungsgericht ist keine Superrevisionsinstanz.

Art. 20 I GG enthält eine Reihe von **Staatszielbestimmungen,** die auch als verfassungsgestaltende Grundentscheidungen (oder Strukturprinzipien der Verfassung) bezeichnet werden, weil sie elementare verfassungsrechtliche Grundsätze sind, die das gesamte Verfassungsrecht prägen. Auf das **Bundesstaatsprinzip** und die hieraus resultierende Konsequenz der Zweigliedrigkeit des bundesdeutschen Staatsgebildes wurde bereits hingewiesen. Die Kommunen (Städte, Gemeinden und Gemeindeverbände), die in Art. 28 II GG institutionell garantiert sind, üben zwar eigene hoheitliche Gewalt aus und sind gegenüber Bund und Ländern verfassungsrechtlich abgesichert. Staatsorganisationsrechtlich gehören die Kommunen aber in den Verwaltungsaufbau der Länder. Man spricht von mittelbarer Landesverwaltung.

Durch das Nebeneinander von Bund und Ländern musste das Grundgesetz eine Entscheidung darüber treffen, wer im Einzelfall die staatliche Gewalt ausüben darf: Der Bund oder die Länder. Doppelzuständigkeiten darf es nicht geben. Hier bestimmt Art. 30 GG allgemein: Die Ausübung der staatlichen Befugnisse und die Erfüllung der staatlichen Aufgaben ist Sache der Länder. Der Bund darf nur tätig werden, wenn ihm das Grundgesetz eine entsprechende Kompetenz zuweist. D.h., die Länder dürfen immer dann tätig werden, wenn keine dem Bund grundgesetzlich zugewiesene Kompetenz entgegensteht. Diese Grundregel wird für jede der drei staatlichen Gewalten wiederholt und präzisiert.

Für den Bereich der **Gesetzgebung** bestimmt Art. 70 I GG, dass das Recht der Gesetzgebung prinzipiell den Ländern zusteht. Der Bund darf nur dann ein Bundesgesetz erlassen, wenn ihm das Grundgesetz für dieses Sachgebiet ausdrücklich Kompetenz einräumt; in Ausnahmefällen gibt es allerdings auch ungeschriebene Bundeskompetenzen. Einzelheiten – auch zum Gesetzgebungsverfahren – sind in den Art. 70ff. GG geregelt.

Dieses Regel-Ausnahme-Prinzip gilt auch für die **Verwaltung.** Sämtliche Gesetze, auch die Bundesgesetze (Art. 83 GG), werden grundsätzlich von den Ländern vollzogen. Zum Vollzug seiner Gesetze ist der Bund nur befugt, wenn ihm das Grundgesetz eine entsprechende Kompetenz einräumt. Gleiches gilt auch für den Bereich der sog. gesetzesfreien Verwaltung, wenn die Behörden also ohne gesetzliche Grundlage tätig werden. Einzelheiten des Vollzuges der Bundesgesetze sowie der Bundesverwaltung regeln die Art. 83ff. GG.

Die in Art. 30 GG verankerte Regelvermutung der Landeskompetenz gelangt schließlich für die dritte staatliche Gewalt, nämlich die **Rechtsprechung,** in Art. 92 GG zum Ausdruck. Danach wird die rechtsprechende Gewalt auf Bundesebene durch das Bundesverfassungsgericht und die anderen im Grundgesetz vorgesehenen Bundesgerichte (vgl. Art. 95, 96 GG) und auf Landesebene durch die im Grundgesetz nicht näher bezeichneten Gerichte der Länder ausgeübt.

Das **Rechtsstaatsprinzip** als weitere verfassungsgestaltende Grundentscheidung ist lediglich in Art. 28 I 1 GG erwähnt. Der in diesem Zusammenhang häufig genannte Art. 20 III GG regelt nur einen Teilbereich des Rechtsstaatsprinzips. Herkömmlicherweise wird zwischen dem formellen und dem materiellen Rechtsstaatsbegriff unterschieden. Der formelle Rechtsstaatsbegriff besagt, dass jegliche staatliche Machtäußerung am Maßstab von Gesetz und Recht messbar sein muss. Dieser Rechtsstaatsbegriff liegt der Vorschrift des Art. 20 III GG zugrunde: Der Gesetzgeber ist an die verfassungsmäßige Ordnung, d.h. an das Grundgesetz und an die ungeschriebenen verfassungsrechtlichen Grundsätze (z.B. das Verhältnismäßigkeitsprinzip) gebunden. Die Verwaltung (die Behörden) und die Gerichte sind darüberhinaus auch an die einfachen Gesetze und an ungeschriebene Rechtssätze gebunden. Der materielle Rechtsstaatsbegriff besagt, dass sich jegliches staatliches Handeln vom Gedanken der (materiellen) Gerechtigkeit leiten lassen muss. Im Übrigen wird aus dem Rechtsstaatsprinzip eine Vielzahl weiterer verfassungsrechtlicher

Grundsätze abgeleitet. Hierzu gehören der in Art. 20 II 2 GG ausdrücklich normierte Grundsatz der **Gewaltenteilung,** der Grundsatz der **Gesetzmäßigkeit der Verwaltung,** wonach die vollziehende Gewalt nicht gegen die bestehenden Gesetze verstoßen darf **(Vorrang des Gesetzes)** und in (Grund-)Rechte der Bürger nur auf der Grundlage eines Gesetzes eingreifen darf **(Vorbehalt des Gesetzes),** das **Verhältnismäßigkeitsprinzip,** wonach staatliches Handeln die nachteilig Betroffenen nicht übermäßig belasten darf (Übermaßverbot), der Grundsatz des **Vertrauensschutzes,** nach dem u. a. rückwirkendes staatliches Handeln vor allem in Form von Gesetzen je nach Ausmaß der Rückwirkung nur eingeschränkt zulässig ist, sowie die **Garantie gerichtlichen Rechtsschutzes,** die auch die Effektivität des Rechtsschutzes einschließt.

Das **Demokratieprinzip** ist zunächst in Art. 20 I GG genannt. Im Anschluss daran formuliert Art. 20 II 1 GG: „Alle Staatsgewalt geht vom Volke aus." Art. 20 II 1 GG verlangt, dass die Ausübung jedweder staatlicher Macht durch das Volk legitimiert sein muss; erforderlich ist eine ununterbrochene Legitimationskette zum Volk. Unmittelbar übt das Volk die Staatsgewalt nur in Wahlen und Abstimmungen aus (Art. 20 II 2, 1. Alt. GG). Ansonsten wird die Staatsgewalt durch besondere Organe der Gesetzgebung, der vollziehenden Gewalt und der Rechtsprechung ausgeübt (Art. 20 II 2, 2. Alt. GG). Hier übt das Volk die Staatsgewalt nur mittelbar aus: Der Bundestag, der die Gesetze beschließt, wurde vom Volk (unmittelbar) gewählt. Die demokratische Legitimation der Exekutive ist in personeller Hinsicht zunächst durch die Wahl des Bundeskanzlers durch den Bundestag gewährleistet. Der auf diese Weise demokratisch legitimierte Bundeskanzler bestimmt die Bundesminister, die wiederum für die Personalentscheidungen in ihren Ressorts verantwortlich sind. Hinzu kommt die Weisungsgebundenheit der Verwaltung gegenüber der Regierung, die wiederum der Kontrolle des Bundestages unterliegt. In materieller Hinsicht ist die Exekutive dadurch demokratisch legitimiert, dass sie die von den Volksvertretungen beschlossenen Gesetze beachten und ausführen muss. Die demokratische Legitimation der Rechtsprechung beruht vor allem auf ihrer in Art. 97 I GG verankerten strikten Bindung an die Gesetze. Die personelle demokratische Legitimation der Richter ist teilweise defizitär, weil sie z. T. durch Richterwahlausschüsse gewählt werden, in denen auch nicht demokratisch legitimierte Mitglieder vertreten sind. Insgesamt geht das Grundgesetz von einer **parlamentarischen repräsentativen Demokratie** aus.

Die Demokratie in Deutschland ist eine **Parteiendemokratie.** Das entspricht nicht nur der Realität, sondern auch dem Willen des Grundgesetzes. Art. 21 I 1 GG bestimmt: „Die Parteien wirken bei der politischen Willensbildung des Volkes mit." Das Volk selbst beteiligt sich nur bei Wahlen zu den Parlamenten unmittelbar an der Staatswillensbildung. Im Übrigen ist die Rückkoppelung der Parlamente an das Volk vor allem über die **Parteien** gewährleistet. Ihrer Rechtsform nach sind Parteien Vereine des bürgerlichen Rechts (§§ 21 ff. BGB) – teils rechtsfähige, teils nichtrechtsfähige. Trotz dieser nur einfachrechtlichen Verwurzelung sind die Parteien aber auch verfassungsrechtliche Institutionen. Sie ragen in den Bereich der institutionalisierten Staatlichkeit hinein. Diese rechtliche Qualifizierung folgt aus der spezifischen demokratischen Funktion, die ihnen Art. 21 I 1 GG zuweist und garantiert.

Ausdruck der besonderen verfassungsrechtlichen Stellung und Funktion der politischen Parteien ist auch das in Art. 21 IV GG verankerte **Parteienprivileg.** Art. 21 II GG bestimmt, dass Parteien, die nach ihren Zielen oder nach dem Verhalten ihrer Anhänger **darauf ausgehen,** die freiheitliche demokratische Grundordnung zu beeinträchtigen oder zu beseitigen oder den Bestand der Bundesrepublik Deutschland zu gefährden, **verfassungswidrig** sind. Eine Partei geht allerdings nur dann darauf aus, die in Art. 21 II GG genannten Ziele zu erreichen, wenn sie oder ihre Anhänger eine diesbezügliche aggressiv-kämpferische Grundhaltung an den Tag legen. Außerdem muss eine **realistische Chance** bestehen, dass die Partei ihre Ziele durchsetzen kann. Besteht diese Chance nicht, sind aber die anderen soeben genannten Voraussetzungen der Verfassungswidrigkeit einer Partei erfüllt, ist die Partei nach Art. 21 III GG von der **staatlichen Finanzierung** ausgeschlossen. Die in Art. 21 II und III GG genannten Sanktionen – Verfassungswidrigkeit der Partei, Ausschluss von der staatlichen Finanzierung – sind nach Art. 21 IV GG aber erst dann wirksam, wenn das Bundesverfassungsgericht eine entsprechende Entscheidung getroffen hat **(Entscheidungsmonopol).** Bis zur bundesverfassungsgerichtlichen Feststellung der Verfassungswidrigkeit der Partei und ihrer damit verbundenen Auflösung nach § 46 III 1 BVerfGG darf keine staatliche Stelle ihre (angebliche) Verfassungswidrigkeit rechtlich geltend machen: „… gegen die Partei, ihre Funktionäre, Mitglieder und Anhänger dürfen wegen ihrer mit allgemein erlaubten Mitteln arbeitenden parteioffiziellen Tätigkeiten keine rechtlichen Sanktionen angedroht oder verhängt werden“ (BVerfGE 40, 287/291). Bis zur bundesverfassungsgerichtlichen Feststellung des Ausschlusses von der staatlichen Finanzierung hat die Partei einen Finanzierungsanspruch gegen den Staat, wenn sie die Voraussetzungen der §§ 18ff. PartG erfüllt. Stellt das Bundesverfassungsgericht nur den Ausschluss von der staatlichen Finanzierung fest, nicht aber auch die Verfassungswidrigkeit nach Art. 21 II GG, darf die Partei nicht als verfassungswidrig behandelt werden. Trifft das Bundesverfassungsgericht keine Feststellungen nach Art. 21 IV GG, darf die Partei zwar politisch bekämpft werden. Der Staat und seine Amtsträger sind aber zur **parteipolitischen Neutralität** verpflichtet.

Detailregelungen der Parteien finden sich im Parteiengesetz. Dort ist z.B. eine staatliche Parteienfinanzierung vorgesehen (§§ 18ff. PartG) – allerdings nur als Teilfinanzierung. Der Eigenfinanzierung durch Mitgliederbeiträge und Spenden muss der Vorrang zukommen. Regelungen über Parteispenden und deren Offenlegung enthalten die §§ 23ff. PartG.

Das in Art. 20 I, 28 I 1 GG genannte **Sozialstaatsprinzip** als weitere verfassungsgestaltende Grundentscheidung verpflichtet alle drei staatlichen Gewalten, insbesondere den Gesetzgeber, dem Gebot materieller Gerechtigkeit Rechnung zu tragen, d.h. Hilfe bei Not und Armut sowie Schutz vor typischen Wechselfällen des Lebens zu gewähren. Allein aus dem Sozialstaatsprinzip lassen sich allerdings für die Bürger keine einklagbaren Ansprüche gegen den Staat ableiten. Es besteht nicht einmal ein Anspruch auf Aufrechterhaltung des gegenwärtigen einfachgesetzlichen Bestandes an sozialer Absicherung. Jedoch folgt aus der Menschenwürdegarantie i. V. m. dem Sozialstaatsprinzip ein gerichtlich einklagbarer Anspruch des Bürgers auf staatliche Gewährleistung eines menschenwürdigen Existenzminimums.

Der 2002 um das Staatsziel **Tierschutz** erweiterte Art. 20a GG verpflichtet den Staat, die natürlichen Lebensgrundlagen (Staatsziel **Umweltschutz**) und die Tiere zu schützen. Wie der Staat diesen Schutzauftrag erfüllt, entscheidet er grundsätzlich selbst. Art. 20a GG gewährt den Bürgern keine gerichtlich einklagbaren Rechte. Allerdings ist er bei der Auslegung und Anwendung der vorhandenen einfachen Gesetze zu beachten.

Einführung

Das in Art. 20 I, 28 I 1 GG verankerte **republikanische Prinzip** verbietet die Monarchie als Staatsform. Ein durch Erbfolge bestimmtes Staatsoberhaupt darf es nicht geben. Dies gilt auch für die Länder.

Staatsorganisationsrechtlich von großer Bedeutung sind die verschiedenen **obersten Bundes- und Verfassungsorgane.** Der **Bundestag** ist die auf Bundesebene eigentliche und unmittelbar demokratisch legitimierte Volksvertretung. Im Wesentlichen übt er die folgenden vier Funktionen aus.

Gesetzgebung: Die formellen Bundesgesetze – im Unterschied zu Rechtsverordnungen und Satzungen – werden vom Bundestag beschlossen.

Parlamentsbeschlüsse: Der Bundestag darf auch ohne besondere grundgesetzliche Ermächtigung alle Fragen, die von einem besonderen Interesse sind, erörtern und hierzu Beschlüsse fassen. Rechtlich bindend sind sie freilich nur, wenn dies grundgesetzlich vorgesehen oder ableitbar ist.

Wahlen: Der Bundestag wählt verschiedene Staatsorgane wie vor allem den Bundeskanzler und den Bundestagspräsidenten. Der Bundespräsident wird zwar von der Bundesversammlung gewählt (Art. 54 I 1 GG), die jedoch zur Hälfte aus sämtlichen Mitgliedern des Bundestages besteht (Art. 54 III GG).

Kontrollfunktion: Eine wichtige Aufgabe des Bundestages ist die parlamentarische Kontrolle der Regierung und Verwaltung. Dies kommt nicht zuletzt im Recht – und falls dies von einem Viertel der Bundestagsmitglieder beantragt wird in der Pflicht – zur Einsetzung von Untersuchungsausschüssen nach Art. 44 GG zum Ausdruck. Besonders zu erwähnen ist das in Art. 67 GG geregelte Recht des Bundestages, den amtierenden Bundeskanzler durch einen anderen Bundeskanzler zu ersetzen (konstruktives Misstrauensvotum).

Der **Bundesrat** besteht zwar aus Mitgliedern der Landesregierungen. Gleichwohl ist er kein (gemeinsames) Landesorgan, sondern ein oberstes Bundesorgan. Der Bundesrat wirkt vor allem bei der Bundesgesetzgebung mit. Er ist im Gesetzgebungsverfahren zwingend zu beteiligen. Sog. **Zustimmungsgesetze** kommen ohne ausdrückliche Zustimmung des Bundesrates nicht zustande. Bei sog. **Einspruchsgesetzen** hat der Bundesrat nur die Möglichkeit, Einspruch zu erheben, der vom Bundestag allerdings zurückgewiesen werden kann. Um ein Zustimmungsgesetz handelt es sich nur, wenn die Zustimmungsbedürftigkeit des Gesetzes ausdrücklich im Grundgesetz angeordnet ist. Ansonsten steht ein bloßes Einspruchsgesetz in Rede.

Die **Bundesregierung** besteht aus dem Bundeskanzler und den Bundesministern (Art. 62 GG). Die Staatssekretäre sind keine Mitglieder der Bundesregierung. Der Bundeskanzler bestimmt gem. Art. 65 S. 1 GG die Richtlinien der Politik. Er entscheidet über die Ernennung und Entlassung der Bundesminister (Art. 64 I GG), die innerhalb der Kanzlerrichtlinien ihr Ministerium leiten (Art. 65 S. 2 GG).

Der **Bundespräsident** ist protokollarisch das oberste Bundes- und Staatsorgan, steht an der Spitze des Staates und vertritt den Bund völkerrechtlich. Allerdings räumt ihm das Grundgesetz nur geringe Machtbefugnisse und politische Entscheidungsmöglichkeiten ein. Er nimmt in erster Linie repräsentative Aufgaben wahr und soll integrierend für das Staatsganze wirken.

Auch das **Bundesverfassungsgericht** ist ein oberstes Bundes- und Verfassungsorgan. Seine primäre Aufgabe besteht drin, zu prüfen und zu entscheiden, ob staatliches Handeln mit dem Grundgesetz übereinstimmt. Es wird deshalb auch als Hüter der Verfassung bezeichnet. Das Bundesverfassungsgericht ist aber keine Superrevisionsinstanz, die prüft, ob die anderen Gerichte richtig entschieden haben, also z. B. die Vorschriften des Bürgerlichen Gesetzbuches richtig angewendet haben. Außerdem wird das Bundesverfassungsgericht nicht von Amts wegen tätig, sondern nur, wenn es von einem zulässigen Antragsteller angerufen wird. Die meisten bundesverfassungsgerichtlichen Verfahrensarten sind im Grundgesetz normiert, insbesondere in Art. 93 und 100 GG. Einzelheiten des bundesverfassungsgerichtlichen Verfahrens regelt das Bundesverfassungsgerichtsgesetz.

IV. Verwaltungsrecht, Verwaltungsprozessrecht

Neben dem Staatsrecht ist das **Verwaltungsrecht** das zweite große Rechtsgebiet des öffentlichen Rechts. Der Begriff der Verwaltung ist vielschichtig. Eine genaue Definition existiert bis heute nicht. So lässt sich Verwaltung zwar beschreiben, aber eben nicht definieren. Geht man vom grundgesetzlichen Gewaltenteilungsprinzip des Art. 20 II 2 GG aus, gehört die Verwaltung zur zweiten staatlichen Gewalt, nämlich zur vollziehenden Gewalt (zur Exekutive); die erste staatliche Gewalt ist die Legislative, die dritte staatliche Gewalt ist die Judikative. Die vollziehende Gewalt setzt sich zusammen aus Regierung und Verwaltung. Die spezifische Regierungstätigkeit wie etwa die Bestimmung der Richtlinien der Politik durch den Bundeskanzler oder das Treffen politischer Entscheidungen ist keine Verwaltungstätigkeit. **Verwaltung im formellen Sinn** ist die gesamte von den Verwaltungsbehörden ausgeübte Tätigkeit. Der Bereich der **materiellen Verwaltung** wird überwiegend negativ bestimmt. Danach ist Verwaltung diejenige Staatstätigkeit, die nicht Gesetzgebung und nicht Rechtsprechung ist; abzuziehen ist aber auch noch die spezifische Regierungstätigkeit. Zum Teil wird der Bereich der materiellen Verwaltung auch positiv bestimmt. Abgestellt wird dann auf einzelne signifikante Aspekte wie z.B. die Verwirklichung der Staatszwecke für den Einzelfall, den Einsatz hoheitlicher Mittel oder die Herbeiführung verbindlicher Entscheidungen. Ganz grob vereinfachend gesagt ist Verwaltung das an öffentlichen Zwecken orientierte Handeln der Behörden. Im Vordergrund steht das Verhältnis zwischen Bürger und Behörde. Gegenstand des Verwaltungsrechts sind diejenigen Rechtsvorschriften und Rechtsgrundsätze, die für das Verwaltungshandeln maßgeblich sind.

Das Verwaltungsrecht besteht aus dem allgemeinen und dem besonderen Verwaltungsrecht. Das **allgemeine Verwaltungsrecht** umfasst diejenigen Rechtsvorschriften, Grundsätze und Rechtsbegriffe, die für das gesamte Verwaltungsrecht gelten. Hierzu gehören vor allem die Vorschriften und Grundsätze zum Verwaltungsaufbau und zur Verwaltungsorganisation, zu den Handlungsformen der Verwaltung, zum Verwaltungsverfahren, zur Verwaltungsvollstreckung, zu den öffentlichen Sachen und zur Staatshaftung. Zum **besonderen Verwaltungsrecht** gehören die einzelnen Sachgebiete der öffentlichen Verwaltung. Zu nennen sind vor allem das Kommunalrecht, das Polizei- und Ordnungsrecht, das öffentliche Dienstrecht (das Beamtenrecht ist ein Teilbereich), das Baurecht, das Raumordnungs- und Landesplanungsrecht, das Straßen- und Wegerecht, das Wasserrecht, das Wirtschaftsverwaltungsrecht, das Sozialrecht, das Steuerrecht und als Querschnittsgebiet das Umweltrecht. All diese Rechtsgebiete des besonderen Verwaltungsrechts sind in einer unüberschaubaren Vielzahl von Spezialgesetzen geregelt. Neben diesen Spezialgesetzen gelangt ergänzend das allgemeine Verwaltungsrecht zur Anwendung.

Ein Gesetz, in dem die Rechtsvorschriften und Grundsätze enthalten sind, die das allgemeine Verwaltungsrecht bilden, gibt es nicht. Zwar gibt es ein

Verwaltungsverfahrensgesetz des Bundes (VwVfG) und die Verwaltungsverfahrensgesetze der Länder. Diese Gesetze regeln aber nur – wenn auch wichtige – Teilbereiche der Tätigkeit von Bundes- und Landesbehörden. Aus der Systematik des VwVfG und aus seinem Verhältnis zu den Verwaltungsverfahrensgesetzen der Länder lässt sich folgende Faustformel ableiten: Das VwVfG des Bundes ist anwendbar, wenn eine Bundesbehörde handelt. Wenn dagegen eine Landesbehörde handelt, ist das entsprechende Landesverwaltungsverfahrensgesetz heranzuziehen. Die von den Ländern erlassenen Verwaltungsverfahrensgesetze stimmen mit dem VwVfG des Bundes allerdings größtenteils überein (eine Ausnahme macht nur das Allgemeine Verwaltungsgesetz für das Land Schleswig Holstein).

Das **Verwaltungsverfahren** ist der Weg, auf dem die Verwaltung ihre Produkte (Rechtsakte) herstellt. Rechtmäßig muss nicht nur das „Endprodukt" sein. Auch der Herstellungsprozess – eben der Verfahrensablauf – muss rechtsstaatlichen Anforderungen genügen. Das VwVfG gilt nach § 9 VwVfG für die Behördentätigkeit, die auf den Erlass eines Verwaltungsakts oder auf den Abschluss eines öffentlich-rechtlichen Vertrages gerichtet ist. Verwaltungsakte sind grob gesagt behördliche Einzelfallentscheidungen gegenüber den Bürgern im Über-Unterordnungs-Verhältnis (näheres bestimmt § 35 VwVfG). Öffentlich-rechtliche Verträge i. S. d. VwVfG sind Verträge, die die Behörde auf dem Gebiet des Verwaltungsrechts schließt (näher § 54 VwVfG). Für sonstiges Verwaltungshandeln, z. B. für den Erlass von Satzungen, für rein tatsächliches Handeln (z. B. Einsatzfahrt eines Polizeifahrzeuges) oder für rein verwaltungsinternes Handeln gelten die meisten Vorschriften des VwVfG nicht, jedenfalls nicht unmittelbar.

Das VwVfG unterscheidet zwischen drei Verfahrensarten: Dem nichtförmlichen (einfachen) Verwaltungsverfahren (§ 10 VwVfG), dem förmlichen Verwaltungsverfahren (§§ 63 ff. VwVfG) und dem Planfeststellungsverfahren (§§ 72 ff. VwVfG). Das nichtförmliche Verwaltungsverfahren ist der Normalfall. Die beiden anderen Verwaltungsverfahren sind nur durchzuführen, wenn dies durch besondere Rechtsvorschriften ausdrücklich angeordnet ist. Kennzeichnend für diese beiden Verwaltungsverfahren sind Sonderregelungen zu einzelnen Verfahrenshandlungen und Verfahrensabschnitten; soweit keine Sonderregelungen bestehen, gelten aber die allgemeinen Vorschriften des VwVfG.

Im VwVfG sind u. a. wichtige Verfahrensrechte der beteiligten Bürger geregelt, z. B. das Anhörungsrecht (§ 28 VwVfG), das Recht auf Akteneinsicht (§ 29 VwVfG), das Recht auf Beratung und Auskunft (§ 25 VwVfG) oder das Recht auf Wiedereinsetzung in den vorigen Stand (§ 32 VwVfG). Der Verwaltungsakt ist nach wie vor das wichtigste Handlungsinstrument der Verwaltung. Deshalb nehmen die Vorschriften über Begriff, Erlass, Bestandskraft und behördliche Aufhebbarkeit des Verwaltungsaktes (§§ 35 ff. VwVfG) einen zentralen Platz im VwVfG ein. Große Bedeutung kommt auch den Vorschriften über den öffentlich-rechtlichen Vertrag zu (§§ 54 ff. VwVfG).

Die Frage, wie der Bürger seine Ansprüche gegen die Behörden gerichtlich durchsetzen kann – z. B. Anspruch auf Erteilung einer verweigerten Baugenehmigung –, ist in der **Verwaltungsgerichtsordnung** (VwGO) geregelt. Die VwGO räumt den Bürgern keine materiellen Ansprüche auf staatliche Leistungen ein, sondern regelt im Wesentlichen nur die Zulässigkeitsvoraussetzungen einer verwaltungsgerichtlichen Klage, den Prozessablauf und die Art und Weise der gerichtlichen Entscheidung. Macht der Bürger einen (verwaltungsrechtlichen) Anspruch gegen die Behörde im Wege der verwaltungsgerichtlichen Klage geltend, ergibt sich folgende große Zweiteilung: Die Klage hat nur dann Erfolg, wenn sie erstens zulässig und zweitens begründet ist. In der VwGO sind vor allem die Zulässigkeitsvoraussetzungen der verschiedenen verwaltungsgerichtlichen Klagen geregelt. So ist eine Klage u. a. nur zulässig, wenn die Angelegenheit in die Entscheidungskompetenz der Verwaltungsgerichtsbarkeit fällt (Eröffnung des Verwaltungsrechtsweges, § 40 I VwGO) – wenn die Streitigkeit also nicht vor die Zivilgerichte gehört –, wenn das konkret angerufene Verwaltungsgericht örtlich und sachlich zuständig ist und wenn der Kläger geltende Fristen beachtet hat. Erst wenn diese und andere Zulässigkeitsvoraussetzungen erfüllt sind, entscheidet das Gericht in der Sache, ob also die Klage begründet ist. Diese Sachentscheidung richtet sich im Wesentlichen nach dem materiellen Recht, d. h. z. B. nach dem allgemeinen und dem besonderen Verwaltungsrecht (im Fall der verweigerten Baugenehmigung nach Baurecht), aber auch nach dem Verfassungsrecht und hier vor allem nach den Grundrechten, die von den Verwaltungsgerichten als unmittelbar geltendes Recht beachtet werden müssen (Art. 1 III GG). Schließlich regelt die VwGO auch, welche Rechtsbehelfe der Bürger hat, wenn er in der ersten Instanz gescheitert ist, ob er Berufung, Revision oder Beschwerde einlegen kann. Die VwGO entscheidet also nicht darüber, ob der Bürger Recht hat, sondern ob er Recht bekommt.

V. Europarecht

Am 29.10.2004 unterzeichneten die Staats- und Regierungschefs der damals erst 25 Mitgliedstaaten der Europäischen Union (EU) einen Vertrag über eine Verfassung für Europa (EU-Verfassung). Durch die EU-Verfassung sollte die Europäische Union zu einem handlungsfähigen, demokratischen, freiheitlichen und bürgernahen Staatenverbund umgestaltet werden. Die zwei europäischen Gemeinschaften und besonderen Formen der Zusammenarbeit sollten in der EU aufgehen. Die EU-Verfassung bestand aus 448 lesbaren Artikeln und sollte die verschiedenen europäischen Grundlagenverträge ersetzen. Damit verfolgte sie zugleich das Ziel der Rechtsklarheit: Die EU-Bürger hätten ihr Europa in einem einzigen Verfassungsvertragstext wiedergefunden. Das Inkrafttreten der EU-Verfassung hätte indes der Ratifizierung durch alle Mitgliedstaaten bedurft – und zwar in der Form, die in ihren Landesverfassungen vorgeschrieben ist. Nachdem sich das französische und niederländische Volk im Mai und Juni 2005 in zwei Referenden mehrheitlich gegen die EU-Verfassung ausgesprochen hatte, war ihr Scheitern besiegelt.

Am 18. und 19.10.2007 verabschiedeten die Staats- und Regierungschefs der 27 EU-Mitgliedstaaten in Lissabon „den Vertrag von Lissabon zur Änderung des Vertrages über die Europäische Union und des Vertrages zur Gründung der Europäischen Gemeinschaft“ **(Lissabonner Vertrag).** Nach seiner Ratifizierung durch sämtliche EU-Mitgliedstaaten gemäß ihren verfassungsrechtlichen Bestimmungen – so war diesmal nur in Irland eine Volksabstimmung erforderlich, die erst im zweiten Anlauf positiv verlief – trat der Lissabonner Vertrag am 1.12.2009 in Kraft. Der Lissabonner Vertrag ersetzt die gescheiterte EU-Verfassung und greift viele ihrer Regelungen auf. Allerdings ist er keine transparente, bürgernahe EU-Verfassung, sondern belässt es dabei, dass die grundlegenden europarechtlichen Regelungen in verschiedenen Texten enthalten sind. Der Lissabonner Vertrag ist kein neues vertragliches Regelungswerk, das zusätzlich neben den bereits bestehenden europarechtlichen Verträgen zur Anwendung gelangt. Vielmehr ergänzt er lediglich die beiden großen existierenden Verträge und gestaltet sie – zum Teil auch terminologisch – um. In diesen ist er nunmehr mitenthalten.

Die **Europäische Union** (EU) besteht nach dem Austritt Großbritanniens aus 27 Mitgliedstaaten. Sie ist die unmittelbare Nachfolgerin der Europäischen Gemeinschaft (EG), die früher Europäische Wirtschaftsgemeinschaft (EWG) hieß. Neben der Europäischen Union existiert nach wie vor die Europäische Atomgemeinschaft (EAG), die sich aus denselben 27 Mitgliedstaaten zusammensetzt. EU und EAG sind eigenständige Rechtspersönlichkeiten (Art. 47 EUV, Art. 184 EAGV) und damit Inhaber eigener Rechte und Pflichten gegenüber den Nichtmitgliedstaaten, den Mitgliedstaaten und den Bürgern. Ganz im Vordergrund steht allerdings die EU. Rechtsgrundlage der EU ist der Vertrag über die Europäische Union (EUV) und der Vertrag über die Arbeitsweise der Europäischen Union (AEUV). Die EAG beruht auf dem Vertrag zur Gründung der Europäischen Atomgemeinschaft (EAGV).

Von der Europäischen Union und der Europäischen Atomgemeinschaft streng zu trennen ist der **Europarat.** Er ist auch kein Organ der EU oder der EAG. Der Europarat ist die älteste europäische Einrichtung. Er wurde 1949 gegründet. Ihm gehören 47 Mitgliedstaaten an, darunter auch Russland und die Türkei. Der Europarat ist eine von der EU zu unterscheidende europäische Organisation mit eigener Rechtspersönlichkeit. Wichtigstes Ergebnis seiner Arbeit ist die Konvention zum Schutze der Menschenrechte und Grundfreiheiten vom 4.11.1950, die Europäische Menschenrechtskonvention (**EMRK**). Sie darf nicht mit der Allgemeinen Erklärung der Menschenrechte der UNO vom 10.12.1948 und auch nicht mit der Charta der Grundrechte der Europäischen Union vom 7.12.2000 verwechselt werden. Die EMRK und ihre Protokolle gehören nicht zum EU-Recht. Über ihre Auslegung und Anwendung entscheidet verbindlich der **Europäische Gerichtshof für Menschenrechte** mit Sitz in Straßburg (EGMR) und nicht der Gerichtshof der Europäischen Union (EuGH) mit Sitz in Luxemburg.

Die **Organe der EU** sind im EUV bestimmt. Sie sind zugleich Organe der EAG. Die folgenden Ausführungen geben einen kurzen Überblick über die EU-Organe.

Das **Europäische Parlament** (Art. 13, 14 EUV, Art. 223 ff. AEUV) besteht aus 751 Mitgliedern. Die den einzelnen Mitgliedstaaten zustehenden Abgeordnetensitze werden durch einstimmigen Beschluss des Europäischen Rates festgelegt, der sich dabei an der Einwohnerzahl der Mitgliedstaaten orientiert. Auf einen Mitgliedstaat entfallen mindestens sechs und höchstens 96 Sitze. Das Europäische Parlament wählt den Präsidenten der Kommission, kontrolliert diese, entscheidet über die Aufnahme neuer Mitgliedstaaten mit, betätigt sich **gemeinsam mit dem Rat als Gesetzgeber** und übt mit ihm die Haushaltsbefugnisse aus. Das Recht zum selbständigen Erlass europäischer Rechtsvorschriften hat das Europäische Parlament prinzipiell jedoch nicht. Es besitzt auch kein Initiativrecht, sondern kann lediglich die Kommission auffordern, Vorschläge zu unterbreiten, Art. 225 AEUV. Durch diese abgesehen von Ausnahmefällen fehlende originäre Rechtsetzungsbefugnis unterscheidet es sich grundsätzlich vom Deutschen Bundestag. Immerhin können gegen den Willen des Europäischen Parlaments von seltenen Ausnahmen abgesehen keine europäischen Rechtsvorschriften erlassen werden. Deshalb ist es neben dem Rat ein gleichberechtigtes Gesetzgebungsorgan.

Der **Europäische Rat** (Art. 13, 15 EUV, Art. 235f. AEUV) besteht aus den Staats- und Regierungschefs der Mitgliedstaaten, dem Präsidenten der Kommission und dem **Präsidenten des Europäischen Rates.** Der Präsident wird von den anderen Mitgliedern des Europäischen Rates für die Dauer von zweieinhalb Jahren gewählt. Der Europäische Rat bestimmt die politischen Ziele der EU und ist ihr politisches Leit- und Impulsorgan. Der Präsident des Europäischen Rates vertritt die Union in Angelegenheiten der gemeinsamen Außen- und Sicherheitspolitik, sofern nicht der Hohe Vertreter der Union für Außen- und Sicherheitspolitik zuständig ist.

Der **Rat** (Art. 13, 16 EUV, Art. 237ff. AEUV) fungiert gemeinsam mit dem Europäischen Parlament als **Gesetzgebungsorgan.** Neben dem Europäischen Rat ist er als politisches Lenkungsorgan tätig. Der Rat besteht aus je einem Vertreter der Mitgliedstaaten auf Ministerebene. Zu den Sitzungen des Rates werden die jeweils zuständigen Fachminister entsandt. In aller Regel entscheidet der Rat durch qualifizierten Mehrheitsbeschluss. Einstimmigkeit ist nur noch in seltenen Fällen erforderlich. Der Rat wird auch als Ministerrat oder Rat der Europäischen Union bezeichnet. Er ist streng vom Europäischen Rat und vom Europarat zu unterscheiden.

Die **Kommission** (Art. 13, 17 EUV, Art. 244ff. AEUV) ist das **Exekutivorgan.** Sie führt die beschlossenen Rechtsakte der Union aus und wacht über die Einhaltung des Unionsrechts durch die Mitgliedstaaten. Die meisten EU-Rechtsvorschriften dürfen nur auf Vorschlag der Kommission erlassen werden (Initiativrecht der Kommission). In einigen Fällen verfügt sie sogar über eine originäre Rechtsetzungskompetenz. Nach einem einstimmigen Beschluss, den der Europäische Rat aufgrund von Art. 17 V EUV gefasst hat, besteht die Kommission aus je einem Staatsangehörigen eines jeden Mitgliedstaates einschließlich des Komissionspräsidenten und des Hohen Vertreters der Union für Außen- und Sicherheitspolitik.

Der **Gerichtshof der Europäischen Union (EuGH)** ist das **Rechtsprechungsorgan** der Union (Art. 13, 19 EUV, Art. 251ff. AEUV). Er entscheidet vor allem über die Auslegung des Unionsrechts, über die Gültigkeit der Rechtsakte der Union und über die Frage, ob Mitgliedstaaten gegen Unionsrecht verstoßen haben. Dabei prüft und entscheidet er auch, ob Gesetze und Rechtsvorschriften des nationalen (deutschen) Rechts gegen Unionsrecht verstoßen. Prüfungsmaßstab ist stets das Unionsrecht.

Die **Europäische Zentralbank** (Art. 13 EUV, Art. 282ff. AEUV) mit Sitz in Frankfurt a.M. erteilt den nationalen Zentralbanken Leitlinien und Weisungen. Sie genehmigt die Ausgabe von Banknoten und Münzen innerhalb der Union. Sie ist gegenüber den anderen EU-Organen und den Regierungen der Mitgliedstaaten unabhängig und weisungsfrei.

Der **Rechnungshof** (Art. 13 EUV, Art. 285ff. AEUV) prüft die Ordnungsgemäßheit der Einnahmen und Ausgaben der EU sowie die Wirtschaftlichkeit der Haushaltsführung. Er besteht aus einem Staatsangehörigen je Mitgliedstaat.

Der **Hohe Vertreter der Union für Außen- und Sicherheitspolitik** (Art. 18, 27 EUV) hat zwar nicht den Status eines EU-Organs. Er übt aber wichtige Funktionen aus. Er leitet die Außen-, Sicherheits- und Verteidigungspolitik der Union und trägt durch eigene Vorschläge zur Festlegung und Fortentwicklung dieser Politik bei. Der Sache nach fungiert er als Außenminister der Europäischen Union. Er vertritt die Union neben dem Präsidenten des Europäischen Rates in außen- und sicherheitspolitischen Angelegenheiten und verfügt über einen Europäischen Auswärtigen Dienst.

Nach Art. 49 I 1 EUV kann jeder **europäische** Staat, der die in Art. 2 S. 1 EUV genannten Werte achtet und fördert, seine **Mitgliedschaft in der EU** beantragen. Der antragstellende Staat wird nur dann in die EU aufgenommen, wenn die in Art. 49 I 3 EUV genannten EU-Organe (das Europäische Parlament und der Rat) dem Antrag mit der erforderlichen Mehrheit zustimmen. Zusätzlich setzt die Aufnahme in die EU nach Art. 49 II 2 EUV voraus, dass **sämtliche EU-Mitgliedstaaten** das Beitrittsabkommen, das nach Art. 49 II 1 EUV zwischen ihnen und dem Beitrittskandidaten ausgehandelt worden ist, nach Maßgabe ihres jeweiligen nationalen Verfassungsrechts unterzeichnen. Verweigert auch nur ein EU-Mitgliedstaat die Unterzeichnung, wird der Beitrittskandidat nicht in die EU aufgenommen.

Art. 50 EUV regelt den **Austritt aus der EU.** Grundvoraussetzung nach Art. 50 I EUV ist ein Austrittsbeschluss des entsprechenden Mitgliedstaates nach **Maßgabe seines nationalen Verfassungsrechts.** Dieses kann auch eine Volksabstimmung oder Volksbefragung vorsehen. Auch die Frage, ob eine solche Volksabstimmung für den betreffenden Mitgliedstaat rechtsverbindlich ist, bestimmt sich ausschließlich nach Maßgabe seines nationalen Verfassungsrechts. Weiterhin setzt nach Art. 50 II 1 EUV ein Austritt voraus, dass der betreffende Mitgliedstaat bei der EU einen entsprechenden **Austrittsantrag** stellt. Ohne einen solchen Antrag wird das in Art. 50 EUV geregelte Austrittsverfahren nicht in Gang gesetzt. Eine den Austritt befürwortende Volksabstimmung wie in Großbritannien stellt keinen Austrittsantrag dar.

Das **Unionsrecht** (verkürzt: Europarecht) wird in das primäre und das sekundäre Unionsrecht unterteilt. Zum **primären Unionsrecht** gehören die Gründungsverträge, also EUV, AEUV und EAGV einschließlich Anlagen, Anhängen und Protokollen. Außerdem gehören zum primären Unionsrecht die gewohnheitsrechtlichen Rechtssätze und ungeschriebenen Rechtsgrundsätze des Unionsrechts. Diese werden – vor allem vom EuGH – aus einem Vergleich und einer Zusammenschau der einzelnen Rechtsordnungen der Mitgliedstaaten entwickelt. Dadurch, dass Art. 6 I EUV die Charta der **Grundrechte der Europäischen Union** vom 7.12.2000 für rechtsverbindlich und gleichrangig mit den Gründungsverträgen erklärt, gehören auch die Grundrechte der Europäischen Union zum primären Unionsrecht. Die EU-Grundrechte binden die EU-Organe unmittelbar. Rechtsschutz wird durch den EuGH gewährt. Die Mitgliedstaaten sind an die EU-Grundrechte nur bei der Ausführung von EU-Recht gebunden oder wenn sie im Geltungsbereich des Unionsrechts agieren.

Sind die Vorschriften und Rechtssätze des primären Unionsrechts unbedingt und inhaltlich hinreichend bestimmt, begründen sie sowohl für die Mitgliedstaaten als auch für die Bürger unmittelbar geltende Rechte und Pflichten. Die Unionsbürger können sich dann vor den **nationalen Gerichten** auf ihre europäischen Rechte berufen. So kann z.B. ein Franzose vor einem deutschen Verwaltungsgericht gegen eine Anordnung einer deutschen Behörde klagen, die ihm verbietet, bestimmte Produkte in Deutschland zu verkaufen, und deshalb gegen die Freiheit des Warenverkehrs (Art. 34 AEUV) verstößt. Zu nennen sind in diesem Zusammenhang vor allem die im AEUV verankerten Bürgerrechte wie das Diskriminierungsverbot (Art. 18 AEUV), die Freizügigkeit (Art. 21 AEUV), das Wahlrecht (Art. 22 AEUV) sowie die ebenfalls im AEUV enthaltenen Grundfreiheiten wie z.B. die Warenverkehrsfreiheit (Art. 34 AEUV), die Niederlassungsfreiheit (Art. 49 AEUV) oder die Dienstleistungsfreiheit (Art. 56 AEUV).

Das **sekundäre Unionsrecht** besteht vor allem aus denjenigen Rechtsvorschriften und Rechtsakten, die von den Organen der Union erlassen werden. Am wichtigsten ist das in Art. 288 AEUV genannte sekundäre Unionsrecht. Die **Verordnungen** (Art. 288 II AEUV) sind für jedermann verbindlich und gelten unmittelbar in jedem Mitgliedstaat. Auch die Bürger müssen sie befolgen, können sich aber auch auf sie berufen. Die **Richtlinien** (Art. 288 III AEUV) wenden sich nur an die Mitgliedstaaten, nicht auch an die Bürger. Richtlinien enthalten bestimmte Zielvorgaben, die von den Mitgliedstaaten erfüllt werden müssen. Richtlinien müssen also in nationales Recht umgesetzt werden und zwar in aller Regel durch formelle Gesetze. Für und gegen die Bürger wirken die Richtlinien zumeist aber nicht unmittelbar. D.h., der einzelne Bürger wird durch eine Richtlinie nicht berechtigt oder verpflichtet. Eine **unmittelbare Wirkung der Richtlinien zugunsten der Bürger** besteht nur ausnahmsweise und in seltenen Fällen. **Beschlüsse** (Art. 288 IV AEUV) sind in der Regel Einzelfallregelungen. Sie sind für die Adressaten in allen Teilen verbindlich. Die in Art. 288 V AEUV genannten **Empfehlungen und Stellungnahmen** der EU-Organe sind nicht verbindlich.

Besteht zwischen Unionsrecht (sowohl primärem als auch sekundärem) und deutschem Recht ein Widerspruch (Kollisionsfall), kommt dem Unionsrecht der **Anwendungsvorrang** zu. Das deutsche Recht ist in diesem Fall zwar nicht nichtig. Es darf im Kollisionsfall aber nicht angewendet werden. Dieser Anwendungsvorrang des Unionsrechts besteht auch gegenüber dem Grundgesetz. Allerdings kommt dem Unionsrecht nur dann der Anwendungsvorrang zu, wenn die im Einzelnen z.T. sehr umstrittenen Voraussetzungen des Art. 23 I GG erfüllt sind. Kein Anwendungsvorrang gegenüber deutschem Recht kommt dem Unionsrecht zu, wenn es mit den Vorgaben des Art. 23 I 3 i.V.m. Art. 79 III GG unvereinbar ist, in die Kernbereiche deutscher Verfassungsidentität eindringt oder wenn Unionsorgane sekundäres Unionsrecht ohne Ermächtigung im primären Unionsrecht erlassen. Der Anwendungsvorrang des Unionsrechts lässt sich vor allem aus Art. 23 I GG ableiten: Die staatliche Hoheitsgewalt – Gesetzgebung, vollziehende Gewalt, Rechtsprechung – wird in jedem souveränen Staat durch die staatlichen Organe ausgeübt (vgl. Art. 20 II GG). Deutschland und die anderen Mitgliedstaaten haben durch die Gründungsverträge die Europäische Union geschaffen und ihr die Befugnis eingeräumt, in bestimmten Fällen Hoheitsgewalt unmittelbar in den Mitgliedstaaten auszuüben (z.B. durch Verordnungen, Richtlinien oder Beschlüsse). Deutschland hat damit seine Hoheitsgewalt in Teilbereichen zurückgenommen und auf die EU übertragen. Die verfassungsrechtliche Befugnis für diese Übertragung von Hoheitsgewalt folgte früher aus Art. 24 GG. Nunmehr beruht sie auf Art. 23 I 2 GG. Wenn nun das Grund-gesetz dazu ermächtigt, deutsche Hoheitsrechte auf die EU zu übertragen, dann ist die Annahme zwingend, dass diejenigen Rechtsakte, die von der EU in Ausübung der ihr übertragenen Kompetenzen erlassen werden, gegenüber der rein deutschen Rechtsordnung im Kollisionsfall vorrangig sind. Damit sind aber auch zugleich die Grenzen des Anwendungsvorrangs des Unionsrechts vorgezeichnet.

Änderungen des primären Unionsrechts bedürfen der Zustimmung durch ein deutsches Bundesgesetz. Dies ergibt sich aus Art. 23 I, 59 II GG (vgl. auch Art. 48 IV 2, VI 4 EUV). In den Fällen des Art. 23 I 2 GG kommt das Bundesgesetz nur zustande, wenn der Bundesrat zustimmt. In den Fällen des Art. 23 I 3 GG bedarf das Bundesgesetz einer Zweidrittelmehrheit im Bundestag und Bundesrat. Der Europäischen Union können gegen den Willen eines der Mitgliedstaaten keine neuen Kompetenzen eingeräumt werden. Sie kann sich auch nicht aus eigener Machtvollkommenheit neue Kompetenzen verschaffen.

VI. Völkerrecht

Das Völkerrecht besteht aus den allgemeinen Regeln und den sonstigen (besonderen) Regeln und Prinzipien des Völkerrechts. Die **allgemeinen Regeln des Völkerrechts** werden primär durch das universell geltende **Völkergewohnheitsrecht** gebildet. Solche Regeln müssen auf einer allgemeinen, gefestigten – d. h. von der überwiegenden Mehrheit der Staaten getragenen – Übung beruhen. Hierzu gehören insbesondere grundlegende Regeln wie z. B. das Recht auf ein faires Gerichtsverfahren sowie die Immunität anderer Staaten und der für sie handelnden Organe im Bereich hoheitlicher Tätigkeit. Außerdem gehören zu den allgemeinen Regeln des Völkerrechts die **allgemeinen völkerrechtlichen Rechtsgrundsätze.** Diese bestehen aus den übereinstimmenden Grundsätzen der staatlichen Rechtsordnungen wie z. B. die Grundsätze von Treu und Glauben, des Vertrauensschutzes und der Verwirkung von Rechten. Die allgemeinen Regeln des Völkerrechts sind unmittelbar, also ohne weiteren Zwischenakt, Bestandteil des Bundesrechts (Art. 25 S. 1 GG) und müssen ggf. auch von den Behörden angewendet werden. Sie stehen im Rang über den formellen Bundesgesetzen (Art. 25 S. 2 GG), aber unter dem Bundesverfassungsrecht. Ob die Voraussetzungen des Art. 25 GG vorliegen, entscheidet das Bundesverfassungsgericht nach Art. 100 III GG.

Sonstiges Völkerrecht, insbesondere Völkervertragsrecht, hat den Rang, den der erforderliche innerstaatliche Transformations- oder Vollzugsakt einnimmt. Dies kann ein formelles Bundesgesetz (Art. 59 II 1 GG), ein formelles Landesgesetz (Art. 32 III GG), eine Bundesrechtsverordnung oder sogar eine bundesrechtliche Verwaltungsvorschrift sein (Art. 59 II 2 GG).

1. Grundgesetz für die Bundesrepublik Deutschland

Vom 23. Mai 1949

(BGBl. S. 1)

BGBl. III/FNA 100-1

Lfd. Nr.	Änderndes Gesetz	Datum	Fundstelle	Betroffen	Hinweis
1.	Art. 7 StrafrechtsÄndG	30.8.1951	BGBl. I S. 739	Art. 143	aufgeh. mWv 1.9.1951
2.	Art. 1 G zur Einfügung eines Art. 120a in das GG	14.8.1952	BGBl. I S. 445	Art. 120a	eingef. mWv 18.8.1952
3.	Art. 1 G zur Änd. des Art. 107 des GG	20.4.1953	BGBl. I S. 130	Art. 107	geänd. mWv 23.4.1953
4.	Art. 1 ErgänzungsG	26.3.1954	BGBl. I S. 45	Art. 73, 79	geänd. mWv 28.3.1954
				Art. 142a	eingef. mWv 28.3.1954
5.	Art. 1 Zweites G zur Änd. des Art. 107 des GG	25.12.1954	BGBl. I S. 517	Art. 107	geänd. mWv 31.12. 1954
6.	§ 1 FinanzverfassungsG	23.12.1955	BGBl. I S. 817	Art. 106, 107	geänd. mWv 1.4.1955
7.	Art. 1 ErgänzungsG	19.3.1956	BGBl. I S. 111	Art. 1, 12, 36, 49, 60, 96, 137	geänd. mWv 22.3.1956
				Art. 17a, 45a, 45b, 59a, 65a, 87a, 87b, 96a, 143	eingef. mWv 22.3.1956
8.	Art. 1 G zur Änd. und Ergänzung des Art. 106 des GG	24.12.1956	BGBl. I S. 1077	Art. 106	geänd. mWv 1.4.1957
				Art. 106	geänd. mWv 1.4.1958
9.	§ 1 G zur Einfügung eines Art. 135a in das GG	22.10.1957	BGBl. I S. 1745	Art. 135a	eingef. mWv 27.10. 1957
10.	Art. 1 ErgänzungsG	23.12.1959	BGBl. I S. 813	Art. 74	geänd. mWv 1.1.1960
				Art. 87c	eingef. mWv 1.1.1960
11.	§ 1 Elftes ÄndG	6.2.1961	BGBl. I S. 65	Art. 87d	eingef. mWv 16.2.1961
12.	Art. 1 Zwölftes ÄndG	6.3.1961	BGBl. I S. 141	Art. 96, 96a	geänd. mWv 12.3.1961
13.	Art. 1 Dreizehntes ÄndG	16.6.1965	BGBl. I S. 513	Art. 74	geänd. mWv 27.6.1965
14.	Art. 1 Vierzehntes ÄndG	30.7.1965	BGBl. I S. 649	Art. 120	geänd. mWv 6.8.1965
15.	Art. 1 Fünfzehntes ÄndG	8.6.1967	BGBl. I S. 581	Art. 109	geänd. mWv 14.6.1967
16.	Art. 1 Sechzehntes ÄndG	18.6.1968	BGBl. I S. 657	Art. 92, 95, 96, 99, 100	geänd. mWv 23.6.1968
				Art. 96a	aufgeh. mWv 23.6.1968
17.	Art. 1 Siebzehntes ÄndG	24.6.1968	BGBl. I S. 709	Art. 9, 10, 11, 12, 19, 20, 35, 65a, 73, 87a, 91	geänd. mWv 28.6.1968
				Art. 12a, 53a, 80a, 115a, 115b, 115c, 115b, 115d, 115e, 115f, 115g, 115h, 115i, 115j, 115k, 115l	eingef. mWv 28.6.1968
				Art. 59a, 142a, 143	aufgeh. mWv 28.6.1968
18.	Art. 1 Achtzehntes ÄndG	15.11.1968	BGBl. I S. 1177	Art. 76, 77	geänd. mWv 20.11. 1968
19.	Art. 1 Neunzehntes ÄndG	29.1.1969	BGBl. I S. 97	Art. 93, 94	geänd. mWv 2.2.1969
20.	Art. 1 Zwanzigstes ÄndG	12.5.1969	BGBl. I S. 357	Art. 109, 110, 112, 113, 114, 115	geänd. mWv 15.5.1969
21.	Art. 1 Einundzwanzigstes ÄndG	12.5.1969	BGBl. I S. 359	Art. 105, 106, 107, 108, 115c, 115k	geänd. mWv 1.1.1970
				Art. 91a, 91b, 104a	eingef. mWv 1.1.1970
22.	Art. 1 Zweiundzwanzigstes ÄndG	12.5.1969	BGBl. I S. 363	Art. 74, 75, 96	geänd. mWv 15.5.1969
23.	Art. 1 Dreiundzwanzigstes ÄndG	17.7.1969	BGBl. I S. 817	Art. 76	geänd. mWv 23.7.1969

Lfd. Nr.	Änderndes Gesetz	Datum	Fundstelle	Betroffen	Hinweis
24.	Art. 1 Vierundzwanzigstes ÄndG	28.7.1969	BGBl. I S. 985	Art. 120	geänd. mWv 1.8.1969
25.	Art. 1 Fünfundzwanzigstes ÄndG	19.8.1969	BGBl. I S. 1241	Art. 29	geänd. mWv 23.8.1969
26.	Art. 1 Sechsundzwanzigstes ÄndG	26.8.1969	BGBl. I S. 1357	Art. 96	geänd. mWv 30.8.1969
27.	Art. 1 Siebenundzwanzigstes ÄndG	31.7.1970	BGBl. I S. 1161	Art. 38, 91a	geänd. mWv 6.8.1970
28.	Art. 1 Achtundzwanzigstes ÄndG	18.3.1971	BGBl. I S. 206	Art. 75, 98	geänd. mWv 21.3.1971
				Art. 74a	eingef. mWv 21.3.1971
29.	Art. 1 Neunundzwanzigstes ÄndG	18.3.1971	BGBl. I S. 207	Art. 74	geänd. mWv 21.3.1971
30.	Art. 1 Dreißigstes ÄndG	12.4.1972	BGBl. I S. 593	Art. 74	geänd. mWv 15.4.1972
31.	Art. 1 Einunddreißigstes ÄndG	12.4.1972	BGBl. I S. 1305	Art. 35, 73, 74, 87	geänd. mWv 3.8.1972
32.	Art. 1 Zweiunddreißigstes ÄndG	15.7.1975	BGBl. I S. 1901	Art. 45c	eingef. mWv 19.7.1975
33.	Art. 1 Dreiunddreißigstes ÄndG	23.8.1976	BGBl. I S. 2381	Art. 29	geänd. mWv 28.8.1976
				Art. 39, 45a	geänd. mWv 14.12.1976
				Art. 45, 49	aufgeh. mWv 14.12.1976
34.	Art. 1 Vierunddreißigstes ÄndG	23.8.1976	BGBl. I S. 2383	Art. 74	geänd. mWv 28.8.1976
35.	Art. 1 Fünfunddreißigstes ÄndG	21.12.1983	BGBl. I S. 1481	Art. 21	geänd. mWv 1.1.1984
36.	Art. 4 Einigungsvertrag	31.8.1990	BGBl. II S. 889	Präambel, Art. 51, 135a, 146	geänd. mWv 29.9.1990
				Art. 143	eingef. mWv 29.9.1990
				Art. 23	aufgeh. mWv 29.9.1990
37.	Art. 1 ÄndG	14.7.1992	BGBl. I S. 1254	Art. 87d	geänd. mWv 22.7.1992
38.	Art. 1 ÄndG	21.12.1992	BGBl. I S. 2086	Art. 24, 28, 50, 52, 88, 115e	geänd. mWv 25.12.1992
				Art. 23, 45	eingef. mWv 25.12.1992
39.	Art. 1 ÄndG (Art. 16, 18)	28.6.1993	BGBl. I S. 1002	Art. 16, 18	geänd. mWv 30.6.1993
				Art. 16a	eingef. mWv 30.6.1993
40.	Art. 1 ÄndG	20.12.1993	BGBl. I S. 2089	Art. 73, 74, 80, 87	geänd. mWv 23.12.1993
				Art. 87e, 106a, 143a	eingef. mWv 23.12.1993
41.	Art. 1 ÄndG	30.8.1994	BGBl. I S. 2245	Art. 73, 80, 87	geänd. mWv 3.9.1994
				Art. 87f, 143b	eingef. mWv 3.9.1994
42.	Art. 1 ÄndG	27.10.1994	BGBl. I S. 3146	Art. 3, 28, 29, 72, 74, 75, 76, 77, 80, 87, 93	geänd. mWv 15.11.1994
				Art. 20a, 118a, 125a	eingef. mWv 15.11.1994
43.	Art. 1 ÄndG	3.11.1995	BGBl. I S. 1492	Art. 106	geänd. mWv 11.11.1995
44.	Art. 1 ÄndG	20.10.1997	BGBl. I S. 2470	Art. 28, 106	geänd. mWv 25.10.1997
45.	Art. 1 ÄndG	26.3.1998	BGBl. I S. 610	Art. 13	geänd. mWv 1.4.1998
46.	Art. 1 ÄndG	16.7.1998	BGBl. I S. 1822	Art. 39	geänd. mWv 26.10.1998
47.	Art. 1 ÄndG	29.11.2000	BGBl. I S. 1633	Art. 16	geänd. mWv 2.12.2000
48.	Art. 1 ÄndG	19.12.2000	BGBl. I S. 1755	Art. 12a	geänd. mWv 23.12.2000

Lfd. Nr.	Änderndes Gesetz	Datum	Fundstelle	Betroffen	Hinweis
49.	Art. 1 ÄndG (Art. 108)	26.11.2001	BGBl. I S. 3219	Art. 108	geänd. mWv 30.11. 2000
50.	Art. 1 ÄndG (Staatsziel Tierschutz)	26.7.2002	BGBl. I S. 2862	Art. 20a	geänd. mWv 1.8.2002
51.	Art. 1 ÄndG (Art. 96)	26.7.2002	BGBl. I S. 2863	Art. 96	geänd. mWv 1.8.2002
52.	Art. 1 ÄndG (Art. 22, 23, 33, 52, 72, 73, 74, 74a, 75, 84, 85, 87c, 91a, 91b, 93, 98, 104a, 104b, 105, 107, 109, 125a, 125b, 125c, 143c)	28.8.2006	BGBl. I S. 2034	Art. 22, 23, 33, 52, 72, 73, 74, 84, 85, 87c, 91a, 91b, 93, 98, 104a, 105, 107, 109, 125a	geänd. mWv 1.9.2006
				Art. 104b, 125b, 125c, 143c	eingef. mWv 1.9.2006
				Art. 74a, 75	aufgeh. mWv 1.9.2006
53.	Art. 1 ÄndG (Art. 23, 45, 93)	8.10.2008	BGBl.I S. 1926	Art. 23, 45, 93	geänd. mWv 1.12.2009
54.	Art. 1 ÄndG (Art. 106, 106b, 107, 108)	19.3.2009	BGBl.I S. 606	Art. 106, 107, 108	geänd. mWv 26.3.2009
				Art. 106b	eingef. mWv 26.3.2009
55.	Art. 1 ÄndG (Art. 45d)	17.7.2009	BGBl. I S. 1977	Art. 45d	eingef. mWv 23.7.2009
56.	Art. 1 ÄndG (Art. 87d)	29.7.2009	BGBl. I S. 2247	Art. 87d	geänd. mWv 1.8.2009
57.	Art. 1 ÄndG (Art. 91c, 91d, 104b, 109, 109a, 115, 143d)	29.7.2009	BGBl. I S. 2248	Überschrift Abschnitt VIIIa, Art. 104b, 109, 115	geänd. mWv 1.8.2009
				Art. 91c, 91d, 109a, 143d	eingef. mWv 1.8.2009
58.	Art. 1 ÄndG (Art. 91e)	21.7.2010	BGBl. I S. 944	Art. 91e	eingef. mWv 27.7.2010
59.	Art. 1 ÄndG (Art. 93)	11.7.2012	BGBl. I S. 1478	Art. 93	geänd. mWv 17.7.2012
60.	Art. 1 ÄndG (Art. 91b)	23.12.2014	BGBl. I S. 2438	Art. 91b	geänd. mWv 1.1.2015
61.	Art. 1 ÄndG (Art. 21)	13.7.2017	BGBl. I S. 2346	Art. 21	geänd. mWv 20.7.2017
62.	Art. 1 ÄndG (Art. 90, 91c, 104b, 104c, 107, 108, 109a, 114, 125c, 143d, 143e, 143f, 143g)	13.7.2017	BGBl. I S. 2347	Art. 90, 91c, 104b, 107, 108, 109a, 114, 125c, 143d	geänd. mWv 20.7.2017
				Art. 104c, 143e, 143f, 143g	eingef. mWv 20.7.2017
63.	Art. 1 ÄndG (Art. 104b, 104c, 104d, 125c, 143e)	28.3.2019	BGBl. I S. 404	Art. 104b, 125c, 143e	geänd. mWv 4.4.2019
				Art. 104c	neu gef. mWv 4.4.2019
				Art. 104d	eingef. mWv 4.4.2019
64.	Art. 1 ÄndG	15.11.2019	BGBl.I S. 1546	Art. 72, 105, 125b	geänd. mWv 21.11. 2019

Gliederung des Grundgesetzes für die Bundesrepublik Deutschland

Nichtamtliche Inhaltsübersicht

Präambel

I. Die Grundrechte

II. Der Bund und die Länder

III. Der Bundestag

[Verkündungsformel]

Der Parlamentarische Rat hat am 23. Mai 1949 in Bonn am Rhein in öffentlicher Sitzung festgestellt, daß das am 8. Mai des Jahres 1949 vom Parlamentarischen Rat beschlossene Grundgesetz für die Bundesrepublik Deutschland in der Woche vom 16.–22. Mai 1949 durch die Volksvertretungen von mehr als Zweidritteln der beteiligten deutschen Länder angenommen worden ist.

Auf Grund dieser Feststellung hat der Parlamentarische Rat, vertreten durch seine Präsidenten, das Grundgesetz ausgefertigt und verkündet.

Das Grundgesetz wird hiermit gemäß Artikel 145 Absatz 3 im Bundesgesetzblatt veröffentlicht:

Präambel

[1] Im Bewußtsein seiner Verantwortung vor Gott und den Menschen,

von dem Willen beseelt, als gleichberechtigtes Glied in einem vereinten Europa dem Frieden der Welt zu dienen, hat sich das Deutsche Volk kraft seiner verfassungsgebenden Gewalt dieses Grundgesetz gegeben.

[2] Die Deutschen[1)] in den Ländern Baden-Württemberg, Bayern, Berlin, Brandenburg, Bremen, Hamburg, Hessen, Mecklenburg-Vorpommern, Niedersachsen, Nordrhein-Westfalen, Rheinland-Pfalz, Saarland, Sachsen, Sachsen-Anhalt, Schleswig-Holstein und Thüringen haben in freier Selbstbestimmung die Einheit und Freiheit Deutschlands vollendet. [3] Damit gilt dieses Grundgesetz für das gesamte Deutsche Volk.

I. Die Grundrechte

Art. 1[2)] [Schutz der Menschenwürde, Menschenrechte, Grundrechtsbindung] (1) [1] Die Würde des Menschen ist unantastbar. [2] Sie zu achten und zu schützen ist Verpflichtung aller staatlichen Gewalt.

(2) Das Deutsche Volk bekennt sich darum zu unverletzlichen und unveräußerlichen Menschenrechten als Grundlage jeder menschlichen Gemeinschaft, des Friedens und der Gerechtigkeit in der Welt.

(3) Die nachfolgenden Grundrechte binden Gesetzgebung, vollziehende Gewalt und Rechtsprechung als unmittelbar geltendes Recht.

Art. 2 [Freie Entfaltung der Persönlichkeit, Recht auf Leben, körperliche Unversehrtheit, Freiheit der Person] (1) Jeder hat das Recht auf die freie Entfaltung seiner Persönlichkeit, soweit er nicht die Rechte anderer verletzt und nicht gegen die verfassungsmäßige Ordnung oder das Sittengesetz verstößt.

(2) [1] Jeder hat das Recht auf Leben und körperliche Unversehrtheit. [2] Die Freiheit der Person ist unverletzlich. [3] In diese Rechte darf nur auf Grund eines Gesetzes eingegriffen werden.

Art. 3 [Gleichheit vor dem Gesetz] (1) Alle Menschen sind vor dem Gesetz gleich.

---

1) Zum Begriff des „Deutschen" siehe Art. 116 Abs. 1.
2) Zur Unzulässigkeit der Änderung des Art. 1 siehe Art. 79 Abs. 3.

(2) [1]Männer und Frauen sind gleichberechtigt. [2]Der Staat fördert die tatsächliche Durchsetzung der Gleichberechtigung von Frauen und Männern und wirkt auf die Beseitigung bestehender Nachteile hin.

(3) [1]Niemand darf wegen seines Geschlechtes, seiner Abstammung, seiner Rasse, seiner Sprache, seiner Heimat und Herkunft, seines Glaubens, seiner religiösen oder politischen Anschauungen benachteiligt oder bevorzugt werden. [2]Niemand darf wegen seiner Behinderung benachteiligt werden.

Art. 4[1)] [Glaubens-, Gewissens- und Bekenntnisfreiheit, Kriegsdienstverweigerung] (1) Die Freiheit des Glaubens, des Gewissens und die Freiheit des religiösen und weltanschaulichen Bekenntnisses sind unverletzlich.

(2) Die ungestörte Religionsausübung wird gewährleistet.

(3) [1]Niemand darf gegen sein Gewissen zum Kriegsdienst mit der Waffe gezwungen werden. [2]Das Nähere regelt ein Bundesgesetz.

Art. 5 [Recht der freien Meinungsäußerung, Medienfreiheit, Kunst- und Wissenschaftsfreiheit] (1) [1]Jeder hat das Recht, seine Meinung in Wort, Schrift und Bild frei zu äußern und zu verbreiten und sich aus allgemein zugänglichen Quellen ungehindert zu unterrichten. [2]Die Pressefreiheit und die Freiheit der Berichterstattung durch Rundfunk und Film werden gewährleistet. [3]Eine Zensur findet nicht statt.

(2) Diese Rechte finden ihre Schranken in den Vorschriften der allgemeinen Gesetze, den gesetzlichen Bestimmungen zum Schutze der Jugend und in dem Recht der persönlichen Ehre.

(3) [1]Kunst und Wissenschaft, Forschung und Lehre sind frei. [2]Die Freiheit der Lehre entbindet nicht von der Treue zur Verfassung.

Art. 6 [Ehe, Familie, nicht eheliche Kinder] (1) Ehe und Familie stehen unter dem besonderen Schutze der staatlichen Ordnung.

(2) [1]Pflege und Erziehung der Kinder sind das natürliche Recht der Eltern und die zuvörderst ihnen obliegende Pflicht. [2]Über ihre Betätigung wacht die staatliche Gemeinschaft.

(3) Gegen den Willen der Erziehungsberechtigten dürfen Kinder nur auf Grund eines Gesetzes von der Familie getrennt werden, wenn die Erziehungsberechtigten versagen oder wenn die Kinder aus anderen Gründen zu verwahrlosen drohen.

(4) Jede Mutter hat Anspruch auf den Schutz und die Fürsorge der Gemeinschaft.

[1)] Siehe hierzu auch die §§ 5 und 6 des Gesetzes über die religiöse Kindererziehung v. 15.7.1921 (RGBl. S. 939), zuletzt geänd. durch G v. 17.12.2008 (BGBl. I S. 2586):
„**§ 5 [Entscheidungsrecht des Kindes]** [1]Nach der Vollendung des vierzehnten Lebensjahrs steht dem Kinde die Entscheidung darüber zu, zu welchem religiösen Bekenntnis es sich halten will. [2]Hat das Kind das zwölfte Lebensjahr vollendet, so kann es nicht gegen seinen Willen in einem anderen Bekenntnis als bisher erzogen werden.
§ 6 [Erziehung in einer Weltanschauung] Die vorstehenden Bestimmungen finden auf die Erziehung der Kinder in einer nicht bekenntnismäßigen Weltanschauung entsprechende Anwendung.“

(5) Den *unehelichen*[1] Kindern sind durch die Gesetzgebung die gleichen Bedingungen für ihre leibliche und seelische Entwicklung und ihre Stellung in der Gesellschaft zu schaffen wie den ehelichen Kindern.

Art. 7 [Schulwesen] (1) Das gesamte Schulwesen steht unter der Aufsicht des Staates.

(2) Die Erziehungsberechtigten haben das Recht, über die Teilnahme des Kindes am Religionsunterricht zu bestimmen.

(3) [1] Der Religionsunterricht ist in den öffentlichen Schulen mit Ausnahme der bekenntnisfreien Schulen ordentliches Lehrfach. [2] Unbeschadet des staatlichen Aufsichtsrechtes wird der Religionsunterricht in Übereinstimmung mit den Grundsätzen der Religionsgemeinschaften erteilt. [3] Kein Lehrer darf gegen seinen Willen verpflichtet werden, Religionsunterricht zu erteilen.

(4) [1] Das Recht zur Errichtung von privaten Schulen wird gewährleistet. [2] Private Schulen als Ersatz für öffentliche Schulen bedürfen der Genehmigung des Staates und unterstehen den Landesgesetzen. [3] Die Genehmigung ist zu erteilen, wenn die privaten Schulen in ihren Lehrzielen und Einrichtungen sowie in der wissenschaftlichen Ausbildung ihrer Lehrkräfte nicht hinter den öffentlichen Schulen zurückstehen und eine Sonderung der Schüler nach den Besitzverhältnissen der Eltern nicht gefördert wird. [4] Die Genehmigung ist zu versagen, wenn die wirtschaftliche und rechtliche Stellung der Lehrkräfte nicht genügend gesichert ist.

(5) Eine private Volksschule ist nur zuzulassen, wenn die Unterrichtsverwaltung ein besonderes pädagogisches Interesse anerkennt oder, auf Antrag von Erziehungsberechtigten, wenn sie als Gemeinschaftsschule, als Bekenntnis- oder Weltanschauungsschule errichtet werden soll und eine öffentliche Volksschule dieser Art in der Gemeinde nicht besteht.

(6) Vorschulen bleiben aufgehoben.

Art. 8[2] [Versammlungsfreiheit] (1) Alle Deutschen haben das Recht, sich ohne Anmeldung oder Erlaubnis friedlich und ohne Waffen zu versammeln.

(2) Für Versammlungen unter freiem Himmel kann dieses Recht durch Gesetz oder auf Grund eines Gesetzes beschränkt werden.

Art. 9[3] [Vereinigungsfreiheit] (1) Alle Deutschen haben das Recht, Vereine und Gesellschaften zu bilden.

(2) Vereinigungen, deren Zwecke oder deren Tätigkeit den Strafgesetzen zuwiderlaufen oder die sich gegen die verfassungsmäßige Ordnung oder gegen den Gedanken der Völkerverständigung richten, sind verboten.

(3) [1] Das Recht, zur Wahrung und Förderung der Arbeits- und Wirtschaftsbedingungen Vereinigungen zu bilden, ist für jedermann und für alle Berufe gewährleistet. [2] Abreden, die dieses Recht einschränken oder zu behindern suchen, sind nichtig, hierauf gerichtete Maßnahmen sind rechtswidrig. [3] Maßnahmen nach den Artikeln 12a, 35 Abs. 2 und 3, Artikel 87a Abs. 4 und Artikel 91 dürfen sich

---

[1] Der Begriff „unehelich" ist durch Art. 9 § 2 G zur Neuregelung des Rechts der elterlichen Sorge v. 18.7.1979 (BGBl. I S. 1061) in allen Bundesgesetzen mit Ausnahme des Grundgesetzes durch den Begriff „nicht ehelich" ersetzt worden.

[2] Siehe hierzu das VersammlungsG (Nr. **9**).

[3] Siehe hierzu auch Art. 21 und das VereinsG (Nr. **8**).

nicht gegen Arbeitskämpfe richten, die zur Wahrung und Förderung der Arbeits- und Wirtschaftsbedingungen von Vereinigungen im Sinne des Satzes 1 geführt werden.

Art. 10 [Brief-, Post- und Fernmeldegeheimnis] (1) Das Briefgeheimnis sowie das Post- und Fernmeldegeheimnis sind unverletzlich.

(2) [1] Beschränkungen dürfen nur auf Grund eines Gesetzes angeordnet werden. [2] Dient die Beschränkung dem Schutze der freiheitlichen demokratischen Grundordnung oder des Bestandes oder der Sicherung des Bundes oder eines Landes, so kann das Gesetz bestimmen, daß sie dem Betroffenen nicht mitgeteilt wird und daß an die Stelle des Rechtsweges die Nachprüfung durch von der Volksvertretung bestellte Organe und Hilfsorgane tritt.

Art. 11 [Freizügigkeit] (1) Alle Deutschen genießen Freizügigkeit im ganzen Bundesgebiet.

(2) Dieses Recht darf nur durch Gesetz oder auf Grund eines Gesetzes und nur für die Fälle eingeschränkt werden, in denen eine ausreichende Lebensgrundlage nicht vorhanden ist und der Allgemeinheit daraus besondere Lasten entstehen würden oder in denen es zur Abwehr einer drohenden Gefahr für den Bestand oder die freiheitliche demokratische Grundordnung des Bundes oder eines Landes, zur Bekämpfung von Seuchengefahr, Naturkatastrophen oder besonders schweren Unglücksfällen, zum Schutze der Jugend vor Verwahrlosung oder um strafbaren Handlungen vorzubeugen, erforderlich ist.

Art. 12 [Berufsfreiheit] (1) [1] Alle Deutschen haben das Recht, Beruf, Arbeitsplatz und Ausbildungsstätte frei zu wählen. [2] Die Berufsausübung kann durch Gesetz oder auf Grund eines Gesetzes geregelt werden.

(2) Niemand darf zu einer bestimmten Arbeit gezwungen werden, außer im Rahmen einer herkömmlichen allgemeinen, für alle gleichen öffentlichen Dienstleistungspflicht.

(3) Zwangsarbeit ist nur bei einer gerichtlich angeordneten Freiheitsentziehung zulässig.

Art. 12a [Dienstverpflichtungen] (1) Männer können vom vollendeten achtzehnten Lebensjahr an zum Dienst in den Streitkräften, im *Bundesgrenzschutz*[1)] oder in einem Zivilschutzverband verpflichtet werden.

(2) [1] Wer aus Gewissensgründen den Kriegsdienst mit der Waffe verweigert, kann zu einem Ersatzdienst verpflichtet werden. [2] Die Dauer des Ersatzdienstes darf die Dauer des Wehrdienstes nicht übersteigen. [3] Das Nähere regelt ein Gesetz[2)], das die Freiheit der Gewissensentscheidung nicht beeinträchtigen darf und auch eine Möglichkeit des Ersatzdienstes vorsehen muß, die in keinem Zusammenhang mit den Verbänden der Streitkräfte und des *Bundesgrenzschutzes*[1)] steht.

(3) [1] Wehrpflichtige, die nicht zu einem Dienst nach Absatz 1 oder 2 herangezogen sind, können im Verteidigungsfalle durch Gesetz oder auf Grund eines

---

[1)] Jetzt: „Bundespolizei".

[2)] Siehe das ZivildienstG idF der Bek. v. 17.5.2005 (BGBl. I S. 1346, ber. S. 2301), zuletzt geänd. durch G v. 12.12.2019 (BGBl. I S. 2652) und das KriegsdienstverweigerungsG v. 9.8.2003 (BGBl. I S. 1593), zuletzt geänd. durch G v. 28.4.2011 (BGBl. I S. 687).

Gesetzes zu zivilen Dienstleistungen für Zwecke der Verteidigung einschließlich des Schutzes der Zivilbevölkerung in Arbeitsverhältnisse verpflichtet werden; Verpflichtungen in öffentlich-rechtliche Dienstverhältnisse sind nur zur Wahrnehmung polizeilicher Aufgaben oder solcher hoheitlichen Aufgaben der öffentlichen Verwaltung, die nur in einem öffentlich-rechtlichen Dienstverhältnis erfüllt werden können, zulässig. [2] Arbeitsverhältnisse nach Satz 1 können bei den Streitkräften, im Bereich ihrer Versorgung sowie bei der öffentlichen Verwaltung begründet werden; Verpflichtungen in Arbeitsverhältnisse im Bereiche der Versorgung der Zivilbevölkerung sind nur zulässig, um ihren lebensnotwendigen Bedarf zu decken oder ihren Schutz sicherzustellen.

(4) [1] Kann im Verteidigungsfalle der Bedarf an zivilen Dienstleistungen im zivilen Sanitäts- und Heilwesen sowie in der ortsfesten militärischen Lazarettorganisation nicht auf freiwilliger Grundlage gedeckt werden, so können Frauen vom vollendeten achtzehnten bis zum vollendeten fünfundfünfzigsten Lebensjahr durch Gesetz oder auf Grund eines Gesetzes zu derartigen Dienstleistungen herangezogen werden. [2] Sie dürfen auf keinen Fall zum Dienst mit der Waffe verpflichtet werden.

(5) [1] Für die Zeit vor dem Verteidigungsfalle können Verpflichtungen nach Absatz 3 nur nach Maßgabe des Artikels 80a Abs. 1 begründet werden. [2] Zur Vorbereitung auf Dienstleistungen nach Absatz 3, für die besondere Kenntnisse oder Fertigkeiten erforderlich sind, kann durch Gesetz oder auf Grund eines Gesetzes die Teilnahme an Ausbildungsveranstaltungen zur Pflicht gemacht werden. [3] Satz 1 findet insoweit keine Anwendung.

(6) [1] Kann im Verteidigungsfalle der Bedarf an Arbeitskräften für die in Absatz 3 Satz 2 genannten Bereiche auf freiwilliger Grundlage nicht gedeckt werden, so kann zur Sicherung dieses Bedarfs die Freiheit der Deutschen, die Ausübung eines Berufs oder den Arbeitsplatz aufzugeben, durch Gesetz oder auf Grund eines Gesetzes eingeschränkt werden. [2] Vor Eintritt des Verteidigungsfalles gilt Absatz 5 Satz 1 entsprechend.

Art. 13 [Unverletzlichkeit der Wohnung] (1) Die Wohnung ist unverletzlich.

(2) Durchsuchungen dürfen nur durch den Richter, bei Gefahr im Verzuge auch durch die in den Gesetzen vorgesehenen anderen Organe angeordnet und nur in der dort vorgeschriebenen Form durchgeführt werden.

(3) [1] Begründen bestimmte Tatsachen den Verdacht, daß jemand eine durch Gesetz einzeln bestimmte besonders schwere Straftat begangen hat, so dürfen zur Verfolgung der Tat auf Grund richterlicher Anordnung technische Mittel zur akustischen Überwachung von Wohnungen, in denen der Beschuldigte sich vermutlich aufhält, eingesetzt werden, wenn die Erforschung des Sachverhalts auf andere Weise unverhältnismäßig erschwert oder aussichtslos wäre. [2] Die Maßnahme ist zu befristen. [3] Die Anordnung erfolgt durch einen mit drei Richtern besetzten Spruchkörper. [4] Bei Gefahr im Verzuge kann sie auch durch einen einzelnen Richter getroffen werden.

(4) [1] Zur Abwehr dringender Gefahren für die öffentliche Sicherheit, insbesondere einer gemeinen Gefahr oder einer Lebensgefahr, dürfen technische Mittel zur Überwachung von Wohnungen nur auf Grund richterlicher Anordnung eingesetzt werden. [2] Bei Gefahr im Verzuge kann die Maßnahme auch durch eine andere gesetzlich bestimmte Stelle angeordnet werden; eine richterliche Entscheidung ist unverzüglich nachzuholen.

(5) [1] Sind technische Mittel ausschließlich zum Schutze der bei einem Einsatz in Wohnungen tätigen Personen vorgesehen, kann die Maßnahme durch eine gesetzlich bestimmte Stelle angeordnet werden. [2] Eine anderweitige Verwertung der hierbei erlangten Erkenntnisse ist nur zum Zwecke der Strafverfolgung oder der Gefahrenabwehr und nur zulässig, wenn zuvor die Rechtmäßigkeit der Maßnahme richterlich festgestellt ist; bei Gefahr im Verzuge ist die richterliche Entscheidung unverzüglich nachzuholen.

(6) [1] Die Bundesregierung unterrichtet den Bundestag jährlich über den nach Absatz 3 sowie über den im Zuständigkeitsbereich des Bundes nach Absatz 4 und, soweit richterlich überprüfungsbedürftig, nach Absatz 5 erfolgten Einsatz technischer Mittel. [2] Ein vom Bundestag gewähltes Gremium übt auf der Grundlage dieses Berichts die parlamentarische Kontrolle aus. [3] Die Länder gewährleisten eine gleichwertige parlamentarische Kontrolle.

(7) Eingriffe und Beschränkungen dürfen im übrigen nur zur Abwehr einer gemeinen Gefahr oder einer Lebensgefahr für einzelne Personen, auf Grund eines Gesetzes auch zur Verhütung dringender Gefahren für die öffentliche Sicherheit und Ordnung, insbesondere zur Behebung der Raumnot, zur Bekämpfung von Seuchengefahr oder zum Schutze gefährdeter Jugendlicher vorgenommen werden.

Art. 14[1)] [Eigentum, Erbrecht und Enteignung] (1) [1] Das Eigentum und das Erbrecht werden gewährleistet. [2] Inhalt und Schranken werden durch die Gesetze bestimmt.

(2) [1] Eigentum verpflichtet. [2] Sein Gebrauch soll zugleich dem Wohle der Allgemeinheit dienen.

(3) [1] Eine Enteignung ist nur zum Wohle der Allgemeinheit zulässig. [2] Sie darf nur durch Gesetz oder auf Grund eines Gesetzes erfolgen, das Art und Ausmaß der Entschädigung regelt. [3] Die Entschädigung ist unter gerechter Abwägung der Interessen der Allgemeinheit und der Beteiligten zu bestimmen. [4] Wegen der Höhe der Entschädigung steht im Streitfalle der Rechtsweg vor den ordentlichen Gerichten offen.

Art. 15 [Sozialisierung, Überführung in Gemeineigentum] [1] Grund und Boden, Naturschätze und Produktionsmittel können zum Zwecke der Vergesellschaftung durch ein Gesetz, das Art und Ausmaß der Entschädigung regelt, in Gemeineigentum oder in andere Formen der Gemeinwirtschaft überführt werden. [2] Für die Entschädigung gilt Artikel 14 Abs. 3 Satz 3 und 4 entsprechend.

Art. 16 [Ausbürgerung, Auslieferung] (1) [1] Die deutsche Staatsangehörigkeit darf nicht entzogen werden. [2] Der Verlust der Staatsangehörigkeit darf nur auf Grund eines Gesetzes und gegen den Willen des Betroffenen nur dann eintreten, wenn der Betroffene dadurch nicht staatenlos wird.

(2) [1] Kein Deutscher darf an das Ausland ausgeliefert werden. [2] Durch Gesetz kann eine abweichende Regelung für Auslieferungen an einen Mitgliedstaat der

---

[1)] Siehe hierzu auch die Einleitung zum Allgemeinen Landesrecht für die preußischen Staaten von 1794: „**§ 74.** Einzelne Rechte und die Vortheile der Mitglieder des Staats müssen den Rechten und Pflichten zur Beförderung des gemeinschaftlichen Wohls, wenn zwischen beyden ein wirklicher Widerspruch (Collision) eintritt, nachstehn.
§ 75. Dagegen ist der Staat denjenigen, welcher seine besonderen Rechte und Vortheile dem Wohle des gemeinen Wesens aufzuopfern genöthigt wird, zu entschädigen gehalten."

Europäischen Union oder an einen internationalen Gerichtshof getroffen werden, soweit rechtsstaatliche Grundsätze gewahrt sind.

Art. 16a [Asylrecht] (1) Politisch Verfolgte genießen Asylrecht.

(2) [1]Auf Absatz 1 kann sich nicht berufen, wer aus einem Mitgliedstaat der Europäischen Gemeinschaften oder aus einem anderen Drittstaat einreist, in dem die Anwendung des Abkommens über die Rechtsstellung der Flüchtlinge und der Konvention zum Schutze der Menschenrechte und Grundfreiheiten sichergestellt ist. [2]Die Staaten außerhalb der Europäischen Gemeinschaften, auf die die Voraussetzungen des Satzes 1 zutreffen, werden durch Gesetz, das der Zustimmung des Bundesrates bedarf, bestimmt. [3]In den Fällen des Satzes 1 können aufenthaltsbeendende Maßnahmen unabhängig von einem hiergegen eingelegten Rechtsbehelf vollzogen werden.

(3) [1]Durch Gesetz[1)], das der Zustimmung des Bundesrates bedarf, können Staaten bestimmt werden, bei denen auf Grund der Rechtslage, der Rechtsanwendung und der allgemeinen politischen Verhältnisse gewährleistet erscheint, daß dort weder politische Verfolgung noch unmenschliche oder erniedrigende Bestrafung oder Behandlung stattfindet. [2]Es wird vermutet, daß ein Ausländer aus einem solchen Staat nicht verfolgt wird, solange er nicht Tatsachen vorträgt, die die Annahme begründen, daß er entgegen dieser Vermutung politisch verfolgt wird.

(4) [1]Die Vollziehung aufenthaltsbeendender Maßnahmen wird in den Fällen des Absatzes 3 und in anderen Fällen, die offensichtlich unbegründet sind oder als offensichtlich unbegründet gelten, durch das Gericht nur ausgesetzt, wenn ernstliche Zweifel an der Rechtmäßigkeit der Maßnahme bestehen; der Prüfungsumfang kann eingeschränkt werden und verspätetes Vorbringen unberücksichtigt bleiben. [2]Das Nähere ist durch Gesetz zu bestimmen.

(5) Die Absätze 1 bis 4 stehen völkerrechtlichen Verträgen von Mitgliedstaaten der Europäischen Gemeinschaften untereinander und mit dritten Staaten nicht entgegen, die unter Beachtung der Verpflichtungen aus dem Abkommen über die Rechtsstellung der Flüchtlinge und der Konvention zum Schutze der Menschenrechte und Grundfreiheiten, deren Anwendung in den Vertragsstaaten sichergestellt sein muß, Zuständigkeitsregelungen für die Prüfung von Asylbegehren einschließlich der gegenseitigen Anerkennung von Asylentscheidungen treffen.

Art. 17 [Petitionsrecht] Jedermann hat das Recht, sich einzeln oder in Gemeinschaft mit anderen schriftlich mit Bitten oder Beschwerden an die zuständigen Stellen und an die Volksvertretung zu wenden.

Art. 17a [Grundrechtseinschränkungen bei Wehr- und Ersatzdienst]

(1) Gesetze über Wehrdienst und Ersatzdienst können bestimmen, daß für die Angehörigen der Streitkräfte und des Ersatzdienstes während der Zeit des Wehr- oder Ersatzdienstes das Grundrecht, seine Meinung in Wort, Schrift und Bild frei zu äußern und zu verbreiten (Artikel 5 Abs. 1 Satz 1 erster Halbsatz), das Grundrecht der Versammlungsfreiheit (Artikel 8) und das Petitionsrecht (Artikel 17),

---

[1)] Siehe das Asylgesetz idF der Bek. v. 2.9.2008 (BGBl. I S. 1798), zuletzt geänd. durch G v. 20.11.2019 (BGBl. I S. 1626).

soweit es das Recht gewährt, Bitten oder Beschwerden in Gemeinschaft mit anderen vorzubringen, eingeschränkt werden.

(2) Gesetze, die der Verteidigung einschließlich des Schutzes der Zivilbevölkerung dienen, können bestimmen, daß die Grundrechte der Freizügigkeit (Artikel 11) und der Unverletzlichkeit der Wohnung (Artikel 13) eingeschränkt werden.

Art. 18[1)] [Verwirkung von Grundrechten] [1]Wer die Freiheit der Meinungsäußerung, insbesondere die Pressefreiheit (Artikel 5 Abs. 1), die Lehrfreiheit (Artikel 5 Abs. 3), die Versammlungsfreiheit (Artikel 8), die Vereinigungsfreiheit (Artikel 9), das Brief-, Post- und Fernmeldegeheimnis (Artikel 10), das Eigentum (Artikel 14) oder das Asylrecht (Artikel 16a) zum Kampfe gegen die freiheitliche demokratische Grundordnung mißbraucht, verwirkt diese Grundrechte. [2]Die Verwirkung und ihr Ausmaß werden durch das Bundesverfassungsgericht ausgesprochen.

Art. 19 [Einschränkung von Grundrechten; Grundrechtsträger; Rechtsschutz] (1) [1]Soweit nach diesem Grundgesetz ein Grundrecht durch Gesetz oder auf Grund eines Gesetzes eingeschränkt werden kann, muß das Gesetz allgemein und nicht nur für den Einzelfall gelten. [2]Außerdem muß das Gesetz das Grundrecht unter Angabe des Artikels nennen.

(2) In keinem Falle darf ein Grundrecht in seinem Wesensgehalt angetastet werden.

(3) Die Grundrechte gelten auch für inländische juristische Personen, soweit sie ihrem Wesen nach auf diese anwendbar sind.

(4) [1]Wird jemand durch die öffentliche Gewalt in seinen Rechten verletzt, so steht ihm der Rechtsweg offen. [2]Soweit eine andere Zuständigkeit nicht begründet ist, ist der ordentliche Rechtsweg gegeben. [3]Artikel 10 Abs. 2 Satz 2 bleibt unberührt.

II. Der Bund und die Länder

Art. 20 [Bundesstaatliche Verfassung; Widerstandsrecht] (1) Die Bundesrepublik Deutschland ist ein demokratischer und sozialer Bundesstaat.

(2) [1]Alle Staatsgewalt geht vom Volke aus. [2]Sie wird vom Volke in Wahlen und Abstimmungen und durch besondere Organe der Gesetzgebung, der vollziehenden Gewalt und der Rechtsprechung ausgeübt.

(3) Die Gesetzgebung ist an die verfassungsmäßige Ordnung, die vollziehende Gewalt und die Rechtsprechung sind an Gesetz und Recht gebunden.

(4) Gegen jeden, der es unternimmt, diese Ordnung zu beseitigen, haben alle Deutschen das Recht zum Widerstand, wenn andere Abhilfe nicht möglich ist.

Art. 20a [Schutz der natürlichen Lebensgrundlagen] Der Staat schützt auch in Verantwortung für die künftigen Generationen die natürlichen Lebensgrundlagen und die Tiere im Rahmen der verfassungsmäßigen Ordnung durch die

---

[1)] Siehe hierzu § 13 Nr. 1 und §§ 36 ff. BundesverfassungsgerichtsG (Nr. **6**); zum Verwirkungsverfahren gegen Abgeordnete siehe Art. 46 Abs. 3.

Gesetzgebung und nach Maßgabe von Gesetz und Recht durch die vollziehende Gewalt und die Rechtsprechung.

Art. 21 [Parteien] (1) [1]Die Parteien wirken bei der politischen Willensbildung des Volkes mit. [2]Ihre Gründung ist frei. [3]Ihre innere Ordnung muß demokratischen Grundsätzen entsprechen. [4]Sie müssen über die Herkunft und Verwendung ihrer Mittel sowie über ihr Vermögen öffentlich Rechenschaft geben.

(2)[1)] Parteien, die nach ihren Zielen oder nach dem Verhalten ihrer Anhänger darauf ausgehen, die freiheitliche demokratische Grundordnung zu beeinträchtigen oder zu beseitigen oder den Bestand der Bundesrepublik Deutschland zu gefährden, sind verfassungswidrig.

(3) [1]Parteien, die nach ihren Zielen oder dem Verhalten ihrer Anhänger darauf ausgerichtet sind, die freiheitliche demokratische Grundordnung zu beeinträchtigen oder zu beseitigen oder den Bestand der Bundesrepublik Deutschland zu gefährden, sind von staatlicher Finanzierung ausgeschlossen. [2]Wird der Ausschluss festgestellt, so entfällt auch eine steuerliche Begünstigung dieser Parteien und von Zuwendungen an diese Parteien.

(4) Über die Frage der Verfassungswidrigkeit nach Absatz 2 sowie über den Ausschluss von staatlicher Finanzierung nach Absatz 3 entscheidet das Bundesverfassungsgericht.

(5) Das Nähere regeln Bundesgesetze.[2)]

Art. 22 [Bundeshauptstadt, Bundesflagge] (1) [1]Die Hauptstadt der Bundesrepublik Deutschland ist Berlin. [2]Die Repräsentation des Gesamtstaates in der Hauptstadt ist Aufgabe des Bundes. [3]Das Nähere wird durch Bundesgesetz geregelt.

(2) Die Bundesflagge ist schwarz-rot-gold.

Art. 23 [Verwirklichung der Europäischen Union; Beteiligung des Bundesrates, der Bundesregierung] (1) [1]Zur Verwirklichung eines vereinten Europas wirkt die Bundesrepublik Deutschland bei der Entwicklung der Europäischen Union mit, die demokratischen, rechtsstaatlichen, sozialen und föderativen Grundsätzen und dem Grundsatz der Subsidiarität verpflichtet ist und einen diesem Grundgesetz im wesentlichen vergleichbaren Grundrechtsschutz gewährleistet. [2]Der Bund kann hierzu durch Gesetz[3)] mit Zustimmung des Bundesrates Hoheitsrechte übertragen. [3]Für die Begründung der Europäischen Union sowie für Änderungen ihrer vertraglichen Grundlagen und vergleichbare Regelungen, durch die dieses Grundgesetz seinem Inhalt nach geändert oder ergänzt wird oder solche Änderungen oder Ergänzungen ermöglicht werden, gilt Artikel 79 Abs. 2 und 3.

(1a) [1]Der Bundestag und der Bundesrat haben das Recht, wegen Verstoßes eines Gesetzgebungsakts der Europäischen Union gegen das Subsidiaritätsprinzip vor dem Gerichtshof der Europäischen Union Klage zu erheben. [2]Der Bundestag ist hierzu auf Antrag eines Viertels seiner Mitglieder verpflichtet. [3]Durch Gesetz, das der Zustimmung des Bundesrates bedarf, können für die Wahrnehmung der Rechte, die dem Bundestag und dem Bundesrat in den vertraglichen Grundlagen

---

1) Siehe hierzu § 13 Nr. 2 und §§ 43 ff. BundesverfassungsgerichtsG (Nr. **6**).

2) Siehe das ParteienG (Nr. **7**)

3) Siehe das IntegrationsverantwortungsG (Nr. **1c**)

der Europäischen Union eingeräumt sind, Ausnahmen von Artikel 42 Abs. 2 Satz 1 und Artikel 52 Abs. 3 Satz 1 zugelassen werden.

(2) [1]In Angelegenheiten der Europäischen Union wirken der Bundestag und durch den Bundesrat die Länder mit. [2]Die Bundesregierung hat den Bundestag und den Bundesrat umfassend und zum frühestmöglichen Zeitpunkt zu unterrichten.

(3) [1]Die Bundesregierung gibt dem Bundestag Gelegenheit zur Stellungnahme vor ihrer Mitwirkung an Rechtsetzungsakten der Europäischen Union. [2]Die Bundesregierung berücksichtigt die Stellungnahmen des Bundestages bei den Verhandlungen. [3]Das Nähere regelt ein Gesetz[1)].

(4) Der Bundesrat ist an der Willensbildung des Bundes zu beteiligen, soweit er an einer entsprechenden innerstaatlichen Maßnahme mitzuwirken hätte oder soweit die Länder innerstaatlich zuständig wären.

(5) [1]Soweit in einem Bereich ausschließlicher Zuständigkeiten des Bundes Interessen der Länder berührt sind oder soweit im übrigen der Bund das Recht zur Gesetzgebung hat, berücksichtigt die Bundesregierung die Stellungnahme des Bundesrates. [2]Wenn im Schwerpunkt Gesetzgebungsbefugnisse der Länder, die Einrichtung ihrer Behörden oder ihre Verwaltungsverfahren betroffen sind, ist bei der Willensbildung des Bundes insoweit die Auffassung des Bundesrates maßgeblich zu berücksichtigen; dabei ist die gesamtstaatliche Verantwortung des Bundes zu wahren. [3]In Angelegenheiten, die zu Ausgabenerhöhungen oder Einnahmeminderungen für den Bund führen können, ist die Zustimmung der Bundesregierung erforderlich.

(6) [1]Wenn im Schwerpunkt ausschließliche Gesetzgebungsbefugnisse der Länder auf den Gebieten der schulischen Bildung, der Kultur oder des Rundfunks betroffen sind, wird die Wahrnehmung der Rechte, die der Bundesrepublik Deutschland als Mitgliedstaat der Europäischen Union zustehen, vom Bund auf einen vom Bundesrat benannten Vertreter der Länder übertragen. [2]Die Wahrnehmung der Rechte erfolgt unter Beteiligung und in Abstimmung mit der Bundesregierung; dabei ist die gesamtstaatliche Verantwortung des Bundes zu wahren.

(7) Das Nähere zu den Absätzen 4 bis 6 regelt ein Gesetz[2)], das der Zustimmung des Bundesrates bedarf.

Art. 24 [Kollektives Sicherheitssystem] (1) Der Bund kann durch Gesetz Hoheitsrechte auf zwischenstaatliche Einrichtungen übertragen.

(1a) Soweit die Länder für die Ausübung der staatlichen Befugnisse und die Erfüllung der staatlichen Aufgaben zuständig sind, können sie mit Zustimmung der Bundesregierung Hoheitsrechte auf grenznachbarschaftliche Einrichtungen übertragen.

(2) Der Bund kann sich zur Wahrung des Friedens einem System gegenseitiger kollektiver Sicherheit einordnen; er wird hierbei in die Beschränkungen seiner Hoheitsrechte einwilligen, die eine friedliche und dauerhafte Ordnung in Europa und zwischen den Völkern der Welt herbeiführen und sichern.

[1)] Siehe das G über die Zusammenarbeit von Bundesregierung und Deutschem Bundestag in Angelegenheiten der EU (Nr. **1a**).

[2)] Siehe das G über die Zusammenarbeit von Bund und Ländern in Angelegenheiten der Europäischen Union (Nr. **1b**).

(3) Zur Regelung zwischenstaatlicher Streitigkeiten wird der Bund Vereinbarungen über eine allgemeine, umfassende, obligatorische, internationale Schiedsgerichtsbarkeit beitreten.

Art. 25 [Allgemeines Völkerrecht als Bestandteil des Bundesrechts]

[1] Die allgemeinen Regeln des Völkerrechtes sind Bestandteil des Bundesrechtes. [2] Sie gehen den Gesetzen vor und erzeugen Rechte und Pflichten unmittelbar für die Bewohner des Bundesgebietes.

Art. 26 [Verbot des Angriffskrieges] (1) [1] Handlungen, die geeignet sind und in der Absicht vorgenommen werden, das friedliche Zusammenleben der Völker zu stören, insbesondere die Führung eines Angriffskrieges vorzubereiten, sind verfassungswidrig. [2] Sie sind unter Strafe zu stellen.

(2) [1] Zur Kriegführung bestimmte Waffen dürfen nur mit Genehmigung der Bundesregierung hergestellt, befördert und in Verkehr gebracht werden. [2] Das Nähere regelt ein Bundesgesetz.

Art. 27 [Handelsflotte] Alle deutschen Kauffahrteischiffe bilden eine einheitliche Handelsflotte.

Art. 28 [Verfassung der Länder] (1) [1] Die verfassungsmäßige Ordnung in den Ländern muß den Grundsätzen des republikanischen, demokratischen und sozialen Rechtsstaates im Sinne dieses Grundgesetzes entsprechen. [2] In den Ländern, Kreisen und Gemeinden muß das Volk eine Vertretung haben, die aus allgemeinen, unmittelbaren, freien, gleichen und geheimen Wahlen hervorgegangen ist. [3] Bei Wahlen in Kreisen und Gemeinden sind auch Personen, die die Staatsangehörigkeit eines Mitgliedstaates der Europäischen Gemeinschaft besitzen, nach Maßgabe von Recht der Europäischen Gemeinschaft wahlberechtigt und wählbar. [4] In Gemeinden kann an die Stelle einer gewählten Körperschaft die Gemeindeversammlung treten.

(2) [1] Den Gemeinden muß das Recht gewährleistet sein, alle Angelegenheiten der örtlichen Gemeinschaft im Rahmen der Gesetze in eigener Verantwortung zu regeln. [2] Auch die Gemeindeverbände haben im Rahmen ihres gesetzlichen Aufgabenbereiches nach Maßgabe der Gesetze das Recht der Selbstverwaltung. [3] Die Gewährleistung der Selbstverwaltung umfaßt auch die Grundlagen der finanziellen Eigenverantwortung; zu diesen Grundlagen gehört eine den Gemeinden mit Hebesatzrecht zustehende wirtschaftskraftbezogene Steuerquelle.

(3) Der Bund gewährleistet, daß die verfassungsmäßige Ordnung der Länder den Grundrechten und den Bestimmungen der Absätze 1 und 2 entspricht.

Art. 29 [Neugliederung des Bundesgebietes] (1) [1] Das Bundesgebiet kann neu gegliedert werden, um zu gewährleisten, daß die Länder nach Größe und Leistungsfähigkeit die ihnen obliegenden Aufgaben wirksam erfüllen können. [2] Dabei sind die landsmannschaftliche Verbundenheit, die geschichtlichen und kulturellen Zusammenhänge, die wirtschaftliche Zweckmäßigkeit sowie die Erfordernisse der Raumordnung und der Landesplanung zu berücksichtigen.

(2) [1] Maßnahmen zur Neugliederung des Bundesgebietes ergehen durch Bundesgesetz, das der Bestätigung durch Volksentscheid bedarf. [2] Die betroffenen Länder sind zu hören.

(3) [1] Der Volksentscheid findet in den Ländern statt, aus deren Gebieten oder Gebietsteilen ein neues oder neu umgrenztes Land gebildet werden soll (betroffene Länder). [2] Abzustimmen ist über die Frage, ob die betroffenen Länder wie bisher bestehenbleiben sollen oder ob das neue oder neu umgrenzte Land gebildet werden soll. [3] Der Volksentscheid für die Bildung eines neuen oder neu umgrenzten Landes kommt zustande, wenn in dessen künftigem Gebiet und insgesamt in den Gebieten oder Gebietsteilen eines betroffenen Landes, deren Landeszugehörigkeit im gleichen Sinne geändert werden soll, jeweils eine Mehrheit der Änderung zustimmt. [4] Er kommt nicht zustande, wenn im Gebiet eines der betroffenen Länder eine Mehrheit die Änderung ablehnt; die Ablehnung ist jedoch unbeachtlich, wenn in einem Gebietsteil, dessen Zugehörigkeit zu dem betroffenen Land geändert werden soll, eine Mehrheit von zwei Dritteln der Änderung zustimmt, es sei denn, daß im Gesamtgebiet des betroffenen Landes eine Mehrheit von zwei Dritteln die Änderung ablehnt.

(4) Wird in einem zusammenhängenden, abgegrenzten Siedlungs- und Wirtschaftsraum, dessen Teile in mehreren Ländern liegen und der mindestens eine Million Einwohner hat, von einem Zehntel der in ihm zum Bundestag Wahlberechtigten durch Volksbegehren gefordert, daß für diesen Raum eine einheitliche Landeszugehörigkeit herbeigeführt werde, so ist durch Bundesgesetz innerhalb von zwei Jahren entweder zu bestimmen, ob die Landeszugehörigkeit gemäß Absatz 2 geändert wird, oder daß in den betroffenen Ländern eine Volksbefragung stattfindet.

(5) [1] Die Volksbefragung ist darauf gerichtet festzustellen, ob eine in dem Gesetz vorzuschlagende Änderung der Landeszugehörigkeit Zustimmung findet. [2] Das Gesetz kann verschiedene, jedoch nicht mehr als zwei Vorschläge der Volksbefragung vorlegen. [3] Stimmt eine Mehrheit einer vorgeschlagenen Änderung der Landeszugehörigkeit zu, so ist durch Bundesgesetz innerhalb von zwei Jahren zu bestimmen, ob die Landeszugehörigkeit gemäß Absatz 2 geändert wird. [4] Findet ein der Volksbefragung vorgelegter Vorschlag eine den Maßgaben des Absatzes 3 Satz 3 und 4 entsprechende Zustimmung, so ist innerhalb von zwei Jahren nach der Durchführung der Volksbefragung ein Bundesgesetz zur Bildung des vorgeschlagenen Landes zu erlassen, das der Bestätigung durch Volksentscheid nicht mehr bedarf.

(6) [1] Mehrheit im Volksentscheid und in der Volksbefragung ist die Mehrheit der abgegebenen Stimmen, wenn sie mindestens ein Viertel der zum Bundestag Wahlberechtigten umfaßt. [2] Im übrigen wird das Nähere über Volksentscheid, Volksbegehren und Volksbefragung durch ein Bundesgesetz geregelt; dieses kann auch vorsehen, daß Volksbegehren innerhalb eines Zeitraumes von fünf Jahren nicht wiederholt werden können.

(7) [1] Sonstige Änderungen des Gebietsbestandes der Länder können durch Staatsverträge der beteiligten Länder oder durch Bundesgesetz mit Zustimmung des Bundesrates erfolgen, wenn das Gebiet, dessen Landeszugehörigkeit geändert werden soll, nicht mehr als 50 000 Einwohner hat. [2] Das Nähere regelt ein Bundesgesetz, das der Zustimmung des Bundesrates und der Mehrheit der Mitglieder des Bundestages bedarf. [3] Es muß die Anhörung der betroffenen Gemeinden und Kreise vorsehen.

(8) [1] Die Länder können eine Neugliederung für das jeweils von ihnen umfaßte Gebiet oder für Teilgebiete abweichend von den Vorschriften der Absätze 2 bis 7 durch Staatsvertrag regeln. [2] Die betroffenen Gemeinden und Kreise sind zu hören.

[3]Der Staatsvertrag bedarf der Bestätigung durch Volksentscheid in jedem beteiligten Land. [4]Betrifft der Staatsvertrag Teilgebiete der Länder, kann die Bestätigung auf Volksentscheide in diesen Teilgebieten beschränkt werden; Satz 5 zweiter Halbsatz findet keine Anwendung. [5]Bei einem Volksentscheid entscheidet die Mehrheit der abgegebenen Stimmen, wenn sie mindestens ein Viertel der zum Bundestag Wahlberechtigten umfaßt; das Nähere regelt ein Bundesgesetz. [6]Der Staatsvertrag bedarf der Zustimmung des Bundestages.

Art. 30 [Funktionen der Länder] Die Ausübung der staatlichen Befugnisse und die Erfüllung der staatlichen Aufgaben ist Sache der Länder, soweit dieses Grundgesetz keine andere Regelung trifft oder zuläßt.

Art. 31 [Vorrang des Bundesrechts] Bundesrecht bricht Landesrecht.

Art. 32 [Auswärtige Beziehungen] (1) Die Pflege der Beziehungen zu auswärtigen Staaten ist Sache des Bundes.

(2) Vor dem Abschlusse eines Vertrages, der die besonderen Verhältnisse eines Landes berührt, ist das Land rechtzeitig zu hören.

(3) Soweit die Länder für die Gesetzgebung zuständig sind, können sie mit Zustimmung der Bundesregierung mit auswärtigen Staaten Verträge abschließen.

Art. 33 [Staatsbürgerliche Rechte] (1) Jeder Deutsche hat in jedem Lande die gleichen staatsbürgerlichen Rechte und Pflichten.

(2) Jeder Deutsche hat nach seiner Eignung, Befähigung und fachlichen Leistung gleichen Zugang zu jedem öffentlichen Amte.

(3) [1]Der Genuß bürgerlicher und staatsbürgerlicher Rechte, die Zulassung zu öffentlichen Ämtern sowie die im öffentlichen Dienste erworbenen Rechte sind unabhängig von dem religiösen Bekenntnis. [2]Niemandem darf aus seiner Zugehörigkeit oder Nichtzugehörigkeit zu einem Bekenntnisse oder einer Weltanschauung ein Nachteil erwachsen.

(4) Die Ausübung hoheitsrechtlicher Befugnisse ist als ständige Aufgabe in der Regel Angehörigen des öffentlichen Dienstes zu übertragen, die in einem öffentlich-rechtlichen Dienst- und Treueverhältnis stehen.

(5) Das Recht des öffentlichen Dienstes ist unter Berücksichtigung der hergebrachten Grundsätze des Berufsbeamtentums zu regeln und fortzuentwickeln.

Art. 34[1)] **[Haftung bei Amtspflichtverletzung]** [1] Verletzt jemand in Ausübung eines ihm anvertrauten öffentlichen Amtes die ihm einem Dritten gegenüber obliegende Amtspflicht, so trifft die Verantwortlichkeit grundsätzlich den Staat oder die Körperschaft, in deren Dienst er steht. [2] Bei Vorsatz oder grober Fahrlässigkeit bleibt der Rückgriff vorbehalten. [3] Für den Anspruch auf Schadensersatz und für den Rückgriff darf der ordentliche Rechtsweg nicht ausgeschlossen werden.

Art. 35 [Rechts- und Amtshilfe] (1) Alle Behörden des Bundes und der Länder leisten sich gegenseitig Rechts- und Amtshilfe.

(2) [1] Zur Aufrechterhaltung oder Wiederherstellung der öffentlichen Sicherheit oder Ordnung kann ein Land in Fällen von besonderer Bedeutung Kräfte und

---

1) Siehe hierzu auch folgende Vorschriften des BGB idF der Bek. v. 2.1.2002 (BGBl. I S. 42, ber. S. 2909, 2003 S. 738), zuletzt geänd. durch G v. 21.12.2019 (BGBl. I S. 2911):

„**§ 31 Haftung des Vereins für Organe.** Der Verein ist für den Schaden verantwortlich, den der Vorstand, ein Mitglied des Vorstands oder ein anderer verfassungsmäßig berufener Vertreter durch eine in Ausführung der ihm zustehenden Verrichtungen begangene, zum Schadensersatz verpflichtende Handlung einem Dritten zufügt.

§ 89 Haftung für Organe; Insolvenz. (1) Die Vorschrift des § 31 findet auf den Fiskus sowie auf die Körperschaften, Stiftungen und Anstalten des öffentlichen Rechts entsprechende Anwendung.

(2) Das Gleiche gilt, soweit bei Körperschaften, Stiftungen und Anstalten des öffentlichen Rechts das Insolvenzverfahren zulässig ist, von der Vorschrift des § 42 Abs. 2.

§ 241 Pflichten aus dem Schuldverhältnis. (1) [1] Kraft des Schuldverhältnisses ist der Gläubiger berechtigt, von dem Schuldner eine Leistung zu fordern. [2] Die Leistung kann auch in einem Unterlassen bestehen.

(2) Das Schuldverhältnis kann nach seinem Inhalt jeden Teil zur Rücksicht auf die Rechte, Rechtsgüter und Interessen des anderen Teils verpflichten.

§ 276 Verantwortlichkeit des Schuldners. (1) [1] Der Schuldner hat Vorsatz und Fahrlässigkeit zu vertreten, wenn eine strengere oder mildere Haftung weder bestimmt noch aus dem sonstigen Inhalt des Schuldverhältnisses, insbesondere aus der Übernahme einer Garantie oder eines Beschaffungsrisikos, zu entnehmen ist. [2] Die Vorschriften der §§ 827 und 828 finden entsprechende Anwendung.

(2) Fahrlässig handelt, wer die im Verkehr erforderliche Sorgfalt außer Acht lässt.

(3) Die Haftung wegen Vorsatzes kann dem Schuldner nicht im Voraus erlassen werden.

§ 278 Verantwortlichkeit des Schuldners für Dritte. [1] Der Schuldner hat ein Verschulden seines gesetzlichen Vertreters und der Personen, deren er sich zur Erfüllung seiner Verbindlichkeit bedient, in gleichem Umfang zu vertreten wie eigenes Verschulden. [2] Die Vorschrift des § 276 Abs. 3 findet keine Anwendung.

§ 280 Schadensersatz wegen Pflichtverletzung. (1) [1] Verletzt der Schuldner eine Pflicht aus dem Schuldverhältnis, so kann der Gläubiger Ersatz des hierdurch entstehenden Schadens verlangen. [2] Dies gilt nicht, wenn der Schuldner die Pflichtverletzung nicht zu vertreten hat.

(2) Schadensersatz wegen Verzögerung der Leistung kann der Gläubiger nur unter der zusätzlichen Voraussetzung des § 286 verlangen.

(3) Schadensersatz statt der Leistung kann der Gläubiger nur unter den zusätzlichen Voraussetzungen des § 281, des § 282 oder des § 283 verlangen.

§ 311 Rechtsgeschäftliche und rechtsgeschäftsähnliche Schuldverhältnisse. (1) Zur Begründung eines Schuldverhältnisses durch Rechtsgeschäft sowie zur Änderung des Inhalts eines Schuldverhältnisses ist ein Vertrag zwischen den Beteiligten erforderlich, soweit nicht das Gesetz ein anderes vorschreibt.

(2) Ein Schuldverhältnis mit Pflichten nach § 241 Abs. 2 entsteht auch durch

1. die Aufnahme von Vertragsverhandlungen,
2. die Anbahnung eines Vertrags, bei welcher der eine Teil im Hinblick auf eine etwaige rechtsgeschäftliche Beziehung dem anderen Teil die Möglichkeit zur Einwirkung auf seine Rechte, Rechtsgüter und Interessen gewährt oder ihm diese anvertraut, oder
3. ähnliche geschäftliche Kontakte.

(3) [1] Ein Schuldverhältnis mit Pflichten nach § 241 Abs. 2 kann auch zu Personen entstehen, die nicht selbst Vertragspartei werden sollen. [2] Ein solches Schuldverhältnis entsteht insbesondere, wenn der Dritte in besonderem Maße Vertrauen für sich in Anspruch nimmt und dadurch die Vertragsverhandlungen oder den Vertragsschluss erheblich beeinflusst."

(Fortsetzung der Anm. nächste Seite)

Einrichtungen des *Bundesgrenzschutzes*[1)] zur Unterstützung seiner Polizei anfordern, wenn die Polizei ohne diese Unterstützung eine Aufgabe nicht oder nur unter erheblichen Schwierigkeiten erfüllen könnte. [2]Zur Hilfe bei einer Naturkatastrophe oder bei einem besonders schweren Unglücksfall kann ein Land Polizeikräfte anderer Länder, Kräfte und Einrichtungen anderer Verwaltungen sowie des *Bundesgrenzschutzes*[1)] und der Streitkräfte anfordern.

(3) [1]Gefährdet die Naturkatastrophe oder der Unglücksfall das Gebiet mehr als eines Landes, so kann die Bundesregierung, soweit es zur wirksamen Bekämpfung erforderlich ist, den Landesregierungen die Weisung erteilen, Polizeikräfte anderen Ländern zur Verfügung zu stellen, sowie Einheiten des *Bundesgrenzschutzes*[1)] und der Streitkräfte zur Unterstützung der Polizeikräfte einsetzen. [2]Maßnahmen der Bundesregierung nach Satz 1 sind jederzeit auf Verlangen des Bundesrates, im übrigen unverzüglich nach Beseitigung der Gefahr aufzuheben.

Art. 36 [Beamte der Bundesbehörden] (1) [1]Bei den obersten Bundesbehörden sind Beamte aus allen Ländern in angemessenem Verhältnis zu verwenden. [2]Die bei den übrigen Bundesbehörden beschäftigten Personen sollen in der Regel aus dem Lande genommen werden, in dem sie tätig sind.

(2) Die Wehrgesetze haben auch die Gliederung des Bundes in Länder und ihre besonderen landsmannschaftlichen Verhältnisse zu berücksichtigen.

Art. 37 [Bundeszwang] (1) Wenn ein Land die ihm nach dem Grundgesetze oder einem anderen Bundesgesetze obliegenden Bundespflichten nicht erfüllt, kann die Bundesregierung mit Zustimmung des Bundesrates die notwendigen Maßnahmen treffen, um das Land im Wege des Bundeszwanges zur Erfüllung seiner Pflichten anzuhalten.

(2) Zur Durchführung des Bundeszwanges hat die Bundesregierung oder ihr Beauftragter das Weisungsrecht gegenüber allen Ländern und ihren Behörden.

(Fortsetzung der Anm. von voriger Seite)

„**§ 823 Schadensersatzpflicht.** (1) Wer vorsätzlich oder fahrlässig das Leben, den Körper, die Gesundheit, die Freiheit, das Eigentum oder ein sonstiges Recht eines anderen widerrechtlich verletzt, ist dem anderen zum Ersatz des daraus entstehenden Schadens verpflichtet.

(2) [1]Die gleiche Verpflichtung trifft denjenigen, welcher gegen ein den Schutz eines anderen bezweckendes Gesetz verstößt. [2]Ist nach dem Inhalt des Gesetzes ein Verstoß gegen dieses auch ohne Verschulden möglich, so tritt die Ersatzpflicht nur im Falle des Verschuldens ein.

§ 831 Haftung für den Verrichtungsgehilfen. (1) [1]Wer einen anderen zu einer Verrichtung bestellt, ist zum Ersatz des Schadens verpflichtet, den der andere in Ausführung der Verrichtung einem Dritten widerrechtlich zufügt. [2]Die Ersatzpflicht tritt nicht ein, wenn der Geschäftsherr bei der Auswahl der bestellten Person und, sofern er Vorrichtungen oder Gerätschaften zu beschaffen oder die Ausführung der Verrichtung zu leiten hat, bei der Beschaffung oder der Leitung die im Verkehr erforderliche Sorgfalt beobachtet oder wenn der Schaden auch bei Anwendung dieser Sorgfalt entstanden sein würde.

(2) Die gleiche Verantwortlichkeit trifft denjenigen, welcher für den Geschäftsherrn die Besorgung eines der im Absatz 1 Satz 2 bezeichneten Geschäfte durch Vertrag übernimmt.

§ 839 Haftung bei Amtspflichtverletzung. (1) [1]Verletzt ein Beamter vorsätzlich oder fahrlässig die ihm einem Dritten gegenüber obliegende Amtspflicht, so hat er dem Dritten den daraus entstehenden Schaden zu ersetzen. [2]Fällt dem Beamten nur Fahrlässigkeit zur Last, so kann er nur dann in Anspruch genommen werden, wenn der Verletzte nicht auf andere Weise Ersatz zu erlangen vermag.

(2) [1]Verletzt ein Beamter bei dem Urteil in einer Rechtssache seine Amtspflicht, so ist er für den daraus entstehenden Schaden nur dann verantwortlich, wenn die Pflichtverletzung in einer Straftat besteht. [2]Auf eine pflichtwidrige Verweigerung oder Verzögerung der Ausübung des Amts findet diese Vorschrift keine Anwendung.

(3) Die Ersatzpflicht tritt nicht ein, wenn der Verletzte vorsätzlich oder fahrlässig unterlassen hat, den Schaden durch Gebrauch eines Rechtsmittels abzuwenden.“

[1)] Jetzt: „Bundespolizei“.

III. Der Bundestag

Art. 38 [Wahl] (1) [1]Die Abgeordneten des Deutschen Bundestages werden in allgemeiner, unmittelbarer, freier, gleicher und geheimer Wahl gewählt. [2]Sie sind Vertreter des ganzen Volkes, an Aufträge und Weisungen nicht gebunden und nur ihrem Gewissen unterworfen.

(2) Wahlberechtigt ist, wer das achtzehnte Lebensjahr vollendet hat; wählbar ist, wer das Alter erreicht hat, mit dem die Volljährigkeit eintritt.

(3) Das Nähere bestimmt ein Bundesgesetz[1)].

Art. 39 [Zusammentritt und Wahlperiode] (1) [1]Der Bundestag wird vorbehaltlich der nachfolgenden Bestimmungen auf vier Jahre gewählt. [2]Seine Wahlperiode endet mit dem Zusammentritt eines neuen Bundestages. [3]Die Neuwahl findet frühestens sechsundvierzig, spätestens achtundvierzig Monate nach Beginn der Wahlperiode statt. [4]Im Falle einer Auflösung des Bundestages findet die Neuwahl innerhalb von sechzig Tagen statt.

(2) Der Bundestag tritt spätestens am dreißigsten Tage nach der Wahl zusammen.

(3) [1]Der Bundestag bestimmt den Schluß und den Wiederbeginn seiner Sitzungen. [2]Der Präsident des Bundestages kann ihn früher einberufen. [3]Er ist hierzu verpflichtet, wenn ein Drittel der Mitglieder, der Bundespräsident oder der Bundeskanzler es verlangen.

Art. 40 [Präsident; Geschäftsordnung] (1) [1]Der Bundestag wählt seinen Präsidenten, dessen Stellvertreter und die Schriftführer. [2]Er gibt sich eine Geschäftsordnung[2)].

(2) [1]Der Präsident übt das Hausrecht und die Polizeigewalt im Gebäude des Bundestages aus. [2]Ohne seine Genehmigung darf in den Räumen des Bundestages keine Durchsuchung oder Beschlagnahme stattfinden.

Art. 41 [Wahlprüfung] (1) [1]Die Wahlprüfung ist Sache des Bundestages. [2]Er entscheidet auch, ob ein Abgeordneter des Bundestages die Mitgliedschaft verloren hat.

(2)[3)] Gegen die Entscheidung des Bundestages ist die Beschwerde an das Bundesverfassungsgericht zulässig.

(3) Das Nähere regelt ein Bundesgesetz[4)].

Art. 42 [Öffentlichkeit der Sitzungen; Mehrheitsprinzip] (1) [1]Der Bundestag verhandelt öffentlich. [2]Auf Antrag eines Zehntels seiner Mitglieder oder auf Antrag der Bundesregierung kann mit Zweidrittelmehrheit die Öffentlichkeit aus-

---

[1)] Siehe das BundeswahlG (Nr. **5**), die BundeswahlO idF der Bek. v. 19.4.2002 (BGBl. I S. 1376), zuletzt geänd. durch G v. 18.6.2019 (BGBl. I S. 834) und die BundeswahlgeräteVO v. 3.9.1975 (BGBl. I S. 2459), zuletzt geänd. durch Entsch. v. 3.3.2009 (BGBl. I S. 525).

[2)] Siehe die GeschäftsO des Deutschen Bundestages (Nr. **2**).

[3)] Siehe § 13 Nr. 3 und § 48 BundesverfassungsgerichtsG (Nr. **6**).

[4)] Siehe das WahlprüfungsG (Nr. **5a**).

geschlossen werden. [3]Über den Antrag wird in nichtöffentlicher Sitzung entschieden.

(2) [1]Zu einem Beschlusse des Bundestages ist die Mehrheit der abgegebenen Stimmen erforderlich, soweit dieses Grundgesetz nichts anderes bestimmt. [2]Für die vom Bundestage vorzunehmenden Wahlen kann die Geschäftsordnung Ausnahmen zulassen.

(3) Wahrheitsgetreue Berichte über die öffentlichen Sitzungen des Bundestages und seiner Ausschüsse bleiben von jeder Verantwortlichkeit frei.

Art. 43 [Anwesenheit der Bundesregierung] (1) Der Bundestag und seine Ausschüsse können die Anwesenheit jedes Mitgliedes der Bundesregierung verlangen.

(2) [1]Die Mitglieder des Bundesrates und der Bundesregierung sowie ihre Beauftragten haben zu allen Sitzungen des Bundestages und seiner Ausschüsse Zutritt. [2]Sie müssen jederzeit gehört werden.

Art. 44 [Untersuchungsausschüsse] (1) [1]Der Bundestag hat das Recht und auf Antrag eines Viertels seiner Mitglieder die Pflicht, einen Untersuchungsausschuß einzusetzen, der in öffentlicher Verhandlung die erforderlichen Beweise erhebt. [2]Die Öffentlichkeit kann ausgeschlossen werden.

(2) [1]Auf Beweiserhebungen finden die Vorschriften über den Strafprozeß sinngemäß Anwendung. [2]Das Brief-, Post- und Fernmeldegeheimnis[1)] bleibt unberührt.

(3) Gerichte und Verwaltungsbehörden sind zur Rechts- und Amtshilfe verpflichtet.

(4) [1]Die Beschlüsse der Untersuchungsausschüsse sind der richterlichen Erörterung entzogen. [2]In der Würdigung und Beurteilung des der Untersuchung zugrunde liegenden Sachverhaltes sind die Gerichte frei.

Art. 45 [Ausschuss für die Angelegenheiten der Europäischen Union]

[1]Der Bundestag bestellt einen Ausschuß für die Angelegenheiten der Europäischen Union. [2]Er kann ihn ermächtigen, die Rechte des Bundestages gemäß Artikel 23 gegenüber der Bundesregierung wahrzunehmen. [3]Er kann ihn auch ermächtigen, die Rechte wahrzunehmen, die dem Bundestag in den vertraglichen Grundlagen der Europäischen Union eingeräumt sind.

Art. 45a [Ausschüsse für auswärtige Angelegenheiten und für Verteidigung] (1) Der Bundestag bestellt einen Ausschuß für auswärtige Angelegenheiten und einen Ausschuß für Verteidigung.

(2) [1]Der Ausschuß für Verteidigung hat auch die Rechte eines Untersuchungsausschusses. [2]Auf Antrag eines Viertels seiner Mitglieder hat er die Pflicht, eine Angelegenheit zum Gegenstand seiner Untersuchung zu machen.

(3) Artikel 44 Abs. 1 findet auf dem Gebiet der Verteidigung keine Anwendung.

---

1) Siehe Art. 10.

Art. 45b [Wehrbeauftragter des Bundestages] [1] Zum Schutz der Grundrechte und als Hilfsorgan des Bundestages bei der Ausübung der parlamentarischen Kontrolle wird ein Wehrbeauftragter des Bundestages berufen. [2] Das Nähere regelt ein Bundesgesetz[1)].

Art. 45c [Petitionsausschuss des Bundestages] (1) Der Bundestag bestellt einen Petitionsausschuß, dem die Behandlung der nach Artikel 17 an den Bundestag gerichteten Bitten und Beschwerden obliegt.

(2) Die Befugnisse des Ausschusses zur Überprüfung von Beschwerden regelt ein Bundesgesetz[2)].

Art. 45d Parlamentarisches Kontrollgremium. (1) Der Bundestag bestellt ein Gremium zur Kontrolle der nachrichtendienstlichen Tätigkeit des Bundes.

(2) Das Nähere regelt ein Bundesgesetz.

Art. 46 [Indemnität und Immunität der Abgeordneten] (1) [1] Ein Abgeordneter darf zu keiner Zeit wegen seiner Abstimmung oder wegen einer Äußerung, die er im Bundestage oder in einem seiner Ausschüsse getan hat, gerichtlich oder dienstlich verfolgt oder sonst außerhalb des Bundestages zur Verantwortung gezogen werden. [2] Dies gilt nicht für verleumderische Beleidigungen.

(2) Wegen einer mit Strafe bedrohten Handlung darf ein Abgeordneter nur mit Genehmigung des Bundestages zur Verantwortung gezogen oder verhaftet werden, es sei denn, daß er bei Begehung der Tat oder im Laufe des folgenden Tages festgenommen wird.

(3) Die Genehmigung des Bundestages ist ferner bei jeder anderen Beschränkung der persönlichen Freiheit eines Abgeordneten oder zur Einleitung eines Verfahrens gegen einen Abgeordneten gemäß Artikel 18 erforderlich.

(4) Jedes Strafverfahren und jedes Verfahren gemäß Artikel 18 gegen einen Abgeordneten, jede Haft und jede sonstige Beschränkung seiner persönlichen Freiheit sind auf Verlangen des Bundestages auszusetzen.

Art. 47 [Zeugnisverweigerungsrecht der Abgeordneten] [1] Die Abgeordneten sind berechtigt, über Personen, die ihnen in ihrer Eigenschaft als Abgeordnete oder denen sie in dieser Eigenschaft Tatsachen anvertraut haben, sowie über diese Tatsachen selbst das Zeugnis zu verweigern. [2] Soweit dieses Zeugnisverweigerungsrecht reicht, ist die Beschlagnahme von Schriftstücken unzulässig.

Art. 48 [Ansprüche der Abgeordneten] (1) Wer sich um einen Sitz im Bundestage bewirbt, hat Anspruch auf den zur Vorbereitung seiner Wahl erforderlichen Urlaub.

(2) [1] Niemand darf gehindert werden, das Amt eines Abgeordneten zu übernehmen und auszuüben. [2] Eine Kündigung oder Entlassung aus diesem Grunde ist unzulässig.

[1)] Siehe das G über den Wehrbeauftragten des Deutschen Bundestages idF der Bek. v. 16.6.1982 (BGBl. I S. 677), zuletzt geänd. durch G v. 5.2.2009 (BGBl. I S. 160).

[2)] Siehe das G über die Befugnisse des Petitionsausschusses des Deutschen Bundestages v. 19.7.1975 (BGBl. I S. 1921), geänd. durch G v. 5.5.2004 (BGBl. I S. 718).

(3) [1]Die Abgeordneten haben Anspruch auf eine angemessene, ihre Unabhängigkeit sichernde Entschädigung. [2]Sie haben das Recht der freien Benutzung aller staatlichen Verkehrsmittel. [3]Das Nähere regelt ein Bundesgesetz[1)].

Art. 49 *(aufgehoben)*

IV. Der Bundesrat

Art. 50 [Aufgabe] Durch den Bundesrat wirken die Länder bei der Gesetzgebung und Verwaltung des Bundes und in Angelegenheiten der Europäischen Union mit.

Art. 51 [Zusammensetzung] (1) [1]Der Bundesrat besteht aus Mitgliedern der Regierungen der Länder, die sie bestellen und abberufen. [2]Sie können durch andere Mitglieder ihrer Regierungen vertreten werden.

(2) Jedes Land hat mindestens drei Stimmen, Länder mit mehr als zwei Millionen Einwohnern haben vier, Länder mit mehr als sechs Millionen Einwohnern fünf, Länder mit mehr als sieben Millionen Einwohnern sechs Stimmen.

(3) [1]Jedes Land kann so viele Mitglieder entsenden, wie es Stimmen hat. [2]Die Stimmen eines Landes können nur einheitlich und nur durch anwesende Mitglieder oder deren Vertreter abgegeben werden.

Art. 52 [Präsident; Beschlussfassung; Bildung einer Europakammer]

(1) Der Bundesrat wählt seinen Präsidenten auf ein Jahr.

(2) [1]Der Präsident beruft den Bundesrat ein. [2]Er hat ihn einzuberufen, wenn die Vertreter von mindestens zwei Ländern oder die Bundesregierung es verlangen.

(3) [1]Der Bundesrat faßt seine Beschlüsse mit mindestens der Mehrheit seiner Stimmen. [2]Er gibt sich eine Geschäftsordnung[2)]. [3]Er verhandelt öffentlich. [4]Die Öffentlichkeit kann ausgeschlossen werden.

(3a) Für Angelegenheiten der Europäischen Union kann der Bundesrat eine Europakammer bilden, deren Beschlüsse als Beschlüsse des Bundesrates gelten; die Anzahl der einheitlich abzugebenden Stimmen der Länder bestimmt sich nach Artikel 51 Abs. 2.

(4) Den Ausschüssen des Bundesrates können andere Mitglieder oder Beauftragte der Regierungen der Länder angehören.

Art. 53 [Teilnahme der Bundesregierung] [1]Die Mitglieder der Bundesregierung haben das Recht und auf Verlangen die Pflicht, an den Verhandlungen des Bundesrates und seiner Ausschüsse teilzunehmen. [2]Sie müssen jederzeit gehört werden. [3]Der Bundesrat ist von der Bundesregierung über die Führung der Geschäfte auf dem laufenden zu halten.

[1)] Siehe das AbgeordnetenG (Nr. **3**).

[2)] Siehe die GeschäftsO des Bundesrates idF der Bek. v. 26.11.1993 (BGBl. I S. 2007), zuletzt geänd. durch Bek. v. 8.6.2007 (BGBl. I S. 1057).

IVa. Gemeinsamer Ausschuß

Art. 53a [Gemeinsamer Ausschuss] (1) [1]Der Gemeinsame Ausschuß besteht zu zwei Dritteln aus Abgeordneten des Bundestages, zu einem Drittel aus Mitgliedern des Bundesrates. [2]Die Abgeordneten werden vom Bundestage entsprechend dem Stärkeverhältnis der Fraktionen bestimmt; sie dürfen nicht der Bundesregierung angehören. [3]Jedes Land wird durch ein von ihm bestelltes Mitglied des Bundesrates vertreten; diese Mitglieder sind nicht an Weisungen gebunden. [4]Die Bildung des Gemeinsamen Ausschusses und sein Verfahren werden durch eine Geschäftsordnung[1)] geregelt, die vom Bundestage zu beschließen ist und der Zustimmung des Bundesrates bedarf.

(2) [1]Die Bundesregierung hat den Gemeinsamen Ausschuß über ihre Planungen für den Verteidigungsfall zu unterrichten. [2]Die Rechte des Bundestages und seiner Ausschüsse nach Artikel 43 Abs. 1 bleiben unberührt.

V. Der Bundespräsident

Art. 54 [Wahl durch die Bundesversammlung] (1) [1]Der Bundespräsident wird ohne Aussprache von der Bundesversammlung gewählt. [2]Wählbar ist jeder Deutsche, der das Wahlrecht zum Bundestage besitzt und das vierzigste Lebensjahr vollendet hat.

(2) [1]Das Amt des Bundespräsidenten dauert fünf Jahre. [2]Anschließende Wiederwahl ist nur einmal zulässig.

(3) Die Bundesversammlung besteht aus den Mitgliedern des Bundestages und einer gleichen Anzahl von Mitgliedern, die von den Volksvertretungen der Länder nach den Grundsätzen der Verhältniswahl gewählt werden.

(4) [1]Die Bundesversammlung tritt spätestens dreißig Tage vor Ablauf der Amtszeit des Bundespräsidenten, bei vorzeitiger Beendigung spätestens dreißig Tage nach diesem Zeitpunkt zusammen. [2]Sie wird von dem Präsidenten des Bundestages einberufen.

(5) Nach Ablauf der Wahlperiode beginnt die Frist des Absatzes 4 Satz 1 mit dem ersten Zusammentritt des Bundestages.

(6) [1]Gewählt ist, wer die Stimmen der Mehrheit der Mitglieder der Bundesversammlung erhält. [2]Wird diese Mehrheit in zwei Wahlgängen von keinem Bewerber erreicht, so ist gewählt, wer in einem weiteren Wahlgang die meisten Stimmen auf sich vereinigt.

(7) Das Nähere regelt ein Bundesgesetz.

Art. 55 [Berufs- und Gewerbeverbot] (1) Der Bundespräsident darf weder der Regierung noch einer gesetzgebenden Körperschaft des Bundes oder eines Landes angehören.

(2) Der Bundespräsident darf kein anderes besoldetes Amt, kein Gewerbe und keinen Beruf ausüben und weder der Leitung noch dem Aufsichtsrate eines auf Erwerb gerichteten Unternehmens angehören.

---

1) Siehe die GeschäftsO für den Gemeinsamen Ausschuß v. 23.7.1969 (BGBl. I S. 1102), zuletzt geänd. durch Bek. v. 20.7.1993 (BGBl. I S. 1500).

Art. 56 [Amtseid] [1] Der Bundespräsident leistet bei seinem Amtsantritt vor den versammelten Mitgliedern des Bundestages und des Bundesrates folgenden Eid: „Ich schwöre, daß ich meine Kraft dem Wohle des deutschen Volkes widmen, seinen Nutzen mehren, Schaden von ihm wenden, das Grundgesetz und die Gesetze des Bundes wahren und verteidigen, meine Pflichten gewissenhaft erfüllen und Gerechtigkeit gegen jedermann üben werde. So wahr mir Gott helfe." [2] Der Eid kann auch ohne religiöse Beteuerung geleistet werden.

Art. 57 [Vertretung] Die Befugnisse des Bundespräsidenten werden im Falle seiner Verhinderung oder bei vorzeitiger Erledigung des Amtes durch den Präsidenten des Bundesrates wahrgenommen.

Art. 58 [Gegenzeichnung] [1] Anordnungen und Verfügungen des Bundespräsidenten bedürfen zu ihrer Gültigkeit der Gegenzeichnung durch den Bundeskanzler oder durch den zuständigen Bundesminister. [2] Dies gilt nicht für die Ernennung und Entlassung des Bundeskanzlers, die Auflösung des Bundestages gemäß Artikel 63 und das Ersuchen gemäß Artikel 69 Abs. 3.

Art. 59 [Völkerrechtliche Vertretungsmacht] (1) [1] Der Bundespräsident vertritt den Bund völkerrechtlich. [2] Er schließt im Namen des Bundes die Verträge mit auswärtigen Staaten. [3] Er beglaubigt und empfängt die Gesandten.

(2) [1] Verträge, welche die politischen Beziehungen des Bundes regeln oder sich auf Gegenstände der Bundesgesetzgebung beziehen, bedürfen der Zustimmung oder der Mitwirkung der jeweils für die Bundesgesetzgebung zuständigen Körperschaften in der Form eines Bundesgesetzes. [2] Für Verwaltungsabkommen gelten die Vorschriften über die Bundesverwaltung entsprechend.

Art. 59a *(aufgehoben)*

Art. 60 [Ernennung der Bundesbeamten und Soldaten] (1) Der Bundespräsident ernennt und entläßt die Bundesrichter, die Bundesbeamten, die Offiziere und Unteroffiziere, soweit gesetzlich nichts anderes bestimmt ist.

(2) Er übt im Einzelfalle für den Bund das Begnadigungsrecht aus.

(3) Er kann diese Befugnisse auf andere Behörden übertragen.

(4) Die Absätze 2 bis 4 des Artikels 46 finden auf den Bundespräsidenten entsprechende Anwendung.

Art. 61[1)] **[Anklage vor dem Bundesverfassungsgericht]** (1) [1] Der Bundestag oder der Bundesrat können den Bundespräsidenten wegen vorsätzlicher Verletzung des Grundgesetzes oder eines anderen Bundesgesetzes vor dem Bundesverfassungsgericht anklagen. [2] Der Antrag auf Erhebung der Anklage muß von mindestens einem Viertel der Mitglieder des Bundestages oder einem Viertel der Stimmen des Bundesrates gestellt werden. [3] Der Beschluß auf Erhebung der Anklage bedarf der Mehrheit von zwei Dritteln der Mitglieder des Bundestages oder von zwei Dritteln der Stimmen des Bundesrates. [4] Die Anklage wird von einem Beauftragten der anklagenden Körperschaft vertreten.

[1)] Siehe hierzu § 13 Nr. 4 und §§ 49 ff. BundesverfassungsgerichtsG (Nr. **6**).

(2) [1] Stellt das Bundesverfassungsgericht fest, daß der Bundespräsident einer vorsätzlichen Verletzung des Grundgesetzes oder eines anderen Bundesgesetzes schuldig ist, so kann es ihn des Amtes für verlustig erklären. [2] Durch einstweilige Anordnung kann es nach der Erhebung der Anklage bestimmen, daß er an der Ausübung seines Amtes verhindert ist.

VI. Die Bundesregierung

Art. 62 [Zusammensetzung] Die Bundesregierung besteht aus dem Bundeskanzler und aus den Bundesministern.

Art. 63 [Wahl des Bundeskanzlers] (1) Der Bundeskanzler wird auf Vorschlag des Bundespräsidenten vom Bundestage ohne Aussprache gewählt.

(2) [1] Gewählt ist, wer die Stimmen der Mehrheit der Mitglieder des Bundestages auf sich vereinigt. [2] Der Gewählte ist vom Bundespräsidenten zu ernennen.

(3) Wird der Vorgeschlagene nicht gewählt, so kann der Bundestag binnen vierzehn Tagen nach dem Wahlgange mit mehr als der Hälfte seiner Mitglieder einen Bundeskanzler wählen.

(4) [1] Kommt eine Wahl innerhalb dieser Frist nicht zustande, so findet unverzüglich ein neuer Wahlgang statt, in dem gewählt ist, wer die meisten Stimmen erhält. [2] Vereinigt der Gewählte die Stimmen der Mehrheit der Mitglieder des Bundestages auf sich, so muß der Bundespräsident ihn binnen sieben Tagen nach der Wahl ernennen. [3] Erreicht der Gewählte diese Mehrheit nicht, so hat der Bundespräsident binnen sieben Tagen entweder ihn zu ernennen oder den Bundestag aufzulösen.

Art. 64 [Ernennung der Bundesminister] (1) Die Bundesminister[1)] werden auf Vorschlag des Bundeskanzlers vom Bundespräsidenten ernannt und entlassen.

(2) Der Bundeskanzler und die Bundesminister leisten bei der Amtsübernahme vor dem Bundestage den in Artikel 56 vorgesehenen Eid.

Art. 65 [Verantwortung] [1] Der Bundeskanzler bestimmt die Richtlinien der Politik und trägt dafür die Verantwortung. [2] Innerhalb dieser Richtlinien leitet jeder Bundesminister seinen Geschäftsbereich selbständig und unter eigener Verantwortung. [3] Über Meinungsverschiedenheiten zwischen den Bundesministern entscheidet die Bundesregierung. [4] Der Bundeskanzler leitet ihre Geschäfte nach einer von der Bundesregierung beschlossenen und vom Bundespräsidenten genehmigten Geschäftsordnung[2)].

Art. 65a[3)] [Befehls- und Kommandogewalt über die Streitkräfte] Der Bundesminister für Verteidigung hat die Befehls- und Kommandogewalt über die Streitkräfte.

Art. 66 [Berufs- und Gewerbeverbot] Der Bundeskanzler und die Bundesminister dürfen kein anderes besoldetes Amt, kein Gewerbe und keinen Beruf

---

[1)] Siehe hierzu das BundesministerG idF der Bek. v. 27.7.1971 (BGBl. I S. 1166), zuletzt geänd. durch G v. 17.7.2015 (BGBl. I S. 1322).
[2)] Siehe die GeschäftsO der Bundesregierung (Nr. **2a**).
[3)] Siehe hierzu das ParlamentsbeteiligungsG v. 18.3.2005 (BGBl. I S. 775).

ausüben und weder der Leitung noch ohne Zustimmung des Bundestages dem Aufsichtsrate eines auf Erwerb gerichteten Unternehmens angehören.

Art. 67 [Misstrauensvotum] (1) [1]Der Bundestag kann dem Bundeskanzler das Mißtrauen nur dadurch aussprechen, daß er mit der Mehrheit seiner Mitglieder einen Nachfolger wählt und den Bundespräsidenten ersucht, den Bundeskanzler zu entlassen. [2]Der Bundespräsident muß dem Ersuchen entsprechen und den Gewählten ernennen.

(2) Zwischen dem Antrage und der Wahl müssen achtundvierzig Stunden liegen.

Art. 68 [Auflösung des Bundestages] (1) [1]Findet ein Antrag des Bundeskanzlers, ihm das Vertrauen auszusprechen, nicht die Zustimmung der Mehrheit der Mitglieder des Bundestages, so kann der Bundespräsident auf Vorschlag des Bundeskanzlers binnen einundzwanzig Tagen den Bundestag auflösen. [2]Das Recht zur Auflösung erlischt, sobald der Bundestag mit der Mehrheit seiner Mitglieder einen anderen Bundeskanzler wählt.

(2) Zwischen dem Antrage und der Abstimmung müssen achtundvierzig Stunden liegen.

Art. 69 [Stellvertreter des Bundeskanzlers] (1) Der Bundeskanzler ernennt einen Bundesminister zu seinem Stellvertreter.

(2) Das Amt des Bundeskanzlers oder eines Bundesministers endigt in jedem Falle mit dem Zusammentritt eines neuen Bundestages, das Amt eines Bundesministers auch mit jeder anderen Erledigung des Amtes des Bundeskanzlers.

(3) Auf Ersuchen des Bundespräsidenten ist der Bundeskanzler, auf Ersuchen des Bundeskanzlers oder des Bundespräsidenten ein Bundesminister verpflichtet, die Geschäfte bis zur Ernennung seines Nachfolgers weiterzuführen.

VII. Die Gesetzgebung des Bundes

Art. 70 [Gesetzgebung des Bundes und der Länder] (1) Die Länder haben das Recht der Gesetzgebung, soweit dieses Grundgesetz nicht dem Bunde Gesetzgebungsbefugnisse verleiht.

(2) Die Abgrenzung der Zuständigkeit zwischen Bund und Ländern bemißt sich nach den Vorschriften dieses Grundgesetzes über die ausschließliche und die konkurrierende Gesetzgebung.

Art. 71 [Ausschließliche Gesetzgebung] Im Bereiche der ausschließlichen Gesetzgebung des Bundes haben die Länder die Befugnis zur Gesetzgebung nur, wenn und soweit sie hierzu in einem Bundesgesetze ausdrücklich ermächtigt werden.

Art. 72 [Konkurrierende Gesetzgebung] (1) Im Bereich der konkurrierenden Gesetzgebung haben die Länder die Befugnis zur Gesetzgebung, solange und soweit der Bund von seiner Gesetzgebungszuständigkeit nicht durch Gesetz Gebrauch gemacht hat.

(2) Auf den Gebieten des Artikels 74 Abs. 1 Nr. 4, 7, 11, 13, 15, 19a, 20, 22, 25 und 26 hat der Bund das Gesetzgebungsrecht, wenn und soweit die Herstellung

gleichwertiger Lebensverhältnisse im Bundesgebiet oder die Wahrung der Rechts- oder Wirtschaftseinheit im gesamtstaatlichen Interesse eine bundesgesetzliche Regelung erforderlich macht.

(3) [1] Hat der Bund von seiner Gesetzgebungszuständigkeit Gebrauch gemacht, können die Länder durch Gesetz hiervon abweichende Regelungen treffen über:
1. das Jagdwesen (ohne das Recht der Jagdscheine);
2. den Naturschutz und die Landschaftspflege (ohne die allgemeinen Grundsätze des Naturschutzes, das Recht des Artenschutzes oder des Meeresnaturschutzes);
3. die Bodenverteilung;
4. die Raumordnung;
5. den Wasserhaushalt (ohne stoff- oder anlagenbezogene Regelungen);
6. die Hochschulzulassung und die Hochschulabschlüsse;
7. die Grundsteuer.

[2] Bundesgesetze auf diesen Gebieten treten frühestens sechs Monate nach ihrer Verkündung in Kraft, soweit nicht mit Zustimmung des Bundesrates anderes bestimmt ist. [3] Auf den Gebieten des Satzes 1 geht im Verhältnis von Bundes- und Landesrecht das jeweils spätere Gesetz vor.

(4) Durch Bundesgesetz kann bestimmt werden, daß eine bundesgesetzliche Regelung, für die eine Erforderlichkeit im Sinne des Absatzes 2 nicht mehr besteht, durch Landesrecht ersetzt werden kann.

Art. 73 [Gegenstände der ausschließlichen Gesetzgebung] (1) Der Bund hat die ausschließliche Gesetzgebung über:
1. die auswärtigen Angelegenheiten sowie die Verteidigung einschließlich des Schutzes der Zivilbevölkerung;
2. die Staatsangehörigkeit im Bunde;
3. die Freizügigkeit, das Paßwesen, das Melde- und Ausweiswesen, die Ein- und Auswanderung und die Auslieferung;
4. das Währungs-, Geld- und Münzwesen, Maße und Gewichte sowie die Zeitbestimmung;
5. die Einheit des Zoll- und Handelsgebietes, die Handels- und Schiffahrtsverträge, die Freizügigkeit des Warenverkehrs und den Waren- und Zahlungsverkehr mit dem Auslande einschließlich des Zoll- und Grenzschutzes;

5a. den Schutz deutschen Kulturgutes gegen Abwanderung ins Ausland;

6. den Luftverkehr;

6a. den Verkehr von Eisenbahnen, die ganz oder mehrheitlich im Eigentum des Bundes stehen (Eisenbahnen des Bundes), den Bau, die Unterhaltung und das Betreiben von Schienenwegen der Eisenbahnen des Bundes sowie die Erhebung von Entgelten für die Benutzung dieser Schienenwege;

7. das Postwesen und die Telekommunikation;
8. die Rechtsverhältnisse der im Dienste des Bundes und der bundesunmittelbaren Körperschaften des öffentlichen Rechtes stehenden Personen;
9. den gewerblichen Rechtsschutz, das Urheberrecht und das Verlagsrecht;

9a. die Abwehr von Gefahren des internationalen Terrorismus durch das Bundeskriminalpolizeiamt in Fällen, in denen eine länderübergreifende Gefahr vorliegt, die Zuständigkeit einer Landespolizeibehörde nicht erkennbar ist oder die oberste Landesbehörde um eine Übernahme ersucht;

10. die Zusammenarbeit des Bundes und der Länder
    a) in der Kriminalpolizei,
    b) zum Schutze der freiheitlichen demokratischen Grundordnung, des Bestandes und der Sicherheit des Bundes oder eines Landes (Verfassungsschutz) und
    c) zum Schutze gegen Bestrebungen im Bundesgebiet, die durch Anwendung von Gewalt oder darauf gerichtete Vorbereitungshandlungen auswärtige Belange der Bundesrepublik Deutschland gefährden,

    sowie die Einrichtung eines Bundeskriminalpolizeiamtes und die internationale Verbrechensbekämpfung;
11. die Statistik für Bundeszwecke;
12. das Waffen- und das Sprengstoffrecht;
13. die Versorgung der Kriegsbeschädigten und Kriegshinterbliebenen und die Fürsorge für die ehemaligen Kriegsgefangenen;
14. die Erzeugung und Nutzung der Kernenergie zu friedlichen Zwecken, die Errichtung und den Betrieb von Anlagen, die diesen Zwecken dienen, den Schutz gegen Gefahren, die bei Freiwerden von Kernenergie oder durch ionisierende Strahlen entstehen, und die Beseitigung radioaktiver Stoffe.

(2) Gesetze nach Absatz 1 Nr. 9a bedürfen der Zustimmung des Bundesrates.

Art. 74 [Gegenstände der konkurrierenden Gesetzgebung] (1) Die konkurrierende Gesetzgebung erstreckt sich auf folgende Gebiete:

1. das bürgerliche Recht, das Strafrecht, die Gerichtsverfassung, das gerichtliche Verfahren (ohne das Recht des Untersuchungshaftvollzugs), die Rechtsanwaltschaft, das Notariat und die Rechtsberatung;
2. das Personenstandswesen;
3. das Vereinsrecht;
4. das Aufenthalts- und Niederlassungsrecht der Ausländer;

4a., 5. *(aufgehoben)*

6. die Angelegenheiten der Flüchtlinge und Vertriebenen;
7. die öffentliche Fürsorge (ohne das Heimrecht);
8. *(aufgehoben)*
9. die Kriegsschäden und die Wiedergutmachung;
10. die Kriegsgräber und Gräber anderer Opfer des Krieges und Opfer von Gewaltherrschaft;
11. das Recht der Wirtschaft (Bergbau, Industrie, Energiewirtschaft, Handwerk, Gewerbe, Handel, Bank- und Börsenwesen, privatrechtliches Versicherungswesen) ohne das Recht des Ladenschlusses, der Gaststätten, der Spielhallen, der Schaustellung von Personen, der Messen, der Ausstellungen und der Märkte;

11a. *(aufgehoben)*

12. das Arbeitsrecht einschließlich der Betriebsverfassung, des Arbeitsschutzes und der Arbeitsvermittlung sowie die Sozialversicherung einschließlich der Arbeitslosenversicherung;
13. die Regelung der Ausbildungsbeihilfen und die Förderung der wissenschaftlichen Forschung;
14. das Recht der Enteignung, soweit sie auf den Sachgebieten der Artikel 73 und 74 in Betracht kommt;
15. die Überführung von Grund und Boden, von Naturschätzen und Produktionsmitteln in Gemeineigentum oder in andere Formen der Gemeinwirtschaft;
16. die Verhütung des Mißbrauchs wirtschaftlicher Machtstellung;
17. die Förderung der land- und forstwirtschaftlichen Erzeugung (ohne das Recht der Flurbereinigung), die Sicherung der Ernährung, die Ein- und Ausfuhr land- und forstwirtschaftlicher Erzeugnisse, die Hochsee- und Küstenfischerei und den Küstenschutz;
18. den städtebaulichen Grundstücksverkehr, das Bodenrecht (ohne das Recht der Erschließungsbeiträge) und das Wohngeldrecht, das Altschuldenhilferecht, das Wohnungsbauprämienrecht, das Bergarbeiterwohnungsbaurecht und das Bergmannssiedlungsrecht;
19. Maßnahmen gegen gemeingefährliche oder übertragbare Krankheiten bei Menschen und Tieren, Zulassung zu ärztlichen und anderen Heilberufen und zum Heilgewerbe, sowie das Recht des Apothekenwesens, der Arzneien, der Medizinprodukte, der Heilmittel, der Betäubungsmittel und der Gifte;

19a. die wirtschaftliche Sicherung der Krankenhäuser und die Regelung der Krankenhauspflegesätze;

20. das Recht der Lebensmittel einschließlich der ihrer Gewinnung dienenden Tiere, das Recht der Genussmittel, Bedarfsgegenstände und Futtermittel sowie den Schutz beim Verkehr mit land- und forstwirtschaftlichem Saat- und Pflanzgut, den Schutz der Pflanzen gegen Krankheiten und Schädlinge sowie den Tierschutz;
21. die Hochsee- und Küstenschiffahrt sowie die Seezeichen, die Binnenschiffahrt, den Wetterdienst, die Seewasserstraßen und die dem allgemeinen Verkehr dienenden Binnenwasserstraßen;
22. den Straßenverkehr, das Kraftfahrwesen, den Bau und die Unterhaltung von Landstraßen für den Fernverkehr sowie die Erhebung und Verteilung von Gebühren oder Entgelten für die Benutzung öffentlicher Straßen mit Fahrzeugen;
23. die Schienenbahnen, die nicht Eisenbahnen des Bundes sind, mit Ausnahme der Bergbahnen;
24. die Abfallwirtschaft, die Luftreinhaltung und die Lärmbekämpfung (ohne Schutz vor verhaltensbezogenem Lärm);
25. die Staatshaftung;
26. die medizinisch unterstützte Erzeugung menschlichen Lebens, die Untersuchung und die künstliche Veränderung von Erbinformationen sowie Regelungen zur Transplantation von Organen, Geweben und Zellen;

27. die Statusrechte und -pflichten der Beamten der Länder, Gemeinden und anderen Körperschaften des öffentlichen Rechts sowie der Richter in den Ländern mit Ausnahme der Laufbahnen, Besoldung und Versorgung;
28. das Jagdwesen;
29. den Naturschutz und die Landschaftspflege;
30. die Bodenverteilung;
31. die Raumordnung;
32. den Wasserhaushalt;
33. die Hochschulzulassung und die Hochschulabschlüsse.

(2) Gesetze nach Absatz 1 Nr. 25 und 27 bedürfen der Zustimmung des Bundesrates.

Art. 74a, 75 *(aufgehoben)*

Art. 76 [Gesetzesvorlagen] (1) Gesetzesvorlagen werden beim Bundestage durch die Bundesregierung, aus der Mitte des Bundestages oder durch den Bundesrat eingebracht.

(2) [1] Vorlagen der Bundesregierung sind zunächst dem Bundesrat zuzuleiten. [2] Der Bundesrat ist berechtigt, innerhalb von sechs Wochen zu diesen Vorlagen Stellung zu nehmen. [3] Verlangt er aus wichtigem Grunde, insbesondere mit Rücksicht auf den Umfang einer Vorlage, eine Fristverlängerung, so beträgt die Frist neun Wochen. [4] Die Bundesregierung kann eine Vorlage, die sie bei der Zuleitung an den Bundesrat ausnahmsweise als besonders eilbedürftig bezeichnet hat, nach drei Wochen oder, wenn der Bundesrat ein Verlangen nach Satz 3 geäußert hat, nach sechs Wochen dem Bundestag zuleiten, auch wenn die Stellungnahme des Bundesrates noch nicht bei ihr eingegangen ist; sie hat die Stellungnahme des Bundesrates unverzüglich nach Eingang dem Bundestag nachzureichen. [5] Bei Vorlagen zur Änderung dieses Grundgesetzes und zur Übertragung von Hoheitsrechten nach Artikel 23 oder Artikel 24 beträgt die Frist zur Stellungnahme neun Wochen; Satz 4 findet keine Anwendung.

(3) [1] Vorlagen des Bundesrates sind dem Bundestag durch die Bundesregierung innerhalb von sechs Wochen zuzuleiten. [2] Sie soll hierbei ihre Auffassung darlegen. [3] Verlangt sie aus wichtigem Grunde, insbesondere mit Rücksicht auf den Umfang einer Vorlage, eine Fristverlängerung, so beträgt die Frist neun Wochen. [4] Wenn der Bundesrat eine Vorlage ausnahmsweise als besonders eilbedürftig bezeichnet hat, beträgt die Frist drei Wochen oder, wenn die Bundesregierung ein Verlangen nach Satz 3 geäußert hat, sechs Wochen. [5] Bei Vorlagen zur Änderung dieses Grundgesetzes und zur Übertragung von Hoheitsrechten nach Artikel 23 oder Artikel 24 beträgt die Frist neun Wochen; Satz 4 findet keine Anwendung. [6] Der Bundestag hat über die Vorlagen in angemessener Frist zu beraten und Beschluß zu fassen.

Art. 77 [Verfahren bei Gesetzesbeschlüssen] (1) [1] Die Bundesgesetze werden vom Bundestage beschlossen. [2] Sie sind nach ihrer Annahme durch den Präsidenten des Bundestages unverzüglich dem Bundesrate zuzuleiten.

(2) [1] Der Bundesrat kann binnen drei Wochen nach Eingang des Gesetzesbeschlusses verlangen, daß ein aus Mitgliedern des Bundestages und des Bundes-

rates für die gemeinsame Beratung von Vorlagen gebildeter Ausschuß einberufen wird. [2]Die Zusammensetzung und das Verfahren dieses Ausschusses regelt eine Geschäftsordnung[1)], die vom Bundestag beschlossen wird und der Zustimmung des Bundesrates bedarf. [3]Die in diesen Ausschuß entsandten Mitglieder des Bundesrates sind nicht an Weisungen gebunden. [4]Ist zu einem Gesetze die Zustimmung des Bundesrates erforderlich, so können auch der Bundestag und die Bundesregierung die Einberufung verlangen. [5]Schlägt der Ausschuß eine Änderung des Gesetzesbeschlusses vor, so hat der Bundestag erneut Beschluß zu fassen.

(2a) Soweit zu einem Gesetz die Zustimmung des Bundesrates erforderlich ist, hat der Bundesrat, wenn ein Verlangen nach Absatz 2 Satz 1 nicht gestellt oder das Vermittlungsverfahren ohne einen Vorschlag zur Änderung des Gesetzesbeschlusses beendet ist, in angemessener Frist über die Zustimmung Beschluß zu fassen.

(3) [1]Soweit zu einem Gesetze die Zustimmung des Bundesrates nicht erforderlich ist, kann der Bundesrat, wenn das Verfahren nach Absatz 2 beendigt ist, gegen ein vom Bundestage beschlossenes Gesetz binnen zwei Wochen Einspruch einlegen. [2]Die Einspruchsfrist beginnt im Falle des Absatzes 2 letzter Satz mit dem Eingange des vom Bundestage erneut gefaßten Beschlusses, in allen anderen Fällen mit dem Eingange der Mitteilung des Vorsitzenden des in Absatz 2 vorgesehenen Ausschusses, daß das Verfahren vor dem Ausschusse abgeschlossen ist.

(4) [1]Wird der Einspruch mit der Mehrheit der Stimmen des Bundesrates beschlossen, so kann er durch Beschluß der Mehrheit[2)] der Mitglieder des Bundestages zurückgewiesen werden. [2]Hat der Bundesrat den Einspruch mit einer Mehrheit von mindestens zwei Dritteln seiner Stimmen beschlossen, so bedarf die Zurückweisung durch den Bundestag einer Mehrheit von zwei Dritteln, mindestens der Mehrheit der Mitglieder des Bundestages.

Art. 78 [Zustandekommen von Bundesgesetzen] Ein vom Bundestage beschlossenes Gesetz kommt zustande, wenn der Bundesrat zustimmt, den Antrag gemäß Artikel 77 Absatz 2 nicht stellt, innerhalb der Frist des Artikels 77 Absatz 3 keinen Einspruch einlegt oder ihn zurücknimmt oder wenn der Einspruch vom Bundestage überstimmt wird.

Art. 79 [Änderungen des Grundgesetzes] (1) [1]Das Grundgesetz kann nur durch ein Gesetz geändert werden, das den Wortlaut des Grundgesetzes ausdrücklich ändert oder ergänzt.[3)] [2]Bei völkerrechtlichen Verträgen, die eine Friedensregelung, die Vorbereitung einer Friedensregelung oder den Abbau einer besatzungsrechtlichen Ordnung zum Gegenstand haben oder der Verteidigung der Bundesrepublik zu dienen bestimmt sind, genügt zur Klarstellung, daß die Bestimmungen des Grundgesetzes dem Abschluß und dem Inkraftsetzen der Verträge nicht entgegenstehen, eine Ergänzung des Wortlautes des Grundgesetzes, die sich auf diese Klarstellung beschränkt.

(2) Ein solches Gesetz bedarf der Zustimmung von zwei Dritteln der Mitglieder des Bundestages und zwei Dritteln der Stimmen des Bundesrates.

[1)] Siehe die Gemeinsame GeschäftsO des Bundestages und des Bundesrates für den Vermittlungsausschuß v. 5.5.1951 (BGBl. II S. 103), zuletzt geänd. durch Bek. v. 30.4.2003 (BGBl. I S. 677).

[2)] Zum Begriff der Mehrheit siehe Art. 121.

[3)] Beachte hierzu auch Art. 81 Abs. 4.

(3) Eine Änderung dieses Grundgesetzes, durch welche die Gliederung des Bundes in Länder, die grundsätzliche Mitwirkung der Länder bei der Gesetzgebung oder die in den Artikeln 1 und 20 niedergelegten Grundsätze berührt werden, ist unzulässig.

Art. 80 [Erlass von Rechtsverordnungen] (1) [1]Durch Gesetz können die Bundesregierung, ein Bundesminister oder die Landesregierungen ermächtigt werden, Rechtsverordnungen zu erlassen. [2]Dabei müssen Inhalt, Zweck und Ausmaß der erteilten Ermächtigung im Gesetze bestimmt werden. [3]Die Rechtsgrundlage ist in der Verordnung anzugeben. [4]Ist durch Gesetz vorgesehen, daß eine Ermächtigung weiter übertragen werden kann, so bedarf es zur Übertragung der Ermächtigung einer Rechtsverordnung.

(2) Der Zustimmung des Bundesrates bedürfen, vorbehaltlich anderweitiger bundesgesetzlicher Regelung, Rechtsverordnungen der Bundesregierung oder eines Bundesministers über Grundsätze und Gebühren für die Benutzung der Einrichtungen des Postwesens und der Telekommunikation, über die Grundsätze der Erhebung des Entgelts für die Benutzung der Einrichtungen der Eisenbahnen des Bundes, über den Bau und Betrieb der Eisenbahnen, sowie Rechtsverordnungen auf Grund von Bundesgesetzen, die der Zustimmung des Bundesrates bedürfen oder die von den Ländern im Auftrage des Bundes oder als eigene Angelegenheit ausgeführt werden.

(3) Der Bundesrat kann der Bundesregierung Vorlagen für den Erlaß von Rechtsverordnungen zuleiten, die seiner Zustimmung bedürfen.

(4) Soweit durch Bundesgesetz oder auf Grund von Bundesgesetzen Landesregierungen ermächtigt werden, Rechtsverordnungen zu erlassen, sind die Länder zu einer Regelung auch durch Gesetz befugt.

Art. 80a [Spannungsfall] (1) [1]Ist in diesem Grundgesetz oder in einem Bundesgesetz über die Verteidigung einschließlich des Schutzes der Zivilbevölkerung bestimmt, daß Rechtsvorschriften nur nach Maßgabe dieses Artikels angewandt werden dürfen, so ist die Anwendung außer im Verteidigungsfalle nur zulässig, wenn der Bundestag den Eintritt des Spannungsfalles festgestellt oder wenn er der Anwendung besonders zugestimmt hat. [2]Die Feststellung des Spannungsfalles und die besondere Zustimmung in den Fällen des Artikels 12a Abs. 5 Satz 1 und Abs. 6 Satz 2 bedürfen einer Mehrheit von zwei Dritteln der abgegebenen Stimmen.

(2) Maßnahmen auf Grund von Rechtsvorschriften nach Absatz 1 sind aufzuheben, wenn der Bundestag es verlangt.

(3) [1]Abweichend von Absatz 1 ist die Anwendung solcher Rechtsvorschriften auch auf der Grundlage und nach Maßgabe eines Beschlusses zulässig, der von einem internationalen Organ im Rahmen eines Bündnisvertrages mit Zustimmung der Bundesregierung gefaßt wird. [2]Maßnahmen nach diesem Absatz sind aufzuheben, wenn der Bundestag es mit der Mehrheit seiner Mitglieder verlangt.

Art. 81 [Gesetzgebungsnotstand] (1) [1]Wird im Falle des Artikels 68 der Bundestag nicht aufgelöst, so kann der Bundespräsident auf Antrag der Bundesregierung mit Zustimmung des Bundesrates für eine Gesetzesvorlage den Gesetzgebungsnotstand erklären, wenn der Bundestag sie ablehnt, obwohl die Bundesregierung sie als dringlich bezeichnet hat. [2]Das gleiche gilt, wenn eine Gesetzesvorlage abgelehnt worden ist, obwohl der Bundeskanzler mit ihr den Antrag des Artikels 68 verbunden hatte.

(2) [1]Lehnt der Bundestag die Gesetzesvorlage nach Erklärung des Gesetzgebungsnotstandes erneut ab oder nimmt er sie in einer für die Bundesregierung als unannehmbar bezeichneten Fassung an, so gilt das Gesetz als zustande gekommen, soweit der Bundesrat ihm zustimmt. [2]Das gleiche gilt, wenn die Vorlage vom Bundestage nicht innerhalb von vier Wochen nach der erneuten Einbringung verabschiedet wird.

(3) [1]Während der Amtszeit eines Bundeskanzlers kann auch jede andere vom Bundestage abgelehnte Gesetzesvorlage innerhalb einer Frist von sechs Monaten nach der ersten Erklärung des Gesetzgebungsnotstandes gemäß Absatz 1 und 2 verabschiedet werden. [2]Nach Ablauf der Frist ist während der Amtszeit des gleichen Bundeskanzlers eine weitere Erklärung des Gesetzgebungsnotstandes unzulässig.

(4) Das Grundgesetz darf durch ein Gesetz, das nach Absatz 2 zustande kommt, weder geändert, noch ganz oder teilweise außer Kraft oder außer Anwendung gesetzt werden.

Art. 82 [Verkündung und Inkrafttreten der Gesetze] (1) [1]Die nach den Vorschriften dieses Grundgesetzes zustande gekommenen Gesetze werden vom Bundespräsidenten nach Gegenzeichnung ausgefertigt und im Bundesgesetzblatte verkündet. [2]Rechtsverordnungen werden von der Stelle, die sie erläßt, ausgefertigt und vorbehaltlich anderweitiger gesetzlicher Regelung im Bundesgesetzblatte verkündet.

(2) [1]Jedes Gesetz und jede Rechtsverordnung soll den Tag des Inkrafttretens bestimmen. [2]Fehlt eine solche Bestimmung, so treten sie mit dem vierzehnten Tage nach Ablauf des Tages in Kraft, an dem das Bundesgesetzblatt ausgegeben worden ist.

VIII. Die Ausführung der Bundesgesetze und die Bundesverwaltung

Art. 83 [Grundsatz der Landeseigenverwaltung] Die Länder führen die Bundesgesetze als eigene Angelegenheit aus, soweit dieses Grundgesetz nichts anderes bestimmt oder zuläßt.

Art. 84 [Landeseigenverwaltung und Bundesaufsicht] (1) [1]Führen die Länder die Bundesgesetze als eigene Angelegenheit aus, so regeln sie die Einrichtung der Behörden und das Verwaltungsverfahren. [2]Wenn Bundesgesetze etwas anderes bestimmen, können die Länder davon abweichende Regelungen treffen. [3]Hat ein Land eine abweichende Regelung nach Satz 2 getroffen, treten in diesem Land hierauf bezogene spätere bundesgesetzliche Regelungen der Einrichtung der Behörden und des Verwaltungsverfahrens frühestens sechs Monate nach ihrer Verkündung in Kraft, soweit nicht mit Zustimmung des Bundesrates anderes bestimmt ist. [4]Artikel 72 Abs. 3 Satz 3 gilt entsprechend. [5]In Ausnahmefällen kann der Bund wegen eines besonderen Bedürfnisses nach bundeseinheitlicher Regelung das Verwaltungsverfahren ohne Abweichungsmöglichkeit für die Länder regeln. [6]Diese Gesetze bedürfen der Zustimmung des Bundesrates. [7]Durch Bundesgesetz dürfen Gemeinden und Gemeindeverbänden Aufgaben nicht übertragen werden.

(2) Die Bundesregierung kann mit Zustimmung des Bundesrates allgemeine Verwaltungsvorschriften erlassen.

(3) [1]Die Bundesregierung übt die Aufsicht darüber aus, daß die Länder die Bundesgesetze dem geltenden Rechte gemäß ausführen. [2]Die Bundesregierung kann zu diesem Zwecke Beauftragte zu den obersten Landesbehörden entsenden, mit deren Zustimmung und, falls diese Zustimmung versagt wird, mit Zustimmung des Bundesrates auch zu den nachgeordneten Behörden.

(4) [1]Werden Mängel, die die Bundesregierung bei der Ausführung der Bundesgesetze in den Ländern festgestellt hat, nicht beseitigt, so beschließt auf Antrag der Bundesregierung oder des Landes der Bundesrat, ob das Land das Recht verletzt hat. [2]Gegen den Beschluß des Bundesrates kann das Bundesverfassungsgericht angerufen werden.[1)]

(5) [1]Der Bundesregierung kann durch Bundesgesetz, das der Zustimmung des Bundesrates bedarf, zur Ausführung von Bundesgesetzen die Befugnis verliehen werden, für besondere Fälle Einzelweisungen zu erteilen. [2]Sie sind, außer wenn die Bundesregierung den Fall für dringlich erachtet, an die obersten Landesbehörden zu richten.

Art. 85 [Landesverwaltung im Bundesauftrag] (1) [1]Führen die Länder die Bundesgesetze im Auftrage des Bundes aus, so bleibt die Einrichtung der Behörden Angelegenheit der Länder, soweit nicht Bundesgesetze mit Zustimmung des Bundesrates etwas anderes bestimmen. [2]Durch Bundesgesetz dürfen Gemeinden und Gemeindeverbänden Aufgaben nicht übertragen werden.

(2) [1]Die Bundesregierung kann mit Zustimmung des Bundesrates allgemeine Verwaltungsvorschriften erlassen. [2]Sie kann die einheitliche Ausbildung der Beamten und Angestellten regeln. [3]Die Leiter der Mittelbehörden sind mit ihrem Einvernehmen zu bestellen.

(3) [1]Die Landesbehörden unterstehen den Weisungen der zuständigen obersten Bundesbehörden. [2]Die Weisungen sind, außer wenn die Bundesregierung es für dringlich erachtet, an die obersten Landesbehörden zu richten. [3]Der Vollzug der Weisung ist durch die obersten Landesbehörden sicherzustellen.

(4) [1]Die Bundesaufsicht erstreckt sich auf Gesetzmäßigkeit und Zweckmäßigkeit der Ausführung. [2]Die Bundesregierung kann zu diesem Zwecke Bericht und Vorlage der Akten verlangen und Beauftragte zu allen Behörden entsenden.

Art. 86 [Bundesverwaltung] [1]Führt der Bund die Gesetze durch bundeseigene Verwaltung oder durch bundesunmittelbare Körperschaften oder Anstalten des öffentlichen Rechtes aus, so erläßt die Bundesregierung, soweit nicht das Gesetz Besonderes vorschreibt, die allgemeinen Verwaltungsvorschriften. [2]Sie regelt, soweit das Gesetz nichts anderes bestimmt, die Einrichtung der Behörden.

Art. 87 [Gegenstände der Bundesverwaltung] (1) [1]In bundeseigener Verwaltung mit eigenem Verwaltungsunterbau werden geführt der Auswärtige Dienst, die Bundesfinanzverwaltung und nach Maßgabe des Artikels 89 die Verwaltung der Bundeswasserstraßen und der Schiffahrt. [2]Durch Bundesgesetz können *Bundesgrenzschutz*behörden[2)], Zentralstellen für das polizeiliche Auskunfts- und Nach-

---

[1)] Siehe hierzu § 13 Nr. 7 und §§ 68 ff. BundesverfassungsgerichtsG (Nr. **6**).
[2)] Jetzt „Bundespolizei".

richtenwesen, für die Kriminalpolizei und zur Sammlung von Unterlagen für Zwecke des Verfassungsschutzes und des Schutzes gegen Bestrebungen im Bundesgebiet, die durch Anwendung von Gewalt oder darauf gerichtete Vorbereitungshandlungen auswärtige Belange der Bundesrepublik Deutschland gefährden, eingerichtet werden.

(2) [1] Als bundesunmittelbare Körperschaften des öffentlichen Rechtes werden diejenigen sozialen Versicherungsträger geführt, deren Zuständigkeitsbereich sich über das Gebiet eines Landes hinaus erstreckt. [2] Soziale Versicherungsträger, deren Zuständigkeitsbereich sich über das Gebiet eines Landes, aber nicht über mehr als drei Länder hinaus erstreckt, werden abweichend von Satz 1 als landesunmittelbare Körperschaften des öffentlichen Rechtes geführt, wenn das aufsichtsführende Land durch die beteiligten Länder bestimmt ist.

(3) [1] Außerdem können für Angelegenheiten, für die dem Bunde die Gesetzgebung zusteht, selbständige Bundesoberbehörden und neue bundesunmittelbare Körperschaften und Anstalten des öffentlichen Rechtes durch Bundesgesetz errichtet werden. [2] Erwachsen dem Bunde auf Gebieten, für die ihm die Gesetzgebung zusteht, neue Aufgaben, so können bei dringendem Bedarf bundeseigene Mittel- und Unterbehörden mit Zustimmung des Bundesrates und der Mehrheit der Mitglieder des Bundestages errichtet werden.

Art. 87a [Streitkräfte] (1) [1] Der Bund stellt Streitkräfte zur Verteidigung auf. [2] Ihre zahlenmäßige Stärke und die Grundzüge ihrer Organisation müssen sich aus dem Haushaltsplan ergeben.

(2) Außer zur Verteidigung dürfen die Streitkräfte nur eingesetzt werden, soweit dieses Grundgesetz es ausdrücklich zuläßt.

(3) [1] Die Streitkräfte haben im Verteidigungsfalle und im Spannungsfalle die Befugnis, zivile Objekte zu schützen und Aufgaben der Verkehrsregelung wahrzunehmen, soweit dies zur Erfüllung ihres Verteidigungsauftrages erforderlich ist. [2] Außerdem kann den Streitkräften im Verteidigungsfalle und im Spannungsfalle der Schutz ziviler Objekte auch zur Unterstützung polizeilicher Maßnahmen übertragen werden; die Streitkräfte wirken dabei mit den zuständigen Behörden zusammen.

(4) [1] Zur Abwehr einer drohenden Gefahr für den Bestand oder die freiheitliche demokratische Grundordnung des Bundes oder eines Landes kann die Bundesregierung, wenn die Voraussetzungen des Artikels 91 Abs. 2 vorliegen und die Polizeikräfte sowie der *Bundesgrenzschutz*[1)] nicht ausreichen, Streitkräfte zur Unterstützung der Polizei und des *Bundesgrenzschutzes*[1)] beim Schutze von zivilen Objekten und bei der Bekämpfung organisierter und militärisch bewaffneter Aufständischer einsetzen. [2] Der Einsatz von Streitkräften ist einzustellen, wenn der Bundestag oder der Bundesrat es verlangen.

Art. 87b [Bundeswehrverwaltung] (1) [1] Die Bundeswehrverwaltung wird in bundeseigener Verwaltung mit eigenem Verwaltungsunterbau geführt. [2] Sie dient den Aufgaben des Personalwesens und der unmittelbaren Deckung des Sachbedarfs der Streitkräfte. [3] Aufgaben der Beschädigtenversorgung und des Bauwesens können der Bundeswehrverwaltung nur durch Bundesgesetz, das der Zustimmung des Bundesrates bedarf, übertragen werden. [4] Der Zustimmung des Bundesrates bedür-

---

[1)] Jetzt: „Bundespolizei".

fen ferner Gesetze, soweit sie die Bundeswehrverwaltung zu Eingriffen in Rechte Dritter ermächtigen; das gilt nicht für Gesetze auf dem Gebiete des Personalwesens.

(2) [1]Im übrigen können Bundesgesetze, die der Verteidigung einschließlich des Wehrersatzwesens und des Schutzes der Zivilbevölkerung dienen, mit Zustimmung des Bundesrates bestimmen, daß sie ganz oder teilweise in bundeseigener Verwaltung mit eigenem Verwaltungsunterbau oder von den Ländern im Auftrage des Bundes ausgeführt werden. [2]Werden solche Gesetze von den Ländern im Auftrage des Bundes ausgeführt, so können sie mit Zustimmung des Bundesrates bestimmen, daß die der Bundesregierung und den zuständigen obersten Bundesbehörden auf Grund des Artikels 85 zustehenden Befugnisse ganz oder teilweise Bundesoberbehörden übertragen werden; dabei kann bestimmt werden, daß diese Behörden beim Erlaß allgemeiner Verwaltungsvorschriften gemäß Artikel 85 Abs. 2 Satz 1 nicht der Zustimmung des Bundesrates bedürfen.

Art. 87c [Bestimmungen über Erzeugung und Nutzung der Kernenergie] Gesetze, die auf Grund des Artikels 73 Abs. 1 Nr. 14 ergehen, können mit Zustimmung des Bundesrates bestimmen, daß sie von den Ländern im Auftrage des Bundes ausgeführt werden.

Art. 87d [Luftverkehrsverwaltung] (1) [1]Die Luftverkehrsverwaltung wird in Bundesverwaltung geführt. [2]Aufgaben der Flugsicherung können auch durch ausländische Flugsicherungsorganisationen wahrgenommen werden, die nach Recht der Europäischen Gemeinschaft zugelassen sind. [3]Das Nähere regelt ein Bundesgesetz.

(2) Durch Bundesgesetz, das der Zustimmung des Bundesrates bedarf, können Aufgaben der Luftverkehrsverwaltung den Ländern als Auftragsverwaltung übertragen werden.

Art. 87e [Eisenbahnen des Bundes] (1) [1]Die Eisenbahnverkehrsverwaltung für Eisenbahnen des Bundes wird in bundeseigener Verwaltung geführt. [2]Durch Bundesgesetz können Aufgaben der Eisenbahnverkehrsverwaltung den Ländern als eigene Angelegenheit übertragen werden.

(2) Der Bund nimmt die über den Bereich der Eisenbahnen des Bundes hinausgehenden Aufgaben der Eisenbahnverkehrsverwaltung wahr, die ihm durch Bundesgesetz übertragen werden.

(3) [1]Eisenbahnen des Bundes werden als Wirtschaftsunternehmen in privatrechtlicher Form geführt. [2]Diese stehen im Eigentum des Bundes, soweit die Tätigkeit des Wirtschaftsunternehmens den Bau, die Unterhaltung und das Betreiben von Schienenwegen umfaßt. [3]Die Veräußerung von Anteilen des Bundes an den Unternehmen nach Satz 2 erfolgt auf Grund eines Gesetzes; die Mehrheit der Anteile an diesen Unternehmen verbleibt beim Bund. [4]Das Nähere wird durch Bundesgesetz geregelt.

(4) [1]Der Bund gewährleistet, daß dem Wohl der Allgemeinheit, insbesondere den Verkehrsbedürfnissen, beim Ausbau und Erhalt des Schienennetzes der Eisenbahnen des Bundes sowie bei deren Verkehrsangeboten auf diesem Schienennetz, soweit diese nicht den Schienenpersonennahverkehr betreffen, Rechnung getragen wird. [2]Das Nähere wird durch Bundesgesetz geregelt.

(5) [1] Gesetze auf Grund der Absätze 1 bis 4 bedürfen der Zustimmung des Bundesrates. [2] Der Zustimmung des Bundesrates bedürfen ferner Gesetze, die die Auflösung, die Verschmelzung und die Aufspaltung von Eisenbahnunternehmen des Bundes, die Übertragung von Schienenwegen der Eisenbahnen des Bundes an Dritte sowie die Stillegung von Schienenwegen der Eisenbahnen des Bundes regeln oder Auswirkungen auf den Schienenpersonennahverkehr haben.

Art. 87f [Post und Telekommunikation] (1) Nach Maßgabe eines Bundesgesetzes, das der Zustimmung des Bundesrates bedarf, gewährleistet der Bund im Bereich des Postwesens und der Telekommunikation flächendeckend angemessene und ausreichende Dienstleistungen.

(2) [1] Dienstleistungen im Sinne des Absatzes 1 werden als privatwirtschaftliche Tätigkeiten durch die aus dem Sondervermögen Deutsche Bundespost hervorgegangenen Unternehmen und durch andere private Anbieter erbracht. [2] Hoheitsaufgaben im Bereich des Postwesens und der Telekommunikation werden in bundeseigener Verwaltung ausgeführt.

(3) Unbeschadet des Absatzes 2 Satz 2 führt der Bund in der Rechtsform einer bundesunmittelbaren Anstalt des öffentlichen Rechts einzelne Aufgaben in bezug auf die aus dem Sondervermögen Deutsche Bundespost hervorgegangenen Unternehmen nach Maßgabe eines Bundesgesetzes aus.

Art. 88[1)] [Bundesbank] [1] Der Bund errichtet eine Währungs- und Notenbank als Bundesbank. [2] Ihre Aufgaben und Befugnisse können im Rahmen der Europäischen Union der Europäischen Zentralbank übertragen werden, die unabhängig ist und dem vorrangigen Ziel der Sicherung der Preisstabilität verpflichtet.

Art. 89 [Bundeswasserstraßen] (1) Der Bund ist Eigentümer der bisherigen Reichswasserstraßen.

(2) [1] Der Bund verwaltet die Bundeswasserstraßen durch eigene Behörden. [2] Er nimmt die über den Bereich eines Landes hinausgehenden staatlichen Aufgaben der Binnenschiffahrt und die Aufgaben der Seeschiffahrt wahr, die ihm durch Gesetz übertragen werden. [3] Er kann die Verwaltung von Bundeswasserstraßen, soweit sie im Gebiete eines Landes liegen, diesem Lande auf Antrag als Auftragsverwaltung übertragen. [4] Berührt eine Wasserstraße das Gebiet mehrerer Länder, so kann der Bund das Land beauftragen, für das die beteiligten Länder es beantragen.

(3) Bei der Verwaltung, dem Ausbau und dem Neubau von Wasserstraßen sind die Bedürfnisse der Landeskultur und der Wasserwirtschaft im Einvernehmen mit den Ländern zu wahren.

Art. 90 [Bundesautobahnen und Bundesstraßen] (1) [1] Der Bund bleibt Eigentümer der Bundesautobahnen und sonstigen Bundesstraßen des Fernverkehrs. [2] Das Eigentum ist unveräußerlich.

(2) [1] Die Verwaltung der Bundesautobahnen wird in Bundesverwaltung geführt. [2] Der Bund kann sich zur Erledigung seiner Aufgaben einer Gesellschaft privaten Rechts bedienen. [3] Diese Gesellschaft steht im unveräußerlichen Eigentum des Bundes. [4] Eine unmittelbare oder mittelbare Beteiligung Dritter an der Gesellschaft

---

[1)] Siehe hierzu das G über die Deutsche Bundesbank idF der Bek. v. 22.10.1992 (BGBl. I S. 1782), zuletzt geänd. durch G v. 4.7.2013 (BGBl. I S. 1981).

und deren Tochtergesellschaften ist ausgeschlossen. [5] Eine Beteiligung Privater im Rahmen von Öffentlich-Privaten Partnerschaften ist ausgeschlossen für Streckennetze, die das gesamte Bundesautobahnnetz oder das gesamte Netz sonstiger Bundesfernstraßen in einem Land oder wesentliche Teile davon umfassen. [6] Das Nähere regelt ein Bundesgesetz.

(3) Die Länder oder die nach Landesrecht zuständigen Selbstverwaltungskörperschaften verwalten die sonstigen Bundesstraßen des Fernverkehrs im Auftrage des Bundes.

(4) Auf Antrag eines Landes kann der Bund die sonstigen Bundesstraßen des Fernverkehrs, soweit sie im Gebiet dieses Landes liegen, in Bundesverwaltung übernehmen.

Art. 91 [Abwehr von Gefahren für den Bestand des Bundes] (1) Zur Abwehr einer drohenden Gefahr für den Bestand oder die freiheitliche demokratische Grundordnung des Bundes oder eines Landes kann ein Land Polizeikräfte anderer Länder sowie Kräfte und Einrichtungen anderer Verwaltungen und des *Bundesgrenzschutzes*[1)] anfordern.

(2) [1] Ist das Land, in dem die Gefahr droht, nicht selbst zur Bekämpfung der Gefahr bereit oder in der Lage, so kann die Bundesregierung die Polizei in diesem Lande und die Polizeikräfte anderer Länder ihren Weisungen unterstellen sowie Einheiten des *Bundesgrenzschutzes*[1)] einsetzen. [2] Die Anordnung ist nach Beseitigung der Gefahr, im übrigen jederzeit auf Verlangen des Bundesrates aufzuheben. [3] Erstreckt sich die Gefahr auf das Gebiet mehr als eines Landes, so kann die Bundesregierung, soweit es zur wirksamen Bekämpfung erforderlich ist, den Landesregierungen Weisungen erteilen; Satz 1 und Satz 2 bleiben unberührt.

VIIIa. Gemeinschaftsaufgaben, Verwaltungszusammenarbeit

Art. 91a [Mitwirkungsbereiche des Bundes bei Länderaufgaben]

(1) Der Bund wirkt auf folgenden Gebieten bei der Erfüllung von Aufgaben der Länder mit, wenn diese Aufgaben für die Gesamtheit bedeutsam sind und die Mitwirkung des Bundes zur Verbesserung der Lebensverhältnisse erforderlich ist (Gemeinschaftsaufgaben):

1. Verbesserung der regionalen Wirtschaftsstruktur,
2. Verbesserung der Agrarstruktur und des Küstenschutzes.

(2) Durch Bundesgesetz[2)] mit Zustimmung des Bundesrates werden die Gemeinschaftsaufgaben sowie Einzelheiten der Koordinierung näher bestimmt.

(3) [1] Der Bund trägt in den Fällen des Absatzes 1 Nr. 1 die Hälfte der Ausgaben in jedem Land. [2] In den Fällen des Absatzes 1 Nr. 2 trägt der Bund mindestens die Hälfte; die Beteiligung ist für alle Länder einheitlich festzusetzen. [3] Das Nähere regelt das Gesetz. [4] Die Bereitstellung der Mittel bleibt der Feststellung in den Haushaltsplänen des Bundes und der Länder vorbehalten.

---

1) Jetzt: „Bundespolizei".

2) Siehe die Gesetze über die Gemeinschaftsaufgaben
- „Verbesserung der Agrarstruktur und des Küstenschutzes" idF der Bek. v. 21.7.1988 (BGBl. I S. 1055), zuletzt geänd. durch G v. 11.10.2016 (BGBl. I S. 2231) und
- „Verbesserung der regionalen Wirtschaftsstruktur" v. 6.10.1969 (BGBl. I S. 1861), zuletzt geänd. durch VO v. 31.8.2015 (BGBl. I S. 1474).

Art. 91b [Bildungsplanung und Forschungsförderung] (1) [1]Bund und Länder können auf Grund von Vereinbarungen[1)] in Fällen überregionaler Bedeutung bei der Förderung von Wissenschaft, Forschung und Lehre zusammenwirken. [2]Vereinbarungen, die im Schwerpunkt Hochschulen betreffen, bedürfen der Zustimmung aller Länder. [3]Dies gilt nicht für Vereinbarungen über Forschungsbauten einschließlich Großgeräten.

(2) Bund und Länder können auf Grund von Vereinbarungen zur Feststellung der Leistungsfähigkeit des Bildungswesens im internationalen Vergleich und bei diesbezüglichen Berichten und Empfehlungen zusammenwirken.

(3) Die Kostentragung wird in der Vereinbarung geregelt.

Art. 91c [Informationstechnische Systeme] (1) Bund und Länder können bei der Planung, der Errichtung und dem Betrieb der für ihre Aufgabenerfüllung benötigten informationstechnischen Systeme zusammenwirken.

(2) [1]Bund und Länder können auf Grund von Vereinbarungen[2)] die für die Kommunikation zwischen ihren informationstechnischen Systemen notwendigen Standards und Sicherheitsanforderungen festlegen. [2]Vereinbarungen über die Grundlagen der Zusammenarbeit nach Satz 1 können für einzelne nach Inhalt und Ausmaß bestimmte Aufgaben vorsehen, dass nähere Regelungen bei Zustimmung einer in der Vereinbarung zu bestimmenden qualifizierten Mehrheit für Bund und Länder in Kraft treten. [3]Sie bedürfen der Zustimmung des Bundestages und der Volksvertretungen der beteiligten Länder; das Recht zur Kündigung dieser Vereinbarungen kann nicht ausgeschlossen werden. [4]Die Vereinbarungen regeln auch die Kostentragung.

(3) Die Länder können darüber hinaus den gemeinschaftlichen Betrieb informationstechnischer Systeme sowie die Errichtung von dazu bestimmten Einrichtungen vereinbaren.

(4) [1]Der Bund errichtet zur Verbindung der informationstechnischen Netze des Bundes und der Länder ein Verbindungsnetz. [2]Das Nähere zur Errichtung und zum Betrieb des Verbindungsnetzes regelt ein Bundesgesetz[3)] mit Zustimmung des Bundesrates.

(5) Der übergreifende informationstechnische Zugang zu den Verwaltungsleistungen von Bund und Ländern wird durch Bundesgesetz mit Zustimmung des Bundesrates geregelt.

Art. 91d [Leistungsvergleich] Bund und Länder können zur Feststellung und Förderung der Leistungsfähigkeit ihrer Verwaltungen Vergleichsstudien durchführen und die Ergebnisse veröffentlichen.

Art. 91e [Zusammenwirken hinsichtlich der Grundsicherung für Arbeitsuchende] (1) Bei der Ausführung von Bundesgesetzen auf dem Gebiet der Grundsicherung für Arbeitsuchende wirken Bund und Länder oder die nach

---

[1)] Siehe hierzu ua die Bund-Länder-Vereinbarung über ein gemeinsames Programm „Qualitätsoffensive Lehrerbildung", Bek. v. 17.5.2013 (BAnz AT 31.05.2013 B7).

[2)] Siehe das G zum Vertrag über die Errichtung des IT-Planungsrats und über die Grundlagen der Zusammenarbeit beim Einsatz der Informationstechnologie in den Verwaltungen von Bund und Ländern - Vertrag zur Ausführung von Artikel 91c GG.

[3)] Siehe das IT-NetzG v. 10.8.2009 (BGBl. I S. 2702).

Landesrecht zuständigen Gemeinden und Gemeindeverbände in der Regel in gemeinsamen Einrichtungen zusammen.

(2) [1]Der Bund kann zulassen, dass eine begrenzte Anzahl von Gemeinden und Gemeindeverbänden auf ihren Antrag und mit Zustimmung der obersten Landesbehörde die Aufgaben nach Absatz 1 allein wahrnimmt. [2]Die notwendigen Ausgaben einschließlich der Verwaltungsausgaben trägt der Bund, soweit die Aufgaben bei einer Ausführung von Gesetzen nach Absatz 1 vom Bund wahrzunehmen sind.

(3) Das Nähere regelt ein Bundesgesetz, das der Zustimmung des Bundesrates bedarf.

IX. Die Rechtsprechung

Art. 92 [Gerichtsorganisation] Die rechtsprechende Gewalt ist den Richtern anvertraut; sie wird durch das Bundesverfassungsgericht, durch die in diesem Grundgesetze vorgesehenen Bundesgerichte und durch die Gerichte der Länder ausgeübt.

Art. 93[1] [Bundesverfassungsgericht, Zuständigkeit] (1) Das Bundesverfassungsgericht entscheidet:

1. über die Auslegung dieses Grundgesetzes aus Anlaß von Streitigkeiten über den Umfang der Rechte und Pflichten eines obersten Bundesorgans oder anderer Beteiligter, die durch dieses Grundgesetz oder in der Geschäftsordnung eines obersten Bundesorgans mit eigenen Rechten ausgestattet sind;
2. bei Meinungsverschiedenheiten oder Zweifeln über die förmliche und sachliche Vereinbarkeit von Bundesrecht oder Landesrecht mit diesem Grundgesetze oder die Vereinbarkeit von Landesrecht mit sonstigem Bundesrechte auf Antrag der Bundesregierung, einer Landesregierung oder eines Viertels der Mitglieder des Bundestages;

2a. bei Meinungsverschiedenheiten, ob ein Gesetz den Voraussetzungen des Artikels 72 Abs. 2 entspricht, auf Antrag des Bundesrates, einer Landesregierung oder der Volksvertretung eines Landes;

3. bei Meinungsverschiedenheiten über Rechte und Pflichten des Bundes und der Länder, insbesondere bei der Ausführung von Bundesrecht durch die Länder und bei der Ausübung der Bundesaufsicht;
4. in anderen öffentlich-rechtlichen Streitigkeiten zwischen dem Bunde und den Ländern, zwischen verschiedenen Ländern oder innerhalb eines Landes, soweit nicht ein anderer Rechtsweg gegeben ist;

4a. über Verfassungsbeschwerden, die von jedermann mit der Behauptung erhoben werden können, durch die öffentliche Gewalt in einem seiner Grundrechte oder in einem seiner in Artikel 20 Abs. 4, 33, 38, 101, 103 und 104 enthaltenen Rechte verletzt zu sein;

4b. über Verfassungsbeschwerden von Gemeinden und Gemeindeverbänden wegen Verletzung des Rechts auf Selbstverwaltung nach Artikel 28 durch ein Gesetz, bei Landesgesetzen jedoch nur, soweit nicht Beschwerde beim Landesverfassungsgericht erhoben werden kann;

---

[1] Siehe hierzu auch § 13 Nr. 5 ff. und §§ 63 ff. BundesverfassungsgerichtsG (Nr. **6**).

4c. über Beschwerden von Vereinigungen gegen ihre Nichtanerkennung als Partei für die Wahl zum Bundestag;

5. in den übrigen in diesem Grundgesetze vorgesehenen Fällen.[1]

(2) [1] Das Bundesverfassungsgericht entscheidet außerdem auf Antrag des Bundesrates, einer Landesregierung oder der Volksvertretung eines Landes, ob im Falle des Artikels 72 Abs. 4 die Erforderlichkeit für eine bundesgesetzliche Regelung nach Artikel 72 Abs. 2 nicht mehr besteht oder Bundesrecht in den Fällen des Artikels 125a Abs. 2 Satz 1 nicht mehr erlassen werden könnte. [2] Die Feststellung, dass die Erforderlichkeit entfallen ist oder Bundesrecht nicht mehr erlassen werden könnte, ersetzt ein Bundesgesetz nach Artikel 72 Abs. 4 oder nach Artikel 125a Abs. 2 Satz 2. [3] Der Antrag nach Satz 1 ist nur zulässig, wenn eine Gesetzesvorlage nach Artikel 72 Abs. 4 oder nach Artikel 125a Abs. 2 Satz 2 im Bundestag abgelehnt oder über sie nicht innerhalb eines Jahres beraten und Beschluss gefasst oder wenn eine entsprechende Gesetzesvorlage im Bundesrat abgelehnt worden ist.

(3) Das Bundesverfassungsgericht wird ferner in den ihm sonst durch Bundesgesetz zugewiesenen Fällen tätig.

Art. 94 [Bundesverfassungsgericht, Zusammensetzung] (1) [1] Das Bundesverfassungsgericht besteht aus Bundesrichtern und anderen Mitgliedern. [2] Die Mitglieder des Bundesverfassungsgerichtes werden je zur Hälfte vom Bundestage und vom Bundesrate gewählt. [3] Sie dürfen weder dem Bundestage, dem Bundesrate, der Bundesregierung noch entsprechenden Organen eines Landes angehören.

(2) [1] Ein Bundesgesetz[2] regelt seine Verfassung und das Verfahren und bestimmt, in welchen Fällen seine Entscheidungen Gesetzeskraft haben. [2] Es kann für Verfassungsbeschwerden die vorherige Erschöpfung des Rechtsweges zur Voraussetzung machen und ein besonderes Annahmeverfahren vorsehen.

Art. 95 [Oberste Gerichtshöfe des Bundes] (1) Für die Gebiete der ordentlichen, der Verwaltungs-, der Finanz-, der Arbeits- und der Sozialgerichtsbarkeit errichtet der Bund als oberste Gerichtshöfe den Bundesgerichtshof, das Bundesverwaltungsgericht, den Bundesfinanzhof, das Bundesarbeitsgericht und das Bundessozialgericht.

(2) Über die Berufung der Richter dieser Gerichte entscheidet der für das jeweilige Sachgebiet zuständige Bundesminister gemeinsam mit einem Richterwahlausschuß, der aus den für das jeweilige Sachgebiet zuständigen Ministern der Länder und einer gleichen Anzahl von Mitgliedern besteht, die vom Bundestage gewählt werden.

(3) [1] Zur Wahrung der Einheitlichkeit der Rechtsprechung ist ein Gemeinsamer Senat der in Absatz 1 genannten Gerichte zu bilden. [2] Das Nähere regelt ein Bundesgesetz[3].

Art. 96 [Bundesgerichte] (1) Der Bund kann für Angelegenheiten des gewerblichen Rechtsschutzes ein Bundesgericht errichten.

---

[1] Vgl. Art. 18, 21, 41, 61, 98, 99, 100 und 126.

[2] Siehe das BundesverfassungsgerichtsG (Nr. **6**).

[3] Siehe das G zur Wahrung der Einheitlichkeit der Rechtsprechung der obersten Gerichtshöfe des Bundes v. 19.6.1968 (BGBl. I S. 661), zuletzt geänd. durch VO v. 31.8.2015 (BGBl. I S. 1474).

(2) [1] Der Bund kann Wehrstrafgerichte für die Streitkräfte als Bundesgerichte errichten. [2] Sie können die Strafgerichtsbarkeit nur im Verteidigungsfalle sowie über Angehörige der Streitkräfte ausüben, die in das Ausland entsandt oder an Bord von Kriegsschiffen eingeschifft sind. [3] Das Nähere regelt ein Bundesgesetz. [4] Diese Gerichte gehören zum Geschäftsbereich des Bundesjustizministers. [5] Ihre hauptamtlichen Richter müssen die Befähigung zum Richteramt haben.

(3) Oberster Gerichtshof für die in Absatz 1 und 2 genannten Gerichte ist der Bundesgerichtshof.

(4) Der Bund kann für Personen, die zu ihm in einem öffentlich-rechtlichen Dienstverhältnis stehen, Bundesgerichte zur Entscheidung in Disziplinarverfahren und Beschwerdeverfahren errichten.

(5) Für Strafverfahren auf den folgenden Gebieten kann ein Bundesgesetz mit Zustimmung des Bundesrates vorsehen, dass Gerichte der Länder Gerichtsbarkeit des Bundes ausüben:

1. Völkermord;
2. völkerstrafrechtliche Verbrechen gegen die Menschlichkeit;
3. Kriegsverbrechen;
4. andere Handlungen, die geeignet sind und in der Absicht vorgenommen werden, das friedliche Zusammenleben der Völker zu stören (Artikel 26 Abs. 1);
5. Staatsschutz.

Art. 97 [Unabhängigkeit der Richter] (1) Die Richter sind unabhängig und nur dem Gesetze unterworfen.

(2) [1] Die hauptamtlich und planmäßig endgültig angestellten Richter können wider ihren Willen nur kraft richterlicher Entscheidung und nur aus Gründen und unter den Formen, welche die Gesetze bestimmen, vor Ablauf ihrer Amtszeit entlassen oder dauernd oder zeitweise ihres Amtes enthoben oder an eine andere Stelle oder in den Ruhestand versetzt werden. [2] Die Gesetzgebung kann Altersgrenzen festsetzen, bei deren Erreichung auf Lebenszeit angestellte Richter in den Ruhestand treten. [3] Bei Veränderung der Einrichtung der Gerichte oder ihrer Bezirke können Richter an ein anderes Gericht versetzt oder aus dem Amte entfernt werden, jedoch nur unter Belassung des vollen Gehaltes.

Art. 98 [Rechtsstellung der Richter] (1) Die Rechtsstellung der Bundesrichter ist durch besonderes Bundesgesetz zu regeln.

(2)[1)] [1] Wenn ein Bundesrichter im Amte oder außerhalb des Amtes gegen die Grundsätze des Grundgesetzes oder gegen die verfassungsmäßige Ordnung eines Landes verstößt, so kann das Bundesverfassungsgericht mit Zweidrittelmehrheit auf Antrag des Bundestages anordnen, daß der Richter in ein anderes Amt oder in den Ruhestand zu versetzen ist. [2] Im Falle eines vorsätzlichen Verstoßes kann auf Entlassung erkannt werden.

(3) Die Rechtsstellung der Richter in den Ländern ist durch besondere Landesgesetze zu regeln, soweit Artikel 74 Abs. 1 Nr. 27 nichts anderes bestimmt.

---

1) Siehe hierzu § 13 Nr. 9 und §§ 58 ff. BundesverfassungsgerichtsG (Nr. **6**).

(4) Die Länder können bestimmen, daß über die Anstellung der Richter in den Ländern der Landesjustizminister gemeinsam mit einem Richterwahlausschuß entscheidet.

(5)[1] [1]Die Länder können für Landesrichter eine Absatz 2 entsprechende Regelung treffen. [2]Geltendes Landesverfassungsrecht bleibt unberührt. [3]Die Entscheidung über eine Richteranklage steht dem Bundesverfassungsgericht zu.

Art. 99[2] [Verfassungsstreit innerhalb eines Landes] Dem Bundesverfassungsgerichte kann durch Landesgesetz die Entscheidung von Verfassungsstreitigkeiten innerhalb eines Landes, den in Artikel 95 Abs. 1 genannten obersten Gerichtshöfen für den letzten Rechtszug die Entscheidung in solchen Sachen zugewiesen werden, bei denen es sich um die Anwendung von Landesrecht handelt.

Art. 100 [Verfassungswidrigkeit von Gesetzen] (1)[3] [1]Hält ein Gericht ein Gesetz, auf dessen Gültigkeit es bei der Entscheidung ankommt, für verfassungswidrig, so ist das Verfahren auszusetzen und, wenn es sich um die Verletzung der Verfassung eines Landes handelt, die Entscheidung des für Verfassungsstreitigkeiten zuständigen Gerichtes des Landes, wenn es sich um die Verletzung dieses Grundgesetzes handelt, die Entscheidung des Bundesverfassungsgerichtes einzuholen. [2]Dies gilt auch, wenn es sich um die Verletzung dieses Grundgesetzes durch Landesrecht oder um die Unvereinbarkeit eines Landesgesetzes mit einem Bundesgesetze handelt.

(2) Ist in einem Rechtsstreite zweifelhaft, ob eine Regel des Völkerrechtes Bestandteil des Bundesrechtes ist und ob sie unmittelbar Rechte und Pflichten für den Einzelnen erzeugt (Artikel 25), so hat das Gericht die Entscheidung des Bundesverfassungsgerichtes einzuholen.

(3) Will das Verfassungsgericht eines Landes bei der Auslegung des Grundgesetzes von einer Entscheidung des Bundesverfassungsgerichtes oder des Verfassungsgerichtes eines anderen Landes abweichen, so hat das Verfassungsgericht die Entscheidung des Bundesverfassungsgerichtes einzuholen.

Art. 101 [Ausnahmegerichte] (1) [1]Ausnahmegerichte sind unzulässig. [2]Niemand darf seinem gesetzlichen Richter entzogen werden.

(2) Gerichte für besondere Sachgebiete können nur durch Gesetz errichtet werden.

Art. 102 [Abschaffung der Todesstrafe] Die Todesstrafe ist abgeschafft.

Art. 103 [Grundrechte vor Gericht] (1) Vor Gericht hat jedermann Anspruch auf rechtliches Gehör.

(2) Eine Tat kann nur bestraft werden, wenn die Strafbarkeit gesetzlich bestimmt war, bevor die Tat begangen wurde.

(3) Niemand darf wegen derselben Tat auf Grund der allgemeinen Strafgesetze mehrmals bestraft werden.

---

[1] Siehe hierzu § 13 Nr. 9 und §§ 58 ff. BundesverfassungsgerichtsG.
[2] Siehe hierzu § 13 Nr. 10 und §§ 73 ff. BundesverfassungsgerichtsG (Nr. **6**).
[3] Siehe hierzu § 13 Nr. 11–13 und §§ 80 ff. BundesverfassungsgerichtsG (Nr. **6**).

Art. 104 [Rechtsgarantien bei Freiheitsentziehung] (1) [1]Die Freiheit der Person kann nur auf Grund eines förmlichen Gesetzes und nur unter Beachtung der darin vorgeschriebenen Formen beschränkt werden. [2]Festgehaltene Personen dürfen weder seelisch noch körperlich mißhandelt werden.

(2) [1]Über die Zulässigkeit und Fortdauer einer Freiheitsentziehung hat nur der Richter zu entscheiden. [2]Bei jeder nicht auf richterlicher Anordnung beruhenden Freiheitsentziehung ist unverzüglich eine richterliche Entscheidung herbeizuführen. [3]Die Polizei darf aus eigener Machtvollkommenheit niemanden länger als bis zum Ende des Tages nach dem Ergreifen in eigenem Gewahrsam halten. [4]Das Nähere ist gesetzlich zu regeln.

(3) [1]Jeder wegen des Verdachtes einer strafbaren Handlung vorläufig Festgenommene ist spätestens am Tage nach der Festnahme dem Richter vorzuführen, der ihm die Gründe der Festnahme mitzuteilen, ihn zu vernehmen und ihm Gelegenheit zu Einwendungen zu geben hat. [2]Der Richter hat unverzüglich entweder einen mit Gründen versehenen schriftlichen Haftbefehl zu erlassen oder die Freilassung anzuordnen.

(4) Von jeder richterlichen Entscheidung über die Anordnung oder Fortdauer einer Freiheitsentziehung ist unverzüglich ein Angehöriger des Festgehaltenen oder eine Person seines Vertrauens zu benachrichtigen.

X. Das Finanzwesen

Art. 104a [Ausgabenverteilung; Lastenverteilung] (1) Der Bund und die Länder tragen gesondert die Ausgaben, die sich aus der Wahrnehmung ihrer Aufgaben ergeben, soweit dieses Grundgesetz nichts anderes bestimmt.

(2) Handeln die Länder im Auftrage des Bundes, trägt der Bund die sich daraus ergebenden Ausgaben.

(3) [1]Bundesgesetze, die Geldleistungen gewähren und von den Ländern ausgeführt werden, können bestimmen, daß die Geldleistungen ganz oder zum Teil vom Bund getragen werden. [2]Bestimmt das Gesetz, daß der Bund die Hälfte der Ausgaben oder mehr trägt, wird es im Auftrage des Bundes durchgeführt.

(4) Bundesgesetze, die Pflichten der Länder zur Erbringung von Geldleistungen, geldwerten Sachleistungen oder vergleichbaren Dienstleistungen gegenüber Dritten begründen und von den Ländern als eigene Angelegenheit oder nach Absatz 3 Satz 2 im Auftrag des Bundes ausgeführt werden, bedürfen der Zustimmung des Bundesrates, wenn daraus entstehende Ausgaben von den Ländern zu tragen sind.

(5) [1]Der Bund und die Länder tragen die bei ihren Behörden entstehenden Verwaltungsausgaben und haften im Verhältnis zueinander für eine ordnungsmäßige Verwaltung. [2]Das Nähere bestimmt ein Bundesgesetz, das der Zustimmung des Bundesrates bedarf.

(6) [1]Bund und Länder tragen nach der innerstaatlichen Zuständigkeits- und Aufgabenverteilung die Lasten einer Verletzung von supranationalen oder völkerrechtlichen Verpflichtungen Deutschlands. [2]In Fällen länderübergreifender Finanzkorrekturen der Europäischen Union tragen Bund und Länder diese Lasten im Verhältnis 15 zu 85. [3]Die Ländergesamtheit trägt in diesen Fällen solidarisch 35 vom Hundert der Gesamtlasten entsprechend einem allgemeinen Schlüssel; 50 vom Hundert der Gesamtlasten tragen die Länder, die die Lasten verursacht

haben, anteilig entsprechend der Höhe der erhaltenen Mittel. [4]Das Nähere regelt ein Bundesgesetz[1)], das der Zustimmung des Bundesrates bedarf.

Art. 104b [Finanzhilfen für bedeutsame Investitionen der Länder]

(1) [1]Der Bund kann, soweit dieses Grundgesetz ihm Gesetzgebungsbefugnisse verleiht, den Ländern Finanzhilfen für besonders bedeutsame Investitionen der Länder und der Gemeinden (Gemeindeverbände) gewähren, die

1. zur Abwehr einer Störung des gesamtwirtschaftlichen Gleichgewichts oder
2. zum Ausgleich unterschiedlicher Wirtschaftskraft im Bundesgebiet oder
3. zur Förderung des wirtschaftlichen Wachstums

erforderlich sind. [2]Abweichend von Satz 1 kann der Bund im Falle von Naturkatastrophen oder außergewöhnlichen Notsituationen, die sich der Kontrolle des Staates entziehen und die staatliche Finanzlage erheblich beeinträchtigen, auch ohne Gesetzgebungsbefugnisse Finanzhilfen gewähren.

(2) [1]Das Nähere, insbesondere die Arten der zu fördernden Investitionen, wird durch Bundesgesetz, das der Zustimmung des Bundesrates bedarf, oder auf Grund des Bundeshaushaltsgesetzes durch Verwaltungsvereinbarung geregelt. [2]Das Bundesgesetz oder die Verwaltungsvereinbarung kann Bestimmungen über die Ausgestaltung der jeweiligen Länderprogramme zur Verwendung der Finanzhilfen vorsehen. [3]Die Festlegung der Kriterien für die Ausgestaltung der Länderprogramme erfolgt im Einvernehmen mit den betroffenen Ländern. [4]Zur Gewährleistung der zweckentsprechenden Mittelverwendung kann die Bundesregierung Bericht und Vorlage der Akten verlangen und Erhebungen bei allen Behörden durchführen. [5]Die Mittel des Bundes werden zusätzlich zu eigenen Mitteln der Länder bereitgestellt. [6]Sie sind befristet zu gewähren und hinsichtlich ihrer Verwendung in regelmäßigen Zeitabständen zu überprüfen. [7]Die Finanzhilfen sind im Zeitablauf mit fallenden Jahresbeträgen zu gestalten.

(3) Bundestag, Bundesregierung und Bundesrat sind auf Verlangen über die Durchführung der Maßnahmen und die erzielten Verbesserungen zu unterrichten.

Art. 104c [Finanzhilfen für bedeutsame Investitionen der Länder im Bereich der kommunalen Bildungsinfrastruktur] [1]Der Bund kann den Ländern Finanzhilfen für gesamtstaatlich bedeutsame Investitionen sowie besondere, mit diesen unmittelbar verbundene, befristete Ausgaben der Länder und Gemeinden (Gemeindeverbände) zur Steigerung der Leistungsfähigkeit der kommunalen Bildungsinfrastruktur gewähren. [2]Artikel 104b Absatz 2 Satz 1 bis 3, 5, 6 und Absatz 3 gilt entsprechend. [3]Zur Gewährleistung der zweckentsprechenden Mittelverwendung kann die Bundesregierung Berichte und anlassbezogen die Vorlage von Akten verlangen.

Art. 104d [Finanzhilfen für bedeutsame Investitionen der Länder im Bereich des sozialen Wohnungsbaus] [1]Der Bund kann den Ländern Finanzhilfen für gesamtstaatlich bedeutsame Investitionen der Länder und Gemeinden (Gemeindeverbände) im Bereich des sozialen Wohnungsbaus gewähren. [2]Artikel 104b Absatz 2 Satz 1 bis 5 sowie Absatz 3 gilt entsprechend.

[1)] Siehe das LastentragungsG v. 5.9.2006 (BGBl. I S. 2098).

Art. 105 [Gesetzgebungsrecht] (1) Der Bund hat die ausschließliche Gesetzgebung über die Zölle und Finanzmonopole.

(2) [1]Der Bund hat die konkurrierende Gesetzgebung über die Grundsteuer. [2]Er hat die konkurrierende Gesetzgebung über die übrigen Steuern, wenn ihm das Aufkommen dieser Steuern ganz oder zum Teil zusteht oder die Voraussetzungen des Artikels 72 Abs. 2 vorliegen.

(2a) [1]Die Länder haben die Befugnis zur Gesetzgebung über die örtlichen Verbrauch- und Aufwandsteuern, solange und soweit sie nicht bundesgesetzlich geregelten Steuern gleichartig sind. [2]Sie haben die Befugnis zur Bestimmung des Steuersatzes bei der Grunderwerbsteuer.

(3) Bundesgesetze über Steuern, deren Aufkommen den Ländern oder den Gemeinden (Gemeindeverbänden) ganz oder zum Teil zufließt, bedürfen der Zustimmung des Bundesrates.

Art. 106 [Verteilung des Steueraufkommens und des Ertrages der Finanzmonopole] (1) Der Ertrag der Finanzmonopole und das Aufkommen der folgenden Steuern stehen dem Bund zu:

1. die Zölle,
2. die Verbrauchsteuern, soweit sie nicht nach Absatz 2 den Ländern, nach Absatz 3 Bund und Ländern gemeinsam oder nach Absatz 6 den Gemeinden zustehen,
3. die Straßengüterverkehrsteuer, die Kraftfahrzeugsteuer und sonstige auf motorisierte Verkehrsmittel bezogene Verkehrsteuern,
4. die Kapitalverkehrsteuern, die Versicherungsteuer und die Wechselsteuer,
5. die einmaligen Vermögensabgaben und die zur Durchführung des Lastenausgleichs erhobenen Ausgleichsabgaben,
6. die Ergänzungsabgabe zur Einkommensteuer und zur Körperschaftsteuer,
7. Abgaben im Rahmen der Europäischen Gemeinschaften.

(2) Das Aufkommen der folgenden Steuern steht den Ländern zu:

1. die Vermögensteuer,
2. die Erbschaftsteuer,
3. die Verkehrsteuern, soweit sie nicht nach Absatz 1 dem Bund oder nach Absatz 3 Bund und Ländern gemeinsam zustehen,
4. die Biersteuer,
5. die Abgabe von Spielbanken.

(3) [1]Das Aufkommen der Einkommensteuer, der Körperschaftsteuer und der Umsatzsteuer steht dem Bund und den Ländern gemeinsam zu (Gemeinschaftsteuern), soweit das Aufkommen der Einkommensteuer nicht nach Absatz 5 und das Aufkommen der Umsatzsteuer nicht nach Absatz 5a den Gemeinden zugewiesen wird. [2]Am Aufkommen der Einkommensteuer und der Körperschaftsteuer sind der Bund und die Länder je zur Hälfte beteiligt. [3]Die Anteile von Bund und Ländern an der Umsatzsteuer werden durch Bundesgesetz, das der Zustimmung des Bundesrates bedarf, festgesetzt. [4]Bei der Festsetzung ist von folgenden Grundsätzen auszugehen:

1. [1]Im Rahmen der laufenden Einnahmen haben der Bund und die Länder gleichmäßig Anspruch auf Deckung ihrer notwendigen Ausgaben. [2]Dabei ist der

Umfang der Ausgaben unter Berücksichtigung einer mehrjährigen Finanzplanung zu ermitteln.

2. Die Deckungsbedürfnisse des Bundes und der Länder sind so aufeinander abzustimmen, daß ein billiger Ausgleich erzielt, eine Überbelastung der Steuerpflichtigen vermieden und die Einheitlichkeit der Lebensverhältnisse im Bundesgebiet gewahrt wird.

[5] Zusätzlich werden in die Festsetzung der Anteile von Bund und Ländern an der Umsatzsteuer Steuermindereinnahmen einbezogen, die den Ländern ab 1. Januar 1996 aus der Berücksichtigung von Kindern im Einkommensteuerrecht entstehen. [6] Das Nähere bestimmt das Bundesgesetz nach Satz 3.

(4) [1] Die Anteile von Bund und Ländern an der Umsatzsteuer sind neu festzusetzen, wenn sich das Verhältnis zwischen den Einnahmen und Ausgaben des Bundes und der Länder wesentlich anders entwickelt; Steuermindereinnahmen, die nach Absatz 3 Satz 5 in die Festsetzung der Umsatzsteueranteile zusätzlich einbezogen werden, bleiben hierbei unberücksichtigt. [2] Werden den Ländern durch Bundesgesetz zusätzliche Ausgaben auferlegt oder Einnahmen entzogen, so kann die Mehrbelastung durch Bundesgesetz, das der Zustimmung des Bundesrates bedarf, auch mit Finanzzuweisungen des Bundes ausgeglichen werden, wenn sie auf einen kurzen Zeitraum begrenzt ist. [3] In dem Gesetz sind die Grundsätze für die Bemessung dieser Finanzzuweisungen und für ihre Verteilung auf die Länder zu bestimmen.

(5) [1] Die Gemeinden erhalten einen Anteil an dem Aufkommen der Einkommensteuer, der von den Ländern an ihre Gemeinden auf der Grundlage der Einkommensteuerleistungen ihrer Einwohner weiterzuleiten ist. [2] Das Nähere bestimmt ein Bundesgesetz, das der Zustimmung des Bundesrates bedarf. [3] Es kann bestimmen, daß die Gemeinden Hebesätze für den Gemeindeanteil festsetzen.

(5a) [1] Die Gemeinden erhalten ab dem 1. Januar 1998 einen Anteil an dem Aufkommen der Umsatzsteuer. [2] Er wird von den Ländern auf der Grundlage eines orts- und wirtschaftsbezogenen Schlüssels an ihre Gemeinden weitergeleitet. [3] Das Nähere wird durch Bundesgesetz, das der Zustimmung des Bundesrates bedarf, bestimmt.

(6) [1] Das Aufkommen der Grundsteuer und Gewerbesteuer steht den Gemeinden, das Aufkommen der örtlichen Verbrauch- und Aufwandsteuern steht den Gemeinden oder nach Maßgabe der Landesgesetzgebung den Gemeindeverbänden zu. [2] Den Gemeinden ist das Recht einzuräumen, die Hebesätze der Grundsteuer und Gewerbesteuer im Rahmen der Gesetze festzusetzen. [3] Bestehen in einem Land keine Gemeinden, so steht das Aufkommen der Grundsteuer und Gewerbesteuer sowie der örtlichen Verbrauch- und Aufwandsteuern dem Land zu. [4] Bund und Länder können durch eine Umlage an dem Aufkommen der Gewerbesteuer beteiligt werden. [5] Das Nähere über die Umlage bestimmt ein Bundesgesetz, das der Zustimmung des Bundesrates bedarf. [6] Nach Maßgabe der Landesgesetzgebung können die Grundsteuer und Gewerbesteuer sowie der Gemeindeanteil vom Aufkommen der Einkommensteuer und der Umsatzsteuer als Bemessungsgrundlagen für Umlagen zugrunde gelegt werden.

(7) [1] Von dem Länderanteil am Gesamtaufkommen der Gemeinschaftsteuern fließt den Gemeinden und Gemeindeverbänden insgesamt ein von der Landesgesetzgebung zu bestimmender Hundertsatz zu. [2] Im übrigen bestimmt die Landes-

gesetzgebung, ob und inwieweit das Aufkommen der Landessteuern den Gemeinden (Gemeindeverbänden) zufließt.

(8) [1] Veranlaßt der Bund in einzelnen Ländern oder Gemeinden (Gemeindeverbänden) besondere Einrichtungen, die diesen Ländern oder Gemeinden (Gemeindeverbänden) unmittelbar Mehrausgaben oder Mindereinnahmen (Sonderbelastungen) verursachen, gewährt der Bund den erforderlichen Ausgleich, wenn und soweit den Ländern oder Gemeinden (Gemeindeverbänden) nicht zugemutet werden kann, die Sonderbelastungen zu tragen. [2] Entschädigungsleistungen Dritter und finanzielle Vorteile, die diesen Ländern oder Gemeinden (Gemeindeverbänden) als Folge der Einrichtungen erwachsen, werden bei dem Ausgleich berücksichtigt.

(9) Als Einnahmen und Ausgaben der Länder im Sinne dieses Artikels gelten auch die Einnahmen und Ausgaben der Gemeinden (Gemeindeverbände).

Art. 106a [Bundeszuschuss für öffentlichen Personennahverkehr] [1] Den Ländern steht ab 1. Januar 1996 für den öffentlichen Personennahverkehr ein Betrag aus dem Steueraufkommen des Bundes zu. [2] Das Nähere regelt ein Bundesgesetz, das der Zustimmung des Bundesrates bedarf. [3] Der Betrag nach Satz 1 bleibt bei der Bemessung der Finanzkraft nach Artikel 107 Abs. 2 unberücksichtigt.

Art. 106b [Länderanteil an der Kraftfahrzeugsteuer] [1] Den Ländern steht ab dem 1. Juli 2009 infolge der Übertragung der Kraftfahrzeugsteuer auf den Bund ein Betrag aus dem Steueraufkommen des Bundes zu. [2] Das Nähere regelt ein Bundesgesetz, das der Zustimmung des Bundesrates bedarf.

Art. 107 [Finanzausgleich; Ergänzungszuweisungen] (1) [1] Das Aufkommen der Landessteuern und der Länderanteil am Aufkommen der Einkommensteuer und der Körperschaftsteuer stehen den einzelnen Ländern insoweit zu, als die Steuern von den Finanzbehörden in ihrem Gebiet vereinnahmt werden (örtliches Aufkommen). [2] Durch Bundesgesetz, das der Zustimmung des Bundesrates bedarf, sind für die Körperschaftsteuer und die Lohnsteuer nähere Bestimmungen über die Abgrenzung sowie über Art und Umfang der Zerlegung des örtlichen Aufkommens zu treffen. [3] Das Gesetz kann auch Bestimmungen über die Abgrenzung und Zerlegung des örtlichen Aufkommens anderer Steuern treffen. [4] Der Länderanteil am Aufkommen der Umsatzsteuer steht den einzelnen Ländern, vorbehaltlich der Regelungen nach Absatz 2, nach Maßgabe ihrer Einwohnerzahl zu.

(2) [1] Durch Bundesgesetz, das der Zustimmung des Bundesrates bedarf, ist sicherzustellen, dass die unterschiedliche Finanzkraft der Länder angemessen ausgeglichen wird; hierbei sind die Finanzkraft und der Finanzbedarf der Gemeinden (Gemeindeverbände) zu berücksichtigen. [2] Zu diesem Zweck sind in dem Gesetz Zuschläge zu und Abschläge von der jeweiligen Finanzkraft bei der Verteilung der Länderanteile am Aufkommen der Umsatzsteuer zu regeln. [3] Die Voraussetzungen für die Gewährung von Zuschlägen und für die Erhebung von Abschlägen sowie die Maßstäbe für die Höhe dieser Zuschläge und Abschläge sind in dem Gesetz zu bestimmen. [4] Für Zwecke der Bemessung der Finanzkraft kann die bergrechtliche Förderabgabe mit nur einem Teil ihres Aufkommens berücksichtigt werden. [5] Das Gesetz kann auch bestimmen, dass der Bund aus seinen Mitteln leistungsschwachen Ländern Zuweisungen zur ergänzenden Deckung ihres allgemeinen Finanzbedarfs (Ergänzungszuweisungen) gewährt. [6] Zuweisungen können unabhängig

von den Maßstäben nach den Sätzen 1 bis 3 auch solchen leistungsschwachen Ländern gewährt werden, deren Gemeinden (Gemeindeverbände) eine besonders geringe Steuerkraft aufweisen (Gemeindesteuerkraftzuweisungen), sowie außerdem solchen leistungsschwachen Ländern, deren Anteile an den Fördermitteln nach Artikel 91b ihre Einwohneranteile unterschreiten.

Art. 108 [Finanzverwaltung] (1) [1] Zölle, Finanzmonopole, die bundesgesetzlich geregelten Verbrauchsteuern einschließlich der Einfuhrumsatzsteuer, die Kraftfahrzeugsteuer und sonstige auf motorisierte Verkehrsmittel bezogene Verkehrsteuern ab dem 1. Juli 2009 sowie die Abgaben im Rahmen der Europäischen Gemeinschaften werden durch Bundesfinanzbehörden verwaltet. [2] Der Aufbau dieser Behörden wird durch Bundesgesetz[1)] geregelt. [3] Soweit Mittelbehörden eingerichtet sind, werden deren Leiter im Benehmen mit den Landesregierungen bestellt.

(2) [1] Die übrigen Steuern werden durch Landesfinanzbehörden verwaltet. [2] Der Aufbau dieser Behörden und die einheitliche Ausbildung der Beamten können durch Bundesgesetz[2)] mit Zustimmung des Bundesrates geregelt werden. [3] Soweit Mittelbehörden eingerichtet sind, werden deren Leiter im Einvernehmen mit der Bundesregierung bestellt.

(3) [1] Verwalten die Landesfinanzbehörden Steuern, die ganz oder zum Teil dem Bund zufließen, so werden sie im Auftrage des Bundes tätig. [2] Artikel 85 Abs. 3 und 4 gilt mit der Maßgabe, daß an die Stelle der Bundesregierung der Bundesminister der Finanzen tritt.

(4) [1] Durch Bundesgesetz, das der Zustimmung des Bundesrates bedarf, kann bei der Verwaltung von Steuern ein Zusammenwirken von Bundes- und Landesfinanzbehörden sowie für Steuern, die unter Absatz 1 fallen, die Verwaltung durch Landesfinanzbehörden und für andere Steuern die Verwaltung durch Bundesfinanzbehörden vorgesehen werden, wenn und soweit dadurch der Vollzug der Steuergesetze erheblich verbessert oder erleichtert wird. [2] Für die den Gemeinden (Gemeindeverbänden) allein zufließenden Steuern kann die den Landesfinanzbehörden zustehende Verwaltung durch die Länder ganz oder zum Teil den Gemeinden (Gemeindeverbänden) übertragen werden. [3] Das Bundesgesetz nach Satz 1 kann für ein Zusammenwirken von Bund und Ländern bestimmen, dass bei Zustimmung einer im Gesetz genannten Mehrheit Regelungen für den Vollzug von Steuergesetzen für alle Länder verbindlich werden.

(4a) [1] Durch Bundesgesetz, das der Zustimmung des Bundesrates bedarf, können bei der Verwaltung von Steuern, die unter Absatz 2 fallen, ein Zusammenwirken von Landesfinanzbehörden und eine länderübergreifende Übertragung von Zuständigkeiten auf Landesfinanzbehörden eines oder mehrerer Länder im Einvernehmen mit den betroffenen Ländern vorgesehen werden, wenn und soweit dadurch der Vollzug der Steuergesetze erheblich verbessert oder erleichtert wird. [2] Die Kostentragung kann durch Bundesgesetz geregelt werden.

(5) [1] Das von den Bundesfinanzbehörden anzuwendende Verfahren wird durch Bundesgesetz geregelt. [2] Das von den Landesfinanzbehörden und in den Fällen des Absatzes 4 Satz 2 von den Gemeinden (Gemeindeverbänden) anzuwendende Ver-

---

[1)] Siehe das FinanzverwaltungsG idF der Bek. v. 4.4.2006 (BGBl. I S. 846, ber. S. 1202), zuletzt geänd. durch G v. 21.12.2019 (BGBl. I S. 2875).

[2)] Siehe das Steuerbeamten-AusbildungsG idF der Bek. v. 29.10.1996 (BGBl. I S. 1577), zuletzt geänd. durch G v. 8.12.2010 (BGBl. I S. 1768).

fahren kann durch Bundesgesetz mit Zustimmung des Bundesrates geregelt werden.

(6) Die Finanzgerichtsbarkeit wird durch Bundesgesetz[1] einheitlich geregelt.

(7) Die Bundesregierung kann allgemeine Verwaltungsvorschriften erlassen, und zwar mit Zustimmung des Bundesrates, soweit die Verwaltung den Landesfinanzbehörden oder Gemeinden (Gemeindeverbänden) obliegt.

Art. 109 [Haushaltswirtschaft in Bund und Ländern] (1) Bund und Länder sind in ihrer Haushaltswirtschaft selbständig und voneinander unabhängig.

(2) Bund und Länder erfüllen gemeinsam die Verpflichtungen der Bundesrepublik Deutschland aus Rechtsakten der Europäischen Gemeinschaft auf Grund des Artikels 104 des Vertrags zur Gründung der Europäischen Gemeinschaft zur Einhaltung der Haushaltsdisziplin und tragen in diesem Rahmen den Erfordernissen des gesamtwirtschaftlichen Gleichgewichts Rechnung.

(3) [1] Die Haushalte von Bund und Ländern sind grundsätzlich ohne Einnahmen aus Krediten auszugleichen[2]. [2] Bund und Länder können Regelungen zur im Auf- und Abschwung symmetrischen Berücksichtigung der Auswirkungen einer von der Normallage abweichenden konjunkturellen Entwicklung sowie eine Ausnahmeregelung für Naturkatastrophen oder außergewöhnliche Notsituationen, die sich der Kontrolle des Staates entziehen und die staatliche Finanzlage erheblich beeinträchtigen, vorsehen. [3] Für die Ausnahmeregelung ist eine entsprechende Tilgungsregelung vorzusehen. [4] Die nähere Ausgestaltung regelt für den Haushalt des Bundes Artikel 115 mit der Maßgabe, dass Satz 1 entsprochen ist, wenn die Einnahmen aus Krediten 0,35 vom Hundert im Verhältnis zum nominalen Bruttoinlandsprodukt nicht überschreiten. [5] Die nähere Ausgestaltung für die Haushalte der Länder regeln diese im Rahmen ihrer verfassungsrechtlichen Kompetenzen mit der Maßgabe, dass Satz 1 nur dann entsprochen ist, wenn keine Einnahmen aus Krediten zugelassen werden.

(4) Durch Bundesgesetz, das der Zustimmung des Bundesrates bedarf, können für Bund und Länder gemeinsam geltende Grundsätze für das Haushaltsrecht, für eine konjunkturgerechte Haushaltswirtschaft und für eine mehrjährige Finanzplanung aufgestellt werden.

(5) [1] Sanktionsmaßnahmen der Europäischen Gemeinschaft im Zusammenhang mit den Bestimmungen in Artikel 104 des Vertrags zur Gründung der Europäischen Gemeinschaft zur Einhaltung der Haushaltsdisziplin tragen Bund und Länder im Verhältnis 65 zu 35. [2] Die Ländergesamtheit trägt solidarisch 35 vom Hundert der auf die Länder entfallenden Lasten entsprechend ihrer Einwohnerzahl; 65 vom Hundert der auf die Länder entfallenden Lasten tragen die Länder entsprechend ihrem Verursachungsbeitrag. [3] Das Nähere regelt ein Bundesgesetz[3], das der Zustimmung des Bundesrates bedarf.

---

[1] Siehe die FinanzgerichtsO idF der Bek. v. 28.3.2001 (BGBl. I S. 442, ber. S. 2262, 2002 S. 679), zuletzt geänd. durch G v. 12.12.2019 (BGBl. I S. 2633).

[2] Siehe hierzu das KonsolidierungshilfenG v. 10.8.2009 (BGBl. I S. 2702).

[3] Siehe das Sanktionszahlungs-AufteilungsG v. 5.9.2006 (BGBl. I S. 2098, 2104), geänd. durch G v. 15.7.2013 (BGBl. I S. 2398).

Art. 109a [Haushaltsnotlagen] (1) Zur Vermeidung von Haushaltsnotlagen regelt ein Bundesgesetz[1], das der Zustimmung des Bundesrates bedarf,

1. die fortlaufende Überwachung der Haushaltswirtschaft von Bund und Ländern durch ein gemeinsames Gremium (Stabilitätsrat),
2. die Voraussetzungen und das Verfahren zur Feststellung einer drohenden Haushaltsnotlage,
3. die Grundsätze zur Aufstellung und Durchführung von Sanierungsprogrammen zur Vermeidung von Haushaltsnotlagen.

(2) [1] Dem Stabilitätsrat obliegt ab dem Jahr 2020 die Überwachung der Einhaltung der Vorgaben des Artikels 109 Absatz 3 durch Bund und Länder. [2] Die Überwachung orientiert sich an den Vorgaben und Verfahren aus Rechtsakten auf Grund des Vertrages über die Arbeitsweise der Europäischen Union zur Einhaltung der Haushaltsdisziplin.

(3) Die Beschlüsse des Stabilitätsrats und die zugrunde liegenden Beratungsunterlagen sind zu veröffentlichen.

Art. 110 [Haushaltsplan des Bundes] (1) [1] Alle Einnahmen und Ausgaben des Bundes sind in den Haushaltsplan einzustellen; bei Bundesbetrieben und bei Sondervermögen brauchen nur die Zuführungen oder die Ablieferungen eingestellt zu werden. [2] Der Haushaltsplan ist in Einnahme und Ausgabe auszugleichen.

(2) [1] Der Haushaltsplan wird für ein oder mehrere Rechnungsjahre, nach Jahren getrennt, vor Beginn des ersten Rechnungsjahres durch das Haushaltsgesetz festgestellt. [2] Für Teile des Haushaltsplanes kann vorgesehen werden, daß sie für unterschiedliche Zeiträume, nach Rechnungsjahren getrennt, gelten.

(3) Die Gesetzesvorlage nach Absatz 2 Satz 1 sowie Vorlagen zur Änderung des Haushaltsgesetzes und des Haushaltsplanes werden gleichzeitig mit der Zuleitung an den Bundesrat beim Bundestage eingebracht; der Bundesrat ist berechtigt, innerhalb von sechs Wochen, bei Änderungsvorlagen innerhalb von drei Wochen, zu den Vorlagen Stellung zu nehmen.

(4) [1] In das Haushaltsgesetz dürfen nur Vorschriften aufgenommen werden, die sich auf die Einnahmen und die Ausgaben des Bundes und auf den Zeitraum beziehen, für den das Haushaltsgesetz beschlossen wird. [2] Das Haushaltsgesetz kann vorschreiben, daß die Vorschriften erst mit der Verkündung des nächsten Haushaltsgesetzes oder bei Ermächtigung nach Artikel 115 zu einem späteren Zeitpunkt außer Kraft treten.

Art. 111 [Ausgaben vor Etatgenehmigung] (1) Ist bis zum Schluß eines Rechnungsjahres der Haushaltsplan für das folgende Jahr nicht durch Gesetz festgestellt, so ist bis zu seinem Inkrafttreten die Bundesregierung ermächtigt, alle Ausgaben zu leisten, die nötig sind,

a) um gesetzlich bestehende Einrichtungen zu erhalten und gesetzlich beschlossene Maßnahmen durchzuführen,

b) um die rechtlich begründeten Verpflichtungen des Bundes zu erfüllen,

---

[1] Siehe das StabilitätsratsG v. 10.8.2009 (BGBl. I S. 2702), zuletzt geänd. durch G v. 14.8.2017 (BGBl. I S. 3122).

c) um Bauten, Beschaffungen und sonstige Leistungen fortzusetzen oder Beihilfen für diese Zwecke weiter zu gewähren, sofern durch den Haushaltsplan eines Vorjahres bereits Beträge bewilligt worden sind.

(2) Soweit nicht auf besonderem Gesetze beruhende Einnahmen aus Steuern, Abgaben und sonstigen Quellen oder die Betriebsmittelrücklage die Ausgaben unter Absatz 1 decken, darf die Bundesregierung die zur Aufrechterhaltung der Wirtschaftsführung erforderlichen Mittel bis zur Höhe eines Viertels der Endsumme des abgelaufenen Haushaltsplanes im Wege des Kredits flüssig machen.

Art. 112 [Überplanmäßige und außerplanmäßige Ausgaben] [1] Überplanmäßige und außerplanmäßige Ausgaben bedürfen der Zustimmung des Bundesministers der Finanzen. [2] Sie darf nur im Falle eines unvorhergesehenen und unabweisbaren Bedürfnisses erteilt werden. [3] Näheres kann durch Bundesgesetz bestimmt werden.

Art. 113 [Ausgabenerhöhungen; Einnahmeminderungen] (1) [1] Gesetze, welche die von der Bundesregierung vorgeschlagenen Ausgaben des Haushaltsplanes erhöhen oder neue Ausgaben in sich schließen oder für die Zukunft mit sich bringen, bedürfen der Zustimmung der Bundesregierung. [2] Das gleiche gilt für Gesetze, die Einnahmeminderungen in sich schließen oder für die Zukunft mit sich bringen. [3] Die Bundesregierung kann verlangen, daß der Bundestag die Beschlußfassung über solche Gesetze aussetzt. [4] In diesem Fall hat die Bundesregierung innerhalb von sechs Wochen dem Bundestage eine Stellungnahme zuzuleiten.

(2) Die Bundesregierung kann innerhalb von vier Wochen, nachdem der Bundestag das Gesetz beschlossen hat, verlangen, daß der Bundestag erneut Beschluß faßt.

(3) [1] Ist das Gesetz nach Artikel 78 zustande gekommen, kann die Bundesregierung ihre Zustimmung nur innerhalb von sechs Wochen und nur dann versagen, wenn sie vorher das Verfahren nach Absatz 1 Satz 3 und 4 oder nach Absatz 2 eingeleitet hat. [2] Nach Ablauf dieser Frist gilt die Zustimmung als erteilt.

Art. 114 [Rechnungslegung; Bundesrechnungshof] (1) Der Bundesminister der Finanzen hat dem Bundestage und dem Bundesrate über alle Einnahmen und Ausgaben sowie über das Vermögen und die Schulden im Laufe des nächsten Rechnungsjahres zur Entlastung der Bundesregierung Rechnung zu legen.

(2) [1] Der Bundesrechnungshof, dessen Mitglieder richterliche Unabhängigkeit besitzen, prüft die Rechnung sowie die Wirtschaftlichkeit und Ordnungsmäßigkeit der Haushalts- und Wirtschaftsführung des Bundes. [2] Zum Zweck der Prüfung nach Satz 1 kann der Bundesrechnungshof auch bei Stellen außerhalb der Bundesverwaltung Erhebungen vornehmen; dies gilt auch in den Fällen, in denen der Bund den Ländern zweckgebundene Finanzierungsmittel zur Erfüllung von Länderaufgaben zuweist. [3] Er hat außer der Bundesregierung unmittelbar dem Bundestage und dem Bundesrate jährlich zu berichten. [4] Im übrigen werden die Befugnisse des Bundesrechnungshofes durch Bundesgesetz geregelt.

Art. 115 [Kreditbeschaffung] (1) Die Aufnahme von Krediten sowie die Übernahme von Bürgschaften, Garantien oder sonstigen Gewährleistungen, die zu

Ausgaben in künftigen Rechnungsjahren führen können, bedürfen einer der Höhe nach bestimmten oder bestimmbaren Ermächtigung durch Bundesgesetz[1)].

(2) [1] Einnahmen und Ausgaben sind grundsätzlich ohne Einnahmen aus Krediten auszugleichen. [2] Diesem Grundsatz ist entsprochen, wenn die Einnahmen aus Krediten 0,35 vom Hundert im Verhältnis zum nominalen Bruttoinlandsprodukt nicht überschreiten. [3] Zusätzlich sind bei einer von der Normallage abweichenden konjunkturellen Entwicklung die Auswirkungen auf den Haushalt im Auf- und Abschwung symmetrisch zu berücksichtigen. [4] Abweichungen der tatsächlichen Kreditaufnahme von der nach den Sätzen 1 bis 3 zulässigen Kreditobergrenze werden auf einem Kontrollkonto erfasst; Belastungen, die den Schwellenwert von 1,5 vom Hundert im Verhältnis zum nominalen Bruttoinlandsprodukt überschreiten, sind konjunkturgerecht zurückzuführen. [5] Näheres, insbesondere die Bereinigung der Einnahmen und Ausgaben um finanzielle Transaktionen und das Verfahren zur Berechnung der Obergrenze der jährlichen Nettokreditaufnahme unter Berücksichtigung der konjunkturellen Entwicklung auf der Grundlage eines Konjunkturbereinigungsverfahrens sowie die Kontrolle und den Ausgleich von Abweichungen der tatsächlichen Kreditaufnahme von der Regelgrenze, regelt ein Bundesgesetz. [6] Im Falle von Naturkatastrophen oder außergewöhnlichen Notsituationen, die sich der Kontrolle des Staates entziehen und die staatliche Finanzlage erheblich beeinträchtigen, können diese Kreditobergrenzen auf Grund eines Beschlusses der Mehrheit der Mitglieder des Bundestages überschritten werden. [7] Der Beschluss ist mit einem Tilgungsplan zu verbinden. [8] Die Rückführung der nach Satz 6 aufgenommenen Kredite hat binnen eines angemessenen Zeitraumes zu erfolgen.

Xa. Verteidigungsfall

Art. 115a [Feststellung des Verteidigungsfalles] (1) [1] Die Feststellung, daß das Bundesgebiet mit Waffengewalt angegriffen wird oder ein solcher Angriff unmittelbar droht (Verteidigungsfall), trifft der Bundestag mit Zustimmung des Bundesrates. [2] Die Feststellung erfolgt auf Antrag der Bundesregierung und bedarf einer Mehrheit von zwei Dritteln der abgegebenen Stimmen, mindestens der Mehrheit der Mitglieder des Bundestages.

(2) Erfordert die Lage unabweisbar ein sofortiges Handeln und stehen einem rechtzeitigen Zusammentritt des Bundestages unüberwindliche Hindernisse entgegen oder ist er nicht beschlußfähig, so trifft der Gemeinsame Ausschuß diese Feststellung mit einer Mehrheit von zwei Dritteln der abgegebenen Stimmen, mindestens der Mehrheit seiner Mitglieder.

(3) [1] Die Feststellung wird vom Bundespräsidenten gemäß Artikel 82 im Bundesgesetzblatte verkündet. [2] Ist dies nicht rechtzeitig möglich, so erfolgt die Verkündung in anderer Weise; sie ist im Bundesgesetzblatte nachzuholen, sobald die Umstände es zulassen.

(4) [1] Wird das Bundesgebiet mit Waffengewalt angegriffen und sind die zuständigen Bundesorgane außerstande, sofort die Feststellung nach Absatz 1 Satz 1 zu treffen, so gilt diese Feststellung als getroffen und als zu dem Zeitpunkt verkündet,

---

[1)] Siehe das Artikel 115-G v. 10.8.2009 (BGBl. I S. 2702, 2704), zuletzt geänd. durch VO v. 31.8.2015 (BGBl. I S. 1474).

in dem der Angriff begonnen hat. [2]Der Bundespräsident gibt diesen Zeitpunkt bekannt, sobald die Umstände es zulassen.

(5) [1]Ist die Feststellung des Verteidigungsfalles verkündet und wird das Bundesgebiet mit Waffengewalt angegriffen, so kann der Bundespräsident völkerrechtliche Erklärungen über das Bestehen des Verteidigungsfalles mit Zustimmung des Bundestages abgeben. [2]Unter den Voraussetzungen des Absatzes 2 tritt an die Stelle des Bundestages der Gemeinsame Ausschuß.

Art. 115b [Übergang der Befehls- und Kommandogewalt] Mit der Verkündung des Verteidigungsfalles geht die Befehls- und Kommandogewalt über die Streitkräfte auf den Bundeskanzler über.

Art. 115c [Erweiterte Bundesgesetzgebungskompetenz] (1) [1]Der Bund hat für den Verteidigungsfall das Recht der konkurrierenden Gesetzgebung auch auf den Sachgebieten, die zur Gesetzgebungszuständigkeit der Länder gehören. [2]Diese Gesetze bedürfen der Zustimmung des Bundesrates.

(2) Soweit es die Verhältnisse während des Verteidigungsfalles erfordern, kann durch Bundesgesetz für den Verteidigungsfall

1. bei Enteignungen abweichend von Artikel 14 Abs. 3 Satz 2 die Entschädigung vorläufig geregelt werden,
2. für Freiheitsentziehungen eine von Artikel 104 Abs. 2 Satz 3 und Abs. 3 Satz 1 abweichende Frist, höchstens jedoch eine solche von vier Tagen, für den Fall festgesetzt werden, daß ein Richter nicht innerhalb der für Normalzeiten geltenden Frist tätig werden konnte.

(3) Soweit es zur Abwehr eines gegenwärtigen oder unmittelbar drohenden Angriffs erforderlich ist, kann für den Verteidigungsfall durch Bundesgesetz mit Zustimmung des Bundesrates die Verwaltung und das Finanzwesen des Bundes und der Länder abweichend von den Abschnitten VIII, VIIIa und X geregelt werden, wobei die Lebensfähigkeit der Länder, Gemeinden und Gemeindeverbände, insbesondere auch in finanzieller Hinsicht, zu wahren ist.

(4) Bundesgesetze nach den Absätzen 1 und 2 Nr. 1 dürfen zur Vorbereitung ihres Vollzuges schon vor Eintritt des Verteidigungsfalles angewandt werden.

Art. 115d [Vereinfachtes Bundesgesetzgebungsverfahren] (1) Für die Gesetzgebung des Bundes gilt im Verteidigungsfalle abweichend von Artikel 76 Abs. 2, Artikel 77 Abs. 1 Satz 2 und Abs. 2 bis 4, Artikel 78 und Artikel 82 Abs. 1 die Regelung der Absätze 2 und 3.

(2) [1]Gesetzesvorlagen der Bundesregierung, die sie als dringlich bezeichnet, sind gleichzeitig mit der Einbringung beim Bundestage dem Bundesrate zuzuleiten. [2]Bundestag und Bundesrat beraten diese Vorlagen unverzüglich gemeinsam. [3]Soweit zu einem Gesetze die Zustimmung des Bundesrates erforderlich ist, bedarf es zum Zustandekommen des Gesetzes der Zustimmung der Mehrheit seiner Stimmen. [4]Das Nähere regelt eine Geschäftsordnung, die vom Bundestage beschlossen wird und der Zustimmung des Bundesrates bedarf.

(3) Für die Verkündung der Gesetze gilt Artikel 115a Abs. 3 Satz 2 entsprechend.

Art. 115e [Aufgaben des Gemeinsamen Ausschusses] (1) Stellt der Gemeinsame Ausschuß im Verteidigungsfalle mit einer Mehrheit von zwei Dritteln der abgegebenen Stimmen, mindestens mit der Mehrheit seiner Mitglieder fest, daß dem rechtzeitigen Zusammentritt des Bundestages unüberwindliche Hindernisse entgegenstehen oder daß dieser nicht beschlußfähig ist, so hat der Gemeinsame Ausschuß die Stellung von Bundestag und Bundesrat und nimmt deren Rechte einheitlich wahr.

(2) [1] Durch ein Gesetz des Gemeinsamen Ausschusses darf das Grundgesetz weder geändert noch ganz oder teilweise außer Kraft oder außer Anwendung gesetzt werden. [2] Zum Erlaß von Gesetzen nach Artikel 23 Abs. 1 Satz 2, Artikel 24 Abs. 1 oder Artikel 29 ist der Gemeinsame Ausschuß nicht befugt.

Art. 115f [Erweiterte Befugnisse der Bundesregierung] (1) Die Bundesregierung kann im Verteidigungsfalle, soweit es die Verhältnisse erfordern,

1. den *Bundesgrenzschutz*[1)] im gesamten Bundesgebiete einsetzen;
2. außer der Bundesverwaltung auch den Landesregierungen und, wenn sie es für dringlich erachtet, den Landesbehörden Weisungen erteilen und diese Befugnis auf von ihr zu bestimmende Mitglieder der Landesregierungen übertragen.

(2) Bundestag, Bundesrat und der Gemeinsame Ausschuß sind unverzüglich von den nach Absatz 1 getroffenen Maßnahmen zu unterrichten.

Art. 115g [Stellung des Bundesverfassungsgerichts] [1] Die verfassungsmäßige Stellung und die Erfüllung der verfassungsmäßigen Aufgaben des Bundesverfassungsgerichtes und seiner Richter dürfen nicht beeinträchtigt werden. [2] Das Gesetz über das Bundesverfassungsgericht[2)] darf durch ein Gesetz des Gemeinsamen Ausschusses nur insoweit geändert werden, als dies auch nach Auffassung des Bundesverfassungsgerichtes zur Aufrechterhaltung der Funktionsfähigkeit des Gerichtes erforderlich ist. [3] Bis zum Erlaß eines solchen Gesetzes kann das Bundesverfassungsgericht die zur Erhaltung der Arbeitsfähigkeit des Gerichtes erforderlichen Maßnahmen treffen. [4] Beschlüsse nach Satz 2 und Satz 3 faßt das Bundesverfassungsgericht mit der Mehrheit der anwesenden Richter.

Art. 115h [Wahlperioden und Amtszeiten] (1) [1] Während des Verteidigungsfalles ablaufende Wahlperioden des Bundestages oder der Volksvertretungen der Länder enden sechs Monate nach Beendigung des Verteidigungsfalles. [2] Die im Verteidigungsfalle ablaufende Amtszeit des Bundespräsidenten sowie bei vorzeitiger Erledigung seines Amtes die Wahrnehmung seiner Befugnisse durch den Präsidenten des Bundesrates enden neun Monate nach Beendigung des Verteidigungsfalles. [3] Die im Verteidigungsfalle ablaufende Amtszeit eines Mitgliedes des Bundesverfassungsgerichtes endet sechs Monate nach Beendigung des Verteidigungsfalles.

(2) [1] Wird eine Neuwahl des Bundeskanzlers durch den Gemeinsamen Ausschuß erforderlich, so wählt dieser einen neuen Bundeskanzler mit der Mehrheit seiner Mitglieder; der Bundespräsident macht dem Gemeinsamen Ausschuß einen Vorschlag. [2] Der Gemeinsame Ausschuß kann dem Bundeskanzler das Mißtrauen nur dadurch aussprechen, daß er mit der Mehrheit von zwei Dritteln seiner Mitglieder einen Nachfolger wählt.

---

1) Jetzt: „Bundespolizei".
2) Nr. **6**.

(3) Für die Dauer des Verteidigungsfalles ist die Auflösung des Bundestages ausgeschlossen.

Art. 115i [Erweiterte Befugnisse der Landesregierungen] (1) Sind die zuständigen Bundesorgane außerstande, die notwendigen Maßnahmen zur Abwehr der Gefahr zu treffen, und erfordert die Lage unabweisbar ein sofortiges selbständiges Handeln in einzelnen Teilen des Bundesgebietes, so sind die Landesregierungen oder die von ihnen bestimmten Behörden oder Beauftragten befugt, für ihren Zuständigkeitsbereich Maßnahmen im Sinne des Artikels 115f Abs. 1 zu treffen.

(2) Maßnahmen nach Absatz 1 können durch die Bundesregierung, im Verhältnis zu Landesbehörden und nachgeordneten Bundesbehörden auch durch die Ministerpräsidenten der Länder, jederzeit aufgehoben werden.

Art. 115k [Geltung von Gesetzen und Rechtsverordnungen des Verteidigungsfalls] (1) [1]Für die Dauer ihrer Anwendbarkeit setzen Gesetze nach den Artikeln 115c, 115e und 115g und Rechtsverordnungen, die auf Grund solcher Gesetze ergehen, entgegenstehendes Recht außer Anwendung. [2]Dies gilt nicht gegenüber früherem Recht, das auf Grund der Artikel 115c, 115e und 115g erlassen worden ist.

(2) Gesetze, die der Gemeinsame Ausschuß beschlossen hat, und Rechtsverordnungen, die auf Grund solcher Gesetze ergangen sind, treten spätestens sechs Monate nach Beendigung des Verteidigungsfalles außer Kraft.

(3) [1]Gesetze, die von den Artikeln 91a, 91b, 104a, 106 und 107 abweichende Regelungen enthalten, gelten längstens bis zum Ende des zweiten Rechnungsjahres, das auf die Beendigung des Verteidigungsfalles folgt. [2]Sie können nach Beendigung des Verteidigungsfalles durch Bundesgesetz mit Zustimmung des Bundesrates geändert werden, um zu der Regelung gemäß den Abschnitten VIIIa und X überzuleiten.

Art. 115l [Aufhebung von Maßnahmen und Beendigung des Verteidigungsfalls] (1) [1]Der Bundestag kann jederzeit mit Zustimmung des Bundesrates Gesetze des Gemeinsamen Ausschusses aufheben. [2]Der Bundesrat kann verlangen, daß der Bundestag hierüber beschließt. [3]Sonstige zur Abwehr der Gefahr getroffene Maßnahmen des Gemeinsamen Ausschusses oder der Bundesregierung sind aufzuheben, wenn der Bundestag und der Bundesrat es beschließen.

(2) [1]Der Bundestag kann mit Zustimmung des Bundesrates jederzeit durch einen vom Bundespräsidenten zu verkündenden Beschluß den Verteidigungsfall für beendet erklären. [2]Der Bundesrat kann verlangen, daß der Bundestag hierüber beschließt. [3]Der Verteidigungsfall ist unverzüglich für beendet zu erklären, wenn die Voraussetzungen für seine Feststellung nicht mehr gegeben sind.

(3) Über den Friedensschluß wird durch Bundesgesetz entschieden.

XI. Übergangs- und Schlußbestimmungen

Art. 116 [Begriff des „Deutschen"; nationalsozialistische Ausbürgerung]

(1) Deutscher im Sinne dieses Grundgesetzes ist vorbehaltlich anderweitiger gesetzlicher Regelung, wer die deutsche Staatsangehörigkeit besitzt oder als Flüchtling oder Vertriebener deutscher Volkszugehörigkeit oder als dessen Ehegat-

te oder Abkömmling in dem Gebiete des Deutschen Reiches nach dem Stande vom 31. Dezember 1937 Aufnahme gefunden hat.

(2) [1]Frühere deutsche Staatsangehörige, denen zwischen dem 30. Januar 1933 und dem 8. Mai 1945 die Staatsangehörigkeit aus politischen, rassischen oder religiösen Gründen entzogen worden ist, und ihre Abkömmlinge sind auf Antrag wieder einzubürgern. [2]Sie gelten als nicht ausgebürgert, sofern sie nach dem 8. Mai 1945 ihren Wohnsitz in Deutschland genommen haben und nicht einen entgegengesetzten Willen zum Ausdruck gebracht haben.

Art. 117 [Übergangsregelung zu Art. 3 Abs. 2 und Art. 11] (1) Das dem Artikel 3 Abs. 2 entgegenstehende Recht bleibt bis zu seiner Anpassung an diese Bestimmung des Grundgesetzes in Kraft, jedoch nicht länger als bis zum 31. März 1953.

(2) Gesetze, die das Recht der Freizügigkeit mit Rücksicht auf die gegenwärtige Raumnot einschränken, bleiben bis zu ihrer Aufhebung durch Bundesgesetz in Kraft.

Art. 118 [Neugliederung der badischen und württembergischen Länder]

[1]Die Neugliederung in dem die Länder Baden, Württemberg-Baden und Württemberg-Hohenzollern umfassenden Gebiete kann abweichend von den Vorschriften des Artikels 29 durch Vereinbarung der beteiligten Länder erfolgen. [2]Kommt eine Vereinbarung nicht zustande, so wird die Neugliederung durch Bundesgesetz geregelt, das eine Volksbefragung vorsehen muß.

Art. 118a [Neugliederung Berlins und Brandenburgs] Die Neugliederung in dem die Länder Berlin und Brandenburg umfassenden Gebiet kann abweichend von den Vorschriften des Artikels 29 unter Beteiligung ihrer Wahlberechtigten durch Vereinbarung beider Länder erfolgen.

Art. 119 [Flüchtlinge und Vertriebene] [1]In Angelegenheiten der Flüchtlinge und Vertriebenen, insbesondere zu ihrer Verteilung auf die Länder, kann bis zu einer bundesgesetzlichen Regelung die Bundesregierung mit Zustimmung des Bundesrates Verordnungen mit Gesetzeskraft erlassen. [2]Für besondere Fälle kann dabei die Bundesregierung ermächtigt werden, Einzelweisungen zu erteilen. [3]Die Weisungen sind außer bei Gefahr im Verzuge an die obersten Landesbehörden zu richten.

Art. 120 [Kriegsfolge- und Sozialversicherungslasten; Ertragshoheit]

(1) [1]Der Bund trägt die Aufwendungen für Besatzungskosten und die sonstigen inneren und äußeren Kriegsfolgelasten nach näherer Bestimmung von Bundesgesetzen. [2]Soweit diese Kriegsfolgelasten bis zum 1. Oktober 1969 durch Bundesgesetze geregelt worden sind, tragen Bund und Länder im Verhältnis zueinander die Aufwendungen nach Maßgabe dieser Bundesgesetze. [3]Soweit Aufwendungen für Kriegsfolgelasten, die in Bundesgesetzen weder geregelt worden sind noch geregelt werden, bis zum 1. Oktober 1965 von den Ländern, Gemeinden (Gemeindeverbänden) oder sonstigen Aufgabenträgern, die Aufgaben von Ländern oder Gemeinden erfüllen, erbracht worden sind, ist der Bund zur Übernahme von Aufwendungen dieser Art auch nach diesem Zeitpunkt nicht verpflichtet. [4]Der Bund trägt die Zuschüsse zu den Lasten der Sozialversicherung mit Einschluß der Arbeitslosenversicherung und der Arbeitslosenhilfe. [5]Die durch diesen Absatz

geregelte Verteilung der Kriegsfolgelasten auf Bund und Länder läßt die gesetzliche Regelung von Entschädigungsansprüchen für Kriegsfolgen unberührt.

(2) Die Einnahmen gehen auf den Bund zu demselben Zeitpunkte über, an dem der Bund die Ausgaben übernimmt.

Art. 120a [Lastenausgleich] (1) [1]Die Gesetze, die der Durchführung des Lastenausgleichs dienen, können mit Zustimmung des Bundesrates bestimmen, daß sie auf dem Gebiete der Ausgleichsleistungen teils durch den Bund, teils im Auftrage des Bundes durch die Länder ausgeführt werden und daß die der Bundesregierung und den zuständigen obersten Bundesbehörden auf Grund des Artikels 85 insoweit zustehenden Befugnisse ganz oder teilweise dem Bundesausgleichsamt übertragen werden. [2]Das Bundesausgleichsamt bedarf bei Ausübung dieser Befugnisse nicht der Zustimmung des Bundesrates; seine Weisungen sind, abgesehen von den Fällen der Dringlichkeit, an die obersten Landesbehörden (Landesausgleichsämter) zu richten.

(2) Artikel 87 Abs. 3 Satz 2 bleibt unberührt.

Art. 121 [Begriff der Mehrheit] Mehrheit der Mitglieder des Bundestages und der Bundesversammlung im Sinne dieses Grundgesetzes ist die Mehrheit ihrer gesetzlichen Mitgliederzahl.

Art. 122 [Bisherige Gesetzgebungskompetenzen] (1) Vom Zusammentritt des Bundestages an werden die Gesetze ausschließlich von den in diesem Grundgesetze anerkannten gesetzgebenden Gewalten beschlossen.

(2) Gesetzgebende und bei der Gesetzgebung beratend mitwirkende Körperschaften, deren Zuständigkeit nach Absatz 1 endet, sind mit diesem Zeitpunkt aufgelöst.

Art. 123 [Fortgeltung des alten Rechts] (1) Recht aus der Zeit vor dem Zusammentritt des Bundestages gilt fort, soweit es dem Grundgesetze nicht widerspricht.

(2) Die vom Deutschen Reich abgeschlossenen Staatsverträge, die sich auf Gegenstände beziehen, für die nach diesem Grundgesetze die Landesgesetzgebung zuständig ist, bleiben, wenn sie nach allgemeinen Rechtsgrundsätzen gültig sind und fortgelten, unter Vorbehalt aller Rechte und Einwendungen der Beteiligten in Kraft, bis neue Staatsverträge durch die nach diesem Grundgesetze zuständigen Stellen abgeschlossen werden oder ihre Beendigung auf Grund der in ihnen enthaltenen Bestimmungen anderweitig erfolgt.

Art. 124 [Altes Recht auf dem Gebiet der ausschließlichen Gesetzgebung] Recht, das Gegenstände der ausschließlichen Gesetzgebung des Bundes betrifft, wird innerhalb seines Geltungsbereiches Bundesrecht.

Art. 125 [Altes Recht auf dem Gebiet der konkurrierenden Gesetzgebung] Recht, das Gegenstände der konkurrierenden Gesetzgebung des Bundes betrifft, wird innerhalb seines Geltungsbereiches Bundesrecht,

1. soweit es innerhalb einer oder mehrerer Besatzungszonen einheitlich gilt,
2. soweit es sich um Recht handelt, durch das nach dem 8. Mai 1945 früheres Reichsrecht abgeändert worden ist.

Art. 125a [Fortgeltung von Bundesrecht; Ersetzung durch Landesrecht]

(1) [1]Recht, das als Bundesrecht erlassen worden ist, aber wegen der Änderung des Artikels 74 Abs. 1, der Einfügung des Artikels 84 Abs. 1 Satz 7, des Artikels 85 Abs. 1 Satz 2 oder des Artikels 105 Abs. 2a Satz 2 oder wegen der Aufhebung der Artikel 74a, 75 oder 98 Abs. 3 Satz 2 nicht mehr als Bundesrecht erlassen werden könnte, gilt als Bundesrecht fort. [2]Es kann durch Landesrecht ersetzt werden.

(2) [1]Recht, das auf Grund des Artikels 72 Abs. 2 in der bis zum 15. November 1994 geltenden Fassung erlassen worden ist, aber wegen Änderung des Artikels 72 Abs. 2 nicht mehr als Bundesrecht erlassen werden könnte, gilt als Bundesrecht fort. [2]Durch Bundesgesetz kann bestimmt werden, dass es durch Landesrecht ersetzt werden kann.

(3) [1]Recht, das als Landesrecht erlassen worden ist, aber wegen Änderung des Artikels 73 nicht mehr als Landesrecht erlassen werden könnte, gilt als Landesrecht fort. [2]Es kann durch Bundesrecht ersetzt werden.

Art. 125b [Fortgeltung von Bundesrecht; abweichende Regelungen durch die Länder] (1) [1]Recht, das auf Grund des Artikels 75 in der bis zum 1. September 2006 geltenden Fassung erlassen worden ist und das auch nach diesem Zeitpunkt als Bundesrecht erlassen werden könnte, gilt als Bundesrecht fort. [2]Befugnisse und Verpflichtungen der Länder zur Gesetzgebung bleiben insoweit bestehen. [3]Auf den in Artikel 72 Abs. 3 Satz 1 genannten Gebieten können die Länder von diesem Recht abweichende Regelungen treffen, auf den Gebieten des Artikels 72 Abs. 3 Satz 1 Nr. 2, 5 und 6 jedoch erst, wenn und soweit der Bund ab dem 1. September 2006 von seiner Gesetzgebungszuständigkeit Gebrauch gemacht hat, in den Fällen der Nummern 2 und 5 spätestens ab dem 1. Januar 2010, im Falle der Nummer 6 spätestens ab dem 1. August 2008.

(2) Von bundesgesetzlichen Regelungen, die auf Grund des Artikels 84 Abs. 1 in der vor dem 1. September 2006 geltenden Fassung erlassen worden sind, können die Länder abweichende Regelungen treffen, von Regelungen des Verwaltungsverfahrens bis zum 31. Dezember 2008 aber nur dann, wenn ab dem 1. September 2006 in dem jeweiligen Bundesgesetz Regelungen des Verwaltungsverfahrens geändert worden sind.

(3) Auf dem Gebiet des Artikels 72 Absatz 3 Satz 1 Nummer 7 darf abweichendes Landesrecht der Erhebung der Grundsteuer frühestens für Zeiträume ab dem 1. Januar 2025 zugrunde gelegt werden.

Art. 125c [Fortgeltung von Bundesrecht auf dem Gebiet der Gemeindeverkehrsfinanzierung und der sozialen Wohnraumförderung] (1) Recht, das auf Grund des Artikels 91a Abs. 2 in Verbindung mit Abs. 1 Nr. 1 in der bis zum 1. September 2006 geltenden Fassung erlassen worden ist, gilt bis zum 31. Dezember 2006 fort.

(2) [1]Die nach Artikel 104a Abs. 4 in der bis zum 1. September 2006 geltenden Fassung in den Bereichen der Gemeindeverkehrsfinanzierung und der sozialen Wohnraumförderung geschaffenen Regelungen gelten bis zum 31. Dezember 2006 fort. [2]Die im Bereich der Gemeindeverkehrsfinanzierung für die besonderen Programme nach § 6 Absatz 1 des Gemeindeverkehrsfinanzierungsgesetzes sowie die mit dem Gesetz über Finanzhilfen des Bundes nach Artikel 104a Absatz 4 des Grundgesetzes an die Länder Bremen, Hamburg, Mecklenburg-Vorpommern, Niedersachsen sowie Schleswig-Holstein für Seehäfen vom 20. Dezember 2001

nach Artikel 104a Absatz 4 in der bis zum 1. September 2006 geltenden Fassung geschaffenen Regelungen gelten bis zu ihrer Aufhebung fort. [3] Eine Änderung des Gemeindeverkehrsfinanzierungsgesetzes durch Bundesgesetz ist zulässig. [4] Die sonstigen nach Artikel 104a Absatz 4 in der bis zum 1. September 2006 geltenden Fassung geschaffenen Regelungen gelten bis zum 31. Dezember 2019 fort, soweit nicht ein früherer Zeitpunkt für das Außerkrafttreten bestimmt ist oder wird. [5] Artikel 104b Absatz 2 Satz 4 gilt entsprechend.

(3) Artikel 104b Absatz 2 Satz 5 ist erstmals auf nach dem 31. Dezember 2019 in Kraft getretene Regelungen anzuwenden.

Art. 126[1)] [Streit über das Fortgelten des alten Rechts] Meinungsverschiedenheiten über das Fortgelten von Recht als Bundesrecht entscheidet das Bundesverfassungsgericht.

Art. 127 [Recht des Vereinigten Wirtschaftsgebietes] Die Bundesregierung kann mit Zustimmung der Regierungen der beteiligten Länder Recht der Verwaltung des Vereinigten Wirtschaftsgebietes, soweit es nach Artikel 124 oder 125 als Bundesrecht fortgilt, innerhalb eines Jahres nach Verkündung dieses Grundgesetzes in den Ländern Baden, Groß-Berlin, Rheinland-Pfalz und Württemberg-Hohenzollern in Kraft setzen.

Art. 128 [Fortbestehen von Weisungsrechten] Soweit fortgeltendes Recht Weisungsrechte im Sinne des Artikels 84 Abs. 5 vorsieht, bleiben sie bis zu einer anderweitigen gesetzlichen Regelung bestehen.

Art. 129 [Fortgeltung von Ermächtigungen zu Rechtsverordnungen]

(1) [1] Soweit in Rechtsvorschriften, die als Bundesrecht fortgelten, eine Ermächtigung zum Erlasse von Rechtsverordnungen oder allgemeinen Verwaltungsvorschriften sowie zur Vornahme von Verwaltungsakten enthalten ist, geht sie auf die nunmehr sachlich zuständigen Stellen über. [2] In Zweifelsfällen entscheidet die Bundesregierung im Einvernehmen mit dem Bundesrate; die Entscheidung ist zu veröffentlichen.

(2) Soweit in Rechtsvorschriften, die als Landesrecht fortgelten, eine solche Ermächtigung enthalten ist, wird sie von den nach Landesrecht zuständigen Stellen ausgeübt.

(3) Soweit Rechtsvorschriften im Sinne der Absätze 1 und 2 zu ihrer Änderung oder Ergänzung oder zum Erlaß von Rechtsvorschriften anstelle von Gesetzen ermächtigen, sind diese Ermächtigungen erloschen.

(4) Die Vorschriften der Absätze 1 und 2 gelten entsprechend, soweit in Rechtsvorschriften auf nicht mehr geltende Vorschriften oder nicht mehr bestehende Einrichtungen verwiesen ist.

Art. 130 [Überleitung von Verwaltungs- und Rechtspflegeeinrichtungen]

(1) [1] Verwaltungsorgane und sonstige der öffentlichen Verwaltung oder Rechtspflege dienende Einrichtungen, die nicht auf Landesrecht oder Staatsverträgen zwischen Ländern beruhen, sowie die Betriebsvereinigung der südwestdeutschen Eisenbahnen und der Verwaltungsrat für das Post- und Fernmeldewesen für das

---

[1)] Siehe hierzu § 13 Nr. 14 und §§ 86 ff. BundesverfassungsgerichtsG (Nr. **6**).

französische Besatzungsgebiet unterstehen der Bundesregierung. [2]Diese regelt mit Zustimmung des Bundesrates die Überführung, Auflösung oder Abwicklung.

(2) Oberster Disziplinarvorgesetzter der Angehörigen dieser Verwaltungen und Einrichtungen ist der zuständige Bundesminister.

(3) Nicht landesunmittelbare und nicht auf Staatsverträgen zwischen den Ländern beruhende Körperschaften und Anstalten des öffentlichen Rechtes unterstehen der Aufsicht der zuständigen obersten Bundesbehörde.

Art. 131[1)] [Frühere Angehörige des Öffentlichen Dienstes] [1]Die Rechtsverhältnisse von Personen einschließlich der Flüchtlinge und Vertriebenen, die am 8. Mai 1945 im öffentlichen Dienste standen, aus anderen als beamten- oder tarifrechtlichen Gründen ausgeschieden sind und bisher nicht oder nicht ihrer früheren Stellung entsprechend verwendet werden, sind durch Bundesgesetz zu regeln. [2]Entsprechendes gilt für Personen einschließlich der Flüchtlinge und Vertriebenen, die am 8. Mai 1945 versorgungsberechtigt waren und aus anderen als beamten- oder tarifrechtlichen Gründen keine oder keine entsprechende Versorgung mehr erhalten. [3]Bis zum Inkrafttreten des Bundesgesetzes können vorbehaltlich anderweitiger landesrechtlicher Regelung Rechtsansprüche nicht geltend gemacht werden.

Art. 132[2)] [Ausschluss aus dem Öffentlichen Dienst] (1) [1]Beamte und Richter, die im Zeitpunkte des Inkrafttretens dieses Grundgesetzes auf Lebenszeit angestellt sind, können binnen sechs Monaten nach dem ersten Zusammentritt des Bundestages in den Ruhestand oder Wartestand oder in ein Amt mit niedrigerem Diensteinkommen versetzt werden, wenn ihnen die persönliche oder fachliche Eignung für ihr Amt fehlt. [2]Auf Angestellte, die in einem unkündbaren Dienstverhältnis stehen, findet diese Vorschrift entsprechende Anwendung. [3]Bei Angestellten, deren Dienstverhältnis kündbar ist, können über die tarifmäßige Regelung hinausgehende Kündigungsfristen innerhalb der gleichen Frist aufgehoben werden.

(2) Diese Bestimmung findet keine Anwendung auf Angehörige des öffentlichen Dienstes, die von den Vorschriften über die „Befreiung von Nationalsozialismus und Militarismus" nicht betroffen oder die anerkannte Verfolgte des Nationalsozialismus sind, sofern nicht ein wichtiger Grund in ihrer Person vorliegt.

(3) Den Betroffenen steht der Rechtsweg gemäß Artikel 19 Absatz 4 offen.

(4) Das Nähere bestimmt eine Verordnung der Bundesregierung, die der Zustimmung des Bundesrates bedarf.

Art. 133 [Rechtsnachfolge, Vereinigtes Wirtschaftsgebiet] Der Bund tritt in die Rechte und Pflichten der Verwaltung des Vereinigten Wirtschaftsgebietes ein.

Art. 134 [Rechtsnachfolge in das Reichsvermögen] (1) Das Vermögen des Reiches wird grundsätzlich Bundesvermögen.

[1)] Für das Gebiet der ehem. DDR ist Art. 131 nach Art. 6 EVertr. v. 31.8.1990 (BGBl. II S. 885, 889) vorerst nicht in Kraft gesetzt worden.

[2)] Gegenstandslos durch Zeitablauf.

(2) [1] Soweit es nach seiner ursprünglichen Zweckbestimmung überwiegend für Verwaltungsaufgaben bestimmt war, die nach diesem Grundgesetze nicht Verwaltungsaufgaben des Bundes sind, ist es unentgeltlich auf die nunmehr zuständigen Aufgabenträger und, soweit es nach seiner gegenwärtigen, nicht nur vorübergehenden Benutzung Verwaltungsaufgaben dient, die nach diesem Grundgesetze nunmehr von den Ländern zu erfüllen sind, auf die Länder zu übertragen. [2] Der Bund kann auch sonstiges Vermögen den Ländern übertragen.

(3) Vermögen, das dem Reich von den Ländern und Gemeinden (Gemeindeverbänden) unentgeltlich zur Verfügung gestellt wurde, wird wiederum Vermögen der Länder und Gemeinden (Gemeindeverbände), soweit es nicht der Bund für eigene Verwaltungsaufgaben benötigt.

(4) Das Nähere regelt ein Bundesgesetz, das der Zustimmung des Bundesrates bedarf.

Art. 135 [Vermögen bei Änderung des Gebietsstandes] (1) Hat sich nach dem 8. Mai 1945 bis zum Inkrafttreten dieses Grundgesetzes die Landeszugehörigkeit eines Gebietes geändert, so steht in diesem Gebiete das Vermögen des Landes, dem das Gebiet angehört hat, dem Lande zu, dem es jetzt angehört.

(2) Das Vermögen nicht mehr bestehender Länder und nicht mehr bestehender anderer Körperschaften und Anstalten des öffentlichen Rechtes geht, soweit es nach seiner ursprünglichen Zweckbestimmung überwiegend für Verwaltungsaufgaben bestimmt war, oder nach seiner gegenwärtigen, nicht nur vorübergehenden Benutzung überwiegend Verwaltungsaufgaben dient, auf das Land oder die Körperschaft oder Anstalt des öffentlichen Rechtes über, die nunmehr diese Aufgaben erfüllen.

(3) Grundvermögen nicht mehr bestehender Länder geht einschließlich des Zubehörs, soweit es nicht bereits zu Vermögen im Sinne des Absatzes 1 gehört, auf das Land über, in dessen Gebiet es belegen ist.

(4) Sofern ein überwiegendes Interesse des Bundes oder das besondere Interesse eines Gebietes es erfordert, kann durch Bundesgesetz eine von den Absätzen 1 bis 3 abweichende Regelung getroffen werden.

(5) Im übrigen wird die Rechtsnachfolge und die Auseinandersetzung, soweit sie nicht bis zum 1. Januar 1952 durch Vereinbarung zwischen den beteiligten Ländern oder Körperschaften oder Anstalten des öffentlichen Rechtes erfolgt, durch Bundesgesetz geregelt, das der Zustimmung des Bundesrates bedarf.

(6) [1] Beteiligungen des ehemaligen Landes Preußen an Unternehmen des privaten Rechtes gehen auf den Bund über. [2] Das Nähere regelt ein Bundesgesetz, das auch Abweichendes bestimmen kann.

(7) Soweit über Vermögen, das einem Lande oder einer Körperschaft oder Anstalt des öffentlichen Rechtes nach den Absätzen 1 bis 3 zufallen würde, von dem danach Berechtigten durch ein Landesgesetz, auf Grund eines Landesgesetzes oder in anderer Weise bei Inkrafttreten des Grundgesetzes verfügt worden war, gilt der Vermögensübergang als vor der Verfügung erfolgt.

Art. 135a [Verbindlichkeiten des Reichs und anderer Körperschaften]

(1) Durch die in Artikel 134 Abs. 4 und Artikel 135 Abs. 5 vorbehaltene Gesetzgebung des Bundes kann auch bestimmt werden, daß nicht oder nicht in voller Höhe zu erfüllen sind

1. Verbindlichkeiten des Reiches sowie Verbindlichkeiten des ehemaligen Landes Preußen und sonstiger nicht mehr bestehender Körperschaften und Anstalten des öffentlichen Rechts,
2. Verbindlichkeiten des Bundes oder anderer Körperschaften und Anstalten des öffentlichen Rechts, welche mit dem Übergang von Vermögenswerten nach Artikel 89, 90, 134 und 135 im Zusammenhang stehen, und Verbindlichkeiten dieser Rechtsträger, die auf Maßnahmen der in Nummer 1 bezeichneten Rechtsträger beruhen,
3. Verbindlichkeiten der Länder und Gemeinden (Gemeindeverbände), die aus Maßnahmen entstanden sind, welche diese Rechtsträger vor dem 1. August 1945 zur Durchführung von Anordnungen der Besatzungsmächte oder zur Beseitigung eines kriegsbedingten Notstandes im Rahmen dem Reich obliegender oder vom Reich übertragener Verwaltungsaufgaben getroffen haben.

(2) Absatz 1 findet entsprechende Anwendung auf Verbindlichkeiten der Deutschen Demokratischen Republik oder ihrer Rechtsträger sowie auf Verbindlichkeiten des Bundes oder anderer Körperschaften und Anstalten des öffentlichen Rechts, die mit dem Übergang von Vermögenswerten der Deutschen Demokratischen Republik auf Bund, Länder und Gemeinden im Zusammenhang stehen, und auf Verbindlichkeiten, die auf Maßnahmen der Deutschen Demokratischen Republik oder ihrer Rechtsträger beruhen.

Art. 136[1)] [Erster Zusammentritt des Bundesrates] (1) Der Bundesrat tritt erstmalig am Tage des ersten Zusammentrittes des Bundestages zusammen.

(2) [1] Bis zur Wahl des ersten Bundespräsidenten werden dessen Befugnisse von dem Präsidenten des Bundesrates ausgeübt. [2] Das Recht der Auflösung des Bundestages steht ihm nicht zu.

Art. 137 [Wählbarkeit von Angehörigen des Öffentlichen Dienstes u.a.]

(1)[2)] Die Wählbarkeit von Beamten, Angestellten des öffentlichen Dienstes, Berufssoldaten, freiwilligen Soldaten auf Zeit und Richtern im Bund, in den Ländern und den Gemeinden kann gesetzlich beschränkt werden.

(2)[1)] Für die Wahl des ersten Bundestages, der ersten Bundesversammlung und des ersten Bundespräsidenten der Bundesrepublik gilt das vom Parlamentarischen Rat zu beschließende Wahlgesetz.

(3)[1)] Die dem Bundesverfassungsgerichte gemäß Artikel 41 Absatz 2 zustehende Befugnis wird bis zu seiner Errichtung von dem Deutschen Obergericht für das Vereinigte Wirtschaftsgebiet wahrgenommen, das nach Maßgabe seiner Verfahrensordnung entscheidet.

Art. 138 [Süddeutsches Notariat] Änderungen der Einrichtungen des jetzt bestehenden Notariats in den Ländern Baden[3)], Bayern, Württemberg-Baden[3)] und Württemberg-Hohenzollern[3)] bedürfen der Zustimmung der Regierungen dieser Länder.

[1)] Gegenstandslos durch Zeitablauf.
[2)] Siehe hierzu auch das AbgeordnetenG (Nr. 3).
[3)] Jetzt: „Baden-Württemberg".

Art. 139 [Entnazifizierungsvorschriften] Die zur „Befreiung des deutschen Volkes vom Nationalsozialismus und Militarismus“ erlassenen Rechtsvorschriften werden von den Bestimmungen dieses Grundgesetzes nicht berührt.

Art. 140 [Übernahme von Glaubensbestimmungen der Weimarer Reichsverfassung] Die Bestimmungen der Artikel 136, 137, 138, 139 und 141 der deutschen Verfassung vom 11. August 1919[1] sind Bestandteil dieses Grundgesetzes.

Art. 141 [Religionsunterricht] Artikel 7 Absatz 3 Satz 1 findet keine Anwendung in einem Lande, in dem am 1. Januar 1949 eine andere landesrechtliche Regelung bestand.

---

[1] Diese Artikel der Weimarer Verfassung lauten:

„**Art. 136 WRV [Religionsunabhängigkeit von Rechten und Pflichten]** (1) Die bürgerlichen und staatsbürgerlichen Rechte und Pflichten werden durch die Ausübung der Religionsfreiheit weder bedingt noch beschränkt.

(2) Der Genuß bürgerlicher und staatsbürgerlicher Rechte sowie die Zulassung zu öffentlichen Ämtern sind unabhängig von dem religiösen Bekenntnis.

(3) [1] Niemand ist verpflichtet, seine religiöse Überzeugung zu offenbaren. [2] Die Behörden haben nur soweit das Recht, nach der Zugehörigkeit zu einer Religionsgesellschaft zu fragen, als davon Rechte und Pflichten abhängen oder eine gesetzlich angeordnete statistische Erhebung dies erfordert.

(4) Niemand darf zu einer kirchlichen Handlung oder Feierlichkeit oder zur Teilnahme an religiösen Übungen oder zur Benutzung einer religiösen Eidesform gezwungen werden.

Art. 137 WRV [Religionsgesellschaften] (1) Es besteht keine Staatskirche.

(2) [1] Die Freiheit der Vereinigung zu Religionsgesellschaften wird gewährleistet. [2] Der Zusammenschluß von Religionsgesellschaften innerhalb des Reichsgebiets unterliegt keinen Beschränkungen.

(3) [1] Jede Religionsgesellschaft ordnet und verwaltet ihre Angelegenheiten selbständig innerhalb der Schranken des für alle geltenden Gesetzes. [2] Sie verleiht ihre Ämter ohne Mitwirkung des Staates oder der bürgerlichen Gemeinde.

(4) Religionsgesellschaften erwerben die Rechtsfähigkeit nach den allgemeinen Vorschriften des bürgerlichen Rechtes.

(5) [1] Die Religionsgesellschaften bleiben Körperschaften des öffentlichen Rechtes, soweit sie solche bisher waren. [2] Anderen Religionsgesellschaften sind auf ihren Antrag gleiche Rechte zu gewähren, wenn sie durch ihre Verfassung und die Zahl ihrer Mitglieder die Gewähr der Dauer bieten. [3] Schließen sich mehrere derartige öffentlich-rechtliche Religionsgesellschaften zu einem Verbande zusammen, so ist auch dieser Verband eine öffentlich-rechtliche Körperschaft.

(6) Die Religionsgesellschaften, welche Körperschaften des öffentlichen Rechtes sind, sind berechtigt, auf Grund der bürgerlichen Steuerlisten nach Maßgabe der landesrechtlichen Bestimmungen Steuern zu erheben.

(7) Den Religionsgesellschaften werden die Vereinigungen gleichgestellt, die sich die gemeinschaftliche Pflege einer Weltanschauung zur Aufgabe machen.

(8) Soweit die Durchführung dieser Bestimmungen eine weitere Regelung erfordert, liegt diese der Landesgesetzgebung ob.

Art. 138 WRV [Staatsleistungen; Kirchengut] (1) [1] Die auf Gesetz, Vertrag oder besonderen Rechtstiteln beruhenden Staatsleistungen an die Religionsgesellschaften werden durch die Landesgesetzgebung abgelöst. [2] Die Grundsätze hierfür stellt das Reich auf.

(2) Das Eigentum und andere Rechte der Religionsgesellschaften und religiösen Vereine an ihren für Kultus-, Unterrichts- und Wohltätigkeitszwecke bestimmten Anstalten, Stiftungen und sonstigen Vermögen werden gewährleistet.

Art. 139 WRV [Sonn- und Feiertagsruhe] Der Sonntag und die staatlich anerkannten Feiertage bleiben als Tage der Arbeitsruhe und der seelischen Erhebung gesetzlich geschützt.

Art. 141 WRV [Religiöse Handlungen in öffentlichen Anstalten] Soweit das Bedürfnis nach Gottesdienst und Seelsorge im Heer, in Krankenhäusern, Strafanstalten oder sonstigen öffentlichen Anstalten besteht, sind die Religionsgesellschaften zur Vornahme religiöser Handlungen zuzulassen, wobei jeder Zwang fernzuhalten ist.“

Art. 142 [Grundrechte in Landesverfassungen] Ungeachtet der Vorschrift des Artikels 31 bleiben Bestimmungen der Landesverfassungen auch insoweit in Kraft, als sie in Übereinstimmung mit den Artikeln 1 bis 18 dieses Grundgesetzes Grundrechte gewährleisten.

Art. 142a *(aufgehoben)*

Art. 143 [Sondervorschriften für neue Bundesländer und Ost-Berlin]

(1)[1)] [1]Recht in dem in Artikel 3 des Einigungsvertrags genannten Gebiet kann längstens bis zum 31. Dezember 1992 von Bestimmungen dieses Grundgesetzes abweichen, soweit und solange infolge der unterschiedlichen Verhältnisse die völlige Anpassung an die grundgesetzliche Ordnung noch nicht erreicht werden kann. [2]Abweichungen dürfen nicht gegen Artikel 19 Abs. 2 verstoßen und müssen mit den in Artikel 79 Abs. 3 genannten Grundsätzen vereinbar sein.

(2)[1)] Abweichungen von den Abschnitten II, VIII, VIIIa, IX, X und XI sind längstens bis zum 31. Dezember 1995 zulässig.

(3) Unabhängig von Absatz 1 und 2 haben Artikel 41 des Einigungsvertrags und Regelungen zu seiner Durchführung auch insoweit Bestand, als sie vorsehen, daß Eingriffe in das Eigentum auf dem in Artikel 3 dieses Vertrags genannten Gebiet nicht mehr rückgängig gemacht werden.

Art. 143a [Übergangsvorschriften für Bundeseisenbahnen] (1) [1]Der Bund hat die ausschließliche Gesetzgebung über alle Angelegenheiten, die sich aus der Umwandlung der in bundeseigener Verwaltung geführten Bundeseisenbahnen in Wirtschaftsunternehmen ergeben. [2]Artikel 87e Abs. 5 findet entsprechende Anwendung. [3]Beamte der Bundeseisenbahnen können durch Gesetz unter Wahrung ihrer Rechtsstellung und der Verantwortung des Dienstherrn einer privat-rechtlich organisierten Eisenbahn des Bundes zur Dienstleistung zugewiesen werden.

(2) Gesetze nach Absatz 1 führt der Bund aus.

(3) [1]Die Erfüllung der Aufgaben im Bereich des Schienenpersonennahverkehrs der bisherigen Bundeseisenbahnen ist bis zum 31. Dezember 1995 Sache des Bundes. [2]Dies gilt auch für die entsprechenden Aufgaben der Eisenbahnverkehrsverwaltung. [3]Das Nähere wird durch Bundesgesetz[2)] geregelt, das der Zustimmung des Bundesrates bedarf.

Art. 143b [Umwandlung der Deutschen Bundespost] (1) [1]Das Sondervermögen Deutsche Bundespost wird nach Maßgabe eines Bundesgesetzes in Unternehmen privater Rechtsform umgewandelt. [2]Der Bund hat die ausschließliche Gesetzgebung über alle sich hieraus ergebenden Angelegenheiten.

(2) [1]Die vor der Umwandlung bestehenden ausschließlichen Rechte des Bundes können durch Bundesgesetz für eine Übergangszeit den aus der Deutschen Bundespost POSTDIENST und der Deutschen Bundespost TELEKOM hervorgegangenen Unternehmen verliehen werden. [2]Die Kapitalmehrheit am Nachfolgeunternehmen der Deutschen Bundespost POSTDIENST darf der Bund frühestens fünf

---

[1)] Art. 143 Abs. 1 und 2 haben gem. Unterzeichnungsprotokoll zum EVertr. „[…] nur zeitliche Bedeutung; sie sind deshalb keine Vorgabe für die künftige Gesetzgebung."

[2)] Siehe das G zur Entflechtung von Gemeinschaftsaufgaben und Finanzhilfen (Entflechtungsgesetz – EntflechtG) v. 5.9.2006 (BGBl. I S. 2098, 2102), zuletzt geänd. durch G v. 17.12.2018 (BGBl. I S. 2522).

Jahre nach Inkrafttreten des Gesetzes aufgeben. [3]Dazu bedarf es eines Bundesgesetzes mit Zustimmung des Bundesrates.

(3) [1]Die bei der Deutschen Bundespost tätigen Bundesbeamten werden unter Wahrung ihrer Rechtsstellung und der Verantwortung des Dienstherrn bei den privaten Unternehmen beschäftigt. [2]Die Unternehmen üben Dienstherrenbefugnisse aus. [3]Das Nähere bestimmt ein Bundesgesetz.

Art. 143c [Übergangsvorschriften wegen Wegfalls der Finanzhilfen durch den Bund] (1) [1]Den Ländern stehen ab dem 1. Januar 2007 bis zum 31. Dezember 2019 für den durch die Abschaffung der Gemeinschaftsaufgaben Ausbau und Neubau von Hochschulen einschließlich Hochschulkliniken und Bildungsplanung sowie für den durch die Abschaffung der Finanzhilfen zur Verbesserung der Verkehrsverhältnisse der Gemeinden und zur sozialen Wohnraumförderung bedingten Wegfall der Finanzierungsanteile des Bundes jährlich Beträge aus dem Haushalt des Bundes zu. [2]Bis zum 31. Dezember 2013 werden diese Beträge aus dem Durchschnitt der Finanzierungsanteile des Bundes im Referenzzeitraum 2000 bis 2008 ermittelt.

(2) Die Beträge nach Absatz 1 werden auf die Länder bis zum 31. Dezember 2013 wie folgt verteilt:

1. als jährliche Festbeträge, deren Höhe sich nach dem Durchschnittsanteil eines jeden Landes im Zeitraum 2000 bis 2003 errechnet;
2. jeweils zweckgebunden an den Aufgabenbereich der bisherigen Mischfinanzierungen.

(3) [1]Bund und Länder überprüfen bis Ende 2013, in welcher Höhe die den Ländern nach Absatz 1 zugewiesenen Finanzierungsmittel zur Aufgabenerfüllung der Länder noch angemessen und erforderlich sind. [2]Ab dem 1. Januar 2014 entfällt die nach Absatz 2 Nr. 2 vorgesehene Zweckbindung der nach Absatz 1 zugewiesenen Finanzierungsmittel; die investive Zweckbindung des Mittelvolumens bleibt bestehen. [3]Die Vereinbarungen aus dem Solidarpakt II bleiben unberührt.

(4) Das Nähere regelt ein Bundesgesetz, das der Zustimmung des Bundesrates bedarf.

Art. 143d [Übergangsvorschriften im Rahmen der Konsolidierungshilfen] (1) [1]Artikel 109 und 115 in der bis zum 31. Juli 2009 geltenden Fassung sind letztmals auf das Haushaltsjahr 2010 anzuwenden. [2]Artikel 109 und 115 in der ab dem 1. August 2009 geltenden Fassung sind erstmals für das Haushaltsjahr 2011 anzuwenden; am 31. Dezember 2010 bestehende Kreditermächtigungen für bereits eingerichtete Sondervermögen bleiben unberührt. [3]Die Länder dürfen im Zeitraum vom 1. Januar 2011 bis zum 31. Dezember 2019 nach Maßgabe der geltenden landesrechtlichen Regelungen von den Vorgaben des Artikels 109 Absatz 3 abweichen. [4]Die Haushalte der Länder sind so aufzustellen, dass im Haushaltsjahr 2020 die Vorgabe aus Artikel 109 Absatz 3 Satz 5 erfüllt wird. [5]Der Bund kann im Zeitraum vom 1. Januar 2011 bis zum 31. Dezember 2015 von der Vorgabe des Artikels 115 Absatz 2 Satz 2 abweichen. [6]Mit dem Abbau des bestehenden Defizits soll im Haushaltsjahr 2011 begonnen werden. [7]Die jährlichen Haushalte sind so aufzustellen, dass im Haushaltsjahr 2016 die Vorgabe aus Artikel 115 Absatz 2 Satz 2 erfüllt wird; das Nähere regelt ein Bundesgesetz.

(2) [1]Als Hilfe zur Einhaltung der Vorgaben des Artikels 109 Absatz 3 ab dem 1. Januar 2020 können den Ländern Berlin, Bremen, Saarland, Sachsen-Anhalt und Schleswig-Holstein für den Zeitraum 2011 bis 2019 Konsolidierungshilfen aus dem Haushalt des Bundes in Höhe von insgesamt 800 Millionen Euro jährlich gewährt werden. [2]Davon entfallen auf Bremen 300 Millionen Euro, auf das Saarland 260 Millionen Euro und auf Berlin, Sachsen-Anhalt und Schleswig-Holstein jeweils 80 Millionen Euro. [3]Die Hilfen werden auf der Grundlage einer Verwaltungsvereinbarung nach Maßgabe eines Bundesgesetzes mit Zustimmung des Bundesrates geleistet. [4]Die Gewährung der Hilfen setzt einen vollständigen Abbau der Finanzierungsdefizite bis zum Jahresende 2020 voraus. [5]Das Nähere, insbesondere die jährlichen Abbauschritte der Finanzierungsdefizite, die Überwachung des Abbaus der Finanzierungsdefizite durch den Stabilitätsrat sowie die Konsequenzen im Falle der Nichteinhaltung der Abbauschritte, wird durch Bundesgesetz mit Zustimmung des Bundesrates und durch Verwaltungsvereinbarung geregelt. [6]Die gleichzeitige Gewährung der Konsolidierungshilfen und Sanierungshilfen auf Grund einer extremen Haushaltsnotlage ist ausgeschlossen.

(3) [1]Die sich aus der Gewährung der Konsolidierungshilfen ergebende Finanzierungslast wird hälftig von Bund und Ländern, von letzteren aus ihrem Umsatzsteueranteil, getragen. [2]Das Nähere wird durch Bundesgesetz mit Zustimmung des Bundesrates geregelt.

(4) [1]Als Hilfe zur künftig eigenständigen Einhaltung der Vorgaben des Artikels 109 Absatz 3 können den Ländern Bremen und Saarland ab dem 1. Januar 2020 Sanierungshilfen in Höhe von jährlich insgesamt 800 Millionen Euro aus dem Haushalt des Bundes gewährt werden. [2]Die Länder ergreifen hierzu Maßnahmen zum Abbau der übermäßigen Verschuldung sowie zur Stärkung der Wirtschafts- und Finanzkraft. [3]Das Nähere regelt ein Bundesgesetz, das der Zustimmung des Bundesrates bedarf. [4]Die gleichzeitige Gewährung der Sanierungshilfen und Sanierungshilfen auf Grund einer extremen Haushaltsnotlage ist ausgeschlossen.

Art. 143e [Übergangsvorschrift wegen Umwandlung der Auftragsverwaltung für die Bundesautobahnen und Bundesstraßen in Bundesverwaltung] (1) [1]Die Bundesautobahnen werden abweichend von Artikel 90 Absatz 2 längstens bis zum 31. Dezember 2020 in Auftragsverwaltung durch die Länder oder die nach Landesrecht zuständigen Selbstverwaltungskörperschaften geführt. [2]Der Bund regelt die Umwandlung der Auftragsverwaltung in Bundesverwaltung nach Artikel 90 Absatz 2 und 4 durch Bundesgesetz mit Zustimmung des Bundesrates.

(2) Auf Antrag eines Landes, der bis zum 31. Dezember 2018 zu stellen ist, übernimmt der Bund abweichend von Artikel 90 Absatz 4 die sonstigen Bundesstraßen des Fernverkehrs, soweit sie im Gebiet dieses Landes liegen, mit Wirkung zum 1. Januar 2021 in Bundesverwaltung.

(3) Durch Bundesgesetz mit Zustimmung des Bundesrates kann geregelt werden, dass ein Land auf Antrag die Aufgabe der Planfeststellung und Plangenehmigung für den Bau und für die Änderung von Bundesautobahnen und von sonstigen Bundesstraßen des Fernverkehrs, die der Bund nach Artikel 90 Absatz 4 oder Artikel 143e Absatz 2 in Bundesverwaltung übernommen hat, im Auftrage des Bundes übernimmt und unter welchen Voraussetzungen eine Rückübertragung erfolgen kann.

Art. 143f [Bedingtes Außerkrafttreten des Art. 143d GG, des FAG und sonstiger aufgrund von Art. 107 Abs. 2 GG erlassener Gesetze] [1]Artikel 143d, das Gesetz über den Finanzausgleich zwischen Bund und Ländern sowie sonstige auf der Grundlage von Artikel 107 Absatz 2 in seiner ab dem 1. Januar 2020 geltenden Fassung erlassene Gesetze treten außer Kraft, wenn nach dem 31. Dezember 2030 die Bundesregierung, der Bundestag oder gemeinsam mindestens drei Länder Verhandlungen über eine Neuordnung der bundesstaatlichen Finanzbeziehungen verlangt haben und mit Ablauf von fünf Jahren nach Notifikation des Verhandlungsverlangens der Bundesregierung, des Bundestages oder der Länder beim Bundespräsidenten keine gesetzliche Neuordnung der bundesstaatlichen Finanzbeziehungen in Kraft getreten ist. [2]Der Tag des Außerkrafttretens ist im Bundesgesetzblatt bekannt zu geben.

Art. 143g [Anwendung des Art. 107 GG] Für die Regelung der Steuerertragsverteilung, des Länderfinanzausgleichs und der Bundesergänzungszuweisungen bis zum 31. Dezember 2019 ist Artikel 107 in seiner bis zum Inkrafttreten des Gesetzes zur Änderung des Grundgesetzes vom 13. Juli 2017 geltenden Fassung weiter anzuwenden.

Art. 144[1] [Ratifizierung des Grundgesetzes] (1) Dieses Grundgesetz bedarf der Annahme durch die Volksvertretungen in zwei Dritteln der deutschen Länder, in denen es zunächst gelten soll.

(2) Soweit die Anwendung dieses Grundgesetzes in einem der in Artikel 23 aufgeführten Länder oder in einem Teile eines dieser Länder Beschränkungen unterliegt, hat das Land oder der Teil des Landes das Recht, gemäß Artikel 38 Vertreter in den Bundestag und gemäß Artikel 50 Vertreter in den Bundesrat zu entsenden.

Art. 145 [Inkrafttreten des Grundgesetzes] (1) Der Parlamentarische Rat stellt in öffentlicher Sitzung unter Mitwirkung der Abgeordneten Groß-Berlins die Annahme dieses Grundgesetzes fest, fertigt es aus und verkündet es.

(2) Dieses Grundgesetz tritt mit Ablauf des Tages der Verkündung[2] in Kraft.

(3) Es ist im Bundesgesetzblatte zu veröffentlichen.

Art. 146 [Geltungsdauer des Grundgesetzes] Dieses Grundgesetz, das nach Vollendung der Einheit und Freiheit Deutschlands für das gesamte deutsche Volk gilt, verliert seine Gültigkeit an dem Tage, an dem eine Verfassung in Kraft tritt, die von dem deutschen Volke in freier Entscheidung beschlossen worden ist.

---

[1] Gegenstandslos durch Vollzug.

[2] Verkündet am 23.5.1949.

1a. Gesetz über die Zusammenarbeit von Bundesregierung und Deutschem Bundestag in Angelegenheiten der Europäischen Union (EUZBBG)

Vom 4. Juli 2013
(BGBl. I S. 2170)

FNA 170-10

§ 1 Mitwirkung des Bundestages. (1) [1]In Angelegenheiten der Europäischen Union wirkt der Bundestag an der Willensbildung des Bundes mit und hat das Recht zur Stellungnahme. [2]Die Bundesregierung hat ihn umfassend und zum frühestmöglichen Zeitpunkt zu unterrichten.

(2) [1]Angelegenheiten der Europäischen Union im Sinne von Artikel 23 des Grundgesetzes[1)] sind insbesondere Vertragsänderungen und entsprechende Änderungen auf der Ebene des Primärrechts sowie Rechtsetzungsakte der Europäischen Union. [2]Um eine Angelegenheit der Europäischen Union handelt es sich auch bei völkerrechtlichen Verträgen und intergouvernementalen Vereinbarungen, wenn sie in einem Ergänzungs- oder sonstigen besonderen Näheverhältnis zum Recht der Europäischen Union stehen.

§ 2 Ausschuss für die Angelegenheiten der Europäischen Union. [1]Der Bundestag bestellt einen Ausschuss für die Angelegenheiten der Europäischen Union. [2]Der Bundestag kann den Ausschuss ermächtigen, für ihn Stellungnahmen abzugeben. [3]Er kann ihn ermächtigen, die Rechte des Bundestages gemäß Artikel 23 des Grundgesetzes[1)] gegenüber der Bundesregierung wahrzunehmen. [4]Er kann ihn auch ermächtigen, die Rechte wahrzunehmen, die dem Bundestag in den vertraglichen Grundlagen der Europäischen Union eingeräumt sind.

§ 3 Grundsätze der Unterrichtung. (1) [1]Die Bundesregierung unterrichtet den Bundestag in Angelegenheiten der Europäischen Union umfassend, zum frühestmöglichen Zeitpunkt und fortlaufend. [2]Diese Unterrichtung erfolgt grundsätzlich schriftlich durch die Weiterleitung von Dokumenten oder die Abgabe von eigenen Berichten der Bundesregierung, darüber hinaus mündlich. [3]Der mündlichen Unterrichtung kommt lediglich eine ergänzende und erläuternde Funktion zu. [4]Die Bundesregierung stellt sicher, dass diese Unterrichtung die Befassung des Bundestages ermöglicht.

(2) [1]Die Unterrichtung erstreckt sich insbesondere auf die Willensbildung der Bundesregierung, die Vorbereitung und den Verlauf der Beratungen innerhalb der Organe der Europäischen Union, die Stellungnahmen des Europäischen Parlaments, der Europäischen Kommission und der anderen Mitgliedstaaten der Europäischen Union sowie die getroffenen Entscheidungen. [2]Dies gilt auch für alle vorbereitenden Gremien und Arbeitsgruppen.

(3) [1]Die Pflicht zur Unterrichtung umfasst auch die Vorbereitung und den Verlauf der Beratungen der informellen Ministertreffen, des Eurogipfels, der

---

[1)] Nr. **1**.

Eurogruppe sowie vergleichbarer Institutionen, die auf Grund völkerrechtlicher Verträge und sonstiger Vereinbarungen, die in einem Ergänzungs- oder sonstigen besonderen Näheverhältnis zum Recht der Europäischen Union stehen, zusammentreten. [2]Dies gilt auch für alle vorbereitenden Gremien und Arbeitsgruppen.

(4) Der Kernbereich exekutiver Eigenverantwortung der Bundesregierung bleibt von den Unterrichtungspflichten unberührt.

(5) Der Bundestag kann auf einzelne Unterrichtungen verzichten, es sei denn, dass eine Fraktion oder fünf Prozent der Mitglieder des Bundestages widersprechen.

§ 4 Übersendung von Dokumenten und Berichtspflichten. (1) [1]Die Unterrichtung des Bundestages nach § 3 erfolgt insbesondere durch Übersendung von allen bei der Bundesregierung eingehenden

1. Dokumenten
   a) der Organe der Europäischen Union, der informellen Ministertreffen, des Ausschusses der Ständigen Vertreter und sonstiger Ausschüsse und Arbeitsgruppen des Rates,
   b) des Eurogipfels, der Eurogruppe und vergleichbarer Institutionen, die auf der Grundlage von völkerrechtlichen Verträgen und sonstigen Vereinbarungen, die in einem Ergänzungs- oder sonstigen besonderen Näheverhältnis zum Recht der Europäischen Union stehen, zusammentreten,
   c) aller die Institutionen nach den Buchstaben a und b vorbereitenden Gremien und Arbeitsgruppen;
2. Berichten der Ständigen Vertretung der Bundesrepublik Deutschland bei der Europäischen Union beziehungsweise der Bundesregierung zu
   a) Sitzungen der in Nummer 1 genannten Institutionen,
   b) Sitzungen des Europäischen Parlaments und seiner Ausschüsse,
   c) Einberufungen, Verhandlungen und Ergebnissen von Trilogen,
   d) Beschlüssen der Europäischen Kommission.

[2]Der Bundestag muss bereits im Voraus und so rechtzeitig informiert werden, dass er sich über den Gegenstand der Sitzungen sowie die Position der Bundesregierung eine Meinung bilden und auf die Verhandlungslinie und das Abstimmungsverhalten der Bundesregierung Einfluss nehmen kann. [3]Berichte über Sitzungen müssen zumindest die von der Bundesregierung und von anderen Staaten vertretenen Positionen, den Verlauf der Verhandlungen und Zwischen- und Endergebnisse darstellen sowie über eingelegte Parlamentsvorbehalte unterrichten.

(2) [1]Die Bundesregierung übersendet dem Bundestag zudem

1. Dokumente und Informationen über Initiativen, Stellungnahmen, Konsultationsbeiträge, Programmentwürfe und Erläuterungen der Bundesregierung für Organe der Europäischen Union, informelle Ministertreffen sowie den Eurogipfel, die Eurogruppe und vergleichbare Institutionen auf der Grundlage von völkerrechtlichen Verträgen und sonstigen Vereinbarungen, die in einem Ergänzungs- oder sonstigen besonderen Näheverhältnis zum Recht der Europäischen Union stehen,

2. entsprechende Initiativen, Stellungnahmen, Konsultationsbeiträge und Erläuterungen der Regierungen von Mitgliedstaaten der Europäischen Union,
3. entsprechende Initiativen, Stellungnahmen, Konsultationsbeiträge und Erläuterungen des Bundesrates und der Länder sowie
4. Sammelweisungen für den deutschen Vertreter im Ausschuss der Ständigen Vertreter.

[2] Dies gilt auch für alle vorbereitenden Gremien und Arbeitsgruppen.

(3) Die Bundesregierung gibt Auskunft über ihr vorliegende inoffizielle Dokumente zu Angelegenheiten der Europäischen Union und stellt diese auf Anforderung frühestmöglich zur Verfügung.

(4) [1] Vor Tagungen des Europäischen Rates, des Rates, der informellen Ministertreffen, des Eurogipfels, der Eurogruppe und vergleichbarer Institutionen auf der Grundlage von völkerrechtlichen Verträgen und sonstigen Vereinbarungen, die in einem Ergänzungs- oder sonstigen besonderen Näheverhältnis zum Recht der Europäischen Union stehen, unterrichtet die Bundesregierung den Bundestag schriftlich und mündlich zu jedem Beratungsgegenstand. [2] Diese Unterrichtung umfasst die Grundzüge des Sach- und Verhandlungsstandes sowie die Verhandlungslinie der Bundesregierung sowie deren Initiativen. [3] Nach den Tagungen unterrichtet die Bundesregierung schriftlich und mündlich über die Ergebnisse.

(5) Die Bundesregierung übersendet dem Bundestag regelmäßig, mindestens vierteljährlich, Frühwarnberichte über aktuelle politische Entwicklungen in Angelegenheiten der Europäischen Union.

(6) Die Bundesregierung unterrichtet den Bundestag ferner

1. über die Einleitung von Vertragsverletzungsverfahren nach den Artikeln 258 und 260 des Vertrags über die Arbeitsweise der Europäischen Union[1)] durch Übermittlung von Mahnschreiben und mit Gründen versehenen Stellungnahmen sowie erläuternden Informationen und Dokumenten, insbesondere der Antwortschreiben der Bundesregierung, soweit diese Verfahren die ausgebliebene, unvollständige oder fehlerhafte Umsetzung von Richtlinien durch den Bund betreffen,
2. über Verfahren vor dem Gerichtshof der Europäischen Union, bei denen die Bundesrepublik Deutschland Verfahrensbeteiligte ist. Zu Verfahren, an denen sich die Bundesregierung beteiligt, übermittelt sie die entsprechenden Dokumente, und
3. auf Anforderung über weitere Verfahren vor dem Gerichtshof der Europäischen Union und übermittelt die entsprechenden Dokumente, soweit sie ihr vorliegen.

§ 5 Vorhaben der Europäischen Union. (1) Vorhaben der Europäischen Union (Vorhaben) im Sinne dieses Gesetzes sind insbesondere

1. Vorschläge und Initiativen für Beschlüsse zur Aufnahme von Verhandlungen zu Änderungen der vertraglichen Grundlagen der Europäischen Union,

---

[1)] Nr. **18**.

2. Vorschläge und Initiativen für Beschlüsse zur Aufnahme von Verhandlungen zur Vorbereitung von Beitritten zur Europäischen Union,
3. Vorschläge und Initiativen für Beschlüsse gemäß Artikel 140 Absatz 2 des Vertrages über die Arbeitsweise der Europäischen Union[1] zur Einführung des Euro,
4. Vorschläge für Gesetzgebungsakte der Europäischen Union,
5. Verhandlungsmandate für die Europäische Kommission zu Verhandlungen über völkerrechtliche Verträge der Europäischen Union,
6. Beratungsgegenstände, Initiativen sowie Verhandlungsmandate und Verhandlungsrichtlinien für die Europäische Kommission im Rahmen der gemeinsamen Handelspolitik und der Welthandelsrunden,
7. Mitteilungen, Stellungnahmen, Grün- und Weißbücher sowie Empfehlungen der Europäischen Kommission,
8. Berichte, Aktionspläne und Politische Programme der Organe der Europäischen Union,
9. Interinstitutionelle Vereinbarungen der Organe der Europäischen Union,
10. Haushalts- und Finanzplanung der Europäischen Union,
11. Entwürfe zu völkerrechtlichen Verträgen und sonstigen Vereinbarungen, wenn sie in einem Ergänzungs- oder sonstigen besonderen Näheverhältnis zum Recht der Europäischen Union stehen,
12. Beratungsgegenstände, Vorschläge und Initiativen, die im Rahmen von völkerrechtlichen Verträgen und Vereinbarungen im Sinne von Nummer 11 behandelt werden.

(2) Vorhaben im Sinne dieses Gesetzes sind auch Vorschläge und Initiativen der Europäischen Union, bei denen eine Mitwirkung des Bundestages nach dem Integrationsverantwortungsgesetz[2] vom 22. September 2009 (BGBl. I S. 3022) in der jeweils geltenden Fassung erforderlich ist.

(3) Für Angelegenheiten

1. des Europäischen Stabilitätsmechanismus gelten unbeschadet der §§ 1 bis 4 die Bestimmungen des ESM-Finanzierungsgesetzes vom 13. September 2012 (BGBl. I S. 1918) in der jeweils geltenden Fassung,
2. der Europäischen Finanzstabilisierungsfazilität gelten unbeschadet der §§ 1 bis 4 die Bestimmungen des Stabilisierungsmechanismusgesetzes vom 22. Mai 2010 (BGBl. I S. 627) in der jeweils geltenden Fassung,
3. der Gemeinsamen Außen- und Sicherheitspolitik und der Gemeinsamen Sicherheits- und Verteidigungspolitik gilt § 7.

§ 6 Förmliche Zuleitung, Berichtsbogen und Umfassende Bewertung, Abschluss von EU-Gesetzgebungsverfahren. (1) [1]Die Bundesregierung übersendet dem Bundestag alle Vorhaben mit einem Zuleitungsschreiben (förmliche Zuleitung). [2]Das Zuleitungsschreiben enthält auf der Grundlage des zuzuleitenden Dokuments die folgenden Hinweise:

1. den wesentlichen Inhalt und die Zielsetzung des Vorhabens,

---

[1] Nr. **18**.
[2] Nr. **1c**.

2. das Datum des Erscheinens des betreffenden Dokuments in deutscher Sprache,
3. die Rechtsgrundlage,
4. das anzuwendende Verfahren und
5. die Benennung des federführenden Bundesministeriums.

(2) [1]Die Bundesregierung übermittelt binnen zwei Wochen nach förmlicher Zuleitung eines Vorhabens einen Bericht gemäß der Anlage (Berichtsbogen). [2]Dieser enthält insbesondere die Bewertung des Vorhabens hinsichtlich seiner Vereinbarkeit mit den Grundsätzen der Subsidiarität und der Verhältnismäßigkeit.

(3) [1]Zu Vorschlägen für Gesetzgebungsakte der Europäischen Union übermittelt die Bundesregierung zudem binnen zwei Wochen nach Überweisung an die Ausschüsse des Bundestages, spätestens jedoch zu Beginn der Beratungen in den Ratsgremien, eine Umfassende Bewertung. [2]Neben Angaben zur Zuständigkeit der Europäischen Union zum Erlass des vorgeschlagenen Gesetzgebungsaktes und zu dessen Vereinbarkeit mit den Grundsätzen der Subsidiarität und Verhältnismäßigkeit enthält diese Bewertung im Rahmen einer umfassenden Abschätzung der Folgen für die Bundesrepublik Deutschland Aussagen insbesondere in rechtlicher, wirtschaftlicher, finanzieller, sozialer und ökologischer Hinsicht zu Regelungsinhalt, Alternativen, Kosten, Verwaltungsaufwand und Umsetzungsbedarf. [3]Zu anderen Vorhaben im Sinne von § 5 Absatz 1 erfolgt die Erstellung einer entsprechenden Umfassenden Bewertung nur auf Anforderung.

(4) [1]Bei eilbedürftigen Vorhaben verkürzen sich die Fristen der Absätze 2 und 3 so, dass eine rechtzeitige Unterrichtung und die Gelegenheit zur Stellungnahme nach § 8 Absatz 1 Satz 1 für den Bundestag gewährleistet sind. [2]Ist eine besonders umfangreiche Bewertung erforderlich, kann die Frist verlängert werden.

(5) Darüber hinaus erstellt die Bundesregierung zu besonders komplexen oder bedeutsamen Vorhaben auf Anforderung vertiefende Berichte.

(6) Die Bundesregierung unterrichtet den Bundestag über den Abschluss eines Gesetzgebungsverfahrens der Europäischen Union; diese Unterrichtung enthält auch eine Bewertung, ob die Bundesregierung den Gesetzgebungsakt mit den Grundsätzen der Subsidiarität und Verhältnismäßigkeit für vereinbar hält; bei Richtlinien informiert die Bundesregierung über die zu berücksichtigenden Fristen für die innerstaatliche Umsetzung und den Umsetzungsbedarf.

§ 7 Gemeinsame Außen- und Sicherheitspolitik und Gemeinsame Sicherheits- und Verteidigungspolitik. (1) [1]Im Bereich der Gemeinsamen Außen- und Sicherheitspolitik und der Gemeinsamen Sicherheits- und Verteidigungspolitik unterrichtet die Bundesregierung umfassend, fortlaufend und zum frühestmöglichen Zeitpunkt. [2]Die Unterrichtung erfolgt in der Regel schriftlich. [3]Sie umfasst die Zuleitung einer Übersicht der absehbar zur Beratung anstehenden Rechtsakte, deren Bewertung und eine Einschätzung über den weiteren Beratungsverlauf. [4]Über Tagungen des Europäischen Rates und des Rates, die Beschlüsse und Schlussfolgerungen im Bereich der Gemeinsamen Außen- und Sicherheitspolitik und der Gemeinsamen Sicherheits- und Verteidigungspolitik zum Gegenstand haben, gilt § 4 Absatz 4 entsprechend.

(2) [1] Ergänzend leitet die Bundesregierung dem Bundestag auf Anforderung Dokumente von grundsätzlicher Bedeutung nach Maßgabe des § 6 Absatz 1 zu. [2] § 6 Absatz 2 gilt entsprechend.

(3) Zudem unterrichtet die Bundesregierung fortlaufend und zeitnah mündlich über alle relevanten Entwicklungen im Bereich der Gemeinsamen Außen- und Sicherheitspolitik und der Gemeinsamen Sicherheits- und Verteidigungspolitik.

(4) Über die Sitzungen des Politischen und Sicherheitspolitischen Komitees unterrichtet die Bundesregierung die zuständigen Ausschüsse des Bundestages mündlich.

§ 8 Stellungnahmen des Bundestages. (1) [1] Vor ihrer Mitwirkung an Vorhaben gibt die Bundesregierung dem Bundestag Gelegenheit zur Stellungnahme. [2] Hierzu übermittelt die Bundesregierung dem Bundestag fortlaufend aktualisierte Informationen über den Beratungsablauf, die es ermöglichen, den für eine Stellungnahme geeigneten Zeitpunkt zu bestimmen, und teilt mit, bis zu welchem Zeitpunkt auf Grund des Beratungsverlaufs eine Stellungnahme angemessen erscheint.

(2) [1] Gibt der Bundestag eine Stellungnahme ab, legt die Bundesregierung diese ihren Verhandlungen zugrunde. [2] Die Bundesregierung unterrichtet fortlaufend über die Berücksichtigung der Stellungnahme in den Verhandlungen.

(3) [1] Der Bundestag kann seine Stellungnahme im Verlauf der Beratung des Vorhabens anpassen und ergänzen. [2] Absatz 2 Satz 1 gilt entsprechend.

(4) [1] Macht der Bundestag von der Gelegenheit zur Stellungnahme gemäß Artikel 23 Absatz 3 Satz 1 des Grundgesetzes[1)] Gebrauch, legt die Bundesregierung in den Verhandlungen einen Parlamentsvorbehalt ein, wenn der Beschluss des Bundestages in einem seiner wesentlichen Belange nicht durchsetzbar ist. [2] Die Bundesregierung unterrichtet den Bundestag in einem gesonderten Bericht unverzüglich darüber. [3] Dieser Bericht muss der Form und dem Inhalt nach angemessen sein, um eine Beratung in den Gremien des Bundestages zu ermöglichen. [4] Vor der abschließenden Entscheidung bemüht sich die Bundesregierung, Einvernehmen mit dem Bundestag herzustellen. [5] Dies gilt auch dann, wenn der Bundestag bei Vorhaben der Europäischen Union zu Fragen der kommunalen Daseinsvorsorge Stellung nimmt. [6] Das Recht der Bundesregierung, in Kenntnis der Stellungnahme des Bundestages aus wichtigen außen- oder integrationspolitischen Gründen abweichende Entscheidungen zu treffen, bleibt unberührt.

(5) [1] Nach der abschließenden Beschlussfassung unterrichtet die Bundesregierung den Bundestag unverzüglich schriftlich, insbesondere über die Durchsetzung seiner Stellungnahme. [2] Sollten nicht alle Belange der Stellungnahme berücksichtigt worden sein, benennt die Bundesregierung auch die Gründe hierfür. [3] Auf Verlangen eines Viertels der Mitglieder des Bundestages erläutert die Bundesregierung diese Gründe im Rahmen einer Plenardebatte.

§ 9 Aufnahme von Verhandlungen über Beitritte und Vertragsänderungen. (1) Mit der Unterrichtung über Vorschläge und Initiativen für Beschlüsse zur Aufnahme von Verhandlungen

---

[1)] Nr. **1**.

1. zur Vorbereitung eines Beitritts zur Europäischen Union oder
2. zu Änderungen der vertraglichen Grundlagen der Europäischen Union

weist die Bundesregierung den Bundestag auf sein Recht zur Stellungnahme nach § 8 hin.

(2) [1]Vor der abschließenden Entscheidung im Rat oder im Europäischen Rat soll die Bundesregierung Einvernehmen mit dem Bundestag herstellen. [2]Das Recht der Bundesregierung, in Kenntnis der Stellungnahme des Bundestages aus wichtigen außen- oder integrationspolitischen Gründen abweichende Entscheidungen zu treffen, bleibt unberührt.

§ 9a Einführung des Euro in einem Mitgliedstaat. (1) Mit der Unterrichtung über Vorschläge und Initiativen für Beschlüsse des Rates gemäß Artikel 140 Absatz 2 des Vertrages über die Arbeitsweise der Europäischen Union[1)] zur Einführung des Euro in einem weiteren Mitgliedstaat weist die Bundesregierung den Bundestag auf sein Recht zur Stellungnahme nach § 8 hin.

(2) [1]Vor der abschließenden Entscheidung im Rat soll die Bundesregierung mit dem Bundestag Einvernehmen herstellen. [2]Das Recht der Bundesregierung, in Kenntnis der Stellungnahme des Bundestages aus wichtigen außen- oder integrationspolitischen Gründen abweichende Entscheidungen zu treffen, bleibt unberührt.

§ 10 Zugang zu Datenbanken, vertrauliche Behandlung von Dokumenten. (1) Die Bundesregierung eröffnet dem Bundestag im Rahmen der Datenschutzvorschriften Zugang zu Dokumentendatenbanken der Europäischen Union, die ihr zugänglich sind.

(2) [1]Die Dokumente der Europäischen Union werden grundsätzlich offen weitergegeben. [2]Die Sicherheitseinstufung der Organe der Europäischen Union über eine besondere Vertraulichkeit wird vom Bundestag beachtet. [3]Eine für diese Dokumente oder für andere im Rahmen dieses Gesetzes an den Bundestag zu übermittelnden Informationen, Berichte und Mitteilungen eventuell erforderliche nationale Einstufung als vertraulich wird vor Versendung von der Bundesregierung vorgenommen und vom Bundestag beachtet. [4]Die Gründe für die Einstufung sind auf Anforderung zu erläutern.

(3) Dem besonderen Schutzbedürfnis laufender vertraulicher Verhandlungen trägt der Bundestag durch eine vertrauliche Behandlung Rechnung.

§ 11 Verbindungsbüro des Bundestages. (1) [1]Der Bundestag kann über ein Verbindungsbüro unmittelbare Kontakte zu Einrichtungen der Europäischen Union pflegen, soweit dies der Wahrnehmung seiner Mitwirkungsrechte in Angelegenheiten der Europäischen Union dient. [2]Die Fraktionen des Bundestages entsenden Vertreter in das Verbindungsbüro.

(2) Die Bundesregierung unterstützt über die Ständige Vertretung der Bundesrepublik Deutschland bei der Europäischen Union und die bilaterale Botschaft der Bundesrepublik Deutschland beim Königreich Belgien das Verbindungsbüro des Bundestages im Hinblick auf seine fachlichen Aufgaben.

[1)] Nr. **18**.

§ 12 Inkrafttreten, Außerkrafttreten. [1]Dieses Gesetz tritt am Tag nach der Verkündung[1)] in Kraft. [2]Gleichzeitig tritt das Gesetz über die Zusammenarbeit von Bundesregierung und Deutschem Bundestag in Angelegenheiten der Europäischen Union vom 12. März 1993 (BGBl. I S. 311, 1780), das zuletzt durch Artikel 2 des Gesetzes vom 13. September 2012 (BGBl. 2012 II S. 1006) geändert worden ist, außer Kraft.

Anlage
(zu § 6 Absatz 2)

Berichtsbogen

Thema:
Sachgebiet:
Rats-Dok.-Nr.:
KOM.-Nr.:
Nr. des interinstitutionellen Dossiers:
Nr. der Bundesratsdrucksache:
Nachweis der Zulässigkeit für europäische Regelungen:
(Prüfung der Rechtsgrundlage)
Subsidiaritätsprüfung:
Verhältnismäßigkeitsprüfung:
Zielsetzung:
Inhaltliche Schwerpunkte:
Politische Bedeutung:
Was ist das besondere deutsche Interesse?
Bisherige Position des Bundestages:
Position des Bundesrates:
Position des Europäischen Parlaments:
Bisherige Position der Bundesregierung:
Meinungsstand im Rat:
Verfahrensstand (Stand der Befassung) und Zeitplan:
Finanzielle Auswirkungen:
Zeitplan für die Behandlung im

a) Bundesrat:

b) Europäischen Parlament:

c) Rat:

[1)] Verkündet am 12.7.2013.

1b. Gesetz über die Zusammenarbeit von Bund und Ländern in Angelegenheiten der Europäischen Union

Vom 12. März 1993
(BGBl. I S. 313)

FNA 170-3

zuletzt geänd. durch Art. 1 ÄndG v. 22.9.2009 (BGBl. I S. 3031)

§ 1 [Mitwirkung durch Bundesrat] In Angelegenheiten der Europäischen Union wirken die Länder durch den Bundesrat mit.

§ 2 [Umfassende und frühzeitige Unterrichtung des Bundesrates] Die Bundesregierung unterrichtet den Bundesrat unbeschadet des Artikels 2 des Gesetzes zu den Verträgen vom 25. März 1957 zur Gründung der Europäischen Wirtschaftsgemeinschaft und der Europäischen Atomgemeinschaft vom 27. Juli 1957 (BGBl. II S. 753) umfassend und zum frühestmöglichen Zeitpunkt über alle Vorhaben im Rahmen der Europäischen Union, die für die Länder von Interesse sein könnten.

§ 3 [Gelegenheit zur Stellungnahme] Vor der Festlegung der Verhandlungsposition zu einem Vorhaben der Europäischen Union gibt die Bundesregierung dem Bundesrat rechtzeitig Gelegenheit zur Stellungnahme binnen angemessener Frist, soweit Interessen der Länder berührt sind.

§ 4 [Beteiligung von Ländervertretern an Beratungen der Bundesregierung] (1) Soweit der Bundesrat an einer entsprechenden innerstaatlichen Maßnahme mitzuwirken hätte oder soweit die Länder innerstaatlich zuständig wären, beteiligt die Bundesregierung vom Bundesrat benannte Vertreter der Länder an Beratungen zur Festlegung der Verhandlungsposition zu dem Vorhaben.

(2) [1] Gegenstand der Beratungen nach Absatz 1 ist auch die Anwendung der §§ 5 und 6 auf das Vorhaben. [2] Dabei ist zwischen Bund und Ländern ein Einvernehmen anzustreben.

§ 5 [Berücksichtigung der Stellungnahme des Bundesrates] (1) Soweit in einem Bereich ausschließlicher Zuständigkeiten des Bundes Interessen der Länder berührt sind oder soweit im übrigen der Bund das Recht zur Gesetzgebung hat, berücksichtigt die Bundesregierung die Stellungnahme des Bundesrates bei der Festlegung der Verhandlungsposition zu dem Vorhaben.

(2) [1] Wenn bei einem Vorhaben im Schwerpunkt Gesetzgebungsbefugnisse der Länder betroffen sind und der Bund kein Recht zur Gesetzgebung hat oder ein Vorhaben im Schwerpunkt die Einrichtung der Behörden der Länder oder ihre Verwaltungsverfahren betrifft, ist insoweit bei Festlegung der Verhandlungsposition durch die Bundesregierung die Stellungnahme des Bundesrates maßgeblich zu berücksichtigen; im übrigen gilt Absatz 1. [2] Die gesamtstaatliche Verantwortung des Bundes, einschließlich außen-, verteidigungs- und integrationspolitisch zu bewertender Fragen, ist zu wahren. [3] Stimmt die Auffassung

der Bundesregierung nicht mit der Stellungnahme des Bundesrates überein, ist ein Einvernehmen anzustreben. [4]Zur Herbeiführung dieses Einvernehmens erfolgt erneute Beratung der Bundesregierung mit Vertretern der Länder. [5]Kommt ein Einvernehmen nicht zustande und bestätigt der Bundesrat daraufhin seine Auffassung mit einem mit zwei Dritteln seiner Stimmen gefaßten Beschluß, so ist die Auffassung des Bundesrates maßgebend. [6]Die Zustimmung der Bundesregierung ist erforderlich, wenn Entscheidungen zu Ausgabenerhöhungen oder Einnahmeminderungen für den Bund führen können.

§ 6 [Beteiligung von Ländervertretern an Verhandlungen in Beratungsgremien der Kommission und des Rates] (1) [1]Bei einem Vorhaben, bei dem der Bundesrat an einer entsprechenden innerstaatlichen Maßnahme mitzuwirken hätte oder bei dem die Länder innerstaatlich zuständig wären oder das sonst wesentliche Interessen der Länder berührt, zieht die Bundesregierung auf Verlangen Vertreter der Länder zu den Verhandlungen in den Beratungsgremien der Kommission und des Rates hinzu, soweit ihr dies möglich ist. [2]Die Verhandlungsführung liegt bei der Bundesregierung; Vertreter der Länder können mit Zustimmung der Verhandlungsführung Erklärungen abgeben.

(2) [1]Wenn im Schwerpunkt ausschließliche Gesetzgebungsbefugnisse der Länder auf den Gebieten der schulischen Bildung, der Kultur oder des Rundfunks betroffen sind, überträgt die Bundesregierung die Verhandlungsführung in den Beratungsgremien der Kommission und des Rates und bei Ratstagungen in der Zusammensetzung der Minister auf einen Vertreter der Länder. [2]Für diese Ratstagungen kann vom Bundesrat nur ein Mitglied einer Landesregierung im Ministerrang benannt werden. [3]Die Ausübung der Rechte durch den Vertreter der Länder erfolgt unter Teilnahme von und in Abstimmung mit dem Vertreter der Bundesregierung. [4]Die Abstimmung der Verhandlungsposition mit dem Vertreter der Bundesregierung im Hinblick auf eine sich ändernde Verhandlungslage erfolgt entsprechend den für die interne Willensbildung geltenden Regeln und Kriterien. [5]Der Bundesrat kann für Ratstagungen in der Zusammensetzung der Minister, bei denen Vorhaben behandelt werden, die nicht im Schwerpunkt ausschließliche Gesetzgebungsbefugnisse der Länder in den Bereichen schulische Bildung, Kultur oder Rundfunk, jedoch sonstige ausschließliche Gesetzgebungsbefugnisse der Länder betreffen, als Vertreter der Länder Mitglieder von Landesregierungen im Ministerrang benennen, die berechtigt sind, in Abstimmung mit dem Vertreter der Bundesregierung Erklärungen abzugeben. [6]Betrifft ein Vorhaben ausschließliche Gesetzgebungsbefugnisse der Länder, jedoch nicht im Schwerpunkt die Bereiche schulische Bildung, Kultur oder Rundfunk, so übt die Bundesregierung die Verhandlungsführung in den Beratungsgremien der Kommission und des Rates und bei Ratstagungen in der Zusammensetzung der Minister in Abstimmung mit dem Vertreter der Länder aus.

(3) [1]Absatz 2 gilt nicht für Rechte, die der Bundesrepublik Deutschland als Vorsitz im Rat zustehen. [2]Bei der Ausübung dieser Rechte setzt sich die Bundesregierung, soweit Vorhaben im Sinne des Absatzes 2 Satz 1 betroffen sind, mit dem Vertreter der Länder ins Benehmen.

(4) Auf Tagesordnungspunkte der Ratstagungen, die der Rat ohne Aussprache genehmigt, findet Absatz 2 keine Anwendung, wenn diese Behandlung mit dem Vertreter der Länder abgestimmt worden ist.

§ 7 [Klageerhebung im Interesse der Länder] (1) [1]Die Bundesregierung macht auf Verlangen des Bundesrates unbeschadet eigener Klagerechte der Länder von dem im Vertrag über die Europäische Union vorgesehenen Klagemöglichkeiten Gebrauch, soweit die Länder durch ein Handeln oder Unterlassen von Organen der Union in Bereichen ihrer Gesetzgebungsbefugnisse betroffen sind und der Bund kein Recht zur Gesetzgebung hat. [2]Dabei ist die gesamtstaatliche Verantwortung des Bundes, einschließlich außen-, verteidigungs- und integrationspolitisch zu bewertender Fragen, zu wahren.

(2) Absatz 1 gilt entsprechend, wenn die Bundesregierung im Verfahren vor dem Europäischen Gerichtshof Gelegenheit zur Stellungnahme hat.

(3) Hinsichtlich der Prozeßführung vor dem Europäischen Gerichtshof stellt die Bundesregierung in den in den Absätzen 1 und 2 genannten Fällen sowie für Vertragsverletzungsverfahren, in denen die Bundesrepublik Deutschland Partei ist, mit dem Bundesrat Einvernehmen her, soweit Gesetzgebungsbefugnisse der Länder betroffen sind und der Bund kein Recht zur Gesetzgebung hat.

(4) [1]Über die Einlegung des zulässigen Rechtsmittels beim Europäischen Gerichtshof gegen eine länderübergreifende Finanzkorrektur der Europäischen Gemeinschaften stellt die Bundesregierung mit den betroffenen Ländern Einvernehmen her. [2]Wird das Einvernehmen nicht erzielt, ist die Bundesregierung auf ausdrückliches Verlangen betroffener Länder zur Einlegung des Rechtsmittels verpflichtet. [3]In diesem Fall werden die Kosten des Rechtsmittelverfahrens von den Ländern getragen, welche die Einlegung des Rechtsmittels verlangt haben.

§ 8 [Befugnisse und Status der Länderbüros] [1]Die Länder können unmittelbar zu Einrichtungen der Europäischen Union ständige Verbindungen unterhalten, soweit dies zur Erfüllung ihrer staatlichen Befugnisse und Aufgaben nach dem Grundgesetz dient. [2]Die Länderbüros erhalten keinen diplomatischen Status. [3]Stellung und Aufgaben der Ständigen Vertretung in Brüssel als Vertretung der Bundesrepublik Deutschland bei den Europäischen Gemeinschaften gelten uneingeschränkt auch in den Fällen, in denen die Wahrnehmung der Rechte, die der Bundesrepublik Deutschland als Mitgliedstaat der Europäischen Union zustehen, auf einen Vertreter der Länder übertragen wird.

§ 9 [Vereinbarung zwischen Bund und Ländern] [1]Einzelheiten der Unterrichtung und Beteiligung der Länder nach diesem Gesetz sowie nach dem Integrationsverantwortungsgesetz[1)] vom 22. September 2009 (BGBl. I S. 3022) sind in der Anlage geregelt. [2]Weitere Einzelheiten bleiben einer Vereinbarung zwischen Bund und Ländern vorbehalten.

§ 10 [Wahrung der Rechte von Gemeinden und Gemeindeverbänden]

(1) Bei Vorhaben der Europäischen Union ist das Recht der Gemeinden und Gemeindeverbände zur Regelung der Angelegenheiten der örtlichen Gemeinschaft zu wahren und sind ihre Belange zu schützen.

(2) [1]Nimmt der Bundesrat bei Vorhaben der Europäischen Union zu Fragen der kommunalen Daseinsvorsorge Stellung, ist die Stellungnahme von der

---

[1)] Nr. **1c**.

Bundesregierung unter den Voraussetzungen des § 5 zu berücksichtigen. [2] Die Beteiligungsrechte des Bundesrates gemäß § 5 Absatz 2 bleiben unberührt.

§ 11 [Geltungsbereich] Dieses Gesetz gilt nicht für der Bereich der Gemeinsamen Außen- und Sicherheitspolitik der Europäischen Union.

§ 12 [Geltungsbereich] Dieses Gesetz gilt auch für Vorhaben, die auf Beschlüsse des Rates und der im Rat vereinigten Vertreter der Regierungen der Mitgliedstaaten gerichtet sind.

§ 13 [Erweiterte Mitwirkungsbefugnisse] Die in § 9 genannte Vereinbarung kann weitere Fälle vorsehen, in denen die Länder entsprechend diesem Gesetz mitwirken.

§ 14 [Ländervertreter, Gemeindevertreter] (1) [1] Vor der Zustimmung zu einem Beschluss über die Zusammensetzung des Ausschusses der Regionen nach Artikel 305 Absatz 2 des Vertrags über die Arbeitsweise der Europäischen Union[1)] stellt die Bundesregierung das Einvernehmen mit dem Bundesrat her. [2] Die gesamtstaatliche Verantwortung des Bundes ist zu wahren.

(2) [1] Die Bundesregierung schlägt dem Rat als Mitglieder des Ausschusses der Regionen und deren Stellvertreter die von den Ländern benannten Vertreter vor. [2] Die Länder regeln ein Beteiligungsverfahren für die Gemeinden und Gemeindeverbände, das sichert, daß diese auf Vorschlag der kommunalen Spitzenverbände mit drei gewählten Vertretern im Regionalausschuß vertreten sind.

§ 15 [Außerkrafttreten] Artikel 2 des Gesetzes vom 19. Dezember 1986 zur Einheitlichen Europäischen Akte vom 28. Februar 1986 (BGBl. II S. 1102) tritt mit Inkrafttreten dieses Gesetzes außer Kraft.

§ 16 [Inkrafttreten] [1] Dieses Gesetz tritt mit dem Tage der Gründung der Europäischen Union in Kraft.[2)] [2] Dieser Tag ist im Bundesgesetzblatt bekanntzugeben. [3] Abweichend von Satz 1 tritt § 5 Abs. 3 am 1. Januar 1993 in Kraft.

Anlage
(zu § 9)

[Einzelheiten der Unterrichtung und Beteiligung der Länder]

I. Allgemeine Bestimmungen

1. Die Regierungen von Bund und Ländern stellen durch geeignete institutionelle und organisatorische Vorkehrungen sicher, dass die Handlungsfähigkeit der Bundesrepublik Deutschland und eine flexible Verhandlungsführung in Angelegenheiten der Europäischen Union gewährleistet sind. Bund und Länder setzen sich bei Gesprächen auf Ebene der Europäischen Union nicht

---

[1)] Nr. **18**.
[2)] Inkrafttreten gemäß Bek. v. 25.10.1993 (BGBl. I S. 1780) am 1.11.1993.

in Widerspruch zu abgestimmten Positionen. Im Sinne einer Frühwarnung unterrichten Bund und Länder einander über Entwicklungen in Angelegenheiten der Europäischen Union, die in beidseitigem Interesse liegen.

2. Die Informations- und Mitwirkungsrechte der Länder im Hinblick auf Vorhaben der Europäischen Union beschränken sich nicht auf rechtsverbindliche Handlungsinstrumente der Europäischen Union, sondern erstrecken sich auch auf Grünbücher, Weißbücher, Aktionsprogramme, Mitteilungen und Empfehlungen. Vorhaben sind auch so genannte Gemischte Beschlüsse und die Vorbereitung und der Abschluss völkerrechtlicher Abkommen.
3. Unterrichtet die Bundesregierung den Bundestag oder die deutschen Mitglieder des Europäischen Parlaments schriftlich über Vorhaben der Europäischen Union in Bereichen, in denen die Länder die Verhandlungsführung haben, erfolgt diese Unterrichtung in Absprache mit den vom Bundesrat benannten Vertretern der Länder.

II. Unterrichtung des Bundesrates

1. Die Bundesregierung unterrichtet den Bundesrat nach Maßgabe dieses Gesetzes umfassend, zum frühestmöglichen Zeitpunkt, fortlaufend und in der Regel schriftlich über alle Vorhaben, die für die Länder von Interesse sein könnten. Dies geschieht insbesondere durch Übersendung von der Bundesregierung vorliegenden
   a) Dokumenten
      aa) der Europäischen Kommission, soweit sie an den Rat gerichtet oder der Bundesregierung auf sonstige Weise offiziell zugänglich gemacht worden sind. Die Bundesregierung trägt dafür Sorge, dass bei Vorhaben, die ausschließliche Gesetzgebungsmaterien der Länder betreffen oder deren wesentliche Interessen berühren, dem Bundesrat auch der Bundesregierung vorliegende vorbereitende Papiere der Kommission zur Verfügung gestellt werden, die für die Meinungsbildung des Bundesrates von Bedeutung sein können. Dies gilt auch für inoffizielle Dokumente (so genannte „non papers“);
      bb) des Europäischen Rates, des Rates, der informellen Ministertreffen und der Ratsgremien.
   b) Berichten und Mitteilungen von Organen der Europäischen Union über Sitzungen
      aa) des Europäischen Rates, des Rates und der informellen Ministertreffen;
      bb) des Ausschusses der Ständigen Vertreter und sonstiger Ausschüsse oder Arbeitsgruppen des Rates;
      cc) der Beratungsgremien bei der Europäischen Kommission.
   c) Berichten der Ständigen Vertretung der Bundesrepublik Deutschland bei der Europäischen Union über
      aa) Sitzungen des Rates und der Ratsgruppen (einschließlich der Berichte über Sitzungen der Freunde der Präsidentschaft sowie der Antici-Gruppe), der informellen Ministertreffen und des Ausschusses der Ständigen Vertreter;

bb) Sitzungen des Europäischen Parlaments und seiner Ausschüsse;

cc) Entscheidungen der Europäischen Kommission;

dd) geplante Rechtsakte.

Die Empfänger haben dafür Sorge zu tragen, dass diese Berichte nur an einen begrenzten Personenkreis in den jeweils zuständigen obersten Landesbehörden weitergeleitet werden.

d) Dokumenten und Informationen über Initiativen, Stellungnahmen und Erläuterungen der Bundesregierung für Organe der Europäischen Union, einschließlich der Sammelweisung für den deutschen Vertreter im Ausschuss der Ständigen Vertreter sowie Initiativen der Regierungen von Mitgliedstaaten der Europäischen Union gegenüber Rat und Europäischer Kommission, die der Bundesregierung offiziell zugänglich gemacht werden und die für die Meinungsbildung der Länder von Bedeutung sind.

Die Unterrichtung umfasst auch Vorhaben, die auf Beschlüsse der im Rat vereinigten Vertreter der Regierungen der Mitgliedstaaten gerichtet sind. Im Übrigen erfolgt die Unterrichtung mündlich.

2. Mit der Unterrichtung nach § 2 und nach dieser Anlage übermittelt die Bundesregierung dem Bundesrat die Angaben der Europäischen Kommission und die ihr vorliegenden Angaben der Mitgliedstaaten im Rahmen der Gesetzesfolgenabschätzung zu den Folgen des Vorhabens insbesondere in rechtlicher, wirtschaftlicher, finanzieller, sozialer und ökologischer Hinsicht.
3. Die Berichtsbögen zu Vorhaben der Europäischen Union und die Umfassenden Bewertungen zu Gesetzgebungsakten, die dem Bundestag nach § 7 des Gesetzes über die Zusammenarbeit von Bundesregierung und Deutschem Bundestag in Angelegenheiten der Europäischen Union übermittelt werden, lässt die Bundesregierung dem Bundesrat gleichzeitig zukommen.
4. Die Ministerien des Bundes und der Länder eröffnen sich untereinander und dem Bundesrat im Rahmen der geltenden Datenschutzvorschriften Zugang zu ressortübergreifenden Dokumentendatenbanken zu Vorhaben im Rahmen der Europäischen Union. Die Bundesregierung wird sich bemühen, dass Dokumentendatenbanken der Europäischen Union, die den Regierungen der Mitgliedstaaten zugänglich sind, auch dem Bundesrat und den Regierungen der Länder zugänglich gemacht werden. Einzelheiten müssen gesondert geregelt werden.
5. Die Dokumente der Europäischen Union werden grundsätzlich offen weitergegeben. Die Sicherheitseinstufung der Organe der Europäischen Union über eine besondere Vertraulichkeit wird vom Bundesrat beachtet. Eine für diese Dokumente oder für andere im Rahmen dieses Gesetzes an den Bundesrat zu übermittelnde Informationen, Berichte und Mitteilungen eventuell erforderliche nationale Einstufung als vertraulich wird vor Versendung von der Bundesregierung vorgenommen und vom Bundesrat beachtet. Die Gründe für die Einstufung sind auf Anforderung zu erläutern.

III. Vorbereitende Beratungen

1. Die Bundesregierung lädt die Ländervertreter zu Beratungen zur Festlegung der Verhandlungsposition zu Vorhaben ein, soweit der Bundesrat an einer entsprechenden innerstaatlichen Maßnahme mitzuwirken hätte oder soweit

die Länder innerstaatlich zuständig wären. Dabei soll auch Einvernehmen über die Anwendung von den §§ 5 und 6 auf ein Vorhaben angestrebt werden.

2. Bei der Einordnung eines Vorhabens unter die Regelungen dieses Gesetzes ist auf den konkreten Inhalt der Vorlage der Europäischen Union abzustellen. Die Zuordnung der Zuständigkeit des Bundes oder der Länder folgt aus der innerstaatlichen Kompetenzordnung.
   Bei Beurteilung der Frage, ob bei einem Vorhaben der Bund im nationalen Bereich das Recht zur Gesetzgebung hat, ist in den in Artikel 72 Absatz 2 des Grundgesetzes[1] genannten Gebieten der konkurrierenden Gesetzgebung auch darauf abzustellen, ob eine Erforderlichkeit bundesgesetzlicher Regelung im Sinne von Artikel 72 Absatz 2 des Grundgesetzes bestehen würde.
   In den Bereichen, in denen die Länder das Recht der Abweichungsgesetzgebung nach Artikel 72 Absatz 3 des Grundgesetzes haben, berücksichtigt die Bundesregierung die Stellungnahme des Bundesrates bei der Festlegung der Verhandlungsposition. Stimmt die Auffassung der Bundesregierung nicht mit der Stellungnahme des Bundesrates überein, unterrichtet die Bundesregierung den Bundesrat und lädt die vom Bundesrat benannten Ländervertreter zur Beratung ein, um eine übereinstimmende Haltung anzustreben.
   Hinsichtlich des Regelungsschwerpunkts des Vorhabens ist darauf abzustellen, ob eine Materie im Mittelpunkt des Vorhabens steht oder ganz überwiegend Regelungsgegenstand ist. Das ist nicht nur quantitativ bestimmbar, sondern auch das Ergebnis einer qualitativen Beurteilung.
   Stimmt die Auffassung der Bundesregierung darüber, ob bei einem Vorhaben der Europäischen Union im Schwerpunkt Gesetzgebungsbefugnisse der Länder, die Einrichtung ihrer Behörden oder ihre Verwaltungsverfahren betroffen sind, nicht mit der Haltung des Bundesrates überein, unterrichtet die Bundesregierung den Bundesrat und lädt unverzüglich die vom Bundesrat benannten Ländervertreter zur Beratung ein, um eine übereinstimmende Haltung zu erzielen.
3. In den Fällen, in denen innerstaatlich eine Zusammenarbeit von Bund und Ländern vorgesehen ist, ist bei der Festlegung der Verhandlungsposition – auch auf Ebene der Europäischen Union – ein gemeinsames Vorgehen anzustreben; Bund und Länder streben im Bereich der Forschungspolitik entsprechend der Regelung des Artikels 91b des Grundgesetzes auch im Rahmen der Europäischen Union ein gemeinsames Vorgehen an. Entsprechend wird bei Festlegung der Verhandlungsposition verfahren, wenn der Regelungsschwerpunkt des Vorhabens nur schwer feststellbar ist.
4. Bund und Länder nutzen regelmäßige Sitzungen des Ausschusses für Fragen der Europäischen Union des Bundesrates – bei Bedarf beziehungsweise Verlangen einer Seite auch in politischer Besetzung – zu einem frühzeitigen Austausch über aktuelle Entwicklungen auf Ebene der Europäischen Union. Die Willensbildung der Länder bleibt dem Bundesratsverfahren vorbehalten. Ein neuer Sachstand auf Ebene der Europäischen Union kann eine erneute Befassung erforderlich machen.

---

[1] Nr. **1**.

IV. Stellungnahme des Bundesrates

1. Um die rechtzeitige Abgabe einer Stellungnahme zu ermöglichen, informiert die Bundesregierung den Bundesrat bei allen Vorhaben, die Interessen der Länder berühren, über den zeitlichen Rahmen der Behandlung in den Ratsgremien.
   Je nach Verhandlungslage teilt die Bundesregierung dem Bundesrat auch mit, bis zu welchem Zeitpunkt eine Stellungnahme wegen der sich aus dem Verfahrensablauf der Europäischen Union ergebenden zeitlichen Vorgaben noch berücksichtigt werden kann.
   Ist aus Sicht der Bundesregierung bereits im Vorfeld von Vorhaben der Europäischen Union die Einbringung einer deutschen Position angezeigt, fordert die Bundesregierung den Bundesrat auf, Stellung zu nehmen.
2. Der Bundesrat kann seine Stellungnahme im Verlauf der Beratung des Vorhabens in den Gremien der Europäischen Union anpassen und ergänzen. Zu diesem Zweck unterrichtet die Bundesregierung den Bundesrat durch ständige Kontakte – in einer der Sache jeweils angemessenen Form – und weist darauf hin, wenn sich die Beschlussgrundlage wesentlich geändert hat und deshalb eine aktualisierte Stellungnahme des Bundesrates erforderlich ist.
3. Stimmt in den Fällen von § 5 Absatz 2 die Auffassung der Bundesregierung nicht mit der Stellungnahme des Bundesrates überein, unterrichtet sie den Bundesrat und lädt unverzüglich die vom Bundesrat benannten Ländervertreter zur erneuten Beratung ein, um möglichst Einvernehmen zu erzielen. Die Länder weisen darauf hin, dass das Einvernehmen gegebenenfalls unter den Vorbehalt einer Beschlussfassung des Bundesrates zu stellen ist. Kommt dieses Einvernehmen nicht zustande, beschließt der Bundesrat unverzüglich darüber, ob seine Stellungnahme aufrechterhalten wird.
4. Weicht die Bundesregierung von einer Stellungnahme des Bundesrates ab, so teilt sie auf Verlangen des Bundesrates nach Abschluss eines Vorhabens die maßgeblichen Gründe mit.

V. Umsetzung von Recht der Europäischen Union

1. Die Bundesregierung nimmt im Interesse einer rechtzeitigen Ergreifung der erforderlichen Verfahrensschritte für Rechtsakte der Europäischen Union, für deren Umsetzung ausschließlich die Länder zuständig sind, sowie für Rechtsakte der Europäischen Union, die von Bund und Ländern durch jeweils eigene Umsetzungsmaßnahmen gemeinsam umzusetzen sind, frühzeitig Kontakt mit den Ländern auf. Die Bundesregierung lässt die Listen mit dem aktuellen Stand der umzusetzenden Rechtsakte, die sie dem Bundestag übermittelt, dem Bundesrat gleichzeitig zukommen.
2. Die Bundesregierung unterrichtet den Bundesrat über die Einleitung von Vertragsverletzungsverfahren nach den Artikeln 258, 260 des Vertrags über die Arbeitsweise der Europäischen Union[1] durch Übermittlung von Mahnschreiben und mit Gründen versehenen Stellungnahmen, soweit diese Verfahren die Nichtumsetzung von Richtlinien durch ein Land oder mehrere Länder betreffen. In diesen Fällen fertigt die Bundesregierung ihre Stellungnahmen in Abstimmung mit den betroffenen Ländern.

---

[1] Nr. **18**.

VI. Verfahren vor den Europäischen Gerichten

1. Im Hinblick auf die hier zu wahrenden Verfahrensfristen unterrichtet die Bundesregierung den Bundesrat unverzüglich von allen Dokumenten und Informationen über Verfahren vor dem Europäischen Gerichtshof und dem Gericht erster Instanz, an denen die Bundesregierung beteiligt ist. Dies gilt auch für Urteile zu Verfahren, an denen sich die Bundesregierung beteiligt.
2. Macht die Bundesregierung bei Vorliegen der Voraussetzungen von § 7 Absatz 1 auf Beschluss des Bundesrates von den im Vertrag über die Europäische Union und im Vertrag über die Arbeitsweise der Europäischen Union vorgesehenen Klagemöglichkeiten Gebrauch, so fertigt sie die Klageschrift in Abstimmung mit den Ländern. Von den Ländern wird hierfür rechtzeitig eine ausführliche Stellungnahme zur Sache zur Verfügung gestellt. Die Prozessführung erfolgt in Abstimmung mit den Ländern.
   Entsprechendes gilt, wenn die Bundesregierung das zulässige Rechtsmittel beim Europäischen Gerichtshof gegen eine länderübergreifende Finanzkorrektur der Europäischen Union im Einvernehmen mit den betroffenen Ländern oder auf ausdrückliches Verlangen betroffener Länder nach § 7 Absatz 4 einlegt. Bei Vertragsverletzungsverfahren gegen die Bundesrepublik Deutschland, bei denen eine Haftung eines oder mehrerer Länder gegenüber dem Bund nach Artikel 104a Absatz 6 Satz 1 des Grundgesetzes[1] in Betracht kommt, erfolgt die Prozessführung insoweit ebenfalls in Abstimmung mit den Ländern.
3. Nummer 2 gilt entsprechend, wenn die Bundesregierung in Verfahren vor dem Europäischen Gerichtshof Gelegenheit zur Stellungnahme hat.

VII. Vertragsrevision, Beitritt und Assoziierungsverhandlungen der Europäischen Union

1. Hinsichtlich des Artikels 48 des Vertrags über die Europäische Union gilt: Beabsichtigt der Rat, einen Beschluss zur Aufnahme von Verhandlungen zu Änderungen der vertraglichen Grundlagen der Europäischen Union zu fassen, informiert die Bundesregierung den Bundesrat und unterrichtet über ihre Willensbildung.
   Der Bundesrat wird über die Verhandlungen unterrichtet, soweit Länderinteressen betroffen sein könnten. Das gilt auch für den Fall, dass die Verhandlungen wiederum von Persönlichen Beauftragten geführt werden sollten.
   Die Bundesregierung berücksichtigt die Stellungnahme des Bundesrates bei den Verhandlungen in entsprechender Anwendung von § 5.
   Die Länder können mit einem Beobachter – maximal zwei Beobachtern, falls ausschließliche Länderkompetenzen betroffen sind – an Ressortgesprächen zur Vorbereitung der Regierungskonferenzen sowie – soweit möglich von Fall zu Fall – an den Regierungskonferenzen selbst teilnehmen.
2. Hinsichtlich des Artikels 49 des Vertrags über die Europäische Union gilt: Beabsichtigt der Rat, einen Beschluss zur Aufnahme von Verhandlungen zur Vorbereitung von Beitritten zur Europäischen Union zu fassen, informiert

---

[1] Nr. **1**.

die Bundesregierung den Bundesrat und unterrichtet über ihre Willensbildung.
Der Bundesrat wird über die Verhandlungen unterrichtet, soweit Länderinteressen betroffen sein könnten. Die Bundesregierung informiert auf Wunsch den Ausschuss für Fragen der Europäischen Union des Bundesrates über die Entwicklung von Beitrittsverhandlungen.
Die Bundesregierung berücksichtigt die Stellungnahme des Bundesrates bei den Verhandlungen in entsprechender Anwendung von § 5.
Die Länder können mit einem Ländervertreter an Ressortabstimmungen der Verhandlungsposition sowie – soweit möglich – an der Ratsarbeitsgruppe „Erweiterung" teilnehmen, wenn der konkret zu behandelnde Fragenbereich die ausschließliche Gesetzgebungskompetenz der Länder oder deren wesentliche Interessen berührt.

3. Hinsichtlich des Artikels 217 des Vertrags über die Arbeitsweise der Europäischen Union[1] sowie für die Abkommen nach Artikel 207 Absatz 3 des Vertrags über die Arbeitsweise der Europäischen Union gelten die Regelungen dieses Gesetzes mit der Ausnahme, dass sich die Teilnahme des Ländervertreters auf die Verhandlungen in der Ratsgruppe zur Aushandlung des Mandats für die Kommission beschränkt.

---

[1] Nr. **18**.

1c. Gesetz über die Wahrnehmung der Integrationsverantwortung des Bundestages und des Bundesrates in Angelegenheiten der Europäischen Union (Integrationsverantwortungsgesetz – IntVG)[1]

Vom 22. September 2009

(BGBl. I S. 3022)

FNA 170-9

geänd. durch Art. 1 G zur Umsetzung der GGÄnderungen für die Ratifizierung des Vertrags von Lissabon v. 1.12.2009 (BGBl. I S. 3822)

§ 1 Integrationsverantwortung. (1) Der Bundestag und der Bundesrat nehmen in Angelegenheiten der Europäischen Union ihre Integrationsverantwortung insbesondere nach Maßgabe der folgenden Bestimmungen wahr.

(2) Der Bundestag und der Bundesrat sollen über Vorlagen nach diesem Gesetz in angemessener Frist beraten und Beschluss fassen und dabei die für die Beschlussfassung auf der Ebene der Europäischen Union maßgeblichen Fristvorgaben berücksichtigen.

§ 2 Vereinfachtes Vertragsänderungsverfahren. Eine Zustimmung der Bundesrepublik Deutschland zu einem Beschluss des Europäischen Rates gemäß Artikel 48 Absatz 6 Unterabsatz 2 und 3 des Vertrags über die Europäische Union erfolgt durch ein Gesetz gemäß Artikel 23 Absatz 1 des Grundgesetzes[2].

§ 3 Besondere Vertragsänderungsverfahren. (1) Eine Zustimmung der Bundesrepublik Deutschland zu einem Beschluss des Rates gemäß Artikel 218 Absatz 8 Unterabsatz 2 Satz 2 oder gemäß Artikel 311 Absatz 3 des Vertrags über die Arbeitsweise der Europäischen Union[3] erfolgt durch ein Gesetz gemäß Artikel 23 Absatz 1 des Grundgesetzes.

(2) Absatz 1 gilt auch für Bestimmungen, die der Rat gemäß Artikel 25 Absatz 2, Artikel 223 Absatz 1 Unterabsatz 2 oder Artikel 262 des Vertrags über die Arbeitsweise der Europäischen Union erlässt.

(3) [1] Der deutsche Vertreter im Europäischen Rat darf einem Beschlussvorschlag gemäß Artikel 42 Absatz 2 Unterabsatz 1 Satz 2 des Vertrags über die Europäische Union nur zustimmen oder sich bei einer Beschlussfassung enthalten, nachdem der Bundestag hierzu einen Beschluss gefasst hat. [2] Einen entsprechenden Antrag im Bundestag kann auch die Bundesregierung stellen. [3] Ohne einen solchen Beschluss des Bundestages muss der deutsche Vertreter im Europäischen Rat den Beschlussvorschlag ablehnen. [4] Nachdem ein Beschluss des Europäischen Rates gemäß Artikel 42 Absatz 2 Unterabsatz 1 Satz 2 des Vertrags über die Europäische Union gefasst worden ist, erfolgt eine Zu-

[1] Verkündet als Art. 1 des G v. 22.9.2009 (BGBl. I S. 3022); Inkrafttreten gem. Art. 4 dieses G am 25.9.2009.

[2] Nr. **1**.

[3] Nr. **18**.

stimmung der Bundesrepublik Deutschland durch ein Gesetz gemäß Artikel 23 Absatz 1 des Grundgesetzes.

§ 4 Brückenklauseln. (1) [1] Der deutsche Vertreter im Europäischen Rat darf einem Beschlussvorschlag gemäß Artikel 48 Absatz 7 Unterabsatz 1 Satz 1 oder Unterabsatz 2 des Vertrags über die Europäische Union nur zustimmen oder sich bei einer Beschlussfassung enthalten, nachdem hierzu ein Gesetz gemäß Artikel 23 Absatz 1 des Grundgesetzes in Kraft getreten ist. [2] Ohne ein solches Gesetz muss der deutsche Vertreter im Europäischen Rat den Beschlussvorschlag ablehnen.

(2) [1] Der deutsche Vertreter im Rat darf einem Beschlussvorschlag gemäß Artikel 81 Absatz 3 Unterabsatz 2 des Vertrags über die Arbeitsweise der Europäischen Union nur zustimmen oder sich bei einer Beschlussfassung enthalten, nachdem hierzu ein Gesetz gemäß Artikel 23 Absatz 1 des Grundgesetzes in Kraft getreten ist. [2] Ohne ein solches Gesetz muss der deutsche Vertreter im Rat den Beschlussvorschlag ablehnen.

§ 5 Zustimmung im Europäischen Rat bei besonderen Brückenklauseln. (1) [1] Der deutsche Vertreter im Europäischen Rat darf einem Beschlussvorschlag gemäß Artikel 31 Absatz 3 des Vertrags über die Europäische Union oder gemäß Artikel 312 Absatz 2 Unterabsatz 2 des Vertrags über die Arbeitsweise der Europäischen Union nur zustimmen oder sich bei einer Beschlussfassung enthalten, nachdem der Bundestag hierzu einen Beschluss gefasst hat. [2] Einen entsprechenden Antrag im Bundestag kann auch die Bundesregierung stellen. [3] Ohne einen solchen Beschluss des Bundestages muss der deutsche Vertreter im Europäischen Rat den Beschlussvorschlag ablehnen.

(2) Zusätzlich zu dem Beschluss des Bundestages muss der Bundesrat einen entsprechenden Beschluss gefasst haben, wenn Gebiete betroffen sind,

1. für welche eine Gesetzgebungszuständigkeit des Bundes nicht besteht,
2. für welche die Länder gemäß Artikel 72 Absatz 2 des Grundgesetzes das Recht zur Gesetzgebung haben,
3. für welche die Länder gemäß Artikel 72 Absatz 3 oder Artikel 84 Absatz 1 des Grundgesetzes abweichende Regelungen treffen können oder
4. deren Regelung durch ein Bundesgesetz der Zustimmung des Bundesrates bedarf.

§ 6 Zustimmung im Rat bei besonderen Brückenklauseln. (1) [1] Der deutsche Vertreter im Rat darf einem Beschlussvorschlag gemäß Artikel 153 Absatz 2 Unterabsatz 4, Artikel 192 Absatz 2 Unterabsatz 2 oder Artikel 333 Absatz 1 oder Absatz 2 des Vertrags über die Arbeitsweise der Europäischen Union nur zustimmen oder sich bei einer Beschlussfassung enthalten, nachdem der Bundestag hierzu einen Beschluss gefasst hat. [2] § 5 Absatz 1 Satz 2 und 3 gilt entsprechend.

(2) § 5 Absatz 2 gilt entsprechend.

§ 7 Kompetenzerweiterungsklauseln. (1) [1] Der deutsche Vertreter im Rat darf einem Beschlussvorschlag gemäß Artikel 83 Absatz 1 Unterabsatz 3 oder Artikel 86 Absatz 4 des Vertrags über die Arbeitsweise der Europäischen Union nur zustimmen oder sich bei einer Beschlussfassung enthalten, nachdem hierzu ein Gesetz gemäß Artikel 23 Absatz 1 des Grundgesetzes in Kraft getreten ist. [2]Ohne ein solches Gesetz muss der deutsche Vertreter im Rat den Beschlussvorschlag ablehnen.

(2) Absatz 1 gilt entsprechend für Satzungsänderungen gemäß Artikel 308 Absatz 3 des Vertrags über die Arbeitsweise der Europäischen Union.

§ 8[1)] Flexibilitätsklausel. [1]Der deutsche Vertreter im Rat darf einem Vorschlag zum Erlass von Vorschriften gemäß Artikel 352 des Vertrags über die Arbeitsweise der Europäischen Union nur zustimmen oder sich bei einer Beschlussfassung enthalten, nachdem hierzu ein Gesetz gemäß Artikel 23 Absatz 1 des Grundgesetzes[2)] in Kraft getreten ist. [2]Ohne ein solches Gesetz muss der deutsche Vertreter im Rat den Vorschlag zum Erlass von Vorschriften ablehnen.

§ 9 Notbremsemechanismus. (1) Der deutsche Vertreter im Rat muss in den Fällen des Artikels 48 Absatz 2 Satz 1, des Artikels 82 Absatz 3 Unterabsatz 1 Satz 1 und des Artikels 83 Absatz 3 Unterabsatz 1 Satz 1 des Vertrags über die Arbeitsweise der Europäischen Union beantragen, den Europäischen Rat zu befassen, wenn der Bundestag ihn hierzu durch einen Beschluss angewiesen hat.

(2) Wenn im Schwerpunkt Gebiete im Sinne des § 5 Absatz 2 betroffen sind, muss der deutsche Vertreter im Rat einen Antrag nach Absatz 1 auch dann stellen, wenn ein entsprechender Beschluss des Bundesrates vorliegt.

§ 10 Ablehnungsrecht bei Brückenklauseln. (1) Für die Ablehnung einer Initiative des Europäischen Rates gemäß Artikel 48 Absatz 7 Unterabsatz 3 des Vertrags über die Europäische Union gilt:

1. Wenn bei einer Initiative im Schwerpunkt ausschließliche Gesetzgebungszuständigkeiten des Bundes betroffen sind, kann der Bundestag die Ablehnung der Initiative beschließen.
2. In allen anderen Fällen kann der Bundestag oder der Bundesrat die Ablehnung der Initiative beschließen.

(2) Der Präsident des Bundestages oder der Präsident des Bundesrates unterrichtet die Präsidenten der zuständigen Organe der Europäischen Union über die Ablehnung der Initiative und setzt die Bundesregierung darüber in Kenntnis.

(3) Die Absätze 1 und 2 gelten entsprechend für einen Vorschlag der Europäischen Kommission für einen Beschluss des Rates gemäß Artikel 81 Absatz 3 Unterabsatz 3 des Vertrags über die Arbeitsweise der Europäischen Union.

§ 11 Subsidiaritätsrüge. (1) Der Bundestag und der Bundesrat können in ihren Geschäftsordnungen regeln, wie eine Entscheidung über die Abgabe einer begründeten Stellungnahme gemäß Artikel 6 des Protokolls über die Anwendung der Grundsätze der Subsidiarität und der Verhältnismäßigkeit herbeizuführen ist.

[1)] Siehe hierzu ua: Brexit EU-Haushalt Durchführungs- und Finanzierungsgesetz v. 20.6.2019 (BGBl. II S. 498).

[2)] Nr. **1**.

(2) Der Präsident des Bundestages oder der Präsident des Bundesrates übermittelt die begründete Stellungnahme an die Präsidenten der zuständigen Organe der Europäischen Union und setzt die Bundesregierung darüber in Kenntnis.

§ 12 Subsidiaritätsklage. (1) [1] Auf Antrag eines Viertels seiner Mitglieder ist der Bundestag verpflichtet, eine Klage gemäß Artikel 8 des Protokolls über die Anwendung der Grundsätze der Subsidiarität und der Verhältnismäßigkeit zu erheben. [2] Auf Antrag eines Viertels seiner Mitglieder, die die Erhebung der Klage nicht stützen, ist deren Auffassung in der Klageschrift deutlich zu machen.

(2) Der Bundesrat kann in seiner Geschäftsordnung regeln, wie ein Beschluss über die Erhebung einer Klage gemäß Absatz 1 herbeizuführen ist.

(3) Die Bundesregierung übermittelt die Klage im Namen des Organs, das über ihre Erhebung gemäß Absatz 1 oder gemäß Absatz 2 beschlossen hat, unverzüglich an den Gerichtshof der Europäischen Union.

(4) Das Organ, das die Erhebung der Klage gemäß Absatz 1 oder gemäß Absatz 2 beschlossen hat, übernimmt die Prozessführung vor dem Gerichtshof der Europäischen Union.

(5) Wird im Bundestag oder im Bundesrat ein Antrag zur Erhebung einer Klage gemäß Absatz 1 oder gemäß Absatz 2 gestellt, so kann das andere Organ eine Stellungnahme abgeben.

§ 13 Unterrichtung. (1) [1] Die Bundesregierung hat den Bundestag und den Bundesrat in Angelegenheiten dieses Gesetzes umfassend, zum frühestmöglichen Zeitpunkt, fortlaufend und in der Regel schriftlich zu unterrichten. [2] Einzelheiten der Unterrichtungspflichten aufgrund des Gesetzes über die Zusammenarbeit von Bundesregierung und Deutschem Bundestag in Angelegenheiten der Europäischen Union vom 12. März 1993 (BGBl. I S. 311), das durch Artikel 2 Absatz 1 des Gesetzes vom 17. November 2005 (BGBl. I S. 3178) geändert worden ist, des Gesetzes über die Zusammenarbeit von Bund und Ländern in Angelegenheiten der Europäischen Union[1)] vom 12. März 1993 (BGBl. I S. 313, 1780), das zuletzt durch Artikel 2 des Gesetzes vom 5. September 2006 (BGBl. I S. 2098) geändert worden ist, und anderer Regelungen bleiben unberührt.

(2) [1] Die Bundesregierung unterrichtet den Bundestag und den Bundesrat, wenn der Rat in Vorbereitung einer Initiative des Europäischen Rates nach Artikel 48 Absatz 7 des Vertrags über die Europäische Union befasst wird. [2] Das Gleiche gilt, wenn der Europäische Rat eine derartige Initiative ergriffen hat. [3] Die Bundesregierung unterrichtet den Bundestag und den Bundesrat über einen Vorschlag der Europäischen Kommission nach Artikel 81 Absatz 3 Unterabsatz 2 des Vertrags über die Arbeitsweise der Europäischen Union.

(3) [1] Die Bundesregierung übermittelt dem Bundestag und dem Bundesrat binnen zwei Wochen nach Zuleitung von Initiativen, Vorschlägen oder Beschlüssen, auf die sich die vorstehenden Bestimmungen beziehen, eine ausführliche Erläuterung der Folgen für die vertraglichen Grundlagen der Europäi-

---

1) Nr. **1b**.

schen Union sowie eine Bewertung der integrationspolitischen Notwendigkeit und Auswirkungen. [2] Ferner erläutert die Bundesregierung,

1. ob es zur Mitwirkung des Bundestages und des Bundesrates eines Gesetzes gemäß Artikel 23 Absatz 1 Satz 2 oder 3 des Grundgesetzes bedarf;
2. wenn das Verfahren nach § 9 in Betracht kommt, ob Entwürfe zu Gesetzgebungsakten gemäß
   a) Artikel 48 Absatz 1 des Vertrags über die Arbeitsweise der Europäischen Union wichtige Aspekte des deutschen Systems der sozialen Sicherheit, insbesondere dessen Geltungsbereich, Kosten oder Finanzstruktur, verletzen oder dessen finanzielles Gleichgewicht beeinträchtigen würden,
   b) Artikel 82 Absatz 2 oder Artikel 83 Absatz 1 oder 2 des Vertrags über die Arbeitsweise der Europäischen Union grundlegende Aspekte der deutschen Strafrechtsordnung berühren würden.

(4) [1] Bei eilbedürftigen Vorlagen verkürzt sich die Frist des Absatzes 3 so, dass eine der Integrationsverantwortung angemessene Behandlung in Bundestag und Bundesrat gewährleistet ist. [2] Ist eine besonders umfangreiche Bewertung erforderlich, kann die Frist verlängert werden.

(5) [1] Über einen Antrag eines anderen Mitgliedstaates im Rat gemäß Artikel 48 Absatz 2 Satz 1, Artikel 82 Absatz 3 Unterabsatz 1 Satz 1 oder Artikel 83 Absatz 3 Unterabsatz 1 Satz 1 des Vertrags über die Arbeitsweise der Europäischen Union unterrichtet die Bundesregierung den Bundestag und den Bundesrat unverzüglich schriftlich. [2] Diese Unterrichtung umfasst die Gründe des Antragstellers.

(6) [1] Zu Vorschlägen für Gesetzgebungsakte der Europäischen Union übermittelt die Bundesregierung binnen zwei Wochen nach Überweisung an die Ausschüsse des Bundestages, spätestens jedoch zu Beginn der Beratungen in den Ratsgremien, eine umfassende Bewertung. [2] Sie enthält Angaben zur Zuständigkeit der Europäischen Union zum Erlass des vorgeschlagenen Gesetzgebungsaktes und zu dessen Vereinbarkeit mit den Grundsätzen der Subsidiarität und Verhältnismäßigkeit.

(7) [1] Die Bundesregierung unterrichtet Bundestag und Bundesrat zum frühestmöglichen Zeitpunkt über den Abschluss eines Gesetzgebungsverfahrens der Europäischen Union. [2] Diese Unterrichtung enthält auch eine Bewertung, ob die Bundesregierung den Gesetzgebungsakt mit den Grundsätzen der Subsidiarität und der Verhältnismäßigkeit für vereinbar hält.

1d. Staatsangehörigkeitsgesetz (StAG)[1]

Vom 22. Juli 1913
(RGBl. I S. 583)

FNA 102-1

zuletzt geänd. durch Art. 1 Zweites Datenschutz-Anpassungs- und UmsetzungsG EU v. 20.11.2019 (BGBl. I S. 1626)

Nichtamtliche Inhaltsübersicht

---

[1] Beachte hierzu die Übergangsregelung zur Einbürgerung britischer und deutscher Staatsangehöriger in Art. 3 des Brexit-Übergangsgesetzes v. 8.4.2019 (BGBl. I S. 418), geänd. durch G v. 14.12.2019 (BGBl. I S. 2789):

„(1) Bei britischen Staatsangehörigen, die vor dem Tag, an dem der Austritt des Vereinigten Königreichs Großbritannien und Nordirland aus der Europäischen Union wirksam wird, sofern bis zu diesem Zeitpunkt kein Austrittsabkommen im Sinne von Artikel 50 Absatz 2 Satz 2 des Vertrages über die Europäische Union in Kraft getreten ist (Tag des Austritts), einen Antrag auf Einbürgerung in Deutschland gestellt haben, wird von einem sonst nach dem Staatsangehörigkeitsgesetz erforderlichen Ausscheiden aus der britischen Staatsangehörigkeit abgesehen, sofern alle weiteren Einbürgerungsvoraussetzungen vor dem Tag des Austritts erfüllt waren und bei Einbürgerung weiterhin erfüllt sind.

(2) Deutsche, die vor dem Tag des Austritts einen Antrag auf Einbürgerung im Vereinigten Königreich Großbritannien und Nordirland gestellt haben, verlieren ihre deutsche Staatsangehörigkeit nicht nach § 25 Absatz 1 Satz 1 des Staatsangehörigkeitsgesetzes, auch wenn der Erwerb der britischen Staatsangehörigkeit erst nach Ablauf des Tages vor dem Tag des Austritts erfolgt."

§ 1 [„Deutscher"] Deutscher im Sinne dieses Gesetzes ist, wer die deutsche Staatsangehörigkeit besitzt.

§ 2 *(aufgehoben)*

§ 3 [Erwerb der Staatsangehörigkeit] (1) Die Staatsangehörigkeit wird erworben

1. durch Geburt (§ 4),
2. durch Erklärung nach § 5,
3. durch Annahme als Kind (§ 6),
4. durch Ausstellung der Bescheinigung gemäß § 15 Abs. 1 oder 2 des Bundesvertriebenengesetzes (§ 7),

4a. durch Überleitung als Deutscher ohne deutsche Staatsangehörigkeit im Sinne des Artikels 116 Abs. 1 des Grundgesetzes[1] (§ 40a),

5.[2] für einen Ausländer durch Einbürgerung (§§ 8 bis 16, 40b und 40c).

(2) [1] Die Staatsangehörigkeit erwirbt auch, wer seit zwölf Jahren von deutschen Stellen als deutscher Staatsangehöriger behandelt worden ist und dies nicht zu vertreten hat. [2] Als deutscher Staatsangehöriger wird insbesondere behandelt, wem ein Staatsangehörigkeitsausweis, Reisepass oder Personalausweis ausgestellt wurde. [3] Der Erwerb der Staatsangehörigkeit wirkt auf den Zeitpunkt zurück, zu dem bei Behandlung als Staatsangehöriger der Erwerb der Staatsangehörigkeit angenommen wurde. [4] Er erstreckt sich auf Abkömmlinge, die seither ihre Staatsangehörigkeit von dem nach Satz 1 Begünstigten ableiten.

§ 4 [Geburt] (1) [1] Durch die Geburt erwirbt ein Kind die deutsche Staatsangehörigkeit, wenn ein Elternteil die deutsche Staatsangehörigkeit besitzt. [2] Ist bei der Geburt des Kindes nur der Vater deutscher Staatsangehöriger und ist zur Begründung der Abstammung nach den deutschen Gesetzen die Anerkennung oder Feststellung der Vaterschaft erforderlich, so bedarf es zur Geltendmachung des Erwerbs einer nach den deutschen Gesetzen wirksamen Anerkennung oder Feststellung der Vaterschaft; die Anerkennungserklärung muß abgegeben oder

---

[1] Nr. **1**.
[2] Siehe auch Art. 16 und 116 GG (Nr. **1**).

das Feststellungsverfahren muß eingeleitet sein, bevor das Kind das 23. Lebensjahr vollendet hat.

(2) [1] Ein Kind, das im Inland aufgefunden wird (Findelkind), gilt bis zum Beweis des Gegenteils als Kind eines Deutschen. [2] Satz 1 ist auf ein vertraulich geborenes Kind nach § 25 Absatz 1 des Schwangerschaftskonfliktgesetzes entsprechend anzuwenden.

(3) [1] Durch die Geburt im Inland erwirbt ein Kind ausländischer Eltern die deutsche Staatsangehörigkeit, wenn ein Elternteil

1. seit acht Jahren rechtmäßig seinen gewöhnlichen Aufenthalt im Inland hat und
2. ein unbefristetes Aufenthaltsrecht oder als Staatsangehöriger der Schweiz oder dessen Familienangehöriger eine Aufenthaltserlaubnis auf Grund des Abkommens vom 21. Juni 1999 zwischen der Europäischen Gemeinschaft und ihren Mitgliedstaaten einerseits und der Schweizerischen Eidgenossenschaft andererseits über die Freizügigkeit (BGBl. 2001 II S. 810) besitzt.

[2] Der Erwerb der deutschen Staatsangehörigkeit wird in dem Geburtenregister, in dem die Geburt des Kindes beurkundet ist, eingetragen. [3] Das Bundesministerium des Innern wird ermächtigt, mit Zustimmung des Bundesrates durch Rechtsverordnung Vorschriften über das Verfahren zur Eintragung des Erwerbs der Staatsangehörigkeit nach Satz 1 zu erlassen.

(4) [1] Die deutsche Staatsangehörigkeit wird nicht nach Absatz 1 erworben bei Geburt im Ausland, wenn der deutsche Elternteil nach dem 31. Dezember 1999 im Ausland geboren wurde und dort seinen gewöhnlichen Aufenthalt hat, es sei denn, das Kind würde sonst staatenlos. [2] Die Rechtsfolge nach Satz 1 tritt nicht ein, wenn innerhalb eines Jahres nach der Geburt des Kindes ein Antrag nach § 36 des Personenstandsgesetzes auf Beurkundung der Geburt im Geburtenregister gestellt wird; zur Fristwahrung genügt es auch, wenn der Antrag in dieser Frist bei der zuständigen Auslandsvertretung eingeht. [3] Sind beide Elternteile deutsche Staatsangehörige, so tritt die Rechtsfolge des Satzes 1 nur ein, wenn beide die dort genannten Voraussetzungen erfüllen.

§ 5 [Erklärungsrecht des Kindes] Durch die Erklärung, deutscher Staatsangehöriger werden zu wollen, erwirbt das vor dem 1. Juli 1993 geborene Kind eines deutschen Vaters und einer ausländischen Mutter die deutsche Staatsangehörigkeit, wenn

1. eine nach den deutschen Gesetzen wirksame Anerkennung oder Feststellung der Vaterschaft erfolgt ist,
2. das Kind seit drei Jahren rechtmäßig seinen gewöhnlichen Aufenthalt im Bundesgebiet hat und
3. die Erklärung vor der Vollendung des 23. Lebensjahres abgegeben wird.

§ 6 [Annahme als Kind] [1] Mit der nach den deutschen Gesetzen wirksamen Annahme als Kind durch einen Deutschen erwirbt das Kind, das im Zeitpunkt des Annahmeantrags das achtzehnte Lebensjahr noch nicht vollendet hat, die Staatsangehörigkeit. [2] Der Erwerb der Staatsangehörigkeit erstreckt sich auf die Abkömmlinge des Kindes.

§ 7 [Erwerb durch Flüchtlinge und Vertriebene] Spätaussiedler und die in den Aufnahmebescheid einbezogenen Familienangehörigen erwerben mit der Ausstellung der Bescheinigung nach § 15 Abs. 1 oder Abs. 2 des Bundesvertriebenengesetzes die deutsche Staatsangehörigkeit.

§ 8 [Einbürgerung eines Ausländers] (1) Ein Ausländer, der rechtmäßig seinen gewöhnlichen Aufenthalt im Inland hat, kann auf seinen Antrag eingebürgert werden, wenn seine Identität und Staatsangehörigkeit geklärt sind und er

1. handlungsfähig nach § 37 Absatz 1 Satz 1 oder gesetzlich vertreten ist,
2. weder wegen einer rechtswidrigen Tat zu einer Strafe verurteilt noch gegen ihn auf Grund seiner Schuldunfähigkeit eine Maßregel der Besserung und Sicherung angeordnet worden ist,
3. eine eigene Wohnung oder ein Unterkommen gefunden hat,
4. sich und seine Angehörigen zu ernähren imstande ist und

seine Einordnung in die deutschen Lebensverhältnisse gewährleistet ist.[1]

(2) Von den Voraussetzungen des Absatzes 1 Satz 1 Nr. 2 und 4 kann aus Gründen des öffentlichen Interesses oder zur Vermeidung einer besonderen Härte abgesehen werden.

§ 9 [Einbürgerung von Ehegatten oder Lebenspartnern Deutscher]

(1) Ehegatten oder Lebenspartner Deutscher sollen unter den Voraussetzungen des § 8 eingebürgert werden, wenn sie ihre bisherige Staatsangehörigkeit verlieren oder aufgeben oder ein Grund für die Hinnahme von Mehrstaatigkeit nach Maßgabe von § 12 vorliegt, es sei denn, daß sie nicht über ausreichende Kenntnisse der deutschen Sprache verfügen (§ 10 Abs. 1 Satz 1 Nr. 6 und Abs. 4) und keinen Ausnahmegrund nach § 10 Abs. 6 erfüllen.

(2) Die Regelung des Absatzes 1 gilt auch, wenn die Einbürgerung bis zum Ablauf eines Jahres nach dem Tode des deutschen Ehegatten oder nach Rechtskraft des die Ehe auflösenden Urteils beantragt wird und dem Antragsteller die Sorge für die Person eines Kindes aus der Ehe zusteht, das bereits die deutsche Staatsangehörigkeit besitzt.

§ 10 [Einbürgerung] (1) [1] Ein Ausländer, der seit acht Jahren rechtmäßig seinen gewöhnlichen Aufenthalt im Inland hat und handlungsfähig nach § 37 Absatz 1 Satz 1 oder gesetzlich vertreten ist, ist auf Antrag einzubürgern, wenn seine Identität und Staatsangehörigkeit geklärt sind und er

1. sich zur freiheitlichen demokratischen Grundordnung des Grundgesetzes[2] für die Bundesrepublik Deutschland bekennt und erklärt, dass er keine Bestrebungen verfolgt oder unterstützt oder verfolgt oder unterstützt hat, die
   a) gegen die freiheitliche demokratische Grundordnung, den Bestand oder die Sicherheit des Bundes oder eines Landes gerichtet sind oder

---

[1] Wortlaut amtlich.
[2] Nr. **1**.

b) eine ungesetzliche Beeinträchtigung der Amtsführung der Verfassungsorgane des Bundes oder eines Landes oder ihrer Mitglieder zum Ziele haben oder

c) durch Anwendung von Gewalt oder darauf gerichtete Vorbereitungshandlungen auswärtige Belange der Bundesrepublik Deutschland gefährden,

oder glaubhaft macht, dass er sich von der früheren Verfolgung oder Unterstützung derartiger Bestrebungen abgewandt hat,

2. ein unbefristetes Aufenthaltsrecht oder als Staatsangehöriger der Schweiz oder dessen Familienangehöriger eine Aufenthaltserlaubnis auf Grund des Abkommens vom 21. Juni 1999 zwischen der Europäischen Gemeinschaft und ihren Mitgliedstaaten einerseits und der Schweizerischen Eidgenossenschaft andererseits über die Freizügigkeit, eine Blaue Karte EU oder eine Aufenthaltserlaubnis für andere als die in den ***[bis 29.2.2020:*** §§ 16, 17, 17a, 20, 22, 23 Absatz 1, §§ 23a, 24 und 25 Abs. 3 bis 5 des Aufenthaltsgesetzes***]*** ***[ab 1.3.2020:*** *§§ 16a, 16b, 16d, 16e, 16f, 17, 18d, 18f, 19, 19b, 19e, 22, 23 Absatz 1, den §§ 23a, 24, 25 Absatz 3 bis 5 des Aufenthaltsgesetzes*] aufgeführten Aufenthaltszwecke besitzt,
3. den Lebensunterhalt für sich und seine unterhaltsberechtigten Familienangehörigen ohne Inanspruchnahme von Leistungen nach dem Zweiten oder Zwölften Buch Sozialgesetzbuch bestreiten kann oder deren Inanspruchnahme nicht zu vertreten hat,
4. seine bisherige Staatsangehörigkeit aufgibt oder verliert,
5. weder wegen einer rechtswidrigen Tat zu einer Strafe verurteilt noch gegen ihn auf Grund seiner Schuldunfähigkeit eine Maßregel der Besserung und Sicherung angeordnet worden ist,
6. über ausreichende Kenntnisse der deutschen Sprache verfügt,
7.[1] über Kenntnisse der Rechts- und Gesellschaftsordnung und der Lebensverhältnisse in Deutschland verfügt und

seine Einordnung in die deutschen Lebensverhältnisse gewährleistet, insbesondere er nicht gleichzeitig mit mehreren Ehegatten verheiratet ist.[2] [2] Die Voraussetzungen nach Satz 1 Nr. 1 und 7 müssen Ausländer nicht erfüllen, die nicht handlungsfähig nach § 37 Absatz 1 Satz 1 sind.

(2) Der Ehegatte und die minderjährigen Kinder des Ausländers können nach Maßgabe des Absatzes 1 mit eingebürgert werden, auch wenn sie sich noch nicht seit acht Jahren rechtmäßig im Inland aufhalten.

(3) [1] Weist ein Ausländer durch die Bescheinigung des Bundesamtes für Migration und Flüchtlinge die erfolgreiche Teilnahme an einem Integrationskurs nach, wird die Frist nach Absatz 1 auf sieben Jahre verkürzt. [2] Bei Vorliegen besonderer Integrationsleistungen, insbesondere beim Nachweis von Sprachkenntnissen, die die Voraussetzungen des Absatzes 1 Satz 1 Nr. 6 übersteigen, kann sie auf sechs Jahre verkürzt werden.

---

[1] § 10 Abs. 1 Satz 1 Nr. 7 ist gem. Art. 10 Abs. 4 G v. 19.8.2007 (BGBl. I S. 1970) am 1.9.2008 in Kraft getreten.

[2] Wortlaut amtlich.

(4) [1]Die Voraussetzungen des Absatzes 1 Satz 1 Nr. 6 liegen vor, wenn der Ausländer die Anforderungen der Sprachprüfung zum Zertifikat Deutsch (B1 des Gemeinsamen Europäischen Referenzrahmens für Sprachen) in mündlicher und schriftlicher Form erfüllt. [2]Bei einem minderjährigen Kind, das im Zeitpunkt der Einbürgerung das 16. Lebensjahr noch nicht vollendet hat, sind die Voraussetzungen des Absatzes 1 Satz 1 Nr. 6 bei einer altersgemäßen Sprachentwicklung erfüllt.

(5)[1)] [1]Die Voraussetzungen des Absatzes 1 Satz 1 Nr. 7 sind in der Regel durch einen erfolgreichen Einbürgerungstest nachgewiesen. [2]Zur Vorbereitung darauf werden Einbürgerungskurse angeboten; die Teilnahme daran ist nicht verpflichtend.

(6) Von den Voraussetzungen des Absatzes 1 Satz 1 Nr. 6 und 7 wird abgesehen, wenn der Ausländer sie wegen einer körperlichen, geistigen oder seelischen Krankheit oder Behinderung oder altersbedingt nicht erfüllen kann.

(7) Das Bundesministerium des Innern wird ermächtigt, die Prüfungs- und Nachweismodalitäten des Einbürgerungstests sowie die Grundstruktur und die Lerninhalte des Einbürgerungskurses nach Absatz 5 auf der Basis der Themen des Orientierungskurses nach § 43 Abs. 3 Satz 1 des Aufenthaltsgesetzes durch Rechtsverordnung[2)], die nicht der Zustimmung des Bundesrates bedarf, zu regeln.

§ 11 [Ausschluss der Einbürgerung] [1]Die Einbürgerung ist ausgeschlossen, wenn

1. tatsächliche Anhaltspunkte die Annahme rechtfertigen, dass der Ausländer Bestrebungen verfolgt oder unterstützt oder verfolgt oder unterstützt hat, die gegen die freiheitliche demokratische Grundordnung, den Bestand oder die Sicherheit des Bundes oder eines Landes gerichtet sind oder eine ungesetzliche Beeinträchtigung der Amtsführung der Verfassungsorgane des Bundes oder eines Landes oder ihrer Mitglieder zum Ziele haben oder die durch die Anwendung von Gewalt oder darauf gerichtete Vorbereitungshandlungen auswärtige Belange der Bundesrepublik Deutschland gefährden, es sei denn, der Ausländer macht glaubhaft, dass er sich von der früheren Verfolgung oder Unterstützung derartiger Bestrebungen abgewandt hat, oder
2. nach § 54 Absatz 1 Nummer 2 oder 4 des Aufenthaltsgesetzes ein besonders schwerwiegendes Ausweisungsinteresse vorliegt.

[2]Satz 1 Nr. 2 gilt entsprechend für Ausländer im Sinne des § 1 Abs. 2 des Aufenthaltsgesetzes und auch für Staatsangehörige der Schweiz und deren Familienangehörige, die eine Aufenthaltserlaubnis auf Grund des Abkommens vom 21. Juni 1999 zwischen der Europäischen Gemeinschaft und ihren Mitgliedstaaten einerseits und der Schweizerischen Eidgenossenschaft andererseits über die Freizügigkeit besitzen.

§ 12 [Ausnahmen von § 10 Abs. 1 Satz 1 Nr. 4] (1) [1]Von der Voraussetzung des § 10 Abs. 1 Satz 1 Nr. 4 wird abgesehen, wenn der Ausländer seine

---

[1)] § 10 Abs. 5 ist gem. Art. 10 Abs. 4 G v. 19.8.2007 (BGBl. I S. 1970) am 1.9.2008 in Kraft getreten.

[2)] Siehe die EinbürgerungstestVO v. 5.8.2008 (BGBl. I S. 1649), geänd. durch VO v. 18.3.2013 (BGBl. I S. 585).

bisherige Staatsangehörigkeit nicht oder nur unter besonders schwierigen Bedingungen aufgeben kann. [2]Das ist anzunehmen, wenn

1. das Recht des ausländischen Staates das Ausscheiden aus dessen Staatsangehörigkeit nicht vorsieht,
2. der ausländische Staat die Entlassung regelmäßig verweigert,
3. der ausländische Staat die Entlassung aus der Staatsangehörigkeit aus Gründen versagt hat, die der Ausländer nicht zu vertreten hat, oder von unzumutbaren Bedingungen abhängig macht oder über den vollständigen und formgerechten Entlassungsantrag nicht in angemessener Zeit entschieden hat,
4. der Einbürgerung älterer Personen ausschließlich das Hindernis eintretender Mehrstaatigkeit entgegensteht, die Entlassung auf unverhältnismäßige Schwierigkeiten stößt und die Versagung der Einbürgerung eine besondere Härte darstellen würde,
5. dem Ausländer bei Aufgabe der ausländischen Staatsangehörigkeit erhebliche Nachteile insbesondere wirtschaftlicher oder vermögensrechtlicher Art entstehen würden, die über den Verlust der staatsbürgerlichen Rechte hinausgehen, oder
6. der Ausländer einen Reiseausweis nach Artikel 28 des Abkommens vom 28. Juli 1951 über die Rechtsstellung der Flüchtlinge (BGBl. 1953 II S. 559) besitzt.

(2) Von der Voraussetzung des § 10 Abs. 1 Satz 1 Nr. 4 wird ferner abgesehen, wenn der Ausländer die Staatsangehörigkeit eines anderen Mitgliedstaates der Europäischen Union oder der Schweiz besitzt .

(3) Weitere Ausnahmen von der Voraussetzung des § 10 Abs. 1 Satz 1 Nr. 4 können nach Maßgabe völkerrechtlicher Verträge vorgesehen werden.

§ 12a [Verurteilungen] (1) [1]Bei der Einbürgerung bleiben außer Betracht:

1. die Verhängung von Erziehungsmaßregeln oder Zuchtmitteln nach dem Jugendgerichtsgesetz,
2. Verurteilungen zu Geldstrafe bis zu 90 Tagessätzen und
3. Verurteilungen zu Freiheitsstrafe bis zu drei Monaten, die zur Bewährung ausgesetzt und nach Ablauf der Bewährungszeit erlassen worden ist.

[2]Bei mehreren Verurteilungen zu Geld- oder Freiheitsstrafen im Sinne des Satzes 1 Nr. 2 und 3 sind diese zusammenzuzählen, es sei denn, es wird eine niedrigere Gesamtstrafe gebildet; treffen Geld- und Freiheitsstrafe zusammen, entspricht ein Tagessatz einem Tag Freiheitsstrafe. [3]Übersteigt die Strafe oder die Summe der Strafen geringfügig den Rahmen nach den Sätzen 1 und 2, so wird im Einzelfall entschieden, ob diese außer Betracht bleiben kann. [4]Ist eine Maßregel der Besserung und Sicherung nach § 61 Nr. 5 oder 6 des Strafgesetzbuches angeordnet worden, so wird im Einzelfall entschieden, ob die Maßregel der Besserung und Sicherung außer Betracht bleiben kann.

(2) [1]Ausländische Verurteilungen zu Strafen sind zu berücksichtigen, wenn die Tat im Inland als strafbar anzusehen ist, die Verurteilung in einem rechtsstaatlichen Verfahren ausgesprochen worden ist und das Strafmaß verhältnismäßig ist. [2]Eine solche Verurteilung kann nicht mehr berücksichtigt werden, wenn sie nach dem Bundeszentralregistergesetz zu tilgen wäre. [3]Absatz 1 gilt entsprechend.

(3) [1] Wird gegen einen Ausländer, der die Einbürgerung beantragt hat, wegen des Verdachts einer Straftat ermittelt, ist die Entscheidung über die Einbürgerung bis zum Abschluss des Verfahrens, im Falle der Verurteilung bis zum Eintritt der Rechtskraft des Urteils auszusetzen. [2] Das Gleiche gilt, wenn die Verhängung der Jugendstrafe nach § 27 des Jugendgerichtsgesetzes ausgesetzt ist.

(4) Im Ausland erfolgte Verurteilungen und im Ausland anhängige Ermittlungs- und Strafverfahren sind im Einbürgerungsantrag aufzuführen.

§ 12b [Auslandsaufenthalte] (1) [1] Der gewöhnliche Aufenthalt im Inland wird durch Aufenthalte bis zu sechs Monaten im Ausland nicht unterbrochen. [2] Bei längeren Auslandsaufenthalten besteht er fort, wenn der Ausländer innerhalb der von der Ausländerbehörde bestimmten Frist wieder eingereist ist. [3] Gleiches gilt, wenn die Frist lediglich wegen Erfüllung der gesetzlichen Wehrpflicht im Herkunftsstaat überschritten wird und der Ausländer innerhalb von drei Monaten nach der Entlassung aus dem Wehr- oder Ersatzdienst wieder einreist.

(2) Hat der Ausländer sich aus einem seiner Natur nach nicht vorübergehenden Grund länger als sechs Monate im Ausland aufgehalten, kann die frühere Aufenthaltszeit im Inland bis zu fünf Jahren auf die für die Einbürgerung erforderliche Aufenthaltsdauer angerechnet werden.

(3) Unterbrechungen der Rechtmäßigkeit des Aufenthalts bleiben außer Betracht, wenn sie darauf beruhen, dass der Ausländer nicht rechtzeitig die erstmals erforderliche Erteilung oder die Verlängerung des Aufenthaltstitels beantragt hat.

§ 13 [Einbürgerung eines ehemaligen Deutschen] Ein ehemaliger Deutscher und seine minderjährigen Kinder, die ihren gewöhnlichen Aufenthalt im Ausland haben, können auf Antrag eingebürgert werden, wenn ihre Identität und Staatsangehörigkeit geklärt sind und sie die Voraussetzungen des § 8 Absatz 1 Nummer 1 und 2 erfüllen.

§ 14 [Einbürgerung eines nicht im Inland niedergelassenen Ausländers] Ein Ausländer, der seinen gewöhnlichen Aufenthalt im Ausland hat, kann unter den sonstigen Voraussetzungen der §§ 8 und 9 eingebürgert werden, wenn Bindungen an Deutschland bestehen, die eine Einbürgerung rechtfertigen.

§ 15 *(aufgehoben)*

§ 16 [Einbürgerungsurkunde] [1] Die Einbürgerung wird wirksam mit der Aushändigung der von der zuständigen Verwaltungsbehörde ausgefertigten Einbürgerungsurkunde. [2] Vor der Aushändigung ist folgendes feierliches Bekenntnis abzugeben: „Ich erkläre feierlich, dass ich das Grundgesetz[1)] und die Gesetze der Bundesrepublik Deutschland achten und alles unterlassen werde, was ihr schaden könnte.“; § 10 Abs. 1 Satz 2 gilt entsprechend.

§ 17 [Verlust der Staatsangehörigkeit] (1) Die Staatsangehörigkeit geht verloren

---

1) Nr. 1.

1.[1] durch Entlassung (§§ 18 bis 24),
2. durch den Erwerb einer ausländischen Staatsangehörigkeit (§ 25),
3. durch Verzicht,
4. durch Annahme als Kind durch einen Ausländer (§ 27),
5. durch Eintritt in die Streitkräfte oder einen vergleichbaren bewaffneten Verband eines ausländischen Staates oder durch konkrete Beteiligung an Kampfhandlungen einer terroristischen Vereinigung im Ausland (§ 28),
6. durch Erklärung (§ 29) oder
7. durch Rücknahme eines rechtswidrigen Verwaltungsaktes (§ 35).

(2) Der Verlust nach Absatz 1 Nr. 7 berührt nicht die kraft Gesetzes erworbene deutsche Staatsangehörigkeit Dritter, sofern diese das fünfte Lebensjahr vollendet haben.

(3) [1] Absatz 2 gilt entsprechend bei Entscheidungen nach anderen Gesetzen, die den rückwirkenden Verlust der deutschen Staatsangehörigkeit Dritter zur Folge hätten, insbesondere bei der Rücknahme der Niederlassungserlaubnis nach § 51 Abs. 1 Nr. 3 des Aufenthaltsgesetzes, bei der Rücknahme einer Bescheinigung nach § 15 des Bundesvertriebenengesetzes und bei der Feststellung des Nichtbestehens der Vaterschaft nach § 1599 des Bürgerlichen Gesetzbuches. [2] Satz 1 findet keine Anwendung bei Anfechtung der Vaterschaft nach § 1600 Abs. 1 Nr. 5 und Abs. 3 des Bürgerlichen Gesetzbuches.

§ 18 [Entlassung aus der Staatsangehörigkeit] Ein Deutscher wird auf seinen Antrag aus der Staatsangehörigkeit entlassen, wenn er den Erwerb einer ausländischen Staatsangehörigkeit beantragt und ihm die zuständige Stelle die Verleihung zugesichert hat.

§ 19 [Entlassung eines unter elterlicher Gewalt oder Vormundschaft Stehenden] (1) Die Entlassung einer Person, die unter elterlicher Sorge oder unter Vormundschaft steht, kann nur von dem gesetzlichen Vertreter und nur mit Genehmigung des deutschen Familiengerichts beantragt werden.

(2) Die Genehmigung des Familiengerichts ist nicht erforderlich, wenn der Vater oder die Mutter die Entlassung für sich und zugleich kraft elterlicher Sorge für ein Kind beantragt und dem Antragsteller die Sorge für die Person dieses Kindes zusteht.

§§ 20, 21 *(aufgehoben)*

§ 22 [Versagung der Entlassung] Die Entlassung darf nicht erteilt werden

1. Beamten, Richtern, Soldaten der Bundeswehr und sonstigen Personen, die in einem öffentlich-rechtlichen Dienst- oder Amtsverhältnis stehen, solange ihr Dienst- oder Amtsverhältnis nicht beendet ist, mit Ausnahme der ehrenamtlich tätigen Personen,

---

[1] Siehe auch das G zu dem Übereinkommen vom 6. Mai 1963 über die Verringerung der Mehrstaatigkeit und über die Wehrpflicht von Mehrstaatern v. 29.9.1969 (BGBl. II S. 1953), zuletzt geänd. durch G v. 15.7.1999 (BGBl. I S. 1618).

2. Wehrpflichtigen, solange nicht das Bundesministerium der Verteidigung oder die von ihm bezeichnete Stelle erklärt hat, daß gegen die Entlassung Bedenken nicht bestehen.

§ 23 [Entlassungsurkunde] Die Entlassung wird wirksam mit der Aushändigung der von der zuständigen Verwaltungsbehörde ausgefertigten Entlassungsurkunde.

§ 24 [Bestehenbleiben der deutschen Staatsangehörigkeit] Die Entlassung gilt als nicht erfolgt, wenn der Entlassene die ihm zugesicherte ausländische Staatsangehörigkeit nicht innerhalb eines Jahres nach der Aushändigung der Entlassungsurkunde erworben hat.

§ 25[1)] [Erwerb ausländischer Staatsangehörigkeit] (1) [1]Ein Deutscher verliert seine Staatsangehörigkeit mit dem Erwerb einer ausländischen Staatsangehörigkeit, wenn dieser Erwerb auf seinen Antrag oder auf den Antrag des gesetzlichen Vertreters erfolgt, der Vertretene jedoch nur, wenn die Voraussetzungen vorliegen, unter denen nach § 19 die Entlassung beantragt werden könnte. [2]Der Verlust nach Satz 1 tritt nicht ein, wenn ein Deutscher die Staatsangehörigkeit eines anderen Mitgliedstaates der Europäischen Union, der Schweiz oder eines Staates erwirbt, mit dem die Bundesrepublik Deutschland einen völkerrechtlichen Vertrag nach § 12 Abs. 3 abgeschlossen hat.

(2) [1]Die Staatsangehörigkeit verliert nicht, wer vor dem Erwerbe der ausländischen Staatsangehörigkeit auf seinen Antrag die schriftliche Genehmigung der zuständigen Behörde zur Beibehaltung seiner Staatsangehörigkeit erhalten hat. [2]Hat ein Antragsteller seinen gewöhnlichen Aufenthalt im Ausland, ist die deutsche Auslandsvertretung zu hören. [3]Bei der Entscheidung über einen Antrag nach Satz 1 sind die öffentlichen und privaten Belange abzuwägen. [4]Bei einem Antragsteller, der seinen gewöhnlichen Aufenthalt im Ausland hat, ist insbesondere zu berücksichtigen, ob er fortbestehende Bindungen an Deutschland glaubhaft machen kann.

§ 26 [Verzicht auf Staatsangehörigkeit] (1) [1]Ein Deutscher kann auf seine Staatsangehörigkeit verzichten, wenn er mehrere Staatsangehörigkeiten besitzt. [2]Der Verzicht ist schriftlich zu erklären.

(2) [1]Die Verzichtserklärung bedarf der Genehmigung der nach § 23 für die Ausfertigung der Entlassungsurkunde zuständigen Behörde. [2]Die Genehmigung ist zu versagen, wenn eine Entlassung nach § 22 nicht erteilt werden dürfte; dies gilt jedoch nicht, wenn der Verzichtende

1. seit mindestens zehn Jahren seinen dauernden Aufenthalt im Ausland hat oder
2. als Wehrpflichtiger im Sinne des § 22 Nr. 2 in einem der Staaten, deren Staatsangehörigkeit er besitzt, Wehrdienst geleistet hat.

[1)] Siehe hierzu den RdErl. des BMI v. 9.11.1950 betr. die Staatsangehörigkeit der Saarländer (GMBl. S. 143) und das RdSchr. des BMI v. 16.5.1950 betr. die Genehmigung zur Beibehaltung der deutschen Staatsangehörigkeit (GMBl. S. 57).

(3) Der Verlust der Staatsangehörigkeit tritt ein mit der Aushändigung der von der Genehmigungsbehörde ausgefertigten Verzichtsurkunde.

(4) Für Minderjährige gilt § 19 entsprechend.

§ 27 [Annahme als Kind durch einen Ausländer] [1]Ein minderjähriger Deutscher verliert mit der nach den deutschen Gesetzen wirksamen Annahme als Kind durch einen Ausländer die Staatsangehörigkeit, wenn er dadurch die Staatsangehörigkeit des Annehmenden erwirbt. [2]Der Verlust erstreckt sich auf seine Abkömmlinge, wenn auch der Erwerb der Staatsangehörigkeit durch den Angenommenen nach Satz 1 sich auf seine Abkömmlinge erstreckt. [3]Der Verlust nach Satz 1 oder Satz 2 tritt nicht ein, wenn der Angenommene oder seine Abkömmlinge mit einem deutschen Elternteil verwandt bleiben.

§ 28 [Verlust der Staatsangehörigkeit bei Wehrdienst in fremden Streitkräften] (1) Ein Deutscher, der

1. auf Grund freiwilliger Verpflichtung ohne eine Zustimmung des Bundesministeriums der Verteidigung oder der von ihm bezeichneten Stelle in die Streitkräfte oder einen vergleichbaren bewaffneten Verband eines ausländischen Staates, dessen Staatsangehörigkeit er besitzt, eintritt oder
2. sich an Kampfhandlungen einer terroristischen Vereinigung im Ausland konkret beteiligt,

verliert die deutsche Staatsangehörigkeit, es sei denn, er würde sonst staatenlos.

(2) Der Verlust nach Absatz 1 tritt nicht ein,

1. wenn der Deutsche noch minderjährig ist oder,
2. im Falle des Absatzes 1 Nummer 1, wenn der Deutsche auf Grund eines zwischenstaatlichen Vertrages zum Eintritt in die Streitkräfte oder in den bewaffneten Verband berechtigt ist.

(3) [1]Der Verlust ist im Falle des Absatzes 1 Nummer 2 nach § 30 Absatz 1 Satz 3 von Amts wegen festzustellen. [2]Die Feststellung trifft bei gewöhnlichem Aufenthalt des Betroffenen im Inland die oberste Landesbehörde oder die von ihr nach Landesrecht bestimmte Behörde. [3]Befindet sich der Betroffene noch im Ausland, findet gegen die Verlustfeststellung kein Widerspruch statt; die Klage hat keine aufschiebende Wirkung.

§ 29 [Wahl zwischen deutscher und ausländischer Staatsangehörigkeit bei Volljährigkeit] (1) [1]Optionspflichtig ist, wer

1. die deutsche Staatsangehörigkeit nach § 4 Absatz 3 oder § 40b erworben hat,
2. nicht nach Absatz 1a im Inland aufgewachsen ist,
3. eine andere ausländische Staatsangehörigkeit als die eines anderen Mitgliedstaates der Europäischen Union oder der Schweiz besitzt und
4. innerhalb eines Jahres nach Vollendung seines 21. Lebensjahres einen Hinweis nach Absatz 5 Satz 5 über seine Erklärungspflicht erhalten hat.

[2]Der Optionspflichtige hat nach Vollendung des 21. Lebensjahres zu erklären, ob er die deutsche oder die ausländische Staatsangehörigkeit behalten will. [3]Die Erklärung bedarf der Schriftform.

(1a) [1]Ein Deutscher nach Absatz 1 ist im Inland aufgewachsen, wenn er bis zur Vollendung seines 21. Lebensjahres

1. sich acht Jahre gewöhnlich im Inland aufgehalten hat,
2. sechs Jahre im Inland eine Schule besucht hat oder
3. über einen im Inland erworbenen Schulabschluss oder eine im Inland abgeschlossene Berufsausbildung verfügt.

[2] Als im Inland aufgewachsen nach Satz 1 gilt auch, wer im Einzelfall einen vergleichbar engen Bezug zu Deutschland hat und für den die Optionspflicht nach den Umständen des Falles eine besondere Härte bedeuten würde.

(2) Erklärt der Deutsche nach Absatz 1, dass er die ausländische Staatsangehörigkeit behalten will, so geht die deutsche Staatsangehörigkeit mit dem Zugang der Erklärung bei der zuständigen Behörde verloren.

(3) [1] Will der Deutsche nach Absatz 1 die deutsche Staatsangehörigkeit behalten, so ist er verpflichtet, die Aufgabe oder den Verlust der ausländischen Staatsangehörigkeit nachzuweisen. [2] Tritt dieser Verlust nicht bis zwei Jahre nach Zustellung des Hinweises auf die Erklärungspflicht nach Absatz 5 ein, so geht die deutsche Staatsangehörigkeit verloren, es sei denn, dass dem Deutschen nach Absatz 1 vorher die schriftliche Genehmigung der zuständigen Behörde zur Beibehaltung der deutschen Staatsangehörigkeit (Beibehaltungsgenehmigung) erteilt wurde. [3] Ein Antrag auf Erteilung der Beibehaltungsgenehmigung kann, auch vorsorglich, nur bis ein Jahr nach Zustellung des Hinweises auf die Erklärungspflicht nach Absatz 5 gestellt werden (Ausschlussfrist). [4] Der Verlust der deutschen Staatsangehörigkeit tritt erst ein, wenn der Antrag bestandskräftig abgelehnt wird. [5] Einstweiliger Rechtsschutz nach § 123 der Verwaltungsgerichtsordnung[1)] bleibt unberührt.

(4) Die Beibehaltungsgenehmigung nach Absatz 3 ist zu erteilen, wenn die Aufgabe oder der Verlust der ausländischen Staatsangehörigkeit nicht möglich oder nicht zumutbar ist oder bei einer Einbürgerung nach Maßgabe von § 12 Mehrstaatigkeit hinzunehmen wäre.

(5) [1] Auf Antrag eines Deutschen, der die Staatsangehörigkeit nach § 4 Absatz 3 oder § 40b erworben hat, stellt die zuständige Behörde bei Vorliegen der Voraussetzungen den Fortbestand der deutschen Staatsangehörigkeit nach Absatz 6 fest. [2] Ist eine solche Feststellung nicht bis zur Vollendung seines 21. Lebensjahres erfolgt, prüft die zuständige Behörde anhand der Meldedaten, ob die Voraussetzungen nach Absatz 1a Satz 1 Nummer 1 vorliegen. [3] Ist dies danach nicht feststellbar, weist sie den Betroffenen auf die Möglichkeit hin, die Erfüllung der Voraussetzungen des Absatzes 1a nachzuweisen. [4] Wird ein solcher Nachweis erbracht, stellt die zuständige Behörde den Fortbestand der deutschen Staatsangehörigkeit nach Absatz 6 fest. [5] Liegt kein Nachweis vor, hat sie den Betroffenen auf seine Verpflichtungen und die nach den Absätzen 2 bis 4 möglichen Rechtsfolgen hinzuweisen. [6] Der Hinweis ist zuzustellen. [7] Die Vorschriften des Verwaltungszustellungsgesetzes[2)] finden Anwendung.

(6) [1] Der Fortbestand oder Verlust der deutschen Staatsangehörigkeit nach dieser Vorschrift wird von Amts wegen festgestellt. [2] Das Bundesministerium des Innern kann durch Rechtsverordnung mit Zustimmung des Bundesrates Vorschriften über das Verfahren zur Feststellung des Fortbestands oder Verlusts der deutschen Staatsangehörigkeit erlassen.

[1)] Nr. **15**.
[2)] Nr. **13**.

§ 30 [Bestehen der deutschen Staatsangehörigkeit] (1) [1]Das Bestehen oder Nichtbestehen der deutschen Staatsangehörigkeit wird auf Antrag von der Staatsangehörigkeitsbehörde festgestellt. [2]Die Feststellung ist in allen Angelegenheiten verbindlich, für die das Bestehen oder Nichtbestehen der deutschen Staatsangehörigkeit rechtserheblich ist. [3]Bei Vorliegen eines öffentlichen Interesses kann die Feststellung auch von Amts wegen erfolgen.

(2) [1]Für die Feststellung des Bestehens der deutschen Staatsangehörigkeit ist es erforderlich, aber auch ausreichend, wenn durch Urkunden, Auszüge aus den Melderegistern oder andere schriftliche Beweismittel mit hinreichender Wahrscheinlichkeit nachgewiesen ist, dass die deutsche Staatsangehörigkeit erworben worden und danach nicht wieder verloren gegangen ist. [2]§ 3 Abs. 2 bleibt unberührt.

(3) [1]Wird das Bestehen der deutschen Staatsangehörigkeit auf Antrag festgestellt, stellt die Staatsangehörigkeitsbehörde einen Staatsangehörigkeitsausweis aus. [2]Auf Antrag stellt die Staatsangehörigkeitsbehörde eine Bescheinigung über das Nichtbestehen der deutschen Staatsangehörigkeit aus.

§ 31 [Datenerhebung] [1]Staatsangehörigkeitsbehörden und Auslandsvertretungen dürfen personenbezogene Daten verarbeiten, soweit dies zur Erfüllung ihrer Aufgaben nach diesem Gesetz oder nach staatsangehörigkeitsrechtlichen Bestimmungen in anderen Gesetzen erforderlich ist. [2]Personenbezogene Daten, deren Verarbeitung nach Artikel 9 Absatz 1 der Verordnung (EU) 2016/679 des Europäischen Parlaments und des Rates vom 27. April 2016 zum Schutz natürlicher Personen bei der Verarbeitung personenbezogener Daten, zum freien Datenverkehr und zur Aufhebung der Richtlinie 95/46/EG (Datenschutz-Grundverordnung) (ABl. L 119 vom 4.5.2016, S. 1; L 314 vom 22.11.2016, S. 72; L 127 vom 23.5.2018, S. 2) in der jeweils geltenden Fassung untersagt ist, dürfen verarbeitet werden, soweit die personenbezogenen Daten gemäß § 37 Absatz 2 Satz 2 zur Ermittlung von Ausschlussgründen nach § 11 von den Verfassungsschutzbehörden an die Einbürgerungsbehörden übermittelt worden sind oder die Verarbeitung sonst im Einzelfall zur Aufgabenerfüllung erforderlich ist. [3]Dies gilt im Rahmen der Entscheidung über die Staatsangehörigkeit nach Artikel 116 Absatz 2 des Grundgesetzes[1)] auch in Bezug auf Daten, die sich auf die politischen, rassischen oder religiösen Gründe beziehen, wegen derer zwischen dem 30. Januar 1933 und dem 8. Mai 1945 die deutsche Staatsangehörigkeit entzogen worden ist.

§ 32 [Mitwirkungspflicht] (1) [1]Öffentliche Stellen haben den in § 31 genannten Stellen auf Ersuchen personenbezogene Daten zu übermitteln, soweit die Kenntnis dieser Daten zur Erfüllung der in § 31 genannten Aufgaben erforderlich ist. [2]Öffentliche Stellen haben der zuständigen Staatsangehörigkeitsbehörde diese Daten auch ohne Ersuchen zu übermitteln, soweit die Übermittlung aus Sicht der öffentlichen Stelle für die Entscheidung der Staatsangehörigkeitsbehörde über ein anhängiges Einbürgerungsverfahren oder den Verlust oder Nichterwerb der deutschen Staatsangehörigkeit erforderlich ist. [3]Dies gilt bei Einbürgerungsverfahren insbesondere für die den Ausländerbehörden nach § 87 Absatz 4 des Aufenthaltsgesetzes bekannt gewordenen Daten über die Einleitung von Straf- und Auslieferungsverfahren sowie die Erledigung von Straf-, Buß-

---

[1)] Nr. **1**.

geld- und Auslieferungsverfahren. [4]Die Daten nach Satz 3 sind unverzüglich an die zuständige Staatsangehörigkeitsbehörde zu übermitteln.

(2) Die Übermittlung personenbezogener Daten nach Absatz 1 unterbleibt, soweit besondere gesetzliche Verarbeitungsregelungen entgegenstehen.

§ 33 [Register] (1) [1]Das Bundesverwaltungsamt (Registerbehörde) führt ein Register der Entscheidungen in Staatsangehörigkeitsangelegenheiten. [2]In das Register werden eingetragen:

1. Entscheidungen zu Staatsangehörigkeitsurkunden,
2. Entscheidungen zum Bestand und gesetzlichen Verlust der deutschen Staatsangehörigkeit,
3. Entscheidungen zu Erwerb, Bestand und Verlust der deutschen Staatsangehörigkeit, die nach dem 31. Dezember 1960 und vor dem 28. August 2007 getroffen worden sind.

(2) Im Einzelnen dürfen in dem Register gespeichert werden:

1. die Grundpersonalien der betroffenen Person (Familienname, Geburtsname, frühere Namen, Vornamen, Tag und Ort der Geburt, Geschlecht sowie die Anschrift im Zeitpunkt der Entscheidung) und Auskunftssperren nach § 51 des Bundesmeldegesetzes,
2. Rechtsgrund und Datum der Urkunde oder der Entscheidung sowie Rechtsgrund und der Tag des Erwerbs oder Verlusts der Staatsangehörigkeit, im Fall des § 3 Absatz 2 auch der Zeitpunkt, auf den der Erwerb zurückwirkt,
3. Bezeichnung, Anschrift und Aktenzeichen der Behörde, die die Entscheidung getroffen hat.

(3) Die Staatsangehörigkeitsbehörden sind verpflichtet, die in Absatz 2 genannten personenbezogenen Daten zu den Entscheidungen nach Absatz 1 Satz 2 Nr. 1 und 2, die sie nach dem 28. August 2007 treffen, unverzüglich an die Registerbehörde zu übermitteln.

(4) [1]Die Registerbehörde übermittelt den Staatsangehörigkeitsbehörden und Auslandsvertretungen auf Ersuchen die in Absatz 2 genannten Daten, soweit die Kenntnis der Daten für die Erfüllung der staatsangehörigkeitsrechtlichen Aufgaben dieser Stellen erforderlich ist. [2]Für die Übermittlung an andere öffentliche Stellen und für Forschungszwecke gelten die Bestimmungen des Bundesdatenschutzgesetzes. [3]Die Übermittlung von Angaben nach Absatz 1 zu Forschungszwecken ist nur in anonymisierter Form oder dann zulässig, wenn das wissenschaftliche Interesse an der Durchführung des Forschungsvorhabens das Interesse der betroffenen Person an dem Ausschluss der Verarbeitung erheblich überwiegt.

(5) Die Staatsangehörigkeitsbehörde teilt nach ihrer Entscheidung, dass eine Person eingebürgert worden ist oder die deutsche Staatsangehörigkeit weiterhin besitzt, verloren, aufgegeben oder nicht erworben hat, der zuständigen Meldebehörde oder Auslandsvertretung die in Absatz 2 genannten Daten unverzüglich mit.

§ 34 [Optionsverfahren] (1) Für die Durchführung des Optionsverfahrens hat die Meldebehörde in Fällen des Erwerbs der deutschen Staatsangehörigkeit nach § 4 Absatz 3 oder § 40b, in denen nach § 29 ein Verlust der deutschen

Staatsangehörigkeit eintreten kann, bis zum zehnten Tag jedes Kalendermonats der zuständigen Staatsangehörigkeitsbehörde für Personen, die im darauf folgenden Monat das 21. Lebensjahr vollenden werden, folgende personenbezogenen Daten zu übermitteln:

1. Familienname,
2. frühere Namen,
3. Vornamen,
4. derzeitige und frühere Anschriften und bei Zuzug aus dem Ausland auch die letzte frühere Anschrift im Inland,
5. Einzugsdatum, Auszugsdatum, Datum des letzten Wegzugs aus einer Wohnung im Inland sowie Datum des letzten Zuzugs aus dem Ausland,
6. Geburtsdatum und Geburtsort,
7. Geschlecht,
8. derzeitige Staatsangehörigkeiten,
9. die Tatsache, dass nach § 29 ein Verlust der deutschen Staatsangehörigkeit eintreten kann,
10. Auskunftssperren nach § 51 des Bundesmeldegesetzes.

(2)[1)] [1] Ist eine Person nach Absatz 1 ins Ausland verzogen, hat die zuständige Meldebehörde dem Bundesverwaltungsamt innerhalb der in Absatz 1 genannten Frist die dort genannten Daten, das Datum des Wegzugs ins Ausland und, soweit bekannt, die neue Anschrift im Ausland zu übermitteln. [2] Für den Fall des Zuzugs aus dem Ausland gilt Satz 1 entsprechend.

§ 35 [Rücknahme einer rechtswidrigen Einbürgerung] (1) Eine rechtswidrige Einbürgerung oder eine rechtswidrige Genehmigung zur Beibehaltung der deutschen Staatsangehörigkeit kann nur zurückgenommen werden, wenn der Verwaltungsakt durch arglistige Täuschung, Drohung oder Bestechung oder durch vorsätzlich unrichtige oder unvollständige Angaben, die wesentlich für seinen Erlass gewesen sind, erwirkt worden ist.

(2) Dieser Rücknahme steht in der Regel nicht entgegen, dass der Betroffene dadurch staatenlos wird.

(3) Die Rücknahme darf nur bis zum Ablauf von zehn Jahren nach der Bekanntgabe der Einbürgerung oder Beibehaltungsgenehmigung erfolgen.

(4) Die Rücknahme erfolgt mit Wirkung für die Vergangenheit.

(5) [1] Hat die Rücknahme Auswirkungen auf die Rechtmäßigkeit von Verwaltungsakten nach diesem Gesetz gegenüber Dritten, so ist für jede betroffene Person eine selbständige Ermessensentscheidung zu treffen. [2] Dabei ist insbesondere eine Beteiligung des Dritten an der arglistigen Täuschung, Drohung oder Bestechung oder an den vorsätzlich unrichtigen oder unvollständigen Angaben gegen seine schutzwürdigen Belange, insbesondere auch unter Beachtung des Kindeswohls, abzuwägen.

§ 36 [Einbürgerungsstatistik] (1) Über die Einbürgerungen werden jährliche Erhebungen, jeweils für das vorausgegangene Kalenderjahr, beginnend 2000, als Bundesstatistik durchgeführt.

[1)] Siehe auch § 10 der Zweiten BundesmeldedatenübermittlungsVO.

(2) Die Erhebungen erfassen für jede eingebürgerte Person folgende Erhebungsmerkmale:
1. Geburtsjahr,
2. Geschlecht,
3. Familienstand,
4. Wohnort zum Zeitpunkt der Einbürgerung,
5. Aufenthaltsdauer im Bundesgebiet nach Jahren,
6. Rechtsgrundlage der Einbürgerung,
7. bisherige Staatsangehörigkeiten und
8. Fortbestand der bisherigen Staatsangehörigkeiten.

(3) Hilfsmerkmale der Erhebungen sind:
1. Bezeichnung und Anschrift der nach Absatz 4 Auskunftspflichtigen,
2. Name und Telekommunikationsnummern der für Rückfragen zur Verfügung stehenden Person und
3. Registriernummer der eingebürgerten Person bei der Einbürgerungsbehörde.

(4) [1] Für die Erhebungen besteht Auskunftspflicht. [2] Auskunftspflichtig sind die Einbürgerungsbehörden. [3] Die Einbürgerungsbehörden haben die Auskünfte den zuständigen statistischen Ämtern der Länder jeweils zum 1. März zu erteilen. [4] Die Angaben zu Absatz 3 Nr. 2 sind freiwillig.

(5) An die fachlich zuständigen obersten Bundes- und Landesbehörden dürfen für die Verwendung gegenüber den gesetzgebenden Körperschaften und für Zwecke der Planung, nicht jedoch für die Regelung von Einzelfällen, vom Statistischen Bundesamt und den statistischen Ämtern der Länder Tabellen mit statistischen Ergebnissen übermittelt werden, auch soweit Tabellenfelder nur einen einzigen Fall ausweisen.

§ 37 [Ermittlung der Einbürgerungsvoraussetzungen] (1) [1] Fähig zur Vornahme von Verfahrenshandlungen nach diesem Gesetz ist, wer das 16. Lebensjahr vollendet hat, sofern er nicht nach Maßgabe des Bürgerlichen Gesetzbuchs geschäftsunfähig oder im Falle seiner Volljährigkeit in dieser Angelegenheit zu betreuen und einem Einwilligungsvorbehalt zu unterstellen wäre. [2] § 80 Absatz 3 und § 82 des Aufenthaltsgesetzes gelten entsprechend.

(2) [1] Die Einbürgerungsbehörden übermitteln den Verfassungsschutzbehörden zur Ermittlung von Ausschlussgründen nach § 11 die bei ihnen gespeicherten personenbezogenen Daten der Antragsteller, die das 16. Lebensjahr vollendet haben. [2] Die Verfassungsschutzbehörden unterrichten die anfragende Stelle unverzüglich nach Maßgabe der insoweit bestehenden besonderen gesetzlichen Verarbeitungsregelungen.

§ 38 [Gebührenvorschriften] (1) Für Amtshandlungen in Staatsangehörigkeitsangelegenheiten werden, soweit gesetzlich nichts anderes bestimmt ist, Kosten (Gebühren und Auslagen) erhoben.

(2) [1] Die Gebühr für die Einbürgerung nach diesem Gesetz beträgt 255 Euro. [2] Sie ermäßigt sich für ein minderjähriges Kind, das miteingebürgert wird und keine eigenen Einkünfte im Sinne des Einkommensteuergesetzes hat, auf 51 Euro. [3] Der Erwerb der deutschen Staatsangehörigkeit nach § 5 und die

Einbürgerung von ehemaligen Deutschen, die durch Eheschließung mit einem Ausländer die deutsche Staatsangehörigkeit verloren haben, ist gebührenfrei. [4] Die Feststellung des Bestehens oder Nichtbestehens der deutschen Staatsangehörigkeit nach § 29 Abs. 6 und nach § 30 Abs. 1 Satz 3 sowie die Erteilung der Beibehaltungsgenehmigung nach § 29 Abs. 4 sind gebührenfrei. [5] Von der Gebühr nach Satz 1 kann aus Gründen der Billigkeit oder des öffentlichen Interesses Gebührenermäßigung oder -befreiung gewährt werden.

(3) [1] Das Bundesministerium des Innern wird ermächtigt, durch Rechtsverordnung mit Zustimmung des Bundesrates die weiteren gebührenpflichtigen Tatbestände zu bestimmen und die Gebührensätze sowie die Auslagenerstattung zu regeln. [2] Die Gebühr darf für die Entlassung 51 Euro, für die Beibehaltungsgenehmigung 255 Euro, für die Staatsangehörigkeitsurkunde und für sonstige Bescheinigungen 51 Euro nicht übersteigen.

§ 38a [Ausstellung von Urkunden] Eine Ausstellung von Urkunden in Staatsangehörigkeitssachen in elektronischer Form ist ausgeschlossen.

§§ 39, 40 *(aufgehoben)*

§ 40a [Erwerb der deutschen Staatsangehörigkeit] [1] Wer am 1. August 1999 Deutscher im Sinne des Artikels 116 Abs. 1 des Grundgesetzes[1)] ist, ohne die deutsche Staatsangehörigkeit zu besitzen, erwirbt an diesem Tag die deutsche Staatsangehörigkeit. [2] Für einen Spätaussiedler, seinen nichtdeutschen Ehegatten und seine Abkömmlinge im Sinne von § 4 des Bundesvertriebenengesetzes gilt dies nur dann, wenn ihnen vor diesem Zeitpunkt eine Bescheinigung gemäß § 15 Abs. 1 oder 2 des Bundesvertriebenengesetzes erteilt worden ist.

§ 40b [Einbürgerung ausländischer Kinder] [1] Ein Ausländer, der am 1. Januar 2000 rechtmäßig seinen gewöhnlichen Aufenthalt im Inland und das zehnte Lebensjahr noch nicht vollendet hat, ist auf Antrag einzubürgern, wenn bei seiner Geburt die Voraussetzungen des § 4 Abs. 3 Satz 1 vorgelegen haben und weiter vorliegen. [2] Der Antrag kann bis zum 31. Dezember 2000 gestellt werden.

§ 40c [Übergangsvorschriften] Auf Einbürgerungsanträge, die bis zum 30. März 2007 gestellt worden sind, sind die §§ 8 bis 14 und 40c weiter in ihrer vor dem 28. August 2007 (BGBl. I S. 1970) geltenden Fassung anzuwenden, soweit sie günstigere Bestimmungen enthalten.

§ 41 [Verwaltungsverfahren] Von den in diesem Gesetz in den §§ 32, 33 und 37 Absatz 2 getroffenen Regelungen des Verwaltungsverfahrens der Länder kann nicht durch Landesrecht abgewichen werden.

§ 42 [Strafvorschrift] Mit Freiheitsstrafe bis zu fünf Jahren oder mit Geldstrafe wird bestraft, wer unrichtige oder unvollständige Angaben zu wesentlichen Voraussetzungen der Einbürgerung macht oder benutzt, um für sich oder einen anderen eine Einbürgerung zu erschleichen.

---

1) Nr. **1**.

2. Geschäftsordnung des Deutschen Bundestages

In der Fassung der Bekanntmachung vom 2. Juli 1980[1]
(BGBl. I S. 1237)

FNA 1101-1

zuletzt geänd. durch Beschl. v. 1.3.2019 (BGBl. I S. 197)

Nichtamtliche Inhaltsübersicht

---

[1] Neubekanntmachung der GeschäftsO des Deutschen Bundestages idF der Bek. v. 22.5.1970 (BGBl. I S. 628) in der ab 1.10.1980 geltenden Fassung.

Anlage 6 Grundsätze in Immunitätsangelegenheiten und in Fällen der Genehmigung gemäß § 50 Abs. 3 StPO und § 382 Abs. 3 ZPO sowie bei Ermächtigungen gemäß § 90b Abs. 2, § 194 Abs. 4 StGB
Anlage 7 Richtlinien für die Befragung der Bundesregierung
Anlage 8 *(aufgehoben)*

I. Wahl des Präsidenten, der Stellvertreter und Schriftführer

§ 1 Konstituierung (1) Der neugewählte Bundestag wird zu seiner ersten Sitzung vom bisherigen Präsidenten spätestens zum dreißigsten Tage nach der Wahl (Artikel 39 des Grundgesetzes[1]) einberufen.

(2) Bis der neugewählte Präsident oder einer seiner Stellvertreter das Amt übernimmt, führt das am längsten dem Bundestag angehörende Mitglied, das hierzu bereit ist, den Vorsitz (Alterspräsident); bei gleicher Dauer der Zugehörigkeit zum Bundestag entscheidet das höhere Lebensalter.

(3) [1] Der Alterspräsident ernennt Mitglieder des Bundestages zu vorläufigen Schriftführern. [2] Hierauf erfolgt der Namensaufruf der Mitglieder des Bundestages.

(4) Nach Feststellung der Beschlußfähigkeit wird die Wahl des Präsidenten, der Stellvertreter und der Schriftführer vorgenommen.

§ 2 Wahl des Präsidenten und der Stellvertreter. (1) [1] Der Bundestag wählt mit verdeckten Stimmzetteln (§ 49) in besonderen Wahlhandlungen den Präsidenten und seine Stellvertreter für die Dauer der Wahlperiode. [2] Jede Fraktion des Deutschen Bundestages ist durch mindestens einen Vizepräsidenten oder eine Vizepräsidentin im Präsidium vertreten.

(2) [1] Gewählt ist, wer die Stimmen der Mehrheit der Mitglieder des Bundestages erhält. [2] Ergibt sich im ersten Wahlgang keine Mehrheit, so können für einen zweiten Wahlgang neue Bewerber vorgeschlagen werden. [3] Ergibt sich auch dann keine Mehrheit der Stimmen der Mitglieder des Bundestages, findet ein dritter Wahlgang statt. [4] Bei nur einem Bewerber ist dieser gewählt, wenn er die Mehrheit der abgegebenen Stimmen auf sich vereinigt. [5] Bei mehreren Bewerbern kommen die beiden Bewerber mit den höchsten Stimmenzahlen in die engere Wahl; gewählt ist, wer die meisten Stimmen auf sich vereinigt. [6] Bei Stimmengleichheit entscheidet das Los durch die Hand des amtierenden Präsidenten.

(3) [1] Weitere Wahlgänge mit einem im dritten Wahlgang erfolglosen Bewerber sind nur nach Vereinbarung im Ältestenrat zulässig. [2] Werden nach erfolglosem Ablauf des Verfahrens nach Absatz 2 neue Bewerber vorgeschlagen, ist neu in das Wahlverfahren gemäß Absatz 2 einzutreten.

§ 3 Wahl der Schriftführer. [1] Der Bundestag beschließt die Zahl der Schriftführer. [2] Sie können gemeinsam auf Grund eines Vorschlages der Fraktionen gewählt werden. [3] Bei der Festlegung der Zahl der Schriftführer und ihrer Verteilung auf die Fraktionen ist § 12 zu beachten.

---

[1] Nr. **1**.

II. Wahl des Bundeskanzlers

§ 4 Wahl des Bundeskanzlers. [1]Die Wahl des Bundeskanzlers (Artikel 63 des Grundgesetzes[1)]) erfolgt mit verdeckten Stimmzetteln (§ 49). [2]Wahlvorschläge zu den Wahlgängen gemäß Artikel 63 Abs. 3 und 4 des Grundgesetzes sind von einem Viertel der Mitglieder des Bundestages oder einer Fraktion, die mindestens ein Viertel der Mitglieder des Bundestages umfaßt, zu unterzeichnen.

III. Präsident, Präsidium und Ältestenrat

§ 5 Präsidium. Der Präsident und die stellvertretenden Präsidenten bilden das Präsidium.

§ 6 Ältestenrat. (1) [1]Der Ältestenrat besteht aus dem Präsidenten, seinen Stellvertretern und dreiundzwanzig weiteren von den Fraktionen gemäß § 12 zu benennenden Mitgliedern. [2]Die Einberufung obliegt dem Präsidenten. [3]Er muß ihn einberufen, wenn eine Fraktion oder fünf vom Hundert der Mitglieder des Bundestages es verlangen.

(2) [1]Der Ältestenrat unterstützt den Präsidenten bei der Führung der Geschäfte. [2]Er führt eine Verständigung zwischen den Fraktionen über die Besetzung der Stellen der Ausschußvorsitzenden und ihrer Stellvertreter sowie über den Arbeitsplan des Bundestages herbei. [3]Bei der Wahrnehmung dieser Aufgaben ist der Ältestenrat kein Beschlußorgan.

(3) [1]Der Ältestenrat beschließt über die inneren Angelegenheiten des Bundestages, soweit sie nicht dem Präsidenten oder dem Präsidium vorbehalten sind. [2]Er verfügt über die Verwendung der dem Bundestag vorbehaltenen Räume. [3]Er stellt den Voranschlag für den Haushaltseinzelplan des Bundestages auf, von dem der Haushaltsausschuß nur im Benehmen mit dem Ältestenrat abweichen kann.

(4) Für die Angelegenheiten der Bibliothek, des Archivs und anderer Dokumentationen setzt der Ältestenrat einen ständigen Unterausschuß ein, dem auch Mitglieder des Bundestages, die nicht Mitglied des Ältestenrates sind, angehören können.

§ 7 Aufgaben des Präsidenten. (1) [1]Der Präsident vertritt den Bundestag und regelt seine Geschäfte. [2]Er wahrt die Würde und die Rechte des Bundestages, fördert seine Arbeiten, leitet die Verhandlungen gerecht und unparteiisch und wahrt die Ordnung im Hause. [3]Er hat beratende Stimme in allen Ausschüssen.

(2) [1]Dem Präsidenten steht das Hausrecht und die Polizeigewalt in allen der Verwaltung des Bundestages unterstehenden Gebäuden, Gebäudeteilen und Grundstücken zu. [2]Der Präsident erläßt im Einvernehmen mit dem Ausschuß für Wahlprüfung, Immunität und Geschäftsordnung eine Hausordnung[2)].

[1)] Nr. 1.

[2)] Siehe die HausO des Deutschen Bundestages idF der Bek. v. 7.8.2002 (BGBl. I S. 3483), zuletzt geänd. durch Bek. v. 18.10.2018 (BGBl. I S. 2246).

(3) [1]Der Präsident schließt die Verträge, die für die Bundestagsverwaltung von erheblicher Bedeutung sind, im Benehmen mit seinen Stellvertretern ab. [2]Ausgaben im Rahmen des Haushaltsplanes weist der Präsident an.

(4) [1]Der Präsident ist die oberste Dienstbehörde der Bundestagsbeamten.[1)] [2]Er ernennt und stellt die Bundestagsbeamten nach den gesetzlichen und allgemeinen Verwaltungsvorschriften ein und versetzt sie in den Ruhestand. [3]Auch die nicht beamteten Bediensteten des Bundestages werden von dem Präsidenten eingestellt und entlassen. [4]Maßnahmen nach Satz 2 und 3 trifft der Präsident, soweit Beamte des höheren Dienstes oder entsprechend eingestufte Angestellte betroffen sind, im Benehmen mit den stellvertretenden Präsidenten, soweit leitende Beamte (A 16 und höher) oder entsprechend eingestufte Angestellte eingestellt, befördert bzw. höhergestuft werden, mit Zustimmung des Präsidiums.

(5) [1]Absatz 4 gilt auch für die dem Wehrbeauftragten beigegebenen Beschäftigten. [2]Maßnahmen nach Absatz 4 Satz 4 erfolgen im Benehmen mit dem Wehrbeauftragten. [3]Für die Bestellung, Ernennung, Umsetzung, Versetzung und Zurruhesetzung des Leitenden Beamten ist das Einvernehmen mit dem Wehrbeauftragten erforderlich. [4]Der Wehrbeauftragte hat das Recht, für alle Entscheidungen nach Absatz 4 Vorschläge zu unterbreiten.

(6) Ist der Präsident verhindert, vertritt ihn einer seiner Stellvertreter aus der zweitstärksten Fraktion.

§ 8 Sitzungsvorstand. (1) In den Sitzungen des Bundestages bilden der amtierende Präsident und zwei Schriftführer den Sitzungsvorstand.

(2) [1]Der Präsident bestimmt im Einvernehmen mit seinen Stellvertretern die Reihenfolge der Vertretung. [2]Sind Präsident und Stellvertreter gleichzeitig verhindert, so übernimmt der Alterspräsident die Leitung.

(3) Stehen die gewählten Schriftführer für eine Sitzung des Bundestages nicht in ausreichender Zahl zur Verfügung, so bestellt der amtierende Präsident andere Mitglieder des Bundestages als Stellvertreter.

§ 9 Aufgaben der Schriftführer. [1]Die Schriftführer unterstützen den Präsidenten. [2]Sie haben die Schriftstücke vorzulesen, die Verhandlungen zu beurkunden, die Rednerlisten zu führen, die Namen aufzurufen, die Stimmzettel zu sammeln und zu zählen, die Korrektur der Plenarprotokolle zu überwachen und andere Angelegenheiten des Bundestages nach den Weisungen des Präsidenten zu besorgen. [3]Der Präsident verteilt die Geschäfte.

IV. Fraktionen

§ 10 Bildung der Fraktionen. (1) [1]Die Fraktionen sind Vereinigungen von mindestens fünf vom Hundert der Mitglieder des Bundestages, die derselben Partei oder solchen Parteien angehören, die auf Grund gleichgerichteter politischer Ziele in keinem Land miteinander im Wettbewerb stehen. [2]Schließen sich Mitglieder des Bundestages abweichend von Satz 1 zusammen, bedarf die Anerkennung als Fraktion der Zustimmung des Bundestages.

[1)] Siehe hierzu auch § 129 BBG v. 5.2.2009 (BGBl. I S. 160), zuletzt geänd. durch G v. 20.11.2019 (BGBl. I S. 1626).

(2) Die Bildung einer Fraktion, ihre Bezeichnung, die Namen der Vorsitzenden, Mitglieder und Gäste sind dem Präsidenten schriftlich mitzuteilen.

(3) Fraktionen können Gäste aufnehmen, die bei der Feststellung der Fraktionsstärke nicht mitzählen, jedoch bei der Bemessung der Stellenanteile (§ 12) zu berücksichtigen sind.

(4) [1] Mitglieder des Bundestages, die sich zusammenschließen wollen, ohne Fraktionsmindeststärke zu erreichen, können als Gruppe anerkannt werden. [2] Für sie gelten die Absätze 2 und 3 entsprechend.

(5) Technische Arbeitsgemeinschaften zwischen Fraktionen können nicht zu einer Änderung der Stellenanteile führen, die den einzelnen Fraktionen nach ihrer Stärke zustehen.

§ 11 Reihenfolge der Fraktionen. [1] Nach der Stärke der Fraktionen bestimmt sich ihre Reihenfolge. [2] Bei gleicher Fraktionsstärke entscheidet das Los, das vom Präsidenten in einer Sitzung des Bundestages gezogen wird. [3] Erledigte Mitgliedersitze werden bis zur Neubesetzung bei der Fraktion mitgezählt, die sie bisher innehatte.

§ 12 Stellenanteile der Fraktionen. [1] Die Zusammensetzung des Ältestenrates und der Ausschüsse sowie die Regelung des Vorsitzes in den Ausschüssen ist im Verhältnis der Stärke der einzelnen Fraktionen vorzunehmen. [2] Derselbe Grundsatz wird bei Wahlen, die der Bundestag vorzunehmen hat, angewandt.

V. Die Mitglieder des Bundestages

§ 13 Rechte und Pflichten der Mitglieder des Bundestages. (1) Jedes Mitglied des Bundestages folgt bei Reden, Handlungen, Abstimmungen und Wahlen seiner Überzeugung und seinem Gewissen.

(2) [1] Die Mitglieder des Bundestages sind verpflichtet, an den Arbeiten des Bundestages teilzunehmen. [2] An jedem Sitzungstag wird eine Anwesenheitsliste ausgelegt, in die sich die Mitglieder des Bundestages einzutragen haben. [3] Die Folgen der Nichteintragung und der Nichtbeteiligung an einer namentlichen Abstimmung ergeben sich aus dem Gesetz über die Rechtsverhältnisse der Mitglieder des Deutschen Bundestages (Abgeordnetengesetz)[1)].

§ 14 Urlaub. [1] Urlaub erteilt der Präsident. [2] Urlaub auf unbestimmte Zeit wird nicht erteilt.

§ 15 Anfechtung und Verlust der Mitgliedschaft. [1] Die Rechte eines Mitgliedes des Bundestages, dessen Mitgliedschaft angefochten ist, regeln sich nach den Bestimmungen des Wahlprüfungsgesetzes[2)]. [2] Nach diesem Gesetz richtet sich auch der Verlust der Mitgliedschaft.

§ 16 Akteneinsicht und -abgabe. (1) [1] Die Mitglieder des Bundestages sind berechtigt alle Akten einzusehen, die sich in der Verwahrung des Bundestages oder eines Ausschusses befinden; die Arbeiten des Bundestages oder seiner

---

1) Nr. **3**.
2) Nr. **5a**.

Ausschüsse, ihrer Vorsitzenden oder Berichterstatter dürfen dadurch nicht behindert werden. [2]Die Einsichtnahme in persönliche Akten und Abrechnungen, die beim Bundestag über seine Mitglieder geführt werden, ist nur dem betreffenden Mitglied des Bundestages möglich. [3]Wünschen andere Mitglieder des Bundestages etwa als Berichterstatter oder Ausschußvorsitzende oder Persönlichkeiten außerhalb des Hauses Einsicht in diese Akten, dann kann dies nur mit Genehmigung des Präsidenten und des betreffenden Mitgliedes des Bundestages geschehen. [4]Akten des Bundestages, die ein Mitglied des Bundestages persönlich betreffen, kann es jederzeit einsehen.

(2) Zum Gebrauch außerhalb des Bundeshauses werden Akten nur an die Vorsitzenden oder Berichterstatter der Ausschüsse für ihre Arbeiten abgegeben.

(3) Ausnahmen kann der Präsident genehmigen.

(4) Für Verschlußsachen gelten die Bestimmungen der Geheimschutzordnung des Deutschen Bundestages (§ 17).

§ 17 Geheimschutzordnung. [1]Der Bundestag beschließt eine Geheimschutzordnung, die Bestandteil dieser Geschäftsordnung ist (Anlage 3). [2]Sie regelt die Behandlung aller Angelegenheiten, die durch besondere Sicherungsmaßnahmen gegen die Kenntnisnahme durch Unbefugte geschützt werden müssen.

§ 18 Verhaltensregeln. Die vom Bundestag gemäß § 44b des Gesetzes über die Rechtsverhältnisse der Mitglieder des Deutschen Bundestages (Abgeordnetengesetz)[1)] zu beschließenden Verhaltensregeln sind Bestandteil dieser Geschäftsordnung (Anlage 1).

VI. Tagesordnung, Einberufung, Leitung der Sitzung und Ordnungsmaßnahmen

§ 19 Sitzungen. [1]Die Sitzungen des Bundestages sind öffentlich. [2]Die Öffentlichkeit kann nach Artikel 42 Abs. 1 des Grundgesetzes[2)] ausgeschlossen werden.

§ 20 Tagesordnung. (1) Termin und Tagesordnung jeder Sitzung des Bundestages werden im Ältestenrat vereinbart, es sei denn, daß der Bundestag vorher darüber beschließt oder der Präsident sie nach § 21 Abs. 1 selbständig festsetzt.

(2) [1]Die Tagesordnung wird den Mitgliedern des Bundestages, dem Bundesrat und der Bundesregierung mitgeteilt. [2]Sie gilt, wenn kein Widerspruch erfolgt, mit Aufruf des Punktes 1 als festgestellt. [3]Nach Eröffnung jeder Plenarsitzung kann vor Eintritt in die jeweilige Tagesordnung jedes Mitglied des Bundestages eine Änderung der Tagesordnung beantragen, wenn es diesen Antrag bis spätestens 18 Uhr des Vortages dem Präsidenten vorgelegt hat.

(3) [1]Nach Feststellung der Tagesordnung dürfen andere Verhandlungsgegenstände nur beraten werden, wenn nicht von einer Fraktion oder von anwesenden fünf vom Hundert der Mitglieder des Bundestages widersprochen wird

---

[1)] Nr. **3**.
[2)] Nr. **1**.

oder diese Geschäftsordnung die Beratung außerhalb der Tagesordnung zuläßt. [2]Der Bundestag kann jederzeit einen Verhandlungsgegenstand von der Tagesordnung absetzen, soweit diese Geschäftsordnung nichts anderes bestimmt.

(4) Vorlagen von Mitgliedern des Bundestages müssen auf Verlangen der Antragsteller auf die Tagesordnung der nächsten Sitzung gesetzt und beraten werden, wenn seit der Verteilung der Drucksache (§ 123) mindestens drei Wochen vergangen sind.

(5) [1]Ist eine Sitzung wegen Beschlußunfähigkeit aufgehoben worden, kann der Präsident für denselben Tag einmal eine weitere Sitzung mit derselben Tagesordnung einberufen. [2]Innerhalb dieser Tagesordnung kann er den Zeitpunkt für die Wiederholung der erfolglosen Abstimmung oder Wahl festlegen oder sie von der Tagesordnung absetzen, es sei denn, daß von einer Fraktion oder von anwesenden fünf vom Hundert der Mitglieder des Bundestages widersprochen wird.

§ 21 Einberufung durch den Präsidenten. (1) Selbständig setzt der Präsident Termin und Tagesordnung fest, wenn der Bundestag ihn dazu ermächtigt oder aus einem anderen Grunde als dem der Beschlußunfähigkeit nicht entscheiden kann.

(2) Der Präsident ist zur Einberufung des Bundestages verpflichtet, wenn ein Drittel der Mitglieder des Bundestages, der Bundespräsident oder der Bundeskanzler es verlangen (Artikel 39 Abs. 3 des Grundgesetzes[1)]).

(3) Hat der Präsident in anderen Fällen selbständig eine Sitzung anberaumt oder Nachträge zur Tagesordnung festgesetzt, so muß er bei Beginn der Sitzung die Genehmigung des Bundestages einholen.

§ 22 Leitung der Sitzungen. [1]Der Präsident eröffnet, leitet und schließt die Sitzungen. [2]Vor Schluß der Sitzung gibt der Präsident nach den Vereinbarungen im Ältestenrat oder nach Beschluß des Bundestages den Termin der nächsten Sitzung bekannt.

§ 23 Eröffnung der Aussprache. Der Präsident hat über jeden Verhandlungsgegenstand, der auf der Tagesordnung steht, die Aussprache zu eröffnen, wenn sie nicht unzulässig oder an besondere Bedingungen geknüpft ist.

§ 24 Verbindung der Beratung. Die gemeinsame Beratung gleichartiger oder im Sachzusammenhang stehender Verhandlungsgegenstände kann jederzeit beschlossen werden.

§ 25 Vertagung der Beratung oder Schluß der Aussprache. (1) Ist die Rednerliste erschöpft oder meldet sich niemand zum Wort, so erklärt der Präsident die Aussprache für geschlossen.

(2) [1]Der Bundestag kann auf Antrag einer Fraktion oder von anwesenden fünf vom Hundert der Mitglieder des Bundestages die Beratung vertagen oder die Aussprache schließen. [2]Der Antrag auf Schluß der Aussprache geht bei der Abstimmung dem Antrag auf Vertagung vor. [3]Ein Antrag auf Schluß der

---

[1)] Nr. 1.

Aussprache darf erst zur Abstimmung gestellt werden, wenn jede Fraktion mindestens einmal zu Wort gekommen ist.

§ 26 Vertagung der Sitzung. Die Sitzung kann nur vertagt werden, wenn es der Bundestag auf Vorschlag des Präsidenten oder auf Antrag einer Fraktion oder von anwesenden fünf vom Hundert der Mitglieder des Bundestages beschließt.

§ 27 Worterteilung und Wortmeldung. (1) [1] Ein Mitglied des Bundestages darf nur sprechen, wenn ihm der Präsident das Wort erteilt hat. [2] Will der Präsident selbst sich als Redner an der Aussprache beteiligen, so hat er während dieser Zeit den Vorsitz abzugeben. [3] Mitglieder des Bundestages, die zur Sache sprechen wollen, haben sich in der Regel bei dem Schriftführer, der die Rednerliste führt, zum Wort zu melden. [4] Zur Geschäftsordnung und zur Abgabe von Erklärungen können Wortmeldungen durch Zuruf erfolgen.

(2) [1] Für Zwischenfragen an den Redner und für Zwischenbemerkungen in der Aussprache über einen Verhandlungsgegenstand melden sich die Mitglieder des Bundestages über die Saalmikrofone zum Wort. [2] Zwischenfragen und Zwischenbemerkungen, die kurz und präzise sein müssen, dürfen erst gestellt werden, wenn der Redner sie auf eine entsprechende Frage des Präsidenten zuläßt. [3] Im Anschluß an einen Debattenbeitrag kann der Präsident das Wort zu einer Zwischenbemerkung von höchstens drei Minuten erteilen; der Redner darf hierauf noch einmal antworten.

§ 28 Reihenfolge der Redner. (1) [1] Der Präsident bestimmt die Reihenfolge der Redner. [2] Dabei soll ihn die Sorge für sachgemäße Erledigung und zweckmäßige Gestaltung der Beratung, die Rücksicht auf die verschiedenen Parteirichtungen, auf Rede und Gegenrede und auf die Stärke der Fraktionen leiten; insbesondere soll nach der Rede eines Mitgliedes oder Beauftragten der Bundesregierung eine abweichende Meinung zu Wort kommen.

(2) [1] Der erste Redner in der Aussprache zu Vorlagen von Mitgliedern des Bundestages soll nicht der Fraktion des Antragstellers angehören. [2] Antragsteller und Berichterstatter können vor Beginn und nach Schluß der Aussprache das Wort verlangen. [3] Der Berichterstatter hat das Recht, jederzeit das Wort zu ergreifen.

§ 29 Zur Geschäftsordnung. (1) [1] Zu einem Geschäftsordnungsantrag erteilt der Präsident vorrangig das Wort. [2] Der Antrag muß sich auf den zur Beratung stehenden Verhandlungsgegenstand oder auf die Tagesordnung beziehen.

(2) Der Präsident kann die Worterteilung bei Geschäftsordnungsanträgen, denen entsprochen werden muß (Verlangen), auf den Antragsteller, bei anderen Anträgen auf einen Sprecher jeder Fraktion beschränken.

(3) Meldet sich ein Mitglied des Bundestages zur Geschäftsordnung zum Wort, ohne zu einem Geschäftsordnungsantrag sprechen oder einen solchen stellen zu wollen, so erteilt der Präsident das Wort nach seinem Ermessen.

(4) Zur Geschäftsordnung darf der einzelne Redner nicht länger als fünf Minuten sprechen.

§ 30 Erklärung zur Aussprache. [1] Zu einer Erklärung zur Aussprache wird das Wort nach Schluß, Unterbrechung oder Vertagung der Aussprache erteilt. [2] Vorrangig kann der Präsident das Wort zur direkten Erwiderung erteilen. [3] Der Anlaß ist ihm bei der Wortmeldung mitzuteilen. [4] Mit einer Erklärung zur Aussprache dürfen nur Äußerungen, die sich in der Aussprache auf die eigene Person bezogen haben, zurückgewiesen oder eigene Ausführungen richtiggestellt werden; sie darf nicht länger als fünf Minuten dauern.

§ 31 Erklärung zur Abstimmung. (1) [1] Nach Schluß der Aussprache kann jedes Mitglied des Bundestages zur abschließenden Abstimmung eine mündliche Erklärung, die nicht länger als fünf Minuten dauern darf, oder eine kurze schriftliche Erklärung abgeben, die in das Plenarprotokoll aufzunehmen ist. [2] Der Präsident erteilt das Wort zu einer Erklärung in der Regel vor der Abstimmung.

(2) Jedes Mitglied des Bundestages kann vor der Abstimmung erklären, daß es nicht an der Abstimmung teilnehme.

§ 32 Erklärung außerhalb der Tagesordnung. [1] Zu einer tatsächlichen oder persönlichen Erklärung außerhalb der Tagesordnung kann der Präsident das Wort vor Eintritt in die Tagesordnung, nach Schluß, Unterbrechung oder Vertagung einer Aussprache erteilen. [2] Der Anlaß ist ihm bei der Wortmeldung mitzuteilen. [3] Die Erklärung darf nicht länger als fünf Minuten dauern.

§ 33 Die Rede. [1] Die Redner sprechen grundsätzlich in freiem Vortrag. [2] Sie können hierbei Aufzeichnungen benutzen.

§ 34 Platz des Redners. Die Redner sprechen von den dafür bestimmten Saalmikrofonen oder vom Rednerpult aus.

§ 35 Rededauer. (1) [1] Gestaltung und Dauer der Aussprache über einen Verhandlungsgegenstand werden auf Vorschlag des Ältestenrates vom Bundestag festgelegt. [2] Kommt es im Ältestenrat nicht zu einer Vereinbarung gemäß Satz 1 oder beschließt der Bundestag nichts anderes, darf der einzelne Redner in der Aussprache nicht länger als 15 Minuten sprechen. [3] Auf Verlangen einer Fraktion kann einer ihrer Redner eine Redezeit bis zu 45 Minuten in Anspruch nehmen. [4] Der Präsident kann diese Redezeiten verlängern, wenn der Verhandlungsgegenstand oder der Verlauf der Aussprache dies nahelegt.

(2) Spricht ein Mitglied der Bundesregierung, des Bundesrates oder einer ihrer Beauftragten länger als 20 Minuten, kann die Fraktion, die eine abweichende Meinung vortragen lassen will, für einen ihrer Redner eine entsprechende Redezeit verlangen.

(3) Überschreitet ein Mitglied des Bundestages seine Redezeit, so soll ihm der Präsident nach einmaliger Mahnung das Wort entziehen.

§ 36 Sach- und Ordnungsruf, Wortentziehung. (1) [1] Der Präsident kann den Redner, der vom Verhandlungsgegenstand abschweift, zur Sache verweisen. [2] Er kann Mitglieder des Bundestages, wenn sie die Ordnung oder die Würde des Bundestages verletzen, mit Nennung des Namens zur Ordnung rufen. [3] Der Ordnungsruf und der Anlass hierzu dürfen von den nachfolgenden Rednern nicht behandelt werden.

(2) Ist ein Redner während einer Rede dreimal zur Sache oder dreimal zur Ordnung gerufen und beim zweiten Male auf die Folgen eines dritten Rufes zur Sache oder zur Ordnung hingewiesen worden, so muss ihm der Präsident das Wort entziehen und darf es ihm in derselben Aussprache zum selben Verhandlungsgegenstand nicht wieder erteilen.

§ 37 Ordnungsgeld. [1] Wegen einer nicht nur geringfügigen Verletzung der Ordnung oder der Würde des Bundestages kann der Präsident gegen ein Mitglied des Bundestages, auch ohne dass ein Ordnungsruf ergangen ist, ein Ordnungsgeld in Höhe von 1 000 Euro festsetzen. [2] Im Wiederholungsfall erhöht sich das Ordnungsgeld auf 2 000 Euro. [3] § 38 Absatz 2 gilt entsprechend.

§ 38 Ausschluss von Mitgliedern des Bundestages. (1) [1] Wegen gröblicher Verletzung der Ordnung oder der Würde des Bundestages kann der Präsident ein Mitglied des Bundestages, auch ohne dass ein Ordnungsruf ergangen oder ein Ordnungsgeld festgesetzt worden ist, für die Dauer der Sitzung aus dem Saal verweisen. [2] Bis zum Schluss der Sitzung muss der Präsident bekanntgeben, für wie viele Sitzungstage das betroffene Mitglied ausgeschlossen wird. [3] Ein Mitglied des Bundestages kann bis zu dreißig Sitzungstage ausgeschlossen werden.

(2) [1] Ein Sitzungsausschluss kann auch nachträglich, spätestens in der auf die gröbliche Verletzung der Ordnung oder der Würde des Bundestages folgenden Sitzung, ausgesprochen werden, wenn der Präsident während der Sitzung eine Verletzung der Ordnung oder der Würde des Bundestages ausdrücklich feststellt und sich einen nachträglichen Sitzungsausschluss vorbehält. [2] Absatz 1 Satz 2 und 3 gilt entsprechend. [3] Ein bereits erteilter Ordnungsruf schließt einen nachträglichen Sitzungsausschluss nicht aus.

(3) [1] Das betroffene Mitglied hat den Sitzungssaal unverzüglich zu verlassen. [2] Kommt es der Aufforderung nicht nach, wird es vom Präsidenten darauf hingewiesen, dass es sich durch sein Verhalten eine Verlängerung des Ausschlusses zuzieht.

(4) Das betroffene Mitglied darf während der Dauer seines Ausschlusses auch nicht an Ausschusssitzungen teilnehmen.

(5) Versucht das betroffene Mitglied, widerrechtlich an den Sitzungen des Bundestages oder seiner Ausschüsse teilzunehmen, findet Absatz 3 Satz 2 entsprechend Anwendung.

(6) [1] Das betroffene Mitglied gilt als nicht beurlaubt. [2] Es darf sich nicht in die Anwesenheitsliste eintragen.

§ 39 Einspruch gegen Ordnungsmaßnahmen. [1] Gegen den Ordnungsruf (§ 36), das Ordnungsgeld (§ 37) und den Sitzungsausschluss (§ 38) kann das betroffene Mitglied des Bundestages bis zum nächsten Plenarsitzungstag schriftlich begründeten Einspruch einlegen. [2] Der Einspruch ist auf die Tagesordnung dieser Sitzung zu setzen. [3] Der Bundestag entscheidet ohne Aussprache. [4] Der Einspruch hat keine aufschiebende Wirkung.

§ 40 Unterbrechung der Sitzung. [1] Wenn im Bundestag störende Unruhe entsteht, die den Fortgang der Verhandlungen in Frage stellt, kann der Präsident die Sitzung auf bestimmte Zeit unterbrechen oder aufheben. [2] Kann er sich kein

Gehör verschaffen, so verläßt er den Präsidentenstuhl; die Sitzung wird dadurch unterbrochen. [3] Zur Fortsetzung der Sitzung beruft der Präsident ein.

§ 41 Weitere Ordnungsmaßnahmen. (1) Sitzungsteilnehmer, die nicht Mitglieder des Bundestages sind, und Zuhörer unterstehen der Ordnungsgewalt des Präsidenten.

(2) [1] Wer auf den Tribünen Beifall oder Mißbilligung äußert oder Ordnung und Anstand verletzt, kann auf Anordnung des Präsidenten sofort entfernt werden. [2] Der Präsident kann die Tribüne wegen störender Unruhe räumen lassen.

§ 42 Herbeirufung eines Mitgliedes der Bundesregierung. Der Bundestag kann auf Antrag einer Fraktion oder von anwesenden fünf vom Hundert der Mitglieder des Bundestages die Herbeirufung eines Mitgliedes der Bundesregierung beschließen.

§ 43 Recht auf jederzeitiges Gehör. Die Mitglieder der Bundesregierung und des Bundesrates sowie ihre Beauftragten müssen nach Artikel 43 Abs. 2 des Grundgesetzes[1)] auf ihr Verlangen jederzeit gehört werden.

§ 44 Wiedereröffnung der Aussprache. (1) Ergreift nach Schluß der Aussprache oder nach Ablauf der beschlossenen Redezeit ein Mitglied der Bundesregierung, des Bundesrates oder einer ihrer Beauftragten zu dem Verhandlungsgegenstand das Wort, so ist die Aussprache wieder eröffnet.

(2) Erhält während der Aussprache ein Mitglied der Bundesregierung, des Bundesrates oder einer ihrer Beauftragten zu dem Verhandlungsgegenstand das Wort, so haben die Fraktionen, deren Redezeit zu diesem Tagesordnungspunkt bereits ausgeschöpft ist, das Recht, noch einmal ein Viertel ihrer Redezeit in Anspruch zu nehmen.

(3) [1] Ergreift ein Mitglied der Bundesregierung, des Bundesrates oder einer ihrer Beauftragten das Wort außerhalb der Tagesordnung, so wird auf Verlangen einer Fraktion oder von anwesenden fünf vom Hundert der Mitglieder des Bundestages die Aussprache über seine Ausführungen eröffnet. [2] In dieser Aussprache dürfen keine Sachanträge gestellt werden.

§ 45 Feststellung der Beschlußfähigkeit. Folgen der Beschlußunfähigkeit. (1) Der Bundestag ist beschlußfähig, wenn mehr als die Hälfte seiner Mitglieder im Sitzungssaal anwesend ist.

(2) [1] Wird vor Beginn einer Abstimmung die Beschlußfähigkeit von einer Fraktion oder von anwesenden fünf vom Hundert der Mitglieder des Bundestages bezweifelt und auch vom Sitzungsvorstand nicht einmütig bejaht oder wird die Beschlußfähigkeit vom Sitzungsvorstand im Einvernehmen mit den Fraktionen bezweifelt, so ist in Verbindung mit der Abstimmung die Beschlußfähigkeit durch Zählung der Stimmen nach § 51, im Laufe einer Kernzeit-Debatte im Verfahren nach § 52 festzustellen. [2] Der Präsident kann die Abstimmung auf kurze Zeit aussetzen.

[1)] Nr. **1**.

(3) [1] Nach Feststellung der Beschlußunfähigkeit hebt der Präsident die Sitzung sofort auf. [2] § 20 Abs. 5 findet Anwendung. [3] Ein Verlangen auf namentliche Abstimmung bleibt dabei in Kraft. [4] Stimmenthaltungen und ungültige Stimmen zählen bei der Feststellung der Beschlußfähigkeit mit.

(4) [1] Unabhängig von dem Verfahren nach den Absätzen 1 bis 3 kann der Präsident bei Kernzeit-Debatten im Einvernehmen mit den Fraktionen die Sitzung unterbrechen, wenn der Sitzungsvorstand bezweifelt, daß 25 vom Hundert der Mitglieder des Bundestages anwesend sind. [2] Die Feststellung der Anwesenheit erfolgt im Verfahren nach § 52.

§ 46 Fragestellung. [1] Der Präsident stellt die Fragen so, daß sie sich mit „Ja" oder „Nein" beantworten lassen. [2] Sie sind in der Regel so zu fassen, daß gefragt wird, ob die Zustimmung erteilt wird oder nicht. [3] Über die Fassung kann das Wort zur Geschäftsordnung verlangt werden. [4] Bei Widerspruch gegen die vorgeschlagene Fassung entscheidet der Bundestag.

§ 47 Teilung der Frage. [1] Jedes Mitglied des Bundestages kann die Teilung der Frage beantragen. [2] Ist die Zulässigkeit der Teilung zweifelhaft, so entscheidet bei Anträgen von Mitgliedern des Bundestages der Antragsteller, sonst der Bundestag. [3] Unmittelbar vor der Abstimmung ist die Frage auf Verlangen vorzulesen.

§ 48 Abstimmungsregeln. (1) [1] Abgestimmt wird durch Handzeichen oder durch Aufstehen oder Sitzenbleiben. [2] Bei der Schlußabstimmung über Gesetzentwürfe (§ 86) erfolgt die Abstimmung durch Aufstehen oder Sitzenbleiben.

(2) [1] Soweit nicht das Grundgesetz[1)], ein Bundesgesetz oder diese Geschäftsordnung andere Vorschriften enthalten, entscheidet die einfache Mehrheit. [2] Stimmengleichheit verneint die Frage.

(3) Wird durch das Grundgesetz, ein Bundesgesetz oder diese Geschäftsordnung für einen Beschluß oder eine Wahl eine bestimmte Mehrheit vorgeschrieben, stellt der Präsident ausdrücklich fest, daß die Zustimmung der erforderlichen Mehrheit vorliegt.

§ 49 Wahlen mit verdeckten Stimmzetteln. (1) [1] Soweit in einem Bundesgesetz oder in dieser Geschäftsordnung Wahlen durch den Bundestag mit verdeckten (amtlichen) Stimmzetteln vorgeschrieben sind, findet die Wahl geheim statt. [2] Die Stimmzettel dürfen erst vor Betreten der Wahlzelle (bei Namensaufruf) ausgehändigt werden. [3] Die zur Gewährleistung einer geheimen Wahl aufzustellenden Wahlzellen sind bei der Stimmabgabe zu benutzen. [4] Die gekennzeichneten Stimmzettel sind in einem Wahlumschlag in die dafür vorgesehenen Wahlurnen zu legen.

(2) § 56 Abs. 6 Nr. 4 der Bundeswahlordnung gilt entsprechend.

§ 50 Verfahren bei der Auswahl des Sitzes einer Bundesbehörde.

(1) Ist in einem Gesetzentwurf über den Sitz einer Bundesbehörde zu entscheiden, so erfolgt die Auswahl, wenn mehr als zwei Vorschläge für den Sitz der Behörde gemacht werden, vor der Schlußabstimmung.

[1)] Nr. 1.

(2) [1]Der Bundestag wählt mit Namensstimmzetteln, auf die der jeweils gewünschte Ort zu schreiben ist. [2]Gewählt ist der Ort, der die Mehrheit der Stimmen erhält. [3]Ergibt sich keine solche Mehrheit, werden in einem zweiten Wahlgang die beiden Orte zur Wahl gestellt, die im ersten Wahlgang die höchste Stimmenzahl erhalten haben. [4]Gewählt ist dann der Ort, der die Mehrheit der Stimmen erhält.

(3) Diese Bestimmung gilt entsprechend, wenn bei der Beratung eines Antrages über den Sitz einer Bundesbehörde zu entscheiden ist.

(4) In gleicher Weise ist zu verfahren, wenn es sich um die Bestimmung von Zuständigkeiten und ähnliche Entscheidungen handelt und wenn mehr als zwei voneinander abweichende Anträge gestellt werden.

§ 51 Zählung der Stimmen. (1) [1]Ist der Sitzungsvorstand über das Ergebnis der Abstimmung nicht einig, so wird die Gegenprobe gemacht. [2]Bleibt er auch nach ihr uneinig, so werden die Stimmen gezählt. [3]Auf Anordnung des Sitzungsvorstandes erfolgt die Zählung gemäß Absatz 2.

(2) [1]Nachdem die Mitglieder des Bundestages auf Aufforderung des Präsidenten den Sitzungssaal verlassen haben, werden die Türen bis auf drei Abstimmungstüren geschlossen. [2]An jeder dieser Türen stellen sich zwei Schriftführer auf. [3]Auf ein Zeichen des Präsidenten betreten die Mitglieder des Bundestages durch die mit „Ja", „Nein" oder „Enthaltung" bezeichnete Tür wieder den Sitzungssaal und werden von den Schriftführern laut gezählt. [4]Zur Beendigung der Zählung gibt der Präsident ein Zeichen. [5]Mitglieder des Bundestages, die später eintreten, werden nicht mitgezählt. [6]Der Präsident und die diensttuenden Schriftführer geben ihre Stimme öffentlich ab. [7]Der Präsident verkündet das Ergebnis.

§ 52 Namentliche Abstimmung. [1]Namentliche Abstimmung kann bis zur Eröffnung der Abstimmung von einer Fraktion oder von anwesenden fünf vom Hundert der Mitglieder des Bundestages verlangt werden. [2]Schriftführer sammeln in Urnen die Abstimmungskarten, die den Namen des Abstimmenden und die Erklärung „Ja" oder „Nein" oder „Enthalte mich" tragen. [3]Nach beendeter Einsammlung erklärt der Präsident die Abstimmung für geschlossen. [4]Die Schriftführer zählen die Stimmen. [5]Der Präsident verkündet das Ergebnis.

§ 53 Unzulässigkeit der namentlichen Abstimmung. Namentliche Abstimmung ist unzulässig über

a) Stärke des Ausschusses,

b) Abkürzung der Fristen,

c) Sitzungszeit und Tagesordnung,

d) Vertagung der Sitzung,

e) Vertagung der Beratung oder Schluß der Aussprache,

f) Teilung der Frage,

g) Überweisung an einen Ausschuß.

VII. Ausschüsse

§ 54 Ständige Ausschüsse und Sonderausschüsse. (1) [1]Zur Vorbereitung der Verhandlungen setzt der Bundestag ständige Ausschüsse ein. [2]Für einzelne Angelegenheiten kann er Sonderausschüsse einsetzen.

(2) Soweit das Grundgesetz[1)] oder Bundesgesetze die Einsetzung von Ausschüssen vorschreiben oder zulassen, richtet sich die Einsetzung und das Verfahren nach den Bestimmungen dieser Geschäftsordnung, es sei denn, daß im Grundgesetz, in den Bundesgesetzen oder in besonderen Geschäftsordnungen etwas anderes bestimmt ist.

§ 55 Einsetzung von Unterausschüssen. (1) [1]Zur Vorbereitung seiner Arbeiten kann jeder Ausschuß aus seiner Mitte Unterausschüsse mit bestimmten Aufträgen einsetzen, es sei denn, daß ein Drittel seiner Mitglieder widerspricht. [2]In Ausnahmefällen können die Fraktionen auch Mitglieder des Bundestages benennen, die nicht dem Ausschuß angehören.

(2) [1]Bei der Bestimmung des Vorsitzenden des Unterausschusses soll der Ausschuß sich nach dem Stärkeverhältnis der einzelnen Fraktionen richten (§ 12). [2]Wird der Unterausschuß für eine bestimmte Dauer eingesetzt, kann er vorzeitig nur aufgelöst werden, wenn ein Drittel der Mitglieder des Ausschusses nicht widerspricht; im übrigen kann der Ausschuß den Unterausschuß jederzeit auflösen. [3]Der Unterausschuß hat seinen Bericht dem Ausschuß vorzulegen.

(3) [1]In einem Unterausschuß muß jede Fraktion, die im Ausschuß vertreten ist, auf ihr Verlangen mindestens mit einem Mitglied vertreten sein. [2]Im übrigen sind die Grundsätze des § 12 zu berücksichtigen.

(4) Ist eine Vorlage mehreren Ausschüssen zur Beratung überwiesen worden oder fällt ein Verhandlungsgegenstand in den Geschäftsbereich mehrerer Ausschüsse, können diese einen gemeinsamen Unterausschuß bilden.

§ 56 Enquete-Kommission. (1) [1]Zur Vorbereitung von Entscheidungen über umfangreiche und bedeutsame Sachkomplexe kann der Bundestag eine Enquete-Kommission einsetzen. [2]Auf Antrag eines Viertels seiner Mitglieder ist er dazu verpflichtet. [3]Der Antrag muß den Auftrag der Kommission bezeichnen.

(2) [1]Die Mitglieder der Kommission werden im Einvernehmen der Fraktionen benannt und vom Präsidenten berufen. [2]Kann ein Einvernehmen nicht hergestellt werden, so benennen die Fraktionen die Mitglieder im Verhältnis ihrer Stärke. [3]Die Mitgliederzahl der Kommission soll, mit Ausnahme der in Absatz 3 genannten Mitglieder der Fraktionen, neun nicht übersteigen.

(3) Jede Fraktion kann ein Mitglied, auf Beschluß des Bundestages auch mehrere Mitglieder, in die Kommission entsenden.

(4) [1]Die Enquete-Kommission hat ihren Bericht so rechtzeitig vorzulegen, daß bis zum Ende der Wahlperiode eine Aussprache darüber im Bundestag stattfinden kann. [2]Sofern ein abschließender Bericht nicht erstattet werden kann, ist ein Zwischenbericht vorzulegen, auf dessen Grundlage der Bundestag

---

[1)] Nr. **1**.

entscheidet, ob die Enquete-Kommission ihre Arbeit fortsetzen oder einstellen soll.

§ 56a Technikfolgenanalysen. (1) [1]Dem Ausschuß für Forschung, Technologie und Technikfolgenabschätzung obliegt es, Technikfolgenanalysen zu veranlassen und für den Deutschen Bundestag aufzubereiten und auszuwerten. [2]Er kann mit der wissenschaftlichen Durchführung von Technikfolgenanalysen Institutionen außerhalb des Deutschen Bundestages beauftragen.

(2) Der Ausschuß für Forschung, Technologie und Technikfolgenabschätzung hat Grundsätze über die Erstellung von Technikfolgenanalysen aufzustellen und diese Grundsätze zum Ausgangspunkt seiner Entscheidung im Einzelfall zu machen.

§ 57 Mitgliederzahl der Ausschüsse. (1) [1]Das System für eine dem § 12 entsprechende Zusammensetzung der Ausschüsse und die Zahl der Mitglieder bestimmt der Bundestag. [2]Jedes Mitglied des Bundestages soll grundsätzlich einem Ausschuß angehören.

(2) [1]Die Fraktionen benennen die Ausschußmitglieder und deren Stellvertreter. [2]Der Präsident benennt fraktionslose Mitglieder des Bundestages als beratende Ausschußmitglieder.

(3) Der Präsident gibt die erstmalig benannten Mitglieder und die späteren Änderungen dem Bundestag bekannt.

(4) Zur Unterstützung der Mitglieder kann die Teilnahme eines Fraktionsmitarbeiters jeder Fraktion zu den Ausschußsitzungen zugelassen werden.

§ 58 Bestimmung des Vorsitzenden und seines Stellvertreters. Die Ausschüsse bestimmen ihre Vorsitzenden und deren Stellvertreter nach den Vereinbarungen im Ältestenrat.

§ 59 Rechte und Pflichten des Vorsitzenden. (1) Dem Vorsitzenden obliegt die Vorbereitung, Einberufung und Leitung der Ausschußsitzungen sowie die Durchführung der Ausschußbeschlüsse.

(2) Der Vorsitzende erteilt das Wort in der Reihenfolge der Wortmeldungen unter Berücksichtigung des Grundsatzes des § 28 Abs. 1 Satz 2.

(3) Sitzungsteilnehmer, die nicht Mitglieder des Bundestages sind, und Zuhörer unterstehen während der Sitzung der Ordnungsgewalt des Vorsitzenden.

(4) Ist der ordnungsgemäße Ablauf einer Sitzung nicht mehr gewährleistet, kann der Vorsitzende die Sitzung unterbrechen oder im Einvernehmen mit den Fraktionen im Ausschuß beenden.

§ 60 Einberufung der Ausschußsitzungen. (1) Der Vorsitzende kann im Rahmen der vom Ältestenrat festgelegten Tagungsmöglichkeiten für Ausschüsse (Zeitplan) Ausschußsitzungen selbständig einberufen, es sei denn, daß der Ausschuß im Einzelfall etwas anderes beschließt.

(2) Der Vorsitzende ist zur Einberufung zum nächstmöglichen Termin innerhalb des Zeitplanes verpflichtet, wenn es eine Fraktion im Ausschuß oder mindestens ein Drittel der Mitglieder des Ausschusses unter Angabe der Tagesordnung verlangt.

(3) Zur Einberufung einer Sitzung außerhalb des Zeitplanes oder außerhalb des ständigen Sitzungsortes des Bundestages ist der Vorsitzende nur berechtigt, wenn ein entsprechendes Verlangen einer Fraktion oder von fünf vom Hundert der Mitglieder des Bundestages oder ein einstimmiger Beschluß des Ausschusses vorliegt und die Genehmigung des Präsidenten erteilt worden ist.

§ 61 Tagesordnung der Ausschüsse. (1) [1] Termin und Tagesordnung werden vom Vorsitzenden festgesetzt, es sei denn, daß der Ausschuß vorher darüber beschließt. [2] Die Tagesordnung soll den Ausschußmitgliedern in der Regel drei Tage vor der Sitzung zugeleitet werden.

(2) Der Ausschuß kann die Tagesordnung mit Mehrheit ändern, erweitern kann er sie nur, wenn nicht eine Fraktion oder ein Drittel der Ausschußmitglieder widerspricht.

(3) Die Tagesordnung jeder Ausschußsitzung ist mit Angabe des Ortes, des Termins und, soweit vereinbart, der Dauer der Sitzung den beteiligten Bundesministerien und dem Bundesrat mitzuteilen.

§ 62 Aufgaben der Ausschüsse. (1) [1] Die Ausschüsse sind zu baldiger Erledigung der ihnen überwiesenen Aufgaben verpflichtet. [2] Als vorbereitende Beschlußorgane des Bundestages haben sie die Pflicht, dem Bundestag bestimmte Beschlüsse zu empfehlen, die sich nur auf die ihnen überwiesenen Vorlagen oder mit diesen in unmittelbarem Sachzusammenhang stehenden Fragen beziehen dürfen. [3] Sie können sich jedoch mit anderen Fragen aus ihrem Geschäftsbereich befassen; mit Angelegenheiten der Europäischen Union, die ihre Zuständigkeit betreffen, sollen sie sich auch unabhängig von Überweisungen zeitnah befassen. [4] Weitergehende Rechte, die einzelnen Ausschüssen durch Grundgesetz[1)], Bundesgesetz, in dieser Geschäftsordnung oder durch Beschluß des Bundestages übertragen sind, bleiben unberührt.

(2) [1] Zehn Sitzungswochen nach Überweisung einer Vorlage können eine Fraktion oder fünf vom Hundert der Mitglieder des Bundestages verlangen, daß der Ausschuß durch den Vorsitzenden oder Berichterstatter dem Bundestag einen Bericht über den Stand der Beratungen erstattet. [2] Wenn sie es verlangen, ist der Bericht auf die Tagesordnung des Bundestages zu setzen.

§ 63 Federführender Ausschuß. (1) Den Bericht an den Bundestag gemäß § 66 kann nur der federführende Ausschuß erstatten.

(2) [1] Werden Vorlagen an mehrere Ausschüsse überwiesen (§ 80), sollen die beteiligten Ausschüsse mit dem federführenden Ausschuß eine angemessene Frist zur Übermittlung ihrer Stellungnahme vereinbaren. [2] Werden nicht innerhalb der vereinbarten Frist dem federführenden Ausschuß die Stellungnahmen vorgelegt oder kommt eine Vereinbarung über eine Frist nicht zustande, kann der federführende Ausschuß dem Bundestag Bericht erstatten, frühestens jedoch in der vierten auf die Überweisung folgenden Sitzungswoche.

§ 64 Verhandlungsgegenstände. (1) Verhandlungsgegenstände sind die dem Ausschuß überwiesenen Vorlagen und Fragen aus dem Geschäftsbereich des Ausschusses (§ 62 Abs. 1 Satz 3).

[1)] Nr. 1.

(2) [1] Sind dem Ausschuß mehrere Vorlagen zum selben Gegenstand überwiesen, beschließt der Ausschuß, welche Vorlage als Verhandlungsgegenstand für seine Beschlußempfehlung an den Bundestag dienen soll. [2] Andere Vorlagen zum selben Gegenstand können, auch wenn sie bei der Beratung nicht oder nur teilweise berücksichtigt wurden, für erledigt erklärt werden. [3] Wird der Erledigterklärung von einer Fraktion im Ausschuß widersprochen, muß über die Vorlagen abgestimmt werden. [4] Die Beschlußempfehlung, die Vorlagen für erledigt zu erklären oder abzulehnen, ist dem Bundestag vorzulegen.

§ 65 Berichterstatterbenennung. Vorbehaltlich der Entscheidung des Ausschusses benennt der Vorsitzende einen oder mehrere Berichterstatter für jeden Verhandlungsgegenstand.

§ 66 Berichterstattung. (1) [1] Ausschußberichte an den Bundestag über Vorlagen sind in der Regel schriftlich zu erstatten. [2] Sie können mündlich ergänzt werden.

(2) [1] Die Berichte müssen die Beschlußempfehlung des federführenden Ausschusses mit Begründung sowie die Ansicht der Minderheit und die Stellungnahmen der beteiligten Ausschüsse enthalten. [2] Wenn kommunale Spitzenverbände im Rahmen des § 69 Abs. 5 Stellung genommen haben, müssen, sofern Informationssitzungen nach § 70 Abs. 1 stattgefunden haben, sollen die dargelegten Auffassungen in ihren wesentlichen Punkten im Bericht wiedergegeben werden.

§ 67 Beschlußfähigkeit im Ausschuß. [1] Der Ausschuß ist beschlußfähig, wenn die Mehrheit der Mitglieder anwesend ist. [2] Er gilt solange als beschlußfähig, wie nicht vor einer Abstimmung ein Mitglied verlangt, die Beschlußfähigkeit durch Auszählen festzustellen. [3] Der Vorsitzende kann die Abstimmung, vor der die Feststellung der Beschlußfähigkeit verlangt wurde, auf bestimmte Zeit verschieben und, wenn kein Widerspruch erfolgt, die Aussprache fortsetzen oder einen anderen Tagesordnungspunkt aufrufen. [4] Ist nach Feststellung der Beschlußunfähigkeit die Sitzung auf bestimmte Zeit unterbrochen worden und nach Wiedereröffnung die Beschlußfähigkeit noch nicht gegeben, gilt Satz 3.

§ 68 Herbeirufung eines Mitgliedes der Bundesregierung zu den Ausschußsitzungen. [1] Das Recht des Ausschusses, die Anwesenheit eines Mitgliedes der Bundesregierung zu verlangen, gilt auch, wenn es in einer öffentlichen Sitzung gehört werden soll. [2] Über einen entsprechenden Antrag ist in nichtöffentlicher Sitzung zu entscheiden.

§ 69 Nichtöffentliche Ausschußsitzungen. (1) [1] Die Beratungen der Ausschüsse sind grundsätzlich nicht öffentlich. [2] Der Ausschuß kann beschließen, für einen bestimmten Verhandlungsgegenstand oder Teile desselben die Öffentlichkeit zuzulassen. [3] Die Öffentlichkeit einer Sitzung ist hergestellt, wenn der Presse und sonstigen Zuhörern im Rahmen der Raumverhältnisse der Zutritt gestattet wird.

(2) [1] An den nichtöffentlichen Ausschußsitzungen können Mitglieder des Bundestages, die dem Ausschuß nicht angehören, als Zuhörer teilnehmen, es sei denn, daß der Bundestag bei der Einsetzung der Ausschüsse beschließt, das

Zutrittsrecht für einzelne Ausschüsse auf die ordentlichen Mitglieder und deren namentlich benannte Stellvertreter zu beschränken. [2]Diese Beschränkung kann nachträglich für die Beratung bestimmter Fragen aus dem Geschäftsbereich der Ausschüsse erfolgen. [3]Die Ausschüsse können für bestimmte Verhandlungsgegenstände im Einzelfall Ausnahmen von der Beschränkung des Zutrittsrechts beschließen.

(3) [1]Berät ein Ausschuß, dessen Verhandlungen nicht vertraulich sind, Vorlagen von Mitgliedern des Bundestages, so ist dem Erstunterzeichner, wenn er nicht Mitglied des Ausschusses ist, die Tagesordnung zuzuleiten. [2]Er kann insoweit mit beratender Stimme an der Sitzung teilnehmen oder sich von einem der anderen Antragsteller vertreten lassen. [3]In besonderen Fällen soll der Ausschuß auch andere Mitglieder des Bundestages zu seinen Verhandlungen mit beratender Stimme hinzuziehen oder zulassen.

(4) [1]Vorbehaltlich gesetzlicher Beschränkungen des Zutrittsrechts haben die Fraktionsvorsitzenden beratende Stimme in allen Ausschüssen und Sonderausschüssen (§ 54). [2]Sie können ein Mitglied ihrer Fraktion beauftragen, sie zu vertreten.

(5) [1]Berät der Ausschuss einen ihm federführend überwiesenen Gesetzentwurf, durch den wesentliche Belange von Gemeinden und Gemeindeverbänden berührt werden, ist den auf Bundesebene bestehenden kommunalen Spitzenverbänden vor Beschlussfassung im Ausschuss Gelegenheit zur Stellungnahme zu geben. [2]Wesentliche Belange im Sinne des Satzes 1 werden durch Gesetze berührt, die ganz oder teilweise von den Gemeinden oder Gemeindeverbänden auszuführen sind, ihre öffentlichen Finanzen unmittelbar betreffen oder auf ihre Verwaltungsorganisation einwirken. [3]Von der Bestimmung des Satzes 1 kann bei Regierungsvorlagen abgesehen werden, wenn aus der Begründung der Vorlagen die Auffassungen der kommunalen Spitzenverbände ersichtlich sind. [4]Die Rechte des Ausschusses aus § 70 Abs. 1 bleiben unberührt.

(6) Ist bei Ausschußsitzungen die Teilnahme auf die ordentlichen Mitglieder und deren namentlich benannte Stellvertreter beschränkt, kann einer der Antragsteller, der nicht Mitglied des Ausschusses ist, zur Begründung der Vorlage teilnehmen.

(7) Für die Beratung einer VS der Geheimhaltungsgrade VS-VERTRAULICH und höher gelten die Bestimmungen der Geheimschutzordnung des Deutschen Bundestages.

(8) Beraten mehrere Ausschüsse in gemeinsamer Sitzung über denselben Verhandlungsgegenstand, stimmen die Ausschüsse getrennt ab.

§ 69a Erweiterte öffentliche Ausschußberatungen. (1) [1]Die Ausschüsse sollen im Benehmen mit dem Ältestenrat und im Einvernehmen mit den mitberatenden Ausschüssen als Schlußberatung der überwiesenen Vorlagen öffentliche Aussprachen durchführen, in denen die Beschlußempfehlung und der Bericht des federführenden Ausschusses beschlossen wird. [2]Der Vorsitzende des federführenden Ausschusses beruft die Sitzung im Einvernehmen mit den mitberatenden Ausschüssen ein. [3]Die Tagesordnung wird den Mitgliedern des Bundestages, dem Bundesrat und der Bundesregierung mitgeteilt.

(2) [1]Der federführende Ausschuß legt Gestaltung und Dauer der Aussprache im Einvernehmen mit den mitberatenden Ausschüssen fest. [2]Der Vorsitzende

des federführenden Ausschusses leitet die Sitzung. [3]Er hat die dem Präsidenten im Rahmen von Plenarsitzungen zur Verfügung stehenden Rechte zur Aufrechterhaltung der Ordnung mit Ausnahme der Rechte nach § 38.

(3) [1]Soweit nicht anders beschlossen ist, erteilt der Vorsitzende das Wort nach Maßgabe von § 59 Abs. 2. [2]Will der Vorsitzende sich als Redner an der Aussprache beteiligen, so hat er während dieser Zeit den Vorsitz abzugeben. [3]Rederecht und das Recht, Anträge zur Sache zu stellen, haben alle Mitglieder des Bundestages. [4]Anträge zur Geschäftsordnung können nur von den Mitgliedern des federführenden Ausschusses, deren Stellvertretern sowie beratenden Mitgliedern dieses Ausschusses gestellt werden.

(4) Stimmberechtigt sind die Mitglieder des federführenden Ausschusses, im Falle der Stellvertretung deren Stellvertreter.

(5) [1]Hat der federführende Ausschuß eine Erweiterte öffentliche Ausschußberatung beschlossen, kann ein Viertel seiner Mitglieder verlangen, daß die Vorlage statt dessen vom Bundestag in einer allgemeinen Aussprache beraten wird. [2]Eine Vorlage, zu der eine Erweiterte öffentliche Ausschußberatung stattgefunden hat, kann ohne besondere Vereinbarung im Ältestenrat nicht Gegenstand einer nochmaligen Aussprache im Plenum sein. [3]Der federführende Ausschuß kann jedoch eine nochmalige Befassung im Plenum verlangen, wobei sich die Befassung auf eine Berichterstattung aus dem Ausschuß durch einen Sprecher zu beschränken hat. [4]Der Sprecher hat die verschiedenen im Ausschuß vertretenen Positionen innerhalb von fünf Minuten darzulegen.

§ 70 Öffentliche Anhörungssitzungen. (1) [1]Zur Information über einen Gegenstand seiner Beratung kann ein Ausschuß öffentliche Anhörungen von Sachverständigen, Interessenvertretern und anderen Auskunftspersonen vornehmen. [2]Bei überwiesenen Vorlagen ist der federführende Ausschuß auf Verlangen eines Viertels seiner Mitglieder dazu verpflichtet; bei nicht überwiesenen Verhandlungsgegenständen im Rahmen des § 62 Abs. 1 Satz 3 erfolgt eine Anhörung auf Beschluß des Ausschusses. [3]Die Beschlußfassung ist nur zulässig, wenn ein entsprechender Antrag auf der Tagesordnung des Ausschusses steht.

(2) [1]Wird gemäß Absatz 1 die Durchführung einer Anhörung von einer Minderheit der Mitglieder des Ausschusses verlangt, müssen die von ihr benannten Auskunftspersonen gehört werden. [2]Beschließt der Ausschuß eine Begrenzung der Anzahl der anzuhörenden Personen, kann von der Minderheit nur der ihrem Stärkeverhältnis im Ausschuß entsprechende Anteil an der Gesamtzahl der anzuhörenden Auskunftspersonen benannt werden.

(3) [1]Der mitberatende Ausschuß kann beschließen, im Einvernehmen mit dem federführenden Ausschuß eine Anhörung durchzuführen, soweit der federführende Ausschuß von der Möglichkeit des Absatzes 1 keinen Gebrauch macht oder seine Anhörung auf Teilfragen der Vorlage, die nur seinen Geschäftsbereich betreffen, beschränkt. [2]Dem federführenden Ausschuß sind Ort und Termin sowie der zu hörende Personenkreis mitzuteilen. [3]Mitglieder des federführenden Ausschusses haben während der Anhörung Fragerecht; dieses kann im Einvernehmen mit dem federführenden Ausschuß auf einzelne seiner Mitglieder beschränkt werden.

(4) [1]Betrifft die Anhörung durch den federführenden Ausschuss Gesetzentwürfe gemäß § 69 Absatz 5 Satz 1, ist den auf Bundesebene bestehenden kommunalen Spitzenverbänden Gelegenheit zur Teilnahme an der Anhörung

zu geben, wobei eine Anrechnung nach Absatz 2 Satz 2 unterbleibt. [2]§ 69 Absatz 5 Satz 3 gilt entsprechend.

(5) [1]Der Ausschuß kann in eine allgemeine Aussprache mit den Auskunftspersonen eintreten, soweit dies zur Klärung des Sachverhalts erforderlich ist. [2]Hierbei ist die Redezeit zu begrenzen. [3]Der Ausschuß kann einzelne seiner Mitglieder beauftragen, die Anhörung durchzuführen; dabei ist jede im Ausschuß vertretene Fraktion zu berücksichtigen.

(6) [1]Zur Vorbereitung einer öffentlichen Anhörung soll der Ausschuß den Auskunftspersonen die jeweilige Fragestellung übermitteln. [2]Er kann sie um Einreichung einer schriftlichen Stellungnahme bitten.

(7) Ersatz von Auslagen an Sachverständige und Auskunftspersonen erfolgt nur auf Grund von Ladungen durch Beschluß des Ausschusses mit vorheriger Zustimmung des Präsidenten.

(8) Die Absätze 1 bis 7 gelten auch für Anhörungen in nichtöffentlicher Sitzung.

§ 71 Antragstellung im Ausschuß, Schluß der Aussprache. (1) [1]Antragsberechtigt sind die Ausschußmitglieder, deren Stellvertreter im Falle der Vertretung eines Ausschußmitgliedes aus ihrer Fraktion sowie beratende Ausschußmitglieder. [2]Ein schriftlicher Antrag eines nicht anwesenden Mitgliedes des Ausschusses darf nur zur Abstimmung gestellt werden, wenn ein anwesendes stimmberechtigtes Mitglied ihn übernimmt.

(2) [1]Mitglieder des Bundestages, die nicht Ausschußmitglieder sind, können Änderungsanträge zu überwiesenen Vorlagen an den federführenden Ausschuß stellen. [2]Die Antragsteller können insoweit außerhalb des Verfahrens nach § 69a mit beratender Stimme an der Sitzung des Ausschusses teilnehmen.

(3) Ein Antrag auf Schluß der Aussprache darf frühestens zur Abstimmung gestellt werden, wenn jede Fraktion Gelegenheit hatte, zur Sache zu sprechen und von der jeweiligen Fraktionsauffassung abweichende Meinungen vorgetragen werden konnten.

§ 72 Abstimmung außerhalb einer Sitzung. [1]Der Ausschuß kann den Vorsitzenden einstimmig ermächtigen, außerhalb der Sitzungswochen über bestimmte Fragen in besonderen Eilfällen eine schriftliche Abstimmung durchführen zu lassen. [2]Macht der Ausschuß von dieser Möglichkeit Gebrauch, hat der Vorsitzende den Mitgliedern des Ausschusses den Entwurf einer Beschlußempfehlung zuzuleiten, über die innerhalb einer bestimmten Frist in entsprechender Anwendung des § 46 Satz 1 abgestimmt werden kann. [3]Eine schriftliche Abstimmung entfällt, wenn eine Sitzung des Ausschusses auf Grund der Bestimmungen des § 60 Abs. 2 oder 3 stattfindet.

§ 73 Ausschußprotokolle. (1) [1]Über jede Ausschußsitzung ist ein schriftliches Protokoll anzufertigen. [2]Es muß mindestens alle Anträge und die Beschlüsse des Ausschusses enthalten. [3]Stenographische Aufnahmen von Ausschußsitzungen bedürfen der Genehmigung des Präsidenten.

(2) [1]Protokolle über nichtöffentliche Sitzungen der Ausschüsse (§ 69 Abs. 1 Satz 1) sind grundsätzlich keine Verschlußsachen im Sinne der Geheimschutzordnung (vgl. § 2 Abs. 5 GSO). [2]Soweit sie der Öffentlichkeit nicht ohne weiteres zugänglich sein sollen, sind sie vom Ausschuß mit einem entsprechen-

den Vermerk zu versehen; die Einzelheiten werden in den nach Absatz 3 zu erlassenden Richtlinien geregelt. [3]Protokolle von öffentlichen Sitzungen (§ 69 Abs. 1 Satz 2, § 70 Abs. 1) dürfen diesen Vermerk nicht tragen.

(3) Für die Behandlung der Protokolle erläßt der Präsident im Benehmen mit dem Präsidium besondere Richtlinien.

§ 74 Anwendbarkeit der Bestimmungen der Geschäftsordnung. Soweit die Verfahrensregeln für die Ausschüsse nichts anderes bestimmen, gelten für Ausschüsse und Enquete-Kommissionen die übrigen Bestimmungen der Geschäftsordnung, mit Ausnahme des § 126, entsprechend.

VIII. Vorlagen und ihre Behandlung

§ 75 Vorlagen. (1) Folgende Vorlagen können als Verhandlungsgegenstand auf die Tagesordnung des Bundestages gesetzt werden (selbständige Vorlagen):
a) Gesetzentwürfe,
b) Beschlußempfehlungen des Ausschusses nach Artikel 77 Abs. 2 des Grundgesetzes[1)] (Vermittlungsausschuß),
c) Anträge auf Zurückweisung von Einsprüchen des Bundesrates,
d) Anträge,
e) Berichte und Materialien zur Unterrichtung des Bundestages (Unterrichtungen),
f) Große Anfragen an die Bundesregierung und ihre Beantwortung,
g) Wahlvorschläge, soweit sie als Drucksachen verteilt worden sind,
h) Beschlußempfehlungen und Berichte in Wahlprüfungs-, Immunitäts- und Geschäftsordnungsangelegenheiten,
i) Beschlußempfehlungen und Berichte über Petitionen,
j) Beschlußempfehlungen und Berichte des Rechtsausschusses über Streitsachen vor dem Bundesverfassungsgericht,
k) Beschlußempfehlungen und Berichte von Untersuchungsausschüssen,
l) Zwischenberichte der Ausschüsse,
m) Rechtsverordnungen, soweit sie aufgrund gesetzlicher Grundlagen dem Bundestag zuzuleiten sind.

(2) Vorlagen zu Verhandlungsgegenständen sind (unselbständige Vorlagen):
a) Beschlußempfehlungen und Berichte der Ausschüsse,
b) Änderungsanträge,
c) Entschließungsanträge zu Gesetzentwürfen, Unterrichtungen, Regierungserklärungen, Großen Anfragen, Entschließungen des Europäischen Parlaments, Unionsdokumente, Stabilitätsvorlagen und Rechtsverordnungen.

(3) Als Vorlagen im Sinne des § 76 gelten auch Kleine Anfragen; sie können nicht als Verhandlungsgegenstand auf die Tagesordnung gesetzt werden.

[1)] Nr. **1**.

§ 76 Vorlagen von Mitgliedern des Bundestages. (1) Vorlagen von Mitgliedern des Bundestages (§ 75) müssen von einer Fraktion oder von fünf vom Hundert der Mitglieder des Bundestages unterzeichnet sein, es sei denn, daß die Geschäftsordnung etwas anderes vorschreibt oder zuläßt.

(2) Gesetzentwürfe müssen, Anträge können mit einer kurzen Begründung versehen werden.

§ 77 Behandlung der Vorlagen. (1) [1]Vorlagen werden an die Mitglieder des Bundestages, des Bundesrates und an die Bundesministerien in der Regel auf elektronischem Weg verteilt. [2]Eine Verteilung in Papierform ist weiterhin zulässig.

(2) [1]Bei Vorlagen gemäß § 75 Abs. 1 Buchstabe e, die der Unterrichtung des Bundestages dienen (Berichte, Denkschriften, Programme, Gutachten, Nachweisungen und ähnliches), kann der Präsident, soweit sie nicht auf gesetzlichen Vorschriften oder Beschlüssen des Bundestages beruhen, im Benehmen mit dem Ältestenrat ganz oder teilweise von der Verteilung absehen. [2]In diesen Fällen wird der Eingang dieser Vorlagen und im Benehmen mit dem Ältestenrat die Art ihrer Behandlung als amtliche Mitteilung durch den Präsidenten bekanntgegeben. [3]Sie werden als Übersicht in einer Drucksache zusammengestellt, in der auch anzugeben ist, in welchen Räumen des Bundestages die Vorlagen eingesehen werden können.

§ 78 Beratungen. (1) [1]Gesetzentwürfe werden in drei Beratungen, Verträge mit auswärtigen Staaten und ähnliche Verträge, welche die politischen Beziehungen des Bundes regeln oder sich auf Gegenstände der Bundesgesetzgebung beziehen (Artikel 59 Abs. 2 des Grundgesetzes[1)]), grundsätzlich in zwei Beratungen und nur auf Beschluß des Bundestages in drei Beratungen, alle anderen Vorlagen grundsätzlich in einer Beratung behandelt. [2]Für Nachtragshaushaltsvorlagen gilt § 95 Abs. 1 Satz 6.

(2) [1]Anträge können ohne Aussprache einem Ausschuß überwiesen werden. [2]Auch wenn sie nicht verteilt sind, kann über sie abgestimmt werden, es sei denn, daß von einer Fraktion oder von anwesenden fünf vom Hundert der Mitglieder des Bundestages widersprochen wird. [3]Im übrigen gelten für Anträge sinngemäß die Vorschriften über die Beratung von Gesetzentwürfen.

(3) Werden Vorlagen gemäß Absatz 1 in zwei Beratungen behandelt, so finden für die Schlußberatung neben den Bestimmungen für die zweite Beratung (§§ 81, 82 und 83 Abs. 3) die Bestimmung über die Schlußabstimmung (§ 86) entsprechende Anwendung.

(4) Werden Vorlagen in einer Beratung behandelt, findet für Änderungsanträge § 82 Abs. 1 Satz 2 Anwendung.

(5) Soweit die Geschäftsordnung nichts anderes vorschreibt oder zuläßt, beginnen die Beratungen der Vorlagen frühestens am dritten Tage nach Verteilung der Drucksachen (§ 123).

(6) [1]Wird im Ältestenrat vorab vereinbart, anstelle einer Aussprache die schriftlichen Redetexte zu Protokoll zu nehmen, werden die betreffenden Punkte in der Tagesordnung kenntlich gemacht. [2]Eine Aussprache findet abweichend davon statt, wenn sie bis 18 Uhr des Vortages von einer Fraktion

---

[1)] Nr. **1**.

oder von fünf vom Hundert der Mitglieder des Bundestages verlangt wird. [3]Je Fraktion kann im Regelfall ein Redebeitrag in angemessenem Umfang zu Protokoll gegeben werden. [4]Der Umfang je Fraktion soll sich an den auf die Fraktionen entfallenden Redezeiten bei einer Aussprache von 30 Minuten orientieren. [5]Die Redetexte sollen dem Sitzungsvorstand spätestens bis zum Aufruf des Tagesordnungspunktes vorliegen.

§ 79 Erste Beratung von Gesetzentwürfen. [1]In der ersten Beratung findet eine allgemeine Aussprache nur statt, wenn es vom Ältestenrat empfohlen, bis zum Aufruf des betreffenden Punktes der Tagesordnung von einer Fraktion oder von anwesenden fünf vom Hundert der Mitglieder des Bundestages verlangt oder gemäß § 80 Abs. 4 beschlossen wird. [2]In der Aussprache werden nur die Grundsätze der Vorlagen besprochen. [3]Sachanträge dürfen nicht gestellt werden.

§ 80 Überweisung an einen Ausschuß. (1) [1]Am Schluß der ersten Beratung wird der Gesetzentwurf vorbehaltlich einer abweichenden Entscheidung gemäß Absatz 2 einem Ausschuß überwiesen; er kann nur in besonderen Fällen gleichzeitig mehreren Ausschüssen überwiesen werden, wobei der federführende Ausschuß zu bestimmen ist. [2]Weitere Ausschüsse können sich im Benehmen mit dem federführenden Ausschuß an der Beratung bestimmter Fragen der Vorlage gutachtlich beteiligen.

(2) [1]Auf Antrag einer Fraktion oder von fünf vom Hundert der Mitglieder des Bundestages kann der Bundestag mit einer Zweidrittelmehrheit der anwesenden Mitglieder beschließen, ohne Ausschußüberweisung in die zweite Beratung einzutreten. [2]Für den Antrag gilt die Frist des § 20 Abs. 2 Satz 3. [3]Bei Finanzvorlagen soll vor Eintritt in die zweite Beratung dem Haushaltsausschuß Gelegenheit gegeben werden, die Vorlage gemäß § 96 Abs. 4 zu prüfen. [4]Die Fristenregelung des § 96 Abs. 8 Satz 2 findet keine Anwendung.

(3) [1]Vorlagen gemäß § 75 Abs. 1 Buchstabe e kann der Präsident, ohne sie auf die Tagesordnung zu setzen, nach Vereinbarung im Ältestenrat einem Ausschuß überweisen. [2]Eine Berichterstattung an den Bundestag erfolgt nur, wenn der Ausschuß einen über die Kenntnisnahme hinausgehenden Beschluß empfehlen will. [3]Erhebt der Haushaltsausschuß gegen eine Unionsvorlage (§ 93), deren Finanzierung nicht durch den jeweiligen jährlichen Eigenmittelansatz der Europäischen Union gedeckt ist oder erkennbar nicht gedeckt sein wird, Bedenken zu ihrer Vereinbarkeit mit dem laufenden oder mit künftigen Haushalten des Bundes, hat der federführende Ausschuß Bericht zu erstatten.

(4) [1]Vorlagen, die nach Vereinbarung im Ältestenrat im vereinfachten Verfahren behandelt werden sollen, werden in einem gemeinsamen Tagesordnungspunkt zusammengefaßt. [2]Über die Überweisung dieser Vorlagen wird ohne Aussprache in einer einzigen Abstimmung insgesamt abgestimmt. [3]Wird die Teilung der Abstimmung beantragt (§ 47), bedarf es einer Abtrennung der Abstimmung über den Überweisungsvorschlag zu einer Vorlage nicht, falls dem Antrag eines Mitglieds des Bundestages zur Änderung des Überweisungsvorschlags des Ältestenrats nicht widersprochen wird. [4]Wird zu einer Vorlage, für die das vereinfachte Verfahren vorgesehen ist, von einem Mitglied des Bundestages die Aussprache beantragt, ist über diesen Antrag zuerst abzustimmen. [5]Findet der Antrag die Mehrheit, wird die betroffene Vorlage als Zusatzpunkt auf die Tagesordnung der laufenden Sitzungswoche gesetzt.

§ 80a Überprüfung von Gesetzentwürfen auf sprachliche Richtigkeit und Verständlichkeit. (1) [1] Ein beim Bundestag eingerichteter oder angesiedelter Redaktionsstab soll auf Beschluss des federführenden Ausschusses einen Gesetzentwurf auf sprachliche Richtigkeit und Verständlichkeit prüfen und bei Bedarf Empfehlungen an den Ausschuss richten. [2] Der federführende Ausschuss kann den Redaktionsstab im gesamten Verlauf seines Beratungsverfahrens hinzuziehen und um Prüfung bitten. [3] Dies gilt insbesondere für die Prüfung von Änderungsanträgen, deren Annahme zu erwarten ist.

(2) Darüber hinaus bietet der Redaktionsstab auch sonstige sprachliche Beratung an.

§ 81 Zweite Beratung von Gesetzentwürfen. (1) [1] Die zweite Beratung wird mit einer allgemeinen Aussprache eröffnet, wenn sie vom Ältestenrat empfohlen oder von einer Fraktion oder von anwesenden fünf vom Hundert der Mitglieder des Bundestages verlangt wird. [2] Sie beginnt am zweiten Tage nach Verteilung der Beschlußempfehlung und des Ausschußberichts, früher nur, wenn auf Antrag einer Fraktion oder von fünf vom Hundert der Mitglieder des Bundestages zwei Drittel der anwesenden Mitglieder des Bundestages es beschließen; bei Gesetzentwürfen der Bundesregierung, die für dringlich erklärt worden sind (Artikel 81 des Grundgesetzes[1)]), kann die Fristverkürzung mit der Mehrheit der Mitglieder des Bundestages beschlossen werden. [3] Für den Antrag gilt die Frist des § 20 Abs. 2 Satz 3.

(2) [1] Über jede selbständige Bestimmung wird der Reihenfolge nach und zuletzt über Einleitung und Überschrift die Aussprache eröffnet und geschlossen. [2] Nach Schluß der Aussprache über jede Einzelbestimmung wird abgestimmt.

(3) Auf Beschluß des Bundestages kann die Reihenfolge geändert, die Aussprache über mehrere Einzelbestimmungen verbunden oder über Teile einer Einzelbestimmung oder über verschiedene Änderungsanträge zu demselben Gegenstand getrennt werden.

(4) [1] Über mehrere oder alle Teile eines Gesetzentwurfs kann gemeinsam abgestimmt werden. [2] Über Verträge mit auswärtigen Staaten und ähnliche Verträge gemäß Artikel 59 Abs. 2 des Grundgesetzes wird im ganzen abgestimmt.

§ 82 Änderungsanträge und Zurückverweisung in zweiter Beratung.

(1) [1] Änderungen zu Gesetzentwürfen in zweiter Beratung können beantragt werden, solange die Beratung des Gegenstandes, auf den sie sich beziehen, noch nicht abgeschlossen ist. [2] Die Anträge müssen von mindestens einem Mitglied des Bundestages unterzeichnet sein und können mit einer kurzen Begründung versehen werden; wenn sie noch nicht verteilt sind, werden sie verlesen.

(2) Zu Verträgen mit auswärtigen Staaten und ähnlichen Verträgen, welche die politischen Beziehungen des Bundes regeln oder sich auf Gegenstände der Bundesgesetzgebung beziehen (Artikel 59 Abs. 2 des Grundgesetzes[1)]), sind Änderungsanträge nicht zulässig.

[1)] Nr. 1.

(3) Solange nicht die letzte Einzelabstimmung erledigt ist, kann die Vorlage ganz oder teilweise auch an einen anderen Ausschuß zurückverwiesen werden; dies gilt auch für bereits beratene Teile.

§ 83 Zusammenstellung der Änderungen. (1) Wurden in der zweiten Beratung Änderungen beschlossen, so läßt sie der Präsident zusammenstellen.

(2) Die Beschlüsse der zweiten bilden die Grundlage der dritten Beratung.

(3) Sind in der zweiten Beratung alle Teile eines Gesetzentwurfs abgelehnt worden, so ist die Vorlage abgelehnt und jede weitere Beratung unterbleibt.

§ 84 Dritte Beratung von Gesetzentwürfen. [1] Die dritte Beratung erfolgt,

a) wenn in zweiter Beratung keine Änderungen beschlossen worden sind, anschließend,

b) wenn Änderungen beschlossen sind, am zweiten Tage nach Verteilung der Drucksachen mit den beschlossenen Änderungen, früher nur, wenn auf Antrag einer Fraktion oder von fünf vom Hundert der Mitglieder des Bundestages zwei Drittel der anwesenden Mitglieder des Bundestages es beschließen; bei Gesetzentwürfen der Bundesregierung, die für dringlich erklärt worden sind (Artikel 81 des Grundgesetzes[1)]), kann die Fristverkürzung mit der Mehrheit der Mitglieder des Bundestages beschlossen werden. Für den Antrag gilt die Frist des § 20 Abs. 2 Satz 3.

[2] Sie beginnt mit einer allgemeinen Aussprache nur dann, wenn in zweiter Beratung keine allgemeine Aussprache stattgefunden hat und sie vom Ältestenrat empfohlen oder von anwesenden fünf vom Hundert der Mitglieder des Bundestages verlangt wird.

§ 85 Änderungsanträge und Zurückverweisung in dritter Beratung.

(1) [1] Änderungsanträge zu Gesetzentwürfen in dritter Beratung müssen von einer Fraktion oder von fünf vom Hundert der Mitglieder des Bundestages unterzeichnet sein und können mit einer kurzen Begründung versehen werden. [2] Sie dürfen sich nur auf diejenigen Bestimmungen beziehen, zu denen in zweiter Beratung Änderungen beschlossen wurden. [3] Die Einzelberatung ist auf diese Bestimmungen beschränkt.

(2) [1] Vor der Schlußabstimmung kann die Vorlage ganz oder teilweise auch an einen anderen Ausschuß zurückverwiesen werden; § 80 Abs. 1 findet Anwendung. [2] Schlägt der Ausschuß Änderungen gegenüber den Beschlüssen des Bundestages in zweiter Beratung vor, wird die Beschlußempfehlung erneut in zweiter Beratung behandelt.

§ 86 Schlußabstimmung. [1] Nach Schluß der dritten Beratung wird über den Gesetzentwurf abgestimmt. [2] Sind die Beschlüsse der zweiten Beratung unverändert geblieben, so folgt die Schlußabstimmung unmittelbar. [3] Wurden Änderungen vorgenommen, so muß die Schlußabstimmung auf Verlangen einer Fraktion oder von anwesenden fünf vom Hundert der Mitglieder des Bundestages ausgesetzt werden, bis die Beschlüsse zusammengestellt und ver-

---

1) Nr. **1**.

teilt sind. [4] Über Verträge mit auswärtigen Staaten und ähnliche Verträge findet keine besondere Schlußabstimmung statt.

§ 87 Verfahren zu Artikel 113 des Grundgesetzes. (1) [1] Macht die Bundesregierung von Artikel 113 Abs. 1 Satz 3 des Grundgesetzes[1)] Gebrauch, so ist die Beschlußfassung auszusetzen. [2] Der Gesetzentwurf darf frühestens nach Eingang der Stellungnahme der Bundesregierung oder sechs Wochen nach Zugang des Verlangens der Bundesregierung beim Bundestagspräsidenten auf die Tagesordnung gesetzt werden.

(2) Verlangt die Bundesregierung nach Artikel 113 Abs. 2 des Grundgesetzes, daß der Bundestag erneut Beschluß faßt, gilt der Gesetzentwurf als an den federführenden Ausschuß und an den Haushaltsausschuß zurückverwiesen.

(3) [1] Ist das beschlossene Gesetz dem Bundesrat gemäß § 122 bereits zugeleitet worden, hat der Präsident den Bundesrat von dem Verlangen der Bundesregierung in Kenntnis zu setzen. [2] In diesem Falle gilt die Zuleitung als nicht erfolgt.

§ 88 Behandlung von Entschließungsanträgen. (1) [1] Über Entschließungsanträge (§ 75 Abs. 2 Buchstabe c) wird nach der Schlußabstimmung über den Verhandlungsgegenstand oder, wenn keine Schlußabstimmung möglich ist, nach Schluß der Aussprache abgestimmt. [2] Über Entschließungsanträge zu Teilen des Haushaltsplanes kann während der dritten Beratung abgestimmt werden.

(2) [1] Entschließungsanträge können einem Ausschuß nur überwiesen werden, wenn die Antragsteller nicht widersprechen. [2] Auf Verlangen einer Fraktion oder von anwesenden fünf vom Hundert der Mitglieder des Bundestages ist die Abstimmung auf den nächsten Sitzungstag zu verschieben.

§ 89 Einberufung des Vermittlungsausschusses. Auf Antrag einer Fraktion oder von fünf vom Hundert der Mitglieder des Bundestages kann der Bundestag beschließen, zu Gesetzen, die der Zustimmung des Bundesrates bedürfen, die Einberufung des Vermittlungsausschusses zu verlangen (Artikel 77 Abs. 2 Satz 4 des Grundgesetzes[1)], § 75 Abs. 1 Buchstabe d).

§ 90 Beratung von Beschlußempfehlungen des Vermittlungsausschusses. (1) Sieht der Einigungsvorschlag des Vermittlungsausschusses eine Änderung des vom Bundestag beschlossenen Gesetzes vor, gilt für die Behandlung des Einigungsvorschlages im Bundestag § 10 der Geschäftsordnung des Vermittlungsausschusses.

(2) [1] Die Beratung der Beschlussempfehlung des Vermittlungsausschusses beginnt am zweiten Tag nach der Verteilung als Drucksache, früher nur, wenn auf Antrag einer Fraktion oder von fünf vom Hundert der Mitglieder des Bundestages zwei Drittel der anwesenden Mitglieder des Bundestages es beschließen. [2] Für den Antrag gilt die Frist des § 20 Absatz 2 Satz 3.

§ 91 Einspruch des Bundesrates. [1] Über den Antrag auf Zurückweisung eines Einspruchs des Bundesrates gegen ein vom Bundestag beschlossenes

---

[1)] Nr. 1.

Gesetz (Artikel 77 Abs. 4 des Grundgesetzes[1)]) wird ohne Begründung und Aussprache abgestimmt. [2]Vor der Abstimmung können lediglich Erklärungen abgegeben werden. [3]Über den Antrag wird durch Zählung der Stimmen gemäß § 51 abgestimmt, wenn nicht namentliche Abstimmung verlangt wird (§ 52).

§ 92 Rechtsverordnungen. [1]Rechtsverordnungen der Bundesregierung, die der Zustimmung des Bundestages bedürfen oder deren Aufhebung der Bundestag innerhalb einer bestimmten Frist verlangen kann, überweist der Präsident im Benehmen mit dem Ältestenrat unmittelbar an die zuständigen Ausschüsse. [2]Dabei hat er eine Frist zu bestimmen, innerhalb der der federführende Ausschuß dem Bundestag einen Bericht vorzulegen hat. [3]Der Bericht des Ausschusses ist auf die Tagesordnung der nächsten Sitzung des Bundestages zu setzen. [4]Legt der Ausschuß diesen Bericht nicht rechtzeitig vor, ist die Vorlage auch ohne Ausschußbericht zur Beschlußfassung auf die Tagesordnung der nächsten Sitzung des Bundestages zu setzen.

§ 93 Zuleitung und Überweisung von Unionsdokumenten. (1) Dokumente, Berichte, Unterrichtungen, Mitteilungen und sonstige Informationen in Angelegenheiten der Europäischen Union, die dem Bundestag von der Bundesregierung oder Organen der Europäischen Union übermittelt werden, sowie Unterrichtungen des Europäischen Parlaments (Unionsdokumente) dienen dem Bundestag als Grundlage zur Wahrnehmung seiner Rechte aus Artikel 23 des Grundgesetzes[1)] und zur Mitwirkung in Angelegenheiten der Europäischen Union.

(2) Ein Verzicht gegenüber der Bundesregierung auf die Zuleitung von Unionsdokumenten scheidet bei Widerspruch einer Fraktion oder von fünf vom Hundert der Mitglieder des Bundestages aus.

(3) [1]Unionsdokumente, die Vorhaben oder Unterrichtungen im Sinne der §§ 5 und 7 des Gesetzes über die Zusammenarbeit von Bundesregierung und Deutschem Bundestag in Angelegenheiten der Europäischen Union sowie Entschließungen des Europäischen Parlaments beinhalten, kommen für eine Überweisung grundsätzlich in Betracht. [2]Bei Vorbereitung der Überweisungsentscheidung wird die Beratungsrelevanz des Dokuments in Abstimmung mit den Fraktionen bewertet (Priorisierung). [3]Andere Unionsdokumente werden in geeigneter Form für eine Kenntnisnahme angeboten; auf Verlangen einer Fraktion oder von fünf vom Hundert der Mitglieder des Bundestages findet auch insoweit eine Überweisung statt.

(4) [1]Die zuständigen Ausschüsse können Unionsdokumente, die ihnen nicht oder noch nicht überwiesen sind, zum Verhandlungsgegenstand erklären. [2]Die Ausschüsse haben dem Vorsitzenden des Ausschusses für die Angelegenheiten der Europäischen Union anzuzeigen, welche Unionsdokumente sie zum Verhandlungsgegenstand erklärt haben.

(5) [1]Der Vorsitzende des Ausschusses für die Angelegenheiten der Europäischen Union legt dem Präsidenten in Abstimmung mit den anderen Ausschüssen einen Überweisungsvorschlag für die eingegangenen Unionsdokumente und für die von den Ausschüssen zum Verhandlungsgegenstand erklärten Uni-

---

1) Nr. **1**.

onsdokumente vor. [2]Der Präsident überweist die Unionsdokumente im Benehmen mit den Fraktionen unverzüglich an einen Ausschuss federführend und an andere Ausschüsse zur Mitberatung. [3]Wird der vorgesehenen oder erfolgten Überweisung von einem Ausschuss oder einer Fraktion widersprochen, entscheidet der Ältestenrat.

(6) [1]Die Titel der überwiesenen Unionsdokumente werden in eine Sammelübersicht aufgenommen, die verteilt wird und aus der ersichtlich ist, welchen Ausschüssen die Vorlagen überwiesen worden sind. [2]Unionsdokumente im Sinne des Absatzes 3 Satz 1, zu denen von keiner Fraktion eine Beratungsrelevanz angemeldet bzw. eine Überweisung vorgeschlagen wird, werden in der Sammelübersicht gesondert aufgeführt.

(7) [1]Ein Unionsdokument wird als Bundestagsdrucksache verteilt, wenn es der Vorsitzende des Ausschusses für die Angelegenheiten der Europäischen Union bei seinem Überweisungsvorschlag vorsieht oder wenn der federführende Ausschuss eine über die Kenntnisnahme hinausgehende Beschlussempfehlung vorlegt. [2]Andere als in Absatz 3 Satz 1 aufgeführte Unionsdokumente werden nicht als Bundestagsdrucksache verteilt; bezieht sich eine Beschlussempfehlung auf ein derartiges Unionsdokument, wird unter Wahrung der Vertraulichkeit nur über dessen wesentlichen Inhalt berichtet.

(8) Schriftliche Unterrichtungen der Bundesregierung nach § 8 Absatz 5 des Gesetzes über die Zusammenarbeit von Bundesregierung und Deutschem Bundestag in Angelegenheiten der Europäischen Union müssen auf Verlangen einer Fraktion oder von fünf vom Hundert der Mitglieder des Bundestages innerhalb von drei Sitzungswochen nach Eingang auf die Tagesordnung der Sitzung des Bundestages gesetzt und beraten werden.

§ 93a Ausschussberatung von Unionsdokumenten. (1) [1]Bei der Beratung von Unionsdokumenten prüfen die Ausschüsse auch die Einhaltung der Grundsätze der Subsidiarität und Verhältnismäßigkeit. [2]Wird beabsichtigt, insoweit eine Verletzung zu rügen, ist unverzüglich der Ausschuss für die Angelegenheiten der Europäischen Union zu informieren, um diesem zunächst Gelegenheit zur Stellungnahme zu geben. [3]Beabsichtigt der federführende Ausschuss nur eine Kenntnisnahme, ist dennoch dem Bundestag zu berichten, falls der Ausschuss für die Angelegenheiten der Europäischen Union Bedenken wegen einer Verletzung der Grundsätze der Subsidiarität und Verhältnismäßigkeit geltend macht. [4]Die Ausschüsse berücksichtigen bei ihrer Beschlussfassung die auf der Ebene der Europäischen Union maßgeblichen Fristvorgaben.

(2) [1]Die Ausschüsse können ihren Beratungen und einer Beschlussempfehlung ein Folgedokument zu dem ihnen überwiesenen Unionsdokument zugrunde legen. [2]Ebenso kann ein federführender Ausschuss wiederholt eine Beschlussempfehlung vorlegen, insbesondere um neueren Entwicklungen Rechnung zu tragen. [3]Die mitberatenden Ausschüsse sind zu unterrichten und erhalten Gelegenheit, innerhalb einer vom federführenden Ausschuss festgelegten Frist eine bereits abgegebene Stellungnahme zu ergänzen oder erneut eine Stellungnahme abzugeben.

(3) [1]Ein für ein bestimmtes Unionsdokument federführender Ausschuss ist auch nach Abgabe einer Stellungnahme des Bundestages für die Behandlung eines Bemühens der Bundesregierung zur Erzielung eines Einvernehmens mit dem Bundestag nach Einlegung eines Parlamentsvorbehalts zuständig. [2]Absatz 2

Satz 3 gilt entsprechend. [3]Der federführende Ausschuss hat dem Bundestag eine erneute Beschlussempfehlung vorzulegen.

(4) Absatz 3 gilt entsprechend für das Einvernehmen zwischen Bundestag und Bundesregierung über die Aufnahme von Verhandlungen über Beitritte und Vertragsänderungen nach § 9 des Gesetzes über die Zusammenarbeit von Bundesregierung und Deutschem Bundestag in Angelegenheiten der Europäischen Union.

(5) [1]Die Ausschüsse können Mitglieder des Europäischen Parlaments sowie Mitglieder des Rates und der Kommission der Europäischen Union oder deren Beauftragte zu ihren Beratungen in Europaangelegenheiten hinzuziehen. [2]Sie können Unionsdokumente gemeinsam mit Ausschüssen des Europäischen Parlaments gleicher Zuständigkeit beraten.

(6) Die Ausschüsse können zur Vorbereitung von Entscheidungen über Unionsdokumente Delegationen zu einem Ausschuss des Europäischen Parlaments mit gleicher Zuständigkeit oder zu anderen Organen der Europäischen Union entsenden.

§ 93b Ausschuss für die Angelegenheiten der Europäischen Union.

(1) Dem gemäß Artikel 45 des Grundgesetzes[1)] vom Bundestag zu bestellenden Ausschuss für die Angelegenheiten der Europäischen Union obliegt nach Maßgabe der Geschäftsordnung und der Beschlüsse des Bundestages die Behandlung der Unionsdokumente gemäß § 93 Abs. 1.

(2) [1]Der Bundestag kann auf Antrag einer Fraktion oder von fünf vom Hundert der Mitglieder des Bundestages den Ausschuss für die Angelegenheiten der Europäischen Union ermächtigen, zu bestimmt bezeichneten Unionsdokumenten oder hierauf bezogenen Vorlagen die Rechte des Bundestages gemäß Artikel 23 des Grundgesetzes gegenüber der Bundesregierung sowie die Rechte, die dem Bundestag in den vertraglichen Grundlagen der Europäischen Union eingeräumt sind, wahrzunehmen. [2]Soweit die Rechte im Integrationsverantwortungsgesetz ausgestaltet sind, kommt eine Ermächtigung nur in Betracht, wenn die Beteiligung des Bundestages nicht in der Form eines Gesetzes erfolgen muss. [3]Auch ohne eine Ermächtigung nach Satz 1 kann der Ausschuss für die Angelegenheiten der Europäischen Union die Rechte des Bundestages gemäß Satz 1 gegenüber der Bundesregierung wahrnehmen, sofern nicht einer der beteiligten Ausschüsse widerspricht. [4]Satz 3 gilt nicht im Bereich der Gemeinsamen Außen- und Sicherheitspolitik sowie für Beschlüsse nach § 9 Absatz 1 des Integrationsverantwortungsgesetzes[2)]. [5]Die Rechte des Bundestages nach Artikel 45 Satz 3 des Grundgesetzes kann er nach Maßgabe der nachfolgenden Regelungen wahrnehmen. [6]Das Recht des Bundestages, über eine Angelegenheit der Europäischen Union jederzeit selbst zu beschließen, bleibt unberührt.

(3) [1]Der Ausschuss für die Angelegenheiten der Europäischen Union hat im Falle einer Ermächtigung gemäß Absatz 2 Satz 1 vor der Abgabe einer Stellungnahme gegenüber der Bundesregierung zu dem Unionsdokument eine Stellungnahme der beteiligten Ausschüsse einzuholen. [2]Will er von der Stellungnahme eines oder mehrerer Ausschüsse abweichen, soll eine gemeinsame Sit-

[1)] Nr. 1.
[2)] Nr. 1c.

zung mit den mitberatenden Ausschüssen anberaumt werden. [3]In eilbedürftigen Fällen können die Vorsitzenden der mitberatenden Ausschüsse entsprechend § 72 Satz 2 schriftlich abstimmen lassen.

(4) [1]Will der Ausschuss für die Angelegenheiten der Europäischen Union von seinem Recht gemäß Absatz 2 Satz 3 Gebrauch machen, gilt für das Verfahren Absatz 3 entsprechend. [2]Ein federführender Ausschuss kann unter Angabe einer Begründung verlangen, dass der Ausschuss für die Angelegenheiten der Europäischen Union prüft, ob er von seinem Recht gemäß Absatz 2 Satz 2 Gebrauch macht; bei Ablehnung gilt Absatz 6 entsprechend. [3]Mitberatende Ausschüsse sind zu beteiligen, wenn der federführende und der Ausschuss für die Angelegenheiten der Europäischen Union dies für erforderlich halten; Absatz 3 Satz 3 gilt entsprechend.

(5) Zur Einberufung einer Sitzung des Ausschusses für die Angelegenheiten der Europäischen Union außerhalb des Zeitplanes oder außerhalb des ständigen Sitzungsortes des Bundestages ist der Vorsitzende des Ausschusses abweichend von § 60 auch berechtigt, wenn es die Terminplanung der zuständigen Organe der Europäischen Union erfordert und die Genehmigung des Präsidenten erteilt worden ist.

(6) [1]Über den Inhalt und die Begründung der vom Ausschuss für die Angelegenheiten der Europäischen Union beschlossenen Stellungnahme gegenüber der Bundesregierung zu einem Unionsdokument erstattet der Ausschuss für die Angelegenheiten der Europäischen Union einen Bericht, der als Bundestagsdrucksache verteilt wird und innerhalb von drei Sitzungswochen nach der Verteilung auf die Tagesordnung zu setzen ist. [2]Eine Aussprache findet jedoch nur statt, wenn diese von einer Fraktion oder von anwesenden fünf vom Hundert der Mitglieder des Bundestages verlangt wird.

(7) Der Ausschuss für die Angelegenheiten der Europäischen Union kann bei einem Unionsdokument, das ihm zur Mitberatung überwiesen worden ist, Änderungsanträge zur Beschlussempfehlung des federführenden Ausschusses stellen; der Änderungsantrag muss bis spätestens 18 Uhr des Vortages der Beratung der Beschlussempfehlung zu dem Unionsdokument dem Präsidenten vorgelegt werden.

(8) [1]Zu den Sitzungen des Ausschusses für die Angelegenheiten der Europäischen Union erhalten deutsche Mitglieder des Europäischen Parlaments Zutritt; weitere deutsche Mitglieder des Europäischen Parlaments sind als Vertreter zur Teilnahme berechtigt. [2]Die mitwirkungsberechtigten Mitglieder des Europäischen Parlaments werden vom Präsidenten des Deutschen Bundestages auf Vorschlag der Fraktionen des Bundestages, aus deren Parteien deutsche Mitglieder in das Europäische Parlament gewählt worden sind, bis zur Neuwahl des Europäischen Parlaments, längstens bis zum Ende der Wahlperiode des Deutschen Bundestages berufen. [3]Die berufenen Mitglieder des Europäischen Parlaments sind befugt, die Beratung von Verhandlungsgegenständen anzuregen sowie während der Beratungen des Ausschusses für die Angelegenheiten der Europäischen Union Auskünfte zu erteilen und Stellung zu nehmen.

§ 93c Subsidiaritätsrüge. Die Entscheidung, gemäß Artikel 6 des Protokolls über die Anwendung der Grundsätze der Subsidiarität und der Verhältnismäßigkeit eine Subsidiaritätsrüge zu erheben, wird grundsätzlich vom Bundestag getroffen; nach Maßgabe des § 93b Absatz 2 bis 4 kann hierüber auch der Ausschuss für die Angelegenheiten der Europäischen Union entscheiden.

§ 93d Subsidiaritätsklage. (1) [1]Beschließt der Bundestag die Erhebung einer Klage nach Artikel 8 des Protokolls über die Anwendung der Grundsätze der Subsidiarität und der Verhältnismäßigkeit (Subsidiaritätsklage), ist für deren Durchführung einschließlich der Prozessführung vor dem Europäischen Gerichtshof der Ausschuss für die Angelegenheiten der Europäischen Union zuständig. [2]Dies schließt die Formulierung der Klageschrift und die Benennung eines Prozessbevollmächtigten ein, falls dies nicht bereits durch den Bundestag beschlossen wurde.

(2) [1]Verlangt mindestens ein Viertel der Mitglieder des Bundestages die Erhebung der Klage (Artikel 23 Absatz 1a Satz 2 des Grundgesetzes[1)]), ist der Antrag so rechtzeitig zu stellen, dass innerhalb der Klagefrist eine angemessene Beratung im Bundestag gesichert ist. [2]Der Antrag hat mindestens die wesentlichen Klagegründe zu benennen. [3]Absatz 1 gilt mit der Maßgabe, dass die Benennung eines Prozessbevollmächtigten im Einvernehmen mit den Antragstellern erfolgt und bei der Formulierung der Klageschrift sowie der Durchführung des Klageverfahrens die Antragsteller angemessen zu beteiligen sind. [4]Diese haben einen Bevollmächtigten zu benennen. [5]§ 69 Absatz 3 Satz 3 ist anzuwenden.

(3) [1]Abweichende Auffassungen, die gemäß § 12 Absatz 1 Satz 2 des Integrationsverantwortungsgesetzes[2)] von mindestens einem Viertel der Mitglieder des Bundestages vertreten werden, sind ebenfalls in die Klageschrift aufzunehmen. [2]Absatz 2 Satz 3 zweiter Halbsatz, Satz 4 und 5 gilt entsprechend.

(4) [1]Fällt der Ablauf der Frist für die Einreichung einer Subsidiaritätsklage auf einen Zeitpunkt außerhalb des Zeitplanes des Bundestages, ist der Ausschuss für die Angelegenheiten der Europäischen Union zur Erhebung der Klage ermächtigt, sofern nicht der Bundestag zuvor hierüber entschieden hat. [2]§ 93b Absatz 2 Satz 3 gilt entsprechend.

§ 94 Stabilitätsvorlagen. [1]Vorlagen der Bundesregierung gemäß § 8 Abs. 1 des Gesetzes zur Förderung der Stabilität und des Wachstums der Wirtschaft (Stabilitätsvorlagen) werden vom Präsidenten unmittelbar dem Haushaltsausschuß überwiesen. [2]Der Haushaltsausschuß hat die Vorlage spätestens innerhalb der auf den Eingang der Stellungnahme des Bundesrates folgenden Sitzungswoche zu beraten. [3]Der Bericht des Haushaltsausschusses ist spätestens einen Tag vor Ablauf von vier Wochen nach Eingang der Vorlage beim Bundestag auf die Tagesordnung zu setzen. [4]Hat der Haushaltsausschuß bis zu diesem Zeitpunkt keine Beschlußempfehlung vorgelegt, ist die Vorlage ohne Ausschußbericht auf die Tagesordnung der nächsten Sitzung des Bundestages zu setzen. [5]Änderungsanträge zu Stabilitätsvorlagen dürfen nur auf eine Kürzung der Ausgaben gerichtet sein (§ 42 der Bundeshaushaltsordnung).

§ 95 Haushaltsvorlagen. (1) [1]Haushaltsvorlagen sind der Entwurf des Haushaltsgesetzes und des Haushaltsplans, Änderungsvorlagen zu diesen Entwürfen (Ergänzungsvorlagen), Vorlagen zur Änderung des Haushaltsgesetzes und des

---

1) Nr. **1**.
2) Nr. **1c**.

Haushaltsplans (Nachtragshaushaltsvorlagen) sowie sonstige den Haushalt betreffende Vorlagen. [2]Alle Haushaltsvorlagen sind dem Haushaltsausschuß zu überweisen; auf ihr Verlangen sind die Fachausschüsse gutachtlich zu hören. [3]§ 63 Abs. 2 gilt entsprechend. [4]Der Haushaltsausschuß soll die Stellungnahmen der beteiligten Ausschüsse wiedergeben. [5]Ergänzungsvorlagen überweist der Präsident grundsätzlich ohne erste Beratung. [6]Nachtragshaushaltsvorlagen können auf Vorschlag des Ältestenrates durch den Präsidenten ohne erste Beratung überwiesen und in einer Beratung abschließend behandelt werden.

(2) Die zweite Beratung des Entwurfs des Haushaltsgesetzes und des Haushaltsplans darf frühestens sechs Wochen, die abschließende Beratung von Nachtragshaushaltsvorlagen frühestens drei Wochen nach Zuleitung erfolgen, es sei denn, die Stellungnahme des Bundesrates geht vor Ablauf der in Artikel 110 Abs. 3 des Grundgesetzes[1)] vorgesehenen Frist ein.

(3) Für die abschließende Beratung von Nachtragshaushaltsvorlagen findet neben den Bestimmungen für die zweite Beratung (§§ 81, 82) die Bestimmung über die Schlußabstimmung (§ 86) entsprechende Anwendung.

(4) [1]Nachtragshaushaltsvorlagen hat der Haushaltsausschuß spätestens innerhalb der auf den Eingang der Stellungnahme des Bundesrates folgenden Sitzungswoche zu beraten. [2]Der Bericht des Ausschusses ist auf die Tagesordnung der nächsten Sitzung des Bundestages zu setzen. [3]Hat der Ausschuß seine Beratungen nicht innerhalb der Frist abgeschlossen, ist die Vorlage ohne Ausschußbericht auf die Tagesordnung der nächsten Sitzung des Bundestages zu setzen.

§ 96 Finanzvorlagen. (1) [1]Finanzvorlagen sind alle Vorlagen, die wegen ihrer grundsätzlichen Bedeutung oder ihres finanziellen Umfangs geeignet sind, auf die öffentlichen Finanzen des Bundes oder der Länder erheblich einzuwirken und die nicht Haushaltsvorlagen im Sinne des § 95 sind. [2]Bei Zweifeln über den Charakter der Vorlagen entscheidet der Bundestag nach Anhörung des Haushaltsausschusses.

(2) [1]Finanzvorlagen werden nach der ersten Beratung dem Haushaltsausschuß und dem Fachausschuß überwiesen. [2]Werden Gesetzentwürfe durch die Annahme eines Änderungsantrags im Ausschuß zu Finanzvorlagen, hat der Ausschuß den Präsidenten hiervon in Kenntnis zu setzen. [3]Dieser überweist die vom Ausschuß beschlossene Fassung dem Haushaltsausschuß; die Überweisung kann mit einer Fristsetzung verbunden sein.

(3) [1]Finanzvorlagen von Mitgliedern des Bundestages müssen in der Begründung die finanziellen Auswirkungen darlegen. [2]Der Präsident gibt der Bundesregierung Gelegenheit, innerhalb von vier Wochen zu den Auswirkungen auf die öffentlichen Finanzen des Bundes und der Länder Stellung zu nehmen. [3]Der Bericht des Haushaltsausschusses darf erst nach Eingang der Stellungnahme der Bundesregierung oder nach vier Wochen auf die Tagesordnung gesetzt werden.

(4) [1]Soweit die Finanzvorlage auf die öffentlichen Finanzen des Bundes einwirkt, prüft der Haushaltsausschuß ihre Vereinbarkeit mit dem laufenden Haushalt und künftigen Haushalten. [2]Ergibt die Prüfung des Haushaltsausschusses, daß die Vorlage Auswirkungen auf den laufenden Haushalt hat, legt er zugleich

---

[1)] Nr. 1.

mit dem Bericht an den Bundestag einen Vorschlag zur Deckung der Mindereinnahmen oder Mehrausgaben vor; hat sie Auswirkungen auf die künftigen Haushalte, äußert sich der Haushaltsausschuß in seinem Bericht zu den Möglichkeiten künftiger Deckung. [3] Hat die Bundesregierung zu der Vorlage Stellung genommen, äußert sich der Haushaltsausschuß in seinem Bericht zu dieser Stellungnahme. [4] Kann der Haushaltsausschuß keinen Deckungsvorschlag machen, wird die Vorlage dem Bundestag vorgelegt, der nach Begründung durch einen Antragsteller lediglich über die Möglichkeit einer Deckung berät und beschließt. [5] Wird die Möglichkeit zur Deckung auch vom Bundestag verneint, gilt die Vorlage als erledigt.

(5) Soweit die Finanzvorlage auf die öffentlichen Finanzen der Länder einwirkt, teilt der Hauhaltsausschuß in seinem Bericht Art und Umfang der Einwirkungen mit.

(6) [1] Ergibt der Bericht des Haushaltsausschusses, daß Mitglieder oder Beauftragte der Bundesregierung Bedenken gegen die finanziellen Auswirkungen der Vorlage, der Beschlüsse des federführenden Ausschusses oder des Deckungsvorschlages erheben, gibt der Präsident der Bundesregierung Gelegenheit zur Stellungnahme, soweit diese nicht bereits vorliegt. [2] In diesem Fall kann der Bericht erst nach Eingang der Stellungnahme oder nach vier Wochen auf die Tagesordnung gesetzt werden. [3] Hat die Bundesregierung Stellung genommen, soll der Hauhaltsausschuß sich zu dieser Stellungnahme dem Bundestag gegenüber äußern.

(7) Werden in der zweiten Beratung Änderungen mit finanziellen Auswirkungen von grundsätzlicher Bedeutung oder erheblichem finanziellen Umfang beschlossen, erfolgt die dritte Beratung – nach vorheriger Beratung im Haushaltsausschuß – erst in der zweiten Woche nach der Beschlußfassung.

(8) [1] Berichte des Haushaltsausschusses, die einen Deckungsvorschlag enthalten, können ohne Einhaltung der für die zweite Beratung von Gesetzentwürfen vorgeschriebenen Frist (§ 81 Abs. 1 Satz 2) beraten werden. [2] Für Berichte, die keinen Deckungsvorschlag enthalten, kann die für die zweite Beratung vorgeschriebene Frist weder verkürzt noch aufgehoben werden, es sei denn, daß der Bundestag beschließt, gemäß § 80 Abs. 2 zu verfahren.

§ 96a Verfahren nach dem Parlamentsbeteiligungsgesetz. (1) Der Vorsitzende eines Ausschusses ist zur Einberufung einer Sitzung außerhalb des Zeitplans zur Beratung über einen Antrag gemäß § 4 Abs. 1 oder § 7 Abs. 1 in Verbindung mit § 4 Abs. 1 des Parlamentsbeteiligungsgesetzes verpflichtet, wenn es eine Fraktion im Ausschuss oder mindestens ein Drittel der Mitglieder des Ausschusses verlangt und die Genehmigung des Präsidenten erteilt worden ist.

(2) [1] Ein Verlangen auf Befassung des Bundestages gemäß § 4 Abs. 1 Satz 4 oder § 7 Abs. 1 in Verbindung mit § 4 Abs. 1 des Parlamentsbeteiligungsgesetzes muss binnen sieben Tagen seit der Verteilung der Drucksache beim Präsidenten eingehen. [2] Nach Eingang des Verlangens unterrichtet der Präsident die Fraktionen und die Bundesregierung hierüber unverzüglich.

(3) [1] Unterrichtet die Bundesregierung den Bundestag gemäß § 6 Abs. 1 des Parlamentsbeteiligungsgesetzes durch einen schriftlichen Bericht, wird dieser als Drucksache verteilt. [2] Das Gleiche gilt für sonstige schriftliche Unterrichtungen des Bundestages. [3] In Fällen des § 5 Abs. 1 des Parlamentsbeteiligungs-

gesetzes werden gemäß Absatz 2 grundsätzlich die Vorsitzenden und Obleute des Auswärtigen Ausschusses und des Verteidigungsausschusses außerhalb einer Ausschusssitzung unterrichtet. [4]Hat der Bundestag einem Antrag gemäß § 5 Abs. 3 des Parlamentsbeteiligungsgesetzes zugestimmt, gelten für weitere Unterrichtungen die allgemeinen Regelungen.

(4) Die Geheimschutzordnung des Deutschen Bundestages (Anlage 3) findet Anwendung.

§ 97 Mißtrauensantrag gegen den Bundeskanzler. (1) [1]Der Bundestag kann auf Antrag gemäß Artikel 67 Abs. 1 des Grundgesetzes[1)] dem Bundeskanzler das Mißtrauen aussprechen. [2]Der Antrag ist von einem Viertel der Mitglieder des Bundestages oder einer Fraktion, die mindestens ein Viertel der Mitglieder des Bundestages umfaßt, zu unterzeichnen und in der Weise zu stellen, daß dem Bundestag ein namentlich benannter Kandidat als Nachfolger zur Wahl vorgeschlagen wird. [3]Anträge, die diesen Voraussetzungen nicht entsprechen, dürfen nicht auf die Tagesordnung gesetzt werden.

(2) [1]Ein Nachfolger ist, auch wenn mehrere Wahlvorschläge gemacht sind, in einem Wahlgang mit verdeckten Stimmzetteln (§ 49) zu wählen. [2]Er ist nur dann gewählt, wenn er die Stimmen der Mehrheit der Mitglieder des Bundestages auf sich vereinigt.

(3) Für den Zeitpunkt der Wahl gilt Artikel 67 Abs. 2 des Grundgesetzes.

§ 98 Vertrauensantrag des Bundeskanzlers. (1) Der Bundeskanzler kann gemäß Artikel 68 des Grundgesetzes[1)] beantragen, ihm das Vertrauen auszusprechen; für den Zeitpunkt der Abstimmung über den Antrag gilt Artikel 68 Abs. 2 des Grundgesetzes.

(2) Findet der Antrag nicht die Zustimmung der Mehrheit der Mitglieder des Bundestages, kann der Bundestag binnen einundzwanzig Tagen auf Antrag eines Viertels der Mitglieder des Bundestages gemäß § 97 Abs. 2 einen anderen Bundeskanzler wählen.

§ 99 Dringliche Gesetzentwürfe der Bundesregierung nach Artikel 81 des Grundgesetzes. (1) [1]Gesetzentwürfe der Bundesregierung, die im Rahmen des Artikels 81 des Grundgesetzes[1)] von der Bundesregierung als dringlich bezeichnet oder nach Erklärung des Gesetzgebungsnotstandes dem Bundestag erneut vorgelegt worden sind, müssen auf Verlangen der Bundesregierung auf die Tagesordnung der nächsten Sitzung gesetzt werden. [2]Absetzen von der Tagesordnung ist nur einmal möglich.

(2) Der Gesetzentwurf gilt auch dann als abgelehnt, wenn zweimal in der zweiten oder dritten Beratung bei einer Einzel- oder Schlußabstimmung wegen Beschlußunfähigkeit ergebnislos abgestimmt worden ist.

§ 100 Große Anfragen. [1]Große Anfragen an die Bundesregierung (§ 75 Abs. 1 Buchstabe f) sind dem Präsidenten einzureichen; sie müssen kurz und bestimmt gefaßt sein und können mit einer kurzen Begründung versehen werden. [2]Wird in der Begründung auf andere Materialien verwiesen, findet § 77 Abs. 2 entsprechende Anwendung.

[1)] Nr. **1**.

§ 101 Beantwortung und Beratung von Großen Anfragen. [1]Der Präsident teilt der Bundesregierung die Große Anfrage mit und fordert zur Erklärung auf, ob und wann sie antworten werde. [2]Nach Eingang der Antwort wird die Große Anfrage auf die Tagesordnung gesetzt. [3]Die Beratung muß erfolgen, wenn sie von einer Fraktion oder von fünf vom Hundert der Mitglieder des Bundestages verlangt wird.

§ 102 Ablehnung der Beantwortung der Großen Anfragen. [1]Lehnt die Bundesregierung überhaupt oder für die nächsten drei Wochen die Beantwortung der Großen Anfrage ab, so kann der Bundestag die Große Anfrage zur Beratung auf die Tagesordnung setzen. [2]Sie muß erfolgen, wenn sie von einer Fraktion oder von fünf vom Hundert der Mitglieder des Bundestages verlangt wird. [3]Vor der Aussprache kann einer der Anfragenden das Wort zu einer zusätzlichen mündlichen Begründung erhalten.

§ 103 Beschränkung der Beratung über Große Anfragen. [1]Gehen Große Anfragen so zahlreich ein, daß sie die ordnungsgemäße Erledigung der Geschäfte gefährden, so kann der Bundestag zeitweilig die Beratungen darüber auf einen bestimmten wöchentlichen Sitzungstag beschränken. [2]Auch in diesem Falle kann der Bundestag die Beratung über einzelne Große Anfragen an einem anderen Sitzungstag beschließen.

§ 104 Kleine Anfragen. (1) [1]In Kleinen Anfragen (§ 75 Abs. 3) kann von der Bundesregierung Auskunft über bestimmt bezeichnete Bereiche verlangt werden. [2]Die Fragen sind dem Präsidenten einzureichen; sie dürfen keine unsachlichen Feststellungen oder Wertungen enthalten. [3]Eine kurze Begründung kann angefügt werden.

(2) Der Präsident fordert die Bundesregierung auf, die Fragen innerhalb von vierzehn Tagen schriftlich zu beantworten; er kann diese Frist im Benehmen mit dem Fragesteller verlängern.

§ 105 Fragen einzelner Mitglieder des Bundestages. [1]Jedes Mitglied des Bundestages ist berechtigt, kurze Einzelfragen zur mündlichen oder schriftlichen Beantwortung an die Bundesregierung zu richten. [2]Das Nähere wird in Richtlinien geregelt (Anlage 4).

§ 106 Aktuelle Stunde und Befragung der Bundesregierung. (1) Für die Aussprache über ein bestimmt bezeichnetes Thema von allgemeinem aktuellen Interesse in Kurzbeiträgen von fünf Minuten (Aktuelle Stunde) gelten, soweit diese Geschäftsordnung nichts anderes vorschreibt, die Richtlinien (Anlage 5).

(2) [1]In Sitzungswochen findet eine Befragung der Bundesregierung statt, bei der die Mitglieder des Bundestages Fragen von aktuellem Interesse an die Bundesregierung im Rahmen ihrer Verantwortlichkeit stellen können. [2]Das Nähere wird in Richtlinien geregelt (Anlage 7).

§ 107 Immunitätsangelegenheiten. (1) Ersuchen in Immunitätsangelegenheiten sind vom Präsidenten unmittelbar an den Ausschuß für Wahlprüfung, Immunität und Geschäftsordnung weiterzuleiten.

(2) Dieser hat Grundsätze über die Behandlung von Ersuchen auf Aufhebung der Immunität von Mitgliedern des Bundestages aufzustellen (Anlage 6) und diese Grundsätze zum Ausgangspunkt seiner in Einzelfällen zu erarbeitenden Beschlußempfehlungen an den Bundestag zu machen.

(3) [1] Die Beratung über eine Beschlußempfehlung ist an Fristen nicht gebunden. [2] Sie soll frühestens am dritten Tage nach Verteilung der Vorlage (§ 75 Abs. 1 Buchstabe h) beginnen. [3] Ist die Beschlußempfehlung noch nicht verteilt, wird sie verlesen.

(4) Vor der Konstituierung des Ausschusses für Wahlprüfung, Immunität und Geschäftsordnung kann der Präsident dem Bundestag in Immunitätsangelegenheiten unmittelbar eine Beschlußempfehlung vorlegen.

IX. Behandlung von Petitionen

§ 108 Zuständigkeit des Petitionsausschusses. (1) [1] Dem gemäß Artikel 45c des Grundgesetzes[1)] vom Bundestag zu bestellenden Petitionsausschuß obliegt die Behandlung der nach Artikel 17 des Grundgesetzes an den Bundestag gerichteten Bitten und Beschwerden. [2] Aufgaben und Befugnisse des Wehrbeauftragten des Bundestages bleiben unberührt.

(2) Soweit sich aus dem Gesetz über die Befugnisse des Petitionsausschusses des Deutschen Bundestages nichts anderes ergibt, werden die Petitionen gemäß den nachfolgenden Bestimmungen behandelt.

§ 109 Überweisung der Petitionen. (1) [1] Der Präsident überweist die Petitionen an den Petitionsausschuß. [2] Dieser holt eine Stellungnahme der Fachausschüsse ein, wenn die Petitionen einen Gegenstand der Beratung in diesen Fachausschüssen betreffen.

(2) Mitglieder des Bundestages, die eine Petition überreichen, sind auf ihr Verlangen zu den Ausschußverhandlungen mit beratender Stimme zuzuziehen.

§ 110 Rechte des Petitionsausschusses. (1) Der Petitionsausschuß hat Grundsätze[2)] über die Behandlung von Bitten und Beschwerden aufzustellen und diese Grundsätze zum Ausgangspunkt seiner Entscheidung im Einzelfall zu machen.

(2) Soweit Ersuchen um Aktenvorlage, Auskunft oder Zutritt zu Einrichtungen unmittelbar an Behörden des Bundes, bundesunmittelbare Körperschaften, Anstalten und Stiftungen des öffentlichen Rechts gerichtet werden, ist das zuständige Mitglied der Bundesregierung zu verständigen.

(3) Von der Anhörung des Petenten, Zeugen oder Sachverständigen ist das zuständige Mitglied der Bundesregierung rechtzeitig zu unterrichten.

§ 111 Übertragung von Befugnissen auf einzelne Mitglieder des Petitionsausschusses. [1] Die Übertragung von Befugnissen nach dem Gesetz nach Artikel 45c des Grundgesetzes[1)] auf eines oder mehrere seiner Mitglieder muß

[1)] Nr. 1.

[2)] Siehe die Bek. der Grundsätze des Petitionsausschusses über die Behandlung von Bitten und Beschwerden v. 17.5.1989 (BAnz. Nr. 97).

der Petitionsausschuß im Einzelfall beschließen. [2]Inhalt und Umfang der Übertragung sind im Beschluß zu bestimmen.

§ 112 Beschlußempfehlung und Bericht des Petitionsausschusses.

(1) [1]Der Bericht über die vom Petitionsausschuß behandelten Petitionen wird mit einer Beschlußempfehlung dem Bundestag in einer Sammelübersicht vorgelegt. [2]Der Bericht soll monatlich vorgelegt werden. [3]Darüber hinaus erstattet der Petitionsausschuß dem Bundestag jährlich einen schriftlichen Bericht über seine Tätigkeit.

(2) [1]Die Berichte werden verteilt und innerhalb von drei Sitzungswochen nach der Verteilung auf die Tagesordnung gesetzt; sie können vom Berichterstatter mündlich ergänzt werden. [2]Eine Aussprache findet jedoch nur statt, wenn diese von einer Fraktion oder von anwesenden fünf vom Hundert der Mitglieder des Bundestages verlangt wird.

(3) [1]Den Einsendern wird die Art der Erledigung ihrer Petition mitgeteilt. [2]Diese Mitteilung soll mit Gründen versehen sein.

X. Der Wehrbeauftragte des Bundestages

§ 113 Wahl des Wehrbeauftragten. Die Wahl des Wehrbeauftragten erfolgt mit verdeckten Stimmzetteln (§ 49).

§ 114 Berichte des Wehrbeauftragten. (1) Die Berichte des Wehrbeauftragten überweist der Präsident dem Verteidigungsausschuß, es sei denn, daß eine Fraktion oder fünf vom Hundert der Mitglieder des Bundestages verlangen, ihn auf die Tagesordnung zu setzen.

(2) Der Verteidigungsausschuß hat dem Bundestag Bericht zu erstatten.

§ 115 Beratung der Berichte des Wehrbeauftragten. (1) Der Präsident erteilt dem Wehrbeauftragten in der Aussprache über die von ihm vorgelegten Berichte das Wort, wenn es von einer Fraktion oder von anwesenden fünf vom Hundert der Mitglieder des Bundestages verlangt worden ist.

(2) Die Herbeirufung des Wehrbeauftragten zu den Sitzungen des Bundestages kann von einer Fraktion oder von anwesenden fünf vom Hundert der Mitglieder des Bundestages verlangt werden; Absatz 1 findet entsprechende Anwendung.

XI. Beurkundung und Vollzug der Beschlüsse des Bundestages

§ 116 Plenarprotokolle. (1) Über jede Sitzung wird ein Stenographischer Bericht (Plenarprotokoll) angefertigt.

(2) Die Plenarprotokolle werden an die Mitglieder des Bundestages verteilt.

(3) Alle anderen Aufnahmen der Verhandlungen des Bundestages, z.B. Tonbandaufnahmen, sind im Parlamentsarchiv niederzulegen.

§ 117 Prüfung der Niederschrift durch den Redner. [1]Jeder Redner erhält die Niederschrift seiner Rede zur Prüfung. [2]Sie ist innerhalb von zwei Stunden an den Stenographischen Dienst zurückzugeben. [3]Die Niederschrift wird in Druck gegeben, wenn der Redner sie nicht fristgerecht zurückgibt. [4]Niederschriften von Reden dürfen vor ihrer Prüfung durch den Redner einem anderen als dem Präsidenten nur mit Zustimmung des Redners zur Einsicht überlassen werden.

§ 118 Korrektur der Niederschrift. (1) [1]Durch Korrekturen, die der Redner an der Niederschrift vornimmt, darf der Sinn der Rede oder ihrer einzelnen Teile nicht geändert werden. [2]Ergeben sich hinsichtlich der Zulässigkeit einer Korrektur Zweifel und wird keine Verständigung zwischen dem Redner und dem Leiter des Stenographischen Dienstes erzielt, so ist die Entscheidung des amtierenden Präsidenten einzuholen.

(2) Der Präsident kann alle Beweismittel heranziehen.

§ 119 Niederschrift von Zwischenrufen. (1) Ein Zwischenruf, der in die Niederschrift aufgenommen worden ist, wird Bestandteil des Plenarprotokolls, es sei denn, daß er mit Zustimmung des Präsidenten und der Beteiligten gestrichen wird.

(2) Ein Zwischenruf, der dem Präsidenten entgangen ist, kann auch noch in der nächsten Sitzung gerügt werden.

§ 120 Beurkundung der Beschlüsse. [1]Außer dem Plenarprotokoll wird über jede Sitzung ein Beschlußprotokoll (Amtliches Protokoll) gefertigt, das vom Präsidenten unterzeichnet wird. [2]Das Amtliche Protokoll wird an die Mitglieder des Bundestages verteilt und gilt als genehmigt, wenn bis zu dem auf die Verteilung folgenden Sitzungstag kein Einspruch erhoben wird.

§ 121 Einspruch gegen das Amtliche Protokoll. [1]Wird gegen das Amtliche Protokoll Einspruch erhoben und dieser nicht durch die Erklärung der Schriftführer erledigt, so befragt der Präsident den Bundestag. [2]Wird der Einspruch für begründet erachtet, so ist die neue Fassung der beanstandeten Stelle dem nächsten Amtlichen Protokoll beizufügen.

§ 122 Übersendung beschlossener Gesetze. (1) Der Präsident des Bundestages übersendet das beschlossene Gesetz unverzüglich dem Bundesrat (Artikel 77 Abs. 1 Satz 2 des Grundgesetzes[1)]).

(2) Je einen Abdruck des Gesetzesbeschlusses übersendet der Präsident an den Bundeskanzler und an den federführenden Minister und teilt dabei mit, wann die Zuleitung des beschlossenen Gesetzes an den Bundesrat nach Artikel 77 Abs. 1 Satz 2 des Grundgesetzes erfolgt ist.

(3) [1]Werden vor Übersendung nach Absatz 1 in der vom Bundestag in der Schlußabstimmung angenommenen Fassung des Gesetzes Druckfehler oder andere offenbare Unrichtigkeiten festgestellt, kann der Präsident im Einvernehmen mit dem federführenden Ausschuß eine Berichtigung veranlassen. [2]Ist das Gesetz gemäß Absatz 1 bereits übersandt, macht der Präsident nach Einwilligung des federführenden Ausschusses den Präsidenten des Bundesrates auf die Druckfehler oder andere offenbare Unrichtigkeiten mit der Bitte aufmerksam,

---

1) Nr. **1**.

sie im weiteren Gesetzgebungsverfahren zu berichtigen. [3]Von dieser Bitte ist dem Bundeskanzler und dem federführenden Minister Mitteilung zu machen.

§ 122a Elektronische Dokumente. (1) Soweit für die Einbringung von Vorlagen Schriftform vorgesehen ist, genügt dieser Form die Aufzeichnung als elektronisches Dokument, wenn dieses für die weitere Bearbeitung geeignet ist.

(2) [1]Das Dokument muss mit einer elektronischen Signatur nach dem Signaturgesetz versehen sein. [2]Das Nähere regeln Ausführungsbestimmungen, die vom Ältestenrat zu erlassen sind.

§ 123 Fristberechnung. (1) Bei Fristen wird der Tag der Verteilung der Drucksache nicht eingerechnet; sie gilt als verteilt, wenn sie für die Mitglieder des Bundestages elektronisch abrufbar oder in ihre Fächer verteilt worden ist.

(2) Die Fristen gelten auch dann als gewahrt, wenn infolge technischer Schwierigkeiten oder aus zufälligen Gründen für einzelne Mitglieder des Bundestages eine Drucksache erst nach der allgemeinen Verteilung elektronisch abrufbar oder in ihre Fächer verteilt worden ist.

§ 124 Wahrung der Frist. [1]Bei Berechnung einer Frist, innerhalb der eine Erklärung gegenüber dem Bundestag abzugeben oder eine Leistung zu bewirken ist, wird der Tag, an dem die Erklärung oder Leistung erfolgt, nicht mitgerechnet. [2]Ist danach die Erklärung oder Leistung an einem Sonnabend, Sonntag oder einem am Sitz des Bundestages gesetzlich anerkannten Feiertag zu bewirken, so tritt an dessen Stelle der nächstfolgende Werktag. [3]Die Erklärung oder Leistung ist während der üblichen Dienststunden, spätestens aber um 18 Uhr, zu bewirken.

§ 125 Unerledigte Gegenstände. [1]Am Ende der Wahlperiode des Bundestages gelten alle Vorlagen als erledigt. [2]Dies gilt nicht für Petitionen und für Vorlagen, die keiner Beschlußfassung bedürfen.

XII. Abweichungen und Auslegung dieser Geschäftsordnung

§ 126 Abweichungen von dieser Geschäftsordnung. Abweichungen von den Vorschriften dieser Geschäftsordnung können im einzelnen Fall mit Zweidrittelmehrheit der anwesenden Mitglieder des Bundestages beschlossen werden, wenn die Bestimmungen des Grundgesetzes[1)] dem nicht entgegenstehen.

§ 127 Auslegung dieser Geschäftsordnung. (1) [1]Während einer Sitzung des Bundestages auftretende Zweifel über die Auslegung dieser Geschäftsordnung entscheidet der Präsident für den Einzelfall. [2]Im übrigen obliegt die Auslegung dieser Geschäftsordnung dem Ausschuß für Wahlprüfung, Immunität und Geschäftsordnung; der Präsident, ein Ausschuß, eine Fraktion, ein Viertel der Mitglieder des Ausschusses für Wahlprüfung, Immunität und Geschäftsordnung oder fünf vom Hundert der Mitglieder des Bundestages können verlangen, daß die Auslegung dem Bundestag zur Entscheidung vorgelegt wird.

---

1) Nr. 1.

(2) Wird ein entsprechendes Verlangen gemäß Absatz 1 Satz 2 nicht vorgebracht, entscheidet der Ausschuß für Wahlprüfung, Immunität und Geschäftsordnung, in welcher Form seine Auslegung bekanntzumachen ist.

§ 128 Rechte des Ausschusses für Wahlprüfung, Immunität und Geschäftsordnung. Der Ausschuß für Wahlprüfung, Immunität und Geschäftsordnung kann Fragen aus seinem Geschäftsbereich beraten und dem Bundestag Empfehlungen unterbreiten (§ 75 Abs. 1 Buchstabe h).

Anlage 1

Verhaltensregeln für Mitglieder des Deutschen Bundestages[1)]

§ 1 Anzeigepflicht. (1) Ein Mitglied des Bundestages ist verpflichtet, dem Präsidenten aus der Zeit vor seiner Mitgliedschaft im Bundestag schriftlich anzuzeigen

1. die zuletzt ausgeübte Berufstätigkeit;
2. Tätigkeiten als Mitglied eines Vorstandes, Aufsichtsrates, Verwaltungsrates, Beirates oder eines sonstigen Gremiums einer Gesellschaft oder eines in einer anderen Rechtsform betriebenen Unternehmens;
3. Tätigkeiten als Mitglied eines Vorstandes, Aufsichtsrates, Verwaltungsrates, Beirates oder eines sonstigen Gremiums einer Körperschaft oder Anstalt des öffentlichen Rechts.

(2) Ein Mitglied des Bundestages ist zusätzlich verpflichtet, dem Präsidenten schriftlich die folgenden Tätigkeiten und Verträge, die während der Mitgliedschaft im Bundestag ausgeübt oder aufgenommen werden bzw. wirksam sind, anzuzeigen:

1. entgeltliche Tätigkeiten neben dem Mandat, die selbstständig oder im Rahmen eines Anstellungsverhältnisses ausgeübt werden. Darunter fallen z.B. die Fortsetzung einer vor der Mitgliedschaft ausgeübten Berufstätigkeit sowie Beratungs-, Vertretungs-, Gutachter-, publizistische und Vortragstätigkeiten. Die Anzeigepflicht für die Erstattung von Gutachten, für publizistische und Vortragstätigkeiten entfällt, wenn die Höhe der jeweils vereinbarten Einkünfte den Betrag von 1 000 Euro im Monat oder von 10 000 Euro im Jahr nicht übersteigt. Sie entfällt ferner für die Tätigkeit als Mitglied der Bundesregierung, als Parlamentarischer Staatssekretär und als Staatsminister;
2. Tätigkeiten als Mitglied eines Vorstandes, Aufsichtsrates, Verwaltungsrates, Beirates oder sonstigen Gremiums einer Gesellschaft oder eines in einer anderen Rechtsform betriebenen Unternehmens;
3. Tätigkeiten als Mitglied eines Vorstandes, Aufsichtsrates, Verwaltungsrates, Beirates oder eines sonstigen Gremiums einer Körperschaft oder Anstalt des öffentlichen Rechts;

[1)] Siehe hierzu auch die Bek. der Ausführungsbestimmungen zu den Verhaltensregeln für Mitglieder des Deutschen Bundestages v. 18.6.2013 (BGBl. I S. 1645).

4. Tätigkeiten als Mitglied eines Vorstandes oder eines sonstigen leitenden oder beratenden Gremiums eines Vereins, Verbandes oder einer ähnlichen Organisation sowie einer Stiftung mit nicht ausschließlich lokaler Bedeutung;
5. das Bestehen bzw. der Abschluss von Vereinbarungen, wonach dem Mitglied des Bundestages während oder nach Beendigung der Mitgliedschaft bestimmte Tätigkeiten übertragen oder Vermögensvorteile zugewendet werden sollen;
6. Beteiligungen an Kapital- oder Personengesellschaften, wenn dadurch ein wesentlicher wirtschaftlicher Einfluss auf ein Unternehmen begründet wird. Die Grenzen der Anzeigepflicht legt der Präsident in den gemäß Absatz 4 zu erlassenden Ausführungsbestimmungen fest.

(3) [1]Bei einer Tätigkeit und einem Vertrag, die gemäß Absatz 2 Nr. 1 bis 5 anzeigepflichtig sind, ist auch die Höhe der jeweiligen Einkünfte anzugeben, wenn diese im Monat den Betrag von 1 000 Euro oder im Jahr den Betrag von 10 000 Euro übersteigen. [2]Zu Grunde zu legen sind hierbei die für eine Tätigkeit zu zahlenden Bruttobeträge unter Einschluss von Entschädigungs-, Ausgleichs- und Sachleistungen.

(4) Der Präsident erlässt Ausführungsbestimmungen über Inhalt und Umfang der Anzeigepflicht, nachdem er dem Präsidium und den Fraktionsvorsitzenden Gelegenheit zur Stellungnahme gegeben hat.

(5) [1]Die Anzeigepflicht umfaßt nicht die Mitteilung von Tatsachen über Dritte, für die der Abgeordnete gesetzliche Zeugnisverweigerungsrechte oder Verschwiegenheitspflichten geltend machen kann. [2]Der Präsident kann in diesen Fällen in den Ausführungsbestimmungen festlegen, dass die Anzeigepflicht so zu erfüllen ist, dass die in Satz 1 genannten Rechte nicht verletzt werden. [3]Hierzu kann er insbesondere vorsehen, dass statt der Angaben zum Auftraggeber eine Branchenbezeichnung anzugeben ist.

(6) Anzeigen nach den Verhaltensregeln sind innerhalb einer Frist von drei Monaten nach Erwerb der Mitgliedschaft im Deutschen Bundestag sowie nach Eintritt von Änderungen oder Ergänzungen während der Wahlperiode dem Präsidenten einzureichen.

§ 2 Rechtsanwälte. (1) Mitglieder des Bundestages, die gegen Entgelt gerichtlich oder außergerichtlich für die Bundesrepublik Deutschland auftreten, haben dem Präsidenten die Übernahme der Vertretung anzuzeigen, wenn das Honorar einen vom Präsidenten festgelegten Mindestbetrag übersteigt.

(2) Mitglieder des Bundestages, die gegen Entgelt zur Besorgung fremder Angelegenheiten gerichtlich oder außergerichtlich gegen die Bundesrepublik Deutschland auftreten, haben dem Präsidenten die Übernahme der Vertretung anzuzeigen, wenn das Honorar einen vom Präsidenten festgelegten Mindestbetrag übersteigt.

(3) Absätze 1 und 2 gelten entsprechend bei gerichtlichem oder außergerichtlichem Auftreten insbesondere für oder gegen bundesunmittelbare Körperschaften, Anstalten oder Stiftungen des öffentlichen Rechts.

§ 3 Veröffentlichung. [1]Die Angaben gemäß § 1 Abs. 1 Nr. 1 und Abs. 2 Nr. 1 bis 6 werden im Amtlichen Handbuch und auf den Internetseiten des Deutschen Bundestages veröffentlicht. [2]Die Angaben gemäß § 1 Abs. 3 über

Einkünfte werden in der Form veröffentlicht, dass bezogen auf jeden einzelnen veröffentlichten Sachverhalt jeweils eine von zehn Einkommensstufen ausgewiesen wird. [3] Die Stufe 1 erfasst einmalige oder regelmäßige monatliche Einkünfte einer Größenordnung von 1 000 bis 3 500 Euro, die Stufe 2 Einkünfte bis 7 000 Euro, die Stufe 3 Einkünfte bis 15 000 Euro, die Stufe 4 Einkünfte bis 30 000 Euro, die Stufe 5 Einkünfte bis 50 000 Euro, die Stufe 6 Einkünfte bis 75 000 Euro, die Stufe 7 Einkünfte bis 100 000 Euro, die Stufe 8 Einkünfte bis 150 000 Euro, die Stufe 9 Einkünfte bis 250 000 Euro und die Stufe 10 Einkünfte über 250 000 Euro. [4] Regelmäßige monatliche Einkünfte werden als solche gekennzeichnet. [5] Werden innerhalb eines Kalenderjahres unregelmäßige Einkünfte zu einer Tätigkeit angezeigt, wird die Jahressumme gebildet und die Einkommensstufe mit der Jahreszahl veröffentlicht.

§ 4 Spenden. (1) Ein Mitglied des Bundestages hat über Geldspenden und geldwerte Zuwendungen aller Art (Spenden), die ihm für seine politische Tätigkeit zur Verfügung gestellt werden, gesondert Rechnung zu führen.

(2) Eine Spende, deren Wert in einem Kalenderjahr 5 000 Euro übersteigt, ist unter Angabe des Namens und der Anschrift des Spenders sowie der Gesamthöhe dem Präsidenten anzuzeigen.

(3) Spenden sind, soweit sie in einem Kalenderjahr einzeln oder bei mehreren Spenden desselben Spenders zusammen den Wert von 10 000 Euro übersteigen, vom Präsidenten unter Angabe ihrer Höhe und Herkunft im Amtlichen Handbuch und auf den Internetseiten des Deutschen Bundestages zu veröffentlichen.

(4) Für Spenden an ein Mitglied des Bundestages finden § 25 Abs. 2 und 4 des Gesetzes über die politischen Parteien[1)] entsprechende Anwendung.

(5) Geldwerte Zuwendungen

1. aus Anlass der Wahrnehmung interparlamentarischer oder internationaler Beziehungen,
2. zur Teilnahme an Veranstaltungen zur politischen Information, zur Darstellung der Standpunkte des Deutschen Bundestages oder seiner Fraktionen oder als Repräsentant des Deutschen Bundestages

gelten nicht als Spenden im Sinne dieser Vorschrift; sie sind jedoch entsprechend Absatz 2 anzuzeigen und nach Maßgabe von Absatz 3 zu veröffentlichen.

(6) [1] Geldwerte Zuwendungen, die ein Mitglied des Bundestages als Gastgeschenk in Bezug auf sein Mandat erhält, müssen dem Präsidenten angezeigt und ausgehändigt werden; das Mitglied kann beantragen, das Gastgeschenk gegen Bezahlung des Gegenwertes an die Bundeskasse zu behalten. [2] Einer Anzeige bedarf es nicht, wenn der materielle Wert des Gastgeschenks einen Betrag nicht übersteigt, der in den Ausführungsbestimmungen des Präsidenten festgelegt wird (§ 1 Absatz 4).

(7) Der Präsident entscheidet im Benehmen mit dem Präsidium über die Verwendung angezeigter Gastgeschenke und rechtswidrig angenommener Spenden.

[1)] Nr. 7.

§ 5 Hinweise auf Mitgliedschaft. Hinweise auf die Mitgliedschaft im Bundestag in beruflichen oder geschäftlichen Angelegenheiten sind unzulässig.

§ 6 Interessenverknüpfung im Ausschuß. Ein Mitglied des Bundestages, das entgeltlich mit einem Gegenstand beschäftigt ist, der in einem Ausschuß des Bundestages zur Beratung ansteht, hat als Mitglied dieses Ausschusses vor der Beratung eine Interessenverknüpfung offenzulegen, soweit sie nicht aus den gemäß § 3 veröffentlichten Angaben ersichtlich ist.

§ 7 Rückfrage. In Zweifelsfragen ist das Mitglied des Bundestages verpflichtet, sich durch Rückfragen beim Präsidenten über den Inhalt seiner Pflichten nach diesen Verhaltensregeln zu vergewissern.

§ 8 Verfahren. (1) [1] Bestehen Anhaltspunkte dafür, dass ein Mitglied des Bundestages seine Pflichten nach den Verhaltensregeln verletzt hat, holt der Präsident zunächst dessen Stellungnahme ein und leitet eine Prüfung in tatsächlicher und rechtlicher Hinsicht ein. [2] Er kann von dem betroffenen Mitglied ergänzende Auskünfte zur Erläuterung und Aufklärung des Sachverhalts verlangen und den Vorsitzenden der Fraktion, der dieses Mitglied angehört, um Stellungnahme bitten.

(2) [1] Ergibt sich nach der Überzeugung des Präsidenten, dass ein minder schwerer Fall bzw. leichte Fahrlässigkeit vorliegt (z.B. Überschreitung von Anzeigefristen), wird das betreffende Mitglied ermahnt. [2] Ansonsten teilt der Präsident das Ergebnis der Überprüfung dem Präsidium und den Vorsitzenden der Fraktionen mit. [3] Das Präsidium stellt nach Anhörung des betroffenen Mitglieds fest, ob ein Verstoß gegen die Verhaltensregeln vorliegt. [4] Die Feststellung des Präsidiums, dass ein Mitglied des Bundestages seine Pflichten nach den Verhaltensregeln verletzt hat, wird unbeschadet weiterer Sanktionen nach § 44a des Abgeordnetengesetzes[1)] als Drucksache veröffentlicht. [5] Die Feststellung, dass eine Verletzung nicht vorliegt, wird auf Wunsch des Mitglieds des Bundestages veröffentlicht.

(3) [1] Bestehen Anhaltspunkte für eine Pflichtverletzung gegen ein Mitglied des Präsidiums oder gegen einen Fraktionsvorsitzenden, nimmt das betroffene Mitglied des Bundestages an Sitzungen im Rahmen dieses Verfahrens nicht teil. [2] Anstelle eines betroffenen Fraktionsvorsitzenden wird sein Stellvertreter gemäß Absatz 1 angehört und gemäß Absatz 2 unterrichtet. [3] Bestehen Anhaltspunkte dafür, dass der Präsident seine Pflichten nach den Verhaltensregeln verletzt hat, hat sein Stellvertreter nach den Vorschriften der Absätze 1 und 2 zu verfahren.

(4) [1] Das Präsidium kann gegen das Mitglied des Bundestages, das seine Anzeigepflicht verletzt hat, nach erneuter Anhörung ein Ordnungsgeld festsetzen. [2] Die Höhe des Ordnungsgeldes bemisst sich nach der Schwere des Einzelfalles und nach dem Grad des Verschuldens. [3] Es kann bis zur Höhe der Hälfte der jährlichen Abgeordnetenentschädigung festgesetzt werden. [4] Der Präsident führt die Festsetzung aus. [5] Auf Wunsch des betreffenden Mitglieds kann eine Ratenzahlung vereinbart werden. [6] § 31 Satz 3 und 4 des Abgeordnetengesetzes gilt entsprechend.

---

1) Nr. 3.

(5) [1] In Fällen des § 44a Abs. 3 des Abgeordnetengesetzes leitet der Präsident nach Anhörung des betroffenen Mitglieds eine Prüfung in tatsächlicher und rechtlicher Hinsicht ein. [2] Dabei ist bei der Prüfung auf Vorliegen einer angemessenen Gegenleistung im Sinne des § 44a Abs. 2 Satz 3 des Abgeordnetengesetzes auf die Verkehrsüblichkeit abzustellen; hilfsweise ist entscheidend, ob Leistung und Gegenleistung offensichtlich außer Verhältnis stehen. [3] Maßnahmen nach diesem Absatz setzen voraus, dass der Erhalt der Zuwendung oder des Vermögensvorteils nicht länger als drei Jahre zurückliegt. [4] Der Präsident kann von dem Mitglied ergänzende Auskünfte zur Erläuterung und Aufklärung des Sachverhalts verlangen und den Vorsitzenden der Fraktion, der dieses Mitglied angehört, um Stellungnahme bitten. [5] Ergibt sich nach der Überzeugung des Präsidenten, dass eine unzulässige Zuwendung nach § 44a Abs. 2 des Abgeordnetengesetzes vorliegt, teilt er das Ergebnis der Überprüfung dem Präsidium und den Vorsitzenden der Fraktionen mit. [6] Das Präsidium stellt nach Anhörung des betroffenen Mitglieds fest, ob ein Verstoß gegen § 44a Abs. 2 des Abgeordnetengesetzes vorliegt. [7] Der Präsident macht den Anspruch gemäß § 44a Abs. 3 des Abgeordnetengesetzes im Wege eines Verwaltungsaktes geltend. [8] Die Feststellung, dass ein Mitglied des Bundestages seine Pflichten nach dem Abgeordnetengesetz verletzt hat, wird unbeschadet weiterer Sanktionen nach § 44a des Abgeordnetengesetzes als Drucksache veröffentlicht. [9] Die Feststellung, dass eine Verletzung nicht vorliegt, wird auf Wunsch des Mitglieds des Bundestages veröffentlicht. [10] Absatz 3 gilt entsprechend.

§ 9 *(aufgehoben).*

Anlage 2

Registrierung von Verbänden und deren Vertreter

(1) Der Präsident des Bundestages führt eine öffentliche Liste, in der alle Verbände, die Interessen gegenüber dem Bundestag oder der Bundesregierung vertreten, eingetragen werden.

(2) Eine Anhörung ihrer Vertreter findet nur statt, wenn sie sich in diese Liste eingetragen haben und dabei folgende Angaben gemacht haben:

Name und Sitz des Verbandes

Zusammensetzung von Vorstand und Geschäftsführung

Interessenbereich des Verbandes

Mitgliederzahl

Namen der Verbandsvertreter sowie

Anschrift der Geschäftsstelle am Sitz von Bundestag und Bundesregierung.

(3) Hausausweise für Interessenvertreter werden nur ausgestellt, wenn die Angaben nach Absatz 2 gemacht wurden.

(4) Die Eintragung in die Liste begründet keinen Anspruch auf Anhörung oder Ausstellung eines Hausausweises.

(5) Die Liste ist vom Präsidenten jährlich im Bundesanzeiger zu veröffentlichen.

Anlage 3

Geheimschutzordnung des Deutschen Bundestages

§ 1 Anwendungsbereich. (1) [1]Diese Geheimschutzordnung gilt für Verschlußsachen (VS), die innerhalb des Bundestages entstehen oder dem Bundestag, seinen Ausschüssen oder Mitgliedern des Bundestages zugeleitet wurden. [2]Die für die Ausschüsse geltenden Vorschriften finden Anwendung auf andere Gremien, die vom Bundestag bzw. den Ausschüssen eingesetzt sind oder auf gesetzlicher Grundlage beruhen.

(2) VS sind Angelegenheiten aller Art, die durch besondere Sicherheitsmaßnahmen gegen die Kenntnis durch Unbefugte geschützt werden müssen.

(3) [1]VS können alle Formen der Darstellung von Kenntnissen und Erkenntnissen sein. [2]Zwischenmaterial (z.B. Vorentwürfe, Aufzeichnungen auf Tonträger, Stenogramme, Kohlepapier, Schablonen, Fehldrucke, u.U. auch Löschpapier) ist wie eine VS zu behandeln.

§ 2 Geheimhaltungsgrade. (1) VS werden je nach dem Schutz, dessen sie bedürfen, in folgende Geheimhaltungsgrade eingestuft:

STRENG GEHEIM	Abkürzung: str. geh.
GEHEIM	Abkürzung: geh.
VS-VERTRAULICH	Abkürzung: VS-Vertr.
VS-NUR FÜR DEN DIENSTGEBRAUCH	Abkürzung: VS-NfD.

(2) Als STRENG GEHEIM eingestuft werden VS, deren Kenntnis durch Unbefugte den Bestand der Bundesrepublik Deutschland oder eines ihrer Länder gefährden würde.

(3) Als GEHEIM eingestuft werden VS, deren Kenntnis durch Unbefugte die Sicherheit der Bundesrepublik Deutschland oder eines ihrer Länder gefährden, ihren Interessen oder ihrem Ansehen schweren Schaden zufügen oder für einen fremden Staat von großem Vorteil sein würde.

(4) Als VS-VERTRAULICH eingestuft werden VS, deren Kenntnis durch Unbefugte den Interessen oder dem Ansehen der Bundesrepublik Deutschland oder eines ihrer Länder abträglich oder für einen fremden Staat von Vorteil sein könnte.

(5) [1]VS, die nicht unter die Geheimhaltungsgrade STRENG GEHEIM, GEHEIM oder VS-VERTRAULICH fallen, aber nicht für die Öffentlichkeit bestimmt sind, erhalten den Geheimhaltungsgrad VS-NUR FÜR DEN DIENSTGEBRAUCH. [2]Protokolle über nichtöffentliche Sitzungen der Ausschüsse (§ 69 Abs. 1 Satz 1 GO-BT[1)]) sind grundsätzlich keine Verschlußsachen im Sinne der Geheimschutzordnung des Bundestages (§ 73 GO-BT).

(6) Die Kennzeichnung von VS erfolgt unter entsprechender Anwendung der Verschlußsachenanweisung für die Bundesbehörden.

§ 2a Private Geheimnisse. (1) Als GEHEIM können auch wichtige Geschäfts-, Betriebs-, Erfindungs-, Steuer- oder sonstige private Geheimnisse oder

---

[1)] Nr. 2.

Umstände des persönlichen Lebensbereichs eingestuft werden, deren Kenntnis durch Unbefugte dem Berechtigten schweren Schaden zufügen würde.

(2) Als VERTRAULICH können die in Absatz 1 bezeichneten Geheimnisse oder Umstände eingestuft werden, deren Kenntnis durch Unbefugte dem Interesse des Berechtigten abträglich sein könnte.

§ 3 Wahl und Änderung der Geheimhaltungsgrade. (1) [1] Von Geheimeinstufungen ist nur der unbedingt notwendige Gebrauch zu machen. [2] VS sind nicht höher einzustufen, als es ihr Inhalt erfordert.

(2) [1] Den Geheimhaltungsgrad der VS bestimmt die herausgebende Stelle. [2] Sie teilt die Änderung oder Aufhebung des Geheimhaltungsgrades einer VS dem Empfänger schriftlich mit.

(3) Herausgebende Stelle im Sinne des Absatzes 2 sind bei VS, die innerhalb des Bundestages entstehen,

a) der Präsident,

b) die Vorsitzenden der Ausschüsse,

c) weitere vom Präsidenten ermächtigte Stellen.

§ 3a Einsichtnahme in Verschlusssachen. [1] Verschlusssachen der Geheimhaltungsgrade Streng geheim oder Geheim dürfen nur in den Räumen der Geheimregistratur eingesehen werden. [2] Abweichend hiervon können Verschlusssachen Mitgliedern von Untersuchungsausschüssen sowie von Gremien, die auf Grund rechtlicher Grundlage regelmäßig geheim tagen, zur Einsichtnahme in ihren Büroräumen ausgegeben werden, sofern diese mit VS-Verwahrgelassen ausgestattet und die Verschlusssachen dem Bundestag zum Zwecke der Auftragserledigung dieses Gremiums zugeleitet worden sind. [3] Satz 2 gilt für Personen entsprechend, die vom Präsidenten hierzu ermächtigt werden.

§ 4 Kenntnis und Weitergabe einer VS. (1) Über den Inhalt einer VS des Geheimhaltungsgrades VS-VERTRAULICH und höher darf nicht umfassender und früher unterrichtet werden, als dies aus Gründen der parlamentarischen Arbeit unerläßlich ist.

(2) Im Rahmen des Absatzes 1 darf ein Mitglied des Bundestages, dem eine VS des Geheimhaltungsgrades VS-VERTRAULICH und höher zugänglich gemacht worden ist, andere Mitglider des Bundestages davon in Kenntnis setzen.

(3) [1] Fraktionsangestellten und Mitarbeitern von Mitgliedern des Bundestages dürfen VS des Geheimhaltungsgrades VS-VERTRAULICH und höher in diesem Rahmen nur zugänglich gemacht werden, wenn sie vom Präsidenten zum Umgang mit VS ermächtigt und zur Geheimhaltung förmlich verpflichtet sind. [2] Satz 1 gilt für einen Ermittlungsbeauftragten gemäß § 10 des Untersuchungsausschussgesetzes[1)] und seine Hilfskräfte entsprechend.

(4) Anderen Personen dürfen VS des Geheimhaltungsgrades VS-VERTRAULICH und höher nur mit Zustimmung der herausgebenden Stelle zugänglich gemacht werden, wenn sie zum Umgang mit VS ermächtigt und zur Geheimhaltung förmlich verpflichtet sind.

[1)] Nr. 4.

§ 5 Ferngespräche über VS. [1] Über Angelegenheiten des Geheimhaltungsgrades VS-VERTRAULICH oder höher dürfen Ferngespräche nur in außergewöhnlichen und dringenden Fällen geführt werden. [2] In diesen Fällen sind die Gespräche so vorsichtig zu führen, daß der Sachverhalt Dritten nicht verständlich wird. [3] Ist der Gesprächspartner nicht mit Sicherheit festzustellen, so ist ein Kontrollanruf erforderlich.

§ 6 Herstellung von Duplikaten. [1] Der Empfänger von VS der Geheimhaltungsgrade VS-VERTRAULICH und höher darf weitere Exemplare (Abschriften, Abdrucke, Ablichtungen und dergleichen) sowie Auszüge nur von der Geheimregistratur herstellen lassen; für VS des Geheimhaltungsgrades STRENG GEHEIM ist außerdem die Zustimmung der herausgebenden Stelle erforderlich. [2] Sie sind wie die Original-VS zu behandeln.

§ 7 Behandlung von VS in Ausschüssen. (1) [1] Die Ausschüsse können für einen Beratungsgegenstand oder für Teile desselben einen Geheimhaltungsgrad beschließen (§ 69 Abs. 7 GO-BT[1)]). [2] Wird über VS der Geheimhaltungsgrade VS-VERTRAULICH und höher beraten, führt der Vorsitzende die entsprechende Beschlußfassung unverzüglich in derselben Sitzung herbei und stellt vor Beginn der Beratungen fest, daß sich keine unbefugten Personen im Sitzungssaal aufhalten.

(2) [1] Bei Beratungen über STRENG GEHEIM- oder GEHEIM-Angelegenheiten dürfen nur die Beschlüsse protokolliert werden. [2] Der Ausschuß kann beschließen, daß die Beratungen dem Inhalt nach festgehalten werden; in diesem Fall hat er über Auflage und Verteilung der Protokolle zu beschließen.

(3) [1] Bei Beratungen über VS-VERTRAULICH-Angelegenheiten kann ein Protokoll angefertigt werden; Absatz 2 Satz 2 zweiter Halbsatz gilt entsprechend. [2] Der Ausschuß kann jedoch beschließen, daß nur die Beschlüsse festgehalten werden.

(4) [1] Werden VS des Geheimhaltungsgrades VS-VERTRAULICH oder höher einem Ausschuß zugeleitet, dürfen sie nur in der Sitzung und längstens für deren Dauer ausgegeben werden. [2] Bei Unterbrechung der Sitzung kann die Rückgabe unterbleiben, wenn die Überwachung des Sitzungsraumes durch die Hausinspektion sichergestellt ist. [3] Der Ausschußvorsitzende kann bestimmen, daß VS der Geheimhaltungsgrade GEHEIM und VS-VERTRAULICH an die Berichterstatter des Ausschusses und in besonderen Fällen anderen Mitgliedern des Ausschusses bis zum Abschluß der Ausschußberatungen über den Beratungsgegenstand, auf den sich die VS bezieht, ausgegeben und in den dafür zulässigen VS-Behältnissen aufbewahrt werden.

(5) Für VS des Geheimhaltungsgrades VS-VERTRAULICH kann der Ausschuß in Fällen des Absatzes 4 anders beschließen.

(6) [1] VS des Geheimhaltungsgrades VS-VERTRAULICH und GEHEIM können, sofern sie im Ausschuß entstanden sind, mit Genehmigung des Ausschußvorsitzenden nach Registrierung in der Geheimregistratur in den dafür vorgesehenen VS-Behältnissen des Ausschusses zeitweilig aufbewahrt werden. [2] Sie sind an die Geheimregistratur zurückzugeben, sobald sie im Ausschuß nicht mehr benötigt werden.

[1)] Nr. 2.

(7) Stellt sich erst im Laufe oder am Schluß der Beratungen heraus, daß die Beratungen als VS-VERTRAULICH oder höher zu bewerten sind, kann der Ausschuß die erforderlichen Sicherheitsmaßnahmen nachträglich beschließen.

§ 8 Registrierung und Verwaltung von VS. (1) Werden VS der Geheimhaltungsgrade VS-VERTRAULICH oder höher dem Bundestag, seinen Ausschüssen oder Mitgliedern des Bundestages zugeleitet, sind sie, soweit sie nicht über die Geheimregistratur geleitet worden sind, grundsätzlich dieser zur Registrierung und Verwaltung zuzuleiten.

(2) Im Bundestag entstehende VS der Geheimhaltungsgrade VS-VERTRAULICH und höher sind grundsätzlich ebenfalls der Geheimregistratur zur Registrierung und Verwaltung zuzuleiten.

(3) Der Empfang von VS des Geheimhaltungsgrades VS-VERTRAULICH oder höher ist schriftlich zu bestätigen.

(4) VS der Geheimhaltungsgrade VS-VERTRAULICH und höher sind in der Geheimregistratur oder den hierfür vom Präsidenten bestimmten Räumen aufzubewahren.

(5) VS des Geheimhaltungsgrades VS-NUR FÜR DEN DIENSTGEBRAUCH sind unter Verschluß aufzubewahren; dieses ist nicht notwendig, wenn sie in Räumen aufbewahrt werden, zu denen Außenstehende keinen Zugang haben.

§ 9 Vernichtung von VS. [1] VS einschließlich des im Bundestag entstehenden Zwischenmaterials sind, wenn sie nicht mehr benötigt werden, der Geheimregistratur zuzuleiten. [2] Soweit die VS nicht aufzubewahren sind, werden sie durch die Geheimregistratur vernichtet.

§ 10 Weiterleitung von VS. (1) [1] VS der Geheimhaltungsgrade STRENG GEHEIM und GEHEIM sind bei Beförderung innerhalb des Hauses grundsätzlich über die Geheimregistratur zu leiten. [2] Sie dürfen nur durch entsprechend ermächtigte Personen weitergeleitet werden. [3] Ist aus dringendem Grund eine Von-Hand-zu-Hand-Übergabe erfolgt, ist die Geheimregistratur nachträglich in Kenntnis zu setzen.

(2) VS des Geheimhaltungsgrades VS-VERTRAULICH können unter Benachrichtigung der Geheimregistratur von Hand zu Hand an zum Empfang berechtigte Personen weitergegeben werden.

(3) Die Versendung von VS der Geheimhaltungsgrade VS-VERTRAULICH und höher wird von der Geheimregistratur nach den Bestimmungen der Verschlußsachenanweisung für die Bundesbehörden vorgenommen.

§ 11 Mitnahme von VS. (1) [1] Die Mitnahme von VS der Geheimhaltungsgrade STRENG GEHEIM und GEHEIM aus den der Verwaltung des Bundestages unterstehenden Räumen ist unzulässig. [2] Der Präsident kann die Mitnahme zulassen, wenn unabweisbare Gründe dies erfordern. [3] Er legt gleichzeitig fest, wie die VS zu befördern sind.

(2) [1] Bei der Mitnahme von VS der Geheimhaltungsgrade VS-VERTRAULICH oder höher ist für die ununterbrochene sichere Aufbewahrung zu sorgen. [2] Steht für VS der Geheimhaltungsgrade STRENG GEHEIM oder GEHEIM kein Stahlschrank mit Kombinations- und Sicherheitsschloß zur Ver-

fügung, muß der Inhaber die VS ständig bei sich führen. [3]Die Zurücklassung in Kraftwagen, die Verwahrung in Hotelsafes oder auf Bahnhöfen und dergleichen ist unzulässig. [4]Bei Aufenthalten im Ausland ist die VS nach Möglichkeit bei den deutschen Vertretungen aufzubewahren.

(3) In der Öffentlichkeit dürfen VS der Geheimhaltungsgrade VS-VERTRAULICH oder höher nicht gelesen und erörtert werden.

§ 12 Mitteilungspflicht. Jeder Verdacht, jede Wahrnehmung oder jeder Vorfall, der auf Anbahnungsversuche fremder Nachrichtendienste oder darauf schließen läßt, daß Unbefugte Kenntnis vom Inhalt von VS erhalten haben, sowie der Verlust von VS der Geheimhaltungsgrade VS-VERTRAULICH oder höher oder der Verlust von Sicherheitsschlüsseln ist unverzüglich dem Präsidenten oder dem Geheimschutzbeauftragten der Verwaltung des Deutschen Bundestages mitzuteilen.

§ 13 Ausführungsbestimmungen. Der Präsident ist ermächtigt, Ausführungsbestimmungen zu erlassen.

Anlage 4

Richtlinien für die Fragestunde und für die schriftlichen Einzelfragen

I. Fragerecht

1. In jeder Sitzungswoche wird eine Fragestunde mit einer Dauer von höchstens 90 Minuten durchgeführt.
   Jedes Mitglied des Bundestages ist berechtigt, für die Fragestunden einer Sitzungswoche bis zu zwei Fragen zur mündlichen Beantwortung an die Bundesregierung zu richten.
   Die Fragen müssen kurz gefaßt sein und eine kurze Beantwortung ermöglichen. Sie dürfen keine unsachlichen Feststellungen oder Wertungen enthalten. Jede Frage darf in zwei Unterfragen unterteilt sein. Die Fragen werden nach den Geschäftsbereichen der Bundesregierung in einer Drucksache zusammengestellt.
   Der Präsident bestimmt, in welcher Reihenfolge die Geschäftsbereiche aufgerufen werden.
2. Zulässig sind Fragen aus den Bereichen, für die die Bundesregierung unmittelbar oder mittelbar verantwortlich ist.
   Fragen, die einen Tagesordnungspunkt der laufenden Sitzungswoche betreffen, werden schriftlich beantwortet. Das gilt nicht, wenn für den Tagesordnungspunkt auf Begründung und Aussprache verzichtet wird.
   Fragen von offenbar lokaler Bedeutung werden vom Präsidenten zur schriftlichen Beantwortung der Bundesregierung übermittelt. Nummern 14 und 15 finden Anwendung.
3. Der Fragesteller ist berechtigt, bis zu zwei Zusatzfragen zu stellen, wenn die Frage mündlich beantwortet wird. Für Zusatzfragen gilt Nummer 1 Abs. 3 entsprechend.

4. Der Präsident soll weitere Zusatzfragen durch andere Mitglieder des Bundestages zulassen, soweit dadurch die ordnungsgemäße Abwicklung der Fragestunde nicht gefährdet wird.
5. Zusatzfragen, die nicht in einem unmittelbaren Zusammenhang mit der Hauptfrage stehen, weist der Präsident zurück.

II. Die Einreichung der Fragen

6. Die Fragen sind dem Präsidenten (Parlamentssekretariat) in vierfacher Ausfertigung einzureichen.
7. Fragen werden erst in die Drucksache zur Fragestunde aufgenommen, wenn sie der Nummer 1 Abs. 3 und Nummer 2 Abs. 1 entsprechen.
8. Mündliche Fragen müssen vor der Sitzungswoche bis Freitag, 10.00 Uhr, beim Präsidenten und bis Freitag, 12.00 Uhr, bei der Bundesregierung vorliegen.

III. Durchführung der Fragestunde

9. Der Präsident ruft die Nummer der Frage und den Namen des Fragestellers auf. Fragen dürfen nur beantwortet werden, wenn der Fragesteller anwesend ist. Ist der Fragesteller nicht anwesend, wird seine Frage nur dann schriftlich beantwortet, wenn er bis zum Aufruf des Geschäftsbereichs beim Präsidenten um schriftliche Beantwortung gebeten hat.
10. Ist der zuständige Bundesminister oder sein Vertreter nicht anwesend, so kann der Fragesteller verlangen, daß seine Fragen zu Beginn der Fragestunde aufgerufen werden, in der der Bundesminister oder sein Vertreter anwesend ist; sein Fragerecht darf hierdurch nicht eingeschränkt werden.
11. Fragen, die in den Fragestunden einer Woche aus Zeitmangel nicht beantwortet werden, beantwortet die Bundesregierung schriftlich, sofern der Fragesteller nicht vor Schluß der letzten Fragestunde einer Woche gegenüber dem Sitzungsvorstand seine Fragen zurückzieht. Die schriftlichen Antworten werden in den Anhang zum Plenarprotokoll aufgenommen.

IV. Schriftliche Fragen

12. Jedes Mitglied des Bundestages ist berechtigt, in jedem Monat bis zu vier Fragen zur schriftlichen Beantwortung an die Bundesregierung zu richten. Für die Zulässigkeit der Fragen gilt die Nummer 1 Abs. 3 und Nummer 2 Abs. 1 entsprechend.
13. Die Fragen werden von der Bundesregierung binnen einer Woche nach Eingang beim Bundeskanzleramt beantwortet.
    Die während einer Woche eingegangenen Antworten werden in der folgenden Woche zusammen mit den Fragen in einer Drucksache veröffentlicht.
14. Ist die Antwort nicht innerhalb der Wochenfrist beim Präsidenten (Parlamentssekretariat) eingegangen, kann der Fragesteller verlangen, daß seine Frage in der ersten Fragestunde der Sitzungswoche, die auf den Fristablauf folgt, zur mündlichen Beantwortung aufgerufen wird.

Das Verlangen ist bis spätestens 12.00 Uhr des Vortages der Fragestunde beim Präsidenten (Parlamentssekretariat) geltend zu machen. Ist die Frage inzwischen schriftlich beantwortet, kann der Fragesteller nur fragen, warum die Antwort nicht innerhalb der Wochenfrist gegeben wurde.

15. Fragen aufgrund der Nummer 14 werden auf sonstige mündliche Fragen für diese Sitzungswoche nicht angerechnet. Sie werden zu Beginn der Fragestunde aufgerufen. Zu einer Frage aufgrund der Nummer 14 kann nur der Fragesteller Zusatzfragen stellen.

Anlage 5

Richtlinien für Aussprachen zu Themen von allgemeinem aktuellem Interesse

I. Voraussetzungen der Aktuellen Stunde

1. Eine Aktuelle Stunde (§ 106) findet statt, wenn sie
   a) im Ältestenrat vereinbart wurde,
   b) von einer Fraktion oder von anwesenden fünf vom Hundert der Mitglieder des Bundestages zu der Antwort der Bundesregierung auf eine mündliche Anfrage oder
   c) unabhängig von einer für die Fragestunde eingereichten Frage von einer Fraktion oder von fünf vom Hundert der Mitglieder des Bundestages verlangt wird.
2. a) Die Aussprache nach I. 1. b) muß unmittelbar nach Schluß der Fragestunde verlangt und durchgeführt werden.
   b) Das Verlangen auf eine Aussprache [I. 1. c)] ist dem Präsidenten unter Angabe des Themas bis spätestens 12.00 Uhr des Vortages vorzulegen. Ist die Tagesordnung bereits verteilt, wird ihre Ergänzung durch den Präsidenten mitgeteilt.

II. Rangfolge der Aussprache

3. An einem Sitzungstag des Bundestages wird nur eine Aussprache durchgeführt.
4. Ist eine Aussprache vereinbart worden [I. 1. a)], kann eine weitere Aussprache für diesen Sitzungstag nicht verlangt werden.
5. Eine Aussprache, die unabhängig von einer für die Fragestunde eingereichten Frage verlangt wird [I. 1. c)], wird auf den nachfolgenden Sitzungstag vertagt, wenn für einen Sitzungstag eine Aussprache zu der Antwort der Bundesregierung auf eine mündliche Anfrage [I. 1. b)] verlangt wird. Die vertagte Aussprache geht dann den anderen Möglichkeiten zur Aussprache vor.

III. Dauer und Redeordnung der Aussprache

6. (1) Die Aussprache dauert höchstens eine Stunde. Sprechen weniger Mitglieder einer Fraktion, als aus deren Mitte das Wort erhalten können, verkürzt sich die Aussprache um die ihnen zustehende Redezeit.

(2) Die von Mitgliedern der Bundesregierung, des Bundesrates oder ihren Beauftragten in Anspruch genommene Redezeit bleibt unberücksichtigt. Überschreitet die von Mitgliedern der Bundesregierung, des Bundesrates oder ihren Beauftragten in Anspruch genommene Redezeit dreißig Minuten, so verlängert sich die Dauer der Aussprache um dreißig Minuten.

(3) Ergreift ein Mitglied der Bundesregierung, des Bundesrates oder einer ihrer Beauftragten nach Ablauf der vorgeschriebenen Dauer der Aussprache oder in der Aussprache so spät das Wort, daß eine Erwiderung von fünf Minuten nicht mehr möglich ist, so erhält auf Verlangen einer Fraktion oder von anwesenden fünf vom Hundert der Mitglieder des Bundestages erneut je ein Sprecher der Fraktionen das Wort. Bei einer Aussprache auf Verlangen erhält als erster Redner eines der Mitglieder des Bundestages das Wort, die die Aussprache verlangt haben [I. 1. b) und c)].

7. (1) Der einzelne Redner darf nicht länger als fünf Minuten sprechen. Spricht ein Redner kürzer als fünf Minuten, verkürzt sich die Aussprache um die nicht in Anspruch genommene Redezeit.

(2) Spricht ein Mitglied der Bundesregierung, des Bundesrates oder einer ihrer Beauftragten länger als zehn Minuten, so findet § 44 Abs. 3 Anwendung.

8. Für die Reihenfolge der Worterteilung gilt § 28 mit der Maßgabe, daß die Aussprache von einem der Mitglieder eröffnet wird, die die Aussprache verlangt haben.

9. Anträge zur Sache können nicht gestellt werden.

Anlage 6[1)]

Grundsätze in Immunitätsangelegenheiten und in Fällen der Genehmigung gemäß § 50 Abs. 3 StPO und § 382 Abs. 3 ZPO sowie bei Ermächtigungen gemäß § 90b Abs. 2, § 194 Abs. 4 StGB[2)]

A. Grundsätze in Immunitätsangelegenheiten

1. Antragsberechtigung

Berechtigt zur Stellung eines Antrages auf Aufhebung der Immunität sind

---

[1)] Der Beschluss des Deutschen Bundestages betr. Aufhebung der Immunität von Mitgliedern des Bundestages (Anl. 6 GO-BT), zuletzt geänd. laut Bek. vom 15.7.2002 (BGBl. I S. 3012), ist mit der GO in der 1. Sitzung des Deutschen Bundestages am 24.10.2017 für die 19. Wahlperiode übernommen worden; siehe Bek. über die Übernahme des Beschlusses des Deutschen Bundestages betr. Aufhebung der Immunität von Mitgliedern des Bundestages und der Grundsätze in Immunitätsangelegenheiten v. 19.3.2018 (BGBl. I S. 409).

[2)] **Amtl. Anm.:** Die Grundsätze gemäß § 107 Abs. 2 werden vom Ausschuß für Wahlprüfung, Immunität und Geschäftsordnung jeweils zu Beginn einer Wahlperiode beschlossen.

a) die Staatsanwaltschaften, Gerichte, Ehren- und Berufsgerichte öffentlich-rechtlichen Charakters sowie berufsständische Einrichtungen, die kraft Gesetzes Standesaufsicht ausüben,
b) im Privatklageverfahren das Gericht, bevor es nach § 383 StPO das Hauptverfahren eröffnet,
c) der Gläubiger im Vollstreckungsverfahren, soweit das Gericht nicht auch ohne dessen Antrag tätig werden kann,
d) der Ausschuß für Wahlprüfung, Immunität und Geschäftsordnung.

2. Mitteilung an den Präsidenten des Bundestages und Einreichen der Anträge

a) Hat der Bundestag für die Dauer einer Wahlperiode die Durchführung von Ermittlungsverfahren gegen Mitglieder des Bundestages wegen Straftaten genehmigt, so ist vor der Einleitung eines Ermittlungsverfahrens dem Präsidenten des Bundestages und, soweit nicht Gründe der Wahrheitsfindung entgegenstehen, dem betroffenen Mitglied des Bundestages Mitteilung zu machen; unterbleibt eine Mitteilung an das Mitglied des Bundestages, so ist der Präsident auch hiervon unter Angabe der Gründe zu unterrichten. Das Recht des Bundestages, die Aussetzung des Verfahrens zu verlangen (Artikel 46 Abs. 4 des Grundgesetzes[1]), bleibt unberührt.
b) Die Staatsanwaltschaften und Gerichte richten ihre Anträge an den Präsidenten des Bundestages auf dem Dienstweg über den Bundesminister der Justiz, der sie mit der Bitte vorlegt, eine Entscheidung herbeizuführen, ob die Genehmigung zur Strafverfolgung oder Beschränkung der persönlichen Freiheit eines Mitgliedes des Bundestages oder der sonst beabsichtigten Maßnahme erteilt wird.
c) Der Gläubiger (Nummer 1 Buchstabe c) kann seinen Antrag unmittelbar an den Bundestag richten.

3. Stellung der betroffenen Mitglieder des Bundestages

In Immunitätsangelegenheiten soll das betroffene Mitglied des Bundestages im Bundestag das Wort zur Sache nicht erhalten; von ihm gestellte Anträge auf Aufhebung seiner Immunität bleiben unberücksichtigt. Der Ausschuss für Wahlprüfung, Immunität und Geschäftsordnung kann auf Antrag einer Fraktion im Ausschuss dem betroffenen Mitglied Gelegenheit zur Äußerung geben.

4. Entscheidungen in Immunitätsangelegenheiten

Das Immunitätsrecht bezweckt vornehmlich, die Arbeits- und Funktionsfähigkeit des Bundestages sicherzustellen; der einzelne Abgeordnete hat einen Anspruch auf eine von sachfremden, willkürlichen Motiven freie Entscheidung. Die Entscheidung über die Aufhebung oder Wiederherstellung der Immunität trifft der Bundestag in eigener Verantwortung unter Abwägung der Belange des Parlaments und der anderen hoheitlichen Gewalten unter Berücksichtigung der Belange des betroffenen Abgeordneten. In eine Beweiswürdigung wird nicht eingetreten; die Entscheidung beinhaltet keine Feststellung von Recht oder Unrecht, Schuld oder Nichtschuld.

---

[1] Nr. 1.

5. Beleidigungen politischen Charakters

Beleidigungen politischen Charakters sollen in der Regel nicht zur Aufhebung der Immunität führen.

Die Staatsanwaltschaft darf zur Vorbereitung einer Entscheidung darüber, ob ein Antrag auf Entscheidung über die Genehmigung zur Durchführung eines Strafverfahrens gestellt werden soll, dem Mitglied des Bundestages die Anschuldigung mitteilen und ihm anheimstellen, hierzu Stellung zu nehmen. Feststellungen der Staatsanwaltschaften über die Persönlichkeit des Anzeigeerstatters sowie über andere für die Beurteilung der Ernsthaftigkeit einer Anzeige wichtige Umstände bedeuten kein „zur Verantwortung ziehen" im Sinne des Artikels 46 Abs. 2 des Grundgesetzes[1].

Artikel 46 Abs. 1 des Grundgesetzes bestimmt, daß ein Mitglied des Bundestages wegen einer Abstimmung oder einer Äußerung, die es im Bundestag oder in einem seiner Ausschüsse getan hat, gerichtlich oder dienstlich nicht zur Verantwortung gezogen werden kann, mit Ausnahme bei verleumderischen Beleidigungen (Indemnität). Das bedeutet aber, daß es z.B. wegen einfacher Beleidigung, die im Parlament erfolgt ist, nicht strafrechtlich verfolgt werden kann. Hieraus wird der Grundsatz hergeleitet, daß bei einfachen Beleidigungen, die außerhalb des Bundestages vorgekommen sind, auch die Immunität nicht aufgehoben werden soll, soweit die Beleidigung politischen Charakters ist und keine Verleumdung darstellt. Als „außerhalb des Bundestages" gilt auch eine beleidigende Äußerung, die ein Mitglied des Bundestages als Zeuge vor einem Untersuchungsausschuß getan hat, da das Mitglied des Bundestages hier jedem anderen Staatsbürger, der als Zeuge vernommen wird, gleichgestellt ist.

6. Festnahme eines Mitgliedes des Bundestages bei Begehung der Tat

Bei Festnahme eines Mitgliedes des Bundestages bei Begehung der Tat oder im Laufe des folgenden Tages bedarf die Durchführung des Strafverfahrens oder eine Verhaftung, soweit sie bis spätestens „im Laufe des folgenden Tages" erfolgt, keiner Genehmigung (Artikel 46 Abs. 2 des Grundgesetzes[1]).

Eine erneute Vorführung oder Verhaftung nach vorheriger Freilassung und Verstreichen des der Tat folgenden Tages bedarf dann wieder der Genehmigung des Bundestages; denn hierin liegt eine Beschränkung der persönlichen Freiheit (Artikel 46 Abs. 2 des Grundgesetzes), die in keinem Zusammenhang mit der Festnahme „auf frischer Tat" steht.

7. Verhaftung eines Mitgliedes des Bundestages

a) Die für die Dauer einer Wahlperiode erteilte Genehmigung zur Durchführung von Ermittlungsverfahren gegen Mitglieder des Bundestages wegen Straftaten sowie die Genehmigung zur Erhebung der öffentlichen Klage wegen einer Straftat umfaßt nicht zugleich auch die Genehmigung zur Verhaftung (Artikel 46 Abs. 2 des Grundgesetzes[1]) oder zwangsweisen Vorführung.

b) Unter Verhaftung (Artikel 46 Abs. 2 des Grundgesetzes) ist nur die Untersuchungshaft zu verstehen; die Verhaftung zur Strafvollstreckung bedarf wieder einer besonderen Genehmigung.

---

[1] Nr. 1.

c) Die Genehmigung zur Verhaftung schließt die Genehmigung zur zwangsweisen Vorführung ein.

d) Die Genehmigung zur zwangsweisen Vorführung schließt nicht die Genehmigung zur Verhaftung ein.

8. Vollstreckung von Freiheitsstrafen oder von Erzwingungshaft (§§ 96, 97 OWiG)

Die Genehmigung zur Erhebung der öffentlichen Klage wegen einer Straftat berechtigt nicht zur Vollstreckung einer Freiheitsstrafe.

Die Vollstreckung einer Freiheitsstrafe oder einer Erzwingungshaft (§§ 96, 97 OWiG) bedürfen der Genehmigung des Bundestages. Zur Vereinfachung des Geschäftsganges ist der Ausschuss für Wahlprüfung, Immunität und Geschäftsordnung beauftragt, eine Vorentscheidung über die Genehmigung der Vollstreckung zu treffen, bei Freiheitsstrafen jedoch nur, soweit nicht auf eine höhere Freiheitsstrafe als drei Monate erkannt ist, oder bei einer Gesamtstrafenbildung (§§ 53 bis 55 StGB, § 460 StPO) keine der erkannten Einzelstrafen drei Monate übersteigt.

9. Disziplinarverfahren

Die Aufhebung der Immunität zur Durchführung eines Disziplinarverfahrens gilt nicht zur Durchführung eines Strafverfahrens durch die Staatsanwaltschaft wegen des gleichen Sachverhalts. Umgekehrt gilt die Aufhebung der Immunität zur Durchführung eines Strafverfahrens nicht für die Durchführung eines Disziplinarverfahrens.

Die Vollsteckung von Disziplinarmaßnahmen bedarf keiner erneuten Genehmigung des Bundestages.

10. Ehren- und Berufsgerichtsverfahren

Verfahren vor Ehren- und Berufsgerichten, die öffentlich-rechtlichen Charakter haben, können nur nach Aufhebung der Immunität durchgeführt werden.

11. Verfahren bei Verkehrsdelikten

Bei Verkehrsdelikten soll die Genehmigung grundsätzlich erteilt werden. Zur Vereinfachung des Geschäftsganges ist der Ausschuß für Wahlprüfung, Immunität und Geschäftsordnung beauftragt, bei allen Fällen von Verkehrsdelikten eine Vorentscheidung zu treffen.

12. Verfahren bei Bagatellsachen

Bei Anträgen, die nach Auffassung des Ausschusses für Wahlprüfung, Immunität und Geschäftsordnung eine Bagatellsache zum Gegenstand haben, ist der Ausschuß beauftragt, eine Vorentscheidung (Nummer 13) zu treffen.

13. Vereinfachtes Verfahren (Vorentscheidungen)

Hat der Ausschuß auf Grund der ihm erteilten Ermächtigung (Nummern 8, 11, 12, B. und C.) eine Vorentscheidung getroffen, wird diese dem Bundestag durch den Präsidenten schriftlich mitgeteilt, ohne auf die Tagesordnung gesetzt zu werden. Sie gilt als Entscheidung des Bundestages, wenn nicht innerhalb von sieben Tagen nach Mitteilung Widerspruch erhoben wird.

14. Genehmigungspflicht in besonderen Fällen

Die Genehmigung des Bundestages ist erforderlich:

a) Zur Vollstreckung von Ordnungshaft zur Erzwingung einer Unterlassung oder Duldung (§ 890 ZPO).
Wird in einem Urteil oder einer einstweiligen Verfügung, gerichtet auf eine Unterlassung oder Duldung, für den Fall der Zuwiderhandlung eine Strafe angedroht, so stellt die Androhung die Festsetzung einer Norm dar. Die Prüfung, ob diese Norm, die den Schuldner zur künftigen Erfüllung der Unterlassungspflicht anhalten soll, verletzt ist, bedeutet daher ein „zur Verantwortung ziehen" im Sinne des Artikels 46 Abs. 2 des Grundgesetzes[1] wegen Verletzung „einer mit Strafe bedrohten Handlung". Dabei ist es unerheblich, ob in dem Verfahren Ordnungshaft oder -geld angestrebt wird.

b) Zur Vollstreckung der Haft zur Erzwingung der eidesstattlichen Versicherung des Schuldners (§ 901 ZPO).
Da lediglich die Vollstreckung des Haftbefehls eine Beschränkung der persönlichen Freiheit im Sinne des Artikels 46 Abs. 2 des Grundgesetzes ist und daher der Genehmigung des Deutschen Bundestages bedarf, steht der Ausschuß für Wahlprüfung, Immunität und Geschäftsordnung auf dem Standpunkt, daß die Durchführung des Verfahrens zur Erzwingung der eidesstattlichen Versicherung gegen ein Mitglied des Bundestages als Schuldner und auch die Anordnung der Haft durch das Gericht zur Erzwingung der Leistung der eidesstattlichen Versicherung noch kein „zur Verantwortung ziehen" bedeuten und daher keiner Genehmigung des Deutschen Bundestages bedürfen.

c) Zur Vollstreckung der Ordnungshaft oder zur zwangsweisen Vorführung wegen Ausbleibens als Zeuge (§ 51 StPO und § 380 ZPO).

d) Zur Vollstreckung der Ordnungshaft oder der Haft wegen grundloser Zeugnisverweigerung (§ 70 StPO und § 390 ZPO).

e) Zur Vollstreckung der Zwangshaft zur Erwirkung unvertretbarer Handlungen (§ 888 ZPO).

f) Zur Vollstreckung der Haft oder sonstigen Freiheitsbeschränkung zur Vollziehung des persönlichen Sicherheitsarrestes (§ 933 ZPO).

g) Zur Vollstreckung der Ordnungshaft wegen Ungebühr (§ 178 GVG).

h) Zur zwangsweisen Vorführung des Schuldners und zur Vollstreckung der Haft im Insolvenzverfahren (§ 21 Abs. 3 und § 98 Abs. 2 InsO).

i) Zur einstweiligen Unterbringung in einer Heil- oder Pflegeanstalt (§ 126a StPO).

j) Zu freiheitsentziehenden Maßregeln der Besserung und Sicherung (§§ 61 ff. StGB).

k) Zur zwangsweisen Vorführung (§§ 134, 230, 236, 329 und 387 StPO).

l) Zur Verhaftung auf Grund Haftbefehls nach §§ 114, 125, 230, 236 oder 329 StPO.

15. Schutzmaßnahmen nach dem Infektionsschutzgesetz

Schutzmaßnahmen nach dem Infektionsschutzgesetz haben notstandsähnlichen Charakter. Maßnahmen nach den §§ 29 ff. des Infektionsschutzgesetzes bedürfen daher, gleichgültig, ob sie zum Schutz gegen das Mitglied des Bundestages

[1] Nr. 1.

oder zum Schutz des Mitgliedes des Bundestages gegen andere notwendig werden, nicht der Aufhebung der Immunität.

Die zuständigen Behörden sind jedoch verpflichtet, den Präsidenten des Deutschen Bundestages unverzüglich über die gegen ein Mitglied des Bundestages angeordneten Maßnahmen zu unterrichten. Der Ausschuss für Wahlprüfung, Immunität und Geschäftsordnung ist berechtigt, zu prüfen oder prüfen zu lassen, ob es sich um nach dem Infektionsschutzgesetz gerechtfertigte Maßnahmen handelt. Hält er sie nicht oder nicht mehr für erforderlich, so kann der Ausschuß im Wege der Vorentscheidung die Aussetzung der angeordneten Maßnahmen verlangen.

Kann der Ausschuß innerhalb von zwei Tagen nach Eingang einer Mitteilung der zuständigen Behörden nicht zusammentreten, so hat der Präsident des Bundestages insoweit die Rechte des Ausschusses für Wahlprüfung, Immunität und Geschäftsordnung. Er hat den Ausschuß unverzüglich über seine Entscheidung in Kenntnis zu setzen.

16. Anhängige Strafverfahren

Bei Übernahme des Abgeordnetenmandats anhängige Strafverfahren sowie jede angeordnete Haft, Vollstreckung einer Freiheitsstrafe oder sonstige Beschränkung der persönlichen Freiheit (vgl. Nummer 14) sind von Amts wegen auszusetzen.

Soll ein Verfahren fortgesetzt werden, so ist vorher eine Entscheidung des Bundestages einzuholen, soweit nicht bereits die Genehmigung zur Durchführung von Ermittlungsverfahren wegen einer Straftat erteilt ist.

17. Behandlung von Amnestiefällen

Der Ausschuß für Wahlprüfung, Immunität und Geschäftsordnung ist ermächtigt, in allen Fällen, in denen eine gerichtliche Strafverfolgung gegen ein Mitglied des Bundestages infolge einer bereits ausgesprochenen Amnestie nicht zur Durchführung kommen würde, die gerichtliche Einstellung des Verfahrens auf Grund der Amnestie dadurch zu ermöglichen, daß er in solchen Fällen erklärt, der Bundestag werde gegen die Anwendung des Straffreiheitsgesetzes keine Einwendungen erheben. Solche Fälle bedürfen nicht der Vorlage an das Plenum des Bundestages.

B. Ermächtigung zur Strafverfolgung nach § 90b Abs. 2, § 194 Abs. 4 StGB

Die Ermächtigung zur Strafverfolgung nach § 90b Abs. 2 StGB – verfassungsfeindliche Verunglimpfung des Bundestages – sowie nach § 194 Abs. 4 StGB – Beleidigung des Bundestages – kann im Wege der Vorentscheidung gemäß Nummer 13 der Grundsätze in Immunitätsangelegenheiten erteilt werden. Die Staatsanwaltschaften richten ihre Anträge nach Maßgabe der Richtlinien für das Strafverfahren und das Bußgeldverfahren an den Bundesminister der Justiz, der sie mit der Bitte vorlegt, eine Entscheidung herbeizuführen, ob die Ermächtigung zur Strafverfolgung nach § 90b Abs. 2 oder § 194 Abs. 4 StGB erteilt wird.

C. Genehmigung zur Zeugenvernehmung nach § 50 Abs. 3 StPO und § 382 Abs. 3 ZPO

Die Genehmigung zu einer Abweichung von § 50 Abs. 1 StPO und § 382 Abs. 2 ZPO, wonach die Mitglieder des Bundestages am Sitz der Versammlung zu vernehmen sind, kann im Wege der Vorentscheidung gemäß Nummer 13 der Grundsätze in Immunitätsangelegenheiten erteilt werden. Die Staatsanwaltschaften und Gerichte richten ihre Anträge unmittelbar an den Präsidenten des Bundestages. Einer Genehmigung bedarf es nicht, wenn der Termin zur Vernehmung außerhalb der Sitzungswochen des Bundestages liegt.

Beschluß des Deutschen Bundestages betr. Aufhebung der Immunität von Mitgliedern des Bundestages[1)]

1. Der Deutsche Bundestag genehmigt bis zum Ablauf dieser Wahlperiode die Durchführung von Ermittlungsverfahren gegen Mitglieder des Bundestages wegen Straftaten, es sei denn, dass es sich um Beleidigungen (§§ 185, 186, 187a Abs. 1, § 188 Abs. 1 StGB) politischen Charakters handelt.
Vor Einleitung eines Ermittlungsverfahrens ist dem Präsidenten des Deutschen Bundestages und, soweit nicht Gründe der Wahrheitsfindung entgegenstehen, dem betroffenen Mitglied des Bundestages Mitteilung zu machen; unterbleibt eine Mitteilung an das Mitglied des Bundestages, so ist der Präsident auch hiervon unter Angabe der Gründe zu unterrichten. Das Recht des Deutschen Bundestages, die Aussetzung des Verfahrens zu verlangen (Artikel 46 Abs. 4 GG[2)]), bleibt unberührt.
Das Ermittlungsverfahren darf im Einzelfall frühestens 48 Stunden nach Zugang der Mitteilung beim Präsidenten des Deutschen Bundestages eingeleitet werden. Bei der Berechnung der Frist werden Sonntage, allgemeine Feiertage und Sonnabende nicht mitgerechnet. Der Präsident des Deutschen Bundestages kann im Einvernehmen mit dem Vorsitzenden des Ausschusses für Wahlprüfung, Immunität und Geschäftsordnung die Frist angemessen verlängern.
2. Diese Genehmigung umfaßt nicht
   a) die Erhebung der öffentlichen Klage wegen einer Straftat und den Antrag auf Erlass eines Strafbefehls,
   b) im Verfahren nach dem Gesetz über Ordnungswidrigkeiten den Hinweis des Gerichts, daß über die Tat auch auf Grund eines Strafgesetzes entschieden werden kann (§ 81 Abs. 1 Satz 2 OWiG),
   c) freiheitsentziehende und freiheitsbeschränkende Maßnahmen im Ermittlungsverfahren,
   d) die Fortsetzung eines Ermittlungsverfahrens, zu dem der Bundestag in der vorausgegangenen Wahlperiode die Aussetzung der Ermittlungen gemäß Artikel 46 Abs. 4 des Grundgesetzes verlangt hat.
3. Zur Vereinfachung des Geschäftsganges wird der Ausschuß für Wahlprüfung, Immunität und Geschäftsordnung beauftragt, bei Verkehrsdelikten eine Vor-

---

[1)] **Amtl. Anm.:** Dieser Beschluß wird jeweils zu Beginn einer Wahlperiode vom Deutschen Bundestag übernommen.
[2)] Nr. 1.

entscheidung über die Genehmigung in den Fällen der Nummer 2 zu treffen.
Dasselbe gilt für Straftaten, die nach Auffassung des Ausschusses für Wahlprüfung, Immunität und Geschäftsordnung als Bagatellangelegenheiten zu betrachten sind.
Die Ermächtigung zur Strafverfolgung gemäß § 90b StGB – verfassungsfeindliche Verunglimpfung des Deutschen Bundestages – sowie § 194 Abs. 4 StGB – Beleidigung des Deutschen Bundestages – kann im Wege der Vorentscheidung erteilt werden.
Ist zu Beginn einer Wahlperiode die Fortsetzung eines Strafverfahrens gegen ein Mitglied des Bundestages zu genehmigen, gegen das der vorhergehende Bundestag die Durchführung dieses Strafverfahrens bereits genehmigt hat, kann im Wege der Vorentscheidung verfahren werden.

4. Die Vollstreckung einer Freiheitsstrafe oder einer Erzwingungshaft (§§ 96, 97 OWiG) bedürfen der Genehmigung des Deutschen Bundestages. Zur Vereinfachung des Geschäftsganges wird der Ausschuss für Wahlprüfung, Immunität und Geschäftsordnung beauftragt, eine Vorentscheidung über die Genehmigung der Vollstreckung zu treffen, bei Freiheitsstrafen nur, soweit nicht auf eine höhere Freiheitsstrafe als drei Monate erkannt ist oder bei einer Gesamtstrafenbildung (§§ 53 bis 55 StGB, § 460 StPO) keine der erkannten Einzelstrafen drei Monate übersteigt.
5. Ist der Vollzug einer angeordneten Durchsuchung oder Beschlagnahme gegen ein Mitglied des Bundestages genehmigt, ist der Präsident beauftragt, die Genehmigung mit der Auflage zu verbinden, daß beim Vollzug der Zwangsmaßnahme ein anderes Mitglied des Bundestages und – falls die Vollstreckung in Räumen des Bundestages erfolgen soll – ein zusätzlicher Vertreter des Präsidenten anwesend sind; das Mitglied des Bundestages benennt der Präsident im Benehmen mit dem Vorsitzenden der Fraktion des Mitgliedes des Bundestages, gegen das der Vollzug von Zwangsmaßnahmen genehmigt ist.
6. Der Ausschuß für Wahlprüfung, Immunität und Geschäftsordnung kann im Wege der Vorentscheidung das Verlangen des Bundestages auf Aussetzung eines Verfahrens gemäß Artikel 46 Abs. 4 des Grundgesetzes herbeiführen.
7. Bei Vorentscheidungen werden die Beschlüsse des Ausschusses dem Bundestag durch den Präsidenten schriftlich mitgeteilt, ohne auf die Tagesordnung gesetzt zu werden. Sie gelten als Entscheidung des Deutschen Bundestages, wenn nicht innerhalb von sieben Tagen nach Mitteilung schriftlich beim Präsidenten Widerspruch erhoben wird.

Anlage 7

Richtlinien für die Befragung der Bundesregierung

1. Eine Befragung der Bundesregierung findet in Sitzungswochen mittwochs um 13.00 Uhr statt. Die Befragung dauert in der Regel 60 Minuten. Der Präsident kann die Befragung um bis zu 15 Minuten verlängern. Die Fragestunde verkürzt sich um die Verlängerungszeit.

2. Die Bundesregierung übermittelt den Fraktionen die Tagesordnung des Kabinetts, nachdem diese festgestellt worden ist.
3. Die Mitglieder des Bundestages können an die Bundesregierung Fragen von aktuellem Interesse im Rahmen ihrer Verantwortlichkeit stellen. Die Fragen können durch Bemerkungen eingeleitet werden. Sie müssen kurz gefasst sein und kurze Antworten ermöglichen. Zu jeder Frage ist eine Nachfrage durch den Fragesteller möglich.
4. An der Befragung nimmt mindestens ein Mitglied der Bundesregierung nach einer zuvor festgelegten Reihenfolge teil. Dieses Mitglied der Bundesregierung antwortet vorrangig. Fragen zu den Fachthemen anderer Bundesministerien können durch weitere anwesende Mitglieder der Bundesregierung oder durch Parlamentarische Staatssekretäre des zuständigen Bundesministeriums beantwortet werden.
5. Zu Beginn der Befragung erhält ein Mitglied der Bundesregierung auf Verlangen für bis zu fünf Minuten das Wort zu einleitenden Ausführungen.
6. Der Präsident erteilt das Wort unter Berücksichtigung der Regeln des § 28 Absatz 1 der Geschäftsordnung des Bundestages[1]. In einem ersten Abschnitt sollen Fragen zum Bericht und zum Geschäftsbereich des turnusgemäß anwesenden Mitglieds der Bundesregierung aufgerufen werden, gefolgt von Fragen zu den vorangegangenen Kabinettsitzungen und allgemeinen Fragen.
7. Dreimal jährlich findet zu dem Termin der Regierungsbefragung eine Befragung des Bundeskanzlers statt. Die Befragung soll in den letzten Sitzungswochen vor Ostern, vor der Sommerpause und vor Weihnachten stattfinden. Die Befragung dauert 60 Minuten. Eine Verlängerung ist nicht möglich. Im Übrigen gelten die vorstehenden Regelungen entsprechend.

Anlage 8

(aufgehoben)

[1] Nr. 2.

2a. Geschäftsordnung der Bundesregierung

Vom 11. Mai 1951

(GMBl S. 137)

zuletzt geänd. durch Bek. v. 22.10.2002 (GMBl S. 848)

Nichtamtliche Inhaltsübersicht

Die Bundesregierung hat nach Artikel 65 des Grundgesetzes[1] folgende, von dem Bundespräsidenten genehmigte Geschäftsordnung beschlossen:

[1] Nr. **1**.

I. Der Bundeskanzler

§ 1 [Bestimmung der Richtlinien der Politik] (1) [1]Der Bundeskanzler bestimmt die Richtlinien der inneren und äußeren Politik. [2]Diese sind für die Bundesminister verbindlich und von ihnen in ihrem Geschäftsbereich selbständig und unter eigener Verantwortung zu verwirklichen. [3]In Zweifelsfällen ist die Entscheidung des Bundeskanzlers einzuholen.

(2) Der Bundeskanzler hat das Recht und die Pflicht, auf die Durchführung der Richtlinien zu achten.

§ 2 [Einheitlichkeit der Geschäftsführung] Neben der Bestimmung der Richtlinien der Politik hat der Bundeskanzler auch auf die Einheitlichkeit der Geschäftsführung in der Bundesregierung hinzuwirken.

§ 3 [Unterrichtung des Bundeskanzlers] Der Bundeskanzler ist aus dem Geschäftsbereich der einzelnen Bundesminister über Maßnahmen und Vorhaben zu unterrichten, die für die Bestimmung der Richtlinien der Politik und die Leitung der Geschäfte der Bundesregierung von Bedeutung sind.

§ 4 [Erweiterung und Änderung der Richtlinien] Hält ein Bundesminister eine Erweiterung oder Änderung der Richtlinien der Politik für erforderlich, so hat er dem Bundeskanzler unter Angabe der Gründe hiervon Mitteilung zu machen und seine Entscheidung zu erbitten.

§ 5 [Unterrichtung des Bundespräsidenten] Der Bundeskanzler unterrichtet den Bundespräsidenten laufend über seine Politik und die Geschäftsführung der einzelnen Bundesminister durch Übersendung der wesentlichen Unterlagen, durch schriftliche Berichte über Angelegenheiten von besonderer Bedeutung sowie nach Bedarf durch persönlichen Vortrag.

§ 6 [Leitung der Geschäfte der Bundesregierung] Der Bundeskanzler leitet die Geschäfte der Bundesregierung nach Maßgabe des IV. Abschnittes.

§ 7 [Staatssekretär des Bundeskanzleramtes] (1) Der Staatssekretär des Bundeskanzleramtes nimmt zugleich die Geschäfte eines Staatssekretärs der Bundesregierung wahr.

(2) [1]Er kann die an den Bundeskanzler gerichteten oder ihm von dem Bundespräsidenten überwiesenen Schreiben unmittelbar an den zuständigen Bundesminister weiterleiten. [2]Empfiehlt der zuständige Bundesminister eine Beantwortung durch den Bundeskanzler, so legt er dem Bundeskanzler einen entsprechenden Entwurf vor.

II. Stellvertretung des Bundeskanzlers

§ 8 [Stellvertretung des Bundeskanzlers] [1]Ist der Bundeskanzler an der Wahrnehmung der Geschäfte allgemein verhindert, so vertritt ihn der gemäß Artikel 69 des Grundgesetzes[1)] zu seinem Stellvertreter ernannte Bundesminis-

---

[1)] Nr. 1.

ter in seinem gesamten Geschäftsbereich. [2] Im übrigen kann der Bundeskanzler den Umfang seiner Vertretung näher bestimmen.

III. Die Bundesminister

§ 9 [Geschäftsbereich der Bundesminister] [1] Der Geschäftsbereich der einzelnen Bundesminister wird in den Grundzügen durch den Bundeskanzler festgelegt. [2] Bei Überschneidungen und sich daraus ergebenden Meinungsverschiedenheiten zwischen den einzelnen Bundesministern entscheidet die Bundesregierung durch Beschluß.

§ 10 [Empfang von Deputationen] (1) [1] Abordnungen (Deputationen) sollen in der Regel nur von dem federführenden Fachminister oder seinem Vertreter empfangen werden. [2] Sie sind vorher um Angabe des Verhandlungsgegenstandes zu ersuchen. [3] Erscheint ein gemeinsamer Empfang angezeigt, so benachrichtigt der angegangene Bundesminister die außer ihm noch in Frage kommenden Bundesminister.

(2) Der Bundeskanzler empfängt Abordnungen nur in besonderen Fällen.

§ 11 [Verhandlungen mit dem Ausland] (1) Mitglieder und Vertreter auswärtiger Regierungen sowie Vertreter zwischenstaatlicher Einrichtungen sollen nur nach vorherigem Benehmen mit dem Auswärtigen Amt empfangen werden.

(2) Verhandlungen mit dem Ausland oder im Ausland dürfen nur mit Zustimmung des Auswärtigen Amtes, auf sein Verlangen auch nur unter seiner Mitwirkung geführt werden.

§ 12 [Äußerungen in der Öffentlichkeit] Äußerungen eines Bundesministers, die in der Öffentlichkeit erfolgen oder für die Öffentlichkeit bestimmt sind, müssen mit den vom Bundeskanzler gegebenen Richtlinien der Politik in Einklang stehen.

§ 13 [Abwesenheit] (1) [1] Jeder Bundesminister macht, bevor er den Sitz der Bundesregierung länger als 1 Tag verläßt, dem Bundeskanzler Mitteilung. [2] Bei Abwesenheit von mehr als 3 Tagen und bei Auslandsreisen ist das Einvernehmen mit dem Bundeskanzler herzustellen.

(2) Zur Annahme von Einladungen in das Ausland ist die Zustimmung des Bundeskanzlers erforderlich.

(3) Bevor ein Bundesminister den Sitz der Bundesregierung verläßt, gibt er dem Bundeskanzler die Anschrift an, unter der er während seiner Abwesenheit zu erreichen ist.

§ 14 [Vertretung] (1) Ist ein Bundesminister verhindert, so wird er in der Regierung durch den dazu bestimmten Bundesminister vertreten.

(2) [1] Für Erklärungen vor dem Bundestag, vor dem Bundesrat und in den Sitzungen der Bundesregierung wird der Bundesminister durch den Parlamentarischen Staatssekretär vertreten. [2] Der Bundesminister kann für Einzelfälle anordnen, daß solche Erklärungen durch den Staatssekretär abgegeben werden.

(3) Als Leiter einer obersten Bundesbehörde wird ein Bundesminister im Falle seiner Verhinderung durch den Staatssekretär und in dem Aufgabenbereich, der dem Parlamentarischen Staatssekretär nach § 14a übertragen worden ist, sowie in den von ihm bestimmten Einzelfällen von diesem vertreten.

§ 14a [Aufgaben der Parlamentarischen Staatssekretäre] Der Bundesminister bestimmt im einzelnen, welche Aufgaben der Parlamentarische Staatssekretär wahrnehmen soll.

IV. Die Bundesregierung

§ 15 [Gegenstände der Beratung und Beschlussfassung] (1) Der Bundesregierung sind zur Beratung und Beschlußfassung zu unterbreiten alle Angelegenheiten von allgemeiner innen- oder außenpolitischer, wirtschaftlicher, sozialer, finanzieller oder kultureller Bedeutung, insbesondere

a) alle Gesetzentwürfe,

b) alle Entwürfe von Verordnungen der Bundesregierung,

c) sonstige Verordnungsentwürfe, wenn sie von besonderer politischer Bedeutung sind,

d) die Stellungnahme des Bundesrates zu den Vorlagen der Bundesregierung,

e) alle Angelegenheiten, für welche Grundgesetz[1] oder Gesetz dieses vorschreiben,

f) Meinungsverschiedenheiten zwischen verschiedenen Bundesministern; Meinungsverschiedenheiten über die Entwürfe der Finanzplanung, des Haushaltsgesetzes und des Haushaltsplans, wenn es sich um Angelegenheiten von grundsätzlicher Bedeutung für den betroffenen Bundesminister oder erheblicher finanzieller Bedeutung handelt.

(2) Ihr sind außerdem zu unterbreiten:

a) Vorschläge zur Ernennung von Beamten, die jederzeit in den einstweiligen Ruhestand versetzt werden können, von sonstigen Beamten, die nach der Besoldungsordnung feste Gehälter beziehen, sowie von Ministerialräten und Ministerialbeamten gleichen Ranges,

b) Vorschläge zur Einstellung oder Eingruppierung von Angestellten bei obersten Bundesbehörden nach Vergütungsgruppe I BAT oder zur Vereinbarung einer höheren Vergütung,

c) zur Beratung ohne Beschlußfassung: Vorschläge für die Zustimmung des zuständigen Bundesministers zur Ernennung von Richtern bei den obersten Gerichtshöfen des Bundes.

§ 15a [Angelegenheiten von frauenpolitischer Bedeutung] (1) Im Einvernehmen mit dem Bundeskanzler kann die Bundesministerin für Familie, Senioren, Frauen und Jugend verlangen, daß Angelegenheiten von frauenpolitischer Bedeutung der Bundesregierung zur Beratung und Beschlußfassung unterbreitet werden, auch wenn diese zum Geschäftsbereich eines anderen

---

[1] Nr. 1.

Bundesministers gehören; die Vorlage an die Bundesregierung erfolgt durch den federführenden Bundesminister.

(2) [1] In Angelegenheiten von besonderer frauenpolitischer Bedeutung kann die Bundesministerin für Familie, Senioren, Frauen und Jugend im Benehmen mit dem federführenden Bundesminister Gesetzesvorhaben vor Bundestag und Bundesrat einschließlich deren Ausschüsse neben dem federführenden Bundesminister vertreten. [2] § 15 Abs. 1 Buchstabe f, §§ 17 und 28 bleiben unberührt.

(3) Entsprechendes gilt in verbraucherschutzpolitischen Angelegenheiten für die Bundesministerin für Verbraucherschutz, Ernährung und Landwirtschaft.

§ 16 [Beratung unter den Bundesministerien] (1) Alle Angelegenheiten, die der Bundesregierung unterbreitet werden, sind vorher zwischen den beteiligten Bundesministerien zu beraten, sofern nicht im Einzelfalle die Dringlichkeit der Entscheidung eine Ausnahme notwendig macht.

(2) Die bei den Beratungen strittig gebliebenen Punkte sind in dem Anschreiben an den Staatssekretär des Bundeskanzleramts (§ 21 Abs. 2) oder in sonst geeigneter Weise mit kurzer Begründung der vorgeschlagenen Lösung aufzuführen.

(3) [1] Bei der Vorlage von Gesetzentwürfen ist mitzuteilen, daß die Ausführung des Gesetzes Bund, Länder und Gemeinden nicht mit Kosten belastet oder, wenn dies der Fall ist, ob der Bundesminister der Finanzen nach Kenntnis von dem Plane des Gesetzes Widerspruch erhoben hat. [2] Fehlt der Vermerk, so sorgt der Staatssekretär des Bundeskanzleramtes dafür, daß er nachgeholt wird.

(4) Ist keine mündliche Erörterung im Kabinett erforderlich, so ist bei der Vorlage zu bemerken, daß ein Beschluß auf schriftlichem Wege ausreichen wird (§ 20 Abs. 2).

§ 17 [Meinungsverschiedenheiten] (1) Meinungsverschiedenheiten zwischen den Bundesministern sind der Bundesregierung erst zu unterbreiten, wenn ein persönlicher Verständigungsversuch zwischen den beteiligten Bundesministern oder im Falle ihrer Behinderung zwischen ihren Vertretern ohne Erfolg geblieben ist.

(2) Der Bundeskanzler kann Meinungsverschiedenheiten vor der Beratung im Kabinett zunächst in einer Ministerbesprechung mit den beteiligten Bundesministern unter seinem Vorsitz erörtern.

§ 18 [Ernennung von Beamten und Einstellung von Angestellten]

(1) Vorschläge zur Ernennung von Beamten und zur Einstellung oder Eingruppierung von Angestellten sind in den Fällen des § 15 Abs. 2 Buchstabe a und b vor jeder entscheidenden oder verpflichtenden Maßnahme oder Mitteilung der Bundesregierung zu unterbreiten; im übrigen sind, sofern es sich um Beamte des höheren Dienstes (Besoldungsgruppe A 13 BBesO[1)] und höher) und die ihnen gleichgestellten Angestellten in den Ministerien handelt, Ernennungen, Einstellungen und Eingruppierungen dem Bundeskanzler nachträglich zur Kenntnis mitzuteilen.

[1)] Siehe die Anl. I zum BundesbesoldungsG idF der Bek. v. 19.6.2009 (BGBl. I S. 1434), zuletzt geänd. durch G v. 9.12.2019 (BGBl. I S. 2053).

(2) Ernennungen dürfen erst nach Vollziehung der Urkunde durch den Bundespräsidenten veröffentlicht werden.

§ 19 [Beendigung von Beamtenverhältnissen] [1] Soll ein Beamter der Besoldungsgruppe B 9 BBesO[1)] oder höherer Besoldungsgruppen entlassen, in den einstweiligen Ruhestand oder in den Ruhestand versetzt werden, so ist vor entscheidenden und verpflichtenden Maßnahmen oder Mitteilungen die Stellungnahme des Bundeskanzlers einzuholen. [2] Alsdann ist vor solchen Maßnahmen oder Mitteilungen die Angelegenheit dem Bundespräsidenten zur Entscheidung zu unterbreiten.

§ 20 [Beschlussfassung] (1) Die Bundesregierung faßt ihre Beschlüsse in der Regel in gemeinschaftlicher Sitzung.

(2) [1] Ist die mündliche Beratung einer Angelegenheit nicht erforderlich so soll der Staatssekretär des Bundeskanzleramtes die Zustimmung der Mitglieder der Bundesregierung auf schriftlichem Wege einholen (Umlaufsache). [2] Bestehen über die Notwendigkeit einer mündlichen Beratung Zweifel, so hat er die Entscheidung des Bundeskanzlers herbeizuführen.

§ 21 [Einberufung und Vorbereitung der Sitzungen] (1) [1] Die Sitzungen der Bundesregierung werden durch den Staatssekretär des Bundeskanzleramtes nach näherer Anweisung des Bundeskanzlers festgesetzt. [2] Er veranlaßt die Einladung zu den Sitzungen unter Beifügung einer Tagesordnung.

(2) Die von den Bundesministern vorgelegten Entwürfe und Ausführungen sind dem Staatssekretär des Bundeskanzleramtes in der gewünschten Zahl von Abdrucken einzureichen; sie sind gleichzeitig sämtlichen Bundesministern und dem Chef des Bundespräsidialamtes unmittelbar zuzuleiten.

(3) [1] Die Übersendung von Kabinettsvorlagen hat so zeitig zu erfolgen, daß für eine sachliche Prüfung vor der Beratung noch ausreichend Zeit bleibt. [2] Zwischen der Zustellung der Vorlage an den Staatssekretär des Bundeskanzleramtes und die Bundesminister und der Beratung soll mindestens eine Woche liegen. [3] Handelt es sich um umfangreichere Gesetzesvorlagen oder sonstige Vorlagen von weittragender Bedeutung und ist die Frist nicht eingehalten, so ist auf Antrag von zwei Bundesministern oder deren Vertretern die Angelegenheit von der Tagesordnung abzusetzen, es sei denn, daß der Bundeskanzler die sofortige Beratung für notwendig hält.

(4) Die Bundesministerin für Familie, Senioren, Frauen und Jugend oder *dessen*[2)] Vertreter kann die Absetzung von der Tagesordnung verlangen, wenn es sich um eine frauenpolitische Angelegenheit von besonderer Tragweite handelt und er bei der Vorbereitung der Kabinettvorlage nicht hinreichend beteiligt worden ist, es sei denn, daß der Bundeskanzler die sofortige Beratung für notwendig hält.

§ 22 [Vorsitz, Beginn und Vertraulichkeit der Sitzungen] (1) [1] Die Sitzungen der Bundesregierung finden unter dem Vorsitz des Bundeskanzlers, im Falle seiner Behinderung unter dem Vorsitz des Stellvertreters des Bundeskanz-

---

[1)] Siehe die Anl. I zum BundesbesoldungsG idF der Bek. v. 19.6.2009 (BGBl. I S. 1434), zuletzt geänd. durch G v. 9.12.2019 (BGBl. I S. 2053).

[2)] Richtig wohl: „deren".

lers statt. [2] Ist auch der Stellvertreter verhindert, so führt den Vorsitz der vom Bundeskanzler oder seinem Stellvertreter besonders bezeichnete Bundesminister oder mangels solcher Bezeichnungen der Bundesminister, der am längsten ununterbrochen der Bundesregierung angehört; bei mehreren Bundesministern mit gleicher Amtszeit übernimmt den Vorsitz der an Lebensjahren älteste Bundesminister.

(2) [1] Die Sitzungen beginnen pünktlich zu der in der Einladung angegebenen Zeit. [2] Behinderte Bundesminister haben für ihre Vertretung zu sorgen.

(3) [1] Die Sitzungen der Bundesregierung sind vertraulich. [2] Insbesondere sind Mitteilungen über Ausführungen einzelner Bundesminister, über das Stimmenverhältnis und über den Inhalt der Niederschrift ohne besondere Ermächtigung des Bundeskanzlers unzulässig.

§ 23 [Teilnahme] (1) An den Sitzungen der Bundesregierung nehmen außer den Bundesministern und dem Chef des Bundeskanzleramtes sowie dem Parlamentarischen Staatssekretär beim Bundeskanzler regelmäßig teil:
der Chef des Bundespräsidialamtes,
der Bundespressechef,
der Persönliche Referent des Bundeskanzlers,
der Schriftführer.

(2) [1] Ist der Bundesminister an der Teilnahme an einer Sitzung der Bundesregierung verhindert, so nimmt für ihn der Parlamentarische Staatssekretär an der Sitzung teil. [2] Der Bundesminister kann für Einzelfälle anordnen, daß der Staatssekretär an der Sitzung teilnimmt.

(3) [1] Hält ein Bundesminister die Zuziehung eines Beamten seines Ministeriums außer dem Staatssekretär für erwünscht, so hat er dies unter Benennung des Beamten schriftlich anzuzeigen. [2] Über die Zulassung zur Sitzung entscheidet der Vorsitzende. [3] Der Beamte nimmt an der Sitzung nur für die Dauer der Verhandlungen über den Punkt, zu dem er zugezogen ist, teil.

(4) Der Bundeskanzler kann die Sitzung auf die Bundesminister beschränken.

§ 24 [Beschlussfähigkeit] (1) Die Bundesregierung ist beschlußfähig, wenn einschließlich des Vorsitzenden die Hälfte der Bundesminister anwesend ist.

(2) [1] Die Bundesregierung faßt ihre Beschlüsse mit Stimmenmehrheit. [2] Bei Stimmengleichheit entscheidet die Stimme des Vorsitzenden.

§ 25 [Wortlaut der Beschlüsse] Der Wortlaut der Beschlüsse der Bundesregierung wird von dem Vorsitzenden jeweils im Anschluß an die mündliche Beratung eines Gegenstandes festgelegt.

§ 26 [Widerspruch] (1) [1] Beschließt die Bundesregierung in einer Frage von finanzieller Bedeutung gegen oder ohne die Stimme des Bundesministers der Finanzen, so kann dieser gegen den Beschluß ausdrücklich Widerspruch erheben. [2] Wird Widerspruch nach Satz 1 oder in gesetzlich vorgesehenen Fällen erhoben, so ist über die Angelegenheit in einer weiteren Sitzung der Bundesregierung erneut abzustimmen. [3] Die Durchführung der Angelegenheit, der der Bundesminister der Finanzen widersprochen hat, muß unterbleiben, wenn sie nicht in der neuen Abstimmung in Anwesenheit des Bundesministers der Finanzen oder seines Vertreters von der Mehrheit sämtlicher Bundesminister beschlossen wird und der Bundeskanzler mit der Mehrheit gestimmt hat.

(2) Entsprechendes gilt, wenn der Bundesminister der Justiz oder der Bundesminister des Innern gegen einen Gesetz- oder Verordnungsentwurf oder eine Maßnahme der Bundesregierung wegen ihrer Unvereinbarkeit mit geltendem Recht Widerspruch erhebt.

§ 27 [Niederschrift] (1) [1] Über die Sitzungen der Bundesregierung wird eine Niederschrift aufgenommen, die von dem Schriftführer unterzeichnet wird. [2] Eine Abschrift der Niederschrift wird den Bundesministern umgehend zugesandt. [3] Der Chef des Bundespräsidialamtes und der Bundespressechef erhalten nachrichtlich eine Abschrift der Niederschrift.

(2) Die Niederschrift gilt als genehmigt, wenn die beteiligten Bundesminister nicht innerhalb 3 Tagen nach ihrer Zustellung Einwendungen gegen den Inhalt oder die Fassung erheben.

(3) In Zweifelsfällen ist die Angelegenheit nochmals der Bundesregierung zu unterbreiten.

§ 28 [Vertretung der Regierungsvorlagen] (1) Die von der Bundesregierung beschlossenen Vorlagen werden den gesetzgebenden Körperschaften durch den Bundeskanzler zugeleitet und vor ihnen durch den in der Sache zuständigen Bundesminister vertreten.

(2) [1] Die Vertretung hat einheitlich zu erfolgen, auch wenn einzelne Bundesminister anderer Auffassung sein sollten. [2] Gegen die Auffassung der Bundesregierung zu wirken, ist den Bundesministern nicht gestattet.

(3) [1] Bevor das Einverständnis mit wesentlichen Änderungen einer Gesetzesvorlage im Bundestag oder Bundesrat oder in den Ausschüssen erklärt wird, ist die Bundesregierung zu befragen. [2] Ist dies aus Zeitmangel nicht möglich und doch eine Stellungnahme geboten, so soll wenigstens eine Einigung mit den erreichbaren Ministerien gesucht werden.

§ 29 [Gegenzeichnung] (1) [1] Gesetze sind dem Bundespräsidenten erst nach der Gegenzeichnung durch den Bundeskanzler und den zuständigen Bundesministern zur Vollziehung vorzulegen. [2] Berührt der Inhalt des Gesetzes den Geschäftsbereich mehrerer Bundesminister, so zeichnen diese in der Regel auch die Ausfertigung.

(2) [1] Verfügungen und Anordnungen sind dem Bundespräsidenten erst nach der Gegenzeichnung durch den zuständigen Bundesminister zur Vollziehung vorzulegen. [2] Absatz 1 Satz 2 gilt entsprechend.

§ 30 [Unterzeichnung von Verordnungen] (1) [1] Verordnungen der Bundesregierung werden nach Gegenzeichnung durch den zuständigen Fachminister vom Bundeskanzler gezeichnet. [2] Sonstige Verordnungen werden – auch wenn sie der Bundesregierung vorgelegen haben – grundsätzlich von dem zuständigen Bundesminister allein gezeichnet.

(2) Unter der ausdrücklichen Bezeichnung „Die Bundesregierung“ sollen – abgesehen von Fällen besonderer Ermächtigung durch die Bundesregie-

rung – nur der Bundeskanzler oder mit ihm der zuständige oder alle Bundesminister zeichnen.

§ 31 [Einladung von Mitgliedern der Landesregierungen] Die präsidierenden Mitglieder der Landesregierungen sollen mehrmals im Jahre persönlich zu gemeinsamen Besprechungen mit der Bundesregierung vom Bundeskanzler eingeladen werden, um wichtige politische, wirtschaftliche, soziale und finanzielle Fragen zu erörtern und in persönlicher Fühlungnahme zu einer verständnisvollen einheitlichen Politik in Bund und Ländern beizutragen.

3. Gesetz über die Rechtsverhältnisse der Mitglieder des Deutschen Bundestages (Abgeordnetengesetz – AbgG)

In der Fassung der Bekanntmachung vom 21. Februar 1996[1)]
(BGBl. I S. 326)

FNA 1101-8

zuletzt geänd. durch Art. 12 G zur Änd. des VersorgungsrücklageG und weiterer dienstrechtlicher Vorschriften v. 5.1.2017 (BGBl. I S. 17)

Nichtamtliche Inhaltsübersicht

[1)] Neubekanntmachung des AbgG v. 18.2.1977 (BGBl. I S. 297) in der ab 22.12.1995 geltenden Fassung.

Erster Abschnitt. Erwerb und Verlust der Mitgliedschaft im Bundestag

§ 1 Erwerb und Verlust der Mitgliedschaft im Bundestag Erwerb und Verlust der Mitgliedschaft im Bundestag regeln sich nach den Vorschriften des Bundeswahlgesetzes[1)].

Zweiter Abschnitt. Mitgliedschaft im Bundestag und Beruf

§ 2 Schutz der freien Mandatsausübung. (1) Niemand darf gehindert werden, sich um ein Mandat im Bundestag zu bewerben, es zu erwerben, anzunehmen oder auszuüben.

(2) Benachteiligungen am Arbeitsplatz im Zusammenhang mit der Bewerbung um ein Mandat sowie dem Erwerb, der Annahme und Ausübung eines Mandats sind unzulässig.

(3) [1] Eine Kündigung oder Entlassung wegen des Erwerbs, der Annahme oder Ausübung des Mandats ist unzulässig. [2] Eine Kündigung ist im übrigen nur aus wichtigem Grunde zulässig. [3] Der Kündigungsschutz beginnt mit der Aufstellung des Bewerbers durch das dafür zuständige Organ der Partei oder mit der Einreichung des Wahlvorschlags. [4] Er gilt ein Jahr nach Beendigung des Mandats fort.

§ 3 Wahlvorbereitungsurlaub. [1] Einem Bewerber um einen Sitz im Bundestag ist zur Vorbereitung seiner Wahl innerhalb der letzten zwei Monate vor dem Wahltag auf Antrag Urlaub von bis zu zwei Monaten zu gewähren. [2] Ein Anspruch auf Fortzahlung seiner Bezüge besteht für die Dauer der Beurlaubung nicht.

§ 4 Berufs- und Betriebszeiten. (1) Die Zeit der Mitgliedschaft im Bundestag ist nach Beendigung des Mandats auf die Berufs- und Betriebszugehörigkeit anzurechnen.

(2) Im Rahmen einer bestehenden betrieblichen oder überbetrieblichen Altersversorgung wird die Anrechnung nach Absatz 1 nur im Hinblick auf die Erfüllung der Unverfallbarkeitsfristen des § 1 des Gesetzes zur Verbesserung der betrieblichen Altersversorgung vorgenommen.

Dritter Abschnitt. Rechtsstellung der in den Bundestag gewählten Angehörigen des öffentlichen Dienstes

§ 5 Ruhen der Rechte und Pflichten aus einem öffentlich-rechtlichen Dienstverhältnis. (1) [1] Die Rechte und Pflichten aus dem Dienstverhältnis eines in den Bundestag gewählten Beamten mit Dienstbezügen ruhen vom Tage der Feststellung des Bundeswahlausschusses (§ 42 Abs. 2 Satz 1 des Bundeswahlgesetzes[1)]) oder der Annahme des Mandats für die Dauer der Mitgliedschaft mit Ausnahme der Pflicht zur Amtsverschwiegenheit und des Verbots der Annahme von Belohnungen und Geschenken. [2] Das gleiche gilt, wenn

---

1) Nr. 5.

ein Mitglied des Bundestages in ein solches Dienstverhältnis berufen wird, von dem Tage an, mit dem seine Ernennung wirksam wird. [3]Der Beamte hat das Recht, seine Amts- oder Dienstbezeichnung mit dem Zusatz „außer Dienst“ („a.D.“) zu führen. [4]Bei unfallverletzten Beamten bleiben die Ansprüche auf das Heilverfahren und einen Unfallausgleich unberührt. [5]Satz 1 gilt längstens bis zum Eintritt oder bis zur Versetzung in den Ruhestand.

(2) Für den in den einstweiligen Ruhestand versetzten Beamten gilt Absatz 1 längstens bis zum Eintritt oder bis zur Versetzung in den dauernden Ruhestand sinngemäß.

(3) [1]Einem in den Bundestag gewählten Beamten auf Widerruf im Vorbereitungsdienst ist auf seinen Antrag Urlaub ohne Anwärterbezüge zu gewähren. [2]Wird der Beamte nach Bestehen der Laufbahnprüfung zum Beamten auf Probe ernannt, so ruhen seine Rechte und Pflichten aus diesem Dienstverhältnis nach Absatz 1 von dem Tage an, mit dem die Ernennung wirksam wird.

§ 6 Wiederverwendung nach Beendigung des Mandats. (1) [1]Nach der Beendigung der Mitgliedschaft im Bundestag ruhen die in dem Dienstverhältnis eines Beamten begründeten Rechte und Pflichten für längstens weitere sechs Monate. [2]Der Beamte ist auf seinen Antrag, der binnen drei Monaten seit der Beendigung der Mitgliedschaft zu stellen ist, spätestens drei Monate nach Antragstellung wieder in das frühere Dienstverhältnis zurückzuführen. [3]Das ihm zu übertragende Amt muß derselben oder einer gleichwertigen Laufbahn angehören wie das zuletzt bekleidete Amt und mit mindestens demselben Endgrundgehalt ausgestattet sein. [4]Vom Tage der Antragstellung an erhält er die Dienstbezüge des zuletzt bekleideten Amtes.

(2) [1]Stellt der Beamte nicht binnen drei Monaten seit der Beendigung der Mitgliedschaft im Bundestag einen Antrag nach Absatz 1, so ruhen die in dem Dienstverhältnis begründeten Rechte und Pflichten (§ 5 Abs. 1) weiter bis zum Eintritt oder bis zur Versetzung in den Ruhestand. [2]Die oberste Dienstbehörde kann den Beamten jedoch, wenn er weder dem Bundestag mindestens zwei Wahlperioden angehört noch bei Beendigung der Mitgliedschaft im Bundestag das 55. Lebensjahr vollendet hat, unter Übertragung eines Amtes im Sinne des Absatzes 1 Satz 3 wieder in das frühere Dienstverhältnis zurückführen; lehnt der Beamte die Rückführung ab oder folgt er ihr nicht, so ist er entlassen. [3]Satz 2 ist nicht anzuwenden, wenn der Beamte während der Dauer seiner Mitgliedschaft im Bundestag Mitglied der Bundesregierung gewesen ist.

§ 7 Dienstzeiten im öffentlichen Dienst. (1) Abweichend von § 27 Abs. 3 Satz 3 des Bundesbesoldungsgesetzes und unbeschadet des § 23 Abs. 5 verzögert die Zeit der Mitgliedschaft im Bundestag den Aufstieg eines Bundesbeamten in den Grundgehaltsstufen in dem Umfang, der sich bei entsprechender Anwendung des § 28 Abs. 1 und 2 des Bundesbesoldungsgesetzes in der bis zum 30. Juni 2009 geltenden Fassung ergibt.

(2) [1]Wird der Beamte nicht nach § 6 in das frühere Dienstverhältnis zurückgeführt, so wird das Besoldungsdienstalter um die Zeit nach Beendigung der Mitgliedschaft im Bundestag bis zum Eintritt des Versorgungsfalles hinausgeschoben. [2]Wird der Bundesbeamte nicht nach § 6 in das frühere Dienstverhältnis zurückgeführt, verbleibt er bis zum Eintritt des Versorgungsfalles in der sich nach Absatz 1 ergebenden Stufe des Grundgehaltes.

(3) [1]Die Zeit der Mitgliedschaft im Bundestag gilt unbeschadet der Regelung des § 23 Abs. 5 nicht als Dienstzeit im Sinne des Versorgungsrechts. [2]Das gleiche gilt für die Zeit nach der Beendigung der Mitgliedschaft im Bundestag, wenn der Beamte nicht nach § 6 in das frühere Dienstverhältnis zurückgeführt wird.

(4) Nach Beendigung der Mitgliedschaft im Bundestag ist die Zeit der Mitgliedschaft auf laufbahnrechtliche Dienstzeiten, mit Ausnahme der Probezeit, anzurechnen.

(5) Nach Beendigung der Mitgliedschaft im Bundestag ist die Zeit der Mitgliedschaft auf Dienst- und Beschäftigungszeiten bei Arbeitnehmern des öffentlichen Dienstes anzurechnen; im Rahmen einer bestehenden zusätzlichen Alters- und Hinterbliebenenversorgung gilt dies nur im Hinblick auf Vorschriften, die die Anwartschaft oder den Anspruch dem Grunde nach regeln.

§ 8 Beamte auf Zeit, Richter, Soldaten und Angestellte des öffentlichen Dienstes. (1) Die §§ 5 bis 7 gelten für Richter, Berufssoldaten und Soldaten auf Zeit entsprechend.

(2) Die Rechte und Pflichten aus dem Dienstverhältnis eines Soldaten auf Zeit ruhen längstens für die Dauer der Verpflichtungszeit und eines Beamten auf Zeit längstens für die Zeit, für die er in das Beamtenverhältnis berufen worden ist.

(3) [1]Absatz 2 und die Vorschriften der §§ 5, 6 und 7 Abs. 1 bis 4 gelten sinngemäß für Angestellte des öffentlichen Dienstes. [2]Öffentlicher Dienst im Sinne dieser Vorschrift ist die Tätigkeit im Dienste des Bundes, eines Landes, einer Gemeinde oder anderer Körperschaften, Anstalten oder Stiftungen des öffentlichen Rechts oder ihrer Verbände mit Ausnahme der öffentlich-rechtlichen Religionsgesellschaften und ihrer Verbände.

§ 9 Hochschullehrer. (1) Für die Rechtsstellung der in den Deutschen Bundestag gewählten Hochschullehrer im Sinne des § 42 des Hochschulrahmengesetzes findet § 6 mit der Maßgabe Anwendung, dass sie in ihrem bisherigen Amt an der gleichen Hochschule wiederverwendet werden müssen.

(2) [1]Hochschullehrer können eine Tätigkeit in Forschung und Lehre sowie die Betreuung von Doktoranden und Habilitanden während der Mitgliedschaft im Bundestag wahrnehmen. [2]Die Vergütung für diese Tätigkeit ist entsprechend den tatsächlich erbrachten Leistungen zu bemessen. [3]Die Vergütung darf 25 vom Hundert der Bezüge, die aus dem Dienstverhältnis als Hochschullehrer zu zahlen wären, nicht übersteigen. [4]Im Übrigen sind die für Bundesbeamte geltenden Vorschriften anzuwenden.

§ 10 Wahlbeamte auf Zeit. Die Länder können durch Gesetz für Wahlbeamte auf Zeit von § 6 abweichende Regelungen treffen.

Vierter Abschnitt. Leistungen an Mitglieder des Bundestages

§ 11 Abgeordnetenentschädigung. (1) [1]Die monatliche Entschädigung eines Mitglieds des Deutschen Bundestages orientiert sich an den Bezügen eines Richters an einem obersten Gerichtshof des Bundes (Besoldungsgruppe R 6 gemäß der Anlage IV des Bundesbesoldungsgesetzes mit Zulage für Richter und Staatsanwälte bei obersten Gerichtshöfen des Bundes). [2]Die Abgeordnetenentschädigung beträgt mit Wirkung vom 1. Juli 2014 8 667 Euro und vom 1. Januar 2015 9 082 Euro. [3]Für die Anpassung der Entschädigung gilt das in den Absätzen 4 und 5 geregelte Verfahren.

(2) Der Präsident erhält eine monatliche Amtszulage in Höhe eines Monatsbetrages nach Absatz 1, seine Stellvertreter in Höhe der Hälfte des Monatsbetrages nach Absatz 1 und die Vorsitzenden der Ausschüsse, der Untersuchungsausschüsse, der Enquete-Kommissionen sowie des Parlamentarischen Kontrollgremiums in Höhe von 15 vom Hundert des Monatsbetrages nach Absatz 1.

(3) Der Auszahlungsbetrag der Abgeordnetenentschädigung und der Amtszulage vermindert sich in Ansehung der zu den Kosten in Pflegefällen nach § 27 gewährten Zuschüsse vom 1. Januar 1995 an um ein Dreihundertfünfundsechzigstel.

(4) [1]Die monatliche Entschädigung nach Absatz 1 wird jährlich zum 1. Juli, erstmals zum 1. Juli 2016, angepasst. [2]Grundlage ist die Entwicklung des vom Statistischen Bundesamt ermittelten Nominallohnindex, den der Präsident des Statistischen Bundesamtes jährlich bis zum 31. März an den Präsidenten des Deutschen Bundestages übermittelt. [3]Dieser veröffentlicht den angepassten Betrag der Entschädigung in einer Bundestagsdrucksache.

(5) [1]Das Anpassungsverfahren nach Absatz 4 bleibt für eine neue Wahlperiode nur wirksam, wenn der Deutsche Bundestag innerhalb von drei Monaten nach der konstituierenden Sitzung einen entsprechenden Beschluss fasst. [2]Wird innerhalb dieser Frist kein Beschluss gefasst, gilt für die Entschädigung der letzte nach Absatz 4 ermittelte Betrag, bis der Deutsche Bundestag das Anpassungsverfahren in einem Gesetz bestätigt oder ändert.

§ 12 Amtsausstattung. (1) [1]Ein Mitglied des Bundestages erhält zur Abgeltung seiner durch das Mandat veranlaßten Aufwendungen eine Amtsausstattung als Aufwandsentschädigung. [2]Die Amtsausstattung umfaßt Geld- und Sachleistungen.

(2) [1]Ein Mitglied des Bundestages erhält eine monatliche Kostenpauschale für den Ausgleich insbesondere von

1. Bürokosten zur Einrichtung und Unterhaltung von Wahlkreisbüros außerhalb des Sitzes des Deutschen Bundestages, einschließlich Miete und Nebenkosten, Inventar und Büromaterial, Literatur und Medien sowie Porto,
2. Mehraufwendungen am Sitz des Bundestages und bei Reisen mit Ausnahme von Auslandsdienstreisen,
3. Fahrtkosten für Fahrten in Ausübung des Mandats innerhalb der Bundesrepublik Deutschland unbeschadet der Regelungen in den §§ 16 und 17 und
4. sonstigen Kosten für andere mandatsbedingte Kosten (Repräsentation, Einladungen, Wahlkreisbetreuung usw.), die auch sonst nicht aus dem der Lebensführung dienenden beruflichen Einkommen zu bestreiten sind.

[2]Die Kostenpauschale[1)] wird zum 1. Januar eines jeden Jahres der Entwicklung der allgemeinen Lebenshaltungsausgaben aller privaten Haushalte im vorvergangenen Kalenderjahr angepaßt. [3]Das Nähere über die Höhe der am tatsächlichen Aufwand orientierten pauschalierten Einzelansätze und die Anpassung regeln das Haushaltsgesetz und Ausführungsbestimmungen, die vom Ältestenrat zu erlassen sind.

(3) [1]Ein Mitglied des Bundestages erhält Aufwendungen für die Beschäftigung von Mitarbeitern zur Unterstützung bei der Erledigung seiner parlamentarischen Arbeit gegen Nachweis ersetzt. [2]Der Ersatzanspruch ist nicht auf ein anderes Mitglied des Bundestages übertragbar. [3]Der Ersatz von Aufwendungen für Arbeitsverträge mit Mitarbeitern, die mit dem Mitglied des Bundestages verwandt, verheiratet oder verschwägert sind oder waren, ist grundsätzlich unzulässig. [4]Entsprechendes gilt für den Ersatz von Aufwendungen für Arbeitsverträge mit Lebenspartnern oder früheren Lebenspartnern eines Mitglieds des Bundestages. [5]Einzelheiten über den Umfang und die Voraussetzungen für den Ersatz von Aufwendungen, über nicht abdingbare Mindestvorschriften für den Arbeitsvertrag und sonstige Fragen regeln das Haushaltsgesetz und die vom Ältestenrat zu erlassenden Ausführungsbestimmungen. [6]Die Abrechnung der Gehälter und anderen Aufwendungen für Mitarbeiter erfolgt durch die Verwaltung des Bundestages. [7]Eine Haftung des Bundestages gegenüber Dritten ist ausgeschlossen. [8]Die Mitarbeiter sind nicht Angehörige des öffentlichen Dienstes. [9]Es bestehen keine arbeitsrechtlichen Beziehungen zwischen den Mitarbeitern und der Verwaltung des Bundestages.

(4) [1]Zur Amtsausstattung gehören auch

1. die Bereitstellung eines eingerichteten Büros am Sitz des Bundestages,
2. die Benutzung von Verkehrsmitteln gemäß § 16,
3. die Benutzung der Dienstfahrzeuge des Bundestages,
4. die Bereitstellung und Nutzung des gemeinsamen Informations- und Kommunikationssystems des Bundestages und
5. sonstige Leistungen des Bundestages.

[2]Das Nähere regeln das Haushaltsgesetz und Ausführungsbestimmungen, die vom Ältestenrat zu erlassen sind.

(5) Der Präsident des Bundestages erhält eine monatliche Amtsaufwandsentschädigung von 1 023 Euro, seine Stellvertreter erhalten eine monatliche Amtsaufwandsentschädigung von 307 Euro.

(6) Ein Mitglied des Bundestages, dem ein Dienstwagen des Bundes zur ausschließlichen Verfügung steht, erhält eine um 25 vom Hundert verminderte Kostenpauschale.

§ 13 Wegfall des Anspruchs auf Aufwandsentschädigungen. Ein Mitglied des Bundestages, das im letzten Vierteljahr der Wahlperiode in den Bundestag eintritt, hat keinen Anspruch auf die Leistungen nach § 12 Abs. 2 und 3, wenn der Bundestag seine Tätigkeit bereits abgeschlossen hat.

[1)] Ab dem 1.1.2019 beträgt die Kostenpauschale gem. Abgeordnetenpauschale-Bekanntmachung 2019 v. 21.9.2018 (BAnz AT 09.10.2018 B1) 4 418,09 €., ab dem 1.1.2020 gem. Abgeordnetenpauschale-Bekanntmachung 2020 v. 21.10.2019 (BAnz AT 12.11.2019 B1) 4497,62 €.

§ 14 Kürzung der Kostenpauschale. (1) [1]An jedem Sitzungstag wird eine Anwesenheitsliste ausgelegt. [2]Der Präsident bestimmt im Benehmen mit dem Ältestenrat, welche Tage als Sitzungstage gelten und in welcher Zeit die Anwesenheitsliste ausgelegt wird. [3]Trägt sich ein Mitglied des Bundestages nicht in die Anwesenheitsliste ein, werden ihm 100 Euro von der Kostenpauschale einbehalten. [4]Der einzubehaltende Betrag erhöht sich auf 200 Euro, wenn ein Mitglied an einem Plenarsitzungstag sich nicht in die Anwesenheitsliste eingetragen hat und nicht beurlaubt war. [5]Der Kürzungsbetrag verringert sich auf 20 Euro, wenn ein Mitglied des Bundestages einen Aufenthalt in einem Krankenhaus oder in einem Sanatorium oder die Arbeitsunfähigkeit ärztlich nachweist. [6]Während der Mutterschutzfristen infolge Schwangerschaft oder wenn ein Mitglied des Bundestages ein ärztlich nachgewiesen erkranktes, in seinem Haushalt lebendes Kind, das das 14. Lebensjahr noch nicht vollendet hat, mangels anderer im Haushalt dafür zur Verfügung stehender Aufsichtspersonen persönlich betreuen muss, führt die Nichteintragung in die Anwesenheitsliste nicht zu einer Kürzung der Kostenpauschale. [7]Die Eintragung in die Anwesenheitsliste wird vom Zeitpunkt der Auslegung an ersetzt durch Amtieren als Präsident oder als Schriftführer, durch protokollierte Wortmeldung in einer Sitzung des Deutschen Bundestages, durch Teilnahme an einer namentlichen Abstimmung oder einer Wahl mit Namensaufruf, durch Eintragung in die Anwesenheitsliste eines Ausschusses oder eines sonstigen Gremiums des Bundestages, durch Wortmeldungen in einem Ausschuss oder einem sonstigen Gremium des Bundestages, durch Eintragung in die Anwesenheitsliste des Ältestenrates oder durch eine für den Sitzungstag genehmigte und durchgeführte Dienstreise.

(2) [1]Einem Mitglied des Bundestages, das an einer namentlichen Abstimmung oder einer Wahl mit Namensaufruf nicht teilnimmt, werden 100 Euro von der monatlichen Kostenpauschale abgezogen. [2]Das gilt nicht, wenn der Präsident das Mitglied beurlaubt hat, ein Abzug nach Absatz 1 erfolgt oder in den Fällen des Absatzes 1 Satz 6.

§ 15 Bezug anderer Tage- oder Sitzungsgelder. [1]Bezieht ein Mitglied des Bundestages an einem Tag, an dem es sich in die Anwesenheitsliste des Bundestages eingetragen hat, Tage- oder Sitzungsgelder aus anderen öffentlichen Kassen, so werden 20 Euro von der monatlichen Kostenpauschale einbehalten, jedoch nicht mehr als die aus anderen öffentlichen Kassen geleisteten Tage- oder Sitzungsgelder. [2]Das gleiche gilt für Auslandsdienstreisen, die auf einen Sitzungstag fallen.

§ 16 Freifahrtberechtigung und Erstattung von Fahrkosten. (1) [1]Ein Mitglied des Bundestages hat das Recht auf freie Benutzung aller Verkehrsmittel der Deutschen Bahn AG. [2]Benutzt es in Ausübung des Mandats im Inland Flugzeuge, Schlafwagen oder sonstige schienengebundene Beförderungsmittel außerhalb des öffentlichen Personennahverkehrs, so werden die Kosten bis zur höchsten Klasse gegen Nachweis erstattet.

(2) [1]Für die Dauer der Berechtigung zur Freifahrt darf ein Mitglied des Bundestages die Erstattung von Fahrkosten der Deutschen Bahn AG für Reisen im Inland von anderer Seite nicht annehmen. [2]Dies gilt auch für Teilstrecken im Inland anläßlich einer Auslandsreise und wenn Kosten für die Benutzung von Flugzeugen oder Schlafwagen nach Absatz 1 erstattet werden.

§ 17 Dienstreisen. (1) Dienstreisen bedürfen der vorherigen Zustimmung des Präsidenten.

(2) [1]Bei Inlandsdienstreisen gelten die Tagegelder durch die Kostenpauschale als abgegolten. [2]Ein Mitglied des Bundestages erhält jedoch in entsprechender Anwendung des Bundesreisekostengesetzes auf Antrag Übernachtungsgeld sowie Fahrkostenerstattung. [3]Weist ein Mitglied des Bundestages einen außergewöhnlichen Aufwand nach, der aus dem Übernachtungsgeld nicht gedeckt werden kann, so wird der unvermeidbare Mehrbetrag erstattet.

(3) [1]Bei Auslandsdienstreisen erhält ein Mitglied auf Antrag Tage- und Übernachtungsgeld. [2]Ferner werden erstattet:
- bei Benutzung der Eisenbahn die Fahrkosten von der Bundesgrenze zum Zielort und zurück sowie Schlafwagenkosten gegen Nachweis,
- bei Benutzung von Linienflugzeugen die nachgewiesenen Kosten zum Zielort und zurück,
- notwendige Fahrkosten anderer Beförderungsmittel.

(4) [1]Auf Antrag wird in den Fällen der Absätze 2 und 3 an Stelle der Fahrkostenerstattung Wegstreckenentschädigung gewährt. [2]Sie darf die Höhe der Kosten, die bei Flugzeugbenutzung nach § 16 Abs. 1 oder § 17 Abs. 3 zu erstatten wären, nicht überschreiten. [3]Die Höhe der Wegstreckenentschädigung wird vom Ältestenrat festgesetzt.

(5) Soweit vom Ältestenrat nichts anderes bestimmt ist, finden im übrigen die Vorschriften des Bundesreisekostengesetzes in der jeweils gültigen Fassung sinngemäß Anwendung.

Fünfter Abschnitt. Leistungen an ehemalige Mitglieder des Bundestages und ihre Hinterbliebenen

§ 18 Übergangsgeld. (1) [1]Ein ausscheidendes Mitglied mit einer Mitgliedschaft von mindestens einem Jahr erhält Übergangsgeld. [2]Das Übergangsgeld wird in Höhe der Abgeordnetenentschädigung nach § 11 Abs. 1 für jedes Jahr der Mitgliedschaft einen Monat geleistet, höchstens jedoch 18 Monate lang. [3]Zeiten einer früheren Mitgliedschaft im Bundestag, für die bereits Übergangsgeld gezahlt worden ist, bleiben unberücksichtigt. [4]Eine Mitgliedschaft im Bundestag von mehr als einem halben Jahr gilt als volles Jahr bei der Berechnung nach Satz 2.

(2) [1]Ab dem zweiten Monat nach dem Ausscheiden aus dem Bundestag werden alle Erwerbs- und Versorgungseinkünfte auf das Übergangsgeld angerechnet. [2]Eine Anrechnung der Bezüge aus der Mitgliedschaft im Europäischen Parlament entfällt, wenn bereits seitens des Europäischen Parlaments die Anrechnung des Übergangsgeldes auf die dortigen Bezüge bestimmt ist.

(3) [1]Auf Antrag ist das Übergangsgeld nach Absatz 1 in einer Summe oder monatlich zum halben Betrag für den doppelten Zeitraum zu zahlen. [2]Absatz 1 Satz 3 gilt entsprechend.

(4) [1]Tritt das ehemalige Mitglied wieder in den Bundestag ein, ruht bei monatlicher Zahlung der Anspruch nach Absatz 1. [2]Wurde das ehemalige Mitglied in einer Summe abgefunden, ist der Betrag, der bei monatlicher Zahlung ruhen würde, zu erstatten. [3]Der Präsident bestimmt, in welchen Teilbeträgen zu erstatten ist.

(5) Stirbt ein ehemaliges Mitglied, werden die Leistungen nach Absatz 1 an den überlebenden Ehegatten, die eingetragene Lebenspartnerin/den eingetragenen Lebenspartner, die leiblichen Abkömmlinge sowie die als Kind angenommenen Kinder fortgesetzt oder ihnen belassen, wenn Versorgungsansprüche nach diesem Gesetz nicht entstehen.

(6) Ein ehemaliges Mitglied, das dem Europäischen Parlament angehört, kann den Anspruch auf Übergangsgeld erst nach seinem Ausscheiden aus dem Europäischen Parlament geltend machen.

(7) [1] Absatz 1 gilt nicht, wenn das Mitglied die Mitgliedschaft im Bundestag auf Grund des § 15 Abs. 2 Nr. 2 des Bundeswahlgesetzes[1)] verliert. [2] Der Präsident kann die Zahlungen aussetzen, wenn ein Verfahren zu erwarten ist, das die Folgen nach § 15 Abs. 2 Nr. 2 des Bundeswahlgesetzes nach sich zieht.

§ 19 Anspruch auf Altersentschädigung. (1) Ein Mitglied erhält nach seinem Ausscheiden eine Altersentschädigung, wenn es das 67. Lebensjahr vollendet und dem Bundestag mindestens ein Jahr angehört hat.

(2) [1] Mitglieder des Bundestages, die vor dem 1. Januar 1947 geboren sind, erreichen die Altersgrenze mit Vollendung des 65. Lebensjahres. [2] Für Mitglieder des Bundestages, die nach dem 31. Dezember 1946 geboren sind, wird die Altersgrenze wie folgt angehoben:

Geburtsjahr	Anhebung um Monate	auf Alter	
		Jahr	Monat
1947	1	65	1
1948	2	65	2
1949	3	65	3
1950	4	65	4
1951	5	65	5
1952	6	65	6
1953	7	65	7
1954	8	65	8
1955	9	65	9
1956	10	65	10
1957	11	65	11
1958	12	66	0
1959	14	66	2
1960	16	66	4
1961	18	66	6
1962	20	66	8

1) Nr. 5.

Geburtsjahr	Anhebung um Monate	auf Alter	
		Jahr	Monat
1963	22	66	10.

(3) [1] Gehörte ein ausgeschiedenes Mitglied dem Bundestag mehrmals mit Unterbrechung an, so sind die Zeitabschnitte zusammenzurechnen. [2] § 18 Abs. 1 Satz 4 gilt entsprechend.

(4) [1] Auf Antrag kann die Altersentschädigung vorzeitig ab Vollendung des 63. Lebensjahres in Anspruch genommen werden. [2] Die Altersentschädigung vermindert sich in diesem Fall um 0,3 vom Hundert für jeden Monat, für den die Altersentschädigung vor dem in den Absätzen 1 und 2 genannten Zeitpunkt in Anspruch genommen wird. [3] Anrechnungen nach § 29 erfolgen bezogen auf den nach Satz 2 verminderten Betrag der Altersentschädigung.

§ 20 Höhe der Altersentschädigung. [1] Die Altersentschädigung bemißt sich nach der monatlichen Abgeordnetenentschädigung (§ 11 Abs. 1). [2] Der Steigerungssatz beträgt vom 1. Januar 2008 an für jedes Jahr der Mitgliedschaft je 2,5 vom Hundert der Abgeordnetenentschädigung nach § 11 Abs. 1. [3] Der Höchstbemessungssatz der Altersentschädigung beträgt 65 vom Hundert. [4] Die Zeit der Wahrnehmung der Ämter des Präsidenten und seiner Stellvertreter wird der Berechnung der Altersentschädigung nach den Sätzen 1 und 2 mit der Abgeordnetenentschädigung nach § 11 Abs. 1 einschließlich der Amtszulage zugrunde gelegt. [5] § 18 Abs. 1 Satz 4 gilt entsprechend.

§ 21 Berücksichtigung von Zeiten in anderen Parlamenten. (1) [1] Zeiten der Mitgliedschaft im Parlament eines Landes der Bundesrepublik Deutschland gelten auf Antrag als Zeiten der Mitgliedschaft im Sinne des § 19. [2] Werden dadurch die Voraussetzungen für einen Anspruch nach diesem Gesetz erfüllt, so wird Altersentschädigung gezahlt.

(2) Für die Höhe der Altersentschädigung gilt § 20 für jedes Jahr der tatsächlichen Mitgliedschaft im Bundestag entsprechend.

(3) [1] Zeiten der Mitgliedschaft in der Volkskammer der ehemaligen Deutschen Demokratischen Republik ab Annahme des Mandats nach den Wahlen zur 10. Volkskammer bis zum 2. Oktober 1990 gelten auf Antrag, der bis zum 30. Juni 1996 bei dem Präsidenten des Bundestages eingegangen sein muß (Ausschlußfrist), als Mitgliedszeit im Bundestag. [2] § 18 Abs. 1 Satz 4 gilt entsprechend. [3] Bei einer Antragstellung nach Satz 1 sind die während der dort genannten Zeit der Volkskammerzugehörigkeit auf Grund dieser Mitgliedschaft begründeten Rentenanwartschaften und -ansprüche rückabzuwickeln.

§ 22 Gesundheitsschäden. (1) [1] Hat ein Mitglied während seiner Zugehörigkeit zum Bundestag ohne sein grobes Verschulden Gesundheitsschäden erlitten, die seine Arbeitskraft dauernd und so wesentlich beeinträchtigen, daß es sein Mandat und bei seinem Ausscheiden aus dem Bundestag die bei seiner Wahl zum Bundestag ausgeübte oder eine andere zumutbare Tätigkeit nicht mehr ausüben kann, so erhält es unabhängig von den in § 19 vorgesehenen Voraussetzungen auf Antrag vom Monat der Antragstellung an eine Altersentschädigung, deren Höhe sich nach § 20 richtet, mindestens jedoch dreißig vom Hundert der Abgeordnetenentschädigung nach § 11 Abs. 1. [2] Ist der Gesundheitsschaden infolge eines Unfalls eingetreten, so erhöht sich der Bemessungssatz nach § 20 um 20 vom Hundert bis höchstens zum Höchstbemessungssatz der Altersentschädigung.

(2) Erleidet ein ehemaliges Mitglied des Bundestages, das unabhängig vom Lebensalter die Voraussetzung der Mitgliedschaftsdauer nach § 19 erfüllt, Gesundheitsschäden im Sinne des Absatzes 1, so erhält es Altersentschädigung, deren Höhe sich nach § 20 richtet.

(3) [1] Die Gesundheitsschädigung ist durch das Gutachten einer öffentlich-rechtlichen Krankenanstalt nachzuweisen. [2] Das Gutachten wird ersetzt durch den Bescheid über Rente wegen Erwerbsminderung, Berufs- oder Erwerbsunfähigkeit oder durch den Bescheid über Dienstunfähigkeit im Sinne des Beamtenrechts.

§ 23 Versorgungsabfindung. (1) [1] Ein Mitglied, das bei seinem Ausscheiden weder eine Anwartschaft noch einen Anspruch auf Altersentschädigung nach den §§ 19 bis 22 erworben hat, erhält für die Zeit der Zugehörigkeit zum Bundestag auf Antrag eine Versorgungsabfindung. [2] Sie wird für jeden angefangenen Monat der Mitgliedschaft im Bundestag in Höhe des für diesen Monat jeweils geltenden Höchstbeitrages zur allgemeinen Rentenversicherung zuzüglich 20 vom Hundert dieses Höchstbeitrages gezahlt.

(2) Mitglieder, die die Voraussetzungen des Absatzes 1 erfüllen, können an Stelle der Versorgungsabfindung auch beantragen, in sinngemäßer Anwendung der Vorschriften des Sechsten Buches Sozialgesetzbuch über die Nachversicherung für die Dauer ihrer Mitgliedschaft im Bundestag nachversichert zu werden.

(3) Der Absatz 2 gilt entsprechend für eine zusätzliche Alters- und Hinterbliebenenversorgung.

(4) Der Absatz 2 ist nicht anzuwenden, wenn und soweit die Zeit der Mitgliedschaft im Bundestag in einer öffentlich-rechtlichen Versicherung oder in einer Versorgung nach dienstrechtlichen Grundsätzen berücksichtigt ist oder berücksichtigt wird.

(5) Anstelle der Versorgungsabfindung nach Absatz 1 wird die Zeit der Mitgliedschaft im Bundestag auf Antrag als Dienstzeit im Sinne des Besoldungs- und Versorgungsrechts der Beamten, Richter und Soldaten berücksichtigt.

(6) Hat ein Mitglied einen Antrag nach Absatz 1 bis 3 oder Absatz 5 gestellt, so beginnen im Falle des Wiedereintritts in den Bundestag die Fristen für die Mitgliedschaftsdauer nach § 19 erneut zu laufen.

(7) Hat ein ausgeschiedenes Mitglied bis zu seinem Tod keinen Antrag auf Versorgungsabfindung gestellt, können sein überlebender Ehegatte oder, soweit ein solcher nicht vorhanden ist, die leiblichen oder die als Kind angenommenen Kinder einen Antrag nach Absatz 1 stellen.

(8) Die Absätze 2 und 4 gelten entsprechend für ein ausscheidendes Mitglied des Parlaments eines Landes, soweit landesrechtliche Vorschriften eine Versorgungsabfindung im Sinne des Absatzes 1 vorsehen.

(9) Verliert ein Mitglied des Parlaments eines Landes die Mitgliedschaft, ohne daß für die Zeit der Mitgliedschaft Anspruch oder Anwartschaft auf eine einmalige oder laufende Versorgung auf Grund seiner Parlamentszugehörigkeit besteht, so gelten die Absätze 2 und 4 entsprechend.

§ 24 Überbrückungsgeld für Hinterbliebene. (1) [1]Die Hinterbliebenen eines Mitglieds des Bundestages erhalten die noch nicht abgerechneten Leistungen nach diesem Gesetz, soweit sie im Zeitpunkt des Todes fällig waren. [2]Der überlebende Ehegatte, die eingetragene Lebenspartnerin/der eingetragene Lebenspartner und die Abkömmlinge erhalten ein Überbrückungsgeld in Höhe einer Abgeordnetenentschädigung nach § 11 Abs. 1. [3]Das Überbrückungsgeld beträgt bei einer Dauer der Mitgliedschaft von mehr als acht Jahren oder von mehr als zwei Wahlperioden das Eineinhalbfache der Abgeordnetenentschädigung nach § 11 Abs. 1. [4]Sind Hinterbliebene im Sinne des Satzes 2 nicht vorhanden, wird sonstigen Personen, die die Kosten der letzten Krankheit getragen haben, das Überbrückungsgeld bis zur Höhe ihrer Aufwendungen gewährt. [5]Der Auszahlungsbetrag des Überbrückungsgeldes vermindert sich vom 31. März 2004 an um 1 050 Euro.

(2) Das gleiche gilt beim Tod eines ehemaligen Mitglieds des Bundestages, das die Voraussetzungen der Mitgliedschaftsdauer nach § 19 erfüllt und noch keine Altersentschädigung erhält.

§ 25 Hinterbliebenenversorgung. (1) Der überlebende Ehegatte oder Lebenspartner eines Mitglieds oder ehemaligen Mitglieds des Bundestages erhält 60 vom Hundert der Altersentschädigung, sofern der Verstorbene im Zeitpunkt seines Todes Anspruch auf Altersentschädigung hatte oder die Voraussetzungen für die Gewährung einer Altersentschädigung erfüllte.

(2) Der überlebende Ehegatte oder Lebenspartner eines Mitglieds oder ehemaligen Mitglieds des Bundestages, das unabhängig vom Lebensalter die Voraussetzung der Mitgliedschaftsdauer nach § 19 erfüllt, erhält 60 vom Hundert der Altersentschädigung, deren Höhe sich nach § 20 bestimmt.

(3) [1]Die leiblichen und die als Kind angenommenen Kinder eines ehemaligen Mitglieds, das zur Zeit seines Todes Altersentschädigung erhalten hätte, eines verstorbenen Mitglieds oder eines verstorbenen Empfängers von Altersentschädigung erhalten Waisengeld. [2]Es beträgt für die Vollwaise 20 und die Halbwaise 12 vom Hundert der Altersentschädigung nach den Absätzen 1 und 2.

(4) Beim Tode eines Mitglieds des Bundestages, das dem Bundestag weniger als 14 Jahre angehört hat, erhalten der überlebende Ehegatte oder Lebenspartner 60 vom Hundert, die Vollwaise 20 vom Hundert und die Halbwaise 12 vom Hundert der Altersentschädigung für eine Mitgliedschaft von 13 Jahren.

§ 25a Versorgungsausgleich. (1) Anrechte auf Altersentschädigung werden intern geteilt.

(2) Für die Durchführung gilt das Gesetz über die interne Teilung beamtenversorgungsrechtlicher Ansprüche von Bundesbeamtinnen und Bundesbeamten im Versorgungsausgleich (Bundesversorgungsteilungsgesetz) entsprechend.

(3) Die Bewertung der Altersentschädigung erfolgt nach § 39 des Versorgungsausgleichsgesetzes (unmittelbare Bewertung).

§ 25b Maßnahmen zur Kostendämpfung bei Versorgungsansprüchen.

(1) [1]Unter den in § 25 genannten Voraussetzungen erhält der überlebende Ehegatte 55 vom Hundert der jeweiligen Altersentschädigung. [2]Das gilt nicht

für vor dem 28. Dezember 2004 geschlossene Ehen, wenn zu diesem Zeitpunkt mindestens ein Ehegatte das 40. Lebensjahr vollendet hatte.

(2) Leistungen nach den §§ 18, 19, 21, 22 und 25 werden bei Anspruchsberechtigten nach § 27 Abs. 1 um den hälftigen Prozentsatz nach § 55 Abs. 1 Satz 1 des Elften Buches Sozialgesetzbuch der Jahresbezüge, höchstens jedoch um den hälftigen Prozentsatz nach § 55 Abs. 1 Satz 1 des Elften Buches Sozialgesetzbuch der Beitragsbemessungsgrenze in der Pflegeversicherung (§ 55 Abs. 2 des Elften Buches Sozialgesetzbuch) gemindert.

(3) Ab der ersten nach dem 28. Dezember 2004 folgenden Anpassung der Abgeordnetenentschädigung nach § 11 Abs. 1 wird der der Berechnung der Altersentschädigung zugrunde liegende, bis zum 31. Dezember 2007 erworbene Bemessungssatz nach § 20 bis zur vierten Anpassung einschließlich um den Faktor 0,5 gekürzt.

(4) Ab der ersten nach dem 28. Dezember 2004 folgenden Anpassung des fiktiven Bemessungsbetrages nach § 35a Abs. 2 Satz 3 wird der der Berechnung der Altersentschädigung nach dem Fünften und Neunten Abschnitt in der bis zum 22. Dezember 1995 geltenden Fassung zugrunde liegende Bemessungssatz nach § 20 bis zur achten Anpassung einschließlich um den Faktor 0,5 gekürzt.

(5) Für Mitglieder, die dem Bundestag ab der 16. Wahlperiode angehören, gilt bis zur Vollendung des in § 19 Abs. 1 und 2 jeweils genannten Alters § 29 Abs. 3 auch für private Erwerbseinkünfte entsprechend.

§ 26 Anwendung beamtenrechtlicher Vorschriften. [1]Soweit in diesem Gesetz nichts anderes bestimmt ist, sind die für die Bundesbeamten geltenden versorgungsrechtlichen Vorschriften sinngemäß anzuwenden. [2]Für den Begriff der Verwendung im öffentlichen Dienst im Sinne dieses Abschnitts gilt § 53 Abs. 8 des Beamtenversorgungsgesetzes entsprechend.

Sechster Abschnitt. Zuschuss zu den Kosten in Krankheits-, Pflege- und Geburtsfällen, Unterstützungen

§ 27 Zuschuss zu den Kosten in Krankheits-, Pflege- und Geburtsfällen. (1) [1]Die Mitglieder des Bundestages erhalten einen Zuschuss zu den notwendigen Kosten in Krankheits-, Pflege- und Geburtsfällen in sinngemäßer Anwendung der für Bundesbeamte geltenden Vorschriften. [2]Das gilt auch für Versorgungsempfänger nach diesem Gesetz, soweit nicht auf Grund eines Dienstverhältnisses oder der Mitgliedschaft in einer anderen gesetzgebenden Körperschaft ein Anspruch auf Beihilfe besteht und auf den Anspruch nach diesem Gesetz gegenüber dem Bundestag schriftlich verzichtet wurde.

(2) [1]Anstelle des Anspruchs auf den Zuschuß nach Absatz 1 erhalten die Mitglieder und Versorgungsempfänger einen Zuschuß zu ihren Krankenversicherungsbeiträgen, wenn der Arbeitgeber keine Beiträge nach § 249 des Fünften Buches Sozialgesetzbuch zahlt oder kein Anspruch auf einen Beitragszuschuß nach § 257 des Fünften Buches Sozialgesetzbuch besteht. [2]Mitglieder der gesetzlichen Krankenversicherung, die eine Rente aus der gesetzlichen Rentenversicherung beziehen und entweder den darauf entfallenden Krankenversicherungsbeitrag nach § 249a des Fünften Buches Sozialgesetzbuch nur zur Hälfte tragen oder gemäß § 106 des Sechsten Buches Sozialgesetzbuch einen Beitragszuschuß beziehen, erhalten für diesen rentenbezogenen Krankenver-

sicherungsbeitrag keinen Zuschuß. [3]Als Zuschuss ist die Hälfte des aus eigenen Mitteln geleisteten Krankenversicherungsbeitrages in Anlehnung an § 249 des Fünften Buches Sozialgesetzbuch zu zahlen. [4]Besteht die Mitgliedschaft nicht ausschließlich in einer gesetzlichen Krankenkasse gemäß § 4 des Fünften Buches Sozialgesetzbuch, beträgt der Zuschuss höchstens die Hälfte des Beitrages nach § 249 des Fünften Buches Sozialgesetzbuch.

(3) [1]Der Anspruch auf den Zuschuß zu den Krankenversicherungsbeiträgen nach Absatz 2 schließt bei Mitgliedern des Bundestages ein den Anspruch auf einen Zuschuß in Höhe der Hälfte des aus eigenen Mitteln geleisteten Pflegeversicherungsbeitrages, höchstens jedoch die Hälfte des Höchstbeitrages der sozialen Pflegeversicherung. [2]Der Zuschuss umfasst nicht den Beitragszuschlag für Kinderlose nach § 55 des Elften Buches Sozialgesetzbuch.

(4) [1]Die Entscheidung darüber, ob das Mitglied anstelle der Leistungen nach Absatz 1 den Zuschuß nach Absatz 2 in Anspruch nehmen will, ist innerhalb von vier Monaten nach Feststellung des Bundeswahlausschusses (§ 42 Abs. 2 Satz 1 des Bundeswahlgesetzes[1]) oder Annahme des Mandats dem Präsidenten des Bundestages mitzuteilen; die Entscheidung ist für die Dauer der Wahlperiode unwiderruflich. [2]Versorgungsempfänger haben die Entscheidung innerhalb von vier Monaten nach Zustellung des Versorgungsbescheides dem Präsidenten mitzuteilen; sie bleiben an diese Entscheidung gebunden.

§ 28 Unterstützungen. Der Präsident kann in besonderen Fällen einem Mitglied des Bundestages einmalige Unterstützungen, einem ausgeschiedenen Mitglied und seinen Hinterbliebenen einmalige Unterstützungen und laufende Unterhaltszuschüsse gewähren.

Siebenter Abschnitt. Anrechnung beim Zusammentreffen mehrerer Bezüge aus öffentlichen Kassen

§ 29 Anrechnung beim Zusammentreffen mehrerer Bezüge aus öffentlichen Kassen. (1) [1]Hat ein Mitglied des Bundestages neben der Abgeordnetenentschädigung nach § 11 Anspruch auf Einkommen aus einem Amtsverhältnis oder aus der Verwendung im öffentlichen Dienst, so wird die Abgeordnetenentschädigung nach § 11 um 50 vom Hundert gekürzt; der Kürzungsbetrag darf jedoch 30 vom Hundert des Einkommens nicht übersteigen. [2]Entsprechendes gilt für ein Einkommen aus einem Amtsverhältnis oder einer Verwendung im öffentlichen Dienst einer zwischen- oder überstaatlichen Einrichtung. [3]Die Abgeordnetenentschädigung ruht in voller Höhe neben einer Entschädigung nach dem Abgeordnetengesetz eines Landes. [4]Eine Berücksichtigung der in den Sätzen 2 und 3 genannten Bezüge entfällt dann, wenn die Anrechnung der Bezüge beziehungsweise das Ruhen der Entschädigung für die Ausübung des Landtagsmandats bereits durch landesrechtliche Vorschriften oder seitens der zwischen- oder überstaatlichen Einrichtung bestimmt wird.

(2) [1]Versorgungsansprüche aus einem Amtsverhältnis oder aus einer Verwendung im öffentlichen Dienst ruhen neben der Abgeordnetenentschädigung nach § 11 Abs. 1 um 80 vom Hundert, höchstens jedoch in Höhe der Abgeordnetenentschädigung nach § 11 Abs. 1 und 3. [2]Entsprechendes gilt in Höhe

---

[1] Nr. **5**.

von 50 vom Hundert für Renten im Sinne des § 55 Abs. 1 Satz 2 des Beamtenversorgungsgesetzes mit Ausnahme von Renten aus einer freiwilligen Pflichtversicherung auf Antrag gemäß § 4 Abs. 2 des Sechsten Buches Sozialgesetzbuch; § 55 Abs. 3 und 4 des Beamtenversorgungsgesetzes ist sinngemäß anzuwenden. [3]Das nach Anwendung sonstiger Anrechnungs- und Ruhensvorschriften verbleibende Übergangsgeld nach dem Gesetz über die Rechtsverhältnisse der Mitglieder der Bundesregierung und nach dem Gesetz über die Rechtsverhältnisse der Parlamentarischen Staatssekretäre ruht neben der Abgeordnetenentschädigung nach § 11 ab dem zweiten Monat nach dem Ausscheiden aus dem Amt. [4]Beruht ein Versorgungsanspruch nach Satz 1 oder 2 auf Landesrecht, so tritt an die Stelle des Ruhens des Versorgungsanspruches das Ruhen der Abgeordnetenentschädigung um den sich aus Satz 1 oder Satz 2 ergebenden Betrag. [5]Entsprechendes gilt für Versorgungsansprüche aus einem Amtsverhältnis beziehungsweise einer Verwendung im öffentlichen Dienst einer zwischen- oder überstaatlichen Einrichtung.

(3) [1]Versorgungsansprüche nach diesem Gesetz ruhen neben dem Einkommen aus einem Amtsverhältnis oder einer Verwendung im öffentlichen Dienst um 50 vom Hundert des Betrages, um den sie und das Einkommen die Abgeordnetenentschädigung nach § 11 Abs. 1 übersteigen. [2]Entsprechendes gilt für ein Einkommen aus einem Amtsverhältnis oder einer Verwendung im öffentlichen Dienst einer zwischen- oder überstaatlichen Einrichtung.

(4) [1]Versorgungsansprüche nach diesem Gesetz ruhen neben Versorgungsbezügen aus einem Amtsverhältnis oder aus einer Verwendung im öffentlichen Dienst um 50 vom Hundert des Betrages, um den sie und die Versorgungsbezüge aus dem Amtsverhältnis oder der Verwendung im öffentlichen Dienst die Abgeordnetenentschädigung nach § 11 Abs. 1 übersteigen. [2]Entsprechendes gilt beim Bezug einer Versorgung aus einem Amtsverhältnis oder einer Verwendung im öffentlichen Dienst einer zwischen- oder überstaatlichen Einrichtung. [3]In gleicher Weise angerechnet werden Renten im Sinne des § 55 Abs. 1 Satz 2 des Beamtenversorgungsgesetzes mit Ausnahme von Renten aus einer freiwilligen Pflichtversicherung auf Antrag gemäß § 4 Abs. 2 des Sechsten Buches Sozialgesetzbuch; § 55 Abs. 1 Satz 4 und 5, Abs. 3, 4 und 8 des Beamtenversorgungsgesetzes gilt entsprechend.

(5) Versorgungsbezüge nach diesem Gesetz ruhen neben der Entschädigung aus der Mitgliedschaft im Bundestag, im Europäischen Parlament oder im Parlament eines Landes in Höhe des Betrages, um den diese Bezüge die Abgeordnetenentschädigung nach § 11 Abs. 1 übersteigen.

(6) [1]Versorgungsbezüge nach diesem Gesetz ruhen neben Versorgungsbezügen aus der Mitgliedschaft im Bundestag oder im Parlament eines Landes in Höhe des Betrages, um den diese Bezüge die Höchstversorgungsbezüge nach diesem Gesetz übersteigen. [2]Versorgungsbezüge nach diesem Gesetz ruhen bis zur Höhe der Versorgung des Europäischen Parlaments, soweit nicht bereits seitens des Europäischen Parlaments die Anrechnung der Versorgung nach diesem Gesetz auf die dortige Versorgung bestimmt ist.

(7) [1]Die Versorgungsbezüge mit Ausnahme der Renten gemäß Absatz 4 Satz 3 werden nur mit dem Teil in die Anrechnung einbezogen, der nicht auf eigenen Beiträgen beruht. [2]Die Absätze 1 bis 4 sind nicht auf Leistungen nach dem Bundessonderzahlungsgesetz oder entsprechende Leistungen auf Grund landesrechtlicher oder tarifvertraglicher Regelungen anzuwenden. [3]Bei An-

wendung der Absätze 1 bis 4 sind Aufwandsentschädigungen, Unfallausgleich, Urlaubsgelder und einmalige Zahlungen außer Betracht zu lassen.

(8) Bei den Anrechnungsgrenzen der Absätze 3 bis 6 wird die Amtszulage nach § 11 Abs. 2 entsprechend berücksichtigt.

(9) Die Verwendung im öffentlichen Dienst und die nach dieser Vorschrift erfaßten zwischen- oder überstaatlichen Einrichtungen bestimmen sich nach § 53 Abs. 8 des Beamtenversorgungsgesetzes und den hierzu erlassenen Vorschriften.

Achter Abschnitt. Gemeinsame Vorschriften

§ 30 *(aufgehoben)*

§ 31 Verzicht, Übertragbarkeit. [1]Ein Verzicht auf die Abgeordnetenentschädigung nach § 11 und auf die Leistungen nach § 12 sowie nach dem Fünften Abschnitt mit Ausnahme des § 18 ist unzulässig. [2]Die Ansprüche aus § 12 sind nicht übertragbar. [3]Der Anspruch auf Abgeordnetenentschädigung nach § 11 ist nur bis zur Hälfte übertragbar. [4]Im übrigen gelten die Vorschriften der §§ 850 ff. der Zivilprozeßordnung.

§ 32 Beginn und Ende der Ansprüche, Zahlungsvorschriften.

(1) [1]Die in den §§ 11, 12, 16, 27 und 28 geregelten Ansprüche entstehen mit dem Tag der Feststellung des Bundeswahlausschusses (§ 42 Abs. 2 Satz 1 des Bundeswahlgesetzes[1)]) oder im Fall des § 45 Abs. 3 des Bundeswahlgesetzes mit dem Tag der Annahme des Mandats, auch wenn die Wahlperiode des letzten Bundestages noch nicht abgelaufen ist. [2]Mandatsbezogene Aufwendungen, die einem gewählten Wahlkreisbewerber oder einem gewählten Landeslistenbewerber zwischen dem Wahltag und dem Tag der Feststellung des Bundeswahlausschusses (§ 42 Abs. 2 Satz 1 des Bundeswahlgesetzes) oder im Fall des § 45 Abs. 3 des Bundeswahlgesetzes mit dem Tag der Annahme des Mandats im Hinblick auf den Zusammentritt des neuen Bundestages entstehen, werden ebenfalls erstattet.

(2) [1]Ausgeschiedene Mitglieder erhalten die Abgeordnetenentschädigung nach § 11 bis zum Ende des Monats, in dem sie ausgeschieden sind, und die Geldleistungen nach § 12 Abs. 2 bis zum Ende des darauf folgenden Monats. [2]Die Rechte nach § 16 erlöschen 14 Tage nach dem Ausscheiden aus dem Bundestag.

(3) [1]Die Aufwendungen für die Beschäftigung von Mitarbeitern werden bis zum Ende des Monats ersetzt, in dem die Wahlperiode endet. [2]Scheidet ein Mitglied während der Wahlperiode aus, werden die Aufwendungen für die Beschäftigung von Mitarbeitern längstens bis zum Ende des fünften Monats nach dem Ausscheiden ersetzt, es sei denn, das Arbeitsverhältnis wird zu einem früheren Zeitpunkt beendet.

(4) Die Altersentschädigung wird vom Ersten des auf das anspruchsbegründende Ereignis folgenden Monats bis zum Ablauf des Monats gewährt, in dem der Berechtigte stirbt.

[1)] Nr. 5.

(5) Der Anspruch auf Altersentschädigung ruht während der Zeit, für die ein Anspruch auf Übergangsgeld besteht.

(6) [1]Altersentschädigung nach diesem Gesetz wird nicht gezahlt, wenn das Mitglied oder das ehemalige Mitglied seine Mitgliedschaft im Bundestag auf Grund des § 15 Abs. 2 Nr. 2 des Bundeswahlgesetzes verliert oder verlieren würde. [2]Für die Zeit der Mitgliedschaft im Bundestag gilt § 23.

(7) Für Mitglieder, die nach Inkrafttreten dieses Gesetzes aus dem Bundestag ausscheiden, gilt § 27 für die Dauer des Anspruchs auf Übergangsgeld nach § 18, mindestens jedoch für die Dauer von sechs Monaten.

(8) [1]Die Abgeordnetenentschädigung nach § 11 und die Geldleistungen nach § 12 Abs. 2 und den §§ 20 bis 27 werden monatlich im voraus gezahlt. [2]Ist nur ein Teil zu leisten, so wird für jeden Kalendertag ein Dreißigstel gezahlt; § 33 gilt entsprechend.

§ 33 *(aufgehoben)*

§ 34 Ausführungsbestimmungen. (1) Soweit durch Bundesgesetz dazu ermächtigt, kann der Ältestenrat Ausführungsbestimmungen zur Rechtsstellung der Mitglieder des Bundestages erlassen, die vom Präsidenten im Amtlichen Handbuch des Deutschen Bundestages veröffentlicht werden.

(2) Der Ältestenrat kann allgemeine Verwaltungsvorschriften zu diesem Gesetz erlassen.

(3) Der Präsident veröffentlicht in einer Anlage zum Abgeordnetengesetz im Amtlichen Handbuch des Deutschen Bundestages den Betrag der Kostenpauschale.

Neunter Abschnitt. Übergangsregelungen

§ 35 Übergangsregelung zum Elften Änderungsgesetz. (1) [1]Versorgungsansprüche und Versorgungsanwartschaften, die vor dem Inkrafttreten des Elften Änderungsgesetzes entstanden sind, bleiben unberührt. [2]§ 29 Abs. 4 findet Anwendung. [3]Die Sätze 1 und 2 gelten entsprechend für die Hinterbliebenen eines Empfängers von Altersentschädigung, wenn dieser nach Inkrafttreten des Elften Änderungsgesetzes verstirbt.

(2) [1]Versorgungsansprüche und Versorgungsanwartschaften ehemaliger Mitglieder des Bundestages, die die Voraussetzungen der Mitgliedschaftsdauer vor Inkrafttreten des Elften Änderungsgesetzes erfüllen, und ihrer Hinterbliebenen richten sich nach bisherigem Recht. [2]§ 29 Abs. 4 findet Anwendung. [3]Die Sätze 1 und 2 gelten entsprechend für Mitglieder des Bundestages, die vor Inkrafttreten des Elften Änderungsgesetzes dem Bundestag oder einem Landtag angehören, sowie für ihre Hinterbliebenen.

(3) [1]Ehemalige Mitglieder des Bundestages, die nach Inkrafttreten des Elften Änderungsgesetzes erneut in den Bundestag eintreten und die Voraussetzungen der §§ 19 und 21 in der bisherigen Fassung erfüllen, erhalten Altersentschädigung nach bisherigem Recht mit der Maßgabe, daß für jedes Jahr der Mitgliedschaft nach Inkrafttreten des Elften Änderungsgesetzes 4 vom Hundert der Entschädigung nach § 11 Abs. 1 bis zum Erreichen der Höchstaltersentschädigung gewährt werden. [2]§ 29 Abs. 4 findet Anwendung. [3]Die Sätze 1 und 2 gelten für Hinterbliebene entsprechend.

(4) Die sich nach Absatz 1 bis 3 ergebende Versorgungsanwartschaft nach bisherigem Recht wird der Berechnung des Versorgungsanspruchs zugrunde gelegt, wenn sie höher ist als die Versorgungsanwartschaft, die sich nach diesem Gesetz ergibt.

§ 35a Übergangsregelungen zum Neunzehnten Änderungsgesetz.

(1) [1] Für Mitglieder, die am 22. Dezember 1995 dem Bundestag angehören, ehemalige Mitglieder des Bundestages und ihre Hinterbliebenen gelten die Regelungen des Fünften und des Neunten Abschnitts in der bis zum 22. Dezember 1995 geltenden Fassung fort. [2] § 25b Abs. 1, 2 und 5 gilt entsprechend.

(2) [1] Statt der Abgeordnetenentschädigung nach § 11 gilt in den Fällen des Absatzes 1 ein fiktiver Bemessungsbetrag. [2] Für das Übergangsgeld wird der Bemessungsbetrag auf 5 301 Euro festgesetzt. [3] Der fiktive Bemessungsbetrag für die Altersentschädigung wird mit Wirkung vom 1. Juli 2000 auf 11 683 Deutsche Mark, vom 1. Januar 2001 auf 11 868 Deutsche Mark, vom 1. Januar 2002 auf 6 165 Euro, vom 1. Januar 2003 auf 6 263 Euro, vom 1. Januar 2008 auf 6 411 Euro, vom 1. Januar 2009 auf 6 555 Euro, vom 1. Januar 2012 auf 6 805 Euro, vom 1. Januar 2013 auf 7 055 Euro, vom 1. Juli 2014 auf 7 410 Euro und vom 1. Januar 2015 auf 7 765 Euro festgesetzt. [4] Für spätere Anpassungen wird der Anpassungsfaktor anhand des in § 11 Absatz 4 und 5 geregelten Verfahrens ermittelt.

(3) Bei der Anwendung des § 29 auf Versorgungsansprüche nach diesem Gesetz wird in den Fällen des Absatzes 1 statt der Abgeordnetenentschädigung nach § 11 ebenfalls der fiktive Bemessungsbetrag für die Altersentschädigung nach Absatz 2 zugrunde gelegt.

(4) [1] Mitglieder des 13. Deutschen Bundestages, auf die Absatz 1 Anwendung findet, können sich bis zu ihrem Ausscheiden aus dem Bundestag für eine Anwendung der Regelungen des Fünften Abschnitts in der Fassung des Neunzehnten Änderungsgesetzes entscheiden. [2] Die Entscheidung ist bindend. [3] Verstirbt das Mitglied vor Ausübung des Wahlrechts, findet die jeweils günstigere Fassung Anwendung.

§ 35b Übergangsregelungen zum Siebenundzwanzigsten Änderungsgesetz. (1) [1] Auf alle bis zum 31. Dezember 2007 entstandenen Ansprüche und Anwartschaften von Mitgliedern des Bundestages, ehemaligen Mitgliedern und ihren Hinterbliebenen finden die Regelungen des Fünften und des Neunten Abschnitts in der bis zum 31. Dezember 2007 geltenden Fassung Anwendung. [2] § 19 Abs. 1 und 2, § 20 Satz 3 und § 25b Abs. 3 gelten entsprechend.

(2) [1] Statt der Abgeordnetenentschädigung nach § 11 gilt in den Fällen des Absatzes 1 ein gesonderter fiktiver Bemessungsbetrag. [2] Dieser fiktive Bemessungsbetrag wird mit Wirkung vom 1. Januar 2008 auf 7 174 Euro, vom 1. Januar 2009 auf 7 335 Euro, vom 1. Januar 2012 auf 7 615 Euro, vom 1. Januar 2013 auf 7 895 Euro, vom 1. Juli 2014 auf 8 292 Euro und vom 1. Januar 2015 auf 8 689 Euro festgesetzt. [3] § 35a bleibt unberührt. [4] Für spätere Anpassungen wird der Anpassungsfaktor anhand des in § 11 Absatz 4 und 5 geregelten Verfahrens ermittelt.

(3) Bei der Berechnung von Ansprüchen und Anwartschaften von Mitgliedern des 16. Deutschen Bundestages gemäß Absatz 1 findet die Mindestzeit

nach § 19 in der bis zum Inkrafttreten des Siebenundzwanzigsten Änderungsgesetzes geltenden Fassung keine Anwendung.

(4) [1]Bei der Anwendung des § 29 auf Versorgungsansprüche nach diesem Gesetz wird in den Fällen des Absatzes 1 statt der Abgeordnetenentschädigung nach § 11 ebenfalls der fiktive Bemessungsbetrag für die Altersentschädigung nach Absatz 2 zugrunde gelegt. [2]In den Fällen, in denen sich die Versorgungsansprüche aus solchen des neuen Rechts und solchen nach Absatz 1 zusammensetzen, ist jeweils der Betrag zugrunde zu legen, der sich unter Berücksichtigung des jeweiligen prozentualen Verhältnisses ergibt, mit dem die Versorgung auf der Grundlage des fiktiven Berechnungsbetrages nach Absatz 2 und der Entschädigung nach § 11 errechnet wird.

§ 35c Übergangsregelungen zum Dreißigsten Änderungsgesetz.
[1]Auf alle bis zum Tag der ersten Sitzung des 19. Deutschen Bundestages entstandenen Ansprüche und Anwartschaften von Mitgliedern des Deutschen Bundestages, ehemaligen Mitgliedern und ihren Hinterbliebenen finden die Regelungen des Fünften und des Neunten Abschnitts in der bis zum Tag der ersten Sitzung des 19. Deutschen Bundestages geltenden Fassung Anwendung. [2]Die §§ 35a und 35b bleiben unberührt.

§ 36 Übergangsregelung für die Angehörigen des öffentlichen Dienstes. (1) [1]Der auf Grund des Gesetzes über die Rechtsstellung der in den ersten Deutschen Bundestag gewählten Angehörigen des öffentlichen Dienstes vom 11. Mai 1951 (BGBl. I S. 297) oder des Gesetzes über die Rechtsstellung der in den Deutschen Bundestag gewählten Angehörigen des öffentlichen Dienstes vom 4. August 1953 (BGBl. I S. 777), zuletzt geändert durch das Gesetz vom 21. August 1961 (BGBl. I S. 1557), sowie einer entsprechenden Regelung eines Landes in den Ruhestand getretene Beamte, der in den achten Bundestag gewählt worden ist oder in einen späteren Bundestag gewählt wird, gilt mit dem Tage der Annahme der Wahl, frühestens jedoch mit dem Inkrafttreten dieses Gesetzes, wieder als in das Beamtenverhältnis unter gleichzeitigem Ruhen der Rechte und Pflichten (§ 5 Abs. 1) berufen, sofern er die allgemeinen Voraussetzungen für die Berufung in das Beamtenverhältnis noch erfüllt. [2]Im übrigen bleiben die bis zum Inkrafttreten dieses Gesetzes nach den §§ 4 und 4a letzter Satz des Gesetzes über die Rechtsstellung der in den deutschen Bundestag gewählten Angehörigen des öffentlichen Dienstes vom 4. August 1953 begründeten Ansprüche erhalten.

(2) Absatz 1 gilt entsprechend für Richter, Berufssoldaten und Soldaten auf Zeit sowie sinngemäß für Angestellte des öffentlichen Dienstes.

(3) Für ehemalige Mitglieder des Bundestages bleiben die nach dem Gesetz über die Rechtsstellung der in den Deutschen Bundestag gewählten Angehörigen des öffentlichen Dienstes vom 4. August 1953 begründeten Rechte erhalten.

§ 37 Versorgung vor 1968 ausgeschiedener Mitglieder. Der Präsident gewährt auf Antrag einem ehemaligen Mitglied, das vor dem 1. Januar 1968 aus dem Bundestag ausgeschieden ist, sowie seinen Hinterbliebenen vom Ersten des Monats der Antragstellung an Leistungen aus der Alters- und Hinterbliebenenversorgung nach dem Diätengesetz 1968 vom 3. Mai 1968 (BGBl. I S. 334), zuletzt geändert durch Artikel VIII des Gesetzes vom 18. Februar 1977 (BGBl. I S. 297).

§ 38 Versorgung für Zeiten vor Inkrafttreten dieses Gesetzes. (1) Ein Mitglied des Bundestages, das in der Zeit vom 1. Januar 1968 bis zum Inkrafttreten dieses Gesetzes ausgeschieden ist, und seine Hinterbliebenen erhalten Versorgung nach dem Diätengesetz 1968.

(2) Ein Mitglied des Bundestages, das dem Bundestag bereits vor Inkrafttreten dieses Gesetzes angehört hat und erst nach seinem Inkrafttreten aus dem Bundestag ausscheidet, erhält Altersentschädigung nach diesem Gesetz; dabei wird die Zeit der Mitgliedschaft vor Inkrafttreten dieses Gesetzes berücksichtigt.

(3) [1] Anstelle der Altersentschädigung nach Absatz 2 werden auf Antrag die nach § 4 des Diätengesetzes 1968 geleisteten eigenen Beiträge zur Alters- und Hinterbliebenenversorgung zinslos erstattet. [2] In diesem Falle bleiben die Zeiten der Mitgliedschaft im Bundestag vor Inkrafttreten dieses Gesetzes bei der Festsetzung der Altersentschädigung nach diesem Gesetz unberücksichtigt. [3] Im Falle des § 23 wird nur die halbe Versorgungsabfindung gezahlt.

(4) [1] Anstelle der Altersentschädigung nach Absatz 2 erhält ein Mitglied des Bundestages, das die Voraussetzungen des § 5 Abs. 1 und des § 7a Abs. 1 des Diätengesetzes 1968 erfüllt, für die Zeit der Mitgliedschaft im Bundestag vor Inkrafttreten dieses Gesetzes auf Antrag Ruhegeld nach dem Diätengesetz 1968; für die Zeit nach Inkrafttreten dieses Gesetzes wird Altersentschädigung nach diesem Gesetz mit der Maßgabe gewährt, daß für jedes Jahr der Mitgliedschaft 5 vom Hundert der Entschädigung nach § 11 Abs. 1 gezahlt werden. [2] Die anrechenbaren Zeiten vor und nach Inkrafttreten dieses Gesetzes dürfen 16 Jahre nicht übersteigen. [3] Das gleiche gilt für Hinterbliebene.

(5) Der Antrag gemäß den Absätzen 3 und 4 ist innerhalb von sechs Monaten nach Inkrafttreten dieses Gesetzes beim Präsidenten des Bundestages zu stellen.

§ 38a [Versorgung vor 1977 ausgeschiedener Mitglieder] (1) [1] Versorgungsempfänger nach den §§ 37 und 38 Abs. 1 erhalten anstelle ihrer bisherigen Versorgung auf Antrag Versorgung nach dem Fünften Abschnitt. [2] Das gleiche gilt für ehemalige Mitglieder, die dem Bundestag vor Inkrafttreten dieses Gesetzes mindestens sechs Jahre angehört haben und ihre Hinterbliebenen. [3] § 18 Abs. 1 letzter Satz gilt entsprechend.

(2) [1] Für ehemalige Mitglieder, die vor dem 1. April 1977 aus dem Bundestag ausgeschieden sind und danach wieder eintreten, gilt § 38 Abs. 4 entsprechend. [2] Der Antrag ist innerhalb von sechs Monaten nach dem Wiedereintritt in den Deutschen Bundestag beim Präsidenten des Bundestages zu stellen. [3] Das gleiche gilt für Hinterbliebene.

§ 38b Hinterbliebenenversorgung bei Tod während der Mitgliedschaft im Bundestag. Hinterbliebene nach § 25 Abs. 4, deren Versorgungsfall in der Zeit vom 1. April 1977 bis zum Inkrafttreten des Siebten Änderungsgesetzes eingetreten ist, erhalten auf Antrag vom Ersten des Monats der Antragstellung an Versorgung nach § 25 Abs. 4.

§ 39 Anrechnung früherer Versorgungsbezüge. (1) Versorgungsbezüge nach dem Diätengesetz 1968 werden gemäß § 10 Diätengesetz 1968 nicht in die Anrechnung nach § 29 Abs. 3 und 4 einbezogen.

(2) [1] Versorgungsbezüge nach dem Diätengesetz 1968 werden neben einer Entschädigung oder einer Versorgung aus der Mitgliedschaft in einem Landtag (§ 29 Abs. 5 und 6) nur mit dem Teil in die Anrechnung einbezogen, der nicht auf eigenen Beiträgen beruht. [2] Angerechnete Zeiten nach § 21 des Diätengesetzes 1968 gelten als Beitragszeiten.

§ 40 Gekürzte Versorgungsabfindung. [1] Für Zeiten der Mitgliedschaft unter der Geltung des Diätengesetzes 1968 wird die halbe Versorgungsabfindung nach § 23 gezahlt. [2] In diesem Falle werden eigene Beiträge zur Versicherung nach § 4 des Diätengesetzes 1968 auf Antrag erstattet.

§ 41 Fortsetzung der Todesfallversicherung. Die bei Inkrafttreten dieses Gesetzes bestehende Todesfallversicherung wird mit der Maßgabe fortgesetzt, daß die zu zahlende Altersentschädigung und das Witwengeld entsprechend der Zahl und der Höhe der seit dem 1. Januar 1968 geleisteten monatlichen Beiträge der Versicherungsnehmerin zu der Todesfallversicherung gekürzt werden.

§ 42 Umwandlung oder Auflösung der Todesfallversicherung.

(1) Ein Mitglied oder ehemaliges Mitglied des Bundestages, das sich nach § 20 des Diätengesetzes 1968 für die Fortsetzung der Versicherung auf Bundeskosten entschieden hat, kann die Todesfallversicherung umwandeln oder auflösen.

(2) Im Falle der Umwandlung besteht die Möglichkeit der Fortsetzung auf eigene Kosten oder der beitragsfreien Versicherung mit der Maßgabe, daß die zu zahlende Altersentschädigung und das Witwengeld entsprechend der Zahl und der Höhe der von der Versicherungsnehmerin in der Zeit vom 1. Januar 1968 bis zum Ablauf des Monats der Umwandlung oder bis zur Gewährung von Altersentschädigung geleisteten Beiträge gekürzt wird.

(3) Bei Auflösung der Versicherung wird dem Versicherten der auf eigenen Beiträgen beruhende Rückkaufswert erstattet.

§ 43 Weiterzahlung des Übergangsgeldes. Ein ehemaliges Mitglied des Bundestages, das beim Inkrafttreten dieses Gesetzes Aufwandsentschädigung nach dem Diätengesetz 1968 bezieht, behält diesen Anspruch.

§ 44 Anrechnung von Zeiten für das Übergangsgeld. Zeiten der Mitgliedschaft im Bundestag, die vor Inkrafttreten dieses Gesetzes liegen, werden bei der Berechnung des Zeitraumes, für den Übergangsgeld zu zahlen ist, berücksichtigt.

Zehnter Abschnitt. Unabhängigkeit des Abgeordneten

§ 44a Ausübung des Mandats. (1) [1] Die Ausübung des Mandats steht im Mittelpunkt der Tätigkeit eines Mitglieds des Bundestages. [2] Unbeschadet dieser Verpflichtung bleiben Tätigkeiten beruflicher oder anderer Art neben dem Mandat grundsätzlich zulässig.

(2) [1] Für die Ausübung des Mandats darf ein Mitglied des Bundestages keine anderen als die gesetzlich vorgesehenen Zuwendungen oder andere Vermögensvorteile annehmen. [2] Unzulässig ist insbesondere die Annahme von Geld oder von geldwerten Zuwendungen, die nur deshalb gewährt werden, weil dafür die Vertretung und Durchsetzung der Interessen des Leistenden im Bundestag erwartet wird. [3] Unzulässig ist ferner die Annahme von Geld oder von geldwerten Zuwendungen, wenn diese Leistung ohne angemessene Gegenleistung des Mitglieds des Bundestages gewährt wird. [4] Die Entgegennahme von Spenden bleibt unberührt.

(3) [1] Nach Absatz 2 unzulässige Zuwendungen oder Vermögensvorteile oder ihr Gegenwert sind dem Haushalt des Bundes zuzuführen. [2] Der Präsident macht den Anspruch durch Verwaltungsakt geltend, soweit der Erhalt der Zuwendung oder des Vermögensvorteils nicht länger als drei Jahre zurückliegt. [3] Der Anspruch wird durch einen Verlust der Mitgliedschaft im Bundestag nicht berührt. [4] Das Nähere bestimmen die Verhaltensregeln nach § 44b.

(4) [1] Tätigkeiten vor Übernahme des Mandats sowie Tätigkeiten und Einkünfte neben dem Mandat, die auf für die Ausübung des Mandats bedeutsame Interessenverknüpfungen hinweisen können, sind nach Maßgabe der Verhaltensregeln (§ 44b) anzuzeigen und zu veröffentlichen. [2] Werden anzeigepflichtige Tätigkeiten oder Einkünfte nicht angezeigt, kann das Präsidium ein Ordnungsgeld bis zur Höhe der Hälfte der jährlichen Abgeordnetenentschädigung festsetzen. [3] Der Präsident macht das Ordnungsgeld durch Verwaltungsakt geltend. [4] § 31 bleibt unberührt. [5] Das Nähere bestimmen die Verhaltensregeln nach § 44b.

(5) [1] Wegen einer nicht nur geringfügigen Verletzung der Ordnung oder der Würde des Bundestages bei dessen Sitzungen kann der Präsident gegen ein Mitglied des Bundestages ein Ordnungsgeld in Höhe von 1 000 Euro festsetzen. [2] Im Wiederholungsfall erhöht sich das Ordnungsgeld auf 2 000 Euro. [3] Bei gröblicher Verletzung der Ordnung oder der Würde des Bundestages kann das Mitglied für die Dauer der Sitzung aus dem Saal verwiesen und bis zu 30 Sitzungstage von der Teilnahme an Sitzungen des Bundestages und seiner Gremien ausgeschlossen werden. [4] Das Nähere regelt die Geschäftsordnung des Bundestages.

§ 44b Verhaltensregeln. Der Bundestag gibt sich Verhaltensregeln[1)], die insbesondere Bestimmungen enthalten müssen über

1. die Fälle einer Pflicht zur Anzeige von Tätigkeiten vor der Mitgliedschaft im Bundestag sowie von Tätigkeiten neben dem Mandat;
2. die Fälle einer Pflicht zur Anzeige der Art und Höhe der Einkünfte neben dem Mandat oberhalb festgelegter Mindestbeträge;
3. die Pflicht zur Rechnungsführung und zur Anzeige von Spenden oberhalb festgelegter Mindestbeträge sowie Annahmeverbote und Ablieferungspflichten in den in den Verhaltensregeln näher bestimmten Fällen;

---

1) Siehe Anl. 1 GeschäftsO des Deutschen Bundestages (Nr. **2**).

4. die Veröffentlichung von Angaben im Amtlichen Handbuch und im Internet;
5. das Verfahren sowie die Befugnisse und Pflichten des Präsidiums und des Präsidenten bei Entscheidungen nach § 44a Abs. 3 und 4.

§ 44c Überprüfung auf Tätigkeit oder politische Verantwortung für das Ministerium für Staatssicherheit/Amt für Nationale Sicherheit der ehemaligen Deutschen Demokratischen Republik. (1) Mitglieder des Bundestages können beim Präsidenten schriftlich die Überprüfung auf eine hauptamtliche oder inoffizielle Tätigkeit oder politische Verantwortung für den Staatssicherheitsdienst der ehemaligen Deutschen Demokratischen Republik beantragen.

(2) Eine Überprüfung findet ohne Zustimmung statt, wenn der Ausschuß für Wahlprüfung, Immunität und Geschäftsordnung das Vorliegen von konkreten Anhaltspunkten für den Verdacht einer solchen Tätigkeit oder Verantwortung festgestellt hat.

(3) Das Verfahren wird in den Fällen der Absätze 1 und 2 vom Ausschuß für Wahlprüfung, Immunität und Geschäftsordnung durchgeführt.

(4) Das Verfahren zur Feststellung einer Tätigkeit oder Verantwortung für das Ministerium für Staatssicherheit/ Amt für Nationale Sicherheit der ehemaligen Deutschen Demokratischen Republik legt der Deutsche Bundestag in Richtlinien fest.

§ 44d Verschwiegenheitspflicht und Aussagegenehmigung. (1) Die Abgeordneten des Deutschen Bundestages dürfen, auch nach Beendigung ihres Mandats, ohne Genehmigung weder vor Gericht noch außergerichtlich Aussagen oder Erklärungen abgeben über Angelegenheiten, die auf Grund eines Gesetzes oder nach den Bestimmungen der Geschäftsordnung des Deutschen Bundestages[1)] der Verschwiegenheit unterliegen.

(2) [1] Die Genehmigung erteilt der Präsident des Deutschen Bundestages. [2] Sind Stellen außerhalb des Deutschen Bundestages an der Entstehung der geheimzuhaltenden Angelegenheiten beteiligt gewesen, kann die Genehmigung nur im Einvernehmen mit ihnen erteilt werden.

(3) Die Genehmigung darf nur versagt werden, wenn die Aussage oder Erklärung dem Wohl des Bundes oder eines Landes Nachteile bereiten oder die Erfüllung öffentlicher Aufgaben ernstlich gefährden oder erheblich erschweren würde.

Elfter Abschnitt. Fraktionen

§ 45 Fraktionsbildung. (1) Mitglieder des Bundestages können sich zu Fraktionen zusammenschließen.

(2) Das Nähere regelt die Geschäftsordnung des Deutschen Bundestages[1)].

§ 46 Rechtsstellung. (1) Die Fraktionen sind rechtsfähige Vereinigungen von Abgeordneten im Deutschen Bundestag.

[1)] Nr. **2**.

(2) Die Fraktionen können klagen und verklagt werden.

(3) Die Fraktionen sind nicht Teil der öffentlichen Verwaltung; sie üben keine öffentliche Gewalt aus.

§ 47 Aufgaben. (1) Die Fraktionen wirken an der Erfüllung der Aufgaben des Deutschen Bundestages mit.

(2) Die Fraktionen können mit Fraktionen anderer Parlamente und parlamentarischen Einrichtungen national und international zusammenarbeiten.

(3) Die Fraktionen und ihre Mitglieder können die Öffentlichkeit über ihre Tätigkeit unterrichten.

§ 48 Organisation. (1) Die Fraktionen sind verpflichtet, ihre Organisation und Arbeitsweise auf den Grundsätzen der parlamentarischen Demokratie aufzubauen und an diesen auszurichten.

(2) Die Fraktionen geben sich eine eigene Geschäftsordnung.

§ 49 Geheimhaltungspflicht der Fraktionsangestellten. (1) [1] Angestellte der Fraktionen sind, auch nach Beendigung ihres Beschäftigungsverhältnisses, verpflichtet, über die ihnen bei ihrer Tätigkeit bekanntgewordenen Angelegenheiten Verschwiegenheit zu bewahren. [2] Dies gilt nicht für Tatsachen, die offenkundig sind oder ihrer Bedeutung nach keiner Geheimhaltung bedürfen.

(2) [1] Angestellte der Fraktionen dürfen, auch nach Beendigung ihres Beschäftigungsverhältnisses, ohne Genehmigung über solche Angelegenheiten weder vor Gericht noch außergerichtlich aussagen oder Erklärungen abgeben. [2] Die Genehmigung erteilt der jeweilige Fraktionsvorsitzende.

(3) Unberührt bleibt die gesetzlich begründete Pflicht, Straftaten anzuzeigen und bei Gefährdung der freiheitlich demokratischen Grundordnung für deren Erhaltung einzutreten.

§ 50 Geld- und Sachleistungen. (1) Die Fraktionen haben zur Erfüllung ihrer Aufgaben Anspruch auf Geld- und Sachleistungen aus dem Bundeshaushalt.

(2) [1] Die Geldleistungen setzen sich aus einem Grundbetrag für jede Fraktion, aus einem Betrag für jedes Mitglied und einem weiteren Zuschlag für jede Fraktion, die nicht die Bundesregierung trägt (Oppositionszuschlag), zusammen. [2] Die Höhe dieser Beträge und des Oppositionszuschlages legt der Bundestag jährlich fest. [3] Dazu erstattet der Präsident dem Bundestag im Benehmen mit dem Ältestenrat jeweils bis zum 30. September einen Bericht über die Angemessenheit der Beträge und des Oppositionszuschlages und legt zugleich einen Anpassungsvorschlag vor.

(3) Die Sachleistungen werden nach Maßgabe des Haushaltsgesetzes zur Nutzung erbracht.

(4) [1] Leistungen nach Absatz 1 dürfen die Fraktionen nur für Aufgaben verwenden, die ihnen nach dem Grundgesetz[1)], diesem Gesetz und der Ge-

---

[1)] Nr. 1.

schäftsordnung des Deutschen Bundestages[1)] obliegen. [2]Eine Verwendung für Parteiaufgaben ist unzulässig.

(5) Geldleistungen nach Absatz 1 können auf neue Rechnung vorgetragen werden.

§ 51 Haushalts- und Wirtschaftsführung, Buchführung. (1) Einzelheiten der Haushalts- und Wirtschaftsführung werden in Ausführungsbestimmungen geregelt, die der Ältestenrat nach Anhörung des Bundesrechnungshofes erläßt.

(2) [1]Die Fraktionen haben Bücher über ihre rechnungslegungspflichtigen Einnahmen und Ausgaben sowie über ihr Vermögen zu führen. [2]Dabei ist nach den Grundsätzen ordnungsgemäßer Buchführung unter Berücksichtigung des Gesetzeszwecks zu verfahren.

(3) Aus den Geldleistungen nach § 50 Abs. 1 beschaffte Gegenstände sind, wenn sie nicht zum kurzfristigen Verbrauch bestimmt oder nur von geringem Wert sind, zu kennzeichnen und in einem Nachweis aufzuführen.

(4) Die Rechnungsunterlagen sind fünf Jahre aufzubewahren.

§ 52 Rechnungslegung. (1) Die Fraktionen haben über die Herkunft und die Verwendung der Mittel, die ihnen innerhalb eines Kalenderjahres (Rechnungsjahr) gemäß § 50 Abs. 1 zugeflossen sind, öffentlich Rechenschaft zu geben.

(2) Die Rechnung ist wie folgt zu gliedern:

1. Einnahmen:
   a) Geldleistungen nach § 50 Abs. 1,
   b) sonstige Einnahmen;
2. Ausgaben:
   a) Summe der Leistungen an Fraktionsmitglieder für die Wahrnehmung besonderer Funktionen in der Fraktion,
   b) Summe der Personalausgaben für Fraktionsmitarbeiterinnen und -mitarbeiter,
   c) Ausgaben für Veranstaltungen,
   d) Sachverständigen-, Gerichts- und ähnliche Kosten,
   e) Ausgaben für die Zusammenarbeit mit Fraktionen anderer Parlamente,
   f) Ausgaben für die Öffentlichkeitsarbeit,
   g) Ausgaben des laufenden Geschäftsbetriebes,
   h) Ausgaben für Investitionen sowie
   i) sonstige Ausgaben.

(3) [1]Die Rechnung muß das Vermögen, das mit Mitteln gemäß § 50 Abs. 1 erworben wurde, die Rücklagen, die aus diesen Mitteln gebildet werden, sowie die Forderungen und die Verbindlichkeiten ausweisen. [2]Die Vermögensrechnung gliedert sich wie folgt:

[1)] Nr. 2.

1. Aktivseite:
   a) Geldbestände,
   b) sonstige Vermögensgegenstände,
   c) Rechnungsabgrenzung;
2. Passivseite:
   a) Rücklagen,
   b) Rückstellungen,
   c) Verbindlichkeiten gegenüber Kreditinstituten,
   d) sonstige Verbindlichkeiten,
   e) Rechnungsabgrenzung.

(4) [1] Die Rechnung muß von einem im Benehmen mit dem Bundesrechnungshof bestellten Abschlußprüfer (Wirtschaftsprüfer oder Wirtschaftsprüfungsgesellschaft) auf die Einhaltung der Anforderungen der Absätze 2 und 3 geprüft werden und einen entsprechenden Prüfungsvermerk aufweisen. [2] Die geprüfte Rechnung ist dem Präsidenten oder der Präsidentin des Deutschen Bundestages spätestens bis zum Ende des sechsten Monats nach Ablauf des Kalenderjahres oder des Monats vorzulegen, in dem die Geldleistungen nach § 50 Abs. 1 letztmals gezahlt wurden. [3] Der Präsident oder die Präsidentin des Deutschen Bundestages können die Frist aus besonderen Gründen bis zu drei Monaten verlängern. [4] Die geprüfte Rechnung wird als Bundestags-Drucksache verteilt.

(5) Solange eine Fraktion mit der Rechnungslegung in Verzug ist, sind Geld- und Sachleistungen nach § 50 Abs. 1 zurückzubehalten.

§ 53 Rechnungsprüfung. (1) Der Bundesrechnungshof prüft die Rechnung sowie die den Fraktionen nach § 50 Abs. 1 zur Verfügung gestellten Geld- und Sachleistungen auf ihre wirtschaftliche und ordnungsgemäße Verwendung nach Maßgabe der Ausführungsbestimmungen gemäß § 51 Abs. 1.

(2) [1] Bei der Prüfung sind die Rechtsstellung und die Aufgaben der Fraktionen zu beachten. [2] Die politische Erforderlichkeit einer Maßnahme der Fraktionen ist nicht Gegenstand der Prüfung.

§ 54 Beendigung der Rechtsstellung und Liquidation. (1) Die Rechtsstellung nach § 46 entfällt

1. bei Erlöschen des Fraktionsstatus,
2. bei Auflösung der Fraktion,
3. mit dem Ende der Wahlperiode.

(2) [1] In den Fällen des Absatzes 1 Nr. 1 und 2 findet eine Liquidation statt. [2] Die Fraktion gilt bis zur Beendigung der Liquidation als fortbestehend, soweit der Zweck der Liquidation dies erfordert. [3] Die Liquidation erfolgt durch den Vorstand, soweit die Geschäftsordnung der Fraktion nichts anderes bestimmt.

(3) [1] Die Liquidatoren haben die laufenden Geschäfte zu beenden, die Forderungen einzuziehen und die Gläubiger zu befriedigen. [2] Sie sind berechtigt, zu diesem Zweck neue Geschäfte einzugehen und das Vermögen in Geld umzusetzen. [3] Die Zweckbindung gemäß § 50 Abs. 4 ist zu beachten. [4] Fällt den Liquidatoren bei der Durchführung der Liquidation ein Verschulden zur

Last, so haften sie für den daraus entstehenden Schaden gegenüber den Gläubigern als Gesamtschuldner.

(4) [1] Soweit nach der Beendigung der Liquidation nach § 50 Abs. 1 gewährte Geldleistungen verbleiben, sind diese an den Bundeshaushalt zurückzuführen. [2] Das gleiche gilt für Vermögenswerte, die mit diesen Geldern angeschafft worden sind. [3] Die Sachleistungen nach § 50 Abs. 3 sind derjenigen Stelle zurückzugeben, die die Sachleistung erbracht hat.

(5) [1] Das verbleibende Vermögen der Fraktion ist dem Anfallsberechtigten zu überlassen. [2] Anfallsberechtigt sind die in der Geschäftsordnung der Fraktion bestimmten Personen oder Stellen.

(6) [1] Maßnahmen nach den Absätzen 4 und 5 dürfen erst vorgenommen werden, wenn seit dem Ereignis, das zum Verlust der Rechtsstellung nach § 46 geführt hat, sechs Monate verstrichen sind. [2] Die Sicherung der Gläubiger hat nach § 52 des Bürgerlichen Gesetzbuchs zu erfolgen.

(7) [1] Im Falle des Absatzes 1 Nr. 3 findet eine Liquidation nicht statt, wenn sich innerhalb von 30 Tagen nach Beginn der neuen Wahlperiode eine Fraktion konstituiert, deren Mitglieder einer Partei angehören, die durch eine Fraktion in der abgelaufenen Wahlperiode im Deutschen Bundestag vertreten war und die sich zur Nachfolgefraktion erklärt. [2] In diesem Falle ist die neu konstituierte Fraktion die Rechtsnachfolgerin der alten Fraktion.

Zwölfter Abschnitt. *(aufgehoben)*

4. Gesetz zur Regelung des Rechts der Untersuchungsausschüsse des Deutschen Bundestages (Untersuchungsausschussgesetz – PUAG)[1)]

Vom 19. Juni 2001

(BGBl. I S. 1142)

FNA 1101-10

geänd. durch Art. 4 Abs. 1 KostenrechtsmodernisierungsG v. 5.5.2004 (BGBl. I S. 718)

Nichtamtliche Inhaltsübersicht

[1)] Verkündet als Art. 1 UntersuchungsausschussG v. 19.6.2001 (BGBl. I S. 1142); Inkrafttreten gem. Art. 3 Satz 1 dieses G am 26.6.2001.

§ 1 Einsetzung. (1) Der Bundestag hat das Recht und auf Antrag eines Viertels seiner Mitglieder die Pflicht, einen Untersuchungsausschuss einzusetzen.

(2) Die Einsetzung erfolgt durch Beschluss des Bundestages.

(3) Ein Untersuchungsverfahren ist zulässig im Rahmen der verfassungsmäßigen Zuständigkeit des Bundestages.

§ 2 Rechte der qualifizierten Minderheit bei der Einsetzung. (1) Ist die Einsetzung von einem Viertel der Mitglieder des Bundestages beantragt, so hat der Bundestag sie unverzüglich zu beschließen.

(2) Der Einsetzungsbeschluss darf den in dem Einsetzungsantrag bezeichneten Untersuchungsgegenstand nicht ändern, es sei denn, die Antragstellenden stimmen der Änderung zu.

(3) [1] Hält der Bundestag den Einsetzungsantrag für teilweise verfassungswidrig, so ist der Untersuchungsausschuss mit der Maßgabe einzusetzen, dass dessen Untersuchungen auf diejenigen Teile des Untersuchungsgegenstandes zu beschränken sind, die der Bundestag für nicht verfassungswidrig hält. [2] Das Recht der Antragstellenden, wegen der teilweisen Ablehnung des Einsetzungsantrages das Bundesverfassungsgericht anzurufen, bleibt unberührt.

§ 3 Gegenstand der Untersuchung. [1] Der Untersuchungsausschuss ist an den ihm erteilten Untersuchungsauftrag gebunden. [2] Eine nachträgliche Änderung des Untersuchungsauftrages bedarf eines Beschlusses des Bundestages; § 2 Abs. 2 ist entsprechend anzuwenden.

§ 4 Zusammensetzung. [1] Der Bundestag bestimmt bei der Einsetzung die Zahl der ordentlichen und die gleich große Zahl der stellvertretenden Mitglieder des Untersuchungsausschusses. [2] Die Bemessung der Zahl hat einerseits die Mehrheitsverhältnisse widerzuspiegeln und andererseits die Aufgabenstellung und die Arbeitsfähigkeit des Untersuchungsausschusses zu berücksichtigen. [3] Jede Fraktion muss vertreten sein. [4] Die Berücksichtigung von Gruppen richtet sich nach den allgemeinen Beschlüssen des Bundestages. [5] Die Zahl der auf die Fraktionen entfallenden Sitze wird nach dem Verfahren der mathematischen Proportion (St. Lague/Schepers) berechnet.

§ 5 Mitglieder. Die ordentlichen und stellvertretenden Mitglieder werden von den Fraktionen benannt und abberufen.

§ 6 Vorsitz. (1) [1] Für den Vorsitz der Untersuchungsausschüsse sind die Fraktionen im Verhältnis ihrer Stärke zu berücksichtigen. [2] Der Untersuchungsausschuss bestimmt das Mitglied, das den Vorsitz führt, aus seiner Mitte nach den Vereinbarungen im Ältestenrat.

(2) Der oder die Vorsitzende leitet das Untersuchungsverfahren und ist dabei an den Einsetzungsbeschluss des Bundestages und an die Beschlüsse des Untersuchungsausschusses gebunden.

§ 7 Stellvertretender Vorsitz. (1) Der Untersuchungsausschuss bestimmt nach den Vereinbarungen im Ältestenrat ein Mitglied für den stellvertretenden

Vorsitz; dieses Mitglied muss einer anderen Fraktion als der oder die Vorsitzende angehören.

(2) Der oder die stellvertretende Vorsitzende besitzt alle Rechte und Pflichten des oder der abwesenden Vorsitzenden.

§ 8 Einberufung. (1) Der oder die Vorsitzende beruft den Untersuchungsausschuss unter Angabe der Tagesordnung ein.

(2) Er oder sie ist zur Einberufung einer Sitzung zum nächstmöglichen Termin innerhalb des Zeitplanes verpflichtet, wenn dies von einem Viertel der Mitglieder des Untersuchungsausschusses unter Angabe der Tagesordnung verlangt wird.

(3) Zur Einberufung einer Sitzung außerhalb des Zeitplanes oder außerhalb des ständigen Sitzungsortes des Bundestages ist der oder die Vorsitzende nur berechtigt, wenn ein entsprechendes Verlangen eines Viertels der Mitglieder des Untersuchungsausschusses unter Angabe der Tagesordnung vorliegt und der Präsident oder die Präsidentin des Bundestages hierzu die Genehmigung erteilt hat.

§ 9 Beschlussfähigkeit. (1) [1] Der Untersuchungsausschuss ist beschlussfähig, wenn die Mehrheit seiner Mitglieder anwesend ist. [2] Er gilt solange als beschlussfähig, wie nicht auf Antrag die Beschlussunfähigkeit festgestellt wird.

(2) [1] Ist die Beschlussunfähigkeit festgestellt, so unterbricht der oder die Vorsitzende sofort die Sitzung auf bestimmte Zeit. [2] Ist der Untersuchungsausschuss auch nach Ablauf dieser Zeit noch nicht beschlussfähig, so ist unverzüglich eine neue Sitzung anzuberaumen. [3] In dieser Sitzung ist der Untersuchungsausschuss beschlussfähig, auch wenn nicht die Mehrheit seiner Mitglieder anwesend ist; hierauf ist in der Einladung hinzuweisen.

(3) Bei Beschlussunfähigkeit darf der Untersuchungsausschuss keine Untersuchungshandlungen durchführen.

(4) [1] Soweit in diesem Gesetz nichts anderes bestimmt ist, beschließt der Untersuchungsausschuss mit der Mehrheit der abgegebenen Stimmen. [2] Bei Stimmengleichheit ist der Antrag abgelehnt.

§ 10 Ermittlungsbeauftragte. (1) [1] Der Untersuchungsausschuss hat jederzeit das Recht und auf Antrag eines Viertels seiner Mitglieder die Pflicht, zu seiner Unterstützung eine Untersuchung zu beschließen, die von einem oder einer Ermittlungsbeauftragten durchgeführt wird. [2] Der Ermittlungsauftrag soll zeitlich auf höchstens sechs Monate begrenzt werden.

(2) [1] Der oder die Ermittlungsbeauftragte wird innerhalb von drei Wochen nach Beschlussfassung gemäß Absatz 1 mit einer Mehrheit von zwei Dritteln der anwesenden Mitglieder bestimmt. [2] Erfolgt diese Bestimmung nicht fristgemäß, bestimmt der oder die Vorsitzende im Einvernehmen mit der Stellvertretung und im Benehmen mit den Obleuten der Fraktionen im Untersuchungsausschuss innerhalb weiterer drei Wochen die Person des oder der Ermittlungsbeauftragten.

(3) [1] Ermittlungsbeauftragte bereiten in der Regel die Untersuchung durch den Untersuchungsausschuss vor. [2] Sie beschaffen und sichten die erforderlichen sächlichen Beweismittel. [3] Sie haben entsprechend § 18 das Recht auf Vorlage von Beweismitteln sowie entsprechend § 19 das Recht der Augenschein-

nahme. [4]Sie können Herausgabeansprüche entsprechend § 30 geltend machen. [5]Werden ihnen die Rechte gemäß Satz 3 oder 4 nicht freiwillig gewährt, bedarf es eines Beweisbeschlusses gemäß § 17 Abs. 1. [6]Ermittlungsbeauftragte können Personen informatorisch anhören. [7]Sie sind dem gesamten Untersuchungsausschuss verantwortlich. [8]Die Ergebnisse ihrer Tätigkeit stehen allen Mitgliedern des Untersuchungsausschusses zur Verfügung. [9]Nach Abschluss ihrer Untersuchung erstatten Ermittlungsbeauftragte dem Untersuchungsausschuss über das Ergebnis einen schriftlichen und mündlichen Bericht. [10]Darin unterbreiten sie dem Untersuchungsausschuss einen Vorschlag über die weitere Vorgehensweise. [11]Im Verkehr nach außen haben sie die gebührende Zurückhaltung zu wahren; öffentliche Erklärungen geben sie nicht ab.

(4) [1]Ermittlungsbeauftragte sind im Rahmen ihres Auftrages unabhängig. [2]Sie können jederzeit mit einer Mehrheit von zwei Dritteln der anwesenden Mitglieder abberufen werden. [3]Sie haben das Recht, für ihren Ermittlungsauftrag in angemessenem Umfang Hilfskräfte einzusetzen.

§ 11 Protokollierung. (1) Über die Sitzungen des Untersuchungsausschusses wird ein Protokoll angefertigt.

(2) [1]Beweiserhebungen werden wörtlich protokolliert. [2]Zum Zwecke der Protokollierung darf die Beweisaufnahme auf Tonträger aufgenommen werden.

(3) Über die Art der Protokollierung der Beratungen entscheidet der Untersuchungsausschuss.

§ 12 Sitzungen zur Beratung. (1) Die Beratungen und Beschlussfassungen des Untersuchungsausschusses sind nicht öffentlich.

(2) Der Untersuchungsausschuss kann den benannten Mitarbeitern und Mitarbeiterinnen der Fraktionen den Zutritt gestatten.

(3) Über Art und Umfang von Mitteilungen an die Öffentlichkeit aus nicht öffentlichen Sitzungen entscheidet der Untersuchungsausschuss.

§ 13 Sitzungen zur Beweisaufnahme. (1) [1]Die Beweiserhebung erfolgt in öffentlicher Sitzung. [2]Ton- und Filmaufnahmen sowie Ton- und Bildübertragungen sind nicht zulässig. [3]Der Untersuchungsausschuss kann Ausnahmen von Satz 1 zulassen. [4]Ausnahmen von Satz 2 bedürfen einer Mehrheit von zwei Dritteln der anwesenden Mitglieder sowie der Zustimmung der zu vernehmenden oder anzuhörenden Personen.

(2) Die §§ 176 bis 179 des Gerichtsverfassungsgesetzes über die Aufrechterhaltung der Ordnung in der Sitzung finden entsprechende Anwendung.

§ 14 Ausschluss der Öffentlichkeit. (1) Der Untersuchungsausschuss schließt die Öffentlichkeit aus, wenn

1. Umstände aus dem persönlichen Lebensbereich von Zeugen oder Dritten zur Sprache kommen, deren öffentliche Erörterung überwiegende schutzwürdige Interessen verletzen würde;
2. eine Gefährdung des Lebens, des Leibes oder der Freiheit von einzelnen Zeugen oder einer anderen Person zu besorgen ist;

3. ein Geschäfts-, Betriebs-, Erfindungs- oder Steuergeheimnis zur Sprache kommt, durch dessen öffentliche Erörterung überwiegende schutzwürdige Interessen verletzt würden;
4. besondere Gründe des Wohls des Bundes oder eines Landes entgegenstehen, insbesondere wenn Nachteile für die Sicherheit der Bundesrepublik Deutschland oder ihrer Beziehungen zu anderen Staaten zu besorgen sind.

(2) Der Untersuchungsausschuss kann einzelnen Personen zu nicht öffentlichen Beweisaufnahmen den Zutritt gestatten; § 12 Abs. 2 gilt entsprechend.

(3) Zur Stellung eines Antrages auf Ausschluss oder Beschränkung der Öffentlichkeit sind berechtigt:
1. anwesende Mitglieder des Untersuchungsausschusses,
2. Mitglieder des Bundesrates, der Bundesregierung und ihre Beauftragten,
3. Zeugen, Sachverständige und sonstige Auskunftspersonen.

(4) [1] Über den Ausschluss oder die Beschränkung der Öffentlichkeit entscheidet der Untersuchungsausschuss. [2] Der oder die Vorsitzende begründet auf Beschluss des Untersuchungsausschusses die Entscheidung in öffentlicher Sitzung.

§ 15 Geheimnisschutz. (1) [1] Beweismittel, Beweiserhebungen und Beratungen kann der Untersuchungsausschuss mit einem Geheimhaltungsgrad versehen. [2] Vor einer Entscheidung nach Satz 1 kann der oder die Vorsitzende eine vorläufige Einstufung vornehmen.

(2) [1] Die Entscheidung über die Einstufung richtet sich nach der Geheimschutzordnung des Bundestages. [2] § 14 Abs. 3 ist entsprechend anzuwenden.

(3) Soweit dieses Gesetz nichts Abweichendes bestimmt, gilt für die Behandlung der Verschlusssachen sowie für streng geheime, geheime und vertrauliche Sitzungen und deren Protokollierung die Geheimschutzordnung des Bundestages.

§ 16 Zugang zu Verschlusssachen und Amtsverschwiegenheit.

(1) [1] Verschlusssachen des Geheimhaltungsgrades VS-VERTRAULICH und höher, die der Untersuchungsausschuss eingestuft oder von einer anderen herausgebenden Stelle erhalten hat, dürfen nur den Mitgliedern des Untersuchungsausschusses, den Mitgliedern des Bundesrates und der Bundesregierung sowie ihren Beauftragten zugänglich gemacht werden. [2] Ermittlungsbeauftragten, den von ihnen eingesetzten Hilfskräften sowie den Mitarbeitern und Mitarbeiterinnen der Mitglieder des Untersuchungsausschusses, des Sekretariats und der Fraktionen im Untersuchungsausschuss dürfen sie zugänglich gemacht werden, soweit diese zum Umgang mit Verschlusssachen ermächtigt und zur Geheimhaltung förmlich verpflichtet sind.

(2) [1] Die Mitglieder des Untersuchungsausschusses, Ermittlungsbeauftragte und die in Absatz 1 bezeichneten Mitarbeiter und Mitarbeiterinnen und Hilfskräfte sind auch nach Auflösung des Ausschusses verpflichtet, über die ihnen bekannt gewordenen, in Absatz 1 bezeichneten Verschlusssachen Verschwiegenheit zu bewahren. [2] Ohne Genehmigung des Präsidenten oder der Präsidentin des Bundestages dürfen sie weder vor Gericht noch außergerichtlich

aussagen. [3] § 44c Abs. 2 Satz 2 und Abs. 3 des Abgeordnetengesetzes[1)] gilt entsprechend.

(3) [1] Wird einem Mitglied des Ausschusses ein fremdes Geheimnis, namentlich ein zum persönlichen Lebensbereich gehörendes Geheimnis oder ein Betriebs- oder Geschäftsgeheimnis im Rahmen der Untersuchungshandlung bekannt, darf es dieses Geheimnis nur offenbaren, wenn es dazu von der berechtigten Person ermächtigt worden ist. [2] Dies gilt nicht, wenn die Offenlegung des Geheimnisses gesetzlich geboten ist.

§ 17 Beweiserhebung. (1) Der Untersuchungsausschuss erhebt die durch den Untersuchungsauftrag gebotenen Beweise aufgrund von Beweisbeschlüssen.

(2) Beweise sind zu erheben, wenn sie von einem Viertel der Mitglieder des Untersuchungsausschusses beantragt sind, es sei denn, die Beweiserhebung ist unzulässig oder das Beweismittel ist auch nach Anwendung der in diesem Gesetz vorgesehenen Zwangsmittel unerreichbar.

(3) [1] Die Reihenfolge der Vernehmung von Zeugen und Sachverständigen soll im Untersuchungsausschuss möglichst einvernehmlich festgelegt werden. [2] Bei Widerspruch eines Viertels der Mitglieder des Untersuchungsausschusses gelten die Vorschriften der Geschäftsordnung des Bundestages[2)] zur Reihenfolge der Reden entsprechend.

(4) Lehnt der Untersuchungsausschuss die Erhebung bestimmter Beweise oder die Anwendung beantragter Zwangsmittel nach den § 21 Abs. 1, § 27 Abs. 1, § 28 Abs. 6 und § 29 Abs. 2 Satz 1 ab, so entscheidet auf Antrag eines Viertels der Mitglieder der Ermittlungsrichter oder die Ermittlungsrichterin des Bundesgerichtshofes über die Erhebung der Beweise oder über die Anordnung des Zwangsmittels.

§ 18 Vorlage von Beweismitteln. (1) Die Bundesregierung, die Behörden des Bundes sowie die bundesunmittelbaren Körperschaften, Anstalten und Stiftungen des öffentlichen Rechts sind vorbehaltlich verfassungsrechtlicher Grenzen auf Ersuchen verpflichtet, dem Untersuchungsausschuss sächliche Beweismittel, insbesondere die Akten, die den Untersuchungsgegenstand betreffen, vorzulegen.

(2) [1] Die Entscheidung über das Ersuchen nach Absatz 1 trifft der zuständige Bundesminister oder die zuständige Bundesministerin, soweit sie nicht durch Gesetz der Bundesregierung vorbehalten ist. [2] Wird das Ersuchen abgelehnt oder werden sächliche Beweismittel als Verschlusssache eingestuft vorgelegt, ist der Untersuchungsausschuss über die Gründe der Ablehnung oder der Einstufung schriftlich zu unterrichten. [3] Die Vorlage ist mit einer Erklärung über die Vollständigkeit zu verbinden.

(3) Auf Antrag des Untersuchungsausschusses oder eines Viertels seiner Mitglieder entscheidet das Bundesverfassungsgericht über die Rechtmäßigkeit der Ablehnung eines Ersuchens, der Ermittlungsrichter oder die Ermittlungsrichterin des Bundesgerichtshofes über die Rechtmäßigkeit einer Einstufung.

[1)] Nr. 3.
[2)] Nr. 2.

(4) [1] Gerichte und Verwaltungsbehörden sind zur Rechts- und Amtshilfe, insbesondere zur Vorlage sächlicher Beweismittel, verpflichtet. [2] Über Streitigkeiten entscheidet auf Antrag des Untersuchungsausschusses oder eines Viertels seiner Mitglieder der Ermittlungsrichter oder die Ermittlungsrichterin des Bundesgerichtshofes.

§ 19 Augenschein. Für die Einnahme eines Augenscheins gilt § 18 Abs. 1 bis 3 erster Halbsatz und Abs. 4 entsprechend.

§ 20 Ladung der Zeugen. (1) [1] Zeugen sind verpflichtet, auf Ladung des Untersuchungsausschusses zu erscheinen. [2] § 50 der Strafprozessordnung findet keine Anwendung.

(2) In der Ladung sind Zeugen über das Beweisthema zu unterrichten, über ihre Rechte zu belehren und auf die gesetzlichen Folgen des Ausbleibens sowie darauf hinzuweisen, dass sie einen rechtlichen Beistand ihres Vertrauens zu der Vernehmung hinzuziehen dürfen.

§ 21 Folgen des Ausbleibens von Zeugen. (1) [1] Erscheinen ordnungsgemäß geladene Zeugen nicht, so kann der Untersuchungsausschuss ihnen die durch ihr Ausbleiben verursachten Kosten auferlegen, gegen sie ein Ordnungsgeld bis zu 10 000 Euro festsetzen und ihre zwangsweise Vorführung anordnen. [2] Im Falle wiederholten Ausbleibens kann das Ordnungsgeld noch einmal festgesetzt werden. [3] § 135 Satz 2 der Strafprozessordnung ist anzuwenden.

(2) [1] Maßnahmen nach Absatz 1 unterbleiben, wenn Zeugen ihr Ausbleiben rechtzeitig genügend entschuldigen. [2] Wird das Ausbleiben nachträglich genügend entschuldigt, so sind die nach Absatz 1 getroffenen Anordnungen aufzuheben, wenn die Zeugen glaubhaft machen, dass sie an der Verspätung kein Verschulden trifft.

§ 22 Zeugnis- und Auskunftsverweigerungsrecht. (1) Die Vorschriften der §§ 53 und 53a der Strafprozessordnung gelten entsprechend.

(2) Zeugen können die Auskunft auf Fragen verweigern, deren Beantwortung ihnen oder Personen, die im Sinne des § 52 Abs. 1 der Strafprozessordnung ihre Angehörigen sind, die Gefahr zuziehen würde, einer Untersuchung nach einem gesetzlich geordneten Verfahren ausgesetzt zu werden.

(3) Über die in den Absätzen 1 und 2 bestimmten Rechte sind Zeugen bei Beginn der ersten Vernehmung zur Sache zu belehren.

(4) Die Tatsachen, auf die einzelne Zeugen die Verweigerung ihres Zeugnisses stützen, sind auf Verlangen glaubhaft zu machen.

§ 23 Vernehmung von Amtsträgern. (1) § 54 der Strafprozessordnung ist anzuwenden.

(2) Die Bundesregierung ist verpflichtet, die erforderlichen Aussagegenehmigungen zu erteilen; § 18 Abs. 1 bis 3 erster Halbsatz gilt entsprechend.

§ 24 Vernehmung der Zeugen. (1) Zeugen sind einzeln und in Abwesenheit der später zu hörenden Zeugen zu vernehmen.

(2) Eine Gegenüberstellung mit anderen Zeugen ist zulässig, wenn es für den Untersuchungszweck geboten ist.

(3) Vor der Vernehmung hat der oder die Vorsitzende die Zeugen zur Wahrheit zu ermahnen, ihnen den Gegenstand der Vernehmung zu erläutern und sie über die strafrechtlichen Folgen einer unrichtigen oder unvollständigen Aussage zu belehren.

(4) [1] Der oder die Vorsitzende vernimmt die Zeugen zur Person. [2] Zu Beginn der Vernehmung zur Sache ist den Zeugen Gelegenheit zu geben, das, was ihnen von dem Gegenstand ihrer Vernehmung bekannt ist, im Zusammenhang darzulegen.

(5) [1] Zur Aufklärung und zur Vervollständigung der Aussage sowie zur Erforschung des Grundes, auf dem das Wissen der Zeugen beruht, kann zunächst der oder die Vorsitzende weitere Fragen stellen. [2] Anschließend erhalten die übrigen Mitglieder das Wort zu Fragen. [3] Für die Festlegung der Reihenfolge und der Dauer der Ausübung des Fragerechts der einzelnen Fraktionen sind die Vorschriften der Geschäftsordnung[1)] und die Praxis des Bundestages zur Reihenfolge der Reden und zur Gestaltung von Aussprachen entsprechend anzuwenden, sofern der Untersuchungsausschuss nicht einstimmig Abweichendes beschließt.

(6) § 136a der Strafprozessordnung ist entsprechend anzuwenden.

§ 25 Zulässigkeit von Fragen an Zeugen. (1) [1] Der oder die Vorsitzende hat ungeeignete oder nicht zur Sache gehörende Fragen zurückzuweisen. [2] Zeugen können den Vorsitzenden oder die Vorsitzende auffordern, Fragen zurückzuweisen. [3] Bei Zweifeln über die Zulässigkeit von Fragen sowie über die Rechtmäßigkeit ihrer Zurückweisung entscheidet der Untersuchungsausschuss auf Antrag seiner Mitglieder; die Zurückweisung einer Frage bedarf einer Mehrheit von zwei Dritteln der anwesenden Mitglieder.

(2) Beschließt der Untersuchungsausschuss die Unzulässigkeit einer Frage, auf die bereits eine Antwort gegeben worden ist, darf im Bericht des Untersuchungsausschusses auf die Frage und die Antwort nicht Bezug genommen werden.

§ 26 Abschluss der Vernehmung. (1) Den einzelnen Zeugen ist das Protokoll über ihre Vernehmung zuzustellen.

(2) [1] Der Untersuchungssausschuss stellt durch Beschluss fest, dass die Vernehmung der jeweiligen Zeugen abgeschlossen ist. [2] Die Entscheidung darf erst ergehen, wenn nach Zustellung des Vernehmungsprotokolls zwei Wochen verstrichen sind oder auf die Einhaltung dieser Frist verzichtet worden ist.

(3) Zeugen sind von dem oder der Vorsitzenden des Untersuchungsausschusses am Ende ihrer Vernehmung darüber zu belehren, unter welchen Voraussetzungen diese gemäß Absatz 2 abgeschlossen ist.

§ 27 Grundlose Zeugnisverweigerung. (1) Wird das Zeugnis ohne gesetzlichen Grund verweigert, so kann der Untersuchungsausschuss Zeugen die durch ihre Weigerung verursachten Kosten auferlegen und gegen sie ein Ordnungsgeld bis zu 10 000 Euro festsetzen.

(2) Unter der in Absatz 1 bestimmten Voraussetzung kann der Ermittlungsrichter oder die Ermittlungsrichterin des Bundesgerichtshofes auf Antrag des

---

[1)] Nr. 2.

Untersuchungsausschusses oder eines Viertels seiner Mitglieder zur Erzwingung des Zeugnisses die Haft anordnen, jedoch nicht über die Zeit der Beendigung des Untersuchungsverfahrens, auch nicht über die Zeit von sechs Monaten hinaus.

(3) § 70 Abs. 4 der Strafprozessordnung ist entsprechend anzuwenden.

§ 28 Sachverständige. (1) Auf Sachverständige sind die Vorschriften der §§ 20, 22 bis 26 entsprechend anzuwenden, soweit nicht nachfolgend abweichende Regelungen getroffen sind.

(2) Die Auswahl der zuzuziehenden Sachverständigen erfolgt durch den Untersuchungsausschuss; § 74 der Strafprozessordnung findet keine Anwendung.

(3) Der Untersuchungsausschuss soll mit Sachverständigen eine Absprache treffen, innerhalb welcher Frist das Gutachten erstellt wird.

(4) [1] Sachverständige haben das Gutachten innerhalb der vereinbarten Frist unparteiisch, vollständig und wahrheitsgemäß zu erstatten. [2] Auf Verlangen des Untersuchungsausschusses ist das Gutachten schriftlich zu erstellen und mündlich näher zu erläutern.

(5) Die Vorschriften des § 76 der Strafprozessordnung über das Gutachtensverweigerungsrecht sind entsprechend anzuwenden.

(6) [1] Weigern sich die zur Erstattung des Gutachtens verpflichteten Sachverständigen, nach Absatz 3 eine angemessene Frist abzusprechen, oder versäumen sie die abgesprochene Frist, so kann der Untersuchungsausschuss gegen sie ein Ordnungsgeld bis zu 10 000 Euro festsetzen. [2] Dasselbe gilt, wenn die ordnungsgemäß geladenen Sachverständigen nicht erscheinen oder sich weigern, ihr Gutachten zu erstatten oder zu erläutern; in diesen Fällen kann der Untersuchungsausschuss zugleich den Sachverständigen die durch ihre Säumnis oder Weigerung verursachten Kosten auferlegen. [3] § 21 Abs. 2 gilt entsprechend.

§ 29 Herausgabepflicht. (1) [1] Wer einen Gegenstand, der als Beweismittel für die Untersuchung von Bedeutung sein kann, in seinem Gewahrsam hat, ist verpflichtet, ihn auf Verlangen des Untersuchungsausschusses vorzulegen und auszuliefern. [2] Diese Pflicht besteht nicht, soweit das Beweismittel Informationen enthält, deren Weitergabe wegen ihres streng persönlichen Charakters für die Betroffenen unzumutbar ist.

(2) [1] Im Falle der Weigerung kann der Untersuchungsausschuss gegen die Person, die den Gewahrsam hat, ein Ordnungsgeld bis zu 10 000 Euro festsetzen. [2] Der Ermittlungsrichter oder die Ermittlungsrichterin des Bundesgerichtshofes kann auf Antrag des Untersuchungsausschusses oder eines Viertels seiner Mitglieder zur Erzwingung der Herausgabe die Haft anordnen. [3] § 27 Abs. 2 und 3 gilt entsprechend. [4] Die in diesem Absatz bestimmten Ordnungs- und Zwangsmittel dürfen gegen Personen, die nach § 22 Abs. 1 und 2 zur Verweigerung des Zeugnisses oder der Auskunft berechtigt sind, nicht verhängt werden.

(3) [1] Werden Gegenstände nach Absatz 1 nicht freiwillig vorgelegt, so entscheidet auf Antrag des Untersuchungsausschusses oder eines Viertels seiner Mitglieder der Ermittlungsrichter oder die Ermittlungsrichterin des Bundesgerichtshofes über die Beschlagnahme und die Herausgabe an den Untersuchungsausschuss; § 97 der Strafprozessordnung gilt entsprechend. [2] Zur Be-

schlagnahme der in Absatz 1 bezeichneten Gegenstände kann der Ermittlungsrichter oder die Ermittlungsrichterin des Bundesgerichtshofes auch die Durchsuchung anordnen, wenn Tatsachen vorliegen, aus denen zu schließen ist, dass der gesuchte Gegenstand sich in den zu durchsuchenden Räumen befindet. [3]Die §§ 104, 105 Abs. 2 und 3, §§ 106, 107 und 109 der Strafprozessordnung sind entsprechend anzuwenden.

§ 30 Verfahren bei der Vorlage von Beweismitteln. (1) Wenn die Person, die den Gewahrsam hat, einwendet, verlangte Beweismittel seien für die Untersuchung nicht bedeutsam oder beträfen ein in § 14 Abs. 1 Nr. 1 bis 4 bezeichnetes Geheimnis, so dürfen die in § 29 Abs. 2 bestimmten Ordnungs- und Zwangsmittel und die in § 29 Abs. 3 Satz 1 bezeichnete Herausgabe nur dann angeordnet werden, wenn das Beweismittel keine Informationen enthält, deren Weitergabe wegen ihres streng vertraulichen Charakters für die Betroffenen unzumutbar ist, und der Untersuchungsausschuss für dieses Beweismittel den Geheimhaltungsgrad GEHEIM beschlossen hat.

(2) [1]Die Durchsicht und die Prüfung der Beweiserheblichkeit der vorgelegten Beweismittel steht dem Untersuchungsausschuss zu. [2]Beweismittel, die sich nach einmütiger Auffassung des Untersuchungsausschusses für die Untersuchung als unerheblich erweisen, sind der Person, die den Gewahrsam hatte, unverzüglich zurückzugeben.

(3) [1]Nach Durchsicht und Prüfung der in Absatz 1 bezeichneten Beweismittel kann der Untersuchungsausschuss die Aufhebung der Einstufung in den Geheimhaltungsgrad GEHEIM beschließen, soweit die Beweismittel für die Untersuchung erheblich sind. [2]Betreffen sie ein in § 14 Abs. 1 Nr. 1 bis 4 bezeichnetes Geheimnis, so darf der Untersuchungsausschuss den Beschluss nach Satz 1 nur dann fassen, wenn ihre öffentliche Verwendung zur Erfüllung des Untersuchungsauftrages unerlässlich und nicht unverhältnismäßig ist.

(4) [1]Vor der Beschlussfassung nach Absatz 3 Satz 1 ist die Person, die über das Beweismittel verfügungsberechtigt ist, zu hören. [2]Widerspricht sie der Aufhebung des Geheimhaltungsgrades GEHEIM, so hat die Aufhebung zu unterbleiben, wenn nicht der Ermittlungsrichter oder die Ermittlungsrichterin des Bundesgerichtshofes auf Antrag des Untersuchungsausschusses oder eines Viertels seiner Mitglieder sie für zulässig erklärt.

§ 31 Verlesung von Protokollen und Schriftstücken. (1) Die Protokolle über Untersuchungshandlungen von anderen Untersuchungsausschüssen, Gerichten und Behörden sowie Schriftstücke, die als Beweismittel dienen, sind vor dem Untersuchungsausschuss zu verlesen.

(2) Der Untersuchungsausschuss kann beschließen, von einer Verlesung Abstand zu nehmen, wenn die Protokolle oder Schriftstücke allen Mitgliedern des Untersuchungsausschusses zugänglich gemacht worden sind.

(3) Eine Verlesung der Protokolle und Schriftstücke oder die Bekanntgabe ihres wesentlichen Inhalts in öffentlicher Sitzung findet nicht statt, wenn die Voraussetzungen des § 14 Abs. 1 vorliegen.

§ 32 Rechtliches Gehör. (1) Personen, die durch die Veröffentlichung des Abschlussberichtes in ihren Rechten erheblich beeinträchtigt werden können, ist vor Abschluss des Untersuchungsverfahrens Gelegenheit zu geben, zu den sie betreffenden Ausführungen im Entwurf des Abschlussberichtes innerhalb von zwei Wochen Stellung zu nehmen, soweit diese Ausführungen nicht mit ihnen in einer Sitzung zur Beweisaufnahme erörtert worden sind.

(2) Der wesentliche Inhalt der Stellungnahme ist in dem Bericht wiederzugeben.

§ 33 Berichterstattung. (1) [1]Nach Abschluss der Untersuchung erstattet der Untersuchungsausschuss dem Bundestag einen schriftlichen Bericht. [2]Der Bericht hat den Gang des Verfahrens, die ermittelten Tatsachen und das Ergebnis der Untersuchung wiederzugeben.

(2) Kommt der Untersuchungsausschuss nicht zu einem einvernehmlichen Bericht, sind Sondervoten in den Bericht aufzunehmen.

(3) Ist abzusehen, dass der Untersuchungsausschuss seinen Untersuchungsauftrag nicht vor Ende der Wahlperiode erledigen kann, hat er dem Bundestag rechtzeitig einen Sachstandsbericht über den bisherigen Gang des Verfahrens sowie über das bisherige Ergebnis der Untersuchungen vorzulegen.

(4) Auf Beschluss des Bundestages hat der Untersuchungsausschuss dem Bundestag einen Zwischenbericht vorzulegen.

§ 34 Rechte des Verteidigungsausschusses als Untersuchungsausschuss. (1) [1]Beschließt der Verteidigungsausschuss, eine Angelegenheit zum Gegenstand seiner Untersuchung zu machen, hat er bei seinen Untersuchungen die Rechte eines Untersuchungsausschusses. [2]Der Verteidigungsausschuss hat sich auf Verlangen von einem Viertel seiner Mitglieder als Untersuchungsausschuss zu konstituieren. [3]Die §§ 1 bis 3 gelten entsprechend.

(2) Den Vorsitz führt der oder die Vorsitzende des Verteidigungsausschusses.

(3) Macht der Verteidigungsausschuss eine Angelegenheit zum Gegenstand seiner Untersuchung, kann er zu deren Durchführung einen Unterausschuss einsetzen, in den auch stellvertretende Mitglieder des Verteidigungsausschusses entsandt werden können.

(4) [1]Für das Verfahren des Verteidigungsausschusses als Untersuchungsausschuss gelten die Vorschriften dieses Gesetzes. [2]Über das Ergebnis seiner Untersuchung hat der Verteidigungsausschuss dem Bundestag einen Bericht zu erstatten; eine Aussprache darf sich nur auf den veröffentlichten Bericht beziehen.

§ 35 Kosten und Auslagen. (1) Die Kosten des Untersuchungsverfahrens trägt der Bund.

(2) [1]Zeugen, Sachverständige und Ermittlungsbeauftragte erhalten eine Entschädigung oder Vergütung nach dem Justizvergütungs- und -entschädigungsgesetz. [2]Der Untersuchungsausschuss kann auf Antrag beschließen, dass Gebühren des rechtlichen Beistandes den Zeugen erstattet werden. [3]Ermittlungsbeauftragte erhalten eine Vergütung nach der höchsten Honorargruppe gemäß § 9 Abs. 1 Satz 1 des Justizvergütungs- und -entschädigungsgesetzes.

(3) Die Entschädigung, die Vergütung und die Erstattung der Auslagen setzt der Präsident oder die Präsidentin des Bundestages fest.

§ 36 Gerichtliche Zuständigkeiten. (1) Zuständiges Gericht für Streitigkeiten nach diesem Gesetz ist der Bundesgerichtshof, soweit Artikel 93 des Grundgesetzes[1] sowie § 13 des Bundesverfassungsgerichtsgesetzes[2] und die Vorschriften dieses Gesetzes nichts Abweichendes bestimmen.

(2) [1] Hält der Bundesgerichtshof den Einsetzungsbeschluss für verfassungswidrig und kommt es für die Entscheidung auf dessen Gültigkeit an, so ist das Verfahren auszusetzen und die Entscheidung des Bundesverfassungsgerichtes einzuholen. [2] Satz 1 gilt für den Ermittlungsrichter oder die Ermittlungsrichterin des Bundesgerichtshofes entsprechend.

(3) Gegen Entscheidungen des Ermittlungsrichters oder der Ermittlungsrichterin des Bundesgerichtshofes ist die Beschwerde statthaft, über die der Bundesgerichtshof entscheidet.

---

[1] Nr. **1**.
[2] Nr. **6**.

5. Bundeswahlgesetz[1]

In der Fassung der Bekanntmachung vom 23. Juli 1993[2]
(BGBl. I S. 1288, ber. S. 1594)

FNA 111-1

zuletzt geänd. durch Art. 1 G zur Änd. des BundeswahlG und anderer Gesetze v. 18.6.2019 (BGBl. I S. 834)

Inhaltsübersicht

---

[1] Siehe hierzu ua die Wahlkreiseinteilungsbekanntmachung Bundestagswahl v. 24.7.2013 (BGBl. I S. 2814).

[2] Neubekanntmachung des BundeswahlG idF der Bek. v. 21.9.1990 (BGBl. I S. 2059) in der ab 28.7.1993 geltenden Fassung.

Erster Abschnitt. Wahlsystem

§ 1 Zusammensetzung des Deutschen Bundestages und Wahlrechtsgrundsätze (1) [1]Der Deutsche Bundestag besteht vorbehaltlich der sich aus diesem Gesetz ergebenden Abweichungen aus 598 Abgeordneten. [2]Sie werden in allgemeiner, unmittelbarer, freier, gleicher und geheimer Wahl von den wahlberechtigten Deutschen nach den Grundsätzen einer mit der Personenwahl verbundenen Verhältniswahl gewählt.

(2) Von den Abgeordneten werden 299 nach Kreiswahlvorschlägen in den Wahlkreisen und die übrigen nach Landeswahlvorschlägen (Landeslisten) gewählt.

§ 2 Gliederung des Wahlgebietes. (1) Wahlgebiet ist das Gebiet der Bundesrepublik Deutschland.

(2) Die Einteilung des Wahlgebietes in Wahlkreise ergibt sich aus der Anlage zu diesem Gesetz.

(3) Jeder Wahlkreis wird für die Stimmabgabe in Wahlbezirke eingeteilt.

§ 3 Wahlkreiskommission und Wahlkreiseinteilung. (1) [1]Bei der Wahlkreiseinteilung sind folgende Grundsätze zu beachten:

1. Die Ländergrenzen sind einzuhalten.
2. [1]Die Zahl der Wahlkreise in den einzelnen Ländern muß deren Bevölkerungsanteil soweit wie möglich entsprechen. [2]Sie wird mit demselben Berechnungsverfahren ermittelt, das nach § 6 Abs. 2 Satz 2 bis 7 für die Verteilung der Sitze auf die Landeslisten angewandt wird.
3. Die Bevölkerungszahl eines Wahlkreises soll von der durchschnittlichen Bevölkerungszahl der Wahlkreise nicht um mehr als 15 vom Hundert nach oben oder unten abweichen; beträgt die Abweichung mehr als 25 vom Hundert, ist eine Neuabgrenzung vorzunehmen.
4. Der Wahlkreis soll ein zusammenhängendes Gebiet bilden.
5. Die Grenzen der Gemeinden, Kreise und kreisfreien Städte sollen nach Möglichkeit eingehalten werden.

[2]Bei Ermittlung der Bevölkerungszahlen bleiben Ausländer (§ 2 Abs. 1 des Aufenthaltsgesetzes) unberücksichtigt.

(2) [1]Der Bundespräsident ernennt eine ständige Wahlkreiskommission. [2]Sie besteht aus dem Präsidenten des Statistischen Bundesamtes, einem Richter des Bundesverwaltungsgerichts und fünf weiteren Mitgliedern.

(3) [1]Die Wahlkreiskommission hat die Aufgabe, über Änderungen der Bevölkerungszahlen im Wahlgebiet zu berichten und darzulegen, ob und welche Änderungen der Wahlkreiseinteilung sie im Hinblick darauf für erforderlich hält. [2]Sie kann in ihrem Bericht auch aus anderen Gründen Änderungsvorschläge machen. [3]Bei ihren Vorschlägen zur Wahlkreiseinteilung hat sie die in Absatz 1 genannten Grundsätze zu beachten; ergeben sich nach der Berechnung in Absatz 1 Nr. 2 mehrere mögliche Wahlkreiszuteilungen, erarbeitet sie hierzu Vorschläge.

(4) [1]Der Bericht der Wahlkreiskommission ist dem Bundesministerium des Innern innerhalb von fünfzehn Monaten nach Beginn der Wahlperiode des Deutschen Bundestages zu erstatten. [2]Das Bundesministerium des Innern leitet ihn unverzüglich dem Deutschen Bundestag zu und veröffentlicht einen Hinweis auf die Veröffentlichung als Bundestagsdrucksache im Bundesanzeiger[1)]. [3]Auf Ersuchen des Bundesministeriums des Innern hat die Wahlkreiskommission einen ergänzenden Bericht zu erstatten; für diesen Fall gilt Satz 2 entsprechend.

(5) [1]Werden Landesgrenzen nach den gesetzlichen Vorschriften über das Verfahren bei sonstigen Änderungen des Gebietsbestandes der Länder nach Artikel 29 Abs. 7 des Grundgesetzes[2)] geändert, so ändern sich entsprechend auch die Grenzen der betroffenen Wahlkreise. [2]Werden im aufnehmenden Land zwei oder mehrere Wahlkreise berührt oder wird eine Exklave eines Landes gebildet, so bestimmt sich die Wahlkreiszugehörigkeit des neuen Landesteiles nach der Wahlkreiszugehörigkeit der Gemeinde, des Gemeindebezirks oder des gemeindefreien Gebietes, denen er zugeschlagen wird. [3]Änderungen von Landesgrenzen, die nach Ablauf des 32. Monats nach Beginn der Wahl-

---

[1)] Siehe hierzu ua Bericht der Wahlkreiskommission für die 18. Wahlperiode des BT idF der Bek. v. 1.2.2014 (BAnz AT 20.04.2015 B1).

[2)] Nr. 1.

periode vorgenommen werden, wirken sich auf die Wahlkreiseinteilung erst in der nächsten Wahlperiode aus.

§ 4 Stimmen. Jeder Wähler hat zwei Stimmen, eine Erststimme für die Wahl eines Wahlkreisabgeordneten, eine Zweitstimme für die Wahl einer Landesliste.

§ 5 Wahl in den Wahlkreisen. [1]In jedem Wahlkreis wird ein Abgeordneter gewählt. [2]Gewählt ist der Bewerber, der die meisten Stimmen auf sich vereinigt. [3]Bei Stimmengleichheit entscheidet das vom Kreiswahlleiter zu ziehende Los.

§ 6 Wahl nach Landeslisten. (1) [1]Für die Verteilung der nach Landeslisten zu besetzenden Sitze werden die für jede Landesliste abgegebenen Zweitstimmen zusammengezählt. [2]Nicht berücksichtigt werden dabei die Zweitstimmen derjenigen Wähler, die ihre Erststimme für einen im Wahlkreis erfolgreichen Bewerber abgegeben haben, der gemäß § 20 Absatz 3 oder von einer Partei vorgeschlagen ist, die nach Absatz 3 bei der Sitzverteilung nicht berücksichtigt wird oder für die in dem betreffenden Land keine Landesliste zugelassen ist. [3]Von der Gesamtzahl der Abgeordneten (§ 1 Absatz 1) wird die Zahl der erfolgreichen Wahlkreisbewerber abgezogen, die in Satz 2 genannt sind.

(2) [1]In einer ersten Verteilung wird zunächst die Gesamtzahl der Sitze (§ 1 Absatz 1) in dem in Satz 2 bis 7 beschriebenen Berechnungsverfahren den Ländern nach deren Bevölkerungsanteil (§ 3 Absatz 1) und sodann in jedem Land die Zahl der dort nach Absatz 1 Satz 3 verbleibenden Sitze auf der Grundlage der zu berücksichtigenden Zweitstimmen den Landeslisten zugeordnet. [2]Jede Landesliste erhält so viele Sitze, wie sich nach Teilung der Summe ihrer erhaltenen Zweitstimmen durch einen Zuteilungsdivisor ergeben. [3]Zahlenbruchteile unter 0,5 werden auf die darunter liegende ganze Zahl abgerundet, solche über 0,5 werden auf die darüber liegende ganze Zahl aufgerundet. [4]Zahlenbruchteile, die gleich 0,5 sind, werden so aufgerundet oder abgerundet, dass die Zahl der zu vergebenden Sitze eingehalten wird; ergeben sich dabei mehrere mögliche Sitzzuteilungen, so entscheidet das vom Bundeswahlleiter zu ziehende Los. [5]Der Zuteilungsdivisor ist so zu bestimmen, dass insgesamt so viele Sitze auf die Landeslisten entfallen, wie Sitze zu vergeben sind. [6]Dazu wird zunächst die Gesamtzahl der Zweitstimmen aller zu berücksichtigenden Landeslisten durch die Zahl der jeweils nach Absatz 1 Satz 3 verbleibenden Sitze geteilt. [7]Entfallen danach mehr Sitze auf die Landeslisten, als Sitze zu vergeben sind, ist der Zuteilungsdivisor so heraufzusetzen, dass sich bei der Berechnung die zu vergebende Sitzzahl ergibt; entfallen zu wenig Sitze auf die Landeslisten, ist der Zuteilungsdivisor entsprechend herunterzusetzen.

(3) [1]Bei Verteilung der Sitze auf die Landeslisten werden nur Parteien berücksichtigt, die mindestens 5 Prozent der im Wahlgebiet abgegebenen gültigen Zweitstimmen erhalten oder in mindestens drei Wahlkreisen einen Sitz errungen haben. [2]Satz 1 findet auf die von Parteien nationaler Minderheiten eingereichten Listen keine Anwendung.

(4) [1]Von der für jede Landesliste so ermittelten Sitzzahl wird die Zahl der von der Partei in den Wahlkreisen des Landes errungenen Sitze (§ 5) abgerechnet. [2]In den Wahlkreisen errungene Sitze verbleiben einer Partei auch dann, wenn sie die nach den Absätzen 2 und 3 ermittelte Zahl übersteigen.

(5) [1]Die Zahl der nach Absatz 1 Satz 3 verbleibenden Sitze wird so lange erhöht, bis jede Partei bei der zweiten Verteilung der Sitze nach Absatz 6 Satz 1 mindestens die bei der ersten Verteilung nach den Absätzen 2 und 3 für sie ermittelten zuzüglich der in den Wahlkreisen errungenen Sitze erhält, die nicht nach Absatz 4 Satz 1 von der Zahl der für die Landesliste ermittelten Sitze abgerechnet werden können. [2]Die Gesamtzahl der Sitze (§ 1 Absatz 1) erhöht sich um die Unterschiedszahl.

(6) [1]Die nach Absatz 5 Satz 1 zu vergebenden Sitze werden in jedem Fall bundesweit nach der Zahl der zu berücksichtigenden Zweitstimmen in dem in Absatz 2 Satz 2 bis 7 beschriebenen Berechnungsverfahren auf die nach Absatz 3 zu berücksichtigenden Parteien verteilt. [2]In den Parteien werden die Sitze nach der Zahl der zu berücksichtigenden Zweitstimmen in dem in Absatz 2 Satz 2 bis 7 beschriebenen Berechnungsverfahren auf die Landeslisten verteilt; dabei wird jeder Landesliste mindestens die Zahl der in den Wahlkreisen des Landes von der Partei errungenen Sitze zugeteilt. [3]Von der für jede Landesliste ermittelten Sitzzahl wird die Zahl der von der Partei in den Wahlkreisen des Landes errungenen Sitze (§ 5) abgerechnet. [4]Die restlichen Sitze werden aus der Landesliste in der dort festgelegten Reihenfolge besetzt. [5]Bewerber, die in einem Wahlkreis gewählt sind, bleiben auf der Landesliste unberücksichtigt. [6]Entfallen auf eine Landesliste mehr Sitze, als Bewerber benannt sind, so bleiben diese Sitze unbesetzt.

(7) [1]Erhält bei der Verteilung der Sitze nach den Absätzen 2 bis 6 eine Partei, auf die mehr als die Hälfte der Gesamtzahl der Zweitstimmen aller zu berücksichtigenden Parteien entfallen ist, nicht mehr als die Hälfte der Sitze, werden ihr weitere Sitze zugeteilt, bis auf sie ein Sitz mehr als die Hälfte der Sitze entfällt. [2]Die Sitze werden in der Partei entsprechend Absatz 6 Satz 2 bis 6 verteilt. [3]In einem solchen Falle erhöht sich die nach Absatz 5 ermittelte Gesamtzahl der Sitze (§ 1 Absatz 1) um die Unterschiedszahl.

§ 7 *(aufgehoben)*

Zweiter Abschnitt. Wahlorgane

§ 8 Gliederung der Wahlorgane. (1) [1]Wahlorgane sind der Bundeswahlleiter und der Bundeswahlausschuß für das Wahlgebiet, ein Landeswahlleiter und ein Landeswahlausschuß für jedes Land, ein Kreiswahlleiter und ein Kreiswahlausschuß für jeden Wahlkreis, ein Wahlvorsteher und ein Wahlvorstand für jeden Wahlbezirk und mindestens ein Wahlvorsteher und ein Wahlvorstand für jeden Wahlkreis zur Feststellung des Briefwahlergebnisses. [2]Wieviel Briefwahlvorstände zu bilden sind, um das Ergebnis der Briefwahl noch am Wahltage feststellen zu können, bestimmt der Kreiswahlleiter.

(2) Für mehrere benachbarte Wahlkreise kann ein gemeinsamer Kreiswahlleiter bestellt und ein gemeinsamer Kreiswahlausschuß gebildet werden; die Anordnung trifft der Landeswahlleiter.

(3) Zur Feststellung des Briefwahlergebnisses können Wahlvorsteher und Wahlvorstände statt für jeden Wahlkreis für einzelne oder mehrere Gemeinden oder für einzelne Kreise innerhalb des Wahlkreises eingesetzt werden; die Anordnung trifft die Landesregierung oder die von ihr bestimmte Stelle.

§ 9 Bildung der Wahlorgane. (1) Der Bundeswahlleiter und sein Stellvertreter werden vom Bundesministerium des Innern, die Landeswahlleiter, Kreiswahlleiter und Wahlvorsteher sowie ihre Stellvertreter von der Landesregierung oder der von ihr bestimmten Stelle ernannt.

(2) [1]Der Bundeswahlausschuß besteht aus dem Bundeswahlleiter als Vorsitzendem sowie acht von ihm berufenen Wahlberechtigten als Beisitzern und zwei Richtern des Bundesverwaltungsgerichts. [2]Die übrigen Wahlausschüsse bestehen aus dem Wahlleiter als Vorsitzendem und sechs von ihm berufenen Wahlberechtigten als Beisitzern; in die Landeswahlausschüsse sind zudem zwei Richter des Oberverwaltungsgerichts des Landes zu berufen. [3]Die Wahlvorstände bestehen aus dem Wahlvorsteher als Vorsitzendem, seinem Stellvertreter und weiteren drei bis sieben vom Wahlvorsteher berufenen Wahlberechtigten als Beisitzern; die Landesregierung oder die von ihr bestimmte Stelle kann anordnen, daß die Beisitzer des Wahlvorstandes von der Gemeindebehörde und die Beisitzer des Wahlvorstandes zur Feststellung des Briefwahlergebnisses vom Kreiswahlleiter, im Falle einer Anordnung nach § 8 Abs. 3 von der Gemeindebehörde oder von der Kreisverwaltungsbehörde allein oder im Einvernehmen mit dem Wahlvorsteher berufen werden. [4]Bei Berufung der Beisitzer sind die in dem jeweiligen Bezirk vertretenen Parteien nach Möglichkeit zu berücksichtigen.

(3) [1]Niemand darf in mehr als einem Wahlorgan Mitglied sein. [2]Wahlbewerber, Vertrauenspersonen für Wahlvorschläge und stellvertretende Vertrauenspersonen dürfen nicht zu Mitgliedern eines Wahlorgans bestellt werden.

(4) [1]Die Gemeindebehörden sind befugt, personenbezogene Daten von Wahlberechtigten zum Zweck ihrer Berufung zu Mitgliedern von Wahlvorständen zu erheben und zu verarbeiten. [2]Zu diesem Zweck dürfen personenbezogene Daten von Wahlberechtigten, die zur Tätigkeit in Wahlvorständen geeignet sind, auch für künftige Wahlen verarbeitet werden, sofern der Betroffene der Verarbeitung nicht widersprochen hat. [3]Der Betroffene ist über das Widerspruchsrecht zu unterrichten. [4]Im Einzelnen dürfen folgende Daten erhoben und verarbeitet werden: Name, Vorname, Geburtsdatum, Anschrift, Telefonnummern, Zahl der Berufungen zu einem Mitglied der Wahlvorstände und die dabei ausgeübte Funktion.

(5) [1]Auf Ersuchen der Gemeindebehörden sind zur Sicherstellung der Wahldurchführung die Behörden des Bundes, der bundesunmittelbaren Körperschaften, Anstalten und Stiftungen des öffentlichen Rechts, der Länder, der Gemeinden, der Gemeindeverbände sowie der sonstigen der Aufsicht des Landes unterstehenden juristischen Personen des öffentlichen Rechts verpflichtet, aus dem Kreis ihrer Bediensteten unter Angabe von Name, Vorname, Geburtsdatum und Anschrift zum Zweck der Berufung als Mitglieder der Wahlvorstände Personen zu benennen, die im Gebiet der ersuchenden Gemeinde wohnen. [2]Die ersuchte Stelle hat den Betroffenen über die übermittelten Daten und den Empfänger zu benachrichtigen.

§ 10 Tätigkeit der Wahlausschüsse und Wahlvorstände. (1) [1]Die Wahlausschüsse und Wahlvorstände verhandeln, beraten und entscheiden in öffentlicher Sitzung. [2]Soweit nicht in diesem Gesetz etwas anderes bestimmt ist, entscheidet bei den Abstimmungen Stimmenmehrheit; bei Stimmengleichheit gibt die Stimme des Vorsitzenden den Ausschlag.

(2) [1]Die Mitglieder der Wahlorgane, ihre Stellvertreter und die Schriftführer sind zur unparteiischen Wahrnehmung ihres Amtes und zur Verschwiegenheit über die ihnen bei ihrer amtlichen Tätigkeit bekannt gewordenen Angelegenheiten verpflichtet. [2]Sie dürfen in Ausübung ihres Amtes ihr Gesicht nicht verhüllen.

§ 11 Ehrenämter. (1) [1]Die Beisitzer der Wahlausschüsse und die Mitglieder der Wahlvorstände üben ihre Tätigkeit ehrenamtlich aus. [2]Zur Übernahme dieses Ehrenamtes ist jeder Wahlberechtigte verpflichtet. [3]Das Ehrenamt darf nur aus wichtigen Gründen abgelehnt werden.

(2) (weggefallen)

(3) (weggefallen)

Dritter Abschnitt. Wahlrecht und Wählbarkeit

§ 12 Wahlrecht. (1) Wahlberechtigt sind alle Deutschen im Sinne des Artikels 116 Abs. 1 des Grundgesetzes[1)], die am Wahltage

1. das achtzehnte Lebensjahr vollendet haben,
2. seit mindestens drei Monaten in der Bundesrepublik Deutschland eine Wohnung innehaben oder sich sonst gewöhnlich aufhalten,
3. nicht nach § 13 vom Wahlrecht ausgeschlossen sind.

(2) [1]Wahlberechtigt sind bei Vorliegen der sonstigen Voraussetzungen auch diejenigen Deutschen im Sinne des Artikels 116 Absatz 1 des Grundgesetzes, die am Wahltag außerhalb der Bundesrepublik Deutschland leben, sofern sie

1. nach Vollendung ihres vierzehnten Lebensjahres mindestens drei Monate ununterbrochen in der Bundesrepublik Deutschland eine Wohnung innegehabt oder sich sonst gewöhnlich aufgehalten haben und dieser Aufenthalt nicht länger als 25 Jahre zurückliegt oder
2. aus anderen Gründen persönlich und unmittelbar Vertrautheit mit den politischen Verhältnissen in der Bundesrepublik Deutschland erworben haben und von ihnen betroffen sind.

[2]Als Wohnung oder gewöhnlicher Aufenthalt im Sinne von Satz 1 gilt auch eine frühere Wohnung oder ein früherer Aufenthalt in dem in Artikel 3 des Einigungsvertrages genannten Gebiet. [3]Bei Rückkehr eines nach Satz 1 Wahlberechtigten in die Bundesrepublik Deutschland gilt die Dreimonatsfrist des Absatzes 1 Nr. 2 nicht.

(3) [1]Wohnung im Sinne des Gesetzes ist jeder umschlossene Raum, der zum Wohnen oder Schlafen benutzt wird. [2]Wohnwagen und Wohnschiffe sind jedoch nur dann als Wohnungen anzusehen, wenn sie nicht oder nur gelegentlich fortbewegt werden.

(4) Sofern sie in der Bundesrepublik Deutschland keine Wohnung innehaben oder innegehabt haben, gilt als Wohnung im Sinne des Absatzes 1 Nr. 2 oder des Absatzes 2 Satz 1

[1)] Nr. **1**.

1. für Seeleute sowie für die Angehörigen ihres Hausstandes das von ihnen bezogene Schiff, wenn dieses nach dem Flaggenrechtsgesetz in der jeweils geltenden Fassung die Bundesflagge zu führen berechtigt ist,
2. für Binnenschiffer sowie für die Angehörigen ihres Hausstandes das von ihnen bezogene Schiff, wenn dieses in einem Schiffsregister in der Bundesrepublik Deutschland eingetragen ist,
3. für im Vollzug gerichtlich angeordneter Freiheitsentziehung befindliche Personen sowie für andere Untergebrachte die Anstalt oder die entsprechende Einrichtung.

(5) Bei der Berechnung der Dreimonatsfrist nach Absatz 1 Nr. 2 und Absatz 2 Satz 1 ist der Tag der Wohnungs- oder Aufenthaltsnahme in die Frist einzubeziehen.

§ 13 Ausschluss vom Wahlrecht. Ausgeschlossen vom Wahlrecht ist, wer infolge Richterspruchs das Wahlrecht nicht besitzt.

§ 14 Ausübung des Wahlrechts. (1) Wählen kann nur, wer in ein Wählerverzeichnis eingetragen ist oder einen Wahlschein hat.

(2) Wer im Wählerverzeichnis eingetragen ist, kann nur in dem Wahlbezirk wählen, in dessen Wählerverzeichnis er geführt wird.

(3) Wer einen Wahlschein hat, kann an der Wahl des Wahlkreises, in dem der Wahlschein ausgestellt ist,

a) durch Stimmabgabe in einem beliebigen Wahlbezirk dieses Wahlkreises oder

b) durch Briefwahl

teilnehmen.

(4) [1] Jeder Wahlberechtigte kann sein Wahlrecht nur einmal und nur persönlich ausüben. [2] Eine Ausübung des Wahlrechts durch einen Vertreter anstelle des Wahlberechtigten ist unzulässig.

(5) [1] Ein Wahlberechtigter, der des Lesens unkundig oder wegen einer Behinderung an der Abgabe seiner Stimme gehindert ist, kann sich hierzu der Hilfe einer anderen Person bedienen. [2] Die Hilfeleistung ist auf technische Hilfe bei der Kundgabe einer vom Wahlberechtigten selbst getroffenen und geäußerten Wahlentscheidung beschränkt. [3] Unzulässig ist eine Hilfeleistung, die unter missbräuchlicher Einflussnahme erfolgt, die selbstbestimmte Willensbildung oder Entscheidung des Wahlberechtigten ersetzt oder verändert oder wenn ein Interessenkonflikt der Hilfsperson besteht.

§ 15 Wählbarkeit. (1) Wählbar ist, wer am Wahltage

1. Deutscher im Sinne des Artikels 116 Abs. 1 des Grundgesetzes[1)] ist und
2. das achtzehnte Lebensjahr vollendet hat.

(2) Nicht wählbar ist,

1. wer nach § 13 vom Wahlrecht ausgeschlossen ist oder
2. wer infolge Richterspruchs die Wählbarkeit oder die Fähigkeit zur Bekleidung öffentlicher Ämter nicht besitzt.

[1)] Nr. 1.

Vierter Abschnitt. Vorbereitung der Wahl

§ 16[1] Wahltag. [1]Der Bundespräsident bestimmt den Tag der Hauptwahl (Wahltag). [2]Wahltag muß ein Sonntag oder gesetzlicher Feiertag sein.

§ 17 Wählerverzeichnis und Wahlschein. (1) [1]Die Gemeindebehörden führen für jeden Wahlbezirk ein Verzeichnis der Wahlberechtigten. [2]Jeder Wahlberechtigte hat das Recht, an den Werktagen vom 20. bis zum 16. Tag vor der Wahl während der allgemeinen Öffnungszeiten die Richtigkeit oder Vollständigkeit der zu seiner Person im Wählerverzeichnis eingetragenen Daten zu überprüfen. [3]Zur Überprüfung der Richtigkeit oder Vollständigkeit der Daten von anderen im Wählerverzeichnis eingetragenen Personen haben Wahlberechtigte während des in Satz 2 genannten Zeitraumes nur dann ein Recht auf Einsicht in das Wählerverzeichnis, wenn sie Tatsachen glaubhaft machen, aus denen sich eine Unrichtigkeit oder Unvollständigkeit des Wählerverzeichnisses ergeben kann. [4]Das Recht zur Überprüfung gemäß Satz 3 besteht nicht hinsichtlich der Daten von Wahlberechtigten, für die im Melderegister ein Sperrvermerk gemäß § 51 Absatz 1 des Bundesmeldegesetzes eingetragen ist.

(2) Ein Wahlberechtigter, der im Wählerverzeichnis eingetragen ist, oder der aus einem von ihm nicht zu vertretenden Grund in das Wählerverzeichnis nicht aufgenommen worden ist, erhält auf Antrag einen Wahlschein.

§ 18 Wahlvorschlagsrecht, Beteiligungsanzeige. (1) Wahlvorschläge können von Parteien und nach Maßgabe des § 20 von Wahlberechtigten eingereicht werden.

(2) [1]Parteien, die im Deutschen Bundestag oder einem Landtag seit deren letzter Wahl nicht auf Grund eigener Wahlvorschläge ununterbrochen mit mindestens fünf Abgeordneten vertreten waren, können als solche einen Wahlvorschlag nur einreichen, wenn sie spätestens am siebenundneunzigsten Tage vor der Wahl bis 18 Uhr dem Bundeswahlleiter ihre Beteiligung an der Wahl schriftlich angezeigt haben und der Bundeswahlausschuß ihre Parteieigenschaft festgestellt hat. [2]In der Anzeige ist anzugeben, unter welchem Namen sich die Partei an der Wahl beteiligen will. [3]Die Anzeige muß von mindestens drei Mitgliedern des Bundesvorstandes, darunter dem Vorsitzenden oder seinem Stellvertreter, persönlich und handschriftlich unterzeichnet sein. [4]Hat eine Partei keinen Bundesvorstand, so tritt der Vorstand der jeweils obersten Parteiorganisation an die Stelle des Bundesvorstandes. [5]Die schriftliche Satzung und das schriftliche Programm der Partei sowie ein Nachweis über die satzungsgemäße Bestellung des Vorstandes sind der Anzeige beizufügen. [6]Der Anzeige sollen Nachweise über die Parteieigenschaft nach § 2 Absatz 1 Satz 1 des Parteiengesetzes[2] beigefügt werden.

(3) [1]Der Bundeswahlleiter hat die Anzeige nach Absatz 2 unverzüglich nach Eingang zu prüfen. [2]Stellt er Mängel fest, so benachrichtigt er sofort den Vorstand und fordert ihn auf, behebbare Mängel zu beseitigen. [3]Nach Ablauf

---

[1] Siehe hierzu ua:
die AnO über die Bundestagswahl 2013 v. 8.2.2013 (BGBl. I S. 165).

[2] Nr. 7.

der Anzeigefrist können nur noch Mängel an sich gültiger Anzeigen behoben werden. [4] Eine gültige Anzeige liegt nicht vor, wenn

1. die Form oder Frist des Absatzes 2 nicht gewahrt ist,
2. die Parteibezeichnung fehlt,
3. die nach Absatz 2 erforderlichen gültigen Unterschriften und die der Anzeige beizufügenden Anlagen fehlen, es sei denn, diese Anlagen können infolge von Umständen, die die Partei nicht zu vertreten hat, nicht rechtzeitig vorgelegt werden,
4. die Vorstandsmitglieder mangelhaft bezeichnet sind, so daß ihre Person nicht feststeht.

[5] Nach der Entscheidung über die Feststellung der Parteieigenschaft ist jede Mängelbeseitigung ausgeschlossen. [6] Gegen Verfügungen des Bundeswahlleiters im Mängelbeseitigungsverfahren kann der Vorstand den Bundeswahlausschuß anrufen.

(4) [1] Der Bundeswahlausschuß stellt spätestens am neunundsiebzigsten Tage vor der Wahl für alle Wahlorgane verbindlich fest,

1. welche Parteien im Deutschen Bundestag oder in einem Landtag seit deren letzter Wahl auf Grund eigener Wahlvorschläge ununterbrochen mit mindestens fünf Abgeordneten vertreten waren,
2. welche Vereinigungen, die nach Absatz 2 ihre Beteiligung angezeigt haben, für die Wahl als Parteien anzuerkennen sind; für die Ablehnung der Anerkennung als Partei für die Wahl ist eine Zweidrittelmehrheit erforderlich.

[2] Die Feststellung ist vom Bundeswahlleiter in der Sitzung des Bundeswahlausschusses bekannt zu geben. [3] Sie ist öffentlich bekannt zu machen.

(4a) [1] Gegen eine Feststellung nach Absatz 4, die sie an der Einreichung von Wahlvorschlägen hindert, kann eine Partei oder Vereinigung binnen vier Tagen nach Bekanntgabe Beschwerde zum Bundesverfassungsgericht erheben. [2] In diesem Fall ist die Partei oder Vereinigung von den Wahlorganen bis zu einer Entscheidung des Bundesverfassungsgerichts, längstens bis zum Ablauf des neunundfünfzigsten Tages vor der Wahl wie eine wahlvorschlagsberechtigte Partei zu behandeln.

(5) Eine Partei kann in jedem Wahlkreis nur einen Kreiswahlvorschlag und in jedem Land nur eine Landesliste einreichen.

§ 19 Einreichung der Wahlvorschläge. Kreiswahlvorschläge sind dem Kreiswahlleiter, Landeslisten dem Landeswahlleiter spätestens am neunundsechzigsten Tage vor der Wahl bis 18 Uhr schriftlich einzureichen.

§ 20 Inhalt und Form der Kreiswahlvorschläge. (1) [1] Der Kreiswahlvorschlag darf nur den Namen eines Bewerbers enthalten. [2] Jeder Bewerber kann nur in einem Wahlkreis und hier nur in einem Kreiswahlvorschlag benannt werden. [3] Als Bewerber kann nur vorgeschlagen werden, wer seine Zustimmung dazu schriftlich erteilt hat; die Zustimmung ist unwiderruflich.

(2) [1] Kreiswahlvorschläge von Parteien müssen von dem Vorstand des Landesverbandes oder, wenn Landesverbände nicht bestehen, von den Vorständen der nächstniedrigen Gebietsverbände, in deren Bereich der Wahlkreis liegt, persönlich und handschriftlich unterzeichnet sein. [2] Kreiswahlvorschläge der in

§ 18 Abs. 2 genannten Parteien müssen außerdem von mindestens 200 Wahlberechtigten des Wahlkreises persönlich und handschriftlich unterzeichnet sein; die Wahlberechtigung muß im Zeitpunkt der Unterzeichnung gegeben sein und ist bei Einreichung des Kreiswahlvorschlages nachzuweisen. [3] Das Erfordernis von 200 Unterschriften gilt nicht für Kreiswahlvorschläge von Parteien nationaler Minderheiten.

(3) [1] Andere Kreiswahlvorschläge müssen von mindestens 200 Wahlberechtigten des Wahlkreises persönlich und handschriftlich unterzeichnet sein. [2] Absatz 2 Satz 2 zweiter Halbsatz gilt entsprechend.

(4) Kreiswahlvorschläge von Parteien müssen den Namen der einreichenden Partei und, sofern sie eine Kurzbezeichnung verwendet, auch diese, andere Kreiswahlvorschläge ein Kennwort enthalten.

§ 21 Aufstellung von Parteibewerbern. (1) [1] Als Bewerber einer Partei kann in einem Kreiswahlvorschlag nur benannt werden, wer nicht Mitglied einer anderen Partei ist und in einer Mitgliederversammlung zur Wahl eines Wahlkreisbewerbers oder in einer besonderen oder allgemeinen Vertreterversammlung hierzu gewählt worden ist. [2] Mitgliederversammlung zur Wahl eines Wahlkreisbewerbers ist eine Versammlung der im Zeitpunkt ihres Zusammentritts im Wahlkreis zum Deutschen Bundestag wahlberechtigten Mitglieder der Partei. [3] Besondere Vertreterversammlung ist eine Versammlung der von einer derartigen Mitgliederversammlung aus ihrer Mitte gewählten Vertreter. [4] Allgemeine Vertreterversammlung ist eine nach der Satzung der Partei (§ 6 des Parteiengesetzes[1)]) allgemein für bevorstehende Wahlen von einer derartigen Mitgliederversammlung aus ihrer Mitte bestellte Versammlung.

(2) In Kreisen und kreisfreien Städten, die mehrere Wahlkreise umfassen, können die Bewerber für diejenigen Wahlkreise, deren Gebiet die Grenze des Kreises oder der kreisfreien Stadt nicht durchschneidet, in einer gemeinsamen Mitglieder- oder Vertreterversammlung gewählt werden.

(3) [1] Die Bewerber und die Vertreter für die Vertreterversammlungen werden in geheimer Abstimmung gewählt. [2] Jeder stimmberechtigte Teilnehmer der Versammlung ist hierbei vorschlagsberechtigt. [3] Den Bewerbern ist Gelegenheit zu geben, sich und ihr Programm der Versammlung in angemessener Zeit vorzustellen. [4] Die Wahlen dürfen frühestens 32 Monate, für die Vertreterversammlungen frühestens 29 Monate nach Beginn der Wahlperiode des Deutschen Bundestages stattfinden; dies gilt nicht, wenn die Wahlperiode vorzeitig endet.

(4) [1] Der Vorstand des Landesverbandes oder, wenn Landesverbände nicht bestehen, die Vorstände der nächstniedrigen Gebietsverbände, in deren Bereich der Wahlkreis liegt oder eine andere in der Parteisatzung hierfür vorgesehene Stelle können gegen den Beschluß einer Mitglieder- oder Vertreterversammlung Einspruch erheben. [2] Auf einen solchen Einspruch ist die Abstimmung zu wiederholen. [3] Ihr Ergebnis ist endgültig.

(5) Das Nähere über die Wahl der Vertreter für die Vertreterversammlung, über die Einberufung und Beschlußfähigkeit der Mitglieder- oder Vertreterversammlung sowie über das Verfahren für die Wahl des Bewerbers regeln die Parteien durch ihre Satzungen.

[1)] Nr. 7.

(6) [1] Eine Ausfertigung der Niederschrift über die Wahl des Bewerbers mit Angaben über Ort und Zeit der Versammlung, Form der Einladung, Zahl der erschienenen Mitglieder und Ergebnis der Abstimmung ist mit dem Kreiswahlvorschlag einzureichen. [2] Hierbei haben der Leiter der Versammlung und zwei von dieser bestimmte Teilnehmer gegenüber dem Kreiswahlleiter an Eides Statt zu versichern, dass die Anforderungen gemäß Absatz 3 Satz 1 bis 3 beachtet worden sind. [3] Der Kreiswahlleiter ist zur Abnahme einer solchen Versicherung an Eides Statt zuständig; er gilt als Behörde im Sinne des § 156 des Strafgesetzbuches.

§ 22 Vertrauensperson. (1) [1] In jedem Kreiswahlvorschlag sollen eine Vertrauensperson und eine stellvertretende Vertrauensperson bezeichnet werden. [2] Fehlt diese Bezeichnung, so gilt die Person, die als erste unterzeichnet hat, als Vertrauensperson, und diejenige, die als zweite unterzeichnet hat, als stellvertretende Vertrauensperson.

(2) Soweit in diesem Gesetz nichts anderes bestimmt ist, sind nur die Vertrauensperson und die stellvertretende Vertrauensperson, jede für sich, berechtigt, verbindliche Erklärungen zum Kreiswahlvorschlag abzugeben und entgegenzunehmen.

(3) Die Vertrauensperson und die stellvertretende Vertrauensperson können durch schriftliche Erklärung der Mehrheit der Unterzeichner des Kreiswahlvorschlages an den Kreiswahlleiter abberufen und durch andere ersetzt werden.

§ 23 Zurücknahme von Kreiswahlvorschlägen. [1] Ein Kreiswahlvorschlag kann durch gemeinsame schriftliche Erklärung der Vertrauensperson und der stellvertretenden Vertrauensperson zurückgenommen werden, solange nicht über seine Zulassung entschieden ist. [2] Ein von mindestens 200 Wahlberechtigten unterzeichneter Kreiswahlvorschlag kann auch von der Mehrheit der Unterzeichner durch eine von ihnen persönlich und handschriftlich vollzogene Erklärung zurückgenommen werden.

§ 24 Änderung von Kreiswahlvorschlägen. [1] Ein Kreiswahlvorschlag kann nach Ablauf der Einreichungsfrist nur durch gemeinsame schriftliche Erklärung der Vertrauensperson und der stellvertretenden Vertrauensperson und nur dann geändert werden, wenn der Bewerber stirbt oder die Wählbarkeit verliert. [2] Das Verfahren nach § 21 braucht nicht eingehalten zu werden, der Unterschriften nach § 20 Abs. 2 und 3 bedarf es nicht. [3] Nach der Entscheidung über die Zulassung eines Kreiswahlvorschlages (§ 26 Abs. 1 Satz 1) ist jede Änderung ausgeschlossen.

§ 25 Beseitigung von Mängeln. (1) [1] Der Kreiswahlleiter hat die Kreiswahlvorschläge unverzüglich nach Eingang zu prüfen. [2] Stellt er bei einem Kreiswahlvorschlag Mängel fest, so benachrichtigt er sofort die Vertrauensperson und fordert sie auf, behebbare Mängel rechtzeitig zu beseitigen.

(2) [1] Nach Ablauf der Einreichungsfrist können nur noch Mängel an sich gültiger Wahlvorschläge behoben werden. [2] Ein gültiger Wahlvorschlag liegt nicht vor, wenn

1. die Form oder Frist des § 19 nicht gewahrt ist,

2. die nach § 20 Abs. 2 Sätze 1 und 2 sowie Absatz 3 erforderlichen gültigen Unterschriften mit dem Nachweis der Wahlberechtigung der Unterzeichner fehlen, es sei denn, der Nachweis kann infolge von Umständen, die der Wahlvorschlagsberechtigte nicht zu vertreten hat, nicht rechtzeitig erbracht werden,
3. bei einem Parteiwahlvorschlag die Parteibezeichnung fehlt, die nach § 18 Abs. 2 erforderliche Feststellung der Parteieigenschaft abgelehnt ist oder die Nachweise des § 21 nicht erbracht sind,
4. der Bewerber mangelhaft bezeichnet ist, so daß seine Person nicht feststeht oder
5. die Zustimmungserklärung des Bewerbers fehlt.

(3) Nach der Entscheidung über die Zulassung eines Kreiswahlvorschlages (§ 26 Abs. 1 Satz 1) ist jede Mängelbeseitigung ausgeschlossen.

(4) Gegen Verfügungen des Kreiswahlleiters im Mängelbeseitigungsverfahren kann die Vertrauensperson den Kreiswahlausschuß anrufen.

§ 26 Zulassung der Kreiswahlvorschläge. (1) [1]Der Kreiswahlausschuß entscheidet am achtundfünfzigsten Tage vor der Wahl über die Zulassung der Kreiswahlvorschläge. [2]Er hat Kreiswahlvorschläge zurückzuweisen, wenn sie
1. verspätet eingereicht sind oder
2. den Anforderungen nicht entsprechen, die durch dieses Gesetz und die Bundeswahlordnung aufgestellt sind, es sei denn, daß in diesen Vorschriften etwas anderes bestimmt ist.

[3]Die Entscheidung ist in der Sitzung des Kreiswahlausschusses bekanntzugeben.

(2) [1]Weist der Kreiswahlausschuß einen Kreiswahlvorschlag zurück, so kann binnen drei Tagen nach Bekanntgabe der Entscheidung Beschwerde an den Landeswahlausschuß eingelegt werden. [2]Beschwerdeberechtigt sind die Vertrauensperson des Kreiswahlvorschlages, der Bundeswahlleiter und der Kreiswahlleiter. [3]Der Bundeswahlleiter und der Kreiswahlleiter können auch gegen eine Entscheidung, durch die ein Kreiswahlvorschlag zugelassen wird, Beschwerde erheben. [4]In der Beschwerdeverhandlung sind die erschienenen Beteiligten zu hören. [5]Die Entscheidung über die Beschwerde muß spätestens am zweiundfünfzigsten Tage vor der Wahl getroffen werden.

(3) Der Kreiswahlleiter macht die zugelassenen Kreiswahlvorschläge spätestens am achtundvierzigsten Tage vor der Wahl öffentlich bekannt.

§ 27 Landeslisten. (1) [1]Landeslisten können nur von Parteien eingereicht werden. [2]Sie müssen von dem Vorstand des Landesverbandes oder, wenn Landesverbände nicht bestehen, von den Vorständen der nächstniedrigen Gebietsverbände, die im Bereich des Landes liegen, bei den in § 18 Abs. 2 genannten Parteien außerdem von 1 vom Tausend der Wahlberechtigten des Landes bei der letzten Bundestagswahl, jedoch höchstens 2 000 Wahlberechtigten, persönlich und handschriftlich unterzeichnet sein. [3]Die Wahlberechtigung der Unterzeichner eines Wahlvorschlages einer der in § 18 Abs. 2 genannten Parteien muß im Zeitpunkt der Unterzeichnung gegeben sein und ist bei

Einreichung der Landesliste nachzuweisen. [4]Das Erfordernis zusätzlicher Unterschriften gilt nicht für Landeslisten von Parteien nationaler Minderheiten.

(2) Landeslisten müssen den Namen der einreichenden Partei und, sofern sie eine Kurzbezeichnung verwendet, auch diese enthalten.

(3) Die Namen der Bewerber müssen in erkennbarer Reihenfolge aufgeführt sein.

(4) [1]Ein Bewerber kann nur in einem Land und hier nur in einer Landesliste vorgeschlagen werden. [2]In einer Landesliste kann nur benannt werden, wer seine Zustimmung dazu schriftlich erklärt hat; die Zustimmung ist unwiderruflich.

(5) § 21 Abs. 1, 3, 5 und 6 sowie die §§ 22 bis 25 gelten entsprechend mit der Maßgabe, daß die Versicherung an Eides Statt nach § 21 Abs. 6 Satz 2 sich auch darauf zu erstrecken hat, daß die Festlegung der Reihenfolge der Bewerber in der Landesliste in geheimer Abstimmung erfolgt ist.

§ 28 Zulassung der Landeslisten. (1) [1]Der Landeswahlausschuß entscheidet am achtundfünfzigsten Tage vor der Wahl über die Zulassung der Landeslisten. [2]Er hat Landeslisten zurückzuweisen, wenn sie

1. verspätet eingereicht sind oder
2. den Anforderungen nicht entsprechen, die durch dieses Gesetz und die Bundeswahlordnung aufgestellt sind, es sei denn, daß in diesen Vorschriften etwas anderes bestimmt ist.

[3]Sind die Anforderungen nur hinsichtlich einzelner Bewerber nicht erfüllt, so werden ihre Namen aus der Landesliste gestrichen. [4]Die Entscheidung ist in der Sitzung des Landeswahlausschusses bekanntzugeben.

(2) [1]Weist der Landeswahlausschuß eine Landesliste ganz oder teilweise zurück, so kann binnen drei Tagen nach Bekanntgabe der Entscheidung Beschwerde an den Bundeswahlausschuß eingelegt werden. [2]Beschwerdeberechtigt sind die Vertrauensperson der Landesliste und der Landeswahlleiter. [3]Der Landeswahlleiter kann auch gegen eine Entscheidung, durch die eine Landesliste zugelassen wird, Beschwerde erheben. [4]In der Beschwerdeverhandlung sind die erschienenen Beteiligten zu hören. [5]Die Entscheidung über die Beschwerde muß spätestens am zweiundfünfzigsten Tage vor der Wahl getroffen werden.

(3) Der Landeswahlleiter macht die zugelassenen Landeslisten spätestens am achtundvierzigsten Tage vor der Wahl öffentlich bekannt.

§ 29 *(aufgehoben)*

§ 30 Stimmzettel. (1) Die Stimmzettel und die zugehörigen Umschläge für die Briefwahl (§ 36 Abs. 1) werden amtlich hergestellt.

(2) Der Stimmzettel enthält

1. für die Wahl in den Wahlkreisen die Namen der Bewerber der zugelassenen Kreiswahlvorschläge, bei Kreiswahlvorschlägen von Parteien außerdem die Namen der Parteien und, sofern sie eine Kurzbezeichnung verwenden, auch diese, bei anderen Kreiswahlvorschlägen außerdem das Kennwort,

2. für die Wahl nach Landeslisten die Namen der Parteien und, sofern sie eine Kurzbezeichnung verwenden, auch diese, sowie die Namen der ersten fünf Bewerber der zugelassenen Landeslisten.

(3) [1] Die Reihenfolge der Landeslisten von Parteien richtet sich nach der Zahl der Zweitstimmen, die sie bei der letzten Bundestagswahl im Land erreicht haben. [2] Die übrigen Landeslisten schließen sich in alphabetischer Reihenfolge der Namen der Parteien an. [3] Die Reihenfolge der Kreiswahlvorschläge richtet sich nach der Reihenfolge der entsprechenden Landeslisten. [4] Sonstige Kreiswahlvorschläge schließen sich in alphabetischer Reihenfolge der Namen der Parteien oder der Kennwörter an.

Fünfter Abschnitt. Wahlhandlung

§ 31 Öffentlichkeit der Wahlhandlung. [1] Die Wahlhandlung ist öffentlich. [2] Der Wahlvorstand kann Personen, die die Ordnung und Ruhe stören, aus dem Wahlraum verweisen.

§ 32 Unzulässige Wahlpropaganda und Unterschriftensammlung, unzulässige Veröffentlichung von Wählerbefragungen. (1) Während der Wahlzeit sind in und an dem Gebäude, in dem sich der Wahlraum befindet, sowie unmittelbar vor dem Zugang zu dem Gebäude jede Beeinflussung der Wähler durch Wort, Ton, Schrift oder Bild sowie jede Unterschriftensammlung verboten.

(2) Die Veröffentlichung von Ergebnissen von Wählerbefragungen nach der Stimmabgabe über den Inhalt der Wahlentscheidung ist vor Ablauf der Wahlzeit unzulässig.

§ 33 Wahrung des Wahlgeheimnisses. (1) [1] Es sind Vorkehrungen dafür zu treffen, dass der Wähler den Stimmzettel unbeobachtet kennzeichnen und falten kann. [2] Für die Aufnahme der Stimmzettel sind Wahlurnen zu verwenden, die die Wahrung des Wahlgeheimnisses sicherstellen.

(2) [1] Die nach § 14 Absatz 5 zulässige Hilfe bei der Stimmabgabe bleibt unberührt. [2] Die Hilfsperson ist zur Geheimhaltung der Kenntnisse verpflichtet, die sie bei der Hilfeleistung von der Wahl einer anderen Person erlangt hat.

§ 34 Stimmabgabe mit Stimmzetteln. (1) Gewählt wird mit amtlichen Stimmzetteln.

(2) [1] Der Wähler gibt

1. seine Erststimme in der Weise ab, daß er durch ein auf den Stimmzettel gesetztes Kreuz oder auf andere Weise eindeutig kenntlich macht, welchem Bewerber sie gelten soll,
2. seine Zweitstimme in der Weise ab, daß er durch ein auf den Stimmzettel gesetztes Kreuz oder auf andere Weise eindeutig kenntlich macht, welcher Landesliste sie gelten soll.

[2] Der Wähler faltet daraufhin den Stimmzettel in der Weise, dass seine Stimmabgabe nicht erkennbar ist, und wirft ihn in die Wahlurne.

§ 35 Stimmabgabe mit Wahlgeräten. (1) Zur Erleichterung der Abgabe und Zählung der Stimmen können anstelle von Stimmzetteln und Wahlurnen Wahlgeräte benutzt werden.

(2) [1] Wahlgeräte im Sinne von Absatz 1 müssen die Geheimhaltung der Stimmabgabe gewährleisten. [2] Ihre Bauart muß für die Verwendung bei Wahlen zum Deutschen Bundestag amtlich für einzelne Wahlen oder allgemein zugelassen sein. [3] Über die Zulassung entscheidet das Bundesministerium des Innern auf Antrag des Herstellers des Wahlgerätes. [4] Die Verwendung eines amtlich zugelassenen Wahlgerätes bedarf der Genehmigung durch das Bundesministerium des Innern. [5] Die Genehmigung kann für einzelne Wahlen oder allgemein ausgesprochen werden.

(3) [1] Das Bundesministerium des Innern wird ermächtigt, durch Rechtsverordnung[1)], die nicht der Zustimmung des Bundesrates bedarf, nähere Bestimmungen zu erlassen über

1. die Voraussetzungen für die amtliche Zulassung der Bauart von Wahlgeräten sowie für die Rücknahme und den Widerruf der Zulassung,
2. das Verfahren für die amtliche Zulassung der Bauart,
3. das Verfahren für die Prüfung eines Wahlgerätes auf die der amtlich zugelassenen Bauart entsprechende Ausführung,
4. die öffentliche Erprobung eines Wahlgerätes vor seiner Verwendung,
5. das Verfahren für die amtliche Genehmigung der Verwendung sowie für die Rücknahme und den Widerruf der Genehmigung,
6. die durch die Verwendung von Wahlgeräten bedingten Besonderheiten im Zusammenhang mit der Wahl.

[2] Die Rechtsverordnung ergeht in den Fällen der Nummern 1 und 3 im Einvernehmen mit dem Bundesministerium für Wirtschaft und Energie.

(4) Für die Betätigung eines Wahlgerätes gilt § 33 Abs. 1 Satz 1 und Abs. 2 entsprechend.

§ 36 Briefwahl. (1) [1] Bei der Briefwahl hat der Wähler dem Kreiswahlleiter des Wahlkreises, in dem der Wahlschein ausgestellt worden ist, im verschlossenen Wahlbriefumschlag

a) seinen Wahlschein
b) in einem besonderen verschlossenen Stimmzettelumschlag seinen Stimmzettel

so rechtzeitig zu übersenden, daß der Wahlbrief spätestens am Wahltage bis 18 Uhr eingeht. [2] § 33 Abs. 2 gilt entsprechend.

(2) [1] Auf dem Wahlschein hat der Wähler oder die Hilfsperson gegenüber dem Kreiswahlleiter an Eides Statt zu versichern, daß der Stimmzettel persönlich oder gemäß dem erklärten Willen des Wählers gekennzeichnet worden ist. [2] Der Kreiswahlleiter ist zur Abnahme einer solchen Versicherung an Eides Statt zuständig; er gilt als Behörde im Sinne des § 156 des Strafgesetzbuches.

(3) Im Falle einer Anordnung der Landesregierung oder der von ihr bestimmten Stelle nach § 8 Abs. 3 tritt an die Stelle des Kreiswahlleiters in

---

[1)] Siehe die BundeswahlgeräteVO v. 3.9.1975 (BGBl. I S. 2459), zuletzt geänd. durch Entsch. v. 3.3.2009 (BGBl. I S. 525).

Absatz 1 Satz 1 und in Absatz 2 die Gemeindebehörde, die den Wahlschein ausgestellt hat, oder die Verwaltungsbehörde des Kreises, in dem diese Gemeinde liegt.

(4) [1] Wahlbriefe können von den Absendern bei einem vor der Wahl amtlich bekannt gemachten Postunternehmen als Briefsendungen ohne besondere Versendungsform unentgeltlich eingeliefert werden, wenn sie sich in amtlichen Wahlbriefumschlägen befinden. [2] Bei Inanspruchnahme einer besonderen Versendungsform hat der Absender den das jeweils für die Briefbeförderung gültige Leistungsentgelt übersteigenden Betrag zu tragen. [3] Der Bund trägt die Kosten für die unentgeltliche Wahlbriefbeförderung.

Sechster Abschnitt. Feststellung des Wahlergebnisses

§ 37 Feststellung des Wahlergebnisses im Wahlbezirk. Nach Beendigung der Wahlhandlung stellt der Wahlvorstand fest, wieviel Stimmen im Wahlbezirk auf die einzelnen Kreiswahlvorschläge und Landeslisten abgegeben worden sind.

§ 38 Feststellung des Briefwahlergebnisses. Der für die Briefwahl eingesetzte Wahlvorstand stellt fest, wieviel durch Briefwahl abgegebene Stimmen auf die einzelnen Kreiswahlvorschläge und Landeslisten entfallen.

§ 39 Ungültige Stimmen, Zurückweisung von Wahlbriefen, Auslegungsregeln. (1) [1] Ungültig sind Stimmen, wenn der Stimmzettel

1. nicht amtlich hergestellt ist,
2. keine Kennzeichnung enthält,
3. für einen anderen Wahlkreis gültig ist,
4. den Willen des Wählers nicht zweifelsfrei erkennen läßt,
5. einen Zusatz oder Vorbehalt enthält.

[2] In den Fällen der Nummern 1 und 2 sind beide Stimmen ungültig; im Fall der Nummer 3 ist nur die Erststimme ungültig, wenn der Stimmzettel für einen anderen Wahlkreis in demselben Land gültig ist. [3] Bei der Briefwahl sind außerdem beide Stimmen ungültig, wenn der Stimmzettel nicht in einem amtlichen Stimmzettelumschlag oder in einem Stimmzettelumschlag abgegeben worden ist, der offensichtlich in einer das Wahlgeheimnis gefährdenden Weise von den übrigen abweicht oder einen deutlich fühlbaren Gegenstand enthält, jedoch eine Zurückweisung gemäß Absatz 4 Nr. 7 oder 8 nicht erfolgt ist. [4] Enthält der Stimmzettel nur eine Stimmabgabe, so ist die nicht abgegebene Stimme ungültig.

(2) Mehrere in einem Stimmzettelumschlag enthaltene Stimmzettel gelten als ein Stimmzettel, wenn sie gleich lauten oder nur einer von ihnen gekennzeichnet ist; sonst zählen sie als ein Stimmzettel mit zwei ungültigen Stimmen.

(3) Ist der Stimmzettelumschlag leer abgegeben worden, so gelten beide Stimmen als ungültig.

(4) [1] Bei der Briefwahl sind Wahlbriefe zurückzuweisen, wenn

1. der Wahlbrief nicht rechtzeitig eingegangen ist,
2. dem Wahlbriefumschlag kein oder kein gültiger Wahlschein beiliegt,

3. dem Wahlbriefumschlag kein Stimmzettelumschlag beigefügt ist,
4. weder der Wahlbriefumschlag noch der Stimmzettelumschlag verschlossen ist,
5. der Wahlbriefumschlag mehrere Stimmzettelumschläge, aber nicht eine gleiche Anzahl gültiger und mit der vorgeschriebenen Versicherung an Eides Statt versehener Wahlscheine enthält,
6. der Wähler oder die Hilfsperson die vorgeschriebene Versicherung an Eides Statt zur Briefwahl auf dem Wahlschein nicht unterschrieben hat,
7. kein amtlicher Stimmzettelumschlag benutzt worden ist,
8. ein Stimmzettelumschlag benutzt worden ist, der offensichtlich in einer das Wahlgeheimnis gefährdenden Weise von den übrigen abweicht oder einen deutlich fühlbaren Gegenstand enthält.

[2] Die Einsender zurückgewiesener Wahlbriefe werden nicht als Wähler gezählt; ihre Stimmen gelten als nicht abgegeben.

(5) Die Stimmen eines Wählers, der an der Briefwahl teilgenommen hat, werden nicht dadurch ungültig, daß er vor dem oder am Wahltage stirbt oder sein Wahlrecht nach § 13 verliert.

§ 40 Entscheidung des Wahlvorstandes. [1] Der Wahlvorstand entscheidet über die Gültigkeit der abgegebenen Stimmen und über alle bei der Wahlhandlung und bei der Ermittlung des Wahlergebnisses sich ergebenden Anstände. [2] Der Kreiswahlausschuß hat das Recht der Nachprüfung.

§ 41 Feststellung des Wahlergebnisses im Wahlkreis. [1] Der Kreiswahlausschuß stellt fest, wieviel Stimmen im Wahlkreis für die einzelnen Kreiswahlvorschläge und Landeslisten abgegeben worden sind und welcher Bewerber als Wahlkreisabgeordneter gewählt ist. [2] Der Kreiswahlleiter benachrichtigt den gewählten Bewerber und weist ihn darauf hin, dass er nach der abschließenden Feststellung des Ergebnisses für das Wahlgebiet durch den Bundeswahlausschuss (§ 42 Abs. 2 Satz 1) die Mitgliedschaft im Deutschen Bundestag mit Eröffnung der ersten Sitzung nach der Wahl erlangt und eine Ablehnung des Erwerbs der Mitgliedschaft gegenüber dem Landeswahlleiter erfolgen muss.

§ 42 Feststellung des Ergebnisses der Landeslistenwahl. (1) Der Landeswahlausschuß stellt fest, wieviel Stimmen im Land für die einzelnen Landeslisten abgegeben worden sind.

(2) [1] Der Bundeswahlausschuß stellt fest, wieviel Sitze auf die einzelnen Landeslisten entfallen und welche Bewerber gewählt sind. [2] Der Landeswahlleiter benachrichtigt die gewählten Bewerber und weist sie darauf hin, dass sie nach der abschließenden Feststellung des Ergebnisses für das Wahlgebiet durch den Bundeswahlausschuss die Mitgliedschaft im Deutschen Bundestag mit Eröffnung der ersten Sitzung nach der Wahl erlangen und eine Ablehnung des Erwerbs der Mitgliedschaft gegenüber dem Landeswahlleiter erfolgen muss.

Siebenter Abschnitt. Besondere Vorschriften für Nachwahlen und Wiederholungswahlen

§ 43 Nachwahl. (1) Eine Nachwahl findet statt,

1. wenn in einem Wahlkreis oder in einem Wahlbezirk die Wahl nicht durchgeführt worden ist,
2. wenn ein Wahlkreisbewerber nach der Zulassung des Kreiswahlvorschlages, aber noch vor der Wahl stirbt.

(2) [1] Die Nachwahl soll im Fall des Absatzes 1 Nr. 1 spätestens drei Wochen nach dem Tag der Hauptwahl stattfinden. [2] Im Fall des Absatzes 1 Nr. 2 kann sie am Tag der Hauptwahl stattfinden; sie soll spätestens sechs Wochen nach dem Tag der Hauptwahl stattfinden. [3] Den Tag der Nachwahl bestimmt der Landeswahlleiter.

(3) Die Nachwahl findet nach denselben Vorschriften und auf denselben Grundlagen wie die Hauptwahl statt.

(4) Im Fall einer Nachwahl ist das vorläufige Ergebnis der Hauptwahl unmittelbar im Anschluss an die Wahlhandlung der Hauptwahl auf der Grundlage der erfolgten Stimmabgaben zu ermitteln, festzustellen und bekannt zu geben.

§ 44 Wiederholungswahl. (1) Wird im Wahlprüfungsverfahren eine Wahl ganz oder teilweise für ungültig erklärt, so ist sie nach Maßgabe der Entscheidung zu wiederholen.

(2) Die Wiederholungswahl findet nach denselben Vorschriften, denselben Wahlvorschlägen und, wenn seit der Hauptwahl noch nicht sechs Monate verflossen sind, auf Grund derselben Wählerverzeichnisse wie die Hauptwahl statt, soweit nicht die Entscheidung im Wahlprüfungsverfahren hinsichtlich der Wahlvorschläge und Wählerverzeichnisse Abweichungen vorschreibt.

(3) [1] Die Wiederholungswahl muß spätestens sechzig Tage nach Rechtskraft der Entscheidung stattfinden, durch die die Wahl für ungültig erklärt worden ist. [2] Ist die Wahl nur teilweise für ungültig erklärt worden, so unterbleibt die Wiederholungswahl, wenn feststeht, daß innerhalb von sechs Monaten ein neuer Deutscher Bundestag gewählt wird. [3] Den Tag der Wiederholungswahl bestimmt der Landeswahlleiter, im Falle einer Wiederholungswahl für das ganze Wahlgebiet der Bundespräsident.

(4) [1] Auf Grund der Wiederholungswahl wird das Wahlergebnis nach den Vorschriften des Sechsten Abschnittes neu festgestellt. [2] Die nach § 41 Satz 2 und § 42 Abs. 2 Satz 2 zuständigen Wahlleiter benachrichtigen die gewählten Bewerber und fordern sie auf, binnen einer Woche schriftlich zu erklären, ob sie die Wahl annehmen.

Achter Abschnitt. Erwerb und Verlust der Mitgliedschaft im Deutschen Bundestag

§ 45 Erwerb der Mitgliedschaft im Deutschen Bundestag. (1) [1] Ein gewählter Bewerber erwirbt die Mitgliedschaft im Deutschen Bundestag nach der abschließenden Feststellung des Ergebnisses für das Wahlgebiet durch den Bundeswahlausschuss (§ 42 Abs. 2 Satz 1) mit der Eröffnung der ersten Sitzung des Deutschen Bundestages nach der Wahl. [2] Eine Ablehnung des Erwerbs der Mitgliedschaft muss vor der ersten Sitzung gegenüber dem Landeswahlleiter schriftlich erklärt werden. [3] Eine Erklärung unter Vorbehalt gilt als Ablehnung. [4] Die Erklärung kann nicht widerrufen werden.

(2) Bei einer Ersatzwahl (§ 48 Abs. 2) gilt Absatz 1 entsprechend mit der Maßgabe, dass ein gewählter Bewerber die Mitgliedschaft im Deutschen Bundestag nach der Feststellung des endgültigen Wahlergebnisses für die Ersatzwahl erwirbt.

(3) [1] Bei einer Listennachfolge (§ 48 Abs. 1) oder einer Wiederholungswahl (§ 44) wird die Mitgliedschaft im Deutschen Bundestag mit dem frist- und formgerechten Eingang der auf die Benachrichtigung erfolgenden Annahmeerklärung beim zuständigen Wahlleiter, jedoch nicht vor Ausscheiden des ursprünglich gewählten Abgeordneten erworben. [2] Liegt bei Ablehnung des Erwerbs der Mitgliedschaft im Deutschen Bundestag durch einen gewählten Bewerber die Annahmeerklärung des Listennachfolgers bereits vor der ersten Sitzung des Deutschen Bundestages nach der Wahl vor, erwirbt der Listennachfolger das Mandat mit der Eröffnung dieser Sitzung. [3] Gibt der Listennachfolger oder durch Wiederholungswahl gewählte Bewerber bis zum Ablauf der Frist keine oder keine formgerechte Erklärung ab, so gilt die Nachfolge oder Wahl zu diesem Zeitpunkt als angenommen. [4] Absatz 1 Satz 3 und 4 gilt entsprechend.

§ 46 Verlust der Mitgliedschaft im Deutschen Bundestag. (1) [1] Ein Abgeordneter verliert die Mitgliedschaft im Deutschen Bundestag bei

1. Ungültigkeit des Erwerbs der Mitgliedschaft,
2. Neufeststellung des Wahlergebnisses,
3. Wegfall einer Voraussetzung seiner jederzeitigen Wählbarkeit,
4. Verzicht,
5. Feststellung der Verfassungswidrigkeit der Partei oder der Teilorganisation einer Partei, der er angehört, durch das Bundesverfassungsgericht nach Artikel 21 Abs. 2 Satz 2 des Grundgesetzes[1)].

[2] Verlustgründe nach anderen gesetzlichen Vorschriften bleiben unberührt.

(2) Bei Ungültigkeit seiner Wahl im Wahlkreis bleibt der Abgeordnete Mitglied des Deutschen Bundestages, wenn er zugleich auf einer Landesliste gewählt war, aber nach § 6 Absatz 6 Satz 5 unberücksichtigt geblieben ist.

(3) [1] Der Verzicht ist nur wirksam, wenn er zur Niederschrift des Präsidenten des Deutschen Bundestages, eines deutschen Notars, der seinen Sitz im Geltungsbereich dieses Gesetzes hat, oder eines zur Vornahme von Beurkundungen ermächtigten Bediensteten einer deutschen Auslandsvertretung erklärt wird. [2] Die notarielle oder bei einer Auslandsvertretung abgegebene Verzichtserklärung hat der Abgeordnete dem Bundestagspräsidenten zu übermitteln. [3] Der Verzicht kann nicht widerrufen werden.

(4) [1] Wird eine Partei oder die Teilorganisation einer Partei durch das Bundesverfassungsgericht nach Artikel 21 Abs. 2 Satz 2 des Grundgesetzes für verfassungswidrig erklärt, verlieren die Abgeordneten ihre Mitgliedschaft im Deutschen Bundestag und die Listennachfolger ihre Anwartschaft, sofern sie dieser Partei oder Teilorganisation in der Zeit zwischen der Antragstellung (§ 43 des Gesetzes über das Bundesverfassungsgericht[2)]) und der Verkündung der Entscheidung (§ 46 des Gesetzes über das Bundesverfassungsgericht) angehört

---

1) Nr. **1**.
2) Nr. **6**.

haben. [2]Soweit Abgeordnete, die nach Satz 1 ihre Mitgliedschaft verloren haben, in Wahlkreisen gewählt waren, wird die Wahl eines Wahlkreisabgeordneten in diesen Wahlkreisen bei entsprechender Anwendung des § 44 Abs. 2 bis 4 wiederholt; hierbei dürfen die Abgeordneten, die nach Satz 1 ihre Mitgliedschaft verloren haben, nicht als Bewerber auftreten. [3]Soweit Abgeordnete, die nach Satz 1 ihre Mitgliedschaft verloren haben, nach einer Landesliste der für verfassungswidrig erklärten Partei oder Teilorganisation der Partei gewählt waren, bleiben die Sitze unbesetzt. [4]Im übrigen gilt § 48 Abs. 1.

§ 47 Entscheidung über den Verlust der Mitgliedschaft. (1) Über den Verlust der Mitgliedschaft nach § 46 Abs. 1 wird entschieden

1. im Falle der Nummer 1 im Wahlprüfungsverfahren,
2. im Falle der Nummern 2 und 5 durch Beschluß des Ältestenrates des Deutschen Bundestages,
3. im Falle der Nummer 3, wenn der Verlust der Wählbarkeit durch rechtskräftigen Richterspruch eingetreten ist, durch Beschluß des Ältestenrates des Deutschen Bundestages, im übrigen im Wahlprüfungsverfahren,
4. im Falle der Nummer 4 durch den Präsidenten des Deutschen Bundestages in der Form der Erteilung einer Bestätigung der Verzichtserklärung.

(2) Wird über den Verlust der Mitgliedschaft im Wahlprüfungsverfahren entschieden, so scheidet der Abgeordnete mit der Rechtskraft der Entscheidung aus dem Deutschen Bundestag aus.

(3) [1]Entscheidet der Ältestenrat oder der Präsident des Deutschen Bundestages über den Verlust der Mitgliedschaft, so scheidet der Abgeordnete mit der Entscheidung aus dem Deutschen Bundestag aus. [2]Die Entscheidung ist unverzüglich von Amts wegen zu treffen. [3]Innerhalb von zwei Wochen nach Zustellung der Entscheidung kann der Betroffene die Entscheidung des Deutschen Bundestages über den Verlust der Mitgliedschaft im Wahlprüfungsverfahren beantragen. [4]Die Zustellung erfolgt nach den Vorschriften des Verwaltungszustellungsgesetzes[1].

§ 48 Berufung von Listennachfolgern und Ersatzwahlen. (1) [1]Wenn ein gewählter Bewerber stirbt oder dem Landeswahlleiter schriftlich die Ablehnung des Erwerbs der Mitgliedschaft erklärt oder wenn ein Abgeordneter stirbt oder sonst nachträglich aus dem Deutschen Bundestag ausscheidet, so wird der Sitz aus der Landesliste derjenigen Partei besetzt, für die der gewählte Bewerber oder ausgeschiedene Abgeordnete bei der Wahl aufgetreten ist. [2]Bei der Nachfolge bleiben diejenigen Listenbewerber unberücksichtigt, die seit dem Zeitpunkt der Aufstellung der Landesliste aus dieser Partei ausgeschieden oder Mitglied einer anderen Partei geworden sind. [3]Unberücksichtigt bleiben ebenso Listenbewerber, die als gewählte Bewerber im Wahlkreis ihren Mitgliedschaftserwerb abgelehnt oder als Abgeordnete auf ihre Mitgliedschaft im Deutschen Bundestag verzichtet haben. [4]Ist die Liste erschöpft, so bleibt der Sitz unbesetzt. [5]Die Feststellung, wer als Listennachfolger eintritt, trifft der Landeswahlleiter. [6]Er benachrichtigt den Listennachfolger und fordert ihn auf, binnen einer Woche schriftlich zu erklären, ob er die Nachfolge annimmt.

---

[1] Nr. **13**.

(2) [1] Ist der Ausgeschiedene als Wahlkreisabgeordneter einer Wählergruppe oder einer Partei gewählt, für die im Land keine Landesliste zugelassen worden war, so findet Ersatzwahl im Wahlkreis statt. [2] Die Ersatzwahl muß spätestens sechzig Tage nach dem Zeitpunkt des Ausscheidens stattfinden. [3] Sie unterbleibt, wenn feststeht, daß innerhalb von sechs Monaten ein neuer Deutscher Bundestag gewählt wird. [4] Die Ersatzwahl wird nach den allgemeinen Vorschriften durchgeführt. [5] Den Wahltag bestimmt der Landeswahlleiter. [6] § 41 gilt entsprechend.

Neunter Abschnitt. Schlußbestimmungen

§ 49 Anfechtung. Entscheidungen und Maßnahmen, die sich unmittelbar auf das Wahlverfahren beziehen, können nur mit den in diesem Gesetz und in der Bundeswahlordnung vorgesehenen Rechtsbehelfen sowie im Wahlprüfungsverfahren angefochten werden.

§ 49a Ordnungswidrigkeiten. (1) Ordnungswidrig handelt, wer

1. entgegen § 11 ohne wichtigen Grund ein Ehrenamt ablehnt oder sich ohne genügende Entschuldigung den Pflichten eines solchen entzieht oder
2. entgegen § 32 Abs. 2 Ergebnisse von Wählerbefragungen nach der Stimmabgabe über den Inhalt der Wahlentscheidung vor Ablauf der Wahlzeit veröffentlicht.

(2) Die Ordnungswidrigkeit nach Absatz 1 Nr. 1 kann mit einer Geldbuße bis zu fünfhundert Euro, die Ordnungswidrigkeit nach Absatz 1 Nr. 2 mit einer Geldbuße bis zu fünfzigtausend Euro geahndet werden.

(3) Verwaltungsbehörde im Sinne des § 36 Abs. 1 Nr. 1 des Gesetzes über Ordnungswidrigkeiten ist

1. bei Ordnungswidrigkeiten nach Absatz 1 Nr. 1
   a) der Kreiswahlleiter, wenn ein Wahlberechtigter das Amt eines Wahlvorstehers, stellvertretenden Wahlvorstehers oder eines Beisitzers im Wahlvorstand oder im Kreiswahlausschuß,
   b) der Landeswahlleiter, wenn ein Wahlberechtigter das Amt eines Beisitzers im Landeswahlausschuß,
   c) der Bundeswahlleiter, wenn ein Wahlberechtigter das Amt eines Beisitzers im Bundeswahlausschuß unberechtigt ablehnt oder sich ohne genügende Entschuldigung den Pflichten eines solchen Amtes entzieht,
2. bei Ordnungswidrigkeiten nach Absatz 1 Nr. 2 der Bundeswahlleiter.

§ 49b Staatliche Mittel für andere Kreiswahlvorschläge. (1) [1] Bewerber eines nach Maßgabe der §§ 18 und 20 von Wahlberechtigten eingereichten Wahlvorschlages, die mindestens 10 vom Hundert der in einem Wahlkreis abgegebenen gültigen Erststimmen erreicht haben, erhalten je gültige Stimme das Vierfache des in § 18 Absatz 3 Satz 1 Nummer 1 des Parteiengesetzes genannten und nach § 18 Absatz 3 Satz 3 des Parteiengesetzes[1)] bis zum Zeitpunkt der Wahl erhöhten Betrages. [2] Die Mittel sind im Bundeshaushaltsplan auszubringen.

[1)] Nr. 7.

(2) [1] Die Festsetzung und die Auszahlung der staatlichen Mittel sind von dem Bewerber innerhalb von zwei Monaten nach dem Zusammentritt des Deutschen Bundestages beim Präsidenten des Deutschen Bundestages schriftlich zu beantragen; danach eingehende Anträge bleiben unberücksichtigt. [2] Der Betrag wird von dem Präsidenten des Deutschen Bundestages festgesetzt und ausgezahlt.

(3) Die Vorschriften des Parteiengesetzes über die absolute und relative Obergrenze finden keine Anwendung.

§ 50 Wahlkosten. (1) Der Bund erstattet den Ländern zugleich für ihre Gemeinden (Gemeindeverbände) die durch die Wahl veranlassten notwendigen Ausgaben.

(2) [1] Die Kosten für die Versendung der Wahlbenachrichtigungen und der Briefwahlunterlagen sowie die Erfrischungsgelder für die Mitglieder der Wahlvorstände werden den Ländern im Wege der Einzelabrechnung ersetzt. [2] Bei zeitgleicher Durchführung von Landtags- oder Kommunalwahlen sowie von Abstimmungen mit Wahlen zum Deutschen Bundestag werden diese Kosten dem jeweiligen Land anteilig ersetzt.

(3) [1] Die übrigen Kosten werden durch einen festen Betrag je Wahlberechtigten erstattet. [2] Er beträgt für Gemeinden bis zu 100 000 Wahlberechtigten 0,45 Euro und für Gemeinden mit mehr als 100 000 Wahlberechtigten 0,70 Euro. [3] Notwendige Anpassungen des festen Betrages nach Satz 2 an die Preisentwicklung werden frühestens für eine Wahl nach dem 1. Januar 2005 vom Bundesministerium des Innern durch Rechtsverordnung[1)] mit Zustimmung des Bundesrates festgesetzt.

(4) Der Bund erstattet den Blindenvereinen, die ihre Bereitschaft zur Herstellung von Stimmzettelschablonen erklärt haben, die durch die Herstellung und die Verteilung der Stimmzettelschablonen veranlassten notwendigen Ausgaben.

§ 51 *(aufgehoben)*

§ 52 Bundeswahlordnung. (1) [1] Das Bundesministerium des Innern erläßt die zur Durchführung dieses Gesetzes erforderliche Bundeswahlordnung.[2)] [2] Es trifft darin insbesondere Rechtsvorschriften über

1. die Bestellung der Wahlleiter und Wahlvorsteher, die Bildung der Wahlausschüsse und Wahlvorstände sowie über die Tätigkeit, Beschlußfähigkeit und das Verfahren der Wahlorgane,
2. die Berufung in ein Wahlehrenamt, über den Ersatz von Auslagen für Inhaber von Wahlehrenämtern und über das Bußgeldverfahren,
3. die Wahlzeit,
4. die Bildung der Wahlbezirke und ihre Bekanntmachung,
5. die einzelnen Voraussetzungen für die Aufnahme in die Wählerverzeichnisse, deren Führung, Berichtigung und Abschluss, über die Einsicht in

---

[1)] Siehe hierzu ua die Verordnung zur Anpassung der festen Beträge im Rahmen der Wahlkostenerstattung durch den Bund (WahlkostenV) v. 8.11.2016 (BGBl. I S. 2517).

[2)] Siehe hierzu auch die BundeswahlgeräteVO v. 3.9.1975 (BGBl. I S. 2459), zuletzt geänd. durch Entsch. v. 3.3.2009 (BGBl. I S. 525).

Wählerverzeichnisse, über den Einspruch und die Beschwerde gegen das Wählerverzeichnis sowie über die Benachrichtigung der Wahlberechtigten,
6. die einzelnen Voraussetzungen für die Erteilung von Wahlscheinen, deren Ausstellung, über den Einspruch und die Beschwerde gegen die Ablehnung von Wahlscheinen,
7. den Nachweis der Wahlrechtsvoraussetzungen,
8. das Verfahren der Wahlorgane nach § 18 Absatz 2 bis 4a,
9. Einreichung, Inhalt und Form der Wahlvorschläge sowie der dazugehörigen Unterlagen, über ihre Prüfung, die Beseitigung von Mängeln, ihre Zulassung, die Beschwerde gegen Entscheidungen des Kreiswahlausschusses und des Landeswahlausschusses sowie die Bekanntgabe der Wahlvorschläge,
10. Form und Inhalt des Stimmzettels und über den Stimmzettelumschlag,
11. Bereitstellung, Einrichtung und Bekanntmachung der Wahlräume sowie über Wahlschutzvorrichtungen und Wahlzellen,
12. die Stimmabgabe, auch soweit besondere Verhältnisse besondere Regelungen erfordern,
13. die Briefwahl,
14. die Abgabe und Aufnahme von Versicherungen an Eides statt,
15. die Wahl in Kranken- und Pflegeanstalten, Klöstern, gesperrten Wohnstätten sowie sozialtherapeutischen und Justizvollzugsanstalten,
16. die Feststellung der Wahlergebnisse, ihre Weitermeldung und Bekanntgabe sowie die Benachrichtigung der Gewählten,
17. die Durchführung von Nachwahlen, Wiederholungswahlen und Ersatzwahlen sowie die Berufung von Listennachfolgern.

(2) Die Rechtsvorschriften bedürfen nicht der Zustimmung des Bundesrates.

(3) Das Bundesministerium des Innern wird ermächtigt, im Falle einer Auflösung des Deutschen Bundestages die in dem Bundeswahlgesetz und in der Bundeswahlordnung bestimmten Fristen und Termine durch Rechtsverordnung ohne Zustimmung des Bundesrates abzukürzen.

§ 53 Übergangsregelung. Ausschlüsse vom Wahlrecht und Ausschlüsse von der Wählbarkeit, die nicht auf einem Richterspruch im Sinne von § 13 in der ab dem 1. Juli 2019 geltenden Fassung oder auf einem Richterspruch im Sinne von § 15 Absatz 2 Nummer 2 beruhen, sind nicht nach § 3 Absatz 2 Nummer 1 Buchstabe a des Bundesmeldegesetzes im Melderegister zu speichern.

§ 54 Fristen, Termine und Form. (1) [1] Die in diesem Gesetz und in der auf Grund dieses Gesetzes erlassenen Bundeswahlordnung vorgesehenen Fristen und Termine verlängern oder ändern sich nicht dadurch, daß der letzte Tag der Frist oder ein Termin auf einen Sonnabend, einen Sonntag, einen gesetzlichen oder staatlich geschützten Feiertag fällt. [2] Eine Wiedereinsetzung in den vorigen Stand ist ausgeschlossen.

(2) Soweit in diesem Gesetz oder in der auf Grund dieses Gesetzes erlassenen Bundeswahlordnung nichts anderes bestimmt ist, müssen vorgeschriebene Erklärungen persönlich und handschriftlich unterzeichnet sein und bei der zuständigen Stelle im Original vorliegen.

§ 55 (Inkrafttreten)

Anlage
(zu § 2 Absatz 2)

Beschreibung der vorgeschlagenen Bundestagswahlkreise

(hier nicht wiedergegeben)

5a. Wahlprüfungsgesetz

Vom 12. März 1951
(BGBl. I S. 166)

FNA 111-2

zuletzt geänd. durch Art. 2 G zur Verbesserung des Rechtsschutzes in Wahlsachen v. 12.7.2012 (BGBl. I S. 1501)

Nichtamtliche Inhaltsübersicht

§ 1 [Zuständigkeit für die Entscheidung über die Gültigkeit der Wahlen zum Bundestag] (1) Über die Gültigkeit der Wahlen zum Bundestag und die Verletzung von Rechten bei der Vorbereitung oder Durchführung der Wahl, soweit sie der Wahlprüfung nach Artikel 41 des Grundgesetzes[1] unterliegen, entscheidet vorbehaltlich der Beschwerde gemäß Artikel 41 Abs. 2 des Grundgesetzes der Bundestag.

(2) [1] Soweit eine Wahl für ungültig erklärt wird, sind die sich daraus ergebenden Folgerungen festzustellen. [2] Sofern bei der Vorbereitung oder Durchführung der Wahl Rechte einer einsprechenden Person oder einer Gruppe einsprechender Personen verletzt wurden, stellt der Bundestag die Rechtsverletzung fest, wenn er die Wahl nicht für ungültig erklärt.

§ 2 [Einspruch; Einspruchsberechtigter; Form und Frist] (1) Die Prüfung erfolgt nur auf Einspruch.

(2) Den Einspruch kann jeder Wahlberechtigte, jede Gruppe von Wahlberechtigten und in amtlicher Eigenschaft jeder Landeswahlleiter, der Bundeswahlleiter und der Präsident des Bundestages einlegen.

---

[1] Nr. **1**.

(3) Der Einspruch ist schriftlich beim Bundestag einzureichen und zu begründen; bei gemeinschaftlichen Einsprüchen soll ein Bevollmächtigter benannt werden.

(4) [1] Der Einspruch muß binnen einer Frist von zwei Monaten nach dem Wahltag beim Bundestag eingehen. [2] Werden dem Präsidenten des Bundestages nach Ablauf dieser Frist in amtlicher Eigenschaft Umstände bekannt, die einen Wahlmangel begründen könnten, kann er innerhalb eines Monats nach Bekanntwerden dieser Umstände Einspruch einlegen.

(5) Die Vorschriften gelten entsprechend beim späteren Erwerb der Mitgliedschaft.

(6) Wird der Einspruch zurückgenommen, kann der Bundestag das Verfahren einstellen.

§ 3 [Wahlprüfungsausschuss] (1) Die Entscheidung des Bundestages wird durch den Wahlprüfungsausschuß vorbereitet.

(2) [1] Der Wahlprüfungsausschuß besteht aus neun ordentlichen Mitgliedern, neun Stellvertretern und je einem ständigen beratenden Mitglied der Fraktionen, die in ihm nicht durch ordentliche Mitglieder vertreten sind. [2] Der Bundestag kann aus der Mitte einer Vereinigung von Mitgliedern des Bundestages, die nach der Geschäftsordnung des Bundestages[1)] als parlamentarische Gruppe anerkannt ist, zusätzlich ein beratendes Mitglied wählen. [3] Der Wahlprüfungsausschuß wird vom Bundestag für die Dauer der Wahlperiode gewählt.

(3) [1] Der Wahlprüfungsausschuß wählt mit Stimmenmehrheit aus seiner Mitte den Vorsitzenden und seinen Stellvertreter. [2] Bei Stimmengleichheit entscheidet die Stimme des ältesten Mitglieds.

§ 4 [Beschlussfähigkeit] [1] Der Wahlprüfungsausschuß ist beschlußfähig, wenn mindestens die Hälfte der Mitglieder anwesend ist. [2] Er beschließt mit Stimmenmehrheit; bei Stimmengleichheit ist ein Antrag abgelehnt.

§ 5 [Berichterstatter] (1) Der Vorsitzende bestimmt für jeden Einspruch einen Berichterstatter.

(2) [1] Der Ausschuss tritt in eine Vorprüfung ein, insbesondere darüber, ob der Einspruch form- und fristgerecht eingelegt ist und ob Termin zur mündlichen Verhandlung anzuberaumen ist. [2] Findet eine mündliche Verhandlung statt, so ist der Verhandlungstermin durch die Vorprüfung so vorzubereiten, dass möglichst nach einem einzigen Verhandlungstermin die Schlussentscheidung erfolgen kann.

(3) [1] Im Rahmen der Vorprüfung ist der Ausschuß berechtigt, Auskünfte einzuziehen und nach Absatz 4 Zeugen und Sachverständige vernehmen und beeidigen zu lassen, soweit deren Anwesenheit im Verhandlungstermin nicht erforderlich ist oder nicht zweckmäßig erscheint. [2] Zur Prüfung der Feststellung, dass bei der Vorbereitung oder Durchführung der Wahl Rechte einer einsprechenden Person oder einer Gruppe einsprechender Personen verletzt wurden, führt der Wahlprüfungsausschuss Ermittlungen, die über die Einholung von Auskünften hinausgehen, in der Regel nur dann durch, wenn eine

---

[1)] Nr. 2.

Auswirkung der Rechtsverletzung auf die Verteilung der Sitze im Bundestag nicht auszuschließen ist.

(4) [1] Alle Gerichte und Verwaltungsbehörden haben dem Ausschuß Rechts- und Amtshilfe zu leisten. [2] Bei Vernehmung von Zeugen und Sachverständigen sind die Beteiligten des § 6 Abs. 2 eine Woche vorher zu benachrichtigen; sie haben das Recht, Fragen stellen zu lassen und den Vernommenen Vorhalte zu machen.

§ 6 [Mündliche Verhandlung] (1) Vor der Schlussentscheidung wird Termin zur mündlichen Verhandlung nur dann anberaumt, wenn die Vorprüfung ergibt, dass davon eine weitere Förderung des Verfahrens zu erwarten ist.

(2) [1] Zu den Verhandlungsterminen sind mindestens eine Woche vorher derjenige, der den Einspruch eingelegt hat, und der Abgeordnete, dessen Wahl angefochten ist, zu laden. [2] Wenn mehrere Personen gemeinschaftlich Einspruch eingelegt haben, genügt die Ladung eines Bevollmächtigten (§ 2 Abs. 3) oder eines der Antragsteller.

(3) Von dem Verhandlungstermin sind gleichzeitig zu benachrichtigen:

a) der Präsident des Bundestages,

b) der Bundesminister des Innern,

c) der Bundeswahlleiter,

d) der zuständige Landeswahlleiter,

e) die Fraktion des Bundestages, der der Abgeordnete angehört, dessen Wahl angefochten ist.

(4) [1] Die nach den Absätzen 2 und 3 genannten Personen sind Beteiligte an dem Verfahren. [2] Sie haben ein selbständiges Antragsrecht.

(5) Alle Beteiligten haben das Recht auf Akteneinsicht im Büro des Bundestages.

§ 7 [Verfahren] (1) [1] Zu Beginn der mündlichen Verhandlung trägt der Berichterstatter die Sachlage vor und berichtet über das Ergebnis der Vorprüfung. [2] Alsdann erhalten auf Verlangen der Einsprechende (bei mehreren der Bevollmächtigte gemäß § 2 Abs. 3), die sonstigen Beteiligten und der Abgeordnete, dessen Wahl angefochten ist, das Wort.

(2) [1] Etwa geladene Zeugen und Sachverständige sind zu hören und, falls der Ausschuß dies für geboten hält, zu beeidigen. [2] Die Beteiligten haben das Recht, Zeugen und Sachverständigen Fragen vorlegen zu lassen. [3] Nach Abschluß einer etwaigen Beweisaufnahme ist den Beteiligten Gelegenheit zu Ausführungen zu geben. [4] Das Schlußwort gebührt dem Anfechtenden.

(3) Über die Verhandlung ist eine Niederschrift aufzunehmen, in der die Aussagen der Zeugen und Sachverständigen wiederzugeben sind.

§ 8 [Öffentlichkeit] (1) Die mündliche Verhandlung findet öffentlich statt.

(2) Für die mündliche Verhandlung gilt § 4, doch sollen an ihr alle Mitglieder oder ihre Stellvertreter teilnehmen.

(3) Der Vorsitzende hat in der mündlichen Verhandlung die Befugnisse, die sich aus der sinngemäßen Anwendung der für den Zivilprozeß geltenden Bestimmungen ergeben.

§ 9 [Entsprechende Anwendung der ZPO] Für das gesamte Verfahren sind die für den Zivilprozeß geltenden Bestimmungen entsprechend anzuwenden auf Fristen, Ladungen, Zustellungen, Vereidigungen und die Rechte und Pflichten von Zeugen und Sachverständigen.

§ 10 [Geheime Beratung] (1) Der Wahlprüfungsausschuß berät geheim über das Ergebnis der Verhandlung.

(2) An der Schlußberatung können nur diejenigen ordentlichen und beratenden Mitglieder des Ausschusses oder ihre Stellvertreter teilnehmen, die der mündlichen Verhandlung beigewohnt haben.

(3) Bei der Schlußentscheidung gilt Stimmenthaltung als Ablehnung.

§ 11 [Schriftform] [1] Der Beschluß des Ausschusses ist schriftlich niederzulegen; er muß dem Bundestag eine Entscheidung vorschlagen. [2] Diese muß über die Gültigkeit der angefochtenen Wahl und die sich aus einer Ungültigkeit ergebenden Folgerungen bestimmen. [3] Wurden bei der Vorbereitung oder Durchführung der Wahl Rechte der einsprechenden Person oder der einsprechenden Personen verletzt, wird dies in dem Beschluss festgestellt. [4] Der Beschluß hat die wesentlichen Tatsachen und Gründe, auf denen die Entscheidung beruht, anzugeben. [5] Wegen der Einzelheiten ist eine Bezugnahme auf den Akteninhalt zulässig.

§ 12 [Zuleitung an Bundestag] [1] Der Beschluß ist als Antrag des Wahlprüfungsausschusses an den Bundestag zu leiten und spätestens drei Tage vor der Beratung im Bundestag an sämtliche Abgeordnete zu verteilen. [2] Bei der Beratung kann der Antrag durch mündliche Ausführungen des Berichterstatters ergänzt werden.

§ 13 [Beschluss durch den Bundestag] (1) [1] Der Bundestag beschließt über den Antrag des Ausschusses mit einfacher Mehrheit. [2] Soweit er ihm nicht zustimmt, gilt er als an den Ausschuß zurückverwiesen. [3] Dabei kann der Bundestag dem Ausschuß die Nachprüfung bestimmter tatsächlicher oder rechtlicher Umstände aufgeben.

(2) [1] Der Ausschuß hat nach neuer Schlussentscheidung dem Bundestag einen neuen Antrag vorzulegen. [2] Dieser Antrag kann nur abgelehnt werden durch Annahme eines anderen Antrags, der den Vorschriften des § 11 genügt.

(3) Der Beschluß des Bundestages ist den Beteiligten (§ 6 Abs. 2 und 3) mit einer Rechtsmittelbelehrung zuzustellen.

§ 14 [Einspruch des Bundestagspräsidenten] [1] Ergeben sich Zweifel, ob ein Abgeordneter im Zeitpunkt der Wahl wählbar war, so kann auch nach Ablauf der Einspruchsfrist (§ 2 Abs. 4) der Präsident des Bundestages Einspruch gegen die Gültigkeit der Wahl einlegen. [2] Er muß dies tun, wenn eine Minderheit von einhundert Abgeordneten es verlangt.

§ 15 [Nachträglicher Verlust der Mitgliedschaft im Bundestag] [1] Nach den Vorschriften dieses Gesetzes ist auch zu verfahren, wenn darüber zu entscheiden ist, ob ein Abgeordneter des Bundestages die Mitgliedschaft nachträglich verloren hat (Artikel 41 Abs. 1 Satz 2 des Grundgesetzes[1]). [2]Der Antrag auf Entscheidung des Bundestages kann mit Ausnahme der Fälle, in denen der Ältestenrat oder der Präsident des Bundestages über den Verlust der Mitgliedschaft entschieden hat (§ 47 Abs. 1 und 3 des Bundeswahlgesetzes[2]), jederzeit gestellt werden.

§ 16 [Stellung des Abgeordneten] (1) Stellt der Bundestag in den Fällen, in denen über den Verlust der Mitgliedschaft im Wahlprüfungsverfahren zu entscheiden ist (§ 47 Abs. 1 Nr. 1 und 3 des Bundeswahlgesetzes[2]), den Verlust fest, so behält der Abgeordnete seine Rechte und Pflichten bis zur Rechtskraft der Entscheidung.

(2) Der Bundestag kann jedoch mit einer Mehrheit von zwei Dritteln seiner Mitglieder beschließen, daß der Abgeordnete bis zur Rechtskraft der Entscheidung nicht an den Arbeiten des Bundestages teilnehmen kann.

(3) Wird gegen die gemäß Absatz 1 ergangene Entscheidung des Bundestages Beschwerde eingelegt, so kann das Bundesverfassungsgericht auf Antrag des Beschwerdeführers den gemäß Absatz 2 ergangenen Beschluß durch einstweilige Anordnung aufheben oder, falls ein solcher Beschluß nicht gefaßt worden ist, auf Antrag einer Minderheit des Bundestages, die wenigstens ein Zehntel seiner Mitglieder umfaßt, eine Anordnung gemäß Absatz 2 treffen.

§ 17 [Ausschluss] (1) Von der Beratung und Beschlußfassung im Wahlprüfungsverfahren ist der Abgeordnete ausgeschlossen, dessen Wahl zur Prüfung steht.

(2) Dies gilt nicht, wenn in einem Verfahren die Wahl von mindestens zehn Abgeordneten angefochten wird.

§ 18 [Beschwerde] Für die Beschwerde an das Bundesverfassungsgericht gelten die Vorschriften des Gesetzes über das Bundesverfassungsgericht[3].

§ 19 [Kosten, Auslagen] (1) [1]Die Kosten des Verfahrens beim Bundestag trägt der Bund. [2]Dem in nichtamtlicher Eigenschaft Einsprechenden können notwendige Auslagen erstattet werden, wenn dem Einspruch stattgegeben oder der Einspruch nur deshalb zurückgewiesen wurde, weil der geltend gemachte Mangel keinen Einfluß auf das Wahlergebnis gehabt hat.

(2) Über die Erstattung von Auslagen nach Absatz 1 Satz 2 ist in dem Beschluß des Bundestages zu entscheiden.

§ 20 *(aufgehoben)*

§ 21 [Inkrafttreten] Dieses Gesetz tritt am Tage nach seiner Verkündung[4] in Kraft.

---

[1] Nr. **1**.
[2] Nr. **5**.
[3] Nr. **6**.
[4] Verkündet am 14.3.1951.

6. Gesetz über das Bundesverfassungsgericht (Bundesverfassungsgerichtsgesetz – BVerfGG)

In der Fassung der Bekanntmachung vom 11. August 1993[1)]
(BGBl. I S. 1473)

FNA 1104-1

zuletzt geänd. durch Art. 4 G zur Umsetzung der RL (EU) 2016/680 im Strafverfahren sowie zur Anpassung datenschutzrechtl. Bestimmungen an die VO (EU) 2016/679 v. 20.11.2019 (BGBl. I S. 1724)

Nichtamtliche Inhaltsübersicht

I. Teil. Verfassung und Zuständigkeit des Bundesverfassungsgerichts

II. Teil. Verfassungsgerichtliches Verfahren

Erster Abschnitt. Allgemeine Verfahrensvorschriften

[1)] Neubekanntmachung des BVerfGG idF der Bek. v. 12.12.1985 (BGBl. I S. 2229) in der ab 11.8. 1993 geltenden Fassung.

I. Teil. Verfassung und Zuständigkeit des Bundesverfassungsgerichts

§ 1 [Stellung und Sitz des Gerichts] (1) Das Bundesverfassungsgericht ist ein allen übrigen Verfassungsorganen gegenüber selbständiger und unabhängiger Gerichtshof des Bundes.

(2) Der Sitz des Bundesverfassungsgerichts ist Karlsruhe.

(3) Das Bundesverfassungsgericht gibt sich eine Geschäftsordnung, die das Plenum beschließt.

§ 2 [Senate] (1) Das Bundesverfassungsgericht besteht aus zwei Senaten.

(2) In jeden Senat werden acht Richter gewählt.

(3) [1] Drei Richter jedes Senats werden aus der Zahl der Richter an den obersten Gerichtshöfen des Bundes gewählt. [2] Gewählt werden sollen nur Richter, die wenigstens drei Jahre an einem obersten Gerichtshof des Bundes tätig gewesen sind.

§ 3 [Qualifikation für das Richteramt] (1) Die Richter müssen das 40. Lebensjahr vollendet haben, zum Bundestag wählbar sein und sich schriftlich bereit erklärt haben, Mitglied des Bundesverfassungsgerichts zu werden.

(2) Sie müssen die Befähigung zum Richteramt nach dem Deutschen Richtergesetz besitzen oder bis zum 3. Oktober 1990 in dem in Artikel 3 des Einigungsvertrages genannten Gebiet die Befähigung als Diplomjurist erworben haben und nach Maßgabe des Einigungsvertrages einen gesetzlich geregelten juristischen Beruf aufnehmen dürfen.

(3) [1] Sie können weder dem Bundestag, dem Bundesrat, der Bundesregierung noch den entsprechenden Organen eines Landes angehören. [2] Mit ihrer Ernennung scheiden sie aus solchen Organen aus.

(4) [1] Mit der richterlichen Tätigkeit ist eine andere berufliche Tätigkeit als die eines Lehrers des Rechts an einer deutschen Hochschule unvereinbar. [2] Die Tätigkeit als Richter des Bundesverfassungsgerichts geht der Tätigkeit als Hochschullehrer vor.

§ 4 [Amtszeit] (1) Die Amtszeit der Richter dauert zwölf Jahre, längstens bis zur Altersgrenze.

(2) Eine anschließende oder spätere Wiederwahl der Richter ist ausgeschlossen.

(3) Altersgrenze ist das Ende des Monats, in dem der Richter das 68. Lebensjahr vollendet.

(4) Nach Ablauf der Amtszeit führen die Richter ihre Amtsgeschäfte bis zur Ernennung des Nachfolgers fort.

§ 5 [Wahlorgane] (1) [1] Die Richter jedes Senats werden je zur Hälfte vom Bundestag und vom Bundesrat gewählt. [2] Von den aus der Zahl der Richter an den obersten Gerichtshöfen des Bundes zu berufenden Richtern werden einer von dem einen, zwei von dem anderen Wahlorgan, von den übrigen Richtern drei von dem einen, zwei von dem anderen Wahlorgan in die Senate gewählt.

(2) Die Richter werden frühestens drei Monate vor Ablauf der Amtszeit ihrer Vorgänger oder, wenn der Bundestag in dieser Zeit aufgelöst ist, innerhalb eines Monats nach dem ersten Zusammentritt des Bundestages gewählt.

(3) Scheidet ein Richter vorzeitig aus, so wird der Nachfolger innerhalb eines Monats von demselben Bundesorgan gewählt, das den ausgeschiedenen Richter gewählt hat.

§ 6 [Wahlverfahren im Bundestag] (1) [1] Die vom Bundestag zu berufenden Richter werden auf Vorschlag des Wahlausschusses nach Absatz 2 ohne Aussprache mit verdeckten Stimmzetteln gewählt. [2] Zum Richter ist gewählt, wer eine Mehrheit von zwei Dritteln der abgegebenen Stimmen, mindestens die Mehrheit der Stimmen der Mitglieder des Bundestages auf sich vereinigt.

(2) [1] Der Bundestag wählt nach den Regeln der Verhältniswahl einen Wahlausschuß für die Richter des Bundesverfassungsgerichts, der aus zwölf Mitgliedern des Bundestages besteht. [2] Jede Fraktion kann einen Vorschlag einbringen. [3] Aus den Summen der für jeden Vorschlag abgegebenen Stimmen wird nach dem Höchstzahlverfahren (d'Hondt) die Zahl der auf jeden Vorschlag gewählten Mitglieder errechnet. [4] Gewählt sind die Mitglieder in der Reihenfolge, in der ihr Name auf dem Vorschlag erscheint. [5] Scheidet ein Mitglied des Wahlausschusses aus oder ist es verhindert, so wird es durch das nächste auf der gleichen Liste vorgeschlagene Mitglied ersetzt.

(3) Das älteste Mitglied des Wahlausschusses beruft die Mitglieder des Wahlausschusses unverzüglich unter Einhaltung einer Ladungsfrist von einer Woche ein und leitet die Sitzung, die fortgesetzt wird, bis Vorschläge über alle zu wählenden Richter beschlossen sind.

(4) Die Mitglieder des Wahlausschusses sind zur Verschwiegenheit über die ihnen durch ihre Tätigkeit im Wahlausschuß bekanntgewordenen persönlichen Verhältnisse der Bewerber sowie über die hierzu im Wahlausschuß gepflogenen Erörterungen und über die Abstimmung verpflichtet.

(5) Ein Wahlvorschlag wird mit mindestens acht Stimmen der Mitglieder des Wahlausschusses beschlossen.

§ 7 [Wahlverfahren im Bundesrat] Die vom Bundesrat zu berufenden Richter werden mit zwei Dritteln der Stimmen des Bundesrates gewählt.

§ 7a [Wahlverfahren in besonderen Fällen] (1) Kommt innerhalb von zwei Monaten nach dem Ablauf der Amtszeit oder dem vorzeitigen Ausscheiden eines Richters die Wahl eines Nachfolgers auf Grund der Vorschriften des § 6 nicht zustande, so hat das älteste Mitglied des Wahlausschusses unverzüglich das Bundesverfassungsgericht aufzufordern, Vorschläge für die Wahl zu machen.

(2) [1] Das Plenum des Bundesverfassungsgerichts beschließt mit einfacher Mehrheit, wer zur Wahl als Richter vorgeschlagen wird. [2] Ist nur ein Richter zu wählen, so hat das Bundesverfassungsgericht drei Personen vorzuschlagen; sind gleichzeitig mehrere Richter zu wählen, so hat das Bundesverfassungsgericht doppelt so viele Personen vorzuschlagen, als Richter zu wählen sind. [3] § 16 Abs. 2 gilt entsprechend.

(3) Ist der Richter vom Bundesrat zu wählen, so gelten die Absätze 1 und 2 mit der Maßgabe, daß an die Stelle des ältesten Mitglieds des Wahlausschusses der Präsident des Bundesrates oder sein Stellvertreter tritt.

(4) Das Recht des Wahlorgans, einen nicht vom Bundesverfassungsgericht Vorgeschlagenen zu wählen, bleibt unberührt.

§ 8 [Vorschlagslisten] (1) Das Bundesministerium der Justiz und für Verbaucherschutz stellt eine Liste aller Bundesrichter auf, die die Voraussetzungen des § 3 Abs. 1 und 2 erfüllen.

(2) Das Bundesministerium der Justiz und für Verbaucherschutz führt eine weitere Liste, in die alle Personen aufzunehmen sind, die von einer Fraktion des Bundestages, der Bundesregierung oder einer Landesregierung für das Amt eines Richters am Bundesverfassungsgericht vorgeschlagen werden und die die Voraussetzungen des § 3 Abs. 1 und 2 erfüllen.

(3) Die Listen sind laufend zu ergänzen und spätestens eine Woche vor einer Wahl den Präsidenten des Bundestages und des Bundesrates zuzuleiten.

§ 9 [Wahl des Präsidenten und seines Stellvertreters] (1) [1] Bundestag und Bundesrat wählen im Wechsel den Präsidenten des Bundesverfassungsgerichts und den Vizepräsidenten. [2] Der Vizepräsident ist aus dem Senat zu wählen, dem der Präsident nicht angehört.

(2) Bei der ersten Wahl wählt der Bundestag den Präsidenten, der Bundesrat den Vizepräsidenten.

(3) Die Vorschriften der §§ 6 und 7 gelten entsprechend.

§ 10 [Ernennung des Gewählten] Der Bundespräsident ernennt die Gewählten.

§ 11 [Vereidigung der Richter] (1) [1] Die Richter des Bundesverfassungsgerichts leisten bei Antritt ihres Amtes vor dem Bundespräsidenten folgenden Eid:

„Ich schwöre, daß ich als gerechter Richter allezeit das Grundgesetz[1)] der Bundesrepublik Deutschland getreulich wahren und meine richterlichen

---

[1)] Nr. 1.

Pflichten gegenüber jedermann gewissenhaft erfüllen werde. So wahr mir Gott helfe.“

[2]Wird der Eid durch eine Richterin geleistet, so treten an die Stelle der Worte „als gerechter Richter“ die Worte „als gerechte Richterin“.

(2) Bekennt sich der Richter zu einer Religionsgemeinschaft, deren Angehörigen das Gesetz die Verwendung einer anderen Beteuerungsformel gestattet, so kann er diese gebrauchen.

(3) Der Eid kann auch ohne religiöse Beteuerungsformel geleistet werden.

§ 12 [Recht auf jederzeitige Entlassung] [1]Die Richter des Bundesverfassungsgerichts können jederzeit ihre Entlassung aus dem Amt beantragen. [2]Der Bundespräsident hat die Entlassung auszusprechen.

§ 13 [Zuständigkeit des Gerichts] Das Bundesverfassungsgericht entscheidet

1. über die Verwirkung von Grundrechten (Artikel 18 des Grundgesetzes[1)]),
2. über die Verfassungswidrigkeit von Parteien (Artikel 21 Abs. 2 des Grundgesetzes),

2a. über den Ausschluss von Parteien von staatlicher Finanzierung (Artikel 21 Absatz 3 des Grundgesetzes),

3. über Beschwerden gegen Entscheidungen des Bundestages, die die Gültigkeit einer Wahl oder den Erwerb oder Verlust der Mitgliedschaft eines Abgeordneten beim Bundestag betreffen (Artikel 41 Abs. 2 des Grundgesetzes),

3a. über Beschwerden von Vereinigungen gegen ihre Nichtanerkennung als Partei für die Wahl zum Bundestag (Artikel 93 Absatz 1 Nummer 4c des Grundgesetzes),

4. über Anklagen des Bundestages oder des Bundesrates gegen den Bundespräsidenten (Artikel 61 des Grundgesetzes),
5. über die Auslegung des Grundgesetzes aus Anlaß von Streitigkeiten über den Umfang der Rechte und Pflichten eines obersten Bundesorgans oder anderer Beteiligter, die durch das Grundgesetz oder in der Geschäftsordnung eines obersten Bundesorgans mit eigenen Rechten ausgestattet sind (Artikel 93 Abs. 1 Nr. 1 des Grundgesetzes),
6. bei Meinungsverschiedenheiten oder Zweifeln über die förmliche oder sachliche Vereinbarkeit von Bundesrecht oder Landesrecht mit dem Grundgesetz oder die Vereinbarkeit von Landesrecht mit sonstigem Bundesrecht auf Antrag der Bundesregierung, einer Landesregierung oder eines Viertels der Mitglieder des Bundestages (Artikel 93 Abs. 1 Nr. 2 des Grundgesetzes),

6a. bei Meinungsverschiedenheiten, ob ein Gesetz den Voraussetzungen des Artikels 72 Abs. 2 des Grundgesetzes entspricht, auf Antrag des Bundesrates, einer Landesregierung oder der Volksvertretung eines Landes (Artikel 93 Abs. 1 Nr. 2a des Grundgesetzes),

---

[1)] Nr. 1.

6b. darüber, ob im Falle des Artikels 72 Abs. 4 die Erforderlichkeit für eine bundesgesetzliche Regelung nach Artikel 72 Abs. 2 nicht mehr besteht oder Bundesrecht in den Fällen des Artikels 125a Abs. 2 Satz 1 nicht mehr erlassen werden könnte, auf Antrag des Bundesrates, einer Landesregierung oder der Volksvertretung eines Landes (Artikel 93 Abs. 2 des Grundgesetzes),
7. bei Meinungsverschiedenheiten über Rechte und Pflichten des Bundes und der Länder, insbesondere bei der Ausführung von Bundesrecht durch die Länder und bei der Ausübung der Bundesaufsicht (Artikel 93 Abs.1 Nr. 3 und Artikel 84 Abs. 4 Satz 2 des Grundgesetzes),
8. in anderen öffentlich-rechtlichen Streitigkeiten zwischen dem Bund und den Ländern, zwischen verschiedenen Ländern oder innerhalb eines Landes, soweit nicht ein anderer Rechtsweg gegeben ist (Artikel 93 Abs. 1 Nr. 4 des Grundgesetzes),
8a. über Verfassungsbeschwerden (Artikel 93 Abs. 1 Nr. 4a und 4b des Grundgesetzes),
9. über Richteranklagen gegen Bundesrichter und Landesrichter (Artikel 98 Abs. 2 und 5 des Grundgesetzes),
10. über Verfassungsstreitigkeiten innerhalb eines Landes, wenn diese Entscheidung durch Landesgesetz dem Bundesverfassungsgericht zugewiesen ist (Artikel 99 des Grundgesetzes),
11. über die Vereinbarkeit eines Bundesgesetzes oder eines Landesgesetzes mit dem Grundgesetz oder die Vereinbarkeit eines Landesgesetzes oder sonstigen Landesrechts mit einem Bundesgesetz auf Antrag eines Gerichts (Artikel 100 Abs. 1 des Grundgesetzes),
11a. über die Vereinbarkeit eines Beschlusses des Deutschen Bundestages zur Einsetzung eines Untersuchungsausschusses mit dem Grundgesetz auf Vorlage nach § 36 Abs. 2 des Untersuchungsausschussgesetzes[1)],
12. bei Zweifeln darüber, ob eine Regel des Völkerrechts Bestandteil des Bundesrechts ist und ob sie unmittelbar Rechte und Pflichten für den einzelnen erzeugt, auf Antrag des Gerichts (Artikel 100 Abs. 2 des Grundgesetzes),
13. wenn das Verfassungsgericht eines Landes bei der Auslegung des Grundgesetzes von einer Entscheidung des Bundesverfassungsgerichts oder des Verfassungsgerichts eines anderen Landes abweichen will, auf Antrag dieses Verfassungsgerichts (Artikel 100 Abs. 3 des Grundgesetzes),
14. bei Meinungsverschiedenheiten über das Fortgelten von Recht als Bundesrecht (Artikel 126 des Grundgesetzes),
15. in den ihm sonst durch Bundesgesetz zugewiesenen Fällen (Artikel 93 Abs. 3 des Grundgesetzes).

§ 14 [Zuständigkeit der Senate] (1) [1]Der Erste Senat des Bundesverfassungsgerichts ist zuständig für Normenkontrollverfahren (§ 13 Nr. 6 und 11), in denen überwiegend die Unvereinbarkeit einer Vorschrift mit Grundrechten oder Rechten aus den Artikeln 33, 101, 103 und 104 des Grundgesetzes[2)]

[1)] Nr. **4**.
[2)] Nr. **1**.

geltend gemacht wird, sowie für Verfassungsbeschwerden mit Ausnahme der Verfassungsbeschwerden nach § 91 und der Verfassungsbeschwerden aus dem Bereich des Wahlrechts. [2]Das Gleiche gilt, wenn eine Landesregierung zusammen mit einem Normenkontrollantrag (§ 13 Nr. 6) nach Satz 1 einen Antrag nach § 13 Nr. 6a oder 6b stellt.

(2) Der Zweite Senat des Bundesverfassungsgerichts ist zuständig in den Fällen des § 13 Nr. 1 bis 5, 6a bis 9, 11a, 12 und 14, ferner für Normenkontrollverfahren und Verfassungsbeschwerden, die nicht dem Ersten Senat zugewiesen sind.

(3) In den Fällen des § 13 Nr. 10 und 13 bestimmt sich die Zuständigkeit der Senate nach der Regel der Absätze 1 und 2.

(4[1]) [1]Das Plenum des Bundesverfassungsgerichts kann mit Wirkung vom Beginn des nächsten Geschäftsjahres die Zuständigkeit der Senate abweichend von den Absätzen 1 bis 3 regeln, wenn dies infolge einer nicht nur vorübergehenden Überlastung eines Senats unabweislich geworden ist. [2]Die Regelung

---

[1]) Siehe hierzu den Beschl. des Plenums des Bundesverfassungsgerichts v. 24.11.2015 (BGBl. 2016 I S. 118), zuletzt geänd. durch Beschl. v. 20.11.2018 (BGBl. 2019 I S. 44):
Das Plenum des Bundesverfassungsgerichts hat am 24. November 2015 gemäß § 14 Absatz 4 des Gesetzes über das Bundesverfassungsgericht (Nr. **6**) in der Fassung der Bekanntmachung vom 11. August 1993 (BGBl. I S. 1473), das zuletzt durch Artikel 8 der Verordnung vom 31. August 2015 (BGBl. I S. 1474) geändert worden ist, beschlossen:

A. [Zuständigkeit des Zweiten Senats]

Mit Wirkung vom 1. Januar 2016 ist abweichend von § 14 Absatz 1 bis 3 des Gesetzes über das Bundesverfassungsgericht der Zweite Senat des Bundesverfassungsgerichts auch zuständig:

I. Für Normenkontrollverfahren (§ 13 Nummer 6 und Nummer 11 BVerfGG) und Verfassungsbeschwerden aus den Rechtsbereichen
   1. des Asylrechts;
   2. des Aufenthaltsrechts und der internationalen Rechtshilfe in Strafsachen;
   3. des Staatsangehörigkeitsrechts;
   4. des öffentlichen Dienstes und der Dienstverhältnisse zu Religionsgesellschaften, deren Recht dem Recht des öffentlichen Dienstes nachgebildet ist, einschließlich des jeweiligen Disziplinarrechts;
   5. des Wehr- und Ersatzdienstes einschließlich des diesen Bereich betreffenden Disziplinarrechts;
   6. des Strafrechts und des Strafverfahrensrechts mit Ausnahme von Verfahren, in denen Fragen der Auslegung und Anwendung des Artikels 5 oder des Artikels 8 GG überwiegen;
   7. des Vollzugs von Untersuchungs- und Strafhaft und von freiheitsentziehenden Maßregeln der Sicherung und Besserung sowie der Anordnung und des Vollzugs anderer Freiheitsentziehungen;
   8. des Bußgeldverfahrens;
   9. des Einkommensteuerrechts einschließlich des Kirchensteuerrechts.

II. Für Normenkontrollverfahren und Verfassungsbeschwerden, die in den Geschäftsjahren 2016 bis 2019 eingehen, aus den Rechtsbereichen
   1. des Vertriebenenrechts;
   2. des Körperschaftsteuerrechts und des Umwandlungssteuerrechts;
   3. des Waffenrechts;
   4. des Petitionsrechts;
   5. des Rechts der Zwangsversteigerung und Zwangsvollstreckung (soweit es sich nicht um Erkenntnisverfahren handelt);
   6. des Insolvenzrechts (ausgenommen Verfahren, in denen eine Verletzung von Artikel 12 GG gerügt wird).

III. Für Verfassungsbeschwerden, die ab dem Geschäftsjahr 2018 eingehen, aus dem Bereich der Zivilgerichtsbarkeit **mit Ausnahme** der Rechtsbereiche (einschließlich der dazugehörigen Amts-

(Fortsetzung der Anm. nächste Seite)

gilt auch für anhängige Verfahren, bei denen noch keine mündliche Verhandlung oder Beratung der Entscheidung stattgefunden hat. [3]Der Beschluß wird im Bundesgesetzblatt bekanntgemacht.

(5) [1]Wenn zweifelhaft ist, welcher Senat für ein Verfahren zuständig ist, so entscheidet darüber ein Ausschuß, der aus dem Präsidenten, dem Vizepräsidenten und vier Richtern besteht, von denen je zwei von jedem Senat für die Dauer des Geschäftsjahres berufen werden. [2]Bei Stimmengleichheit gibt die Stimme des Vorsitzenden den Ausschlag.

(Fortsetzung der Anm. von voriger Seite)
haftungs-, Kostenrechts-, Prozesskostenhilfe-, Beratungshilfe- und Verzögerungsverfahren sowie Verfahren zu Befangenheitsanträgen):
1. allgemeines Persönlichkeitsrecht;
2. Recht der Glaubens- und Bekenntnisfreiheit (Artikel 4 Absatz 1 und 2 GG);
3. Recht der freien Meinungsäußerung, Informations-, Rundfunk- und Pressefreiheit (Artikel 5 GG);
4. Familienrecht (einschließlich Betreuungs-, Namens-, Personenstands- und Transsexuellenrecht);
5. Recht des geistigen Eigentums;
6. Recht des Datenschutzes;
7. Kunst- und Wissenschaftsfreiheit (Artikel 5 Absatz 3 GG);
8. Versammlungsfreiheit (Artikel 8 GG);
9. Vereinigungsfreiheit (Artikel 9 GG);
10. Recht der selbständig und vorwiegend persönlich ausgeübten Berufe (einschließlich Recht der berufsständischen Versorgungseinrichtungen);
11. Erbrecht;
12. Mietrecht;
13. Wettbewerbsrecht;
14. grundstücks- und unternehmensbezogene Vermögensfragen im Zusammenhang mit der Herstellung der Deutschen Einheit;
15. Bau- und Bodenrecht einschließlich Erschließungs- und Enteignungsrecht;
16. Gesellschaftsrecht einschließlich Genossenschaftsrecht;
17. Recht des Versicherungswesens;
18. Bank-, Börsen- und Wertpapierrecht;
19. Kreditrecht einschließlich des Rechts der Sicherungen;
20. Recht der Finanzmarktstabilisierung einschließlich Enteignungen;
21. Regulierungsrecht;
22. Dienst- und Werkvertragsrecht einschließlich Anwaltsvertrags- und Arztvertragsrecht;
23. sonstiges Deliktsrecht;
24. wirtschaftsrechtliche Fragen der gesetzlichen Krankenversicherung;
25. Vollstreckung öffentlich-rechtlicher Forderungen;
26. Wohnungseigentumsrecht;
27. Kaufrecht.

IV. Im Übrigen für Normenkontrollverfahren und Verfassungsbeschwerden
1. bei denen die Auslegung und Anwendung von Völkerrecht oder der Artikel 23, 24 und 59 GG, mit Ausnahme der einzelnen menschenrechtlichen Gewährleistungen, überwiegen;
2. bei denen andere Fragen als solche der Auslegung und Anwendung der Artikel 1 bis 17, 19, 101 und 103 Absatz 1 GG (auch in Verbindung mit dem Rechtsstaatsprinzip) überwiegen.

B. [Anhängige Verfahren]

Für bis zum 31. Dezember 2015 anhängig werdende Verfahren bleibt es bei der bisherigen Senatszuständigkeit.

C. [Außerkrafttreten des Beschlusses vom 15.11.1993]

Der Beschluss des Bundesverfassungsgerichts vom 15. November 1993 (BGBl. I S. 2492), der zuletzt durch Beschluss des Plenums vom 19. November 2014 (BGBl. 2015 I S. 24) geändert worden ist, tritt mit Ablauf des 31. Dezember 2015 außer Kraft.

§ 15 [Vorsitz und Beschlussfähigkeit] (1) [1]Der Präsident des Bundesverfassungsgerichts und der Vizepräsident führen den Vorsitz in ihrem Senat. [2]Sie werden von dem dienstältesten, bei gleichem Dienstalter von dem lebensältesten anwesenden Richter des Senats vertreten.

(2) [1]Jeder Senat ist beschlußfähig, wenn mindestens sechs Richter anwesend sind. [2]Ist ein Senat in einem Verfahren von besonderer Dringlichkeit nicht beschlußfähig, ordnet der Vorsitzende ein Losverfahren an, durch das so lange Richter des anderen Senats als Vertreter bestimmt werden, bis die Mindestzahl erreicht ist. [3]Die Vorsitzenden der Senate können nicht als Vertreter bestimmt werden. [4]Das Nähere regelt die Geschäftsordnung.

(3) [1]Nach Beginn der Beratung einer Sache können weitere Richter nicht hinzutreten. [2]Wird der Senat beschlußunfähig, muß die Beratung nach seiner Ergänzung neu begonnen werden.

(4) [1]Im Verfahren gemäß § 13 Nummer 1, 2, 2a, 4 und 9 bedarf es zu einer dem Antragsgegner nachteiligen Entscheidung in jedem Fall einer Mehrheit von zwei Dritteln der Mitglieder des Senats. [2]Im übrigen entscheidet die Mehrheit der an der Entscheidung mitwirkenden Mitglieder des Senats, soweit nicht das Gesetz etwas anderes bestimmt. [3]Bei Stimmengleichheit kann ein Verstoß gegen das Grundgesetz[1)] oder sonstiges Bundesrecht nicht festgestellt werden.

§ 15a [Berufung von Kammern; Verteilung der Verfassungsbeschwerden] (1) [1]Die Senate berufen für die Dauer eines Geschäftsjahres mehrere Kammern. [2]Jede Kammer besteht aus drei Richtern. [3]Die Zusammensetzung einer Kammer soll nicht länger als drei Jahre unverändert bleiben.

(2) Der Senat beschließt vor Beginn eines Geschäftsjahres für dessen Dauer die Verteilung der Anträge nach § 80 und der Verfassungsbeschwerden nach den §§ 90 und 91 auf die Berichterstatter, die Zahl und Zusammensetzung der Kammern sowie die Vertretung ihrer Mitglieder.

§ 16 [Plenarentscheidungen] (1) Will ein Senat in einer Rechtsfrage von der in einer Entscheidung des anderen Senats enthaltenen Rechtsauffassung abweichen, so entscheidet darüber das Plenum des Bundesverfassungsgerichts.

(2) Es ist beschlußfähig, wenn von jedem Senat zwei Drittel seiner Richter anwesend sind.

II. Teil. Verfassungsgerichtliches Verfahren

Erster Abschnitt. Allgemeine Verfahrensvorschriften

§ 17 [Anwendung von Vorschriften des Gerichtsverfassungsgesetzes]

Soweit in diesem Gesetz nichts anderes bestimmt ist, sind hinsichtlich der Öffentlichkeit, der Sitzungspolizei, der Gerichtssprache, der Beratung und Abstimmung die Vorschriften der Titel 14 bis 16 des Gerichtsverfassungsgesetzes entsprechend anzuwenden.

§ 17a [Zulässigkeit von Ton- und Fernseh-Rundfunkaufnahmen]

(1) [1]Die Verhandlung vor dem Bundesverfassungsgericht einschließlich der Verkündung von Entscheidungen ist öffentlich. [2]Ton- und Fernseh-Rundfunk-

---

1) Nr. 1.

aufnahmen sowie Ton- und Filmaufnahmen zum Zwecke der öffentlichen Vorführung oder der Veröffentlichung ihres Inhalts sind nur zulässig

1. in der mündlichen Verhandlung, bis das Gericht die Anwesenheit der Beteiligten festgestellt hat,
2. bei der öffentlichen Verkündung von Entscheidungen.

[3] Die Tonübertragung in einen Arbeitsraum für Personen, die für Presse, Hörfunk, Fernsehen oder für andere Medien berichten, kann durch Anordnung des oder der Vorsitzenden zugelassen werden.

(2) Zur Wahrung schutzwürdiger Interessen der Beteiligten oder Dritter sowie eines ordnungsgemäßen Ablaufs des Verfahrens kann der oder die Vorsitzende die Aufnahmen nach Absatz 1 Satz 2 oder deren Übertragung sowie die Übertragung nach Absatz 1 Satz 3 ganz oder teilweise untersagen oder von der Einhaltung von Auflagen abhängig machen.

(3) [1] Tonaufnahmen der Verhandlung vor dem Bundesverfassungsgericht einschließlich der Verkündung von Entscheidungen können zu wissenschaftlichen und historischen Zwecken durch Senatsbeschluss zugelassen werden, wenn es sich um ein Verfahren von herausragender zeitgeschichtlicher Bedeutung für die Bundesrepublik Deutschland handelt. [2] Zur Wahrung schutzwürdiger Interessen der Beteiligten oder Dritter oder zur Wahrung eines ordnungsgemäßen Ablaufs des Verfahrens können die Aufnahmen durch den Vorsitzenden oder die Vorsitzende teilweise untersagt werden. [3] Die Aufnahmen sind nicht zu den Akten zu nehmen und dürfen weder herausgegeben noch für Zwecke des aufgenommenen oder eines anderen Verfahrens genutzt oder verwertet werden. [4] Die Aufnahmen sind vom Gericht nach Abschluss des Verfahrens dem Bundesarchiv zur Übernahme anzubieten, das nach dem Bundesarchivgesetz festzustellen hat, ob den Aufnahmen ein bleibender Wert zukommt. [5] Nimmt das Bundesarchiv die Aufnahmen nicht an, sind die Aufnahmen durch das Gericht zu löschen. [6] § 25a Satz 2 bleibt unberührt.

(4) Gegen die Anordnungen des oder der Vorsitzenden kann der Senat angerufen werden.

§ 18 [Ausschließung eines Richters] (1) Ein Richter des Bundesverfassungsgerichts ist von der Ausübung seines Richteramtes ausgeschlossen, wenn er

1. an der Sache beteiligt oder mit einem Beteiligten verheiratet ist oder war, eine Lebenspartnerschaft führt oder führte, in gerader Linie verwandt oder verschwägert oder in der Seitenlinie bis zum dritten Grade verwandt oder bis zum zweiten Grade verschwägert ist oder
2. in derselben Sache bereits von Amts oder Berufs wegen tätig gewesen ist.

(2) Beteiligt ist nicht, wer auf Grund seines Familienstandes, seines Berufs, seiner Abstammung, seiner Zugehörigkeit zu einer politischen Partei oder aus einem ähnlich allgemeinen Gesichtspunkt am Ausgang des Verfahrens interessiert ist.

(3) Als Tätigkeit im Sinne des Absatzes 1 Nr. 2 gilt nicht

1. die Mitwirkung im Gesetzgebungsverfahren,
2. die Äußerung einer wissenschaftlichen Meinung zu einer Rechtsfrage, die für das Verfahren bedeutsam sein kann.

§ 19 [Ablehnung eines Richters wegen Besorgnis der Befangenheit; Bestimmung eines Vertreters] (1) Wird ein Richter des Bundesverfassungsgerichts wegen Besorgnis der Befangenheit abgelehnt, so entscheidet das Gericht unter Ausschluß des Abgelehnten; bei Stimmengleichheit gibt die Stimme des Vorsitzenden den Ausschlag.

(2) [1] Die Ablehnung ist zu begründen. [2] Der Abgelehnte hat sich dazu zu äußern. [3] Die Ablehnung ist unbeachtlich, wenn sie nicht spätestens zu Beginn der mündlichen Verhandlung erklärt wird.

(3) Erklärt sich ein Richter, der nicht abgelehnt ist, selbst für befangen, so gilt Absatz 1 entsprechend.

(4) [1] Hat das Bundesverfassungsgericht die Ablehnung oder Selbstablehnung eines Richters für begründet erklärt, wird durch Los ein Richter des anderen Senats als Vertreter bestimmt. [2] Die Vorsitzenden der Senate können nicht als Vertreter bestimmt werden. [3] Das Nähere regelt die Geschäftsordnung.

§ 20 [Akteneinsicht] Die Beteiligten haben das Recht der Akteneinsicht.

§ 21 [Wahrung von Terminen durch Beauftragte von Personengruppen] Wenn das Verfahren von einer Personengruppe oder gegen eine Personengruppe beantragt wird, kann das Bundesverfassungsgericht anordnen, daß sie ihre Rechte, insbesondere das Recht auf Anwesenheit im Termin, durch einen oder mehrere Beauftragte wahrnehmen läßt.

§ 22 [Prozessvertretung] (1) [1] Die Beteiligten können sich in jeder Lage des Verfahrens durch einen Rechtsanwalt oder einen Rechtslehrer an einer staatlichen oder staatlich anerkannten Hochschule eines Mitgliedstaates der Europäischen Union, eines anderen Vertragsstaates des Abkommens über den Europäischen Wirtschaftsraum oder der Schweiz, der die Befähigung zum Richteramt besitzt, als Bevollmächtigten vertreten lassen; in der mündlichen Verhandlung vor dem Bundesverfassungsgericht müssen sie sich in dieser Weise vertreten lassen. [2] Gesetzgebende Körperschaften und Teile von ihnen, die in der Verfassung oder in der Geschäftsordnung mit eigenen Rechten ausgestattet sind, können sich auch durch ihre Mitglieder vertreten lassen. [3] Der Bund, die Länder und ihre Verfassungsorgane können sich außerdem durch ihre Beamten vertreten lassen, soweit sie die Befähigung zum Richteramt besitzen oder auf Grund der vorgeschriebenen Staatsprüfungen die Befähigung zum höheren Verwaltungsdienst erworben haben. [4] Das Bundesverfassungsgericht kann auch eine andere Person als Beistand eines Beteiligten zulassen.

(2) [1] Die Vollmacht ist schriftlich zu erteilen. [2] Sie muß sich ausdrücklich auf das Verfahren beziehen.

(3) Ist ein Bevollmächtigter bestellt, so sind alle Mitteilungen des Gerichts an ihn zu richten.

§ 23 [Einleitung des Verfahrens] (1) [1] Anträge, die das Verfahren einleiten, sind schriftlich beim Bundesverfassungsgericht einzureichen. [2] Sie sind zu begründen; die erforderlichen Beweismittel sind anzugeben.

(2) Der Vorsitzende oder, wenn eine Entscheidung nach § 93c in Betracht kommt, der Berichterstatter stellt den Antrag dem Antragsgegner, den übrigen Beteiligten sowie den Dritten, denen nach § 27a Gelegenheit zur Stellung-

nahme gegeben wird, unverzüglich mit der Aufforderung zu, sich binnen einer zu bestimmenden Frist dazu zu äußern.

(3) Der Vorsitzende oder der Berichterstatter kann jedem Beteiligten aufgeben, binnen einer zu bestimmenden Frist die erforderliche Zahl von Abschriften seiner Schriftsätze und der angegriffenen Entscheidungen für das Gericht und für die übrigen Beteiligten nachzureichen.

§ 24 [A-Limine-Abweisung] [1] Unzulässige oder offensichtlich unbegründete Anträge können durch einstimmigen Beschluß des Gerichts verworfen werden. [2] Der Beschluß bedarf keiner weiteren Begründung, wenn der Antragsteller vorher auf die Bedenken gegen die Zulässigkeit oder Begründetheit seines Antrags hingewiesen worden ist.

§ 25 [Grundsätze mündlicher Verhandlung; Urteil, Beschluss]

(1) Das Bundesverfassungsgericht entscheidet, soweit nichts anderes bestimmt ist, auf Grund mündlicher Verhandlung, es sei denn, daß alle Beteiligten ausdrücklich auf sie verzichten.

(2) Die Entscheidung auf Grund mündlicher Verhandlung ergeht als Urteil, die Entscheidung ohne mündliche Verhandlung als Beschluß.

(3) Teil- und Zwischenentscheidungen sind zulässig.

(4) Die Entscheidungen des Bundesverfassungsgerichts ergehen „im Namen des Volkes".

§ 25a [Protokoll und Tonbandaufnahme] [1] Über die mündliche Verhandlung wird ein Protokoll geführt. [2] Darüber hinaus wird sie in einer Tonbandaufnahme festgehalten; das Nähere regelt die Geschäftsordnung.

§ 26 [Beweiserhebung] (1) [1] Das Bundesverfassungsgericht erhebt den zur Erforschung der Wahrheit erforderlichen Beweis. [2] Es kann damit außerhalb der mündlichen Verhandlung ein Mitglied des Gerichts beauftragen oder mit Begrenzung auf bestimmte Tatsachen und Personen ein anderes Gericht darum ersuchen.

(2) Auf Grund eines Beschlusses mit einer Mehrheit von zwei Dritteln der Stimmen des Gerichts kann die Beiziehung einzelner Urkunden unterbleiben, wenn ihre Verwendung mit der Staatssicherheit unvereinbar ist.

§ 27 [Rechts- und Amtshilfe] [1] Alle Gerichte und Verwaltungsbehörden leisten dem Bundesverfassungsgericht Rechts- und Amtshilfe. [2] Fordert das Bundesverfassungsgericht Akten eines Ausgangsverfahrens an, werden ihm diese unmittelbar vorgelegt.

§ 27a [Stellungnahme durch sachkundige Dritte] Das Bundesverfassungsgericht kann sachkundigen Dritten Gelegenheit zur Stellungnahme geben.

§ 28 [Zeugen und Sachverständige] (1) Für die Vernehmung von Zeugen und Sachverständigen gelten in den Fällen des § 13 Nummer 1, 2, 2a, 4 und 9 die Vorschriften der Strafprozeßordnung, in den übrigen Fällen die Vorschriften der Zivilprozeßordnung entsprechend.

(2) [1]Soweit ein Zeuge oder Sachverständiger nur mit Genehmigung einer vorgesetzten Stelle vernommen werden darf, kann diese Genehmigung nur verweigert werden, wenn es das Wohl des Bundes oder eines Landes erfordert. [2]Der Zeuge oder Sachverständige kann sich nicht auf seine Schweigepflicht berufen, wenn das Bundesverfassungsgericht mit einer Mehrheit von zwei Dritteln der Stimmen die Verweigerung der Aussagegenehmigung für unbegründet erklärt.

§ 29 [Beweistermin] [1]Die Beteiligten werden von allen Beweisterminen benachrichtigt und können der Beweisaufnahme beiwohnen. [2]Sie können an Zeugen und Sachverständige Fragen richten. [3]Wird eine Frage beanstandet, so entscheidet das Gericht.

§ 30 [Form der Verkündung und Entscheidung] (1) [1]Das Bundesverfassungsgericht entscheidet in geheimer Beratung nach seiner freien, aus dem Inhalt der Verhandlung und dem Ergebnis der Beweisaufnahme geschöpften Überzeugung. [2]Die Entscheidung ist schriftlich abzufassen, zu begründen und von den Richtern, die bei ihr mitgewirkt haben, zu unterzeichnen. [3]Sie ist sodann, wenn eine mündliche Verhandlung stattgefunden hat, unter Mitteilung der wesentlichen Entscheidungsgründe öffentlich zu verkünden. [4]Der Termin zur Verkündung einer Entscheidung kann in der mündlichen Verhandlung bekanntgegeben oder nach Abschluß der Beratungen festgelegt werden; in diesem Fall ist er den Beteiligten unverzüglich mitzuteilen. [5]Zwischen dem Abschluß der mündlichen Verhandlung und der Verkündung der Entscheidung sollen nicht mehr als drei Monate liegen. [6]Der Termin kann durch Beschluß des Bundesverfassungsgerichts verlegt werden.

(2) [1]Ein Richter kann seine in der Beratung vertretene abweichende Meinung zu der Entscheidung oder zu deren Begründung in einem Sondervotum[1)] niederlegen; das Sondervotum ist der Entscheidung anzuschließen. [2]Die Senate

---

[1)] Siehe hierzu die GeschäftsO des Bundesverfassungsgerichts v. 19.11.2014 (BGBl. 2015 I S. 286):

Titel 7. Zum Verfahren bei Abgabe eines Sondervotums gemäß § 30 Absatz 2 BVerfGG

§ 55 [Sondervotum] (1) [1]Das Sondervotum, in dem ein Mitglied des Senats eine in der Beratung vertretene abweichende Meinung zu der Entscheidung oder deren Begründung niederlegt, muss binnen drei Wochen nach Fertigstellung der Entscheidung dem oder der Vorsitzenden des Senats vorliegen. [2]Der Senat kann diese Frist verlängern.

(2) Wer beabsichtigt, ein Sondervotum abzugeben, hat dies dem Senat mitzuteilen, sobald es der Stand der Beratungen ermöglicht.

(3) [1]Wird das Sondervotum zu einem Urteil abgegeben, so geben dies die Vorsitzenden bei der Verkündung bekannt. [2]Im Anschluss daran kann die Richterin oder der Richter den wesentlichen Inhalt des Sondervotums mitteilen.

(4) Das Sondervotum wird zusammen mit der Entscheidung bekanntgemacht.

(5) Das Sondervotum ist in der Sammlung der Entscheidungen des Bundesverfassungsgerichts im Anschluss an die Entscheidung namentlich gekennzeichnet zu veröffentlichen.

(6) Für Sondervoten zu Entscheidungen des Plenums gelten die vorstehenden Bestimmungen entsprechend.

können in ihren Entscheidungen das Stimmenverhältnis mitteilen. [3]Das Nähere regelt die Geschäftsordnung.

(3) Alle Entscheidungen sind den Beteiligten bekanntzugeben.

§ 31 [Verbindlichkeit der Entscheidungen] (1) Die Entscheidungen des Bundesverfassungsgerichts binden die Verfassungsorgane des Bundes und der Länder sowie alle Gerichte und Behörden.

(2) [1]In den Fällen des § 13 Nr. 6, 6a, 11, 12 und 14 hat die Entscheidung des Bundesverfassungsgerichts Gesetzeskraft. [2]Das gilt auch in den Fällen des § 13 Nr. 8a, wenn das Bundesverfassungsgericht ein Gesetz als mit dem Grundgesetz[1)] vereinbar oder unvereinbar oder für nichtig erklärt. [3]Soweit ein Gesetz als mit dem Grundgesetz oder sonstigem Bundesrecht vereinbar oder unvereinbar oder für nichtig erklärt wird, ist die Entscheidungsformel durch das Bundesministerium der Justiz und für Verbraucherschutz im Bundesgesetzblatt zu veröffentlichen. [4]Entsprechendes gilt für die Entscheidungsformel in den Fällen des § 13 Nr. 12 und 14.

§ 32 [Einstweilige Anordnungen] (1) Das Bundesverfassungsgericht kann im Streitfall einen Zustand durch einstweilige Anordnung vorläufig regeln, wenn dies zur Abwehr schwerer Nachteile, zur Verhinderung drohender Gewalt oder aus einem anderen wichtigen Grund zum gemeinen Wohl dringend geboten ist.

(2) [1]Die einstweilige Anordnung kann ohne mündliche Verhandlung ergehen. [2]Bei besonderer Dringlichkeit kann das Bundesverfassungsgericht davon absehen, den am Verfahren zur Hauptsache Beteiligten, zum Beitritt Berechtigten oder Äußerungsberechtigten Gelegenheit zur Stellungnahme zu geben.

(3) Wird die einstweilige Anordnung durch Beschluß erlassen oder abgelehnt, so kann Widerspruch erhoben werden. [2]Das gilt nicht für den Beschwerdeführer im Verfahren der Verfassungsbeschwerde. [3]Über den Widerspruch entscheidet das Bundesverfassungsgericht nach mündlicher Verhandlung. [4]Diese muß binnen zwei Wochen nach dem Eingang der Begründung des Widerspruchs stattfinden.

(4) [1]Der Widerspruch gegen die einstweilige Anordnung hat keine aufschiebende Wirkung. [2]Das Bundesverfassungsgericht kann die Vollziehung der einstweiligen Anordnung aussetzen.

(5) [1]Das Bundesverfassungsgericht kann die Entscheidung über die einstweilige Anordnung oder über den Widerspruch ohne Begründung bekanntgeben. [2]In diesem Fall ist die Begründung den Beteiligten gesondert zu übermitteln.

(6) [1]Die einstweilige Anordnung tritt nach sechs Monaten außer Kraft. [2]Sie kann mit einer Mehrheit von zwei Dritteln der Stimmen wiederholt werden.

(7) [1]Ist ein Senat nicht beschlußfähig, so kann die einstweilige Anordnung bei besonderer Dringlichkeit erlassen werden, wenn mindestens drei Richter anwesend sind und der Beschluß einstimmig gefaßt wird. [2]Sie tritt nach einem Monat außer Kraft. [3]Wird sie durch den Senat bestätigt, so tritt sie sechs Monate nach ihrem Erlaß außer Kraft.

[1)] Nr. 1.

§ 33 [Aussetzung des Verfahrens] (1) Das Bundesverfassungsgericht kann sein Verfahren bis zur Erledigung eines bei einem anderen Gericht anhängigen Verfahrens aussetzen, wenn für seine Entscheidung die Feststellungen oder die Entscheidung dieses anderen Gerichts von Bedeutung sein können.

(2) Das Bundesverfassungsgericht kann seiner Entscheidung die tatsächlichen Feststellungen eines rechtskräftigen Urteils zugrunde legen, das in einem Verfahren ergangen ist, in dem die Wahrheit von Amts wegen zu erforschen ist.

§ 34 [Kosten des Verfahrens; Auferlegung einer Gebühr] (1) Das Verfahren des Bundesverfassungsgerichts ist kostenfrei.

(2) Das Bundesverfassungsgericht kann eine Gebühr bis zu 2 600 Euro auferlegen, wenn die Einlegung der Verfassungsbeschwerde oder der Beschwerde nach Artikel 41 Abs. 2 des Grundgesetzes[1)] einen Mißbrauch darstellt oder wenn ein Antrag auf Erlaß einer einstweiligen Anordnung (§ 32) mißbräuchlich gestellt ist.

(3) Für die Einziehung der Gebühr gilt § 59 Abs. 1 der Bundeshaushaltsordnung entsprechend.

§ 34a [Erstattung der Auslagen] (1) Erweist sich der Antrag auf Verwirkung der Grundrechte (§ 13 Nr. 1), die Anklage gegen den Bundespräsidenten (§ 13 Nr. 4) oder einen Richter (§ 13 Nr. 9) als unbegründet, so sind dem Antragsgegner oder dem Angeklagten die notwendigen Auslagen einschließlich der Kosten der Verteidigung zu ersetzen.

(2) Erweist sich eine Verfassungsbeschwerde als begründet, so sind dem Beschwerdeführer die notwendigen Auslagen ganz oder teilweise zu erstatten.

(3) In den übrigen Fällen kann das Bundesverfassungsgericht volle oder teilweise Erstattung der Auslagen anordnen.

§ 35 [Regelung der Vollstreckung] Das Bundesverfassungsgericht kann in seiner Entscheidung bestimmen, wer sie vollstreckt; es kann auch im Einzelfall die Art und Weise der Vollstreckung regeln.

Zweiter Abschnitt. Akteneinsicht außerhalb des Verfahrens

§ 35a [Auskunft über personenbezogene Daten] [1]Betreffen außerhalb des Verfahrens gestellte Anträge auf Auskunft aus oder Einsicht in Akten des Bundesverfassungsgerichts personenbezogene Daten, so gelten die allgemeinen datenschutzrechtlichen Vorschriften, soweit die nachfolgenden Bestimmungen keine abweichende Regelung treffen. [2]Übermittelt das Bundesverfassungsgericht einer öffentlichen Stelle auf deren Ersuchen personenbezogenen Daten, so trägt die öffentliche Stelle die Verantwortung für die Zulässigkeit der Übermittlung. [3]In diesem Fall prüft das Bundesverfassungsgericht nur, ob das Übermittlungsersuchen im Rahmen der Aufgaben der ersuchenden Stelle liegt, es sei denn, dass besonderer Anlass zur Prüfung der Zulässigkeit der Übermittlung besteht.

---

1) Nr. 1.

§ 35b [Zur Einsicht Berechtigte; Auskunft aus beigezogenen Akten; Versendung von Akten] (1) [1]Auskunft aus oder Einsicht in Akten des Bundesverfassungsgerichts kann gewährt werden

1. öffentlichen Stellen, soweit dies für Zwecke der Rechtspflege erforderlich ist oder die in § 23 Absatz 1 Nummer 2 bis 5 des Bundesdatenschutzgesetzes genannten Voraussetzungen vorliegen oder soweit dies zur Durchführung wissenschaftlicher Forschung erforderlich ist, das wissenschaftliche Interesse an der Durchführung des Forschungsvorhabens das Interesse des Betroffenen an dem Ausschluss der Zweckänderung erheblich überwiegt und der Zweck der Forschung auf andere Weise nicht oder nur mit unverhältnismäßigem Aufwand erreicht werden kann,
2. Privatpersonen und anderen nichtöffentlichen Stellen einschließlich früherer Beteiligter nach Abschluss ihres Verfahrens, soweit sie ein berechtigtes Interesse darlegen und die datenschutzrechtlichen Belange Dritter gewahrt bleiben.

[2]Einer Unterrichtung des Betroffenen von der Übermittlung seiner Daten bedarf es nicht; die Erteilung der Auskunft und die Gewährung der Akteneinsicht sind in der Akte zu vermerken. [3]Auskunft oder Akteneinsicht kann auch gewährt werden, soweit der Betroffene eingewilligt hat.

(2) Akteneinsicht kann nur gewährt werden, wenn unter Angabe von Gründen dargelegt wird, daß die Erteilung einer Auskunft zur Erfüllung der Aufgaben der die Akteneinsicht begehrenden öffentlichen Stelle (Absatz 1 Satz 1 Nummer 1) oder zur Wahrnehmung des berechtigten Interesses der die Akteneinsicht begehrenden Privatperson oder anderen nicht-öffentlichen Stelle (Absatz 1 Satz 1 Nummer 2) nicht ausreichen würde oder die Erteilung einer Auskunft einen unverhältnismäßigen Aufwand erfordern würde.

(3) Aus beigezogenen Akten, die nicht Aktenbestandteil sind, dürfen Auskünfte nur erteilt werden, wenn der Antragsteller die Zustimmung der Stelle nachweist, um deren Akten es sich handelt; gleiches gilt für die Akteneinsicht.

(4) [1]Die Akten des Bundesverfassungsgerichts werden nicht übersandt. [2]An öffentliche Stellen können sie übersandt werden, wenn diesen gemäß Absatz 2 Akteneinsicht gewährt werden kann oder wenn einer Privatperson auf Grund besonderer Umstände dort Akteneinischt gewährt werden soll.

(5) [1]Für die Einsicht in die Akten des Bundesverfassungsgerichts, die beim Bundesarchiv oder durch das Bundesarchiv als Zwischenarchivgut aufbewahrt werden, gelten nach Ablauf von 30 Jahren seit Abschluss des Verfahrens die archivgesetzlichen Regelungen. [2]Für Entwürfe von Urteilen, Beschlüssen und Verfügungen, Arbeiten zu ihrer Vorbereitung und Dokumente, die Abstimmungen betreffen, gilt dies nach Ablauf von 60 Jahren. [3]Das Bundesverfassungsgericht behält für das abgegebene Schriftgut, das beim Bundesarchiv aufbewahrt wird, zu gerichtsinternen und prozessualen Zwecken das jederzeitige und vorrangige Rückgriffsrecht. [4]Zu diesem Zweck ist es ihm auf Anforderung umgehend zu übersenden.

(6) Die Akten zu Kammerentscheidungen, die nicht zur Veröffentlichung bestimmt sind, einschließlich der Entwürfe von Beschlüssen und Verfügungen, Arbeiten zu ihrer Vorbereitung und Dokumente, die Abstimmungen betreffen, können mit Einverständnis des Bundesarchivs nach Ablauf von 30 Jahren vernichtet werden.

(7) Die Akten zu den im Allgemeinen Register eingetragenen Vorgängen, die nicht in das Verfahrensregister übertragen worden sind, können mit Einverständnis des Bundesarchivs fünf Jahre nach der letzten die Sache betreffenden Verfügung vernichtet werden.

§ 35c [Nutzung personenbezogener Daten für andere Verfahren]
Das Bundesverfassungsgericht darf in einem verfassungsgerichtlichen Verfahren zu den Akten gelangte personenbezogene Daten für ein anderes verfassungsgerichtliches Verfahren verarbeiten.

III. Teil. Einzelne Verfahrensarten

Erster Abschnitt. Verfahren in den Fällen des § 13 Nr. 1 [Verwirkung von Grundrechten]

§ 36 [Antragsberechtigte] Der Antrag auf Entscheidung gemäß Artikel 18 Satz 2 des Grundgesetzes[1] kann vom Bundestag, von der Bundesregierung oder von einer Landesregierung gestellt werden.

§ 37 [Vorverfahren] Das Bundesverfassungsgericht gibt dem Antragsgegner Gelegenheit zur Äußerung binnen einer zu bestimmenden Frist und beschließt dann, ob der Antrag als unzulässig oder als nicht hinreichend begründet zurückzuweisen oder ob die Verhandlung durchzuführen ist.

§ 38 [Beschlagnahme und Durchsuchung] (1) Nach Eingang des Antrags kann das Bundesverfassungsgericht eine Beschlagnahme oder Durchsuchung nach den Vorschriften der Strafprozeßordnung anordnen.

(2) [1] Das Bundesverfassungsgericht kann zur Vorbereitung der mündlichen Verhandlung eine Voruntersuchung anordnen. [2] Die Durchführung der Voruntersuchung ist einem Richter des nicht zur Entscheidung in der Hauptsache zuständigen Senats zu übertragen.

§ 39 [Entscheidung über Verwirkung von Grundrechten] (1) [1] Erweist sich der Antrag als begründet, so stellt das Bundesverfassungsgericht fest, welche Grundrechte der Antragsgegner verwirkt hat. [2] Es kann die Verwirkung auf einen bestimmten Zeitraum, mindestens auf ein Jahr, befristen. [3] Es kann dem Antragsgegner auch nach Art und Dauer genau bezeichnete Beschränkungen auferlegen, soweit sie nicht andere als die verwirkten Grundrechte beeinträchtigen. [4] Insoweit bedürfen die Verwaltungsbehörden zum Einschreiten gegen den Antragsgegner keiner weiteren gesetzlichen Grundlage.

(2) Das Bundesverfassungsgericht kann dem Antragsgegner auf die Dauer der Verwirkung der Grundrechte das Wahlrecht, die Wählbarkeit und die Fähigkeit zur Bekleidung öffentlicher Ämter aberkennen und bei juristischen Personen ihre Auflösung anordnen.

§ 40 [Aufhebung der Verwirkung] [1] Ist die Verwirkung zeitlich nicht befristet oder für einen längeren Zeitraum als ein Jahr ausgesprochen, so kann das Bundesverfassungsgericht, wenn seit dem Ausspruch der Verwirkung zwei Jahre

---

[1] Nr. **1**.

verflossen sind, auf Antrag des früheren Antragstellers oder Antragsgegners die Verwirkung ganz oder teilweise aufheben oder die Dauer der Verwirkung abkürzen. [2]Der Antrag kann wiederholt werden, wenn seit der letzten Entscheidung des Bundesverfassungsgerichts ein Jahr verstrichen ist.

§ 41 [Wiederholung eines Antrags] Hat das Bundesverfassungsgericht über einen Antrag sachlich entschieden, so kann er gegen denselben Antragsgegner nur wiederholt werden, wenn er auf neue Tatsachen gestützt wird.

§ 42 (weggefallen)

Zweiter Abschnitt. Verfahren in den Fällen des § 13 Nummer 2 und 2a [Parteiverbot]

§ 43 [Antragsberechtigte] (1) [1]Der Antrag auf Entscheidung, ob eine Partei verfassungswidrig (Artikel 21 Absatz 2 des Grundgesetzes[1)]) oder von staatlicher Finanzierung ausgeschlossen ist (Artikel 21 Absatz 3 des Grundgesetzes), kann von dem Bundestag, dem Bundesrat oder von der Bundesregierung gestellt werden. [2]Der Antrag auf Entscheidung über den Ausschluss von staatlicher Finanzierung kann hilfsweise zu einem Antrag auf Entscheidung, ob eine Partei verfassungswidrig ist, gestellt werden.

(2) Eine Landesregierung kann den Antrag nur gegen eine Partei stellen, deren Organisation sich auf das Gebiet ihres Landes beschränkt.

§ 44 [Vertretung der Partei] [1]Die Vertretung der Partei bestimmt sich nach den gesetzlichen Vorschriften, hilfsweise nach ihrer Satzung. [2]Sind die Vertretungsberechtigten nicht feststellbar oder nicht vorhanden oder haben sie nach Eingang des Antrags beim Bundesverfassungsgericht gewechselt, so gelten als vertretungsberechtigt diejenigen Personen, die die Geschäfte der Partei während der Tätigkeit, die den Antrag veranlaßt hat, zuletzt tatsächlich geführt haben.

§ 45 [Vorverfahren] Das Bundesverfassungsgericht gibt dem Vertretungsberechtigten (§ 44) Gelegenheit zur Äußerung binnen einer zu bestimmenden Frist und beschließt dann, ob der Antrag als unzulässig oder als nicht hinreichend begründet zurückzuweisen oder ob die Verhandlung durchzuführen ist.

§ 46 [Entscheidung über Verfassungswidrigkeit einer politischen Partei] (1) Erweist sich der Antrag auf Entscheidung gemäß Artikel 21 Absatz 2 des Grundgesetzes[1)] als begründet, so stellt das Bundesverfassungsgericht fest, daß die politische Partei verfassungswidrig ist.

(2) Die Feststellung kann auf einen rechtlich oder organisatorisch selbständigen Teil einer Partei beschränkt werden.

(3) [1]Mit der Feststellung ist die Auflösung der Partei oder des selbständigen Teiles der Partei und das Verbot, eine Ersatzorganisation zu schaffen, zu verbinden. [2]Das Bundesverfassungsgericht kann in diesem Fall außerdem die Einziehung des Vermögens der Partei oder des selbständigen Teiles der Partei

---

[1)] Nr. **1**.

zugunsten des Bundes oder des Landes zu gemeinnützigen Zwecken aussprechen.

§ 46a [Entscheidung über den Ausschluss von der staatlichen Parteienfinanzierung] (1) [1]Erweist sich der Antrag auf Entscheidung gemäß Artikel 21 Absatz 3 des Grundgesetzes[1)] als begründet, so stellt das Bundesverfassungsgericht fest, dass die Partei für sechs Jahre von der staatlichen Finanzierung nach § 18 des Parteiengesetzes[2)] ausgeschlossen ist. [2]Die Feststellung ist auf Ersatzparteien zu erstrecken. [3]Dass eine Partei die Bestrebungen einer nach Satz 1 von der staatlichen Finanzierung ausgeschlossenen Partei als Ersatzpartei an deren Stelle weiter verfolgt oder fortführt, stellt das Bundesverfassungsgericht entsprechend Satz 1 fest. [4]Die Feststellung erfolgt auf Antrag eines Berechtigten nach § 43 Absatz 1 Satz 1; § 45 ist auf das Verfahren nicht anzuwenden.

(2) [1]Beantragt einer der Antragsberechtigten spätestens sechs Monate vor Ablauf der Frist nach Absatz 1 Satz 1 ihre Verlängerung, bleibt die Partei bis zur Entscheidung über diesen Antrag von staatlicher Finanzierung ausgeschlossen. [2]§ 45 ist auf das Verfahren nicht anzuwenden. [3]Das Bundesverfassungsgericht kann ohne mündliche Verhandlung entscheiden. [4]Für die Entscheidung gilt Absatz 1 entsprechend. [5]Erneute Verlängerungsanträge sind statthaft.

§ 47 [Beschlagnahme, Durchsuchung] Die Vorschriften der §§ 38 und 41 gelten entsprechend.

Dritter Abschnitt. Verfahren in den Fällen des § 13 Nr. 3 [Wahlprüfung]

§ 48 [Zulässigkeit des Antrags] (1) Die Beschwerde gegen den Beschluß des Bundestages über die Gültigkeit einer Wahl, die Verletzung von Rechten bei der Vorbereitung oder Durchführung der Wahl, soweit sie der Wahlprüfung nach Artikel 41 des Grundgesetzes[1)] unterliegen, oder den Verlust der Mitgliedschaft im Bundestag kann der Abgeordnete, dessen Mitgliedschaft bestritten ist, eine wahlberechtigte Person oder eine Gruppe von wahlberechtigten Personen, deren Einspruch vom Bundestag verworfen worden ist, eine Fraktion oder eine Minderheit des Bundestages, die wenigstens ein Zehntel der gesetzlichen Mitgliederzahl umfaßt, binnen einer Frist von zwei Monaten seit der Beschlußfassung des Bundestages beim Bundesverfassungsgericht erheben; die Beschwerde ist innerhalb dieser Frist zu begründen.

(2) Das Bundesverfassungsgericht kann von einer mündlichen Verhandlung absehen, wenn von ihr keine weitere Förderung des Verfahrens zu erwarten ist.

(3) Erweist sich bei Prüfung der Beschwerde einer wahlberechtigten Person oder einer Gruppe von wahlberechtigten Personen, dass deren Rechte verletzt wurden, stellt das Bundesverfassungsgericht diese Verletzung fest, wenn es nicht die Wahl für ungültig erklärt.

[1)] Nr. 1.
[2)] Nr. 7.

Vierter Abschnitt. Verfahren in den Fällen des § 13 Nr. 4 [Präsidentenanklage]

§ 49 [Anklageschrift] (1) Die Anklage gegen den Bundespräsidenten wegen vorsätzlicher Verletzung des Grundgesetzes[1] oder eines anderen Bundesgesetzes wird durch Einreichung einer Anklageschrift beim Bundesverfassungsgericht erhoben.

(2) Auf Grund des Beschlusses einer der beiden gesetzgebenden Körperschaften (Artikel 61 Abs. 1 des Grundgesetzes) fertigt deren Präsident die Anklageschrift und übersendet sie binnen eines Monats dem Bundesverfassungsgericht.

(3) [1]Die Anklageschrift muß die Handlung oder Unterlassung, wegen der die Anklage erhoben wird, die Beweismittel und die Bestimmung der Verfassung oder des Gesetzes, die verletzt sein soll, bezeichnen. [2]Sie muß die Feststellung enthalten, daß der Beschluß auf Erhebung der Anklage mit der Mehrheit von zwei Dritteln der gesetzlichen Mitgliederzahl des Bundestages oder von zwei Dritteln der Stimmen des Bundesrates gefaßt worden ist.

§ 50 [Frist für Anklageerhebung] Die Anklage kann nur binnen drei Monaten, nachdem der ihr zugrunde liegende Sachverhalt der antragsberechtigten Körperschaft bekannt geworden ist, erhoben werden.

§ 51 [Durchführung des Verfahrens] Die Einleitung und Durchführung des Verfahrens wird durch den Rücktritt des Bundespräsidenten, durch sein Ausscheiden aus dem Amt oder durch Auflösung des Bundestages oder den Ablauf seiner Wahlperiode nicht berührt.

§ 52 [Zurücknahme der Anklage] (1) [1]Die Anklage kann bis zur Verkündung des Urteils auf Grund eines Beschlusses der antragstellenden Körperschaft zurückgenommen werden. [2]Der Beschluß bedarf der Zustimmung der Mehrheit der gesetzlichen Mitgliederzahl des Bundestages oder der Mehrheit der Stimmen des Bundesrates.

(2) Die Anklage wird vom Präsidenten der antragstellenden Körperschaft durch Übersendung einer Ausfertigung des Beschlusses an das Bundesverfassungsgericht zurückgenommen.

(3) Die Zurücknahme der Anklage wird unwirksam, wenn ihr der Bundespräsident binnen eines Monats widerspricht.

§ 53 [Einstweilige Anordnung] Das Bundesverfassungsgericht kann nach Erhebung der Anklage durch einstweilige Anordnung bestimmen, daß der Bundespräsident an der Ausübung seines Amtes verhindert ist.

§ 54 [Voruntersuchung] (1) Das Bundesverfassungsgericht kann zur Vorbereitung der mündlichen Verhandlung eine Voruntersuchung anordnen; es muß sie anordnen, wenn der Vertreter der Anklage oder der Bundespräsident sie beantragt.

(2) Die Durchführung der Voruntersuchung ist einem Richter des nicht zur Entscheidung in der Hauptsache zuständigen Senats zu übertragen.

---

[1] Nr. 1.

§ 55 [Mündliche Verhandlung] (1) Das Bundesverfassungsgericht entscheidet auf Grund mündlicher Verhandlung.

(2) [1] Zur Verhandlung ist der Bundespräsident zu laden. [2] Dabei ist er darauf hinzuweisen, daß ohne ihn verhandelt wird, wenn er unentschuldigt ausbleibt oder ohne ausreichenden Grund sich vorzeitig entfernt.

(3) In der Verhandlung trägt der Beauftragte der antragstellenden Körperschaft zunächst die Anklage vor.

(4) Sodann erhält der Bundespräsident Gelegenheit, sich zur Anklage zu erklären.

(5) Hierauf findet die Beweiserhebung statt.

(6) [1] Zum Schluß wird der Vertreter der Anklage mit seinem Antrag und der Bundespräsident mit seiner Verteidigung gehört. [2] Er hat das letzte Wort.

§ 56 [Urteil] (1) Das Bundesverfassungsgericht stellt im Urteil fest, ob der Bundespräsident einer vorsätzlichen Verletzung des Grundgesetzes[1)] oder eines genau zu bezeichnenden Bundesgesetzes schuldig ist.

(2) [1] Im Falle der Verurteilung kann das Bundesverfassungsgericht den Bundespräsidenten seines Amtes für verlustig erklären. [2] Mit der Verkündung des Urteils tritt der Amtsverlust ein.

§ 57 [Ausfertigung des Urteils] Eine Ausfertigung des Urteils samt Gründen ist dem Bundestag, dem Bundesrat und der Bundesregierung zu übersenden.

Fünfter Abschnitt. Verfahren in den Fällen des § 13 Nr. 9 [Richteranklage]

§ 58 [Richteranklage] (1) Stellt der Bundestag gegen einen Bundesrichter den Antrag nach Artikel 98 Abs. 2 des Grundgesetzes[1)], so sind die Vorschriften der §§ 49 bis 55 mit Ausnahme des § 49 Abs. 3 Satz 2, der §§ 50 und 52 Abs. 1 Satz 2 entsprechend anzuwenden.

(2) [1] Wird dem Bundesrichter ein Verstoß im Amt vorgeworfen, so beschließt der Bundestag nicht vor rechtskräftiger Beendigung des gerichtlichen Verfahrens oder, wenn vorher wegen desselben Verstoßes ein förmliches Disziplinarverfahren eingeleitet worden ist, nicht vor der Eröffnung dieses Verfahrens. [2] Nach Ablauf von sechs Monaten seit der rechtskräftigen Beendigung des gerichtlichen Verfahrens, in dem der Bundesrichter sich des Verstoßes schuldig gemacht haben soll, ist der Antrag nicht mehr zulässig.

(3) Abgesehen von den Fällen des Absatzes 2 ist ein Antrag gemäß Absatz 1 nicht mehr zulässig, wenn seit dem Verstoß zwei Jahre verflossen sind.

(4) Der Antrag wird vor dem Bundesverfassungsgericht von einem Beauftragten des Bundestages vertreten.

§ 59 [Urteil] (1) Das Bundesverfassungsgericht erkennt auf eine der im Artikel 98 Abs. 2 des Grundgesetzes[1)] vorgesehenen Maßnahmen oder auf Freispruch.

[1)] Nr. 1.

(2) Erkennt das Bundesverfassungsgericht auf Entlassung, so tritt der Amtsverlust mit der Verkündung des Urteils ein.

(3) Wird auf Versetzung in ein anderes Amt oder in den Ruhestand erkannt, so obliegt der Vollzug der für die Entlassung des Bundesrichters zuständigen Stelle.

(4) Eine Ausfertigung des Urteils mit Gründen ist dem Bundespräsidenten, dem Bundestag und der Bundesregierung zu übersenden.

§ 60 [Aussetzung eines Disziplinarverfahrens] [1] Solange ein Verfahren vor dem Bundesverfassungsgericht anhängig ist, wird das wegen desselben Sachverhalts bei einem Disziplinargericht anhängige Verfahren ausgesetzt. [2] Erkennt das Bundesverfassungsgericht auf Entlassung aus dem Amt oder auf Anordnung der Versetzung in ein anderes Amt oder in den Ruhestand, so wird das Disziplinarverfahren eingestellt; im anderen Falle wird es fortgesetzt.

§ 61 [Wiederaufnahme des Verfahrens] (1) [1] Die Wiederaufnahme des Verfahrens findet nur zugunsten des Verurteilten und nur auf seinen Antrag oder nach seinem Tode auf Antrag seines Ehegatten, Lebenspartners oder eines seiner Abkömmlinge unter den Voraussetzungen der §§ 359 und 364 der Strafprozeßordnung statt. [2] In dem Antrag müssen der gesetzliche Grund der Wiederaufnahme sowie die Beweismittel angegeben werden. [3] Durch den Antrag auf Wiederaufnahme wird die Wirksamkeit des Urteils nicht gehemmt.

(2) [1] Über die Zulassung des Antrages entscheidet das Bundesverfassungsgericht ohne mündliche Verhandlung. [2] Die Vorschriften der §§ 368, 369 Abs. 1, 2 und 4 und der §§ 370 und 371 Abs. 1 bis 3 der Strafprozeßordnung gelten entsprechend.

(3) In der erneuten Hauptverhandlung ist entweder das frühere Urteil aufrechtzuerhalten oder auf eine mildere Maßnahme oder auf Freispruch zu erkennen.

§ 62 [Verfahren gegen Landesrichter] Soweit gemäß Artikel 98 Abs. 5 Satz 2 des Grundgesetzes[1)] fortgeltendes Landesverfassungsrecht nichts Abweichendes bestimmt, gelten die Vorschriften dieses Abschnitts auch, wenn das Gesetz eines Landes für Landesrichter eine dem Artikel 98 Abs. 2 des Grundgesetzes entsprechende Regelung trifft.

Sechster Abschnitt. Verfahren in den Fällen des § 13 Nr. 5 [Organstreitigkeiten]

§ 63 [Antragsteller und Antragsgegner] Antragsteller und Antragsgegner können nur sein: der Bundespräsident, der Bundestag, der Bundesrat, die Bundesregierung und die im Grundgesetz[1)] oder in den Geschäftsordnungen des Bundestages[2)] und des Bundesrates mit eigenen Rechten ausgestatteten Teile dieser Organe.

§ 64 [Antragsbefugnis] (1) Der Antrag ist nur zulässig, wenn der Antragsteller geltend macht, daß er oder das Organ, dem er angehört, durch eine

---

[1)] Nr. 1.
[2)] Nr. 2.

Maßnahme oder Unterlassung des Antragsgegners in seinen ihm durch das Grundgesetz[1)] übertragenen Rechten und Pflichten verletzt oder unmittelbar gefährdet ist.

(2) Im Antrag ist die Bestimmung des Grundgesetzes zu bezeichnen, gegen die durch die beanstandete Maßnahme oder Unterlassung des Antragsgegners verstoßen wird.

(3) Der Antrag muß binnen sechs Monaten, nachdem die beanstandete Maßnahme oder Unterlassung dem Antragsteller bekannt geworden ist, gestellt werden.

(4) Soweit die Frist bei Inkrafttreten dieses Gesetzes verstrichen ist, kann der Antrag noch binnen drei Monaten nach Inkrafttreten gestellt werden.

§ 65 [Beitritt zum Verfahren] (1) Dem Antragsteller und dem Antragsgegner können in jeder Lage des Verfahrens andere in § 63 genannte Antragsberechtigte beitreten, wenn die Entscheidung auch für die Abgrenzung ihrer Zuständigkeiten von Bedeutung ist.

(2) Das Bundesverfassungsgericht gibt von der Einleitung des Verfahrens dem Bundespräsidenten, dem Bundestag, dem Bundesrat und der Bundesregierung Kenntnis.

§ 66 [Verbindung und Trennung von Verfahren] Das Bundesverfassungsgericht kann anhängige Verfahren verbinden und verbundene trennen.

§ 66a [Entscheidung nach dem Untersuchungsausschussgesetz] [1] In Verfahren nach § 13 Nr. 5 in Verbindung mit § 2 Abs. 3 des Untersuchungsausschussgesetzes[2)] sowie in Verfahren nach § 18 Abs. 3 des Untersuchungsausschussgesetzes, auch in Verbindung mit den §§ 19 und 23 Abs. 2 des Untersuchungsausschussgesetzes, kann das Bundesverfassungsgericht ohne mündliche Verhandlung entscheiden. [2] Gleiches gilt bei Anträgen gemäß § 14 des Gesetzes über die parlamentarische Kontrolle nachrichtendienstlicher Tätigkeit des Bundes in Verbindung mit § 63.

§ 67 [Entscheidung] [1] Das Bundesverfassungsgericht stellt in seiner Entscheidung fest, ob die beanstandete Maßnahme oder Unterlassung des Antragsgegners gegen eine Bestimmung des Grundgesetzes[1)] verstößt. [2] Die Bestimmung ist zu bezeichnen. [3] Das Bundesverfassungsgericht kann in der Entscheidungsformel zugleich eine für die Auslegung der Bestimmung des Grundgesetzes erhebliche Rechtsfrage entscheiden, von der die Feststellung gemäß Satz 1 abhängt.

Siebenter Abschnitt. Verfahren in den Fällen des § 13 Nr. 7 [Streitigkeiten zwischen Bund und Ländern]

§ 68 [Antragsteller und Antragsgegner] Antragsteller und Antragsgegner können nur sein: für den Bund die Bundesregierung, für ein Land die Landesregierung.

[1)] Nr. **1**.
[2)] Nr. **4**.

§ 69 [Verweisung auf Organstreitigkeiten] Die Vorschriften der §§ 64 bis 67 gelten entsprechend.

§ 70 [Anfechtungsfrist] Der Beschluß des Bundesrates nach Artikel 84 Abs. 4 Satz 1 des Grundgesetzes[1)] kann nur binnen eines Monats nach der Beschlußfassung angefochten werden.

Achter Abschnitt. Verfahren in den Fällen des § 13 Nr. 8 [Andere öffentlich-rechtliche Streitigkeiten zwischen dem Bund und den Ländern, zwischen verschiedenen Ländern oder innerhalb eines Landes]

§ 71 [Antragsteller und Antragsgegner] (1) Antragsteller und Antragsgegner können nur sein

1. bei öffentlich-rechtlichen Streitigkeiten gemäß Artikel 93 Abs. 1 Nr. 4 des Grundgesetzes[1)] zwischen dem Bund und den Ländern:
   die Bundesregierung und die Landesregierungen;
2. bei öffentlich-rechtlichen Streitigkeiten gemäß Artikel 93 Abs. 1 Nr. 4 des Grundgesetzes zwischen den Ländern:
   die Landesregierungen;
3. bei öffentlich-rechtlichen Streitigkeiten gemäß Artikel 93 Abs. 1 Nr. 4 des Grundgesetzes innerhalb eines Landes:
   die obersten Organe des Landes und die in der Landesverfassung oder in der Geschäftsordnung eines obersten Organs des Landes mit eigenen Rechten ausgestatteten Teile dieser Organe, wenn sie durch den Streitgegenstand in ihren Rechten oder Zuständigkeiten unmittelbar berührt sind.

(2) Die Vorschrift des § 64 Abs. 3 gilt entsprechend.

§ 72 [Entscheidung] (1) Das Bundesverfassungsgericht kann in seiner Entscheidung erkennen auf

1. die Zulässigkeit oder Unzulässigkeit einer Maßnahme,
2. die Verpflichtung des Antragsgegners, eine Maßnahme zu unterlassen, rückgängig zu machen, durchzuführen oder zu dulden,
3. die Verpflichtung, eine Leistung zu erbringen.

(2) [1] In dem Verfahren nach § 71 Abs. 1 Nr. 3 stellt das Bundesverfassungsgericht fest, ob die beanstandete Maßnahme oder Unterlassung des Antragsgegners gegen eine Bestimmung der Landesverfassung verstößt. [2] Die Vorschriften des § 67 Satz 2 und 3 gelten entsprechend.

Neunter Abschnitt. Verfahren in den Fällen des § 13 Nr. 10 [Verfassungsstreitigkeiten innerhalb eines Landes]

§ 73 [Beteiligte] (1) An einer Verfassungsstreitigkeit innerhalb eines Landes können nur die obersten Organe dieses Landes und die in der Landesverfassung oder in der Geschäftsordnung eines obersten Organs des Landes mit eigenen Rechten ausgestatteten Teile dieser Organe beteiligt sein.

[1)] Nr. 1.

(2) Die Vorschrift des § 64 Abs. 3 gilt entsprechend, sofern das Landesrecht nichts anderes bestimmt.

§ 74 [Entscheidung] Bestimmt das Landesrecht nicht, welchen Inhalt und welche Wirkung die Entscheidung des Bundesverfassungsgerichts haben kann, so gilt § 72 Abs. 2 entsprechend.

§ 75 [Verfahren] Für das Verfahren gelten die allgemeinen Vorschriften des II. Teiles dieses Gesetzes entsprechend.

Zehnter Abschnitt. Verfahren in den Fällen des § 13 Nr. 6 und 6a [Abstrakte Normenkontrolle]

§ 76 [Zulässigkeit des Antrags] (1) Der Antrag der Bundesregierung, einer Landesregierung oder eines Viertels der Mitglieder des Bundestages gemäß Artikel 93 Abs. 1 Nr. 2 des Grundgesetzes[1] ist nur zulässig, wenn der Antragsteller Bundes- oder Landesrecht

1. wegen seiner förmlichen oder sachlichen Unvereinbarkeit mit dem Grundgesetz oder dem sonstigen Bundesrecht für nichtig hält oder
2. für gültig hält, nachdem ein Gericht, eine Verwaltungsbehörde oder ein Organ des Bundes oder eines Landes das Recht als unvereinbar mit dem Grundgesetz oder sonstigem Bundesrecht nicht angewendet hat.

(2) Der Antrag des Bundesrates, einer Landesregierung oder der Volksvertretung eines Landes gemäß Artikel 93 Abs. 1 Nr. 2a des Grundgesetzes ist nur zulässig, wenn der Antragsteller ein Bundesgesetz wegen Nichterfüllung der Voraussetzungen des Artikels 72 Abs. 2 des Grundgesetzes für nichtig hält; der Antrag kann auch darauf gestützt werden, daß der Antragsteller das Bundesgesetz wegen Nichterfüllung der Voraussetzungen des *Artikels 75 Abs. 2* des Grundgesetzes für nichtig hält.

§ 77 [Äußerungsberechtigte Bundes- und Landesorgane] Das Bundesverfassungsgericht gibt

1. in den Fällen des § 76 Abs. 1 dem Bundestag, dem Bundesrat, der Bundesregierung, bei Meinungsverschiedenheiten über die Gültigkeit von Bundesrecht auch den Landesregierungen und bei Meinungsverschiedenheiten über die Gültigkeit einer landesrechtlichen Norm der Volksvertretung und der Regierung des Landes, in dem die Norm verkündet wurde,
2. in den Fällen des § 76 Abs. 2 dem Bundestag, dem Bundesrat, der Bundesregierung sowie den Volksvertretungen und Regierungen der Länder

binnen einer zu bestimmenden Frist Gelegenheit zur Äußerung.

§ 78 [Nichtigerklärung von Gesetzen] [1]Kommt das Bundesverfassungsgericht zu der Überzeugung, daß Bundesrecht mit dem Grundgesetz[1] oder Landesrecht mit dem Grundgesetz oder dem sonstigen Bundesrecht unvereinbar ist, so erklärt es das Gesetz für nichtig. [2]Sind weitere Bestimmungen des gleichen Gesetzes aus denselben Gründen mit dem Grundgesetz oder sonstigem

---

[1] Nr. 1.

Bundesrecht unvereinbar, so kann sie das Bundesverfassungsgericht gleichfalls für nichtig erklären.

§ 79 [Wirkung der Entscheidung] (1) Gegen ein rechtskräftiges Strafurteil, das auf einer mit dem Grundgesetz[1] für unvereinbar oder nach § 78 für nichtig erklärten Norm oder auf der Auslegung einer Norm beruht, die vom Bundesverfassungsgericht für unvereinbar mit dem Grundgesetz erklärt worden ist, ist die Wiederaufnahme des Verfahrens nach den Vorschriften der Strafprozeßordnung zulässig.

(2) [1] Im übrigen bleiben vorbehaltlich der Vorschrift des § 95 Abs. 2 oder einer besonderen gesetzlichen Regelung die nicht mehr anfechtbaren Entscheidungen, die auf einer gemäß § 78 für nichtig erklärten Norm beruhen, unberührt. [2] Die Vollstreckung aus einer solchen Entscheidung ist unzulässig. [3] Soweit die Zwangsvollstreckung nach den Vorschriften der Zivilprozeßordnung durchzuführen ist, gilt die Vorschrift des § 767 der Zivilprozeßordnung entsprechend. [4] Ansprüche aus ungerechtfertigter Bereicherung sind ausgeschlossen.

Elfter Abschnitt. Verfahren in den Fällen des § 13 Nr. 11 und 11a [Nachprüfung von Gesetzen; Nachprüfung von Beschlüssen zur Einsetzung eines Untersuchungsausschusses]

§ 80 [Vorlage – Beschluss] (1) Sind die Voraussetzungen des Artikels 100 Abs. 1 des Grundgesetzes[1] gegeben, so holen die Gerichte unmittelbar die Entscheidung des Bundesverfassungsgerichts ein.

(2) [1] Die Begründung muß angeben, inwiefern von der Gültigkeit der Rechtsvorschrift die Entscheidung des Gerichts abhängig ist und mit welcher übergeordneten Rechtsnorm sie unvereinbar ist. [2] Die Akten sind beizufügen.

(3) Der Antrag des Gerichts ist unabhängig von der Rüge der Nichtigkeit der Rechtsvorschrift durch einen Prozeßbeteiligten.

§ 81 [Entscheidung über die Rechtsfrage] Das Bundesverfassungsgericht entscheidet nur über die Rechtsfrage.

§ 81a [Feststellung der Unzulässigkeit eines Antrags] [1] Die Kammer kann durch einstimmigen Beschluß die Unzulässigkeit eines Antrages nach § 80 feststellen. [2] Die Entscheidung bleibt dem Senat vorbehalten, wenn der Antrag von einem Landesverfassungsgericht oder von einem obersten Gerichtshof des Bundes gestellt wird.

§ 82 [Beitritts- und Äußerungsberechtigte] (1) Die Vorschriften der §§ 77 bis 79 gelten entsprechend.

(2) Die in § 77 genannten Verfassungsorgane können in jeder Lage des Verfahrens beitreten.

(3) Das Bundesverfassungsgericht gibt auch den Beteiligten des Verfahrens vor dem Gericht, das den Antrag gestellt hat, Gelegenheit zur Äußerung; es lädt sie zur mündlichen Verhandlung und erteilt den anwesenden Prozeßbevollmächtigten das Wort.

---

[1] Nr. 1.

(4) [1]Das Bundesverfassungsgericht kann oberste Gerichtshöfe des Bundes oder oberste Landesgerichte um die Mitteilung ersuchen, wie und auf Grund welcher Erwägungen sie das Grundgesetz[1)] in der streitigen Frage bisher ausgelegt haben, ob und wie sie die in ihrer Gültigkeit streitige Rechtsvorschrift in ihrer Rechtsprechung angewandt haben und welche damit zusammenhängenden Rechtsfragen zur Entscheidung anstehen. [2]Es kann sie ferner ersuchen, ihre Erwägungen zu einer für die Entscheidung erheblichen Rechtsfrage darzulegen. [3]Das Bundesverfassungsgericht gibt den Äußerungsberechtigten Kenntnis von der Stellungnahme.

§ 82a [Verfahren nach dem Untersuchungsausschussgesetz] (1) Die §§ 80 bis 82 gelten vorbehaltlich der Absätze 2 und 3 sinngemäß für die Überprüfung der Vereinbarkeit eines Beschlusses des Deutschen Bundestages zur Einsetzung eines Untersuchungsausschusses mit dem Grundgesetz[1)] auf Vorlage nach § 36 Abs. 2 des Untersuchungsausschussgesetzes[2)].

(2) [1]Äußerungsberechtigt sind der Bundestag und die qualifizierte Minderheit nach Artikel 44 Abs. 1 des Grundgesetzes, auf deren Antrag der Einsetzungsbeschluss beruht. [2]Ferner kann das Bundesverfassungsgericht der Bundesregierung, dem Bundesrat, Landesregierungen, der qualifizierten Minderheit nach § 18 Abs. 3 des Untersuchungsausschussgesetzes und Personen Gelegenheit zur Äußerung geben, soweit sie von dem Einsetzungsbeschluss berührt sind.

(3) Das Bundesverfassungsgericht kann ohne mündliche Verhandlung entscheiden.

Zwölfter Abschnitt. Verfahren in den Fällen des § 13 Nr. 12 [Nachprüfung von Völkerrecht]

§ 83 [Entscheidung; Beitritt des Bundestages, des Bundesrates, der Bundesregierung zum Verfahren] (1) Das Bundesverfassungsgericht stellt in den Fällen des Artikels 100 Abs. 2 des Grundgesetzes[1)] in seiner Entscheidung fest, ob die Regel des Völkerrechts Bestandteil des Bundesrechts ist und ob sie unmittelbar Rechte und Pflichten für den einzelnen erzeugt.

(2) [1]Das Bundesverfassungsgericht hat vorher dem Bundestag, dem Bundesrat und der Bundesregierung Gelegenheit zur Äußerung binnen einer zu bestimmenden Frist zu geben. [2]Sie können in jeder Lage des Verfahrens beitreten.

§ 84 [Entsprechende Geltung anderer Verfahrensvorschriften] Die Vorschriften der §§ 80 und 82 Abs. 3 gelten entsprechend.

Dreizehnter Abschnitt. Verfahren in den Fällen des § 13 Nr. 13 [Vorlagebeschluss eines Landesverfassungsgerichts]

§ 85 [Verfahren; Entscheidung] (1) Ist die Entscheidung des Bundesverfassungsgerichts gemäß Artikel 100 Abs. 3 Satz 1 des Grundgesetzes[1)] einzuholen, so legt das Verfassungsgericht des Landes unter Darlegung seiner Rechtsauffassung die Akten vor.

[1)] Nr. **1**.
[2)] Nr. **4**.

(2) Das Bundesverfassungsgericht gibt dem Bundesrat, der Bundesregierung und, wenn es von einer Entscheidung des Verfassungsgerichts eines Landes abweichen will, diesem Gericht Gelegenheit zur Äußerung binnen einer zu bestimmenden Frist.

(3) Das Bundesverfassungsgericht entscheidet nur über die Rechtsfrage.

Vierzehnter Abschnitt. Verfahren in den Fällen des § 13 Nr. 14 [Fortgeltung von Recht als Bundesrecht]

§ 86 [Antragsberechtigte] (1) Antragsberechtigt sind der Bundestag, der Bundesrat, die Bundesregierung und die Landesregierungen.

(2) Wenn in einem gerichtlichen Verfahren streitig und erheblich ist, ob ein Gesetz als Bundesrecht fortgilt, so hat das Gericht in sinngemäßer Anwendung des § 80 die Entscheidung des Bundesverfassungsgerichts einzuholen.

§ 87 [Zulässigkeit des Antrags] (1) Der Antrag des Bundesrates, der Bundesregierung oder einer Landesregierung ist nur zulässig, wenn von der Entscheidung die Zulässigkeit einer bereits vollzogenen oder unmittelbar bevorstehenden Maßnahme eines Bundesorgans, einer Bundesbehörde oder des Organs oder der Behörde eines Landes abhängig ist.

(2) Aus der Begründung des Antrags muß sich das Vorliegen der in Absatz 1 bezeichneten Voraussetzung ergeben.

§ 88 [Beitritt anderer Beteiligter] Die Vorschrift des § 82 gilt entsprechend.

§ 89 [Entscheidung] Das Bundesverfassungsgericht spricht aus, ob das Gesetz ganz oder teilweise in dem gesamten Bundesgebiet oder einem bestimmten Teil des Bundesgebiets als Bundesrecht fortgilt.

Fünfzehnter Abschnitt. Verfahren in den Fällen des § 13 Nr. 8a [Verfassungsbeschwerde]

§ 90 [Aktivlegitimation] (1) Jedermann kann mit der Behauptung, durch die öffentliche Gewalt in einem seiner Grundrechte oder in einem seiner in Artikel 20 Abs. 4, Artikel 33, 38, 101, 103 und 104 des Grundgesetzes[1] enthaltenen Rechte verletzt zu sein, die Verfassungsbeschwerde zum Bundesverfassungsgericht erheben.

(2) [1] Ist gegen die Verletzung der Rechtsweg zulässig, so kann die Verfassungsbeschwerde erst nach Erschöpfung des Rechtswegs erhoben werden. [2] Das Bundesverfassungsgericht kann jedoch über eine vor Erschöpfung des Rechtswegs eingelegte Verfassungsbeschwerde sofort entscheiden, wenn sie von allgemeiner Bedeutung ist oder wenn dem Beschwerdeführer ein schwerer und unabwendbarer Nachteil entstünde, falls er zunächst auf den Rechtsweg verwiesen würde.

(3) Das Recht, eine Verfassungsbeschwerde an das Landesverfassungsgericht nach dem Recht der Landesverfassung zu erheben, bleibt unberührt.

---

[1] Nr. 1.

§ 91 [Aktivlegitimation der Gemeinden] [1]Gemeinden und Gemeindeverbände können die Verfassungsbeschwerde mit der Behauptung erheben, daß ein Gesetz des Bundes oder des Landes die Vorschrift des Artikels 28 des Grundgesetzes[1)] verletzt. [2]Die Verfassungsbeschwerde zum Bundesverfassungsgericht ist ausgeschlossen, soweit eine Beschwerde wegen Verletzung des Rechtes auf Selbstverwaltung nach dem Rechte des Landes beim Landesverfassungsgericht erhoben werden kann.

§ 91a (weggefallen)

§ 92 [Begründung der Beschwerde] In der Begründung der Beschwerde sind das Recht, das verletzt sein soll, und die Handlung oder Unterlassung des Organs oder der Behörde, durch die der Beschwerdeführer sich verletzt fühlt, zu bezeichnen.

§ 93 [Einlegungsfrist] (1) [1]Die Verfassungsbeschwerde ist binnen eines Monats zu erheben und zu begründen. [2]Die Frist beginnt mit der Zustellung oder formlosen Mitteilung der in vollständiger Form abgefaßten Entscheidung, wenn diese nach den maßgebenden verfahrensrechtlichen Vorschriften von Amts wegen vorzunehmen ist. [3]In anderen Fällen beginnt die Frist mit der Verkündung der Entscheidung oder, wenn diese nicht zu verkünden ist, mit ihrer sonstigen Bekanntgabe an den Beschwerdeführer; wird dabei dem Beschwerdeführer eine Abschrift der Entscheidung in vollständiger Form nicht erteilt, so wird die Frist des Satzes 1 dadurch unterbrochen, daß der Beschwerdeführer schriftlich oder zu Protokoll der Geschäftsstelle die Erteilung einer in vollständiger Form abgefaßten Entscheidung beantragt. [4]Die Unterbrechung dauert fort, bis die Entscheidung in vollständiger Form dem Beschwerdeführer von dem Gericht erteilt oder von Amts wegen oder von einem an dem Verfahren Beteiligten zugestellt wird.

(2) [1]War ein Beschwerdeführer ohne Verschulden verhindert, diese Frist einzuhalten, ist ihm auf Antrag Wiedereinsetzung in den vorigen Stand zu gewähren. [2]Der Antrag ist binnen zwei Wochen nach Wegfall des Hindernisses zu stellen. [3]Die Tatsachen zur Begründung des Antrags sind bei der Antragstellung oder im Verfahren über den Antrag glaubhaft zu machen. [4]Innerhalb der Antragsfrist ist die versäumte Rechtshandlung nachzuholen; ist dies geschehen, kann die Wiedereinsetzung auch ohne Antrag gewährt werden. [5]Nach einem Jahr seit dem Ende der versäumten Frist ist der Antrag unzulässig. [6]Das Verschulden des Bevollmächtigten steht dem Verschulden eines Beschwerdeführers gleich.

(3) Richtet sich die Verfassungsbeschwerde gegen ein Gesetz oder gegen einen sonstigen Hoheitsakt, gegen den ein Rechtsweg nicht offensteht, so kann die Verfassungsbeschwerde nur binnen eines Jahres seit dem Inkrafttreten des Gesetzes oder dem Erlaß des Hoheitsaktes erhoben werden.

(4) Ist ein Gesetz vor dem 1. April 1951 in Kraft getreten, so kann die Verfassungsbeschwerde bis zum 1. April 1952 erhoben werden.

§ 93a [Annahme zur Entscheidung] (1) Die Verfassungsbeschwerde bedarf der Annahme zur Entscheidung.

[1)] Nr. 1.

(2) Sie ist zur Entscheidung anzunehmen,

a) soweit ihr grundsätzliche verfassungsrechtliche Bedeutung zukommt,

b) wenn es zur Durchsetzung der in § 90 Abs. 1 genannten Rechte angezeigt ist; dies kann auch der Fall sein, wenn dem Beschwerdeführer durch die Versagung der Entscheidung zur Sache ein besonders schwerer Nachteil entsteht.

§ 93b [Befugnisse der Kammer] [1] Die Kammer kann die Annahme der Verfassungsbeschwerde ablehnen oder die Verfassungsbeschwerde im Falle des § 93c zur Entscheidung annehmen. [2] Im übrigen entscheidet der Senat über die Annahme.

§ 93c [Stattgabe der Beschwerde durch die Kammer] (1) [1] Liegen die Voraussetzungen des § 93a Abs. 2 Buchstabe b vor und ist die für die Beurteilung der Verfassungsbeschwerde maßgebliche verfassungsrechtliche Frage durch das Bundesverfassungsgericht bereits entschieden, kann die Kammer der Verfassungsbeschwerde stattgeben, wenn sie offensichtlich begründet ist. [2] Der Beschluß steht einer Entscheidung des Senats gleich. [3] Eine Entscheidung, die mit der Wirkung des § 31 Abs. 2 ausspricht, daß ein Gesetz mit dem Grundgesetz[1)] oder sonstigem Bundesrecht unvereinbar oder nichtig ist, bleibt dem Senat vorbehalten.

(2) Auf das Verfahren finden § 94 Abs. 2 und 3 und § 95 Abs. 1 und 2 Anwendung.

§ 93d [Verfahren vor der Kammer] (1) [1] Die Entscheidung nach § 93b und § 93c ergeht ohne mündliche Verhandlung. [2] Sie ist unanfechtbar. [3] Die Ablehnung der Annahme der Verfassungsbeschwerde bedarf keiner Begründung.

(2) [1] Solange und soweit der Senat nicht über die Annahme der Verfassungsbeschwerde entschieden hat, kann die Kammer alle das Verfassungsbeschwerdeverfahren betreffenden Entscheidungen erlassen. [2] Eine einstweilige Anordnung, mit der die Anwendung eines Gesetzes ganz oder teilweise ausgesetzt wird, kann nur der Senat treffen; § 32 Abs. 7 bleibt unberührt. [3] Der Senat entscheidet auch in den Fällen des § 32 Abs. 3.

(3) [1] Die Entscheidungen der Kammer ergehen durch einstimmigen Beschluß. [2] Die Annahme durch den Senat ist beschlossen, wenn mindestens drei Richter ihr zustimmen.

§ 94 [Anhörung Dritter] (1) Das Bundesverfassungsgericht gibt dem Verfassungsorgan des Bundes oder des Landes, dessen Handlung oder Unterlassung in der Verfassungsbeschwerde beanstandet wird, Gelegenheit, sich binnen einer zu bestimmenden Frist zu äußern.

(2) Ging die Handlung oder Unterlassung von einem Minister oder einer Behörde des Bundes oder des Landes aus, so ist dem zuständigen Minister Gelegenheit zur Äußerung zu geben.

[1)] Nr. 1.

(3) Richtet sich die Verfassungsbeschwerde gegen eine gerichtliche Entscheidung, so gibt das Bundesverfassungsgericht auch dem durch die Entscheidung Begünstigten Gelegenheit zur Äußerung.

(4) Richtet sich die Verfassungsbeschwerde unmittelbar oder mittelbar gegen ein Gesetz, so ist § 77 entsprechend anzuwenden.

(5) [1] Die in den Absätzen 1, 2 und 4 genannten Verfassungsorgane können dem Verfahren beitreten. [2] Das Bundesverfassungsgericht kann von mündlicher Verhandlung absehen, wenn von ihr keine weitere Förderung des Verfahrens zu erwarten ist und die zur Äußerung berechtigten Verfassungsorgane, die dem Verfahren beigetreten sind, auf mündliche Verhandlung verzichten.

§ 95 [Entscheidung] (1) [1] Wird der Verfassungsbeschwerde stattgegeben, so ist in der Entscheidung festzustellen, welche Vorschrift des Grundgesetzes[1)] und durch welche Handlung oder Unterlassung sie verletzt wurde. [2] Das Bundesverfassungsgericht kann zugleich aussprechen, daß auch jede Wiederholung der beanstandeten Maßnahme das Grundgesetz verletzt.

(2) Wird der Verfassungsbeschwerde gegen eine Entscheidung stattgegeben, so hebt das Bundesverfassungsgericht die Entscheidung auf, in den Fällen des § 90 Abs. 2 Satz 1 verweist es die Sache an ein zuständiges Gericht zurück.

(3) [1] Wird der Verfassungsbeschwerde gegen ein Gesetz stattgegeben, so ist das Gesetz für nichtig zu erklären. [2] Das gleiche gilt, wenn der Verfassungsbeschwerde gemäß Absatz 2 stattgegeben wird, weil die aufgehobene Entscheidung auf einem verfassungswidrigen Gesetz beruht. [3] Die Vorschrift des § 79 gilt entsprechend.

§ 95a (weggefallen)

Sechzehnter Abschnitt. Verfahren in den Fällen des § 13 Nr. 6b [Prüfung der Erforderlichkeit von Bundesrecht]

§ 96 [Verfahren in den Fällen des § 13 Nr. 6b] (1) Aus der Begründung eines Antrags nach Artikel 93 Abs. 2 Satz 1 des Grundgesetzes[1)] muss sich das Vorliegen der in Artikel 93 Abs. 2 Satz 3 des Grundgesetzes bezeichneten Voraussetzung ergeben.

(2) Das Bundesverfassungsgericht gibt den anderen Antragsberechtigten sowie dem Bundestag und der Bundesregierung binnen einer zu bestimmenden Frist Gelegenheit zur Äußerung.

(3) Ein Äußerungsberechtigter nach Absatz 2 kann in jeder Lage des Verfahrens beitreten.

Siebzehnter Abschnitt. Verfahren in den Fällen des § 13 Nummer 3a

§ 96a [Beschwerdeberechtigte; Fristen] (1) Beschwerdeberechtigt sind Vereinigungen und Parteien, denen die Anerkennung als wahlvorschlagsberechtigte Partei nach § 18 Absatz 4 des Bundeswahlgesetzes[2)] versagt wurde.

[1)] Nr. 1.
[2)] Nr. 5.

(2) Die Beschwerde ist binnen einer Frist von vier Tagen nach Bekanntgabe der Entscheidung in der Sitzung des Bundeswahlausschusses nach § 18 Absatz 4 Satz 2 des Bundeswahlgesetzes zu erheben und zu begründen.

(3) § 32 findet keine Anwendung.

§ 96b [Anhörung des Bundeswahlauschusses] Dem Bundeswahlausschuss ist Gelegenheit zur Äußerung zu geben.

§ 96c [Entscheidung ohne mündliche Verhandlung] Das Bundesverfassungsgericht kann ohne Durchführung einer mündlichen Verhandlung entscheiden.

§ 96d [Entscheidungsbekanntgabe ohne Begründung] [1] Das Bundesverfassungsgericht kann seine Entscheidung ohne Begründung bekanntgeben. [2] In diesem Fall ist die Begründung der Beschwerdeführerin und dem Bundeswahlausschuss gesondert zu übermitteln.

IV. Teil. Verzögerungsbeschwerde

§ 97a [Angemessenheit der Verfahrensdauer] (1) [1] Wer infolge unangemessener Dauer eines Verfahrens vor dem Bundesverfassungsgericht als Verfahrensbeteiligter oder als Beteiligter in einem zur Herbeiführung einer Entscheidung des Bundesverfassungsgerichts ausgesetzten Verfahren einen Nachteil erleidet, wird angemessen entschädigt. [2] Die Angemessenheit der Verfahrensdauer richtet sich nach den Umständen des Einzelfalles unter Berücksichtigung der Aufgaben und der Stellung des Bundesverfassungsgerichts.

(2) [1] Ein Nachteil, der nicht Vermögensnachteil ist, wird vermutet, wenn ein Verfahren vor dem Bundesverfassungsgericht unangemessen lange gedauert hat. [2] Hierfür kann Entschädigung nur beansprucht werden, soweit nicht nach den Umständen des Einzelfalles Wiedergutmachung auf andere Weise, insbesondere durch die Feststellung der Unangemessenheit der Verfahrensdauer, ausreichend ist. [3] Die Entschädigung gemäß Satz 2 beträgt 1 200 Euro für jedes Jahr der Verzögerung. [4] Ist der Betrag gemäß Satz 3 nach den Umständen des Einzelfalles unbillig, kann das Bundesverfassungsgericht einen höheren oder niedrigeren Betrag festsetzen.

§ 97b [Verzögerungsbeschwerde, Verzögerungsrüge] (1) [1] Über Entschädigung und Wiedergutmachung wird auf Grund einer Beschwerde zum Bundesverfassungsgericht entschieden (Verzögerungsbeschwerde). [2] Die Verzögerungsbeschwerde ist nur zulässig, wenn der Beschwerdeführer beim Bundesverfassungsgericht die Dauer des Verfahrens gerügt hat (Verzögerungsrüge). [3] Die Verzögerungsrüge ist schriftlich und unter Darlegung der Umstände, die die Unangemessenheit der Verfahrensdauer begründen, einzulegen. [4] Sie ist frühestens zwölf Monate nach Eingang des Verfahrens beim Bundesverfassungsgericht zulässig. [5] Einer Bescheidung der Verzögerungsrüge bedarf es nicht.

(2) [1] Die Verzögerungsbeschwerde kann frühestens sechs Monate nach Erheben einer Verzögerungsrüge erhoben werden; ist eine Entscheidung des Bundesverfassungsgerichts ergangen oder das Verfahren anderweitig erledigt worden, ist die Verzögerungsbeschwerde binnen drei Monaten zu erheben. [2] Sie ist schriftlich einzulegen und gleichzeitig zu begründen. [3] Bis zur rechtskräftigen

Entscheidung über die Verzögerungsbeschwerde ist der Anspruch nicht übertragbar.

§ 97c [Zuständigkeit] (1) [1]Über die Verzögerungsbeschwerde entscheidet die Beschwerdekammer, in die das Plenum zwei Richter aus jedem Senat beruft. [2]Die regelmäßige Amtszeit beträgt zwei Jahre.

(2) Für den Fall, dass der Berichterstatter des beanstandeten Verfahrens Mitglied der Beschwerdekammer ist, ist er von der Mitwirkung am Beschwerdeverfahren ausgeschlossen.

(3) Das Nähere, insbesondere die Bestimmung des Vorsitzes und die Gewährleistung eines kontinuierlichen Nachrückens für ausscheidende Kammermitglieder sowie die Vertretung in der Kammer, regelt die Geschäftsordnung.

§ 97d [Stellungnahme] (1) Der Berichterstatter des beanstandeten Verfahrens soll binnen eines Monats nach Eingang der Begründung der Verzögerungsbeschwerde eine Stellungnahme vorlegen.

(2) [1]Die Beschwerdekammer entscheidet mit Mehrheit. [2]Bei Stimmengleichheit gilt die Verzögerungsbeschwerde als zurückgewiesen. [3]Die Beschwerdekammer entscheidet ohne mündliche Verhandlung. [4]Der Beschluss über die Verzögerungsbeschwerde bedarf keiner Begründung.

(3) Die Entscheidung ist unanfechtbar.

§ 97e [Geltungsdauer] [1]Die §§ 97a bis 97d gelten auch für Verfahren, die am 3. Dezember 2011 bereits anhängig waren, sowie für abgeschlossene Verfahren, deren Dauer am 3. Dezember 2011 Gegenstand einer Beschwerde beim Europäischen Gerichtshof für Menschenrechte ist oder noch werden kann. [2]Für abgeschlossene Verfahren nach Satz 1 gilt § 97b Absatz 1 Satz 2 bis 5 nicht; § 97b Absatz 2 gilt mit der Maßgabe, dass die Verzögerungsbeschwerde sofort erhoben werden kann und spätestens am 3. März 2012 erhoben werden muss.

V. Teil. Schlußvorschriften

§ 98 [Versetzung in den Ruhestand] (1) Ein Richter des Bundesverfassungsgerichts tritt mit Ablauf der Amtszeit (§ 4 Abs. 1, 3 und 4) in den Ruhestand.

(2) Ein Richter des Bundesverfassungsgerichts ist bei dauernder Dienstunfähigkeit in den Ruhestand zu versetzen.

(3) Ein Richter des Bundesverfassungsgerichts ist auf Antrag ohne Nachweis der Dienstunfähigkeit in den Ruhestand zu versetzen, wenn er sein Amt als Richter des Bundesverfassungsgerichts wenigstens sechs Jahre bekleidet hat und wenn er

1. das 65. Lebensjahr vollendet hat oder
2. schwerbehinderter Mensch im Sinne des § 2 Abs. 2 des Neunten Buches Sozialgesetzbuch ist und das 60. Lebensjahr vollendet hat.

(4) In den Fällen des Absatzes 3 gilt § 4 Abs. 4 sinngemäß.

(5) [1]Ein Richter im Ruhestand erhält Ruhegehalt. [2]Das Ruhegehalt wird auf der Grundlage der Bezüge berechnet, die dem Richter nach dem Gesetz

über das Amtsgehalt der Mitglieder des Bundesverfassungsgerichts zuletzt zugestanden haben. [3] Entsprechendes gilt für die Hinterbliebenenversorgung.

(6) § 70 des Beamtenversorgungsgesetzes gilt entsprechend.

§ 99 (weggefallen)

§ 100 [Übergangsgeld] (1) [1] Endet das Amt eines Richters des Bundesverfassungsgerichts nach § 12, so erhält er, wenn er sein Amt wenigstens zwei Jahre bekleidet hat, für die Dauer eines Jahres ein Übergangsgeld in Höhe seiner Bezüge nach Maßgabe des Gesetzes über das Amtsgehalt der Mitglieder des Bundesverfassungsgerichts. [2] Dies gilt nicht für den Fall des Eintritts in den Ruhestand nach § 98.

(2) Die Hinterbliebenen eines früheren Richters des Bundesverfassungsgerichts, der zur Zeit seines Todes Übergangsgeld bezog, erhalten Sterbegeld sowie für den Rest der Bezugsdauer des Übergangsgeldes Witwen- und Waisengeld; Sterbegeld, Witwen- und Waisengeld werden aus dem Übergangsgeld berechnet.

§ 101 [Ausscheiden aus dem bisherigen Amt] (1) [1] Ein zum Richter des Bundesverfassungsgerichts gewählter Beamter oder Richter scheidet vorbehaltlich der Vorschrift des § 70 des Deutschen Richtergesetzes mit der Ernennung aus seinem bisherigen Amt aus. [2] Für die Dauer des Amtes als Richter des Bundesverfassungsgerichts ruhen die in dem Dienstverhältnis als Beamter oder Richter begründeten Rechte und Pflichten. [3] Bei unfallverletzten Beamten oder Richtern bleibt der Anspruch auf das Heilverfahren unberührt.

(2) [1] Endet das Amt als Richter des Bundesverfassungsgerichts, so tritt der Beamte oder Richter, wenn ihm kein anderes Amt übertragen wird, aus seinem Dienstverhältnis als Beamter oder Richter in den Ruhestand und erhält das Ruhegehalt, das er in seinem früheren Amt unter Hinzurechnung der Dienstzeit als Richter des Bundesverfassungsgerichts erhalten hätte. [2] Soweit es sich um Beamte oder Richter handelt, die nicht Bundesbeamte oder Bundesrichter sind, erstattet der Bund dem Dienstherrn das Ruhegehalt sowie die Hinterbliebenenbezüge.

(3) [1] Die Absätze 1 und 2 gelten nicht für beamtete Lehrer des Rechts an einer deutschen Hochschule. [2] Für die Dauer ihres Amtes als Richter am Bundesverfassungsgericht ruhen grundsätzlich ihre Pflichten aus dem Dienstverhältnis als Hochschullehrer. [3] Von den Dienstbezügen aus dem Dienstverhältnis als Hochschullehrer werden zwei Drittel auf die ihnen als Richter des Bundesverfassungsgerichts zustehenden Bezüge angerechnet. [4] Der Bund erstattet dem Dienstherrn des Hochschullehrers die durch seine Vertretung erwachsenden tatsächlichen Ausgaben bis zur Höhe der angerechneten Beträge.

§ 102 [Verhältnis mehrerer Bezüge] (1) Steht einem früheren Richter des Bundesverfassungsgerichts ein Anspruch auf Ruhegehalt nach § 101 zu, so ruht dieser Anspruch für den Zeitraum, für den ihm Ruhegehalt oder Übergangsgeld nach § 98 oder § 100 zu zahlen ist, bis zur Höhe des Betrages dieser Bezüge.

(2) Wird ein früherer Richter des Bundesverfassungsgerichts, der Übergangsgeld nach § 100 bezieht, im öffentlichen Dienst wiederverwendet, so wird das Einkommen aus dieser Verwendung auf das Übergangsgeld angerechnet.

(3) Bezieht ein früherer Richter des Bundesverfassungsgerichts Dienstbezüge, Emeritenbezüge oder Ruhegehalt aus einem vor oder während seiner Amtszeit als Bundesverfassungsrichter begründeten Dienstverhältnis als Hochschullehrer, so ruhen neben den Dienstbezügen das Ruhegeld oder das Übergangsgeld aus dem Richteramt insoweit, als sie zusammen das um den nach § 101 Abs. 3 Satz 3 anrechnungsfreien Betrag erhöhte Amtsgehalt übersteigen; neben den Emeritenbezügen oder dem Ruhegehalt aus dem Dienstverhältnis als Hochschullehrer werden das Ruhegehalt oder das Übergangsgeld aus dem Richteramt bis zur Erreichung des Ruhegehalts gewährt, das sich unter Zugrundelegung der gesamten ruhegehaltfähigen Dienstzeit und des Amtsgehalts zuzüglich des anrechnungsfreien Betrages nach § 101 Abs. 3 Satz 3 ergibt.

(4) [1] Die Absätze 1 bis 3 gelten entsprechend für die Hinterbliebenen. [2] § 54 Abs. 3 und Abs. 4 Satz 2 des Beamtenversorgungsgesetzes gilt sinngemäß.

§ 103 [Anwendung der Vorschriften für Bundesrichter] [1] Soweit in den §§ 98 bis 102 nichts anderes bestimmt ist, finden auf die Richter des Bundesverfassungsgerichts die für Bundesrichter geltenden versorgungsrechtlichen und beihilferechtlichen Vorschriften Anwendung; Zeiten einer Tätigkeit, die für die Wahrnehmung des Amts des Richters des Bundesverfassungsgerichts dienlich ist, sind Zeiten im Sinne des § 11 Abs. 1 Nr. 3 Buchstabe a des Beamtenversorgungsgesetzes. [2] Die versorgungsrechtlichen Entscheidungen trifft der Präsident des Bundesverfassungsgerichts.

§ 104 [Rechtsanwälte und Notare als Richter am Bundesverfassungsgericht] (1) Wird ein Rechtsanwalt zum Richter am Bundesverfassungsgericht ernannt, so ruhen seine Rechte aus der Zulassung für die Dauer seines Amtes.

(2) Wird ein Notar zum Richter am Bundesverfassungsgericht ernannt, so gilt § 101 Abs. 1 Satz 2 entsprechend.

§ 105 [Versetzung in den Ruhestand bzw. Entlassung von Richtern am Bundesverfassungsgericht] (1) Das Bundesverfassungsgericht kann den Bundespräsidenten ermächtigen,

1. wegen dauernder Dienstunfähigkeit einen Richter des Bundesverfassungsgerichts in den Ruhestand zu versetzen;
2. einen Richter des Bundesverfassungsgerichts zu entlassen, wenn er wegen einer entehrenden Handlung oder zu einer Freiheitsstrafe von mehr als sechs Monaten rechtskräftig verurteilt worden ist oder wenn er sich einer so groben Pflichtverletzung schuldig gemacht hat, daß sein Verbleiben im Amt ausgeschlossen ist.

(2) Über die Einleitung des Verfahrens nach Absatz 1 entscheidet das Plenum des Bundesverfassungsgerichts.

(3) Die allgemeinen Verfahrensvorschriften sowie die Vorschriften des § 54 Abs. 1 und § 55 Abs. 1, 2, 4 bis 6 gelten entsprechend.

(4) Die Ermächtigung nach Absatz 1 bedarf der Zustimmung von zwei Dritteln der Mitglieder des Gerichts.

(5) [1]Nach Einleitung des Verfahrens gemäß Absatz 2 kann das Plenum des Bundesverfassungsgerichts den Richter vorläufig seines Amtes entheben. [2]Das gleiche gilt, wenn gegen den Richter wegen einer Straftat das Hauptverfahren eröffnet worden ist. [3]Die vorläufige Enthebung vom Amt bedarf der Zustimmung von zwei Dritteln der Mitglieder des Gerichts.

(6) Mit der Entlassung nach Absatz 1 Nr. 2 verliert der Richter alle Ansprüche aus seinem Amt.

§ 106 (Inkrafttreten)

§ 107 (weggefallen)

7. Gesetz über die politischen Parteien (Parteiengesetz)

In der Fassung der Bekanntmachung vom 31. Januar 1994[1)]

(BGBl. I S. 149)

FNA 112-1

zuletzt geänd. durch Art. 1 G zur Änd. des ParteienG und anderer Gesetze v. 10.7.2018 (BGBl. I S. 1116)

Nichtamtliche Inhaltsübersicht

[1)] Neubekanntmachung des ParteiG idF der Bek. v. 3.3.1989 (BGBl. I S. 327) in der ab 1.1.1994 geltenden Fassung.

Erster Abschnitt. Allgemeine Bestimmungen

§ 1 Verfassungsrechtliche Stellung und Aufgaben der Parteien

(1) [1] Die Parteien sind ein verfassungsrechtlich notwendiger Bestandteil der freiheitlichen demokratischen Grundordnung. [2] Sie erfüllen mit ihrer freien, dauernden Mitwirkung an der politischen Willensbildung des Volkes eine ihnen nach dem Grundgesetz[1)] obliegende und von ihm verbürgte öffentliche Aufgabe.

(2) Die Parteien wirken an der Bildung des politischen Willens des Volkes auf allen Gebieten des öffentlichen Lebens mit, indem sie insbesondere auf die Gestaltung der öffentlichen Meinung Einfluß nehmen, die politische Bildung anregen und vertiefen, die aktive Teilnahme der Bürger am politischen Leben fördern, zur Übernahme öffentlicher Verantwortung befähigte Bürger heranbilden, sich durch Aufstellung von Bewerbern an den Wahlen in Bund, Ländern und Gemeinden beteiligen, auf die politische Entwicklung in Parlament und Regierung Einfluß nehmen, die von ihnen erarbeiteten politischen Ziele in den Prozeß der staatlichen Willensbildung einführen und für eine ständige lebendige Verbindung zwischen dem Volk und den Staatsorganen sorgen.

(3) Die Parteien legen ihre Ziele in politischen Programmen nieder.

(4) Die Parteien verwenden ihre Mittel ausschließlich für die ihnen nach dem Grundgesetz und diesem Gesetz obliegenden Aufgaben.

§ 2 Begriff der Partei. (1) [1] Parteien sind Vereinigungen von Bürgern, die dauernd oder für längere Zeit für den Bereich des Bundes oder eines Landes auf die politische Willensbildung Einfluß nehmen und an der Vertretung des Volkes im Deutschen Bundestag oder einem Landtag mitwirken wollen, wenn sie nach dem Gesamtbild der tatsächlichen Verhältnisse, insbesondere nach Umfang und Festigkeit ihrer Organisation, nach der Zahl ihrer Mitglieder und nach ihrem Hervortreten in der Öffentlichkeit eine ausreichende Gewähr für

---

[1)] Nr. 1.

die Ernsthaftigkeit dieser Zielsetzung bieten. [2]Mitglieder einer Partei können nur natürliche Personen sein.

(2) [1]Eine Vereinigung verliert ihre Rechtsstellung als Partei, wenn sie sechs Jahre lang weder an einer Bundestagswahl noch an einer Landtagswahl mit eigenen Wahlvorschlägen teilgenommen hat. [2]Gleiches gilt, wenn eine Vereinigung sechs Jahre lang entgegen der Pflicht zur öffentlichen Rechenschaftslegung gemäß § 23 keinen Rechenschaftsbericht eingereicht hat; § 19a Absatz 3 Satz 5 gilt entsprechend.

(3) Politische Vereinigungen sind nicht Parteien, wenn

1. ihre Mitglieder oder die Mitglieder ihres Vorstandes in der Mehrheit Ausländer sind oder
2. ihr Sitz oder ihre Geschäftsleitung sich außerhalb des Geltungsbereichs dieses Gesetzes befindet.

§ 3 Aktiv- und Passivlegitimation. [1]Die Partei kann unter ihrem Namen klagen und verklagt werden. [2]Das gleiche gilt für ihre Gebietsverbände der jeweils höchsten Stufe, sofern die Satzung der Partei nichts anderes bestimmt.

§ 4 Name. (1) [1]Der Name einer Partei muß sich von dem Namen einer bereits bestehenden Partei deutlich unterscheiden; das gleiche gilt für Kurzbezeichnungen. [2]In der Wahlwerbung und im Wahlverfahren darf nur der satzungsmäßige Name oder dessen Kurzbezeichnung geführt werden; Zusatzbezeichnungen können weggelassen werden.

(2) [1]Gebietsverbände führen den Namen der Partei unter Zusatz ihrer Organisationsstellung. [2]Der Zusatz für Gebietsverbände ist nur an nachfolgender Stelle zulässig. [3]In der allgemeinen Werbung und in der Wahlwerbung kann der Zusatz weggelassen werden.

(3) [1]Gebietsverbände, die aus der Partei ausscheiden, verlieren das Recht, den Namen der Partei weiterzuführen. [2]Ein neu gewählter Name darf nicht in einem bloßen Zusatz zu dem bisherigen Namen bestehen. [3]Entsprechendes gilt für Kurzbezeichnungen.

§ 5 Gleichbehandlung. (1) [1]Wenn ein Träger öffentlicher Gewalt den Parteien Einrichtungen zur Verfügung stellt oder andere öffentliche Leistungen gewährt, sollen alle Parteien gleichbehandelt werden. [2]Der Umfang der Gewährung kann nach der Bedeutung der Parteien bis zu dem für die Erreichung ihres Zweckes erforderlichen Mindestmaß abgestuft werden. [3]Die Bedeutung der Parteien bemißt sich insbesondere auch nach den Ergebnissen vorausgegangener Wahlen zu Volksvertretungen. [4]Für eine Partei, die im Bundestag in Fraktionsstärke vertreten ist, muß der Umfang der Gewährung mindestens halb so groß wie für jede andere Partei sein.

(2) Für die Gewährung öffentlicher Leistungen in Zusammenhang mit einer Wahl gilt Absatz 1 während der Dauer des Wahlkampfes nur für Parteien, die Wahlvorschläge eingereicht haben.

(3) Öffentliche Leistungen nach Absatz 1 können an bestimmte sachliche, von allen Parteien zu erfüllende Voraussetzungen gebunden werden.

(4) Der Vierte Abschnitt bleibt unberührt.

Zweiter Abschnitt. Innere Ordnung

§ 6 Satzung und Programm. (1) [1]Die Partei muß eine schriftliche Satzung und ein schriftliches Programm haben. [2]Die Gebietsverbände regeln ihre Angelegenheiten durch eigene Satzungen, soweit die Satzung des jeweils nächsthöheren Gebietsverbandes hierüber keine Vorschriften enthält.

(2) Die Satzungen müssen Bestimmungen enthalten über

1. Namen sowie Kurzbezeichnung, sofern eine solche verwandt wird, Sitz und Tätigkeitsgebiet der Partei,
2. Aufnahme und Austritt der Mitglieder,
3. Rechte und Pflichten der Mitglieder,
4. zulässige Ordnungsmaßnahmen gegen Mitglieder und ihren Ausschluß (§ 10 Abs. 3 bis 5),
5. zulässige Ordnungsmaßnahmen gegen Gebietsverbände,
6. allgemeine Gliederung der Partei,
7. Zusammensetzung und Befugnisse des Vorstandes und der übrigen Organe,
8. der Beschlußfassung durch die Mitglieder- und Vertreterversammlungen nach § 9 vorbehaltene Angelegenheiten,
9. Voraussetzung, Form und Frist der Einberufung der Mitglieder- und Vertreterversammlungen sowie Beurkundung der Beschlüsse,
10. Gebietsverbände und Organe, die zur Einreichung (Unterzeichnung) von Wahlvorschlägen für Wahlen zu Volksvertretungen befugt sind, soweit hierüber keine gesetzlichen Vorschriften bestehen,
11. eine Urabstimmung der Mitglieder und das Verfahren, wenn der Parteitag die Auflösung der Partei oder des Gebietsverbandes oder die Verschmelzung mit anderen Parteien nach § 9 Abs. 3 beschlossen hat. Der Beschluß gilt nach dem Ergebnis der Urabstimmung als bestätigt, geändert oder aufgehoben,
12. Form und Inhalt einer Finanzordnung, die den Vorschriften des Fünften Abschnittes dieses Gesetzes genügt.

(3) [1]Der Vorstand hat dem Bundeswahlleiter

1. Satzung und Programm der Partei,
2. Namen der Vorstandsmitglieder der Partei und der Landesverbände mit Angabe ihrer Funktionen,
3. Auflösung der Partei oder eines Landesverbandes

mitzuteilen. [2]Änderungen zu Satz 1 Nr. 1 und 2 sind bis zum 31. Dezember des jeweiligen Kalenderjahres anzuzeigen. [3]Die Unterlagen können beim Bundeswahlleiter von jedermann eingesehen werden. [4]Abschriften dieser Unterlagen sind auf Anforderung gebührenfrei zu erteilen.

(4) Bei Parteien, deren Organisation sich auf das Gebiet eines Landes beschränkt (Landesparteien), gelten die in diesem Gesetz für die Partei getroffenen Regelungen für den Landesverband.

§ 7 Gliederung. (1) [1]Die Parteien gliedern sich in Gebietsverbände. [2]Größe und Umfang der Gebietsverbände werden durch die Satzung festgelegt. [3]Die gebietliche Gliederung muß soweit ausgebaut sein, daß den einzelnen Mitgliedern eine angemessene Mitwirkung an der Willensbildung der Partei möglich ist. [4]Beschränkt sich die Organisation einer Partei auf das Gebiet eines Stadtstaates, braucht sie keine Gebietsverbände zu bilden; sie ist Partei im Sinne dieses Gesetzes. [5]Organisatorische Zusammenschlüsse mehrerer Gebietsverbände, die den verbandsmäßigen Aufbau der Parteiorganisation nicht wesentlich beeinträchtigen, sind zulässig.

(2) Soweit in einer Partei Landesverbände nicht bestehen, gelten die in diesem Gesetz für Landesverbände getroffenen Regelungen für die der Partei folgenden nächstniedrigen Gebietsverbände.

§ 8 Organe. (1) [1]Mitgliederversammlung und Vorstand sind notwendige Organe der Partei und der Gebietsverbände. [2]Durch die Satzung kann bestimmt werden, daß in den überörtlichen Verbänden an die Stelle der Mitgliederversammlung eine Vertreterversammlung tritt, deren Mitglieder für höchstens zwei Jahre durch Mitglieder- oder Vertreterversammlungen der nachgeordneten Verbände gewählt werden. [3]Landesparteien ohne Gebietsverbände (§ 7 Abs. 1 Satz 4) können die Mitgliederversammlung durch eine Vertreterversammlung ersetzen, wenn sie mehr als 250 Mitglieder haben. [4]Vertreterversammlungen können auch für Ortsverbände von mehr als 250 Mitgliedern oder mit großer räumlicher Ausdehnung gebildet werden.

(2) [1]Die Satzung kann weitere der Willensbildung des jeweiligen Gebietsverbandes dienende Einrichtungen (Organe) vorsehen. [2]Sie sind in der Satzung ausdrücklich als solche zu bezeichnen.

§ 9 Mitglieder- und Vertreterversammlung (Parteitag, Hauptversammlung) (1) [1]Die Mitglieder- oder Vertreterversammlung (Parteitag, Hauptversammlung) ist das oberste Organ des jeweiligen Gebietsverbandes. [2]Sie führt bei Gebietsverbänden höherer Stufen die Bezeichnung „Parteitag“, bei Gebietsverbänden der untersten Stufe die Bezeichnung „Hauptversammlung“; die nachfolgenden Bestimmungen über den Parteitag gelten auch für die Hauptversammlung. [3]Die Parteitage treten mindestens in jedem zweiten Kalenderjahr einmal zusammen.

(2) Vorstandsmitglieder, Mitglieder anderer Organe des Gebietsverbandes sowie Angehörige des in § 11 Abs. 2 genannten Personenkreises können einer Vertreterversammlung kraft Satzung angehören, dürfen aber in diesem Fall nur bis zu einem Fünftel der satzungsmäßigen Gesamtzahl der Versammlungsmitglieder mit Stimmrecht ausgestattet sein.

(3) Der Parteitag beschließt im Rahmen der Zuständigkeiten des Gebietsverbandes innerhalb der Partei über die Parteiprogramme, die Satzung, die Beitragsordnung, die Schiedsgerichtsordnung, die Auflösung sowie die Verschmelzung mit anderen Parteien.

(4) Der Parteitag wählt den Vorsitzenden des Gebietsverbandes, seine Stellvertreter und die übrigen Mitglieder des Vorstandes, die Mitglieder etwaiger anderer Organe und die Vertreter in den Organen höherer Gebietsverbände, soweit in diesem Gesetz nichts anderes zugelassen ist.

(5) [1]Der Parteitag nimmt mindestens alle zwei Jahre einen Tätigkeitsbericht des Vorstandes entgegen und faßt über ihn Beschluß. [2]Der finanzielle Teil des

Berichts ist vor der Berichterstattung durch Rechnungsprüfer, die von dem Parteitag gewählt werden, zu überprüfen.

§ 10 Rechte der Mitglieder. (1) [1]Die zuständigen Organe der Partei entscheiden nach näherer Bestimmung der Satzung frei über die Aufnahme von Mitgliedern. [2]Die Ablehnung eines Aufnahmeantrages braucht nicht begründet zu werden. [3]Allgemeine, auch befristete Aufnahmesperren sind nicht zulässig. [4]Personen, die infolge Richterspruchs die Wählbarkeit oder das Wahlrecht nicht besitzen, können nicht Mitglieder einer Partei sein.

(2) [1]Die Mitglieder der Partei und die Vertreter in den Parteiorganen haben gleiches Stimmrecht. [2]Die Ausübung des Stimmrechts kann nach näherer Bestimmung der Satzung davon abhängig gemacht werden, daß das Mitglied seine Beitragspflicht erfüllt hat. [3]Das Mitglied ist jederzeit zum sofortigen Austritt aus der Partei berechtigt.

(3) [1]In der Satzung sind Bestimmungen zu treffen über

1. die zulässigen Ordnungsmaßnahmen gegen Mitglieder,
2. die Gründe, die zu Ordnungsmaßnahmen berechtigen,
3. die Parteiorgane, die Ordnungsmaßnahmen anordnen können.

[2]Im Falle der Enthebung von Parteiämtern oder der Aberkennung der Fähigkeit zu ihrer Bekleidung ist der Beschluß zu begründen.

(4) Ein Mitglied kann nur dann aus der Partei ausgeschlossen werden, wenn es vorsätzlich gegen die Satzung oder erheblich gegen Grundsätze oder Ordnung der Partei verstößt und ihr damit schweren Schaden zufügt.

(5) [1]Über den Ausschluß entscheidet das nach der Schiedsgerichtsordnung zuständige Schiedsgericht. [2]Die Berufung an ein Schiedsgericht höherer Stufe ist zu gewährleisten. [3]Die Entscheidungen sind schriftlich zu begründen. [4]In dringenden und schwerwiegenden Fällen, die sofortiges Eingreifen erfordern, kann der Vorstand der Partei oder eines Gebietsverbandes ein Mitglied von der Ausübung seiner Rechte bis zur Entscheidung des Schiedsgerichts ausschließen.

§ 11 Vorstand. (1) [1]Der Vorstand wird mindestens in jedem zweiten Kalenderjahr gewählt. [2]Er muß aus mindestens drei Mitgliedern bestehen.

(2) [1]Dem Vorstand können Abgeordnete und andere Persönlichkeiten aus der Partei kraft Satzung angehören, wenn sie ihr Amt oder ihr Mandat aus einer Wahl erhalten haben. [2]Der Anteil der nicht nach § 9 Abs. 4 gewählten Mitglieder darf ein Fünftel der Gesamtzahl der Vorstandsmitglieder nicht übersteigen. [3]Vorsitzender und Schatzmeister einer Partei dürfen nicht in einer der Partei nahestehenden politischen Stiftung vergleichbare Funktionen ausüben.

(3) [1]Der Vorstand leitet den Gebietsverband und führt dessen Geschäfte nach Gesetz und Satzung sowie den Beschlüssen der ihm übergeordneten Organe. [2]Er vertritt den Gebietsverband gemäß § 26 Absatz 1 Satz 2 und 3 des Bürgerlichen Gesetzbuchs, soweit nicht die Satzung eine abweichende Regelung trifft.

(4) [1]Zur Durchführung der Beschlüsse des Vorstandes sowie zur Erledigung der laufenden und der besonders dringlichen Vorstandsgeschäfte kann aus der Mitte des Vorstandes ein geschäftsführender Vorstand (Präsidium) gebildet

werden. [2]Seine Mitglieder können auch vom Vorstand gewählt oder durch die Satzung bestimmt werden.

§ 12 Allgemeine Parteiausschüsse. (1) Die Mitglieder von allgemeinen Parteiausschüssen und ähnlichen Einrichtungen, die nach der Satzung umfassende Zuständigkeiten für die Beratung oder Entscheidung politischer und organisatorischer Fragen der Partei besitzen, können auch von nachgeordneten Gebietsverbänden gewählt werden.

(2) [1]Der Vorstand und Angehörige des in § 11 Abs. 2 genannten Personenkreises können einem solchen Organ kraft Satzung angehören. [2]Der Anteil der nicht gewählten Mitglieder darf ein Drittel der Gesamtmitgliederzahl des Organs nicht übersteigen; er kann um weitere Mitglieder mit nur beratender Stimme erhöht werden, muß jedoch auch dann noch unter der Hälfte der Gesamtmitgliederzahl des Organs liegen.

(3) Das Amt der gewählten Mitglieder der in Absatz 1 genannten Organe dauert höchstens zwei Jahre.

§ 13 Zusammensetzung der Vertreterversammlungen. [1]Die Zusammensetzung einer Vertreterversammlung oder eines sonstigen Organs, das ganz oder zum Teil aus Vertretern von Gebietsverbänden besteht, ist in der Satzung festzulegen. [2]Die Zahl der Vertreter des Gebietsverbandes ist in erster Linie nach der Zahl der vertretenen Mitglieder zu bemessen. [3]Die Satzung kann bestimmen, daß die restliche Zahl der Vertreter, höchstens die Hälfte der Gesamtzahl, nach dem Verhältnis der im Bereich des Gebietsverbandes bei vorausgegangenen Wahlen zu Volksvertretungen erzielten Wählerstimmen auf die Gebietsverbände aufgeschlüsselt wird. [4]Die Ausübung des Stimmrechts kann von der Erfüllung der Beitragspflicht des Gebietsverbandes abhängig gemacht werden.

§ 14 Parteischiedsgerichte. (1) [1]Zur Schlichtung und Entscheidung von Streitigkeiten der Partei oder eines Gebietsverbandes mit einzelnen Mitgliedern und Streitigkeiten über Auslegung und Anwendung der Satzung sind zumindest bei der Partei und den Gebietsverbänden der jeweils höchsten Stufe Schiedsgerichte zu bilden. [2]Für mehrere Gebietsverbände der Kreisstufe können gemeinsame Schiedsgerichte gebildet werden.

(2) [1]Die Mitglieder der Schiedsgerichte werden für höchstens vier Jahre gewählt. [2]Sie dürfen nicht Mitglied eines Vorstandes der Partei oder eines Gebietsverbandes sein, in einem Dienstverhältnis zu der Partei oder einem Gebietsverband stehen oder von ihnen regelmäßige Einkünfte beziehen. [3]Sie sind unabhängig und an Weisungen nicht gebunden.

(3) Die Satzung kann vorsehen, daß die Schiedsgerichte allgemein oder im Einzelfall mit Beisitzern besetzt werden, die von den Streitteilen paritätisch benannt werden.

(4) Für die Tätigkeit des Schiedsgerichts ist eine Schiedsgerichtsordnung zu erlassen, die den Beteiligten rechtliches Gehör, ein gerechtes Verfahren und die Ablehnung eines Mitglieds des Schiedsgerichts wegen Befangenheit gewährleistet.

§ 15 Willensbildung in den Organen. (1) Die Organe fassen ihre Beschlüsse mit einfacher Stimmenmehrheit, soweit nicht durch Gesetz oder Satzung erhöhte Stimmenmehrheit vorgeschrieben ist.

(2) [1]Die Wahlen der Vorstandsmitglieder und der Vertreter zu Vertreterversammlungen und zu Organen höherer Gebietsverbände sind geheim. [2]Bei den übrigen Wahlen kann offen abgestimmt werden, wenn sich auf Befragen kein Widerspruch erhebt.

(3) [1]Das Antragsrecht ist so zu gestalten, daß eine demokratische Willensbildung gewährleistet bleibt, insbesondere auch Minderheiten ihre Vorschläge ausreichend zur Erörterung bringen können. [2]In den Versammlungen höherer Gebietsverbände ist mindestens den Vertretern der Gebietsverbände der beiden nächstniedrigen Stufen ein Antragsrecht einzuräumen. [3]Bei Wahlen und Abstimmungen ist eine Bindung an Beschlüsse anderer Organe unzulässig.

§ 16 Maßnahmen gegen Gebietsverbände. (1) [1]Die Auflösung und der Ausschluß nachgeordneter Gebietsverbände sowie die Amtsenthebung ganzer Organe derselben sind nur wegen schwerwiegender Verstöße gegen die Grundsätze oder die Ordnung der Partei zulässig. [2]In der Satzung ist zu bestimmen,

1. aus welchen Gründen die Maßnahmen zulässig sind,
2. welcher übergeordnete Gebietsverband und welches Organ dieses Verbandes sie treffen können.

(2) [1]Der Vorstand der Partei oder eines übergeordneten Gebietsverbandes bedarf für eine Maßnahme nach Absatz 1 der Bestätigung durch ein höheres Organ. [2]Die Maßnahme tritt außer Kraft, wenn die Bestätigung nicht auf dem nächsten Parteitag ausgesprochen wird.

(3) Gegen Maßnahmen nach Absatz 1 ist die Anrufung eines Schiedsgerichts zuzulassen.

Dritter Abschnitt. Aufstellung von Wahlbewerbern

§ 17 Aufstellung von Wahlbewerbern. [1]Die Aufstellung von Bewerbern für Wahlen zu Volksvertretungen muß in geheimer Abstimmung erfolgen. [2]Die Aufstellung regeln die Wahlgesetze und die Satzungen der Parteien.

Vierter Abschnitt. Staatliche Finanzierung

§ 18 Grundsätze und Umfang der staatlichen Finanzierung. (1) [1]Die Parteien erhalten Mittel als Teilfinanzierung der allgemein ihnen nach dem Grundgesetz[1)] obliegenden Tätigkeit. [2]Maßstäbe für die Verteilung der staatlichen Mittel bilden der Erfolg, den eine Partei bei den Wählern bei Europa-, Bundestags- und Landtagswahlen erzielt, die Summe ihrer Mitglieds- und Mandatsträgerbeiträge sowie der Umfang der von ihr eingeworbenen Spenden.

(2) [1]Das jährliche Gesamtvolumen staatlicher Mittel, das allen Parteien höchstens ausgezahlt werden darf, beträgt für die im Jahr 2019 vorzunehmende Festsetzung 190 Millionen Euro (absolute Obergrenze). [2]Die absolute Obergrenze erhöht sich jährlich um den Prozentsatz, abgerundet auf ein Zehntel

---

[1)] Nr. **1**.

Prozent, um den sich der Preisindex der für eine Partei typischen Ausgaben im dem Anspruchsjahr vorangegangenen Jahr erhöht hat. [3]Grundlage des Preisindexes ist zu einem Wägungsanteil von 70 Prozent der allgemeine Verbraucherpreisindex und von 30 Prozent der Index der tariflichen Monatsgehälter der Arbeiter und Angestellten bei Gebietskörperschaften. [4]Der Präsident des Statistischen Bundesamtes legt dem Deutschen Bundestag hierzu bis spätestens 30. April jedes Jahres einen Bericht über die Entwicklung des Preisindexes bezogen auf das vorangegangene Jahr vor. [5]Der Bundestagspräsident veröffentlicht bis spätestens 31. Mai jedes Jahres die sich aus der Steigerung ergebende Summe der absoluten Obergrenze, abgerundet auf volle Eurobeträge, als Bundestagsdrucksache.

(3) [1]Die Parteien erhalten jährlich im Rahmen der staatlichen Teilfinanzierung

1. 0,83 Euro für jede für ihre jeweilige Liste abgegebene gültige Stimme oder
2. 0,83 Euro für jede für sie in einem Wahl- oder Stimmkreis abgegebene gültige Stimme, wenn in einem Land eine Liste für diese Partei nicht zugelassen war, und
3. 0,45 Euro für jeden Euro, den sie als Zuwendung (eingezahlter Mitglieds- oder Mandatsträgerbeitrag oder rechtmäßig erlangte Spende) erhalten haben; dabei werden nur Zuwendungen bis zu 3 300 Euro je natürliche Person berücksichtigt.

[2]Die Parteien erhalten abweichend von den Nummern 1 und 2 für die von ihnen jeweils erzielten bis zu vier Millionen gültigen Stimmen 1 Euro je Stimme. [3]Die in Satz 1 Nummer 1 und 2 sowie in Satz 2 genannten Beträge erhöhen sich ab dem Jahr 2017 entsprechend Absatz 2 Satz 2 bis 5.

(4) [1]Anspruch auf staatliche Mittel gemäß Absatz 3 Nr. 1 und 3 haben Parteien, die nach dem endgültigen Wahlergebnis der jeweils letzten Europa- oder Bundestagswahl mindestens 0,5 vom Hundert oder einer Landtagswahl 1,0 vom Hundert der für die Listen abgegebenen gültigen Stimmen erreicht haben; für Zahlungen nach Absatz 3 Satz 1 Nr. 1 und Satz 2 muss die Partei diese Voraussetzungen bei der jeweiligen Wahl erfüllen. [2]Anspruch auf die staatlichen Mittel gemäß Absatz 3 Nr. 2 haben Parteien, die nach dem endgültigen Wahlergebnis 10 vom Hundert der in einem Wahl- oder Stimmkreis abgegebenen gültigen Stimmen erreicht haben. [3]Die Sätze 1 und 2 gelten nicht für Parteien nationaler Minderheiten.

(5) [1]Die Höhe der staatlichen Teilfinanzierung darf bei einer Partei die Summe der Einnahmen nach § 24 Abs. 4 Nr. 1 bis 7 nicht überschreiten (relative Obergrenze). [2]Die Summe der Finanzierung aller Parteien darf die absolute Obergrenze nicht überschreiten.

(6) Der Bundespräsident kann eine Kommission unabhängiger Sachverständiger zu Fragen der Parteienfinanzierung berufen.

(7) [1]Löst sich eine Partei auf oder wird sie verboten, scheidet sie ab dem Zeitpunkt der Auflösung aus der staatlichen Teilfinanzierung aus. [2]Gleiches gilt bei einer Feststellung des Bundesverfassungsgerichts nach § 46a des Bundesverfassungsgerichtsgesetzes[1)] ab dem Zeitpunkt der Entscheidung.

[1)] Nr. **6**.

§ 19 Antragstellung für die staatliche Teilfinanzierung. (1) [1]Die Festsetzung und die Auszahlung der staatlichen Mittel für das Anspruchsjahr im Sinne des Gesetzes sind von den Parteien schriftlich zum 30. September des Anspruchsjahres beim Präsidenten des Deutschen Bundestages zu beantragen. [2]Der Antrag muss von einem für die Finanzen nach der Satzung zuständigen Vorstandsmitglied der Partei gestellt sein und die zustellungsfähige Anschrift sowie eine Bankverbindung enthalten. [3]Ein einheitlicher Antrag des Bundesverbandes für die Gesamtpartei genügt. [4]Teilanträge sind zulässig. [5]Wurden staatliche Mittel zugunsten einer Partei bereits für das dem Anspruchsjahr vorausgehende Jahr festgesetzt, erfolgt die Festsetzung durch den Präsidenten des Deutschen Bundestages ohne weiteren Antrag. [6]Änderungen, die das Festsetzungsverfahren betreffen, hat die Partei dem Präsidenten des Deutschen Bundestages unverzüglich mitzuteilen. [7]Unterbleibt eine solche Mitteilung, haftet die Partei.

(2) [1]Der Antrag auf Abschlagszahlungen ist schriftlich bei dem Präsidenten des Deutschen Bundestages bis zum 15. des jeweils der nächsten Abschlagszahlung vorangehenden Monats zu stellen. [2]Er kann für mehrere Abschläge des Jahres gleichzeitig gestellt werden. [3]Absatz 1 Sätze 5 bis 7 gilt entsprechend.

§ 19a Festsetzungsverfahren. (1) [1]Der Präsident des Deutschen Bundestages setzt jährlich zum 15. Februar die Höhe der staatlichen Mittel für jede anspruchsberechtigte Partei für das vorangegangene Jahr (Anspruchsjahr) fest. [2]Er darf staatliche Mittel für eine Partei nach den §§ 18 und 19a nur auf Grund eines Rechenschaftsberichts festsetzen und auszahlen, der den Vorschriften des Fünften Abschnitts entspricht. [3]Leitet der Präsident des Deutschen Bundestages bezüglich eines fristgerecht eingereichten Rechenschaftsberichts das Verfahren nach § 23a Abs. 2 vor der Festsetzung ein, setzt er die staatlichen Mittel für diese Partei auf der Grundlage ihres Rechenschaftsberichts nur vorläufig fest und zahlt sie gegen Sicherheitsleistung in Höhe möglicher Zahlungsverpflichtungen der Partei (§§ 31a bis 31c) aus. [4]Nach Abschluss des Verfahrens trifft er eine endgültige Festsetzung.

(2) [1]Berechnungsgrundlage für die Festsetzung der Höhe der staatlichen Mittel sind die von den anspruchsberechtigten Parteien bis einschließlich 31. Dezember des Anspruchsjahres erzielten gültigen Stimmen bei der jeweils letzten Europa- und Bundestagswahl sowie der jeweils letzten Landtagswahl und die in den Rechenschaftsberichten veröffentlichten Zuwendungen (§ 18 Abs. 3 Satz 1 Nr. 3) des jeweils vorangegangenen Jahres (Rechenschaftsjahr). [2]Der Präsident des Deutschen Bundestages fasst die erzielten, nach § 18 Abs. 4 berücksichtigungsfähigen, gültigen Stimmen jeder Partei in einem Stimmenkonto zusammen und schreibt dieses fort.

(3) [1]Die Partei hat ihren Rechenschaftsbericht bis zum 30. September des dem Rechenschaftsjahr folgenden Jahres beim Präsidenten des Deutschen Bundestages einzureichen. [2]Der Präsident des Deutschen Bundestages kann die Frist um bis zu drei Monate verlängern. [3]Reicht eine Partei ihren Rechenschaftsbericht nicht fristgerecht ein, verliert sie endgültig den auf Zuwendungen bezogenen Anspruch auf staatliche Mittel (Verfall des Zuwendungsanteils). [4]Hat eine Partei ihren Rechenschaftsbericht bis zum 31. Dezember des dem Anspruchsjahr folgenden Jahres nicht eingereicht, verliert sie endgültig den Anspruch auf staatliche Mittel für das Anspruchsjahr (Verfall des Wählerstimmenanteils). [5]Die Fristen werden unabhängig von der inhaltlichen Richtigkeit

gewahrt, wenn der Rechenschaftsbericht der in § 24 vorgegebenen Gliederung entspricht und den Prüfungsvermerk gemäß § 30 Abs. 2 trägt. [6]Die Festsetzungen und Zahlungen an die übrigen Parteien bleiben unverändert.

(4) [1]Der Berechnung der relativen Obergrenze (§ 18 Absatz 5) sind die in den Rechenschaftsberichten des Rechenschaftsjahres veröffentlichten Einnahmen nach § 24 Absatz 4 Nummer 1 bis 7 zugrunde zu legen. [2]Dabei sind Einnahmen aus Unternehmenstätigkeit (§ 24 Absatz 4 Nummer 5) nur in Höhe des nach Abzug der Ausgaben (§ 24 Absatz 5 Nummer 2 Buchstabe f) verbleibenden Betrages zu berücksichtigen.

(5) [1]Bei der Festsetzung ist zunächst für jede Partei die relative Obergrenze (§ 18 Absatz 5) und sodann die absolute Obergrenze (§ 18 Absatz 2) einzuhalten. [2]Überschreitet die Summe der errechneten staatlichen Mittel die absolute Obergrenze, besteht der Anspruch der Parteien auf staatliche Mittel nur in der Höhe, der ihrem Anteil an diesem Betrag entspricht.

(6) [1]Die Auszahlung der staatlichen Mittel für die bei Landtagswahlen erzielten gültigen Stimmen erfolgt an den jeweiligen Landesverband der Partei in Höhe von 0,50 Euro je Stimme; etwaige Kürzungen nach Absatz 5 bleiben außer Betracht, soweit diese bei den vom Bund zu leistenden Auszahlungen (§ 21 Abs. 1 Satz 1 Alternative 2) vorgenommen werden können. [2]Die Auszahlung der übrigen staatlichen Mittel erfolgt an den Bundesverband der Partei, bei Landesparteien an den Landesverband.

§ 20 Abschlagszahlungen. (1) [1]Den anspruchsberechtigten Parteien sind Abschlagszahlungen auf den vom Präsidenten des Deutschen Bundestages festzusetzenden Betrag zu gewähren. [2]Berechnungsgrundlage sind die für das vorangegangene Jahr für jede Partei festgesetzten Mittel. [3]Die Abschlagszahlungen sind zum 15. Februar, zum 15. Mai, zum 15. August und zum 15. November zu zahlen; sie dürfen jeweils 25 vom Hundert der Gesamtsumme der für das Vorjahr für die jeweilige Partei festgesetzten Mittel nicht überschreiten. [4]Liegen Anhaltspunkte dafür vor, dass es zu einer Rückzahlungsverpflichtung kommen könnte, kann die Gewährung von einer Sicherheitsleistung abhängig gemacht werden.

(2) [1]Die Abschlagszahlungen sind von den Parteien unverzüglich zurückzuzahlen, soweit sie den festgesetzten Betrag überschreiten oder ein Anspruch nicht entstanden ist. [2]Ergibt sich aus der Festsetzung eine Überzahlung, stellt der Präsident des Deutschen Bundestages den Rückforderungsanspruch mit dem die Festsetzung umfassenden Verwaltungsakt fest und verrechnet diesen Betrag unmittelbar.

(3) § 19a Abs. 6 gilt entsprechend.

§ 21 Bereitstellung von Bundesmitteln und Auszahlungsverfahren sowie Prüfung durch den Bundesrechnungshof. (1) [1]Die Mittel nach den §§ 18 und 20 werden im Falle des § 19a Abs. 6 Satz 1 von den Ländern, im übrigen vom Bund durch den Präsidenten des Deutschen Bundestages an die Parteien ausgezahlt. [2]Der Präsident des Deutschen Bundestages teilt den Ländern die auf die Landesverbände der Parteien entfallenden Beträge verbindlich mit.

(2) Der Bundesrechnungshof prüft, ob der Präsident des Deutschen Bundestages als mittelverwaltende Stelle die staatlichen Mittel entsprechend den Vor-

schriften dieses Abschnitts festgesetzt und ausgezahlt hat, sowie die ordnungsgemäße Durchführung der Verfahren gemäß § 23a.

§ 22 Parteiinterner Finanzausgleich. Die Bundesverbände der Parteien haben für einen angemessenen Finanzausgleich für ihre Landesverbände Sorge zu tragen.

Fünfter Abschnitt. Rechenschaftslegung

§ 23 Pflicht zur öffentlichen Rechenschaftslegung. (1) [1]Der Vorstand der Partei hat über die Herkunft und die Verwendung der Mittel sowie über das Vermögen der Partei zum Ende des Kalenderjahres (Rechnungsjahr) in einem Rechenschaftsbericht wahrheitsgemäß und nach bestem Wissen und Gewissen öffentlich Rechenschaft zu geben. [2]Der Rechenschaftsbericht soll vor der Zuleitung an den Präsidenten des Deutschen Bundestages im Vorstand der Partei beraten werden. [3]Der Bundesvorstand der Partei sowie die Vorstände der Landesverbände und die Vorstände der den Landesverbänden vergleichbaren Gebietsverbände sind jeweils für ihre Rechenschaftslegung verantwortlich. [4]Ihre Rechenschaftsberichte werden vom Vorsitzenden und einem vom Parteitag gewählten für die Finanzangelegenheiten zuständigen Vorstandsmitglied oder von einem für die Finanzangelegenheiten nach der Satzung zuständigen Gremium gewählten Vorstandsmitglied unterzeichnet. [5]Diese für die Finanzangelegenheiten zuständigen Vorstandsmitglieder versichern mit ihrer Unterschrift, dass die Angaben in ihren Rechenschaftsberichten nach bestem Wissen und Gewissen wahrheitsgemäß gemacht worden sind. [6]Der Rechenschaftsbericht der Gesamtpartei wird von einem vom Parteitag gewählten für die Finanzangelegenheiten zuständigen Vorstandsmitglied des Bundesvorstandes oder von einem für die Finanzangelegenheiten nach der Satzung zuständigen Gremium gewählten Mitglied des Bundesvorstandes zusammengefügt und unterzeichnet.

(2) [1]Der Rechenschaftsbericht muss von einem Wirtschaftsprüfer oder einer Wirtschaftsprüfungsgesellschaft nach den Vorschriften der §§ 29 bis 31 geprüft werden. [2]Bei Parteien, die die Voraussetzungen des § 18 Abs. 4 Satz 1 erster Halbsatz nicht erfüllen, kann der Rechenschaftsbericht auch von einem vereidigten Buchprüfer oder einer Buchprüfungsgesellschaft geprüft werden. [3]Er ist entsprechend der Frist nach § 19a Abs. 3 Satz 1 erster Halbsatz beim Präsidenten des Deutschen Bundestages einzureichen und von diesem als Bundestagsdrucksache zu verteilen. [4]Erfüllt eine Partei die Voraussetzungen des § 18 Abs. 4 Satz 1 erster Halbsatz nicht und verfügt sie im Rechnungsjahr weder über Einnahmen noch über ein Vermögen von mehr als 5 000 Euro, kann sie bei dem Präsidenten des Deutschen Bundestages einen ungeprüften Rechenschaftsbericht einreichen. [5]Der Präsident des Deutschen Bundestages kann untestiert eingereichte Rechenschaftsberichte veröffentlichen. [6]Der Rechenschaftsbericht der Partei ist dem jeweils auf seine Veröffentlichung folgenden Bundesparteitag zur Erörterung vorzulegen.

(3) [1]Der Präsident des Deutschen Bundestages prüft gemäß § 23a, ob der Rechenschaftsbericht den Vorschriften des Fünften Abschnitts entspricht. [2]Das Ergebnis der Prüfung ist in dem Bericht nach Absatz 4 aufzunehmen.

(4) [1]Der Präsident des Deutschen Bundestages erstattet dem Deutschen Bundestag alle zwei Jahre über die Entwicklung der Parteienfinanzen sowie

über die Rechenschaftsberichte der Parteien Bericht. [2]Zusätzlich erstellt er vergleichende jährliche Kurzübersichten über die Einnahmen und Ausgaben sowie über die Vermögensverhältnisse der Parteien. [3]Die Berichte werden als Bundestagsdrucksache verteilt.

§ 23a Prüfung des Rechenschaftsberichts. (1) [1]Der Präsident des Deutschen Bundestages prüft den vorgelegten Rechenschaftsbericht auf formale und inhaltliche Richtigkeit. [2]Er stellt fest, ob der Rechenschaftsbericht den Vorschriften des Fünften Abschnitts entspricht. [3]Eine erneute Prüfung ist nur vor Ablauf der in § 24 Abs. 2 bestimmten Frist zulässig.

(2) [1]Liegen dem Präsidenten des Deutschen Bundestages konkrete Anhaltspunkte dafür vor, dass im Rechenschaftsbericht einer Partei enthaltene Angaben unrichtig sind, gibt dieser der betroffenen Partei Gelegenheit zur Stellungnahme. [2]Er kann von der Partei die Bestätigung der Richtigkeit ihrer Stellungnahme durch ihren Wirtschaftsprüfer oder ihre Wirtschaftsprüfungsgesellschaft, ihren vereidigten Buchprüfer oder ihre Buchprüfungsgesellschaft verlangen.

(3) [1]Räumt die nach Absatz 2 verlangte Stellungnahme die dem Präsidenten des Deutschen Bundestages vorliegenden konkreten Anhaltspunkte für Unrichtigkeiten im Rechenschaftsbericht nicht aus, kann der Präsident des Deutschen Bundestages im Einvernehmen mit der Partei einen Wirtschaftsprüfer oder eine Wirtschaftsprüfungsgesellschaft seiner Wahl mit der Prüfung beauftragen, ob der Rechenschaftsbericht der Partei den Vorschriften des Fünften Abschnitts entspricht. [2]Die Partei hat dem vom Präsidenten des Deutschen Bundestages bestellten Wirtschaftsprüfer Zugang und Einsicht in die zur Prüfung erforderlichen Unterlagen und Belege zu gewähren. [3]Die Kosten dieses Verfahrens trägt der Präsident des Deutschen Bundestages.

(4) [1]Nach Abschluss des Verfahrens erlässt der Präsident des Deutschen Bundestages einen Bescheid, in dem er gegebenenfalls Unrichtigkeiten des Rechenschaftsberichts feststellt und die Höhe des den unrichtigen Angaben entsprechenden Betrages festsetzt. [2]In dem Bescheid ist anzugeben, ob die Unrichtigkeit auf der Verletzung der Vorschriften über die Einnahme- und Ausgaberechnung, der Vermögensbilanz oder des Erläuterungsteils (§ 24 Abs. 7) beruht.

(5) [1]Eine Partei, in deren Rechenschaftsbericht unrichtige Angaben enthalten sind, hat den Rechenschaftsbericht zu berichtigen und nach Entscheidung des Präsidenten des Deutschen Bundestages teilweise oder ganz neu abzugeben. [2]Dieser ist von einem Wirtschaftsprüfer oder einer Wirtschaftsprüfungsgesellschaft, einem vereidigten Buchprüfer oder einer Buchprüfungsgesellschaft durch einen Vermerk zu bestätigen. [3]Übersteigt der zu berichtigende Betrag im Einzelfall nicht 10 000 Euro und im Rechnungsjahr je Partei nicht 50 000 Euro, kann abweichend von den Sätzen 1 und 2 die Berichtigung im Rechenschaftsbericht für das folgende Jahr vorgenommen werden.

(6) Berichtigte Rechenschaftsberichte sind ganz oder teilweise als Bundestagsdrucksache zu veröffentlichen.

(7) [1]Die im Rahmen dieses Verfahrens gewonnenen Erkenntnisse, die nicht die Rechnungslegung der Partei selbst betreffen, dürfen nicht veröffentlicht oder anderen staatlichen Stellen der Bundesrepublik Deutschland zugeleitet werden. [2]Sie müssen vom Präsidenten nach Beendigung der Prüfung unverzüglich vernichtet werden.

§ 23b Anzeigepflicht bei Unrichtigkeiten im Rechenschaftsbericht.

(1) Erlangt eine Partei Kenntnis von Unrichtigkeiten in ihrem bereits frist- und formgerecht beim Präsidenten des Deutschen Bundestages eingereichten Rechenschaftsbericht, hat sie diese unverzüglich dem Präsidenten des Deutschen Bundestages schriftlich anzuzeigen.

(2) [1] Bei einer von der Partei angezeigten Unrichtigkeit unterliegt die Partei nicht den Rechtsfolgen des § 31b oder des § 31c, wenn im Zeitpunkt des Eingangs der Anzeige konkrete Anhaltspunkte für diese unrichtigen Angaben öffentlich nicht bekannt waren oder weder dem Präsidenten des Deutschen Bundestages vorgelegen haben noch in einem amtlichen Verfahren entdeckt waren und die Partei den Sachverhalt umfassend offen legt und korrigiert. [2] Die zu Unrecht erlangten Finanzvorteile sind innerhalb einer vom Präsidenten des Deutschen Bundestages gesetzten Frist an diesen abzuführen.

(3) § 23a Abs. 5 und 6 gilt entsprechend.

§ 24 Rechenschaftsbericht. (1) [1] Der Rechenschaftsbericht besteht aus einer Ergebnisrechnung auf der Grundlage einer den Vorschriften dieses Gesetzes entsprechenden Einnahmen- und Ausgabenrechnung, einer damit verbundenen Vermögensbilanz sowie einem Erläuterungsteil. [2] Er gibt unter Beachtung der Grundsätze ordnungsmäßiger Buchführung entsprechend den tatsächlichen Verhältnissen Auskunft über die Herkunft und Verwendung der Mittel sowie über das Vermögen der Partei.

(2) [1] Die für alle Kaufleute geltenden handelsrechtlichen Vorschriften über die Rechnungslegung, insbesondere zu Ansatz und Bewertung von Vermögensgegenständen, sind entsprechend anzuwenden, soweit dieses Gesetz nichts anderes vorschreibt. [2] Rechnungsunterlagen, Bücher, Bilanzen und Rechenschaftsberichte sind zehn Jahre aufzubewahren. [3] Die Aufbewahrungsfrist beginnt mit Ablauf des Rechnungsjahres.

(3) [1] In den Rechenschaftsbericht der Gesamtpartei sind die Rechenschaftsberichte jeweils getrennt nach Bundesverband und Landesverband sowie die Rechenschaftsberichte der nachgeordneten Gebietsverbände je Landesverband aufzunehmen. [2] Die Landesverbände und die ihnen nachgeordneten Gebietsverbände haben ihren Rechenschaftsberichten eine lückenlose Aufstellung aller Zuwendungen je Zuwender mit Namen und Anschrift beizufügen. [3] Der Bundesverband hat diese Aufstellungen zur Ermittlung der jährlichen Gesamthöhe der Zuwendungen je Zuwender zusammenzufassen. [4] Die Landesverbände haben die Teilberichte der ihnen nachgeordneten Gebietsverbände gesammelt bei ihren Rechenschaftsunterlagen aufzubewahren.

(4) Die Einnahmerechnung umfasst:

1. Mitgliedsbeiträge,
2. Mandatsträgerbeiträge und ähnliche regelmäßige Beiträge,
3. Spenden von natürlichen Personen,
4. Spenden von juristischen Personen,
5. Einnahmen aus Unternehmenstätigkeit,

5a. Einnahmen aus Beteiligungen,

6. Einnahmen aus sonstigem Vermögen,

7. Einnahmen aus Veranstaltungen, Vertrieb von Druckschriften und Veröffentlichungen und sonstiger mit Einnahmen verbundener Tätigkeit,
8. staatliche Mittel,
9. sonstige Einnahmen,
10. Zuschüsse von Gliederungen und
11. Gesamteinnahmen nach den Nummern 1 bis 10.

(5) Die Ausgaberechnung umfasst:

1. Personalausgaben,
2. Sachausgaben
   a) des laufenden Geschäftsbetriebes,
   b) für allgemeine politische Arbeit,
   c) für Wahlkämpfe,
   d) für die Vermögensverwaltung einschließlich sich hieraus ergebender Zinsen,
   e) sonstige Zinsen,
   f) Ausgaben im Rahmen einer Unternehmenstätigkeit,
   g) sonstige Ausgaben,
3. Zuschüsse an Gliederungen und
4. Gesamtausgaben nach den Nummern 1 bis 3.

(6) Die Vermögensbilanz umfasst:

1. Besitzposten:
   A. Anlagevermögen:
      I. Sachanlagen:
         1. Haus- und Grundvermögen,
         2. Geschäftsstellenausstattung,
      II. Finanzanlagen:
         1. Beteiligungen an Unternehmen,
         2. sonstige Finanzanlagen;
   B. Umlaufvermögen:
      I. Forderungen an Gliederungen,
      II. Forderungen aus der staatlichen Teilfinanzierung,
      III. Geldbestände,
      IV. sonstige Vermögensgegenstände;
   C. Gesamtbesitzposten (Summe aus A und B);
2. Schuldposten:
   A. Rückstellungen:
      I. Pensionsverpflichtungen,
      II. sonstige Rückstellungen;
   B. Verbindlichkeiten:
      I. Verbindlichkeiten gegenüber Gliederungen,
      II. Rückzahlungsverpflichtungen aus der staatlichen Teilfinanzierung,

III. Verbindlichkeiten gegenüber Kreditinstituten,
IV. Verbindlichkeiten gegenüber sonstigen Darlehensgebern,
V. sonstige Verbindlichkeiten;
C. Gesamte Schuldposten (Summe von A und B);
3. Reinvermögen (positiv oder negativ).

(7) Der Vermögensbilanz ist ein Erläuterungsteil hinzuzufügen, der insbesondere folgende Punkte umfassen muss:

1. Auflistung der Beteiligungen nach Absatz 6 Nr. 1 A II 1 sowie deren im Jahresabschluss aufgeführten unmittelbaren und mittelbaren Beteiligungen, jeweils mit Name und Sitz sowie unter Angabe des Anteils und der Höhe des Nominalkapitals; außerdem sind die Höhe des Anteils am Kapital, das Eigenkapital und das Ergebnis des letzten Geschäftsjahres dieser Unternehmen anzugeben, für das ein Jahresabschluss vorliegt. Die im Jahresabschluss dieser Unternehmen aufgeführten Beteiligungen sind mit den Angaben aus dem Jahresabschluss zu übernehmen. Beteiligungen im Sinne dieses Gesetzes sind Anteile gemäß § 271 Abs. 1 des Handelsgesetzbuchs;
2. Benennung der Hauptprodukte von Medienunternehmen, soweit Beteiligungen an diesen bestehen;
3. im Abstand von fünf Jahren eine Bewertung des Haus- und Grundvermögens und der Beteiligungen an Unternehmen nach dem Bewertungsgesetz (Haus- und Grundvermögen nach §§ 145 ff. des Bewertungsgesetzes).

(8) Im Rechenschaftsbericht sind die Summe der Zuwendungen natürlicher Personen bis zu 3 300 Euro je Person sowie die Summe der Zuwendungen natürlicher Personen, soweit sie den Betrag von 3 300 Euro übersteigen, gesondert auszuweisen.

(9) [1] Dem Rechenschaftsbericht ist eine Zusammenfassung voranzustellen:

1. Einnahmen der Gesamtpartei gemäß Absatz 4 Nr. 1 bis 9 und deren Summe,
2. Ausgaben der Gesamtpartei gemäß Absatz 5 Nr. 1 und 2 und deren Summe,
3. Überschuss- oder Defizitausweis,
4. Besitzposten der Gesamtpartei gemäß Absatz 6 Nr. 1 A I und II und B II bis IV und deren Summe,
5. Schuldposten der Gesamtpartei gemäß Absatz 6 Nummer 2 A I und II und B II bis V und deren Summe,
6. Reinvermögen der Gesamtpartei (positiv oder negativ),
7. Gesamteinnahmen, Gesamtausgaben, Überschüsse oder Defizite sowie Reinvermögen der drei Gliederungsebenen Bundesverband, Landesverbände und der ihnen nachgeordneten Gebietsverbände.

[2] Neben den absoluten Beträgen zu den Nummern 1 und 2 ist der Vomhundertsatz der Einnahmensumme nach Nummer 1 und der Ausgabensumme nach Nummer 2 auszuweisen. [3] Zum Vergleich sind die Vorjahresbeträge anzugeben.

(10) Die Anzahl der Mitglieder zum 31. Dezember des Rechnungsjahres ist zu verzeichnen.

(11) Die Partei kann dem Rechenschaftsbericht zusätzliche Erläuterungen beifügen.

(12) [1]Öffentliche Zuschüsse, die den politischen Jugendorganisationen zweckgebunden zugewendet werden, bleiben bei der Ermittlung der absoluten Obergrenze unberücksichtigt. [2]Sie sind im Rechenschaftsbericht der jeweiligen Partei nachrichtlich auszuweisen und bleiben bei der Einnahme- und Ausgabenrechnung der Partei unberücksichtigt.

§ 25 Spenden. (1) [1]Parteien sind berechtigt, Spenden anzunehmen. [2]Bis zu einem Betrag von 1 000 Euro kann eine Spende mittels Bargeld erfolgen. [3]Parteimitglieder, die Empfänger von Spenden an die Partei sind, haben diese unverzüglich an ein für Finanzangelegenheiten von der Partei satzungsmäßig bestimmtes Vorstandsmitglied weiterzuleiten. [4]Spenden sind von einer Partei erlangt, wenn sie in den Verfügungsbereich eines für die Finanzangelegenheiten zuständigen Vorstandsmitglieds oder eines hauptamtlichen Mitarbeiters der Partei gelangt sind; unverzüglich nach ihrem Eingang an den Spender zurückgeleitete Spenden gelten als nicht von der Partei erlangt.

(2) Von der Befugnis der Parteien, Spenden anzunehmen ausgeschlossen sind:

1. Spenden von öffentlich-rechtlichen Körperschaften, Parlamentsfraktionen und -gruppen sowie von Fraktionen und Gruppen von kommunalen Vertretungen;
2. Spenden von politischen Stiftungen, Körperschaften, Personenvereinigungen und Vermögensmassen, die nach der Satzung, dem Stiftungsgeschäft oder der sonstigen Verfassung und nach der tatsächlichen Geschäftsführung ausschließlich und unmittelbar gemeinnützigen, mildtätigen oder kirchlichen Zwecken dienen (§§ 51 bis 68 der Abgabenordnung);
3. Spenden von außerhalb des Geltungsbereiches dieses Gesetzes, es sei denn, dass
   a) diese Spenden aus dem Vermögen eines Deutschen im Sinne des Grundgesetzes[1)], eines Bürgers der Europäischen Union oder eines Wirtschaftsunternehmens, dessen Anteile sich zu mehr als 50 vom Hundert im Eigentum von Deutschen im Sinne des Grundgesetzes oder eines Bürgers der Europäischen Union befinden oder dessen Hauptsitz in einem Mitgliedstaat der Europäischen Union ist, unmittelbar einer Partei zufließen,
   b) es sich um Spenden an Parteien nationaler Minderheiten in ihrer angestammten Heimat handelt, die diesen aus Staaten zugewendet werden, die an die Bundesrepublik Deutschland angrenzen und in denen Angehörige ihrer Volkszugehörigkeit leben oder
   c) es sich um eine Spende eines Ausländers von nicht mehr als 1 000 Euro handelt;
4. Spenden von Berufsverbänden, die diesen mit der Maßgabe zugewandt wurden, sie an eine politische Partei weiterzuleiten;
5. Spenden von Unternehmen, die ganz oder teilweise im Eigentum der öffentlichen Hand stehen oder die von ihr verwaltet oder betrieben werden, sofern die direkte Beteiligung der öffentlichen Hand 25 vom Hundert übersteigt;

[1)] Nr. **1**.

6. Spenden, soweit sie im Einzelfall mehr als 500 Euro betragen und deren Spender nicht feststellbar sind, oder bei denen es sich erkennbar um die Weiterleitung einer Spende eines nicht genannten Dritten handelt;
7. Spenden, die der Partei erkennbar in Erwartung oder als Gegenleistung eines bestimmten wirtschaftlichen oder politischen Vorteils gewährt werden;
8. Spenden, die von einem Dritten gegen ein von der Partei zu zahlendes Entgelt eingeworben werden, das 25 vom Hundert des Wertes der eingeworbenen Spende übersteigt.

(3) [1] Spenden, Mitgliedsbeiträge und Mandatsträgerbeiträge an eine Partei oder einen oder mehrere ihrer Gebietsverbände, deren Gesamtwert in einem Kalenderjahr (Rechnungsjahr) 10 000 Euro übersteigt, sind unter Angabe des Namens und der Anschrift des Zuwenders sowie der Gesamthöhe der Zuwendung im Rechenschaftsbericht zu verzeichnen. [2] Spenden, die im Einzelfall die Höhe von 50 000 Euro übersteigen, sind dem Präsidenten des Deutschen Bundestages unverzüglich anzuzeigen. [3] Dieser veröffentlicht die Zuwendung unter Angabe des Zuwenders zeitnah als Bundestagsdrucksache.

(4) Nach Absatz 2 unzulässige Spenden sind von der Partei unverzüglich, spätestens mit Einreichung des Rechenschaftsberichts für das betreffende Jahr (§ 19a Abs. 3) an den Präsidenten des Deutschen Bundestages weiterzuleiten.

§ 26 Begriff der Einnahme. (1) [1] Einnahme ist, soweit für einzelne Einnahmearten (§ 24 Abs. 4) nichts besonderes gilt, jede von der Partei erlangte Geld- oder geldwerte Leistung. [2] Als Einnahmen gelten auch die Freistellung von üblicherweise entstehenden Verbindlichkeiten, die Übernahme von Veranstaltungen und Maßnahmen durch andere, mit denen ausdrücklich für eine Partei geworben wird, die Auflösung von Rückstellungen sowie Wertaufholungen im Anlagevermögen.

(2) Alle Einnahmen sind mit ihrem vollen Betrag an der für sie vorgesehenen Stelle einzusetzen und in der Vermögensbilanz zu berücksichtigen.

(3) Wirtschaftsgüter, die nicht in Geld bestehen, sind mit den im gewöhnlichen Geschäftsverkehr für gleiche oder vergleichbare Leistungen üblicherweise zu zahlenden Preisen anzusetzen.

(4) [1] Die ehrenamtliche Mitarbeit in Parteien erfolgt grundsätzlich unentgeltlich. [2] Sach-, Werk- und Dienstleistungen, die Parteien außerhalb eines Geschäftsbetriebes üblicherweise unentgeltlich zur Verfügung gestellt werden, bleiben als Einnahmen unberücksichtigt. [3] Ein Kostenersatz bleibt hiervon unberührt.

(5) Beiträge und staatliche Mittel, die von vornherein für eine schlüsselmäßige Verteilung unter mehrere Gebietsverbände bestimmt sind, werden bei der Stelle ausgewiesen, bei der sie endgültig verbleiben.

§ 26a Begriff der Ausgabe. (1) [1] Ausgabe ist, soweit für einzelne Ausgabearten (§ 24 Abs. 5) nichts Besonderes gilt, auch jede von der Partei erbrachte Geldleistung oder geldwerte Leistung sowie die Nutzung von Einnahmen nach § 26 Abs. 1 Satz 2, die die Partei erlangt hat. [2] Als Ausgabe gelten auch planmäßige und außerplanmäßige Abschreibungen auf Vermögensgegenstände und die Bildung von Rückstellungen.

(2) § 26 Abs. 2 gilt entsprechend.

(3) Vermögensgegenstände sind zum Zeitpunkt einer Veräußerung mit ihrem Buchwert als Ausgaben zu erfassen.

(4) Ausgaben aus der internen Verrechnung zwischen Gliederungen sind bei der Gliederung zu erfassen, von der sie wirtschaftlich getragen werden.

§ 27 Einzelne Einnahmearten. (1) [1] Mitgliedsbeiträge sind nur solche regelmäßigen Geldleistungen, die ein Mitglied auf Grund satzungsrechtlicher Vorschriften entrichtet. [2] Mandatsträgerbeiträge sind regelmäßige Geldleistungen, die ein Inhaber eines öffentlichen Wahlamtes (Mandatsträger) über seinen Mitgliedsbeitrag hinaus leistet. [3] Spenden sind darüber hinausgehende Zahlungen. [4] Dazu gehören auch Sonderumlagen und Sammlungen sowie geldwerte Zuwendungen aller Art, sofern sie nicht üblicherweise unentgeltlich Parteien außerhalb eines Geschäftsbetriebes zur Verfügung gestellt werden oder eine hierfür dennoch vereinbarte Vergütung an die Partei zurückgeleitet oder auf eine solche Vergütung verzichtet wird.

(2) [1] Sonstige Einnahmen nach § 24 Abs. 4 Nr. 9 sind aufzugliedern und zu erläutern, wenn sie bei einer der in § 24 Abs. 3 aufgeführten Gliederungen mehr als 2 vom Hundert der Summe der Einnahmen nach § 24 Abs. 4 Nr. 1 bis 6 ausmachen. [2] Darüber hinaus sind Einnahmen, die im Einzelfall die Summe von 10 000 Euro übersteigen, offen zu legen. [3] Erbschaften und Vermächtnisse sind unter Angabe ihrer Höhe, des Namens und der letzten Anschrift des Erblassers im Rechenschaftsbericht zu verzeichnen, soweit der Gesamtwert 10 000 Euro übersteigt.

§ 28 Vermögensbilanz. (1) In der Vermögensbilanz sind Vermögensgegenstände mit einem Anschaffungswert von im Einzelfall mehr als 5 000 Euro (inklusive Umsatzsteuer) aufzuführen.

(2) [1] Vermögensgegenstände sind mit den Anschaffungs- und Herstellungskosten vermindert um planmäßige Abschreibungen anzusetzen. [2] Im Bereich des Haus- und Grundvermögens erfolgen keine planmäßigen Abschreibungen.

(3) [1] Gliederungen unterhalb der Landesverbände können Einnahmen und Ausgaben im Jahr des Zu- beziehungsweise Abflusses verbuchen, auch wenn die jeweiligen Forderungen beziehungsweise Verbindlichkeiten bereits im Vorjahr entstanden sind. [2] Die §§ 249 bis 251 des Handelsgesetzbuchs können für die Aufstellung der Rechenschaftsberichte dieser Gliederungen unbeachtet bleiben.

§ 29 Prüfung des Rechenschaftsberichts. (1) [1] Die Prüfung nach § 23 Abs. 2 Satz 1 erstreckt sich auf die Bundespartei, ihre Landesverbände sowie nach Wahl des Prüfers auf mindestens zehn nachgeordnete Gebietsverbände. [2] In die Prüfung ist die Buchführung einzubeziehen. [3] Die Prüfung hat sich darauf zu erstrecken, ob die gesetzlichen Vorschriften beachtet worden sind. [4] Die Prüfung ist so anzulegen, dass Unrichtigkeiten und Verstöße gegen die gesetzlichen Vorschriften bei gewissenhafter Berufsausübung erkannt werden.

(2) [1] Der Prüfer kann von den Vorständen und den von ihnen dazu ermächtigten Personen alle Aufklärungen und Nachweise verlangen, welche die sorgfältige Erfüllung seiner Prüfungspflicht erfordert. [2] Es ist ihm insoweit auch zu gestatten, die Unterlagen für die Zusammenstellung des Rechenschaftsberichts,

die Bücher und Schriftstücke sowie die Kassen- und Vermögensbestände zu prüfen.

(3) [1]Der Vorstand des zu prüfenden Gebietsverbandes hat dem Prüfer schriftlich zu versichern, daß in dem Rechenschaftsbericht alle rechenschaftspflichtigen Einnahmen, Ausgaben und Vermögenswerte erfaßt sind. [2]Auf die Versicherung der Vorstände nachgeordneter Gebietsverbände kann Bezug genommen werden. [3]Es genügt die Versicherung des für die Finanzangelegenheiten zuständigen Vorstandsmitgliedes.

§ 30 Prüfungsbericht und Prüfungsvermerk. (1) Das Ergebnis der Prüfung ist in einem schriftlichen Prüfungsbericht niederzulegen, der dem Vorstand der Partei und dem Vorstand des geprüften Gebietsverbandes zu übergeben ist.

(2) [1]Sind nach dem abschließenden Ergebnis der Prüfung keine Einwendungen zu erheben, so hat der Prüfer durch einen Vermerk zu bestätigen, daß nach pflichtgemäßer Prüfung auf Grund der Bücher und Schriften der Partei sowie der von den Vorständen erteilten Aufklärungen und Nachweise der Rechenschaftsbericht in dem geprüften Umfang (§ 29 Abs. 1) den Vorschriften dieses Gesetzes entspricht. [2]Sind Einwendungen zu erheben, so hat der Prüfer in seinem Prüfungsvermerk die Bestätigung zu versagen oder einzuschränken. [3]Die geprüften Gebietsverbände sind im Prüfungsvermerk namhaft zu machen.

(3) Der Prüfungsvermerk ist auf dem einzureichenden Rechenschaftsbericht anzubringen und in vollem Wortlaut nach § 23 Abs. 2 Satz 3 mit zu veröffentlichen.

§ 31 Prüfer. (1) Ein Wirtschaftsprüfer oder vereidigter Buchprüfer darf nicht Prüfer sein, wenn er

1. ein Amt oder eine Funktion in der Partei oder für die Partei ausübt, oder in den letzten drei Jahren ausgeübt hat;
2. bei der Führung der Bücher oder der Aufstellung des zu prüfenden Rechenschaftsberichts über die Prüfungstätigkeit hinaus mitgewirkt hat;
3. gesetzlicher Vertreter, Arbeitnehmer, Mitglied des Aufsichtsrats oder Gesellschafter einer juristischen oder natürlichen Person oder einer Personengesellschaft oder Inhaber eines Unternehmens ist, sofern die juristische oder natürliche Person, die Personengesellschaft oder einer ihrer Gesellschafter oder das Einzelunternehmen nach Nummer 2 nicht Prüfer der Partei sein darf;
4. bei der Prüfung eine Person beschäftigt, die nach Nummer 1 bis 3 nicht Prüfer sein darf.

(2) Eine Wirtschaftsprüfungsgesellschaft oder Buchprüfungsgesellschaft darf nicht Prüfer sein, wenn

1. sie nach Absatz 1 Nr. 3 als Gesellschafter einer juristischen Person oder einer Personengesellschaft oder nach Absatz 1 Nr. 2 oder 4 nicht Prüfer sein darf;
2. einer ihrer gesetzlichen Vertreter oder einer ihrer Gesellschafter nach Absatz 1 Nr. 2 oder 3 nicht Prüfer sein darf.

(3) [1]Die Prüfer, ihre Gehilfen und die bei der Prüfung mitwirkenden gesetzlichen Vertreter einer Prüfungsgesellschaft sind zu gewissenhafter und unpar-

teiischer Wahrnehmung ihrer Aufgaben und zur Verschwiegenheit verpflichtet. [2] § 323 des Handelsgesetzbuchs gilt entsprechend.

Sechster Abschnitt. Verfahren bei unrichtigen Rechenschaftsberichten sowie Strafvorschriften

§ 31a Rückforderung der staatlichen Finanzierung. (1) [1] Soweit im Rechenschaftsbericht Zuwendungen (§ 18 Abs. 3 Satz 1 Nr. 3) zu Unrecht ausgewiesen worden sind und dadurch der Betrag der der Partei zustehenden staatlichen Mittel unrichtig festgesetzt worden ist, nimmt der Präsident des Deutschen Bundestages die gemäß § 19a Abs. 1 erfolgte Festsetzung der staatlichen Mittel zurück. [2] Dies gilt nicht, wenn die Berichtigung im Rechenschaftsbericht für das folgende Jahr erfolgt (§ 23a Abs. 5 Satz 3). [3] § 48 Abs. 2 des Verwaltungsverfahrensgesetzes[1)] findet keine Anwendung.

(2) Nach Ablauf der in § 24 Abs. 2 bestimmten Frist ist die Rücknahme ausgeschlossen.

(3) [1] Mit der Rücknahme setzt der Präsident des Deutschen Bundestages den von der Partei zu erstattenden Betrag durch Verwaltungsakt fest. [2] Ergibt sich im Zuge der weiteren staatlichen Finanzierung eine Verrechnungslage, ist der Unterschiedsbetrag mit der nächsten Abschlagszahlung an die Partei zu verrechnen.

(4) Die Festsetzungen und Zahlungen an die übrigen Parteien bleiben unverändert.

(5) Die Parteien sollen in die Satzungen Regelungen für den Fall aufnehmen, dass Maßnahmen nach Absatz 1 durch Landesverbände oder diesen nachgeordnete Gebietsverbände verursacht werden.

§ 31b Unrichtigkeit des Rechenschaftsberichts. [1] Stellt der Präsident des Deutschen Bundestages im Rahmen seiner Prüfung nach § 23a Unrichtigkeiten im Rechenschaftsbericht fest, entsteht gegen die Partei ein Anspruch in Höhe des Zweifachen des den unrichtigen Angaben entsprechenden Betrages, soweit kein Fall des § 31c vorliegt. [2] Betreffen Unrichtigkeiten in der Vermögensbilanz oder im Erläuterungsteil das Haus- und Grundvermögen oder Beteiligungen an Unternehmen, beträgt der Anspruch 10 vom Hundert der nicht aufgeführten oder der unrichtig angegebenen Vermögenswerte. [3] Der Präsident stellt die Verpflichtung der Partei zur Zahlung des Betrages durch Verwaltungsakt fest. [4] § 31a Abs. 2 bis 5 gilt entsprechend.

§ 31c Rechtswidrig erlangte oder nicht veröffentlichte Spenden.

[1] Hat eine Partei Spenden unter Verstoß gegen § 25 Abs. 2 angenommen und nicht gemäß § 25 Abs. 4 an den Präsidenten des Deutschen Bundestages weitergeleitet, entsteht gegen sie ein Anspruch in Höhe des Dreifachen des rechtswidrig erlangten Betrages; bereits abgeführte Spenden werden angerechnet. [2] Hat eine Partei Spenden nicht den Vorschriften dieses Gesetzes entsprechend im Rechenschaftsbericht veröffentlicht (§ 25 Abs. 3), entsteht gegen sie ein Anspruch in Höhe des Zweifachen des nicht den Vorschriften dieses Gesetzes entsprechend veröffentlichten Betrages. [3] Der Präsident stellt die Ver-

---

[1)] Nr. **12**.

pflichtung der Partei zur Zahlung des Betrages durch Verwaltungsakt fest. [4] § 31a Abs. 2 bis 5 gilt entsprechend.

§ 31d Strafvorschriften. (1) [1] Wer in der Absicht, die Herkunft oder die Verwendung der Mittel der Partei oder des Vermögens zu verschleiern oder die öffentliche Rechenschaftslegung zu umgehen,

1. unrichtige Angaben über die Einnahmen oder über das Vermögen der Partei in einem beim Präsidenten des Deutschen Bundestages eingereichten Rechenschaftsbericht bewirkt oder einen unrichtigen Rechenschaftsbericht beim Präsidenten des Deutschen Bundestages einreicht oder
2. als Empfänger eine Spende in Teilbeträge zerlegt und verbucht oder verbuchen lässt oder
3. entgegen § 25 Abs. 1 Satz 3 eine Spende nicht weiterleitet,

wird mit Freiheitsstrafe bis zu drei Jahren oder mit Geldstrafe bestraft. [2] Nach Satz 1 wird nicht bestraft, wer unter den Voraussetzungen des § 23b Abs. 2 eine Selbstanzeige nach § 23b Abs. 1 für die Partei abgibt oder an der Abgabe mitwirkt.

(2) [1] Mit Freiheitsstrafe bis zu drei Jahren oder mit Geldstrafe wird bestraft, wer als Prüfer oder Gehilfe eines Prüfers über das Ergebnis der Prüfung eines Rechenschaftsberichts unrichtig berichtet, im Prüfungsbericht erhebliche Umstände verschweigt oder einen inhaltlich unrichtigen Bestätigungsvermerk erteilt. [2] Handelt der Täter gegen Entgelt oder in der Absicht, sich oder einen anderen zu bereichern oder einen anderen zu schädigen, so ist die Strafe Freiheitsstrafe bis zu fünf Jahren oder Geldstrafe.

Siebenter Abschnitt. Vollzug des Verbots verfassungswidriger Parteien

§ 32 Vollstreckung. (1) [1] Wird eine Partei oder eine Teilorganisation einer Partei nach Artikel 21 Abs. 2 des Grundgesetzes[1)] für verfassungswidrig erklärt, so treffen die von den Landesregierungen bestimmten Behörden im Rahmen der Gesetze alle Maßnahmen, die zur Vollstreckung des Urteils und etwaiger zusätzlicher Vollstreckungsregelungen des Bundesverfassungsgerichts erforderlich sind. [2] Die obersten Landesbehörden haben zu diesem Zweck unbeschränktes Weisungsrecht gegenüber den Behörden und Dienststellen des Landes, die für die Wahrung der öffentlichen Sicherheit oder Ordnung zuständig sind.

(2) Erstreckt sich die Organisation oder die Tätigkeit der Partei oder des für verfassungswidrig erklärten Teils der Partei über das Gebiet eines Landes hinaus, so trifft der Bundesminister des Innern die für eine einheitliche Vollstreckung erforderlichen Anordnungen.

(3) Das Bundesverfassungsgericht kann die Vollstreckung nach § 35 des Gesetzes über das Bundesverfassungsgericht[2)] abweichend von den Vorschriften der Absätze 1 und 2 regeln.

[1)] Nr. **1**.
[2)] Nr. **6**.

(4) [1] Widerspruch und Anfechtungsklage gegen Vollstreckungsmaßnahmen haben keine aufschiebende Wirkung. [2] Betrifft ein verwaltungsgerichtliches Verfahren eine Frage, die für die Vollstreckung des Urteils von grundsätzlicher Bedeutung ist, so ist das Verfahren auszusetzen und die Entscheidung des Bundesverfassungsgerichts einzuholen. [3] Das Bundesverfassungsgericht entscheidet auch über Einwendungen gegen die Art und Weise der Durchführung der von ihm angeordneten besonderen Vollstreckungsmaßnahmen.

(5) [1] Im Falle der Vermögenseinziehung werden die §§ 10 bis 13 des Vereinsgesetzes[1)] vom 5. August 1964 (BGBl. I S. 593) entsprechend angewendet. [2] Verbotsbehörde ist die oberste Landesbehörde, im Fall des Absatzes 2 der Bundesminister des Innern.

§ 33 Verbot von Ersatzorganisationen. (1) Es ist verboten, Organisationen zu bilden, die verfassungswidrige Bestrebungen einer nach Artikel 21 Abs. 2 des Grundgesetzes[2)] in Verbindung mit § 46 des Gesetzes über das Bundesverfassungsgericht[3)] verbotenen Partei an deren Stelle weiter verfolgen (Ersatzorganisation) oder bestehende Organisationen als Ersatzorganisationen fortzuführen.

(2) Ist die Ersatzorganisation eine Partei, die bereits vor dem Verbot der ursprünglichen Partei bestanden hat oder im Bundestag oder in einem Landtag vertreten ist, so stellt das Bundesverfassungsgericht fest, daß es sich um eine verbotene Ersatzorganisation handelt; die §§ 38, 41, 43, 44 und 46 Abs. 3 des Gesetzes über das Bundesverfassungsgericht und § 32 dieses Gesetzes gelten entsprechend.

(3) Auf andere Parteien und auf Vereine im Sinne des § 2 des Vereinsgesetzes[1)], die Ersatzorganisationen einer verbotenen Partei sind, wird § 8 Abs. 2 des Vereinsgesetzes entsprechend angewandt.

Achter Abschnitt. Schlußbestimmungen

§ 34 (Änderung des Einkommensteuergesetzes)

§ 35 (Änderung des Körperschaftsteuergesetzes)

§ 36 (Anwendung steuerrechtlicher Vorschriften)

§ 37 Nichtanwendbarkeit einer Vorschrift des Bürgerlichen Gesetzbuchs. § 54 Satz 2 des Bürgerlichen Gesetzbuchs wird bei Parteien nicht angewandt.

§ 38 Zwangsmittel. (1) [1] Der Bundeswahlleiter kann den Vorstand der Partei zur Vornahme der Handlungen nach § 6 Abs. 3 durch ein Zwangsgeld anhalten. [2] Die Vorschriften des Verwaltungs-Vollstreckungsgesetzes[4)] gelten sinngemäß; der Bundeswahlleiter handelt insoweit als Vollstreckungs- und Voll-

---

1) Nr. **8**.
2) Nr. **1**.
3) Nr. **6**.
4) Nr. **14**.

zugsbehörde. [3]Die Höhe des Zwangsgeldes beträgt mindestens 250 Euro und höchstens 1 500 Euro.

(2) [1]Der Präsident des Deutschen Bundestages kann den Vorstand der Partei zur Einreichung eines Rechenschaftsberichts, der den Vorschriften des Fünften Abschnitts entspricht, durch ein Zwangsgeld anhalten. [2]Die Vorschriften des Verwaltungs-Vollstreckungsgesetzes gelten sinngemäß; der Präsident des Deutschen Bundestages handelt insoweit als Vollstreckungs- und Vollzugsbehörde. [3]Die Höhe des Zwangsgeldes beträgt mindestens 500 Euro und höchstens 10 000 Euro.

§ 39 Abschluss- und Übergangsregelungen. (1) Landesgesetzliche Regelungen auf der Grundlage des bis zum 1. Januar 1994 geltenden § 22 Satz 1 dieses Gesetzes haben keine Geltung mehr.

(2) [1]Für die Berechnung der staatlichen Mittel nach § 18 Abs. 3 Nr. 3 sowie für die Errechnung der relativen Obergrenze sind bei den Festsetzungen für die Jahre 2003 und 2004 der Ausweis der Zuwendungen in den Rechenschaftsberichten gemäß § 24 Abs. 2 Nr. 1 und 2 dieses Gesetzes in der bis zum Ablauf des 31. Dezember 2002 geltenden Fassung zugrunde zu legen. [2]Gleiches gilt für die Erstellung der Rechenschaftsberichte über das Jahr 2002.

(3) [1]§ 23a Abs. 3 findet auf die Prüfung von Rechenschaftsberichten ab dem Rechenschaftsjahr 2002 Anwendung. [2]Rechenschaftsberichte für das Jahr 2003 können auf der Grundlage der §§ 24, 26, 26a und 28 in ihrer ab 1. Januar 2004 geltenden Fassung erstellt werden.

(4) [1]Sind bei der erstmaligen Anwendung des § 28 Abs. 2 in seiner ab 1. Januar 2003 geltenden Fassung die Anschaffungs- oder Herstellungskosten eines Vermögensgegenstandes nicht ohne unverhältnismäßige Kosten oder Verzögerungen feststellbar, so dürfen die Buchwerte dieser Vermögensgegenstände aus dem Rechenschaftsbericht für das Rechnungsjahr 2002 als ursprüngliche Anschaffungs- oder Herstellungskosten übernommen und fortgeführt werden. [2]Dasselbe gilt für Vermögensgegenstände, bei denen nach § 28 Abs. 2 keine planmäßigen Abschreibungen vorzunehmen sind, sofern die Buchwerte nach handelsrechtlichen Grundlagen ermittelt worden sind. [3]Im Erläuterungsteil ist hierauf hinzuweisen.

(5) [1]§ 2 Absatz 2 Satz 2 findet auf in der Frist des § 19a Absatz 3 Satz 1 und 2 einzureichende Rechenschaftsberichte ab dem Rechenschaftsjahr 2016 Anwendung. [2]§ 19a Absatz 4 Satz 2 findet auf in der Frist des § 19a Absatz 3 Satz 1 und 2 einzureichende Rechenschaftsberichte ab dem Rechenschaftsjahr 2015 Anwendung. [3]Für die Berechnung des Gesamtwertes der Zuwendungen nach § 25 Absatz 3 Satz 1 sind für das Rechenschaftsjahr 2015 Zuwendungen gemäß § 25 Absatz 3 Satz 1 in der bis zum Ablauf des 31. Dezember 2015 geltenden Fassung zugrunde zu legen.

§ 40 *(aufgehoben)*

§ 41 (Inkrafttreten)

8. Gesetz zur Regelung des öffentlichen Vereinsrechts (Vereinsgesetz)

Vom 5. August 1964
(BGBl. I S. 593)

FNA 2180-1

zuletzt geänd. durch Art. 1 Zweites ÄndG v. 10.3.2017 (BGBl. I S. 419)

Nichtamtliche Inhaltsübersicht

Erster Abschnitt. Allgemeine Vorschriften

§ 1 Vereinsfreiheit (1) Die Bildung von Vereinen ist frei (Vereinsfreiheit).

(2) Gegen Vereine, die die Vereinsfreiheit mißbrauchen, kann zur Wahrung der öffentlichen Sicherheit oder Ordnung nur nach Maßgabe dieses Gesetzes eingeschritten werden.

§ 2 Begriff des Vereins. (1) Verein im Sinne dieses Gesetzes ist ohne Rücksicht auf die Rechtsform jede Vereinigung, zu der sich eine Mehrheit natürlicher oder juristischer Personen für längere Zeit zu einem gemeinsamen Zweck freiwillig zusammengeschlossen und einer organisierten Willensbildung unterworfen hat.

(2) Vereine im Sinne dieses Gesetzes sind nicht
1. politische Parteien im Sinne des Artikels 21 des Grundgesetzes[1)],
2. Fraktionen des Deutschen Bundestages und der Parlamente der Länder.

Zweiter Abschnitt. Verbot von Vereinen

§ 3 Verbot. (1) [1] Ein Verein darf erst dann als verboten (Artikel 9 Abs. 2 des Grundgesetzes[1)]) behandelt werden, wenn durch Verfügung der Verbotsbehörde festgestellt ist, daß seine Zwecke oder seine Tätigkeit den Strafgesetzen zuwiderlaufen oder daß er sich gegen die verfassungsmäßige Ordnung oder den Gedanken der Völkerverständigung richtet; in der Verfügung ist die Auflösung des Vereins anzuordnen (Verbot). [2] Mit dem Verbot ist in der Regel die Beschlagnahme und die Einziehung
1. des Vereinsvermögens,
2. von Forderungen Dritter, soweit die Einziehung in § 12 Abs. 1 vorgesehen ist, und
3. von Sachen Dritter, soweit der Berechtigte durch die Überlassung der Sachen an den Verein dessen verfassungswidrige Bestrebungen vorsätzlich gefördert hat oder die Sachen zur Förderung dieser Bestrebungen bestimmt sind,

zu verbinden.

(2) [1] Verbotsbehörde ist
1. die oberste Landesbehörde oder die nach Landesrecht zuständige Behörde für Vereine und Teilvereine, deren erkennbare Organisation und Tätigkeit sich auf das Gebiet eines Landes beschränken;
2. der Bundesminister des Innern für Vereine und Teilvereine, deren Organisation oder Tätigkeit sich über das Gebiet eines Landes hinaus erstreckt.

[2] Die oberste Landesbehörde oder die nach Landesrecht zuständige Behörde entscheidet im Benehmen mit dem Bundesminister des Innern, wenn sich das Verbot gegen den Teilverein eines Vereins richtet, für dessen Verbot nach Satz 1 Nr. 2 der Bundesminister des Innern zuständig ist. [3] Der Bundesminister des Innern entscheidet im Benehmen mit den Behörden, die nach Satz 1 Nr. 1 für das Verbot von Teilvereinen zuständig gewesen wären.

(3) [1] Das Verbot erstreckt sich, wenn es nicht ausdrücklich beschränkt wird, auf alle Organisationen, die dem Verein derart eingegliedert sind, daß sie nach dem Gesamtbild der tatsächlichen Verhältnisse als Gliederung dieses Vereins erscheinen (Teilorganisationen). [2] Auf nichtgebietliche Teilorganisationen mit eigener Rechtspersönlichkeit erstreckt sich das Verbot nur, wenn sie in der Verbotsverfügung ausdrücklich benannt sind.

---

1) Nr. 1.

(4) [1]Das Verbot ist schriftlich oder elektronisch mit einer dauerhaft überprüfbaren Signatur nach § 37 Abs. 4 des Verwaltungsverfahrensgesetzes[1)] abzufassen, zu begründen und dem Verein, im Falle des Absatzes 3 Satz 2 auch den Teilorganisationen, zuzustellen. [2]Der verfügende Teil des Verbots ist im Bundesanzeiger und danach im amtlichen Mitteilungsblatt des Landes bekanntzumachen, in dem der Verein oder, sofern sich das Verbot hierauf beschränkt, der Teilverein seinen Sitz hat; Verbote nach § 15 werden nur im Bundesanzeiger bekanntgemacht. [3]Das Verbot wird mit der Zustellung, spätestens mit der Bekanntmachung im Bundesanzeiger, wirksam und vollziehbar; § 80 der Verwaltungsgerichtsordnung[2)] bleibt unberührt.

(5) Die Verbotsbehörde kann das Verbot auch auf Handlungen von Mitgliedern des Vereins stützen, wenn

1. ein Zusammenhang zur Tätigkeit im Verein oder zu seiner Zielsetzung besteht,
2. die Handlungen auf einer organisierten Willensbildung beruhen und
3. nach den Umständen anzunehmen ist, daß sie vom Verein geduldet werden.

§ 4 Ermittlungen. (1) [1]Die Verbotsbehörde kann für ihre Ermittlungen die Hilfe der für die Wahrung der öffentlichen Sicherheit oder Ordnung zuständigen Behörden und Dienststellen in Anspruch nehmen. [2]Ermittlungsersuchen des Bundesministers des Innern sind an die zuständige oberste Landesbehörde zu richten.

(2) [1]Hält die Verbotsbehörde oder eine gemäß Absatz 1 Satz 1 ersuchte Stelle eine richterliche Vernehmung von Zeugen, eine Beschlagnahme von Beweismitteln oder eine Durchsuchung für erforderlich, so stellt sie ihre Anträge bei dem Verwaltungsgericht, in dessen Bezirk die Handlung vorzunehmen ist. [2]Die richterlichen Anordnungen oder Maßnahmen trifft der Vorsitzende oder ein von ihm bestimmtes Mitglied des Gerichts.

(3) Für die richterliche Vernehmung von Zeugen gilt § 98 der Verwaltungsgerichsordnung[2)] entsprechend.

(4) [1]Für die Beschlagnahme von Gegenständen, die als Beweismittel von Bedeutung sein können, gelten die §§ 94 bis 97, 98 Abs. 4 sowie die §§ 99 bis 101 der Strafprozeßordnung entsprechend. [2]Bestehen hinreichende Anhaltspunkte dafür, daß eine Durchsuchung zur Auffindung solcher Beweismittel führen werde, so kann die Durchsuchung der Räume des Vereins sowie der Räume, der Sachen und der Person eines Mitglieds oder Hintermannes des Vereins angeordnet werden. [3]Bei anderen Personen ist die Durchsuchung nur zur Beschlagnahme bestimmter Beweismittel und nur dann zulässig, wenn Tatsachen darauf schließen lassen, daß sich die gesuchte Sache in ihrem Gewahrsam befindet. [4]Die §§ 104, 105 Abs. 2 bis 4, §§ 106 bis 110 der Strafprozeßordnung gelten entsprechend.

(5) [1]Bei Gefahr im Verzug kann auch die Verbotsbehörde oder eine gemäß Absatz 1 Satz 1 ersuchte Stelle eine Beschlagnahme, mit Ausnahme der Beschlagnahme nach § 99 der Strafprozeßordnung, oder eine Durchsuchung

---

1) Nr. **12**.
2) Nr. **15**.

anordnen. [2] Die Vorschriften des Absatzes 4 sowie § 98 Abs. 2 Satz 1 und 2 der Strafprozeßordnung gelten entsprechend.

§ 5 Vollzug des Verbots. (1) Soweit das Verbot nach diesem Gesetz nicht von der Verbotsbehörde selbst oder den von ihr gemäß § 10 Abs. 3 und § 11 Abs. 3 beauftragten Stellen zu vollziehen ist, wird es von den von der Landesregierung bestimmten Behörden vollzogen.

(2) Folgt dem Verbot eines Teilvereins, bevor es unanfechtbar geworden ist, ein den Teilverein einschließendes Verbot des Gesamtvereins, so ist von diesem Zeitpunkt an nur noch das Verbot des Gesamtvereins zu vollziehen.

§ 6 Anfechtung des Verbotsvollzugs. (1) Wird eine Maßnahme zum Vollzug des Verbots angefochten und kommt es für die Entscheidung darauf an, ob das Verbot rechtmäßig ist, so hat das Verwaltungsgericht, wenn es die Rechtmäßigkeit des Verbots bezweifelt, das Verfahren auszusetzen, bis über das Verbot unanfechtbar entschieden ist, und dieses Ergebnis seiner Entscheidung zugrunde zu legen.

(2) Widerspruch und Anfechtungsklage gegen Maßnahmen zum Vollzug des Verbots haben keine aufschiebende Wirkung.

§ 7 Unanfechtbarkeit des Verbots, Eintragung in öffentliche Register.

(1) Ist das Verbot unanfechtbar geworden, so ist sein verfügender Teil nochmals unter Hinweis auf die Unanfechtbarkeit im Bundesanzeiger und in dem in § 3 Abs. 4 Satz 2 genannten Mitteilungsblatt zu veröffentlichen.

(2) Ist der Verein oder eine Teilorganisation in ein öffentliches Register eingetragen, so sind auf Anzeige der Verbotsbehörde einzutragen

die Beschlagnahme des Vereinsvermögens und ihre Aufhebung,

die Bestellung und Abberufung von Verwaltern (§ 10 Abs. 3),

die Auflösung des Vereins, nachdem das Verbot unanfechtbar geworden ist, und

das Erlöschen des Vereins.

§ 8 Verbot der Bildung von Ersatzorganisationen. (1) Es ist verboten, Organisationen zu bilden, die verfassungswidrige Bestrebungen (Artikel 9 Abs. 2 des Grundgesetzes[1)]) eines nach § 3 dieses Gesetzes verbotenen Vereins an dessen Stelle weiterverfolgen (Ersatzorganisationen) oder bestehende Organisationen als Ersatzorganisationen fortzuführen.

(2) [1] Gegen eine Ersatzorganisation, die Verein im Sinne dieses Gesetzes ist, kann zur verwaltungsmäßigen Durchführung des in Absatz 1 enthaltenen Verbots nur auf Grund einer besonderen Verfügung vorgegangen werden, in der festgestellt wird, daß sie Ersatzorganisation des verbotenen Vereins ist. [2] Die §§ 3 bis 7 und 10 bis 13 gelten entsprechend. [3] Widerspruch und Anfechtungsklage gegen die Verfügung haben keine aufschiebende Wirkung. [4] Die für die Wahrung der öffentlichen Sicherheit oder Ordnung zuständigen Behörden und Dienststellen sind bei Gefahr im Verzug zu vorläufigen Maßnahmen berechtigt, die außer Kraft treten, wenn die Verbotsbehörde nicht binnen zweier Wochen die in Satz 1 bestimmte Verfügung trifft.

[1)] Nr. 1.

§ 9 Kennzeichenverbot. (1) [1]Kennzeichen des verbotenen Vereins dürfen für die Dauer der Vollziehbarkeit des Verbots nicht mehr

1. öffentlich, in einer Versammlung oder
2. in Schriften, Ton- oder Bildträgern, Abbildungen oder Darstellungen, die verbreitet werden oder zur Verbreitung bestimmt sind,

verwendet werden. [2]Ausgenommen ist eine Verwendung von Kennzeichen im Rahmen der staatsbürgerlichen Aufklärung, der Abwehr verfassungswidriger Bestrebungen und ähnlicher Zwecke.

(2) [1]Kennzeichen im Sinne des Absatzes 1 sind insbesondere Fahnen, Abzeichen, Uniformstücke, Parolen und Grußformen. [2]Den in Satz 1 genannten Kennzeichen stehen solche gleich, die ihnen zum Verwechseln ähnlich sind.

(3) [1]Absatz 1 gilt entsprechend für Kennzeichen eines verbotenen Vereins, die in im Wesentlichen gleicher Form von anderen nicht verbotenen Teilorganisationen oder von selbständigen Vereinen verwendet werden. [2]Ein Kennzeichen eines verbotenen Vereins wird insbesondere dann in im Wesentlichen gleicher Form verwendet, wenn bei ähnlichem äußerem Gesamterscheinungsbild das Kennzeichen des verbotenen Vereins oder Teile desselben mit einer anderen Orts- oder Regionalbezeichnung versehen wird.

(4) Diese Vorschriften gelten auch für die Verwendung von Kennzeichen einer Ersatzorganisation für die Dauer der Vollziehbarkeit einer Verfügung nach § 8 Abs. 2 Satz 1.

Dritter Abschnitt. Beschlagnahme und Einziehung des Vermögens verbotener Vereine

§ 10 Vermögensbeschlagnahme. (1) [1]Die Beschlagnahme (§ 3 Abs. 1 Satz 2) hat die Wirkung eines Veräußerungsverbots. [2]Rechtsgeschäfte, die gegen das Veräußerungsverbot verstoßen, sind nichtig, es sei denn, daß der andere Teil weder wußte noch wissen mußte, daß der Gegenstand, auf den sich das Rechtsgeschäft bezieht, der Beschlagnahme unterliegt. [3]Die Beschlagnahme erfaßt auch die Gegenstände, die der Verein einem Dritten zu treuen Händen übertragen hat oder die ein Dritter als Treuhänder für den Verein erworben hat. [4]In den Fällen des Satzes 3 sind die Vorschriften zugunsten derjenigen, welche Rechte von einem Nichtberechtigten herleiten, entsprechend anzuwenden.

(2) [1]Auf Grund der Beschlagnahme können Sachen im Gewahrsam des Vereins und auf Grund besonderer Anordnung Sachen im Gewahrsam Dritter sichergestellt werden. [2]Soweit es der Zweck der Sicherstellung erfordert, dürfen auch Räume betreten sowie verschlossene Türen und Behältnisse geöffnet werden. [3]Die Anwendung unmittelbaren Zwanges ist ohne vorherige Androhung oder Fristsetzung zulässig, wenn sonst die Sicherstellung gefährdet wäre. [4]Werden von der Beschlagnahme Gegenstände im Sinne des § 99 der Strafprozeßordnung erfaßt, gelten für die Sicherstellung die §§ 99, 100 und 101 Abs. 3 bis 8 der Strafprozeßordnung entsprechend. [5]Maßnahmen nach Satz 4 und die Durchsuchung von Wohnungen ordnet nur das Verwaltungsgericht an, in dessen Bezirk die Handlungen vorzunehmen sind. [6]Anordnungen nach Satz 5 trifft der Vorsitzende oder ein von ihm bestimmtes Mitglied des Gerichts.

(3) [1] Die Verbotsbehörde kann für das beschlagnahmte Vermögen Verwalter bestellen und abberufen. [2] Die Verwalter unterliegen den Weisungen der Verbotsbehörde.

(4) [1] Die Vorstandsmitglieder sind verpflichtet, Auskunft über den Bestand und Verbleib des Vereinsvermögens zu geben. [2] Auf Verlangen der Verbotsbehörde haben sie ein Verzeichnis des Bestandes vorzulegen und zu beeiden. [3] Der Eid ist mit dem in § 260 Abs. 2 des Bürgerlichen Gesetzbuchs bezeichneten Inhalt auf Ersuchen der Verbotsbehörde vor dem für den Wohnsitz des Eidespflichtigen zuständigen Amtsgericht zu leisten.

(5) Die Aufhebung der Beschlagnahme sowie der Aufschub und die Wiederherstellung ihrer Vollziehbarkeit haben keine rückwirkende Kraft.

§ 11 Vermögenseinziehung. (1) [1] Die Einziehung (§ 3 Abs. 1 Satz 2) wird im Fall des § 3 Abs. 2 Nr. 1 zugunsten des Landes, im Fall des § 3 Abs. 2 Nr. 2 zugunsten des Bundes angeordnet. [2] Die Einziehung erfaßt auch die Gegenstände, auf die sich nach § 10 Abs. 1 Satz 3 die Beschlagnahme erstreckt, mit Ausnahme der vom Verein einem Dritten zur Sicherung übertragenen Gegenstände.

(2) [1] Mit Eintritt der Unanfechtbarkeit des Verbots und der Einziehungsanordnung erwirbt der Einziehungsbegünstigte das Vereinsvermögen und die nach Absatz 1 Satz 2 eingezogenen Gegenstände als besondere Vermögensmasse. [2] Gegenstände, die einer Teilorganisation in der Rechtsform eines Vereins, einer Gesellschaft oder einer Stiftung gehört haben, bilden eine eigene Vermögensmasse. [3] Der Verein und die von der Einziehung betroffenen Teilorganisationen erlöschen. [4] Ihre Rechtsverhältnisse sind im Einziehungsverfahren abzuwickeln.

(3) [1] Der Bundesminister des Innern als Verbotsbehörde kann mit der Durchführung der Einziehung und mit der Abwicklung (§ 13) das Bundesverwaltungsamt oder eine andere Bundesbehörde beauftragen (Einziehungsbehörde). [2] § 10 Abs. 3 gilt entsprechend. [3] Die Beauftragung ist im Bundesanzeiger und in dem in § 3 Abs. 4 Satz 2 genannten Mitteilungsblatt zu veröffentlichen.

(4) [1] Die Verbotsbehörde kann von der Einziehung absehen, wenn keine Gefahr besteht, daß Vermögenswerte des Vereins von neuem zur Förderung von Handlungen oder Bestrebungen der in Artikel 9 Abs. 2 des Grundgesetzes[1)] genannten Art verwendet werden oder daß die Vermögensauseinandersetzung dazu mißbraucht wird, den organisatorischen Zusammenhalt des Vereins aufrechtzuerhalten, ferner, soweit es sich um Gegenstände von unerheblichem Wert handelt. [2] Die Verbotsbehörde kann die Liquidatoren bestellen. [3] § 12 Abs. 1 Satz 1 gilt sinngemäß für den Anspruch auf den Liquidationserlös.

§ 12 Einziehung von Gegenständen Dritter. (1) [1] Die Verbotsbehörde oder die Einziehungsbehörde zieht Forderungen Dritter gegen den Verein ein, wenn

1. sie aus Beziehungen entstanden sind, die sich nach Art, Umfang oder Zweck als eine vorsätzliche Förderung der verfassungswidrigen Bestrebungen des Vereins darstellen, oder

---

[1)] Nr. **1**.

2. sie begründet wurden, um Vermögenswerte des Vereins dem behördlichen Zugriff zu entziehen oder den Wert des Vereinsvermögens zu mindern.

[2] Hat der Gläubiger eine solche Forderung durch Abtretung erworben, so kann sie nur eingezogen werden, wenn der Gläubiger die in Satz 1 bezeichneten Tatsachen bei dem Erwerb kannte.

(2) Sachen Dritter werden eingezogen, wenn der Berechtigte durch die Überlassung der Sachen an den Verein dessen verfassungswidrige Bestrebungen vorsätzlich gefördert hat oder die Sachen zur Förderung dieser Bestrebungen bestimmt sind.

(3) [1] Rechte Dritter an den nach § 11 Abs. 1 oder nach § 12 Abs. 1 oder 2 eingezogenen Gegenständen bleiben bestehen. [2] Sie werden eingezogen, wenn sie unter den in Absatz 1 bezeichneten Voraussetzungen begründet oder erworben worden sind.

(4) [1] Die nach den Absätzen 1 bis 3 eingezogenen Gegenstände gehen mit Eintritt der Unanfechtbarkeit des Verbots und der Einziehungsverfügung auf den Einziehungsbegünstigten über. [2] Nicht vererbliche Rechte erlöschen.

(5) [1] Verfügungen des Vereins, die in den letzten sechs Monaten vor Erlaß des Verbots in der dem anderen Teil bekannten Absicht vorgenommen wurden, Gegenstände des Vereinsvermögens beiseite zu schaffen, sind dem Einziehungsbegünstigten gegenüber unwirksam. [2] Ist zugunsten eines Vereinsmitglieds oder einer Person, die ihm im Sinne des § 138 Abs. 1 der Insolvenzordnung nahesteht, verfügt worden, so wird vermutet, daß diesen die in Satz 1 bezeichnete Absicht bekannt war.

§ 13 Abwicklung. (1) [1] Die Gläubiger, die ihre Forderungen innerhalb der von der Verbotsbehörde oder Einziehungsbehörde gesetzten Ausschlußfrist angemeldet haben, sind aus der besonderen Vermögensmasse zu befriedigen. [2] Die Befriedigung von Gläubigern, die im Falle des Insolvenzverfahrens Insolvenzgläubiger wären, ist, soweit nicht eine Rechtsverordnung etwas anderes bestimmt, erst zulässig, wenn die Verwertung des eingezogenen Vermögens (§ 11 Abs. 1) eine zur Befriedigung aller Gläubiger ausreichende bare Masse ergeben hat. [3] Forderungen, die innerhalb der Ausschlußfrist nicht angemeldet werden, erlöschen.

(2) Zur Vermeidung unbilliger Härten kann die Verbotsbehörde oder die Einziehungsbehörde anordnen, daß ein nach § 11 Abs. 1 Satz 2 eintretender Rechtsverlust unterbleibt, oder von der Einziehung nach § 12 absehen.

(3) [1] Reicht das Vermögen nicht zur Befriedigung aller Ansprüche gegen die besondere Vermögensmasse aus, so findet auf Antrag der Verbotsbehörde oder der Einziehungsbehörde ein Insolvenzverfahren über die besondere Vermögensmasse statt. [2] § 12 bleibt unberührt. [3] Die von der Beschlagnahme (§ 3 Abs. 1 Satz 2) ab entstandenen Verwaltungsaufwendungen und die dem Verein nach dem Verbot durch die Inanspruchnahme von Rechtsbehelfen entstandenen Prozeßkosten sowie die Verwaltungsschulden gelten als Masseverbindlichkeiten. [4] Der Insolvenzverwalter wird auf Vorschlag der Verbotsbehörde oder der Einziehungsbehörde vom Insolvenzgericht bestellt und entlassen. [5] Die §§ 57, 67 bis 73, 101 der Insolvenzordnung sind nicht anzuwenden.

(4) Das nach Befriedigung der gegen die besondere Vermögensmasse gerichteten Ansprüche verbleibende Vermögen und die nach § 12 eingezogenen

Gegenstände sind vom Einziehungsbegünstigten für gemeinnützige Zwecke zu verwenden.

Vierter Abschnitt. Sondervorschriften

§ 14 Ausländervereine. (1) [1]Vereine, deren Mitglieder oder Leiter sämtlich oder überwiegend Ausländer sind (Ausländervereine), können über die in Artikel 9 Abs. 2 des Grundgesetzes[1)] genannten Gründe hinaus unter den Voraussetzungen des Absatzes 2 verboten werden. [2]Vereine, deren Mitglieder oder Leiter sämtlich oder überwiegend ausländische Staatsangehörige eines Mitgliedstaates der Europäischen Union sind, gelten nicht als Ausländervereine. [3]§ 3 Abs. 1 Satz 2 und § 12 Abs. 1 und 2 sind mit der Maßgabe anzuwenden, dass die Beschlagnahme und die Einziehung von Forderungen und Sachen Dritter auch im Falle des Absatzes 2 zulässig sind.

(2) Ausländervereine können verboten werden, soweit ihr Zweck oder ihre Tätigkeit

1. die politische Willensbildung in der Bundesrepublik Deutschland oder das friedliche Zusammenleben von Deutschen und Ausländern oder von verschiedenen Ausländergruppen im Bundesgebiet, die öffentliche Sicherheit oder Ordnung oder sonstige erhebliche Interessen der Bundesrepublik Deutschland beeinträchtigt oder gefährdet,
2. den völkerrechtlichen Verpflichtungen der Bundesrepublik Deutschland zuwiderläuft,
3. Bestrebungen außerhalb des Bundesgebiets fördert, deren Ziele oder Mittel mit den Grundwerten einer die Würde des Menschen achtenden staatlichen Ordnung unvereinbar sind,
4. Gewaltanwendung als Mittel zur Durchsetzung politischer, religiöser oder sonstiger Belange unterstützt, befürwortet oder hervorrufen soll oder
5. Vereinigungen innerhalb oder außerhalb des Bundesgebiets unterstützt, die Anschläge gegen Personen oder Sachen veranlassen, befürworten oder androhen.

(3) [1]Anstelle des Vereinsverbots kann die Verbotsbehörde gegenüber Ausländervereinen Betätigungsverbote erlassen, die sie auch auf bestimmte Handlungen oder bestimmte Personen beschränken kann. [2]Im übrigen bleiben Ausländervereinen gegenüber die gesetzlichen Vorschriften zur Wahrung der öffentlichen Sicherheit oder Ordnung unberührt.

§ 15 Ausländische Vereine. (1) [1]Für Vereine mit Sitz im Ausland (ausländische Vereine), deren Organisation oder Tätigkeit sich auf den räumlichen Geltungsbereich dieses Gesetzes erstreckt, gilt § 14 entsprechend. [2]Zuständig für das Verbot ist der Bundesminister des Innern.

(2) Ausländische Vereine und die einem ausländischen Verein eingegliederten Teilvereine, deren Mitglieder und Leiter sämtlich oder überwiegend Deutsche oder ausländische Unionsbürger sind, können nur aus den in Artikel 9 Abs. 2 des Grundgesetzes[1)] genannten Gründen verboten oder in ein Verbot einbezogen werden.

[1)] Nr. 1.

§ 16 Arbeitnehmer- und Arbeitgebervereinigungen. (1) [1]Verbote nach § 3 Abs. 1 oder Verfügungen nach § 8 Abs. 2 Satz 1 gegen Vereinigungen, die den Schutz des Übereinkommens Nr. 87 der Internationalen Arbeitsorganisation vom 9. Juli 1948 über die Vereinigungsfreiheit und den Schutz des Vereinigungsrechts (Bundesgesetzbl. 1956 II S. 2072) genießen, werden erst wirksam, wenn das Gericht ihre Rechtmäßigkeit bestätigt hat. [2]§ 3 Abs. 4 und § 8 Abs. 2 Satz 3 und 4 sind nicht anzuwenden.

(2) [1]Die Verbotsbehörde legt dem nach § 48 Abs. 2 und 3, § 50 Abs. 1 Nr. 2 der Verwaltungsgerichtsordnung[1)] zuständigen Gericht ihre schriftlich oder elektronisch mit einer dauerhaft überprüfbaren Signatur nach § 37 Abs. 4 des Verwaltungsverfahrensgesetzes[2)] abgefaßte und begründete Entscheidung vor. [2]Das Gericht stellt sie der Vereinigung und ihren darin benannten nichtgebietlichen Teilorganisationen mit eigener Rechtspersönlichkeit (§ 3 Abs. 3 Satz 2) zu. [3]Beteiligt am Verfahren sind die Verbotsbehörde, die Vereinigung und ihre in der Entscheidung benannten nichtgebietlichen Teilorganisationen mit eigener Rechtspersönlichkeit sowie die nach § 63 Nr. 3 und 4 der Verwaltungsgerichtsordnung Beteiligten.

(3) Versagt das Gericht die Bestätigung, so hebt es in dem Urteil zugleich das Verbot oder die Verfügung auf.

(4) [1]Auf Antrag der Verbotsbehörde kann das Gericht die nötigen einstweiligen Anordnungen treffen, insbesondere die Beschlagnahme des Vereinsvermögens verfügen. [2]Betätigungsverbote und Beschlagnahmeanordnungen hat das Gericht entsprechend § 3 Abs. 4 Satz 2 bekanntzumachen.

§ 17 Wirtschaftsvereinigungen. Die Vorschriften dieses Gesetzes sind auf Aktiengesellschaften, Kommanditgesellschaften auf Aktien, Gesellschaften mit beschränkter Haftung, konzessionierte Wirtschaftsvereine nach § 22 des Bürgerlichen Gesetzbuches, Europäische Gesellschaften, Genossenschaften, Europäische Genossenschaften und Versicherungsvereine auf Gegenseitigkeit nur anzuwenden,

1. wenn sie sich gegen die verfassungsmäßige Ordnung oder gegen den Gedanken der Völkerverständigung richten oder
2. wenn ihre Zwecke oder ihre Tätigkeit den in § 74a Abs. 1 oder § 120 Abs. 1 und 2 des Gerichtsverfassungsgesetzes genannten Strafgesetzen oder dem § 130 des Strafgesetzbuches zuwiderlaufen oder
3. wenn sie von einem Verbot, das aus einem der in Nummer 1 oder 2 genannten Gründe erlassen wurde, nach § 3 Abs. 3 als Teilorganisation erfaßt werden, oder
4. wenn sie Ersatzorganisation eines Vereins sind, der aus einem der in Nummer 1 oder 2 genannten Gründe verboten wurde.

§ 18 Räumlicher Geltungsbereich von Vereinsverboten. [1]Verbote von Vereinen, die ihren Sitz außerhalb des räumlichen Geltungsbereichs dieses Gesetzes, aber Teilorganisationen innerhalb dieses Bereichs haben, erstrecken sich nur auf die Teilorganisationen innerhalb dieses Bereichs. [2]Hat der Verein

---

1) Nr. **15**.
2) Nr. **12**.

im räumlichen Geltungsbereich dieses Gesetzes keine Organisation, so richtet sich das Verbot (§ 3 Abs. 1) gegen seine Tätigkeit in diesem Bereich.

Fünfter Abschnitt. Schlußbestimmungen

§ 19 Rechtsverordnungen. Die Bundesregierung kann durch Rechtsverordnung[1)] mit Zustimmung des Bundesrates

1. Bestimmungen über den Vollzug des Verbotes, insbesondere die Durchführung der Auflösung eines Vereins, die Durchführung und Aufhebung der Beschlagnahme sowie die Verwaltung des Vereinsvermögens während der Beschlagnahme erlassen,
2. Bestimmungen über das Verfahren der Einziehung, die Ausschlußfrist (§ 13 Abs. 1 Satz 1), die vorzeitige Befriedigung von Gläubigern (§ 13 Abs. 1 Satz 2), die Anwendung des § 13 Abs. 2 oder die Berichtigung des Grundbuchs treffen und das Insolvenzverfahren über die besondere Vermögensmasse in Anpassung an die besonderen Gegebenheiten bei der Einziehung näher regeln,
3. nähere Vorschriften über die Verwendung des eingezogenen Vermögens treffen,
4. Ausländervereine und ausländische Vereine einer Anmelde- und Auskunftspflicht unterwerfen, Vorschriften über Inhalt, Form und Verfahren der Anmeldung erlassen und die Auskunftspflicht näher regeln.

§ 20 Zuwiderhandlungen gegen Verbote. (1) [1]Wer im räumlichen Geltungsbereich dieses Gesetzes durch eine darin ausgeübte Tätigkeit

1. den organisatorischen Zusammenhalt eines Vereins entgegen einem vollziehbaren Verbot oder entgegen einer vollziehbaren Feststellung, daß er Ersatzorganisation eines verbotenen Vereins ist, aufrechterhält oder sich in einem solchen Verein als Mitglied betätigt,
2. den organisatorischen Zusammenhalt einer Partei oder eines Vereins entgegen einer vollziehbaren Feststellung, daß sie Ersatzorganisation einer verbotenen Partei sind (§ 33 Abs. 3 des Parteiengesetzes[2)]), aufrechterhält, oder sich in einer solchen Partei oder in einem solchen Verein als Mitglied betätigt,
3. den organisatorischen Zusammenhalt eines Vereins oder einer Partei der in den Nummern 1 und 2 bezeichneten Art oder deren weitere Betätigung unterstützt,
4. einem vollziehbaren Verbot nach § 14 Abs. 3 Satz 1 oder § 18 Satz 2 zuwiderhandelt oder
5. Kennzeichen einer der in den Nummern 1 und 2 bezeichneten Vereine oder Parteien oder eines von einem Betätigungsverbot nach § 15 Abs. 1 in Verbindung mit § 14 Abs. 3 Satz 1 betroffenen Vereins während der Vollziehbarkeit des Verbots oder der Feststellung verbreitet oder öffentlich oder in einer Versammlung verwendet,

---

1) Siehe die VereinsG-DurchführungsVO v. 28.7.1966 (BGBl. I S. 457), zuletzt geänd. durch G v. 22.8.2002 (BGBl. I S. 3390).

2) Nr. 7.

wird mit Freiheitsstrafe bis zu einem Jahr oder mit Geldstrafe bestraft, wenn die Tat nicht in den §§ 84, 85, 86a oder den §§ 129 bis 129b des Strafgesetzbuches mit Strafe bedroht ist. [2]In den Fällen der Nummer 5 gilt § 9 Absatz 1 Satz 2, Absatz 2 oder 3 entsprechend.

(2) Das Gericht kann von einer Bestrafung nach Absatz 1 absehen, wenn

1. bei Beteiligten die Schuld gering oder deren Mitwirkung von untergeordneter Bedeutung ist oder
2. der Täter sich freiwillig und ernsthaft bemüht, das Fortbestehen der Partei oder des Vereins zu verhindern; erreicht er dieses Ziel oder wird es ohne sein Bemühen erreicht, so wird der Täter nicht bestraft.

(3) Kennzeichen, auf die sich eine Straftat nach Absatz 1 Nr. 5 bezieht, können eingezogen werden.

§ 21 Zuwiderhandlungen gegen Rechtsverordnungen. (1) Ordnungswidrig handelt, wer vorsätzlich oder fahrlässig einer Vorschrift einer nach § 19 Nr. 4 erlassenen Rechtsverordnung zuwiderhandelt, wenn die Rechtsverordnung für einen bestimmten Tatbestand auf diese Bußgeldvorschrift verweist.

(2) Die Ordnungswidrigkeit kann mit einer Geldbuße bis zu zweitausend Deutsche Mark[1] geahndet werden.

§§ 22–29 *(nicht wiedergegebene Änderungsvorschriften)*

§ 30 Aufhebung und Fortgeltung von Rechtsvorschriften. (1) Es werden aufgehoben

1. das Vereinsgesetz vom 19. April 1908 (Reichsgesetzbl. S. 151)[2] in der Fassung des Gesetzes vom 26. Juni 1916 (Reichsgesetzbl. S. 635),
2. das Gesetz betreffend das Vereinswesen vom 11. Dezember 1899 (Reichsgesetzbl. S. 699)[3],
3. die Verordnung des Reichspräsidenten zur Erhaltung des inneren Friedens vom 19. Dezember 1932 (Reichsgesetzbl. I S. 548)[4],
4. Artikel 10 des Einführungsgesetzes zum Bürgerlichen Gesetzbuch[5],
5. die Abschnitte I und III des saarländischen Gesetzes Nr. 458 über das Vereinswesen (Vereinsgesetz) vom 8. Juli 1955 (Amtsblatt des Saarlandes S. 1030), soweit sie sich nicht auf politische Parteien im Sinne des Artikels 21 des Grundgesetzes[6] beziehen.

(2) Unberührt bleiben

1. § 39 Abs. 2 des Gesetzes über das Bundesverfassungsgericht[7],
2. die §§ 43 und 44 des Bürgerlichen Gesetzbuches,
3. § 62 des Gesetzes betreffend die Gesellschaften mit beschränkter Haftung, §§ 288 bis 293 des Aktiengesetzes, § 81 des Gesetzes betreffend die Erwerbs-

---

[1] Der Betrag wurde amtlich noch nicht auf Euro umgestellt; 1 Euro = 1,95583 DM.
[2] **Amtl. Anm.:** Bundesgesetzbl. III 2180-2
[3] **Amtl. Anm.:** Bundesgesetzbl. III 2180-1
[4] **Amtl. Anm.:** Bundesgesetzbl. III 2180-3
[5] **Amtl. Anm.:** Bundesgesetzbl. III 400-1
[6] Nr. **1**.
[7] Nr. **6**.

und Wirtschaftsgenossenschaften, § 304 des Versicherungsaufsichtsgesetzes und § 38 Abs. 1 des Gesetzes über das Kreditwesen,
4. § 13 des Gesetzes über die Rechtsstellung heimatloser Ausländer im Bundesgebiet vom 25. April 1951 (Bundesgesetzbl. I S. 269) und
5. die in zwischenstaatlichen Vereinbarungen getroffenen Sonderregelungen über Ausländervereine und ausländische Vereine.

§ 30a Zuständige Stelle zur Ausführung der Verordnung (EU, Euratom) Nr. 1141/2014. Zuständige Stelle im Sinne der Artikel 16 Absatz 3, Artikel 23 Absatz 1 und Absatz 5 sowie des Artikels 28 Absatz 1 der Verordnung (EU, Euratom) Nr. 1141/2014 des Europäischen Parlaments und des Rates vom 22. Oktober 2014 über das Statut und die Finanzierung europäischer politischer Parteien und europäischer politischer Stiftungen (ABl. L 317 vom 4.11.2014, S. 1, L 131 vom 20.5.2016, S. 91) ist das Bundesministerium des Innern.

§ 31 Übergangsregelungen. (1) Auf vereinsrechtliche Entscheidungen, die vor Inkrafttreten dieses Gesetzes ergangen sind, sind die bisher geltenden Vorschriften anzuwenden.

(2) Die §§ 8, 9 und 20 dieses Gesetzes sowie § 90b des Strafgesetzbuches in der Fassung des § 22 Nr. 3 dieses Gesetzes sind auch anzuwenden, wenn ein Verein vor Inkrafttreten dieses Gesetzes verboten worden ist.

(3) Unanfechtbar verboten im Sinne des § 90b des Strafgesetzbuches in der Fassung des § 22 Nr. 3 dieses Gesetzes ist ein Verein auch dann, wenn das Bundesverwaltungsgericht oder das oberste Verwaltungsgericht eines Landes unanfechtbar festgestellt hat, daß er nach Artikel 9 Abs. 2 des Grundgesetzes[1] verboten ist.

(4) [1] Rechtshängige Verfahren nach § 129a Abs. 3 des Strafgesetzbuches in der Fassung des Strafrechtsänderungsgesetzes vom 30. August 1951 (Bundesgesetzbl. I S. 739) sind mit Inkrafttreten dieses Gesetzes beendet. [2] Gerichtskosten werden nicht erhoben; jede Partei trägt ihre außergerichtlichen Kosten.

§ 32 Einschränkung von Grundrechten. Die Grundrechte des Brief- und Postgeheimnisses (Artikel 10 des Grundgesetzes[1]) und der Unverletzlichkeit der Wohnung (Artikel 13 des Grundgesetzes) werden nach Maßgabe dieses Gesetzes eingeschränkt.

§ 33 Inkrafttreten. Dieses Gesetz tritt einen Monat nach seiner Verkündung[2] in Kraft.

---

[1] Nr. 1.
[2] Verkündet am 12.8.1964.

9. Gesetz über Versammlungen und Aufzüge (Versammlungsgesetz)[1]

In der Fassung der Bekanntmachung vom 15. November 1978[2]
(BGBl. I S. 1789)

FNA 2180-4

zuletzt geänd. durch Art. 2 G zur Zusammenführung der Regelungen über befriedete Bezirke für Verfassungsorgane des Bundes v. 8.12.2008 (BGBl. I S. 2366)

Nichtamtliche Inhaltsübersicht

---

[1] Das Gesetz wurde ua in folgenden Ländern in Landesrecht überführt:
Bayern: Bayerisches VersammlungsG v. 22.7.2008 (GVBl. S. 421), zuletzt geänd. durch V v. 26.3. 2019 (GVBl. S. 98)
Berlin: Berliner VersammlungsG v. 23.4.2013 (GVBl. S. 103)
Niedersachsen: Niedersächsisches VersammlungsG v. 7.10.2010 (Nds. GVBl. S. 465, ber. S. 532), zuletzt geänd. durch G v. 20.5.2019 (Nds. GVBl. S. 88)
Sachsen: Sächsisches VersammlungsG v. 25.1.2012 (SächsGVBl. S. 54), zuletzt geänd. durch G v. 11.5.2019 (SächsGVBl. S. 358)
Sachsen-Anhalt: LandesversammlungsG v. 3.12.2009 (GVBl. LSA S. 558)

[2] Neubekanntmachung des VersammlungsG v. 24.7.1953 (BGBl. I S. 684) in der ab 1.10.1978 geltenden Fassung.

Abschnitt I. Allgemeines

§ 1 [Versammlungsrecht] (1) Jedermann hat das Recht, öffentliche Versammlungen und Aufzüge zu veranstalten und an solchen Veranstaltungen teilzunehmen.

(2) Dieses Recht hat nicht,

1. wer das Grundrecht der Versammlungsfreiheit gemäß Artikel 18 des Grundgesetzes[1] verwirkt hat,
2. wer mit der Durchführung oder Teilnahme an einer solchen Veranstaltung die Ziele einer nach Artikel 21 Abs. 2 des Grundgesetzes durch das Bundesverfassungsgericht für verfassungswidrig erklärten Partei oder Teil- oder Ersatzorganisation einer Partei fördern will,
3. eine Partei, die nach Artikel 21 Abs. 2 des Grundgesetzes durch das Bundesverfassungsgericht für verfassungswidrig erklärt worden ist, oder
4. eine Vereinigung, die nach Artikel 9 Abs. 2 des Grundgesetzes verboten ist.

§ 2 [Namensangabe des Veranstalters, Störungs- und Waffentragungsverbot] (1) Wer zu einer öffentlichen Versammlung oder zu einem Aufzug öffentlich einlädt, muß als Veranstalter in der Einladung seinen Namen angeben.

(2) Bei öffentlichen Versammlungen und Aufzügen hat jedermann Störungen zu unterlassen, die bezwecken, die ordnungsmäßige Durchführung zu verhindern.

(3) [1] Niemand darf bei öffentlichen Versammlungen oder Aufzügen Waffen oder sonstige Gegenstände, die ihrer Art nach zur Verletzung von Personen oder zur Beschädigung von Sachen geeignet und bestimmt sind, mit sich führen, ohne dazu behördlich ermächtigt zu sein. [2] Ebenso ist es verboten, ohne behördliche Ermächtigung Waffen oder die in Satz 1 genannten Gegenstände auf dem Weg zu öffentlichen Versammlungen oder Aufzügen mit sich zu führen, zu derartigen Veranstaltungen hinzuschaffen oder sie zur Verwendung bei derartigen Veranstaltungen bereitzuhalten oder zu verteilen.

---

[1] Nr. **1**.

§ 3 [Uniformverbot] (1) Es ist verboten, öffentlich oder in einer Versammlung Uniformen, Uniformteile oder gleichartige Kleidungsstücke als Ausdruck einer gemeinsamen politischen Gesinnung zu tragen.

(2) [1] Jugendverbänden, die sich vorwiegend der Jugendpflege widmen, ist auf Antrag für ihre Mitglieder eine Ausnahmegenehmigung von dem Verbot des Absatzes 1 zu erteilen. [2] Zuständig ist bei Jugendverbänden, deren erkennbare Organisation oder Tätigkeit sich über das Gebiet eines Landes hinaus erstreckt, der Bundesminister des Innern, sonst die oberste Landesbehörde. [3] Die Entscheidung des Bundesministers des Innern ist im Bundesanzeiger und im Gemeinsamen Ministerialblatt, die der obersten Landesbehörden in ihren amtlichen Mitteilungsblättern bekanntzumachen.

§ 4 (weggefallen)

Abschnitt II. Öffentliche Versammlungen in geschlossenen Räumen

§ 5 [Verbot von Versammlungen in geschlossenen Räumen] Die Abhaltung einer Versammlung kann nur im Einzelfall und nur dann verboten werden, wenn

1. der Veranstalter unter die Vorschriften des § 1 Abs. 2 Nr. 1 bis 4 fällt, und im Falle der Nummer 4 das Verbot durch die zuständige Verwaltungsbehörde festgestellt worden ist,
2. der Veranstalter oder Leiter der Versammlung Teilnehmern Zutritt gewährt, die Waffen oder sonstige Gegenstände im Sinne von § 2 Abs. 3 mit sich führen,
3. Tatsachen festgestellt sind, aus denen sich ergibt, daß der Veranstalter oder sein Anhang einen gewalttätigen oder aufrührerischen Verlauf der Versammlung anstreben,
4. Tatsachen festgestellt sind, aus denen sich ergibt, daß der Veranstalter oder sein Anhang Ansichten vertreten oder Äußerungen dulden werden, die ein Verbrechen oder ein von Amts wegen zu verfolgendes Vergehen zum Gegenstand haben.

§ 6 [Ausschlussrecht bestimmter Personen] (1) Bestimmte Personen oder Personenkreise können in der Einladung von der Teilnahme an einer Versammlung ausgeschlossen werden.

(2) Pressevertreter können nicht ausgeschlossen werden; sie haben sich dem Leiter der Versammlung gegenüber durch ihren Presseausweis ordnungsgemäß auszuweisen.

§ 7 [Versammlungsleiter] (1) Jede öffentliche Versammlung muß einen Leiter haben.

(2) [1] Leiter der Versammlung ist der Veranstalter. [2] Wird die Versammlung von einer Vereinigung veranstaltet, so ist ihr Vorsitzender der Leiter.

(3) Der Veranstalter kann die Leitung einer anderen Person übertragen.

(4) Der Leiter übt das Hausrecht aus.

§ 8 [Aufgaben des Versammlungsleiters] [1] Der Leiter bestimmt den Ablauf der Versammlung. [2] Er hat während der Versammlung für Ordnung zu sorgen. [3] Er kann die Versammlung jederzeit unterbrechen oder schließen. [4] Er bestimmt, wann eine unterbrochene Versammlung fortgesetzt wird.

§ 9 [Ordner] (1) [1] Der Leiter kann sich bei der Durchführung seiner Rechte aus § 8 der Hilfe einer angemessenen Zahl ehrenamtlicher Ordner bedienen. [2] Diese dürfen keine Waffen oder sonstigen Gegenstände im Sinne von § 2 Abs. 3 mit sich führen, müssen volljährig und ausschließlich durch weiße Armbinden, die nur die Bezeichnung „Ordner" tragen dürfen, kenntlich sein.

(2) [1] Der Leiter ist verpflichtet, die Zahl der von ihm bestellten Ordner der Polizei auf Anfordern mitzuteilen. [2] Die Polizei kann die Zahl der Ordner angemessen beschränken.

§ 10 [Folgepflicht der Versammlungsteilnehmer] Alle Versammlungsteilnehmer sind verpflichtet, die zur Aufrechterhaltung der Ordnung getroffenen Anweisungen des Leiters oder der von ihm bestellten Ordner zu befolgen.

§ 11 [Ausschluss von Störern] (1) Der Leiter kann Teilnehmer, welche die Ordnung gröblich stören, von der Versammlung ausschließen.

(2) Wer aus der Versammlung ausgeschlossen wird, hat sie sofort zu verlassen.

§ 12 [Polizeibeamte] [1] Werden Polizeibeamte in eine öffentliche Versammlung entsandt, so haben sie sich dem Leiter zu erkennen zu geben. [2] Es muß ihnen ein angemessener Platz eingeräumt werden.

§ 12a [Bild- und Tonaufnahmen durch die Polizei] (1) [1] Die Polizei darf Bild- und Tonaufnahmen von Teilnehmern bei oder im Zusammenhang mit öffentlichen Versammlungen nur anfertigen, wenn tatsächliche Anhaltspunkte die Annahme rechtfertigen, daß von ihnen erhebliche Gefahren für die öffentliche Sicherheit oder Ordnung ausgehen. [2] Die Maßnahmen dürfen auch durchgeführt werden, wenn Dritte unvermeidbar betroffen werden.

(2) [1] Die Unterlagen sind nach Beendigung der öffentlichen Versammlung oder zeitlich und sachlich damit unmittelbar im Zusammenhang stehender Ereignisse unverzüglich zu vernichten, soweit sie nicht benötigt werden

1. für die Verfolgung von Straftaten von Teilnehmern oder
2. im Einzelfall zur Gefahrenabwehr, weil die betroffene Person verdächtig ist, Straftaten bei oder im Zusammenhang mit der öffentlichen Versammlung vorbereitet oder begangen zu haben, und deshalb zu besorgen ist, daß von ihr erhebliche Gefahren für künftige öffentliche Versammlungen oder Aufzüge ausgehen.

[2] Unterlagen, die aus den in Satz 1 Nr. 2 aufgeführten Gründen nicht vernichtet wurden, sind in jedem Fall spätestens nach Ablauf von drei Jahren seit ihrer Entstehung zu vernichten, es sei denn, sie würden inzwischen zu dem in Satz 1 Nr. 1 aufgeführten Zweck benötigt.

(3) Die Befugnisse zur Erhebung personenbezogener Informationen nach Maßgabe der Strafprozeßordnung und des Gesetzes über Ordnungswidrigkeiten bleiben unberührt.

§ 13 [Polizeiliche Auflösung von Versammlungen] (1) [1]Die Polizei (§ 12) kann die Versammlung nur dann und unter Angabe des Grundes auflösen, wenn

1. der Veranstalter unter die Vorschriften des § 1 Abs. 2 Nr. 1 bis 4 fällt, und im Falle der Nummer 4 das Verbot durch die zuständige Verwaltungsbehörde festgestellt worden ist,
2. die Versammlung einen gewalttätigen oder aufrührerischen Verlauf nimmt oder unmittelbare Gefahr für Leben und Gesundheit der Teilnehmer besteht,
3. der Leiter Personen, die Waffen oder sonstige Gegenstände im Sinne von § 2 Abs. 3 mit sich führen, nicht sofort ausschließt und für die Durchführung des Ausschlusses sorgt,
4. durch den Verlauf der Versammlung gegen Strafgesetze verstoßen wird, die ein Verbrechen oder von Amts wegen zu verfolgendes Vergehen zum Gegenstand haben, oder wenn in der Versammlung zu solchen Straftaten aufgefordert oder angereizt wird und der Leiter dies nicht unverzüglich unterbindet.

[2]In den Fällen der Nummern 2 bis 4 ist die Auflösung nur zulässig, wenn andere polizeiliche Maßnahmen, insbesondere eine Unterbrechung, nicht ausreichen.

(2) Sobald eine Versammlung für aufgelöst erklärt ist, haben alle Teilnehmer sich sofort zu entfernen.

Abschnitt III. Öffentliche Versammlungen unter freiem Himmel und Aufzüge

§ 14 [Anmeldungspflicht] (1) Wer die Absicht hat, eine öffentliche Versammlung unter freiem Himmel oder einen Aufzug zu veranstalten, hat dies spätestens 48 Stunden vor der Bekanntgabe der zuständigen Behörde unter Angabe des Gegenstandes der Versammlung oder des Aufzuges anzumelden.

(2) In der Anmeldung ist anzugeben, welche Person für die Leitung der Versammlung oder des Aufzuges verantwortlich sein soll.

§ 15 [Verbot von Versammlungen im Freien, Auflagen, Auflösung]

(1) Die zuständige Behörde kann die Versammlung oder den Aufzug verbieten oder von bestimmten Auflagen abhängig machen, wenn nach den zur Zeit des Erlasses der Verfügung erkennbaren Umständen die öffentliche Sicherheit oder Ordnung bei Durchführung der Versammlung oder des Aufzuges unmittelbar gefährdet ist.

(2) [1]Eine Versammlung oder ein Aufzug kann insbesondere verboten oder von bestimmten Auflagen abhängig gemacht werden, wenn

1. die Versammlung oder der Aufzug an einem Ort stattfindet, der als Gedenkstätte von historisch herausragender, überregionaler Bedeutung an die Opfer der menschenunwürdigen Behandlung unter der nationalsozialistischen Gewalt- und Willkürherrschaft erinnert, und
2. nach den zur Zeit des Erlasses der Verfügung konkret feststellbaren Umständen zu besorgen ist, dass durch die Versammlung oder den Aufzug die Würde der Opfer beeinträchtigt wird.

[2]Das Denkmal für die ermordeten Juden Europas in Berlin ist ein Ort nach Satz 1 Nr. 1. [3]Seine Abgrenzung ergibt sich aus der Anlage zu diesem Gesetz. [4]Andere Orte nach Satz 1 Nr. 1 und deren Abgrenzung werden durch Landesgesetz bestimmt.

(3) Sie kann eine Versammlung oder einen Aufzug auflösen, wenn sie nicht angemeldet sind, wenn von den Angaben der Anmeldung abgewichen oder den Auflagen zuwidergehandelt wird oder wenn die Voraussetzungen zu einem Verbot nach Absatz 1 oder 2 gegeben sind.

(4) Eine verbotene Veranstaltung ist aufzulösen.

§ 16 [Bannkreise] (1) [1]Öffentliche Versammlungen unter freiem Himmel und Aufzüge sind innerhalb des befriedeten Bannkreises der Gesetzgebungsorgane der Länder verboten. [2]Ebenso ist es verboten, zu öffentlichen Versammlungen unter freiem Himmel oder Aufzügen nach Satz 1 aufzufordern.

(2) Die befriedeten Bannkreise für die Gesetzgebungsorgane der Länder werden durch Landesgesetze bestimmt.

(3) Das Weitere regeln die Bannmeilengesetze der Länder.

§ 17 [Ausnahme für religiöse Feiern usw., Volksfeste] Die §§ 14 bis 16 gelten nicht für Gottesdienste unter freiem Himmel, kirchliche Prozessionen, Bittgänge und Wallfahrten, gewöhnliche Leichenbegängnisse, Züge von Hochzeitsgesellschaften und hergebrachte Volksfeste.

§ 17a [Schutzwaffenverbot, Vermummungsverbot] (1) Es ist verboten, bei öffentlichen Versammlungen unter freiem Himmel, Aufzügen oder sonstigen öffentlichen Veranstaltungen unter freiem Himmel oder auf dem Weg dorthin Schutzwaffen oder Gegenstände, die als Schutzwaffen geeignet und den Umständen nach dazu bestimmt sind, Vollstreckungsmaßnahmen eines Trägers von Hoheitsbefugnissen abzuwehren, mit sich zu führen.

(2) Es ist auch verboten,

1. an derartigen Veranstaltungen in einer Aufmachung, die geeignet und den Umständen nach darauf gerichtet ist, die Feststellung der Identität zu verhindern, teilzunehmen oder den Weg zu derartigen Veranstaltungen in einer solchen Aufmachung zurückzulegen,
2. bei derartigen Veranstaltungen oder auf dem Weg dorthin Gegenstände mit sich zu führen, die geeignet und den Umständen nach dazu bestimmt sind, die Feststellung der Identität zu verhindern.

(3) [1]Die Absätze 1 und 2 gelten nicht, wenn es sich um Veranstaltungen im Sinne des § 17 handelt. [2]Die zuständige Behörde kann weitere Ausnahmen von den Verboten der Absätze 1 und 2 zulassen, wenn eine Gefährdung der öffentlichen Sicherheit oder Ordnung nicht zu besorgen ist.

(4) [1]Die zuständige Behörde kann zur Durchsetzung der Verbote der Absätze 1 und 2 Anordnungen treffen. [2]Sie kann insbesondere Personen, die diesen Verboten zuwiderhandeln, von der Veranstaltung ausschließen.

§ 18 [Besondere Vorschriften für Versammlungen unter freiem Himmel] (1) Für Versammlungen unter freiem Himmel sind § 7 Abs. 1, §§ 8, 9 Abs. 1, §§ 10, 11 Abs. 2, §§ 12 und 13 Abs. 2 entsprechend anzuwenden.

(2) [1] Die Verwendung von Ordnern bedarf polizeilicher Genehmigung. [2] Sie ist bei der Anmeldung zu beantragen.

(3) Die Polizei kann Teilnehmer, welche die Ordnung gröblich stören, von der Versammlung ausschließen.

§ 19 [Besondere Vorschriften für Aufzüge] (1) [1] Der Leiter des Aufzuges hat für den ordnungsmäßigen Ablauf zu sorgen. [2] Er kann sich der Hilfe ehrenamtlicher Ordner bedienen, für welche § 9 Abs. 1 und § 18 gelten.

(2) Die Teilnehmer sind verpflichtet, die zur Aufrechterhaltung der Ordnung getroffenen Anordnungen des Leiters oder der von ihm bestellten Ordner zu befolgen.

(3) Vermag der Leiter sich nicht durchzusetzen, so ist er verpflichtet, den Aufzug für beendet zu erklären.

(4) Die Polizei kann Teilnehmer, welche die Ordnung gröblich stören, von dem Aufzug ausschließen.

§ 19a [Bild- und Tonaufnahmen durch die Polizei] Für Bild- und Tonaufnahmen durch die Polizei bei Versammlungen unter freiem Himmel und Aufzügen gilt § 12a.

§ 20 [Einschränkung des Grundrechts der Versammlungsfreiheit] Das Grundrecht des Artikels 8 des Grundgesetzes[1)] wird durch die Bestimmungen dieses Abschnitts eingeschränkt.

Abschnitt IV. Straf- und Bußgeldvorschriften

§ 21 [Störung von Versammlungen und Aufzügen] Wer in der Absicht, nichtverbotene Versammlungen oder Aufzüge zu verhindern oder zu sprengen oder sonst ihre Durchführung zu vereiteln, Gewalttätigkeiten vornimmt oder androht oder grobe Störungen verursacht, wird mit Freiheitsstrafe bis zu drei Jahren oder mit Geldstrafe bestraft.

§ 22 [Beeinträchtigung und Bedrohung der Versammlungsleitung und Ordner] Wer bei einer öffentlichen Versammlung oder einem Aufzug dem Leiter oder einem Ordner in der rechtmäßigen Ausübung seiner Ordnungsbefugnisse mit Gewalt oder Drohung mit Gewalt Widerstand leistet oder ihn während der rechtmäßigen Ausübung seiner Ordnungsbefugnisse tätlich angreift, wird mit Freiheitsstrafe bis zu einem Jahr oder mit Geldstrafe bestraft.

§ 23 [Öffentliche Aufforderung zur Teilnahme an verbotener Versammlung] Wer öffentlich in einer Versammlung oder durch Verbreiten von Schriften, Ton- oder Bildträgern, Abbildungen oder anderen Darstellungen zur Teilnahme an einer öffentlichen Versammlung oder einem Aufzug auffordert, nachdem die Durchführung durch ein vollziehbares Verbot untersagt oder die Auflösung angeordnet worden ist, wird mit Freiheitsstrafe bis zu einem Jahr oder mit Geldstrafe bestraft.

[1)] Nr. **1**.

§ 24 [Verwendung bewaffneter Ordner] Wer als Leiter einer öffentlichen Versammlung oder eines Aufzuges Ordner verwendet, die Waffen oder sonstige Gegenstände, die ihrer Art nach zur Verletzung von Personen oder Beschädigung von Sachen geeignet und bestimmt sind, mit sich führen, wird mit Freiheitsstrafe bis zu einem Jahr oder mit Geldstrafe bestraft.

§ 25 [Abweichende Durchführung von Versammlungen und Aufzügen] Wer als Leiter einer öffentlichen Versammlung unter freiem Himmel oder eines Aufzuges

1. die Versammlung oder den Aufzug wesentlich anders durchführt, als die Veranstalter bei der Anmeldung angegeben haben, oder
2. Auflagen nach § 15 Abs. 1 oder 2 nicht nachkommt,

wird mit Freiheitsstrafe bis zu sechs Monaten oder mit Geldstrafe bis zu einhundertachtzig Tagessätzen bestraft.

§ 26 [Abhaltung verbotener oder nicht angemeldeter Versammlungen und Aufzüge] Wer als Veranstalter oder Leiter

1. eine öffentliche Versammlung oder einen Aufzug trotz vollziehbaren Verbots durchführt oder trotz Auflösung oder Unterbrechung durch die Polizei fortsetzt oder
2. eine öffentliche Versammlung unter freiem Himmel oder einen Aufzug ohne Anmeldung (§ 14) durchführt, wird mit Freiheitsstrafe bis zu einem Jahr oder mit Geldstrafe bestraft.

§ 27 [Führung von Waffen] (1) [1] Wer bei öffentlichen Versammlungen oder Aufzügen Waffen oder sonstige Gegenstände, die ihrer Art nach zur Verletzung von Personen oder Beschädigung von Sachen geeignet und bestimmt sind, mit sich führt, ohne dazu behördlich ermächtigt zu sein, wird mit Freiheitsstrafe bis zu einem Jahr oder mit Geldstrafe bestraft. [2] Ebenso wird bestraft, wer ohne behördliche Ermächtigung Waffen oder sonstige Gegenstände im Sinne des Satzes 1 auf dem Weg zu öffentlichen Versammlungen oder Aufzügen mit sich führt, zu derartigen Veranstaltungen hinschafft oder sie zur Verwendung bei derartigen Veranstaltungen bereithält oder verteilt.

(2) Wer

1. entgegen § 17a Abs. 1 bei öffentlichen Versammlungen unter freiem Himmel, Aufzügen oder sonstigen öffentlichen Veranstaltungen unter freiem Himmel oder auf dem Weg dorthin Schutzwaffen oder Gegenstände, die als Schutzwaffen geeignet und den Umständen nach dazu bestimmt sind, Vollstreckungsmaßnahmen eines Trägers von Hoheitsbefugnissen abzuwehren, mit sich führt,
2. entgegen § 17a Abs. 2 Nr. 1 an derartigen Veranstaltungen in einer Aufmachung, die geeignet und den Umständen nach darauf gerichtet ist, die Feststellung der Identität zu verhindern, teilnimmt oder den Weg zu derartigen Veranstaltungen in einer solchen Aufmachung zurücklegt
oder
3. sich im Anschluß an oder sonst im Zusammenhang mit derartigen Veranstaltungen mit anderen zusammenrottet und dabei

a) Waffen oder sonstige Gegenstände, die ihrer Art nach zur Verletzung von Personen oder Beschädigung von Sachen geeignet und bestimmt sind, mit sich führt,

b) Schutzwaffen oder sonstige in Nummer 1 bezeichnete Gegenstände mit sich führt oder

c) in der in Nummer 2 bezeichneten Weise aufgemacht ist,

wird mit Freiheitsstrafe bis zu einem Jahr oder mit Geldstrafe bestraft.

§ 28 [Verstöße gegen Uniform- und politisches Kennzeichenverbot]

Wer der Vorschrift des § 3 zuwiderhandelt, wird mit Freiheitsstrafe bis zu zwei Jahren oder mit Geldstrafe bestraft.

§ 29 [Ordnungswidrigkeiten] (1) Ordnungswidrig handelt, wer

1. an einer öffentlichen Versammlung oder einem Aufzug teilnimmt, deren Durchführung durch vollziehbares Verbot untersagt ist,

1a. entgegen § 17a Abs. 2 Nr. 2 bei einer öffentlichen Versammlung unter freiem Himmel, einen Aufzug oder einer sonstigen öffentlichen Veranstaltung unter freiem Himmel oder auf dem Weg dorthin Gegenstände, die geeignet und den Umständen nach dazu bestimmt sind, die Feststellung der Identität zu verhindern, mit sich führt,

1b. *(aufgehoben)*

2. sich trotz Auflösung einer öffentlichen Versammlung oder eines Aufzuges durch die zuständige Behörde nicht unverzüglich entfernt,

3. als Teilnehmer einer öffentlichen Versammlung unter freiem Himmel oder eines Aufzuges einer vollziehbaren Auflage nach § 15 Abs. 1 oder 2 nicht nachkommt,

4. trotz wiederholter Zurechtweisung durch den Leiter oder einen Ordner fortfährt, den Ablauf einer öffentlichen Versammlung oder eines Aufzuges zu stören,

5. sich nicht unverzüglich nach seiner Ausschließung aus einer öffentlichen Versammlung oder einem Aufzug entfernt,

6. der Aufforderung der Polizei, die Zahl der von ihm bestellten Ordner mitzuteilen, nicht nachkommt oder eine unrichtige Zahl mitteilt (§ 9 Abs. 2),

7. als Leiter oder Veranstalter einer öffentlichen Versammlung oder eines Aufzuges eine größere Zahl von Ordnern verwendet, als die Polizei zugelassen oder genehmigt hat (§ 9 Abs. 2, § 18 Abs. 2), oder Ordner verwendet, die anders gekennzeichnet sind, als es nach § 9 Abs. 1 zulässig ist, oder

8. als Leiter den in eine öffentliche Versammlung entsandten Polizeibeamten die Anwesenheit verweigert oder ihnen keinen angemessenen Platz einräumt.

(2) Die Ordnungswidrigkeit kann in den Fällen des Absatzes 1 Nr. 1 bis 5 mit einer Geldbuße bis *tausend Deutsche Mark*[1] und in den Fällen des Absatzes 1

---

[1] Der Betrag wurde amtlich noch nicht auf Euro umgestellt; 1 Euro = 1,95583 DM.

Nr. 6 bis 8 mit einer Geldbuße bis zu *fünftausend Deutsche Mark*[1)] geahndet werden.

§ 29a [Ordnungswidrigkeiten] (1) Ordnungswidrig handelt, wer entgegen § 16 Abs. 1 an einer öffentlichen Versammlung unter freiem Himmel oder an einem Aufzug teilnimmt oder zu einer öffentlichen Versammlung unter freiem Himmel oder zu einem Aufzug auffordert.

(2) Die Ordnungswidrigkeit kann mit einer Geldbuße bis zu *dreißigtausend Deutsche Mark*[1)] geahndet werden.

§ 30 [Einziehung] [1] Gegenstände, auf die sich eine Straftat nach § 27 oder § 28 oder eine Ordnungswidrigkeit nach § 29 Abs. 1 Nr. 1a oder 3 bezieht, können eingezogen werden. [2] § 74a des Strafgesetzbuches und § 23 des Gesetzes über Ordnungswidrigkeiten sind anzuwenden.

Abschnitt V. Schlußbestimmungen

§ 31 (Aufhebungsvorschriften)

§ 32 *(gegenstandslos)*

§ 33 (Inkrafttreten)

Anlage
(zu § 15 Abs. 2)

Anlage

Die Abgrenzung des Ortes nach § 15 Abs. 2 Satz 2 (Denkmal für die ermordeten Juden Europas) umfasst das Gebiet der Bundeshauptstadt Berlin, das umgrenzt wird durch die Ebertstraße, zwischen der Straße In den Ministergärten bzw. Lennéstraße und der Umfahrung Platz des 18. März, einschließlich des unbefestigten Grünflächenbereichs Ebertpromenade und des Bereichs der unbefestigten Grünfläche im Bereich des J.-W.-von-Goethe-Denkmals, die Behrenstraße, zwischen Ebertstraße und Wilhelmstraße, die Cora-Berliner-Straße, die Gertrud-Kolmar-Straße, nördlich der Einmündung der Straße In den Ministergärten, die Hannah-Arendt-Straße, einschließlich der Verlängerung zur Wilhelmstraße. Die genannten Umgrenzungslinien sind einschließlich der Fahrbahnen, Gehwege und aller sonstigen zum Betreten oder Befahren bestimmten öffentlichen Flächen Bestandteil des Gebiets.

[1)] Der Betrag wurde amtlich noch nicht auf Euro umgestellt; 1 Euro = 1,95583 DM.

10. Baugesetzbuch (BauGB)[1]

In der Fassung der Bekanntmachung vom 3. November 2017[2]
(BGBl. I S. 3634)

FNA 213-1

geänd. durch Art. 2 HochwasserschutzG II v. 30.6.2017 (BGBl. I S. 2193)

Inhaltsübersicht

Erstes Kapitel. Allgemeines Städtebaurecht

Erster Teil. Bauleitplanung

Erster Abschnitt. Allgemeine Vorschriften

---

[1] **Amtl. Anm.:** Dieses Gesetz dient der Umsetzung folgender Richtlinien:

1. Richtlinie 92/43/EWG des Rates vom 21. Mai 1992 zur Erhaltung der natürlichen Lebensräume sowie der wild lebenden Tiere und Pflanzen (ABl. L 206 vom 22.7.1992, S. 7), die zuletzt durch die Richtlinie 2013/17/EU (ABl. L 158 vom 10.6.2013, S. 193) geändert worden ist,
2. Richtlinie 2001/42/EG des Europäischen Parlaments und des Rates vom 27. Juni 2001 über die Prüfung der Umweltauswirkungen bestimmter Pläne und Programme (ABl. L 197 vom 21.7.2001, S. 30),
3. Richtlinie 2009/147/EG des Europäischen Parlaments und des Rates vom 30. November 2009 über die Erhaltung der wildlebenden Vogelarten (ABl. L 20 vom 26.1.2010, S. 7), die zuletzt durch die Richtlinie 2013/17/EU (ABl. L 158 vom 10.6.2013, S. 193) geändert worden ist,
4. Richtlinie 2011/92/EU des Europäischen Parlaments und des Rates vom 13. Dezember 2011 über die Umweltverträglichkeitsprüfung bei bestimmten öffentlichen und privaten Projekten (ABl. L 26 vom 28.1.2012, S. 1), die zuletzt durch die Richtlinie 2014/52/EU (ABl. L 124 vom 25.4.2014, S. 1) geändert worden ist.

[2] Neubekanntmachung des BauGB idF der Bek. v. 23.9.2004 (BGBl. I S. 2414) in der ab 1.10.2017 geltenden Fassung.

Erstes Kapitel. Allgemeines Städtebaurecht

Erster Teil. Bauleitplanung

Erster Abschnitt. Allgemeine Vorschriften

§ 1 Aufgabe, Begriff und Grundsätze der Bauleitplanung. (1) Aufgabe der Bauleitplanung ist es, die bauliche und sonstige Nutzung der Grundstücke in der Gemeinde nach Maßgabe dieses Gesetzbuchs vorzubereiten und zu leiten.

(2) Bauleitpläne sind der Flächennutzungsplan (vorbereitender Bauleitplan) und der Bebauungsplan (verbindlicher Bauleitplan).

(3) [1] Die Gemeinden haben die Bauleitpläne aufzustellen, sobald und soweit es für die städtebauliche Entwicklung und Ordnung erforderlich ist. [2] Auf die Aufstellung von Bauleitplänen und städtebaulichen Satzungen besteht kein Anspruch; ein Anspruch kann auch nicht durch Vertrag begründet werden.

(4) Die Bauleitpläne sind den Zielen der Raumordnung anzupassen.

(5) [1] Die Bauleitpläne sollen eine nachhaltige städtebauliche Entwicklung, die die sozialen, wirtschaftlichen und umweltschützenden Anforderungen auch in Verantwortung gegenüber künftigen Generationen miteinander in Einklang bringt, und eine dem Wohl der Allgemeinheit dienende sozialgerechte Bodennutzung unter Berücksichtigung der Wohnbedürfnisse der Bevölkerung gewährleisten. [2] Sie sollen dazu beitragen, eine menschenwürdige Umwelt zu sichern, die natürlichen Lebensgrundlagen zu schützen und zu entwickeln sowie den Klimaschutz und die Klimaanpassung, insbesondere auch in der Stadtentwicklung, zu fördern, sowie die städtebauliche Gestalt und das Orts- und Landschaftsbild baukulturell zu erhalten und zu entwickeln. [3] Hierzu soll die städtebauliche Entwicklung vorrangig durch Maßnahmen der Innenentwicklung erfolgen.

(6) Bei der Aufstellung der Bauleitpläne sind insbesondere zu berücksichtigen:

1. die allgemeinen Anforderungen an gesunde Wohn- und Arbeitsverhältnisse und die Sicherheit der Wohn- und Arbeitsbevölkerung,
2. die Wohnbedürfnisse der Bevölkerung, insbesondere auch von Familien mit mehreren Kindern, die Schaffung und Erhaltung sozial stabiler Bewohnerstrukturen, die Eigentumsbildung weiter Kreise der Bevölkerung und die Anforderungen kostensparenden Bauens sowie die Bevölkerungsentwicklung,
3. die sozialen und kulturellen Bedürfnisse der Bevölkerung, insbesondere die Bedürfnisse der Familien, der jungen, alten und behinderten Menschen, unterschiedliche Auswirkungen auf Frauen und Männer sowie die Belange des Bildungswesens und von Sport, Freizeit und Erholung,
4. die Erhaltung, Erneuerung, Fortentwicklung, Anpassung und der Umbau vorhandener Ortsteile sowie die Erhaltung und Entwicklung zentraler Versorgungsbereiche,
5. die Belange der Baukultur, des Denkmalschutzes und der Denkmalpflege, die erhaltenswerten Ortsteile, Straßen und Plätze von geschichtlicher, künstlerischer oder städtebaulicher Bedeutung und die Gestaltung des Orts- und Landschaftsbildes,
6. die von den Kirchen und Religionsgesellschaften des öffentlichen Rechts festgestellten Erfordernisse für Gottesdienst und Seelsorge,
7. die Belange des Umweltschutzes, einschließlich des Naturschutzes und der Landschaftspflege, insbesondere

a) die Auswirkungen auf Tiere, Pflanzen, Fläche, Boden, Wasser, Luft, Klima und das Wirkungsgefüge zwischen ihnen sowie die Landschaft und die biologische Vielfalt,
b) die Erhaltungsziele und der Schutzzweck der Natura 2000-Gebiete im Sinne des Bundesnaturschutzgesetzes,
c) umweltbezogene Auswirkungen auf den Menschen und seine Gesundheit sowie die Bevölkerung insgesamt,
d) umweltbezogene Auswirkungen auf Kulturgüter und sonstige Sachgüter,
e) die Vermeidung von Emissionen sowie der sachgerechte Umgang mit Abfällen und Abwässern,
f) die Nutzung erneuerbarer Energien sowie die sparsame und effiziente Nutzung von Energie,
g) die Darstellungen von Landschaftsplänen sowie von sonstigen Plänen, insbesondere des Wasser-, Abfall- und Immissionsschutzrechts,
h) die Erhaltung der bestmöglichen Luftqualität in Gebieten, in denen die durch Rechtsverordnung zur Erfüllung von Rechtsakten der Europäischen Union festgelegten Immissionsgrenzwerte nicht überschritten werden,
i) die Wechselwirkungen zwischen den einzelnen Belangen des Umweltschutzes nach den Buchstaben a bis d,
j) unbeschadet des § 50 Satz 1 des Bundes-Immissionsschutzgesetzes, die Auswirkungen, die aufgrund der Anfälligkeit der nach dem Bebauungsplan zulässigen Vorhaben für schwere Unfälle oder Katastrophen zu erwarten sind, auf die Belange nach den Buchstaben a bis d und i,

8. die Belange
   a) der Wirtschaft, auch ihrer mittelständischen Struktur im Interesse einer verbrauchernahen Versorgung der Bevölkerung,
   b) der Land- und Forstwirtschaft,
   c) der Erhaltung, Sicherung und Schaffung von Arbeitsplätzen,
   d) des Post- und Telekommunikationswesens,
   e) der Versorgung, insbesondere mit Energie und Wasser, einschließlich der Versorgungssicherheit,
   f) der Sicherung von Rohstoffvorkommen,
9. die Belange des Personen- und Güterverkehrs und der Mobilität der Bevölkerung, einschließlich des öffentlichen Personennahverkehrs und des nicht motorisierten Verkehrs, unter besonderer Berücksichtigung einer auf Vermeidung und Verringerung von Verkehr ausgerichteten städtebaulichen Entwicklung,
10. die Belange der Verteidigung und des Zivilschutzes sowie der zivilen Anschlussnutzung von Militärliegenschaften,
11. die Ergebnisse eines von der Gemeinde beschlossenen städtebaulichen Entwicklungskonzeptes oder einer von ihr beschlossenen sonstigen städtebaulichen Planung,

12. die Belange des Küsten- oder Hochwasserschutzes und der Hochwasservorsorge, insbesondere die Vermeidung und Verringerung von Hochwasserschäden,
13. die Belange von Flüchtlingen oder Asylbegehrenden und ihrer Unterbringung.

(7) Bei der Aufstellung der Bauleitpläne sind die öffentlichen und privaten Belange gegeneinander und untereinander gerecht abzuwägen.

(8) Die Vorschriften dieses Gesetzbuchs über die Aufstellung von Bauleitplänen gelten auch für ihre Änderung, Ergänzung und Aufhebung.

§ 1a Ergänzende Vorschriften zum Umweltschutz. (1) Bei der Aufstellung der Bauleitpläne sind die nachfolgenden Vorschriften zum Umweltschutz anzuwenden.

(2) [1] Mit Grund und Boden soll sparsam und schonend umgegangen werden; dabei sind zur Verringerung der zusätzlichen Inanspruchnahme von Flächen für bauliche Nutzungen die Möglichkeiten der Entwicklung der Gemeinde insbesondere durch Wiedernutzbarmachung von Flächen, Nachverdichtung und andere Maßnahmen zur Innenentwicklung zu nutzen sowie Bodenversiegelungen auf das notwendige Maß zu begrenzen. [2] Landwirtschaftlich, als Wald oder für Wohnzwecke genutzte Flächen sollen nur im notwendigen Umfang umgenutzt werden. [3] Die Grundsätze nach den Sätzen 1 und 2 sind in der Abwägung nach § 1 Absatz 7 zu berücksichtigen. [4] Die Notwendigkeit der Umwandlung landwirtschaftlich oder als Wald genutzter Flächen soll begründet werden; dabei sollen Ermittlungen zu den Möglichkeiten der Innenentwicklung zugrunde gelegt werden, zu denen insbesondere Brachflächen, Gebäudeleerstand, Baulücken und andere Nachverdichtungsmöglichkeiten zählen können.

(3) [1] Die Vermeidung und der Ausgleich voraussichtlich erheblicher Beeinträchtigungen des Landschaftsbildes sowie der Leistungs- und Funktionsfähigkeit des Naturhaushalts in seinen in § 1 Absatz 6 Nummer 7 Buchstabe a bezeichneten Bestandteilen (Eingriffsregelung nach dem Bundesnaturschutzgesetz) sind in der Abwägung nach § 1 Absatz 7 zu berücksichtigen. [2] Der Ausgleich erfolgt durch geeignete Darstellungen und Festsetzungen nach den §§ 5 und 9 als Flächen oder Maßnahmen zum Ausgleich. [3] Soweit dies mit einer nachhaltigen städtebaulichen Entwicklung und den Zielen der Raumordnung sowie des Naturschutzes und der Landschaftspflege vereinbar ist, können die Darstellungen und Festsetzungen auch an anderer Stelle als am Ort des Eingriffs erfolgen. [4] Anstelle von Darstellungen und Festsetzungen können auch vertragliche Vereinbarungen nach § 11 oder sonstige geeignete Maßnahmen zum Ausgleich auf von der Gemeinde bereitgestellten Flächen getroffen werden. [5] § 15 Absatz 3 des Bundesnaturschutzgesetzes gilt entsprechend. [6] Ein Ausgleich ist nicht erforderlich, soweit die Eingriffe bereits vor der planerischen Entscheidung erfolgt sind oder zulässig waren.

(4) Soweit ein Gebiet im Sinne des § 1 Absatz 6 Nummer 7 Buchstabe b in seinen für die Erhaltungsziele oder den Schutzzweck maßgeblichen Bestandteilen erheblich beeinträchtigt werden kann, sind die Vorschriften des Bundesnaturschutzgesetzes über die Zulässigkeit und Durchführung von derartigen

Eingriffen einschließlich der Einholung der Stellungnahme der Europäischen Kommission anzuwenden.

(5) [1]Den Erfordernissen des Klimaschutzes soll sowohl durch Maßnahmen, die dem Klimawandel entgegenwirken, als auch durch solche, die der Anpassung an den Klimawandel dienen, Rechnung getragen werden. [2]Der Grundsatz nach Satz 1 ist in der Abwägung nach § 1 Absatz 7 zu berücksichtigen.

§ 2 Aufstellung der Bauleitpläne. (1) [1]Die Bauleitpläne sind von der Gemeinde in eigener Verantwortung aufzustellen. [2]Der Beschluss, einen Bauleitplan aufzustellen, ist ortsüblich bekannt zu machen.

(2) [1]Die Bauleitpläne benachbarter Gemeinden sind aufeinander abzustimmen. [2]Dabei können sich Gemeinden auch auf die ihnen durch Ziele der Raumordnung zugewiesenen Funktionen sowie auf Auswirkungen auf ihre zentralen Versorgungsbereiche berufen.

(3) Bei der Aufstellung der Bauleitpläne sind die Belange, die für die Abwägung von Bedeutung sind (Abwägungsmaterial), zu ermitteln und zu bewerten.

(4) [1]Für die Belange des Umweltschutzes nach § 1 Absatz 6 Nummer 7 und § 1a wird eine Umweltprüfung durchgeführt, in der die voraussichtlichen erheblichen Umweltauswirkungen ermittelt werden und in einem Umweltbericht beschrieben und bewertet werden; die Anlage 1 zu diesem Gesetzbuch ist anzuwenden. [2]Die Gemeinde legt dazu für jeden Bauleitplan fest, in welchem Umfang und Detaillierungsgrad die Ermittlung der Belange für die Abwägung erforderlich ist. [3]Die Umweltprüfung bezieht sich auf das, was nach gegenwärtigem Wissensstand und allgemein anerkannten Prüfmethoden sowie nach Inhalt und Detaillierungsgrad des Bauleitplans angemessenerweise verlangt werden kann. [4]Das Ergebnis der Umweltprüfung ist in der Abwägung zu berücksichtigen. [5]Wird eine Umweltprüfung für das Plangebiet oder für Teile davon in einem Raumordnungs-, Flächennutzungs- oder Bebauungsplanverfahren durchgeführt, soll die Umweltprüfung in einem zeitlich nachfolgend oder gleichzeitig durchgeführten Bauleitplanverfahren auf zusätzliche oder andere erhebliche Umweltauswirkungen beschränkt werden. [6]Liegen Landschaftspläne oder sonstige Pläne nach § 1 Absatz 6 Nummer 7 Buchstabe g vor, sind deren Bestandsaufnahmen und Bewertungen in der Umweltprüfung heranzuziehen.

§ 2a Begründung zum Bauleitplanentwurf, Umweltbericht. [1]Die Gemeinde hat im Aufstellungsverfahren dem Entwurf des Bauleitplans eine Begründung beizufügen. [2]In ihr sind entsprechend dem Stand des Verfahrens

1. die Ziele, Zwecke und wesentlichen Auswirkungen des Bauleitplans und
2. in dem Umweltbericht nach der Anlage 1 zu diesem Gesetzbuch die auf Grund der Umweltprüfung nach § 2 Absatz 4 ermittelten und bewerteten Belange des Umweltschutzes

darzulegen. [3]Der Umweltbericht bildet einen gesonderten Teil der Begründung.

§ 3 Beteiligung der Öffentlichkeit. (1) [1]Die Öffentlichkeit ist möglichst frühzeitig über die allgemeinen Ziele und Zwecke der Planung, sich wesentlich unterscheidende Lösungen, die für die Neugestaltung oder Entwicklung eines Gebiets in Betracht kommen, und die voraussichtlichen Auswirkungen der

Planung öffentlich zu unterrichten; ihr ist Gelegenheit zur Äußerung und Erörterung zu geben. [2]Auch Kinder und Jugendliche sind Teil der Öffentlichkeit im Sinne des Satzes 1. [3]Von der Unterrichtung und Erörterung kann abgesehen werden, wenn

1. ein Bebauungsplan aufgestellt oder aufgehoben wird und sich dies auf das Plangebiet und die Nachbargebiete nicht oder nur unwesentlich auswirkt oder
2. die Unterrichtung und Erörterung bereits zuvor auf anderer Grundlage erfolgt sind.

[4]An die Unterrichtung und Erörterung schließt sich das Verfahren nach Absatz 2 auch an, wenn die Erörterung zu einer Änderung der Planung führt.

(2) [1]Die Entwürfe der Bauleitpläne sind mit der Begründung und den nach Einschätzung der Gemeinde wesentlichen, bereits vorliegenden umweltbezogenen Stellungnahmen für die Dauer eines Monats, mindestens jedoch für die Dauer von 30 Tagen, oder bei Vorliegen eines wichtigen Grundes für die Dauer einer angemessenen längeren Frist öffentlich auszulegen. [2]Ort und Dauer der Auslegung sowie Angaben dazu, welche Arten umweltbezogener Informationen verfügbar sind, sind mindestens eine Woche vorher ortsüblich bekannt zu machen; dabei ist darauf hinzuweisen, dass Stellungnahmen während der Auslegungsfrist abgegeben werden können und dass nicht fristgerecht abgegebene Stellungnahmen bei der Beschlussfassung über den Bauleitplan unberücksichtigt bleiben können. [3]Die nach § 4 Absatz 2 Beteiligten sollen von der Auslegung benachrichtigt werden. [4]Die fristgemäß abgegebenen Stellungnahmen sind zu prüfen; das Ergebnis ist mitzuteilen. [5]Haben mehr als 50 Personen Stellungnahmen mit im Wesentlichen gleichem Inhalt abgegeben, kann die Mitteilung dadurch ersetzt werden, dass diesen Personen die Einsicht in das Ergebnis ermöglicht wird; die Stelle, bei der das Ergebnis der Prüfung während der Dienststunden eingesehen werden kann, ist ortsüblich bekannt zu machen. [6]Bei der Vorlage der Bauleitpläne nach § 6 oder § 10 Absatz 2 sind die nicht berücksichtigten Stellungnahmen mit einer Stellungnahme der Gemeinde beizufügen.

(3) Bei Flächennutzungsplänen ist ergänzend zu dem Hinweis nach Absatz 2 Satz 2 Halbsatz 2 darauf hinzuweisen, dass eine Vereinigung im Sinne des § 4 Absatz 3 Satz 1 Nummer 2 des Umwelt-Rechtsbehelfsgesetzes in einem Rechtsbehelfsverfahren nach § 7 Absatz 2 des Umwelt-Rechtsbehelfsgesetzes gemäß § 7 Absatz 3 Satz 1 des Umwelt-Rechtsbehelfsgesetzes mit allen Einwendungen ausgeschlossen ist, die sie im Rahmen der Auslegungsfrist nicht oder nicht rechtzeitig geltend gemacht hat, aber hätte geltend machen können.

§ 4 Beteiligung der Behörden. (1) [1]Die Behörden und sonstigen Träger öffentlicher Belange, deren Aufgabenbereich durch die Planung berührt werden kann, sind entsprechend § 3 Absatz 1 Satz 1 Halbsatz 1 zu unterrichten und zur Äußerung auch im Hinblick auf den erforderlichen Umfang und Detaillierungsgrad der Umweltprüfung nach § 2 Absatz 4 aufzufordern. [2]Hieran schließt sich das Verfahren nach Absatz 2 auch an, wenn die Äußerung zu einer Änderung der Planung führt.

(2) [1]Die Gemeinde holt die Stellungnahmen der Behörden und sonstigen Träger öffentlicher Belange, deren Aufgabenbereich durch die Planung berührt werden kann, zum Planentwurf und der Begründung ein. [2]Sie haben ihre

Stellungnahmen innerhalb eines Monats abzugeben, wobei jedoch die Frist zur Abgabe von Stellungnahmen 30 Tage nicht unterschreiten darf; die Gemeinde soll diese Frist bei Vorliegen eines wichtigen Grundes angemessen verlängern. [3] In den Stellungnahmen sollen sich die Behörden und sonstigen Träger öffentlicher Belange auf ihren Aufgabenbereich beschränken; sie haben auch Aufschluss über von ihnen beabsichtigte oder bereits eingeleitete Planungen und sonstige Maßnahmen sowie deren zeitliche Abwicklung zu geben, die für die städtebauliche Entwicklung und Ordnung des Gebiets bedeutsam sein können. [4] Verfügen sie über Informationen, die für die Ermittlung und Bewertung des Abwägungsmaterials zweckdienlich sind, haben sie diese Informationen der Gemeinde zur Verfügung zu stellen.

(3) Nach Abschluss des Verfahrens zur Aufstellung des Bauleitplans unterrichten die Behörden die Gemeinde, sofern nach den ihnen vorliegenden Erkenntnissen die Durchführung des Bauleitplans erhebliche, insbesondere unvorhergesehene nachteilige Auswirkungen auf die Umwelt hat.

§ 4a Gemeinsame Vorschriften zur Beteiligung. (1) Die Vorschriften über die Öffentlichkeits- und Behördenbeteiligung dienen insbesondere der vollständigen Ermittlung und zutreffenden Bewertung der von der Planung berührten Belange und der Information der Öffentlichkeit.

(2) Die Unterrichtung nach § 3 Absatz 1 kann gleichzeitig mit der Unterrichtung nach § 4 Absatz 1, die Auslegung nach § 3 Absatz 2 kann gleichzeitig mit der Einholung der Stellungnahmen nach § 4 Absatz 2 durchgeführt werden.

(3) [1] Wird der Entwurf des Bauleitplans nach dem Verfahren nach § 3 Absatz 2 oder § 4 Absatz 2 geändert oder ergänzt, ist er erneut auszulegen und sind die Stellungnahmen erneut einzuholen. [2] Dabei kann bestimmt werden, dass Stellungnahmen nur zu den geänderten oder ergänzten Teilen abgegeben werden können; hierauf ist in der erneuten Bekanntmachung nach § 3 Absatz 2 Satz 2 hinzuweisen. [3] Die Dauer der Auslegung und die Frist zur Stellungnahme kann angemessen verkürzt werden. [4] Werden durch die Änderung oder Ergänzung des Entwurfs des Bauleitplans die Grundzüge der Planung nicht berührt, kann die Einholung der Stellungnahmen auf die von der Änderung oder Ergänzung betroffene Öffentlichkeit sowie die berührten Behörden und sonstigen Träger öffentlicher Belange beschränkt werden.

(4) [1] Der Inhalt der ortsüblichen Bekanntmachung nach § 3 Absatz 2 Satz 2 und die nach § 3 Absatz 2 Satz 1 auszulegenden Unterlagen sind zusätzlich in das Internet einzustellen und über ein zentrales Internetportal des Landes zugänglich zu machen. [2] Die Stellungnahmen der Behörden und sonstigen Träger öffentlicher Belange können durch Mitteilung von Ort und Dauer der öffentlichen Auslegung nach § 3 Absatz 2 und der Internetadresse, unter der der Inhalt der Bekanntmachung und die Unterlagen nach Satz 1 im Internet eingesehen werden können, eingeholt werden; die Mitteilung kann elektronisch übermittelt werden. [3] In den Fällen des Satzes 2 hat die Gemeinde der Behörde oder einem sonstigen Träger öffentlicher Belange auf Verlangen den Entwurf des Bauleitplans und der Begründung in Papierform zu übermitteln; § 4 Absatz 2 Satz 2 bleibt unberührt.

(5) [1] Bei Bauleitplänen, die erhebliche Auswirkungen auf Nachbarstaaten haben können, sind die Gemeinden und Behörden des Nachbarstaates nach

den Grundsätzen der Gegenseitigkeit und Gleichwertigkeit zu unterrichten. [2]Abweichend von Satz 1 ist bei Bauleitplänen, die erhebliche Umweltauswirkungen auf einen anderen Staat haben können, dieser nach den Vorschriften des Gesetzes über die Umweltverträglichkeitsprüfung zu beteiligen; für die Stellungnahmen der Öffentlichkeit und Behörden des anderen Staates, einschließlich der Rechtsfolgen nicht rechtzeitig abgegebener Stellungnahmen, sind abweichend von den Vorschriften des Gesetzes über die Umweltverträglichkeitsprüfung die Vorschriften dieses Gesetzbuchs entsprechend anzuwenden. [3]Ist bei Bauleitplänen eine grenzüberschreitende Beteiligung nach Satz 2 erforderlich, ist hierauf bei der Bekanntmachung nach § 3 Absatz 2 Satz 2 hinzuweisen.

(6) [1]Stellungnahmen, die im Verfahren der Öffentlichkeits- und Behördenbeteiligung nicht rechtzeitig abgegeben worden sind, können bei der Beschlussfassung über den Bauleitplan unberücksichtigt bleiben, sofern die Gemeinde deren Inhalt nicht kannte und nicht hätte kennen müssen und deren Inhalt für die Rechtmäßigkeit des Bauleitplans nicht von Bedeutung ist. [2]Satz 1 gilt für in der Öffentlichkeitsbeteiligung abgegebene Stellungnahmen nur, wenn darauf in der Bekanntmachung nach § 3 Absatz 2 Satz 2 zur Öffentlichkeitsbeteiligung hingewiesen worden ist.

§ 4b Einschaltung eines Dritten. [1]Die Gemeinde kann insbesondere zur Beschleunigung des Bauleitplanverfahrens die Vorbereitung und Durchführung von Verfahrensschritten nach den §§ 2a bis 4a einem Dritten übertragen. [2]Sie kann einem Dritten auch die Durchführung einer Mediation oder eines anderen Verfahrens der außergerichtlichen Konfliktbeilegung übertragen.

§ 4c Überwachung. [1]Die Gemeinden überwachen die erheblichen Umweltauswirkungen, die auf Grund der Durchführung der Bauleitpläne eintreten, um insbesondere unvorhergesehene nachteilige Auswirkungen frühzeitig zu ermitteln und in der Lage zu sein, geeignete Maßnahmen zur Abhilfe zu ergreifen; Gegenstand der Überwachung ist auch die Durchführung von Darstellungen oder Festsetzungen nach § 1a Absatz 3 Satz 2 und von Maßnahmen nach § 1a Absatz 3 Satz 4. [2]Sie nutzen dabei die im Umweltbericht nach Nummer 3 Buchstabe b der Anlage 1 zu diesem Gesetzbuch angegebenen Überwachungsmaßnahmen und die Informationen der Behörden nach § 4 Absatz 3.

Zweiter Abschnitt. Vorbereitender Bauleitplan (Flächennutzungsplan)

§ 5 Inhalt des Flächennutzungsplans. (1) [1]Im Flächennutzungsplan ist für das ganze Gemeindegebiet die sich aus der beabsichtigten städtebaulichen Entwicklung ergebende Art der Bodennutzung nach den voraussehbaren Bedürfnissen der Gemeinde in den Grundzügen darzustellen. [2]Aus dem Flächennutzungsplan können Flächen und sonstige Darstellungen ausgenommen werden, wenn dadurch die nach Satz 1 darzustellenden Grundzüge nicht berührt werden und die Gemeinde beabsichtigt, die Darstellung zu einem späteren Zeitpunkt vorzunehmen; in der Begründung sind die Gründe hierfür darzulegen.

(2) Im Flächennutzungsplan können insbesondere dargestellt werden:

1. die für die Bebauung vorgesehenen Flächen nach der allgemeinen Art ihrer baulichen Nutzung (Bauflächen), nach der besonderen Art ihrer baulichen

Nutzung (Baugebiete) sowie nach dem allgemeinen Maß der baulichen Nutzung; Bauflächen, für die eine zentrale Abwasserbeseitigung nicht vorgesehen ist, sind zu kennzeichnen;

2. die Ausstattung des Gemeindegebiets
   a) mit Anlagen und Einrichtungen zur Versorgung mit Gütern und Dienstleistungen des öffentlichen und privaten Bereichs, insbesondere mit der Allgemeinheit dienenden baulichen Anlagen und Einrichtungen des Gemeinbedarfs, wie mit Schulen und Kirchen sowie mit sonstigen kirchlichen, sozialen, gesundheitlichen und kulturellen Zwecken dienenden Gebäuden und Einrichtungen, sowie mit Flächen für Sport- und Spielanlagen,
   b) mit Anlagen, Einrichtungen und sonstigen Maßnahmen, die dem Klimawandel entgegenwirken, insbesondere zur dezentralen und zentralen Erzeugung, Verteilung, Nutzung oder Speicherung von Strom, Wärme oder Kälte aus erneuerbaren Energien oder Kraft-Wärme-Kopplung,
   c) mit Anlagen, Einrichtungen und sonstigen Maßnahmen, die der Anpassung an den Klimawandel dienen,
   d) mit zentralen Versorgungsbereichen;
3. die Flächen für den überörtlichen Verkehr und für die örtlichen Hauptverkehrszüge;
4. die Flächen für Versorgungsanlagen, für die Abfallentsorgung und Abwasserbeseitigung, für Ablagerungen sowie für Hauptversorgungs- und Hauptabwasserleitungen;
5. die Grünflächen, wie Parkanlagen, Dauerkleingärten, Sport-, Spiel-, Zelt- und Badeplätze, Friedhöfe;
6. die Flächen für Nutzungsbeschränkungen oder für Vorkehrungen zum Schutz gegen schädliche Umwelteinwirkungen im Sinne des Bundes-Immissionsschutzgesetzes;
7. die Wasserflächen, Häfen und die für die Wasserwirtschaft vorgesehenen Flächen sowie die Flächen, die im Interesse des Hochwasserschutzes und der Regelung des Wasserabflusses freizuhalten sind;
8. die Flächen für Aufschüttungen, Abgrabungen oder für die Gewinnung von Steinen, Erden und anderen Bodenschätzen;
9. a) die Flächen für die Landwirtschaft und
   b) Wald;
10. die Flächen für Maßnahmen zum Schutz, zur Pflege und zur Entwicklung von Boden, Natur und Landschaft.

(2a) Flächen zum Ausgleich im Sinne des § 1a Absatz 3 im Geltungsbereich des Flächennutzungsplans können den Flächen, auf denen Eingriffe in Natur und Landschaft zu erwarten sind, ganz oder teilweise zugeordnet werden.

(2b) Für die Zwecke des § 35 Absatz 3 Satz 3 können sachliche Teilflächennutzungspläne aufgestellt werden; sie können auch für Teile des Gemeindegebiets aufgestellt werden.

(3) Im Flächennutzungsplan sollen gekennzeichnet werden:

1. Flächen, bei deren Bebauung besondere bauliche Vorkehrungen gegen äußere Einwirkungen oder bei denen besondere bauliche Sicherungsmaßnahmen gegen Naturgewalten erforderlich sind;
2. Flächen, unter denen der Bergbau umgeht oder die für den Abbau von Mineralien bestimmt sind;
3. für bauliche Nutzungen vorgesehene Flächen, deren Böden erheblich mit umweltgefährdenden Stoffen belastet sind.

(4) [1] Planungen und sonstige Nutzungsregelungen, die nach anderen gesetzlichen Vorschriften festgesetzt sind, sowie nach Landesrecht denkmalgeschützte Mehrheiten von baulichen Anlagen sollen nachrichtlich übernommen werden. [2] Sind derartige Festsetzungen in Aussicht genommen, sollen sie im Flächennutzungsplan vermerkt werden.

(4a) [1] Festgesetzte Überschwemmungsgebiete im Sinne des § 76 Absatz 2 des Wasserhaushaltsgesetzes, Risikogebiete außerhalb von Überschwemmungsgebieten im Sinne des § 78b Absatz 1 des Wasserhaushaltsgesetzes sowie Hochwasserentstehungsgebiete im Sinne des § 78d Absatz 1 des Wasserhaushaltsgesetzes sollen nachrichtlich übernommen werden. [2] Noch nicht festgesetzte Überschwemmungsgebiete im Sinne des § 76 Absatz 3 des Wasserhaushaltsgesetzes sowie als Risikogebiete im Sinne des § 73 Absatz 1 Satz 1 des Wasserhaushaltsgesetzes bestimmte Gebiete sollen im Flächennutzungsplan vermerkt werden.

(5) Dem Flächennutzungsplan ist eine Begründung mit den Angaben nach § 2a beizufügen.

§ 6 Genehmigung des Flächennutzungsplans. (1) Der Flächennutzungsplan bedarf der Genehmigung der höheren Verwaltungsbehörde.

(2) Die Genehmigung darf nur versagt werden, wenn der Flächennutzungsplan nicht ordnungsgemäß zustande gekommen ist oder diesem Gesetzbuch, den auf Grund dieses Gesetzbuchs erlassenen oder sonstigen Rechtsvorschriften widerspricht.

(3) Können Versagungsgründe nicht ausgeräumt werden, kann die höhere Verwaltungsbehörde räumliche oder sachliche Teile des Flächennutzungsplans von der Genehmigung ausnehmen.

(4) [1] Über die Genehmigung ist binnen drei Monaten zu entscheiden; die höhere Verwaltungsbehörde kann räumliche und sachliche Teile des Flächennutzungsplans vorweg genehmigen. [2] Aus wichtigen Gründen kann die Frist auf Antrag der Genehmigungsbehörde von der zuständigen übergeordneten Behörde verlängert werden, in der Regel jedoch nur bis zu drei Monaten. [3] Die Gemeinde ist von der Fristverlängerung in Kenntnis zu setzen. [4] Die Genehmigung gilt als erteilt, wenn sie nicht innerhalb der Frist unter Angabe von Gründen abgelehnt wird.

(5) [1] Die Erteilung der Genehmigung ist ortsüblich bekannt zu machen. [2] Mit der Bekanntmachung wird der Flächennutzungsplan wirksam. [3] Jedermann kann den Flächennutzungsplan, die Begründung und die zusammenfassende Erklärung nach § 6a Absatz 1 einsehen und über deren Inhalt Auskunft verlangen.

(6) Mit dem Beschluss über eine Änderung oder Ergänzung des Flächennutzungsplans kann die Gemeinde auch bestimmen, dass der Flächennutzungsplan

in der Fassung, die er durch die Änderung oder Ergänzung erfahren hat, neu bekannt zu machen ist.

§ 6a Zusammenfassende Erklärung zum Flächennutzungsplan; Einstellen in das Internet. (1) Dem wirksamen Flächennutzungsplan ist eine zusammenfassende Erklärung beizufügen über die Art und Weise, wie die Umweltbelange und die Ergebnisse der Öffentlichkeits- und Behördenbeteiligung in dem Flächennutzungsplan berücksichtigt wurden, und über die Gründe, aus denen der Plan nach Abwägung mit den geprüften, in Betracht kommenden anderweitigen Planungsmöglichkeiten gewählt wurde.

(2) Der wirksame Flächennutzungsplan mit der Begründung und der zusammenfassenden Erklärung soll ergänzend auch in das Internet eingestellt und über ein zentrales Internetportal des Landes zugänglich gemacht werden.

§ 7 Anpassung an den Flächennutzungsplan. [1] Öffentliche Planungsträger, die nach § 4 oder § 13 beteiligt worden sind, haben ihre Planungen dem Flächennutzungsplan insoweit anzupassen, als sie diesem Plan nicht widersprochen haben. [2] Der Widerspruch ist bis zum Beschluss der Gemeinde einzulegen. [3] Macht eine Veränderung der Sachlage eine abweichende Planung erforderlich, haben sie sich unverzüglich mit der Gemeinde ins Benehmen zu setzen. [4] Kann ein Einvernehmen zwischen der Gemeinde und dem öffentlichen Planungsträger nicht erreicht werden, kann der öffentliche Planungsträger nachträglich widersprechen. [5] Der Widerspruch ist nur zulässig, wenn die für die abweichende Planung geltend gemachten Belange die sich aus dem Flächennutzungsplan ergebenden städtebaulichen Belange nicht nur unwesentlich überwiegen. [6] Im Falle einer abweichenden Planung ist § 37 Absatz 3 auf die durch die Änderung oder Ergänzung des Flächennutzungsplans oder eines Bebauungsplans, der aus dem Flächennutzungsplan entwickelt worden ist und geändert, ergänzt oder aufgehoben werden musste, entstehenden Aufwendungen und Kosten entsprechend anzuwenden; § 38 Satz 3 bleibt unberührt.

Dritter Abschnitt. Verbindlicher Bauleitplan (Bebauungsplan)

§ 8 Zweck des Bebauungsplans. (1) [1] Der Bebauungsplan enthält die rechtsverbindlichen Festsetzungen für die städtebauliche Ordnung. [2] Er bildet die Grundlage für weitere, zum Vollzug dieses Gesetzbuchs erforderliche Maßnahmen.

(2) [1] Bebauungspläne sind aus dem Flächennutzungsplan zu entwickeln. [2] Ein Flächennutzungsplan ist nicht erforderlich, wenn der Bebauungsplan ausreicht, um die städtebauliche Entwicklung zu ordnen.

(3) [1] Mit der Aufstellung, Änderung, Ergänzung oder Aufhebung eines Bebauungsplans kann gleichzeitig auch der Flächennutzungsplan aufgestellt, geändert oder ergänzt werden (Parallelverfahren). [2] Der Bebauungsplan kann vor dem Flächennutzungsplan bekannt gemacht werden, wenn nach dem Stand der Planungsarbeiten anzunehmen ist, dass der Bebauungsplan aus den künftigen Darstellungen des Flächennutzungsplans entwickelt sein wird.

(4) [1] Ein Bebauungsplan kann aufgestellt, geändert, ergänzt oder aufgehoben werden, bevor der Flächennutzungsplan aufgestellt ist, wenn dringende Gründe es erfordern und wenn der Bebauungsplan der beabsichtigten städtebaulichen Entwicklung des Gemeindegebiets nicht entgegenstehen wird (vorzeitiger Be-

bauungsplan). 2 Gilt bei Gebiets- oder Bestandsänderungen von Gemeinden oder anderen Veränderungen der Zuständigkeit für die Aufstellung von Flächennutzungsplänen ein Flächennutzungsplan fort, kann ein vorzeitiger Bebauungsplan auch aufgestellt werden, bevor der Flächennutzungsplan ergänzt oder geändert ist.

§ 9 Inhalt des Bebauungsplans. (1) Im Bebauungsplan können aus städtebaulichen Gründen festgesetzt werden:

1. die Art und das Maß der baulichen Nutzung;
2. die Bauweise, die überbaubaren und die nicht überbaubaren Grundstücksflächen sowie die Stellung der baulichen Anlagen;

2a. vom Bauordnungsrecht abweichende Maße der Tiefe der Abstandsflächen;

3. für die Größe, Breite und Tiefe der Baugrundstücke Mindestmaße und aus Gründen des sparsamen und schonenden Umgangs mit Grund und Boden für Wohnbaugrundstücke auch Höchstmaße;
4. die Flächen für Nebenanlagen, die auf Grund anderer Vorschriften für die Nutzung von Grundstücken erforderlich sind, wie Spiel-, Freizeit- und Erholungsflächen sowie die Flächen für Stellplätze und Garagen mit ihren Einfahrten;
5. die Flächen für den Gemeinbedarf sowie für Sport- und Spielanlagen;
6. die höchstzulässige Zahl der Wohnungen in Wohngebäuden;
7. die Flächen, auf denen ganz oder teilweise nur Wohngebäude, die mit Mitteln der sozialen Wohnraumförderung gefördert werden könnten, errichtet werden dürfen;
8. einzelne Flächen, auf denen ganz oder teilweise nur Wohngebäude errichtet werden dürfen, die für Personengruppen mit besonderem Wohnbedarf bestimmt sind;
9. der besondere Nutzungszweck von Flächen;
10. die Flächen, die von der Bebauung freizuhalten sind, und ihre Nutzung;
11. die Verkehrsflächen sowie Verkehrsflächen besonderer Zweckbestimmung, wie Fußgängerbereiche, Flächen für das Parken von Fahrzeugen, Flächen für das Abstellen von Fahrrädern sowie den Anschluss anderer Flächen an die Verkehrsflächen; die Flächen können auch als öffentliche oder private Flächen festgesetzt werden;
12. die Versorgungsflächen, einschließlich der Flächen für Anlagen und Einrichtungen zur dezentralen und zentralen Erzeugung, Verteilung, Nutzung oder Speicherung von Strom, Wärme oder Kälte aus erneuerbaren Energien oder Kraft-Wärme-Kopplung;
13. die Führung von oberirdischen oder unterirdischen Versorgungsanlagen und -leitungen;
14. die Flächen für die Abfall- und Abwasserbeseitigung, einschließlich der Rückhaltung und Versickerung von Niederschlagswasser, sowie für Ablagerungen;
15. die öffentlichen und privaten Grünflächen, wie Parkanlagen, Dauerkleingärten, Sport-, Spiel-, Zelt- und Badeplätze, Friedhöfe;
16. a) die Wasserflächen und die Flächen für die Wasserwirtschaft,

b) die Flächen für Hochwasserschutzanlagen und für die Regelung des Wasserabflusses,

c) Gebiete, in denen bei der Errichtung baulicher Anlagen bestimmte bauliche oder technische Maßnahmen getroffen werden müssen, die der Vermeidung oder Verringerung von Hochwasserschäden einschließlich Schäden durch Starkregen dienen, sowie die Art dieser Maßnahmen,

d) die Flächen, die auf einem Baugrundstück für die natürliche Versickerung von Wasser aus Niederschlägen freigehalten werden müssen, um insbesondere Hochwasserschäden, einschließlich Schäden durch Starkregen, vorzubeugen;

17. die Flächen für Aufschüttungen, Abgrabungen oder für die Gewinnung von Steinen, Erden und anderen Bodenschätzen;

18. a) die Flächen für die Landwirtschaft und

b) Wald;

19. die Flächen für die Errichtung von Anlagen für die Kleintierhaltung wie Ausstellungs- und Zuchtanlagen, Zwinger, Koppeln und dergleichen;

20. die Flächen oder Maßnahmen zum Schutz, zur Pflege und zur Entwicklung von Boden, Natur und Landschaft;

21. die mit Geh-, Fahr- und Leitungsrechten zugunsten der Allgemeinheit, eines Erschließungsträgers oder eines beschränkten Personenkreises zu belastenden Flächen;

22. die Flächen für Gemeinschaftsanlagen für bestimmte räumliche Bereiche wie Kinderspielplätze, Freizeiteinrichtungen, Stellplätze und Garagen;

23. Gebiete, in denen

a) zum Schutz vor schädlichen Umwelteinwirkungen im Sinne des Bundes-Immissionsschutzgesetzes bestimmte luftverunreinigende Stoffe nicht oder nur beschränkt verwendet werden dürfen,

b) bei der Errichtung von Gebäuden oder bestimmten sonstigen baulichen Anlagen bestimmte bauliche und sonstige technische Maßnahmen für die Erzeugung, Nutzung oder Speicherung von Strom, Wärme oder Kälte aus erneuerbaren Energien oder Kraft-Wärme-Kopplung getroffen werden müssen,

c) bei der Errichtung, Änderung oder Nutzungsänderung von nach Art, Maß oder Nutzungsintensität zu bestimmenden Gebäuden oder sonstigen baulichen Anlagen in der Nachbarschaft von Betriebsbereichen nach § 3 Absatz 5a des Bundes-Immissionsschutzgesetzes bestimmte bauliche und sonstige technische Maßnahmen, die der Vermeidung oder Minderung der Folgen von Störfällen dienen, getroffen werden müssen;

24. die von der Bebauung freizuhaltenden Schutzflächen und ihre Nutzung, die Flächen für besondere Anlagen und Vorkehrungen zum Schutz vor schädlichen Umwelteinwirkungen und sonstigen Gefahren im Sinne des Bundes-Immissionsschutzgesetzes sowie die zum Schutz vor solchen Einwirkungen oder zur Vermeidung oder Minderung solcher Einwirkungen zu treffenden baulichen und sonstigen technischen Vorkehrungen, einschließlich von Maßnahmen zum Schutz vor schädlichen Umwelteinwirkungen durch Geräusche, wobei die Vorgaben des Immissionsschutzrechts unberührt bleiben;

25. für einzelne Flächen oder für ein Bebauungsplangebiet oder Teile davon sowie für Teile baulicher Anlagen mit Ausnahme der für landwirtschaftliche Nutzungen oder Wald festgesetzten Flächen
    a) das Anpflanzen von Bäumen, Sträuchern und sonstigen Bepflanzungen,
    b) Bindungen für Bepflanzungen und für die Erhaltung von Bäumen, Sträuchern und sonstigen Bepflanzungen sowie von Gewässern;
26. die Flächen für Aufschüttungen, Abgrabungen und Stützmauern, soweit sie zur Herstellung des Straßenkörpers erforderlich sind.

(1a) [1] Flächen oder Maßnahmen zum Ausgleich im Sinne des § 1a Absatz 3 können auf den Grundstücken, auf denen Eingriffe in Natur und Landschaft zu erwarten sind, oder an anderer Stelle sowohl im sonstigen Geltungsbereich des Bebauungsplans als auch in einem anderen Bebauungsplan festgesetzt werden. [2] Die Flächen oder Maßnahmen zum Ausgleich an anderer Stelle können den Grundstücken, auf denen Eingriffe zu erwarten sind, ganz oder teilweise zugeordnet werden; dies gilt auch für Maßnahmen auf von der Gemeinde bereitgestellten Flächen.

(2) [1] Im Bebauungsplan kann in besonderen Fällen festgesetzt werden, dass bestimmte der in ihm festgesetzten baulichen und sonstigen Nutzungen und Anlagen nur

1. für einen bestimmten Zeitraum zulässig oder
2. bis zum Eintritt bestimmter Umstände zulässig oder unzulässig

sind. [2] Die Folgenutzung soll festgesetzt werden.

(2a) [1] Für im Zusammenhang bebaute Ortsteile (§ 34) kann zur Erhaltung oder Entwicklung zentraler Versorgungsbereiche, auch im Interesse einer verbrauchernahen Versorgung der Bevölkerung und der Innenentwicklung der Gemeinden, in einem Bebauungsplan festgesetzt werden, dass nur bestimmte Arten der nach § 34 Absatz 1 und 2 zulässigen baulichen Nutzungen zulässig oder nicht zulässig sind oder nur ausnahmsweise zugelassen werden können; die Festsetzungen können für Teile des räumlichen Geltungsbereichs des Bebauungsplans unterschiedlich getroffen werden. [2] Dabei ist insbesondere ein hierauf bezogenes städtebauliches Entwicklungskonzept im Sinne des § 1 Absatz 6 Nummer 11 zu berücksichtigen, das Aussagen über die zu erhaltenden oder zu entwickelnden zentralen Versorgungsbereiche der Gemeinde oder eines Gemeindeteils enthält. [3] In den zu erhaltenden oder zu entwickelnden zentralen Versorgungsbereichen sollen die planungsrechtlichen Voraussetzungen für Vorhaben, die diesen Versorgungsbereichen dienen, nach § 30 oder § 34 vorhanden oder durch einen Bebauungsplan, dessen Aufstellung förmlich eingeleitet ist, vorgesehen sein.

(2b) Für im Zusammenhang bebaute Ortsteile (§ 34) kann in einem Bebauungsplan, auch für Teile des räumlichen Geltungsbereichs des Bebauungsplans, festgesetzt werden, dass Vergnügungsstätten oder bestimmte Arten von Vergnügungsstätten zulässig oder nicht zulässig sind oder nur ausnahmsweise zugelassen werden können, um

1. eine Beeinträchtigung von Wohnnutzungen oder anderen schutzbedürftigen Anlagen wie Kirchen, Schulen und Kindertagesstätten oder

2. eine Beeinträchtigung der sich aus der vorhandenen Nutzung ergebenden städtebaulichen Funktion des Gebiets, insbesondere durch eine städtebaulich nachteilige Häufung von Vergnügungsstätten,

zu verhindern.

(2c) Für im Zusammenhang bebaute Ortsteile nach § 34 und für Gebiete nach § 30 in der Nachbarschaft von Betriebsbereichen nach § 3 Absatz 5a des Bundes-Immissionsschutzgesetzes kann zur Vermeidung oder Verringerung der Folgen von Störfällen für bestimmte Nutzungen, Arten von Nutzungen oder für nach Art, Maß oder Nutzungsintensität zu bestimmende Gebäude oder sonstige bauliche Anlagen in einem Bebauungsplan festgesetzt werden, dass diese zulässig, nicht zulässig oder nur ausnahmsweise zulässig sind; die Festsetzungen können für Teile des räumlichen Geltungsbereichs des Bebauungsplans unterschiedlich getroffen werden.

(3) [1] Bei Festsetzungen nach Absatz 1 kann auch die Höhenlage festgesetzt werden. [2] Festsetzungen nach Absatz 1 für übereinander liegende Geschosse und Ebenen und sonstige Teile baulicher Anlagen können gesondert getroffen werden; dies gilt auch, soweit Geschosse, Ebenen und sonstige Teile baulicher Anlagen unterhalb der Geländeoberfläche vorgesehen sind.

(4) Die Länder können durch Rechtsvorschriften bestimmen, dass auf Landesrecht beruhende Regelungen in den Bebauungsplan als Festsetzungen aufgenommen werden können und inwieweit auf diese Festsetzungen die Vorschriften dieses Gesetzbuchs Anwendung finden.

(5) Im Bebauungsplan sollen gekennzeichnet werden:

1. Flächen, bei deren Bebauung besondere bauliche Vorkehrungen gegen äußere Einwirkungen oder bei denen besondere bauliche Sicherungsmaßnahmen gegen Naturgewalten erforderlich sind;
2. Flächen, unter denen der Bergbau umgeht oder die für den Abbau von Mineralien bestimmt sind;
3. Flächen, deren Böden erheblich mit umweltgefährdenden Stoffen belastet sind.

(6) Nach anderen gesetzlichen Vorschriften getroffene Festsetzungen, gemeindliche Regelungen zum Anschluss- und Benutzungszwang sowie Denkmäler nach Landesrecht sollen in den Bebauungsplan nachrichtlich übernommen werden, soweit sie zu seinem Verständnis oder für die städtebauliche Beurteilung von Baugesuchen notwendig oder zweckmäßig sind.

(6a) [1] Festgesetzte Überschwemmungsgebiete im Sinne des § 76 Absatz 2 des Wasserhaushaltsgesetzes, Risikogebiete außerhalb von Überschwemmungsgebieten im Sinne des § 78b Absatz 1 des Wasserhaushaltsgesetzes sowie Hochwasserentstehungsgebiete im Sinne des § 78d Absatz 1 des Wasserhaushaltsgesetzes sollen nachrichtlich übernommen werden. [2] Noch nicht festgesetzte Überschwemmungsgebiete im Sinne des § 76 Absatz 3 des Wasserhaushaltsgesetzes sowie als Risikogebiete im Sinne des § 73 Absatz 1 Satz 1 des Wasserhaushaltsgesetzes bestimmte Gebiete sollen im Bebauungsplan vermerkt werden.

(7) Der Bebauungsplan setzt die Grenzen seines räumlichen Geltungsbereichs fest.

(8) Dem Bebauungsplan ist eine Begründung mit den Angaben nach § 2a beizufügen.

§ 9a Verordnungsermächtigung. Das Bundesministerium für Umwelt, Naturschutz, Bau und Reaktorsicherheit wird ermächtigt, mit Zustimmung des Bundesrates durch Rechtsverordnung[1)] Vorschriften zu erlassen über

1. Darstellungen und Festsetzungen in den Bauleitplänen über
   a) die Art der baulichen Nutzung,
   b) das Maß der baulichen Nutzung und seine Berechnung,
   c) die Bauweise sowie die überbaubaren und die nicht überbaubaren Grundstücksflächen;
2. die in den Baugebieten zulässigen baulichen und sonstigen Anlagen;
3. die Zulässigkeit der Festsetzung nach Maßgabe des § 9 Absatz 3 über verschiedenartige Baugebiete oder verschiedenartige in den Baugebieten zulässige bauliche und sonstige Anlagen;
4. die Ausarbeitung der Bauleitpläne einschließlich der dazugehörigen Unterlagen sowie über die Darstellung des Planinhalts, insbesondere über die dabei zu verwendenden Planzeichen und ihre Bedeutung.

§ 10 Beschluss, Genehmigung und Inkrafttreten des Bebauungsplans.

(1) Die Gemeinde beschließt den Bebauungsplan als Satzung.

(2) [1] Bebauungspläne nach § 8 Absatz 2 Satz 2, Absatz 3 Satz 2 und Absatz 4 bedürfen der Genehmigung der höheren Verwaltungsbehörde. [2] § 6 Absatz 2 und 4 ist entsprechend anzuwenden.

(3) [1] Die Erteilung der Genehmigung oder, soweit eine Genehmigung nicht erforderlich ist, der Beschluss des Bebauungsplans durch die Gemeinde ist ortsüblich bekannt zu machen. [2] Der Bebauungsplan ist mit der Begründung und der zusammenfassenden Erklärung nach § 10a Absatz 1 zu jedermanns Einsicht bereitzuhalten; über den Inhalt ist auf Verlangen Auskunft zu geben. [3] In der Bekanntmachung ist darauf hinzuweisen, wo der Bebauungsplan eingesehen werden kann. [4] Mit der Bekanntmachung tritt der Bebauungsplan in Kraft. [5] Die Bekanntmachung tritt an die Stelle der sonst für Satzungen vorgeschriebenen Veröffentlichung.

§ 10a Zusammenfassende Erklärung zum Bebauungsplan; Einstellen in das Internet. (1) Dem in Kraft getretenen Bebauungsplan ist eine zusammenfassende Erklärung beizufügen über die Art und Weise, wie die Umweltbelange und die Ergebnisse der Öffentlichkeits- und Behördenbeteiligung in dem Bebauungsplan berücksichtigt wurden, und über die Gründe, aus denen der Plan nach Abwägung mit den geprüften, in Betracht kommenden anderweitigen Planungsmöglichkeiten gewählt wurde.

(2) Der in Kraft getretene Bebauungsplan mit der Begründung und der zusammenfassenden Erklärung soll ergänzend auch in das Internet eingestellt und über ein zentrales Internetportal des Landes zugänglich gemacht werden.

[1)] Siehe die BaunutzungsVO (Nr. **11**) und die PlanzeichenVO v. 18.12.1990 (BGBl. 1991 I S. 58), zuletzt geänd. durch G v. 4.5.2017 (BGBl. I S. 1057).

Vierter Abschnitt. Zusammenarbeit mit Privaten; vereinfachtes Verfahren

§ 11 Städtebaulicher Vertrag. (1) [1]Die Gemeinde kann städtebauliche Verträge schließen. [2]Gegenstände eines städtebaulichen Vertrags können insbesondere sein:

1. die Vorbereitung oder Durchführung städtebaulicher Maßnahmen durch den Vertragspartner auf eigene Kosten; dazu gehören auch die Neuordnung der Grundstücksverhältnisse, die Bodensanierung und sonstige vorbereitende Maßnahmen, die Erschließung durch nach Bundes- oder nach Landesrecht beitragsfähige sowie nicht beitragsfähige Erschließungsanlagen, die Ausarbeitung der städtebaulichen Planungen sowie erforderlichenfalls des Umweltberichts; die Verantwortung der Gemeinde für das gesetzlich vorgesehene Planaufstellungsverfahren bleibt unberührt;
2. die Förderung und Sicherung der mit der Bauleitplanung verfolgten Ziele, insbesondere die Grundstücksnutzung, auch hinsichtlich einer Befristung oder einer Bedingung, die Durchführung des Ausgleichs im Sinne des § 1a Absatz 3, die Berücksichtigung baukultureller Belange, die Deckung des Wohnbedarfs von Bevölkerungsgruppen mit besonderen Wohnraumversorgungsproblemen sowie der Erwerb angemessenen Wohnraums durch einkommensschwächere und weniger begüterte Personen der örtlichen Bevölkerung;
3. die Übernahme von Kosten oder sonstigen Aufwendungen, die der Gemeinde für städtebauliche Maßnahmen entstehen oder entstanden sind und die Voraussetzung oder Folge des geplanten Vorhabens sind; dazu gehört auch die Bereitstellung von Grundstücken;
4. entsprechend den mit den städtebaulichen Planungen und Maßnahmen verfolgten Zielen und Zwecken die Errichtung und Nutzung von Anlagen und Einrichtungen zur dezentralen und zentralen Erzeugung, Verteilung, Nutzung oder Speicherung von Strom, Wärme oder Kälte aus erneuerbaren Energien oder Kraft-Wärme-Kopplung;
5. entsprechend den mit den städtebaulichen Planungen und Maßnahmen verfolgten Zielen und Zwecken die Anforderungen an die energetische Qualität von Gebäuden.

[3]Die Gemeinde kann städtebauliche Verträge auch mit einer juristischen Person abschließen, an der sie beteiligt ist.

(2) [1]Die vereinbarten Leistungen müssen den gesamten Umständen nach angemessen sein. [2]Die Vereinbarung einer vom Vertragspartner zu erbringenden Leistung ist unzulässig, wenn er auch ohne sie einen Anspruch auf die Gegenleistung hätte. [3]Trägt oder übernimmt der Vertragspartner Kosten oder sonstige Aufwendungen, ist unbeschadet des Satzes 1 eine Eigenbeteiligung der Gemeinde nicht erforderlich.

(3) Ein städtebaulicher Vertrag bedarf der Schriftform, soweit nicht durch Rechtsvorschriften eine andere Form vorgeschrieben ist.

(4) Die Zulässigkeit anderer städtebaulicher Verträge bleibt unberührt.

§ 12 Vorhaben- und Erschließungsplan. (1) [1]Die Gemeinde kann durch einen vorhabenbezogenen Bebauungsplan die Zulässigkeit von Vorhaben bestimmen, wenn der Vorhabenträger auf der Grundlage eines mit der Gemeinde abgestimmten Plans zur Durchführung der Vorhaben und der Erschließungsmaßnahmen (Vorhaben- und Erschließungsplan) bereit und in der Lage ist und sich zur Durchführung innerhalb einer bestimmten Frist und zur Tragung der Planungs- und Erschließungskosten ganz oder teilweise vor dem Beschluss nach § 10 Absatz 1 verpflichtet (Durchführungsvertrag). [2]Die Begründung des Planentwurfs hat die nach § 2a erforderlichen Angaben zu enthalten. [3]Für die grenzüberschreitende Beteiligung ist eine Übersetzung der Angaben vorzulegen, soweit dies nach den Vorschriften des Gesetzes über die Umweltverträglichkeitsprüfung notwendig ist. [4]Für den vorhabenbezogenen Bebauungsplan nach Satz 1 gelten ergänzend die Absätze 2 bis 6.

(2) [1]Die Gemeinde hat auf Antrag des Vorhabenträgers über die Einleitung des Bebauungsplanverfahrens nach pflichtgemäßem Ermessen zu entscheiden. [2]Auf Antrag des Vorhabenträgers oder sofern die Gemeinde es nach Einleitung des Bebauungsplanverfahrens für erforderlich hält, informiert die Gemeinde diesen über den voraussichtlich erforderlichen Untersuchungsrahmen der Umweltprüfung nach § 2 Absatz 4 unter Beteiligung der Behörden nach § 4 Absatz 1.

(3) [1]Der Vorhaben- und Erschließungsplan wird Bestandteil des vorhabenbezogenen Bebauungsplans. [2]Im Bereich des Vorhaben- und Erschließungsplans ist die Gemeinde bei der Bestimmung der Zulässigkeit der Vorhaben nicht an die Festsetzungen nach § 9 und nach der auf Grund von § 9a erlassenen Verordnung gebunden; die §§ 14 bis 18, 22 bis 28, 39 bis 79, 127 bis 135c sind nicht anzuwenden. [3]Soweit der vorhabenbezogene Bebauungsplan auch im Bereich des Vorhaben- und Erschließungsplans Festsetzungen nach § 9 für öffentliche Zwecke trifft, kann gemäß § 85 Absatz 1 Nummer 1 enteignet werden.

(3a) [1]Wird in einem vorhabenbezogenen Bebauungsplan für den Bereich des Vorhaben- und Erschließungsplans durch Festsetzung eines Baugebiets auf Grund der Baunutzungsverordnung oder auf sonstige Weise eine bauliche oder sonstige Nutzung allgemein festgesetzt, ist unter entsprechender Anwendung des § 9 Absatz 2 festzusetzen, dass im Rahmen der festgesetzten Nutzungen nur solche Vorhaben zulässig sind, zu deren Durchführung sich der Vorhabenträger im Durchführungsvertrag verpflichtet. [2]Änderungen des Durchführungsvertrags oder der Abschluss eines neuen Durchführungsvertrags sind zulässig.

(4) Einzelne Flächen außerhalb des Bereichs des Vorhaben- und Erschließungsplans können in den vorhabenbezogenen Bebauungsplan einbezogen werden.

(5) [1]Ein Wechsel des Vorhabenträgers bedarf der Zustimmung der Gemeinde. [2]Die Zustimmung darf nur dann verweigert werden, wenn Tatsachen die Annahme rechtfertigen, dass die Durchführung des Vorhaben- und Erschließungsplans innerhalb der Frist nach Absatz 1 gefährdet ist.

(6) [1]Wird der Vorhaben- und Erschließungsplan nicht innerhalb der Frist nach Absatz 1 durchgeführt, soll die Gemeinde den Bebauungsplan aufheben. [2]Aus der Aufhebung können Ansprüche des Vorhabenträgers gegen die Gemeinde nicht geltend gemacht werden. [3]Bei der Aufhebung kann das vereinfachte Verfahren nach § 13 angewendet werden.

(7) Soll in bisherigen Erholungssondergebieten nach § 10 der Baunutzungsverordnung[1] auch Wohnnutzung zugelassen werden, kann die Gemeinde nach Maßgabe der Absätze 1 bis 6 einen vorhabenbezogenen Bebauungsplan aufstellen, der insbesondere die Zulässigkeit von baulichen Anlagen zu Wohnzwecken in diesen Gebieten regelt.

§ 13 Vereinfachtes Verfahren. (1) Werden durch die Änderung oder Ergänzung eines Bauleitplans die Grundzüge der Planung nicht berührt oder wird durch die Aufstellung eines Bebauungsplans in einem Gebiet nach § 34 der sich aus der vorhandenen Eigenart der näheren Umgebung ergebende Zulässigkeitsmaßstab nicht wesentlich verändert oder enthält er lediglich Festsetzungen nach § 9 Absatz 2a oder Absatz 2b, kann die Gemeinde das vereinfachte Verfahren anwenden, wenn

1. die Zulässigkeit von Vorhaben, die einer Pflicht zur Durchführung einer Umweltverträglichkeitsprüfung nach Anlage 1 zum Gesetz über die Umweltverträglichkeitsprüfung oder nach Landesrecht unterliegen, nicht vorbereitet oder begründet wird,
2. keine Anhaltspunkte für eine Beeinträchtigung der in § 1 Absatz 6 Nummer 7 Buchstabe b genannten Schutzgüter bestehen und
3. keine Anhaltspunkte dafür bestehen, dass bei der Planung Pflichten zur Vermeidung oder Begrenzung der Auswirkungen von schweren Unfällen nach § 50 Satz 1 des Bundes-Immissionsschutzgesetzes zu beachten sind.

(2) [1] Im vereinfachten Verfahren kann

1. von der frühzeitigen Unterrichtung und Erörterung nach § 3 Absatz 1 und § 4 Absatz 1 abgesehen werden,
2. der betroffenen Öffentlichkeit Gelegenheit zur Stellungnahme innerhalb angemessener Frist gegeben oder wahlweise die Auslegung nach § 3 Absatz 2 durchgeführt werden,
3. den berührten Behörden und sonstigen Trägern öffentlicher Belange Gelegenheit zur Stellungnahme innerhalb angemessener Frist gegeben oder wahlweise die Beteiligung nach § 4 Absatz 2 durchgeführt werden.

[2] Wird nach Satz 1 Nummer 2 die betroffene Öffentlichkeit beteiligt, gilt die Hinweispflicht des § 3 Absatz 2 Satz 2 Halbsatz 2 entsprechend.

(3) [1] Im vereinfachten Verfahren wird von der Umweltprüfung nach § 2 Absatz 4, von dem Umweltbericht nach § 2a, von der Angabe nach § 3 Absatz 2 Satz 2, welche Arten umweltbezogener Informationen verfügbar sind, sowie von der zusammenfassenden Erklärung nach § 6a Absatz 1 und § 10a Absatz 1 abgesehen; § 4c ist nicht anzuwenden. [2] Bei der Beteiligung nach Absatz 2 Nummer 2 ist darauf hinzuweisen, dass von einer Umweltprüfung abgesehen wird.

§ 13a Bebauungspläne der Innenentwicklung. (1) [1] Ein Bebauungsplan für die Wiedernutzbarmachung von Flächen, die Nachverdichtung oder andere Maßnahmen der Innenentwicklung (Bebauungsplan der Innenentwicklung) kann im beschleunigten Verfahren aufgestellt werden. [2] Der Bebauungsplan darf im beschleunigten Verfahren nur aufgestellt werden, wenn in ihm eine zulässige

---

[1] Nr. **11**.

Grundfläche im Sinne des § 19 Absatz 2 der Baunutzungsverordnung[1] oder eine Größe der Grundfläche festgesetzt wird von insgesamt

1. weniger als 20 000 Quadratmetern, wobei die Grundflächen mehrerer Bebauungspläne, die in einem engen sachlichen, räumlichen und zeitlichen Zusammenhang aufgestellt werden, mitzurechnen sind, oder
2. 20 000 Quadratmetern bis weniger als 70 000 Quadratmetern, wenn auf Grund einer überschlägigen Prüfung unter Berücksichtigung der in Anlage 2 dieses Gesetzes genannten Kriterien die Einschätzung erlangt wird, dass der Bebauungsplan voraussichtlich keine erheblichen Umweltauswirkungen hat, die nach § 2 Absatz 4 Satz 4 in der Abwägung zu berücksichtigen wären (Vorprüfung des Einzelfalls); die Behörden und sonstigen Träger öffentlicher Belange, deren Aufgabenbereiche durch die Planung berührt werden können, sind an der Vorprüfung des Einzelfalls zu beteiligen.

[3] Wird in einem Bebauungsplan weder eine zulässige Grundfläche noch eine Größe der Grundfläche festgesetzt, ist bei Anwendung des Satzes 2 die Fläche maßgeblich, die bei Durchführung des Bebauungsplans voraussichtlich versiegelt wird. [4] Das beschleunigte Verfahren ist ausgeschlossen, wenn durch den Bebauungsplan die Zulässigkeit von Vorhaben begründet wird, die einer Pflicht zur Durchführung einer Umweltverträglichkeitsprüfung nach dem Gesetz über die Umweltverträglichkeitsprüfung oder nach Landesrecht unterliegen. [5] Das beschleunigte Verfahren ist auch ausgeschlossen, wenn Anhaltspunkte für eine Beeinträchtigung der in § 1 Absatz 6 Nummer 7 Buchstabe b genannten Schutzgüter oder dafür bestehen, dass bei der Planung Pflichten zur Vermeidung oder Begrenzung der Auswirkungen von schweren Unfällen nach § 50 Satz 1 des Bundes-Immissionsschutzgesetzes zu beachten sind.

(2) Im beschleunigten Verfahren

1. gelten die Vorschriften des vereinfachten Verfahrens nach § 13 Absatz 2 und 3 Satz 1 entsprechend;
2. kann ein Bebauungsplan, der von Darstellungen des Flächennutzungsplans abweicht, auch aufgestellt werden, bevor der Flächennutzungsplan geändert oder ergänzt ist; die geordnete städtebauliche Entwicklung des Gemeindegebiets darf nicht beeinträchtigt werden; der Flächennutzungsplan ist im Wege der Berichtigung anzupassen;
3. soll einem Bedarf an Investitionen zur Erhaltung, Sicherung und Schaffung von Arbeitsplätzen, zur Versorgung der Bevölkerung mit Wohnraum oder zur Verwirklichung von Infrastrukturvorhaben in der Abwägung in angemessener Weise Rechnung getragen werden;
4. gelten in den Fällen des Absatzes 1 Satz 2 Nummer 1 Eingriffe, die auf Grund der Aufstellung des Bebauungsplans zu erwarten sind, als im Sinne des § 1a Absatz 3 Satz 6 vor der planerischen Entscheidung erfolgt oder zulässig.

(3) [1] Bei Aufstellung eines Bebauungsplans im beschleunigten Verfahren ist ortsüblich bekannt zu machen,

1. dass der Bebauungsplan im beschleunigten Verfahren ohne Durchführung einer Umweltprüfung nach § 2 Absatz 4 aufgestellt werden soll, in den Fällen

---

[1] Nr. **11**.

des Absatzes 1 Satz 2 Nummer 2 einschließlich der hierfür wesentlichen Gründe, und
2. wo sich die Öffentlichkeit über die allgemeinen Ziele und Zwecke sowie die wesentlichen Auswirkungen der Planung unterrichten kann und dass sich die Öffentlichkeit innerhalb einer bestimmten Frist zur Planung äußern kann, sofern keine frühzeitige Unterrichtung und Erörterung im Sinne des § 3 Absatz 1 stattfindet.

[2]Die Bekanntmachung nach Satz 1 kann mit der ortsüblichen Bekanntmachung nach § 2 Absatz 1 Satz 2 verbunden werden. [3]In den Fällen des Absatzes 1 Satz 2 Nummer 2 erfolgt die Bekanntmachung nach Satz 1 nach Abschluss der Vorprüfung des Einzelfalls.

(4) Die Absätze 1 bis 3 gelten entsprechend für die Änderung und Ergänzung eines Bebauungsplans.

§ 13b Einbeziehung von Außenbereichsflächen in das beschleunigte Verfahren. [1]Bis zum 31. Dezember 2019 gilt § 13a entsprechend für Bebauungspläne mit einer Grundfläche im Sinne des § 13a Absatz 1 Satz 2 von weniger als 10 000 Quadratmetern, durch die die Zulässigkeit von Wohnnutzungen auf Flächen begründet wird, die sich an im Zusammenhang bebaute Ortsteile anschließen. [2]Das Verfahren zur Aufstellung eines Bebauungsplans nach Satz 1 kann nur bis zum 31. Dezember 2019 förmlich eingeleitet werden; der Satzungsbeschluss nach § 10 Absatz 1 ist bis zum 31. Dezember 2021 zu fassen.

Zweiter Teil. Sicherung der Bauleitplanung

Erster Abschnitt. Veränderungssperre und Zurückstellung von Baugesuchen

§ 14 Veränderungssperre. (1) Ist ein Beschluss über die Aufstellung eines Bebauungsplans gefasst, kann die Gemeinde zur Sicherung der Planung für den künftigen Planbereich eine Veränderungssperre mit dem Inhalt beschließen, dass
1. Vorhaben im Sinne des § 29 nicht durchgeführt oder bauliche Anlagen nicht beseitigt werden dürfen;
2. erhebliche oder wesentlich wertsteigernde Veränderungen von Grundstücken und baulichen Anlagen, deren Veränderungen nicht genehmigungs-, zustimmungs- oder anzeigepflichtig sind, nicht vorgenommen werden dürfen.

(2) [1]Wenn überwiegende öffentliche Belange nicht entgegenstehen, kann von der Veränderungssperre eine Ausnahme zugelassen werden. [2]Die Entscheidung über Ausnahmen trifft die Baugenehmigungsbehörde im Einvernehmen mit der Gemeinde.

(3) Vorhaben, die vor dem Inkrafttreten der Veränderungssperre baurechtlich genehmigt worden sind, Vorhaben, von denen die Gemeinde nach Maßgabe des Bauordnungsrechts Kenntnis erlangt hat und mit deren Ausführung vor dem Inkrafttreten der Veränderungssperre hätte begonnen werden dürfen, sowie Unterhaltungsarbeiten und die Fortführung einer bisher ausgeübten Nutzung werden von der Veränderungssperre nicht berührt.

(4) Soweit für Vorhaben im förmlich festgelegten Sanierungsgebiet oder im städtebaulichen Entwicklungsbereich eine Genehmigungspflicht nach § 144 Absatz 1 besteht, sind die Vorschriften über die Veränderungssperre nicht anzuwenden.

§ 15 Zurückstellung von Baugesuchen. (1) [1] Wird eine Veränderungssperre nach § 14 nicht beschlossen, obwohl die Voraussetzungen gegeben sind, oder ist eine beschlossene Veränderungssperre noch nicht in Kraft getreten, hat die Baugenehmigungsbehörde auf Antrag der Gemeinde die Entscheidung über die Zulässigkeit von Vorhaben im Einzelfall für einen Zeitraum bis zu zwölf Monaten auszusetzen, wenn zu befürchten ist, dass die Durchführung der Planung durch das Vorhaben unmöglich gemacht oder wesentlich erschwert werden würde. [2] Wird kein Baugenehmigungsverfahren durchgeführt, wird auf Antrag der Gemeinde anstelle der Aussetzung der Entscheidung über die Zulässigkeit eine vorläufige Untersagung innerhalb einer durch Landesrecht festgesetzten Frist ausgesprochen. [3] Die vorläufige Untersagung steht der Zurückstellung nach Satz 1 gleich.

(2) Soweit für Vorhaben im förmlich festgelegten Sanierungsgebiet oder im städtebaulichen Entwicklungsbereich eine Genehmigungspflicht nach § 144 Absatz 1 besteht, sind die Vorschriften über die Zurückstellung von Baugesuchen nicht anzuwenden; mit der förmlichen Festlegung des Sanierungsgebiets oder des städtebaulichen Entwicklungsbereichs wird ein Bescheid über die Zurückstellung des Baugesuchs nach Absatz 1 unwirksam.

(3) [1] Auf Antrag der Gemeinde hat die Baugenehmigungsbehörde die Entscheidung über die Zulässigkeit von Vorhaben nach § 35 Absatz 1 Nummer 2 bis 6 für einen Zeitraum bis zu längstens einem Jahr nach Zustellung der Zurückstellung des Baugesuchs auszusetzen, wenn die Gemeinde beschlossen hat, einen Flächennutzungsplan aufzustellen, zu ändern oder zu ergänzen, mit dem die Rechtswirkungen des § 35 Absatz 3 Satz 3 erreicht werden sollen, und zu befürchten ist, dass die Durchführung der Planung durch das Vorhaben unmöglich gemacht oder wesentlich erschwert werden würde. [2] Auf diesen Zeitraum ist die Zeit zwischen dem Eingang des Baugesuchs bei der zuständigen Behörde bis zur Zustellung der Zurückstellung des Baugesuchs nicht anzurechnen, soweit der Zeitraum für die Bearbeitung des Baugesuchs erforderlich ist. [3] Der Antrag der Gemeinde nach Satz 1 ist nur innerhalb von sechs Monaten, nachdem die Gemeinde in einem Verwaltungsverfahren von dem Bauvorhaben förmlich Kenntnis erhalten hat, zulässig. [4] Wenn besondere Umstände es erfordern, kann die Baugenehmigungsbehörde auf Antrag der Gemeinde die Entscheidung nach Satz 1 um höchstens ein weiteres Jahr aussetzen.

§ 16 Beschluss über die Veränderungssperre. (1) Die Veränderungssperre wird von der Gemeinde als Satzung beschlossen.

(2) [1] Die Gemeinde hat die Veränderungssperre ortsüblich bekannt zu machen. [2] Sie kann auch ortsüblich bekannt machen, dass eine Veränderungssperre beschlossen worden ist; § 10 Absatz 3 Satz 2 bis 5 ist entsprechend anzuwenden.

§ 17 Geltungsdauer der Veränderungssperre. (1) [1] Die Veränderungssperre tritt nach Ablauf von zwei Jahren außer Kraft. [2] Auf die Zweijahresfrist ist der seit der Zustellung der ersten Zurückstellung eines Baugesuchs nach § 15

Absatz 1 abgelaufene Zeitraum anzurechnen. [3]Die Gemeinde kann die Frist um ein Jahr verlängern.

(2) Wenn besondere Umstände es erfordern, kann die Gemeinde die Frist bis zu einem weiteren Jahr nochmals verlängern.

(3) Die Gemeinde kann eine außer Kraft getretene Veränderungssperre ganz oder teilweise erneut beschließen, wenn die Voraussetzungen für ihren Erlass fortbestehen.

(4) Die Veränderungssperre ist vor Fristablauf ganz oder teilweise außer Kraft zu setzen, sobald die Voraussetzungen für ihren Erlass weggefallen sind.

(5) Die Veränderungssperre tritt in jedem Fall außer Kraft, sobald und soweit die Bauleitplanung rechtsverbindlich abgeschlossen ist.

(6) [1]Mit der förmlichen Festlegung des Sanierungsgebiets oder des städtebaulichen Entwicklungsbereichs tritt eine bestehende Veränderungssperre nach § 14 außer Kraft. [2]Dies gilt nicht, wenn in der Sanierungssatzung die Genehmigungspflicht nach § 144 Absatz 1 ausgeschlossen ist.

§ 18 Entschädigung bei Veränderungssperre. (1) [1]Dauert die Veränderungssperre länger als vier Jahre über den Zeitpunkt ihres Beginns oder der ersten Zurückstellung eines Baugesuchs nach § 15 Absatz 1 hinaus, ist den Betroffenen für dadurch entstandene Vermögensnachteile eine angemessene Entschädigung in Geld zu leisten. [2]Die Vorschriften über die Entschädigung im Zweiten Abschnitt des Fünften Teils sowie § 121 gelten entsprechend; dabei ist der Grundstückswert zugrunde zu legen, der nach den Vorschriften des Zweiten Abschnitts des Dritten Teils zu entschädigen wäre.

(2) [1]Zur Entschädigung ist die Gemeinde verpflichtet. [2]Der Entschädigungsberechtigte kann Entschädigung verlangen, wenn die in Absatz 1 Satz 1 bezeichneten Vermögensnachteile eingetreten sind. [3]Er kann die Fälligkeit des Anspruchs dadurch herbeiführen, dass er die Leistung der Entschädigung schriftlich bei dem Entschädigungspflichtigen beantragt. [4]Kommt eine Einigung über die Entschädigung nicht zustande, entscheidet die höhere Verwaltungsbehörde. [5]Für den Bescheid über die Festsetzung der Entschädigung gilt § 122 entsprechend.

(3) [1]Auf das Erlöschen des Entschädigungsanspruchs findet § 44 Absatz 4 mit der Maßgabe Anwendung, dass bei einer Veränderungssperre, die die Sicherung einer Festsetzung nach § 40 Absatz 1 oder § 41 Absatz 1 zum Gegenstand hat, die Erlöschensfrist frühestens ab Rechtsverbindlichkeit des Bebauungsplans beginnt. [2]In der Bekanntmachung nach § 16 Absatz 2 ist auf die Vorschriften des Absatzes 2 Satz 2 und 3 hinzuweisen.

Zweiter Abschnitt. Teilung von Grundstücken; Gebiete mit Fremdenverkehrsfunktionen

§ 19 Teilung von Grundstücken. (1) Die Teilung eines Grundstücks ist die dem Grundbuchamt gegenüber abgegebene oder sonst wie erkennbar gemachte Erklärung des Eigentümers, dass ein Grundstücksteil grundbuchmäßig abgeschrieben und als selbständiges Grundstück oder als ein Grundstück zusammen mit anderen Grundstücken oder mit Teilen anderer Grundstücke eingetragen werden soll.

(2) Durch die Teilung eines Grundstücks im Geltungsbereich eines Bebauungsplans dürfen keine Verhältnisse entstehen, die den Festsetzungen des Bebauungsplans widersprechen.

§§ 20, 21 (weggefallen)

§ 22 Sicherung von Gebieten mit Fremdenverkehrsfunktionen.

(1) [1]Die Gemeinden, die oder deren Teile überwiegend durch den Fremdenverkehr geprägt sind, können in einem Bebauungsplan oder durch eine sonstige Satzung bestimmen, dass zur Sicherung der Zweckbestimmung von Gebieten mit Fremdenverkehrsfunktionen Folgendes der Genehmigung unterliegt:

1. die Begründung oder Teilung von Wohnungseigentum oder Teileigentum nach § 1 des Wohnungseigentumsgesetzes,
2. die Begründung der in den §§ 30 und 31 des Wohnungseigentumsgesetzes bezeichneten Rechte,
3. die Begründung von Bruchteilseigentum nach § 1008 des Bürgerlichen Gesetzbuchs an Grundstücken mit Wohngebäuden oder Beherbergungsbetrieben, wenn zugleich nach § 1010 Absatz 1 des Bürgerlichen Gesetzbuchs im Grundbuch als Belastung eingetragen werden soll, dass Räume einem oder mehreren Miteigentümern zur ausschließlichen Benutzung zugewiesen sind und die Aufhebung der Gemeinschaft ausgeschlossen ist,
4. bei bestehendem Bruchteilseigentum nach § 1008 des Bürgerlichen Gesetzbuchs an Grundstücken mit Wohngebäuden oder Beherbergungsbetrieben eine im Grundbuch als Belastung einzutragende Regelung nach § 1010 Absatz 1 des Bürgerlichen Gesetzbuchs, wonach Räume einem oder mehreren Miteigentümern zur ausschließlichen Benutzung zugewiesen sind und die Aufhebung der Gemeinschaft ausgeschlossen ist,
5. die Nutzung von Räumen in Wohngebäuden oder Beherbergungsbetrieben als Nebenwohnung, wenn die Räume insgesamt an mehr als der Hälfte der Tage eines Jahres unbewohnt sind.

[2]Voraussetzung für die Bestimmung ist, dass durch die Begründung oder Teilung der Rechte, durch die Regelung nach § 1010 des Bürgerlichen Gesetzbuchs oder durch die Nutzung als Nebenwohnung die vorhandene oder vorgesehene Zweckbestimmung des Gebiets für den Fremdenverkehr und dadurch die geordnete städtebauliche Entwicklung beeinträchtigt werden kann. [3]Die Zweckbestimmung eines Gebiets für den Fremdenverkehr ist insbesondere anzunehmen bei Kurgebieten, Gebieten für die Fremdenbeherbergung, Wochenend- und Ferienhausgebieten, die im Bebauungsplan festgesetzt sind, und bei im Zusammenhang bebauten Ortsteilen, deren Eigenart solchen Gebieten entspricht, sowie bei sonstigen Gebieten mit Fremdenverkehrsfunktionen, die durch Beherbergungsbetriebe und Wohngebäude mit Fremdenbeherbergung geprägt sind.

(2) [1]Die Gemeinde hat die Satzung ortsüblich bekannt zu machen. [2]Sie kann die Bekanntmachung auch in entsprechender Anwendung des § 10 Absatz 3 Satz 2 bis 5 vornehmen. [3]Für Bestimmungen nach Absatz 1 Satz 1 Nummer 1 bis 4 teilt die Gemeinde dem Grundbuchamt den Beschluss über die Satzung, das Datum ihres Inkrafttretens sowie die genaue Bezeichnung der

betroffenen Grundstücke vor ihrer Bekanntmachung rechtzeitig mit. [4]Von der genauen Bezeichnung der betroffenen Grundstücke kann in den Fällen des Absatzes 1 Satz 1 Nummer 1 und 2 abgesehen werden, wenn die gesamte Gemarkung betroffen ist und die Gemeinde dies dem Grundbuchamt mitteilt.

(3) (weggefallen)

(4) [1]Die Genehmigung darf nur versagt werden, wenn durch die Begründung oder Teilung der Rechte, durch die Regelung nach § 1010 des Bürgerlichen Gesetzbuchs oder durch die Nutzung als Nebenwohnung die Zweckbestimmung des Gebiets für den Fremdenverkehr und dadurch die städtebauliche Entwicklung und Ordnung beeinträchtigt wird. [2]Die Genehmigung nach Absatz 1 Satz 1 Nummer 1 bis 4 ist zu erteilen, wenn sie erforderlich ist, damit Ansprüche Dritter erfüllt werden können, zu deren Sicherung vor dem Wirksamwerden des Genehmigungsvorbehalts eine Vormerkung im Grundbuch eingetragen oder der Antrag auf Eintragung einer Vormerkung beim Grundbuchamt eingegangen ist; die Genehmigung kann auch von dem Dritten beantragt werden. [3]Die Genehmigung kann erteilt werden, um wirtschaftliche Nachteile zu vermeiden, die für den Eigentümer eine besondere Härte bedeuten.

(5) [1]Über die Genehmigung entscheidet die Baugenehmigungsbehörde im Einvernehmen mit der Gemeinde. [2]Über die Genehmigung ist innerhalb eines Monats nach Eingang des Antrags bei der Baugenehmigungsbehörde zu entscheiden. [3]Kann die Prüfung des Antrags in dieser Zeit nicht abgeschlossen werden, ist die Frist vor ihrem Ablauf in einem dem Antragsteller mitzuteilenden Zwischenbescheid um den Zeitraum zu verlängern, der notwendig ist, um die Prüfung abschließen zu können; höchstens jedoch um drei Monate. [4]Die Genehmigung gilt als erteilt, wenn sie nicht innerhalb der Frist versagt wird. [5]Darüber hat die Baugenehmigungsbehörde auf Antrag eines Beteiligten ein Zeugnis auszustellen. [6]Das Einvernehmen gilt als erteilt, wenn es nicht binnen zwei Monaten nach Eingang des Ersuchens der Genehmigungsbehörde verweigert wird; dem Ersuchen gegenüber der Gemeinde steht die Einreichung des Antrags bei der Gemeinde gleich, wenn sie nach Landesrecht vorgeschrieben ist.

(6) [1]Bei einem Grundstück, das im Geltungsbereich einer Satzung nach Absatz 1 liegt, darf das Grundbuchamt die von Absatz 1 Satz 1 Nummer 1 bis 4 erfassten Eintragungen in das Grundbuch nur vornehmen, wenn der Genehmigungsbescheid oder ein Zeugnis gemäß Absatz 5 Satz 5 vorgelegt wird oder wenn die Freistellungserklärung der Gemeinde gemäß Absatz 8 beim Grundbuchamt eingegangen ist. [2]Ist dennoch eine Eintragung in das Grundbuch vorgenommen worden, kann die Baugenehmigungsbehörde, falls die Genehmigung erforderlich war, das Grundbuchamt um die Eintragung eines Widerspruchs ersuchen; § 53 Absatz 1 der Grundbuchordnung bleibt unberührt. [3]Der Widerspruch ist zu löschen, wenn die Baugenehmigungsbehörde darum ersucht oder die Genehmigung erteilt ist.

(7) [1]Wird die Genehmigung versagt, kann der Eigentümer von der Gemeinde unter den Voraussetzungen des § 40 Absatz 2 die Übernahme des Grundstücks verlangen. [2]§ 43 Absatz 1, 4 und 5 sowie § 44 Absatz 3 und 4 sind entsprechend anzuwenden.

(8) [1]Die Gemeinde hat den Genehmigungsvorbehalt aufzuheben oder im Einzelfall einzelne Grundstücke durch Erklärung gegenüber dem Eigentümer

vom Genehmigungsvorbehalt freizustellen, wenn die Voraussetzungen für den Genehmigungsvorbehalt entfallen sind. [2]Die Gemeinde teilt dem Grundbuchamt die Aufhebung des Genehmigungsvorbehalts sowie die genaue Bezeichnung der hiervon betroffenen Grundstücke unverzüglich mit. [3]Von der genauen Bezeichnung kann abgesehen werden, wenn die gesamte Gemarkung betroffen ist und die Gemeinde dies dem Grundbuchamt mitteilt. [4]Sobald die Mitteilung über die Aufhebung des Genehmigungsvorbehalts beim Grundbuchamt eingegangen ist, ist Absatz 6 Satz 1 nicht mehr anzuwenden.

(9) [1]In der sonstigen Satzung nach Absatz 1 kann neben der Bestimmung des Genehmigungsvorbehalts die höchstzulässige Zahl der Wohnungen in Wohngebäuden nach Maßgabe des § 9 Absatz 1 Nummer 6 festgesetzt werden. [2]Vor der Festsetzung nach Satz 1 ist der betroffenen Öffentlichkeit und den berührten Behörden und sonstigen Trägern öffentlicher Belange Gelegenheit zur Stellungnahme innerhalb angemessener Frist zu geben.

(10) [1]Der sonstigen Satzung nach Absatz 1 ist eine Begründung beizufügen. [2]In der Begründung zum Bebauungsplan (§ 9 Absatz 8) oder zur sonstigen Satzung ist darzulegen, dass die in Absatz 1 Satz 3 bezeichneten Voraussetzungen für die Festlegung des Gebiets vorliegen.

§ 23 (weggefallen)

Dritter Abschnitt. Gesetzliche Vorkaufsrechte der Gemeinde

§ 24 Allgemeines Vorkaufsrecht. (1) [1]Der Gemeinde steht ein Vorkaufsrecht zu beim Kauf von Grundstücken

1. im Geltungsbereich eines Bebauungsplans, soweit es sich um Flächen handelt, für die nach dem Bebauungsplan eine Nutzung für öffentliche Zwecke oder für Flächen oder Maßnahmen zum Ausgleich im Sinne des § 1a Absatz 3 festgesetzt ist,
2. in einem Umlegungsgebiet,
3. in einem förmlich festgelegten Sanierungsgebiet und städtebaulichen Entwicklungsbereich,
4. im Geltungsbereich einer Satzung zur Sicherung von Durchführungsmaßnahmen des Stadtumbaus und einer Erhaltungssatzung,
5. im Geltungsbereich eines Flächennutzungsplans, soweit es sich um unbebaute Flächen im Außenbereich handelt, für die nach dem Flächennutzungsplan eine Nutzung als Wohnbaufläche oder Wohngebiet dargestellt ist,
6. in Gebieten, die nach § 30, 33 oder 34 Absatz 2 vorwiegend mit Wohngebäuden bebaut werden können, soweit die Grundstücke unbebaut sind, sowie
7. in Gebieten, die zum Zweck des vorbeugenden Hochwasserschutzes von Bebauung freizuhalten sind, insbesondere in Überschwemmungsgebieten.

[2]Im Falle der Nummer 1 kann das Vorkaufsrecht bereits nach Beginn der öffentlichen Auslegung ausgeübt werden, wenn die Gemeinde einen Beschluss gefasst hat, einen Bebauungsplan aufzustellen, zu ändern oder zu ergänzen. [3]Im Falle der Nummer 5 kann das Vorkaufsrecht bereits ausgeübt werden, wenn die Gemeinde einen Beschluss gefasst und ortsüblich bekannt gemacht hat, einen Flächennutzungsplan aufzustellen, zu ändern oder zu ergänzen und wenn nach

dem Stand der Planungsarbeiten anzunehmen ist, dass der künftige Flächennutzungsplan eine solche Nutzung darstellen wird.

(2) Das Vorkaufsrecht steht der Gemeinde nicht zu beim Kauf von Rechten nach dem Wohnungseigentumsgesetz und von Erbbaurechten.

(3) [1] Das Vorkaufsrecht darf nur ausgeübt werden, wenn das Wohl der Allgemeinheit dies rechtfertigt. [2] Bei der Ausübung des Vorkaufsrechts hat die Gemeinde den Verwendungszweck des Grundstücks anzugeben.

§ 25 Besonderes Vorkaufsrecht. (1) [1] Die Gemeinde kann

1. im Geltungsbereich eines Bebauungsplans durch Satzung ihr Vorkaufsrecht an unbebauten Grundstücken begründen;
2. in Gebieten, in denen sie städtebauliche Maßnahmen in Betracht zieht, zur Sicherung einer geordneten städtebaulichen Entwicklung durch Satzung Flächen bezeichnen, an denen ihr ein Vorkaufsrecht an den Grundstücken zusteht.

[2] Auf die Satzung ist § 16 Absatz 2 entsprechend anzuwenden.

(2) [1] § 24 Absatz 2 und 3 Satz 1 ist anzuwenden. [2] Der Verwendungszweck des Grundstücks ist anzugeben, soweit das bereits zum Zeitpunkt der Ausübung des Vorkaufsrechts möglich ist.

§ 26 Ausschluss des Vorkaufsrechts. Die Ausübung des Vorkaufsrechts ist ausgeschlossen, wenn

1. der Eigentümer das Grundstück an seinen Ehegatten oder an eine Person verkauft, die mit ihm in gerader Linie verwandt oder verschwägert oder in der Seitenlinie bis zum dritten Grad verwandt ist,
2. das Grundstück
   a) von einem öffentlichen Bedarfsträger für Zwecke der Landesverteidigung, der Bundespolizei, der Zollverwaltung, der Polizei oder des Zivilschutzes oder
   b) von Kirchen und Religionsgesellschaften des öffentlichen Rechts für Zwecke des Gottesdienstes oder der Seelsorge

   gekauft wird,
3. auf dem Grundstück Vorhaben errichtet werden sollen, für die ein in § 38 genanntes Verfahren eingeleitet oder durchgeführt worden ist, oder
4. das Grundstück entsprechend den Festsetzungen des Bebauungsplans oder den Zielen und Zwecken der städtebaulichen Maßnahme bebaut ist und genutzt wird und eine auf ihm errichtete bauliche Anlage keine Missstände oder Mängel im Sinne des § 177 Absatz 2 und 3 Satz 1 aufweist.

§ 27 Abwendung des Vorkaufsrechts. (1) [1] Der Käufer kann die Ausübung des Vorkaufsrechts abwenden, wenn die Verwendung des Grundstücks nach den baurechtlichen Vorschriften oder den Zielen und Zwecken der städtebaulichen Maßnahme bestimmt oder mit ausreichender Sicherheit bestimmbar ist, der Käufer in der Lage ist, das Grundstück binnen angemessener Frist dementsprechend zu nutzen, und er sich vor Ablauf der Frist nach § 28 Absatz 2 Satz 1 hierzu verpflichtet. [2] Weist eine auf dem Grundstück befindliche bauliche Anlage Missstände oder Mängel im Sinne des § 177 Absatz 2 und 3 Satz 1 auf, kann der Käufer die Ausübung des Vorkaufsrechts abwenden, wenn er diese Missstände oder Mängel binnen angemessener Frist beseitigen kann und er sich vor Ablauf der Frist nach § 28 Absatz 2 Satz 1 zur Beseitigung verpflichtet. [3]Die Gemeinde hat die Frist nach § 28 Absatz 2 Satz 1 auf Antrag des Käufers um zwei Monate zu verlängern, wenn der Käufer vor Ablauf dieser Frist glaubhaft macht, dass er in der Lage ist, die in Satz 1 oder 2 genannten Voraussetzungen zu erfüllen.

(2) Ein Abwendungsrecht besteht nicht

1. in den Fällen des § 24 Absatz 1 Satz 1 Nummer 1 und
2. in einem Umlegungsgebiet, wenn das Grundstück für Zwecke der Umlegung (§ 45) benötigt wird.

§ 27a Ausübung des Vorkaufsrechts zugunsten Dritter. (1) [1]Die Gemeinde kann

1. ihr Vorkaufsrecht zugunsten eines Dritten ausüben, wenn der Dritte zu der mit der Ausübung des Vorkaufsrechts bezweckten Verwendung des Grundstücks innerhalb angemessener Frist in der Lage ist und sich hierzu verpflichtet, oder
2. das ihr nach § 24 Absatz 1 Satz 1 Nummer 1 zustehende Vorkaufsrecht zugunsten eines öffentlichen Bedarfs- oder Erschließungsträgers sowie das ihr nach § 24 Absatz 1 Satz 1 Nummer 3 zustehende Vorkaufsrecht zugunsten eines Sanierungs- oder Entwicklungsträgers ausüben, wenn der Träger einverstanden ist.

[2]In den Fällen der Nummer 1 hat die Gemeinde bei der Ausübung des Vorkaufsrechts zugunsten eines Dritten die Frist, in der das Grundstück für den vorgesehenen Zweck zu verwenden ist, zu bezeichnen.

(2) [1]Mit der Ausübung des Vorkaufsrechts kommt der Kaufvertrag zwischen dem Begünstigten und dem Verkäufer zustande. [2]Die Gemeinde haftet für die Verpflichtung aus dem Kaufvertrag neben dem Begünstigten als Gesamtschuldnerin.

(3) [1]Für den von dem Begünstigten zu zahlenden Betrag und das Verfahren gilt § 28 Absatz 2 bis 4 entsprechend. [2]Kommt der Begünstigte seiner Verpflichtung nach Absatz 1 Satz 1 Nummer 1 nicht nach, soll die Gemeinde in entsprechender Anwendung des § 102 die Übertragung des Grundstücks zu ihren Gunsten oder zugunsten eines Übernahmewilligen verlangen, der zur Verwirklichung des Verwendungszwecks innerhalb angemessener Frist in der Lage ist und sich hierzu verpflichtet. [3]Für die Entschädigung und das Verfahren gelten die Vorschriften des Fünften Teils über die Rückenteignung entsprechend. [4]Die Haftung der Gemeinde nach § 28 Absatz 3 Satz 7 bleibt unberührt.

§ 28 Verfahren und Entschädigung. (1) [1]Der Verkäufer hat der Gemeinde den Inhalt des Kaufvertrags unverzüglich mitzuteilen; die Mitteilung des Verkäufers wird durch die Mitteilung des Käufers ersetzt. [2]Das Grundbuchamt darf bei Kaufverträgen den Käufer als Eigentümer in das Grundbuch nur eintragen, wenn ihm die Nichtausübung oder das Nichtbestehen des Vorkaufsrechts nachgewiesen ist. [3]Besteht ein Vorkaufsrecht nicht oder wird es nicht ausgeübt, hat die Gemeinde auf Antrag eines Beteiligten darüber unverzüglich ein Zeugnis auszustellen. [4]Das Zeugnis gilt als Verzicht auf die Ausübung des Vorkaufsrechts.

(2) [1]Das Vorkaufsrecht kann nur binnen zwei Monaten nach Mitteilung des Kaufvertrags durch Verwaltungsakt gegenüber dem Verkäufer ausgeübt werden. [2]Die §§ 463, 464 Absatz 2, §§ 465 bis 468 und 471 des Bürgerlichen Gesetzbuchs sind anzuwenden. [3]Nach Mitteilung des Kaufvertrags ist auf Ersuchen der Gemeinde zur Sicherung ihres Anspruchs auf Übereignung des Grundstücks eine Vormerkung in das Grundbuch einzutragen; die Gemeinde trägt die Kosten der Eintragung der Vormerkung und ihrer Löschung. [4]Das Vorkaufsrecht ist nicht übertragbar. [5]Bei einem Eigentumserwerb auf Grund der Ausübung des Vorkaufsrechts erlöschen rechtsgeschäftliche Vorkaufsrechte. [6]Wird die Gemeinde nach Ausübung des Vorkaufsrechts im Grundbuch als Eigentümerin eingetragen, kann sie das Grundbuchamt ersuchen, eine zur Sicherung des Übereignungsanspruchs des Käufers im Grundbuch eingetragene Vormerkung zu löschen; sie darf das Ersuchen nur stellen, wenn die Ausübung des Vorkaufsrechts für den Käufer unanfechtbar ist.

(3) [1]Abweichend von Absatz 2 Satz 2 kann die Gemeinde den zu zahlenden Betrag nach dem Verkehrswert des Grundstücks (§ 194) im Zeitpunkt des Kaufes bestimmen, wenn der vereinbarte Kaufpreis den Verkehrswert in einer dem Rechtsverkehr erkennbaren Weise deutlich überschreitet. [2]In diesem Falle ist der Verkäufer berechtigt, bis zum Ablauf eines Monats nach Unanfechtbarkeit des Verwaltungsakts über die Ausübung des Vorkaufsrechts vom Vertrag zurückzutreten. [3]Auf das Rücktrittsrecht sind die §§ 346 bis 349 und 351 des Bürgerlichen Gesetzbuchs entsprechend anzuwenden. [4]Tritt der Verkäufer vom Vertrag zurück, trägt die Gemeinde die Kosten des Vertrags auf der Grundlage des Verkehrswerts. [5]Tritt der Verkäufer vom Vertrag nicht zurück, erlischt nach Ablauf der Rücktrittsfrist nach Satz 2 die Pflicht des Verkäufers aus dem Kaufvertrag, der Gemeinde das Eigentum an dem Grundstück zu übertragen. [6]In diesem Falle geht das Eigentum an dem Grundstück auf die Gemeinde über, wenn auf Ersuchen der Gemeinde der Übergang des Eigentums in das Grundbuch eingetragen ist. [7]Führt die Gemeinde das Grundstück nicht innerhalb einer angemessenen Frist dem mit der Ausübung des Vorkaufsrechts verfolgten Zweck zu, hat sie dem Verkäufer einen Betrag in Höhe des Unterschieds zwischen dem vereinbarten Kaufpreis und dem Verkehrswert zu zahlen. [8]§ 44 Absatz 3 Satz 2 und 3, § 43 Absatz 2 Satz 1 sowie die §§ 121 und 122 sind entsprechend anzuwenden.

(4) [1]In den Fällen des § 24 Absatz 1 Satz 1 Nummer 1 bestimmt die Gemeinde den zu zahlenden Betrag nach den Vorschriften des Zweiten Abschnitts des Fünften Teils, wenn der Erwerb des Grundstücks für die Durchführung des Bebauungsplans erforderlich ist und es nach dem festgesetzten Verwendungszweck enteignet werden könnte. [2]Mit der Unanfechtbarkeit des Bescheids über die Ausübung des Vorkaufsrechts erlischt die Pflicht des Verkäufers aus dem Kaufvertrag, der Gemeinde das Eigentum an dem Grundstück zu übertragen. [3]In diesem Falle geht das Eigentum an dem Grundstück auf die Gemeinde über, wenn auf Ersuchen der Gemeinde der Übergang des Eigentums in das Grundbuch eingetragen ist.

(5) [1]Die Gemeinde kann für das Gemeindegebiet oder für sämtliche Grundstücke einer Gemarkung auf die Ausübung der ihr nach diesem Abschnitt zustehenden Rechte verzichten. [2]Sie kann den Verzicht jederzeit für zukünftig abzuschließende Kaufverträge widerrufen. [3]Der Verzicht und sein Widerruf

sind ortsüblich bekannt zu machen. [4]Die Gemeinde teilt dem Grundbuchamt den Wortlaut ihrer Erklärung mit. [5]Hat die Gemeinde auf die Ausübung ihrer Rechte verzichtet, bedarf es eines Zeugnisses nach Absatz 1 Satz 3 nicht, soweit nicht ein Widerruf erklärt ist.

(6) [1]Hat die Gemeinde das Vorkaufsrecht ausgeübt und sind einem Dritten dadurch Vermögensnachteile entstanden, hat sie dafür Entschädigung zu leisten, soweit dem Dritten ein vertragliches Recht zum Erwerb des Grundstücks zustand, bevor ein gesetzliches Vorkaufsrecht der Gemeinde auf Grund dieses Gesetzbuchs oder solcher landesrechtlicher Vorschriften, die durch § 186 des Bundesbaugesetzes aufgehoben worden sind, begründet worden ist. [2]Die Vorschriften über die Entschädigung im Zweiten Abschnitt des Fünften Teils sind entsprechend anzuwenden. [3]Kommt eine Einigung über die Entschädigung nicht zustande, entscheidet die höhere Verwaltungsbehörde.

Dritter Teil. Regelung der baulichen und sonstigen Nutzung; Entschädigung

Erster Abschnitt. Zulässigkeit von Vorhaben

§ 29 Begriff des Vorhabens; Geltung von Rechtsvorschriften. (1) Für Vorhaben, die die Errichtung, Änderung oder Nutzungsänderung von baulichen Anlagen zum Inhalt haben, und für Aufschüttungen und Abgrabungen größeren Umfangs sowie für Ausschachtungen, Ablagerungen einschließlich Lagerstätten gelten die §§ 30 bis 37.

(2) Die Vorschriften des Bauordnungsrechts und andere öffentlich-rechtliche Vorschriften bleiben unberührt.

§ 30 Zulässigkeit von Vorhaben im Geltungsbereich eines Bebauungsplans. (1) Im Geltungsbereich eines Bebauungsplans, der allein oder gemeinsam mit sonstigen baurechtlichen Vorschriften mindestens Festsetzungen über die Art und das Maß der baulichen Nutzung, die überbaubaren Grundstücksflächen und die örtlichen Verkehrsflächen enthält, ist ein Vorhaben zulässig, wenn es diesen Festsetzungen nicht widerspricht und die Erschließung gesichert ist.

(2) Im Geltungsbereich eines vorhabenbezogenen Bebauungsplans nach § 12 ist ein Vorhaben zulässig, wenn es dem Bebauungsplan nicht widerspricht und die Erschließung gesichert ist.

(3) Im Geltungsbereich eines Bebauungsplans, der die Voraussetzungen des Absatzes 1 nicht erfüllt (einfacher Bebauungsplan), richtet sich die Zulässigkeit von Vorhaben im Übrigen nach § 34 oder § 35.

§ 31 Ausnahmen und Befreiungen. (1) Von den Festsetzungen des Bebauungsplans können solche Ausnahmen zugelassen werden, die in dem Bebauungsplan nach Art und Umfang ausdrücklich vorgesehen sind.

(2) Von den Festsetzungen des Bebauungsplans kann befreit werden, wenn die Grundzüge der Planung nicht berührt werden und

1. Gründe des Wohls der Allgemeinheit, einschließlich des Bedarfs zur Unterbringung von Flüchtlingen oder Asylbegehrenden, die Befreiung erfordern oder
2. die Abweichung städtebaulich vertretbar ist oder

3. die Durchführung des Bebauungsplans zu einer offenbar nicht beabsichtigten Härte führen würde

und wenn die Abweichung auch unter Würdigung nachbarlicher Interessen mit den öffentlichen Belangen vereinbar ist.

§ 32 Nutzungsbeschränkungen auf künftigen Gemeinbedarfs-, Verkehrs-, Versorgungs- und Grünflächen. [1] Sind überbaute Flächen in dem Bebauungsplan als Baugrundstücke für den Gemeinbedarf oder als Verkehrs-, Versorgungs- oder Grünflächen festgesetzt, dürfen auf ihnen Vorhaben, die eine wertsteigernde Änderung baulicher Anlagen zur Folge haben, nur zugelassen und für sie Befreiungen von den Festsetzungen des Bebauungsplans nur erteilt werden, wenn der Bedarfs- oder Erschließungsträger zustimmt oder der Eigentümer für sich und seine Rechtsnachfolger auf Ersatz der Werterhöhung für den Fall schriftlich verzichtet, dass der Bebauungsplan durchgeführt wird. [2] Dies gilt auch für die dem Bebauungsplan nicht widersprechenden Teile einer baulichen Anlage, wenn sie für sich allein nicht wirtschaftlich verwertbar sind oder wenn bei der Enteignung die Übernahme der restlichen überbauten Flächen verlangt werden kann.

§ 33 Zulässigkeit von Vorhaben während der Planaufstellung.

(1) In Gebieten, für die ein Beschluss über die Aufstellung eines Bebauungsplans gefasst ist, ist ein Vorhaben zulässig, wenn

1. die Öffentlichkeits- und Behördenbeteiligung nach § 3 Absatz 2, § 4 Absatz 2 und § 4a Absatz 2 bis 5 durchgeführt worden ist,
2. anzunehmen ist, dass das Vorhaben den künftigen Festsetzungen des Bebauungsplans nicht entgegensteht,
3. der Antragsteller diese Festsetzungen für sich und seine Rechtsnachfolger schriftlich anerkennt und
4. die Erschließung gesichert ist.

(2) In Fällen des § 4a Absatz 3 Satz 1 kann vor der erneuten Öffentlichkeits- und Behördenbeteiligung ein Vorhaben zugelassen werden, wenn sich die vorgenommene Änderung oder Ergänzung des Bebauungsplanentwurfs nicht auf das Vorhaben auswirkt und die in Absatz 1 Nummer 2 bis 4 bezeichneten Voraussetzungen erfüllt sind.

(3) [1] Wird ein Verfahren nach § 13 oder § 13a durchgeführt, kann ein Vorhaben vor Durchführung der Öffentlichkeits- und Behördenbeteiligung zugelassen werden, wenn die in Absatz 1 Nummer 2 bis 4 bezeichneten Voraussetzungen erfüllt sind. [2] Der betroffenen Öffentlichkeit und den berührten Behörden und sonstigen Trägern öffentlicher Belange ist vor Erteilung der Genehmigung Gelegenheit zur Stellungnahme innerhalb angemessener Frist zu geben, soweit sie dazu nicht bereits zuvor Gelegenheit hatten.

§ 34 Zulässigkeit von Vorhaben innerhalb der im Zusammenhang bebauten Ortsteile. (1) [1] Innerhalb der im Zusammenhang bebauten Ortsteile ist ein Vorhaben zulässig, wenn es sich nach Art und Maß der baulichen Nutzung, der Bauweise und der Grundstücksfläche, die überbaut werden soll, in die Eigenart der näheren Umgebung einfügt und die Erschließung gesichert ist. [2]Die Anforderungen an gesunde Wohn- und Arbeitsverhältnisse müssen gewahrt bleiben; das Ortsbild darf nicht beeinträchtigt werden.

(2) Entspricht die Eigenart der näheren Umgebung einem der Baugebiete, die in der auf Grund des § 9a erlassenen Verordnung bezeichnet sind, beurteilt sich die Zulässigkeit des Vorhabens nach seiner Art allein danach, ob es nach der Verordnung in dem Baugebiet allgemein zulässig wäre; auf die nach der Verordnung ausnahmsweise zulässigen Vorhaben ist § 31 Absatz 1, im Übrigen ist § 31 Absatz 2 entsprechend anzuwenden.

(3) Von Vorhaben nach Absatz 1 oder 2 dürfen keine schädlichen Auswirkungen auf zentrale Versorgungsbereiche in der Gemeinde oder in anderen Gemeinden zu erwarten sein.

(3a) [1]Vom Erfordernis des Einfügens in die Eigenart der näheren Umgebung nach Absatz 1 Satz 1 kann im Einzelfall abgewichen werden, wenn die Abweichung

1. einem der nachfolgend genannten Vorhaben dient:
   a) der Erweiterung, Änderung, Nutzungsänderung oder Erneuerung eines zulässigerweise errichteten Gewerbe- oder Handwerksbetriebs,
   b) der Erweiterung, Änderung oder Erneuerung eines zulässigerweise errichteten, Wohnzwecken dienenden Gebäudes oder
   c) der Nutzungsänderung einer zulässigerweise errichteten baulichen Anlage zu Wohnzwecken, einschließlich einer erforderlichen Änderung oder Erneuerung,
2. städtebaulich vertretbar ist und
3. auch unter Würdigung nachbarlicher Interessen mit den öffentlichen Belangen vereinbar ist.

[2]Satz 1 findet keine Anwendung auf Einzelhandelsbetriebe, die die verbrauchernahe Versorgung der Bevölkerung beeinträchtigen oder schädliche Auswirkungen auf zentrale Versorgungsbereiche in der Gemeinde oder in anderen Gemeinden haben können.

(4) [1]Die Gemeinde kann durch Satzung

1. die Grenzen für im Zusammenhang bebaute Ortsteile festlegen,
2. bebaute Bereiche im Außenbereich als im Zusammenhang bebaute Ortsteile festlegen, wenn die Flächen im Flächennutzungsplan als Baufläche dargestellt sind,
3. einzelne Außenbereichsflächen in die im Zusammenhang bebauten Ortsteile einbeziehen, wenn die einbezogenen Flächen durch die bauliche Nutzung des angrenzenden Bereichs entsprechend geprägt sind.

[2]Die Satzungen können miteinander verbunden werden.

(5) [1]Voraussetzung für die Aufstellung von Satzungen nach Absatz 4 Satz 1 Nummer 2 und 3 ist, dass

1. sie mit einer geordneten städtebaulichen Entwicklung vereinbar sind,
2. die Zulässigkeit von Vorhaben, die einer Pflicht zur Durchführung einer Umweltverträglichkeitsprüfung nach Anlage 1 zum Gesetz über die Umweltverträglichkeitsprüfung oder nach Landesrecht unterliegen, nicht begründet wird und

3. keine Anhaltspunkte für eine Beeinträchtigung der in § 1 Absatz 6 Nummer 7 Buchstabe b genannten Schutzgüter oder dafür bestehen, dass bei der Planung Pflichten zur Vermeidung oder Begrenzung der Auswirkungen von schweren Unfällen nach § 50 Satz 1 des Bundes-Immissionsschutzgesetzes zu beachten sind.

[2] In den Satzungen nach Absatz 4 Satz 1 Nummer 2 und 3 können einzelne Festsetzungen nach § 9 Absatz 1 und 3 Satz 1 sowie Absatz 4 getroffen werden. [3] § 9 Absatz 6 und § 31 sind entsprechend anzuwenden. [4] Auf die Satzung nach Absatz 4 Satz 1 Nummer 3 sind ergänzend § 1a Absatz 2 und 3 und § 9 Absatz 1a entsprechend anzuwenden; ihr ist eine Begründung mit den Angaben entsprechend § 2a Satz 2 Nummer 1 beizufügen.

(6) [1] Bei der Aufstellung der Satzungen nach Absatz 4 Satz 1 Nummer 2 und 3 sind die Vorschriften über die Öffentlichkeits- und Behördenbeteiligung nach § 13 Absatz 2 Satz 1 Nummer 2 und 3 sowie Satz 2 entsprechend anzuwenden. [2] Auf die Satzungen nach Absatz 4 Satz 1 Nummer 1 bis 3 ist § 10 Absatz 3 entsprechend anzuwenden.

§ 35 Bauen im Außenbereich. (1) Im Außenbereich ist ein Vorhaben nur zulässig, wenn öffentliche Belange nicht entgegenstehen, die ausreichende Erschließung gesichert ist und wenn es

1. einem land- oder forstwirtschaftlichen Betrieb dient und nur einen untergeordneten Teil der Betriebsfläche einnimmt,
2. einem Betrieb der gartenbaulichen Erzeugung dient,
3. der öffentlichen Versorgung mit Elektrizität, Gas, Telekommunikationsdienstleistungen, Wärme und Wasser, der Abwasserwirtschaft oder einem ortsgebundenen gewerblichen Betrieb dient,
4. wegen seiner besonderen Anforderungen an die Umgebung, wegen seiner nachteiligen Wirkung auf die Umgebung oder wegen seiner besonderen Zweckbestimmung nur im Außenbereich ausgeführt werden soll, es sei denn, es handelt sich um die Errichtung, Änderung oder Erweiterung einer baulichen Anlage zur Tierhaltung, die dem Anwendungsbereich der Nummer 1 nicht unterfällt und die einer Pflicht zur Durchführung einer standortbezogenen oder allgemeinen Vorprüfung oder einer Umweltverträglichkeitsprüfung nach dem Gesetz über die Umweltverträglichkeitsprüfung unterliegt, wobei bei kumulierenden Vorhaben für die Annahme eines engen Zusammenhangs diejenigen Tierhaltungsanlagen zu berücksichtigen sind, die auf demselben Betriebs- oder Baugelände liegen und mit gemeinsamen betrieblichen oder baulichen Einrichtungen verbunden sind,
5. der Erforschung, Entwicklung oder Nutzung der Wind- oder Wasserenergie dient,
6. der energetischen Nutzung von Biomasse im Rahmen eines Betriebs nach Nummer 1 oder 2 oder eines Betriebs nach Nummer 4, der Tierhaltung betreibt, sowie dem Anschluss solcher Anlagen an das öffentliche Versorgungsnetz dient, unter folgenden Voraussetzungen:
   a) das Vorhaben steht in einem räumlich-funktionalen Zusammenhang mit dem Betrieb,

b) die Biomasse stammt überwiegend aus dem Betrieb oder überwiegend aus diesem und aus nahe gelegenen Betrieben nach den Nummern 1, 2 oder 4, soweit letzterer Tierhaltung betreibt,

c) es wird je Hofstelle oder Betriebsstandort nur eine Anlage betrieben und

d) die Kapazität einer Anlage zur Erzeugung von Biogas überschreitet nicht 2,3 Millionen Normkubikmeter Biogas pro Jahr, die Feuerungswärmeleistung anderer Anlagen überschreitet nicht 2,0 Megawatt,

7. der Erforschung, Entwicklung oder Nutzung der Kernenergie zu friedlichen Zwecken oder der Entsorgung radioaktiver Abfälle dient, mit Ausnahme der Neuerrichtung von Anlagen zur Spaltung von Kernbrennstoffen zur gewerblichen Erzeugung von Elektrizität, oder

8. der Nutzung solarer Strahlungsenergie in, an und auf Dach- und Außenwandflächen von zulässigerweise genutzten Gebäuden dient, wenn die Anlage dem Gebäude baulich untergeordnet ist.

(2) Sonstige Vorhaben können im Einzelfall zugelassen werden, wenn ihre Ausführung oder Benutzung öffentliche Belange nicht beeinträchtigt und die Erschließung gesichert ist.

(3) [1] Eine Beeinträchtigung öffentlicher Belange liegt insbesondere vor, wenn das Vorhaben

1. den Darstellungen des Flächennutzungsplans widerspricht,
2. den Darstellungen eines Landschaftsplans oder sonstigen Plans, insbesondere des Wasser-, Abfall- oder Immissionsschutzrechts, widerspricht,
3. schädliche Umwelteinwirkungen hervorrufen kann oder ihnen ausgesetzt wird,
4. unwirtschaftliche Aufwendungen für Straßen oder andere Verkehrseinrichtungen, für Anlagen der Versorgung oder Entsorgung, für die Sicherheit oder Gesundheit oder für sonstige Aufgaben erfordert,
5. Belange des Naturschutzes und der Landschaftpflege, des Bodenschutzes, des Denkmalschutzes oder die natürliche Eigenart der Landschaft und ihren Erholungswert beeinträchtigt oder das Orts- und Landschaftsbild verunstaltet,
6. Maßnahmen zur Verbesserung der Agrarstruktur beeinträchtigt, die Wasserwirtschaft oder den Hochwasserschutz gefährdet,
7. die Entstehung, Verfestigung oder Erweiterung einer Splittersiedlung befürchten lässt oder
8. die Funktionsfähigkeit von Funkstellen und Radaranlagen stört.

[2] Raumbedeutsame Vorhaben dürfen den Zielen der Raumordnung nicht widersprechen; öffentliche Belange stehen raumbedeutsamen Vorhaben nach Absatz 1 nicht entgegen, soweit die Belange bei der Darstellung dieser Vorhaben als Ziele der Raumordnung abgewogen worden sind. [3] Öffentliche Belange stehen einem Vorhaben nach Absatz 1 Nummer 2 bis 6 in der Regel auch dann entgegen, soweit hierfür durch Darstellungen im Flächennutzungsplan oder als Ziele der Raumordnung eine Ausweisung an anderer Stelle erfolgt ist.

(4) [1] Den nachfolgend bezeichneten sonstigen Vorhaben im Sinne des Absatzes 2 kann nicht entgegengehalten werden, dass sie Darstellungen des Flächennutzungsplans oder eines Landschaftsplans widersprechen, die natürliche

Eigenart der Landschaft beeinträchtigen oder die Entstehung, Verfestigung oder Erweiterung einer Splittersiedlung befürchten lassen, soweit sie im Übrigen außenbereichsverträglich im Sinne des Absatzes 3 sind:

1. die Änderung der bisherigen Nutzung eines Gebäudes im Sinne des Absatzes 1 Nummer 1 unter folgenden Voraussetzungen:
   a) das Vorhaben dient einer zweckmäßigen Verwendung erhaltenswerter Bausubstanz,
   b) die äußere Gestalt des Gebäudes bleibt im Wesentlichen gewahrt,
   c) die Aufgabe der bisherigen Nutzung liegt nicht länger als sieben Jahre zurück,
   d) das Gebäude ist vor mehr als sieben Jahren zulässigerweise errichtet worden,
   e) das Gebäude steht im räumlich-funktionalen Zusammenhang mit der Hofstelle des land- oder forstwirtschaftlichen Betriebs,
   f) im Falle der Änderung zu Wohnzwecken entstehen neben den bisher nach Absatz 1 Nummer 1 zulässigen Wohnungen höchstens drei Wohnungen je Hofstelle und
   g) es wird eine Verpflichtung übernommen, keine Neubebauung als Ersatz für die aufgegebene Nutzung vorzunehmen, es sei denn, die Neubebauung wird im Interesse der Entwicklung des Betriebs im Sinne des Absatzes 1 Nummer 1 erforderlich,
2. die Neuerrichtung eines gleichartigen Wohngebäudes an gleicher Stelle unter folgenden Vorraussetzungen:
   a) das vorhandene Gebäude ist zulässigerweise errichtet worden,
   b) das vorhandene Gebäude weist Missstände oder Mängel auf,
   c) das vorhandene Gebäude wird seit längerer Zeit vom Eigentümer selbst genutzt und
   d) Tatsachen rechtfertigen die Annahme, dass das neu errichtete Gebäude für den Eigenbedarf des bisherigen Eigentümers oder seiner Familie genutzt wird; hat der Eigentümer das vorhandene Gebäude im Wege der Erbfolge von einem Voreigentümer erworben, der es seit längerer Zeit selbst genutzt hat, reicht es aus, wenn Tatsachen die Annahme rechtfertigen, dass das neu errichtete Gebäude für den Eigenbedarf des Eigentümers oder seiner Familie genutzt wird,
3. die alsbaldige Neuerrichtung eines zulässigerweise errichteten, durch Brand, Naturereignisse oder andere außergewöhnliche Ereignisse zerstörten, gleichartigen Gebäudes an gleicher Stelle,
4. die Änderung oder Nutzungsänderung von erhaltenswerten, das Bild der Kulturlandschaft prägenden Gebäuden, auch wenn sie aufgegeben sind, wenn das Vorhaben einer zweckmäßigen Verwendung der Gebäude und der Erhaltung des Gestaltwerts dient,
5. die Erweiterung eines Wohngebäudes auf bis zu höchstens zwei Wohnungen unter folgenden Voraussetzungen:
   a) das Gebäude ist zulässigerweise errichtet worden,
   b) die Erweiterung ist im Verhältnis zum vorhandenen Gebäude und unter Berücksichtigung der Wohnbedürfnisse angemessen und

c) bei der Errichtung einer weiteren Wohnung rechtfertigen Tatsachen die Annahme, dass das Gebäude vom bisherigen Eigentümer oder seiner Familie selbst genutzt wird,

6. die bauliche Erweiterung eines zulässigerweise errichteten gewerblichen Betriebs, wenn die Erweiterung im Verhältnis zum vorhandenen Gebäude und Betrieb angemessen ist.

[2] In begründeten Einzelfällen gilt die Rechtsfolge des Satzes 1 auch für die Neuerrichtung eines Gebäudes im Sinne des Absatzes 1 Nummer 1, dem eine andere Nutzung zugewiesen werden soll, wenn das ursprüngliche Gebäude vom äußeren Erscheinungsbild auch zur Wahrung der Kulturlandschaft erhaltenswert ist, keine stärkere Belastung des Außenbereichs zu erwarten ist als in Fällen des Satzes 1 und die Neuerrichtung auch mit nachbarlichen Interessen vereinbar ist; Satz 1 Nummer 1 Buchstabe b bis g gilt entsprechend. [3] In den Fällen des Satzes 1 Nummer 2 und 3 sowie des Satzes 2 sind geringfügige Erweiterungen des neuen Gebäudes gegenüber dem beseitigten oder zerstörten Gebäude sowie geringfügige Abweichungen vom bisherigen Standort des Gebäudes zulässig.

(5) [1] Die nach den Absätzen 1 bis 4 zulässigen Vorhaben sind in einer flächensparenden, die Bodenversiegelung auf das notwendige Maß begrenzenden und den Außenbereich schonenden Weise auszuführen. [2] Für Vorhaben nach Absatz 1 Nummer 2 bis 6 ist als weitere Zulässigkeitsvoraussetzung eine Verpflichtungserklärung abzugeben, das Vorhaben nach dauerhafter Aufgabe der zulässigen Nutzung zurückzubauen und Bodenversiegelungen zu beseitigen; bei einer nach Absatz 1 Nummer 2 bis 6 zulässigen Nutzungsänderung ist die Rückbauverpflichtung zu übernehmen, bei einer nach Absatz 1 Nummer 1 oder Absatz 2 zulässigen Nutzungsänderung entfällt sie. [3] Die Baugenehmigungsbehörde soll durch nach Landesrecht vorgesehene Baulast oder in anderer Weise die Einhaltung der Verpflichtung nach Satz 2 sowie nach Absatz 4 Satz 1 Nummer 1 Buchstabe g sicherstellen. [4] Im Übrigen soll sie in den Fällen des Absatzes 4 Satz 1 sicherstellen, dass die bauliche oder sonstige Anlage nach Durchführung des Vorhabens nur in der vorgesehenen Art genutzt wird.

(6) [1] Die Gemeinde kann für bebaute Bereiche im Außenbereich, die nicht überwiegend landwirtschaftlich geprägt sind und in denen eine Wohnbebauung von einigem Gewicht vorhanden ist, durch Satzung bestimmen, dass Wohnzwecken dienenden Vorhaben im Sinne des Absatzes 2 nicht entgegengehalten werden kann, dass sie einer Darstellung im Flächennutzungsplan über Flächen für die Landwirtschaft oder Wald widersprechen oder die Entstehung oder Verfestigung einer Splittersiedlung befürchten lassen. [2] Die Satzung kann auch auf Vorhaben erstreckt werden, die kleineren Handwerks- und Gewerbebetrieben dienen. [3] In der Satzung können nähere Bestimmungen über die Zulässigkeit getroffen werden. [4] Voraussetzung für die Aufstellung der Satzung ist, dass

1. sie mit einer geordneten städtebaulichen Entwicklung vereinbar ist,
2. die Zulässigkeit von Vorhaben, die einer Pflicht zur Durchführung einer Umweltverträglichkeitsprüfung nach Anlage 1 zum Gesetz über die Umweltverträglichkeitsprüfung oder nach Landesrecht unterliegen, nicht begründet wird und
3. keine Anhaltspunkte für eine Beeinträchtigung der in § 1 Absatz 6 Nummer 7 Buchstabe b genannten Schutzgüter oder dafür bestehen, dass bei der

Planung Pflichten zur Vermeidung oder Begrenzung der Auswirkungen von schweren Unfällen nach § 50 Satz 1 des Bundes-Immissionsschutzgesetzes zu beachten sind.

[5] Bei Aufstellung der Satzung sind die Vorschriften über die Öffentlichkeits- und Behördenbeteiligung nach § 13 Absatz 2 Satz 1 Nummer 2 und 3 sowie Satz 2 entsprechend anzuwenden. [6] § 10 Absatz 3 ist entsprechend anzuwenden. [7] Von der Satzung bleibt die Anwendung des Absatzes 4 unberührt.

§ 36 Beteiligung der Gemeinde und der höheren Verwaltungsbehörde. (1) [1] Über die Zulässigkeit von Vorhaben nach den §§ 31, 33 bis 35 wird im bauaufsichtlichen Verfahren von der Baugenehmigungsbehörde im Einvernehmen mit der Gemeinde entschieden. [2] Das Einvernehmen der Gemeinde ist auch erforderlich, wenn in einem anderen Verfahren über die Zulässigkeit nach den in Satz 1 bezeichneten Vorschriften entschieden wird; dies gilt nicht für Vorhaben der in § 29 Absatz 1 bezeichneten Art, die der Bergaufsicht unterliegen. [3] Richtet sich die Zulässigkeit von Vorhaben nach § 30 Absatz 1, stellen die Länder sicher, dass die Gemeinde rechtzeitig vor Ausführung des Vorhabens über Maßnahmen zur Sicherung der Bauleitplanung nach den §§ 14 und 15 entscheiden kann. [4] In den Fällen des § 35 Absatz 2 und 4 kann die Landesregierung durch Rechtsverordnung allgemein oder für bestimmte Fälle festlegen, dass die Zustimmung der höheren Verwaltungsbehörde erforderlich ist.

(2) [1] Das Einvernehmen der Gemeinde und die Zustimmung der höheren Verwaltungsbehörde dürfen nur aus den sich aus den §§ 31, 33, 34 und 35 ergebenden Gründen versagt werden. [2] Das Einvernehmen der Gemeinde und die Zustimmung der höheren Verwaltungsbehörde gelten als erteilt, wenn sie nicht binnen zwei Monaten nach Eingang des Ersuchens der Genehmigungsbehörde verweigert werden; dem Ersuchen gegenüber der Gemeinde steht die Einreichung des Antrags bei der Gemeinde gleich, wenn sie nach Landesrecht vorgeschrieben ist. [3] Die nach Landesrecht zuständige Behörde kann ein rechtswidrig versagtes Einvernehmen der Gemeinde ersetzen.

§ 37 Bauliche Maßnahmen des Bundes und der Länder. (1) Macht die besondere öffentliche Zweckbestimmung für bauliche Anlagen des Bundes oder eines Landes erforderlich, von den Vorschriften dieses Gesetzbuchs oder den auf Grund dieses Gesetzbuchs erlassenen Vorschriften abzuweichen oder ist das Einvernehmen mit der Gemeinde nach § 14 oder § 36 nicht erreicht worden, entscheidet die höhere Verwaltungsbehörde.

(2) [1] Handelt es sich dabei um Vorhaben, die der Landesverteidigung, dienstlichen Zwecken der Bundespolizei oder dem zivilen Bevölkerungsschutz dienen, ist nur die Zustimmung der höheren Verwaltungsbehörde erforderlich. [2] Vor Erteilung der Zustimmung hat diese die Gemeinde zu hören. [3] Versagt die höhere Verwaltungsbehörde ihre Zustimmung oder widerspricht die Gemeinde dem beabsichtigten Bauvorhaben, entscheidet das zuständige Bundesministerium im Einvernehmen mit den beteiligten Bundesministerien und im Benehmen mit der zuständigen Obersten Landesbehörde.

(3) [1] Entstehen der Gemeinde infolge der Durchführung von Maßnahmen nach den Absätzen 1 und 2 Aufwendungen für Entschädigungen nach diesem Gesetzbuch, sind sie ihr vom Träger der Maßnahmen zu ersetzen. [2] Muss infolge dieser Maßnahmen ein Bebauungsplan aufgestellt, geändert, ergänzt

oder aufgehoben werden, sind ihr auch die dadurch entstandenen Kosten zu ersetzen.

(4) [1] Sollen bauliche Anlagen auf Grundstücken errichtet werden, die nach dem Landbeschaffungsgesetz beschafft werden, sind in dem Verfahren nach § 1 Absatz 2 des Landbeschaffungsgesetzes alle von der Gemeinde oder der höheren Verwaltungsbehörde nach den Absätzen 1 und 2 zulässigen Einwendungen abschließend zu erörtern. [2] Eines Verfahrens nach Absatz 2 bedarf es in diesem Falle nicht.

§ 38 Bauliche Maßnahmen von überörtlicher Bedeutung auf Grund von Planfeststellungsverfahren; öffentlich zugängliche Abfallbeseitigungsanlagen. [1] Auf Planfeststellungsverfahren und sonstige Verfahren mit den Rechtswirkungen der Planfeststellung für Vorhaben von überörtlicher Bedeutung sowie auf die auf Grund des Bundes-Immissionsschutzgesetzes für die Errichtung und den Betrieb öffentlich zugänglicher Abfallbeseitigungsanlagen geltenden Verfahren sind die §§ 29 bis 37 nicht anzuwenden, wenn die Gemeinde beteiligt wird; städtebauliche Belange sind zu berücksichtigen. [2] Eine Bindung nach § 7 bleibt unberührt. [3] § 37 Absatz 3 ist anzuwenden.

Zweiter Abschnitt. Entschädigung

§ 39 Vertrauensschaden. [1] Haben Eigentümer oder in Ausübung ihrer Nutzungsrechte sonstige Nutzungsberechtigte im berechtigten Vertrauen auf den Bestand eines rechtsverbindlichen Bebauungsplans Vorbereitungen für die Verwirklichung von Nutzungsmöglichkeiten getroffen, die sich aus dem Bebauungsplan ergeben, können sie angemessene Entschädigung in Geld verlangen, soweit die Aufwendungen durch die Änderung, Ergänzung oder Aufhebung des Bebauungsplans an Wert verlieren. [2] Dies gilt auch für Abgaben nach bundes- oder landesrechtlichen Vorschriften, die für die Erschließung des Grundstücks erhoben wurden.

§ 40 Entschädigung in Geld oder durch Übernahme. (1) [1] Sind im Bebauungsplan

1. Flächen für den Gemeinbedarf sowie für Sport- und Spielanlagen,
2. Flächen für Personengruppen mit besonderem Wohnbedarf,
3. Flächen mit besonderem Nutzungszweck,
4. von der Bebauung freizuhaltende Schutzflächen und Flächen für besondere Anlagen und Vorkehrungen zum Schutz vor Einwirkungen,
5. Verkehrsflächen,
6. Versorgungsflächen,
7. Flächen für die Abfall- und Abwasserbeseitigung, einschließlich der Rückhaltung und Versickerung von Niederschlagswasser, sowie für Ablagerungen,
8. Grünflächen,
9. Flächen für Aufschüttungen, Abgrabungen oder für die Gewinnung von Steinen, Erden und anderen Bodenschätzen,
10. Flächen für Gemeinschaftsstellplätze und Gemeinschaftsgaragen,
11. Flächen für Gemeinschaftsanlagen,

12. von der Bebauung freizuhaltende Flächen,
13. Wasserflächen, Flächen für die Wasserwirtschaft, Flächen für Hochwasserschutzanlagen und Flächen für die Regelung des Wasserabflusses,
14. Flächen zum Schutz, zur Pflege und zur Entwicklung von Boden, Natur und Landschaft

festgesetzt, ist der Eigentümer nach Maßgabe der folgenden Absätze zu entschädigen, soweit ihm Vermögensnachteile entstehen. [2]Dies gilt in den Fällen des Satzes 1 Nummer 1 in Bezug auf Flächen für Sport- und Spielanlagen sowie des Satzes 1 Nummer 4 und 10 bis 14 nicht, soweit die Festsetzungen oder ihre Durchführung den Interessen des Eigentümers oder der Erfüllung einer ihm obliegenden Rechtspflicht dienen.

(2) [1]Der Eigentümer kann die Übernahme der Flächen verlangen,

1. wenn und soweit es ihm mit Rücksicht auf die Festsetzung oder Durchführung des Bebauungsplans wirtschaftlich nicht mehr zuzumuten ist, das Grundstück zu behalten oder es in der bisherigen oder einer anderen zulässigen Art zu nutzen, oder
2. wenn Vorhaben nach § 32 nicht ausgeführt werden dürfen und dadurch die bisherige Nutzung einer baulichen Anlage aufgehoben oder wesentlich herabgesetzt wird.

[2]Der Eigentümer kann anstelle der Übernahme die Begründung von Miteigentum oder eines geeigneten Rechts verlangen, wenn die Verwirklichung des Bebauungsplans nicht die Entziehung des Eigentums erfordert.

(3) [1]Dem Eigentümer ist eine angemessene Entschädigung in Geld zu leisten, wenn und soweit Vorhaben nach § 32 nicht ausgeführt werden dürfen und dadurch die bisherige Nutzung seines Grundstücks wirtschaftlich erschwert wird. [2]Sind die Voraussetzungen des Übernahmeanspruchs nach Absatz 2 gegeben, kann nur dieser Anspruch geltend gemacht werden. [3]Der zur Entschädigung Verpflichtete kann den Entschädigungsberechtigten auf den Übernahmeanspruch verweisen, wenn das Grundstück für den im Bebauungsplan festgesetzten Zweck alsbald benötigt wird.

§ 41 Entschädigung bei Begründung von Geh-, Fahr- und Leitungsrechten und bei Bindungen für Bepflanzungen. (1) [1]Sind im Bebauungsplan Flächen festgesetzt, die mit Geh-, Fahr- und Leitungsrechten zu belasten sind, kann der Eigentümer unter den Voraussetzungen des § 40 Absatz 2 verlangen, dass an diesen Flächen einschließlich der für die Leitungsführungen erforderlichen Schutzstreifen das Recht zugunsten des in § 44 Absatz 1 und 2 Bezeichneten begründet wird. [2]Dies gilt nicht für die Verpflichtung zur Duldung solcher örtlichen Leitungen, die der Erschließung und Versorgung des Grundstücks dienen. [3]Weitergehende Rechtsvorschriften, nach denen der Eigentümer zur Duldung von Versorgungsleitungen verpflichtet ist, bleiben unberührt.

(2) Sind im Bebauungsplan Bindungen für Bepflanzungen und für die Erhaltung von Bäumen, Sträuchern, sonstigen Bepflanzungen und Gewässern sowie das Anpflanzen von Bäumen, Sträuchern und sonstigen Bepflanzungen festgesetzt, ist dem Eigentümer eine angemessene Entschädigung in Geld zu leisten, wenn und soweit infolge dieser Festsetzungen

1. besondere Aufwendungen notwendig sind, die über das bei ordnungsgemäßer Bewirtschaftung erforderliche Maß hinausgehen, oder
2. eine wesentliche Wertminderung des Grundstücks eintritt.

§ 42 Entschädigung bei Änderung oder Aufhebung einer zulässigen Nutzung. (1) Wird die zulässige Nutzung eines Grundstücks aufgehoben oder geändert und tritt dadurch eine nicht nur unwesentliche Wertminderung des Grundstücks ein, kann der Eigentümer nach Maßgabe der folgenden Absätze eine angemessene Entschädigung in Geld verlangen.

(2) Wird die zulässige Nutzung eines Grundstücks innerhalb einer Frist von sieben Jahren ab Zulässigkeit aufgehoben oder geändert, bemisst sich die Entschädigung nach dem Unterschied zwischen dem Wert des Grundstücks auf Grund der zulässigen Nutzung und seinem Wert, der sich infolge der Aufhebung oder Änderung ergibt.

(3) [1] Wird die zulässige Nutzung eines Grundstücks nach Ablauf der in Absatz 2 bezeichneten Frist aufgehoben oder geändert, kann der Eigentümer nur eine Entschädigung für Eingriffe in die ausgeübte Nutzung verlangen, insbesondere wenn infolge der Aufhebung oder Änderung der zulässigen Nutzung die Ausübung der verwirklichten Nutzung oder die sonstigen Möglichkeiten der wirtschaftlichen Verwertung des Grundstücks, die sich aus der verwirklichten Nutzung ergeben, unmöglich gemacht oder wesentlich erschwert werden. [2] Die Höhe der Entschädigung hinsichtlich der Beeinträchtigung des Grundstückswerts bemisst sich nach dem Unterschied zwischen dem Wert des Grundstücks auf Grund der ausgeübten Nutzung und seinem Wert, der sich infolge der in Satz 1 bezeichneten Beschränkungen ergibt.

(4) Entschädigungen für Eingriffe in ausgeübte Nutzungen bleiben unberührt.

(5) Abweichend von Absatz 3 bemisst sich die Entschädigung nach Absatz 2, wenn der Eigentümer an der Verwirklichung eines der zulässigen Nutzung entsprechenden Vorhabens vor Ablauf der in Absatz 2 bezeichneten Frist durch eine Veränderungssperre oder eine befristete Zurückstellung seines Vorhabens gehindert worden ist und er das Vorhaben infolge der Aufhebung oder Änderung der zulässigen Nutzung des Grundstücks nicht mehr verwirklichen kann.

(6) Ist vor Ablauf der in Absatz 2 bezeichneten Frist eine Baugenehmigung oder über die bodenrechtliche Zulässigkeit eines Vorhabens ein Vorbescheid nach Bauaufsichtsrecht erteilt worden und kann der Eigentümer das Vorhaben infolge der Aufhebung oder Änderung der zulässigen Nutzung des Grundstücks nach Ablauf der Frist nicht mehr verwirklichen oder ist die Verwirklichung dadurch für ihn wirtschaftlich unzumutbar geworden, kann der Eigentümer in Höhe des Unterschieds zwischen dem Wert des Grundstücks unter Zugrundelegung der nach der Genehmigung vorgesehenen Nutzung und dem Wert des Grundstücks, der sich infolge der Aufhebung oder Änderung der zulässigen Nutzung ergibt, Entschädigung verlangen.

(7) [1] Ist vor Ablauf der in Absatz 2 bezeichneten Frist ein Antrag auf Erteilung einer Baugenehmigung oder eines Vorbescheids nach Bauaufsichtsrecht, der die bodenrechtliche Zulässigkeit eines Vorhabens zum Gegenstand hat, rechtswidrig abgelehnt worden und kann nach dem Ergebnis eines Rechtsmittelverfahrens die Genehmigung oder der Vorbescheid mit dem beantragten

Inhalt nicht erteilt werden, weil die im Zeitpunkt der Antragstellung zulässige Nutzung aufgehoben oder geändert worden ist, bemisst sich die Entschädigung nach Absatz 6. [2]Entsprechend findet Absatz 6 auch Anwendung, wenn über einen den gesetzlichen Vorschriften entsprechenden und zu genehmigenden Bauantrag oder einen Vorbescheid nach Bauaufsichtsrecht, der die bodenrechtliche Zulässigkeit eines Vorhabens zum Gegenstand hat, innerhalb der in Absatz 2 bezeichneten Frist nicht entschieden wurde, obwohl der Antrag so rechtzeitig gestellt wurde, dass eine Genehmigung innerhalb der Frist hätte erteilt werden können.

(8) [1]In den Fällen der Absätze 5 bis 7 besteht der Anspruch auf Entschädigung nicht, wenn der Eigentümer nicht bereit oder nicht in der Lage war, das beabsichtigte Vorhaben zu verwirklichen. [2]Der Eigentümer hat die Tatsachen darzulegen, die seine Bereitschaft und Möglichkeiten, das Vorhaben zu verwirklichen, aufzeigen.

(9) Wird die zulässige Nutzung eines Grundstücks aufgehoben, besteht auch der Übernahmeanspruch nach § 40 Absatz 2 Satz 1 Nummer 1.

(10) Die Gemeinde hat dem Eigentümer auf Verlangen Auskunft zu erteilen, ob ein sich aus Absatz 2 ergebender vermögensrechtlicher Schutz der zulässigen Nutzung für sein Grundstück besteht und wann dieser durch Ablauf der in Absatz 2 bezeichneten Frist endet.

§ 43 Entschädigung und Verfahren. (1) [1]Ist die Entschädigung durch Übernahme des Grundstücks oder durch Begründung eines Rechts zu leisten und kommt eine Einigung nicht zustande, kann der Eigentümer die Entziehung des Eigentums oder die Begründung des Rechts verlangen. [2]Der Eigentümer kann den Antrag auf Entziehung des Eigentums oder auf Begründung des Rechts bei der Enteignungsbehörde stellen. [3]Auf die Entziehung des Eigentums oder die Begründung des Rechts finden die Vorschriften des Fünften Teils entsprechend Anwendung.

(2) [1]Ist die Entschädigung in Geld zu leisten und kommt eine Einigung über die Geldentschädigung nicht zustande, entscheidet die höhere Verwaltungsbehörde. [2]Die Vorschriften über die Entschädigung im Zweiten Abschnitt des Fünften Teils sowie § 121 gelten entsprechend. [3]Für Bescheide über die Festsetzung der zu zahlenden Geldentschädigung gilt § 122 entsprechend.

(3) [1]Liegen die Voraussetzungen der §§ 40 und 41 Absatz 1 vor, ist eine Entschädigung nur nach diesen Vorschriften zu gewähren. [2]In den Fällen der §§ 40 und 41 sind solche Wertminderungen nicht zu berücksichtigen, die bei Anwendung des § 42 nicht zu entschädigen wären.

(4) Bodenwerte sind nicht zu entschädigen, soweit sie darauf beruhen, dass

1. die zulässige Nutzung auf dem Grundstück den allgemeinen Anforderungen an gesunde Wohn- und Arbeitsverhältnisse oder an die Sicherheit der auf dem Grundstück oder im umliegenden Gebiet wohnenden oder arbeitenden Menschen nicht entspricht oder
2. in einem Gebiet städtebauliche Missstände im Sinne des § 136 Absatz 2 und 3 bestehen und die Nutzung des Grundstücks zu diesen Missständen wesentlich beiträgt.

(5) [1]Nach Vorliegen der Entschädigungsvoraussetzungen bleiben Werterhöhungen unberücksichtigt, die eingetreten sind, nachdem der Entschädigungs-

berechtigte in der Lage war, den Antrag auf Festsetzung der Entschädigung in Geld zu stellen, oder ein Angebot des Entschädigungspflichtigen, die Entschädigung in Geld in angemessener Höhe zu leisten, abgelehnt hat. [2] Hat der Entschädigungsberechtigte den Antrag auf Übernahme des Grundstücks oder Begründung eines geeigneten Rechts gestellt und hat der Entschädigungspflichtige daraufhin ein Angebot auf Übernahme des Grundstücks oder Begründung des Rechts zu angemessenen Bedingungen gemacht, gilt § 95 Absatz 2 Nummer 3 entsprechend.

§ 44 Entschädigungspflichtige, Fälligkeit und Erlöschen der Entschädigungsansprüche. (1) [1] Zur Entschädigung ist der Begünstigte verpflichtet, wenn er mit der Festsetzung zu seinen Gunsten einverstanden ist. [2] Ist ein Begünstigter nicht bestimmt oder liegt sein Einverständnis nicht vor, ist die Gemeinde zur Entschädigung verpflichtet. [3] Erfüllt der Begünstigte seine Verpflichtung nicht, ist dem Eigentümer gegenüber auch die Gemeinde verpflichtet; der Begünstigte hat der Gemeinde Ersatz zu leisten.

(2) [1] Dient die Festsetzung der Beseitigung oder Minderung von Auswirkungen, die von der Nutzung eines Grundstücks ausgehen, ist der Eigentümer zur Entschädigung verpflichtet, wenn er mit der Festsetzung einverstanden war. [2] Ist der Eigentümer auf Grund anderer gesetzlicher Vorschriften verpflichtet, Auswirkungen, die von der Nutzung seines Grundstücks ausgehen, zu beseitigen oder zu mindern, ist er auch ohne Einverständnis zur Entschädigung verpflichtet, soweit er durch die Festsetzung Aufwendungen erspart. [3] Erfüllt der Eigentümer seine Verpflichtungen nicht, gilt Absatz 1 Satz 3 entsprechend. [4] Die Gemeinde soll den Eigentümer anhören, bevor sie Festsetzungen trifft, die zu einer Entschädigung nach Satz 1 oder 2 führen können.

(3) [1] Der Entschädigungsberechtigte kann Entschädigung verlangen, wenn die in den §§ 39 bis 42 bezeichneten Vermögensnachteile eingetreten sind. [2] Er kann die Fälligkeit des Anspruchs dadurch herbeiführen, dass er die Leistung der Entschädigung schriftlich bei dem Entschädigungspflichtigen beantragt. [3] Entschädigungsleistungen in Geld sind ab Fälligkeit mit 2 vom Hundert über dem Basiszinssatz nach § 247 des Bürgerlichen Gesetzbuchs jährlich zu verzinsen. [4] Ist Entschädigung durch Übernahme des Grundstücks zu leisten, findet auf die Verzinsung § 99 Absatz 3 Anwendung.

(4) Ein Entschädigungsanspruch erlischt, wenn nicht innerhalb von drei Jahren nach Ablauf des Kalenderjahres, in dem die in Absatz 3 Satz 1 bezeichneten Vermögensnachteile eingetreten sind, die Fälligkeit des Anspruchs herbeigeführt wird.

(5) In der Bekanntmachung nach § 10 Absatz 3 ist auf die Vorschriften des Absatzes 3 Satz 1 und 2 sowie des Absatzes 4 hinzuweisen.

Vierter Teil. Bodenordnung

Erster Abschnitt. Umlegung

§ 45 Zweck und Anwendungsbereich. [1] Zur Erschließung oder Neugestaltung von Gebieten können bebaute und unbebaute Grundstücke durch Umlegung in der Weise neu geordnet werden, dass nach Lage, Form und Größe für die bauliche oder sonstige Nutzung zweckmäßig gestaltete Grundstücke entstehen. [2] Die Umlegung kann

1. im Geltungsbereich eines Bebauungsplans im Sinne des § 30 oder
2. innerhalb eines im Zusammenhang bebauten Ortsteils im Sinne des § 34, wenn sich aus der Eigenart der näheren Umgebung oder einem einfachen Bebauungsplan im Sinne des § 30 Absatz 3 hinreichende Kriterien für die Neuordnung der Grundstücke ergeben,

durchgeführt werden.

§ 46 Zuständigkeit und Voraussetzungen. (1) Die Umlegung ist von der Gemeinde (Umlegungsstelle) in eigener Verantwortung anzuordnen und durchzuführen, wenn und sobald sie zur Verwirklichung eines Bebauungsplans oder aus Gründen einer geordneten städtebaulichen Entwicklung zur Verwirklichung der innerhalb eines im Zusammenhang bebauten Ortsteils zulässigen Nutzung erforderlich ist.

(2) Die Landesregierungen können durch Rechtsverordnung bestimmen,

1. dass von der Gemeinde Umlegungsausschüsse mit selbständigen Entscheidungsbefugnissen für die Durchführung der Umlegung gebildet werden,
2. in welcher Weise die Umlegungsausschüsse zusammenzusetzen und mit welchen Befugnissen sie auszustatten sind,
3. dass der Umlegungsausschuss die Entscheidung über Vorgänge nach § 51 von geringer Bedeutung einer Stelle übertragen kann, die seine Entscheidungen vorbereitet,
4. dass zur Entscheidung über einen Rechtsbehelf im Umlegungsverfahren Obere Umlegungsausschüsse gebildet werden und wie diese Ausschüsse zusammenzusetzen sind,
5. dass die Flurbereinigungsbehörde oder eine andere geeignete Behörde verpflichtet ist, auf Antrag der Gemeinde (Umlegungsstelle) die im Umlegungsverfahren zu treffenden Entscheidungen vorzubereiten.

(3) Auf die Anordnung und Durchführung einer Umlegung besteht kein Anspruch.

(4) [1]Die Gemeinde kann ihre Befugnis zur Durchführung der Umlegung auf die Flurbereinigungsbehörde oder eine andere geeignete Behörde für das Gemeindegebiet oder Teile des Gemeindegebiets übertragen. [2]Die Einzelheiten der Übertragung einschließlich der Mitwirkungsrechte der Gemeinde können in einer Vereinbarung zwischen ihr und der die Umlegung durchführenden Behörde geregelt werden. [3]Die Gemeinde kann die Vorbereitung der im Umlegungsverfahren zu treffenden Entscheidungen sowie die zur Durchführung der Umlegung erforderlichen vermessungs- und katastertechnischen Aufgaben öffentlich bestellten Vermessungsingenieuren übertragen.

(5) [1]Die Gemeinde kann dem Umlegungsausschuss für einzelne Fälle oder bestimmte Gebiete die Befugnis zur Ausübung eines ihr nach § 24 Absatz 1 Satz 1 Nummer 2 zustehenden Vorkaufsrechts übertragen; die Gemeinde kann die Übertragung jederzeit widerrufen. [2]Das Recht der Gemeinde, nach der Übertragung ein Vorkaufsrecht zu anderen als Umlegungszwecken auszuüben, bleibt unberührt. [3]Ansprüche Dritter werden durch die Sätze 1 und 2 nicht begründet.

§ 47 Umlegungsbeschluss. (1) [1]Die Umlegung wird nach Anhörung der Eigentümer durch einen Beschluss der Umlegungsstelle eingeleitet. [2]Im Umlegungsbeschluss ist das Umlegungsgebiet (§ 52) zu bezeichnen. [3]Die im Umlegungsgebiet gelegenen Grundstücke sind einzeln aufzuführen.

(2) [1]Soll die Umlegung für den Geltungsbereich eines Bebauungsplans eingeleitet werden, kann das Umlegungsverfahren auch eingeleitet werden, wenn der Bebauungsplan noch nicht aufgestellt ist. [2]In diesem Falle muss der Bebauungsplan vor dem Beschluss über die Aufstellung des Umlegungsplans (§ 66 Absatz 1) in Kraft getreten sein.

§ 48 Beteiligte. (1) Im Umlegungsverfahren sind Beteiligte

1. die Eigentümer der im Umlegungsgebiet gelegenen Grundstücke,
2. die Inhaber eines im Grundbuch eingetragenen oder durch Eintragung gesicherten Rechts an einem im Umlegungsgebiet gelegenen Grundstück oder an einem das Grundstück belastenden Recht,
3. die Inhaber eines nicht im Grundbuch eingetragenen Rechts an dem Grundstück oder an einem das Grundstück belastenden Recht, eines Anspruchs mit dem Recht auf Befriedigung aus dem Grundstück oder eines persönlichen Rechts, das zum Erwerb, zum Besitz oder zur Nutzung des Grundstücks berechtigt oder den Verpflichteten in der Benutzung des Grundstücks beschränkt,
4. die Gemeinde,
5. unter den Voraussetzungen des § 55 Absatz 5 die Bedarfsträger und
6. die Erschließungsträger.

(2) [1]Die in Absatz 1 Nummer 3 bezeichneten Personen werden zu dem Zeitpunkt Beteiligte, in dem die Anmeldung ihres Rechts der Umlegungsstelle zugeht. [2]Die Anmeldung kann bis zur Beschlussfassung über den Umlegungsplan (§ 66 Absatz 1) erfolgen.

(3) [1]Bestehen Zweifel an einem angemeldeten Recht, so hat die Umlegungsstelle dem Anmeldenden unverzüglich eine Frist zur Glaubhaftmachung seines Rechts zu setzen. [2]Nach fruchtlosem Ablauf der Frist ist er bis zur Glaubhaftmachung seines Rechts nicht mehr zu beteiligen.

(4) [1]Der im Grundbuch eingetragene Gläubiger einer Hypothek, Grundschuld oder Rentenschuld, für die ein Brief erteilt ist, sowie jeder seiner Rechtsnachfolger hat auf Verlangen der Umlegungsstelle eine Erklärung darüber abzugeben, ob ein anderer die Hypothek, Grundschuld oder Rentenschuld oder ein Recht daran erworben hat; die Person des Erwerbers hat er dabei zu bezeichnen. [2]§ 208 Satz 2 bis 4 gilt entsprechend.

§ 49 Rechtsnachfolge. Wechselt die Person eines Beteiligten während eines Umlegungsverfahrens, so tritt sein Rechtsnachfolger in dieses Verfahren in dem Zustand ein, in dem es sich im Zeitpunkt des Übergangs des Rechts befindet.

§ 50 Bekanntmachung des Umlegungsbeschlusses. (1) Der Umlegungsbeschluss ist in der Gemeinde ortsüblich bekannt zu machen.

(2) Die Bekanntmachung des Umlegungsbeschlusses hat die Aufforderung zu enthalten, innerhalb eines Monats Rechte, die aus dem Grundbuch nicht

ersichtlich sind, aber zur Beteiligung am Umlegungsverfahren berechtigen, bei der Umlegungsstelle anzumelden.

(3) Werden Rechte erst nach Ablauf der in Absatz 2 bezeichneten Frist angemeldet oder nach Ablauf der in § 48 Absatz 3 gesetzten Frist glaubhaft gemacht, so muss ein Berechtigter die bisherigen Verhandlungen und Festsetzungen gegen sich gelten lassen, wenn die Umlegungsstelle dies bestimmt.

(4) Der Inhaber eines in Absatz 2 bezeichneten Rechts muss die Wirkung eines vor der Anmeldung eingetretenen Fristablaufs ebenso gegen sich gelten lassen wie der Beteiligte, dem gegenüber die Frist durch Bekanntmachung des Verwaltungsakts zuerst in Lauf gesetzt worden ist.

(5) Auf die rechtlichen Wirkungen nach den Absätzen 3 und 4 sowie nach § 51 ist in der Bekanntmachung hinzuweisen.

§ 51 Verfügungs- und Veränderungssperre. (1) [1]Von der Bekanntmachung des Umlegungsbeschlusses bis zur Bekanntmachung nach § 71 dürfen im Umlegungsgebiet nur mit schriftlicher Genehmigung der Umlegungsstelle

1. ein Grundstück geteilt oder Verfügungen über ein Grundstück und über Rechte an einem Grundstück getroffen oder Vereinbarungen abgeschlossen werden, durch die einem anderen ein Recht zum Erwerb, zur Nutzung oder Bebauung eines Grundstücks oder Grundstücksteils eingeräumt wird, oder Baulasten neu begründet, geändert oder aufgehoben werden;
2. erhebliche Veränderungen der Erdoberfläche oder wesentlich wertsteigernde sonstige Veränderungen der Grundstücke vorgenommen werden;
3. nicht genehmigungs-, zustimmungs- oder anzeigepflichtige, aber wertsteigernde bauliche Anlagen errichtet oder wertsteigernde Änderungen solcher Anlagen vorgenommen werden;
4. genehmigungs-, zustimmungs- oder anzeigepflichtige bauliche Anlagen errichtet oder geändert werden.

[2]Einer Genehmigung nach Satz 1 bedarf es im förmlich festgelegten Sanierungsgebiet nur, wenn und soweit eine Genehmigungspflicht nach § 144 nicht besteht.

(2) Vorhaben, die vor dem Inkrafttreten der Veränderungssperre baurechtlich genehmigt worden sind, Vorhaben, von denen die Gemeinde nach Maßgabe des Bauordnungsrechts Kenntnis erlangt hat und mit deren Ausführung vor dem Inkrafttreten der Veränderungssperre hätte begonnen werden dürfen, sowie Unterhaltungsarbeiten und die Fortführung einer bisher ausgeübten Nutzung werden von der Veränderungssperre nicht berührt.

(3) [1]Die Genehmigung darf nur versagt werden, wenn Grund zu der Annahme besteht, dass das Vorhaben die Durchführung der Umlegung unmöglich machen oder wesentlich erschweren würde. [2]§ 22 Absatz 5 Satz 2 bis 5 ist entsprechend anzuwenden.

(4) [1]Die Genehmigung kann unter Auflagen und außer bei Verfügungen über Grundstücke und über Rechte an Grundstücken auch unter Bedingungen oder Befristungen erteilt werden. [2]Wird die Genehmigung unter Auflagen, Bedingungen oder Befristungen erteilt, ist die hierdurch betroffene Vertragspartei berechtigt, bis zum Ablauf eines Monats nach Unanfechtbarkeit der Entscheidung vom Vertrag zurückzutreten. [3]Auf das Rücktrittsrecht sind die

§§ 346 bis 349 und 351 des Bürgerlichen Gesetzbuchs entsprechend anzuwenden.

(5) [1]Überträgt der Umlegungsausschuss auf Grund einer Verordnung nach § 46 Absatz 2 Nummer 3 der dort bezeichneten Stelle Entscheidungen über Vorgänge nach Absatz 1, unterliegt diese Stelle seinen Weisungen; bei Einlegung von Rechtsbehelfen tritt der Umlegungsausschuss an ihre Stelle. [2]Der Umlegungsausschuss kann die Übertragung jederzeit widerrufen.

§ 52 Umlegungsgebiet. (1) [1]Das Umlegungsgebiet ist so zu begrenzen, dass die Umlegung sich zweckmäßig durchführen lässt. [2]Es kann aus räumlich getrennten Flächen bestehen.

(2) Einzelne Grundstücke, die die Durchführung der Umlegung erschweren, können von der Umlegung ganz oder teilweise ausgenommen werden.

(3) [1]Unwesentliche Änderungen des Umlegungsgebiets können bis zum Beschluss über die Aufstellung des Umlegungsplans (§ 66 Absatz 1) von der Umlegungsstelle nach vorheriger Anhörung der Eigentümer der betroffenen Grundstücke auch ohne ortsübliche Bekanntmachung vorgenommen werden. [2]Die Änderung wird mit ihrer Bekanntgabe an die Eigentümer der betroffenen Grundstücke wirksam.

§ 53 Bestandskarte und Bestandsverzeichnis. (1) [1]Die Umlegungsstelle fertigt eine Karte und ein Verzeichnis der Grundstücke des Umlegungsgebiets an (Bestandskarte und Bestandsverzeichnis). [2]Die Bestandskarte weist mindestens die bisherige Lage und Form der Grundstücke des Umlegungsgebiets und die auf ihnen befindlichen Gebäude aus und bezeichnet die Eigentümer. [3]In dem Bestandsverzeichnis sind für jedes Grundstück mindestens aufzuführen

1. die im Grundbuch eingetragenen Eigentümer,
2. die grundbuch- und katastermäßige Bezeichnung, die Größe und die im Liegenschaftskataster angegebene Nutzungsart der Grundstücke unter Angabe von Straße und Hausnummer sowie
3. die im Grundbuch in Abteilung II eingetragenen Lasten und Beschränkungen.

(2) [1]Die Bestandskarte und die in Absatz 1 Satz 3 Nummer 1 und 2 bezeichneten Teile des Bestandsverzeichnisses sind auf die Dauer eines Monats in der Gemeinde öffentlich auszulegen. [2]Ort und Dauer der Auslegung sind mindestens eine Woche vor der Auslegung ortsüblich bekannt zu machen.

(3) Betrifft die Umlegung nur wenige Grundstücke, so genügt anstelle der ortsüblichen Bekanntmachung die Mitteilung an die Eigentümer und die Inhaber sonstiger Rechte, soweit sie aus dem Grundbuch ersichtlich sind oder ihr Recht bei der Umlegungsstelle angemeldet haben.

(4) In den in Absatz 1 Satz 3 Nummer 3 bezeichneten Teil des Bestandsverzeichnisses ist die Einsicht jedem gestattet, der ein berechtigtes Interesse darlegt.

§ 54 Benachrichtigungen und Umlegungsvermerk. (1) [1]Die Umlegungsstelle teilt dem Grundbuchamt und der für die Führung des Liegenschaftskatasters zuständigen Stelle die Einleitung (§ 47) des Umlegungsverfahrens und die nachträglichen Änderungen des Umlegungsgebiets (§ 52) mit.

[2]Das Grundbuchamt hat in die Grundbücher der umzulegenden Grundstücke einzutragen, dass das Umlegungsverfahren eingeleitet ist (Umlegungsvermerk).

(2) [1]Das Grundbuchamt und die für die Führung des Liegenschaftskatasters zuständige Stelle haben die Umlegungsstelle von allen Eintragungen zu benachrichtigen, die nach dem Zeitpunkt der Einleitung des Umlegungsverfahrens im Grundbuch der betroffenen Grundstücke und im Liegenschaftskataster vorgenommen sind oder vorgenommen werden. [2]§ 22 Absatz 6 ist entsprechend anzuwenden.

(3) Ist im Grundbuch die Anordnung der Zwangsversteigerung oder Zwangsverwaltung eingetragen, so gibt die Umlegungsstelle dem Vollstreckungsgericht von dem Umlegungsbeschluss Kenntnis, soweit dieser das Grundstück betrifft, das Gegenstand des Vollstreckungsverfahrens ist.

§ 55 Umlegungsmasse und Verteilungsmasse. (1) Die im Umlegungsgebiet gelegenen Grundstücke werden nach ihrer Fläche rechnerisch zu einer Masse vereinigt (Umlegungsmasse).

(2) [1]Aus der Umlegungsmasse sind vorweg die Flächen auszuscheiden und der Gemeinde oder dem sonstigen Erschließungsträger zuzuteilen, die nach dem Bebauungsplan festgesetzt sind oder aus Gründen der geordneten städtebaulichen Entwicklung zur Verwirklichung der nach § 34 zulässigen Nutzung erforderlich sind als

1. örtliche Verkehrsflächen für Straßen, Wege einschließlich Fuß- und Wohnwege und für Plätze sowie für Sammelstraßen,
2. Flächen für Parkplätze, Grünanlagen einschließlich Kinderspielplätze und Anlagen zum Schutz gegen schädliche Umwelteinwirkungen im Sinne des Bundes-Immissionsschutzgesetzes, soweit sie nicht schon Bestandteil der in Nummer 1 genannten Verkehrsanlagen sind, sowie für Regenklär- und Regenüberlaufbecken, wenn die Flächen überwiegend den Bedürfnissen der Bewohner des Umlegungsgebiets dienen sollen.

[2]Zu den vorweg auszuscheidenden Flächen gehören auch die Flächen zum Ausgleich im Sinne des § 1a Absatz 3 für die in Satz 1 genannten Anlagen. [3]Grünflächen nach Satz 1 Nummer 2 können auch bauflächenbedingte Flächen zum Ausgleich im Sinne des § 1a Absatz 3 umfassen.

(3) Mit der Zuteilung ist die Gemeinde oder der sonstige Erschließungsträger für von ihnen in die Umlegungsmasse eingeworfene Flächen nach Absatz 2 abgefunden.

(4) Die verbleibende Masse ist die Verteilungsmasse.

(5) [1]Sonstige Flächen, für die nach dem Bebauungsplan eine Nutzung für öffentliche Zwecke festgesetzt ist, können einschließlich der Flächen zum Ausgleich im Sinne des § 1a Absatz 3 ausgeschieden und dem Bedarfs- oder Erschließungsträger zugeteilt werden, wenn dieser geeignetes Ersatzland, das auch außerhalb des Umlegungsgebiets liegen kann, in die Verteilungsmasse einbringt. [2]Die Umlegungsstelle soll von dieser Befugnis Gebrauch machen, wenn dies zur alsbaldigen Durchführung des Bebauungsplans zweckmäßig ist.

§ 56 Verteilungsmaßstab. (1) [1]Für die Errechnung der den beteiligten Grundeigentümern an der Verteilungsmasse zustehenden Anteile (Sollanspruch) ist entweder von dem Verhältnis der Flächen oder dem Verhältnis der

Werte auszugehen, in dem die früheren Grundstücke vor der Umlegung zueinander gestanden haben. [2]Der Maßstab ist von der Umlegungsstelle nach pflichtmäßigem Ermessen unter gerechter Abwägung der Interessen der Beteiligten je nach Zweckmäßigkeit einheitlich zu bestimmen.

(2) Sind alle Beteiligten einverstanden, so kann die Verteilungsmasse auch nach einem anderen Maßstab aufgeteilt werden.

§ 57 Verteilung nach Werten. [1]Geht die Umlegungsstelle von dem Verhältnis der Werte aus, so wird die Verteilungsmasse in dem Verhältnis verteilt, in dem die zu berücksichtigenden Eigentümer an der Umlegung beteiligt sind. [2]Jedem Eigentümer soll ein Grundstück mindestens mit dem Verkehrswert zugeteilt werden, den sein früheres Grundstück auch unter Berücksichtigung der Pflicht zur Bereitstellung von Flächen zum Ausgleich im Sinne des § 1a Absatz 3 im Zeitpunkt des Umlegungsbeschlusses hatte. [3]Für die zuzuteilenden Grundstücke ist der Verkehrswert, bezogen auf den Zeitpunkt des Umlegungsbeschlusses, zu ermitteln. [4]Dabei sind Wertänderungen, die durch die Umlegung bewirkt werden, zu berücksichtigen; sollen Grundstücke in Bezug auf Flächen nach § 55 Absatz 2 erschließungsbeitragspflichtig zugeteilt werden, bleiben Wertänderungen insoweit unberücksichtigt. [5]Unterschiede zwischen den so ermittelten Verkehrswerten sind in Geld auszugleichen.

§ 58 Verteilung nach Flächen. (1) [1]Geht die Umlegungsstelle von dem Verhältnis der Flächen aus, hat sie von den eingeworfenen Grundstücken unter Anrechnung des Flächenabzugs nach § 55 Absatz 2 einen Flächenbeitrag in einem solchen Umfang abzuziehen, dass die Vorteile ausgeglichen werden, die durch die Umlegung erwachsen; dabei bleiben in den Fällen des § 57 Satz 4 Halbsatz 2 die Vorteile insoweit unberücksichtigt. [2]Der Flächenbeitrag darf in Gebieten, die erstmalig erschlossen werden, nur bis zu 30 vom Hundert, in anderen Gebieten nur bis zu 10 vom Hundert der eingeworfenen Fläche betragen. [3]Die Umlegungsstelle kann statt eines Flächenbeitrags ganz oder teilweise einen entsprechenden Geldbeitrag erheben. [4]Soweit der Umlegungsvorteil den Flächenbeitrag nach Satz 1 übersteigt, ist der Vorteil in Geld auszugleichen.

(2) Kann das neue Grundstück nicht in gleicher oder gleichwertiger Lage zugeteilt werden, so sind dadurch begründete Wertunterschiede in Fläche oder Geld auszugleichen.

(3) Für die Bemessung von Geldbeiträgen und Ausgleichsleistungen sind die Wertverhältnisse im Zeitpunkt des Umlegungsbeschlusses maßgebend.

§ 59 Zuteilung und Abfindung. (1) Aus der Verteilungsmasse sind den Eigentümern dem Umlegungszweck entsprechend nach Möglichkeit Grundstücke einschließlich Flächen zum Ausgleich im Sinne des § 1a Absatz 3 in gleicher oder gleichwertiger Lage wie die eingeworfenen Grundstücke und entsprechend den nach den §§ 57 und 58 errechneten Anteilen zuzuteilen.

(2) [1]Soweit es unter Berücksichtigung der öffentlich-rechtlichen Vorschriften nicht möglich ist, die nach den §§ 57 und 58 errechneten Anteile tatsächlich zuzuteilen, findet ein Ausgleich in Geld statt. [2]Auf den Geldausgleich sind die Vorschriften über die Entschädigung im Zweiten Abschnitt des Fünften Teils entsprechend anzuwenden, soweit die Zuteilung den Einwurfswert oder

mehr als nur unwesentlich den Sollanspruch unterschreitet. [3]Der Geldausgleich bemisst sich nach dem Verkehrswert, bezogen auf den Zeitpunkt der Aufstellung des Umlegungsplans, soweit die Zuteilung den Sollanspruch mehr als nur unwesentlich überschreitet und dadurch die bauplanungsrechtlich zulässige Nutzung ermöglicht.

(3) Beantragt ein Eigentümer, der im Umlegungsgebiet eigen genutzten Wohn- oder Geschäftsraum aufgeben muss und im Umlegungsverfahren kein Grundstück erhält, dass für ihn als Abfindung im Umlegungsverfahren eines der in Absatz 4 Nummer 2 und 3 bezeichneten Rechte vorgesehen wird, so soll dem entsprochen werden, sofern dies in der Umlegung möglich ist.

(4) Mit Einverständnis der betroffenen Eigentümer können als Abfindung

1. Geld oder
2. Grundeigentum außerhalb des Umlegungsgebiets oder
3. die Begründung von Miteigentum an einem Grundstück, die Gewährung von grundstücksgleichen Rechten, Rechten nach dem Wohnungseigentumsgesetz oder sonstigen dinglichen Rechten innerhalb und außerhalb des Umlegungsgebiets

vorgesehen werden.

(5) [1]Sofern die Umlegung im Geltungsbereich eines Bebauungsplans durchgeführt wird, können Eigentümer in Geld oder mit außerhalb des Umlegungsgebiets gelegenen Grundstücken abgefunden werden, wenn sie im Gebiet keine bebauungsfähigen Grundstücke erhalten können oder wenn dies sonst zur Erreichung der Ziele und Zwecke des Bebauungsplans erforderlich ist; wer die Abfindung mit Grundstücken außerhalb des Gebiets ablehnt, kann mit Geld abgefunden werden. [2]Die Vorschriften über die Entschädigung im Zweiten Abschnitt des Fünften Teils sind entsprechend anzuwenden.

(6) [1]Lehnt der Eigentümer eine Abfindung mit den in Absatz 4 Nummer 2 und 3 bezeichneten Rechten ab, obgleich durch eine solche Abfindung für eine größere Anzahl von Beteiligten eine Abfindung in Geld vermieden werden kann und die Abfindung in diesen Rechtsformen mit dem Bebauungsplan vereinbar ist, ist der Eigentümer in Geld abzufinden. [2]Die Vorschriften über die Entschädigung im Zweiten Abschnitt des Fünften Teils sind entsprechend anzuwenden.

(7) Die Umlegungsstelle – der Umlegungsausschuss auf Antrag der Gemeinde – kann bei der Zuteilung von Grundstücken unter den Voraussetzungen des § 176 ein Baugebot, unter den Voraussetzungen des § 177 ein Modernisierungs- oder Instandsetzungsgebot und unter den Voraussetzungen des § 178 ein Pflanzgebot anordnen.

(8) [1]Sofern die Umlegung im Geltungsbereich eines Bebauungsplans durchgeführt wird, sind im Umlegungsplan die Gebäude oder sonstigen baulichen Anlagen zu bezeichnen, die dem Bebauungsplan widersprechen und der Verwirklichung der im Umlegungsplan in Aussicht genommenen Neugestaltung (§ 66 Absatz 2) entgegenstehen. [2]Die Eigentümer und die sonstigen Nutzungsberechtigten haben die Beseitigung der im Umlegungsplan bezeichneten Gebäude und sonstigen baulichen Anlagen zu dulden, wenn die Gemeinde die Beseitigung zum Vollzug des Umlegungsplans durchführt.

(9) Die Befugnis der Gemeinde, ein Baugebot, ein Modernisierungs- oder Instandsetzungsgebot, ein Pflanzgebot oder ein Rückbau- oder Entsiegelungsgebot nach den §§ 176 bis 179 anzuordnen, bleibt unberührt.

§ 60 Abfindung und Ausgleich für bauliche Anlagen, Anpflanzungen und sonstige Einrichtungen. [1] Für bauliche Anlagen, Anpflanzungen und für sonstige Einrichtungen ist nur eine Geldabfindung zu gewähren und im Falle der Zuteilung ein Ausgleich in Geld festzusetzen, soweit das Grundstück wegen dieser Einrichtungen einen über den Bodenwert hinausgehenden Verkehrswert hat. [2] Die Vorschriften über die Entschädigung im Zweiten Abschnitt des Fünften Teils sind entsprechend anzuwenden.

§ 61 Aufhebung, Änderung und Begründung von Rechten. (1) [1] Grundstücksgleiche Rechte sowie andere Rechte an einem im Umlegungsgebiet gelegenen Grundstück oder an einem das Grundstück belastenden Recht, ferner Ansprüche mit dem Recht auf Befriedigung aus dem Grundstück oder persönliche Rechte, die zum Erwerb, zum Besitz oder zur Nutzung eines im Umlegungsgebiet gelegenen Grundstücks berechtigen oder den Verpflichteten in der Benutzung des Grundstücks beschränken, können durch den Umlegungsplan aufgehoben, geändert oder neu begründet werden. [2] In Übereinstimmung mit den Zielen des Bebauungsplans oder zur Verwirklichung einer nach § 34 zulässigen Nutzung können zur zweckmäßigen und wirtschaftlichen Ausnutzung der Grundstücke Flächen für Zuwege, gemeinschaftliche Hofräume, Kinderspielplätze, Freizeiteinrichtungen, Stellplätze, Garagen, Flächen zum Ausgleich im Sinne des § 1a Absatz 3 oder andere Gemeinschaftsanlagen festgelegt und ihre Rechtsverhältnisse geregelt werden. [3] Im Landesrecht vorgesehene öffentlich-rechtliche Verpflichtungen zu einem das Grundstück betreffenden Tun, Dulden oder Unterlassen (Baulast) können im Einvernehmen mit der Baugenehmigungsbehörde aufgehoben, geändert oder neu begründet werden.

(2) [1] Soweit durch die Aufhebung, Änderung oder Begründung von Rechten oder Baulasten Vermögensnachteile oder Vermögensvorteile entstehen, findet eine Ausgleich in Geld statt. [2] Für den Fall, dass Vermögensnachteile entstehen, sind die Vorschriften über die Entschädigung im Zweiten Abschnitt des Fünften Teils und über den Härteausgleich nach § 181 entsprechend anzuwenden.

(3) Die Absätze 1 und 2 gelten auch für die nach § 55 Absatz 5 in die Verteilungsmasse eingebrachten Grundstücke.

§ 62 Gemeinschaftliches Eigentum; besondere rechtliche Verhältnisse.

(1) Wenn es dem Zweck der Umlegung dient und die Eigentümer zustimmen, kann gemeinschaftliches Eigentum an Grundstücken geteilt werden.

(2) [1] Wenn einem Eigentümer für mehrere verschiedenen Rechtsverhältnissen unterliegende alte Grundstücke oder Berechtigungen ein neues Grundstück zugeteilt wird, so werden entsprechend den verschiedenen Rechtsverhältnissen Bruchteile der Gesamtabfindung bestimmt, die an die Stelle der einzelnen Grundstücke oder Berechtigungen treten. [2] In diesen Fällen kann für jedes eingeworfene Grundstück oder jede Berechtigung anstelle des Bruchteils ein besonderes Grundstück zugeteilt werden.

(3) Wenn gemeinschaftliches Eigentum geteilt wird (Absatz 1) oder einem Eigentümer für sein Grundstück mehrere neue Grundstücke zugeteilt werden, so kann die Umlegungsstelle Grundpfandrechte und Reallasten, mit denen eingeworfene Grundstücke belastet sind, entsprechend den im Umlegungsverfahren ermittelten Werten auf die zuzuteilenden Grundstücke verteilen.

§ 63 Übergang von Rechtsverhältnissen auf die Abfindung. (1) [1]Die zugeteilten Grundstücke treten hinsichtlich der Rechte an den alten Grundstücken und der diese Grundstücke betreffenden Rechtsverhältnisse, die nicht aufgehoben werden, an die Stelle der alten Grundstücke. [2]Die örtlich gebundenen öffentlichen Lasten, die auf den alten Grundstücken ruhen, gehen auf die in deren örtlicher Lage ausgewiesenen neuen Grundstücke über.

(2) Erhält der Eigentümer, dem ein neues Grundstück zugeteilt wird, für das alte Grundstück zum Ausgleich von Wertunterschieden einen Geldausgleich oder nach § 59, § 60 oder § 61 eine Geldabfindung, so sind dinglich Berechtigte, deren Rechte durch die Umlegung beeinträchtigt werden, insoweit auf den Geldanspruch des Eigentümers angewiesen.

§ 64 Geldleistungen. (1) Die Gemeinde ist Gläubigerin und Schuldnerin der im Umlegungsplan festgesetzten Geldleistungen.

(2) [1]Geldleistungen werden mit der Bekanntmachung nach § 71 fällig. [2]Die Fälligkeit der Ausgleichsleistungen für Mehrwerte (§§ 57 bis 61) kann bis zu längstens zehn Jahren hinausgeschoben werden; dabei kann vorgesehen werden, dass die Bezahlung dieser Ausgleichsleistungen ganz oder teilweise in wiederkehrenden Leistungen erfolgt. [3]In den Fällen des Satzes 2 soll die Ausgleichsleistung ab Fälligkeit und bei Anfechtung des Umlegungsplans lediglich wegen der Höhe einer Geldleistung soll diese in Höhe des angefochtenen Betrags ab Inkrafttreten des Umlegungsplans dem Grund nach mit 2 vom Hundert über dem Basiszinssatz nach § 247 des Bürgerlichen Gesetzbuchs jährlich verzinst werden.

(3) Die Verpflichtungen des Eigentümers oder des Erbbauberechtigten zu Geldleistungen nach den §§ 57 bis 61 gelten als Beitrag und ruhen als öffentliche Last auf dem Grundstück oder dem Erbbaurecht.

(4) [1]Wird zur Sicherung eines Kredits, der

1. der Errichtung von Neubauten, dem Wiederaufbau zerstörter Gebäude oder dem Ausbau oder der Erweiterung bestehender Gebäude oder
2. der Durchführung notwendiger außerordentlicher Instandsetzungen an Gebäuden

auf dem belasteten Grundstück dient, ein Grundpfandrecht bestellt, so kann für dieses auf Antrag ein Befriedigungsvorrecht vor der öffentlichen Last nach Absatz 3 oder einem Teil derselben für den Fall der Zwangsvollstreckung in das Grundstück bewilligt werden, wenn dadurch die Sicherheit der öffentlichen Last nicht gefährdet wird und die Zins- und Tilgungssätze für das Grundpfandrecht den üblichen Jahresleistungen für erstrangige Tilgungshypotheken entsprechen. [2]Die Bewilligung kann von der Erfüllung von Bedingungen abhängig gemacht werden.

(5) Soweit die Kosten und Geldleistungen der Umlegung von einem Bedarfs- oder Erschließungsträger verursacht sind, sind sie von ihm der Gemeinde zu erstatten.

(6) Die öffentlichen Lasten (Absatz 3) sind im Grundbuch zu vermerken.

§ 65 Hinterlegung und Verteilungsverfahren. Für die Hinterlegung von Geldleistungen und für das Verteilungsverfahren gelten die Vorschriften der §§ 118 und 119 entsprechend.

§ 66 Aufstellung und Inhalt des Umlegungsplans. (1) [1] Der Umlegungsplan ist von der Umlegungsstelle nach Erörterung mit den Eigentümern durch Beschluss aufzustellen. [2] Er kann auch für Teile des Umlegungsgebiets aufgestellt werden (Teilumlegungsplan).

(2) [1] Aus dem Umlegungsplan muss der in Aussicht genommene Neuzustand mit allen tatsächlichen und rechtlichen Änderungen hervorgehen, die die im Umlegungsgebiet gelegenen Grundstücke erfahren. [2] Der Umlegungsplan muss nach Form und Inhalt zur Übernahme in das Liegenschaftskataster geeignet sein.

(3) Der Umlegungsplan besteht aus der Umlegungskarte und dem Umlegungsverzeichnis.

§ 67 Umlegungskarte. [1] Die Umlegungskarte stellt den künftigen Zustand des Umlegungsgebiets dar. [2] In die Karte sind insbesondere die neuen Grundstücksgrenzen und -bezeichnungen sowie die Flächen im Sinne des § 55 Absatz 2 einzutragen.

§ 68 Umlegungsverzeichnis. (1) Das Umlegungsverzeichnis führt auf

1. die Grundstücke, einschließlich der außerhalb des Umlegungsgebiets zugeteilten, nach Lage, Größe und Nutzungsart unter Gegenüberstellung des alten und neuen Bestands mit Angabe ihrer Eigentümer;
2. die Rechte an einem Grundstück oder einem das Grundstück belastenden Recht, ferner Ansprüche mit dem Recht auf Befriedigung aus dem Grundstück oder persönliche Rechte, die zum Erwerb, zum Besitz oder zur Nutzung eines Grundstücks berechtigen oder den Verpflichteten in der Benutzung des Grundstücks beschränken, soweit sie aufgehoben, geändert oder neu begründet werden;
3. die Grundstückslasten nach Rang und Betrag;
4. die Geldleistungen, deren Fälligkeit und Zahlungsart sowie der Wert der Flächen nach § 55 Absatz 2 bei einer insoweit erschließungsbeitragspflichtigen Zuteilung;
5. diejenigen, zu deren Gunsten oder Lasten Geldleistungen festgesetzt sind;
6. die einzuziehenden und die zu verlegenden Flächen im Sinne des § 55 Absatz 2 und die Wasserläufe;
7. die Gebote nach § 59 Absatz 7 sowie
8. die Baulasten nach § 61 Absatz 1 Satz 3.

(2) Das Umlegungsverzeichnis kann für jedes Grundstück gesondert aufgestellt werden.

§ 69 Bekanntmachung des Umlegungsplans, Einsichtnahme. (1) [1] Die Umlegungsstelle hat den Beschluss über die Aufstellung des Umlegungsplans (§ 66 Absatz 1) in der Gemeinde ortsüblich bekannt zu machen. [2] In der

Bekanntmachung ist darauf hinzuweisen, dass der Umlegungsplan an einer zu benennenden Stelle nach Absatz 2 eingesehen werden kann und auszugsweise nach § 70 Absatz 1 Satz 1 zugestellt wird.

(2) Den Umlegungsplan kann jeder einsehen, der ein berechtigtes Interesse darlegt.

§ 70 Zustellung des Umlegungsplans. (1) [1] Den Beteiligten ist ein ihre Rechte betreffender Auszug aus dem Umlegungsplan zuzustellen. [2] Dabei ist darauf hinzuweisen, dass der Umlegungsplan an einer zu benennenden Stelle nach § 69 Absatz 2 eingesehen werden kann.

(2) Hält die Umlegungsstelle Änderungen des Umlegungsplans für erforderlich, so können die Bekanntmachung und die Zustellung des geänderten Umlegungsplans auf die von der Änderung Betroffenen beschränkt werden.

(3) Ist im Grundbuch die Anordnung der Zwangsversteigerung oder Zwangsverwaltung eingetragen, so gibt die Umlegungsstelle dem Vollstreckungsgericht von dem Umlegungsverzeichnis Kenntnis, soweit dieses das Grundstück, das Gegenstand des Vollstreckungsverfahrens ist, und die daran bestehenden Rechte betrifft.

§ 71 Inkrafttreten des Umlegungsplans. (1) [1] Die Umlegungsstelle hat ortsüblich bekannt zu machen, in welchem Zeitpunkt der Umlegungsplan unanfechtbar geworden ist. [2] Dem Eintritt der Unanfechtbarkeit des Umlegungsplans steht es gleich, wenn der Umlegungsplan lediglich wegen der Höhe einer Geldabfindung anfechtbar ist.

(2) [1] Vor Unanfechtbarkeit des Umlegungsplans kann die Umlegungsstelle räumliche und sachliche Teile des Umlegungsplans durch Bekanntmachung in Kraft setzen, wenn sich die Entscheidung über eingelegte Rechtsbehelfe auf diese Teile des Umlegungsplans nicht auswirken kann. [2] Personen, die Rechtsbehelfe eingelegt haben, sind von der Inkraftsetzung zu unterrichten.

§ 72 Wirkungen der Bekanntmachung. (1) [1] Mit der Bekanntmachung nach § 71 wird der bisherige Rechtszustand durch den in dem Umlegungsplan vorgesehenen neuen Rechtszustand ersetzt. [2] Die Bekanntmachung schließt die Einweisung der neuen Eigentümer in den Besitz der zugeteilten Grundstücke ein.

(2) [1] Die Gemeinde hat den Umlegungsplan zu vollziehen, sobald seine Unanfechtbarkeit nach § 71 bekannt gemacht worden ist. [2] Sie hat den Beteiligten die neuen Besitz- und Nutzungsrechte, erforderlichenfalls mit den Mitteln des Verwaltungszwangs, zu verschaffen.

§ 73 Änderung des Umlegungsplans. Die Umlegungsstelle kann den Umlegungsplan auch nach Eintritt der Unanfechtbarkeit ändern, wenn

1. der Bebauungsplan geändert wird,
2. eine rechtskräftige Entscheidung eines Gerichts die Änderung notwendig macht oder
3. die Beteiligten mit der Änderung einverstanden sind.

§ 74 Berichtigung der öffentlichen Bücher. (1) [1]Die Umlegungsstelle übersendet dem Grundbuchamt und der für die Führung des Liegenschaftskatasters zuständigen Stelle eine beglaubigte Abschrift der Bekanntmachung nach § 71 sowie eine beglaubigte Ausfertigung des Umlegungsplans und ersucht diese, die Rechtsänderungen in das Grundbuch und in das Liegenschaftskataster einzutragen sowie den Umlegungsvermerk im Grundbuch zu löschen. [2]Dies gilt auch für außerhalb des Umlegungsgebiets zugeteilte Grundstücke.

(2) [1]Bis zur Berichtigung des Liegenschaftskatasters dienen die Umlegungskarte und das Umlegungsverzeichnis als amtliches Verzeichnis der Grundstücke im Sinne des § 2 Absatz 2 der Grundbuchordnung, wenn die für die Führung des Liegenschaftskatasters zuständige Stelle auf diesen Urkunden bescheinigt hat, dass sie nach Form und Inhalt zur Übernahme in das Liegenschaftskataster geeignet sind. [2]Diese Bescheinigung ist nicht erforderlich, wenn die Flurbereinigungsbehörde die Umlegungskarte und das Umlegungsverzeichnis gefertigt hat (§ 46 Absatz 2 Nummer 5 und Absatz 4).

§ 75 Einsichtnahme in den Umlegungsplan. Bis zur Berichtigung des Grundbuchs ist die Einsicht in den Umlegungsplan jedem gestattet, der ein berechtigtes Interesse darlegt.

§ 76 Vorwegnahme der Entscheidung. [1]Mit Einverständnis der betroffenen Rechtsinhaber können die Eigentums- und Besitzverhältnisse für einzelne Grundstücke sowie andere Rechte nach den §§ 55 bis 62 geregelt werden, bevor der Umlegungsplan aufgestellt ist. [2]Die §§ 70 bis 75 gelten entsprechend.

§ 77 Vorzeitige Besitzeinweisung. (1) Sofern die Umlegung im Geltungsbereich eines Bebauungsplans durchgeführt wird, kann die Umlegungsstelle nach dem Inkrafttreten des Bebauungsplans, wenn das Wohl der Allgemeinheit es erfordert,

1. vor Aufstellung des Umlegungsplans die Gemeinde oder den sonstigen Bedarfs- oder Erschließungsträger in den Besitz der Grundstücke, die in dem Bebauungsplan als Flächen im Sinne des § 9 Absatz 1 Nummer 21 oder des § 55 Absatz 2 und 5 festgesetzt sind, einweisen;
2. nach Aufstellung des Umlegungsplans und Übertragung der Grenzen der neuen Grundstücke in die Örtlichkeit auch sonstige am Umlegungsverfahren Beteiligte in den Besitz der nach dem Umlegungsplan für sie vorgesehenen Grundstücke oder Nutzungsrechte einweisen.

(2) Das Wohl der Allgemeinheit kann die vorzeitige Einweisung in den Besitz insbesondere erfordern

1. in den Fällen des Absatzes 1 Nummer 1 zugunsten der Gemeinde oder eines sonstigen Bedarfs- oder Erschließungsträgers, wenn Maßnahmen zur Verwirklichung des Bebauungsplans bevorstehen und die Flächen für die vorgesehenen Anlagen und Einrichtungen der Erschließung oder Versorgung des Gebiets benötigt werden,
2. in den Fällen des Absatzes 1 Nummer 2 zugunsten sonstiger Umlegungsbeteiligter, wenn dringende städtebauliche Gründe für die Verschaffung des

Besitzes bestehen und wenn diese Gründe die Interessen der Betroffenen an der weiteren Ausübung des Besitzes wesentlich überwiegen.

(3) Die §§ 116 und 122 gelten entsprechend.

§ 78 Verfahrens- und Sachkosten. Die Gemeinde trägt die Verfahrenskosten und die nicht durch Beiträge nach § 64 Absatz 3 gedeckten Sachkosten.

§ 79 Abgaben- und Auslagenbefreiung. (1) [1] Geschäfte und Verhandlungen, die der Durchführung oder Vermeidung der Umlegung dienen, einschließlich der Berichtigung der öffentlichen Bücher, sind frei von Gebühren und ähnlichen nichtsteuerlichen Abgaben sowie von Auslagen; dies gilt nicht für die Kosten eines Rechtsstreits. [2] Unberührt bleiben Regelungen nach landesrechtlichen Vorschriften.

(2) Die Abgabenfreiheit ist von der zuständigen Behörde ohne Nachprüfung anzuerkennen, wenn die Umlegungsstelle versichert, dass ein Geschäft oder eine Verhandlung der Durchführung oder Vermeidung der Umlegung dient.

Zweiter Abschnitt. Vereinfachte Umlegung

§ 80 Zweck, Anwendungsbereich, Zuständigkeiten. (1) [1] Die Gemeinde kann eine Umlegung im Sinne des § 45 als vereinfachte Umlegung durchführen, wenn die in § 46 Absatz 1 bezeichneten Voraussetzungen vorliegen und wenn mit der Umlegung lediglich

1. unmittelbar aneinander grenzende oder in enger Nachbarschaft liegende Grundstücke oder Teile von Grundstücken untereinander getauscht oder
2. Grundstücke, insbesondere Splittergrundstücke oder Teile von Grundstücken, einseitig zugeteilt

werden. [2] Die auszutauschenden oder einseitig zuzuteilenden Grundstücke oder Grundstücksteile dürfen nicht selbständig bebaubar sein. [3] Eine einseitige Zuteilung muss im öffentlichen Interesse geboten sein.

(2) [1] Auf die vereinfachte Umlegung sind die Vorschriften des Ersten Abschnitts nur anzuwenden, soweit die Vorschriften dieses Abschnitts dies bestimmen. [2] Einer Anordnung der vereinfachten Umlegung durch die Gemeinde bedarf es nicht.

(3) [1] Die vereinfachte Umlegung ist so durchzuführen, dass jedem Eigentümer nach dem Verhältnis des Werts seines früheren Grundstücks zum Wert der übrigen Grundstücke möglichst ein Grundstück in gleicher oder gleichwertiger Lage zugeteilt wird. [2] Eine durch die vereinfachte Umlegung für den Grundstückseigentümer bewirkte Wertminderung darf nur unerheblich sein. [3] Mit Zustimmung der Eigentümer können von den Sätzen 1 und 2 abweichende Regelungen getroffen werden.

(4) [1] Im Rahmen des Verfahrens der vereinfachten Umlegung betroffene Dienstbarkeiten und Baulasten nach Maßgabe des § 61 Absatz 1 Satz 3 können neugeordnet und zu diesem Zweck auch neu begründet und aufgehoben werden. [2] Betroffene Grundpfandrechte können neugeordnet werden, wenn die Beteiligten dem vorgesehenen neuen Rechtszustand zustimmen.

(5) [1] Die Landesregierungen können durch Rechtsverordnungen bestimmen, dass die nach Maßgabe des § 46 Absatz 2 Nummer 1 und 2 gebildeten

Umlegungsausschüsse auch vereinfachte Umlegungsverfahren selbständig durchführen. [2]Die Vorschriften des § 46 Absatz 4 zur Übertragung der Umlegung auf die Flurbereinigungsbehörde oder eine andere geeignete Behörde sind für vereinfachte Umlegungsverfahren entsprechend anzuwenden.

§ 81 Geldleistungen. (1) [1]Vorteile, die durch die vereinfachte Umlegung bewirkt werden, sind von den Eigentümern in Geld auszugleichen. [2]Die Vorschriften über die Entschädigung im Zweiten Abschnitt des Fünften Teils sind entsprechend anzuwenden.

(2) [1]Gläubigerin und Schuldnerin der Geldleistungen ist die Gemeinde. [2]Die Beteiligten können mit Zustimmung der Gemeinde andere Vereinbarungen treffen. [3]Die Geldleistungen werden mit der Bekanntmachung nach § 83 Absatz 1 fällig. [4]§ 64 Absatz 3, 4 und 6 über Beitrag und öffentliche Last ist entsprechend anzuwenden, wenn die Gemeinde Gläubigerin der Geldleistungen ist.

(3) [1]Dinglich Berechtigte, deren Rechte durch die vereinfachte Umlegung beeinträchtigt werden, sind insoweit auf den Geldanspruch des Eigentümers angewiesen. [2]Für die Hinterlegung von Geldleistungen und für das Verteilungsverfahren gelten die Vorschriften der §§ 118 und 119 entsprechend.

§ 82 Beschluss über die vereinfachte Umlegung. (1) [1]Die Gemeinde setzt nach Erörterung mit den Eigentümern durch Beschluss die neuen Grenzen sowie die Geldleistung fest und regelt in ihm, soweit es erforderlich ist, die Neuordnung und zu diesem Zweck auch die Neubegründung und Aufhebung von Dienstbarkeiten, Grundpfandrechten und Baulasten. [2]Beteiligten, deren Rechte ohne Zustimmung durch den Beschluss betroffen werden, ist vorher Gelegenheit zur Stellungnahme zu geben. [3]Der Beschluss muss nach Form und Inhalt zur Übernahme in das Liegenschaftskataster geeignet sein.

(2) [1]Allen Beteiligten ist ein ihre Rechte betreffender Auszug aus dem Beschluss zuzustellen. [2]Dabei ist darauf hinzuweisen, dass der Beschluss bei einer zu benennenden Stelle eingesehen werden kann.

§ 83 Bekanntmachung und Rechtswirkungen der vereinfachten Umlegung. (1) [1]Die Gemeinde hat ortsüblich bekannt zu machen, in welchem Zeitpunkt der Beschluss über die vereinfachte Umlegung unanfechtbar geworden ist. [2]§ 71 Absatz 2 über die vorzeitige Inkraftsetzung ist entsprechend anzuwenden.

(2) [1]Mit der Bekanntmachung wird der bisherige Rechtszustand durch den in dem Beschluss über die vereinfachte Umlegung vorgesehenen neuen Rechtszustand ersetzt. [2]Die Bekanntmachung schließt die Einweisung der neuen Eigentümer in den Besitz der zugeteilten Grundstücke oder Grundstücksteile ein. [3]§ 72 Absatz 2 über die Vollziehung ist entsprechend anzuwenden.

(3) [1]Das Eigentum an ausgetauschten oder einseitig zugeteilten Grundstücksteilen und Grundstücken geht lastenfrei auf die neuen Eigentümer über; Unschädlichkeitszeugnisse sind nicht erforderlich. [2]Sofern Grundstücksteile oder Grundstücke einem Grundstück zugeteilt werden, werden sie Bestandteil dieses Grundstücks. [3]Die dinglichen Rechte an diesem Grundstück erstrecken sich auf die zugeteilten Grundstücksteile und Grundstücke. [4]Satz 1 Halbsatz 1

und Satz 3 gelten nur, soweit sich nicht aus einer Regelung nach § 80 Absatz 4 etwas anderes ergibt.

§ 84 Berichtigung der öffentlichen Bücher. (1) [1] Die Gemeinde übersendet dem Grundbuchamt und der für die Führung des Liegenschaftskatasters zuständigen Stelle eine beglaubigte Abschrift des Beschlusses über die vereinfachte Umlegung, teilt den Zeitpunkt der Bekanntmachung nach § 83 Absatz 1 mit und ersucht diese, die Rechtsänderungen in das Grundbuch und in das Liegenschaftskataster einzutragen. [2] § 74 Absatz 2 gilt entsprechend.

(2) Für die Kosten der vereinfachten Umlegung gelten die §§ 78 und 79 entsprechend.

Fünfter Teil. Enteignung

Erster Abschnitt. Zulässigkeit der Enteignung

§ 85 Enteignungszweck. (1) Nach diesem Gesetzbuch kann nur enteignet werden, um

1. entsprechend den Festsetzungen des Bebauungsplans ein Grundstück zu nutzen oder eine solche Nutzung vorzubereiten,
2. unbebaute oder geringfügig bebaute Grundstücke, die nicht im Bereich eines Bebauungsplans, aber innerhalb im Zusammenhang bebauter Ortsteile liegen, insbesondere zur Schließung von Baulücken, entsprechend den baurechtlichen Vorschriften zu nutzen oder einer baulichen Nutzung zuzuführen,
3. Grundstücke für die Entschädigung in Land zu beschaffen,
4. durch Enteignung entzogene Rechte durch neue Rechte zu ersetzen,
5. Grundstücke einer baulichen Nutzung zuzuführen, wenn ein Eigentümer die Verpflichtung nach § 176 Absatz 1 oder 2 nicht erfüllt,
6. im Geltungsbereich einer Erhaltungssatzung eine bauliche Anlage aus den in § 172 Absatz 3 bis 5 bezeichneten Gründen zu erhalten oder
7. im Geltungsbereich einer Satzung zur Sicherung von Durchführungsmaßnahmen des Stadtumbaus eine bauliche Anlage aus den in § 171d Absatz 3 bezeichneten Gründen zu erhalten oder zu beseitigen.

(2) Unberührt bleiben

1. die Vorschriften über die Enteignung zu anderen als den in Absatz 1 genannten Zwecken,
2. landesrechtliche Vorschriften über die Enteignung zu den in Absatz 1 Nummer 6 genannten Zwecken.

§ 86 Gegenstand der Enteignung. (1) Durch Enteignung können

1. das Eigentum an Grundstücken entzogen oder belastet werden;
2. andere Rechte an Grundstücken entzogen oder belastet werden;
3. Rechte entzogen werden, die zum Erwerb, zum Besitz oder zur Nutzung von Grundstücken berechtigen oder die den Verpflichteten in der Benutzung von Grundstücken beschränken; hierzu zählen auch Rückübertragensansprüche nach dem Vermögensgesetz;

4. soweit es in den Vorschriften dieses Teils vorgesehen ist, Rechtsverhältnisse begründet werden, die Rechte der in Nummer 3 bezeichneten Art gewähren.

(2) Auf das Zubehör eines Grundstücks sowie auf Sachen, die nur zu einem vorübergehenden Zweck mit dem Grundstück verbunden oder in ein Gebäude eingefügt sind, darf die Enteignung nur nach Maßgabe des § 92 Absatz 4 ausgedehnt werden.

(3) Die für die Entziehung oder Belastung des Eigentums an Grundstücken geltenden Vorschriften sind auf die Entziehung, Belastung oder Begründung der in Absatz 1 Nummer 2 bis 4 bezeichneten Rechte entsprechend anzuwenden.

§ 87 Voraussetzungen für die Zulässigkeit der Enteignung. (1) Die Enteignung ist im einzelnen Fall nur zulässig, wenn das Wohl der Allgemeinheit sie erfordert und der Enteignungszweck auf andere zumutbare Weise nicht erreicht werden kann.

(2) [1]Die Enteignung setzt voraus, dass der Antragsteller sich ernsthaft um den freihändigen Erwerb des zu enteignenden Grundstücks zu angemessenen Bedingungen, unter den Voraussetzungen des § 100 Absatz 1 und 3 unter Angebot geeigneten anderen Landes, vergeblich bemüht hat. [2]Der Antragsteller hat glaubhaft zu machen, dass das Grundstück innerhalb angemessener Frist zu dem vorgesehenen Zweck verwendet wird.

(3) [1]Die Enteignung eines Grundstücks zu dem Zweck, es für die bauliche Nutzung vorzubereiten (§ 85 Absatz 1 Nummer 1) oder es der baulichen Nutzung zuzuführen (§ 85 Absatz 1 Nummer 2), darf nur zugunsten der Gemeinde oder eines öffentlichen Bedarfs- oder Erschließungsträgers erfolgen. [2]In den Fällen des § 85 Absatz 1 Nummer 5 kann die Enteignung eines Grundstücks zugunsten eines Bauwilligen verlangt werden, der in der Lage ist, die Baumaßnahmen innerhalb angemessener Frist durchzuführen, und sich hierzu verpflichtet. [3]Soweit im förmlich festgelegten Sanierungsgebiet die Enteignung zugunsten der Gemeinde zulässig ist, kann sie auch zugunsten eines Sanierungsträgers erfolgen.

(4) Die Zulässigkeit der Enteignung wird durch die Vorschriften des Sechsten Teils des Zweiten Kapitels nicht berührt.

§ 88 Enteignung aus zwingenden städtebaulichen Gründen. [1]Wird die Enteignung eines Grundstücks von der Gemeinde zu den in § 85 Absatz 1 Nummer 1 und 2 bezeichneten Zwecken aus zwingenden städtebaulichen Gründen beantragt, so genügt anstelle des § 87 Absatz 2 der Nachweis, dass die Gemeinde sich ernsthaft um den freihändigen Erwerb dieses Grundstücks zu angemessenen Bedingungen vergeblich bemüht hat. [2]Satz 1 ist entsprechend anzuwenden, wenn die Enteignung eines im förmlich festgelegten Sanierungsgebiet gelegenen Grundstücks zugunsten der Gemeinde oder eines Sanierungsträgers beantragt wird.

§ 89 Veräußerungspflicht. (1) [1]Die Gemeinde hat Grundstücke zu veräußern,

1. die sie durch Ausübung des Vorkaufsrechts erlangt hat oder

2. die zu ihren Gunsten enteignet worden sind, um sie für eine bauliche Nutzung vorzubereiten oder der baulichen Nutzung zuzuführen.

[2]Dies gilt nicht für Grundstücke, die als Austauschland für beabsichtigte städtebauliche Maßnahmen, zur Entschädigung in Land oder für sonstige öffentliche Zwecke benötigt werden. [3]Die Veräußerungspflicht entfällt, wenn für das Grundstück entsprechendes Ersatzland hergegeben oder Miteigentum an einem Grundstück übertragen wurde oder wenn grundstücksgleiche Rechte, Rechte nach dem Wohnungseigentumsgesetz oder sonstige dingliche Rechte an einem Grundstück begründet oder gewährt wurden.

(2) Die Gemeinde soll ein Grundstück veräußern, sobald der mit dem Erwerb verfolgte Zweck verwirklicht werden kann oder entfallen ist.

(3) [1]Die Gemeinde hat die Grundstücke unter Berücksichtigung weiter Kreise der Bevölkerung an Personen zu veräußern, die sich verpflichten, das Grundstück innerhalb angemessener Frist entsprechend den baurechtlichen Vorschriften oder den Zielen und Zwecken der städtebaulichen Maßnahme zu nutzen. [2]Dabei sind in den Fällen des Absatzes 1 Satz 1 Nummer 1 die früheren Käufer, in den Fällen des Absatzes 1 Satz 1 Nummer 2 die früheren Eigentümer vorrangig zu berücksichtigen.

(4) [1]Die Gemeinde kann ihrer Veräußerungspflicht nachkommen, indem sie

1. das Eigentum an dem Grundstück überträgt,
2. grundstücksgleiche Rechte oder Rechte nach dem Wohnungseigentumsgesetz oder
3. sonstige dingliche Rechte

begründet oder gewährt. [2]Die Verschaffung eines Anspruchs auf den Erwerb solcher Rechte steht ihrer Begründung oder Gewährung oder der Eigentumsübertragung gleich.

§ 90 Enteignung von Grundstücken zur Entschädigung in Land.

(1) Die Enteignung von Grundstücken zur Entschädigung in Land (Ersatzland) ist zulässig, wenn

1. die Entschädigung eines Eigentümers nach § 100 in Land festzusetzen ist,
2. die Bereitstellung von Grundstücken, die im Rahmen der beabsichtigten städtebaulichen Entwicklung als Ersatzland geeignet sind, weder aus dem Grundbesitz des Enteignungsbegünstigten noch aus dem Grundbesitz des Bundes, des Landes, einer Gemeinde (Gemeindeverband) oder einer juristischen Person des Privatrechts, an der der Bund, das Land oder eine Gemeinde (Gemeindeverband) allein oder gemeinsam überwiegend beteiligt sind, möglich und zumutbar ist sowie
3. von dem Enteignungsbegünstigten geeignete Grundstücke freihändig zu angemessenen Bedingungen, insbesondere, soweit ihm dies möglich und zumutbar ist, unter Angebot geeigneten anderen Landes aus dem eigenen Vermögen oder aus dem Besitzstand von juristischen Personen des Privatrechts, an deren Kapital er überwiegend beteiligt ist, nicht erworben werden können.

(2) Grundstücke unterliegen nicht der Enteignung zur Entschädigung in Land, wenn und soweit

1. der Eigentümer oder bei land- oder forstwirtschaftlich genutzten Grundstücken auch der sonstige Nutzungsberechtigte auf das zu enteignende Grundstück mit seiner Berufs- oder Erwerbstätigkeit angewiesen und ihm im Interesse der Erhaltung der Wirtschaftlichkeit seines Betriebs die Abgabe nicht zuzumuten ist oder
2. die Grundstücke oder ihre Erträge unmittelbar öffentlichen Zwecken oder der Wohlfahrtspflege, dem Unterricht, der Forschung, der Kranken- und Gesundheitspflege, der Erziehung, der Körperertüchtigung oder den Aufgaben der Kirchen und anderer Religionsgesellschaften des öffentlichen Rechts sowie deren Einrichtungen dienen oder zu dienen bestimmt sind.

(3) Außerhalb des räumlichen Geltungsbereichs eines Bebauungsplans und außerhalb der im Zusammenhang bebauten Ortsteile können Grundstücke zur Entschädigung in Land nur enteignet werden, wenn sie land- oder forstwirtschaftlich genutzt werden sollen.

(4) Die Enteignung zum Zweck der Entschädigung eines Eigentümers, dessen Grundstück zur Beschaffung von Ersatzland enteignet wird, ist unzulässig.

§ 91 Ersatz für entzogene Rechte. [1] Die Enteignung zu dem Zweck, durch Enteignung entzogene Rechte durch neue Rechte zu ersetzen, ist nur zulässig, soweit der Ersatz in den Vorschriften des Zweiten Abschnitts vorgesehen ist. [2] Für den Ersatz entzogener Rechte durch neue Rechte im Wege der Enteignung nach § 97 Absatz 2 Satz 3 gelten die in § 90 Absatz 1 und 2 für die Enteignung zur Entschädigung in Land getroffenen Vorschriften entsprechend.

§ 92 Umfang, Beschränkung und Ausdehnung der Enteignung.

(1) [1] Ein Grundstück darf nur in dem Umfang enteignet werden, in dem dies zur Verwirklichung des Enteignungszwecks erforderlich ist. [2] Reicht eine Belastung des Grundstücks mit einem Recht zur Verwirklichung des Enteignungszwecks aus, so ist die Enteignung hierauf zu beschränken.

(2) [1] Soll ein Grundstück mit einem Erbbaurecht belastet werden, kann der Eigentümer anstelle der Belastung die Entziehung des Eigentums verlangen. [2] Soll ein Grundstück mit einem anderen Recht belastet werden, kann der Eigentümer die Entziehung des Eigentums verlangen, wenn die Belastung mit dem dinglichen Recht für ihn unbillig ist.

(3) Soll ein Grundstück oder ein räumlich oder wirtschaftlich zusammenhängender Grundbesitz nur zu einem Teil enteignet werden, kann der Eigentümer die Ausdehnung der Enteignung auf das Restgrundstück oder den Restbesitz insoweit verlangen, als das Restgrundstück oder der Restbesitz nicht mehr in angemessenem Umfang baulich oder wirtschaftlich genutzt werden kann.

(4) Der Eigentümer kann verlangen, dass die Enteignung auf die in § 86 Absatz 2 bezeichneten Gegenstände ausgedehnt wird, wenn und soweit er sie infolge der Enteignung nicht mehr wirtschaftlich nutzen oder in anderer Weise angemessen verwerten kann.

(5) Ein Verlangen nach den Absätzen 2 bis 4 ist schriftlich oder zur Niederschrift bei der Enteignungsbehörde bis zum Schluss der mündlichen Verhandlung geltend zu machen.

Zweiter Abschnitt. Entschädigung

§ 93 Entschädigungsgrundsätze. (1) Für die Enteignung ist Entschädigung zu leisten.

(2) Die Entschädigung wird gewährt

1. für den durch die Enteignung eintretenden Rechtsverlust,
2. für andere durch die Enteignung eintretende Vermögensnachteile.

(3) [1]Vermögensvorteile, die dem Entschädigungsberechtigten (§ 94) infolge der Enteignung entstehen, sind bei der Festsetzung der Entschädigung zu berücksichtigen. [2]Hat bei der Entstehung eines Vermögensnachteils ein Verschulden des Entschädigungsberechtigten mitgewirkt, so gilt § 254 des Bürgerlichen Gesetzbuchs entsprechend.

(4) [1]Für die Bemessung der Entschädigung ist der Zustand des Grundstücks in dem Zeitpunkt maßgebend, in dem die Enteignungsbehörde über den Enteignungsantrag entscheidet. [2]In den Fällen der vorzeitigen Besitzeinweisung ist der Zustand in dem Zeitpunkt maßgebend, in dem diese wirksam wird.

§ 94 Entschädigungsberechtigter und Entschädigungsverpflichteter.

(1) Entschädigung kann verlangen, wer in seinem Recht durch die Enteignung beeinträchtigt wird und dadurch einen Vermögensnachteil erleidet.

(2) [1]Zur Leistung der Entschädigung ist der Enteignungsbegünstigte verpflichtet. [2]Wird Ersatzland enteignet, so ist zur Entschädigung derjenige verpflichtet, der dieses Ersatzland für das zu enteignende Grundstück beschaffen muss.

§ 95 Entschädigung für den Rechtsverlust. (1) [1]Die Entschädigung für den durch die Enteignung eintretenden Rechtsverlust bemisst sich nach dem Verkehrswert (§ 194) des zu enteignenden Grundstücks oder sonstigen Gegenstands der Enteignung. [2]Maßgebend ist der Verkehrswert in dem Zeitpunkt, in dem die Enteignungsbehörde über den Enteignungsantrag entscheidet.

(2) Bei der Festsetzung der Entschädigung bleiben unberücksichtigt

1. Wertsteigerungen eines Grundstücks, die in der Aussicht auf eine Änderung der zulässigen Nutzung eingetreten sind, wenn die Änderung nicht in absehbarer Zeit zu erwarten ist;
2. Wertänderungen, die infolge der bevorstehenden Enteignung eingetreten sind;
3. Werterhöhungen, die nach dem Zeitpunkt eingetreten sind, in dem der Eigentümer zur Vermeidung der Enteignung ein Kauf- oder Tauschangebot des Antragstellers mit angemessenen Bedingungen (§ 87 Absatz 2 Satz 1 und § 88) hätte annehmen können, es sei denn, dass der Eigentümer Kapital oder Arbeit für sie aufgewendet hat;
4. wertsteigernde Veränderungen, die während einer Veränderungssperre ohne Genehmigung der Baugenehmigungsbehörde vorgenommen worden sind;
5. wertsteigernde Veränderungen, die nach Einleitung des Enteignungsverfahrens ohne behördliche Anordnung oder Zustimmung der Enteignungsbehörde vorgenommen worden sind;

6. Vereinbarungen, soweit sie von üblichen Vereinbarungen auffällig abweichen und Tatsachen die Annahme rechtfertigen, dass sie getroffen worden sind, um eine höhere Entschädigungsleistung zu erlangen;
7. Bodenwerte, die nicht zu berücksichtigen wären, wenn der Eigentümer eine Entschädigung in den Fällen der §§ 40 bis 42 geltend machen würde.

(3) [1] Für bauliche Anlagen, deren Rückbau jederzeit auf Grund öffentlich-rechtlicher Vorschriften entschädigungslos gefordert werden kann, ist eine Entschädigung nur zu gewähren, wenn es aus Gründen der Billigkeit geboten ist. [2] Kann der Rückbau entschädigungslos erst nach Ablauf einer Frist gefordert werden, so ist die Entschädigung nach dem Verhältnis der restlichen zu der gesamten Frist zu bemessen.

(4) Wird der Wert des Eigentums an dem Grundstück durch Rechte Dritter gemindert, die an dem Grundstück aufrechterhalten, an einem anderen Grundstück neu begründet oder gesondert entschädigt werden, so ist dies bei der Festsetzung der Entschädigung für den Rechtsverlust zu berücksichtigen.

§ 96 Entschädigung für andere Vermögensnachteile. (1) [1] Wegen anderer durch die Enteignung eintretender Vermögensnachteile ist eine Entschädigung nur zu gewähren, wenn und soweit diese Vermögensnachteile nicht bei der Bemessung der Entschädigung für den Rechtsverlust berücksichtigt sind. [2] Die Entschädigung ist unter gerechter Abwägung der Interessen der Allgemeinheit und der Beteiligten festzusetzen, insbesondere für

1. den vorübergehenden oder dauernden Verlust, den der bisherige Eigentümer in seiner Berufstätigkeit, seiner Erwerbstätigkeit oder in Erfüllung der ihm wesensgemäß obliegenden Aufgaben erleidet, jedoch nur bis zu dem Betrag des Aufwands, der erforderlich ist, um ein anderes Grundstück in der gleichen Weise wie das zu enteignende Grundstück zu nutzen;
2. die Wertminderung, die durch die Enteignung eines Grundstücksteils oder eines Teils eines räumlich oder wirtschaftlich zusammenhängenden Grundbesitzes bei dem anderen Teil oder durch Enteignung des Rechts an einem Grundstück bei einem anderen Grundstück entsteht, soweit die Wertminderung nicht schon bei der Festsetzung der Entschädigung nach Nummer 1 berücksichtigt ist;
3. die notwendigen Aufwendungen für einen durch die Enteignung erforderlich werdenden Umzug.

(2) Im Falle des Absatzes 1 Nummer 2 ist § 95 Absatz 2 Nummer 3 anzuwenden.

§ 97 Behandlung der Rechte der Nebenberechtigten. (1) Rechte an dem zu enteignenden Grundstück sowie persönliche Rechte, die zum Besitz oder zur Nutzung des Grundstücks berechtigen oder den Verpflichteten in der Benutzung des Grundstücks beschränken, können aufrechterhalten werden, soweit dies mit dem Enteignungszweck vereinbar ist.

(2) [1] Als Ersatz für ein Recht an einem Grundstück, das nicht aufrechterhalten wird, kann mit Zustimmung des Rechtsinhabers das Ersatzland oder ein anderes Grundstück des Enteignungsbegünstigten mit einem gleichen Recht belastet werden. [2] Als Ersatz für ein persönliches Recht, das nicht aufrechterhalten wird, kann mit Zustimmung des Rechtsinhabers ein Rechtsverhältnis

begründet werden, das ein Recht gleicher Art in Bezug auf das Ersatzland oder auf ein anderes Grundstück des Enteignungsbegünstigten gewährt. [3]Als Ersatz für dingliche oder persönliche Rechte eines öffentlichen Verkehrsunternehmens oder eines Trägers der öffentlichen Versorgung mit Elektrizität, Gas, Wärme oder Wasser, der auf diese zur Erfüllung seiner wesensgemäßen Aufgaben angewiesen ist, sind auf seinen Antrag Rechte gleicher Art zu begründen; soweit dazu Grundstücke des Enteignungsbegünstigten nicht geeignet sind, können zu diesem Zweck auch andere Grundstücke in Anspruch genommen werden. [4]Anträge nach Satz 3 müssen vor Beginn der mündlichen Verhandlung schriftlich oder zur Niederschrift der Enteignungsbehörde gestellt werden.

(3) Soweit Rechte nicht aufrechterhalten oder nicht durch neue Rechte ersetzt werden, sind bei der Enteignung eines Grundstücks gesondert zu entschädigen

1. Erbbauberechtigte, Altenteilsberechtigte sowie Inhaber von Dienstbarkeiten und Erwerbsrechten an dem Grundstück,
2. Inhaber von persönlichen Rechten, die zum Besitz oder zur Nutzung des Grundstücks berechtigen, wenn der Berechtigte im Besitz des Grundstücks ist,
3. Inhaber von persönlichen Rechten, die zum Erwerb des Grundstücks berechtigen oder den Verpflichteten in der Nutzung des Grundstücks beschränken.

(4) [1]Berechtigte, deren Rechte nicht aufrechterhalten, nicht durch neue Rechte ersetzt und nicht gesondert entschädigt werden, haben bei der Enteignung eines Grundstücks Anspruch auf Ersatz des Werts ihres Rechts aus der Geldentschädigung für das Eigentum an dem Grundstück, soweit sich ihr Recht auf dieses erstreckt. [2]Das gilt entsprechend für die Geldentschädigungen, die für den durch die Enteignung eintretenden Rechtsverlust in anderen Fällen oder nach § 96 Absatz 1 Satz 2 Nummer 2 festgesetzt werden.

§ 98 Schuldübergang. (1) [1]Haftet bei einer Hypothek, die aufrechterhalten oder durch ein neues Recht an einem anderen Grundstück ersetzt wird, der von der Enteignung Betroffene zugleich persönlich, so übernimmt der Enteignungsbegünstigte die Schuld in Höhe der Hypothek. [2]Die §§ 415 und 416 des Bürgerlichen Gesetzbuchs gelten entsprechend; als Veräußerer im Sinne des § 416 ist der von der Enteignung Betroffene anzusehen.

(2) Das Gleiche gilt, wenn bei einer Grundschuld oder Rentenschuld, die aufrechterhalten oder durch ein neues Recht an einem anderen Grundstück ersetzt wird, der von der Enteignung Betroffene zugleich persönlich haftet, sofern er spätestens in dem nach § 108 anzuberaumenden Termin die gegen ihn bestehende Forderung unter Angabe ihres Betrags und Grunds angemeldet und auf Verlangen der Enteignungsbehörde oder eines Beteiligten glaubhaft gemacht hat.

§ 99 Entschädigung in Geld. (1) [1]Die Entschädigung ist in einem einmaligen Betrag zu leisten, soweit dieses Gesetzbuch nichts anderes bestimmt. [2]Auf Antrag des Eigentümers kann die Entschädigung in wiederkehrenden Leistungen festgesetzt werden, wenn dies den übrigen Beteiligten zuzumuten ist.

(2) Für die Belastung eines Grundstücks mit einem Erbbaurecht ist die Entschädigung in einem Erbbauzins zu leisten.

(3) [1] Einmalige Entschädigungsbeträge sind mit 2 vom Hundert über dem Basiszinssatz nach § 247 des Bürgerlichen Gesetzbuchs jährlich von dem Zeitpunkt an zu verzinsen, in dem die Enteignungsbehörde über den Enteignungsantrag entscheidet. [2] Im Falle der vorzeitigen Besitzeinweisung ist der Zeitpunkt maßgebend, in dem diese wirksam wird.

§ 100 Entschädigung in Land. (1) Die Entschädigung ist auf Antrag des Eigentümers in geeignetem Ersatzland festzusetzen, wenn er zur Sicherung seiner Berufstätigkeit, seiner Erwerbstätigkeit oder zur Erfüllung der ihm wesensgemäß obliegenden Aufgaben auf Ersatzland angewiesen ist und

1. der Enteignungsbegünstigte über als Ersatzland geeignete Grundstücke verfügt, auf die er nicht mit seiner Berufstätigkeit, seiner Erwerbstätigkeit oder zur Erfüllung der ihm wesensgemäß obliegenden Aufgaben angewiesen ist, oder
2. der Enteignungsbegünstigte geeignetes Ersatzland nach pflichtmäßigem Ermessen der Enteignungsbehörde freihändig zu angemessenen Bedingungen beschaffen kann oder
3. geeignetes Ersatzland durch Enteignung nach § 90 beschafft werden kann.

(2) [1] Wird die Entschädigung in Ersatzland festgesetzt, sind auch der Verwendungszweck des Ersatzlands und die Frist, in der das Grundstück zu dem vorgesehenen Zweck zu verwenden ist, zu bezeichnen. [2] Die §§ 102 und 103 gelten entsprechend.

(3) [1] Unter den Voraussetzungen der Nummern 1 bis 3 des Absatzes 1 ist die Entschädigung auf Antrag des Eigentümers auch dann in geeignetem Ersatzland festzusetzen, wenn ein Grundstück enteignet werden soll, das mit einem Eigenheim oder einer Kleinsiedlung bebaut ist. [2] Dies gilt nicht, wenn nach öffentlich-rechtlichen Vorschriften der Rückbau des Gebäudes jederzeit entschädigungslos gefordert werden kann.

(4) Die Entschädigung kann auf Antrag des Enteigneten oder Enteignungsbegünstigten ganz oder teilweise in Ersatzland festgesetzt werden, wenn diese Art der Entschädigung nach pflichtmäßigem Ermessen der Enteignungsbehörde unter gerechter Abwägung der Interessen der Allgemeinheit und der Beteiligten billig ist und bei dem Enteignungsbegünstigten die in Absatz 1 Nummer 1 oder 2 genannten Voraussetzungen vorliegen.

(5) [1] Auf die Ermittlung des Werts des Ersatzlands ist § 95 entsprechend anzuwenden. [2] Hierbei kann eine Werterhöhung berücksichtigt werden, die das übrige Grundvermögen des von der Enteignung Betroffenen durch den Erwerb des Ersatzlands über dessen Wert nach Satz 1 hinaus erfährt. [3] Hat das Ersatzland einen geringeren Wert als das zu enteignende Grundstück, so ist eine dem Wertunterschied entsprechende zusätzliche Geldentschädigung festzusetzen. [4] Hat das Ersatzland einen höheren Wert als das zu enteignende Grundstück, so ist festzusetzen, dass der Entschädigungsberechtigte an den durch die Enteignung Begünstigten eine dem Wertunterschied entsprechende Ausgleichszahlung zu leisten hat. [5] Die Ausgleichszahlung wird mit dem nach § 117 Absatz 5 Satz 1 in der Ausführungsanordnung festgesetzten Tag fällig.

(6) [1] Wird die Entschädigung in Land festgesetzt, sollen dingliche oder persönliche Rechte, soweit sie nicht an dem zu enteignenden Grundstück aufrechterhalten werden, auf Antrag des Rechtsinhabers ganz oder teilweise nach Maßgabe des § 97 Absatz 2 ersetzt werden. [2] Soweit dies nicht möglich ist oder nicht ausreicht, sind die Inhaber der Rechte gesondert in Geld zu entschädigen; dies gilt für die in § 97 Absatz 4 bezeichneten Berechtigungen nur, soweit ihre Rechte nicht durch eine dem Eigentümer nach Absatz 5 zu gewährende zusätzliche Geldentschädigung gedeckt werden.

(7) Anträge nach den Absätzen 1, 3, 4 und 6 sind schriftlich oder zur Niederschrift der Enteignungsbehörde zu stellen, und zwar in den Fällen der Absätze 1, 3 und 4 vor Beginn und im Falle des Absatzes 6 bis zum Schluss der mündlichen Verhandlung (§ 108).

(8) [1] Sind Miteigentum, grundstücksgleiche Rechte oder Rechte nach dem Wohnungseigentumsgesetz ebenso zur Sicherung der Berufs- oder Erwerbstätigkeit des Berechtigten oder zur Erfüllung der ihm wesensgemäß obliegenden Aufgaben geeignet, können dem Eigentümer diese Rechte anstelle des Ersatzlands angeboten werden. [2] Der Eigentümer ist in Geld abzufinden, wenn er die ihm nach Satz 1 angebotene Entschädigung ablehnt. [3] § 101 bleibt unberührt.

(9) [1] Hat der Eigentümer nach Absatz 1 oder 3 einen Anspruch auf Ersatzland und beschafft er sich mit Zustimmung des Enteignungsbegünstigten außerhalb des Enteignungsverfahrens Ersatzland oder die in Absatz 8 bezeichneten Rechte selbst, so hat er gegen den Enteignungsbegünstigten einen Anspruch auf Erstattung der erforderlichen Aufwendungen. [2] Der Enteignungsbegünstigte ist nur insoweit zur Erstattung verpflichtet, als er selbst Aufwendungen erspart. [3] Kommt eine Einigung über die Erstattung nicht zustande, entscheidet die Enteignungsbehörde; für den Bescheid gilt § 122 entsprechend.

§ 101 Entschädigung durch Gewährung anderer Rechte. (1) [1] Der Eigentümer eines zu enteignenden Grundstücks kann auf seinen Antrag, wenn dies unter Abwägung der Belange der Beteiligten billig ist, ganz oder teilweise entschädigt werden

1. durch Bestellung oder Übertragung von Miteigentum an einem Grundstück, grundstücksgleichen Rechten, Rechten nach dem Wohnungseigentumsgesetz, sonstigen dinglichen Rechten an dem zu enteignenden Grundstück oder an einem anderen Grundstück des Enteignungsbegünstigten oder
2. durch Übertragung von Eigentum an einem bebauten Grundstück des Enteignungsbegünstigten oder
3. durch Übertragung von Eigentum an einem Grundstück des Enteignungsbegünstigten, das mit einem Eigenheim oder einer Kleinsiedlung bebaut werden soll.

[2] Bei Wertunterschieden zwischen den Rechten nach Satz 1 und dem zu enteignenden Grundstück gilt § 100 Absatz 5 entsprechend.

(2) Der Antrag nach Absatz 1 muss bis zum Schluss der mündlichen Verhandlung schriftlich oder zur Niederschrift der Enteignungsbehörde gestellt werden.

§ 102 Rückenteignung. (1) Der enteignete frühere Eigentümer kann verlangen, dass das enteignete Grundstück zu seinen Gunsten wieder enteignet wird (Rückenteignung), wenn und soweit

1. der durch die Enteignung Begünstigte oder sein Rechtsnachfolger das Grundstück nicht innerhalb der festgesetzten Fristen (§ 113 Absatz 2 Nummer 3 und § 114) zu dem Enteignungszweck verwendet oder den Enteignungszweck vor Ablauf der Frist aufgegeben hat oder
2. die Gemeinde ihre Verpflichtung zur Übereignung nach § 89 nicht erfüllt hat.

(2) Die Rückenteignung kann nicht verlangt werden, wenn

1. der Enteignete selbst das Grundstück im Wege der Enteignung nach den Vorschriften dieses Gesetzbuchs oder des Baulandbeschaffungsgesetzes erworben hatte oder
2. ein Verfahren zur Enteignung des Grundstücks nach diesem Gesetzbuch zugunsten eines anderen Bauwilligen eingeleitet worden ist und der enteignete frühere Eigentümer nicht glaubhaft macht, dass er das Grundstück binnen angemessener Frist zu dem vorgesehenen Zweck verwenden wird.

(3) [1] Der Antrag auf Rückenteignung ist binnen zwei Jahren seit Entstehung des Anspruchs bei der zuständigen Enteignungsbehörde einzureichen. [2] § 206 des Bürgerlichen Gesetzbuchs gilt entsprechend. [3] Der Antrag ist nicht mehr zulässig, wenn in den Fällen des Absatzes 1 mit der zweckgerechten Verwendung begonnen oder die Veräußerung oder Ausgabe des Grundstücks in Erbbaurecht vor Eingang des Antrags bei der Enteignungsbehörde eingeleitet worden ist.

(4) Die Enteignungsbehörde kann die Rückenteignung ablehnen, wenn das Grundstück erheblich verändert oder ganz oder überwiegend Entschädigung in Land gewährt worden ist.

(5) [1] Der frühere Inhaber eines Rechts, das durch Enteignung nach den Vorschriften dieses Gesetzbuchs aufgehoben ist, kann unter den in Absatz 1 bezeichneten Voraussetzungen verlangen, dass ein gleiches Recht an dem früher belasteten Grundstück zu seinen Gunsten durch Enteignung wieder begründet wird. [2] Die Vorschriften über die Rückenteignung gelten entsprechend.

(6) Für das Verfahren gelten die §§ 104 bis 122 entsprechend.

§ 103 Entschädigung für die Rückenteignung. [1] Wird dem Antrag auf Rückenteignung stattgegeben, so hat der Antragsteller dem von der Rückenteignung Betroffenen Entschädigung für den Rechtsverlust zu leisten. [2] § 93 Absatz 2 Nummer 2 ist nicht anzuwenden. [3] Ist dem Antragsteller bei der ersten Enteignung eine Entschädigung für andere Vermögensnachteile gewährt worden, so hat er diese Entschädigung insoweit zurückzugewähren, als die Nachteile auf Grund der Rückenteignung entfallen. [4] Die dem Eigentümer zu gewährende Entschädigung darf den bei der ersten Enteignung zugrunde gelegten Verkehrswert des Grundstücks nicht übersteigen, jedoch sind Aufwendungen zu berücksichtigen, die zu einer Werterhöhung des Grundstücks geführt haben. [5] Im Übrigen gelten die Vorschriften über die Entschädigung im Zweiten Abschnitt entsprechend.

Dritter Abschnitt. Enteignungsverfahren

§ 104 Enteignungsbehörde. (1) Die Enteignung wird von der höheren Verwaltungsbehörde durchgeführt (Enteignungsbehörde).

(2) Die Landesregierungen können durch Rechtsverordnung bestimmen, dass an den Entscheidungen der Enteignungsbehörde ehrenamtliche Beisitzer mitzuwirken haben.

§ 105 Enteignungsantrag. [1]Der Enteignungsantrag ist bei der Gemeinde, in deren Gemarkung das zu enteignende Grundstück liegt, einzureichen. [2]Die Gemeinde legt ihn mit ihrer Stellungnahme binnen eines Monats der Enteignungsbehörde vor.

§ 106 Beteiligte. (1) In dem Enteignungsverfahren sind Beteiligte

1. der Antragsteller,
2. der Eigentümer und diejenigen, für die ein Recht an dem Grundstück oder an einem das Grundstück belastenden Recht im Grundbuch eingetragen oder durch Eintragung gesichert ist,
3. Inhaber eines nicht im Grundbuch eingetragenen Rechts an dem Grundstück oder an einem das Grundstück belastenden Recht, eines Anspruchs mit dem Recht auf Befriedigung aus dem Grundstück oder eines persönlichen Rechts, das zum Erwerb, zum Besitz oder zur Nutzung des Grundstücks berechtigt oder die Benutzung des Grundstücks beschränkt,
4. wenn Ersatzland bereitgestellt wird, der Eigentümer und die Inhaber der in den Nummern 2 und 3 genannten Rechte hinsichtlich des Ersatzlands,
5. die Eigentümer der Grundstücke, die durch eine Enteignung nach § 91 betroffen werden, und
6. die Gemeinde.

(2) [1]Die in Absatz 1 Nummer 3 bezeichneten Personen werden in dem Zeitpunkt Beteiligte, in dem die Anmeldung ihres Rechts der Enteignungsbehörde zugeht. [2]Die Anmeldung kann spätestens bis zum Schluss der mündlichen Verhandlung mit den Beteiligten erfolgen.

(3) [1]Bestehen Zweifel an einem angemeldeten Recht, so hat die Enteignungsbehörde dem Anmeldenden unverzüglich eine Frist zur Glaubhaftmachung seines Rechts zu setzen. [2]Nach fruchtlosem Ablauf der Frist ist er bis zur Glaubhaftmachung seines Rechts nicht mehr zu beteiligen.

(4) [1]Der im Grundbuch eingetragene Gläubiger einer Hypothek, Grundschuld oder Rentenschuld, für die ein Brief erteilt ist, sowie jeder seiner Rechtsnachfolger hat auf Verlangen der Enteignungsbehörde eine Erklärung darüber abzugeben, ob ein anderer die Hypothek, Grundschuld oder Rentenschuld oder ein Recht daran erworben hat; die Person eines Erwerbers hat er dabei zu bezeichnen. [2]§ 208 Satz 2 bis 4 gilt entsprechend.

§ 107 Vorbereitung der mündlichen Verhandlung. (1) [1]Das Enteignungsverfahren soll beschleunigt durchgeführt werden. [2]Die Enteignungsbehörde soll schon vor der mündlichen Verhandlung alle Anordnungen treffen, die erforderlich sind, um das Verfahren tunlichst in einem Verhandlungstermin zu erledigen. [3]Sie hat dem Eigentümer, dem Antragsteller sowie den Behörden, für deren Geschäftsbereich die Enteignung von Bedeutung ist, Gelegenheit zur Äußerung zu geben. [4]Bei der Ermittlung des Sachverhalts hat die Enteignungsbehörde ein Gutachten des Gutachterausschusses (§ 192) einzuholen, wenn Eigentum entzogen oder ein Erbbaurecht bestellt werden soll.

(2) Die Enteignungsbehörde hat die Landwirtschaftsbehörde zu hören, wenn landwirtschaftlich genutzte Grundstücke, die außerhalb des räumlichen Geltungsbereichs eines Bebauungsplans liegen, zur Entschädigung in Land enteignet werden sollen.

(3) [1]Enteignungsverfahren können miteinander verbunden werden. [2]Sie sind zu verbinden, wenn die Gemeinde es beantragt. [3]Verbundene Enteignungsverfahren können wieder getrennt werden.

§ 108 Einleitung des Enteignungsverfahrens und Anberaumung des Termins zur mündlichen Verhandlung; Enteignungsvermerk. (1) [1]Das Enteignungsverfahren wird durch Anberaumung eines Termins zu einer mündlichen Verhandlung mit den Beteiligten eingeleitet. [2]Zu der mündlichen Verhandlung sind der Antragsteller, der Eigentümer des betroffenen Grundstücks, die sonstigen aus dem Grundbuch ersichtlichen Beteiligten und die Gemeinde zu laden. [3]Die Ladung ist zuzustellen. [4]Die Ladungsfrist beträgt einen Monat.

(2) [1]Das Enteignungsverfahren zugunsten der Gemeinde kann bereits eingeleitet werden, wenn

1. der Entwurf des Bebauungsplans nach § 3 Absatz 2 ausgelegen hat und
2. mit den Beteiligten die Verhandlungen nach § 87 Absatz 2 geführt und die von ihnen gegen den Entwurf des Bebauungsplans fristgemäß vorgebrachten Anregungen erörtert worden sind. Die Gemeinde kann in demselben Termin die Verhandlungen nach § 87 Absatz 2 führen und die Anregungen erörtern.

[2]Das Verfahren ist so zu fördern, dass der Enteignungsbeschluss ergehen kann, sobald der Bebauungsplan rechtsverbindlich geworden ist. [3]Eine Einigung nach § 110 oder § 111 kann auch vor Rechtsverbindlichkeit des Bebauungsplans erfolgen.

(3) Die Ladung muss enthalten

1. die Bezeichnung des Antragstellers und des betroffenen Grundstücks,
2. den wesentlichen Inhalt des Enteignungsantrags mit dem Hinweis, dass der Antrag mit den ihm beigefügten Unterlagen bei der Enteignungsbehörde eingesehen werden kann,
3. die Aufforderung, etwaige Einwendungen gegen den Enteignungsantrag möglichst vor der mündlichen Verhandlung bei der Enteignungsbehörde schriftlich einzureichen oder zur Niederschrift zu erklären, und
4. den Hinweis, dass auch bei Nichterscheinen über den Enteignungsantrag und andere im Verfahren zu erledigende Anträge entschieden werden kann.

(4) Die Ladung von Personen, deren Beteiligung auf einem Antrag auf Entschädigung in Land beruht, muss außer dem in Absatz 3 vorgeschriebenen Inhalt auch die Bezeichnung des Eigentümers, dessen Entschädigung in Land beantragt ist, und des Grundstücks, für das die Entschädigung in Land gewährt werden soll, enthalten.

(5) [1]Die Einleitung des Enteignungsverfahrens ist unter Bezeichnung des betroffenen Grundstücks und des im Grundbuch als Eigentümer Eingetragenen

sowie des ersten Termins der mündlichen Verhandlung mit den Beteiligten ortsüblich bekannt zu machen. [2]In der Bekanntmachung sind alle Beteiligten aufzufordern, ihre Rechte spätestens in der mündlichen Verhandlung wahrzunehmen mit dem Hinweis, dass auch bei Nichterscheinen über den Enteignungsantrag und andere im Verfahren zu erledigende Anträge entschieden werden kann.

(6) [1]Die Enteignungsbehörde teilt dem Grundbuchamt die Einleitung des Enteignungsverfahrens mit. [2]Sie ersucht das Grundbuchamt, in das Grundbuch des betroffenen Grundstücks einzutragen, dass das Enteignungsverfahren eingeleitet ist (Enteignungsvermerk); ist das Enteignungsverfahren beendigt, ersucht die Enteignungsbehörde das Grundbuchamt, den Enteignungsvermerk zu löschen. [3]Das Grundbuchamt hat die Enteignungsbehörde von allen Eintragungen zu benachrichtigen, die nach dem Zeitpunkt der Einleitung des Enteignungsverfahrens im Grundbuch des betroffenen Grundstücks vorgenommen sind und vorgenommen werden.

(7) Ist im Grundbuch die Anordnung der Zwangsversteigerung oder Zwangsverwaltung eingetragen, gibt die Enteignungsbehörde dem Vollstreckungsgericht von der Einleitung des Enteignungsverfahrens Kenntnis, soweit dieses das Grundstück betrifft, das Gegenstand des Vollstreckungsverfahrens ist.

§ 109 Genehmigungspflicht. (1) Von der Bekanntmachung über die Einleitung des Enteignungsverfahrens an bedürfen die in § 51 bezeichneten Rechtsvorgänge, Vorhaben und Teilungen der schriftlichen Genehmigung der Enteignungsbehörde.

(2) Die Enteignungsbehörde darf die Genehmigung nur versagen, wenn Grund zu der Annahme besteht, dass der Rechtsvorgang, das Vorhaben oder die Teilung die Verwirklichung des Enteignungszwecks unmöglich machen oder wesentlich erschweren würde.

(3) [1]Sind Rechtsvorgänge oder Vorhaben nach Absatz 1 vor der Bekanntmachung zu erwarten, kann die Enteignungsbehörde anordnen, dass die Genehmigungspflicht nach Absatz 1 bereits zu einem früheren Zeitpunkt eintritt. [2]Die Anordnung ist ortsüblich bekannt zu machen und dem Grundbuchamt mitzuteilen.

(4) § 22 Absatz 5 Satz 2 bis 5, § 51 Absatz 2 und § 116 Absatz 6 sind entsprechend anzuwenden.

§ 110 Einigung. (1) Die Enteignungsbehörde hat auf eine Einigung zwischen den Beteiligten hinzuwirken.

(2) [1]Einigen sich die Beteiligten, so hat die Enteignungsbehörde eine Niederschrift über die Einigung aufzunehmen. [2]Die Niederschrift muss den Erfordernissen des § 113 Absatz 2 entsprechen. [3]Sie ist von den Beteiligten zu unterschreiben. [4]Ein Bevollmächtigter des Eigentümers bedarf einer öffentlich beglaubigten Vollmacht.

(3) [1]Die beurkundete Einigung steht einem nicht mehr anfechtbaren Enteignungsbeschluss gleich. [2]§ 113 Absatz 5 ist entsprechend anzuwenden.

§ 111 Teileinigung. [1]Einigen sich die Beteiligten nur über den Übergang oder die Belastung des Eigentums an dem zu enteignenden Grundstück, jedoch nicht über die Höhe der Entschädigung, so ist § 110 Absatz 2 und 3 entsprechend anzuwenden. [2]Die Enteignungsbehörde hat anzuordnen, dass dem Berechtigten eine Vorauszahlung in Höhe der zu erwartenden Entschädigung zu leisten ist, soweit sich aus der Einigung nichts anderes ergibt. [3]Im Übrigen nimmt das Enteignungsverfahren seinen Fortgang.

§ 112 Entscheidung der Enteignungsbehörde. (1) Soweit eine Einigung nicht zustande kommt, entscheidet die Enteignungsbehörde auf Grund der mündlichen Verhandlung durch Beschluss über den Enteignungsantrag, die übrigen gestellten Anträge sowie über die erhobenen Einwendungen.

(2) [1]Auf Antrag eines Beteiligten hat die Enteignungsbehörde vorab über den Übergang oder die Belastung des Eigentums an dem zu enteignenden Grundstück oder über sonstige durch die Enteignung zu bewirkende Rechtsänderungen zu entscheiden. [2]In diesem Falle hat die Enteignungsbehörde anzuordnen, dass dem Berechtigten eine Vorauszahlung in Höhe der zu erwartenden Entschädigung zu leisten ist.

(3) Gibt die Enteignungsbehörde dem Enteignungsantrag statt, so entscheidet sie zugleich

1. darüber, welche Rechte der in § 97 bezeichneten Berechtigten an dem Gegenstand der Enteignung aufrechterhalten bleiben,
2. darüber, mit welchen Rechten der Gegenstand der Enteignung, das Ersatzland oder ein anderes Grundstück belastet werden,
3. darüber, welche Rechtsverhältnisse begründet werden, die Rechte der in § 86 Absatz 1 Nummer 3 und 4 bezeichneten Art gewähren,
4. im Falle der Entschädigung in Ersatzland über den Eigentumsübergang oder die Enteignung des Ersatzlands.

§ 113 Enteignungsbeschluss. (1) [1]Der Beschluss der Enteignungsbehörde ist den Beteiligten zuzustellen. [2]Der Beschluss ist mit einer Belehrung über Zulässigkeit, Form und Frist des Antrags auf gerichtliche Entscheidung (§ 217) zu versehen.

(2) Gibt die Enteignungsbehörde dem Enteignungsantrag statt, so muss der Beschluss (Enteignungsbeschluss) bezeichnen

1. die von der Enteignung Betroffenen und den Enteignungsbegünstigten;
2. die sonstigen Beteiligten;
3. den Enteignungszweck und die Frist, innerhalb der das Grundstück zu dem vorgesehenen Zweck zu verwenden ist;
4. den Gegenstand der Enteignung, und zwar

a) wenn das Eigentum an einem Grundstück Gegenstand der Enteignung ist, das Grundstück nach Größe, grundbuchmäßiger, katastermäßiger und sonst üblicher Bezeichnung; im Falle der Enteignung eines Grundstücksteils ist zu seiner Bezeichnung auf Vermessungsschriften (Vermessungsrisse und -karten) Bezug zu nehmen, die von einer zu Fortführungsvermessungen befugten Stelle oder von einem öffentlich bestellten Vermessungsingenieur gefertigt sind,

b) wenn ein anderes Recht an einem Grundstück Gegenstand einer selbständigen Enteignung ist, dieses Recht nach Inhalt und grundbuchmäßiger Bezeichnung,

c) wenn ein persönliches Recht, das zum Erwerb, zum Besitz oder zur Nutzung von Grundstücken berechtigt oder den Verpflichteten in der Nutzung von Grundstücken beschränkt, Gegenstand einer selbständigen Enteignung ist, dieses Recht nach seinem Inhalt und dem Grund seines Bestehens,

d) die in § 86 Absatz 2 bezeichneten Gegenstände, wenn die Enteignung auf diese ausgedehnt wird;

5. bei der Belastung eines Grundstücks mit einem Recht die Art, den Inhalt, soweit er durch Vertrag bestimmt werden kann, sowie den Rang des Rechts, den Berechtigten und das Grundstück;
6. bei der Begründung eines Rechts der in Nummer 4 Buchstabe c bezeichneten Art den Inhalt des Rechtsverhältnisses und die daran Beteiligten;
7. die Eigentums- und sonstigen Rechtsverhältnisse vor und nach der Enteignung;
8. die Art und Höhe der Entschädigungen und die Höhe der Ausgleichszahlungen nach § 100 Absatz 5 Satz 4 und § 101 Absatz 1 Satz 2 mit der Angabe, von wem und an wen sie zu leisten sind; Geldentschädigungen, aus denen andere von der Enteignung Betroffene nach § 97 Absatz 4 zu entschädigen sind, müssen von den sonstigen Geldentschädigungen getrennt ausgewiesen werden;
9. bei der Entschädigung in Land das Grundstück in der in Nummer 4 Buchstabe a bezeichneten Weise.

(3) In den Fällen der §§ 111 und 112 Absatz 2 ist der Enteignungsbeschluss entsprechend zu beschränken.

(4) [1] Kann ein Grundstücksteil noch nicht entsprechend Absatz 2 Nummer 4 Buchstabe a bezeichnet werden, so kann der Enteignungsbeschluss ihn auf Grund fester Merkmale in der Natur oder durch Bezugnahme auf die Eintragung in einen Lageplan bezeichnen. [2] Wenn das Ergebnis der Vermessung vorliegt, ist der Enteignungsbeschluss durch einen Nachtragsbeschluss anzupassen.

(5) Ist im Grundbuch die Anordnung der Zwangsversteigerung oder der Zwangsverwaltung eingetragen, gibt die Enteignungsbehörde dem Vollstreckungsgericht von dem Enteignungsbeschluss Kenntnis, wenn dem Enteignungsantrag stattgegeben worden ist.

§ 114 Lauf der Verwendungsfrist. (1) Die Frist, innerhalb der der Enteignungszweck nach § 113 Absatz 2 Nummer 3 zu verwirklichen ist, beginnt mit dem Eintritt der Rechtsänderung.

(2) [1] Die Enteignungsbehörde kann diese Frist vor ihrem Ablauf auf Antrag verlängern, wenn

1. der Enteignungsbegünstigte nachweist, dass er den Enteignungszweck ohne Verschulden innerhalb der festgesetzten Frist nicht erfüllen kann, oder
2. vor Ablauf der Frist eine Gesamtrechtsnachfolge eintritt und der Rechtsnachfolger nachweist, dass er den Enteignungszweck innerhalb der festgesetzten Frist nicht erfüllen kann.

[2] Der enteignete frühere Eigentümer ist vor der Entscheidung über die Verlängerung zu hören.

§ 115 Verfahren bei der Entschädigung durch Gewährung anderer Rechte. (1) Soll die Entschädigung des Eigentümers eines zu enteignenden Grundstücks nach § 101 festgesetzt werden und ist die Bestellung, Übertragung oder die Ermittlung des Werts eines der dort bezeichneten Rechte im Zeitpunkt des Erlasses des Enteignungsbeschlusses noch nicht möglich, kann die Enteignungsbehörde, wenn es der Eigentümer unter Bezeichnung eines Rechts beantragt, im Enteignungsbeschluss neben der Festsetzung der Entschädigung in Geld dem Enteignungsbegünstigten aufgeben, binnen einer bestimmten Frist dem von der Enteignung Betroffenen ein Recht der bezeichneten Art zu angemessenen Bedingungen anzubieten.

(2) [1] Bietet der Enteignungsbegünstigte binnen der bestimmten Frist ein Recht der bezeichneten Art nicht an oder einigt er sich mit dem von der Enteignung Betroffenen nicht, so wird ihm ein solches Recht auf Antrag zugunsten des von der Enteignung Betroffenen durch Enteignung entzogen. [2] Die Enteignungsbehörde setzt den Inhalt des Rechts fest, soweit dessen Inhalt durch Vereinbarung bestimmt werden kann. [3] Die Vorschriften dieses Teils über das Verfahren und die Entschädigung sind entsprechend anzuwenden.

(3) Der Antrag nach Absatz 2 kann nur innerhalb von sechs Monaten nach Ablauf der bestimmten Frist gestellt werden.

§ 116 Vorzeitige Besitzeinweisung. (1) [1] Ist die sofortige Ausführung der beabsichtigten Maßnahme aus Gründen des Wohls der Allgemeinheit dringend geboten, so kann die Enteignungsbehörde den Antragsteller auf Antrag durch Beschluss in den Besitz des von dem Enteignungsverfahren betroffenen Grundstücks einweisen. [2] Die Besitzeinweisung ist nur zulässig, wenn über sie in einer mündlichen Verhandlung verhandelt worden ist. [3] Der Beschluss über die Besitzeinweisung ist dem Antragsteller, dem Eigentümer und dem unmittelbaren Besitzer zuzustellen. [4] Die Besitzeinweisung wird in dem von der Enteignungsbehörde bezeichneten Zeitpunkt wirksam. [5] Auf Antrag des unmittelbaren Besitzers ist dieser Zeitpunkt auf mindestens zwei Wochen nach Zustellung der Anordnung über die vorzeitige Besitzeinweisung an ihn festzusetzen.

(2) [1] Die Enteignungsbehörde kann die vorzeitige Besitzeinweisung von der Leistung einer Sicherheit in Höhe der voraussichtlichen Entschädigung und von der vorherigen Erfüllung anderer Bedingungen abhängig machen. [2] Auf Antrag des Inhabers eines Rechts, das zum Besitz oder zur Nutzung des Grundstücks berechtigt, ist die Einweisung von der Leistung einer Sicherheit in Höhe der ihm voraussichtlich zu gewährenden Entschädigung abhängig zu machen. [3] Die Anordnung ist dem Antragsteller, dem Besitzer und dem Eigentümer zuzustellen.

(3) [1] Durch die Besitzeinweisung wird dem Besitzer der Besitz entzogen und der Eingewiesene Besitzer. [2] Der Eingewiesene darf auf dem Grundstück das von ihm im Enteignungsantrag bezeichnete Bauvorhaben ausführen und die dafür erforderlichen Maßnahmen treffen.

(4) [1] Der Eingewiesene hat für die durch die vorzeitige Besitzeinweisung entstehenden Vermögensnachteile Entschädigung zu leisten, soweit die Nachteile nicht durch die Verzinsung der Geldentschädigung (§ 99 Absatz 3) ausgeglichen werden. [2] Art und Höhe der Entschädigung werden durch die Enteignungsbehörde spätestens in dem in § 113 bezeichneten Beschluss festgesetzt.

[3]Wird der Beschluss über Art und Höhe der Entschädigung vorher erlassen, so ist er den in Absatz 2 Satz 3 bezeichneten Personen zuzustellen. [4]Die Entschädigung für die Besitzeinweisung ist ohne Rücksicht darauf, ob ein Antrag auf gerichtliche Entscheidung gestellt wird, zu dem in Absatz 1 Satz 4 bezeichneten Zeitpunkt fällig.

(5) [1]Auf Antrag einer der in Absatz 2 Satz 3 bezeichneten Personen hat die Enteignungsbehörde den Zustand des Grundstücks vor der Besitzeinweisung in einer Niederschrift feststellen zu lassen, soweit er für die Besitzeinweisungs- oder die Enteignungsentschädigung von Bedeutung ist. [2]Den Beteiligten ist eine Abschrift der Niederschrift zu übersenden.

(6) [1]Wird der Enteignungsantrag abgewiesen, so ist die vorzeitige Besitzeinweisung aufzuheben und der vorherige unmittelbare Besitzer wieder in den Besitz einzuweisen. [2]Der Eingewiesene hat für alle durch die vorzeitige Besitzeinweisung entstandenen besonderen Nachteile Entschädigung zu leisten. [3]Absatz 4 Satz 2 gilt entsprechend.

§ 117 Ausführung des Enteignungsbeschlusses. (1) [1]Ist der Enteignungsbeschluss oder sind die Entscheidungen nach § 112 Absatz 2 nicht mehr anfechtbar, so ordnet auf Antrag eines Beteiligten die Enteignungsbehörde die Ausführung des Enteignungsbeschlusses oder der Vorabentscheidung an (Ausführungsanordnung), wenn der durch die Enteignung Begünstigte die Geldentschädigung, im Falle der Vorabentscheidung die nach § 112 Absatz 2 Satz 2 festgesetzte Vorauszahlung gezahlt oder in zulässiger Weise unter Verzicht auf das Recht der Rücknahme hinterlegt hat. [2]Auf Antrag des Entschädigungsberechtigten kann im Falle des § 112 Absatz 2 die Enteignungsbehörde die Ausführungsanordnung davon abhängig machen, dass der durch die Enteignung Begünstigte im Übrigen für einen angemessenen Betrag Sicherheit leistet.

(2) [1]In den Fällen des § 111 ist auf Antrag eines Beteiligten die Ausführungsanordnung zu erlassen, wenn der durch die Enteignung Begünstigte den zwischen den Beteiligten unstreitigen Entschädigungsbetrag gezahlt oder in zulässiger Weise unter Verzicht auf das Recht der Rücknahme hinterlegt hat. [2]Absatz 1 Satz 2 gilt entsprechend, soweit sich nicht aus der Einigung etwas anderes ergibt.

(3) [1]Im Falle des § 113 Absatz 4 ist auf Antrag eines Beteiligten die Ausführungsanordnung zu erlassen, wenn der durch die Enteignung Begünstigte die im Enteignungsbeschluss in Verbindung mit dem Nachtragsbeschluss festgesetzte Geldentschädigung gezahlt oder zulässigerweise unter Verzicht auf das Recht der Rücknahme hinterlegt hat. [2]Der Nachtragsbeschluss braucht nicht unanfechtbar zu sein.

(4) [1]Die Ausführungsanordnung ist allen Beteiligten zuzustellen, deren Rechtsstellung durch den Enteignungsbeschluss betroffen wird. [2]Die Ausführungsanordnung ist der Gemeinde abschriftlich mitzuteilen, in deren Bezirk das von der Enteignung betroffene Grundstück liegt. [3]§ 113 Absatz 5 gilt entsprechend.

(5) [1]Mit dem in der Ausführungsanordnung festzusetzenden Tag wird der bisherige Rechtszustand durch den im Enteignungsbeschluss geregelten neuen Rechtszustand ersetzt. [2]Gleichzeitig entstehen die nach § 113 Absatz 2 Nummer 6 begründeten Rechtsverhältnisse; sie gelten von diesem Zeitpunkt an als zwischen den an dem Rechtsverhältnis Beteiligten vereinbart.

(6) Die Ausführungsanordnung schließt die Einweisung in den Besitz des enteigneten Grundstücks und des Ersatzlands zu dem festgesetzten Tag ein.

(7) Die Enteignungsbehörde übersendet dem Grundbuchamt eine beglaubigte Abschrift des Enteignungsbeschlusses und der Ausführungsanordnung und ersucht es, die Rechtsänderungen in das Grundbuch einzutragen.

§ 118 Hinterlegung. (1) [1] Geldentschädigungen, aus denen andere Berechtigte nach § 97 Absatz 4 zu befriedigen sind, sind unter Verzicht auf das Recht der Rücknahme zu hinterlegen, soweit mehrere Personen auf sie Anspruch haben und eine Einigung über die Auszahlung nicht nachgewiesen ist. [2] Die Hinterlegung erfolgt bei dem Amtsgericht, in dessen Bezirk das von der Enteignung betroffene Grundstück liegt; § 2 des Zwangsversteigerungsgesetzes gilt entsprechend.

(2) Andere Vorschriften, nach denen die Hinterlegung geboten oder statthaft ist, werden hierdurch nicht berührt.

§ 119 Verteilungsverfahren. (1) Nach Eintritt des neuen Rechtszustands kann jeder Beteiligte sein Recht an der hinterlegten Summe gegen einen Mitbeteiligten, der dieses Recht bestreitet, vor den ordentlichen Gerichten geltend machen oder die Einleitung eines gerichtlichen Verteilungsverfahrens beantragen.

(2) Für das Verteilungsverfahren ist das Amtsgericht zuständig, in dessen Bezirk das von der Enteignung betroffene Grundstück liegt; in Zweifelsfällen gilt § 2 des Zwangsversteigerungsgesetzes entsprechend.

(3) Auf das Verteilungsverfahren sind die Vorschriften über die Verteilung des Erlöses im Falle der Zwangsversteigerung mit folgenden Abweichungen entsprechend anzuwenden:

1. Das Verteilungsverfahren ist durch Beschluss zu eröffnen;
2. die Zustellung des Eröffnungsbeschlusses an den Antragsteller gilt als Beschlagnahme im Sinne des § 13 des Zwangsversteigerungsgesetzes; ist das Grundstück schon in einem Zwangsversteigerungs- oder Zwangsverwaltungsverfahren beschlagnahmt, so hat es hierbei sein Bewenden;
3. das Verteilungsgericht hat bei Eröffnung des Verfahrens von Amts wegen das Grundbuchamt um die in § 19 Absatz 2 des Zwangsversteigerungsgesetzes bezeichneten Mitteilungen zu ersuchen; in die beglaubigte Abschrift des Grundbuchblatts sind die zur Zeit der Zustellung des Enteignungsbeschlusses an den Enteigneten vorhandenen Eintragungen sowie die später eingetragenen Veränderungen und Löschungen aufzunehmen;
4. bei dem Verfahren sind die in § 97 Absatz 4 bezeichneten Entschädigungsberechtigten nach Maßgabe des § 10 des Zwangsversteigerungsgesetzes zu berücksichtigen, wegen der Ansprüche auf wiederkehrende Nebenleistungen jedoch nur für die Zeit bis zur Hinterlegung.

(4) [1] Soweit auf Grund landesrechtlicher Vorschriften die Verteilung des Erlöses im Falle einer Zwangsversteigerung nicht von dem Vollstreckungsgericht, sondern von einer anderen Stelle wahrzunehmen ist, kann durch Landesrecht bestimmt werden, dass diese andere Stelle auch für das Verteilungsverfahren nach den Absätzen 1 bis 3 zuständig ist. [2] Wird die Änderung einer Entscheidung dieser anderen Stelle verlangt, so ist die Entscheidung des Voll-

streckungsgerichts nachzusuchen. [3]Die Beschwerde findet gegen die Entscheidung des Vollstreckungsgerichts statt.

§ 120 Aufhebung des Enteignungsbeschlusses. (1) [1]Ist die Ausführungsanordnung noch nicht ergangen, so hat die Enteignungsbehörde den Enteignungsbeschluss auf Antrag aufzuheben, wenn der durch die Enteignung Begünstigte die ihm durch den Enteignungsbeschluss auferlegten Zahlungen nicht innerhalb eines Monats nach dem Zeitpunkt geleistet hat, in dem der Beschluss unanfechtbar geworden ist. [2]Antragsberechtigt ist jeder Beteiligte, dem eine nicht gezahlte Entschädigung zusteht oder der nach § 97 Absatz 4 aus ihr zu befriedigen ist.

(2) [1]Vor der Aufhebung ist der durch die Enteignung Begünstigte zu hören. [2]Der Aufhebungsbeschluss ist allen Beteiligten zuzustellen und der Gemeinde und dem Grundbuchamt abschriftlich mitzuteilen.

§ 121 Kosten. (1) [1]Der Antragsteller hat die Kosten zu tragen, wenn der Antrag auf Enteignung abgelehnt oder zurückgenommen wird. [2]Wird dem Antrag auf Enteignung stattgegeben, so hat der Entschädigungsverpflichtete die Kosten zu tragen. [3]Wird einem Antrag auf Rückenteignung stattgegeben, so hat der von der Rückenteignung Betroffene die Kosten zu tragen. [4]Wird ein Antrag eines sonstigen Beteiligten abgelehnt oder zurückgenommen, sind diesem die durch die Behandlung seines Antrags verursachten Kosten aufzuerlegen, wenn sein Antrag offensichtlich unbegründet war.

(2) [1]Kosten sind die Kosten des Verfahrens und die zur zweckentsprechenden Rechtsverfolgung oder Rechtsverteidigung notwendigen Aufwendungen der Beteiligten. [2]Die Gebühren und Auslagen eines Rechtsanwalts oder eines sonstigen Bevollmächtigten sind erstattungsfähig, wenn die Zuziehung eines Bevollmächtigten notwendig war. [3]Aufwendungen für einen Bevollmächtigten, für den Gebühren und Auslagen gesetzlich nicht vorgesehen sind, können nur bis zur Höhe der gesetzlichen Gebühren und Auslagen von Rechtsbeiständen erstattet werden.

(3) Aufwendungen, die durch das Verschulden eines Erstattungsberechtigten entstanden sind, hat dieser selbst zu tragen; das Verschulden eines Vertreters ist dem Vertretenen zuzurechnen.

(4) [1]Die Kosten des Verfahrens richten sich nach den landesrechtlichen Vorschriften. [2]Die Enteignungsbehörde setzt die Kosten im Enteignungsbeschluss oder durch besonderen Beschluss fest. [3]Der Beschluss bestimmt auch, ob die Zuziehung eines Rechtsanwalts oder eines sonstigen Bevollmächtigten notwendig war.

§ 122 Vollstreckbarer Titel. (1) [1]Die Zwangsvollstreckung nach den Vorschriften der Zivilprozessordnung über die Vollstreckung von Urteilen in bürgerlichen Rechtsstreitigkeiten[1)] findet statt

1. aus der Niederschrift über eine Einigung wegen der in ihr bezeichneten Leistungen;

[1)] Siehe §§ 704 ff. ZPO idF der Bek. v. 5.12.2005 (BGBl. I S. 3202, ber. 2006 S. 431, 2007 S. 1781), zuletzt geänd. durch G v. 12.12.2019 (BGBl. I S. 2633).

2. aus nicht mehr anfechtbarem Enteignungsbeschluss wegen der zu zahlenden Geldentschädigung oder einer Ausgleichszahlung;
3. aus einem Beschluss über die vorzeitige Besitzeinweisung oder deren Aufhebung wegen der darin festgesetzten Leistungen.

[2]Die Zwangsvollstreckung wegen einer Ausgleichszahlung ist erst zulässig, wenn die Ausführungsanordnung wirksam und unanfechtbar geworden ist.

(2) [1]Die vollstreckbare Ausfertigung wird von dem Urkundsbeamten der Geschäftsstelle des Amtsgerichts erteilt, in dessen Bezirk die Enteignungsbehörde ihren Sitz hat und, wenn das Verfahren bei einem Gericht anhängig ist, von dem Urkundsbeamten der Geschäftsstelle dieses Gerichts. [2]In den Fällen der §§ 731, 767 bis 770, 785 und 786 der Zivilprozessordnung tritt das Amtsgericht, in dessen Bezirk die Enteignungsbehörde ihren Sitz hat, an die Stelle des Prozessgerichts.

Sechster Teil. Erschließung

Erster Abschnitt. Allgemeine Vorschriften

§ 123 Erschließungslast. (1) Die Erschließung ist Aufgabe der Gemeinde, soweit sie nicht nach anderen gesetzlichen Vorschriften oder öffentlich-rechtlichen Verpflichtungen einem anderen obliegt.

(2) Die Erschließungsanlagen sollen entsprechend den Erfordernissen der Bebauung und des Verkehrs kostengünstig hergestellt werden und spätestens bis zur Fertigstellung der anzuschließenden baulichen Anlagen benutzbar sein.

(3) Ein Rechtsanspruch auf Erschließung besteht nicht.

(4) Die Unterhaltung der Erschließungsanlagen richtet sich nach landesrechtlichen Vorschriften.

§ 124 Erschließungspflicht nach abgelehntem Vertragsangebot. Hat die Gemeinde einen Bebauungsplan im Sinne des § 30 Absatz 1 erlassen und lehnt sie das zumutbare Angebot zum Abschluss eines städtebaulichen Vertrags über die Erschließung ab, ist sie verpflichtet, die Erschließung selbst durchzuführen.

§ 125 Bindung an den Bebauungsplan. (1) Die Herstellung der Erschließungsanlagen im Sinne des § 127 Absatz 2 setzt einen Bebauungsplan voraus.

(2) Liegt ein Bebauungsplan nicht vor, so dürfen diese Anlagen nur hergestellt werden, wenn sie den in § 1 Absatz 4 bis 7 bezeichneten Anforderungen entsprechen.

(3) Die Rechtmäßigkeit der Herstellung von Erschließungsanlagen wird durch Abweichungen von den Festsetzungen des Bebauungsplans nicht berührt, wenn die Abweichungen mit den Grundzügen der Planung vereinbar sind und

1. die Erschließungsanlagen hinter den Festsetzungen zurückbleiben oder
2. die Erschließungsbeitragspflichtigen nicht mehr als bei einer plangemäßen Herstellung belastet werden und die Abweichungen die Nutzung der betroffenen Grundstücke nicht wesentlich beeinträchtigen.

§ 126 Pflichten des Eigentümers. (1) [1] Der Eigentümer hat das Anbringen von

1. Haltevorrichtungen und Leitungen für Beleuchtungskörper der Straßenbeleuchtung einschließlich der Beleuchtungskörper und des Zubehörs sowie
2. Kennzeichen und Hinweisschildern für Erschließungsanlagen

auf seinem Grundstück zu dulden. [2] Er ist vorher zu benachrichtigen.

(2) [1] Der Erschließungsträger hat Schäden, die dem Eigentümer durch das Anbringen oder das Entfernen der in Absatz 1 bezeichneten Gegenstände entstehen, zu beseitigen; er kann stattdessen eine angemessene Entschädigung in Geld leisten. [2] Kommt eine Einigung über die Entschädigung nicht zustande, so entscheidet die höhere Verwaltungsbehörde; vor der Entscheidung sind die Beteiligten zu hören.

(3) [1] Der Eigentümer hat sein Grundstück mit der von der Gemeinde festgesetzten Nummer zu versehen. [2] Im Übrigen gelten die landesrechtlichen Vorschriften.

Zweiter Abschnitt. Erschließungsbeitrag[1)]

§ 127 Erhebung des Erschließungsbeitrags. (1) Die Gemeinden erheben zur Deckung ihres anderweitig nicht gedeckten Aufwands für Erschließungsanlagen einen Erschließungsbeitrag nach Maßgabe der folgenden Vorschriften.

(2) Erschließungsanlagen im Sinne dieses Abschnitts sind

1. die öffentlichen zum Anbau bestimmten Straßen, Wege und Plätze;
2. die öffentlichen aus rechtlichen oder tatsächlichen Gründen mit Kraftfahrzeugen nicht befahrbaren Verkehrsanlagen innerhalb der Baugebiete (z.B. Fußwege, Wohnwege);
3. Sammelstraßen innerhalb der Baugebiete; Sammelstraßen sind öffentliche Straßen, Wege und Plätze, die selbst nicht zum Anbau bestimmt, aber zur Erschließung der Baugebiete notwendig sind;
4. Parkflächen und Grünanlagen mit Ausnahme von Kinderspielplätzen, soweit sie Bestandteil der in den Nummern 1 bis 3 genannten Verkehrsanlagen oder nach städtebaulichen Grundsätzen innerhalb der Baugebiete zu deren Erschließung notwendig sind;
5. Anlagen zum Schutz von Baugebieten gegen schädliche Umwelteinwirkungen im Sinne des Bundes-Immissionsschutzgesetzes, auch wenn sie nicht Bestandteil der Erschließungsanlagen sind.

(3) Der Erschließungsbeitrag kann für den Grunderwerb, die Freilegung und für Teile der Erschließungsanlagen selbständig erhoben werden (Kostenspaltung).

(4) [1] Das Recht, Abgaben für Anlagen zu erheben, die nicht Erschließungsanlagen im Sinne dieses Abschnitts sind, bleibt unberührt. [2] Dies gilt insbesondere für Anlagen zur Ableitung von Abwasser sowie zur Versorgung mit Elektrizität, Gas, Wärme und Wasser.

---

1) Siehe **in Bayern** auch Art. 5a KommunalabgabenG idF der Bek. v. 4.4.1993 (GVBl. S. 264), zuletzt geänd. durch G v. 23.12.2019 (GVBl. S. 737).

§ 128 Umfang des Erschließungsaufwands. (1) [1]Der Erschließungsaufwand nach § 127 umfasst die Kosten für

1. den Erwerb und die Freilegung der Flächen für die Erschließungsanlagen;
2. ihre erstmalige Herstellung einschließlich der Einrichtungen für ihre Entwässerung und ihre Beleuchtung;
3. die Übernahme von Anlagen als gemeindliche Erschließungsanlagen.

[2]Der Erschließungsaufwand umfasst auch den Wert der von der Gemeinde aus ihrem Vermögen bereitgestellten Flächen im Zeitpunkt der Bereitstellung. [3]Zu den Kosten für den Erwerb der Flächen für Erschließungsanlagen gehört im Falle einer erschließungsbeitragspflichtigen Zuteilung im Sinne des § 57 Satz 4 und des § 58 Absatz 1 Satz 1 auch der Wert nach § 68 Absatz 1 Nummer 4.

(2) [1]Soweit die Gemeinden nach Landesrecht berechtigt sind, Beiträge zu den Kosten für Erweiterungen oder Verbesserungen von Erschließungsanlagen zu erheben, bleibt dieses Recht unberührt. [2]Die Länder können bestimmen, dass die Kosten für die Beleuchtung der Erschließungsanlagen in den Erschließungsaufwand nicht einzubeziehen sind.

(3) Der Erschließungsaufwand umfasst nicht die Kosten für

1. Brücken, Tunnels und Unterführungen mit den dazugehörigen Rampen;
2. die Fahrbahnen der Ortsdurchfahrten von Bundesstraßen sowie von Landstraßen I. und II. Ordnung, soweit die Fahrbahnen dieser Straßen keine größere Breite als ihre anschließenden freien Strecken erfordern.

§ 129 Beitragsfähiger Erschließungsaufwand. (1) [1]Zur Deckung des anderweitig nicht gedeckten Erschließungsaufwands können Beiträge nur insoweit erhoben werden, als die Erschließungsanlagen erforderlich sind, um die Bauflächen und die gewerblich zu nutzenden Flächen entsprechend den baurechtlichen Vorschriften zu nutzen (beitragsfähiger Erschließungsaufwand). [2]Soweit Anlagen nach § 127 Absatz 2 von dem Eigentümer hergestellt sind oder von ihm auf Grund baurechtlicher Vorschriften verlangt werden, dürfen Beiträge nicht erhoben werden. [3]Die Gemeinden tragen mindestens 10 vom Hundert des beitragsfähigen Erschließungsaufwands.

(2) Kosten, die ein Eigentümer oder sein Rechtsvorgänger bereits für Erschließungsmaßnahmen aufgewandt hat, dürfen bei der Übernahme als gemeindliche Erschließungsanlagen nicht erneut erhoben werden.

§ 130 Art der Ermittlung des beitragsfähigen Erschließungsaufwands.

(1) [1]Der beitragsfähige Erschließungsaufwand kann nach den tatsächlich entstandenen Kosten oder nach Einheitssätzen ermittelt werden. [2]Die Einheitssätze sind nach den in der Gemeinde üblicherweise durchschnittlich aufzuwendenden Kosten vergleichbarer Erschließungsanlagen festzusetzen.

(2) [1]Der beitragsfähige Erschließungsaufwand kann für die einzelne Erschließungsanlage oder für bestimmte Abschnitte einer Erschließungsanlage ermittelt werden. [2]Abschnitte einer Erschließungsanlage können nach örtlich erkennbaren Merkmalen oder nach rechtlichen Gesichtspunkten (z.B. Grenzen von Bebauungsplangebieten, Umlegungsgebieten, förmlich festgelegten Sanierungsgebieten) gebildet werden. [3]Für mehrere Anlagen, die für die Erschlie-

ßung der Grundstücke eine Einheit bilden, kann der Erschließungsaufwand insgesamt ermittelt werden.

§ 131 Maßstäbe für die Verteilung des Erschließungsaufwands.

(1) [1]Der ermittelte beitragsfähige Erschließungsaufwand für eine Erschließungsanlage ist auf die durch die Anlage erschlossenen Grundstücke zu verteilen. [2]Mehrfach erschlossene Grundstücke sind bei gemeinsamer Aufwandsermittlung in einer Erschließungseinheit (§ 130 Absatz 2 Satz 3) bei der Verteilung des Erschließungsaufwands nur einmal zu berücksichtigen.

(2) [1]Verteilungsmaßstäbe sind

1. die Art und das Maß der baulichen oder sonstigen Nutzung;
2. die Grundstücksflächen;
3. die Grundstücksbreite an der Erschließungsanlage.

[2]Die Verteilungsmaßstäbe können miteinander verbunden werden.

(3) In Gebieten, die nach dem Inkrafttreten des Bundesbaugesetzes erschlossen werden, sind, wenn eine unterschiedliche bauliche oder sonstige Nutzung zulässig ist, die Maßstäbe nach Absatz 2 in der Weise anzuwenden, dass der Verschiedenheit dieser Nutzung nach Art und Maß entsprochen wird.

§ 132 Regelung durch Satzung. Die Gemeinden regeln durch Satzung

1. die Art und den Umfang der Erschließungsanlagen im Sinne des § 129,
2. die Art der Ermittlung und der Verteilung des Aufwands sowie die Höhe des Einheitssatzes,
3. die Kostenspaltung (§ 127 Absatz 3) und
4. die Merkmale der endgültigen Herstellung einer Erschließungsanlage.

§ 133 Gegenstand und Entstehung der Beitragspflicht. (1) [1]Der Beitragspflicht unterliegen Grundstücke, für die eine bauliche oder gewerbliche Nutzung festgesetzt ist, sobald sie bebaut oder gewerblich genutzt werden dürfen. [2]Erschlossene Grundstücke, für die eine bauliche oder gewerbliche Nutzung nicht festgesetzt ist, unterliegen der Beitragspflicht, wenn sie nach der Verkehrsauffassung Bauland sind und nach der geordneten baulichen Entwicklung der Gemeinde zur Bebauung anstehen. [3]Die Gemeinde gibt bekannt, welche Grundstücke nach Satz 2 der Beitragspflicht unterliegen; die Bekanntmachung hat keine rechtsbegründende Wirkung.

(2) [1]Die Beitragspflicht entsteht mit der endgültigen Herstellung der Erschließungsanlagen, für Teilbeträge, sobald die Maßnahmen, deren Aufwand durch die Teilbeträge gedeckt werden soll, abgeschlossen sind. [2]Im Falle des § 128 Absatz 1 Satz 1 Nummer 3 entsteht die Beitragspflicht mit der Übernahme durch die Gemeinde.

(3) [1]Für ein Grundstück, für das eine Beitragspflicht noch nicht oder nicht in vollem Umfang entstanden ist, können Vorausleistungen auf den Erschließungsbeitrag bis zur Höhe des voraussichtlichen endgültigen Erschließungsbeitrags verlangt werden, wenn ein Bauvorhaben auf dem Grundstück genehmigt wird oder wenn mit der Herstellung der Erschließungsanlagen begonnen worden ist und die endgültige Herstellung der Erschließungsanlagen innerhalb von vier Jahren zu erwarten ist. [2]Die Vorausleistung ist mit der endgültigen

Beitragsschuld zu verrechnen, auch wenn der Vorausleistende nicht beitragspflichtig ist. [3]Ist die Beitragspflicht sechs Jahre nach Erlass des Vorausleistungsbescheids noch nicht entstanden, kann die Vorausleistung zurückverlangt werden, wenn die Erschließungsanlage bis zu diesem Zeitpunkt noch nicht benutzbar ist. [4]Der Rückzahlungsanspruch ist ab Erhebung der Vorausleistung mit 2 vom Hundert über dem Basiszinssatz nach § 247 des Bürgerlichen Gesetzbuchs jährlich zu verzinsen. [5]Die Gemeinde kann Bestimmungen über die Ablösung des Erschließungsbeitrags im Ganzen vor Entstehung der Beitragspflicht treffen.

§ 134 Beitragspflichtiger. (1) [1]Beitragspflichtig ist derjenige, der im Zeitpunkt der Bekanntgabe des Beitragsbescheids Eigentümer des Grundstücks ist. [2]Ist das Grundstück mit einem Erbbaurecht belastet, so ist der Erbbauberechtigte anstelle des Eigentümers beitragspflichtig. [3]Ist das Grundstück mit einem dinglichen Nutzungsrecht nach Artikel 233 § 4 des Einführungsgesetzes zum Bürgerlichen Gesetzbuche belastet, so ist der Inhaber dieses Rechts anstelle des Eigentümers beitragspflichtig. [4]Mehrere Beitragspflichtige haften als Gesamtschuldner; bei Wohnungs- und Teileigentum sind die einzelnen Wohnungs- und Teileigentümer nur entsprechend ihrem Miteigentumsanteil beitragspflichtig.

(2) Der Beitrag ruht als öffentliche Last auf dem Grundstück, im Falle des Absatzes 1 Satz 2 auf dem Erbbaurecht, im Falle des Absatzes 1 Satz 3 auf dem dinglichen Nutzungsrecht, im Falle des Absatzes 1 Satz 4 auf dem Wohnungs- oder dem Teileigentum.

§ 135 Fälligkeit und Zahlung des Beitrags. (1) Der Beitrag wird einen Monat nach der Bekanntgabe des Beitragsbescheids fällig.

(2) [1]Die Gemeinde kann zur Vermeidung unbilliger Härten im Einzelfall, insbesondere soweit dies zur Durchführung eines genehmigten Bauvorhabens erforderlich ist, zulassen, dass der Erschließungsbeitrag in Raten oder in Form einer Rente gezahlt wird. [2]Ist die Finanzierung eines Bauvorhabens gesichert, so soll die Zahlungsweise der Auszahlung der Finanzierungsmittel angepasst, jedoch nicht über zwei Jahre hinaus erstreckt werden.

(3) [1]Lässt die Gemeinde nach Absatz 2 eine Verrentung zu, so ist der Erschließungsbeitrag durch Bescheid in eine Schuld umzuwandeln, die in höchstens zehn Jahresleistungen zu entrichten ist. [2]In dem Bescheid sind Höhe und Zeitpunkt der Fälligkeit der Jahresleistungen zu bestimmen. [3]Der jeweilige Restbetrag ist mit höchstens 2 vom Hundert über dem Basiszinssatz nach § 247 des Bürgerlichen Gesetzbuchs jährlich zu verzinsen. [4]Die Jahresleistungen stehen wiederkehrenden Leistungen im Sinne des § 10 Absatz 1 Nummer 3 des Zwangsversteigerungsgesetzes gleich.

(4) [1]Werden Grundstücke landwirtschaftlich oder als Wald genutzt, ist der Beitrag so lange zinslos zu stunden, wie das Grundstück zur Erhaltung der Wirtschaftlichkeit des landwirtschaftlichen Betriebs genutzt werden muss. [2]Satz 1 gilt auch für die Fälle der Nutzungsüberlassung und Betriebsübergabe an Familienangehörige im Sinne des § 15 der Abgabenordnung. [3]Der Beitrag ist auch zinslos zu stunden, solange Grundstücke als Kleingärten im Sinne des Bundeskleingartengesetzes genutzt werden.

(5) [1] Im Einzelfall kann die Gemeinde auch von der Erhebung des Erschließungsbeitrags ganz oder teilweise absehen, wenn dies im öffentlichen Interesse oder zur Vermeidung unbilliger Härten geboten ist. [2] Die Freistellung kann auch für den Fall vorgesehen werden, dass die Beitragspflicht noch nicht entstanden ist.

(6) Weitergehende landesrechtliche Billigkeitsregelungen bleiben unberührt.

Siebter Teil. Maßnahmen für den Naturschutz

§ 135a Pflichten des Vorhabenträgers; Durchführung durch die Gemeinde; Kostenerstattung. (1) Festgesetzte Maßnahmen zum Ausgleich im Sinne des § 1a Absatz 3 sind vom Vorhabenträger durchzuführen.

(2) [1] Soweit Maßnahmen zum Ausgleich an anderer Stelle den Grundstücken nach § 9 Absatz 1a zugeordnet sind, soll die Gemeinde diese anstelle und auf Kosten der Vorhabenträger oder der Eigentümer der Grundstücke durchführen und auch die hierfür erforderlichen Flächen bereitstellen, sofern dies nicht auf andere Weise gesichert ist. [2] Die Maßnahmen zum Ausgleich können bereits vor den Baumaßnahmen und der Zuordnung durchgeführt werden.

(3) [1] Die Kosten können geltend gemacht werden, sobald die Grundstücke, auf denen Eingriffe zu erwarten sind, baulich oder gewerblich genutzt werden dürfen. [2] Die Gemeinde erhebt zur Deckung ihres Aufwands für Maßnahmen zum Ausgleich einschließlich der Bereitstellung hierfür erforderlicher Flächen einen Kostenerstattungsbetrag. [3] Die Erstattungspflicht entsteht mit der Herstellung der Maßnahmen zum Ausgleich durch die Gemeinde. [4] Der Betrag ruht als öffentliche Last auf dem Grundstück.

(4) Die landesrechtlichen Vorschriften über kommunale Beiträge einschließlich der Billigkeitsregelungen sind entsprechend anzuwenden.

§ 135b Verteilungsmaßstäbe für die Abrechnung. [1] Soweit die Gemeinde Maßnahmen zum Ausgleich nach § 135a Absatz 2 durchführt, sind die Kosten auf die zugeordneten Grundstücke zu verteilen. [2] Verteilungsmaßstäbe sind

1. die überbaubare Grundstücksfläche,
2. die zulässige Grundfläche,
3. die zu erwartende Versiegelung oder
4. die Schwere der zu erwartenden Eingriffe.

[3] Die Verteilungsmaßstäbe können miteinander verbunden werden.

§ 135c Satzungsrecht. Die Gemeinde kann durch Satzung regeln

1. Grundsätze für die Ausgestaltung von Maßnahmen zum Ausgleich entsprechend den Festsetzungen eines Bebauungsplans,
2. den Umfang der Kostenerstattung nach § 135a; dabei ist § 128 Absatz 1 Satz 1 Nummer 1 und 2 und Satz 2 entsprechend anzuwenden,
3. die Art der Kostenermittlung und die Höhe des Einheitssatzes entsprechend § 130,
4. die Verteilung der Kosten nach § 135b einschließlich einer Pauschalierung der Schwere der zu erwartenden Eingriffe nach Biotop- und Nutzungstypen,

5. die Voraussetzungen für die Anforderung von Vorauszahlungen,
6. die Fälligkeit des Kostenerstattungsbetrags.

Zweites Kapitel. Besonderes Städtebaurecht

Erster Teil. Städtebauliche Sanierungsmaßnahmen

Erster Abschnitt. Allgemeine Vorschriften

§ 136 Städtebauliche Sanierungsmaßnahmen. (1) Städtebauliche Sanierungsmaßnahmen in Stadt und Land, deren einheitliche Vorbereitung und zügige Durchführung im öffentlichen Interesse liegen, werden nach den Vorschriften dieses Teils vorbereitet und durchgeführt.

(2) [1] Städtebauliche Sanierungsmaßnahmen sind Maßnahmen, durch die ein Gebiet zur Behebung städtebaulicher Missstände wesentlich verbessert oder umgestaltet wird. [2] Städtebauliche Missstände liegen vor, wenn

1. das Gebiet nach seiner vorhandenen Bebauung oder nach seiner sonstigen Beschaffenheit den allgemeinen Anforderungen an gesunde Wohn- und Arbeitsverhältnisse oder an die Sicherheit der in ihm wohnenden oder arbeitenden Menschen auch unter Berücksichtigung der Belange des Klimaschutzes und der Klimaanpassung nicht entspricht oder
2. das Gebiet in der Erfüllung der Aufgaben erheblich beeinträchtigt ist, die ihm nach seiner Lage und Funktion obliegen.

(3) Bei der Beurteilung, ob in einem städtischen oder ländlichen Gebiet städtebauliche Missstände vorliegen, sind insbesondere zu berücksichtigen

1. die Wohn- und Arbeitsverhältnisse oder die Sicherheit der in dem Gebiet wohnenden und arbeitenden Menschen in Bezug auf
   a) die Belichtung, Besonnung und Belüftung der Wohnungen und Arbeitsstätten,
   b) die bauliche Beschaffenheit von Gebäuden, Wohnungen und Arbeitsstätten,
   c) die Zugänglichkeit der Grundstücke,
   d) die Auswirkungen einer vorhandenen Mischung von Wohn- und Arbeitsstätten,
   e) die Nutzung von bebauten und unbebauten Flächen nach Art, Maß und Zustand,
   f) die Einwirkungen, die von Grundstücken, Betrieben, Einrichtungen oder Verkehrsanlagen ausgehen, insbesondere durch Lärm, Verunreinigungen und Erschütterungen,
   g) die vorhandene Erschließung,
   h) die energetische Beschaffenheit, die Gesamtenergieeffizienz der vorhandenen Bebauung und der Versorgungseinrichtungen des Gebiets unter Berücksichtigung der allgemeinen Anforderungen an den Klimaschutz und die Klimaanpassung;
2. die Funktionsfähigkeit des Gebiets in Bezug auf
   a) den fließenden und ruhenden Verkehr,

b) die wirtschaftliche Situation und Entwicklungsfähigkeit des Gebiets unter Berücksichtigung seiner Versorgungsfunktion im Verflechtungsbereich,

c) die infrastrukturelle Erschließung des Gebiets, seine Ausstattung mit Grünflächen, Spiel- und Sportplätzen und mit Anlagen des Gemeinbedarfs, insbesondere unter Berücksichtigung der sozialen und kulturellen Aufgaben dieses Gebiets im Verflechtungsbereich.

(4) [1] Städtebauliche Sanierungsmaßnahmen dienen dem Wohl der Allgemeinheit. [2] Sie sollen dazu beitragen, dass

1. die bauliche Struktur in allen Teilen des Bundesgebiets nach den allgemeinen Anforderungen an den Klimaschutz und die Klimaanpassung sowie nach den sozialen, hygienischen, wirtschaftlichen und kulturellen Erfordernissen entwickelt wird,
2. die Verbesserung der Wirtschafts- und Agrarstruktur unterstützt wird,
3. die Siedlungsstruktur den Erfordernissen des Umweltschutzes, den Anforderungen an gesunde Lebens- und Arbeitsbedingungen der Bevölkerung und der Bevölkerungsentwicklung entspricht oder
4. die vorhandenen Ortsteile erhalten, erneuert und fortentwickelt werden, die Gestaltung des Orts- und Landschaftsbilds verbessert und den Erfordernissen des Denkmalschutzes Rechnung getragen wird.

[3] Die öffentlichen und privaten Belange sind gegeneinander und untereinander gerecht abzuwägen.

§ 137 Beteiligung und Mitwirkung der Betroffenen. [1] Die Sanierung soll mit den Eigentümern, Mietern, Pächtern und sonstigen Betroffenen möglichst frühzeitig erörtert werden. [2] Die Betroffenen sollen zur Mitwirkung bei der Sanierung und zur Durchführung der erforderlichen baulichen Maßnahmen angeregt und hierbei im Rahmen des Möglichen beraten werden.

§ 138 Auskunftspflicht. (1) [1] Eigentümer, Mieter, Pächter und sonstige zum Besitz oder zur Nutzung eines Grundstücks, Gebäudes oder Gebäudeteils Berechtigte sowie ihre Beauftragten sind verpflichtet, der Gemeinde oder ihren Beauftragten Auskunft über die Tatsachen zu erteilen, deren Kenntnis zur Beurteilung der Sanierungsbedürftigkeit eines Gebiets oder zur Vorbereitung oder Durchführung der Sanierung erforderlich ist. [2] An personenbezogenen Daten können insbesondere Angaben der Betroffenen über ihre persönlichen Lebensumstände im wirtschaftlichen und sozialen Bereich, namentlich über die Berufs-, Erwerbs- und Familienverhältnisse, das Lebensalter, die Wohnbedürfnisse, die sozialen Veflechtungen sowie über die örtlichen Bindungen, erhoben werden.

(2) [1] Die nach Absatz 1 erhobenen personenbezogenen Daten dürfen nur zu Zwecken der Sanierung verwendet werden. [2] Wurden die Daten von einem Beauftragten der Gemeinde erhoben, dürfen sie nur an die Gemeinde weitergegeben werden; die Gemeinde darf die Daten an andere Beauftragte im Sinne des § 157 sowie an die höhere Verwaltungsbehörde weitergeben, soweit dies zu Zwecken der Sanierung erforderlich ist. [3] Nach Aufhebung der förmlichen Festlegung des Sanierungsgebiets sind die Daten zu löschen. [4] Soweit die erhobenen Daten für die Besteuerung erforderlich sind, dürfen sie an die Finanzbehörden weitergegeben werden.

(3) [1] Die mit der Erhebung der Daten Beauftragten sind bei Aufnahme ihrer Tätigkeit nach Maßgabe des Absatzes 2 zu verpflichten. [2] Ihre Pflichten bestehen nach Beendigung ihrer Tätigkeit fort.

(4) [1] Verweigert ein nach Absatz 1 Auskunftspflichtiger die Auskunft, ist § 208 Satz 2 bis 4 über die Androhung und Festsetzung eines Zwangsgelds entsprechend anzuwenden. [2] Der Auskunftspflichtige kann die Auskunft auf solche Fragen verweigern, deren Beantwortung ihn selbst oder einen der in § 383 Absatz 1 Nummer 1 bis 3 der Zivilprozessordnung bezeichneten Angehörigen der Gefahr strafrechtlicher Verfolgung oder eines Verfahrens nach dem Gesetz über Ordnungswidrigkeiten aussetzen würde.

§ 139 Beteiligung und Mitwirkung öffentlicher Aufgabenträger.

(1) Der Bund, einschließlich seiner Sondervermögen, die Länder, die Gemeindeverbände und die sonstigen Körperschaften, Anstalten und Stiftungen des öffentlichen Rechts sollen im Rahmen der ihnen obliegenden Aufgaben die Vorbereitung und Durchführung von städtebaulichen Sanierungsmaßnahmen unterstützen.

(2) [1] § 4 Absatz 2 und § 4a Absatz 1 bis 4 und 6 sind bei der Vorbereitung und Durchführung der Sanierung auf Behörden und sonstige Träger öffentlicher Belange sinngemäß anzuwenden. [2] Die Träger öffentlicher Belange haben die Gemeinde auch über Änderungen ihrer Absichten zu unterrichten.

(3) Ist eine Änderung von Zielen und Zwecken der Sanierung oder von Maßnahmen und Planungen der Träger öffentlicher Belange, die aufeinander abgestimmt wurden, beabsichtigt, haben sich die Beteiligten unverzüglich miteinander ins Benehmen zu setzen.

Zweiter Abschnitt. Vorbereitung und Durchführung

§ 140 Vorbereitung. Die Vorbereitung der Sanierung ist Aufgabe der Gemeinde; sie umfasst

1. die vorbereitenden Untersuchungen,
2. die förmliche Festlegung des Sanierungsgebiets,
3. die Bestimmung der Ziele und Zwecke der Sanierung,
4. die städtebauliche Planung; hierzu gehört auch die Bauleitplanung oder eine Rahmenplanung, soweit sie für die Sanierung erforderlich ist,
5. die Erörterung der beabsichtigten Sanierung,
6. die Erarbeitung und Fortschreibung des Sozialplans,
7. einzelne Ordnungs- und Baumaßnahmen, die vor einer förmlichen Festlegung des Sanierungsgebiets durchgeführt werden.

§ 141 Vorbereitende Untersuchungen. (1) [1] Die Gemeinde hat vor der förmlichen Festlegung des Sanierungsgebiets die vorbereitenden Untersuchungen durchzuführen oder zu veranlassen, die erforderlich sind, um Beurteilungsunterlagen zu gewinnen über die Notwendigkeit der Sanierung, die sozialen, strukturellen und städtebaulichen Verhältnisse und Zusammenhänge sowie die anzustrebenden allgemeinen Ziele und die Durchführbarkeit der Sanierung im Allgemeinen. [2] Die vorbereitenden Untersuchungen sollen sich auch auf nachteilige Auswirkungen erstrecken, die sich für die von der beabsichtigten Sanierung unmittelbar Betroffenen in ihren persönlichen Lebensumständen im wirtschaftlichen oder sozialen Bereich voraussichtlich ergeben werden.

(2) Von vorbereitenden Untersuchungen kann abgesehen werden, wenn hinreichende Beurteilungsunterlagen bereits vorliegen.

(3) [1]Die Gemeinde leitet die Vorbereitung der Sanierung durch den Beschluss über den Beginn der vorbereitenden Untersuchungen ein. [2]Der Beschluss ist ortsüblich bekannt zu machen. [3]Dabei ist auf die Auskunftspflicht nach § 138 hinzuweisen.

(4) [1]Mit der ortsüblichen Bekanntmachung des Beschlusses über den Beginn der vorbereitenden Untersuchungen finden die §§ 137, 138 und 139 über die Beteiligung und Mitwirkung der Betroffenen, die Auskunftspflicht und die Beteiligung und Mitwirkung öffentlicher Aufgabenträger Anwendung; ab diesem Zeitpunkt ist § 15 auf die Durchführung eines Vorhabens im Sinne des § 29 Absatz 1 und auf die Beseitigung einer baulichen Anlage entsprechend anzuwenden. [2]Mit der förmlichen Festlegung des Sanierungsgebiets wird ein Bescheid über die Zurückstellung des Baugesuchs sowie ein Bescheid über die Zurückstellung der Beseitigung einer baulichen Anlage nach Satz 1 zweiter Halbsatz unwirksam.

§ 142 Sanierungssatzung. (1) [1]Die Gemeinde kann ein Gebiet, in dem eine städtebauliche Sanierungsmaßnahme durchgeführt werden soll, durch Beschluss förmlich als Sanierungsgebiet festlegen (förmlich festgelegtes Sanierungsgebiet). [2]Das Sanierungsgebiet ist so zu begrenzen, dass sich die Sanierung zweckmäßig durchführen lässt. [3]Einzelne Grundstücke, die von der Sanierung nicht betroffen werden, können aus dem Gebiet ganz oder teilweise ausgenommen werden.

(2) [1]Ergibt sich aus den Zielen und Zwecken der Sanierung, dass Flächen außerhalb des förmlich festgelegten Sanierungsgebiets

1. für Ersatzbauten oder Ersatzanlagen zur räumlich zusammenhängenden Unterbringung von Bewohnern oder Betrieben aus dem förmlich festgelegten Sanierungsgebiet oder
2. für die durch die Sanierung bedingten Gemeinbedarfs- oder Folgeeinrichtungen

in Anspruch genommen werden müssen (Ersatz- und Ergänzungsgebiete), kann die Gemeinde geeignete Gebiete für diesen Zweck förmlich festlegen. [2]Für die förmliche Festlegung und die sich aus ihr ergebenden Wirkungen sind die für förmlich festgelegte Sanierungsgebiete geltenden Vorschriften anzuwenden.

(3) [1]Die Gemeinde beschließt die förmliche Festlegung des Sanierungsgebiets als Satzung (Sanierungssatzung). [2]In der Sanierungssatzung ist das Sanierungsgebiet zu bezeichnen. [3]Bei dem Beschluss über die Sanierungssatzung ist zugleich durch Beschluss die Frist festzulegen, in der die Sanierung durchgeführt werden soll; die Frist soll 15 Jahre nicht überschreiten. [4]Kann die Sanierung nicht innerhalb der Frist durchgeführt werden, kann die Frist durch Beschluss verlängert werden.

(4) In der Sanierungssatzung ist die Anwendung der Vorschriften des Dritten Abschnitts auszuschließen, wenn sie für die Durchführung der Sanierung nicht erforderlich ist und die Durchführung hierdurch voraussichtlich nicht erschwert wird (vereinfachtes Sanierungsverfahren); in diesem Falle kann in der Sanie-

rungssatzung auch die Genehmigungspflicht nach § 144 insgesamt, nach § 144 Absatz 1 oder § 144 Absatz 2 ausgeschlossen werden.

§ 143 Bekanntmachung der Sanierungssatzung, Sanierungsvermerk.

(1) [1]Die Gemeinde hat die Sanierungssatzung ortsüblich bekannt zu machen. [2]Sie kann auch ortsüblich bekannt machen, dass eine Sanierungssatzung beschlossen worden ist; § 10 Absatz 3 Satz 2 bis 5 ist entsprechend anzuwenden. [3]In der Bekanntmachung nach den Sätzen 1 und 2 ist – außer im vereinfachten Sanierungsverfahren – auf die Vorschriften des Dritten Abschnitts hinzuweisen. [4]Mit der Bekanntmachung wird die Sanierungssatzung rechtsverbindlich.

(2) [1]Die Gemeinde teilt dem Grundbuchamt die rechtsverbindliche Sanierungssatzung mit und hat hierbei die von der Sanierungssatzung betroffenen Grundstücke einzeln aufzuführen. [2]Das Grundbuchamt hat in die Grundbücher dieser Grundstücke einzutragen, dass eine Sanierung durchgeführt wird (Sanierungsvermerk). [3]§ 54 Absatz 2 und 3 ist entsprechend anzuwenden. [4]Die Sätze 1 bis 3 sind nicht anzuwenden, wenn in der Sanierungssatzung die Genehmigungspflicht nach § 144 Absatz 2 ausgeschlossen ist.

§ 144 Genehmigungspflichtige Vorhaben und Rechtsvorgänge.

(1) Im förmlich festgelegten Sanierungsgebiet bedürfen der schriftlichen Genehmigung der Gemeinde

1. die in § 14 Absatz 1 bezeichneten Vorhaben und sonstigen Maßnahmen;
2. Vereinbarungen, durch die ein schuldrechtliches Vertragsverhältnis über den Gebrauch oder die Nutzung eines Grundstücks, Gebäudes oder Gebäudeteils auf bestimmte Zeit von mehr als einem Jahr eingegangen oder verlängert wird.

(2) Im förmlich festgelegten Sanierungsgebiet bedürfen der schriftlichen Genehmigung der Gemeinde

1. die rechtsgeschäftliche Veräußerung eines Grundstücks und die Bestellung und Veräußerung eines Erbbaurechts;
2. die Bestellung eines das Grundstück belastenden Rechts; dies gilt nicht für die Bestellung eines Rechts, das mit der Durchführung von Baumaßnahmen im Sinne des § 148 Absatz 2 im Zusammenhang steht;
3. ein schuldrechtlicher Vertrag, durch den eine Verpflichtung zu einem der in Nummer 1 oder 2 genannten Rechtsgeschäfte begründet wird; ist der schuldrechtliche Vertrag genehmigt worden, gilt auch das in Ausführung dieses Vertrags vorgenommene dingliche Rechtsgeschäft als genehmigt;
4. die Begründung, Änderung oder Aufhebung einer Baulast;
5. die Teilung eines Grundstücks.

(3) Die Gemeinde kann für bestimmte Fälle die Genehmigung für das förmlich festgelegte Sanierungsgebiet oder Teile desselben allgemein erteilen; sie hat dies ortsüblich bekannt zu machen.

(4) Keiner Genehmigung bedürfen

1. Vorhaben und Rechtsvorgänge, wenn die Gemeinde oder der Sanierungsträger für das Treuhandvermögen als Vertragsteil oder Eigentümer beteiligt ist;

2. Rechtsvorgänge nach Absatz 2 Nummer 1 bis 3 zum Zwecke der Vorwegnahme der gesetzlichen Erbfolge;
3. Vorhaben nach Absatz 1 Nummer 1, die vor der förmlichen Festlegung des Sanierungsgebiets baurechtlich genehmigt worden sind, Vorhaben nach Absatz 1 Nummer 1, von denen die Gemeinde nach Maßgabe des Bauordnungsrechts Kenntnis erlangt hat und mit deren Ausführung vor dem Inkrafttreten der Veränderungssperre hätte begonnen werden dürfen, sowie Unterhaltungsarbeiten und die Fortführung einer bisher ausgeübten Nutzung;
4. Rechtsvorgänge nach Absatz 1 Nummer 2 und Absatz 2, die Zwecken der Landesverteidigung dienen;
5. der rechtsgeschäftliche Erwerb eines in ein Verfahren im Sinne des § 38 einbezogenen Grundstücks durch den Bedarfsträger.

§ 145 Genehmigung. (1) [1]Die Genehmigung wird durch die Gemeinde erteilt; § 22 Absatz 5 Satz 2 bis 5 ist entsprechend anzuwenden. [2]Ist eine baurechtliche Genehmigung oder an ihrer Stelle eine baurechtliche Zustimmung erforderlich, wird die Genehmigung durch die Baugenehmigungsbehörde im Einvernehmen mit der Gemeinde erteilt. [3]Im Falle des Satzes 2 ist über die Genehmigung innerhalb von zwei Monaten nach Eingang des Antrags bei der Baugenehmigungsbehörde zu entscheiden; § 22 Absatz 5 Satz 3 bis 6 ist mit der Maßgabe entsprechend anzuwenden, dass die Genehmigungsfrist höchstens um zwei Monate verlängert werden darf.

(2) Die Genehmigung darf nur versagt werden, wenn Grund zur Annahme besteht, dass das Vorhaben, der Rechtsvorgang einschließlich der Teilung eines Grundstücks oder die damit erkennbar bezweckte Nutzung die Durchführung der Sanierung unmöglich machen oder wesentlich erschweren oder den Zielen und Zwecken der Sanierung zuwiderlaufen würde.

(3) Die Genehmigung ist zu erteilen, wenn die wesentliche Erschwerung dadurch beseitigt wird, dass die Beteiligten für den Fall der Durchführung der Sanierung für sich und ihre Rechtsnachfolger

1. in den Fällen des § 144 Absatz 1 Nummer 1 auf Entschädigung für die durch das Vorhaben herbeigeführten Werterhöhungen sowie für werterhöhende Änderungen, die auf Grund der mit dem Vorhaben bezweckten Nutzung vorgenommen werden, verzichten;
2. in den Fällen des § 144 Absatz 1 Nummer 2 oder Absatz 2 Nummer 2 oder 3 auf Entschädigung für die Aufhebung des Rechts sowie für werterhöhende Änderungen verzichten, die auf Grund dieser Rechte vorgenommen werden.

(4) [1]Die Genehmigung kann unter Auflagen, in den Fällen des § 144 Absatz 1 auch befristet oder bedingt erteilt werden. [2]§ 51 Absatz 4 Satz 2 und 3 ist entsprechend anzuwenden. [3]Die Genehmigung kann auch vom Abschluss eines städtebaulichen Vertrags abhängig gemacht werden, wenn dadurch Versagungsgründe im Sinne des Absatzes 2 ausgeräumt werden.

(5) [1]Wird die Genehmigung versagt, kann der Eigentümer von der Gemeinde die Übernahme des Grundstücks verlangen, wenn und soweit es ihm mit Rücksicht auf die Durchführung der Sanierung wirtschaftlich nicht mehr zuzumuten ist, das Grundstück zu behalten oder es in der bisherigen oder einer

anderen zulässigen Art zu nutzen. [2]Liegen die Flächen eines land- oder forstwirtschaftlichen Betriebs sowohl innerhalb als auch außerhalb des förmlich festgelegten Sanierungsgebiets, kann der Eigentümer von der Gemeinde die Übernahme sämtlicher Grundstücke des Betriebs verlangen, wenn die Erfüllung des Übernahmeverlangens für die Gemeinde keine unzumutbare Belastung bedeutet; die Gemeinde kann sich auf eine unzumutbare Belastung nicht berufen, soweit die außerhalb des förmlich festgelegten Sanierungsgebiets gelegenen Grundstücke nicht mehr in angemessenem Umfang baulich oder wirtschaftlich genutzt werden können. [3]Kommt eine Einigung über die Übernahme nicht zustande, kann der Eigentümer die Entziehung des Eigentums an dem Grundstück verlangen. [4]Für die Entziehung des Eigentums sind die Vorschriften des Fünften Teils des Ersten Kapitels entsprechend anzuwenden. [5]§ 43 Absatz 1, 4 und 5 sowie § 44 Absatz 3 und 4 sind entsprechend anzuwenden.

(6) [1]§ 22 Absatz 6 ist entsprechend anzuwenden. [2]Ist eine Genehmigung allgemein erteilt oder nicht erforderlich, hat die Gemeinde darüber auf Antrag eines Beteiligten ein Zeugnis auszustellen.

§ 146 Durchführung. (1) Die Durchführung umfasst die Ordnungsmaßnahmen und die Baumaßnahmen innerhalb des förmlich festgelegten Sanierungsgebiets, die nach den Zielen und Zwecken der Sanierung erforderlich sind.

(2) [1]Auf Grundstücken, die den in § 26 Nummer 2 bezeichneten Zwecken dienen, und auf den in § 26 Nummer 3 bezeichneten Grundstücken dürfen im Rahmen städtebaulicher Sanierungsmaßnahmen einzelne Ordnungs- und Baumaßnahmen nur mit Zustimmung des Bedarfsträgers durchgeführt werden. [2]Der Bedarfsträger soll seine Zustimmung erteilen, wenn auch unter Berücksichtigung seiner Aufgaben ein überwiegendes öffentliches Interesse an der Durchführung der Sanierungsmaßnahmen besteht.

(3) [1]Die Gemeinde kann die Durchführung der Ordnungsmaßnahmen und die Errichtung oder Änderung von Gemeinbedarfs- und Folgeeinrichtungen im Sinne des § 148 Absatz 2 Satz 1 Nummer 3 auf Grund eines Vertrags ganz oder teilweise dem Eigentümer überlassen. [2]Ist die zügige und zweckmäßige Durchführung der vertraglich übernommenen Maßnahmen nach Satz 1 durch einzelne Eigentümer nicht gewährleistet, hat die Gemeinde insoweit für die Durchführung der Maßnahmen zu sorgen oder sie selbst zu übernehmen.

§ 147 Ordnungsmaßnahmen. [1]Die Durchführung der Ordnungsmaßnahmen ist Aufgabe der Gemeinde; hierzu gehören

1. die Bodenordnung einschließlich des Erwerbs von Grundstücken,
2. der Umzug von Bewohnern und Betrieben,
3. die Freilegung von Grundstücken,
4. die Herstellung und Änderung von Erschließungsanlagen sowie
5. sonstige Maßnahmen, die notwendig sind, damit die Baumaßnahmen durchgeführt werden können.

[2]Als Ordnungsmaßnahme gilt auch die Bereitstellung von Flächen und die Durchführung von Maßnahmen zum Ausgleich im Sinne des § 1a Absatz 3, soweit sie gemäß § 9 Absatz 1a an anderer Stelle den Grundstücken, auf denen Eingriffe in Natur und Landschaft zu erwarten sind, ganz oder teilweise

zugeordnet sind. [3]Durch die Sanierung bedingte Erschließungsanlagen einschließlich Ersatzanlagen können außerhalb des förmlich festgelegten Sanierungsgebiets liegen.

§ 148 Baumaßnahmen. (1) [1]Die Durchführung von Baumaßnahmen bleibt den Eigentümern überlassen, soweit die zügige und zweckmäßige Durchführung durch sie gewährleistet ist; der Gemeinde obliegt jedoch

1. für die Errichtung und Änderung der Gemeinbedarfs- und Folgeeinrichtungen zu sorgen und
2. die Durchführung sonstiger Baumaßnahmen, soweit sie selbst Eigentümerin ist oder nicht gewährleistet ist, dass diese vom einzelnen Eigentümer zügig und zweckmäßig durchgeführt werden.

[2]Ersatzbauten, Ersatzanlagen und durch die Sanierung bedingte Gemeinbedarfs- und Folgeeinrichtungen können außerhalb des förmlich festgelegten Sanierungsgebiets liegen.

(2) [1]Zu den Baumaßnahmen gehören

1. die Modernisierung und Instandsetzung,
2. die Neubebauung und die Ersatzbauten,
3. die Errichtung und Änderung von Gemeinbedarfs- und Folgeeinrichtungen,
4. die Verlagerung oder Änderung von Betrieben sowie
5. die Errichtung oder Erweiterung von Anlagen und Einrichtungen zur dezentralen und zentralen Erzeugung, Verteilung, Nutzung oder Speicherung von Strom, Wärme oder Kälte aus erneuerbaren Energien oder Kraft-Wärme-Kopplung.

[2]Als Baumaßnahmen gelten auch Maßnahmen zum Ausgleich im Sinne des § 1a Absatz 3, soweit sie auf den Grundstücken durchgeführt werden, auf denen Eingriffe in Natur und Landschaft zu erwarten sind.

§ 149 Kosten- und Finanzierungsübersicht. (1) [1]Die Gemeinde hat nach dem Stand der Planung eine Kosten- und Finanzierungsübersicht aufzustellen. [2]Die Übersicht ist mit den Kosten- und Finanzierungsvorstellungen anderer Träger öffentlicher Belange, deren Aufgabenbereich durch die Sanierung berührt wird, abzustimmen und der höheren Verwaltungsbehörde vorzulegen.

(2) [1]In der Kostenübersicht hat die Gemeinde die Kosten der Gesamtmaßnahme darzustellen, die ihr voraussichtlich entstehen. [2]Die Kosten anderer Träger öffentlicher Belange für Maßnahmen im Zusammenhang mit der Sanierung sollen nachrichtlich angegeben werden.

(3) [1]In der Finanzierungsübersicht hat die Gemeinde ihre Vorstellungen über die Deckung der Kosten der Gesamtmaßnahme darzulegen. [2]Finanzierungs- und Förderungsmittel auf anderer gesetzlicher Grundlage sowie die Finanzierungsvorstellungen anderer Träger öffentlicher Belange sollen nachrichtlich angegeben werden.

(4) [1]Die Kosten- und Finanzierungsübersicht kann mit Zustimmung der nach Landesrecht zuständigen Behörde auf den Zeitraum der mehrjährigen Finanzplanung der Gemeinde beschränkt werden. [2]Das Erfordernis, die städtebauliche Sanierungsmaßnahme innerhalb eines absehbaren Zeitraums durchzuführen, bleibt unberührt.

(5) Die Gemeinde und die höhere Verwaltungsbehörde können von anderen Trägern öffentlicher Belange Auskunft über deren eigene Absichten im förmlich festgelegten Sanierungsgebiet und ihre Kosten- und Finanzierungsvorstellungen verlangen.

(6) [1] Die höhere Verwaltungsbehörde kann von der Gemeinde Ergänzungen oder Änderungen der Kosten- und Finanzierungsübersicht verlangen. [2] Sie hat für ein wirtschaftlich sinnvolles Zusammenwirken der Gemeinde und der anderen Träger öffentlicher Belange bei der Durchführung ihrer Maßnahmen zu sorgen und die Gemeinde bei der Beschaffung von Förderungsmitteln aus öffentlichen Haushalten zu unterstützen.

§ 150 Ersatz für Änderungen von Einrichtungen, die der öffentlichen Versorgung dienen. (1) [1] Stehen in einem förmlich festgelegten Sanierungsgebiet Anlagen der öffentlichen Versorgung mit Elektrizität, Gas, Wasser, Wärme, Telekommunikationsdienstleistungen oder Anlagen der Abwasserwirtschaft infolge der Durchführung der Sanierung nicht mehr zur Verfügung und sind besondere Aufwendungen erforderlich, die über das bei ordnungsgemäßer Wirtschaft erforderliche Maß hinausgehen, zum Beispiel der Ersatz oder die Verlegung dieser Anlagen, hat die Gemeinde dem Träger der Aufgabe die ihm dadurch entstehenden Kosten zu erstatten. [2] Vorteile und Nachteile, die dem Träger der Aufgabe im Zusammenhang damit entstehen, sind auszugleichen.

(2) Kommt eine Einigung über den Erstattungsbetrag nicht zustande, entscheidet die höhere Verwaltungsbehörde.

§ 151 Abgaben- und Auslagenbefreiung. (1) Frei von Gebühren und ähnlichen nichtsteuerlichen Abgaben sowie von Auslagen sind Geschäfte und Verhandlungen

1. zur Vorbereitung oder Durchführung von städtebaulichen Sanierungsmaßnahmen,
2. zur Durchführung von Erwerbsvorgängen,
3. zur Gründung oder Auflösung eines Unternehmens, dessen Geschäftszweck ausschließlich darauf gerichtet ist, als Sanierungsträger tätig zu werden.

(2) [1] Die Abgabenbefreiung gilt nicht für die Kosten eines Rechtsstreits. [2] Unberührt bleiben Regelungen nach landesrechtlichen Vorschriften.

(3) Erwerbsvorgänge im Sinne des Absatzes 1 Nummer 2 sind

1. der Erwerb eines Grundstücks durch eine Gemeinde oder durch einen Rechtsträger im Sinne der §§ 157 und 205 zur Vorbereitung oder Durchführung von städtebaulichen Sanierungsmaßnahmen. Hierzu gehört auch der Erwerb eines Grundstücks zur Verwendung als Austausch- oder Ersatzland im Rahmen von städtebaulichen Sanierungsmaßnahmen;
2. der Erwerb eines Grundstücks durch eine Person, die zur Vorbereitung oder Durchführung von städtebaulichen Sanierungsmaßnahmen oder zur Verwendung als Austausch- oder Ersatzland ein Grundstück übereignet oder verloren hat. Die Abgabenbefreiung wird nur gewährt
   a) beim Erwerb eines Grundstücks im Sanierungsgebiet, in dem das übereignete oder verlorene Grundstück liegt, bis zum Abschluss der städtebaulichen Sanierungsmaßnahme,

b) in anderen Fällen bis zum Ablauf von zehn Jahren, gerechnet von dem Zeitpunkt ab, in dem das Grundstück übereignet oder verloren wurde;
3. der Erwerb eines im förmlich festgelegten Sanierungsgebiet gelegenen Grundstücks, soweit die Gegenleistung in der Hingabe eines in demselben Sanierungsgebiet gelegenen Grundstücks besteht;
4. der Erwerb eines Grundstücks, der durch die Begründung, das Bestehen oder die Auflösung eines Treuhandverhältnisses im Sinne des § 160 oder des § 161 bedingt ist.

Dritter Abschnitt. Besondere sanierungsrechtliche Vorschriften

§ 152 Anwendungsbereich. Die Vorschriften dieses Abschnitts sind im förmlich festgelegten Sanierungsgebiet anzuwenden, sofern die Sanierung nicht im vereinfachten Sanierungsverfahren durchgeführt wird.

§ 153 Bemessung von Ausgleichs- und Entschädigungsleistungen, Kaufpreise, Umlegung. (1) [1] Sind auf Grund von Maßnahmen, die der Vorbereitung oder Durchführung der Sanierung im förmlich festgelegten Sanierungsgebiet dienen, nach den Vorschriften dieses Gesetzbuchs Ausgleichs- oder Entschädigungsleistungen zu gewähren, werden bei deren Bemessung Werterhöhungen, die lediglich durch die Aussicht auf die Sanierung, durch ihre Vorbereitung oder ihre Durchführung eingetreten sind, nur insoweit berücksichtigt, als der Betroffene diese Werterhöhungen durch eigene Aufwendungen zulässigerweise bewirkt hat. [2] Änderungen in den allgemeinen Wertverhältnissen auf dem Grundstücksmarkt sind zu berücksichtigen.

(2) [1] Liegt bei der rechtsgeschäftlichen Veräußerung eines Grundstücks sowie bei der Bestellung oder Veräußerung eines Erbbaurechts der vereinbarte Gegenwert für das Grundstück oder das Recht über dem Wert, der sich in Anwendung des Absatzes 1 ergibt, liegt auch hierin eine wesentliche Erschwerung der Sanierung im Sinne des § 145 Absatz 2. [2] Dies gilt nicht, wenn in den Fällen des § 154 Absatz 3 Satz 2 oder 3 die Verpflichtung zur Entrichtung des Ausgleichsbetrags erloschen ist.

(3) [1] Die Gemeinde oder der Sanierungsträger darf beim Erwerb eines Grundstücks keinen höheren Kaufpreis vereinbaren, als er sich in entsprechender Anwendung des Absatzes 1 ergibt. [2] In den Fällen des § 144 Absatz 4 Nummer 4 und 5 darf der Bedarfsträger keinen höheren Kaufpreis vereinbaren, als er sich in entsprechender Anwendung des Absatzes 1 ergibt.

(4) [1] Bei der Veräußerung nach den §§ 89 und 159 Absatz 3 ist das Grundstück zu dem Verkehrswert zu veräußern, der sich durch die rechtliche und tatsächliche Neuordnung des förmlich festgelegten Sanierungsgebiets ergibt. [2] § 154 Absatz 5 ist dabei auf den Teil des Kaufpreises entsprechend anzuwenden, der der durch die Sanierung bedingten Werterhöhung des Grundstücks entspricht.

(5) Im förmlich festgelegten Sanierungsgebiet sind
1. Absatz 1 auf die Ermittlung von Werten nach § 57 Satz 2 und im Falle der Geldabfindung nach § 59 Absatz 2 und 4 bis 6 sowie den §§ 60 und 61 Absatz 2 entsprechend anzuwenden;

2. Wertänderungen, die durch die rechtliche und tatsächliche Neuordnung des förmlich festgelegten Sanierungsgebiets eintreten, bei der Ermittlung von Werten nach § 57 Satz 3 und 4 und im Falle des Geldausgleichs nach § 59 Absatz 2 sowie den §§ 60 und 61 Absatz 2 zu berücksichtigen;
3. § 58 nicht anzuwenden.

§ 154 Ausgleichsbetrag des Eigentümers. (1) [1]Der Eigentümer eines im förmlich festgelegten Sanierungsgebiet gelegenen Grundstücks hat zur Finanzierung der Sanierung an die Gemeinde einen Ausgleichsbetrag in Geld zu entrichten, der der durch die Sanierung bedingten Erhöhung des Bodenwerts seines Grundstücks entspricht. [2]Miteigentümer haften als Gesamtschuldner; bei Wohnungs- und Teileigentum sind die einzelnen Wohnungs- und Teileigentümer nur entsprechend ihrem Miteigentumsanteil heranzuziehen. [3]Werden im förmlich festgelegten Sanierungsgebiet Erschließungsanlagen im Sinne des § 127 Absatz 2 hergestellt, erweitert oder verbessert, sind Vorschriften über die Erhebung von Beiträgen für diese Maßnahmen auf Grundstücke im förmlich festgelegten Sanierungsgebiet nicht anzuwenden. [4]Satz 3 gilt entsprechend für die Anwendung der Vorschrift über die Erhebung von Kostenerstattungsbeträgen im Sinne des § 135a Absatz 3.

(2) Die durch die Sanierung bedingte Erhöhung des Bodenwerts des Grundstücks besteht aus dem Unterschied zwischen dem Bodenwert, der sich für das Grundstück ergeben würde, wenn eine Sanierung weder beabsichtigt noch durchgeführt worden wäre (Anfangswert), und dem Bodenwert, der sich für das Grundstück durch die rechtliche und tatsächliche Neuordnung des förmlich festgelegten Sanierungsgebiets ergibt (Endwert).

(2a) [1]Die Gemeinde kann durch Satzung bestimmen, dass der Ausgleichsbetrag abweichend von Absatz 1 Satz 1 ausgehend von dem Aufwand (ohne die Kosten seiner Finanzierung) für die Erweiterung oder Verbesserung von Erschließungsanlagen im Sinne des § 127 Absatz 2 Nummer 1 bis 3 (Verkehrsanlagen) in dem Sanierungsgebiet zu berechnen ist; Voraussetzung für den Erlass der Satzung sind Anhaltspunkte dafür, dass die sanierungsbedingte Erhöhung der Bodenwerte der Grundstücke in dem Sanierungsgebiet nicht wesentlich über der Hälfte dieses Aufwands liegt. [2]In der Satzung ist zu bestimmen, bis zu welcher Höhe der Aufwand der Berechnung zu Grunde zu legen ist; sie darf 50 vom Hundert nicht übersteigen. [3]Im Geltungsbereich der Satzung berechnet sich der Ausgleichsbetrag für das jeweilige Grundstück nach dem Verhältnis seiner Fläche zur Gesamtfläche; als Gesamtfläche ist die Fläche des Sanierungsgebiets ohne die Flächen für die Verkehrsanlagen zu Grunde zu legen. [4]§ 128 Absatz 1 und 3 ist entsprechend anzuwenden.

(3) [1]Der Ausgleichsbetrag ist nach Abschluss der Sanierung (§§ 162 und 163) zu entrichten. [2]Die Gemeinde kann die Ablösung im Ganzen vor Abschluss der Sanierung zulassen; dabei kann zu Deckung von Kosten der Sanierungsmaßnahme auch ein höherer Betrag als der Ausgleichsbetrag vereinbart werden. [3]Die Gemeinde soll auf Antrag des Ausgleichsbetragspflichtigen den Ausgleichsbetrag vorzeitig festsetzen, wenn der Ausgleichsbetragspflichtige an der Festsetzung vor Abschluss der Sanierung ein berechtigtes Interesse hat und der Ausgleichsbetrag mit hinreichender Sicherheit ermittelt werden kann.

(4) [1]Die Gemeinde fordert den Ausgleichsbetrag durch Bescheid an; der Betrag wird einen Monat nach der Bekanntgabe des Bescheids fällig. [2]Vor der

Festsetzung des Ausgleichsbetrags ist dem Ausgleichsbetragspflichtigen Gelegenheit zur Stellungnahme und Erörterung der für die Wertermittlung seines Grundstücks maßgeblichen Verhältnisse sowie der nach § 155 Absatz 1 anrechenbaren Beträge innerhalb angemessener Frist zu geben. [3]Der Ausgleichsbetrag ruht nicht als öffentliche Last auf dem Grundstück.

(5) [1]Die Gemeinde hat den Ausgleichsbetrag auf Antrag des Eigentümers in ein Tilgungsdarlehen umzuwandeln, sofern diesem nicht zugemutet werden kann, die Verpflichtung bei Fälligkeit mit eigenen oder fremden Mitteln zu erfüllen. [2]Die Darlehensschuld ist mit höchstens 6 vom Hundert jährlich zu verzinsen und mit 5 vom Hundert zuzüglich der ersparten Zinsen jährlich zu tilgen. [3]Der Tilgungssatz kann im Einzelfall bis auf 1 vom Hundert herabgesetzt werden und das Darlehen niedrig verzinslich oder zinsfrei gestellt werden, wenn dies im öffentlichen Interesse oder zur Vermeidung unbilliger Härten oder zur Vermeidung einer von dem Ausgleichsbetragspflichtigen nicht zu vertretenden Unwirtschaftlichkeit der Grundstücksnutzung geboten ist. [4]Die Gemeinde soll den zur Finanzierung der Neubebauung, Modernisierung oder Instandsetzung erforderlichen Grundpfandrechten den Vorrang vor einem zur Sicherung ihres Tilgungsdarlehens bestellten Grundpfandrecht einräumen.

(6) Die Gemeinde kann von den Eigentümern auf den nach den Absätzen 1 bis 4 zu entrichtenden Ausgleichsbetrag Vorauszahlungen verlangen, sobald auf dem Grundstück eine den Zielen und Zwecken der Sanierung entsprechende Bebauung oder sonstige Nutzung zulässig ist; die Absätze 1 bis 5 sind sinngemäß anzuwenden.

§ 155 Anrechnung auf den Ausgleichsbetrag, Absehen. (1) Auf den Ausgleichsbetrag sind anzurechnen

1. die durch die Sanierung entstandenen Vorteile oder Bodenwerterhöhungen des Grundstücks, die bereits in einem anderen Verfahren, insbesondere in einem Enteignungsverfahren berücksichtigt worden sind; für Umlegungsverfahren bleibt Absatz 2 unberührt,
2. die Bodenwerterhöhungen des Grundstücks, die der Eigentümer zulässigerweise durch eigene Aufwendungen bewirkt hat; soweit der Eigentümer gemäß § 146 Absatz 3 Ordnungsmaßnahmen durchgeführt oder Gemeinbedarfs- und Folgeeinrichtungen im Sinne des § 148 Absatz 2 Satz 1 Nummer 3 errichtet oder geändert hat, sind jedoch die ihm entstandenen Kosten anzurechnen,
3. die Bodenwerterhöhungen des Grundstücks, die der Eigentümer beim Erwerb des Grundstücks als Teil des Kaufpreises in einem den Vorschriften der Nummern 1 und 2 sowie des § 154 entsprechenden Betrag zulässigerweise bereits entrichtet hat.

(2) Ein Ausgleichsbetrag entfällt, wenn eine Umlegung nach Maßgabe des § 153 Absatz 5 durchgeführt worden ist.

(3) [1]Die Gemeinde kann für das förmlich festgelegte Sanierungsgebiet oder für zu bezeichnende Teile des Sanierungsgebiets von der Festsetzung des Ausgleichsbetrags absehen, wenn

1. eine geringfügige Bodenwerterhöhung gutachtlich ermittelt worden ist und
2. der Verwaltungsaufwand für die Erhebung des Ausgleichsbetrags in keinem Verhältnis zu den möglichen Einnahmen steht.

[2]Die Entscheidung nach Satz 1 kann auch getroffen werden, bevor die Sanierung abgeschlossen ist.

(4) [1]Die Gemeinde kann im Einzelfall von der Erhebung des Ausgleichsbetrags ganz oder teilweise absehen, wenn dies im öffentlichen Interesse oder zur Vermeidung unbilliger Härten geboten ist. [2]Die Freistellung kann auch vor Abschluss der Sanierung erfolgen.

(5) Im Übrigen sind die landesrechtlichen Vorschriften über kommunale Beiträge einschließlich der Bestimmungen über die Stundung und den Erlass entsprechend anzuwenden.

(6) Sind dem Eigentümer Kosten der Ordnungsmaßnahmen oder Kosten für die Errichtung oder Änderung von Gemeinbedarfs- und Folgeeinrichtungen im Sinne des § 148 Absatz 2 Satz 1 Nummer 3 entstanden, hat die Gemeinde sie ihm zu erstatten, soweit sie über den nach § 154 und Absatz 1 ermittelten Ausgleichsbetrag hinausgehen und die Erstattung nicht vertraglich ausgeschlossen wurde.

§ 156 Überleitungsvorschriften zur förmlichen Festlegung. (1) [1]Beitragspflichten für Erschließungsanlagen im Sinne des § 127 Absatz 2, die vor der förmlichen Festlegung entstanden sind, bleiben unberührt. [2]Entsprechendes gilt für Kostenerstattungsbeträge im Sinne des § 135a Absatz 3.

(2) Hat die Umlegungsstelle vor der förmlichen Festlegung des Sanierungsgebiets in einem Umlegungsverfahren, das sich auf Grundstücke im Gebiet bezieht, den Umlegungsplan nach § 66 Absatz 1 aufgestellt oder ist eine Vorwegentscheidung nach § 76 getroffen worden, bleibt es dabei.

(3) Hat die Enteignungsbehörde vor der förmlichen Festlegung des Sanierungsgebiets den Enteignungsbeschluss nach § 113 für ein in dem Gebiet gelegenes Grundstück erlassen oder ist eine Einigung nach § 110 beurkundet worden, sind die Vorschriften des Ersten Kapitels weiter anzuwenden.

§ 156a Kosten und Finanzierung der Sanierungsmaßnahme. (1) [1]Ergibt sich nach der Durchführung der städtebaulichen Sanierungsmaßnahme und der Übertragung eines Treuhandvermögens des Sanierungsträgers auf die Gemeinde bei ihr ein Überschuss der bei der Vorbereitung und Durchführung der städtebaulichen Sanierungsmaßnahme erzielten Einnahmen über die hierfür getätigten Ausgaben, so ist dieser Überschuss auf die Eigentümer der im Sanierungsgebiet gelegenen Grundstücke zu verteilen. [2]Maßgebend sind die Eigentumsverhältnisse bei der Bekanntmachung des Beschlusses über die förmliche Festlegung des Sanierungsgebiets. [3]Ist nach diesem Zeitpunkt das Eigentum gegen Entgelt übertragen worden, so steht der auf das Grundstück entfallende Anteil dem früheren Eigentümer und dem Eigentümer, der zu einem Ausgleichsbetrag nach § 154 herangezogen worden ist, je zur Hälfte zu.

(2) Die auf die einzelnen Grundstücke entfallenden Anteile des Überschusses sind nach dem Verhältnis der Anfangswerte der Grundstücke im Sinne des § 154 Absatz 2 zu bestimmen.

(3) [1]Die Gemeinde hat bei der Errechnung des Überschusses Zuschüsse abzuziehen, die ihr oder Eigentümern aus Mitteln eines anderen öffentlichen Haushalts zur Deckung von Kosten der Vorbereitung oder Durchführung der Sanierungsmaßnahme gewährt worden sind. [2]Im Übrigen bestimmt sich das Verfahren zur Verteilung des Überschusses nach landesrechtlichen Regelungen.

Vierter Abschnitt. Sanierungsträger und andere Beauftragte

§ 157 Erfüllung von Aufgaben für die Gemeinde. (1) [1]Die Gemeinde kann sich zur Erfüllung von Aufgaben, die ihr bei der Vorbereitung oder Durchführung der Sanierung obliegen, eines geeigneten Beauftragten bedienen. [2]Sie darf jedoch die Aufgabe,

1. städtebauliche Sanierungsmaßnahmen durchzuführen, die der Gemeinde nach den §§ 146 bis 148 obliegen,
2. Grundstücke oder Rechte an ihnen zur Vorbereitung oder Durchführung der Sanierung im Auftrag der Gemeinde zu erwerben,
3. der Sanierung dienende Mittel zu bewirtschaften,

nur einem Unternehmen (Sanierungsträger) übertragen, das die Voraussetzungen für die Übernahme der Aufgaben als Sanierungsträger nach § 158 erfüllt.

(2) Die Gemeinde soll die Ausarbeitung der Bauleitpläne und die Aufgaben eines für eigene Rechnung tätigen Sanierungsträgers nicht demselben Unternehmen oder einem rechtlich oder wirtschaftlich von ihm abhängigen Unternehmen übertragen.

§ 158 Voraussetzungen für die Beauftragung als Sanierungsträger. Dem Unternehmen können die Aufgaben als Sanierungsträger nur übertragen werden, wenn

1. das Unternehmen nicht selbst als Bauunternehmen tätig oder von einem Bauunternehmen abhängig ist,
2. das Unternehmen nach seiner Geschäftstätigkeit und seinen wirtschaftlichen Verhältnissen geeignet und in der Lage ist, die Aufgaben eines Sanierungsträgers ordnungsgemäß zu erfüllen,
3. das Unternehmen, sofern es nicht bereits kraft Gesetzes einer jährlichen Prüfung seiner Geschäftstätigkeit und seiner wirtschaftlichen Verhältnisse unterliegt, sich einer derartigen Prüfung unterworfen hat oder unterwirft,
4. die zur Vertretung berufenen Personen sowie die leitenden Angestellten die erforderliche geschäftliche Zuverlässigkeit besitzen.

§ 159 Erfüllung der Aufgaben als Sanierungsträger. (1) [1]Der Sanierungsträger erfüllt die ihm von der Gemeinde übertragenen Aufgaben nach § 157 Absatz 1 Satz 2 Nummer 1 oder 2 im eigenen Namen für Rechnung der Gemeinde als deren Treuhänder oder im eigenen Namen für eigene Rechnung. [2]Die ihm von der Gemeinde übertragene Aufgabe nach § 157 Absatz 1 Satz 2 Nummer 3 erfüllt er im eigenen Namen für Rechnung der Gemeinde als deren Treuhänder. [3]Der Sanierungsträger hat der Gemeinde auf Verlangen Auskunft zu erteilen.

(2) [1]Die Gemeinde und der Sanierungsträger legen mindestens die Aufgaben, die Rechtsstellung, in der sie der Sanierungsträger zu erfüllen hat, eine von der Gemeinde hierfür zu entrichtende angemessene Vergütung und die Befugnis der Gemeinde zur Erteilung von Weisungen durch schriftlichen Vertrag fest. [2]Der Vertrag bedarf nicht der Form des § 311b Absatz 1 des Bürgerlichen Gesetzbuchs. [3]Er kann von jeder Seite nur aus wichtigem Grund gekündigt werden.

(3) [1]Der Sanierungsträger ist verpflichtet, die Grundstücke, die er nach Übertragung der Aufgabe zur Vorbereitung oder Durchführung der Sanierung erworben hat, nach Maßgabe des § 89 Absatz 3 und 4 und unter Beachtung der Weisungen der Gemeinde zu veräußern. [2]Er hat die Grundstücke, die er nicht veräußert hat, der Gemeinde anzugeben und auf ihr Verlangen an Dritte oder an sie zu veräußern.

(4) [1]Ist in dem von dem Erwerber an den Sanierungsträger entrichteten Kaufpreis ein Betrag enthalten, der nach den §§ 154 und 155 vom Eigentümer zu tragen wäre, hat der Sanierungsträger diesen Betrag an die Gemeinde abzuführen oder mit ihr zu verrechnen. [2]In den Fällen des § 153 Absatz 4 Satz 2 hat der Sanierungsträger Ansprüche aus dem Darlehen auf Verlangen entweder an die Gemeinde abzutreten und empfangene Zinsen und Tilgungen an sie abzuführen oder sie mit ihr zu verrechnen.

(5) Der Sanierungsträger hat für die Grundstücke, deren Eigentümer er bleibt, an die Gemeinde Ausgleichsbeträge nach Maßgabe der §§ 154 und 155 zu entrichten.

(6) [1]Kündigt die Gemeinde im Falle der Eröffnung des Insolvenzverfahrens über das Vermögen des für eigene Rechnung tätigen Sanierungsträgers den mit diesem geschlossenen Vertrag, kann sie vom Insolvenzverwalter verlangen, ihr die im förmlich festgelegten Sanierungsgebiet gelegenen Grundstücke, die der Sanierungsträger nach Übertragung der Aufgaben zur Vorbereitung oder Durchführung der Sanierung erworben hat, gegen Erstattung der vom Sanierungsträger erbrachten Aufwendungen zu übereignen. [2]Der Insolvenzverwalter ist verpflichtet, der Gemeinde ein Verzeichnis dieser Grundstücke zu übergeben. [3]Die Gemeinde kann ihren Anspruch nur binnen sechs Monaten nach Übergabe des Grundstücksverzeichnisses geltend machen. [4]Im Übrigen haftet die Gemeinde den Gläubigern von Verbindlichkeiten aus der Durchführung der Ordnungsmaßnahmen wie ein Bürge, soweit sie aus dem Vermögen des Sanierungsträgers im Insolvenzverfahren keine vollständige Befriedigung erlangt haben.

§ 160 Treuhandvermögen. (1) [1]Ist dem Sanierungsträger eine Aufgabe als Treuhänder der Gemeinde übertragen, erfüllt er sie mit einem Treuhandvermögen in eigenem Namen für Rechnung der Gemeinde. [2]Der Sanierungsträger erhält von der Gemeinde für den Rechtsverkehr eine Bescheinigung über die Übertragung der Aufgabe als Treuhänder. [3]Er soll bei Erfüllung der Aufgabe seinem Namen einen das Treuhandverhältnis kennzeichnenden Zusatz hinzufügen.

(2) Der als Treuhänder tätige Sanierungsträger hat das in Erfüllung der Aufgabe gebildete Treuhandvermögen getrennt von anderem Vermögen zu verwalten.

(3) [1]Zum Treuhandvermögen gehören die Mittel, die die Gemeinde dem Sanierungsträger zur Erfüllung der Aufgabe zur Verfügung stellt. [2]Zum Treuhandvermögen gehört auch, was der Sanierungsträger mit Mitteln des Treuhandvermögens oder durch ein Rechtsgeschäft, das sich auf das Treuhandvermögen bezieht, oder auf Grund eines zum Treuhandvermögen gehörenden Rechts oder als Ersatz für die Zerstörung, Beschädigung oder Entziehung eines zum Treuhandvermögen gehörenden Gegenstands erwirbt.

(4) [1]Die Gemeinde gewährleistet die Erfüllung der Verbindlichkeiten, für die der Sanierungsträger mit dem Treuhandvermögen haftet. [2]Mittel, die der Sanierungsträger darlehensweise von einem Dritten erhält, gehören nur dann zum Treuhandvermögen, wenn die Gemeinde der Darlehensaufnahme schriftlich zugestimmt hat. [3]Das Gleiche gilt für eigene Mittel, die der Sanierungsträger einbringt.

(5) [1]Grundstücke im förmlich festgelegten Sanierungsgebiet, die der Sanierungsträger vor oder nach Übertragung der Aufgabe mit Mitteln, die nicht zum Treuhandvermögen gehören, oder unter Hergabe von eigenem Austauschland erworben hat, hat er auf Verlangen der Gemeinde gegen Ersatz seiner Aufwendungen in das Treuhandvermögen zu überführen. [2]Dabei sind als Grundstückswerte die Werte zu berücksichtigen, die sich in Anwendung des § 153 Absatz 1 ergeben.

(6) [1]Der als Treuhänder tätige Sanierungsträger hat der Gemeinde nach Beendigung seiner Tätigkeit Rechenschaft abzulegen. [2]Er hat nach Beendigung seiner Tätigkeit das Treuhandvermögen einschließlich der Grundstücke, die er nicht veräußert hat, auf die Gemeinde zu übertragen. [3]Von der Übertragung an haftet die Gemeinde anstelle des Sanierungsträgers für die noch bestehenden Verbindlichkeiten, für die dieser mit dem Treuhandvermögen gehaftet hat.

(7) [1]Der Sanierungsträger darf vor der Übertragung nach Absatz 6 die Grundstücke des Treuhandvermögens, die er unter Hergabe von entsprechendem nicht zum Treuhandvermögen gehörendem eigenem Austauschland oder mindestens zwei Jahre, bevor ihm die Gemeinde einen mit der Sanierung zusammenhängenden Auftrag erteilt hat, erworben und in das Treuhandvermögen überführt hat, in sein eigenes Vermögen zurücküberführen. [2]Sind die von ihm in das Treuhandvermögen überführten Grundstücke veräußert oder im Rahmen der Ordnungsmaßnahmen zur Bildung neuer Grundstücke verwendet oder sind ihre Grenzen verändert worden, kann der Sanierungsträger andere Grundstücke, die wertmäßig seinen in das Treuhandvermögen überführten Grundstücken entsprechen, in sein eigenes Vermögen zurücküberführen; er bedarf hierzu der Genehmigung der Gemeinde. [3]Er hat dem Treuhandvermögen den Verkehrswert der Grundstücke zu erstatten, der sich durch die rechtliche und tatsächliche Neuordnung des förmlich festgelegten Sanierungsgebiets ergibt.

§ 161 Sicherung des Treuhandvermögens. (1) Der Sanierungsträger haftet Dritten mit dem Treuhandvermögen nicht für Verbindlichkeiten, die sich nicht auf das Treuhandvermögen beziehen.

(2) Wird in das Treuhandvermögen wegen einer Verbindlichkeit, für die der Sanierungsträger nicht mit dem Treuhandvermögen haftet, die Zwangsvollstreckung betrieben, kann die Gemeinde auf Grund des Treuhandverhältnisses gegen die Zwangsvollstreckung nach Maßgabe des § 771 der Zivilprozessordnung Widerspruch, der Sanierungsträger unter entsprechender Anwendung des § 767 Absatz 1 der Zivilprozessordnung Einwendungen geltend machen.

(3) [1]Im Falle der Eröffnung des Insolvenzverfahrens über das Vermögen des Sanierungsträgers gehört das Treuhandvermögen nicht zur Insolvenzmasse. [2]Kündigt die Gemeinde das Treuhandverhältnis, so hat der Insolvenzverwalter das Treuhandvermögen auf die Gemeinde zu übertragen und bis zur Über-

tragung zu verwalten. [3] Von der Übertragung an haftet die Gemeinde anstelle des Sanierungsträgers für die Verbindlichkeiten, für die dieser mit dem Treuhandvermögen gehaftet hat. [4] Die mit der Eröffnung des Insolvenzverfahrens verbundenen Rechtsfolgen treten hinsichtlich der Verbindlichkeiten nicht ein. [5] § 418 des Bürgerlichen Gesetzbuchs ist nicht anzuwenden.

Fünfter Abschnitt. Abschluss der Sanierung

§ 162 Aufhebung der Sanierungssatzung. (1) [1] Die Sanierungssatzung ist aufzuheben, wenn

1. die Sanierung durchgeführt ist oder
2. die Sanierung sich als undurchführbar erweist oder
3. die Sanierungsabsicht aus anderen Gründen aufgegeben wird oder
4. die nach § 142 Absatz 3 Satz 3 oder 4 für die Durchführung der Sanierung festgelegte Frist abgelaufen ist.

[2] Sind diese Voraussetzungen nur für einen Teil des förmlich festgelegten Sanierungsgebiets gegeben, ist die Satzung für diesen Teil aufzuheben.

(2) [1] Der Beschluss der Gemeinde, durch den die förmliche Festlegung des Sanierungsgebiets ganz oder teilweise aufgehoben wird, ergeht als Satzung. [2] Die Satzung ist ortsüblich bekannt zu machen. [3] Die Gemeinde kann auch ortsüblich bekannt machen, dass eine Satzung zur Aufhebung der förmlichen Festlegung des Sanierungsgebiets beschlossen worden ist; § 10 Absatz 3 Satz 2 bis 5 ist entsprechend anzuwenden. [4] Mit der Bekanntmachung wird die Satzung rechtsverbindlich.

(3) Die Gemeinde ersucht das Grundbuchamt, die Sanierungsvermerke zu löschen.

§ 163 Fortfall von Rechtswirkungen für einzelne Grundstücke.

(1) [1] Die Gemeinde kann die Sanierung für ein Grundstück als abgeschlossen erklären, wenn entsprechend den Zielen und Zwecken der Sanierung

1. das Grundstück bebaut ist oder in sonstiger Weise genutzt wird oder
2. das Gebäude modernisiert oder instand gesetzt ist.

[2] Auf Antrag des Eigentümers hat die Gemeinde die Sanierung für das Grundstück als abgeschlossen zu erklären.

(2) [1] Die Gemeinde kann bereits vor dem in Absatz 1 bezeichneten Zeitpunkt die Durchführung der Sanierung für einzelne Grundstücke durch Bescheid an die Eigentümer für abgeschlossen erklären, wenn die den Zielen und Zwecken der Sanierung entsprechende Bebauung oder sonstige Nutzung oder die Modernisierung oder Instandsetzung auch ohne Gefährdung der Ziele und Zwecke der Sanierung zu einem späteren Zeitpunkt möglich ist. [2] Ein Rechtsanspruch auf Abgabe der Erklärung besteht in diesem Falle nicht.

(3) [1] Mit der Erklärung entfällt die Anwendung der §§ 144, 145 und 153 für dieses Grundstück. [2] Die Gemeinde ersucht das Grundbuchamt, den Sanierungsvermerk zu löschen.

§ 164 Anspruch auf Rückübertragung. (1) Wird die Sanierungssatzung aus den in § 162 Absatz 1 Satz 1 Nummer 2 oder 3 bezeichneten Gründen aufgehoben oder ist im Falle der Aufhebung nach § 162 Absatz 1 Satz 1 Nummer 4 die Sanierung nicht durchgeführt worden, hat der frühere Eigentümer eines Grundstücks einen Anspruch gegenüber dem jeweiligen Eigentümer auf Rückübertragung dieses Grundstücks, wenn es die Gemeinde oder der Sanierungsträger von ihm nach der förmlichen Festlegung des Sanierungsgebiets zur Durchführung der Sanierung freihändig oder nach den Vorschriften dieses Gesetzbuchs ohne Hergabe von entsprechendem Austauschland, Ersatzland oder Begründung von Rechten der in § 101 Absatz 1 Satz 1 Nummer 1 bezeichneten Art erworben hatte.

(2) Der Anspruch besteht nicht, wenn

1. das Grundstück als Baugrundstück für den Gemeinbedarf oder als Verkehrs-, Versorgungs- oder Grünfläche in einem Bebauungsplan festgesetzt ist oder für sonstige öffentliche Zwecke benötigt wird oder
2. der frühere Eigentümer selbst das Grundstück im Wege der Enteignung erworben hatte oder
3. der Eigentümer mit der zweckgerechten Verwendung des Grundstücks begonnen hat oder
4. das Grundstück auf Grund des § 89 oder des § 159 Absatz 3 an einen Dritten veräußert wurde oder
5. die Grundstücksgrenzen erheblich verändert worden sind.

(3) Die Rückübertragung kann nur binnen zwei Jahren seit der Aufhebung der Sanierungssatzung verlangt werden.

(4) Der frühere Eigentümer hat als Kaufpreis den Verkehrswert zu zahlen, den das Grundstück im Zeitpunkt der Rückübertragung hat.

(5) [1] Ein Anspruch auf Rückenteignung nach § 102 bleibt unberührt. [2] Die dem Eigentümer zu gewährende Entschädigung nach § 103 bemisst sich nach dem Verkehrswert des Grundstücks, der sich auf Grund des rechtlichen und tatsächlichen Zustands im Zeitpunkt der Aufhebung der förmlichen Festlegung ergibt.

Sechster Abschnitt. Städtebauförderung

§ 164a Einsatz von Städtebauförderungsmitteln. (1) [1] Zur Deckung der Kosten der einheitlichen Vorbereitung und zügigen Durchführung der städtebaulichen Sanierungsmaßnahme als Einheit (Gesamtmaßnahme) werden Finanzierungs- und Förderungsmittel (Städtebauförderungsmittel) eingesetzt. [2] Für Maßnahmen im Zusammenhang mit der Sanierung, deren Finanzierung oder Förderung auf anderer gesetzlicher Grundlage beruht, sollen die in den jeweiligen Haushaltsgesetzen zur Verfügung gestellten Finanzierungs- oder Förderungsmittel so eingesetzt werden, dass die Maßnahmen im Rahmen der Sanierung durchgeführt werden können.

(2) Städtebauförderungsmittel können eingesetzt werden für

1. die Vorbereitung von Sanierungsmaßnahmen (§ 140),
2. die Durchführung von Ordnungsmaßnahmen nach § 147 einschließlich Entschädigungen, soweit durch sie kein bleibender Gegenwert erlangt wird; zu den Kosten der Ordnungsmaßnahmen gehören nicht die persönlichen oder sachlichen Kosten der Gemeindeverwaltung,
3. die Durchführung von Baumaßnahmen nach § 148,

4. die Gewährung einer angemessenen Vergütung von nach Maßgabe dieses Gesetzes beauftragten Dritten,
5. die Verwirklichung des Sozialplans nach § 180 sowie die Gewährung eines Härteausgleichs nach § 181.

(3) [1] Städtebauförderungsmittel können für Modernisierungs- und Instandsetzungsmaßnahmen im Sinne des § 177 eingesetzt werden. [2] Soweit nichts anderes vereinbart ist, gilt dies auch für entsprechende Maßnahmen, zu deren Durchführung sich der Eigentümer gegenüber der Gemeinde vertraglich verpflichtet hat, sowie für darüber hinausgehende Maßnahmen, die der Erhaltung, Erneuerung und funktionsgerechten Verwendung eines Gebäudes dienen, das wegen seiner geschichtlichen, künstlerischen oder städtebaulichen Bedeutung erhalten bleiben soll.

§ 164b Verwaltungsvereinbarung. (1) [1] Der Bund kann zur Förderung städtebaulicher Sanierungsmaßnahmen nach Artikel 104b des Grundgesetzes[1] den Ländern nach Maßgabe des jeweiligen Haushaltsgesetzes Finanzhilfen für Investitionen der Gemeinden und Gemeindeverbände nach einem in gleicher Weise geltenden, allgemeinen und sachgerechten Maßstab gewähren. [2] Der Maßstab und das Nähere für den Einsatz der Finanzhilfen werden durch Verwaltungsvereinbarung zwischen Bund und Ländern festgelegt.

(2) Schwerpunkt für den Einsatz solcher Finanzhilfen sind

1. die Stärkung von Innenstädten und Ortsteilzentren in ihrer städtebaulichen Funktion unter besonderer Berücksichtigung des Wohnungsbaus sowie der Belange des Denkmalschutzes und der Denkmalpflege,
2. die Wiedernutzung von Flächen, insbesondere der in Innenstädten brachliegenden Industrie-, Konversions- oder Eisenbahnflächen, zur Errichtung von Wohn- und Arbeitsstätten, Gemeinbedarfs- und Folgeeinrichtungen unter Berücksichtigung ihrer funktional sinnvollen Zuordnung (Nutzungsmischung) sowie von umweltschonenden, kosten- und flächensparenden Bauweisen,
3. städtebauliche Maßnahmen zur Behebung sozialer Missstände.

Zweiter Teil. Städtebauliche Entwicklungsmaßnahmen

§ 165 Städtebauliche Entwicklungsmaßnahmen. (1) Städtebauliche Entwicklungsmaßnahmen in Stadt und Land, deren einheitliche Vorbereitung und zügige Durchführung im öffentlichen Interesse liegen, werden nach den Vorschriften dieses Teils vorbereitet und durchgeführt.

(2) Mit städtebaulichen Entwicklungsmaßnahmen nach Absatz 1 sollen Ortsteile und andere Teile des Gemeindegebiets entsprechend ihrer besonderen Bedeutung für die städtebauliche Entwicklung und Ordnung der Gemeinde oder entsprechend der angestrebten Entwicklung des Landesgebiets oder der Region erstmalig entwickelt oder im Rahmen einer städtebaulichen Neuordnung einer neuen Entwicklung zugeführt werden.

---

[1] Nr. 1.

(3) [1]Die Gemeinde kann einen Bereich, in dem eine städtebauliche Entwicklungsmaßnahme durchgeführt werden soll, durch Beschluss förmlich als städtebaulichen Entwicklungsbereich festlegen, wenn

1. die Maßnahme den Zielen und Zwecken nach Absatz 2 entspricht,
2. das Wohl der Allgemeinheit die Durchführung der städtebaulichen Entwicklungsmaßnahme erfordert, insbesondere zur Deckung eines erhöhten Bedarfs an Wohn- und Arbeitsstätten, zur Errichtung von Gemeinbedarfs- und Folgeeinrichtungen oder zur Wiedernutzung brachliegender Flächen,
3. die mit der städtebaulichen Entwicklungsmaßnahme angestrebten Ziele und Zwecke durch städtebauliche Verträge nicht erreicht werden können oder Eigentümer der von der Maßnahme betroffenen Grundstücke unter entsprechender Berücksichtigung des § 166 Absatz 3 nicht bereit sind, ihre Grundstücke an die Gemeinde oder den von ihr beauftragten Entwicklungsträger zu dem Wert zu veräußern, der sich in Anwendung des § 169 Absatz 1 Nummer 6 und Absatz 4 ergibt,
4. die zügige Durchführung der Maßnahme innerhalb eines absehbaren Zeitraums gewährleistet ist.

[2]Die öffentlichen und privaten Belange sind gegeneinander und untereinander gerecht abzuwägen.

(4) [1]Die Gemeinde hat vor der förmlichen Festlegung des städtebaulichen Entwicklungsbereichs die vorbereitenden Untersuchungen durchzuführen oder zu veranlassen, die erforderlich sind, um Beurteilungsunterlagen über die Festlegungsvoraussetzungen nach Absatz 3 zu gewinnen. [2]Die §§ 137 bis 141 sind entsprechend anzuwenden.

(5) [1]Der städtebauliche Entwicklungsbereich ist so zu begrenzen, dass sich die Entwicklung zweckmäßig durchführen lässt. [2]Einzelne Grundstücke, die von der Entwicklung nicht betroffen werden, können aus dem Bereich ganz oder teilweise ausgenommen werden. [3]Grundstücke, die den in § 26 Nummer 2 und § 35 Absatz 1 Nummer 7 bezeichneten Zwecken dienen, die in § 26 Nummer 3 bezeichneten Grundstücke sowie Grundstücke, für die nach § 1 Absatz 2 des Landbeschaffungsgesetzes ein Anhörungsverfahren eingeleitet worden ist, und bundeseigene Grundstücke, bei denen die Absicht, sie für Zwecke der Landesverteidigung zu verwenden, der Gemeinde bekannt ist, dürfen nur mit Zustimmung des Bedarfsträgers in den städtebaulichen Entwicklungsbereich einbezogen werden. [4]Der Bedarfsträger soll seine Zustimmung erteilen, wenn auch bei Berücksichtigung seiner Aufgaben ein überwiegendes öffentliches Interesse an der Durchführung der städtebaulichen Entwicklungsmaßnahme besteht.

(6) [1]Die Gemeinde beschließt die förmliche Festlegung des städtebaulichen Entwicklungsbereichs als Satzung (Entwicklungssatzung). [2]In der Entwicklungssatzung ist der städtebauliche Entwicklungsbereich zu bezeichnen.

(7) [1]Der Entwicklungssatzung ist eine Begründung beizufügen. [2]In der Begründung sind die Gründe darzulegen, die die förmliche Festlegung des entwicklungsbedürftigen Bereichs rechtfertigen.

(8) [1]Der Beschluss der Entwicklungssatzung ist ortsüblich bekannt zu machen. [2]§ 10 Absatz 3 Satz 2 bis 5 ist entsprechend anzuwenden. [3]In der Bekanntmachung nach Satz 1 ist auf die Genehmigungspflicht nach den §§ 144,

145 und 153 Absatz 2 hinzuweisen. [4]Mit der Bekanntmachung wird die Entwicklungssatzung rechtsverbindlich.

(9) [1]Die Gemeinde teilt dem Grundbuchamt die rechtsverbindliche Entwicklungssatzung mit. [2]Sie hat hierbei die von der Entwicklungssatzung betroffenen Grundstücke einzeln aufzuführen. [3]Das Grundbuchamt hat in die Grundbücher dieser Grundstücke einzutragen, dass eine städtebauliche Entwicklungsmaßnahme durchgeführt wird (Entwicklungsvermerk). [4]§ 54 Absatz 2 Satz 1 und Absatz 3 ist entsprechend anzuwenden.

§ 166 Zuständigkeit und Aufgaben. (1) [1]Die Entwicklungsmaßnahme wird von der Gemeinde vorbereitet und durchgeführt, sofern nicht nach Absatz 4 eine abweichende Regelung getroffen wird. [2]Die Gemeinde hat für den städtebaulichen Entwicklungsbereich ohne Verzug Bebauungspläne aufzustellen und, soweit eine Aufgabe nicht nach sonstigen gesetzlichen Vorschriften einem anderen obliegt, alle erforderlichen Maßnahmen zu ergreifen, um die vorgesehene Entwicklung im städtebaulichen Entwicklungsbereich zu verwirklichen.

(2) Die Gemeinde hat die Voraussetzungen dafür zu schaffen, dass ein funktionsfähiger Bereich entsprechend der beabsichtigten städtebaulichen Entwicklung und Ordnung entsteht, der nach seinem wirtschaftlichen Gefüge und der Zusammensetzung seiner Bevölkerung den Zielen und Zwecken der städtebaulichen Entwicklungsmaßnahme entspricht und in dem eine ordnungsgemäße und zweckentsprechende Versorgung der Bevölkerung mit Gütern und Dienstleistungen sichergestellt ist.

(3) [1]Die Gemeinde soll die Grundstücke im städtebaulichen Entwicklungsbereich erwerben. [2]Dabei soll sie feststellen, ob und in welcher Rechtsform die bisherigen Eigentümer einen späteren Erwerb von Grundstücken oder Rechten im Rahmen des § 169 Absatz 6 anstreben. [3]Die Gemeinde soll von dem Erwerb eines Grundstücks absehen, wenn

1. bei einem baulich genutzten Grundstück die Art und das Maß der baulichen Nutzung bei der Durchführung der Entwicklungsmaßnahme nicht geändert werden sollen oder
2. der Eigentümer eines Grundstücks, dessen Verwendung nach den Zielen und Zwecken der städtebaulichen Entwicklungsmaßnahme bestimmt oder mit ausreichender Sicherheit bestimmbar ist, in der Lage ist, das Grundstück binnen angemessener Frist dementsprechend zu nutzen, und er sich hierzu verpflichtet.

[4]Erwirbt die Gemeinde ein Grundstück nicht, ist der Eigentümer verpflichtet, einen Ausgleichsbetrag an die Gemeinde zu entrichten, der der durch die Entwicklungsmaßnahme bedingten Erhöhung des Bodenwerts seines Grundstücks entspricht.

(4) Die Vorbereitung und Durchführung der Entwicklungsmaßnahme kann einem Planungsverband nach § 205 Absatz 4 übertragen werden.

§ 167 Erfüllung von Aufgaben für die Gemeinde; Entwicklungsträger. (1) [1]Die Gemeinde kann sich zur Erfüllung von Aufgaben, die ihr bei der Vorbereitung oder Durchführung der städtebaulichen Entwicklungsmaßnahme obliegen, eines geeigneten Beauftragten, insbesondere eines Entwicklungsträgers, bedienen. [2]§ 157 Absatz 1 Satz 2 und § 158 sind entsprechend anzuwenden.

(2) [1]Der Entwicklungsträger erfüllt die ihm von der Gemeinde übertragenen Aufgaben in eigenem Namen für Rechnung der Gemeinde als deren Treuhänder. [2]§ 159 Absatz 1 Satz 3 und Absatz 2 sowie die §§ 160 und 161 sind entsprechend anzuwenden.

(3) Der Entwicklungsträger ist verpflichtet, die Grundstücke des Treuhandvermögens nach Maßgabe des § 169 Absatz 5 bis 8 zu veräußern; er ist dabei an Weisungen der Gemeinde gebunden.

§ 168 Übernahmeverlangen. [1]Der Eigentümer eines im städtebaulichen Entwicklungsbereich gelegenen Grundstücks kann von der Gemeinde die Übernahme des Grundstücks verlangen, wenn es ihm mit Rücksicht auf die Erklärung zum städtebaulichen Entwicklungsbereich oder den Stand der Entwicklungsmaßnahme wirtschaftlich nicht mehr zuzumuten ist, das Grundstück zu behalten oder in der bisherigen oder einer anderen zulässigen Art zu nutzen. [2]Die Vorschrift des § 145 Absatz 5 Satz 2 bis 5 ist entsprechend anzuwenden.

§ 169 Besondere Vorschriften für den städtebaulichen Entwicklungsbereich. (1) Im städtebaulichen Entwicklungsbereich sind entsprechend anzuwenden

1. die §§ 137, 138 und 139 (Beteiligung und Mitwirkung der Betroffenen; Auskunftspflicht; Beteiligung und Mitwirkung öffentlicher Aufgabenträger),
2. § 142 Absatz 2 (Ersatz- und Ergänzungsgebiete),
3. die §§ 144 und 145 (Genehmigungspflichtige Vorhaben und Rechtsvorgänge; Genehmigung),
4. die §§ 146 bis 148 (Durchführung; Ordnungsmaßnahmen; Baumaßnahmen),
5. die §§ 150 und 151 (Ersatz für Änderungen von Einrichtungen, die der öffentlichen Versorgung dienen; Abgaben- und Auslagenbefreiung),
6. § 153 Absatz 1 bis 3 (Bemessung von Ausgleichs- und Entschädigungsleistungen; Kaufpreise),
7. die §§ 154 bis 156, ohne § 154 Absatz 2a (Ausgleichsbetrag des Eigentümers; Anrechnung auf den Ausgleichsbetrag, Absehen; Überleitungsvorschriften zur förmlichen Festlegung),
8. §§ 162 bis 164 (Abschluss der Maßnahme),
9. die §§ 164a und 164b (Einsatz von Städtebauförderungsmitteln; Verwaltungsvereinbarung),
10. § 191 (Vorschriften über den Verkehr mit land- und forstwirtschaftlichen Grundstücken).

(2) Die Vorschriften des Vierten Teils des Ersten Kapitels über die Bodenordnung sind im städtebaulichen Entwicklungsbereich nicht anzuwenden.

(3) [1]Die Enteignung ist im städtebaulichen Entwicklungsbereich ohne Bebauungsplan zugunsten der Gemeinde oder des Entwicklungsträgers zur Erfüllung ihrer Aufgaben zulässig. [2]Sie setzt voraus, dass der Antragsteller sich ernsthaft um den freihändigen Erwerb des Grundstücks zu angemessenen Bedingungen bemüht hat. [3]Die §§ 85, 87, 88 und 89 Absatz 1 bis 3 sind im städtebaulichen Entwicklungsbereich nicht anzuwenden.

(4) Auf land- oder forstwirtschaftlich genutzte Grundstücke ist § 153 Absatz 1 mit der Maßgabe entsprechend anzuwenden, dass in den Gebieten, in denen sich kein von dem innerlandwirtschaftlichen Verkehrswert abweichender Verkehrswert gebildet hat, der Wert maßgebend ist, der in vergleichbaren Fällen im gewöhnlichen Geschäftsverkehr auf dem allgemeinen Grundstücksmarkt dort zu erzielen wäre, wo keine Entwicklungsmaßnahmen vorgesehen sind.

(5) Die Gemeinde ist verpflichtet, Grundstücke, die sie zur Durchführung der Entwicklungsmaßnahme freihändig oder nach den Vorschriften dieses Gesetzbuchs erworben hat, nach Maßgabe der Absätze 6 bis 8 zu veräußern mit Ausnahme der Flächen, die als Baugrundstücke für den Gemeinbedarf oder als Verkehrs-, Versorgungs- oder Grünflächen in einem Bebauungsplan festgesetzt sind oder für sonstige öffentliche Zwecke oder als Austauschland oder zur Entschädigung in Land benötigt werden.

(6) [1] Die Grundstücke sind nach ihrer Neuordnung und Erschließung unter Berücksichtigung weiter Kreise der Bevölkerung und unter Beachtung der Ziele und Zwecke der Entwicklungsmaßnahme an Bauwillige zu veräußern, die sich verpflichten, dass sie die Grundstücke innerhalb angemessener Frist entsprechend den Festsetzungen des Bebauungsplans und den Erfordernissen der Entwicklungsmaßnahme bebauen werden. [2] Dabei sind zunächst die früheren Eigentümer zu berücksichtigen. [3] Auf die Veräußerungspflicht ist § 89 Absatz 4 anzuwenden. [4] Zur land- oder forstwirtschaftlichen Nutzung festgesetzte Grundstücke sind Land- oder Forstwirten anzubieten, die zur Durchführung der Entwicklungsmaßnahme Grundstücke übereignet haben oder abgeben mussten.

(7) [1] Die Gemeinde hat bei der Veräußerung dafür zu sorgen, dass die Bauwilligen die Bebauung in wirtschaftlich sinnvoller Aufeinanderfolge derart durchführen, dass die Ziele und Zwecke der städtebaulichen Entwicklung erreicht werden und die Vorhaben sich in den Rahmen der Gesamtmaßnahme einordnen. [2] Sie hat weiter sicherzustellen, dass die neu geschaffenen baulichen Anlagen entsprechend den Zielen und Zwecken der städtebaulichen Entwicklungsmaßnahme dauerhaft genutzt werden.

(8) [1] Zur Finanzierung der Entwicklung ist das Grundstück oder das Recht zu dem Verkehrswert zu veräußern, der sich durch die rechtliche und tatsächliche Neuordnung des städtebaulichen Entwicklungsbereichs ergibt. [2] § 154 Absatz 5 ist auf den Teil des Kaufpreises entsprechend anzuwenden, der der durch die Entwicklung bedingten Werterhöhung des Grundstücks entspricht.

§ 170 Sonderregelung für Anpassungsgebiete. [1] Ergeben sich aus den Zielen und Zwecken der städtebaulichen Entwicklungsmaßnahme in einem im Zusammenhang bebauten Gebiet Maßnahmen zur Anpassung an die vorgesehene Entwicklung, kann die Gemeinde dieses Gebiet in der Entwicklungssatzung förmlich festlegen (Anpassungsgebiet). [2] Das Anpassungsgebiet ist in der Entwicklungssatzung zu bezeichnen. [3] Die förmliche Festlegung darf erst erfolgen, wenn entsprechend § 141 vorbereitende Untersuchungen durchgeführt worden sind. [4] In dem Anpassungsgebiet sind neben den für städtebauliche Entwicklungsmaßnahmen geltenden Vorschriften mit Ausnahme des § 166 Absatz 3 und des § 169 Absatz 2 bis 8 die Vorschriften über städtebauliche Sanierungsmaßnahmen entsprechend anzuwenden, mit Ausnahme der §§ 136, 142 und 143.

§ 171 Kosten und Finanzierung der Entwicklungsmaßnahme.

(1) [1]Einnahmen, die bei der Vorbereitung und Durchführung der Entwicklungsmaßnahme entstehen, sind zur Finanzierung der Entwicklungsmaßnahme zu verwenden. [2]Ergibt sich nach der Durchführung der städtebaulichen Entwicklungsmaßnahme und der Übertragung eines Treuhandvermögens des Entwicklungsträgers auf die Gemeinde bei ihr ein Überschuss der bei der Vorbereitung und Durchführung der städtebaulichen Entwicklungsmaßnahme erzielten Einnahmen über die hierfür getätigten Ausgaben, so ist dieser Überschuss in entsprechender Anwendung des § 156a zu verteilen.

(2) [1]Die Gemeinde hat entsprechend § 149 nach dem Stand der Planung eine Kosten- und Finanzierungsübersicht aufzustellen. [2]Zu berücksichtigen sind die Kosten, die nach den Zielen und Zwecken der Entwicklung erforderlich sind.

Dritter Teil. Stadtumbau

§ 171a Stadtumbaumaßnahmen. (1) Stadtumbaumaßnahmen in Stadt- und Ortsteilen, deren einheitliche und zügige Durchführung im öffentlichen Interesse liegen, können auch anstelle von oder ergänzend zu sonstigen Maßnahmen nach diesem Gesetzbuch nach den Vorschriften dieses Teils durchgeführt werden.

(2) [1]Stadtumbaumaßnahmen sind Maßnahmen, durch die in von erheblichen städtebaulichen Funktionsverlusten betroffenen Gebieten Anpassungen zur Herstellung nachhaltiger städtebaulicher Strukturen vorgenommen werden. [2]Erhebliche städtebauliche Funktionsverluste liegen insbesondere vor, wenn ein dauerhaftes Überangebot an baulichen Anlagen für bestimmte Nutzungen, namentlich für Wohnzwecke, besteht oder zu erwarten ist, oder wenn die allgemeinen Anforderungen an den Klimaschutz und die Klimaanpassung nicht erfüllt werden.

(3) [1]Stadtumbaumaßnahmen dienen dem Wohl der Allgemeinheit. [2]Sie sollen insbesondere dazu beitragen, dass

1. die Siedlungsstruktur den Erfordernissen der Entwicklung von Bevölkerung und Wirtschaft sowie den allgemeinen Anforderungen an den Klimaschutz und die Klimaanpassung angepasst wird,
2. die Wohn- und Arbeitsverhältnisse sowie die Umwelt verbessert werden,
3. innerstädtische Bereiche gestärkt werden,
4. nicht mehr bedarfsgerechte bauliche Anlagen einer neuen Nutzung zugeführt werden,
5. einer anderen Nutzung nicht zuführbare bauliche Anlagen zurückgebaut werden,
6. brachliegende oder freigelegte Flächen einer nachhaltigen, insbesondere dem Klimaschutz und der Klimaanpassung dienenden städtebaulichen Entwicklung oder einer mit dieser verträglichen Zwischennutzung zugeführt werden,
7. innerstädtische Altbaubestände nachhaltig erhalten werden.

§ 171b Stadtumbaugebiet, städtebauliches Entwicklungskonzept.

(1) [1] Die Gemeinde legt das Gebiet, in dem Stadtumbaumaßnahmen durchgeführt werden sollen, durch Beschluss als Stadtumbaugebiet fest. [2] Es ist in seinem räumlichen Umfang so festzulegen, dass sich die Maßnahmen zweckmäßig durchführen lassen.

(2) [1] Grundlage für den Beschluss nach Absatz 1 ist ein von der Gemeinde aufzustellendes städtebauliches Entwicklungskonzept, in dem die Ziele und Maßnahmen (§ 171a Absatz 3) im Stadtumbaugebiet schriftlich darzustellen sind. [2] Die öffentlichen und privaten Belange sind gegeneinander und untereinander gerecht abzuwägen.

(3) Die §§ 137 und 139 sind bei der Vorbereitung und Durchführung der Stadtumbaumaßnahmen entsprechend anzuwenden.

(4) Die §§ 164a und 164b sind im Stadtumbaugebiet entsprechend anzuwenden.

§ 171c Stadtumbauvertrag. [1] Die Gemeinde soll soweit erforderlich zur Umsetzung ihres städtebaulichen Entwicklungskonzeptes die Möglichkeit nutzen, Stadtumbaumaßnahmen auf der Grundlage von städtebaulichen Verträgen im Sinne des § 11 insbesondere mit den beteiligten Eigentümern durchzuführen. [2] Gegenstände der Verträge können insbesondere auch sein

1. die Durchführung des Rückbaus oder der Anpassung baulicher Anlagen innerhalb einer bestimmten Frist und die Kostentragung dafür;
2. der Verzicht auf die Ausübung von Ansprüchen nach den §§ 39 bis 44;
3. der Ausgleich von Lasten zwischen den beteiligten Eigentümern.

§ 171d Sicherung von Durchführungsmaßnahmen. (1) [1] Die Gemeinde kann durch Satzung ein Gebiet bezeichnen, das ein festgelegtes Stadtumbaugebiet (§ 171b Absatz 1) oder Teile davon umfasst und in dem zur Sicherung und sozialverträglichen Durchführung von Stadtumbaumaßnahmen die in § 14 Absatz 1 bezeichneten Vorhaben und sonstigen Maßnahmen der Genehmigung bedürfen. [2] Auf die Satzung ist § 16 Absatz 2 entsprechend anzuwenden.

(2) Ist der Beschluss über die Aufstellung einer Satzung nach Absatz 1 gefasst und ortsüblich bekannt gemacht, ist § 15 Absatz 1 auf die Durchführung der Vorhaben und Maßnahmen im Sinne von Absatz 1 entsprechend anzuwenden.

(3) [1] In den Fällen des Absatzes 1 darf die Genehmigung nur versagt werden, um einen den städtebaulichen und sozialen Belangen Rechnung tragenden Ablauf der Stadtumbaumaßnahmen auf der Grundlage des von der Gemeinde aufgestellten städtebaulichen Entwicklungskonzeptes (§ 171b Absatz 2) oder eines Sozialplans (§ 180) zu sichern. [2] Die Genehmigung ist zu erteilen, wenn auch unter Berücksichtigung des Allgemeinwohls ein Absehen von dem Vorhaben oder der Maßnahme wirtschaftlich nicht zumutbar ist.

(4) Die §§ 138, 173 und 174 sind im Gebiet der Satzung nach Absatz 1 entsprechend anzuwenden.

Vierter Teil. Soziale Stadt

§ 171e Maßnahmen der Sozialen Stadt. (1) Städtebauliche Maßnahmen der Sozialen Stadt in Stadt- und Ortsteilen, deren einheitliche und zügige Durchführung im öffentlichen Interesse liegen, können auch anstelle von oder ergänzend zu sonstigen Maßnahmen nach diesem Gesetzbuch nach den Vorschriften dieses Teils durchgeführt werden.

(2) [1] Städtebauliche Maßnahmen der Sozialen Stadt sind Maßnahmen zur Stabilisierung und Aufwertung von durch soziale Missstände benachteiligten Ortsteilen oder anderen Teilen des Gemeindegebiets, in denen ein besonderer Entwicklungsbedarf besteht. [2] Soziale Missstände liegen insbesondere vor, wenn ein Gebiet auf Grund der Zusammensetzung und wirtschaftlichen Situation der darin lebenden und arbeitenden Menschen erheblich benachteiligt ist. [3] Ein besonderer Entwicklungsbedarf liegt insbesondere vor, wenn es sich um benachteiligte innerstädtische oder innenstadtnah gelegene Gebiete oder verdichtete Wohn- und Mischgebiete handelt, in denen es einer aufeinander abgestimmten Bündelung von investiven und sonstigen Maßnahmen bedarf.

(3) [1] Die Gemeinde legt das Gebiet, in dem die Maßnahmen durchgeführt werden sollen, durch Beschluss fest. [2] Es ist in seinem räumlichen Umfang so festzulegen, dass sich die Maßnahmen zweckmäßig durchführen lassen.

(4) [1] Grundlage für den Beschluss nach Absatz 3 ist ein von der Gemeinde unter Beteiligung der Betroffenen (§ 137) und der öffentlichen Aufgabenträger (§ 139) aufzustellendes Entwicklungskonzept, in dem die Ziele und Maßnahmen schriftlich darzustellen sind. [2] Das Entwicklungskonzept soll insbesondere Maßnahmen enthalten, die der Verbesserung der Wohn- und Arbeitsverhältnisse sowie der Schaffung und Erhaltung sozial stabiler Bewohnerstrukturen dienen.

(5) [1] Bei der Erstellung des Entwicklungskonzeptes und bei seiner Umsetzung sollen die Beteiligten in geeigneter Form einbezogen und zur Mitwirkung angeregt werden. [2] Die Gemeinde soll die Beteiligten im Rahmen des Möglichen fortlaufend beraten und unterstützen. [3] Dazu kann im Zusammenwirken von Gemeinde und Beteiligten eine Koordinierungsstelle eingerichtet werden. [4] Soweit erforderlich, soll die Gemeinde zur Verwirklichung und zur Förderung der mit dem Entwicklungskonzept verfolgten Ziele sowie zur Übernahme von Kosten mit den Eigentümern und sonstigen Maßnahmenträgern städtebauliche Verträge schließen.

(6) [1] Die §§ 164a und 164b sind im Gebiet nach Absatz 3 entsprechend anzuwenden. [2] Dabei ist § 164a Absatz 1 Satz 2 über den Einsatz von Finanzierungs- und Fördermitteln auf Grund anderer gesetzlicher Grundlage insbesondere auch auf sonstige Maßnahmen im Sinne des Absatzes 2 Satz 3 anzuwenden.

Fünfter Teil. Private Initiativen

§ 171f Private Initiativen zur Stadtentwicklung, Landesrecht. [1] Nach Maßgabe des Landesrechts[1)] können unbeschadet sonstiger Maßnahmen nach diesem Gesetzbuch Gebiete festgelegt werden, in denen in privater Verantwortung standortbezogene Maßnahmen durchgeführt werden, die auf der Grundlage eines mit den städtebaulichen Zielen der Gemeinde abgestimmten Konzepts der Stärkung oder Entwicklung von Bereichen der Innenstädte, Stadtteilzentren, Wohnquartiere und Gewerbezentren sowie von sonstigen für die städtebauliche Entwicklung bedeutsamen Bereichen dienen. [2] Zur Finanzie-

---

[1)] Siehe hierzu ua G zur Stärkung der Quartiersentwicklung durch Privatinitiative v. 9.12.2014 (GBl. S. 687).

rung der Maßnahmen und gerechten Verteilung des damit verbundenen Aufwands können durch Landesrecht Regelungen getroffen werden.

Sechster Teil. Erhaltungssatzung und städtebauliche Gebote

Erster Abschnitt. Erhaltungssatzung

§ 172 Erhaltung baulicher Anlagen und der Eigenart von Gebieten (Erhaltungssatzung) (1) [1] Die Gemeinde kann in einem Bebauungsplan oder durch eine sonstige Satzung Gebiete bezeichnen, in denen

1. zur Erhaltung der städtebaulichen Eigenart des Gebiets auf Grund seiner städtebaulichen Gestalt (Absatz 3),
2. zur Erhaltung der Zusammensetzung der Wohnbevölkerung (Absatz 4) oder
3. bei städtebaulichen Umstrukturierungen (Absatz 5)

der Rückbau, die Änderung oder die Nutzungsänderung baulicher Anlagen der Genehmigung bedürfen. [2] In den Fällen des Satzes 1 Nummer 1 bedarf auch die Errichtung baulicher Anlagen der Genehmigung. [3] Auf die Satzung ist § 16 Absatz 2 entsprechend anzuwenden. [4] Die Landesregierungen werden ermächtigt, für die Grundstücke in Gebieten einer Satzung nach Satz 1 Nummer 2 durch Rechtsverordnung mit einer Geltungsdauer von höchstens fünf Jahren zu bestimmen, dass die Begründung von Wohnungseigentum oder Teileigentum (§ 1 des Wohnungseigentumsgesetzes) an Gebäuden, die ganz oder teilweise Wohnzwecken zu dienen bestimmt sind, nicht ohne Genehmigung erfolgen darf. [5] Ein solches Verbot gilt als Verbot im Sinne des § 135 des Bürgerlichen Gesetzbuchs. [6] In den Fällen des Satzes 4 ist § 22 Absatz 2 Satz 3 und 4, Absatz 6 und 8 entsprechend anzuwenden.

(2) Ist der Beschluss über die Aufstellung einer Erhaltungssatzung gefasst und ortsüblich bekannt gemacht, ist § 15 Absatz 1 auf die Durchführung eines Vorhabens im Sinne des Absatzes 1 entsprechend anzuwenden.

(3) [1] In den Fällen des Absatzes 1 Satz 1 Nummer 1 darf die Genehmigung nur versagt werden, wenn die bauliche Anlage allein oder im Zusammenhang mit anderen baulichen Anlagen das Ortsbild, die Stadtgestalt oder das Landschaftsbild prägt oder sonst von städtebaulicher, insbesondere geschichtlicher oder künstlerischer Bedeutung ist. [2] Die Genehmigung zur Errichtung der baulichen Anlage darf nur versagt werden, wenn die städtebauliche Gestalt des Gebiets durch die beabsichtigte bauliche Anlage beeinträchtigt wird.

(4) [1] In den Fällen des Absatzes 1 Satz 1 Nummer 2 und Satz 4 darf die Genehmigung nur versagt werden, wenn die Zusammensetzung der Wohnbevölkerung aus besonderen städtebaulichen Gründen erhalten werden soll. [2] Sie ist zu erteilen, wenn auch unter Berücksichtigung des Allgemeinwohls die Erhaltung der baulichen Anlage oder ein Absehen von der Begründung von Wohnungseigentum oder Teileigentum wirtschaftlich nicht mehr zumutbar ist. [3] Die Genehmigung ist ferner zu erteilen, wenn

1. die Änderung einer baulichen Anlage der Herstellung des zeitgemäßen Ausstattungszustands einer durchschnittlichen Wohnung unter Berücksichtigung der bauordnungsrechtlichen Mindestanforderungen dient,

1a. die Änderung einer baulichen Anlage der Anpassung an die baulichen oder anlagentechnischen Mindestanforderungen der Energieeinsparverordnung dient,

2. das Grundstück zu einem Nachlass gehört und Wohnungseigentum oder Teileigentum zugunsten von Miterben oder Vermächtnisnehmern begründet werden soll,
3. das Wohnungseigentum oder Teileigentum zur eigenen Nutzung an Familienangehörige des Eigentümers veräußert werden soll,
4. ohne die Genehmigung Ansprüche Dritter auf Übertragung von Wohnungseigentum oder Teileigentum nicht erfüllt werden können, zu deren Sicherung vor dem Wirksamwerden des Genehmigungsvorbehalts eine Vormerkung im Grundbuch eingetragen ist,
5. das Gebäude im Zeitpunkt der Antragstellung zur Begründung von Wohnungseigentum oder Teileigentum nicht zu Wohnzwecken genutzt wird oder
6. sich der Eigentümer verpflichtet, innerhalb von sieben Jahren ab der Begründung von Wohnungseigentum Wohnungen nur an die Mieter zu veräußern; eine Frist nach § 577a Absatz 2 Satz 1 des Bürgerlichen Gesetzbuchs verkürzt sich um fünf Jahre; die Frist nach § 577a Absatz 1 des Bürgerlichen Gesetzbuchs entfällt.

[4]In den Fällen des Satzes 3 Nummer 6 kann in der Genehmigung bestimmt werden, dass auch die Veräußerung von Wohnungseigentum an dem Gebäude während der Dauer der Verpflichtung der Genehmigung der Gemeinde bedarf. [5]Diese Genehmigungspflicht kann auf Ersuchen der Gemeinde in das Wohnungsgrundbuch eingetragen werden; sie erlischt nach Ablauf der Verpflichtung.

(5) [1]In den Fällen des Absatzes 1 Satz 1 Nummer 3 darf die Genehmigung nur versagt werden, um einen den sozialen Belangen Rechnung tragenden Ablauf auf der Grundlage eines Sozialplans (§ 180) zu sichern. [2]Ist ein Sozialplan nicht aufgestellt worden, hat ihn die Gemeinde in entsprechender Anwendung des § 180 aufzustellen. [3]Absatz 4 Satz 2 ist entsprechend anzuwenden.

§ 173 Genehmigung, Übernahmeanspruch. (1) [1]Die Genehmigung wird durch die Gemeinde erteilt; § 22 Absatz 5 Satz 2 bis 5 ist entsprechend anzuwenden. [2]Ist eine baurechtliche Genehmigung oder an ihrer Stelle eine baurechtliche Zustimmung erforderlich, wird die Genehmigung durch die Baugenehmigungsbehörde im Einvernehmen mit der Gemeinde erteilt; im Baugenehmigungs- oder Zustimmungsverfahren wird über die in § 172 Absatz 3 bis 5 bezeichneten Belange entschieden.

(2) [1]Wird in den Fällen des § 172 Absatz 3 die Genehmigung versagt, kann der Eigentümer von der Gemeinde unter den Voraussetzungen des § 40 Absatz 2 die Übernahme des Grundstücks verlangen. [2]§ 43 Absatz 1, 4 und 5 sowie § 44 Absatz 3 und 4 sind entsprechend anzuwenden.

(3) [1]Vor der Entscheidung über den Genehmigungsantrag hat die Gemeinde mit dem Eigentümer oder sonstigen zur Unterhaltung Verpflichteten die für die Entscheidung erheblichen Tatsachen zu erörtern. [2]In den Fällen des § 172 Absatz 4 und 5 hat sie auch Mieter, Pächter und sonstige Nutzungsberechtigte zu hören. [3]In den Fällen des § 172 Absatz 4 Satz 3 Nummer 6 hat sie die nach Satz 2 anzuhörenden Personen über die Erteilung einer Genehmigung zu informieren.

(4) Die landesrechtlichen Vorschriften, insbesondere über den Schutz und die Erhaltung von Denkmälern, bleiben unberührt.

§ 174 Ausnahmen. (1) § 172 ist nicht auf Grundstücke anzuwenden, die den in § 26 Nummer 2 bezeichneten Zwecken dienen, und auf die in § 26 Nummer 3 bezeichneten Grundstücke.

(2) [1] Befindet sich ein Grundstück der in Absatz 1 bezeichneten Art im Geltungsbereich einer Erhaltungssatzung, hat die Gemeinde den Bedarfsträger hiervon zu unterrichten. [2] Beabsichtigt der Bedarfsträger ein Vorhaben im Sinne des § 172 Absatz 1, hat er dies der Gemeinde anzuzeigen. [3] Der Bedarfsträger soll auf Verlangen der Gemeinde von dem Vorhaben absehen, wenn die Voraussetzungen vorliegen, die die Gemeinde berechtigen würden, die Genehmigung nach § 172 zu versagen, und wenn die Erhaltung oder das Absehen von der Errichtung der baulichen Anlage dem Bedarfsträger auch unter Berücksichtigung seiner Aufgaben zuzumuten ist.

Zweiter Abschnitt. Städtebauliche Gebote

§ 175 Allgemeines. (1) [1] Beabsichtigt die Gemeinde, ein Baugebot (§ 176), ein Modernisierungs- oder Instandsetzungsgebot (§ 177), ein Pflanzgebot (§ 178) oder ein Rückbau- oder Entsiegelungsgebot (§ 179) zu erlassen, soll sie die Maßnahme vorher mit den Betroffenen erörtern. [2] Die Gemeinde soll die Eigentümer, Mieter, Pächter und sonstigen Nutzungsberechtigten im Rahmen ihrer Möglichkeiten beraten, wie die Maßnahme durchgeführt werden kann und welche Finanzierungsmöglichkeiten aus öffentlichen Kassen bestehen.

(2) Die Anordnung von Maßnahmen nach den §§ 176 bis 179 setzt voraus, dass die alsbaldige Durchführung der Maßnahmen aus städtebaulichen Gründen erforderlich ist; bei Anordnung eines Baugebots nach § 176 kann dabei auch ein dringender Wohnbedarf der Bevölkerung berücksichtigt werden.

(3) Mieter, Pächter und sonstige Nutzungsberechtigte haben die Durchführung der Maßnahmen nach den §§ 176 bis 179 zu dulden.

(4) [1] Die §§ 176 bis 179 sind nicht auf Grundstücke anzuwenden, die den in § 26 Nummer 2 bezeichneten Zwecken dienen, und auf die in § 26 Nummer 3 bezeichneten Grundstücke. [2] Liegen für diese Grundstücke die Voraussetzungen für die Anordnung eines Gebots nach den §§ 176 bis 179 vor, soll auf Verlangen der Gemeinde der Bedarfsträger die entsprechenden Maßnahmen durchführen oder ihre Durchführung dulden, soweit dadurch nicht die Erfüllung seiner Aufgaben beeinträchtigt wird.

(5) Die landesrechtlichen Vorschriften, insbesondere über den Schutz und die Erhaltung von Denkmälern, bleiben unberührt.

§ 176 Baugebot. (1) Im Geltungsbereich eines Bebauungsplans kann die Gemeinde den Eigentümer durch Bescheid verpflichten, innerhalb einer zu bestimmenden angemessenen Frist

1. sein Grundstück entsprechend den Festsetzungen des Bebauungsplans zu bebauen oder
2. ein vorhandenes Gebäude oder eine vorhandene sonstige bauliche Anlage den Festsetzungen des Bebauungsplans anzupassen.

(2) Das Baugebot kann außerhalb der in Absatz 1 bezeichneten Gebiete, aber innerhalb im Zusammenhang bebauter Ortsteile angeordnet werden, um unbebaute oder geringfügig bebaute Grundstücke entsprechend den baurechtlichen Vorschriften zu nutzen oder einer baulichen Nutzung zuzuführen, insbesondere zur Schließung von Baulücken.

(3) Ist die Durchführung des Vorhabens aus wirtschaftlichen Gründen einem Eigentümer nicht zuzumuten, hat die Gemeinde von dem Baugebot abzusehen.

(4) [1] Der Eigentümer kann von der Gemeinde die Übernahme des Grundstücks verlangen, wenn er glaubhaft macht, dass ihm die Durchführung des Vorhabens aus wirtschaftlichen Gründen nicht zuzumuten ist. [2] § 43 Absatz 1, 4 und 5 sowie § 44 Absatz 3 und 4 sind entsprechend anzuwenden.

(5) [1] Ist die Durchführung eines Baugebots nur möglich, wenn zuvor eine bauliche Anlage oder Teile davon beseitigt werden, ist der Eigentümer mit dem Baugebot auch zur Beseitigung verpflichtet. [2] § 179 Absatz 2 und 3 Satz 1, § 43 Absatz 2 und 5 sowie § 44 Absatz 3 und 4 sind entsprechend anzuwenden.

(6) Ist für ein Grundstück eine andere als bauliche Nutzung festgesetzt, sind die Absätze 1 und 3 bis 5 entsprechend anzuwenden.

(7) Mit dem Baugebot kann die Verpflichtung verbunden werden, innerhalb einer zu bestimmenden angemessenen Frist den für eine bauliche Nutzung des Grundstücks erforderlichen Antrag auf Erteilung einer bauaufsichtlichen Genehmigung zu stellen.

(8) Kommt der Eigentümer der Verpflichtung nach Absatz 7 auch nach Vollstreckungsmaßnahmen auf Grund landesrechtlicher Vorschriften nicht nach, kann das Enteignungsverfahren nach § 85 Absatz 1 Nummer 5 auch vor Ablauf der Frist nach Absatz 1 eingeleitet werden.

(9) [1] In dem Enteignungsverfahren ist davon auszugehen, dass die Voraussetzungen des Baugebots vorliegen; die Vorschriften über die Zulässigkeit der Enteignung bleiben unberührt. [2] Bei der Bemessung der Entschädigung bleiben Werterhöhungen unberücksichtigt, die nach Unanfechtbarkeit des Baugebots eingetreten sind, es sei denn, dass der Eigentümer die Werterhöhungen durch eigene Aufwendungen zulässigerweise bewirkt hat.

§ 177 Modernisierungs- und Instandsetzungsgebot. (1) [1] Weist eine bauliche Anlage nach ihrer inneren oder äußeren Beschaffenheit Missstände oder Mängel auf, deren Beseitigung oder Behebung durch Modernisierung oder Instandsetzung möglich ist, kann die Gemeinde die Beseitigung der Missstände durch ein Modernisierungsgebot und die Behebung der Mängel durch ein Instandsetzungsgebot anordnen. [2] Zur Beseitigung der Missstände und zur Behebung der Mängel ist der Eigentümer der baulichen Anlage verpflichtet. [3] In dem Bescheid, durch den die Modernisierung oder Instandsetzung angeordnet wird, sind die zu beseitigenden Missstände oder zu behebenden Mängel zu bezeichnen und eine angemessene Frist für die Durchführung der erforderlichen Maßnahmen zu bestimmen.

(2) Missstände liegen insbesondere vor, wenn die bauliche Anlage nicht den allgemeinen Anforderungen an gesunde Wohn- und Arbeitsverhältnisse entspricht.

(3) [1]Mängel liegen insbesondere vor, wenn durch Abnutzung, Alterung, Witterungseinflüsse oder Einwirkungen Dritter

1. die bestimmungsgemäße Nutzung der baulichen Anlage nicht nur unerheblich beeinträchtigt wird,
2. die bauliche Anlage nach ihrer äußeren Beschaffenheit das Straßen- oder Ortsbild nicht nur unerheblich beeinträchtigt oder
3. die bauliche Anlage erneuerungsbedürftig ist und wegen ihrer städtebaulichen, insbesondere geschichtlichen oder künstlerischen Bedeutung erhalten bleiben soll.

[2]Kann die Behebung der Mängel einer baulichen Anlage nach landesrechtlichen Vorschriften auch aus Gründen des Schutzes und der Erhaltung von Baudenkmälern verlangt werden, darf das Instandsetzungsgebot nur mit Zustimmung der zuständigen Landesbehörde erlassen werden. [3]In dem Bescheid über den Erlass des Instandsetzungsgebots sind die auch aus Gründen des Denkmalschutzes gebotenen Instandsetzungsmaßnahmen besonders zu bezeichnen.

(4) [1]Der Eigentümer hat die Kosten der von der Gemeinde angeordneten Maßnahmen insoweit zu tragen, als er sie durch eigene oder fremde Mittel decken und die sich daraus ergebenden Kapitalkosten sowie die zusätzlich entstehenden Bewirtschaftungskosten aus Erträgen der baulichen Anlage aufbringen kann. [2]Sind dem Eigentümer Kosten entstanden, die er nicht zu tragen hat, hat die Gemeinde sie ihm zu erstatten, soweit nicht eine andere Stelle einen Zuschuss zu ihrer Deckung gewährt. [3]Dies gilt nicht, wenn der Eigentümer auf Grund anderer Rechtsvorschriften verpflichtet ist, die Kosten selbst zu tragen, oder wenn er Instandsetzungen unterlassen hat und nicht nachweisen kann, dass ihre Vornahme wirtschaftlich unvertretbar oder ihm nicht zuzumuten war. [4]Die Gemeinde kann mit dem Eigentümer den Kostenerstattungsbetrag unter Verzicht auf eine Berechnung im Einzelfall als Pauschale in Höhe eines bestimmten Vomhundertsatzes der Modernisierungs- oder Instandsetzungskosten vereinbaren.

(5) Der vom Eigentümer zu tragende Kostenanteil wird nach der Durchführung der Modernisierungs- oder Instandsetzungsmaßnahmen unter Berücksichtigung der Erträge ermittelt, die für die modernisierte oder instand gesetzte bauliche Anlage bei ordentlicher Bewirtschaftung nachhaltig erzielt werden können; dabei sind die mit einem Bebauungsplan, einem Sozialplan, einer städtebaulichen Sanierungsmaßnahme oder einer sonstigen städtebaulichen Maßnahme verfolgten Ziele und Zwecke zu berücksichtigen.

§ 178 Pflanzgebot. Die Gemeinde kann den Eigentümer durch Bescheid verpflichten, sein Grundstück innerhalb einer zu bestimmenden angemessenen Frist entsprechend den nach § 9 Absatz 1 Nummer 25 getroffenen Festsetzungen des Bebauungsplans zu bepflanzen.

§ 179 Rückbau- und Entsiegelungsgebot. (1) [1]Die Gemeinde kann den Eigentümer verpflichten zu dulden, dass eine bauliche Anlage ganz oder teilweise beseitigt wird, wenn sie

1. den Festsetzungen eines Bebauungsplans nicht entspricht und ihnen nicht angepasst werden kann oder

2. Missstände oder Mängel im Sinne des § 177 Absatz 2 und 3 Satz 1 aufweist, die auch durch eine Modernisierung oder Instandsetzung nicht behoben werden können.

[2] Satz 1 Nummer 1 gilt entsprechend für die sonstige Wiedernutzbarmachung von dauerhaft nicht mehr genutzten Flächen, bei denen der durch Bebauung oder Versiegelung beeinträchtigte Boden in seiner Leistungsfähigkeit erhalten oder wiederhergestellt werden soll; die sonstige Wiedernutzbarmachung steht der Beseitigung nach Satz 1 gleich. [3] Diejenigen, für die ein Recht an dem Grundstück oder an einem das Grundstück belastenden Recht im Grundbuch eingetragen oder durch Eintragung gesichert ist, das nicht zur Nutzung berechtigt, sollen von dem Bescheid benachrichtigt werden, wenn sie von der Beseitigung betroffen werden. [4] Unberührt bleibt das Recht des Eigentümers, die Beseitigung selbst vorzunehmen.

(2) [1] Der Bescheid darf bei Wohnraum nur vollzogen werden, wenn im Zeitpunkt der Beseitigung angemessener Ersatzwohnraum für die Bewohner unter zumutbaren Bedingungen zur Verfügung steht. [2] Strebt der Inhaber von Raum, der überwiegend gewerblichen oder beruflichen Zwecken dient (Geschäftsraum), eine anderweitige Unterbringung an, soll der Bescheid nur vollzogen werden, wenn im Zeitpunkt der Beseitigung anderer geeigneter Geschäftsraum unter zumutbaren Bedingungen zur Verfügung steht.

(3) [1] Entstehen dem Eigentümer, Mieter, Pächter oder sonstigen Nutzungsberechtigten durch die Beseitigung Vermögensnachteile, hat die Gemeinde angemessene Entschädigung in Geld zu leisten. [2] Der Eigentümer kann anstelle der Entschädigung nach Satz 1 von der Gemeinde die Übernahme des Grundstücks verlangen, wenn es ihm mit Rücksicht auf das Rückbau- oder Entsiegelungsgebot wirtschaftlich nicht mehr zuzumuten ist, das Grundstück zu behalten. [3] § 43 Absatz 1, 2, 4 und 5 sowie § 44 Absatz 3 und 4 sind entsprechend anzuwenden.

(4) [1] Im Falle des Absatzes 1 Satz 1 Nummer 2 sind die Beseitigungskosten vom Eigentümer bis zur Höhe der ihm durch die Beseitigung entstehenden Vermögensvorteile zu tragen. [2] Der Kostenerstattungsbetrag kann durch Bescheid geltend gemacht werden, sobald die bauliche Anlage ganz oder teilweise beseitigt ist. [3] Der Betrag ruht als öffentliche Last auf dem Grundstück.

Siebter Teil. Sozialplan und Härteausgleich

§ 180 Sozialplan. (1) [1] Wirken sich Bebauungspläne, städtebauliche Sanierungsmaßnahmen, städtebauliche Entwicklungsmaßnahmen oder Stadtumbaumaßnahmen voraussichtlich nachteilig auf die persönlichen Lebensumstände der in dem Gebiet wohnenden oder arbeitenden Menschen aus, soll die Gemeinde Vorstellungen entwickeln und mit den Betroffenen erörtern, wie nachteilige Auswirkungen möglichst vermieden oder gemildert werden können. [2] Die Gemeinde hat den Betroffenen bei ihren eigenen Bemühungen, nachteilige Auswirkungen zu vermeiden oder zu mildern, zu helfen, insbesondere beim Wohnungs- und Arbeitsplatzwechsel sowie beim Umzug von Betrieben; soweit öffentliche Leistungen in Betracht kommen können, soll die Gemeinde hierauf hinweisen. [3] Sind Betroffene nach ihren persönlichen Lebensumständen nicht in der Lage, Empfehlungen und anderen Hinweisen der Gemeinde zur Vermeidung von Nachteilen zu folgen oder Hilfen zu nutzen oder sind aus anderen Gründen weitere Maßnahmen der Gemeinde erforderlich, hat die Gemeinde geeignete Maßnahmen zu prüfen.

(2) Das Ergebnis der Erörterungen und Prüfungen nach Absatz 1 sowie die voraussichtlich in Betracht zu ziehenden Maßnahmen der Gemeinde und die Möglichkeiten ihrer Verwirklichung sind schriftlich darzustellen (Sozialplan).

(3) [1] Steht die Verwirklichung einer Durchführungsmaßnahme durch einen anderen als die Gemeinde bevor, kann die Gemeinde verlangen, dass der andere im Einvernehmen mit ihr die sich aus Absatz 1 ergebenden Aufgaben übernimmt. [2] Die Gemeinde kann diese Aufgaben ganz oder teilweise auch selbst übernehmen und dem anderen die Kosten auferlegen.

§ 181 Härteausgleich. (1) [1] Soweit es die Billigkeit erfordert, soll die Gemeinde bei der Durchführung dieses Gesetzbuchs zur Vermeidung oder zum Ausgleich wirtschaftlicher Nachteile – auch im sozialen Bereich – auf Antrag einen Härteausgleich in Geld gewähren

1. einem Mieter oder Pächter, wenn das Miet- oder Pachtverhältnis mit Rücksicht auf die Durchführung städtebaulicher Maßnahmen aufgehoben oder enteignet worden ist;
2. einer gekündigten Vertragspartei, wenn die Kündigung zur Durchführung städtebaulicher Maßnahmen erforderlich ist; dies gilt entsprechend, wenn ein Miet- oder Pachtverhältnis vorzeitig durch Vereinbarung der Beteiligten beendigt wird; die Gemeinde hat zu bestätigen, dass die Beendigung des Rechtsverhältnisses im Hinblick auf die alsbaldige Durchführung der städtebaulichen Maßnahmen geboten ist;
3. einer Vertragspartei, wenn ohne Beendigung des Rechtsverhältnisses die vermieteten oder verpachteten Räume ganz oder teilweise vorübergehend unbenutzbar sind und die Gemeinde bestätigt hat, dass dies durch die alsbaldige Durchführung städtebaulicher Maßnahmen bedingt ist;
4. einem Mieter oder Pächter für die Umzugskosten, die dadurch entstehen, dass er nach der Räumung seiner Wohnung vorübergehend anderweitig untergebracht worden ist und später ein neues Miet- oder Pachtverhältnis in dem Gebiet begründet wird, sofern dies im Sozialplan vorgesehen ist.

[2] Voraussetzung ist, dass der Nachteil für den Betroffenen in seinen persönlichen Lebensumständen eine besondere Härte bedeutet, eine Ausgleichs- oder Entschädigungsleistung nicht zu gewähren ist und auch ein Ausgleich durch sonstige Maßnahmen nicht erfolgt.

(2) Absatz 1 ist entsprechend anzuwenden auf andere Vertragsverhältnisse, die zum Gebrauch oder zur Nutzung eines Grundstücks, Gebäudes oder Gebäudeteils oder einer sonstigen baulichen Einrichtung berechtigen.

(3) Ein Härteausgleich wird nicht gewährt, soweit der Antragsteller es unterlassen hat und unterlässt, den wirtschaftlichen Nachteil durch zumutbare Maßnahmen, insbesondere unter Einsatz eigener oder fremder Mittel abzuwenden.

Achter Teil. Miet- und Pachtverhältnisse

§ 182 Aufhebung von Miet- oder Pachtverhältnissen. (1) Erfordert die Verwirklichung der Ziele und Zwecke der Sanierung im förmlich festgelegten Sanierungsgebiet, der Entwicklung im städtebaulichen Entwicklungsbereich oder eine Maßnahme nach den §§ 176 bis 179 die Aufhebung eines Miet- oder

Pachtverhältnisses, kann die Gemeinde das Rechtsverhältnis auf Antrag des Eigentümers oder im Hinblick auf ein städtebauliches Gebot mit einer Frist von mindestens sechs Monaten, bei einem land- oder forstwirtschaftlich genutzten Grundstück nur zum Schluss eines Pachtjahres aufheben.

(2) [1] Die Gemeinde darf ein Mietverhältnis über Wohnraum nur aufheben, wenn im Zeitpunkt der Beendigung des Mietverhältnisses angemessener Ersatzwohnraum für den Mieter und die zu seinem Hausstand gehörenden Personen zu zumutbaren Bedingungen zur Verfügung steht. [2] Strebt der Mieter oder Pächter von Geschäftsraum eine anderweitige Unterbringung an, soll die Gemeinde das Miet- oder Pachtverhältnis nur aufheben, wenn im Zeitpunkt der Beendigung des Rechtsverhältnisses anderer geeigneter Geschäftsraum zu zumutbaren Bedingungen zur Verfügung steht.

(3) Wird die Erwerbsgrundlage eines Mieters oder Pächters von Geschäftsraum im förmlich festgelegten Sanierungsgebiet oder in einem städtebaulichen Entwicklungsbereich infolge der Durchführung städtebaulicher Sanierungsmaßnahmen oder städtebaulicher Entwicklungsmaßnahmen wesentlich beeinträchtigt und ist ihm deshalb die Fortsetzung des Miet- oder Pachtverhältnisses nicht mehr zuzumuten, kann die Gemeinde auf Antrag des Mieters oder Pächters das Rechtsverhältnis mit einer Frist von mindestens sechs Monaten aufheben.

§ 183 Aufhebung von Miet- oder Pachtverhältnissen über unbebaute Grundstücke. (1) Ist nach den Festsetzungen des Bebauungsplans für ein unbebautes Grundstück eine andere Nutzung vorgesehen und ist die alsbaldige Änderung der Nutzung beabsichtigt, kann die Gemeinde auf Antrag des Eigentümers Miet- oder Pachtverhältnisse aufheben, die sich auf das Grundstück beziehen und der neuen Nutzung entgegenstehen.

(2) Auf die Aufhebung ist § 182 Absatz 1 entsprechend anzuwenden.

§ 184 Aufhebung anderer Vertragsverhältnisse. Die §§ 182 und 183 sind entsprechend auf andere schuldrechtliche Vertragsverhältnisse anzuwenden, die zum Gebrauch oder zur Nutzung eines Grundstücks, Gebäudes oder Gebäudeteils oder einer sonstigen baulichen Anlage berechtigen.

§ 185 Entschädigung bei Aufhebung von Miet- oder Pachtverhältnissen. (1) [1] Ist ein Rechtsverhältnis auf Grund des § 182, des § 183 oder des § 184 aufgehoben worden, ist den Betroffenen insoweit eine angemessene Entschädigung in Geld zu leisten, als ihnen durch die vorzeitige Beendigung des Rechtsverhältnisses Vermögensnachteile entstehen. [2] Die Vorschriften des Zweiten Abschnitts des Fünften Teils des Ersten Kapitels sind entsprechend anzuwenden.

(2) [1] Zur Entschädigung ist die Gemeinde verpflichtet. [2] Kommt eine Einigung über die Entschädigung nicht zustande, entscheidet die höhere Verwaltungsbehörde.

(3) [1] Wird ein Pachtvertrag über kleingärtnerisch genutztes Land nach § 182, § 183 oder § 184 aufgehoben, ist die Gemeinde außer zur Entschädigung nach Absatz 1 auch zur Bereitstellung oder Beschaffung von Ersatzland verpflichtet. [2] Bei der Entschädigung in Geld ist die Bereitstellung oder Beschaffung des Ersatzlands angemessen zu berücksichtigen. [3] Die höhere Verwaltungsbehörde

kann die Gemeinde von der Verpflichtung zur Bereitstellung oder Beschaffung von Ersatzland befreien, wenn die Gemeinde nachweist, dass sie zur Erfüllung außerstande ist.

§ 186 Verlängerung von Miet- oder Pachtverhältnissen. Die Gemeinde kann auf Antrag des Mieters oder Pächters ein Miet- oder Pachtverhältnis über Wohn- oder Geschäftsraum im förmlich festgelegten Sanierungsgebiet, im städtebaulichen Entwicklungsbereich oder im Hinblick auf Maßnahmen nach den §§ 176 bis 179 verlängern, soweit dies zur Verwirklichung des Sozialplans erforderlich ist.

Neunter Teil. Städtebauliche Maßnahmen im Zusammenhang mit Maßnahmen zur Verbesserung der Agrarstruktur

§ 187 Abstimmung von Maßnahmen; Bauleitplanung und Maßnahmen zur Verbesserung der Agrarstruktur. (1) [1] Bei der Vorbereitung und Durchführung städtebaulicher Maßnahmen sind Maßnahmen zur Verbesserung der Agrarstruktur, insbesondere auch die Ergebnisse der Vorplanung nach § 1 Absatz 2 des Gesetzes über die Gemeinschaftsaufgabe „Verbesserung der Agrarstruktur und des Küstenschutzes", zu berücksichtigen. [2] Ist zu erwarten, dass Maßnahmen zur Verbesserung der Agrarstruktur zu Auswirkungen auf die bauliche Entwicklung des Gemeindegebiets führen, hat die Gemeinde darüber zu befinden, ob Bauleitpläne aufzustellen sind und ob sonstige städtebauliche Maßnahmen durchgeführt werden sollen.

(2) Bei der Aufstellung von Bauleitplänen hat die obere Flurbereinigungsbehörde zu prüfen, ob im Zusammenhang damit eine Flurbereinigung oder andere Maßnahmen zur Verbesserung der Agrarstruktur einzuleiten sind.

(3) Die Gemeinde hat die Flurbereinigungsbehörde und, sofern die Maßnahmen zur Verbesserung der Agrarstruktur von anderen Stellen durchgeführt werden, diese bei den Vorarbeiten zur Aufstellung der Bauleitpläne möglichst frühzeitig zu beteiligen.

§ 188 Bauleitplanung und Flurbereinigung. (1) Ist eine Flurbereinigung auf Grund des Flurbereinigungsgesetzes in einer Gemeinde nach Mitteilung der Flurbereinigungsbehörde beabsichtigt oder ist sie bereits angeordnet, ist die Gemeinde verpflichtet, rechtzeitig Bauleitpläne aufzustellen, es sei denn, dass sich die Flurbereinigung auf die bauliche Entwicklung des Gemeindegebiets voraussichtlich nicht auswirkt.

(2) [1] Die Flurbereinigungsbehörde und die Gemeinde sind verpflichtet, ihre das Gemeindegebiet betreffenden Absichten möglichst frühzeitig aufeinander abzustimmen. [2] Die Planungen sollen bis zum Abschluss der Flurbereinigung nur geändert werden, wenn zwischen der Flurbereinigungsbehörde und der Gemeinde Übereinstimmung besteht oder wenn zwingende Gründe die Änderung erfordern.

§ 189 Ersatzlandbeschaffung. (1) [1] Wird bei einer städtebaulichen Maßnahme ein land- oder forstwirtschaftlicher Betrieb ganz oder teilweise in Anspruch genommen, soll die Gemeinde mit dem Eigentümer des Betriebs auch klären, ob er einen anderen land- oder forstwirtschaftlichen Betrieb oder land- oder forstwirtschaftliches Ersatzland anstrebt. [2] Handelt es sich bei dem in

Anspruch genommenen Betrieb um eine Siedlerstelle im Sinne des Reichssiedlungsgesetzes, ist die zuständige Siedlungsbehörde des Landes zu beteiligen.

(2) Die Gemeinde soll sich um die Beschaffung oder Bereitstellung geeigneten Ersatzlands bemühen und ihr gehörende Grundstücke als Ersatzland zur Verfügung stellen, soweit sie diese nicht für die ihr obliegenden Aufgaben benötigt.

§ 190 Flurbereinigung aus Anlass einer städtebaulichen Maßnahme.

(1) [1]Werden für städtebauliche Maßnahmen land- oder forstwirtschaftliche Grundstücke in Anspruch genommen, kann auf Antrag der Gemeinde mit Zustimmung der höheren Verwaltungsbehörde nach § 87 Absatz 1 des Flurbereinigungsgesetzes ein Flurbereinigungsverfahren eingeleitet werden, wenn der den Betroffenen entstehende Landverlust auf einen größeren Kreis von Eigentümern verteilt oder Nachteile für die allgemeine Landeskultur, die durch die städtebaulichen Maßnahmen entstehen, vermieden werden sollen. [2]Das Flurbereinigungsverfahren kann bereits angeordnet werden, wenn ein Bebauungsplan noch nicht rechtsverbindlich ist. [3]In diesem Falle muss der Bebauungsplan vor Bekanntgabe des Flurbereinigungsplans (§ 59 Absatz 1 des Flurbereinigungsgesetzes) in Kraft getreten sein. [4]Die Gemeinde ist Träger des Unternehmens im Sinne des § 88 des Flurbereinigungsgesetzes.

(2) Die vorzeitige Ausführung des Flurbereinigungsplans nach § 63 des Flurbereinigungsgesetzes kann bereits angeordnet werden, wenn der Flurbereinigungsplan bekannt gegeben ist.

(3) Die Zulässigkeit einer Enteignung nach den Vorschriften dieses Gesetzbuchs bleibt auch nach Einleitung des Flurbereinigungsverfahrens unberührt.

§ 191 Vorschriften über den Verkehr mit land- und forstwirtschaftlichen Grundstücken. Im räumlichen Geltungsbereich eines Bebauungsplans oder einer Sanierungssatzung sind die Vorschriften über den Verkehr mit land- und forstwirtschaftlichen Grundstücken nicht anzuwenden, es sei denn, dass es sich um die Veräußerung der Wirtschaftsstelle eines land- oder forstwirtschaftlichen Betriebs oder solcher Grundstücke handelt, die im Bebauungsplan als Flächen für die Landwirtschaft oder als Wald ausgewiesen sind.

Drittes Kapitel. Sonstige Vorschriften

Erster Teil. Wertermittlung

§ 192 Gutachterausschuss. (1) Zur Ermittlung von Grundstückswerten und für sonstige Wertermittlungen werden selbständige, unabhängige Gutachterausschüsse gebildet.

(2) Die Gutachterausschüsse bestehen aus einem Vorsitzenden und ehrenamtlichen weiteren Gutachtern.

(3) [1]Der Vorsitzende und die weiteren Gutachter sollen in der Ermittlung von Grundstückswerten oder sonstigen Wertermittlungen sachkundig und erfahren sein und dürfen nicht hauptamtlich mit der Verwaltung der Grundstücke der Gebietskörperschaft, für deren Bereich der Gutachterausschuss gebildet ist, befasst sein. [2]Zur Ermittlung der Bodenrichtwerte sowie der in § 193 Absatz 5 Satz 2 genannten sonstigen für die Wertermittlung erforderlichen Daten ist ein

Bediensteter der zuständigen Finanzbehörde mit Erfahrung in der steuerlichen Bewertung von Grundstücken als Gutachter hinzuzuziehen.

(4) Die Gutachterausschüsse bedienen sich einer Geschäftsstelle.

§ 193 Aufgaben des Gutachterausschusses. (1) [1]Der Gutachterausschuss erstattet Gutachten über den Verkehrswert von bebauten und unbebauten Grundstücken sowie Rechten an Grundstücken, wenn

1. die für den Vollzug dieses Gesetzbuchs zuständigen Behörden bei der Erfüllung der Aufgaben nach diesem Gesetzbuch,
2. die für die Feststellung des Werts eines Grundstücks oder der Entschädigung für ein Grundstück oder ein Recht an einem Grundstück auf Grund anderer gesetzlicher Vorschriften zuständigen Behörden,
3. die Eigentümer, ihnen gleichstehende Berechtigte, Inhaber anderer Rechte am Grundstück und Pflichtteilsberechtigte, für deren Pflichtteil der Wert des Grundstücks von Bedeutung ist, oder
4. Gerichte und Justizbehörden

es beantragen. [2]Unberührt bleiben Antragsberechtigungen nach anderen Rechtsvorschriften.

(2) Der Gutachterausschuss kann außer über die Höhe der Entschädigung für den Rechtsverlust auch Gutachten über die Höhe der Entschädigung für andere Vermögensnachteile erstatten.

(3) Die Gutachten haben keine bindende Wirkung, soweit nichts anderes bestimmt oder vereinbart ist.

(4) Eine Abschrift des Gutachtens ist dem Eigentümer zu übersenden.

(5) [1]Der Gutachterausschuss führt eine Kaufpreissammlung, wertet sie aus und ermittelt Bodenrichtwerte und sonstige zur Wertermittlung erforderliche Daten. [2]Zu den sonstigen für die Wertermittlung erforderlichen Daten gehören insbesondere

1. Kapitalisierungszinssätze, mit denen die Verkehrswerte von Grundstücken im Durchschnitt marktüblich verzinst werden (Liegenschaftszinssätze), für die verschiedenen Grundstücksarten, insbesondere Mietwohngrundstücke, Geschäftsgrundstücke und gemischt genutzte Grundstücke,
2. Faktoren zur Anpassung der Sachwerte an die jeweilige Lage auf dem Grundstücksmarkt (Sachwertfaktoren), insbesondere für die Grundstücksarten Ein- und Zweifamilienhäuser,
3. Umrechnungskoeffizienten für das Wertverhältnis von sonst gleichartigen Grundstücken, z.B. bei unterschiedlichem Maß der baulichen Nutzung und
4. Vergleichsfaktoren für bebaute Grundstücke, insbesondere bezogen auf eine Raum- oder Flächeneinheit der baulichen Anlage (Gebäudefaktor) oder auf den nachhaltig erzielbaren jährlichen Ertrag (Ertragsfaktor).

[3]Die erforderlichen Daten im Sinne der Sätze 1 und 2 sind den zuständigen Finanzämtern für Zwecke der steuerlichen Bewertung mitzuteilen.

§ 194 Verkehrswert. Der Verkehrswert (Marktwert) wird durch den Preis bestimmt, der in dem Zeitpunkt, auf den sich die Ermittlung bezieht, im gewöhnlichen Geschäftsverkehr nach den rechtlichen Gegebenheiten und tatsächlichen Eigenschaften, der sonstigen Beschaffenheit und der Lage des

Grundstücks oder des sonstigen Gegenstands der Wertermittlung ohne Rücksicht auf ungewöhnliche oder persönliche Verhältnisse zu erzielen wäre.

§ 195 Kaufpreissammlung. (1) [1] Zur Führung der Kaufpreissammlung ist jeder Vertrag, durch den sich jemand verpflichtet, Eigentum an einem Grundstück gegen Entgelt, auch im Wege des Tausches, zu übertragen oder ein Erbbaurecht erstmals oder erneut zu bestellen, von der beurkundenden Stelle in Abschrift dem Gutachterausschuss zu übersenden. [2] Dies gilt auch für das Angebot und die Annahme eines Vertrags, wenn diese getrennt beurkundet werden, sowie entsprechend für die Einigung vor einer Enteignungsbehörde, den Enteignungsbeschluss, den Beschluss über die Vorwegnahme einer Entscheidung im Umlegungsverfahren, den Beschluss über die Aufstellung eines Umlegungsplans, den Beschluss über eine vereinfachte Umlegung und für den Zuschlag in einem Zwangsversteigerungsverfahren.

(2) [1] Die Kaufpreissammlung darf nur dem zuständigen Finanzamt für Zwecke der Besteuerung übermittelt werden. [2] Vorschriften, nach denen Urkunden oder Akten den Gerichten oder Staatsanwaltschaften vorzulegen sind, bleiben unberührt.

(3) Auskünfte aus der Kaufpreissammlung sind bei berechtigtem Interesse nach Maßgabe landesrechtlicher Vorschriften zu erteilen (§ 199 Absatz 2 Nummer 4).

§ 196 Bodenrichtwerte. (1) [1] Auf Grund der Kaufpreissammlung sind flächendeckend durchschnittliche Lagewerte für den Boden unter Berücksichtigung des unterschiedlichen Entwicklungszustands zu ermitteln (Bodenrichtwerte). [2] In bebauten Gebieten sind Bodenrichtwerte mit dem Wert zu ermitteln, der sich ergeben würde, wenn der Boden unbebaut wäre. [3] Es sind Richtwertzonen zu bilden, die jeweils Gebiete umfassen, die nach Art und Maß der Nutzung weitgehend übereinstimmen. [4] Die wertbeeinflussenden Merkmale des Bodenrichtwertgrundstücks sind darzustellen. [5] Die Bodenrichtwerte sind jeweils zum Ende jedes zweiten Kalenderjahres zu ermitteln, wenn nicht eine häufigere Ermittlung bestimmt ist. [6] Für Zwecke der steuerlichen Bewertung des Grundbesitzes sind Bodenrichtwerte nach ergänzenden Vorgaben der Finanzverwaltung zum jeweiligen Hauptfeststellungszeitpunkt oder sonstigen Feststellungszeitpunkt zu ermitteln. [7] Auf Antrag der für den Vollzug dieses Gesetzbuchs zuständigen Behörden sind Bodenrichtwerte für einzelne Gebiete bezogen auf einen abweichenden Zeitpunkt zu ermitteln.

(2) [1] Hat sich in einem Gebiet die Qualität des Bodens durch einen Bebauungsplan oder andere Maßnahmen geändert, sind bei der nächsten Fortschreibung der Bodenrichtwerte auf der Grundlage der geänderten Qualität auch Bodenrichtwerte bezogen auf die Wertverhältnisse zum Zeitpunkt der letzten Hauptfeststellung oder dem letzten sonstigen Feststellungszeitpunkt für steuerliche Zwecke zu ermitteln. [2] Die Ermittlung kann unterbleiben, wenn das zuständige Finanzamt darauf verzichtet.

(3) [1] Die Bodenrichtwerte sind zu veröffentlichen und dem zuständigen Finanzamt mitzuteilen. [2] Jedermann kann von der Geschäftsstelle Auskunft über die Bodenrichtwerte verlangen.

§ 197 Befugnisse des Gutachterausschusses. (1) [1] Der Gutachterausschuss kann mündliche oder schriftliche Auskünfte von Sachverständigen und von

Personen einholen, die Angaben über das Grundstück und, wenn das zur Ermittlung von Geldleistungen im Umlegungsverfahren, von Ausgleichsbeträgen und von Enteignungsentschädigungen erforderlich ist, über ein Grundstück, das zum Vergleich herangezogen werden soll, machen können. [2] Er kann verlangen, dass Eigentümer und sonstige Inhaber von Rechten an einem Grundstück die zur Führung der Kaufpreissammlung und zur Begutachtung notwendigen Unterlagen vorlegen. [3] Der Eigentümer und der Besitzer des Grundstücks haben zu dulden, dass Grundstücke zur Auswertung von Kaufpreisen und zur Vorbereitung von Gutachten betreten werden. [4] Wohnungen dürfen nur mit Zustimmung der Wohnungsinhaber betreten werden.

(2) [1] Alle Gerichte und Behörden haben dem Gutachterausschuss Rechts- und Amtshilfe zu leisten. [2] Die Finanzbehörden erteilen dem Gutachterausschuss auf Ersuchen Auskünfte über Grundstücke, soweit ihnen die Verhältnisse der Grundstücke bekannt sind und dies zur Ermittlung von Ausgleichsbeträgen und Enteignungsentschädigungen sowie zur Ermittlung von Verkehrswerten und der für die Wertermittlung erforderlichen Daten einschließlich der Bodenrichtwerte erforderlich ist. [3] Die Auskunftspflicht besteht nicht, soweit deren Erfüllung mit einem unverhältnismäßigen Aufwand verbunden wäre.

§ 198 Oberer Gutachterausschuss. (1) [1] Für den Bereich einer oder mehrerer höherer Verwaltungsbehörden sind Obere Gutachterausschüsse oder Zentrale Geschäftsstellen zu bilden, wenn in dem Bereich der höheren Verwaltungsbehörde mehr als zwei Gutachterausschüsse gebildet sind. [2] Auf die Oberen Gutachterausschüsse sind die Vorschriften über die Gutachterausschüsse entsprechend anzuwenden.

(2) [1] Der Obere Gutachterausschuss oder die Zentrale Geschäftsstelle haben insbesondere die Aufgabe, überregionale Auswertungen und Analysen des Grundstücksmarktgeschehens zu erstellen, auch um zu einer bundesweiten Grundstücksmarkttransparenz beizutragen. [2] Ist nach Absatz 1 kein Oberer Gutachterausschuss oder keine Zentrale Geschäftsstelle zu bilden, gilt Satz 1 für die Gutachterausschüsse entsprechend.

(3) Der Obere Gutachterausschuss hat auf Antrag eines Gerichts ein Obergutachten zu erstatten, wenn schon das Gutachten eines Gutachterausschusses vorliegt.

§ 199 Ermächtigungen. (1) Die Bundesregierung wird ermächtigt, mit Zustimmung des Bundesrates durch Rechtsverordnung[1)] Vorschriften über die Anwendung gleicher Grundsätze bei der Ermittlung der Verkehrswerte und bei der Ableitung der für die Wertermittlung erforderlichen Daten einschließlich der Bodenrichtwerte zu erlassen.

(2) Die Landesregierungen werden ermächtigt, durch Rechtsverordnung

1. die Bildung und das Tätigwerden der Gutachterausschüsse und der Oberen Gutachterausschüsse sowie der Zentralen Geschäftsstellen, soweit in diesem

---

[1)] Siehe die ImmobilienwertermittlungsVO v. 19.5.2010 (BGBl. I S. 639), geänd. durch G v. 26.11. 2019 (BGBl. I S. 1794), die BodenrichtwertRL v. 11.1.2011 (BAnz. Nr. 24 S. 597), die SachwertRL v. 5.9.2012 (BAnz AT 18.10.2012 B1), die VergleichswertRL v. 20.3.2014 (BAnz AT 11.04.2014 B3) und die ErtragswertRL v. 12.11.2015 (BAnz AT 04.12.2015 B4).

Gesetzbuch nicht bereits geschehen, die Mitwirkung der Gutachter und deren Ausschluss im Einzelfall,
2. die Aufgaben des Vorsitzenden,
3. die Einrichtung und die Aufgaben der Geschäftsstelle,
4. die Führung und Auswertung der Kaufpreissammlung, die Häufigkeit der Bodenrichtwertermittlung sowie die Veröffentlichung der Bodenrichtwerte und sonstiger Daten der Wertermittlung und die Erteilung von Auskünften aus der Kaufpreissammlung,
5. die Übermittlung von Daten der Flurbereinigungsbehörden zur Führung und Auswertung der Kaufpreissammlung,
6. die Übertragung weiterer Aufgaben auf den Gutachterausschuss und den Oberen Gutachterausschuss und
7. die Entschädigung der Mitglieder des Gutachterausschusses und des Oberen Gutachterausschusses

zu regeln.

Zweiter Teil. Allgemeine Vorschriften; Zuständigkeiten; Verwaltungsverfahren; Planerhaltung

Erster Abschnitt. Allgemeine Vorschriften

§ 200 Grundstücke; Rechte an Grundstücken; Baulandkataster.

(1) Die für Grundstücke geltenden Vorschriften dieses Gesetzbuchs sind entsprechend auch auf Grundstücksteile anzuwenden.

(2) Die für das Eigentum an Grundstücken bestehenden Vorschriften sind, soweit dieses Gesetzbuch nichts anderes vorschreibt, entsprechend auch auf grundstücksgleiche Rechte anzuwenden.

(3) [1] Die Gemeinde kann sofort oder in absehbarer Zeit bebaubare Flächen in Karten oder Listen auf der Grundlage eines Lageplans erfassen, der Flur- und Flurstücksnummern, Straßennamen und Angaben zur Grundstücksgröße enthält (Baulandkataster). [2] Sie kann die Flächen in Karten oder Listen veröffentlichen, soweit der Grundstückseigentümer nicht widersprochen hat. [3] Die Gemeinde hat ihre Absicht zur Veröffentlichung einen Monat vorher öffentlich bekannt zu geben und dabei auf das Widerspruchsrecht der Grundstückseigentümer hinzuweisen.

§ 200a Ersatzmaßnahmen. [1] Darstellungen für Flächen zum Ausgleich und Festsetzungen für Flächen oder Maßnahmen zum Ausgleich im Sinne des § 1a Absatz 3 umfassen auch Ersatzmaßnahmen. [2] Ein unmittelbarer räumlicher Zusammenhang zwischen Eingriff und Ausgleich ist nicht erforderlich, soweit dies mit einer geordneten städtebaulichen Entwicklung und den Zielen der Raumordnung sowie des Naturschutzes und der Landschaftspflege vereinbar ist.

§ 201 Begriff der Landwirtschaft. Landwirtschaft im Sinne dieses Gesetzbuchs ist insbesondere der Ackerbau, die Wiesen- und Weidewirtschaft einschließlich Tierhaltung, soweit das Futter überwiegend auf den zum landwirtschaftlichen Betrieb gehörenden, landwirtschaftlich genutzten Flächen erzeugt werden kann, die gartenbauliche Erzeugung, der Erwerbsobstbau, der Weinbau, die berufsmäßige Imkerei und die berufsmäßige Binnenfischerei.

§ 202 Schutz des Mutterbodens. Mutterboden, der bei der Errichtung und Änderung baulicher Anlagen sowie bei wesentlichen anderen Veränderungen der Erdoberfläche ausgehoben wird, ist in nutzbarem Zustand zu erhalten und vor Vernichtung oder Vergeudung zu schützen.

Zweiter Abschnitt. Zuständigkeiten

§ 203 Abweichende Zuständigkeitsregelung. (1) Die Landesregierung oder die von ihr bestimmte Behörde kann im Einvernehmen mit der Gemeinde durch Rechsverordnung bestimmen, dass die nach diesem Gesetzbuch der Gemeinde obliegenden Aufgaben auf eine andere Gebietskörperschaft übertragen werden oder auf einen Verband, an dessen Willensbildung die Gemeinde mitwirkt.

(2) [1]Durch Landesgesetz können Aufgaben der Gemeinden nach diesem Gesetzbuch auf Verbandsgemeinden, Verwaltungsgemeinschaften oder vergleichbare gesetzliche Zusammenschlüsse von Gemeinden, denen nach Landesrecht örtliche Selbstverwaltungsaufgaben der Gemeinde obliegen, übertragen werden. [2]In dem Landesgesetz ist zu regeln, wie die Gemeinden an der Aufgabenerfüllung mitwirken.

(3) Die Landesregierung kann durch Rechtsverordnung die nach diesem Gesetzbuch der höheren Verwaltungsbehörde zugewiesenen Aufgaben auf andere staatliche Behörden, Landkreise oder kreisfreie Gemeinden übertragen.

(4) [1]Unterliegen die Planungsbereiche gemeinsamer Flächennutzungspläne (§ 204) oder von Flächennutzungsplänen und Satzungen eines Planungsverbands (§ 205) der Zuständigkeit verschiedener höherer Verwaltungsbehörden, ist die Oberste Landesbehörde für die Entscheidung im Genehmigungs- und Zustimmungsverfahren zuständig. [2]Liegen die Geltungsbereiche in verschiedenen Ländern, entscheiden die Obersten Landesbehörden im gegenseitigen Einvernehmen.

§ 204 Gemeinsamer Flächennutzungsplan, Bauleitplanung bei Bildung von Planungsverbänden und bei Gebiets- oder Bestandsänderung. (1) [1]Benachbarte Gemeinden sollen einen gemeinsamen Flächennutzungsplan aufstellen, wenn ihre städtebauliche Entwicklung wesentlich durch gemeinsame Voraussetzungen und Bedürfnisse bestimmt wird oder ein gemeinsamer Flächennutzungsplan einen gerechten Ausgleich der verschiedenen Belange ermöglicht. [2]Ein gemeinsamer Flächennutzungsplan soll insbesondere aufgestellt werden, wenn die Ziele der Raumordnung oder wenn Einrichtungen und Anlagen des öffentlichen Verkehrs, sonstige Erschließungsanlagen sowie Gemeinbedarfs- oder sonstige Folgeeinrichtungen eine gemeinsame Planung erfordern. [3]Der gemeinsame Flächennutzungsplan kann von den beteiligten Gemeinden nur gemeinsam aufgehoben, geändert oder ergänzt werden; die Gemeinden können vereinbaren, dass sich die Bindung nur auf bestimmte räumliche oder sachliche Teilbereiche erstreckt. [4]Ist eine gemeinsame Planung nur für räumliche oder sachliche Teilbereiche erforderlich, genügt anstelle eines gemeinsamen Flächennutzungsplans eine Vereinbarung der beteiligten Gemeinden über bestimmte Darstellungen in ihren Flächennutzungsplänen. [5]Sind die Voraussetzungen für eine gemeinsame Planung nach Satz 1 und 4 entfallen oder ist ihr Zweck erreicht, können die beteiligten Gemeinden den Flächennutzungsplan für ihr Gemeindegebiet ändern oder ergänzen; vor Einleitung des Bauleitplanverfahrens ist die Zustimmung der höheren Verwaltungsbehörde erforderlich.

(2) [1] Werden Gemeinden in ihrem Gebiet oder Bestand geändert oder geht die Zuständigkeit zur Aufstellung von Flächennutzungsplänen auf Verbände oder sonstige kommunale Körperschaften über, gelten unbeschadet abweichender landesrechtlicher Regelungen bestehende Flächennutzungspläne fort. [2] Dies gilt auch für räumliche und sachliche Teile der Flächennutzungspläne. [3] Die Befugnis und die Pflicht der Gemeinde, eines Verbands oder einer sonstigen Körperschaft, fortgeltende Flächennutzungspläne aufzuheben oder für das neue Gemeindegebiet zu ergänzen oder durch einen neuen Flächennutzungsplan zu ersetzen, bleiben unberührt.

(3) [1] Verfahren zur Aufstellung, Änderung, Ergänzung oder Aufhebung von Bebauungsplänen können nach einer Gebiets- oder Bestandsänderung in ihrem jeweiligen Stand fortgeführt werden. [2] Satz 1 gilt entsprechend bei Bildung von Planungsverbänden und für Zusammenschlüsse nach § 205 Absatz 6. [3] Die höhere Verwaltungsbehörde kann verlangen, dass bestimmte Verfahrensabschnitte wiederholt werden.

§ 205 Planungsverbände. (1) [1] Gemeinden und sonstige öffentliche Planungsträger können sich zu einem Planungsverband zusammenschließen, um durch gemeinsame zusammengefasste Bauleitplanung den Ausgleich der verschiedenen Belange zu erreichen. [2] Der Planungsverband tritt nach Maßgabe seiner Satzung für die Bauleitplanung und ihre Durchführung an die Stelle der Gemeinden.

(2) [1] Kommt ein Zusammenschluss nach Absatz 1 nicht zustande, können die Beteiligten auf Antrag eines Planungsträgers zu einem Planungsverband zusammengeschlossen werden, wenn dies zum Wohl der Allgemeinheit dringend geboten ist. [2] Ist der Zusammenschluss aus Gründen der Raumordnung geboten, kann den Antrag auch die für die Landesplanung nach Landesrecht zuständige Stelle stellen. [3] Über den Antrag entscheidet die Landesregierung. [4] Sind Planungsträger verschiedener Länder beteiligt, erfolgt der Zusammenschluss nach Vereinbarung zwischen den beteiligten Landesregierungen. [5] Sollen der Bund oder eine bundesunmittelbare Körperschaft oder Anstalt an dem Planungsverband beteiligt werden, erfolgt der Zusammenschluss nach Vereinbarung zwischen der Bundesregierung und der Landesregierung, sofern die beteiligte Behörde des Bundes oder der bundesunmittelbaren Körperschaft oder Anstalt dem Zusammenschluss durch die Landesregierung widerspricht.

(3) [1] Kommt eine Einigung über die Satzung oder über den Plan unter den Mitgliedern nicht zustande, stellt die zuständige Landesbehörde eine Satzung oder einen Plan auf und legt sie dem Planungsverband zur Beschlussfassung vor. [2] Einigen sich die Mitglieder über diese Satzung oder diesen Plan nicht, setzt die Landesregierung die Satzung oder den Plan fest. [3] Absatz 2 Satz 4 ist entsprechend anzuwenden. [4] Ist der Bund oder eine bundesunmittelbare Körperschaft oder Anstalt an dem Planungsverband beteiligt, wird die Satzung oder der Plan nach Vereinbarung zwischen der Bundesregierung und der Landesregierung festgesetzt, sofern die beteiligte Behörde des Bundes oder der bun-

desunmittelbaren Körperschaft oder Anstalt der Festsetzung durch die Landesregierung widerspricht.

(4) Dem Planungsverband können nach Maßgabe der Satzung die Aufgaben der Gemeinde, die ihr nach diesem Gesetzbuch obliegen, übertragen werden.

(5) [1] Der Planungsverband ist aufzulösen, wenn die Voraussetzungen für den Zusammenschluss entfallen sind oder der Zweck der gemeinsamen Planung erreicht ist. [2] Kommt ein übereinstimmender Beschluss über die Auflösung nicht zustande, ist unter den in Satz 1 bezeichneten Voraussetzungen die Auflösung auf Antrag eines Mitglieds anzuordnen; im Übrigen ist Absatz 2 entsprechend anzuwenden. [3] Nach Auflösung des Planungsverbands gelten die von ihm aufgestellten Pläne als Bauleitpläne der einzelnen Gemeinden.

(6) Ein Zusammenschluss nach dem Zweckverbandsrecht oder durch besondere Landesgesetze wird durch diese Vorschriften nicht ausgeschlossen.

(7) [1] Wird die Befugnis zur Aufstellung von Bauleitplänen nach den Absätzen 1 bis 3 oder 6 übertragen, sind die Entwürfe der Bauleitpläne mit Begründung vor der Beschlussfassung hierüber oder der Festsetzung nach Absatz 3 Satz 2 oder 4 den Gemeinden, für deren Gebiet der Bauleitplan aufgestellt werden soll, zur Stellungnahme innerhalb angemessener Frist zuzuleiten. [2] Auf die Behandlung der von den Gemeinden fristgemäß vorgebrachten Anregungen ist § 3 Absatz 2 Satz 4 und 6 entsprechend anzuwenden.

§ 206 Örtliche und sachliche Zuständigkeit. (1) [1] Örtlich zuständig ist die Behörde, in deren Bereich das betroffene Grundstück liegt. [2] Werden Grundstücke betroffen, die örtlich oder wirtschaftlich zusammenhängen und demselben Eigentümer gehören, und liegen diese Grundstücke im Bereich mehrerer nach diesem Gesetzbuch sachlich zuständiger Behörden, so wird die örtlich zuständige Behörde durch die nächsthöhere gemeinsame Behörde bestimmt.

(2) Ist eine höhere Verwaltungsbehörde nicht vorhanden, so ist die Oberste Landesbehörde zugleich höhere Verwaltungsbehörde.

Dritter Abschnitt. Verwaltungsverfahren

§ 207 Von Amts wegen bestellter Vertreter. [1] Ist ein Vertreter nicht vorhanden, so hat das Betreuungsgericht, für einen minderjährigen Beteiligten das Familiengericht auf Ersuchen der zuständigen Behörde einen rechts- und sachkundigen Vertreter zu bestellen

1. für einen Beteiligten, dessen Person unbekannt, oder für eine Person, deren Beteiligung ungewiss ist,
2. für einen abwesenden Beteiligten, dessen Aufenthalt unbekannt oder dessen Aufenthalt zwar bekannt, der aber an der Besorgung seiner Vermögensangelegenheiten verhindert ist,
3. für einen Beteiligten, dessen Aufenthalt sich nicht innerhalb des Geltungsbereichs dieses Gesetzbuchs befindet, wenn er der Aufforderung der zuständigen Behörde, einen Vertreter zu bestellen, innerhalb der ihm gesetzten Frist nicht nachgekommen ist,
4. für Gesamthandseigentümer oder Eigentümer nach Bruchteilen sowie für mehrere Inhaber eines sonstigen Rechts an einem Grundstück oder an einem das Grundstück belastenden Recht, wenn sie der Aufforderung der zuständi-

gen Behörden, einen gemeinsamen Vertreter zu bestellen, innerhalb der ihnen gesetzten Fristen nicht nachgekommen sind,

5. bei herrenlosen Grundstücken zur Wahrung der aus dem Eigentum sich ergebenden Rechte und Pflichten.

[2] Für die Bestellung und für das Amt des Vertreters gelten die Vorschriften des Bürgerlichen Gesetzbuchs für die Pflegschaft[1)] entsprechend.

§ 208 Anordnungen zur Erforschung des Sachverhalts. [1] Die Behörden können zur Erforschung des Sachverhalts auch anordnen, dass

1. Beteiligte persönlich erscheinen,
2. Urkunden und sonstige Unterlagen vorgelegt werden, auf die sich ein Beteiligter bezogen hat,
3. Hypotheken-, Grundschuld- und Rentenschuldgläubiger die in ihrem Besitz befindlichen Hypotheken-, Grundschuld- und Rentenschuldbriefe vorlegen.

[2] Für den Fall, dass ein Beteiligter der Anordnung nicht nachkommt, kann ein Zwangsgeld bis zu fünfhundert Euro angedroht und festgesetzt werden. [3] Ist Beteiligter eine juristische Person oder eine nichtrechtsfähige Personenvereinigung, so ist das Zwangsgeld dem nach Gesetz oder Satzung Vertretungsberechtigten anzudrohen und gegen ihn festzusetzen. [4] Androhung und Festsetzung können wiederholt werden.

§ 209 Vorarbeiten auf Grundstücken. (1) [1] Eigentümer und Besitzer haben zu dulden, dass Beauftragte der zuständigen Behörden zur Vorbereitung der von ihnen nach diesem Gesetzbuch zu treffenden Maßnahmen Grundstücke betreten und Vermessungen, Boden- und Grundwasseruntersuchungen oder ähnliche Arbeiten ausführen. [2] Die Absicht, solche Arbeiten auszuführen, ist den Eigentümern oder Besitzern vorher bekannt zu geben. [3] Wohnungen dürfen nur mit Zustimmung der Wohnungsinhaber betreten werden.

(2) [1] Entstehen durch eine nach Absatz 1 zulässige Maßnahme dem Eigentümer oder Besitzer unmittelbare Vermögensnachteile, so ist dafür von der Stelle, die den Auftrag erteilt hat, eine angemessene Entschädigung in Geld zu leisten; kommt eine Einigung über die Geldentschädigung nicht zustande, so entscheidet die höhere Verwaltungsbehörde; vor der Entscheidung sind die Beteiligten zu hören. [2] Hat eine Enteignungsbehörde den Auftrag erteilt, so hat der Antragsteller, in dessen Interesse die Enteignungsbehörde tätig geworden ist, dem Betroffenen die Entschädigung zu leisten; kommt eine Einigung über die Geldentschädigung nicht zustande, so setzt die Enteignungsbehörde die Entschädigung fest; vor der Entscheidung sind die Beteiligten zu hören.

§ 210 Wiedereinsetzung. (1) Wenn ein Beteiligter ohne Verschulden verhindert war, eine gesetzliche oder auf Grund dieses Gesetzbuchs bestimmte Frist für eine Verfahrenshandlung einzuhalten, so ist ihm auf Antrag Wiedereinsetzung in den vorigen Stand zu gewähren.

[1)] Siehe §§ 1909–1921 BGB idF der Bek. v. 2.1.2002 (BGBl. I S. 42, ber. S. 2909, 2003 S. 738), zuletzt geänd. durch G v. 21.12.2019 (BGBl. I S. 2911).

(2) Die nach § 32 Absatz 4 des Verwaltungsverfahrensgesetzes[1] zuständige Behörde kann nach Wiedereinsetzung in den vorigen Stand anstelle einer Entscheidung, die den durch das bisherige Verfahren herbeigeführten neuen Rechtszustand ändern würde, eine Entschädigung festsetzen.

§ 211 Belehrung über Rechtsbehelfe. Den nach diesem Gesetzbuch ergehenden Verwaltungsakten ist eine Erklärung beizufügen, durch die der Beteiligte über den Rechtsbehelf, der gegen den Verwaltungsakt gegeben ist, über die Stelle, bei der der Rechtsbehelf einzulegen ist, und über die Frist belehrt wird.

§ 212 Vorverfahren. (1) Die Landesregierungen können durch Rechtsverordnung bestimmen, dass ein nach dem Vierten oder Fünften Teil des Ersten Kapitels erlassener Verwaltungsakt durch Antrag auf gerichtliche Entscheidung nach § 217 erst angefochten werden kann, nachdem seine Rechtmäßigkeit und Zweckmäßigkeit in einem Vorverfahren nachgeprüft worden ist; das Vorverfahren ist in Anlehnung an die Vorschriften der Verwaltungsgerichtsordnung[2] zu regeln.

(2) [1] Ist ein Vorverfahren vorgesehen, hat der Widerspruch gegen

1. den Umlegungsbeschluss nach § 47 Absatz 1,
2. die Bekanntmachung der Unanfechtbarkeit des Umlegungsplans nach § 71 Absatz 1 sowie
3. die vorzeitige Besitzeinweisung nach § 77 oder § 116

keine aufschiebende Wirkung. [2] § 80 Absatz 4 und 5 der Verwaltungsgerichtsordnung ist entsprechend anzuwenden.

§ 212a Entfall der aufschiebenden Wirkung. (1) Widerspruch und Anfechtungsklage eines Dritten gegen die bauaufsichtliche Zulassung eines Vorhabens haben keine aufschiebende Wirkung.

(2) Widerspruch und Anfechtungsklage gegen die Geltendmachung des Kostenerstattungsbetrags nach § 135a Absatz 3 sowie des Ausgleichsbetrags nach § 154 durch die Gemeinde haben keine aufschiebende Wirkung.

§ 213 Ordnungswidrigkeiten. (1) Ordnungswidrig handelt, wer

1. wider besseres Wissen unrichtige Angaben macht oder unrichtige Pläne oder Unterlagen vorlegt, um einen begünstigenden Verwaltungsakt zu erwirken oder einen belastenden Verwaltungsakt zu verhindern;
2. Pfähle, Pflöcke oder sonstige Markierungen, die Vorarbeiten dienen, wegnimmt, verändert, unkenntlich macht oder unrichtig setzt;
3. einer in einem Bebauungsplan nach § 9 Absatz 1 Nummer 25 Buchstabe b festgesetzten Bindung für Bepflanzungen und für die Erhaltung von Bäumen, Sträuchern und sonstigen Bepflanzungen sowie von Gewässern dadurch zuwiderhandelt, dass diese beseitigt, wesentlich beeinträchtigt oder zerstört werden;

---

[1] Nr. **12**.
[2] Nr. **15**.

4. eine bauliche Anlage im Geltungsbereich einer Erhaltungssatzung (§ 172 Absatz 1 Satz 1) oder einer Satzung über die Durchführung von Stadtumbaumaßnahmen (§ 171d Absatz 1) ohne Genehmigung rückbaut oder ändert.

(2) Ordnungswidrig handelt, wer vorsätzlich oder fahrlässig ohne Genehmigung nach § 22 Absatz 1 Satz 1 Nummer 5 einen dort genannten Raum als Nebenwohnung nutzt.

(3) Die Ordnungswidrigkeit kann in den Fällen des Absatzes 2 mit einer Geldbuße bis zu fünfzigtausend Euro, in den Fällen des Absatzes 1 Nummer 4 mit einer Geldbuße bis zu dreißigtausend Euro, in den Fällen des Absatzes 1 Nummer 3 mit einer Geldbuße bis zu zehntausend Euro und in den übrigen Fällen mit einer Geldbuße bis zu tausend Euro geahndet werden.

Vierter Abschnitt. Planerhaltung

§ 214 Beachtlichkeit der Verletzung von Vorschriften über die Aufstellung des Flächennutzungsplans und der Satzungen; ergänzendes Verfahren. (1) [1] Eine Verletzung von Verfahrens- und Formvorschriften dieses Gesetzbuchs ist für die Rechtswirksamkeit des Flächennutzungsplans und der Satzungen nach diesem Gesetzbuch nur beachtlich, wenn

1. entgegen § 2 Absatz 3 die von der Planung berührten Belange, die der Gemeinde bekannt waren oder hätten bekannt sein müssen, in wesentlichen Punkten nicht zutreffend ermittelt oder bewertet worden sind und wenn der Mangel offensichtlich und auf das Ergebnis des Verfahrens von Einfluss gewesen ist;
2. die Vorschriften über die Öffentlichkeits- und Behördenbeteiligung nach § 3 Absatz 2, § 4 Absatz 2, § 4a Absatz 3, Absatz 4 Satz 1 und Absatz 5 Satz 2, nach § 13 Absatz 2 Satz 1 Nummer 2 und 3, auch in Verbindung mit § 13a Absatz 2 Nummer 1 und § 13b, nach § 22 Absatz 9 Satz 2, § 34 Absatz 6 Satz 1 sowie § 35 Absatz 6 Satz 5 verletzt worden sind; dabei ist unbeachtlich, wenn
   a) bei Anwendung der Vorschriften einzelne Personen, Behörden oder sonstige Träger öffentlicher Belange nicht beteiligt worden sind, die entsprechenden Belange jedoch unerheblich waren oder in der Entscheidung berücksichtigt worden sind,
   b) einzelne Angaben dazu, welche Arten umweltbezogener Informationen verfügbar sind, gefehlt haben,
   c) (weggefallen)
   d) bei Vorliegen eines wichtigen Grundes nach § 3 Absatz 2 Satz 1 nicht für die Dauer einer angemessenen längeren Frist ausgelegt worden ist und die Begründung für die Annahme des Nichtvorliegens eines wichtigen Grundes nachvollziehbar ist,
   e) bei Anwendung des § 4a Absatz 4 Satz 1 der Inhalt der Bekanntmachung und die auszulegenden Unterlagen zwar in das Internet eingestellt, aber nicht über das zentrale Internetportal des Landes zugänglich sind,
   f) bei Anwendung des § 13 Absatz 3 Satz 2 die Angabe darüber, dass von einer Umweltprüfung abgesehen wird, unterlassen wurde oder
   g) bei Anwendung des § 4a Absatz 3 Satz 4 oder des § 13, auch in Verbindung mit § 13a Absatz 2 Nummer 1 und § 13b, die Voraussetzungen

für die Durchführung der Beteiligung nach diesen Vorschriften verkannt worden sind;

3. die Vorschriften über die Begründung des Flächennutzungsplans und der Satzungen sowie ihrer Entwürfe nach §§ 2a, 3 Absatz 2, § 5 Absatz 1 Satz 2 Halbsatz 2 und Absatz 5, § 9 Absatz 8 und § 22 Absatz 10 verletzt worden sind; dabei ist unbeachtlich, wenn die Begründung des Flächennutzungsplans oder der Satzung oder ihr Entwurf unvollständig ist; abweichend von Halbsatz 2 ist eine Verletzung von Vorschriften in Bezug auf den Umweltbericht unbeachtlich, wenn die Begründung hierzu nur in unwesentlichen Punkten unvollständig ist;
4. ein Beschluss der Gemeinde über den Flächennutzungsplan oder die Satzung nicht gefasst, eine Genehmigung nicht erteilt oder der mit der Bekanntmachung des Flächennutzungsplans oder der Satzung verfolgte Hinweiszweck nicht erreicht worden ist.

[2] Soweit in den Fällen des Satzes 1 Nummer 3 die Begründung in wesentlichen Punkten unvollständig ist, hat die Gemeinde auf Verlangen Auskunft zu erteilen, wenn ein berechtigtes Interesse dargelegt wird.

(2) Für die Rechtswirksamkeit der Bauleitpläne ist auch unbeachtlich, wenn

1. die Anforderungen an die Aufstellung eines selbständigen Bebauungsplans (§ 8 Absatz 2 Satz 2) oder an die in § 8 Absatz 4 bezeichneten dringenden Gründe für die Aufstellung eines vorzeitigen Bebauungsplans nicht richtig beurteilt worden sind;
2. § 8 Absatz 2 Satz 1 hinsichtlich des Entwickelns des Bebauungsplans aus dem Flächennutzungsplan verletzt worden ist, ohne dass hierbei die sich aus dem Flächennutzungsplan ergebende geordnete städtebauliche Entwicklung beeinträchtigt worden ist;
3. der Bebauungsplan aus einem Flächennutzungsplan entwickelt worden ist, dessen Unwirksamkeit sich wegen Verletzung von Verfahrens- oder Formvorschriften einschließlich des § 6 nach Bekanntmachung des Bebauungsplans herausstellt;
4. im Parallelverfahren gegen § 8 Absatz 3 verstoßen worden ist, ohne dass die geordnete städtebauliche Entwicklung beeinträchtigt worden ist.

(2a) Für Bebauungspläne, die im beschleunigten Verfahren nach § 13a, auch in Verbindung mit § 13b, aufgestellt worden sind, gilt ergänzend zu den Absätzen 1 und 2 Folgendes:

1. (weggefallen)
2. Das Unterbleiben der Hinweise nach § 13a Absatz 3 ist für die Rechtswirksamkeit des Bebauungsplans unbeachtlich.
3. Beruht die Feststellung, dass eine Umweltprüfung unterbleiben soll, auf einer Vorprüfung des Einzelfalls nach § 13a Absatz 1 Satz 2 Nummer 2, gilt die Vorprüfung als ordnungsgemäß durchgeführt, wenn sie entsprechend den Vorgaben von § 13a Absatz 1 Satz 2 Nummer 2 durchgeführt worden ist und ihr Ergebnis nachvollziehbar ist; dabei ist unbeachtlich, wenn einzelne Behörden oder sonstige Träger öffentlicher Belange nicht beteiligt worden sind; andernfalls besteht ein für die Rechtswirksamkeit des Bebauungsplans beachtlicher Mangel.

4. Die Beurteilung, dass der Ausschlussgrund nach § 13a Absatz 1 Satz 4 nicht vorliegt, gilt als zutreffend, wenn das Ergebnis nachvollziehbar ist und durch den Bebauungsplan nicht die Zulässigkeit von Vorhaben nach Spalte 1 der Anlage 1 zum Gesetz über die Umweltverträglichkeitsprüfung begründet wird; andernfalls besteht ein für die Rechtswirksamkeit des Bebauungsplans beachtlicher Mangel.

(3) [1] Für die Abwägung ist die Sach- und Rechtslage im Zeitpunkt der Beschlussfassung über den Flächennutzungsplan oder die Satzung maßgebend. [2] Mängel, die Gegenstand der Regelung in Absatz 1 Satz 1 Nummer 1 sind, können nicht als Mängel der Abwägung geltend gemacht werden; im Übrigen sind Mängel im Abwägungsvorgang nur erheblich, wenn sie offensichtlich und auf das Abwägungsergebnis von Einfluss gewesen sind.

(4) Der Flächennutzungsplan oder die Satzung können durch ein ergänzendes Verfahren zur Behebung von Fehlern auch rückwirkend in Kraft gesetzt werden.

§ 215 Frist für die Geltendmachung der Verletzung von Vorschriften.

(1) [1] Unbeachtlich werden

1. eine nach § 214 Absatz 1 Satz 1 Nummer 1 bis 3 beachtliche Verletzung der dort bezeichneten Verfahrens- und Formvorschriften,
2. eine unter Berücksichtigung des § 214 Absatz 2 beachtliche Verletzung der Vorschriften über das Verhältnis des Bebauungsplans und des Flächennutzungsplans und
3. nach § 214 Absatz 3 Satz 2 beachtliche Mängel des Abwägungsvorgangs,

wenn sie nicht innerhalb eines Jahres seit Bekanntmachung des Flächennutzungsplans oder der Satzung schriftlich gegenüber der Gemeinde unter Darlegung des die Verletzung begründenden Sachverhalts geltend gemacht worden sind. [2] Satz 1 gilt entsprechend, wenn Fehler nach § 214 Absatz 2a beachtlich sind.

(2) Bei Inkraftsetzung des Flächennutzungsplans oder der Satzung ist auf die Voraussetzungen für die Geltendmachung der Verletzung von Vorschriften sowie auf die Rechtsfolgen hinzuweisen.

§ 216 Aufgaben im Genehmigungsverfahren. Die Verpflichtung der für das Genehmigungsverfahren zuständigen Behörde, die Einhaltung der Vorschriften zu prüfen, deren Verletzung sich nach den §§ 214 und 215 auf die Rechtswirksamkeit eines Flächennutzungsplans oder einer Satzung nicht auswirkt, bleibt unberührt.

Dritter Teil. Verfahren vor den Kammern (Senaten) für Baulandsachen

§ 217 Antrag auf gerichtliche Entscheidung. (1) [1] Verwaltungsakte nach dem Vierten und Fünften Teil des Ersten Kapitels sowie nach den §§ 18, 28 Absatz 3, 4 und 6, den §§ 39 bis 44, 126 Absatz 2, § 150 Absatz 2, § 179 Absatz 4, den §§ 181, 209 Absatz 2 oder § 210 Absatz 2 können nur durch Antrag auf gerichtliche Entscheidung angefochten werden. [2] Satz 1 ist auch anzuwenden auf andere Verwaltungsakte auf Grund dieses Gesetzbuchs, für die die Anwendung des Zweiten Abschnitts des Fünften Teils des Ersten Kapitels vorgeschrieben ist oder die in einem Verfahren nach dem Vierten oder Fünften

Teil des Ersten Kapitels erlassen werden, sowie auf Streitigkeiten über die Höhe der Geldentschädigung nach § 190 in Verbindung mit § 88 Nummer 7 und § 89 Absatz 2 des Flurbereinigungsgesetzes. [3] Mit dem Antrag auf gerichtliche Entscheidung kann auch die Verurteilung zum Erlass eines Verwaltungsakts oder zu einer sonstigen Leistung sowie eine Feststellung begehrt werden. [4] Über den Antrag entscheidet das Landgericht, Kammer für Baulandsachen.

(2) [1] Der Antrag ist binnen eines Monats seit der Zustellung des Verwaltungsakts bei der Stelle einzureichen, die den Verwaltungsakt erlassen hat. [2] Ist die ortsübliche Bekanntmachung des Verwaltungsakts vorgeschrieben, so ist der Antrag binnen sechs Wochen seit der Bekanntmachung einzureichen. [3] Hat ein Vorverfahren (§ 212) stattgefunden, so beginnt die in Satz 1 bestimmte Frist mit der Zustellung des Bescheids, der das Vorverfahren beendet hat.

(3) [1] Der Antrag muss den Verwaltungsakt bezeichnen, gegen den er sich richtet. [2] Er soll die Erklärung, inwieweit der Verwaltungsakt angefochten wird, und einen bestimmten Antrag enthalten. [3] Er soll die Gründe sowie die Tatsachen und Beweismittel angeben, die zur Rechtfertigung des Antrags dienen.

(4) [1] Die Stelle, die den Verwaltungsakt erlassen hat, hat den Antrag mit ihren Akten unverzüglich dem zuständigen Landgericht vorzulegen. [2] Ist das Verfahren vor der Stelle noch nicht abgeschlossen, so sind statt der Akten Abschriften der bedeutsamen Aktenstücke vorzulegen.

§ 218 Wiedereinsetzung in den vorigen Stand. (1) [1] War ein Beteiligter ohne Verschulden verhindert, die Frist nach § 217 Absatz 2 einzuhalten, so ist ihm auf Antrag vom Landgericht, Kammer für Baulandsachen, Wiedereinsetzung in den vorigen Stand zu gewähren, wenn er den Antrag auf gerichtliche Entscheidung binnen zwei Wochen nach Beseitigung des Hindernisses einreicht und die Tatsachen, die die Wiedereinsetzung begründen, glaubhaft macht. [2] Gegen die Entscheidung über den Antrag findet die sofortige Beschwerde an das Oberlandesgericht, Senat für Baulandsachen, statt. [3] Nach Ablauf eines Jahres, vom Ende der versäumten Frist an gerechnet, kann die Wiedereinsetzung nicht mehr beantragt werden.

(2) Ist der angefochtene Verwaltungsakt ein Enteignungsbeschluss und ist der bisherige Rechtszustand bereits durch den neuen Rechtszustand ersetzt (§ 117 Absatz 5), so kann das Gericht im Falle der Wiedereinsetzung den Enteignungsbeschluss nicht aufheben und hinsichtlich des Gegenstands der Enteignung oder der Art der Entschädigung nicht ändern.

§ 219 Örtliche Zuständigkeit der Landgerichte. (1) Örtlich zuständig ist das Landgericht, in dessen Bezirk die Stelle, die den Verwaltungsakt erlassen hat, ihren Sitz hat.

(2) [1] Die Landesregierungen können durch Rechtsverordnung die Verhandlung und Entscheidung über Anträge auf gerichtliche Entscheidung einem Landgericht für die Bezirke mehrerer Landgerichte zuweisen, wenn die Zusammenfassung für eine Förderung oder schnellere Erledigung der Verfahren sachdienlich ist. [2] Die Landesregierungen können diese Ermächtigung auf die Landesjustizverwaltungen übertragen.

§ 220 Zusammensetzung der Kammern für Baulandsachen. (1) [1] Bei den Landgerichten werden eine oder mehrere Kammern für Baulandsachen gebildet. [2]Die Kammer für Baulandsachen entscheidet in der Besetzung mit zwei Richtern des Landgerichts einschließlich des Vorsitzenden sowie einem hauptamtlichen Richter eines Verwaltungsgerichts. [3]Die Vorschriften über den Einzelrichter sind nicht anzuwenden.

(2) Die Richter der Verwaltungsgerichte und die für den Fall ihrer Verhinderung erforderlichen Vertreter werden von der für die Verwaltungsgerichtsbarkeit zuständigen Obersten Landesbehörde auf die Dauer von drei Jahren bestellt.

§ 221 Allgemeine Verfahrensvorschriften. (1) [1]In den Sachen, die auf Grund eines Antrags auf gerichtliche Entscheidung bei den Gerichten anhängig werden, sind die bei Klagen in bürgerlichen Rechtsstreitigkeiten geltenden Vorschriften entsprechend anzuwenden, soweit sich aus den §§ 217 bis 231 nichts anderes ergibt. [2]§ 227 Absatz 3 Satz 1 der Zivilprozessordnung ist nicht anzuwenden.

(2) Das Gericht kann auch von Amts wegen die Aufnahme von Beweisen anordnen und nach Anhörung der Beteiligten auch solche Tatsachen berücksichtigen, die von ihnen nicht vorgebracht worden sind.

(3) Sind gegen denselben Verwaltungsakt mehrere Anträge auf gerichtliche Entscheidung gestellt, so wird über sie gleichzeitig verhandelt und entschieden.

(4) Die Vorschriften über die Vorauszahlung der Gebühr für das Verfahren im Allgemeinen nach § 12 Absatz 1 Satz 1 und 2 des Gerichtskostengesetzes sind nicht anzuwenden.

§ 222 Beteiligte. (1) [1]Wer an dem Verfahren, in dem der Verwaltungsakt erlassen worden ist, Beteiligter war, ist auch in dem gerichtlichen Verfahren Beteiligter, wenn seine Rechte oder Pflichten durch die Entscheidung des Gerichts betroffen werden können. [2]In dem gerichtlichen Verfahren ist auch die Stelle Beteiligte, die den Verwaltungsakt erlassen hat.

(2) Der Antrag auf gerichtliche Entscheidung ist den übrigen in Absatz 1 Satz 1 bezeichneten Beteiligten, soweit sie bekannt sind, zuzustellen.

(3) [1]Auf die Beteiligten sind die für die Parteien geltenden Vorschriften der Zivilprozessordnung[1)] entsprechend anzuwenden. [2]§ 78 der Zivilprozessordnung gilt in dem Verfahren vor dem Landgericht und dem Oberlandesgericht nur für Beteiligte, die Anträge in der Hauptsache stellen.

§ 223 Anfechtung von Ermessensentscheidungen. [1]Soweit die Stelle, die den Verwaltungsakt erlassen hat, ermächtigt ist, nach ihrem Ermessen zu handeln, kann der Antrag nur darauf gestützt werden, dass die Entscheidung rechtswidrig ist, weil die gesetzlichen Grenzen des Ermessens überschritten sind oder von dem Ermessen in einer dem Zweck der Ermächtigung nicht entsprechenden Weise Gebrauch gemacht worden ist. [2]Dies gilt nicht, soweit in dem Verwaltungsakt über einen Anspruch auf eine Geldleistung entschieden worden ist.

[1)] Siehe §§ 50 ff. ZPO idF der Bek. v. 5.12.2005 (BGBl. I S. 3202, ber. 2006 S. 431, 2007 S. 1781), zuletzt geänd. durch G v. 12.12.2019 (BGBl. I S. 2633).

§ 224 Entfall der aufschiebenden Wirkung bei Antrag auf gerichtliche Entscheidung. [1] Der Antrag auf gerichtliche Entscheidung gegen

1. den Umlegungsbeschluss nach § 47 Absatz 1,
2. die Bekanntmachung der Unanfechtbarkeit des Umlegungsplans nach § 71 Absatz 1,
3. die vorzeitige Besitzeinweisung nach § 77 oder § 116 sowie
4. die Geltendmachung des Kostenerstattungsbetrags nach § 179 Absatz 4

hat keine aufschiebende Wirkung. [2] § 80 Absatz 5 der Verwaltungsgerichtsordnung[1)] ist entsprechend anzuwenden.

§ 225 Vorzeitige Ausführungsanordnung. [1] Ist nur noch die Höhe einer Geldentschädigung streitig, so kann das Gericht auf Antrag des Enteignungsbegünstigten beschließen, dass die Enteignungsbehörde die Ausführung des Enteignungsbeschlusses anzuordnen hat. [2] In dem Beschluss kann bestimmt werden, dass der Enteignungsbegünstigte für den im Streit befindlichen Betrag Sicherheit zu leisten hat. [3] Die Ausführungsanordnung darf erst ergehen, wenn der Enteignungsbegünstigte die festgesetzte Geldentschädigung gezahlt oder zulässigerweise unter Verzicht auf das Recht der Rücknahme hinterlegt hat.

§ 226 Urteil. (1) Über den Antrag auf gerichtliche Entscheidung wird durch Urteil entschieden.

(2) [1] Wird ein Antrag auf gerichtliche Entscheidung, der einen Anspruch auf eine Geldleistung betrifft, für begründet erachtet, so hat das Gericht den Verwaltungsakt zu ändern. [2] Wird in anderen Fällen ein Antrag auf gerichtliche Entscheidung für begründet erachtet, so hat das Gericht den Verwaltungsakt aufzuheben und erforderlichenfalls auszusprechen, dass die Stelle, die den Verwaltungsakt erlassen hat, verpflichtet ist, in der Sache unter Beachtung der Rechtsauffassung des Gerichts anderweit zu entscheiden.

(3) [1] Einen Enteignungsbeschluss kann das Gericht auch ändern, wenn der Antrag auf gerichtliche Entscheidung nicht einen Anspruch auf Geldleistung betrifft. [2] Es darf in diesem Falle über den Antrag des Beteiligten hinaus, der den Antrag auf gerichtliche Entscheidung gestellt hat, den Enteignungsbeschluss auch ändern, soweit ein anderer Beteiligter es beantragt hat; dabei ist eine Änderung des Enteignungsbeschlusses zum Nachteil dessen, der den Antrag auf gerichtliche Entscheidung gestellt hat, nicht statthaft. [3] Wird ein Enteignungsbeschluss geändert, so ist § 113 Absatz 2 entsprechend anzuwenden. [4] Wird ein Enteignungsbeschluss aufgehoben oder hinsichtlich des Gegenstands der Enteignung geändert, so gibt das Gericht im Falle des § 113 Absatz 5 dem Vollstreckungsgericht von seinem Urteil Kenntnis.

(4) Ist von mehreren Anträgen nur der eine oder ist nur ein Teil eines Antrags zur Endentscheidung reif, so soll das Gericht hierüber ein Teilurteil nur erlassen, wenn es zur Beschleunigung des Verfahrens notwendig erscheint.

§ 227 Säumnis eines Beteiligten. (1) [1] Erscheint der Beteiligte, der den Antrag auf gerichtliche Entscheidung gestellt hat, in einem Termin zur mündlichen Verhandlung, so kann auch dann mündlich verhandelt werden, wenn

---

1) Nr. **15**.

einer der anderen Beteiligten nicht erscheint. [2]Über einen Antrag, den ein nichterschienener Beteiligter in einer früheren mündlichen Verhandlung gestellt hat, kann nach Lage der Akten entschieden werden.

(2) Erscheint der Beteiligte, der den Antrag auf gerichtliche Entscheidung gestellt hat, in einem Termin zur mündlichen Verhandlung nicht, so kann jeder andere Beteiligte eine Entscheidung nach Lage der Akten beantragen.

(3) [1]Die §§ 332 bis 335, 336 Absatz 2 und § 337 der Zivilprozessordnung gelten entsprechend. [2]Im Übrigen sind die Vorschriften über die Versäumnisurteile nicht anzuwenden.

§ 228 Kosten des Verfahrens. (1) Soweit der Beteiligte obsiegt, der den Antrag auf gerichtliche Entscheidung gestellt hat, gilt, wenn keiner der Beteiligten dazu im Widerspruch stehende Anträge in der Hauptsache gestellt hat, bei Anwendung der Kostenbestimmungen der Zivilprozessordnung[1)] die Stelle, die den Verwaltungsakt erlassen hat, als unterliegende Partei.

(2) Über die Erstattung der Kosten eines Beteiligten, der zur Hauptsache keinen Antrag gestellt hat, entscheidet das Gericht auf Antrag des Beteiligten nach billigem Ermessen.

§ 229 Berufung, Beschwerde. (1) [1]Über die Berufung und die Beschwerde entscheidet das Oberlandesgericht, Senat für Baulandsachen, in der Besetzung mit zwei Richtern des Oberlandesgerichts einschließlich des Vorsitzenden und einem hauptamtlichen Richter eines Oberverwaltungsgerichts. [2]§ 220 Absatz 1 Satz 3 und Absatz 2 gilt entsprechend.

(2) [1]Die Landesregierungen können durch Rechtsverordnung die Verhandlung und Entscheidung über die Berufungen und Beschwerden gegen die Entscheidungen der Kammern für Baulandsachen einem Oberlandesgericht oder dem obersten Landesgericht für die Bezirke mehrerer Oberlandesgerichte zuweisen, wenn die Zusammenfassung für eine Förderung oder schnellere Erledigung der Verfahren sachdienlich ist. [2]Die Landesregierungen können diese Ermächtigung durch Rechtsverordnung auf die Landesjustizverwaltungen übertragen.

§ 230 Revision. Über die Revision entscheidet der Bundesgerichtshof.

§ 231 Einigung. [1]Einigen sich die Beteiligten während eines gerichtlichen Verfahrens, das eine Enteignung betrifft, so gelten die §§ 110 und 111 entsprechend. [2]Das Gericht tritt an die Stelle der Enteignungsbehörde.

§ 232 Weitere Zuständigkeit der Kammern (Senate) für Baulandsachen. Die Länder können durch Gesetz den Kammern und Senaten für Baulandsachen die Verhandlung und Entscheidung über Maßnahmen der Enteignung und enteignungsgleiche Eingriffe, die die in § 86 genannten Gegenstände betreffen und auf Landesrecht beruhen oder nach Landesrecht vorgenommen werden, und über Entschädigungsansprüche übertragen sowie die Vorschriften dieses Teils für anwendbar erklären.

---

1) Siehe §§ 91 ff. ZPO idF der Bek. v. 5.12.2005 (BGBl. I S. 3202, ber. 2006 S. 431, 2007 S. 1781), zuletzt geänd. durch G v. 12.12.2019 (BGBl. I S. 2633).

Viertes Kapitel. Überleitungs- und Schlussvorschriften

Erster Teil. Überleitungsvorschriften

§ 233 Allgemeine Überleitungsvorschriften. (1) [1]Verfahren nach diesem Gesetz, die vor dem Inkrafttreten einer Gesetzesänderung förmlich eingeleitet worden sind, werden nach den bisher geltenden Rechtsvorschriften abgeschlossen, soweit nachfolgend nichts anderes bestimmt ist. [2]Ist mit gesetzlich vorgeschriebenen einzelnen Schritten des Verfahrens noch nicht begonnen worden, können diese auch nach den Vorschriften dieses Gesetzes durchgeführt werden.

(2) [1]Die Vorschriften des Dritten Kapitels Zweiter Teil Vierter Abschnitt zur Planerhaltung sind auch auf Flächennutzungspläne und Satzungen entsprechend anzuwenden, die auf der Grundlage bisheriger Fassungen dieses Gesetzes in Kraft getreten sind. [2]Unbeschadet des Satzes 1 sind auf der Grundlage bisheriger Fassungen dieses Gesetzes unbeachtliche oder durch Fristablauf unbeachtliche Fehler bei der Aufstellung von Flächennutzungsplänen und Satzungen auch weiterhin für die Rechtswirksamkeit dieser Flächennutzungspläne und Satzungen unbeachtlich. [3]Abweichend von Satz 1 sind für vor dem Inkrafttreten einer Gesetzesänderung in Kraft getretene Flächennutzungspläne und Satzungen die vor dem Inkrafttreten der Gesetzesänderung geltenden Vorschriften über die Geltendmachung der Verletzung von Verfahrens- und Formvorschriften, von Mängeln der Abwägung und von sonstigen Vorschriften einschließlich ihrer Fristen weiterhin anzuwenden.

(3) Auf der Grundlage bisheriger Fassungen dieses Gesetzes wirksame oder übergeleitete Pläne, Satzungen und Entscheidungen gelten fort.

§ 234 Überleitungsvorschriften für das Vorkaufsrecht. (1) Für das Vorkaufsrecht sind die jeweils zur Zeit des Verkaufsfalls geltenden städtebaurechtlichen Vorschriften anzuwenden.

(2) Satzungen, die auf Grund von § 25 des Bundesbaugesetzes erlassen worden sind, gelten als Satzungen nach § 25 Absatz 1 Satz 1 Nummer 2 weiter.

§ 235 Überleitungsvorschriften für städtebauliche Sanierungs- und Entwicklungsmaßnahmen. (1) [1]Auf städtebauliche Sanierungs- und Entwicklungsmaßnahmen, für die vor dem Inkrafttreten einer Gesetzesänderung nach den bisher geltenden Rechtsvorschriften der Beginn der vorbereitenden Untersuchungen oder der Voruntersuchungen beschlossen worden ist, sind abweichend von § 233 Absatz1 die Vorschriften dieses Gesetzes anzuwenden; abgeschlossene Verfahrensschritte bleiben unberührt. [2]Ist eine städtebauliche Entwicklungsmaßnahme jedoch vor dem 1. Juli 1987 förmlich festgelegt worden, sind die §§ 165 bis 171 in der bis zum 30. April 1993 geltenden Fassung weiter anzuwenden; wird zur zweckmäßigen Durchführung entsprechend den Zielen und Zwecken einer solchen Entwicklungsmaßnahme eine Änderung des Geltungsbereichs der Entwicklungsmaßnahmeverordnung erforderlich, ist § 53 in Verbindung mit § 1 des Städtebauförderungsgesetzes weiter anzuwenden.

(2) [1]Ist eine städtebauliche Sanierungsmaßnahme vor dem 1. Januar 1998 förmlich festgelegt worden und ist nach der Sanierungssatzung nur die Geneh-

migungspflicht nach § 144 Absatz 2 in der bis zum 31. Dezember 1997 geltenden Fassung ausgeschlossen, bedarf eine Teilung auch weiterhin der schriftlichen Genehmigung der Gemeinde. [2]Die Gemeinde hat dem Grundbuchamt Sanierungssatzungen im Sinne des Satzes 1 in entsprechender Anwendung des ab dem 1. Januar 1998 geltenden § 143 Absatz 2 Satz 1 bis 3 unverzüglich nachträglich mitzuteilen.

(3) In dem Gebiet, in dem das Grundgesetz[1)] schon vor dem 3. Oktober 1990 galt, ist § 141 Absatz 4 auf Beschlüsse über den Beginn der vorbereitenden Untersuchungen, die vor dem 1. Mai 1993 bekannt gemacht worden sind, nicht anzuwenden.

(4) Sanierungssatzungen, die vor dem 1. Januar 2007 bekannt gemacht worden sind, sind spätestens bis zum 31. Dezember 2021 mit den Rechtswirkungen des § 162 Absatz 1 Satz 1 Nummer 4 aufzuheben, es sei denn, es ist entsprechend § 142 Absatz 3 Satz 3 oder 4 eine andere Frist für die Durchführung der Sanierung festgelegt worden.

§ 236 Überleitungsvorschriften für das Baugebot und die Erhaltung baulicher Anlagen. (1) § 176 Absatz 9 ist auf Enteignungsverfahren nach § 85 Absatz 1 Nummer 5 anzuwenden, wenn der Eigentümer die Verpflichtung aus einem Baugebot nicht erfüllt, das nach dem 31. Mai 1990 angeordnet worden ist.

(2) [1]§ 172 Absatz 1 Satz 4 bis 6 gilt nicht für die Bildung von Teil- und Wohnungseigentum, dessen Eintragung vor dem 26. Juni 1997 beantragt worden ist. [2]Dies gilt auch, wenn ein Anspruch auf Bildung oder Übertragung von Teil- und Wohnungseigentum vor dem 26. Juni 1997 durch eine Vormerkung gesichert wurde. [3]§ 172 in der ab dem 1. Januar 1998 geltenden Fassung ist auch auf Satzungen, die vor dem 1. Januar 1998 ortsüblich bekannt gemacht worden sind, anzuwenden.

§ 237 (weggefallen)

§ 238 Überleitungsvorschrift für Entschädigungen. [1]Wurde durch die Änderung des § 34 des Bundesbaugesetzes durch das Gesetz zur Änderung des Bundesbaugesetzes vom 18. August 1976 die bis dahin zulässige Nutzung eines Grundstücks aufgehoben oder wesentlich geändert, ist eine Entschädigung in entsprechender Anwendung der §§ 42, 43 Absatz 1, 2, 4 und 5 und des § 44 Absatz 1 Satz 2, Absatz 3 und 4 zu gewähren; dies gilt nicht, soweit in dem Zeitpunkt, in dem nach § 44 Absatz 3 bis 5 Entschädigung verlangt werden kann, eine entsprechende Aufhebung oder Änderung der zulässigen Nutzung auch nach § 34 des Bundesbaugesetzes in der bis zum 31. Dezember 1976 geltenden Fassung hätte eintreten können, ohne dass die Aufhebung oder Änderung nach § 44 des Bundesbaugesetzes in der bis zum 31. Dezember 1976 geltenden Fassung zu entschädigen gewesen wäre. [2]Wird durch die Änderung des § 34 durch das Europarechtsanpassungsgesetz Bau vom 24. Juni 2004 die bis dahin zulässige Nutzung eines Grundstücks aufgehoben oder wesentlich geändert, ist Satz 1 entsprechend anzuwenden.

[1)] Nr. **1**.

§ 239 Überleitungsvorschrift für die Grenzregelung. Hat die Gemeinde den Beschluss über die Grenzregelung (§ 82 in der vor dem 20. Juli 2004 geltenden Fassung) vor dem 20. Juli 2004 gefasst, sind die Vorschriften des Zweiten Abschnitts des Vierten Teils des Ersten Kapitels in der vor dem 20. Juli 2004 geltenden Fassung weiterhin anzuwenden.

§§ 240, 241 (weggefallen)

§ 242 Überleitungsvorschriften für die Erschließung. (1) Für vorhandene Erschließungsanlagen, für die eine Beitragspflicht auf Grund der bis zum 29. Juni 1961 geltenden Vorschriften nicht entstehen konnte, kann auch nach diesem Gesetzbuch kein Beitrag erhoben werden.

(2) Soweit am 29. Juni 1961 zur Erfüllung von Anliegerbeitragspflichten langfristige Verträge oder sonstige Vereinbarungen, insbesondere über das Ansammeln von Mitteln für den Straßenbau in Straßenbaukassen oder auf Sonderkonten bestanden, können die Länder ihre Abwicklung durch Gesetz regeln.

(3) § 125 Absatz 3 ist auch auf Bebauungspläne anzuwenden, die vor dem 1. Juli 1987 in Kraft getreten sind.

(4) [1] § 127 Absatz 2 Nummer 2 ist auch auf Verkehrsanlagen anzuwenden, die vor dem 1. Juli 1987 endgültig hergestellt worden sind. [2] Ist vor dem 1. Juli 1987 eine Beitragspflicht nach Landesrecht entstanden, so verbleibt es dabei.

(5) [1] Ist für einen Kinderspielplatz eine Beitragspflicht bereits auf Grund der vor dem 1. Juli 1987 geltenden Vorschriften (§ 127 Absatz 2 Nummer 3 und 4 des Bundesbaugesetzes) entstanden, so verbleibt es dabei. [2] Die Gemeinde soll von der Erhebung des Erschließungsbeitrags ganz oder teilweise absehen, wenn dies auf Grund der örtlichen Verhältnisse, insbesondere unter Berücksichtigung des Nutzens des Kinderspielplatzes für die Allgemeinheit, geboten ist. [3] Satz 2 ist auch auf vor dem 1. Juli 1987 entstandene Beiträge anzuwenden, wenn

1. der Beitrag noch nicht entrichtet ist oder
2. er entrichtet worden, aber der Beitragsbescheid noch nicht unanfechtbar geworden ist.

(6) § 128 Absatz 1 ist auch anzuwenden, wenn der Umlegungsplan (§ 66 des Bundesbaugesetzes) oder die Vorwegregelung (§ 76 des Bundesbaugesetzes) vor dem 1. Juli 1987 ortsüblich bekannt gemacht worden ist (§ 71 des Bundesbaugesetzes).

(7) Ist vor dem 1. Juli 1987 über die Stundung des Beitrags für landwirtschaftlich genutzte Grundstücke (§ 135 Absatz 4 des Bundesbaugesetzes) entschieden und ist die Entscheidung noch nicht unanfechtbar geworden, ist § 135 Absatz 4 dieses Gesetzbuchs anzuwenden.

(8) [1] § 124 Absatz 2 Satz 2 in der bis zum 21. Juni 2013 geltenden Fassung ist auch auf Kostenvereinbarungen in Erschließungsverträgen anzuwenden, die vor dem 1. Mai 1993 geschlossen worden sind. [2] Auf diese Verträge ist § 129 Absatz 1 Satz 3 weiterhin anzuwenden.

(9) [1] Für Erschließungsanlagen oder Teile von Erschließungsanlagen in dem in Artikel 3 des Einigungsvertrags genannten Gebiet, die vor dem Wirksamwerden des Beitritts bereits hergestellt worden sind, kann nach diesem Gesetz ein Erschließungsbeitrag nicht erhoben werden. [2] Bereits hergestellte Erschließungsanlagen oder Teile von Erschließungsanlagen sind die einem technischen

Ausbauprogramm oder den örtlichen Ausbaugepflogenheiten entsprechend fertiggestellten Erschließungsanlagen oder Teile von Erschließungsanlagen. [3]Leistungen, die Beitragspflichtige für die Herstellung von Erschließungsanlagen oder Teilen von Erschließungsanlagen erbracht haben, sind auf den Erschließungsbeitrag anzurechnen. [4]Die Landesregierungen werden ermächtigt, bei Bedarf Überleitungsregelungen durch Rechtsverordnung zu treffen.

§ 243 Überleitungsvorschriften für das Maßnahmengesetz zum Baugesetzbuch und das Bundesnaturschutzgesetz. (1) § 233 ist auf Verfahren, Pläne, Satzungen und Entscheidungen, die auf der Grundlage des Maßnahmengesetzes zum Baugesetzbuch eingeleitet, in Kraft getreten oder wirksam geworden sind, entsprechend anzuwenden.

(2) Bei Bauleitplanverfahren, die vor dem 1. Januar 1998 förmlich eingeleitet worden sind, kann die Eingriffsregelung nach dem Bundesnaturschutzgesetz in der bis zum 31. Dezember 1997 geltenden Fassung weiter angewendet werden.

§ 244 Überleitungsvorschriften für das Europarechtsanpassungsgesetz Bau. (1) Abweichend von § 233 Absatz 1 werden Verfahren für Bauleitpläne und Satzungen nach § 34 Absatz 4 Satz 1 und § 35 Absatz 6, die nach dem 20. Juli 2004 förmlich eingeleitet worden sind oder die nach dem 20. Juli 2006 abgeschlossen werden, nach den Vorschriften dieses Gesetzes zu Ende geführt.

(2) [1]Abweichend von Absatz 1 finden auf Bebauungsplanverfahren, die in der Zeit vom 14. März 1999 bis zum 20. Juli 2004 förmlich eingeleitet worden sind und die vor dem 20. Juli 2006 abgeschlossen werden, die Vorschriften des Baugesetzbuchs in der vor dem 20. Juli 2004 geltenden Fassung weiterhin Anwendung. [2]Ist mit gesetzlich vorgeschriebenen einzelnen Verfahrensschritten noch nicht begonnen worden, können diese auch nach den Vorschriften dieses Gesetzes durchgeführt werden.

(3) § 4 Absatz 3 und § 4c gelten nur für Bauleitpläne, die nach Absatz 1 oder 2 nach den Vorschriften dieses Gesetzes zu Ende geführt werden.

(4) (weggefallen)

(5) [1]Die Gemeinden können Satzungen, die auf der Grundlage des § 19 in der vor dem 20. Juli 2004 geltenden Fassung erlassen worden sind, durch Satzung aufheben. [2]Die Gemeinde hat diese Satzung ortsüblich bekannt zu machen; sie kann die Bekanntmachung auch in entsprechender Anwendung des § 10 Absatz 3 Satz 2 bis 5 vornehmen. [3]Unbeschadet der Sätze 1 und 2 sind Satzungen auf der Grundlage des § 19 in der vor dem 20. Juli 2004 geltenden Fassung nicht mehr anzuwenden. [4]Die Gemeinde hat auf die Nichtanwendbarkeit dieser Satzungen bis zum 31. Dezember 2004 durch ortsübliche Bekanntmachung hinzuweisen. [5]Die Gemeinde hat das Grundbuchamt um Löschung eines von ihr nach § 20 Absatz 3 in der vor dem 20. Juli 2004 geltenden Fassung veranlassten Widerspruchs zu ersuchen.

(6) [1]Für eine auf der Grundlage des § 22 in der vor dem 20. Juli 2004 geltenden Fassung wirksam erlassene Satzung bleibt § 22 in der vor dem 20. Juli 2004 geltenden Fassung bis zum 30. Juni 2005 weiterhin anwendbar. [2]Auf die Satzung ist § 22 in der geltenden Fassung anzuwenden, wenn beim Grundbuchamt vor Ablauf des 30. Juni 2005 eine den Anforderungen des § 22 Absatz 2 Satz 3 und 4 entsprechende Mitteilung der Gemeinde eingegangen ist. [3]Ist die Mitteilung hinsichtlich der Satzung nicht fristgerecht erfolgt, ist die

Satzung auf die von ihr erfassten Vorgänge nicht mehr anzuwenden. [4]Eine Aussetzung der Zeugniserteilung nach § 22 Absatz 6 Satz 3 in der vor dem 20. Juli 2004 geltenden Fassung ist längstens bis zum 30. Juni 2005 wirksam. [5]Die Baugenehmigungsbehörde hat das Grundbuchamt um Löschung eines von ihr nach § 20 Absatz 3 in der vor dem 20. Juli 2004 geltenden Fassung oder auf Grundlage von Satz 1 oder 4 in Verbindung mit § 20 Absatz 3 in der vor dem 20. Juli 2004 geltenden Fassung veranlassten Widerspruchs im Grundbuch zu ersuchen, wenn die Satzung nicht mehr anwendbar ist oder die Aussetzung der Zeugniserteilung unwirksam wird.

(7) § 35 Absatz 5 Satz 2 gilt nicht für die Zulässigkeit eines Vorhabens, das die Nutzungsänderung einer baulichen Anlage zum Inhalt hat, deren bisherige Nutzung vor dem 20. Juli 2004 zulässigerweise aufgenommen worden ist.

§ 245 Überleitungsvorschriften für den Stadtumbau, die Soziale Stadt und die Förderung städtebaulicher Maßnahmen. (1) Ein von einer Gemeinde bis zum 20. Juli 2004 im Hinblick auf die Verwaltungsvereinbarungen über die Gewährung von Finanzhilfen des Bundes an die Länder nach Artikel 104a Absatz 4 des Grundgesetzes in seiner bis zum 20. Juli 2004 geltenden Fassung zur Förderung städtebaulicher Maßnahmen beschlossenes Gebiet für Stadtumbaumaßnahmen sowie ein hierfür aufgestelltes städtebauliches Entwicklungskonzept der Gemeinde gilt als Stadtumbaugebiet und städtebauliches Entwicklungskonzept im Sinne des § 171b.

(2) Ein von der Gemeinde bis zum 20. Juli 2004 im Hinblick auf die Verwaltungsvereinbarungen über die Gewährung von Finanzhilfen des Bundes an die Länder nach Artikel 104a Absatz 4 des Grundgesetzes in seiner bis zum 20. Juli 2004 geltenden Fassung zur Förderung städtebaulicher Maßnahmen beschlossenes Gebiet für Maßnahmen der Sozialen Stadt sowie ein hierfür aufgestelltes Konzept der Gemeinde gilt als Gebiet und Entwicklungskonzept im Sinne des § 171e.

(3) Für die zur Förderung städtebaulicher Maßnahmen bis zum 1. September 2006 geschlossenen Verwaltungsvereinbarungen über die Gewährung von Finanzhilfen des Bundes an die Länder nach Artikel 104a Absatz 4 des Grundgesetzes in seiner bis zum 1. September 2006 geltenden Fassung ist § 164b in seiner bis zum 12. September 2006 geltenden Fassung bis zum 31. Dezember 2019 anzuwenden.

§ 245a Überleitungsvorschriften aus Anlass des Gesetzes zur Stärkung der Innenentwicklung in den Städten und Gemeinden und weiteren Fortentwicklung des Städtebaurechts. (1) [1]Die Regelungen zur Zulässigkeit von Anlagen zur Kinderbetreuung sowie von Anlagen zur Nutzung solarer Strahlungsenergie und Kraft-Wärme-Kopplungsanlagen in § 3 Absatz 2 Nummer 2 und § 14 Absatz 3 der Baunutzungsverordnung[1)] in der ab dem 20. September 2013 geltenden Fassung gelten vorbehaltlich des Satzes 2 und des Absatzes 2 auch für Bebauungspläne, die auf der Grundlage der Baunutzungsverordnung in einer Fassung vor dem 20. September 2013 in Kraft getreten sind. [2]Satz 1 gilt nicht in Bezug auf Anlagen zur Kinderbetreuung, wenn vor dem 20. September 2013 die ausnahmsweise Zulässigkeit dieser Anlagen nach § 3 Absatz 3 Nummer 2 der Baunutzungsverordnung in der vom

---

[1)] Nr. **11**.

27. Januar 1990 bis zum 20. September 2013 geltenden Fassung durch Festsetzungen nach § 1 Absatz 6 Nummer 1, Absatz 8 und 9 der Baunutzungsverordnung ausgeschlossen worden ist.

(2) [1] Die sich aus § 3 Absatz 2 Nummer 2 und § 14 Absatz 3 der Baunutzungsverordnung in der ab dem 20. September 2013 geltenden Fassung in Verbindung mit Absatz 1 Satz 1 ergebende Zulässigkeit von Anlagen zur Kinderbetreuung sowie von Anlagen zur Nutzung solarer Strahlungsenergie und von Kraft-Wärme-Kopplungsanlagen kann durch Änderung der Bebauungspläne nach Maßgabe der Vorschriften der Baunutzungsverordnung eingeschränkt oder ausgeschlossen werden; hierauf sind die Vorschriften dieses Gesetzbuchs über die Aufstellung der Bauleitpläne, einschließlich der §§ 14 bis 18, anzuwenden. [2] Das Verfahren für die Änderung von Bebauungsplänen nach Satz 1 kann vor dem 20. September 2013 eingeleitet werden.

(3) [1] Darstellungen in Flächennutzungsplänen, die vor dem 20. September 2013 in Bezug auf bauliche Anlagen zur Tierhaltung im Sinne des § 35 Absatz 1 Nummer 4 die Rechtswirkungen des § 35 Absatz 3 Satz 3 erzielt haben, haben diese Rechtswirkungen auch in Bezug auf bauliche Anlagen zur Tierhaltung im Sinne der ab dem 20. September 2013 geltenden Fassung des § 35 Absatz 1 Nummer 4. [2] Wenn ein Fortgelten der Rechtswirkungen nach Satz 1 der ursprünglichen planerischen Zielsetzung widerspricht, stellt die Gemeinde dies in einem Beschluss fest, der ortsüblich bekannt zu machen ist. [3] Mit der ortsüblichen Bekanntmachung des Beschlusses gelten die entsprechenden Darstellungen als aufgehoben; der Flächennutzungsplan ist im Wege der Berichtigung anzupassen.

(4) Soweit für Zulassungsentscheidungen über Anlagen zur Tierhaltung, die dem § 35 Absatz 1 Nummer 4 unterfallen, vor Ablauf des 4. Juli 2012 bei der zuständigen Behörde ein Antrag eingegangen ist, ist § 35 Absatz 1 Nummer 4 in seiner bis zum 20. September 2013 geltenden Fassung anzuwenden.

§ 245b Überleitungsvorschriften für Vorhaben im Außenbereich.

(1) (weggefallen)

(2) Die Länder können bestimmen, dass die Frist nach § 35 Absatz 4 Satz 1 Nummer 1 Buchstabe c nicht anzuwenden ist.

§ 245c Überleitungsvorschrift aus Anlass des Gesetzes zur Umsetzung der Richtlinie 2014/52/EU im Städtebaurecht und zur Stärkung des neuen Zusammenlebens in der Stadt. (1) [1] Abweichend von § 233 Absatz 1 Satz 1 können Verfahren nach diesem Gesetz, die förmlich vor dem 13. Mai 2017 eingeleitet worden sind, nur dann nach den vor dem 13. Mai 2017 geltenden Rechtsvorschriften abgeschlossen werden, wenn die Beteiligung der Behörden und der sonstigen Träger öffentlicher Belange nach § 4 Absatz 1 Satz 1 oder nach sonstigen Vorschriften dieses Gesetzes vor dem 16. Mai 2017 eingeleitet worden ist. [2] § 233 Absatz 1 Satz 2 bleibt unberührt.

(2) [1] Bebauungspläne oder Satzungen mit Regelungen nach § 22 Absatz 1 Satz 1 Nummer 3 und 4 finden keine Anwendung, wenn die Regelung nach § 1010 Absatz 1 des Bürgerlichen Gesetzbuchs vor dem 13. Mai 2017 getroffen worden ist. [2] Bebauungspläne oder Satzungen mit Regelungen nach § 22 Absatz 1 Satz 1 Nummer 5 finden keine Anwendung, wenn die Nutzung als Nebenwohnung vor dem 13. Mai 2017 aufgenommen worden ist.

(3) § 34 Absatz 2 findet auf Baugebiete nach § 6a der Baunutzungsverordnung[1)] keine Anwendung.

Zweiter Teil. Schlussvorschriften

§ 246 Sonderregelungen für einzelne Länder; Sonderregelungen für Flüchtlingsunterkünfte. (1) In den Ländern Berlin und Hamburg entfallen die in § 6 Absatz 1, § 10 Absatz 2 und § 190 Absatz 1 vorgesehenen Genehmigungen oder Zustimmungen; das Land Bremen kann bestimmen, dass diese Genehmigungen oder Zustimmungen entfallen.

(1a) [1] Die Länder können bestimmen, dass Bebauungspläne, die nicht der Genehmigung bedürfen, und Satzungen nach § 34 Absatz 4 Satz 1, § 35 Absatz 6 und § 165 Absatz 6 vor ihrem Inkrafttreten der höheren Verwaltungsbehörde anzuzeigen sind; dies gilt nicht für Bebauungspläne nach § 13. [2] Die höhere Verwaltungsbehörde hat die Verletzung von Rechtsvorschriften, die eine Versagung der Genehmigung nach § 6 Absatz 2 rechtfertigen würde, innerhalb eines Monats nach Eingang der Anzeige geltend zu machen. [3] Der Bebauungsplan und die Satzungen dürfen nur in Kraft gesetzt werden, wenn die höhere Verwaltungsbehörde die Verletzung von Rechtsvorschriften nicht innerhalb der in Satz 2 bezeichneten Frist geltend gemacht hat.

(2) [1] Die Länder Berlin und Hamburg bestimmen, welche Form der Rechtsetzung an die Stelle der in diesem Gesetzbuch vorgesehenen Satzungen tritt. [2] Das Land Bremen kann eine solche Bestimmung treffen. [3] Die Länder Berlin, Bremen und Hamburg können eine von § 10 Absatz 3, § 16 Absatz 2, § 22 Absatz 2, § 143 Absatz 1, § 162 Absatz 2 Satz 2 bis 4 und § 165 Absatz 8 abweichende Regelung treffen.

(3) § 171f ist auch auf Rechtsvorschriften der Länder anzuwenden, die vor dem 1. Januar 2007 in Kraft getreten sind.

(4) Die Senate der Länder Berlin, Bremen und Hamburg werden ermächtigt, die Vorschriften dieses Gesetzbuchs über die Zuständigkeit von Behörden dem besonderen Verwaltungsaufbau ihrer Länder anzupassen.

(5) Das Land Hamburg gilt für die Anwendung dieses Gesetzbuchs auch als Gemeinde.

(6) (weggefallen)

(7) [1] Die Länder können bestimmen, dass § 34 Absatz 1 Satz 1 bis zum 31. Dezember 2004 nicht für Einkaufszentren, großflächige Einzelhandelsbetriebe und sonstige großflächige Handelsbetriebe im Sinne des § 11 Absatz 3 der Baunutzungsverordnung[1)] anzuwenden ist. [2] Wird durch eine Regelung nach Satz 1 die bis dahin zulässige Nutzung eines Grundstücks aufgehoben oder wesentlich geändert, ist § 238 entsprechend anzuwenden.

(8) Bis zum 31. Dezember 2019 gilt § 34 Absatz 3a Satz 1 entsprechend für die Nutzungsänderung zulässigerweise errichteter baulicher Anlagen in bauliche Anlagen, die der Unterbringung von Flüchtlingen oder Asylbegehrenden dienen, und für deren Erweiterung, Änderung oder Erneuerung.

(9) Bis zum 31. Dezember 2019 gilt die Rechtsfolge des § 35 Absatz 4 Satz 1 für Vorhaben entsprechend, die der Unterbringung von Flüchtlingen oder Asylbegehrenden dienen, wenn das Vorhaben im unmittelbaren räumlichen

---

[1)] Nr. **11**.

Zusammenhang mit nach § 30 Absatz 1 oder § 34 zu beurteilenden bebauten Flächen innerhalb des Siedlungsbereichs erfolgen soll.

(10) [1] Bis zum 31. Dezember 2019 kann in Gewerbegebieten (§ 8 der Baunutzungsverordnung, auch in Verbindung mit § 34 Absatz 2) für Aufnahmeeinrichtungen, Gemeinschaftsunterkünfte oder sonstige Unterkünfte für Flüchtlinge oder Asylbegehrende von den Festsetzungen des Bebauungsplans befreit werden, wenn an dem Standort Anlagen für soziale Zwecke als Ausnahme zugelassen werden können oder allgemein zulässig sind und die Abweichung auch unter Würdigung nachbarlicher Interessen mit öffentlichen Belangen vereinbar ist. [2] § 36 gilt entsprechend.

(11) [1] Soweit in den Baugebieten nach den §§ 2 bis 7 der Baunutzungsverordnung (auch in Verbindung mit § 34 Absatz 2) Anlagen für soziale Zwecke als Ausnahme zugelassen werden können, gilt § 31 Absatz 1 mit der Maßgabe, dass dort bis zum 31. Dezember 2019 Aufnahmeeinrichtungen, Gemeinschaftsunterkünfte oder sonstige Unterkünfte für Flüchtlinge oder Asylbegehrende in der Regel zugelassen werden sollen. [2] Satz 1 gilt entsprechend für in übergeleiteten Plänen festgesetzte Baugebiete, die den in Satz 1 genannten Baugebieten vergleichbar sind.

(12) [1] Bis zum 31. Dezember 2019 kann für die auf längstens drei Jahre zu befristende

1. Errichtung mobiler Unterkünfte für Flüchtlinge oder Asylbegehrende,
2. Nutzungsänderung zulässigerweise errichteter baulicher Anlagen in Gewerbe- und Industriegebieten sowie in Sondergebieten nach den §§ 8 bis 11 der Baunutzungsverordnung (auch in Verbindung mit § 34 Absatz 2) in Aufnahmeeinrichtungen, Gemeinschaftsunterkünfte oder sonstige Unterkünfte für Flüchtlinge oder Asylbegehrende

von den Festsetzungen des Bebauungsplans befreit werden, wenn die Befreiung auch unter Würdigung nachbarlicher Interessen mit den öffentlichen Belangen vereinbar ist. [2] § 36 gilt entsprechend.

(13) [1] Im Außenbereich (§ 35) gilt unbeschadet des Absatzes 9 bis zum 31. Dezember 2019 die Rechtsfolge des § 35 Absatz 4 Satz 1 entsprechend für

1. die auf längstens drei Jahre zu befristende Errichtung mobiler Unterkünfte für Flüchtlinge oder Asylbegehrende,
2. die Nutzungsänderung zulässigerweise errichteter baulicher Anlagen, auch wenn deren bisherige Nutzung aufgegeben wurde, in Aufnahmeeinrichtungen, Gemeinschaftsunterkünfte oder sonstige Unterkünfte für Flüchtlinge oder Asylbegehrende, einschließlich einer erforderlichen Erneuerung oder Erweiterung.

[2] Für Vorhaben nach Satz 1 gilt § 35 Absatz 5 Satz 2 Halbsatz 1 und Satz 3 entsprechend. [3] Wird zum Zeitpunkt einer Nutzungsänderung nach Satz 1 Nummer 2 eine Nutzung zulässigerweise ausgeübt, kann diese im Anschluss wieder aufgenommen werden; im Übrigen gelten für eine nachfolgende Nutzungsänderung die allgemeinen Regeln. [4] Die Rückbauverpflichtung nach Satz 2 entfällt, wenn eine nach Satz 3 zulässige Nutzung aufgenommen wird oder wenn sich die Zulässigkeit der nachfolgenden Nutzung aus § 30 Absatz 1, 2 oder § 33 ergibt. [5] Die Sicherstellung der Rückbauverpflichtung nach Satz 2 in entsprechender Anwendung des § 35 Absatz 5 Satz 3 ist nicht erforderlich, wenn Vorhabenträger ein Land oder eine Gemeinde ist.

(14) [1]Soweit auch bei Anwendung der Absätze 8 bis 13 dringend benötigte Unterkunftsmöglichkeiten im Gebiet der Gemeinde, in der sie entstehen sollen, nicht oder nicht rechtzeitig bereitgestellt werden können, kann bei Aufnahmeeinrichtungen, Gemeinschaftsunterkünften oder sonstigen Unterkünften für Flüchtlinge oder Asylbegehrende bis zum 31. Dezember 2019 von den Vorschriften dieses Gesetzbuchs oder den aufgrund dieses Gesetzbuchs erlassenen Vorschriften in erforderlichem Umfang abgewichen werden. [2]Zuständig ist die höhere Verwaltungsbehörde. [3]Die Gemeinde ist anzuhören; diese Anhörung tritt auch an die Stelle des in § 14 Absatz 2 Satz 2 vorgesehenen Einvernehmens. [4]Satz 3 findet keine Anwendung, wenn Vorhabenträger die Gemeinde oder in deren Auftrag ein Dritter ist. [5]Für Vorhaben nach Satz 1 gilt § 35 Absatz 5 Satz 2 Halbsatz 1 und Satz 3 entsprechend. [6]Absatz 13 Satz 3 gilt entsprechend. [7]Die Rückbauverpflichtung nach Satz 5 entfällt, wenn eine nach Satz 6 zulässige Nutzung aufgenommen wird oder wenn sich die Zulässigkeit der nachfolgenden Nutzung aus § 30 Absatz 1, 2 oder § 33 ergibt. [8]Die Sicherstellung der Rückbauverpflichtung nach Satz 5 in entsprechender Anwendung des § 35 Absatz 5 Satz 3 ist nicht erforderlich, wenn Vorhabenträger ein Land oder eine Gemeinde ist. [9]Wenn Vorhabenträger ein Land oder in dessen Auftrag ein Dritter ist, gilt § 37 Absatz 3 entsprechend; im Übrigen findet § 37 bis zum 31. Dezember 2019 auf Vorhaben nach Satz 1 keine Anwendung.

(15) In Verfahren zur Genehmigung von baulichen Anlagen, die der Unterbringung von Flüchtlingen oder Asylbegehrenden dienen, gilt bis zum 31. Dezember 2019 das Einvernehmen abweichend von § 36 Absatz 2 Satz 2 (auch in Verbindung mit Absatz 10 Satz 2 und Absatz 12 Satz 2) als erteilt, wenn es nicht innerhalb eines Monats verweigert wird.

(16) Bei Vorhaben nach den Absätzen 9 und 13 gilt § 18 Absatz 3 Satz 2 des Bundesnaturschutzgesetzes bis zum 31. Dezember 2019 entsprechend.

(17) Die Befristung bis zum 31. Dezember 2019 in den Absätzen 8 bis 16 bezieht sich nicht auf die Geltungsdauer einer Genehmigung, sondern auf den Zeitraum, bis zu dessen Ende im bauaufsichtlichen Zulassungsverfahren von den Vorschriften Gebrauch gemacht werden kann.

§ 246a Überschwemmungsgebiete, überschwemmungsgefährdete Gebiete. Anlässlich der Neubekanntmachung eines Flächennutzungsplans nach § 6 Absatz 6 sollen die in § 5 Absatz 4a bezeichneten Gebiete nach Maßgabe dieser Bestimmung nachrichtlich übernommen und vermerkt werden.

§ 247 Sonderregelungen für Berlin als Hauptstadt der Bundesrepublik Deutschland. (1) Bei der Aufstellung von Bauleitplänen und sonstigen Satzungen nach diesem Gesetzbuch soll in der Abwägung den Belangen, die sich aus der Entwicklung Berlins als Hauptstadt Deutschlands ergeben, und den Erfordernissen der Verfassungsorgane des Bundes für die Wahrnehmung ihrer Aufgabe besonders Rechnung getragen werden.

(2) Die Belange und Erfordernisse nach Absatz 1 werden zwischen Bund und Berlin in einem Gemeinsamen Ausschuss erörtert.

(3) [1]Kommt es in dem Ausschuss zu keiner Übereinstimmung, können die Verfassungsorgane des Bundes ihre Erfordernisse eigenständig feststellen; sie

haben dabei eine geordnete städtebauliche Entwicklung Berlins zu berücksichtigen. [2]Die Bauleitpläne und sonstigen Satzungen nach diesem Gesetzbuch sind so anzupassen, dass den festgestellten Erfordernissen in geeigneter Weise Rechnung getragen wird.

(4) Haben die Verfassungsorgane des Bundes Erfordernisse nach Absatz 3 Satz 1 festgestellt und ist zu deren Verwirklichung die Aufstellung eines Bauleitplans oder einer sonstigen Satzung nach diesem Gesetzbuch geboten, soll der Bauleitplan oder die Satzung aufgestellt werden.

(5), (6) (weggefallen)

(7) Die Entwicklung der Parlaments- und Regierungsbereiche in Berlin entspricht den Zielen und Zwecken einer städtebaulichen Entwicklungsmaßnahme nach § 165 Absatz 2.

(8) [1]Ist im Rahmen von Genehmigungs-, Zustimmungs- oder sonstigen Verfahren für Vorhaben der Verfassungsorgane des Bundes Ermessen auszuüben oder sind Abwägungen oder Beurteilungen vorzunehmen, sind die von den Verfassungsorganen des Bundes entsprechend Absatz 3 festgestellten Erfordernisse mit dem ihnen nach dem Grundgesetz[1)] zukommenden Gewicht zu berücksichtigen. [2]Absatz 2 ist entsprechend anzuwenden.

§ 248 Sonderregelung zur sparsamen und effizienten Nutzung von Energie. [1]In Gebieten mit Bebauungsplänen oder Satzungen nach § 34 Absatz 4 Satz 1 Nummer 2 oder 3 sind bei Maßnahmen an bestehenden Gebäuden zum Zwecke der Energieeinsparung geringfügige Abweichungen von dem festgesetzten Maß der baulichen Nutzung, der Bauweise und der überbaubaren Grundstücksfläche zulässig, soweit dies mit nachbarlichen Interessen und baukulturellen Belangen vereinbar ist. [2]Satz 1 gilt entsprechend für Anlagen zur Nutzung solarer Strahlungsenergie in, an und auf Dach- und Außenwandflächen. [3]In den im Zusammenhang bebauten Ortsteilen gelten die Sätze 1 und 2 entsprechend für Abweichungen vom Erfordernis des Einfügens in die Eigenart der näheren Umgebung (§ 34 Absatz 1 Satz 1).

§ 249 Sonderregelungen zur Windenergie. (1) [1]Werden in einem Flächennutzungsplan zusätzliche Flächen für die Nutzung von Windenergie dargestellt, folgt daraus nicht, dass die vorhandenen Darstellungen des Flächennutzungsplans zur Erzielung der Rechtswirkungen des § 35 Absatz 3 Satz 3 nicht ausreichend sind. [2]Satz 1 gilt entsprechend bei der Änderung oder Aufhebung von Darstellungen zum Maß der baulichen Nutzung. [3]Die Sätze 1 und 2 gelten für Bebauungspläne, die aus den Darstellungen des Flächennutzungsplans entwickelt werden, entsprechend.

(2) [1]Nach § 9 Absatz 2 Satz 1 Nummer 2 kann auch festgesetzt werden, dass die im Bebauungsplan festgesetzten Windenergieanlagen nur zulässig sind, wenn sichergestellt ist, dass nach der Errichtung der im Bebauungsplan festgesetzten Windenergieanlagen andere im Bebauungsplan bezeichnete Windenergieanlagen innerhalb einer im Bebauungsplan zu bestimmenden angemessenen Frist zurückgebaut werden. [2]Die Standorte der zurückzubauenden Windenergieanlagen können auch außerhalb des Bebauungsplangebiets oder außerhalb des Gemeindegebiets liegen. [3]Darstellungen im Flächennutzungs-

[1)] Nr. **1**.

plan, die die Rechtswirkungen des § 35 Absatz 3 Satz 3 haben, können mit Bestimmungen entsprechend den Sätzen 1 und 2 mit Wirkung für die Zulässigkeit der Windenergieanlagen nach § 35 Absatz 1 Nummer 5 verbunden sein.

(3) [1] Die Länder können durch bis zum 31. Dezember 2015 zu verkündende Landesgesetze bestimmen, dass § 35 Absatz 1 Nummer 5 auf Vorhaben, die der Erforschung, Entwicklung oder Nutzung der Windenergie dienen, nur Anwendung findet, wenn sie einen bestimmten Abstand zu den im Landesgesetz bezeichneten zulässigen baulichen Nutzungen einhalten. [2] Die Einzelheiten, insbesondere zur Abstandsfestlegung und zu den Auswirkungen der festgelegten Abstände auf Ausweisungen in geltenden Flächennutzungsplänen und Raumordnungsplänen, sind in den Landesgesetzen nach Satz 1 zu regeln. [3] Die Länder können in den Landesgesetzen nach Satz 1 auch Abweichungen von den festgelegten Abständen zulassen.

Anlage 1
(zu § 2 Absatz 4 und den §§ 2a und 4c)

[Umweltbericht]

Der Umweltbericht nach § 2 Absatz 4 und § 2a Satz 2 Nummer 2 hat folgende Bestandteile:

1. Eine Einleitung mit folgenden Angaben:
   a) Kurzdarstellung des Inhalts und der wichtigsten Ziele des Bauleitplans, einschließlich einer Beschreibung der Festsetzungen des Plans mit Angaben über Standorte, Art und Umfang sowie Bedarf an Grund und Boden der geplanten Vorhaben;
   b) Darstellung der in einschlägigen Fachgesetzen und Fachplänen festgelegten Ziele des Umweltschutzes, die für den Bauleitplan von Bedeutung sind, und der Art, wie diese Ziele und die Umweltbelange bei der Aufstellung des Bauleitplans berücksichtigt wurden;
2. eine Beschreibung und Bewertung der erheblichen Umweltauswirkungen, die in der Umweltprüfung nach § 2 Absatz 4 Satz 1 ermittelt wurden; hierzu gehören folgende Angaben:
   a) eine Bestandsaufnahme der einschlägigen Aspekte des derzeitigen Umweltzustands (Basisszenario), einschließlich der Umweltmerkmale der Gebiete, die voraussichtlich erheblich beeinflusst werden, und eine Übersicht über die voraussichtliche Entwicklung des Umweltzustands bei Nichtdurchführung der Planung, soweit diese Entwicklung gegenüber dem Basisszenario mit zumutbarem Aufwand auf der Grundlage der verfügbaren Umweltinformationen und wissenschaftlichen Erkenntnisse abgeschätzt werden kann;
   b) eine Prognose über die Entwicklung des Umweltzustands bei Durchführung der Planung; hierzu sind, soweit möglich, insbesondere die möglichen erheblichen Auswirkungen während der Bau- und Betriebsphase der geplanten Vorhaben auf die Belange nach § 1 Absatz 6 Nummer 7 Buchstabe a bis i zu beschreiben, unter anderem infolge
      aa) des Baus und des Vorhandenseins der geplanten Vorhaben, soweit relevant einschließlich Abrissarbeiten,
      bb) der Nutzung natürlicher Ressourcen, insbesondere Fläche, Boden, Wasser, Tiere, Pflanzen und biologische Vielfalt, wobei soweit möglich die nachhaltige Verfügbarkeit dieser Ressourcen zu berücksichtigen ist,
      cc) der Art und Menge an Emissionen von Schadstoffen, Lärm, Erschütterungen, Licht, Wärme und Strahlung sowie der Verursachung von Belästigungen,
      dd) der Art und Menge der erzeugten Abfälle und ihrer Beseitigung und Verwertung,
      ee) der Risiken für die menschliche Gesundheit, das kulturelle Erbe oder die Umwelt (zum Beispiel durch Unfälle oder Katastrophen),
      ff) der Kumulierung mit den Auswirkungen von Vorhaben benachbarter Plangebiete unter Berücksichtigung etwaiger bestehender Umweltprobleme in Bezug auf möglicherweise betroffene Gebiete mit spezieller Umweltrelevanz oder auf die Nutzung von natürlichen Ressourcen,

gg) der Auswirkungen der geplanten Vorhaben auf das Klima (zum Beispiel Art und Ausmaß der Treibhausgasemissionen) und der Anfälligkeit der geplanten Vorhaben gegenüber den Folgen des Klimawandels,

hh) der eingesetzten Techniken und Stoffe;

die Beschreibung nach Halbsatz 2 soll sich auf die direkten und die etwaigen indirekten, sekundären, kumulativen, grenzüberschreitenden, kurzfristigen, mittelfristigen und langfristigen, ständigen und vorübergehenden sowie positiven und negativen Auswirkungen der geplanten Vorhaben erstrecken; die Beschreibung nach Halbsatz 2 soll zudem den auf Ebene der Europäischen Union oder auf Bundes-, Landes- oder kommunaler Ebene festgelegten Umweltschutzzielen Rechnung tragen;

c) eine Beschreibung der geplanten Maßnahmen, mit denen festgestellte erhebliche nachteilige Umweltauswirkungen vermieden, verhindert, verringert oder soweit möglich ausgeglichen werden sollen, sowie gegebenenfalls geplante Überwachungsmaßnahmen. In dieser Beschreibung ist zu erläutern, inwieweit erhebliche nachteilige Auswirkungen auf die Umwelt vermieden, verhindert, verringert oder ausgeglichen werden, wobei sowohl die Bauphase als auch die Betriebsphase abzudecken ist;

d) in Betracht kommende anderweitige Planungsmöglichkeiten, wobei die Ziele und der räumliche Geltungsbereich des Bauleitplans zu berücksichtigen sind, und die Angabe der wesentlichen Gründe für die getroffene Wahl;

e) eine Beschreibung der erheblichen nachteiligen Auswirkungen nach § 1 Absatz 6 Nummer 7 Buchstabe j; zur Vermeidung von Mehrfachprüfungen können die vorhandenen Ergebnisse anderer rechtlich vorgeschriebener Prüfungen genutzt werden; soweit angemessen, sollte diese Beschreibung Maßnahmen zur Verhinderung oder Verminderung der erheblichen nachteiligen Auswirkungen solcher Ereignisse auf die Umwelt sowie Einzelheiten in Bezug auf die Bereitschafts- und vorgesehenen Bekämpfungsmaßnahmen für derartige Krisenfälle erfassen;

3. zusätzliche Angaben:

a) eine Beschreibung der wichtigsten Merkmale der verwendeten technischen Verfahren bei der Umweltprüfung sowie Hinweise auf Schwierigkeiten, die bei der Zusammenstellung der Angaben aufgetreten sind, zum Beispiel technische Lücken oder fehlende Kenntnisse,

b) eine Beschreibung der geplanten Maßnahmen zur Überwachung der erheblichen Auswirkungen der Durchführung des Bauleitplans auf die Umwelt,

c) eine allgemein verständliche Zusammenfassung der erforderlichen Angaben nach dieser Anlage,

d) eine Referenzliste der Quellen, die für die im Bericht enthaltenen Beschreibungen und Bewertungen herangezogen wurden.

Anlage 2
(zu § 13a Absatz 1 Satz 2 Nummer 2)

[Kriterien]

Nachstehende Kriterien sind anzuwenden, soweit auf Anlage 2 Bezug genommen wird.

1. Merkmale des Bebauungsplans, insbesondere in Bezug auf

1.1 das Ausmaß, in dem der Bebauungsplan einen Rahmen im Sinne des § 35 Absatz 3 des Gesetzes über die Umweltverträglichkeitsprüfung setzt;

1.2 das Ausmaß, in dem der Bebauungsplan andere Pläne und Programme beeinflusst;

1.3 die Bedeutung des Bebauungsplans für die Einbeziehung umweltbezogener, einschließlich gesundheitsbezogener Erwägungen, insbesondere im Hinblick auf die Förderung der nachhaltigen Entwicklung;

1.4 die für den Bebauungsplan relevanten umweltbezogenen, einschließlich gesundheitsbezogener Probleme;

1.5 die Bedeutung des Bebauungsplans für die Durchführung nationaler und europäischer Umweltvorschriften.

2. Merkmale der möglichen Auswirkungen und der voraussichtlich betroffenen Gebiete, insbesondere in Bezug auf

2.1 die Wahrscheinlichkeit, Dauer, Häufigkeit und Umkehrbarkeit der Auswirkungen;

2.2 den kumulativen und grenzüberschreitenden Charakter der Auswirkungen;

2.3 die Risiken für die Umwelt, einschließlich der menschlichen Gesundheit (zum Beispiel bei Unfällen);

2.4 den Umfang und die räumliche Ausdehnung der Auswirkungen;

2.5 die Bedeutung und die Sensibilität des voraussichtlich betroffenen Gebiets auf Grund der besonderen natürlichen Merkmale, des kulturellen Erbes, der Intensität der Bodennutzung des Gebiets jeweils unter Berücksichtigung der Überschreitung von Umweltqualitätsnormen und Grenzwerten;

2.6 folgende Gebiete:

2.6.1 Natura 2000-Gebiete nach § 7 Absatz 1 Nummer 8 des Bundesnaturschutzgesetzes,

2.6.2 Naturschutzgebiete gemäß § 23 des Bundesnaturschutzgesetzes, soweit nicht bereits von Nummer 2.6.1 erfasst,

2.6.3 Nationalparke gemäß § 24 des Bundesnaturschutzgesetzes, soweit nicht bereits von Nummer 2.6.1 erfasst,

2.6.4 Biosphärenreservate und Landschaftsschutzgebiete gemäß den §§ 25 und 26 des Bundesnaturschutzgesetzes,

2.6.5 gesetzlich geschützte Biotope gemäß § 30 des Bundesnaturschutzgesetzes,

2.6.6 Wasserschutzgebiete gemäß § 51 des Wasserhaushaltsgesetzes, Heilquellenschutzgebiete gemäß § 53 Absatz 4 des Wasserhaushaltsgesetzes sowie Überschwemmungsgebiete gemäß § 76 des Wasserhaushaltsgesetzes,

2.6.7 Gebiete, in denen die in Rechtsakten der Europäischen Union festgelegten Umweltqualitätsnormen bereits überschritten sind,

2.6.8 Gebiete mit hoher Bevölkerungsdichte, insbesondere Zentrale Orte im Sinne des § 2 Absatz 2 Nummer 2 des Raumordnungsgesetzes,

2.6.9 in amtlichen Listen oder Karten verzeichnete Denkmäler, Denkmalensembles, Bodendenkmäler oder Gebiete, die von der durch die Länder bestimmten Denkmalschutzbehörde als archäologisch bedeutende Landschaften eingestuft worden sind.

11. Verordnung über die bauliche Nutzung der Grundstücke (Baunutzungsverordnung – BauNVO)

In der Fassung der Bekanntmachung vom 21. November 2017[1)]
(BGBl. I S. 3786)

FNA 213-1-2

Inhaltsübersicht

[1)] Neubekanntmachung der BauNVO idF der Bek. v. 27.1.1990 (BGBl. I S. 132) in der ab 1.10. 2017 geltenden Fassung.

Erster Abschnitt. Art der baulichen Nutzung

§ 1 Allgemeine Vorschriften für Bauflächen und Baugebiete. (1) Im Flächennutzungsplan können die für die Bebauung vorgesehenen Flächen nach der allgemeinen Art ihrer baulichen Nutzung (Bauflächen) dargestellt werden als

1. Wohnbauflächen (W)
2. gemischte Bauflächen (M)
3. gewerbliche Bauflächen (G)
4. Sonderbauflächen (S).

(2) Die für die Bebauung vorgesehenen Flächen können nach der besonderen Art ihrer baulichen Nutzung (Baugebiete) dargestellt werden als

1. Kleinsiedlungsgebiete (WS)
2. reine Wohngebiete (WR)
3. allgemeine Wohngebiete (WA)
4. besondere Wohngebiete (WB)
5. Dorfgebiete (MD)
6. Mischgebiete (MI)
7. urbane Gebiete (MU)
8. Kerngebiete (MK)
9. Gewerbegebiete (GE)
10. Industriegebiete (GI)
11. Sondergebiete (SO).

(3) [1] Im Bebauungsplan können die in Absatz 2 bezeichneten Baugebiete festgesetzt werden. [2] Durch die Festsetzung werden die Vorschriften der §§ 2 bis 14 Bestandteil des Bebauungsplans, soweit nicht auf Grund der Absätze 4 bis 10 etwas anderes bestimmt wird. [3] Bei Festsetzung von Sondergebieten finden die Vorschriften über besondere Festsetzungen nach den Absätzen 4 bis 10 keine Anwendung; besondere Festsetzungen über die Art der Nutzung können nach den §§ 10 und 11 getroffen werden.

(4) [1] Für die in den §§ 4 bis 9 bezeichneten Baugebiete können im Bebauungsplan für das jeweilige Baugebiet Festsetzungen getroffen werden, die das Baugebiet

1. nach der Art der zulässigen Nutzung,
2. nach der Art der Betriebe und Anlagen und deren besonderen Bedürfnissen und Eigenschaften

gliedern. [2] Die Festsetzungen nach Satz 1 können auch für mehrere Gewerbegebiete einer Gemeinde im Verhältnis zueinander getroffen werden; dies gilt auch für Industriegebiete. [3] Absatz 5 bleibt unberührt.

(5) Im Bebauungsplan kann festgesetzt werden, dass bestimmte Arten von Nutzungen, die nach den §§ 2 bis 9 sowie 13 und 13a allgemein zulässig sind,

nicht zulässig sind oder nur ausnahmsweise zugelassen werden können, sofern die allgemeine Zweckbestimmung des Baugebiets gewahrt bleibt.

(6) Im Bebauungsplan kann festgesetzt werden, dass alle oder einzelne Ausnahmen, die in den Baugebieten nach den §§ 2 bis 9 vorgesehen sind,

1. nicht Bestandteil des Bebauungsplans werden oder
2. in dem Baugebiet allgemein zulässig sind, sofern die allgemeine Zweckbestimmung des Baugebiets gewahrt bleibt.

(7) In Bebauungsplänen für Baugebiete nach den §§ 4 bis 9 kann, wenn besondere städtebauliche Gründe dies rechtfertigen (§ 9 Absatz 3 des Baugesetzbuchs[1]), festgesetzt werden, dass in bestimmten Geschossen, Ebenen oder sonstigen Teilen baulicher Anlagen

1. nur einzelne oder mehrere der in dem Baugebiet allgemein zulässigen Nutzungen zulässig sind,
2. einzelne oder mehrere der in dem Baugebiet allgemein zulässigen Nutzungen unzulässig sind oder als Ausnahme zugelassen werden können oder
3. alle oder einzelne Ausnahmen, die in den Baugebieten nach den §§ 4 bis 9 vorgesehen sind, nicht zulässig oder, sofern die allgemeine Zweckbestimmung des Baugebiets gewahrt bleibt, allgemein zulässig sind.

(8) Die Festsetzungen nach den Absätzen 4 bis 7 können sich auch auf Teile des Baugebiets beschränken.

(9) Wenn besondere städtebauliche Gründe dies rechtfertigen, kann im Bebauungsplan bei Anwendung der Absätze 5 bis 8 festgesetzt werden, dass nur bestimmte Arten der in den Baugebieten allgemein oder ausnahmsweise zulässigen baulichen oder sonstigen Anlagen zulässig oder nicht zulässig sind oder nur ausnahmsweise zugelassen werden können.

(10) [1] Wären bei Festsetzung eines Baugebiets nach den §§ 2 bis 9 in überwiegend bebauten Gebieten bestimmte vorhandene bauliche und sonstige Anlagen unzulässig, kann im Bebauungsplan festgesetzt werden, dass Erweiterungen, Änderungen, Nutzungsänderungen und Erneuerungen dieser Anlagen allgemein zulässig sind oder ausnahmsweise zugelassen werden können. [2] Im Bebauungsplan können nähere Bestimmungen über die Zulässigkeit getroffen werden. [3] Die allgemeine Zweckbestimmung des Baugebiets muss in seinen übrigen Teilen gewahrt bleiben. [4] Die Sätze 1 bis 3 gelten auch für die Änderung und Ergänzung von Bebauungsplänen.

§ 2 Kleinsiedlungsgebiete. (1) Kleinsiedlungsgebiete dienen vorwiegend der Unterbringung von Kleinsiedlungen einschließlich Wohngebäuden mit entprechenden Nutzgärten und landwirtschaftlichen Nebenerwerbsstellen.

(2) Zulässig sind

1. Kleinsiedlungen einschließlich Wohngebäude mit entsprechenden Nutzgärten, landwirtschaftliche Nebenerwerbsstellen und Gartenbaubetriebe,
2. die der Versorgung des Gebiets dienenden Läden, Schank- und Speisewirtschaften sowie nicht störenden Handwerksbetriebe.

(3) Ausnahmsweise können zugelassen werden

---

[1] Nr. **10**.

1. sonstige Wohngebäude mit nicht mehr als zwei Wohnungen,
2. Anlagen für kirchliche, kulturelle, soziale, gesundheitliche und sportliche Zwecke,
3. Tankstellen,
4. nicht störende Gewerbebetriebe.

§ 3 Reine Wohngebiete. (1) Reine Wohngebiete dienen dem Wohnen.

(2) Zulässig sind
1. Wohngebäude,
2. Anlagen zur Kinderbetreuung, die den Bedürfnissen der Bewohner des Gebiets dienen.

(3) Ausnahmsweise können zugelassen werden
1. Läden und nicht störende Handwerksbetriebe, die zur Deckung des täglichen Bedarfs für die Bewohner des Gebiets dienen, sowie kleine Betriebe des Beherbergungsgewerbes,
2. sonstige Anlagen für soziale Zwecke sowie den Bedürfnissen der Bewohner des Gebiets dienende Anlagen für kirchliche, kulturelle, gesundheitliche und sportliche Zwecke.

(4) Zu den nach Absatz 2 sowie den §§ 2, 4 bis 7 zulässigen Wohngebäuden gehören auch solche, die ganz oder teilweise der Betreuung und Pflege ihrer Bewohner dienen.

§ 4 Allgemeine Wohngebiete. (1) Allgemeine Wohngebiete dienen vorwiegend dem Wohnen.

(2) Zulässig sind
1. Wohngebäude,
2. die der Versorgung des Gebiets dienenden Läden, Schank- und Speisewirtschaften sowie nicht störenden Handwerksbetriebe,
3. Anlagen für kirchliche, kulturelle, soziale, gesundheitliche und sportliche Zwecke.

(3) Ausnahmsweise können zugelassen werden
1. Betriebe des Beherbergungsgewerbes,
2. sonstige nicht störende Gewerbebetriebe,
3. Anlagen für Verwaltungen,
4. Gartenbaubetriebe,
5. Tankstellen.

§ 4a Gebiete zur Erhaltung und Entwicklung der Wohnnutzung (besondere Wohngebiete) (1) [1]Besondere Wohngebiete sind überwiegend bebaute Gebiete, die aufgrund ausgeübter Wohnnutzung und vorhandener sonstiger in Absatz 2 genannter Anlagen eine besondere Eigenart aufweisen und in denen unter Berücksichtigung dieser Eigenart die Wohnnutzung erhalten und fortentwickelt werden soll. [2]Besondere Wohngebiete dienen vorwiegend dem Wohnen; sie dienen auch der Unterbringung von Gewerbebetrieben und sonstigen Anlagen im Sinne der Absätze 2 und 3, soweit diese Betriebe und Anlagen nach der besonderen Eigenart des Gebiets mit der Wohnnutzung vereinbar sind.

(2) Zulässig sind

1. Wohngebäude,
2. Läden, Betriebe des Beherbergungsgewerbes, Schank- und Speisewirtschaften,
3. sonstige Gewerbebetriebe,
4. Geschäfts- und Bürogebäude,
5. Anlagen für kirchliche, kulturelle, soziale, gesundheitliche und sportliche Zwecke.

(3) Ausnahmsweise können zugelassen werden

1. Anlagen für zentrale Einrichtungen der Verwaltung,
2. Vergnügungsstätten, soweit sie nicht wegen ihrer Zweckbestimmung oder ihres Umfangs nur in Kerngebieten allgemein zulässig sind,
3. Tankstellen.

(4) Für besondere Wohngebiete oder Teile solcher Gebiete kann, wenn besondere städtebauliche Gründe dies rechtfertigen (§ 9 Absatz 3 des Baugesetzbuchs[1)]), festgesetzt werden, daß

1. oberhalb eines im Bebauungsplan bestimmten Geschosses nur Wohnungen zulässig sind oder
2. in Gebäuden ein im Bebauungsplan bestimmter Anteil der zulässigen Geschossfläche oder eine bestimmte Größe der Geschossfläche für Wohnungen zu verwenden ist.

§ 5 Dorfgebiete. (1) [1]Dorfgebiete dienen der Unterbringung der Wirtschaftsstellen land- und forstwirtschaftlicher Betriebe, dem Wohnen und der Unterbringung von nicht wesentlich störenden Gewerbebetrieben sowie der Versorgung der Bewohner des Gebiets dienenden Handwerksbetrieben. [2]Auf die Belange der land- und forstwirtschaftlichen Betriebe einschließlich ihrer Entwicklungsmöglichkeiten ist vorrangig Rücksicht zu nehmen.

(2) Zulässig sind

1. Wirtschaftsstellen land- und forstwirtschaftlicher Betriebe und die dazugehörigen Wohnungen und Wohngebäude,
2. Kleinsiedlungen einschließlich Wohngebäude mit entsprechenden Nutzgärten und landwirtschaftliche Nebenerwerbsstellen,
3. sonstige Wohngebäude,
4. Betriebe zur Be- und Verarbeitung und Sammlung land- und forstwirtschaftlicher Erzeugnisse,
5. Einzelhandelsbetriebe, Schank- und Speisewirtschaften sowie Betriebe des Beherbergungsgewerbes,
6. sonstige Gewerbebetriebe,
7. Anlagen für örtliche Verwaltungen sowie für kirchliche, kulturelle, soziale, gesundheitliche und sportliche Zwecke,

---

[1)] Nr. **10**.

8. Gartenbaubetriebe,
9. Tankstellen.

(3) Ausnahmsweise können Vergnügungsstätten im Sinne des § 4a Absatz 3 Nummer 2 zugelassen werden.

§ 6 Mischgebiete. (1) Mischgebiete dienen dem Wohnen und der Unterbringung von Gewerbebetrieben, die das Wohnen nicht wesentlich stören.

(2) Zulässig sind
1. Wohngebäude,
2. Geschäfts- und Bürogebäude,
3. Einzelhandelsbetriebe, Schank- und Speisewirtschaften sowie Betriebe des Beherbergungsgewerbes,
4. sonstige Gewerbebetriebe,
5. Anlagen für Verwaltungen sowie für kirchliche, kulturelle, soziale, gesundheitliche und sportliche Zwecke,
6. Gartenbaubetriebe,
7. Tankstellen,
8. Vergnügungsstätten im Sinne des § 4a Absatz 3 Nummer 2 in den Teilen des Gebiets, die überwiegend durch gewerbliche Nutzungen geprägt sind.

(3) Ausnahmsweise können Vergnügungsstätten im Sinne des § 4a Absatz 3 Nummer 2 außerhalb der in Absatz 2 Nummer 8 bezeichneten Teile des Gebiets zugelassen werden.

§ 6a Urbane Gebiete. (1) [1]Urbane Gebiete dienen dem Wohnen sowie der Unterbringung von Gewerbebetrieben und sozialen, kulturellen und anderen Einrichtungen, die die Wohnnutzung nicht wesentlich stören. [2]Die Nutzungsmischung muss nicht gleichgewichtig sein.

(2) Zulässig sind
1. Wohngebäude,
2. Geschäfts- und Bürogebäude,
3. Einzelhandelsbetriebe, Schank- und Speisewirtschaften sowie Betriebe des Beherbergungsgewerbes,
4. sonstige Gewerbebetriebe,
5. Anlagen für Verwaltungen sowie für kirchliche, kulturelle, soziale, gesundheitliche und sportliche Zwecke.

(3) Ausnahmsweise können zugelassen werden
1. Vergnügungsstätten, soweit sie nicht wegen ihrer Zweckbestimmung oder ihres Umfangs nur in Kerngebieten allgemein zulässig sind,
2. Tankstellen.

(4) Für urbane Gebiete oder Teile solcher Gebiete kann festgesetzt werden, dass in Gebäuden
1. im Erdgeschoss an der Straßenseite eine Wohnnutzung nicht oder nur ausnahmsweise zulässig ist,

2. oberhalb eines im Bebauungsplan bestimmten Geschosses nur Wohnungen zulässig sind,
3. ein im Bebauungsplan bestimmter Anteil der zulässigen Geschossfläche oder eine im Bebauungsplan bestimmte Größe der Geschossfläche für Wohnungen zu verwenden ist, oder
4. ein im Bebauungsplan bestimmter Anteil der zulässigen Geschossfläche oder eine im Bebauungsplan bestimmte Größe der Geschossfläche für gewerbliche Nutzungen zu verwenden ist.

§ 7 Kerngebiete. (1) Kerngebiete dienen vorwiegend der Unterbringung von Handelsbetrieben sowie der zentralen Einrichtungen der Wirtschaft, der Verwaltung und der Kultur.

(2) Zulässig sind
1. Geschäfts-, Büro- und Verwaltungsgebäude,
2. Einzelhandelsbetriebe, Schank- und Speisewirtschaften, Betriebe des Beherbergungsgewerbes und Vergnügungsstätten,
3. sonstige nicht wesentlich störende Gewerbebetriebe,
4. Anlagen für kirchliche, kulturelle, soziale, gesundheitliche und sportliche Zwecke,
5. Tankstellen im Zusammenhang mit Parkhäusern und Großgaragen,
6. Wohnungen für Aufsichts- und Bereitschaftspersonen sowie für Betriebsinhaber und Betriebsleiter,
7. sonstige Wohnungen nach Maßgabe von Festsetzungen des Bebauungsplans.

(3) Ausnahmsweise können zugelassen werden
1. Tankstellen, die nicht unter Absatz 2 Nr. 5 fallen,
2. Wohnungen, die nicht unter Absatz 2 Nr. 6 und 7 fallen.

(4) [1] Für Teile eines Kerngebiets kann, wenn besondere städtebauliche Gründe dies rechtfertigen (§ 9 Abs. 3 des Baugesetzbuchs[1)]), festgesetzt werden, daß
1. oberhalb eines im Bebauungsplan bestimmten Geschosses nur Wohnungen zulässig sind oder
2. in Gebäuden ein im Bebauungsplan bestimmter Anteil der zulässigen Geschoßfläche oder eine bestimmte Größe der Geschoßfläche für Wohnungen zu verwenden ist.

[2] Dies gilt auch, wenn durch solche Festsetzungen dieser Teil des Kerngebiets nicht vorwiegend der Unterbringung von Handelsbetrieben sowie der zentralen Einrichtungen der Wirtschaft, der Verwaltung und der Kultur dient.

§ 8 Gewerbegebiete. (1) Gewerbegebiete dienen vorwiegend der Unterbringung von nicht erheblich belästigenden Gewerbebetrieben.

(2) Zulässig sind
1. Gewerbebetriebe aller Art, Lagerhäuser, Lagerplätze und öffentliche Betriebe,
2. Geschäfts-, Büro- und Verwaltungsgebäude,

---

1) Nr. **10**.

3. Tankstellen,
4. Anlagen für sportliche Zwecke.

(3) Ausnahmsweise können zugelassen werden
1. Wohnungen für Aufsichts- und Bereitschaftspersonen sowie für Betriebsinhaber und Betriebsleiter, die dem Gewerbebetrieb zugeordnet und ihm gegenüber in Grundfläche und Baumasse untergeordnet sind,
2. Anlagen für kirchliche, kulturelle, soziale und gesundheitliche Zwecke,
3. Vergnügungsstätten.

§ 9 Industriegebiete. (1) Industriegebiete dienen ausschließlich der Unterbringung von Gewerbebetrieben, und zwar vorwiegend solcher Betriebe, die in anderen Baugebieten unzulässig sind.

(2) Zulässig sind
1. Gewerbebetriebe aller Art, Lagerhäuser, Lagerplätze und öffentliche Betriebe,
2. Tankstellen.

(3) Ausnahmsweise können zugelassen werden
1. Wohnungen für Aufsichts- und Bereitschaftspersonen sowie für Betriebsinhaber und Betriebsleiter, die dem Gewerbebetrieb zugeordnet und ihm gegenüber in Grundfläche und Baumasse untergeordnet sind,
2. Anlagen für kirchliche, kulturelle, soziale, gesundheitliche und sportliche Zwecke.

§ 10 Sondergebiete, die der Erholung dienen. (1) Als Sondergebiete, die der Erholung dienen, kommen insbesondere in Betracht

Wochenendhausgebiete,
Ferienhausgebiete,
Campingplatzgebiete.

(2) [1] Für Sondergebiete, die der Erholung dienen, sind die Zweckbestimmung und die Art der Nutzung darzustellen und festzusetzen. [2] Im Bebauungsplan kann festgesetzt werden, daß bestimmte, der Eigenart des Gebiets entsprechende Anlagen und Einrichtungen zur Versorgung des Gebiets und für sportliche Zwecke allgemein zulässig sind oder ausnahmsweise zugelassen werden können.

(3) [1] In Wochenendhausgebieten sind Wochenendhäuser als Einzelhäuser zulässig. [2] Im Bebauungsplan kann festgesetzt werden, daß Wochenendhäuser nur als Hausgruppen zulässig sind oder ausnahmsweise als Hausgruppen zugelassen werden können. [3] Die zulässige Grundfläche der Wochenendhäuser ist im Bebauungsplan, begrenzt nach der besonderen Eigenart des Gebiets, unter Berücksichtigung der landschaftlichen Gegebenheiten festzusetzen.

(4) [1] In Ferienhausgebieten sind Ferienhäuser zulässig, die aufgrund ihrer Lage, Größe, Ausstattung, Erschließung und Versorgung für den Erholungsaufenthalt geeignet und dazu bestimmt sind, überwiegend und auf Dauer einem wechselnden Personenkreis zur Erholung zu dienen. [2] Im Bebauungsplan kann die Grundfläche der Ferienhäuser, begrenzt nach der besonderen Eigenart des Gebiets, unter Berücksichtigung der landschaftlichen Gegebenheiten festgesetzt werden.

(5) In Campingplatzgebieten sind Campingplätze und Zeltplätze zulässig.

§ 11 Sonstige Sondergebiete. (1) Als sonstige Sondergebiete sind solche Gebiete darzustellen und festzusetzen, die sich von den Baugebieten nach den §§ 2 bis 10 wesentlich unterscheiden.

(2) [1] Für sonstige Sondergebiete sind die Zweckbestimmung und die Art der Nutzung darzustellen und festzusetzen. [2] Als sonstige Sondergebiete kommen insbesondere in Betracht

Gebiete für den Fremdenverkehr, wie Kurgebiete und Gebiete für die Fremdenbeherbergung, auch mit einer Mischung von Fremdenbeherbergung oder Ferienwohnen einerseits sowie Dauerwohnen andererseits,

Ladengebiete,

Gebiete für Einkaufszentren und großflächige Handelsbetriebe,

Gebiete für Messen, Ausstellungen und Kongresse,

Hochschulgebiete,

Klinikgebiete,

Hafengebiete,

Gebiete für Anlagen, die der Erforschung, Entwicklung oder Nutzung erneuerbarer Energien, wie Wind- und Sonnenenergie, dienen.

(3) [1]

1. Einkaufszentren,
2. großflächige Einzelhandelsbetriebe, die sich nach Art, Lage oder Umfang auf die Verwirklichung der Ziele der Raumordnung und Landesplanung oder auf die städtebauliche Entwicklung und Ordnung nicht nur unwesentlich auswirken können,
3. sonstige großflächige Handelsbetriebe, die im Hinblick auf den Verkauf an letzte Verbraucher und auf die Auswirkungen den in Nummer 2 bezeichneten Einzelhandelsbetrieben vergleichbar sind,

sind außer in Kerngebieten nur in für sie festgesetzten Sondergebieten zulässig. [2] Auswirkungen im Sinne des Satzes 1 Nr. 2 und 3 sind insbesondere schädliche Umwelteinwirkungen im Sinne des § 3 des Bundes-Immissionsschutzgesetzes sowie Auswirkungen auf die infrastrukturelle Ausstattung, auf den Verkehr, auf die Versorgung der Bevölkerung im Einzugsbereich der in Satz 1 bezeichneten Betriebe, auf die Entwicklung zentraler Versorgungsbereiche in der Gemeinde oder in anderen Gemeinden, auf das Orts- und Landschaftsbild und auf den Naturhaushalt. [3] Auswirkungen im Sinne des Satzes 2 sind bei Betrieben nach Satz 1 Nr. 2 und 3 in der Regel anzunehmen, wenn die Geschoßfläche 1 200 m^2 überschreitet. [4] Die Regel des Satzes 3 gilt nicht, wenn Anhaltspunkte dafür bestehen, daß Auswirkungen bereits bei weniger als 1 200 m^2 Geschoßfläche vorliegen oder bei mehr als 1 200 m^2 Geschoßfläche nicht vorliegen; dabei sind in Bezug auf die in Satz 2 bezeichneten Auswirkungen insbesondere die Gliederung und Größe der Gemeinde und ihrer Ortsteile, die Sicherung der verbrauchernahen Versorgung der Bevölkerung und das Warenangebot des Betriebs zu berücksichtigen.

§ 12 Stellplätze und Garagen. (1) Stellplätze und Garagen sind in allen Baugebieten zulässig, soweit sich aus den Absätzen 2 bis 6 nichts anderes ergibt.

(2) In Kleinsiedlungsgebieten, reinen Wohngebieten und allgemeinen Wohngebieten sowie Sondergebieten, die der Erholung dienen, sind Stellplätze und

Garagen nur für den durch die zugelassene Nutzung verursachten Bedarf zulässig.

(3) Unzulässig sind

1. Stellplätze und Garagen für Lastkraftwagen und Kraftomnibusse sowie für Anhänger dieser Kraftfahrzeuge in reinen Wohngebieten,
2. Stellplätze und Garagen für Kraftfahrzeuge mit einem Eigengewicht über 3,5 Tonnen sowie für Anhänger dieser Kraftfahrzeuge in Kleinsiedlungsgebieten und allgemeinen Wohngebieten.

(4) [1] Im Bebauungsplan kann, wenn besondere städtebauliche Gründe dies rechtfertigen (§ 9 Abs. 3 des Baugesetzbuchs[1)]), festgesetzt werden, daß in bestimmten Geschossen nur Stellplätze oder Garagen und zugehörige Nebeneinrichtungen (Garagengeschosse) zulässig sind. [2] Eine Festsetzung nach Satz 1 kann auch für Geschosse unterhalb der Geländeoberfläche getroffen werden. [3] Bei Festsetzungen nach den Sätzen 1 und 2 sind Stellplätze und Garagen auf dem Grundstück nur in den festgesetzten Geschossen zulässig, soweit der Bebauungsplan nichts anderes bestimmt.

(5) [1] Im Bebauungsplan kann, wenn besondere städtebauliche Gründe dies rechtfertigen (§ 9 Abs. 3 des Baugesetzbuchs), festgesetzt werden, daß in Teilen von Geschossen nur Stellplätze und Garagen zulässig sind. [2] Absatz 4 Satz 2 und 3 gilt entsprechend.

(6) Im Bebauungsplan kann festgesetzt werden, daß in Baugebieten oder bestimmten Teilen von Baugebieten Stellplätze und Garagen unzulässig oder nur in beschränktem Umfang zulässig sind, soweit landesrechtliche Vorschriften nicht entgegenstehen.

(7) Die landesrechtlichen Vorschriften über die Ablösung der Verpflichtung zur Herstellung von Stellplätzen und Garagen sowie die Verpflichtung zur Herstellung von Stellplätzen und Garagen außerhalb der im Bebauungsplan festgesetzten Bereiche bleiben bei Festsetzungen nach den Absätzen 4 bis 6 unberührt.

§ 13 Gebäude und Räume für freie Berufe. Für die Berufsausübung freiberuflich Tätiger und solcher Gewerbetreibender, die ihren Beruf in ähnlicher Art ausüben, sind in den Baugebieten nach den §§ 2 bis 4 Räume, in den Baugebieten nach den §§ 4a bis 9 auch Gebäude zulässig.

§ 13a Ferienwohnungen. [1] Räume oder Gebäude, die einem ständig wechselnden Kreis von Gästen gegen Entgelt vorübergehend zur Unterkunft zur Verfügung gestellt werden und die zur Begründung einer eigenen Häuslichkeit geeignet und bestimmt sind (Ferienwohnungen), gehören unbeschadet des § 10 in der Regel zu den nicht störenden Gewerbebetrieben nach § 2 Absatz 3 Nummer 4 und § 4 Absatz 3 Nummer 2 oder zu den Gewerbebetrieben nach § 4a Absatz 2 Nummer 3, § 5 Absatz 2 Nummer 6, § 6 Absatz 2 Nummer 4, § 6a Absatz 2 Nummer 4 und § 7 Absatz 2 Nummer 3. [2] Abweichend von Satz 1 können Räume nach Satz 1 in den übrigen Fällen insbesondere bei einer baulich untergeordneten Bedeutung gegenüber der in dem Gebäude vorherrschenden Hauptnutzung zu den Betrieben des Beherbergungsgewerbes nach § 4 Absatz 3

[1)] Nr. **10**.

Nummer 1, § 4a Absatz 2 Nummer 2, § 5 Absatz 2 Nummer 5, § 6 Absatz 2 Nummer 3, § 6a Absatz 2 Nummer 3 und § 7 Absatz 2 Nummer 2 oder zu den kleinen Betrieben des Beherbergungsgewerbes nach § 3 Absatz 3 Nummer 1 gehören.

§ 14 Nebenanlagen; Anlagen zur Nutzung solarer Strahlungsenergie und Kraft-Wärme-Kopplungsanlagen. (1) [1] Außer den in den §§ 2 bis 13 genannten Anlagen sind auch untergeordnete Nebenanlagen und Einrichtungen zulässig, die dem Nutzungszweck der in dem Baugebiet gelegenen Grundstücke oder des Baugebiets selbst dienen und die seiner Eigenart nicht widersprechen. [2] Soweit nicht bereits in den Baugebieten nach dieser Verordnung Einrichtungen und Anlagen für die Tierhaltung, einschließlich der Kleintiererhaltungszucht, zulässig sind, gehören zu den untergeordneten Nebenanlagen und Einrichtungen im Sinne des Satzes 1 auch solche für die Kleintierhaltung. [3] Im Bebauungsplan kann die Zulässigkeit der Nebenanlagen und Einrichtungen eingeschränkt oder ausgeschlossen werden.

(2) [1] Die der Versorgung der Baugebiete mit Elektrizität, Gas, Wärme und Wasser sowie zur Ableitung von Abwasser dienenden Nebenanlagen können in den Baugebieten als Ausnahme zugelassen werden, auch soweit für sie im Bebauungsplan keine besonderen Flächen festgesetzt sind. [2] Dies gilt auch für fernmeldetechnische Nebenanlagen sowie für Anlagen für erneuerbare Energien, soweit nicht Absatz 1 Satz 1 Anwendung findet.

(3) Soweit baulich untergeordnete Anlagen zur Nutzung solarer Strahlungsenergie in, an oder auf Dach- und Außenwandflächen oder Kraft-Wärme-Kopplungsanlagen innerhalb von Gebäuden nicht bereits nach den §§ 2 bis 13 zulässig sind, gelten sie auch dann als Anlagen im Sinne des Absatzes 1 Satz 1, wenn die erzeugte Energie vollständig oder überwiegend in das öffentliche Netz eingespeist wird.

§ 15 Allgemeine Voraussetzungen für die Zulässigkeit baulicher und sonstiger Anlagen. (1) [1] Die in den §§ 2 bis 14 aufgeführten baulichen und sonstigen Anlagen sind im Einzelfall unzulässig, wenn sie nach Anzahl, Lage, Umfang oder Zweckbestimmung der Eigenart des Baugebiets widersprechen. [2] Sie sind auch unzulässig, wenn von ihnen Belästigungen oder Störungen ausgehen können, die nach der Eigenart des Baugebiets im Baugebiet selbst oder in dessen Umgebung unzumutbar sind, oder wenn sie solchen Belästigungen oder Störungen ausgesetzt werden.

(2) Die Anwendung des Absatzes 1 hat nach den städtebaulichen Zielen und Grundsätzen des § 1 Abs. 5 des Baugesetzbuchs[1)] zu erfolgen.

(3) Die Zulässigkeit der Anlagen in den Baugebieten ist nicht allein nach den verfahrensrechtlichen Einordnungen des Bundes-Immissionsschutzgesetzes und der auf seiner Grundlage erlassenen Verordnungen zu beurteilen.

Zweiter Abschnitt. Maß der baulichen Nutzung

§ 16 Bestimmung des Maßes der baulichen Nutzung. (1) Wird im Flächennutzungsplan das allgemeine Maß der baulichen Nutzung dargestellt, ge-

---

1) Nr. **10**.

nügt die Angabe der Geschoßflächenzahl, der Baumassenzahl oder der Höhe baulicher Anlagen.

(2) Im Bebauungsplan kann das Maß der baulichen Nutzung bestimmt werden durch Festsetzung

1. der Grundflächenzahl oder der Größe der Grundflächen der baulichen Anlagen,
2. der Geschoßflächenzahl oder der Größe der Geschoßfläche, der Baumassenzahl oder der Baumasse,
3. der Zahl der Vollgeschosse,
4. der Höhe baulicher Anlagen.

(3) Bei Festsetzung des Maßes der baulichen Nutzung im Bebauungsplan ist festzusetzen

1. stets die Grundflächenzahl oder die Größe der Grundflächen der baulichen Anlagen,
2. die Zahl der Vollgeschosse oder die Höhe baulicher Anlagen, wenn ohne ihre Festsetzung öffentliche Belange, insbesondere das Orts- und Landschaftsbild, beeinträchtigt werden können.

(4) [1] Bei Festsetzung des Höchstmaßes für die Geschoßflächenzahl oder die Größe der Geschoßfläche, für die Zahl der Vollgeschosse und die Höhe baulicher Anlagen im Bebauungsplan kann zugleich ein Mindestmaß festgesetzt werden. [2] Die Zahl der Vollgeschosse und die Höhe baulicher Anlagen können auch als zwingend festgesetzt werden.

(5) Im Bebauungsplan kann das Maß der baulichen Nutzung für Teile des Baugebiets, für einzelne Grundstücke oder Grundstücksteile und für Teile baulicher Anlagen unterschiedlich festgesetzt werden; die Festsetzungen können oberhalb und unterhalb der Geländeoberfläche getroffen werden.

(6) Im Bebauungsplan können nach Art und Umfang bestimmte Ausnahmen von dem festgesetzen Maß der baulichen Nutzung vorgesehen werden.

§ 17 Obergrenzen für die Bestimmung des Maßes der baulichen Nutzung. (1) Bei der Bestimmung des Maßes der baulichen Nutzung nach § 16 dürfen, auch wenn eine Geschossflächenzahl oder eine Baumassenzahl nicht dargestellt oder festgesetzt wird, folgende Obergrenzen nicht überschritten werden:

1	2	3	4
Baugebiet	Grund-flächen-zahl (GRZ)	Geschoss-flächen-zahl (GFZ)	Bau-massen-zahl (BMZ)
in Kleinsiedlungsgebieten (WS)	0,2	0,4	–
in reinen Wohngebieten (WR) allgem. Wohngebieten (WA) Ferienhausgebieten	0,4	1,2	–
in besonderen Wohngebieten (WB)	0,6	1,6	–

1	2	3	4
Baugebiet	Grund-flächen-zahl (GRZ)	Geschoss-flächen-zahl (GFZ)	Bau-massen-zahl (BMZ)
in Dorfgebieten (MD) Mischgebieten (MI)	0,6	1,2	–
in urbanen Gebieten (MU)	0,8	3,0	–
in Kerngebieten (MK)	1,0	3,0	–
in Gewerbegebieten (GE) Industriegebieten (GI) sonstigen Sondergebieten	0,8	2,4	10,0
in Wochenendhausgebieten	0,2	0,2	–

(2) [1] Die Obergrenzen des Absatzes 1 können aus städtebaulichen Gründen überschritten werden, wenn die Überschreitung durch Umstände ausgeglichen ist oder durch Maßnahmen ausgeglichen wird, durch die sichergestellt ist, dass die allgemeinen Anforderungen an gesunde Wohn- und Arbeitsverhältnisse nicht beeinträchtigt werden und nachteilige Auswirkungen auf die Umwelt vermieden werden. [2] Dies gilt nicht für Wochenendhausgebiete und Ferienhausgebiete.

§ 18 Höhe baulicher Anlagen. (1) Bei Festsetzung der Höhe baulicher Anlagen sind die erforderlichen Bezugspunkte zu bestimmen.

(2) Ist die Höhe baulicher Anlagen als zwingend festgesetzt (§ 16 Abs. 4 Satz 2), können geringfügige Abweichungen zugelassen werden.

§ 19 Grundflächenzahl, zulässige Grundfläche. (1) Die Grundflächenzahl gibt an, wieviel Quadratmeter Grundfläche je Quadratmeter Grundstücksfläche im Sinne des Absatzes 3 zulässig sind.

(2) Zulässige Grundfläche ist der nach Absatz 1 errechnete Anteil des Baugrundstücks, der von baulichen Anlagen überdeckt werden darf.

(3) [1] Für die Ermittlung der zulässigen Grundfläche ist die Fläche des Baugrundstücks maßgebend, die im Bauland und hinter der im Bebauungsplan festgesetzten Straßenbegrenzungslinie liegt. [2] Ist eine Straßenbegrenzungslinie nicht festgesetzt, so ist die Fläche des Baugrundstücks maßgebend, die hinter der tatsächlichen Straßengrenze liegt oder die im Bebauungsplan als maßgebend für die Ermittlung der zulässigen Grundfläche festgesetzt ist.

(4) [1] Bei der Ermittlung der Grundfläche sind die Grundflächen von

1. Garagen und Stellplätzen mit ihren Zufahrten,
2. Nebenanlagen im Sinne des § 14,
3. baulichen Anlagen unterhalb der Geländeoberfläche, durch die das Baugrundstück lediglich unterbaut wird,

mitzurechnen. [2] Die zulässige Grundfläche darf durch die Grundflächen der in Satz 1 bezeichneten Anlagen bis zu 50 vom Hundert überschritten werden, höchstens jedoch bis zu einer Grundflächenzahl von 0,8; weitere Überschreitungen in geringfügigem Ausmaß können zugelassen werden. [3] Im Bebauungsplan können von Satz 2 abweichende Bestimmungen getroffen werden. [4] Soweit der Bebauungsplan nichts anderes festsetzt, kann im Einzelfall von der Einhaltung der sich aus Satz 2 ergebenden Grenzen abgesehen werden

1. bei Überschreitungen mit geringfügigen Auswirkungen auf die natürlichen Funktionen des Bodens oder
2. wenn die Einhaltung der Grenzen zu einer wesentlichen Erschwerung der zweckentsprechenden Grundstücksnutzung führen würde.

§ 20 Vollgeschosse, Geschoßflächenzahl, Geschoßfläche. (1) Als Vollgeschosse gelten Geschosse, die nach landesrechtlichen Vorschriften Vollgeschosse sind oder auf ihre Zahl angerechnet werden.

(2) Die Geschoßflächenzahl gibt an, wieviel Quadratmeter Geschoßfläche je Quadratmeter Grundstücksfläche im Sinne des § 19 Abs. 3 zulässig sind.

(3) [1] Die Geschoßfläche ist nach den Außenmaßen der Gebäude in allen Vollgeschossen zu ermitteln. [2] Im Bebauungsplan kann festgesetzt werden, daß die Flächen von Aufenthaltsräumen in anderen Geschossen einschließlich der zu ihnen gehörenden Treppenräume und einschließlich ihrer Umfassungswände ganz oder teilweise mitzurechnen oder ausnahmsweise nicht mitzurechnen sind.

(4) Bei der Ermittlung der Geschoßfläche bleiben Nebenanlagen im Sinne des § 14, Balkone, Loggien, Terrassen sowie bauliche Anlagen, soweit sie nach Landesrecht in den Abstandsflächen (seitlicher Grenzabstand und sonstige Abstandsflächen) zulässig sind oder zugelassen werden können, unberücksichtigt.

§ 21 Baumassenzahl, Baumasse. (1) Die Baumassenzahl gibt an, wieviel Kubikmeter Baumasse je Quadratmeter Grundstücksfläche im Sinne des § 19 Abs. 3 zulässig sind.

(2) [1] Die Baumasse ist nach den Außenmaßen der Gebäude vom Fußboden des untersten Vollgeschosses bis zur Decke des obersten Vollgeschosses zu ermitteln. [2] Die Baumassen von Aufenthaltsräumen in anderen Geschossen einschließlich der zu ihnen gehörenden Treppenräume und einschließlich ihrer Umfassungswände und Decken sind mitzurechnen. [3] Bei baulichen Anlagen, bei denen eine Berechnung der Baumasse nach Satz 1 nicht möglich ist, ist die tatsächliche Baumasse zu ermitteln.

(3) Bauliche Anlagen und Gebäudeteile im Sinne des § 20 Abs. 4 bleiben bei der Ermittlung der Baumasse unberücksichtigt.

(4) Ist im Bebauungsplan die Höhe baulicher Anlagen oder die Baumassenzahl nicht festgesetzt, darf bei Gebäuden, die Geschosse von mehr als 3,50 m Höhe haben, eine Baumassenzahl, die das Dreieinhalbfache der zulässigen Geschoßflächenzahl beträgt, nicht überschritten werden.

§ 21a Stellplätze, Garagen und Gemeinschaftsanlagen. (1) Garagengeschosse oder ihre Baumasse sind in sonst anders genutzten Gebäuden auf die Zahl der zulässigen Vollgeschosse oder auf die zulässige Baumasse nicht anzurechnen, wenn der Bebauungsplan dies festsetzt oder als Ausnahme vorsieht.

(2) Der Grundstücksfläche im Sinne des § 19 Abs. 3 sind Flächenanteile an außerhalb des Baugrundstücks festgesetzten Gemeinschaftsanlagen im Sinne des

§ 9 Abs. 1 Nr. 22 des Baugesetzbuchs[1)] hinzuzurechnen, wenn der Bebauungsplan dies festsetzt oder als Ausnahme vorsieht.

(3) Soweit § 19 Abs. 4 nicht entgegensteht, ist eine Überschreitung der zulässigen Grundfläche durch überdachte Stellplätze und Garagen bis zu 0,1 der Fläche des Baugrundstücks zulässig; eine weitergehende Überschreitung kann ausnahmsweise zugelassen werden

1. in Kerngebieten, Gewerbegebieten und Industriegebieten,
2. in anderen Baugebieten, soweit solche Anlagen nach § 9 Abs. 1 Nr. 4 des Baugesetzbuchs im Bebauungsplan festgesetzt sind.

(4) Bei der Ermittlung der Geschoßfläche oder der Baumasse bleiben unberücksichtigt die Flächen oder Baumassen von

1. Garagengeschossen, die nach Absatz 1 nicht angerechnet werden,
2. Stellplätzen und Garagen, deren Grundflächen die zulässige Grundfläche unter den Voraussetzungen des Absatzes 3 überschreiten,
3. Stellplätzen und Garagen in Vollgeschossen, wenn der Bebauungsplan dies festsetzt oder als Ausnahme vorsieht.

(5) Die zulässige Geschoßfläche oder die zulässige Baumasse ist um die Flächen oder Baumassen notwendiger Garagen, die unter der Geländeoberfläche hergestellt werden, insoweit zu erhöhen, als der Bebauungsplan dies festsetzt oder als Ausnahme vorsieht.

Dritter Abschnitt. Bauweise, überbaubare Grundstücksfläche

§ 22 Bauweise. (1) Im Bebauungsplan kann die Bauweise als offene oder geschlossene Bauweise festgesetzt werden.

(2) [1] In der offenen Bauweise werden die Gebäude mit seitlichem Grenzabstand als Einzelhäuser, Doppelhäuser oder Hausgruppen errichtet. [2] Die Länge der in Satz 1 bezeichneten Hausformen darf höchstens 50 m betragen. [3] Im Bebauungsplan können Flächen festgesetzt werden, auf denen nur Einzelhäuser, nur Doppelhäuser, nur Hausgruppen oder nur zwei dieser Hausformen zulässig sind.

(3) In der geschlossenen Bauweise werden die Gebäude ohne seitlichen Grenzabstand errichtet, es sei denn, daß die vorhandene Bebauung eine Abweichung erfordert.

(4) [1] Im Bebauungsplan kann eine von Absatz 1 abweichende Bauweise festgesetzt werden. [2] Dabei kann auch festgesetzt werden, inwieweit an die vorderen, rückwärtigen und seitlichen Grundstücksgrenzen herangebaut werden darf oder muß.

§ 23 Überbaubare Grundstücksfläche. (1) [1] Die überbaubaren Grundstücksflächen können durch die Festsetzung von Baulinien, Baugrenzen oder Bebauungstiefen bestimmt werden. [2] § 16 Abs. 5 ist entsprechend anzuwenden.

(2) [1] Ist eine Baulinie festgesetzt, so muß auf dieser Linie gebaut werden. [2] Ein Vor- oder Zurücktreten von Gebäudeteilen in geringfügigem Ausmaß kann

---

[1)] Nr. **10**.

zugelassen werden. [3] Im Bebauungsplan können weitere nach Art und Umfang bestimmte Ausnahmen vorgesehen werden.

(3) [1] Ist eine Baugrenze festgesetzt, so dürfen Gebäude und Gebäudeteile diese nicht überschreiten. [2] Ein Vortreten von Gebäudeteilen in geringfügigem Ausmaß kann zugelassen werden. [3] Absatz 2 Satz 3 gilt entsprechend.

(4) [1] Ist eine Bebauungstiefe festgesetzt, so gilt Absatz 3 entsprechend. [2] Die Bebauungstiefe ist von der tatsächlichen Straßengrenze ab zu ermitteln, sofern im Bebauungsplan nichts anderes festgesetzt ist.

(5) [1] Wenn im Bebauungsplan nichts anderes festgesetzt ist, können auf den nicht überbaubaren Grundstücksflächen Nebenanlagen im Sinne des § 14 zugelassen werden. [2] Das gleiche gilt für bauliche Anlagen, soweit sie nach Landesrecht in den Abstandsflächen zulässig sind oder zugelassen werden können.

Vierter Abschnitt

§ 24 (weggefallen)

Fünfter Abschnitt. Überleitungs- und Schlussvorschriften

§ 25 Fortführung eingeleiteter Verfahren[1]. Für Bauleitpläne, deren Aufstellung oder Änderung bereits eingeleitet ist, sind die dieser Verordnung entsprechenden bisherigen Vorschriften weiterhin anzuwenden, wenn die Pläne bei dem Inkrafttreten dieser Verordnung bereits ausgelegt sind.

§ 25a Überleitungsvorschriften aus Anlass der zweiten Änderungsverordnung. (1) Für Bauleitpläne, deren Aufstellung oder Änderung bereits eingeleitet ist, gilt diese Verordnung in ihrer bis zum Inkrafttreten der Zweiten Verordnung zur Änderung dieser Verordnung vom 15. September 1977 (BGBl. I S. 1757) gültigen Fassung, wenn die Pläne bei Inkrafttreten der zweiten Änderungsverordnung nach § 2a Abs. 6 des Bundesbaugesetzes oder § 2 Abs. 6 des Bundesbaugesetzes in der bis zum 1. Januar 1977 geltenden Fassung ausgelegt sind.

(2) [1] Von der Geltung der Vorschriften der zweiten Änderungsverordnung über gesonderte Festsetzungen für übereinanderliegende Geschosse und Ebenen sowie sonstige Teile baulicher Anlagen sind solche Bebauungspläne ausgenommen, auf die § 9 Abs. 3 des Bundesbaugesetzes in der ab 1. Januar 1977 geltenden Fassung nach Maßgabe des Artikels 3 § 1 Abs. 3 des Gesetzes zur Änderung des Bundesbaugesetzes vom 18. August 1976 (BGBl. I S. 2221) keine Anwendung findet. [2] Auf diese Bebauungspläne finden die Vorschriften dieser Verordnung über gesonderte Festsetzungen für übereinanderliegende Geschosse

---

[1] **Amtl. Anm.:** Diese Vorschrift betrifft die Fortführung eingeleiteter Verfahren bei Inkrafttreten der Baunutzungsverordnung (1. August 1962) in der ursprünglichen Fassung vom 26. Juni 1962 (BGBl. I S. 429). Für die Fortführung eingeleiteter Verfahren bei Inkrafttreten der Änderungsverordnung (1. Januar 1969) bestimmt Artikel 2 der Verordnung zur Änderung der Baunutzungsverordnung vom 26. November 1968 (BGBl. I S. 1233):
„Für Bauleitpläne, deren Aufstellung oder Änderung bereits eingeleitet ist, gilt die Verordnung in der bisherigen Fassung, wenn die Pläne bei Inkrafttreten dieser Verordnung bereits nach § 2 Abs. 6 des Bundesbaugesetzes ausgelegt sind."

und Ebenen und sonstige Teile baulicher Anlagen in der bis zum Inkrafttreten der zweiten Änderungsverordnung gültigen Fassung weiterhin Anwendung.

§ 25b Überleitungsvorschrift aus Anlass der dritten Änderungsverordnung. (1) [1] Ist der Entwurf eines Bebauungsplans vor dem Inkrafttreten der dritten Änderungsverordnung nach § 2a Abs. 6 des Bundesbaugesetzes öffentlich ausgelegt worden, ist auf ihn § 11 Abs. 3 Satz 3 in der bis zum Inkrafttreten der dritten Änderungsverordnung geltenden Fassung anzuwenden. [2] Das Recht der Gemeinde, das Verfahren zur Aufstellung des Bebauungsplans erneut einzuleiten, bleibt unberührt.

(2) Auf Bebauungspläne, auf die § 11 Abs. 3 in der Fassung der Bekanntmachung vom 15. September 1977 Anwendung findet, ist § 11 Abs. 3 Satz 4 entsprechend anzuwenden.

§ 25c Überleitungsvorschrift aus Anlass der vierten Änderungsverordnung. [1] Ist der Entwurf eines Bauleitplans vor dem 27. Januar 1990 nach § 3 Abs. 2 des Baugesetzbuchs[1)] öffentlich ausgelegt worden, ist auf ihn diese Verordnung in der bis zum 26. Januar 1990 geltenden Fassung anzuwenden. [2] Das Recht der Gemeinde, das Verfahren zur Aufstellung des Bauleitplans erneut einzuleiten, bleibt unberührt.

§ 25d Überleitungsvorschrift aus Anlass des Gesetzes zur Stärkung der Innenentwicklung in den Städten und Gemeinden und weiteren Fortentwicklung des Städtebaurechts. [1] Ist der Entwurf eines Bauleitplans vor dem 20. September 2013 nach § 3 Absatz 2 des Baugesetzbuchs[1)] öffentlich ausgelegt worden, ist auf ihn diese Verordnung in der bis zum 20. September 2013 geltenden Fassung anzuwenden. [2] Das Recht der Gemeinde, das Verfahren zur Aufstellung des Bauleitplans erneut einzuleiten, bleibt unberührt.

§ 26 (Berlin-Klausel) *(gegenstandslos)*

§ 26a Überleitungsregelungen aus Anlass der Herstellung der Einheit Deutschlands. [1] Soweit in dieser Verordnung auf Vorschriften verwiesen wird, die in dem in Artikel 3 des Einigungsvertrages genannten Gebiet keine Anwendung finden, sind die entsprechenden Vorschriften der Deutschen Demokratischen Republik anzuwenden. [2] Bestehen solche Vorschriften nicht oder würde ihre Anwendung dem Sinn der Verweisung widersprechen, gelten die Vorschriften, auf die verwiesen wird, entsprechend.

§ 27 (Inkrafttreten)

[1)] Nr. **10**.

12. Verwaltungsverfahrensgesetz (VwVfG)

In der Fassung der Bekanntmachung vom 23. Januar 2003[1)]
(BGBl. I S. 102)

FNA 201-6

zuletzt geänd. durch Art. 5 Abs. 25 G zur Einführung einer Karte für Unionsbürger und Angehörige des Europäischen Wirtschaftsraums mit Funktion zum elektronischen Identitätsnachweis sowie zur Änd. des PersonalausweisG und weiterer Vorschriften v. 21.6.2019 (BGBl. I S. 846, geänd. durch G v. 20.11.2019, BGBl. I S. 1626)

Inhaltsübersicht

[1)] Neubekanntmachung des VwVfG idF der Bek. v. 21.9.1998 (BGBl. I S. 3050) in der ab 1.2.2003 geltenden Fassung.

Teil I. Anwendungsbereich, örtliche Zuständigkeit, elektronische Kommunikation, Amtshilfe, europäische Verwaltungszusammenarbeit

Abschnitt 1. Anwendungsbereich, örtliche Zuständigkeit, elektronische Kommunikation

§ 1 Anwendungsbereich. (1) Dieses Gesetz gilt für die öffentlich-rechtliche Verwaltungstätigkeit der Behörden

1. des Bundes, der bundesunmittelbaren Körperschaften, Anstalten und Stiftungen des öffentlichen Rechts,
2. der Länder, der Gemeinden und Gemeindeverbände, der sonstigen der Aufsicht des Landes unterstehenden juristischen Personen des öffentlichen Rechts, wenn sie Bundesrecht im Auftrag des Bundes ausführen,

soweit nicht Rechtsvorschriften des Bundes inhaltsgleiche oder entgegenstehende Bestimmungen enthalten.

(2) [1] Dieses Gesetz gilt auch für die öffentlich-rechtliche Verwaltungstätigkeit der in Absatz 1 Nr. 2 bezeichneten Behörden, wenn die Länder Bundesrecht, das Gegenstände der ausschließlichen oder konkurrierenden Gesetzgebung des Bundes betrifft, als eigene Angelegenheit ausführen, soweit nicht Rechtsvorschriften des Bundes inhaltsgleiche oder entgegenstehende Bestimmungen enthalten. [2] Für die Ausführung von Bundesgesetzen, die nach Inkrafttreten dieses Gesetzes erlassen werden, gilt dies nur, soweit die Bundesgesetze mit Zustimmung des Bundesrates dieses Gesetz für anwendbar erklären.

(3) Für die Ausführung von Bundesrecht durch die Länder gilt dieses Gesetz nicht, soweit die öffentlich-rechtliche Verwaltungstätigkeit der Behörden landesrechtlich durch ein Verwaltungsverfahrensgesetz geregelt ist.

(4) Behörde im Sinne dieses Gesetzes ist jede Stelle, die Aufgaben der öffentlichen Verwaltung wahrnimmt.

§ 2 Ausnahmen vom Anwendungsbereich. (1) Dieses Gesetz gilt nicht für die Tätigkeit der Kirchen, der Religionsgesellschaften und Weltanschauungsgemeinschaften sowie ihrer Verbände und Einrichtungen.

(2) Dieses Gesetz gilt ferner nicht für

1. Verfahren der Bundes- oder Landesfinanzbehörden nach der Abgabenordnung,
2. die Strafverfolgung, die Verfolgung und Ahndung von Ordnungswidrigkeiten, die Rechtshilfe für das Ausland in Straf- und Zivilsachen und, unbeschadet des § 80 Abs. 4, für Maßnahmen des Richterdienstrechts,
3. Verfahren vor dem Deutschen Patent- und Markenamt und den bei diesem errichteten Schiedsstellen,
4. Verfahren nach dem Sozialgesetzbuch,
5. das Recht des Lastenausgleichs,
6. das Recht der Wiedergutmachung.

(3) Für die Tätigkeit

1. der Gerichtsverwaltungen und der Behörden der Justizverwaltung einschließlich der ihrer Aufsicht unterliegenden Körperschaften des öffentlichen Rechts gilt dieses Gesetz nur, soweit die Tätigkeit der Nachprüfung durch die Gerichte der Verwaltungsgerichtsbarkeit oder durch die in verwaltungsrechtlichen Anwalts-, Patentanwalts- und Notarsachen zuständigen Gerichte unterliegt;
2. der Behörden bei Leistungs-, Eignungs- und ähnlichen Prüfungen von Personen gelten nur die §§ 3a bis 13, 20 bis 27, 29 bis 38, 40 bis 52, 79, 80 und 96;
3. der Vertretungen des Bundes im Ausland gilt dieses Gesetz nicht.

§ 3 Örtliche Zuständigkeit. (1) Örtlich zuständig ist

1. in Angelegenheiten, die sich auf unbewegliches Vermögen oder ein ortsgebundenes Recht oder Rechtsverhältnis beziehen, die Behörde, in deren Bezirk das Vermögen oder der Ort liegt;
2. in Angelegenheiten, die sich auf den Betrieb eines Unternehmens oder einer seiner Betriebsstätten, auf die Ausübung eines Berufs oder auf eine andere dauernde Tätigkeit beziehen, die Behörde, in deren Bezirk das Unternehmen oder die Betriebsstätte betrieben oder der Beruf oder die Tätigkeit ausgeübt wird oder werden soll;
3. in anderen Angelegenheiten, die
   a) eine natürliche Person betreffen, die Behörde, in deren Bezirk die natürliche Person ihren gewöhnlichen Aufenthalt hat oder zuletzt hatte,
   b) eine juristische Person oder eine Vereinigung betreffen, die Behörde, in deren Bezirk die juristische Person oder die Vereinigung ihren Sitz hat oder zuletzt hatte;
4. in Angelegenheiten, bei denen sich die Zuständigkeit nicht aus den Nummern 1 bis 3 ergibt, die Behörde, in deren Bezirk der Anlass für die Amtshandlung hervortritt.

(2) [1] Sind nach Absatz 1 mehrere Behörden zuständig, so entscheidet die Behörde, die zuerst mit der Sache befasst worden ist, es sei denn, die gemeinsame fachlich zuständige Aufsichtsbehörde bestimmt, dass eine andere örtlich zuständige Behörde zu entscheiden hat. [2] Sie kann in den Fällen, in denen eine gleiche Angelegenheit sich auf mehrere Betriebsstätten eines Betriebs oder Unternehmens bezieht, eine der nach Absatz 1 Nr. 2 zuständigen Behörden als gemeinsame zuständige Behörde bestimmen, wenn dies unter Wahrung der Interessen der Beteiligten zur einheitlichen Entscheidung geboten ist. [3] Diese Aufsichtsbehörde entscheidet ferner über die örtliche Zuständigkeit, wenn sich mehrere Behörden für zuständig oder für unzuständig halten oder wenn die Zuständigkeit aus anderen Gründen zweifelhaft ist. [4] Fehlt eine gemeinsame Aufsichtsbehörde, so treffen die fachlich zuständigen Aufsichtsbehörden die Entscheidung gemeinsam.

(3) Ändern sich im Lauf des Verwaltungsverfahrens die die Zuständigkeit begründenden Umstände, so kann die bisher zuständige Behörde das Verwaltungsverfahren fortführen, wenn dies unter Wahrung der Interessen der Beteiligten der einfachen und zweckmäßigen Durchführung des Verfahrens dient und die nunmehr zuständige Behörde zustimmt.

(4) [1] Bei Gefahr im Verzug ist für unaufschiebbare Maßnahmen jede Behörde örtlich zuständig, in deren Bezirk der Anlass für die Amtshandlung hervortritt. [2] Die nach Absatz 1 Nr. 1 bis 3 örtlich zuständige Behörde ist unverzüglich zu unterrichten.

§ 3a Elektronische Kommunikation. (1) Die Übermittlung elektronischer Dokumente ist zulässig, soweit der Empfänger hierfür einen Zugang eröffnet.

(2) [1] Eine durch Rechtsvorschrift angeordnete Schriftform kann, soweit nicht durch Rechtsvorschrift etwas anderes bestimmt ist, durch die elektronische Form ersetzt werden. [2] Der elektronischen Form genügt ein elektronisches Dokument, das mit einer qualifizierten elektronischen Signatur versehen ist. [3] Die Signierung mit einem Pseudonym, das die Identifizierung der Person des Signaturschlüsselinhabers nicht unmittelbar durch die Behörde ermöglicht, ist nicht zulässig. [4] Die Schriftform kann auch ersetzt werden

1. durch unmittelbare Abgabe der Erklärung in einem elektronischen Formular, das von der Behörde in einem Eingabegerät oder über öffentlich zugängliche Netze zur Verfügung gestellt wird;
2. bei Anträgen und Anzeigen durch Versendung eines elektronischen Dokuments an die Behörde mit der Versandart nach § 5 Absatz 5 des De-Mail-Gesetzes;
3. bei elektronischen Verwaltungsakten oder sonstigen elektronischen Dokumenten der Behörden durch Versendung einer De-Mail-Nachricht nach § 5 Absatz 5 des De-Mail-Gesetzes, bei der die Bestätigung des akkreditierten Diensteanbieters die erlassende Behörde als Nutzer des De-Mail-Kontos erkennen lässt;
4. durch sonstige sichere Verfahren, die durch Rechtsverordnung der Bundesregierung mit Zustimmung des Bundesrates festgelegt werden, welche den Datenübermittler (Absender der Daten) authentifizieren und die Integrität des elektronisch übermittelten Datensatzes sowie die Barrierefreiheit gewährleisten; der IT-Planungsrat gibt Empfehlungen zu geeigneten Verfahren ab.

[Satz 5 bis 31.10.2020:] [5] In den Fällen des Satzes 4 Nummer 1 muss bei einer Eingabe über öffentlich zugängliche Netze ein sicherer Identitätsnachweis nach § 18 des Personalausweisgesetzes oder nach § 78 Absatz 5 des Aufenthaltsgesetzes erfolgen. ***[Satz 5 ab 1.11.2020:]*** [5] *In den Fällen des Satzes 4 Nummer 1 muss bei einer Eingabe über öffentlich zugängliche Netze ein elektronischer Identitätsnachweis nach § 18 des Personalausweisgesetzes, nach § 12 des eID-Karte-Gesetzes oder nach § 78 Absatz 5 des Aufenthaltsgesetzes erfolgen.*

(3) [1] Ist ein der Behörde übermitteltes elektronisches Dokument für sie zur Bearbeitung nicht geeignet, teilt sie dies dem Absender unter Angabe der für sie geltenden technischen Rahmenbedingungen unverzüglich mit. [2] Macht ein Empfänger geltend, er könne das von der Behörde übermittelte elektronische Dokument nicht bearbeiten, hat sie es ihm erneut in einem geeigneten elektronischen Format oder als Schriftstück zu übermitteln.

Abschnitt 2. Amtshilfe

§ 4 Amtshilfepflicht. (1) Jede Behörde leistet anderen Behörden auf Ersuchen ergänzende Hilfe (Amtshilfe).

(2) Amtshilfe liegt nicht vor, wenn

1. Behörden einander innerhalb eines bestehenden Weisungsverhältnisses Hilfe leisten;
2. die Hilfeleistung in Handlungen besteht, die der ersuchten Behörde als eigene Aufgabe obliegen.

§ 5 Voraussetzungen und Grenzen der Amtshilfe. (1) Eine Behörde kann um Amtshilfe insbesondere dann ersuchen, wenn sie

1. aus rechtlichen Gründen die Amtshandlung nicht selbst vornehmen kann;
2. aus tatsächlichen Gründen, besonders weil die zur Vornahme der Amtshandlung erforderlichen Dienstkräfte oder Einrichtungen fehlen, die Amtshandlung nicht selbst vornehmen kann;
3. zur Durchführung ihrer Aufgaben auf die Kenntnis von Tatsachen angewiesen ist, die ihr unbekannt sind und die sie selbst nicht ermitteln kann;
4. zur Durchführung ihrer Aufgaben Urkunden oder sonstige Beweismittel benötigt, die sich im Besitz der ersuchten Behörde befinden;
5. die Amtshandlung nur mit wesentlich größerem Aufwand vornehmen könnte als die ersuchte Behörde.

(2) [1] Die ersuchte Behörde darf Hilfe nicht leisten, wenn

1. sie hierzu aus rechtlichen Gründen nicht in der Lage ist;
2. durch die Hilfeleistung dem Wohl des Bundes oder eines Landes erhebliche Nachteile bereitet würden.

[2] Die ersuchte Behörde ist insbesondere zur Vorlage von Urkunden oder Akten sowie zur Erteilung von Auskünften nicht verpflichtet, wenn die Vorgänge nach einem Gesetz oder ihrem Wesen nach geheim gehalten werden müssen.

(3) Die ersuchte Behörde braucht Hilfe nicht zu leisten, wenn

1. eine andere Behörde die Hilfe wesentlich einfacher oder mit wesentlich geringerem Aufwand leisten kann;
2. sie die Hilfe nur mit unverhältnismäßig großem Aufwand leisten könnte;
3. sie unter Berücksichtigung der Aufgaben der ersuchenden Behörde durch die Hilfeleistung die Erfüllung ihrer eigenen Aufgaben ernstlich gefährden würde.

(4) Die ersuchte Behörde darf die Hilfe nicht deshalb verweigern, weil sie das Ersuchen aus anderen als den in Absatz 3 genannten Gründen oder weil sie die mit der Amtshilfe zu verwirklichende Maßnahme für unzweckmäßig hält.

(5) [1] Hält die ersuchte Behörde sich zur Hilfe nicht für verpflichtet, so teilt sie der ersuchenden Behörde ihre Auffassung mit. [2] Besteht diese auf der Amtshilfe, so entscheidet über die Verpflichtung zur Amtshilfe die gemeinsame fachlich zuständige Aufsichtsbehörde oder, sofern eine solche nicht besteht, die für die ersuchte Behörde fachlich zuständige Aufsichtsbehörde.

§ 6 Auswahl der Behörde. Kommen für die Amtshilfe mehrere Behörden in Betracht, so soll nach Möglichkeit eine Behörde der untersten Verwaltungsstufe des Verwaltungszweigs ersucht werden, dem die ersuchende Behörde angehört.

§ 7 Durchführung der Amtshilfe. (1) Die Zulässigkeit der Maßnahme, die durch die Amtshilfe verwirklicht werden soll, richtet sich nach dem für die ersuchende Behörde, die Durchführung der Amtshilfe nach dem für die ersuchte Behörde geltenden Recht.

(2) [1]Die ersuchende Behörde trägt gegenüber der ersuchten Behörde die Verantwortung für die Rechtmäßigkeit der zu treffenden Maßnahme. [2]Die ersuchte Behörde ist für die Durchführung der Amtshilfe verantwortlich.

§ 8 Kosten der Amtshilfe. (1) [1]Die ersuchende Behörde hat der ersuchten Behörde für die Amtshilfe keine Verwaltungsgebühr zu entrichten. [2]Auslagen hat sie der ersuchten Behörde auf Anforderung zu erstatten, wenn sie im Einzelfall 35 Euro übersteigen. [3]Leisten Behörden desselben Rechtsträgers einander Amtshilfe, so werden die Auslagen nicht erstattet.

(2) Nimmt die ersuchte Behörde zur Durchführung der Amtshilfe eine kostenpflichtige Amtshandlung vor, so stehen ihr die von einem Dritten hierfür geschuldeten Kosten (Verwaltungsgebühren, Benutzungsgebühren und Auslagen) zu.

Abschnitt 3. Europäische Verwaltungszusammenarbeit

§ 8a Grundsätze der Hilfeleistung. (1) Jede Behörde leistet Behörden anderer Mitgliedstaaten der Europäischen Union auf Ersuchen Hilfe, soweit dies nach Maßgabe von Rechtsakten der Europäischen Gemeinschaft geboten ist.

(2) [1]Behörden anderer Mitgliedstaaten der Europäischen Union können um Hilfe ersucht werden, soweit dies nach Maßgabe von Rechtsakten der Europäischen Gemeinschaft zugelassen ist. [2]Um Hilfe ist zu ersuchen, soweit dies nach Maßgabe von Rechtsakten der Europäischen Gemeinschaft geboten ist.

(3) Die §§ 5, 7 und 8 Absatz 2 sind entsprechend anzuwenden, soweit Rechtsakte der Europäischen Gemeinschaft nicht entgegenstehen.

§ 8b Form und Behandlung der Ersuchen. (1) [1]Ersuchen sind in deutscher Sprache an Behörden anderer Mitgliedstaaten der Europäischen Union zu richten; soweit erforderlich, ist eine Übersetzung beizufügen. [2]Die Ersuchen sind gemäß den gemeinschaftsrechtlichen Vorgaben und unter Angabe des maßgeblichen Rechtsakts zu begründen.

(2) [1]Ersuchen von Behörden anderer Mitgliedstaaten der Europäischen Union dürfen nur erledigt werden, wenn sich ihr Inhalt in deutscher Sprache aus den Akten ergibt. [2]Soweit erforderlich, soll bei Ersuchen in einer anderen Sprache von der ersuchenden Behörde eine Übersetzung verlangt werden.

(3) Ersuchen von Behörden anderer Mitgliedstaaten der Europäischen Union können abgelehnt werden, wenn sie nicht ordnungsgemäß und unter Angabe des maßgeblichen Rechtsakts begründet sind und die erforderliche Begründung nach Aufforderung nicht nachgereicht wird.

(4) [1]Einrichtungen und Hilfsmittel der Kommission zur Behandlung von Ersuchen sollen genutzt werden. [2]Informationen sollen elektronisch übermittelt werden.

§ 8c Kosten der Hilfeleistung. Ersuchende Behörden anderer Mitgliedstaaten der Europäischen Union haben Verwaltungsgebühren oder Auslagen nur zu erstatten, soweit dies nach Maßgabe von Rechtsakten der Europäischen Gemeinschaft verlangt werden kann.

§ 8d Mitteilungen von Amts wegen. (1) [1]Die zuständige Behörde teilt den Behörden anderer Mitgliedstaaten der Europäischen Union und der Kommission Angaben über Sachverhalte und Personen mit, soweit dies nach Maßgabe von Rechtsakten der Europäischen Gemeinschaft geboten ist. [2]Dabei sollen die hierzu eingerichteten Informationsnetze genutzt werden.

(2) Übermittelt eine Behörde Angaben nach Absatz 1 an die Behörde eines anderen Mitgliedstaats der Europäischen Union, unterrichtet sie den Betroffenen über die Tatsache der Übermittlung, soweit Rechtsakte der Europäischen Gemeinschaft dies vorsehen; dabei ist auf die Art der Angaben sowie auf die Zweckbestimmung und die Rechtsgrundlage der Übermittlung hinzuweisen.

§ 8e Anwendbarkeit. [1]Die Regelungen dieses Abschnitts sind mit Inkrafttreten des jeweiligen Rechtsaktes der Europäischen Gemeinschaft, wenn dieser unmittelbare Wirkung entfaltet, im Übrigen mit Ablauf der jeweiligen Umsetzungsfrist anzuwenden. [2]Sie gelten auch im Verhältnis zu den anderen Vertragsstaaten des Abkommens über den Europäischen Wirtschaftsraum, soweit Rechtsakte der Europäischen Gemeinschaft auch auf diese Staaten anzuwenden sind.

Teil II. Allgemeine Vorschriften über das Verwaltungsverfahren

Abschnitt 1. Verfahrensgrundsätze

§ 9 Begriff des Verwaltungsverfahrens. Das Verwaltungsverfahren im Sinne dieses Gesetzes ist die nach außen wirkende Tätigkeit der Behörden, die auf die Prüfung der Voraussetzungen, die Vorbereitung und den Erlass eines Verwaltungsaktes oder auf den Abschluss eines öffentlich-rechtlichen Vertrags gerichtet ist; es schließt den Erlass des Verwaltungsaktes oder den Abschluss des öffentlich-rechtlichen Vertrags ein.

§ 10 Nichtförmlichkeit des Verwaltungsverfahrens. [1]Das Verwaltungsverfahren ist an bestimmte Formen nicht gebunden, soweit keine besonderen Rechtsvorschriften für die Form des Verfahrens bestehen. [2]Es ist einfach, zweckmäßig und zügig durchzuführen.

§ 11 Beteiligungsfähigkeit. Fähig, am Verfahren beteiligt zu sein, sind
1. natürliche und juristische Personen,
2. Vereinigungen, soweit ihnen ein Recht zustehen kann,
3. Behörden.

§ 12 Handlungsfähigkeit. (1) Fähig zur Vornahme von Verfahrenshandlungen sind
1. natürliche Personen, die nach bürgerlichem Recht geschäftsfähig sind,
2. natürliche Personen, die nach bürgerlichem Recht in der Geschäftsfähigkeit beschränkt sind, soweit sie für den Gegenstand des Verfahrens durch Vor-

schriften des bürgerlichen Rechts als geschäftsfähig oder durch Vorschriften des öffentlichen Rechts als handlungsfähig anerkannt sind,

3. juristische Personen und Vereinigungen (§ 11 Nr. 2) durch ihre gesetzlichen Vertreter oder durch besonders Beauftragte,
4. Behörden durch ihre Leiter, deren Vertreter oder Beauftragte.

(2) Betrifft ein Einwilligungsvorbehalt nach § 1903 des Bürgerlichen Gesetzbuchs den Gegenstand des Verfahrens, so ist ein geschäftsfähiger Betreuter nur insoweit zur Vornahme von Verfahrenshandlungen fähig, als er nach den Vorschriften des bürgerlichen Rechts ohne Einwilligung des Betreuers handeln kann oder durch Vorschriften des öffentlichen Rechts als handlungsfähig anerkannt ist.

(3) Die §§ 53 und 55 der Zivilprozessordnung gelten entsprechend.

§ 13 Beteiligte. (1) Beteiligte sind
1. Antragsteller und Antragsgegner,
2. diejenigen, an die die Behörde den Verwaltungsakt richten will oder gerichtet hat,
3. diejenigen, mit denen die Behörde einen öffentlich-rechtlichen Vertrag schließen will oder geschlossen hat,
4. diejenigen, die nach Absatz 2 von der Behörde zu dem Verfahren hinzugezogen worden sind.

(2) [1]Die Behörde kann von Amts wegen oder auf Antrag diejenigen, deren rechtliche Interessen durch den Ausgang des Verfahrens berührt werden können, als Beteiligte hinzuziehen. [2]Hat der Ausgang des Verfahrens rechtsgestaltende Wirkung für einen Dritten, so ist dieser auf Antrag als Beteiligter zu dem Verfahren hinzuzuziehen; soweit er der Behörde bekannt ist, hat diese ihn von der Einleitung des Verfahrens zu benachrichtigen.

(3) Wer anzuhören ist, ohne dass die Voraussetzungen des Absatzes 1 vorliegen, wird dadurch nicht Beteiligter.

§ 14 Bevollmächtigte und Beistände. (1) [1]Ein Beteiligter kann sich durch einen Bevollmächtigten vertreten lassen. [2]Die Vollmacht ermächtigt zu allen das Verwaltungsverfahren betreffenden Verfahrenshandlungen, sofern sich aus ihrem Inhalt nicht etwas anderes ergibt. [3]Der Bevollmächtigte hat auf Verlangen seine Vollmacht schriftlich nachzuweisen. [4]Ein Widerruf der Vollmacht wird der Behörde gegenüber erst wirksam, wenn er ihr zugeht.

(2) Die Vollmacht wird weder durch den Tod des Vollmachtgebers noch durch eine Veränderung in seiner Handlungsfähigkeit oder seiner gesetzlichen Vertretung aufgehoben; der Bevollmächtigte hat jedoch, wenn er für den Rechtsnachfolger im Verwaltungsverfahren auftritt, dessen Vollmacht auf Verlangen schriftlich beizubringen.

(3) [1]Ist für das Verfahren ein Bevollmächtigter bestellt, so soll sich die Behörde an ihn wenden. [2]Sie kann sich an den Beteiligten selbst wenden, soweit er zur Mitwirkung verpflichtet ist. [3]Wendet sich die Behörde an den Beteiligten, so soll der Bevollmächtigte verständigt werden. [4]Vorschriften über die Zustellung an Bevollmächtigte bleiben unberührt.

(4) [1] Ein Beteiligter kann zu Verhandlungen und Besprechungen mit einem Beistand erscheinen. [2] Das von dem Beistand Vorgetragene gilt als von dem Beteiligten vorgebracht, soweit dieser nicht unverzüglich widerspricht.

(5) Bevollmächtigte und Beistände sind zurückzuweisen, wenn sie entgegen § 3 des Rechtsdienstleistungsgesetzes Rechtsdienstleistungen erbringen.

(6) [1] Bevollmächtigte und Beistände können vom Vortrag zurückgewiesen werden, wenn sie hierzu ungeeignet sind; vom mündlichen Vortrag können sie nur zurückgewiesen werden, wenn sie zum sachgemäßen Vortrag nicht fähig sind. [2] Nicht zurückgewiesen werden können Personen, die nach § 67 Abs. 2 Satz 1 und 2 Nr. 3 bis 7 der Verwaltungsgerichtsordnung[1)] zur Vertretung im verwaltungsgerichtlichen Verfahren befugt sind.

(7) [1] Die Zurückweisung nach den Absätzen 5 und 6 ist auch dem Beteiligten, dessen Bevollmächtigter oder Beistand zurückgewiesen wird, mitzuteilen. [2] Verfahrenshandlungen des zurückgewiesenen Bevollmächtigten oder Beistands, die dieser nach der Zurückweisung vornimmt, sind unwirksam.

§ 15 Bestellung eines Empfangsbevollmächtigten. [1] Ein Beteiligter ohne Wohnsitz oder gewöhnlichen Aufenthalt, Sitz oder Geschäftsleitung im Inland hat der Behörde auf Verlangen innerhalb einer angemessenen Frist einen Empfangsbevollmächtigten im Inland zu benennen. [2] Unterlässt er dies, gilt ein an ihn gerichtetes Schriftstück am siebenten Tage nach der Aufgabe zur Post und ein elektronisch übermitteltes Dokument am dritten Tage nach der Absendung als zugegangen. [3] Dies gilt nicht, wenn feststeht, dass das Dokument den Empfänger nicht oder zu einem späteren Zeitpunkt erreicht hat. [4] Auf die Rechtsfolgen der Unterlassung ist der Beteiligte hinzuweisen.

§ 16 Bestellung eines Vertreters von Amts wegen. (1) Ist ein Vertreter nicht vorhanden, so hat das Betreuungsgericht, für einen minderjährigen Beteiligten das Familiengericht auf Ersuchen der Behörde einen geeigneten Vertreter zu bestellen

1. für einen Beteiligten, dessen Person unbekannt ist;
2. für einen abwesenden Beteiligten, dessen Aufenthalt unbekannt ist oder der an der Besorgung seiner Angelegenheiten verhindert ist;
3. für einen Beteiligten ohne Aufenthalt im Inland, wenn er der Aufforderung der Behörde, einen Vertreter zu bestellen, innerhalb der ihm gesetzten Frist nicht nachgekommen ist;
4. für einen Beteiligten, der infolge einer psychischen Krankheit oder körperlichen, geistigen oder seelischen Behinderung nicht in der Lage ist, in dem Verwaltungsverfahren selbst tätig zu werden;
5. bei herrenlosen Sachen, auf die sich das Verfahren bezieht, zur Wahrung der sich in Bezug auf die Sache ergebenden Rechte und Pflichten.

(2) Für die Bestellung des Vertreters ist in den Fällen des Absatzes 1 Nr. 4 das Gericht zuständig, in dessen Bezirk der Beteiligte seinen gewöhnlichen Aufenthalt hat; im Übrigen ist das Gericht zuständig, in dessen Bezirk die ersuchende Behörde ihren Sitz hat.

[1)] Nr. **15**.

(3) [1]Der Vertreter hat gegen den Rechtsträger der Behörde, die um seine Bestellung ersucht hat, Anspruch auf eine angemessene Vergütung und auf die Erstattung seiner baren Auslagen. [2]Die Behörde kann von dem Vertretenen Ersatz ihrer Aufwendungen verlangen. [3]Sie bestimmt die Vergütung und stellt die Auslagen und Aufwendungen fest.

(4) Im Übrigen gelten für die Bestellung und für das Amt des Vertreters in den Fällen des Absatzes 1 Nr. 4 die Vorschriften über die Betreuung, in den übrigen Fällen die Vorschriften über die Pflegschaft entsprechend.

§ 17 Vertreter bei gleichförmigen Eingaben. (1) [1]Bei Anträgen und Eingaben, die in einem Verwaltungsverfahren von mehr als 50 Personen auf Unterschriftslisten unterzeichnet oder in Form vervielfältigter gleich lautender Texte eingereicht worden sind (gleichförmige Eingaben), gilt für das Verfahren derjenige Unterzeichner als Vertreter der übrigen Unterzeichner, der darin mit seinem Namen, seinem Beruf und seiner Anschrift als Vertreter bezeichnet ist, soweit er nicht von ihnen als Bevollmächtigter bestellt worden ist. [2]Vertreter kann nur eine natürliche Person sein.

(2) [1]Die Behörde kann gleichförmige Eingaben, die die Angaben nach Absatz 1 Satz 1 nicht deutlich sichtbar auf jeder mit einer Unterschrift versehenen Seite enthalten oder dem Erfordernis des Absatzes 1 Satz 2 nicht entsprechen, unberücksichtigt lassen. [2]Will die Behörde so verfahren, so hat sie dies durch ortsübliche Bekanntmachung mitzuteilen. [3]Die Behörde kann ferner gleichförmige Eingaben insoweit unberücksichtigt lassen, als Unterzeichner ihren Namen oder ihre Anschrift nicht oder unleserlich angegeben haben.

(3) [1]Die Vertretungsmacht erlischt, sobald der Vertreter oder der Vertretene dies der Behörde schriftlich erklärt; der Vertreter kann eine solche Erklärung nur hinsichtlich aller Vertretenen abgeben. [2]Gibt der Vertretene eine solche Erklärung ab, so soll er der Behörde zugleich mitteilen, ob er seine Eingabe aufrechterhält und ob er einen Bevollmächtigten bestellt hat.

(4) [1]Endet die Vertretungsmacht des Vertreters, so kann die Behörde die nicht mehr Vertretenen auffordern, innerhalb einer angemessenen Frist einen gemeinsamen Vertreter zu bestellen. [2]Sind mehr als 50 Personen aufzufordern, so kann die Behörde die Aufforderung ortsüblich bekannt machen. [3]Wird der Aufforderung nicht fristgemäß entsprochen, so kann die Behörde von Amts wegen einen gemeinsamen Vertreter bestellen.

§ 18 Vertreter für Beteiligte bei gleichem Interesse. (1) [1]Sind an einem Verwaltungsverfahren mehr als 50 Personen im gleichen Interesse beteiligt, ohne vertreten zu sein, so kann die Behörde sie auffordern, innerhalb einer angemessenen Frist einen gemeinsamen Vertreter zu bestellen, wenn sonst die ordnungsmäßige Durchführung des Verwaltungsverfahrens beeinträchtigt wäre. [2]Kommen sie der Aufforderung nicht fristgemäß nach, so kann die Behörde von Amts wegen einen gemeinsamen Vertreter bestellen. [3]Vertreter kann nur eine natürliche Person sein.

(2) [1]Die Vertretungsmacht erlischt, sobald der Vertreter oder der Vertretene dies der Behörde schriftlich erklärt; der Vertreter kann eine solche Erklärung nur hinsichtlich aller Vertretenen abgeben. [2]Gibt der Vertretene eine solche Erklärung ab, so soll er der Behörde zugleich mitteilen, ob er seine Eingabe aufrechterhält und ob er einen Bevollmächtigten bestellt hat.

§ 19 Gemeinsame Vorschriften für Vertreter bei gleichförmigen Eingaben und bei gleichem Interesse. (1) [1]Der Vertreter hat die Interessen der Vertretenen sorgfältig wahrzunehmen. [2]Er kann alle das Verwaltungsverfahren betreffenden Verfahrenshandlungen vornehmen. [3]An Weisungen ist er nicht gebunden.

(2) § 14 Abs. 5 bis 7 gilt entsprechend.

(3) [1]Der von der Behörde bestellte Vertreter hat gegen deren Rechtsträger Anspruch auf angemessene Vergütung und auf Erstattung seiner baren Auslagen. [2]Die Behörde kann von den Vertretenen zu gleichen Anteilen Ersatz ihrer Aufwendungen verlangen. [3]Sie bestimmt die Vergütung und stellt die Auslagen und Aufwendungen fest.

§ 20 Ausgeschlossene Personen. (1) [1]In einem Verwaltungsverfahren darf für eine Behörde nicht tätig werden,

1. wer selbst Beteiligter ist;
2. wer Angehöriger eines Beteiligten ist;
3. wer einen Beteiligten kraft Gesetzes oder Vollmacht allgemein oder in diesem Verwaltungsverfahren vertritt;
4. wer Angehöriger einer Person ist, die einen Beteiligten in diesem Verfahren vertritt;
5. wer bei einem Beteiligten gegen Entgelt beschäftigt ist oder bei ihm als Mitglied des Vorstands, des Aufsichtsrates oder eines gleichartigen Organs tätig ist; dies gilt nicht für den, dessen Anstellungskörperschaft Beteiligte ist;
6. wer außerhalb seiner amtlichen Eigenschaft in der Angelegenheit ein Gutachten abgegeben hat oder sonst tätig geworden ist.

[2]Dem Beteiligten steht gleich, wer durch die Tätigkeit oder durch die Entscheidung einen unmittelbaren Vorteil oder Nachteil erlangen kann. [3]Dies gilt nicht, wenn der Vor- oder Nachteil nur darauf beruht, dass jemand einer Berufs- oder Bevölkerungsgruppe angehört, deren gemeinsame Interessen durch die Angelegenheit berührt werden.

(2) Absatz 1 gilt nicht für Wahlen zu einer ehrenamtlichen Tätigkeit und für die Abberufung von ehrenamtlich Tätigen.

(3) Wer nach Absatz 1 ausgeschlossen ist, darf bei Gefahr im Verzug unaufschiebbare Maßnahmen treffen.

(4) [1]Hält sich ein Mitglied eines Ausschusses (§ 88) für ausgeschlossen oder bestehen Zweifel, ob die Voraussetzungen des Absatzes 1 gegeben sind, ist dies dem Vorsitzenden des Ausschusses mitzuteilen. [2]Der Ausschuss entscheidet über den Ausschluss. [3]Der Betroffene darf an dieser Entscheidung nicht mitwirken. [4]Das ausgeschlossene Mitglied darf bei der weiteren Beratung und Beschlussfassung nicht zugegen sein.

(5) [1]Angehörige im Sinne des Absatzes 1 Nr. 2 und 4 sind:

1. der Verlobte,
2. der Ehegatte,

2a. der Lebenspartner,

3. Verwandte und Verschwägerte gerader Linie,
4. Geschwister,

5. Kinder der Geschwister,
6. Ehegatten der Geschwister und Geschwister der Ehegatten,
6a. Lebenspartner der Geschwister und Geschwister der Lebenspartner,
7. Geschwister der Eltern,
8. Personen, die durch ein auf längere Dauer angelegtes Pflegeverhältnis mit häuslicher Gemeinschaft wie Eltern und Kind miteinander verbunden sind (Pflegeeltern und Pflegekinder).

[2] Angehörige sind die in Satz 1 aufgeführten Personen auch dann, wenn
1. in den Fällen der Nummern 2, 3 und 6 die die Beziehung begründende Ehe nicht mehr besteht;
1a. in den Fällen der Nummern 2a, 3 und 6a die die Beziehung begründende Lebenspartnerschaft nicht mehr besteht;
2. in den Fällen der Nummern 3 bis 7 die Verwandtschaft oder Schwägerschaft durch Annahme als Kind erloschen ist;
3. im Falle der Nummer 8 die häusliche Gemeinschaft nicht mehr besteht, sofern die Personen weiterhin wie Eltern und Kind miteinander verbunden sind.

§ 21 Besorgnis der Befangenheit. (1) [1] Liegt ein Grund vor, der geeignet ist, Misstrauen gegen eine unparteiische Amtsausübung zu rechtfertigen, oder wird von einem Beteiligten das Vorliegen eines solchen Grundes behauptet, so hat, wer in einem Verwaltungsverfahren für eine Behörde tätig werden soll, den Leiter der Behörde oder den von diesem Beauftragten zu unterrichten und sich auf dessen Anordnung der Mitwirkung zu enthalten. [2] Betrifft die Besorgnis der Befangenheit den Leiter der Behörde, so trifft diese Anordnung die Aufsichtsbehörde, sofern sich der Behördenleiter nicht selbst einer Mitwirkung enthält.

(2) Für Mitglieder eines Ausschusses (§ 88) gilt § 20 Abs. 4 entsprechend.

§ 22 Beginn des Verfahrens. [1] Die Behörde entscheidet nach pflichtgemäßem Ermessen, ob und wann sie ein Verwaltungsverfahren durchführt. [2] Dies gilt nicht, wenn die Behörde auf Grund von Rechtsvorschriften
1. von Amts wegen oder auf Antrag tätig werden muss;
2. nur auf Antrag tätig werden darf und ein Antrag nicht vorliegt.

§ 23 Amtssprache. (1) Die Amtssprache ist deutsch.

(2) [1] Werden bei einer Behörde in einer fremden Sprache Anträge gestellt oder Eingaben, Belege, Urkunden oder sonstige Dokumente vorgelegt, soll die Behörde unverzüglich die Vorlage einer Übersetzung verlangen. [2] In begründeten Fällen kann die Vorlage einer beglaubigten oder von einem öffentlich bestellten oder beeidigten Dolmetscher oder Übersetzer angefertigten Übersetzung verlangt werden. [3] Wird die verlangte Übersetzung nicht unverzüglich vorgelegt, so kann die Behörde auf Kosten des Beteiligten selbst eine Übersetzung beschaffen. [4] Hat die Behörde Dolmetscher oder Übersetzer herangezogen, erhalten diese in entsprechender Anwendung des Justizvergütungs- und -entschädigungsgesetzes eine Vergütung.

(3) Soll durch eine Anzeige, einen Antrag oder die Abgabe einer Willenserklärung eine Frist in Lauf gesetzt werden, innerhalb deren die Behörde in einer bestimmten Weise tätig werden muss, und gehen diese in einer fremden Sprache ein, so beginnt der Lauf der Frist erst mit dem Zeitpunkt, in dem der Behörde eine Übersetzung vorliegt.

(4) [1] Soll durch eine Anzeige, einen Antrag oder eine Willenserklärung, die in fremder Sprache eingehen, zugunsten eines Beteiligten eine Frist gegenüber der Behörde gewahrt, ein öffentlich-rechtlicher Anspruch geltend gemacht oder eine Leistung begehrt werden, so gelten die Anzeige, der Antrag oder die Willenserklärung als zum Zeitpunkt des Eingangs bei der Behörde abgegeben, wenn auf Verlangen der Behörde innerhalb einer von dieser zu setzenden angemessenen Frist eine Übersetzung vorgelegt wird. [2] Andernfalls ist der Zeitpunkt des Eingangs der Übersetzung maßgebend, soweit sich nicht aus zwischenstaatlichen Vereinbarungen etwas anderes ergibt. [3] Auf diese Rechtsfolge ist bei der Fristsetzung hinzuweisen.

§ 24 Untersuchungsgrundsatz. (1) [1] Die Behörde ermittelt den Sachverhalt von Amts wegen. [2] Sie bestimmt Art und Umfang der Ermittlungen; an das Vorbringen und an die Beweisanträge der Beteiligten ist sie nicht gebunden. [3] Setzt die Behörde automatische Einrichtungen zum Erlass von Verwaltungsakten ein, muss sie für den Einzelfall bedeutsame tatsächliche Angaben des Beteiligten berücksichtigen, die im automatischen Verfahren nicht ermittelt würden.

(2) Die Behörde hat alle für den Einzelfall bedeutsamen, auch die für die Beteiligten günstigen Umstände zu berücksichtigen.

(3) Die Behörde darf die Entgegennahme von Erklärungen oder Anträgen, die in ihren Zuständigkeitsbereich fallen, nicht deshalb verweigern, weil sie die Erklärung oder den Antrag in der Sache für unzulässig oder unbegründet hält.

§ 25 Beratung, Auskunft, frühe Öffentlichkeitsbeteiligung. (1) [1] Die Behörde soll die Abgabe von Erklärungen, die Stellung von Anträgen oder die Berichtigung von Erklärungen oder Anträgen anregen, wenn diese offensichtlich nur versehentlich oder aus Unkenntnis unterblieben oder unrichtig abgegeben oder gestellt worden sind. [2] Sie erteilt, soweit erforderlich, Auskunft über die den Beteiligten im Verwaltungsverfahren zustehenden Rechte und die ihnen obliegenden Pflichten.

(2) [1] Die Behörde erörtert, soweit erforderlich, bereits vor Stellung eines Antrags mit dem zukünftigen Antragsteller, welche Nachweise und Unterlagen von ihm zu erbringen sind und in welcher Weise das Verfahren beschleunigt werden kann. [2] Soweit es der Verfahrensbeschleunigung dient, soll sie dem Antragsteller nach Eingang des Antrags unverzüglich Auskunft über die voraussichtliche Verfahrensdauer und die Vollständigkeit der Antragsunterlagen geben.

(3) [1] Die Behörde wirkt darauf hin, dass der Träger bei der Planung von Vorhaben, die nicht nur unwesentliche Auswirkungen auf die Belange einer größeren Zahl von Dritten haben können, die betroffene Öffentlichkeit frühzeitig über die Ziele des Vorhabens, die Mittel, es zu verwirklichen, und die voraussichtlichen Auswirkungen des Vorhabens unterrichtet (frühe Öffentlichkeitsbeteiligung). [2] Die frühe Öffentlichkeitsbeteiligung soll möglichst bereits

vor Stellung eines Antrags stattfinden. [3]Der betroffenen Öffentlichkeit soll Gelegenheit zur Äußerung und zur Erörterung gegeben werden. [4]Das Ergebnis der vor Antragstellung durchgeführten frühen Öffentlichkeitsbeteiligung soll der betroffenen Öffentlichkeit und der Behörde spätestens mit der Antragstellung, im Übrigen unverzüglich mitgeteilt werden. [5]Satz 1 gilt nicht, soweit die betroffene Öffentlichkeit bereits nach anderen Rechtsvorschriften vor der Antragstellung zu beteiligen ist. [6]Beteiligungsrechte nach anderen Rechtsvorschriften bleiben unberührt.

§ 26 Beweismittel. (1) [1]Die Behörde bedient sich der Beweismittel, die sie nach pflichtgemäßem Ermessen zur Ermittlung des Sachverhalts für erforderlich hält. [2]Sie kann insbesondere

1. Auskünfte jeder Art einholen,
2. Beteiligte anhören, Zeugen und Sachverständige vernehmen oder die schriftliche oder elektronische Äußerung von Beteiligten, Sachverständigen und Zeugen einholen,
3. Urkunden und Akten beiziehen,
4. den Augenschein einnehmen.

(2) [1]Die Beteiligten sollen bei der Ermittlung des Sachverhalts mitwirken. [2]Sie sollen insbesondere ihnen bekannte Tatsachen und Beweismittel angeben. [3]Eine weitergehende Pflicht, bei der Ermittlung des Sachverhalts mitzuwirken, insbesondere eine Pflicht zum persönlichen Erscheinen oder zur Aussage, besteht nur, soweit sie durch Rechtsvorschrift besonders vorgesehen ist.

(3) [1]Für Zeugen und Sachverständige besteht eine Pflicht zur Aussage oder zur Erstattung von Gutachten, wenn sie durch Rechtsvorschrift vorgesehen ist. [2]Falls die Behörde Zeugen und Sachverständige herangezogen hat, erhalten sie auf Antrag in entsprechender Anwendung des Justizvergütungs- und -entschädigungsgesetzes eine Entschädigung oder Vergütung.

§ 27 Versicherung an Eides statt. (1) [1]Die Behörde darf bei der Ermittlung des Sachverhalts eine Versicherung an Eides statt nur verlangen und abnehmen, wenn die Abnahme der Versicherung über den betreffenden Gegenstand und in dem betreffenden Verfahren durch Gesetz oder Rechtsverordnung vorgesehen und die Behörde durch Rechtsvorschrift für zuständig erklärt worden ist. [2]Eine Versicherung an Eides statt soll nur gefordert werden, wenn andere Mittel zur Erforschung der Wahrheit nicht vorhanden sind, zu keinem Ergebnis geführt haben oder einen unverhältnismäßigen Aufwand erfordern. [3]Von eidesunfähigen Personen im Sinne des § 393 der Zivilprozessordnung darf eine eidesstattliche Versicherung nicht verlangt werden.

(2) [1]Wird die Versicherung an Eides statt von einer Behörde zur Niederschrift aufgenommen, so sind zur Aufnahme nur der Behördenleiter, sein allgemeiner Vertreter sowie Angehörige des öffentlichen Dienstes befugt, welche die Befähigung zum Richteramt haben oder die Voraussetzungen des § 110 Satz 1 des Deutschen Richtergesetzes erfüllen. [2]Andere Angehörige des öffentlichen Dienstes kann der Behördenleiter oder sein allgemeiner Vertreter hierzu allgemein oder im Einzelfall schriftlich ermächtigen.

(3) [1]Die Versicherung besteht darin, dass der Versichernde die Richtigkeit seiner Erklärung über den betreffenden Gegenstand bestätigt und erklärt: „Ich

versichere an Eides statt, dass ich nach bestem Wissen die reine Wahrheit gesagt und nichts verschwiegen habe.“ [2]Bevollmächtigte und Beistände sind berechtigt, an der Aufnahme der Versicherung an Eides statt teilzunehmen.

(4) [1]Vor der Aufnahme der Versicherung an Eides statt ist der Versichernde über die Bedeutung der eidesstattlichen Versicherung und die strafrechtlichen Folgen einer unrichtigen oder unvollständigen eidesstattlichen Versicherung zu belehren. [2]Die Belehrung ist in der Niederschrift zu vermerken.

(5) [1]Die Niederschrift hat ferner die Namen der anwesenden Personen sowie den Ort und den Tag der Niederschrift zu enthalten. [2]Die Niederschrift ist demjenigen, der die eidesstattliche Versicherung abgibt, zur Genehmigung vorzulesen oder auf Verlangen zur Durchsicht vorzulegen. [3]Die erteilte Genehmigung ist zu vermerken und von dem Versichernden zu unterschreiben. [4]Die Niederschrift ist sodann von demjenigen, der die Versicherung an Eides statt aufgenommen hat, sowie von dem Schriftführer zu unterschreiben.

§ 27a Öffentliche Bekanntmachung im Internet. (1) [1]Ist durch Rechtsvorschrift eine öffentliche oder ortsübliche Bekanntmachung angeordnet, soll die Behörde deren Inhalt zusätzlich im Internet veröffentlichen. [2]Dies wird dadurch bewirkt, dass der Inhalt der Bekanntmachung auf einer Internetseite der Behörde oder ihres Verwaltungsträgers zugänglich gemacht wird. [3]Bezieht sich die Bekanntmachung auf zur Einsicht auszulegende Unterlagen, sollen auch diese über das Internet zugänglich gemacht werden. [4]Soweit durch Rechtsvorschrift nichts anderes geregelt ist, ist der Inhalt der zur Einsicht ausgelegten Unterlagen maßgeblich.

(2) In der öffentlichen oder ortsüblichen Bekanntmachung ist die Internetseite anzugeben.

§ 28 Anhörung Beteiligter. (1) Bevor ein Verwaltungsakt erlassen wird, der in Rechte eines Beteiligten eingreift, ist diesem Gelegenheit zu geben, sich zu den für die Entscheidung erheblichen Tatsachen zu äußern.

(2) Von der Anhörung kann abgesehen werden, wenn sie nach den Umständen des Einzelfalls nicht geboten ist, insbesondere wenn

1. eine sofortige Entscheidung wegen Gefahr im Verzug oder im öffentlichen Interesse notwendig erscheint;
2. durch die Anhörung die Einhaltung einer für die Entscheidung maßgeblichen Frist in Frage gestellt würde;
3. von den tatsächlichen Angaben eines Beteiligten, die dieser in einem Antrag oder einer Erklärung gemacht hat, nicht zu seinen Ungunsten abgewichen werden soll;
4. die Behörde eine Allgemeinverfügung oder gleichartige Verwaltungsakte in größerer Zahl oder Verwaltungsakte mit Hilfe automatischer Einrichtungen erlassen will;
5. Maßnahmen in der Verwaltungsvollstreckung getroffen werden sollen.

(3) Eine Anhörung unterbleibt, wenn ihr ein zwingendes öffentliches Interesse entgegensteht.

§ 29[1)] Akteneinsicht durch Beteiligte. (1) [1]Die Behörde hat den Beteiligten Einsicht in die das Verfahren betreffenden Akten zu gestatten, soweit deren Kenntnis zur Geltendmachung oder Verteidigung ihrer rechtlichen Interessen erforderlich ist. [2]Satz 1 gilt bis zum Abschluss des Verwaltungsverfahrens nicht für Entwürfe zu Entscheidungen sowie die Arbeiten zu ihrer unmittelbaren Vorbereitung. [3]Soweit nach den §§ 17 und 18 eine Vertretung stattfindet, haben nur die Vertreter Anspruch auf Akteneinsicht.

(2) Die Behörde ist zur Gestattung der Akteneinsicht nicht verpflichtet, soweit durch sie die ordnungsgemäße Erfüllung der Aufgaben der Behörde beeinträchtigt, das Bekanntwerden des Inhalts der Akten dem Wohl des Bundes oder eines Landes Nachteile bereiten würde oder soweit die Vorgänge nach einem Gesetz oder ihrem Wesen nach, namentlich wegen der berechtigten Interessen der Beteiligten oder dritter Personen, geheim gehalten werden müssen.

(3) [1]Die Akteneinsicht erfolgt bei der Behörde, die die Akten führt. [2]Im Einzelfall kann die Einsicht auch bei einer anderen Behörde oder bei einer diplomatischen oder berufskonsularischen Vertretung der Bundesrepublik Deutschland im Ausland erfolgen; weitere Ausnahmen kann die Behörde, die die Akten führt, gestatten.

§ 30 Geheimhaltung. Die Beteiligten haben Anspruch darauf, dass ihre Geheimnisse, insbesondere die zum persönlichen Lebensbereich gehörenden Geheimnisse sowie die Betriebs- und Geschäftsgeheimnisse, von der Behörde nicht unbefugt offenbart werden.

Abschnitt 2. Fristen, Termine, Wiedereinsetzung

§ 31 Fristen und Termine. (1) Für die Berechnung von Fristen und für die Bestimmung von Terminen gelten die §§ 187 bis 193 des Bürgerlichen Gesetzbuchs[2)] entsprechend, soweit nicht durch die Absätze 2 bis 5 etwas anderes bestimmt ist.

[1)] Siehe hierzu auch das InformationsfreiheitsG v. 5.9.2005 (BGBl. I S. 2722), zuletzt geänd. durch G v. 20.11.2019 (BGBl. I S. 1626), **abgedruckt als Nr. 12 Anh**, sowie das Informationsweiterverwendungsg v. 13.12.2006 (BGBl. I S. 2913), geänd. durch G v. 8.7.2015 (BGBl. I S. 1162) und das Verbraucherinformationsgesetz idF der Bek. v. 17.10.2012 (BGBl. I S. 2166, ber. S. 2725), zuletzt geänd. durch G v. 7.8.2013 (BGBl. I S. 3154).

[2)] Die §§ 187–193 BGB idF der Bek. v. 2.1.2002 (BGBl. I S. 42, ber. S. 2909, 2003 S. 738), zuletzt geänd. durch G v. 21.12.2019 (BGBl. I S. 2911) lauten:.

„**§ 187 Fristbeginn.** (1) Ist für den Anfang einer Frist ein Ereignis oder ein in den Lauf eines Tages fallender Zeitpunkt maßgebend, so wird bei der Berechnung der Frist der Tag nicht mitgerechnet, in welchen das Ereignis oder der Zeitpunkt fällt.

(2) [1]Ist der Beginn eines Tages der für den Anfang einer Frist maßgebende Zeitpunkt, so wird dieser Tag bei der Berechnung der Frist mitgerechnet. [2]Das Gleiche gilt von dem Tage der Geburt bei der Berechnung des Lebensalters.

§ 188 Fristende. (1) Eine nach Tagen bestimmte Frist endigt mit dem Ablauf des letzten Tages der Frist.

(2) Eine Frist, die nach Wochen, nach Monaten oder nach einem mehrere Monate umfassenden Zeitraum – Jahr, halbes Jahr, Vierteljahr – bestimmt ist, endigt im Falle des § 187 Abs. 1 mit dem Ablauf desjenigen Tages der letzten Woche oder des letzten Monats, welcher durch seine Benennung oder seine Zahl dem Tage entspricht, in den das Ereignis oder der Zeitpunkt fällt, im Falle des § 187 Abs. 2 mit dem Ablauf desjenigen Tages der letzten Woche oder des letzten Monats, welcher dem Tage vorhergeht, der durch seine Benennung oder seine Zahl dem Anfangstag der Frist entspricht.

(Fortsetzung der Anm. nächste Seite)

(2) Der Lauf einer Frist, die von einer Behörde gesetzt wird, beginnt mit dem Tag, der auf die Bekanntgabe der Frist folgt, außer wenn dem Betroffenen etwas anderes mitgeteilt wird.

(3) [1] Fällt das Ende einer Frist auf einen Sonntag, einen gesetzlichen Feiertag oder einen Sonnabend, so endet die Frist mit dem Ablauf des nächstfolgenden Werktags. [2] Dies gilt nicht, wenn dem Betroffenen unter Hinweis auf diese Vorschrift ein bestimmter Tag als Ende der Frist mitgeteilt worden ist.

(4) Hat eine Behörde Leistungen nur für einen bestimmten Zeitraum zu erbringen, so endet dieser Zeitraum auch dann mit dem Ablauf seines letzten Tages, wenn dieser auf einen Sonntag, einen gesetzlichen Feiertag oder einen Sonnabend fällt.

(5) Der von einer Behörde gesetzte Termin ist auch dann einzuhalten, wenn er auf einen Sonntag, gesetzlichen Feiertag oder Sonnabend fällt.

(6) Ist eine Frist nach Stunden bestimmt, so werden Sonntage, gesetzliche Feiertage oder Sonnabende mitgerechnet.

(7) [1] Fristen, die von einer Behörde gesetzt sind, können verlängert werden. [2] Sind solche Fristen bereits abgelaufen, so können sie rückwirkend verlängert werden, insbesondere wenn es unbillig wäre, die durch den Fristablauf eingetretenen Rechtsfolgen bestehen zu lassen. [3] Die Behörde kann die Verlängerung der Frist nach § 36 mit einer Nebenbestimmung verbinden.

§ 32 Wiedereinsetzung in den vorigen Stand. (1) [1] War jemand ohne Verschulden verhindert, eine gesetzliche Frist einzuhalten, so ist ihm auf Antrag Wiedereinsetzung in den vorigen Stand zu gewähren. [2] Das Verschulden eines Vertreters ist dem Vertretenen zuzurechnen.

(2) [1] Der Antrag ist innerhalb von zwei Wochen nach Wegfall des Hindernisses zu stellen. [2] Die Tatsachen zur Begründung des Antrags sind bei der Antragstellung oder im Verfahren über den Antrag glaubhaft zu machen. [3] Innerhalb der Antragsfrist ist die versäumte Handlung nachzuholen. [4] Ist dies geschehen, so kann Wiedereinsetzung auch ohne Antrag gewährt werden.

(Fortsetzung der Anm. von voriger Seite)

(3) Fehlt bei einer nach Monaten bestimmten Frist in dem letzten Monat der für ihren Ablauf maßgebende Tag, so endigt die Frist mit dem Ablauf des letzten Tages dieses Monats.

§ 189 Berechnung einzelner Fristen. (1) Unter einem halben Jahr wird eine Frist von sechs Monaten, unter einem Vierteljahr eine Frist von drei Monaten, unter einem halben Monat eine Frist von 15 Tagen verstanden.

(2) Ist eine Frist auf einen oder mehrere ganze Monate und einen halben Monat gestellt, so sind die 15 Tage zuletzt zu zählen.

§ 190 Fristverlängerung. Im Falle der Verlängerung einer Frist wird die neue Frist von dem Ablauf der vorigen Frist an berechnet.

§ 191 Berechnung von Zeiträumen. Ist ein Zeitraum nach Monaten oder nach Jahren in dem Sinne bestimmt, dass er nicht zusammenhängend zu verlaufen braucht, so wird der Monat zu 30, das Jahr zu 365 Tagen gerechnet.

§ 192 Anfang, Mitte, Ende des Monats. Unter Anfang des Monats wird der erste, unter Mitte des Monats der 15., unter Ende des Monats der letzte Tag des Monats verstanden.

§ 193 Sonn- und Feiertag; Sonnabend. Ist an einem bestimmten Tage oder innerhalb einer Frist eine Willenserklärung abzugeben oder eine Leistung zu bewirken und fällt der bestimmte Tag oder der letzte Tag der Frist auf einen Sonntag, einen am Erklärungs- oder Leistungsort staatlich anerkannten allgemeinen Feiertag oder einen Sonnabend, so tritt an die Stelle eines solchen Tages der nächste Werktag.“

(3) Nach einem Jahr seit dem Ende der versäumten Frist kann die Wiedereinsetzung nicht mehr beantragt oder die versäumte Handlung nicht mehr nachgeholt werden, außer wenn dies vor Ablauf der Jahresfrist infolge höherer Gewalt unmöglich war.

(4) Über den Antrag auf Wiedereinsetzung entscheidet die Behörde, die über die versäumte Handlung zu befinden hat.

(5) Die Wiedereinsetzung ist unzulässig, wenn sich aus einer Rechtsvorschrift ergibt, dass sie ausgeschlossen ist.

Abschnitt 3. Amtliche Beglaubigung

§ 33 Beglaubigung von Dokumenten. (1) [1]Jede Behörde ist befugt, Abschriften von Urkunden, die sie selbst ausgestellt hat, zu beglaubigen. [2]Darüber hinaus sind die von der Bundesregierung durch Rechtsverordnung bestimmten Behörden im Sinne des § 1 Abs. 1 Nr. 1 und die nach Landesrecht zuständigen Behörden befugt, Abschriften zu beglaubigen, wenn die Urschrift von einer Behörde ausgestellt ist oder die Abschrift zur Vorlage bei einer Behörde benötigt wird, sofern nicht durch Rechtsvorschrift die Erteilung beglaubigter Abschriften aus amtlichen Registern und Archiven anderen Behörden ausschließlich vorbehalten ist; die Rechtsverordnung bedarf nicht der Zustimmung des Bundesrates.

(2) Abschriften dürfen nicht beglaubigt werden, wenn Umstände zu der Annahme berechtigen, dass der ursprüngliche Inhalt des Schriftstücks, dessen Abschrift beglaubigt werden soll, geändert worden ist, insbesondere wenn dieses Schriftstück Lücken, Durchstreichungen, Einschaltungen, Änderungen, unleserliche Wörter, Zahlen oder Zeichen, Spuren der Beseitigung von Wörtern, Zahlen und Zeichen enthält oder wenn der Zusammenhang eines aus mehreren Blättern bestehenden Schriftstücks aufgehoben ist.

(3) [1]Eine Abschrift wird beglaubigt durch einen Beglaubigungsvermerk, der unter die Abschrift zu setzen ist. [2]Der Vermerk muss enthalten

1. die genaue Bezeichnung des Schriftstücks, dessen Abschrift beglaubigt wird,
2. die Feststellung, dass die beglaubigte Abschrift mit dem vorgelegten Schriftstück übereinstimmt,
3. den Hinweis, dass die beglaubigte Abschrift nur zur Vorlage bei der angegebenen Behörde erteilt wird, wenn die Urschrift nicht von einer Behörde ausgestellt worden ist,
4. den Ort und den Tag der Beglaubigung, die Unterschrift des für die Beglaubigung zuständigen Bediensteten und das Dienstsiegel.

(4) Die Absätze 1 bis 3 gelten entsprechend für die Beglaubigung von

1. Ablichtungen, Lichtdrucken und ähnlichen in technischen Verfahren hergestellten Vervielfältigungen,
2. auf fototechnischem Wege von Schriftstücken hergestellten Negativen, die bei einer Behörde aufbewahrt werden,
3. Ausdrucken elektronischer Dokumente,
4. elektronischen Dokumenten,
   a) die zur Abbildung eines Schriftstücks hergestellt wurden,

b) die ein anderes technisches Format als das mit einer qualifizierten elektronischen Signatur verbundene Ausgangsdokument erhalten haben.

(5) [1] Der Beglaubigungsvermerk muss zusätzlich zu den Angaben nach Absatz 3 Satz 2 bei der Beglaubigung

1. des Ausdrucks eines elektronischen Dokuments, das mit einer qualifizierten elektronischen Signatur verbunden ist, die Feststellungen enthalten,
   a) wen die Signaturprüfung als Inhaber der Signatur ausweist,
   b) welchen Zeitpunkt die Signaturprüfung für die Anbringung der Signatur ausweist und
   c) welche Zertifikate mit welchen Daten dieser Signatur zugrunde lagen;
2. eines elektronischen Dokuments den Namen des für die Beglaubigung zuständigen Bediensteten und die Bezeichnung der Behörde, die die Beglaubigung vornimmt, enthalten; die Unterschrift des für die Beglaubigung zuständigen Bediensteten und das Dienstsiegel nach Absatz 3 Satz 2 Nr. 4 werden durch eine dauerhaft überprüfbare qualifizierte elektronische Signatur ersetzt.

[2] Wird ein elektronisches Dokument, das ein anderes technisches Format als das mit einer qualifizierten elektronischen Signatur verbundene Ausgangsdokument erhalten hat, nach Satz 1 Nr. 2 beglaubigt, muss der Beglaubigungsvermerk zusätzlich die Feststellungen nach Satz 1 Nr. 1 für das Ausgangsdokument enthalten.

(6) Die nach Absatz 4 hergestellten Dokumente stehen, sofern sie beglaubigt sind, beglaubigten Abschriften gleich.

(7) Jede Behörde soll von Urkunden, die sie selbst ausgestellt hat, auf Verlangen ein elektronisches Dokument nach Absatz 4 Nummer 4 Buchstabe a oder eine elektronische Abschrift fertigen und beglaubigen.

§ 34 Beglaubigung von Unterschriften. (1) [1] Die von der Bundesregierung durch Rechtsverordnung bestimmten Behörden im Sinne des § 1 Abs. 1 Nr. 1 und die nach Landesrecht zuständigen Behörden sind befugt, Unterschriften zu beglaubigen, wenn das unterzeichnete Schriftstück zur Vorlage bei einer Behörde oder bei einer sonstigen Stelle, der auf Grund einer Rechtsvorschrift das unterzeichnete Schriftstück vorzulegen ist, benötigt wird. [2] Dies gilt nicht für

1. Unterschriften ohne zugehörigen Text,
2. Unterschriften, die der öffentlichen Beglaubigung (§ 129 des Bürgerlichen Gesetzbuchs) bedürfen.

(2) Eine Unterschrift soll nur beglaubigt werden, wenn sie in Gegenwart des beglaubigenden Bediensteten vollzogen oder anerkannt wird.

(3) [1] Der Beglaubigungsvermerk ist unmittelbar bei der Unterschrift, die beglaubigt werden soll, anzubringen. [2] Er muss enthalten

1. die Bestätigung, dass die Unterschrift echt ist,
2. die genaue Bezeichnung desjenigen, dessen Unterschrift beglaubigt wird, sowie die Angabe, ob sich der für die Beglaubigung zuständige Bedienstete Gewissheit über diese Person verschafft hat und ob die Unterschrift in seiner Gegenwart vollzogen oder anerkannt worden ist,

3. den Hinweis, dass die Beglaubigung nur zur Vorlage bei der angegebenen Behörde oder Stelle bestimmt ist,
4. den Ort und den Tag der Beglaubigung, die Unterschrift des für die Beglaubigung zuständigen Bediensteten und das Dienstsiegel.

(4) Die Absätze 1 bis 3 gelten für die Beglaubigung von Handzeichen entsprechend.

(5) Die Rechtsverordnungen nach Absatz 1 und 4 bedürfen nicht der Zustimmung des Bundesrates.

Teil III. Verwaltungsakt

Abschnitt 1. Zustandekommen des Verwaltungsaktes

§ 35 Begriff des Verwaltungsaktes. [1] Verwaltungsakt ist jede Verfügung, Entscheidung oder andere hoheitliche Maßnahme, die eine Behörde zur Regelung eines Einzelfalls auf dem Gebiet des öffentlichen Rechts trifft und die auf unmittelbare Rechtswirkung nach außen gerichtet ist. [2] Allgemeinverfügung ist ein Verwaltungsakt, der sich an einen nach allgemeinen Merkmalen bestimmten oder bestimmbaren Personenkreis richtet oder die öffentlich-rechtliche Eigenschaft einer Sache oder ihre Benutzung durch die Allgemeinheit betrifft.

§ 35a Vollständig automatisierter Erlass eines Verwaltungsaktes. Ein Verwaltungsakt kann vollständig durch automatische Einrichtungen erlassen werden, sofern dies durch Rechtsvorschrift zugelassen ist und weder ein Ermessen noch ein Beurteilungsspielraum besteht.

§ 36 Nebenbestimmungen zum Verwaltungsakt. (1) Ein Verwaltungsakt, auf den ein Anspruch besteht, darf mit einer Nebenbestimmung nur versehen werden, wenn sie durch Rechtsvorschrift zugelassen ist oder wenn sie sicherstellen soll, dass die gesetzlichen Voraussetzungen des Verwaltungsaktes erfüllt werden.

(2) Unbeschadet des Absatzes 1 darf ein Verwaltungsakt nach pflichtgemäßem Ermessen erlassen werden mit

1. einer Bestimmung, nach der eine Vergünstigung oder Belastung zu einem bestimmten Zeitpunkt beginnt, endet oder für einen bestimmten Zeitraum gilt (Befristung);
2. einer Bestimmung, nach der der Eintritt oder der Wegfall einer Vergünstigung oder einer Belastung von dem ungewissen Eintritt eines zukünftigen Ereignisses abhängt (Bedingung);
3. einem Vorbehalt des Widerrufs

oder verbunden werden mit

4. einer Bestimmung, durch die dem Begünstigten ein Tun, Dulden oder Unterlassen vorgeschrieben wird (Auflage);
5. einem Vorbehalt der nachträglichen Aufnahme, Änderung oder Ergänzung einer Auflage.

(3) Eine Nebenbestimmung darf dem Zweck des Verwaltungsaktes nicht zuwiderlaufen.

§ 37 Bestimmtheit und Form des Verwaltungsaktes; Rechtsbehelfsbelehrung. (1) Ein Verwaltungsakt muss inhaltlich hinreichend bestimmt sein.

(2) [1] Ein Verwaltungsakt kann schriftlich, elektronisch, mündlich oder in anderer Weise erlassen werden. [2] Ein mündlicher Verwaltungsakt ist schriftlich oder elektronisch zu bestätigen, wenn hieran ein berechtigtes Interesse besteht und der Betroffene dies unverzüglich verlangt. [3] Ein elektronischer Verwaltungsakt ist unter denselben Voraussetzungen schriftlich zu bestätigen; § 3a Abs. 2 findet insoweit keine Anwendung.

(3) [1] Ein schriftlicher oder elektronischer Verwaltungsakt muss die erlassende Behörde erkennen lassen und die Unterschrift oder die Namenswiedergabe des Behördenleiters, seines Vertreters oder seines Beauftragten enthalten. [2] Wird für einen Verwaltungsakt, für den durch Rechtsvorschrift die Schriftform angeordnet ist, die elektronische Form verwendet, muss auch das der Signatur zugrunde liegende qualifizierte Zertifikat oder ein zugehöriges qualifiziertes Attributzertifikat die erlassende Behörde erkennen lassen. [3] Im Fall des § 3a Absatz 2 Satz 4 Nummer 3 muss die Bestätigung nach § 5 Absatz 5 des De-Mail-Gesetzes die erlassende Behörde als Nutzer des De-Mail-Kontos erkennen lassen.

(4) Für einen Verwaltungsakt kann für die nach § 3a Abs. 2 erforderliche Signatur durch Rechtsvorschrift die dauerhafte Überprüfbarkeit vorgeschrieben werden.

(5) [1] Bei einem schriftlichen Verwaltungsakt, der mit Hilfe automatischer Einrichtungen erlassen wird, können abweichend von Absatz 3 Unterschrift und Namenswiedergabe fehlen. [2] Zur Inhaltsangabe können Schlüsselzeichen verwendet werden, wenn derjenige, für den der Verwaltungsakt bestimmt ist oder der von ihm betroffen wird, auf Grund der dazu gegebenen Erläuterungen den Inhalt des Verwaltungsaktes eindeutig erkennen kann.

(6) [1] Einem schriftlichen oder elektronischen Verwaltungsakt, der der Anfechtung unterliegt, ist eine Erklärung beizufügen, durch die der Beteiligte über den Rechtsbehelf, der gegen den Verwaltungsakt gegeben ist, über die Behörde oder das Gericht, bei denen der Rechtsbehelf einzulegen ist, den Sitz und über die einzuhaltende Frist belehrt wird (Rechtsbehelfsbelehrung). [2] Die Rechtsbehelfsbelehrung ist auch der schriftlichen oder elektronischen Bestätigung eines Verwaltungsaktes und der Bescheinigung nach § 42a Absatz 3 beizufügen.

§ 38 Zusicherung. (1) [1] Eine von der zuständigen Behörde erteilte Zusage, einen bestimmten Verwaltungsakt später zu erlassen oder zu unterlassen (Zusicherung), bedarf zu ihrer Wirksamkeit der schriftlichen Form. [2] Ist vor dem Erlass des zugesicherten Verwaltungsaktes die Anhörung Beteiligter oder die Mitwirkung einer anderen Behörde oder eines Ausschusses auf Grund einer Rechtsvorschrift erforderlich, so darf die Zusicherung erst nach Anhörung der Beteiligten oder nach Mitwirkung dieser Behörde oder des Ausschusses gegeben werden.

(2) Auf die Unwirksamkeit der Zusicherung finden, unbeschadet des Absatzes 1 Satz 1, § 44, auf die Heilung von Mängeln bei der Anhörung Beteiligter und der Mitwirkung anderer Behörden oder Ausschüsse § 45 Abs. 1 Nr. 3

bis 5 sowie Abs. 2, auf die Rücknahme § 48, auf den Widerruf, unbeschadet des Absatzes 3, § 49 entsprechende Anwendung.

(3) Ändert sich nach Abgabe der Zusicherung die Sach- oder Rechtslage derart, dass die Behörde bei Kenntnis der nachträglich eingetretenen Änderung die Zusicherung nicht gegeben hätte oder aus rechtlichen Gründen nicht hätte geben dürfen, ist die Behörde an die Zusicherung nicht mehr gebunden.

§ 39 Begründung des Verwaltungsaktes. (1) [1] Ein schriftlicher oder elektronischer sowie ein schriftlich oder elektronisch bestätigter Verwaltungsakt ist mit einer Begründung zu versehen. [2] In der Begründung sind die wesentlichen tatsächlichen und rechtlichen Gründe mitzuteilen, die die Behörde zu ihrer Entscheidung bewogen haben. [3] Die Begründung von Ermessensentscheidungen soll auch die Gesichtspunkte erkennen lassen, von denen die Behörde bei der Ausübung ihres Ermessens ausgegangen ist.

(2) Einer Begründung bedarf es nicht,

1. soweit die Behörde einem Antrag entspricht oder einer Erklärung folgt und der Verwaltungsakt nicht in Rechte eines anderen eingreift;
2. soweit demjenigen, für den der Verwaltungsakt bestimmt ist oder der von ihm betroffen wird, die Auffassung der Behörde über die Sach- und Rechtslage bereits bekannt oder auch ohne Begründung für ihn ohne weiteres erkennbar ist;
3. wenn die Behörde gleichartige Verwaltungsakte in größerer Zahl oder Verwaltungsakte mit Hilfe automatischer Einrichtungen erlässt und die Begründung nach den Umständen des Einzelfalls nicht geboten ist;
4. wenn sich dies aus einer Rechtsvorschrift ergibt;
5. wenn eine Allgemeinverfügung öffentlich bekannt gegeben wird.

§ 40 Ermessen. Ist die Behörde ermächtigt, nach ihrem Ermessen zu handeln, hat sie ihr Ermessen entsprechend dem Zweck der Ermächtigung auszuüben und die gesetzlichen Grenzen des Ermessens einzuhalten.

§ 41 Bekanntgabe des Verwaltungsaktes. (1) [1] Ein Verwaltungsakt ist demjenigen Beteiligten bekannt zu geben, für den er bestimmt ist oder der von ihm betroffen wird. [2] Ist ein Bevollmächtigter bestellt, so kann die Bekanntgabe ihm gegenüber vorgenommen werden.

(2) [1] Ein schriftlicher Verwaltungsakt, der im Inland durch die Post übermittelt wird, gilt am dritten Tag nach der Aufgabe zur Post als bekannt gegeben. [2] Ein Verwaltungsakt, der im Inland oder in das Ausland elektronisch übermittelt wird, gilt am dritten Tag nach der Absendung als bekannt gegeben. [3] Dies gilt nicht, wenn der Verwaltungsakt nicht oder zu einem späteren Zeitpunkt zugegangen ist; im Zweifel hat die Behörde den Zugang des Verwaltungsaktes und den Zeitpunkt des Zugangs nachzuweisen.

(2a) [1] Mit Einwilligung des Beteiligten kann ein elektronischer Verwaltungsakt dadurch bekannt gegeben werden, dass er vom Beteiligten oder von seinem Bevollmächtigten über öffentlich zugängliche Netze abgerufen wird. [2] Die Behörde hat zu gewährleisten, dass der Abruf nur nach Authentifizierung der berechtigten Person möglich ist und der elektronische Verwaltungsakt von ihr gespeichert werden kann. [3] Der Verwaltungsakt gilt am Tag nach dem Abruf als bekannt gegeben. [4]Wird der Verwaltungsakt nicht innerhalb von zehn Tagen nach Absendung einer Benachrichtigung über die Bereitstellung abgerufen, wird diese beendet. [5]In diesem Fall ist die Bekanntgabe nicht bewirkt; die Möglichkeit einer erneuten Bereitstellung zum Abruf oder der Bekanntgabe auf andere Weise bleibt unberührt.

(3) [1]Ein Verwaltungsakt darf öffentlich bekannt gegeben werden, wenn dies durch Rechtsvorschrift zugelassen ist. [2]Eine Allgemeinverfügung darf auch dann öffentlich bekannt gegeben werden, wenn eine Bekanntgabe an die Beteiligten untunlich ist.

(4) [1]Die öffentliche Bekanntgabe eines schriftlichen oder elektronischen Verwaltungsaktes wird dadurch bewirkt, dass sein verfügender Teil ortsüblich bekannt gemacht wird. [2]In der ortsüblichen Bekanntmachung ist anzugeben, wo der Verwaltungsakt und seine Begründung eingesehen werden können. [3]Der Verwaltungsakt gilt zwei Wochen nach der ortsüblichen Bekanntmachung als bekannt gegeben. [4]In einer Allgemeinverfügung kann ein hiervon abweichender Tag, jedoch frühestens der auf die Bekanntmachung folgende Tag bestimmt werden.

(5) Vorschriften über die Bekanntgabe eines Verwaltungsaktes mittels Zustellung bleiben unberührt.

§ 42 Offenbare Unrichtigkeiten im Verwaltungsakt. [1]Die Behörde kann Schreibfehler, Rechenfehler und ähnliche offenbare Unrichtigkeiten in einem Verwaltungsakt jederzeit berichtigen. [2]Bei berechtigtem Interesse des Beteiligten ist zu berichtigen. [3]Die Behörde ist berechtigt, die Vorlage des Dokuments zu verlangen, das berichtigt werden soll.

§ 42a Genehmigungsfiktion. (1) [1]Eine beantragte Genehmigung gilt nach Ablauf einer für die Entscheidung festgelegten Frist als erteilt (Genehmigungsfiktion), wenn dies durch Rechtsvorschrift angeordnet und der Antrag hinreichend bestimmt ist. [2]Die Vorschriften über die Bestandskraft von Verwaltungsakten und über das Rechtsbehelfsverfahren gelten entsprechend.

(2) [1]Die Frist nach Absatz 1 Satz 1 beträgt drei Monate, soweit durch Rechtsvorschrift nichts Abweichendes bestimmt ist. [2]Die Frist beginnt mit Eingang der vollständigen Unterlagen. [3]Sie kann einmal angemessen verlängert werden, wenn dies wegen der Schwierigkeit der Angelegenheit gerechtfertigt ist. [4]Die Fristverlängerung ist zu begründen und rechtzeitig mitzuteilen.

(3) Auf Verlangen ist demjenigen, dem der Verwaltungsakt nach § 41 Abs. 1 hätte bekannt gegeben werden müssen, der Eintritt der Genehmigungsfiktion schriftlich zu bescheinigen.

Abschnitt 2. Bestandskraft des Verwaltungsaktes

§ 43 Wirksamkeit des Verwaltungsaktes. (1) [1]Ein Verwaltungsakt wird gegenüber demjenigen, für den er bestimmt ist oder der von ihm betroffen wird, in dem Zeitpunkt wirksam, in dem er ihm bekannt gegeben wird. [2]Der Verwaltungsakt wird mit dem Inhalt wirksam, mit dem er bekannt gegeben wird.

(2) Ein Verwaltungsakt bleibt wirksam, solange und soweit er nicht zurückgenommen, widerrufen, anderweitig aufgehoben oder durch Zeitablauf oder auf andere Weise erledigt ist.

(3) Ein nichtiger Verwaltungsakt ist unwirksam.

§ 44 Nichtigkeit des Verwaltungsaktes. (1) Ein Verwaltungsakt ist nichtig, soweit er an einem besonders schwerwiegenden Fehler leidet und dies bei verständiger Würdigung aller in Betracht kommenden Umstände offensichtlich ist.

(2) Ohne Rücksicht auf das Vorliegen der Voraussetzungen des Absatzes 1 ist ein Verwaltungsakt nichtig,
1. der schriftlich oder elektronisch erlassen worden ist, die erlassende Behörde aber nicht erkennen lässt;
2. der nach einer Rechtsvorschrift nur durch die Aushändigung einer Urkunde erlassen werden kann, aber dieser Form nicht genügt;
3. den eine Behörde außerhalb ihrer durch § 3 Abs. 1 Nr. 1 begründeten Zuständigkeit erlassen hat, ohne dazu ermächtigt zu sein;
4. den aus tatsächlichen Gründen niemand ausführen kann;
5. der die Begehung einer rechtswidrigen Tat verlangt, die einen Straf- oder Bußgeldtatbestand verwirklicht;
6. der gegen die guten Sitten verstößt.

(3) Ein Verwaltungsakt ist nicht schon deshalb nichtig, weil
1. Vorschriften über die örtliche Zuständigkeit nicht eingehalten worden sind, außer wenn ein Fall des Absatzes 2 Nr. 3 vorliegt;
2. eine nach § 20 Abs. 1 Satz 1 Nr. 2 bis 6 ausgeschlossene Person mitgewirkt hat;
3. ein durch Rechtsvorschrift zur Mitwirkung berufener Ausschuss den für den Erlass des Verwaltungsaktes vorgeschriebenen Beschluss nicht gefasst hat oder nicht beschlussfähig war;
4. die nach einer Rechtsvorschrift erforderliche Mitwirkung einer anderen Behörde unterblieben ist.

(4) Betrifft die Nichtigkeit nur einen Teil des Verwaltungsaktes, so ist er im Ganzen nichtig, wenn der nichtige Teil so wesentlich ist, dass die Behörde den Verwaltungsakt ohne den nichtigen Teil nicht erlassen hätte.

(5) Die Behörde kann die Nichtigkeit jederzeit von Amts wegen feststellen; auf Antrag ist sie festzustellen, wenn der Antragsteller hieran ein berechtigtes Interesse hat.

§ 45 Heilung von Verfahrens- und Formfehlern. (1) Eine Verletzung von Verfahrens- oder Formvorschriften, die nicht den Verwaltungsakt nach § 44 nichtig macht, ist unbeachtlich, wenn
1. der für den Erlass des Verwaltungsaktes erforderliche Antrag nachträglich gestellt wird;
2. die erforderliche Begründung nachträglich gegeben wird;
3. die erforderliche Anhörung eines Beteiligten nachgeholt wird;
4. der Beschluss eines Ausschusses, dessen Mitwirkung für den Erlass des Verwaltungsaktes erforderlich ist, nachträglich gefasst wird;
5. die erforderliche Mitwirkung einer anderen Behörde nachgeholt wird.

(2) Handlungen nach Absatz 1 können bis zum Abschluss der letzten Tatsacheninstanz eines verwaltungsgerichtlichen Verfahrens nachgeholt werden.

(3) [1] Fehlt einem Verwaltungsakt die erforderliche Begründung oder ist die erforderliche Anhörung eines Beteiligten vor Erlass des Verwaltungsaktes unterblieben und ist dadurch die rechtzeitige Anfechtung des Verwaltungsaktes versäumt worden, so gilt die Versäumung der Rechtsbehelfsfrist als nicht verschuldet. [2] Das für die Wiedereinsetzungsfrist nach § 32 Abs. 2 maßgebende Ereignis tritt im Zeitpunkt der Nachholung der unterlassenen Verfahrenshandlung ein.

§ 46 Folgen von Verfahrens- und Formfehlern. Die Aufhebung eines Verwaltungsaktes, der nicht nach § 44 nichtig ist, kann nicht allein deshalb beansprucht werden, weil er unter Verletzung von Vorschriften über das Verfahren, die Form oder die örtliche Zuständigkeit zustande gekommen ist, wenn offensichtlich ist, dass die Verletzung die Entscheidung in der Sache nicht beeinflusst hat.

§ 47 Umdeutung eines fehlerhaften Verwaltungsaktes. (1) Ein fehlerhafter Verwaltungsakt kann in einen anderen Verwaltungsakt umgedeutet werden, wenn er auf das gleiche Ziel gerichtet ist, von der erlassenden Behörde in der geschehenen Verfahrensweise und Form rechtmäßig hätte erlassen werden können und wenn die Voraussetzungen für dessen Erlass erfüllt sind.

(2) [1] Absatz 1 gilt nicht, wenn der Verwaltungsakt, in den der fehlerhafte Verwaltungsakt umzudeuten wäre, der erkennbaren Absicht der erlassenden Behörde widerspräche oder seine Rechtsfolgen für den Betroffenen ungünstiger wären als die des fehlerhaften Verwaltungsaktes. [2] Eine Umdeutung ist ferner unzulässig, wenn der fehlerhafte Verwaltungsakt nicht zurückgenommen werden dürfte.

(3) Eine Entscheidung, die nur als gesetzlich gebundene Entscheidung ergehen kann, kann nicht in eine Ermessensentscheidung umgedeutet werden.

(4) § 28 ist entsprechend anzuwenden.

§ 48 Rücknahme eines rechtswidrigen Verwaltungsaktes. (1) [1] Ein rechtswidriger Verwaltungsakt kann, auch nachdem er unanfechtbar geworden ist, ganz oder teilweise mit Wirkung für die Zukunft oder für die Vergangenheit zurückgenommen werden. [2] Ein Verwaltungsakt, der ein Recht oder einen rechtlich erheblichen Vorteil begründet oder bestätigt hat (begünstigender Verwaltungsakt), darf nur unter den Einschränkungen der Absätze 2 bis 4 zurückgenommen werden.

(2) [1] Ein rechtswidriger Verwaltungsakt, der eine einmalige oder laufende Geldleistung oder teilbare Sachleistung gewährt oder hierfür Voraussetzung ist, darf nicht zurückgenommen werden, soweit der Begünstigte auf den Bestand des Verwaltungsaktes vertraut hat und sein Vertrauen unter Abwägung mit dem öffentlichen Interesse an einer Rücknahme schutzwürdig ist. [2] Das Vertrauen ist in der Regel schutzwürdig, wenn der Begünstigte gewährte Leistungen verbraucht oder eine Vermögensdisposition getroffen hat, die er nicht mehr oder nur unter unzumutbaren Nachteilen rückgängig machen kann. [3] Auf Vertrauen kann sich der Begünstigte nicht berufen, wenn er

1. den Verwaltungsakt durch arglistige Täuschung, Drohung oder Bestechung erwirkt hat;

2. den Verwaltungsakt durch Angaben erwirkt hat, die in wesentlicher Beziehung unrichtig oder unvollständig waren;
3. die Rechtswidrigkeit des Verwaltungsaktes kannte oder infolge grober Fahrlässigkeit nicht kannte.

[4] In den Fällen des Satzes 3 wird der Verwaltungsakt in der Regel mit Wirkung für die Vergangenheit zurückgenommen.

(3) [1] Wird ein rechtswidriger Verwaltungsakt, der nicht unter Absatz 2 fällt, zurückgenommen, so hat die Behörde dem Betroffenen auf Antrag den Vermögensnachteil auszugleichen, den dieser dadurch erleidet, dass er auf den Bestand des Verwaltungsaktes vertraut hat, soweit sein Vertrauen unter Abwägung mit dem öffentlichen Interesse schutzwürdig ist. [2] Absatz 2 Satz 3 ist anzuwenden. [3] Der Vermögensnachteil ist jedoch nicht über den Betrag des Interesses hinaus zu ersetzen, das der Betroffene an dem Bestand des Verwaltungsaktes hat. [4] Der auszugleichende Vermögensnachteil wird durch die Behörde festgesetzt. [5] Der Anspruch kann nur innerhalb eines Jahres geltend gemacht werden; die Frist beginnt, sobald die Behörde den Betroffenen auf sie hingewiesen hat.

(4) [1] Erhält die Behörde von Tatsachen Kenntnis, welche die Rücknahme eines rechtswidrigen Verwaltungsaktes rechtfertigen, so ist die Rücknahme nur innerhalb eines Jahres seit dem Zeitpunkt der Kenntnisnahme zulässig. [2] Dies gilt nicht im Falle des Absatzes 2 Satz 3 Nr. 1.

(5) Über die Rücknahme entscheidet nach Unanfechtbarkeit des Verwaltungsaktes die nach § 3 zuständige Behörde; dies gilt auch dann, wenn der zurückzunehmende Verwaltungsakt von einer anderen Behörde erlassen worden ist.

§ 49 Widerruf eines rechtmäßigen Verwaltungsaktes. (1) Ein rechtmäßiger nicht begünstigender Verwaltungsakt kann, auch nachdem er unanfechtbar geworden ist, ganz oder teilweise mit Wirkung für die Zukunft widerrufen werden, außer wenn ein Verwaltungsakt gleichen Inhalts erneut erlassen werden müsste oder aus anderen Gründen ein Widerruf unzulässig ist.

(2) [1] Ein rechtmäßiger begünstigender Verwaltungsakt darf, auch nachdem er unanfechtbar geworden ist, ganz oder teilweise mit Wirkung für die Zukunft nur widerrufen werden,

1. wenn der Widerruf durch Rechtsvorschrift zugelassen oder im Verwaltungsakt vorbehalten ist;
2. wenn mit dem Verwaltungsakt eine Auflage verbunden ist und der Begünstigte diese nicht oder nicht innerhalb einer ihm gesetzten Frist erfüllt hat;
3. wenn die Behörde auf Grund nachträglich eingetretener Tatsachen berechtigt wäre, den Verwaltungsakt nicht zu erlassen, und wenn ohne den Widerruf das öffentliche Interesse gefährdet würde;
4. wenn die Behörde auf Grund einer geänderten Rechtsvorschrift berechtigt wäre, den Verwaltungsakt nicht zu erlassen, soweit der Begünstigte von der Vergünstigung noch keinen Gebrauch gemacht oder auf Grund des Verwaltungsaktes noch keine Leistungen empfangen hat, und wenn ohne den Widerruf das öffentliche Interesse gefährdet würde;
5. um schwere Nachteile für das Gemeinwohl zu verhüten oder zu beseitigen.

[2] § 48 Abs. 4 gilt entsprechend.

(3) [1] Ein rechtmäßiger Verwaltungsakt, der eine einmalige oder laufende Geldleistung oder teilbare Sachleistung zur Erfüllung eines bestimmten Zwecks gewährt oder hierfür Voraussetzung ist, kann, auch nachdem er unanfechtbar geworden ist, ganz oder teilweise auch mit Wirkung für die Vergangenheit widerrufen werden,

1. wenn die Leistung nicht, nicht alsbald nach der Erbringung oder nicht mehr für den in dem Verwaltungsakt bestimmten Zweck verwendet wird;
2. wenn mit dem Verwaltungsakt eine Auflage verbunden ist und der Begünstigte diese nicht oder nicht innerhalb einer ihm gesetzten Frist erfüllt hat.

[2] § 48 Abs. 4 gilt entsprechend.

(4) Der widerrufene Verwaltungsakt wird mit dem Wirksamwerden des Widerrufs unwirksam, wenn die Behörde keinen anderen Zeitpunkt bestimmt.

(5) Über den Widerruf entscheidet nach Unanfechtbarkeit des Verwaltungsaktes die nach § 3 zuständige Behörde; dies gilt auch dann, wenn der zu widerrufende Verwaltungsakt von einer anderen Behörde erlassen worden ist.

(6) [1] Wird ein begünstigender Verwaltungsakt in den Fällen des Absatzes 2 Nr. 3 bis 5 widerrufen, so hat die Behörde den Betroffenen auf Antrag für den Vermögensnachteil zu entschädigen, den dieser dadurch erleidet, dass er auf den Bestand des Verwaltungsaktes vertraut hat, soweit sein Vertrauen schutzwürdig ist. [2] § 48 Abs. 3 Satz 3 bis 5 gilt entsprechend. [3] Für Streitigkeiten über die Entschädigung ist der ordentliche Rechtsweg gegeben.

§ 49a Erstattung, Verzinsung. (1) [1] Soweit ein Verwaltungsakt mit Wirkung für die Vergangenheit zurückgenommen oder widerrufen worden oder infolge Eintritts einer auflösenden Bedingung unwirksam geworden ist, sind bereits erbrachte Leistungen zu erstatten. [2] Die zu erstattende Leistung ist durch schriftlichen Verwaltungsakt festzusetzen.

(2) [1] Für den Umfang der Erstattung mit Ausnahme der Verzinsung gelten die Vorschriften des Bürgerlichen Gesetzbuchs über die Herausgabe einer ungerechtfertigten Bereicherung[1)] entsprechend. [2] Auf den Wegfall der Bereicherung kann sich der Begünstigte nicht berufen, soweit er die Umstände kannte oder infolge grober Fahrlässigkeit nicht kannte, die zur Rücknahme, zum Widerruf oder zur Unwirksamkeit des Verwaltungsaktes geführt haben.

(3) [1] Der zu erstattende Betrag ist vom Eintritt der Unwirksamkeit des Verwaltungsaktes an mit fünf Prozentpunkten über dem Basiszinssatz jährlich zu verzinsen. [2] Von der Geltendmachung des Zinsanspruchs kann insbesondere dann abgesehen werden, wenn der Begünstigte die Umstände, die zur Rücknahme, zum Widerruf oder zur Unwirksamkeit des Verwaltungsaktes geführt haben, nicht zu vertreten hat und den zu erstattenden Betrag innerhalb der von der Behörde festgesetzten Frist leistet.

(4) [1] Wird eine Leistung nicht alsbald nach der Auszahlung für den bestimmten Zweck verwendet, so können für die Zeit bis zur zweckentsprechenden Verwendung Zinsen nach Absatz 3 Satz 1 verlangt werden. [2] Entsprechendes gilt, soweit eine Leistung in Anspruch genommen wird, obwohl andere Mittel

---

[1)] Siehe §§ 812 ff. BGB idF der Bek. v. 2.1.2002 (BGBl. I S. 42, ber. S. 2909, 2003 S. 738), zuletzt geänd. durch G v. 21.12.2019 (BGBl. I S. 2911).

anteilig oder vorrangig einzusetzen sind. [3]§ 49 Abs. 3 Satz 1 Nr. 1 bleibt unberührt.

§ 50 Rücknahme und Widerruf im Rechtsbehelfsverfahren. § 48 Abs. 1 Satz 2 und Abs. 2 bis 4 sowie § 49 Abs. 2 bis 4 und 6 gelten nicht, wenn ein begünstigender Verwaltungsakt, der von einem Dritten angefochten worden ist, während des Vorverfahrens oder während des verwaltungsgerichtlichen Verfahrens aufgehoben wird, soweit dadurch dem Widerspruch oder der Klage abgeholfen wird.

§ 51 Wiederaufgreifen des Verfahrens. (1) Die Behörde hat auf Antrag des Betroffenen über die Aufhebung oder Änderung eines unanfechtbaren Verwaltungsaktes zu entscheiden, wenn

1. sich die dem Verwaltungsakt zugrunde liegende Sach- oder Rechtslage nachträglich zugunsten des Betroffenen geändert hat;
2. neue Beweismittel vorliegen, die eine dem Betroffenen günstigere Entscheidung herbeigeführt haben würden;
3. Wiederaufnahmegründe entsprechend § 580 der Zivilprozessordnung gegeben sind.

(2) Der Antrag ist nur zulässig, wenn der Betroffene ohne grobes Verschulden außerstande war, den Grund für das Wiederaufgreifen in dem früheren Verfahren, insbesondere durch Rechtsbehelf, geltend zu machen.

(3) [1]Der Antrag muss binnen drei Monaten gestellt werden. [2]Die Frist beginnt mit dem Tage, an dem der Betroffene von dem Grund für das Wiederaufgreifen Kenntnis erhalten hat.

(4) Über den Antrag entscheidet die nach § 3 zuständige Behörde; dies gilt auch dann, wenn der Verwaltungsakt, dessen Aufhebung oder Änderung begehrt wird, von einer anderen Behörde erlassen worden ist.

(5) Die Vorschriften des § 48 Abs. 1 Satz 1 und des § 49 Abs. 1 bleiben unberührt.

§ 52 Rückgabe von Urkunden und Sachen. [1]Ist ein Verwaltungsakt unanfechtbar widerrufen oder zurückgenommen oder ist seine Wirksamkeit aus einem anderen Grund nicht oder nicht mehr gegeben, so kann die Behörde die auf Grund dieses Verwaltungsaktes erteilten Urkunden oder Sachen, die zum Nachweis der Rechte aus dem Verwaltungsakt oder zu deren Ausübung bestimmt sind, zurückfordern. [2]Der Inhaber und, sofern er nicht der Besitzer ist, auch der Besitzer dieser Urkunden oder Sachen sind zu ihrer Herausgabe verpflichtet. [3]Der Inhaber oder der Besitzer kann jedoch verlangen, dass ihm die Urkunden oder Sachen wieder ausgehändigt werden, nachdem sie von der Behörde als ungültig gekennzeichnet sind; dies gilt nicht bei Sachen, bei denen eine solche Kennzeichnung nicht oder nicht mit der erforderlichen Offensichtlichkeit oder Dauerhaftigkeit möglich ist.

Abschnitt 3. Verjährungsrechtliche Wirkungen des Verwaltungsaktes

§ 53[1] Hemmung der Verjährung durch Verwaltungsakt. (1) [1]Ein Verwaltungsakt, der zur Feststellung oder Durchsetzung des Anspruchs eines öffentlich-rechtlichen Rechtsträgers erlassen wird, hemmt die Verjährung dieses Anspruchs. [2]Die Hemmung endet mit Eintritt der Unanfechtbarkeit des Verwaltungsaktes oder sechs Monate nach seiner anderweitigen Erledigung.

(2) [1]Ist ein Verwaltungsakt im Sinne des Absatzes 1 unanfechtbar geworden, beträgt die Verjährungsfrist 30 Jahre. [2]Soweit der Verwaltungsakt einen Anspruch auf künftig fällig werdende regelmäßig wiederkehrende Leistungen zum Inhalt hat, bleibt es bei der für diesen Anspruch geltenden Verjährungsfrist.

Teil IV. Öffentlich-rechtlicher Vertrag

§ 54 Zulässigkeit des öffentlich-rechtlichen Vertrags. [1]Ein Rechtsverhältnis auf dem Gebiet des öffentlichen Rechts kann durch Vertrag begründet, geändert oder aufgehoben werden (öffentlich-rechtlicher Vertrag), soweit Rechtsvorschriften nicht entgegenstehen. [2]Insbesondere kann die Behörde, anstatt einen Verwaltungsakt zu erlassen, einen öffentlich-rechtlichen Vertrag mit demjenigen schließen, an den sie sonst den Verwaltungsakt richten würde.

§ 55 Vergleichsvertrag. Ein öffentlich-rechtlicher Vertrag im Sinne des § 54 Satz 2, durch den eine bei verständiger Würdigung des Sachverhalts oder der Rechtslage bestehende Ungewissheit durch gegenseitiges Nachgeben beseitigt wird (Vergleich), kann geschlossen werden, wenn die Behörde den Abschluss des Vergleichs zur Beseitigung der Ungewissheit nach pflichtgemäßem Ermessen für zweckmäßig hält.

§ 56 Austauschvertrag. (1) [1]Ein öffentlich-rechtlicher Vertrag im Sinne des § 54 Satz 2, in dem sich der Vertragspartner der Behörde zu einer Gegenleistung verpflichtet, kann geschlossen werden, wenn die Gegenleistung für einen bestimmten Zweck im Vertrag vereinbart wird und der Behörde zur Erfüllung ihrer öffentlichen Aufgaben dient. [2]Die Gegenleistung muss den gesamten Umständen nach angemessen sein und im sachlichen Zusammenhang mit der vertraglichen Leistung der Behörde stehen.

(2) Besteht auf die Leistung der Behörde ein Anspruch, so kann nur eine solche Gegenleistung vereinbart werden, die bei Erlass eines Verwaltungsaktes Inhalt einer Nebenbestimmung nach § 36 sein könnte.

§ 57 Schriftform. Ein öffentlich-rechtlicher Vertrag ist schriftlich zu schließen, soweit nicht durch Rechtsvorschrift eine andere Form vorgeschrieben ist.

§ 58 Zustimmung von Dritten und Behörden. (1) Ein öffentlich-rechtlicher Vertrag, der in Rechte eines Dritten eingreift, wird erst wirksam, wenn der Dritte schriftlich zustimmt.

(2) Wird anstatt eines Verwaltungsaktes, bei dessen Erlass nach einer Rechtsvorschrift die Genehmigung, die Zustimmung oder das Einvernehmen einer anderen Behörde erforderlich ist, ein Vertrag geschlossen, so wird dieser erst

---

[1] Beachte die Übergangsregelung in § 102.

wirksam, nachdem die andere Behörde in der vorgeschriebenen Form mitgewirkt hat.

§ 59 Nichtigkeit des öffentlich-rechtlichen Vertrags. (1) Ein öffentlich-rechtlicher Vertrag ist nichtig, wenn sich die Nichtigkeit aus der entsprechenden Anwendung von Vorschriften des Bürgerlichen Gesetzbuchs ergibt.

(2) Ein Vertrag im Sinne des § 54 Satz 2 ist ferner nichtig, wenn

1. ein Verwaltungsakt mit entsprechendem Inhalt nichtig wäre;
2. ein Verwaltungsakt mit entsprechendem Inhalt nicht nur wegen eines Verfahrens- oder Formfehlers im Sinne des § 46 rechtswidrig wäre und dies den Vertragschließenden bekannt war;
3. die Voraussetzungen zum Abschluss eines Vergleichsvertrags nicht vorlagen und ein Verwaltungsakt mit entsprechendem Inhalt nicht nur wegen eines Verfahrens- oder Formfehlers im Sinne des § 46 rechtswidrig wäre;
4. sich die Behörde eine nach § 56 unzulässige Gegenleistung versprechen lässt.

(3) Betrifft die Nichtigkeit nur einen Teil des Vertrags, so ist er im Ganzen nichtig, wenn nicht anzunehmen ist, dass er auch ohne den nichtigen Teil geschlossen worden wäre.

§ 60 Anpassung und Kündigung in besonderen Fällen. (1) [1] Haben die Verhältnisse, die für die Festsetzung des Vertragsinhalts maßgebend gewesen sind, sich seit Abschluss des Vertrags so wesentlich geändert, dass einer Vertragspartei das Festhalten an der ursprünglichen vertraglichen Regelung nicht zuzumuten ist, so kann diese Vertragspartei eine Anpassung des Vertragsinhalts an die geänderten Verhältnisse verlangen oder, sofern eine Anpassung nicht möglich oder einer Vertragspartei nicht zuzumuten ist, den Vertrag kündigen. [2] Die Behörde kann den Vertrag auch kündigen, um schwere Nachteile für das Gemeinwohl zu verhüten oder zu beseitigen.

(2) [1] Die Kündigung bedarf der Schriftform, soweit nicht durch Rechtsvorschrift eine andere Form vorgeschrieben ist. [2] Sie soll begründet werden.

§ 61 Unterwerfung unter die sofortige Vollstreckung. (1) [1] Jeder Vertragschließende kann sich der sofortigen Vollstreckung aus einem öffentlich-rechtlichen Vertrag im Sinne des § 54 Satz 2 unterwerfen. [2] Die Behörde muss hierbei von dem Behördenleiter, seinem allgemeinen Vertreter oder einem Angehörigen des öffentlichen Dienstes, der die Befähigung zum Richteramt hat oder die Voraussetzungen des § 110 Satz 1 des Deutschen Richtergesetzes erfüllt, vertreten werden.

(2) [1] Auf öffentlich-rechtliche Verträge im Sinne des Absatzes 1 Satz 1 ist das Verwaltungs-Vollstreckungsgesetz[1)] des Bundes entsprechend anzuwenden, wenn Vertragschließender eine Behörde im Sinne des § 1 Abs. 1 Nr. 1 ist. [2] Will eine natürliche oder juristische Person des Privatrechts oder eine nichtrechtsfähige Vereinigung die Vollstreckung wegen einer Geldforderung betreiben, so ist § 170 Abs. 1 bis 3 der Verwaltungsgerichtsordnung[2)] entsprechend anzuwenden. [3] Richtet sich die Vollstreckung wegen der Erzwingung einer

---

1) Nr. **14**.
2) Nr. **15**.

Handlung, Duldung oder Unterlassung gegen eine Behörde im Sinne des § 1 Abs. 1 Nr. 2, so ist § 172 der Verwaltungsgerichtsordnung entsprechend anzuwenden.

§ 62 Ergänzende Anwendung von Vorschriften. [1] Soweit sich aus den §§ 54 bis 61 nichts Abweichendes ergibt, gelten die übrigen Vorschriften dieses Gesetzes. [2] Ergänzend gelten die Vorschriften des Bürgerlichen Gesetzbuchs entsprechend.

Teil V. Besondere Verfahrensarten

Abschnitt 1. Förmliches Verwaltungsverfahren

§ 63 Anwendung der Vorschriften über das förmliche Verwaltungsverfahren. (1) Das förmliche Verwaltungsverfahren nach diesem Gesetz findet statt, wenn es durch Rechtsvorschrift angeordnet ist.

(2) Für das förmliche Verwaltungsverfahren gelten die §§ 64 bis 71 und, soweit sich aus ihnen nichts Abweichendes ergibt, die übrigen Vorschriften dieses Gesetzes.

(3) [1] Die Mitteilung nach § 17 Abs. 2 Satz 2 und die Aufforderung nach § 17 Abs. 4 Satz 2 sind im förmlichen Verwaltungsverfahren öffentlich bekannt zu machen. [2] Die öffentliche Bekanntmachung wird dadurch bewirkt, dass die Behörde die Mitteilung oder die Aufforderung in ihrem amtlichen Veröffentlichungsblatt und außerdem in örtlichen Tageszeitungen, die in dem Bereich verbreitet sind, in dem sich die Entscheidung voraussichtlich auswirken wird, bekannt macht.

§ 64 Form des Antrags. Setzt das förmliche Verwaltungsverfahren einen Antrag voraus, so ist er schriftlich oder zur Niederschrift bei der Behörde zu stellen.

§ 65 Mitwirkung von Zeugen und Sachverständigen. (1) [1] Im förmlichen Verwaltungsverfahren sind Zeugen zur Aussage und Sachverständige zur Erstattung von Gutachten verpflichtet. [2] Die Vorschriften der Zivilprozessordnung über die Pflicht, als Zeuge auszusagen oder als Sachverständiger ein Gutachten zu erstatten, über die Ablehnung von Sachverständigen sowie über die Vernehmung von Angehörigen des öffentlichen Dienstes als Zeugen oder Sachverständige gelten entsprechend.

(2) [1] Verweigern Zeugen oder Sachverständige ohne Vorliegen eines der in den §§ 376, 383 bis 385 und 408 der Zivilprozessordnung bezeichneten Gründe die Aussage oder die Erstattung des Gutachtens, so kann die Behörde das für den Wohnsitz oder den Aufenthaltsort des Zeugen oder des Sachverständigen zuständige Verwaltungsgericht um die Vernehmung ersuchen. [2] Befindet sich der Wohnsitz oder der Aufenthaltsort des Zeugen oder des Sachverständigen nicht am Sitz eines Verwaltungsgerichts oder einer besonders errichteten Kammer, so kann auch das zuständige Amtsgericht um die Vernehmung ersucht werden. [3] In dem Ersuchen hat die Behörde den Gegenstand der Vernehmung darzulegen sowie die Namen und Anschriften der Beteiligten anzugeben. [4] Das Gericht hat die Beteiligten von den Beweisterminen zu benachrichtigen.

(3) Hält die Behörde mit Rücksicht auf die Bedeutung der Aussage eines Zeugen oder des Gutachtens eines Sachverständigen oder zur Herbeiführung einer wahrheitsgemäßen Aussage die Beeidigung für geboten, so kann sie das nach Absatz 2 zuständige Gericht um die eidliche Vernehmung ersuchen.

(4) Das Gericht entscheidet über die Rechtmäßigkeit einer Verweigerung des Zeugnisses, des Gutachtens oder der Eidesleistung.

(5) Ein Ersuchen nach Absatz 2 oder 3 an das Gericht darf nur von dem Behördenleiter, seinem allgemeinen Vertreter oder einem Angehörigen des öffentlichen Dienstes gestellt werden, der die Befähigung zum Richteramt hat oder die Voraussetzungen des § 110 Satz 1 des Deutschen Richtergesetzes erfüllt.

§ 66 Verpflichtung zur Anhörung von Beteiligten. (1) Im förmlichen Verwaltungsverfahren ist den Beteiligten Gelegenheit zu geben, sich vor der Entscheidung zu äußern.

(2) Den Beteiligten ist Gelegenheit zu geben, der Vernehmung von Zeugen und Sachverständigen und der Einnahme des Augenscheins beizuwohnen und hierbei sachdienliche Fragen zu stellen; ein schriftlich oder elektronisch vorliegendes Gutachten soll ihnen zugänglich gemacht werden.

§ 67 Erfordernis der mündlichen Verhandlung. (1) [1]Die Behörde entscheidet nach mündlicher Verhandlung. [2]Hierzu sind die Beteiligten mit angemessener Frist schriftlich zu laden. [3]Bei der Ladung ist darauf hinzuweisen, dass bei Ausbleiben eines Beteiligten auch ohne ihn verhandelt und entschieden werden kann. [4]Sind mehr als 50 Ladungen vorzunehmen, so können sie durch öffentliche Bekanntmachung ersetzt werden. [5]Die öffentliche Bekanntmachung wird dadurch bewirkt, dass der Verhandlungstermin mindestens zwei Wochen vorher im amtlichen Veröffentlichungsblatt der Behörde und außerdem in örtlichen Tageszeitungen, die in dem Bereich verbreitet sind, in dem sich die Entscheidung voraussichtlich auswirken wird, mit dem Hinweis nach Satz 3 bekannt gemacht wird. [6]Maßgebend für die Frist nach Satz 5 ist die Bekanntgabe im amtlichen Veröffentlichungsblatt.

(2) Die Behörde kann ohne mündliche Verhandlung entscheiden, wenn

1. einem Antrag im Einvernehmen mit allen Beteiligten in vollem Umfang entsprochen wird;
2. kein Beteiligter innerhalb einer hierfür gesetzten Frist Einwendungen gegen die vorgesehene Maßnahme erhoben hat;
3. die Behörde den Beteiligten mitgeteilt hat, dass sie beabsichtige, ohne mündliche Verhandlung zu entscheiden, und kein Beteiligter innerhalb einer hierfür gesetzten Frist Einwendungen dagegen erhoben hat;
4. alle Beteiligten auf sie verzichtet haben;
5. wegen Gefahr im Verzug eine sofortige Entscheidung notwendig ist.

(3) Die Behörde soll das Verfahren so fördern, dass es möglichst in einem Verhandlungstermin erledigt werden kann.

§ 68 Verlauf der mündlichen Verhandlung. (1) [1]Die mündliche Verhandlung ist nicht öffentlich. [2]An ihr können Vertreter der Aufsichtsbehörden und Personen, die bei der Behörde zur Ausbildung beschäftigt sind, teilnehmen.

[3] Anderen Personen kann der Verhandlungsleiter die Anwesenheit gestatten, wenn kein Beteiligter widerspricht.

(2) [1] Der Verhandlungsleiter hat die Sache mit den Beteiligten zu erörtern. [2] Er hat darauf hinzuwirken, dass unklare Anträge erläutert, sachdienliche Anträge gestellt, ungenügende Angaben ergänzt sowie alle für die Feststellung des Sachverhalts wesentlichen Erklärungen abgegeben werden.

(3) [1] Der Verhandlungsleiter ist für die Ordnung verantwortlich. [2] Er kann Personen, die seine Anordnungen nicht befolgen, entfernen lassen. [3] Die Verhandlung kann ohne diese Personen fortgesetzt werden.

(4) [1] Über die mündliche Verhandlung ist eine Niederschrift zu fertigen. [2] Die Niederschrift muss Angaben enthalten über

1. den Ort und den Tag der Verhandlung,
2. die Namen des Verhandlungsleiters, der erschienenen Beteiligten, Zeugen und Sachverständigen,
3. den behandelten Verfahrensgegenstand und die gestellten Anträge,
4. den wesentlichen Inhalt der Aussagen der Zeugen und Sachverständigen,
5. das Ergebnis eines Augenscheins.

[3] Die Niederschrift ist von dem Verhandlungsleiter und, soweit ein Schriftführer hinzugezogen worden ist, auch von diesem zu unterzeichnen. [4] Der Aufnahme in die Verhandlungsniederschrift steht die Aufnahme in eine Schrift gleich, die ihr als Anlage beigefügt und als solche bezeichnet ist; auf die Anlage ist in der Verhandlungsniederschrift hinzuweisen.

§ 69 Entscheidung. (1) Die Behörde entscheidet unter Würdigung des Gesamtergebnisses des Verfahrens.

(2) [1] Verwaltungsakte, die das förmliche Verfahren abschließen, sind schriftlich zu erlassen, schriftlich zu begründen und den Beteiligten zuzustellen; in den Fällen des § 39 Abs. 2 Nr. 1 und 3 bedarf es einer Begründung nicht. [2] Ein elektronischer Verwaltungsakt nach Satz 1 ist mit einer dauerhaft überprüfbaren qualifizierten elektronischen Signatur zu versehen. [3] Sind mehr als 50 Zustellungen vorzunehmen, so können sie durch öffentliche Bekanntmachung ersetzt werden. [4] Die öffentliche Bekanntmachung wird dadurch bewirkt, dass der verfügende Teil des Verwaltungsaktes und die Rechtsbehelfsbelehrung im amtlichen Veröffentlichungsblatt der Behörde und außerdem in örtlichen Tageszeitungen bekannt gemacht werden, die in dem Bereich verbreitet sind, in dem sich die Entscheidung voraussichtlich auswirken wird. [5] Der Verwaltungsakt gilt mit dem Tage als zugestellt, an dem seit dem Tage der Bekanntmachung in dem amtlichen Veröffentlichungsblatt zwei Wochen verstrichen sind; hierauf ist in der Bekanntmachung hinzuweisen. [6] Nach der öffentlichen Bekanntmachung kann der Verwaltungsakt bis zum Ablauf der Rechtsbehelfsfrist von den Beteiligten schriftlich oder elektronisch angefordert werden; hierauf ist in der Bekanntmachung gleichfalls hinzuweisen.

(3) [1] Wird das förmliche Verwaltungsverfahren auf andere Weise abgeschlossen, so sind die Beteiligten hiervon zu benachrichtigen. [2] Sind mehr als 50 Benachrichtigungen vorzunehmen, so können sie durch öffentliche Bekanntmachung ersetzt werden; Absatz 2 Satz 4 gilt entsprechend.

§ 70 Anfechtung der Entscheidung. Vor Erhebung einer verwaltungsgerichtlichen Klage, die einen im förmlichen Verwaltungsverfahren erlassenen Verwaltungsakt zum Gegenstand hat, bedarf es keiner Nachprüfung in einem Vorverfahren.

§ 71 Besondere Vorschriften für das förmliche Verfahren vor Ausschüssen. (1) [1]Findet das förmliche Verwaltungsverfahren vor einem Ausschuss (§ 88) statt, so hat jedes Mitglied das Recht, sachdienliche Fragen zu stellen. [2]Wird eine Frage von einem Beteiligten beanstandet, so entscheidet der Ausschuss über ihre Zulässigkeit.

(2) [1]Bei der Beratung und Abstimmung dürfen nur Ausschussmitglieder zugegen sein, die an der mündlichen Verhandlung teilgenommen haben. [2]Ferner dürfen Personen zugegen sein, die bei der Behörde, bei der der Ausschuss gebildet ist, zur Ausbildung beschäftigt sind, soweit der Vorsitzende ihre Anwesenheit gestattet. [3]Die Abstimmungsergebnisse sind festzuhalten.

(3) [1]Jeder Beteiligte kann ein Mitglied des Ausschusses ablehnen, das in diesem Verwaltungsverfahren nicht tätig werden darf (§ 20) oder bei dem die Besorgnis der Befangenheit besteht (§ 21). [2]Eine Ablehnung vor der mündlichen Verhandlung ist schriftlich oder zur Niederschrift zu erklären. [3]Die Erklärung ist unzulässig, wenn sich der Beteiligte, ohne den ihm bekannten Ablehnungsgrund geltend zu machen, in die mündliche Verhandlung eingelassen hat. [4]Für die Entscheidung über die Ablehnung gilt § 20 Abs. 4 Satz 2 bis 4.

Abschnitt 1a. Verfahren über eine einheitliche Stelle

§ 71a Anwendbarkeit. (1) Ist durch Rechtsvorschrift angeordnet, dass ein Verwaltungsverfahren über eine einheitliche Stelle abgewickelt werden kann, so gelten die Vorschriften dieses Abschnitts und, soweit sich aus ihnen nichts Abweichendes ergibt, die übrigen Vorschriften dieses Gesetzes.

(2) Der zuständigen Behörde obliegen die Pflichten aus § 71b Abs. 3, 4 und 6, § 71c Abs. 2 und § 71e auch dann, wenn sich der Antragsteller oder Anzeigepflichtige unmittelbar an die zuständige Behörde wendet.

§ 71b Verfahren. (1) Die einheitliche Stelle nimmt Anzeigen, Anträge, Willenserklärungen und Unterlagen entgegen und leitet sie unverzüglich an die zuständigen Behörden weiter.

(2) [1]Anzeigen, Anträge, Willenserklärungen und Unterlagen gelten am dritten Tag nach Eingang bei der einheitlichen Stelle als bei der zuständigen Behörde eingegangen. [2]Fristen werden mit Eingang bei der einheitlichen Stelle gewahrt.

(3) [1]Soll durch die Anzeige, den Antrag oder die Abgabe einer Willenserklärung eine Frist in Lauf gesetzt werden, innerhalb deren die zuständige Behörde tätig werden muss, stellt die zuständige Behörde eine Empfangsbestätigung aus. [2]In der Empfangsbestätigung ist das Datum des Eingangs bei der einheitlichen Stelle mitzuteilen und auf die Frist, die Voraussetzungen für den Beginn des Fristlaufs und auf eine an den Fristablauf geknüpfte Rechtsfolge sowie auf die verfügbaren Rechtsbehelfe hinzuweisen.

(4) [1]Ist die Anzeige oder der Antrag unvollständig, teilt die zuständige Behörde unverzüglich mit, welche Unterlagen nachzureichen sind. [2]Die Mit-

teilung enthält den Hinweis, dass der Lauf der Frist nach Absatz 3 erst mit Eingang der vollständigen Unterlagen beginnt. [3]Das Datum des Eingangs der nachgereichten Unterlagen bei der einheitlichen Stelle ist mitzuteilen.

(5) [1]Soweit die einheitliche Stelle zur Verfahrensabwicklung in Anspruch genommen wird, sollen Mitteilungen der zuständigen Behörde an den Antragsteller oder Anzeigepflichtigen über sie weitergegeben werden. [2]Verwaltungsakte werden auf Verlangen desjenigen, an den sich der Verwaltungsakt richtet, von der zuständigen Behörde unmittelbar bekannt gegeben.

(6) [1]Ein schriftlicher Verwaltungsakt, der durch die Post in das Ausland übermittelt wird, gilt einen Monat nach Aufgabe zur Post als bekannt gegeben. [2]§ 41 Abs. 2 Satz 3 gilt entsprechend. [3]Von dem Antragsteller oder Anzeigepflichtigen kann nicht nach § 15 verlangt werden, einen Empfangsbevollmächtigten zu bestellen.

§ 71c Informationspflichten. (1) [1]Die einheitliche Stelle erteilt auf Anfrage unverzüglich Auskunft über die maßgeblichen Vorschriften, die zuständigen Behörden, den Zugang zu den öffentlichen Registern und Datenbanken, die zustehenden Verfahrensrechte und die Einrichtungen, die den Antragsteller oder Anzeigepflichtigen bei der Aufnahme oder Ausübung seiner Tätigkeit unterstützen. [2]Sie teilt unverzüglich mit, wenn eine Anfrage zu unbestimmt ist.

(2) [1]Die zuständigen Behörden erteilen auf Anfrage unverzüglich Auskunft über die maßgeblichen Vorschriften und deren gewöhnliche Auslegung. [2]Nach § 25 erforderliche Anregungen und Auskünfte werden unverzüglich gegeben.

§ 71d Gegenseitige Unterstützung. [1]Die einheitliche Stelle und die zuständigen Behörden wirken gemeinsam auf eine ordnungsgemäße und zügige Verfahrensabwicklung hin; alle einheitlichen Stellen und zuständigen Behörden sind hierbei zu unterstützen. [2]Die zuständigen Behörden stellen der einheitlichen Stelle insbesondere die erforderlichen Informationen zum Verfahrensstand zur Verfügung.

§ 71e Elektronisches Verfahren. [1]Das Verfahren nach diesem Abschnitt wird auf Verlangen in elektronischer Form abgewickelt. [2]§ 3a Abs. 2 Satz 2 und 3 und Abs. 3 bleibt unberührt.

Abschnitt 2. Planfeststellungsverfahren

§ 72 Anwendung der Vorschriften über das Planfeststellungsverfahren. (1) Ist ein Planfeststellungsverfahren durch Rechtsvorschrift angeordnet, so gelten hierfür die §§ 73 bis 78 und, soweit sich aus ihnen nichts Abweichendes ergibt, die übrigen Vorschriften dieses Gesetzes; die §§ 51 und 71a bis 71e sind nicht anzuwenden, § 29 ist mit der Maßgabe anzuwenden, dass Akteneinsicht nach pflichtgemäßem Ermessen zu gewähren ist.

(2) [1]Die Mitteilung nach § 17 Abs. 2 Satz 2 und die Aufforderung nach § 17 Abs. 4 Satz 2 sind im Planfeststellungsverfahren öffentlich bekannt zu machen. [2]Die öffentliche Bekanntmachung wird dadurch bewirkt, dass die Behörde die Mitteilung oder die Aufforderung in ihrem amtlichen Veröffentlichungsblatt und außerdem in örtlichen Tageszeitungen, die in dem Bereich verbreitet sind, in dem sich das Vorhaben voraussichtlich auswirken wird, bekannt macht.

§ 73 Anhörungsverfahren. (1) [1]Der Träger des Vorhabens hat den Plan der Anhörungsbehörde zur Durchführung des Anhörungsverfahrens einzureichen. [2]Der Plan besteht aus den Zeichnungen und Erläuterungen, die das Vorhaben, seinen Anlass und die von dem Vorhaben betroffenen Grundstücke und Anlagen erkennen lassen.

(2) Innerhalb eines Monats nach Zugang des vollständigen Plans fordert die Anhörungsbehörde die Behörden, deren Aufgabenbereich durch das Vorhaben berührt wird, zur Stellungnahme auf und veranlasst, dass der Plan in den Gemeinden, in denen sich das Vorhaben voraussichtlich auswirken wird, ausgelegt wird.

(3) [1]Die Gemeinden nach Absatz 2 haben den Plan innerhalb von drei Wochen nach Zugang für die Dauer eines Monats zur Einsicht auszulegen. [2]Auf eine Auslegung kann verzichtet werden, wenn der Kreis der Betroffenen und die Vereinigungen nach Absatz 4 Satz 5 bekannt sind und ihnen innerhalb angemessener Frist Gelegenheit gegeben wird, den Plan einzusehen.

(3a) [1]Die Behörden nach Absatz 2 haben ihre Stellungnahme innerhalb einer von der Anhörungsbehörde zu setzenden Frist abzugeben, die drei Monate nicht überschreiten darf. [2]Stellungnahmen, die nach Ablauf der Frist nach Satz 1 eingehen, sind zu berücksichtigen, wenn der Planfeststellungsbehörde die vorgebrachten Belange bekannt sind oder hätten bekannt sein müssen oder für die Rechtmäßigkeit der Entscheidung von Bedeutung sind; im Übrigen können sie berücksichtigt werden.

(4) [1]Jeder, dessen Belange durch das Vorhaben berührt werden, kann bis zwei Wochen nach Ablauf der Auslegungsfrist schriftlich oder zur Niederschrift bei der Anhörungsbehörde oder bei der Gemeinde Einwendungen gegen den Plan erheben. [2]Im Falle des Absatzes 3 Satz 2 bestimmt die Anhörungsbehörde die Einwendungsfrist. [3]Mit Ablauf der Einwendungsfrist sind alle Einwendungen ausgeschlossen, die nicht auf besonderen privatrechtlichen Titeln beruhen. [4]Hierauf ist in der Bekanntmachung der Auslegung oder bei der Bekanntgabe der Einwendungsfrist hinzuweisen. [5]Vereinigungen, die auf Grund einer Anerkennung nach anderen Rechtsvorschriften befugt sind, Rechtsbehelfe nach der Verwaltungsgerichtsordnung gegen die Entscheidung nach § 74 einzulegen, können innerhalb der Frist nach Satz 1 Stellungnahmen zu dem Plan abgeben. [6]Die Sätze 2 bis 4 gelten entsprechend.

(5) [1]Die Gemeinden, in denen der Plan auszulegen ist, haben die Auslegung vorher ortsüblich bekannt zu machen. [2]In der Bekanntmachung ist darauf hinzuweisen,

1. wo und in welchem Zeitraum der Plan zur Einsicht ausgelegt ist;
2. dass etwaige Einwendungen oder Stellungnahmen von Vereinigungen nach Absatz 4 Satz 5 bei den in der Bekanntmachung zu bezeichnenden Stellen innerhalb der Einwendungsfrist vorzubringen sind;
3. dass bei Ausbleiben eines Beteiligten in dem Erörterungstermin auch ohne ihn verhandelt werden kann;
4. dass
   a) die Personen, die Einwendungen erhoben haben, oder die Vereinigungen, die Stellungnahmen abgegeben haben, von dem Erörterungstermin durch öffentliche Bekanntmachung benachrichtigt werden können,

b) die Zustellung der Entscheidung über die Einwendungen durch öffentliche Bekanntmachung ersetzt werden kann,

wenn mehr als 50 Benachrichtigungen oder Zustellungen vorzunehmen sind.

[3] Nicht ortsansässige Betroffene, deren Person und Aufenthalt bekannt sind oder sich innerhalb angemessener Frist ermitteln lassen, sollen auf Veranlassung der Anhörungsbehörde von der Auslegung mit dem Hinweis nach Satz 2 benachrichtigt werden.

(6) [1] Nach Ablauf der Einwendungsfrist hat die Anhörungsbehörde die rechtzeitig gegen den Plan erhobenen Einwendungen, die rechtzeitig abgegebenen Stellungnahmen von Vereinigungen nach Absatz 4 Satz 5 sowie die Stellungnahmen der Behörden zu dem Plan mit dem Träger des Vorhabens, den Behörden, den Betroffenen sowie denjenigen, die Einwendungen erhoben oder Stellungnahmen abgegeben haben, zu erörtern. [2] Der Erörterungstermin ist mindestens eine Woche vorher ortsüblich bekannt zu machen. [3] Die Behörden, der Träger des Vorhabens und diejenigen, die Einwendungen erhoben oder Stellungnahmen abgegeben haben, sind von dem Erörterungstermin zu benachrichtigen. [4] Sind außer der Benachrichtigung der Behörden und des Trägers des Vorhabens mehr als 50 Benachrichtigungen vorzunehmen, so können diese Benachrichtigungen durch öffentliche Bekanntmachung ersetzt werden. [5] Die öffentliche Bekanntmachung wird dadurch bewirkt, dass abweichend von Satz 2 der Erörterungstermin im amtlichen Veröffentlichungsblatt der Anhörungsbehörde und außerdem in örtlichen Tageszeitungen bekannt gemacht wird, die in dem Bereich verbreitet sind, in dem sich das Vorhaben voraussichtlich auswirken wird; maßgebend für die Frist nach Satz 2 ist die Bekanntgabe im amtlichen Veröffentlichungsblatt. [6] Im Übrigen gelten für die Erörterung die Vorschriften über die mündliche Verhandlung im förmlichen Verwaltungsverfahren (§ 67 Abs. 1 Satz 3, Abs. 2 Nr. 1 und 4 und Abs. 3, § 68) entsprechend. [7] Die Anhörungsbehörde schließt die Erörterung innerhalb von drei Monaten nach Ablauf der Einwendungsfrist ab.

(7) Abweichend von den Vorschriften des Absatzes 6 Satz 2 bis 5 kann der Erörterungstermin bereits in der Bekanntmachung nach Absatz 5 Satz 2 bestimmt werden.

(8) [1] Soll ein ausgelegter Plan geändert werden und werden dadurch der Aufgabenbereich einer Behörde oder einer Vereinigung nach Absatz 4 Satz 5 oder Belange Dritter erstmals oder stärker als bisher berührt, so ist diesen die Änderung mitzuteilen und ihnen Gelegenheit zu Stellungnahmen und Einwendungen innerhalb von zwei Wochen zu geben; Absatz 4 Satz 3 bis 6 gilt entsprechend. [2] Wird sich die Änderung voraussichtlich auf das Gebiet einer anderen Gemeinde auswirken, so ist der geänderte Plan in dieser Gemeinde auszulegen; die Absätze 2 bis 6 gelten entsprechend.

(9) Die Anhörungsbehörde gibt zum Ergebnis des Anhörungsverfahrens eine Stellungnahme ab und leitet diese der Planfeststellungsbehörde innerhalb eines Monats nach Abschluss der Erörterung mit dem Plan, den Stellungnahmen der Behörden und der Vereinigungen nach Absatz 4 Satz 5 sowie den nicht erledigten Einwendungen zu.

§ 74 Planfeststellungsbeschluss, Plangenehmigung. (1) [1]Die Planfeststellungsbehörde stellt den Plan fest (Planfeststellungsbeschluss). [2]Die Vorschriften über die Entscheidung und die Anfechtung der Entscheidung im förmlichen Verwaltungsverfahren (§§ 69 und 70) sind anzuwenden.

(2) [1]Im Planfeststellungsbeschluss entscheidet die Planfeststellungsbehörde über die Einwendungen, über die bei der Erörterung vor der Anhörungsbehörde keine Einigung erzielt worden ist. [2]Sie hat dem Träger des Vorhabens Vorkehrungen oder die Errichtung und Unterhaltung von Anlagen aufzuerlegen, die zum Wohl der Allgemeinheit oder zur Vermeidung nachteiliger Wirkungen auf Rechte anderer erforderlich sind. [3]Sind solche Vorkehrungen oder Anlagen untunlich oder mit dem Vorhaben unvereinbar, so hat der Betroffene Anspruch auf angemessene Entschädigung in Geld.

(3) Soweit eine abschließende Entscheidung noch nicht möglich ist, ist diese im Planfeststellungsbeschluss vorzubehalten; dem Träger des Vorhabens ist dabei aufzugeben, noch fehlende oder von der Planfeststellungsbehörde bestimmte Unterlagen rechtzeitig vorzulegen.

(4) [1]Der Planfeststellungsbeschluss ist dem Träger des Vorhabens, denjenigen, über deren Einwendungen entschieden worden ist, und den Vereinigungen, über deren Stellungnahmen entschieden worden ist, zuzustellen. [2]Eine Ausfertigung des Beschlusses ist mit einer Rechtsbehelfsbelehrung und einer Ausfertigung des festgestellten Plans in den Gemeinden zwei Wochen zur Einsicht auszulegen; der Ort und die Zeit der Auslegung sind ortsüblich bekannt zu machen. [3]Mit dem Ende der Auslegungsfrist gilt der Beschluss gegenüber den übrigen Betroffenen als zugestellt; darauf ist in der Bekanntmachung hinzuweisen.

(5) [1]Sind außer an den Träger des Vorhabens mehr als 50 Zustellungen nach Absatz 4 vorzunehmen, so können diese Zustellungen durch öffentliche Bekanntmachung ersetzt werden. [2]Die öffentliche Bekanntmachung wird dadurch bewirkt, dass der verfügende Teil des Planfeststellungsbeschlusses, die Rechtsbehelfsbelehrung und ein Hinweis auf die Auslegung nach Absatz 4 Satz 2 im amtlichen Veröffentlichungsblatt der zuständigen Behörde und außerdem in örtlichen Tageszeitungen bekannt gemacht werden, die in dem Bereich verbreitet sind, in dem sich das Vorhaben voraussichtlich auswirken wird; auf Auflagen ist hinzuweisen. [3]Mit dem Ende der Auslegungsfrist gilt der Beschluss den Betroffenen und denjenigen gegenüber, die Einwendungen erhoben haben, als zugestellt; hierauf ist in der Bekanntmachung hinzuweisen. [4]Nach der öffentlichen Bekanntmachung kann der Planfeststellungsbeschluss bis zum Ablauf der Rechtsbehelfsfrist von den Betroffenen und von denjenigen, die Einwendungen erhoben haben, schriftlich oder elektronisch angefordert werden; hierauf ist in der Bekanntmachung gleichfalls hinzuweisen.

(6) [1]An Stelle eines Planfeststellungsbeschlusses kann eine Plangenehmigung erteilt werden, wenn

1. Rechte anderer nicht oder nur unwesentlich beeinträchtigt werden oder die Betroffenen sich mit der Inanspruchnahme ihres Eigentums oder eines anderen Rechts schriftlich einverstanden erklärt haben,
2. mit den Trägern öffentlicher Belange, deren Aufgabenbereich berührt wird, das Benehmen hergestellt worden ist und

3. nicht andere Rechtsvorschriften eine Öffentlichkeitsbeteiligung vorschreiben, die den Anforderungen des § 73 Absatz 3 Satz 1 und Absatz 4 bis 7 entsprechen muss.

[2] Die Plangenehmigung hat die Rechtswirkungen der Planfeststellung; auf ihre Erteilung sind die Vorschriften über das Planfeststellungsverfahren nicht anzuwenden; davon ausgenommen sind Absatz 4 Satz 1 und Absatz 5, die entsprechend anzuwenden sind. [3] Vor Erhebung einer verwaltungsgerichtlichen Klage bedarf es keiner Nachprüfung in einem Vorverfahren. [4] § 75 Abs. 4 gilt entsprechend.

(7) [1] Planfeststellung und Plangenehmigung entfallen in Fällen von unwesentlicher Bedeutung. [2] Diese liegen vor, wenn

1. andere öffentliche Belange nicht berührt sind oder die erforderlichen behördlichen Entscheidungen vorliegen und sie dem Plan nicht entgegenstehen,
2. Rechte anderer nicht beeinflusst werden oder mit den vom Plan Betroffenen entsprechende Vereinbarungen getroffen worden sind und
3. nicht andere Rechtsvorschriften eine Öffentlichkeitsbeteiligung vorschreiben, die den Anforderungen des § 73 Absatz 3 Satz 1 und Absatz 4 bis 7 entsprechen muss.

§ 75 Rechtswirkungen der Planfeststellung. (1) [1] Durch die Planfeststellung wird die Zulässigkeit des Vorhabens einschließlich der notwendigen Folgemaßnahmen an anderen Anlagen im Hinblick auf alle von ihm berührten öffentlichen Belange festgestellt; neben der Planfeststellung sind andere behördliche Entscheidungen, insbesondere öffentlich-rechtliche Genehmigungen, Verleihungen, Erlaubnisse, Bewilligungen, Zustimmungen und Planfeststellungen nicht erforderlich. [2] Durch die Planfeststellung werden alle öffentlich-rechtlichen Beziehungen zwischen dem Träger des Vorhabens und den durch den Plan Betroffenen rechtsgestaltend geregelt.

(1a) [1] Mängel bei der Abwägung der von dem Vorhaben berührten öffentlichen und privaten Belange sind nur erheblich, wenn sie offensichtlich und auf das Abwägungsergebnis von Einfluss gewesen sind. [2] Erhebliche Mängel bei der Abwägung oder eine Verletzung von Verfahrens- oder Formvorschriften führen nur dann zur Aufhebung des Planfeststellungsbeschlusses oder der Plangenehmigung, wenn sie nicht durch Planergänzung oder durch ein ergänzendes Verfahren behoben werden können; die §§ 45 und 46 bleiben unberührt.

(2) [1] Ist der Planfeststellungsbeschluss unanfechtbar geworden, so sind Ansprüche auf Unterlassung des Vorhabens, auf Beseitigung oder Änderung der Anlagen oder auf Unterlassung ihrer Benutzung ausgeschlossen. [2] Treten nicht voraussehbare Wirkungen des Vorhabens oder der dem festgestellten Plan entsprechenden Anlagen auf das Recht eines anderen erst nach Unanfechtbarkeit des Plans auf, so kann der Betroffene Vorkehrungen oder die Errichtung und Unterhaltung von Anlagen verlangen, welche die nachteiligen Wirkungen ausschließen. [3] Sie sind dem Träger des Vorhabens durch Beschluss der Planfeststellungsbehörde aufzuerlegen. [4] Sind solche Vorkehrungen oder Anlagen untunlich oder mit dem Vorhaben unvereinbar, so richtet sich der Anspruch auf angemessene Entschädigung in Geld. [5] Werden Vorkehrungen oder Anlagen im Sinne des Satzes 2 notwendig, weil nach Abschluss des Planfeststellungsverfah-

rens auf einem benachbarten Grundstück Veränderungen eingetreten sind, so hat die hierdurch entstehenden Kosten der Eigentümer des benachbarten Grundstücks zu tragen, es sei denn, dass die Veränderungen durch natürliche Ereignisse oder höhere Gewalt verursacht worden sind; Satz 4 ist nicht anzuwenden.

(3) [1] Anträge, mit denen Ansprüche auf Herstellung von Einrichtungen oder auf angemessene Entschädigung nach Absatz 2 Satz 2 und 4 geltend gemacht werden, sind schriftlich an die Planfeststellungsbehörde zu richten. [2] Sie sind nur innerhalb von drei Jahren nach dem Zeitpunkt zulässig, zu dem der Betroffene von den nachteiligen Wirkungen des dem unanfechtbar festgestellten Plan entsprechenden Vorhabens oder der Anlage Kenntnis erhalten hat; sie sind ausgeschlossen, wenn nach Herstellung des dem Plan entsprechenden Zustands 30 Jahre verstrichen sind.

(4) [1] Wird mit der Durchführung des Plans nicht innerhalb von fünf Jahren nach Eintritt der Unanfechtbarkeit begonnen, so tritt er außer Kraft. [2] Als Beginn der Durchführung des Plans gilt jede erstmals nach außen erkennbare Tätigkeit von mehr als nur geringfügiger Bedeutung zur plangemäßen Verwirklichung des Vorhabens; eine spätere Unterbrechung der Verwirklichung des Vorhabens berührt den Beginn der Durchführung nicht.

§ 76 Planänderungen vor Fertigstellung des Vorhabens. (1) Soll vor Fertigstellung des Vorhabens der festgestellte Plan geändert werden, bedarf es eines neuen Planfeststellungsverfahrens.

(2) Bei Planänderungen von unwesentlicher Bedeutung kann die Planfeststellungsbehörde von einem neuen Planfeststellungsverfahren absehen, wenn die Belange anderer nicht berührt werden oder wenn die Betroffenen der Änderung zugestimmt haben.

(3) Führt die Planfeststellungsbehörde in den Fällen des Absatzes 2 oder in anderen Fällen einer Planänderung von unwesentlicher Bedeutung ein Planfeststellungsverfahren durch, so bedarf es keines Anhörungsverfahrens und keiner öffentlichen Bekanntgabe des Planfeststellungsbeschlusses.

§ 77 Aufhebung des Planfeststellungsbeschlusses. [1] Wird ein Vorhaben, mit dessen Durchführung begonnen worden ist, endgültig aufgegeben, so hat die Planfeststellungsbehörde den Planfeststellungsbeschluss aufzuheben. [2] In dem Aufhebungsbeschluss sind dem Träger des Vorhabens die Wiederherstellung des früheren Zustands oder geeignete andere Maßnahmen aufzuerlegen, soweit dies zum Wohl der Allgemeinheit oder zur Vermeidung nachteiliger Wirkungen auf Rechte anderer erforderlich ist. [3] Werden solche Maßnahmen notwendig, weil nach Abschluss des Planfeststellungsverfahrens auf einem benachbarten Grundstück Veränderungen eingetreten sind, so kann der Träger des Vorhabens durch Beschluss der Planfeststellungsbehörde zu geeigneten Vorkehrungen verpflichtet werden; die hierdurch entstehenden Kosten hat jedoch der Eigentümer des benachbarten Grundstücks zu tragen, es sei denn, dass die Veränderungen durch natürliche Ereignisse oder höhere Gewalt verursacht worden sind.

§ 78 Zusammentreffen mehrerer Vorhaben. (1) Treffen mehrere selbständige Vorhaben, für deren Durchführung Planfeststellungsverfahren vorgeschrieben sind, derart zusammen, dass für diese Vorhaben oder für Teile von ihnen nur eine einheitliche Entscheidung möglich ist, und ist mindestens eines der Planfeststellungsverfahren bundesrechtlich geregelt, so findet für diese Vorhaben oder für deren Teile nur ein Planfeststellungsverfahren statt.

(2) [1] Zuständigkeiten und Verfahren richten sich nach den Rechtsvorschriften über das Planfeststellungsverfahren, das für diejenige Anlage vorgeschrieben ist, die einen größeren Kreis öffentlich-rechtlicher Beziehungen berührt. [2] Bestehen Zweifel, welche Rechtsvorschrift anzuwenden ist, so entscheidet, falls nach den in Betracht kommenden Rechtsvorschriften mehrere Bundesbehörden in den Geschäftsbereichen mehrerer oberster Bundesbehörden zuständig sind, die Bundesregierung, sonst die zuständige oberste Bundesbehörde. [3] Bestehen Zweifel, welche Rechtsvorschrift anzuwenden ist, und sind nach den in Betracht kommenden Rechtsvorschriften eine Bundesbehörde und eine Landesbehörde zuständig, so führen, falls sich die obersten Bundes- und Landesbehörden nicht einigen, die Bundesregierung und die Landesregierung das Einvernehmen darüber herbei, welche Rechtsvorschrift anzuwenden ist.

Teil VI. Rechtsbehelfsverfahren

§ 79 Rechtsbehelfe gegen Verwaltungsakte. Für förmliche Rechtsbehelfe gegen Verwaltungsakte gelten die Verwaltungsgerichtsordnung[1)] und die zu ihrer Ausführung ergangenen Rechtsvorschriften, soweit nicht durch Gesetz etwas anderes bestimmt ist; im Übrigen gelten die Vorschriften dieses Gesetzes.

§ 80 Erstattung von Kosten im Vorverfahren. (1) [1] Soweit der Widerspruch erfolgreich ist, hat der Rechtsträger, dessen Behörde den angefochtenen Verwaltungsakt erlassen hat, demjenigen, der Widerspruch erhoben hat, die zur zweckentsprechenden Rechtsverfolgung oder Rechtsverteidigung notwendigen Aufwendungen zu erstatten. [2] Dies gilt auch, wenn der Widerspruch nur deshalb keinen Erfolg hat, weil die Verletzung einer Verfahrens- oder Formvorschrift nach § 45 unbeachtlich ist. [3] Soweit der Widerspruch erfolglos geblieben ist, hat derjenige, der den Widerspruch eingelegt hat, die zur zweckentsprechenden Rechtsverfolgung oder Rechtsverteidigung notwendigen Aufwendungen der Behörde, die den angefochtenen Verwaltungsakt erlassen hat, zu erstatten; dies gilt nicht, wenn der Widerspruch gegen einen Verwaltungsakt eingelegt wird, der im Rahmen

1. eines bestehenden oder früheren öffentlich-rechtlichen Dienst- oder Amtsverhältnisses oder
2. einer bestehenden oder früheren gesetzlichen Dienstpflicht oder einer Tätigkeit, die an Stelle der gesetzlichen Dienstpflicht geleistet werden kann,

erlassen wurde. [4] Aufwendungen, die durch das Verschulden eines Erstattungsberechtigten entstanden sind, hat dieser selbst zu tragen; das Verschulden eines Vertreters ist dem Vertretenen zuzurechnen.

(2) Die Gebühren und Auslagen eines Rechtsanwalts oder eines sonstigen Bevollmächtigten im Vorverfahren sind erstattungsfähig, wenn die Zuziehung eines Bevollmächtigten notwendig war.

(3) [1] Die Behörde, die die Kostenentscheidung getroffen hat, setzt auf Antrag den Betrag der zu erstattenden Aufwendungen fest; hat ein Ausschuss oder

---

1) Nr. **15**.

Beirat (§ 73 Abs. 2 der Verwaltungsgerichtsordnung[1]) die Kostenentscheidung getroffen, so obliegt die Kostenfestsetzung der Behörde, bei der der Ausschuss oder Beirat gebildet ist. [2]Die Kostenentscheidung bestimmt auch, ob die Zuziehung eines Rechtsanwalts oder eines sonstigen Bevollmächtigten notwendig war.

(4) Die Absätze 1 bis 3 gelten auch für Vorverfahren bei Maßnahmen des Richterdienstrechts.

Teil VII. Ehrenamtliche Tätigkeit, Ausschüsse

Abschnitt 1. Ehrenamtliche Tätigkeit

§ 81 Anwendung der Vorschriften über die ehrenamtliche Tätigkeit.

Für die ehrenamtliche Tätigkeit im Verwaltungsverfahren gelten die §§ 82 bis 87, soweit Rechtsvorschriften nichts Abweichendes bestimmen.

§ 82 Pflicht zu ehrenamtlicher Tätigkeit. Eine Pflicht zur Übernahme ehrenamtlicher Tätigkeit besteht nur, wenn sie durch Rechtsvorschrift vorgesehen ist.

§ 83 Ausübung ehrenamtlicher Tätigkeit. (1) Der ehrenamtlich Tätige hat seine Tätigkeit gewissenhaft und unparteiisch auszuüben.

(2) [1]Bei Übernahme seiner Aufgaben ist er zur gewissenhaften und unparteiischen Tätigkeit und zur Verschwiegenheit besonders zu verpflichten. [2]Die Verpflichtung ist aktenkundig zu machen.

§ 84 Verschwiegenheitspflicht. (1) [1]Der ehrenamtlich Tätige hat, auch nach Beendigung seiner ehrenamtlichen Tätigkeit, über die ihm dabei bekannt gewordenen Angelegenheiten Verschwiegenheit zu wahren. [2]Dies gilt nicht für Mitteilungen im dienstlichen Verkehr oder über Tatsachen, die offenkundig sind oder ihrer Bedeutung nach keiner Geheimhaltung bedürfen.

(2) Der ehrenamtlich Tätige darf ohne Genehmigung über Angelegenheiten, über die er Verschwiegenheit zu wahren hat, weder vor Gericht noch außergerichtlich aussagen oder Erklärungen abgeben.

(3) Die Genehmigung, als Zeuge auszusagen, darf nur versagt werden, wenn die Aussage dem Wohl des Bundes oder eines Landes Nachteile bereiten oder die Erfüllung öffentlicher Aufgaben ernstlich gefährden oder erheblich erschweren würde.

(4) [1]Ist der ehrenamtlich Tätige Beteiligter in einem gerichtlichen Verfahren oder soll sein Vorbringen der Wahrnehmung seiner berechtigten Interessen dienen, so darf die Genehmigung auch dann, wenn die Voraussetzungen des Absatzes 3 erfüllt sind, nur versagt werden, wenn ein zwingendes öffentliches Interesse dies erfordert. [2]Wird sie versagt, so ist dem ehrenamtlich Tätigen der Schutz zu gewähren, den die öffentlichen Interessen zulassen.

(5) Die Genehmigung nach den Absätzen 2 bis 4 erteilt die fachlich zuständige Aufsichtsbehörde der Stelle, die den ehrenamtlich Tätigen berufen hat.

---

[1] Nr. **15**.

§ 85 Entschädigung. Der ehrenamtlich Tätige hat Anspruch auf Ersatz seiner notwendigen Auslagen und seines Verdienstausfalls.

§ 86 Abberufung. [1] Personen, die zu ehrenamtlicher Tätigkeit herangezogen worden sind, können von der Stelle, die sie berufen hat, abberufen werden, wenn ein wichtiger Grund vorliegt. [2] Ein wichtiger Grund liegt insbesondere vor, wenn der ehrenamtlich Tätige

1. seine Pflicht gröblich verletzt oder sich als unwürdig erwiesen hat,
2. seine Tätigkeit nicht mehr ordnungsgemäß ausüben kann.

§ 87 Ordnungswidrigkeiten. (1) Ordnungswidrig handelt, wer

1. eine ehrenamtliche Tätigkeit nicht übernimmt, obwohl er zur Übernahme verpflichtet ist,
2. eine ehrenamtliche Tätigkeit, zu deren Übernahme er verpflichtet war, ohne anerkennenswerten Grund niederlegt.

(2) Die Ordnungswidrigkeit kann mit einer Geldbuße geahndet werden.

Abschnitt 2. Ausschüsse

§ 88 Anwendung der Vorschriften über Ausschüsse. Für Ausschüsse, Beiräte und andere kollegiale Einrichtungen (Ausschüsse) gelten, wenn sie in einem Verwaltungsverfahren tätig werden, die §§ 89 bis 93, soweit Rechtsvorschriften nichts Abweichendes bestimmen.

§ 89 Ordnung in den Sitzungen. Der Vorsitzende eröffnet, leitet und schließt die Sitzungen; er ist für die Ordnung verantwortlich.

§ 90 Beschlussfähigkeit. (1) [1] Ausschüsse sind beschlussfähig, wenn alle Mitglieder geladen und mehr als die Hälfte, mindestens aber drei der stimmberechtigten Mitglieder anwesend sind. [2] Beschlüsse können auch im schriftlichen Verfahren gefasst werden, wenn kein Mitglied widerspricht.

(2) Ist eine Angelegenheit wegen Beschlussunfähigkeit zurückgestellt worden und wird der Ausschuss zur Behandlung desselben Gegenstands erneut geladen, so ist er ohne Rücksicht auf die Zahl der Erschienenen beschlussfähig, wenn darauf in dieser Ladung hingewiesen worden ist.

§ 91 Beschlussfassung. [1] Beschlüsse werden mit Stimmenmehrheit gefasst. [2] Bei Stimmengleichheit entscheidet die Stimme des Vorsitzenden, wenn er stimmberechtigt ist; sonst gilt Stimmengleichheit als Ablehnung.

§ 92 Wahlen durch Ausschüsse. (1) [1] Gewählt wird, wenn kein Mitglied des Ausschusses widerspricht, durch Zuruf oder Zeichen, sonst durch Stimmzettel. [2] Auf Verlangen eines Mitglieds ist geheim zu wählen.

(2) [1] Gewählt ist, wer von den abgegebenen Stimmen die meisten erhalten hat. [2] Bei Stimmengleichheit entscheidet das vom Leiter der Wahl zu ziehende Los.

(3) [1] Sind mehrere gleichartige Wahlstellen zu besetzen, so ist nach dem Höchstzahlverfahren d'Hondt zu wählen, außer wenn einstimmig etwas anderes

beschlossen worden ist. [2] Über die Zuteilung der letzten Wahlstelle entscheidet bei gleicher Höchstzahl das vom Leiter der Wahl zu ziehende Los.

§ 93 Niederschrift. [1] Über die Sitzung ist eine Niederschrift zu fertigen. [2] Die Niederschrift muss Angaben enthalten über

1. den Ort und den Tag der Sitzung,
2. die Namen des Vorsitzenden und der anwesenden Ausschussmitglieder,
3. den behandelten Gegenstand und die gestellten Anträge,
4. die gefassten Beschlüsse,
5. das Ergebnis von Wahlen.

[3] Die Niederschrift ist von dem Vorsitzenden und, soweit ein Schriftführer hinzugezogen worden ist, auch von diesem zu unterzeichnen.

Teil VIII. Schlussvorschriften

§ 94 Übertragung gemeindlicher Aufgaben. [1] Die Landesregierungen können durch Rechtsverordnung die nach den §§ 73 und 74 dieses Gesetzes den Gemeinden obliegenden Aufgaben auf eine andere kommunale Gebietskörperschaft oder eine Verwaltungsgemeinschaft übertragen. [2] Rechtsvorschriften der Länder, die entsprechende Regelungen bereits enthalten, bleiben unberührt.

§ 95 Sonderregelung für Verteidigungsangelegenheiten. [1] Nach Feststellung des Verteidigungsfalles oder des Spannungsfalles kann in Verteidigungsangelegenheiten von der Anhörung Beteiligter (§ 28 Abs. 1), von der schriftlichen Bestätigung (§ 37 Abs. 2 Satz 2) und von der schriftlichen Begründung eines Verwaltungsaktes (§ 39 Abs. 1) abgesehen werden; in diesen Fällen gilt ein Verwaltungsakt abweichend von § 41 Abs. 4 Satz 3 mit dem auf die Bekanntmachung folgenden Tag als bekannt gegeben. [2] Dasselbe gilt für die sonstigen gemäß Artikel 80a des Grundgesetzes[1)] anzuwendenden Rechtsvorschriften.

§ 96 Überleitung von Verfahren. (1) Bereits begonnene Verfahren sind nach den Vorschriften dieses Gesetzes zu Ende zu führen.

(2) Die Zulässigkeit eines Rechtsbehelfs gegen die vor Inkrafttreten dieses Gesetzes ergangenen Entscheidungen richtet sich nach den bisher geltenden Vorschriften.

(3) Fristen, deren Lauf vor Inkrafttreten dieses Gesetzes begonnen hat, werden nach den bisher geltenden Rechtsvorschriften berechnet.

(4) Für die Erstattung von Kosten im Vorverfahren gelten die Vorschriften dieses Gesetzes, wenn das Vorverfahren vor Inkrafttreten dieses Gesetzes noch nicht abgeschlossen worden ist.

§§ 97–99 (weggefallen)

[1)] Nr. 1.

§ 100 Landesgesetzliche Regelungen. Die Länder können durch Gesetz

1. eine dem § 16 entsprechende Regelung treffen;
2. bestimmen, dass für Planfeststellungen, die auf Grund landesrechtlicher Vorschriften durchgeführt werden, die Rechtswirkungen des § 75 Abs. 1 Satz 1 auch gegenüber nach Bundesrecht notwendigen Entscheidungen gelten.

§ 101 Stadtstaatenklausel. Die Senate der Länder Berlin, Bremen und Hamburg werden ermächtigt, die örtliche Zuständigkeit abweichend von § 3 dem besonderen Verwaltungsaufbau ihrer Länder entsprechend zu regeln.

§ 102 Übergangsvorschrift zu § 53. Artikel 229 § 6 Abs. 1 bis 4 des Einführungsgesetzes zum Bürgerlichen Gesetzbuche gilt entsprechend bei der Anwendung des § 53 in der seit dem 1. Januar 2002 geltenden Fassung.

§ 103 (Inkrafttreten)

Anhang zu § 29
(Fußnote 1 zu § 29 dieses Gesetzes)

Informationsfreiheitsgesetz[1]

§ 1 Grundsatz. (1) [1] Jeder hat nach Maßgabe dieses Gesetzes gegenüber den Behörden des Bundes einen Anspruch auf Zugang zu amtlichen Informationen. [2] Für sonstige Bundesorgane und -einrichtungen gilt dieses Gesetz, soweit sie öffentlich-rechtliche Verwaltungsaufgaben wahrnehmen. [3] Einer Behörde im Sinne dieser Vorschrift steht eine natürliche Person oder juristische Person des Privatrechts gleich, soweit eine Behörde sich dieser Person zur Erfüllung ihrer öffentlich-rechtlichen Aufgaben bedient.

(2) [1] Die Behörde kann Auskunft erteilen, Akteneinsicht gewähren oder Informationen in sonstiger Weise zur Verfügung stellen. [2] Begehrt der Antragsteller eine bestimmte Art des Informationszugangs, so darf dieser nur aus wichtigem Grund auf andere Art gewährt werden. [3] Als wichtiger Grund gilt insbesondere ein deutlich höherer Verwaltungsaufwand.

(3) Regelungen in anderen Rechtsvorschriften über den Zugang zu amtlichen Informationen gehen mit Ausnahme des § 29 des Verwaltungsverfahrensgesetzes[2] und des § 25 des Zehnten Buches Sozialgesetzbuch vor.

§ 2 Begriffsbestimmungen. Im Sinne dieses Gesetzes ist

1. amtliche Information: jede amtlichen Zwecken dienende Aufzeichnung, unabhängig von der Art ihrer Speicherung. Entwürfe und Notizen, die nicht Bestandteil eines Vorgangs werden sollen, gehören nicht dazu;
2. Dritter: jeder, über den personenbezogene Daten oder sonstige Informationen vorliegen.

§ 3 Schutz von besonderen öffentlichen Belangen. Der Anspruch auf Informationszugang besteht nicht,

1. wenn das Bekanntwerden der Information nachteilige Auswirkungen haben kann auf
   a) internationale Beziehungen,
   b) militärische und sonstige sicherheitsempfindliche Belange der Bundeswehr,
   c) Belange der inneren oder äußeren Sicherheit,

---

[1] Informationsfreiheitsgesetz v. 5.9.2005 (BGBl. I S. 2722), zuletzt geänd. durch G v. 20.11.2019 (BGBl. I S. 1626).
[2] Nr. **12**.

d) Kontroll- oder Aufsichtsaufgaben der Finanz-, Wettbewerbs- und Regulierungsbehörden,
e) Angelegenheiten der externen Finanzkontrolle,
f) Maßnahmen zum Schutz vor unerlaubtem Außenwirtschaftsverkehr,
g) die Durchführung eines laufenden Gerichtsverfahrens, den Anspruch einer Person auf ein faires Verfahren oder die Durchführung strafrechtlicher, ordnungswidrigkeitsrechtlicher oder disziplinarischer Ermittlungen,

2. wenn das Bekanntwerden der Information die öffentliche Sicherheit gefährden kann,
3. wenn und solange
   a) die notwendige Vertraulichkeit internationaler Verhandlungen oder
   b) die Beratungen von Behörden beeinträchtigt werden,
4. wenn die Information einer durch Rechtsvorschrift oder durch die Allgemeine Verwaltungsvorschrift zum materiellen und organisatorischen Schutz von Verschlusssachen geregelten Geheimhaltungs- oder Vertraulichkeitspflicht oder einem Berufs- oder besonderen Amtsgeheimnis unterliegt,
5. hinsichtlich vorübergehend beigezogener Information einer anderen öffentlichen Stelle, die nicht Bestandteil der eigenen Vorgänge werden soll,
6. wenn das Bekanntwerden der Information geeignet wäre, fiskalische Interessen des Bundes im Wirtschaftsverkehr oder wirtschaftliche Interessen der Sozialversicherungen zu beeinträchtigen,
7. bei vertraulich erhobener oder übermittelter Information, soweit das Interesse des Dritten an einer vertraulichen Behandlung im Zeitpunkt des Antrags auf Informationszugang noch fortbesteht,
8. gegenüber den Nachrichtendiensten sowie den Behörden und sonstigen öffentlichen Stellen des Bundes, soweit sie Aufgaben im Sinne des § 10 Nr. 3 des Sicherheitsüberprüfungsgesetzes wahrnehmen.

§ 4 Schutz des behördlichen Entscheidungsprozesses. (1) [1]Der Antrag auf Informationszugang soll abgelehnt werden für Entwürfe zu Entscheidungen sowie Arbeiten und Beschlüsse zu ihrer unmittelbaren Vorbereitung, soweit und solange durch die vorzeitige Bekanntgabe der Informationen der Erfolg der Entscheidung oder bevorstehender behördlicher Maßnahmen vereitelt würde. [2]Nicht der unmittelbaren Entscheidungsvorbereitung nach Satz 1 dienen regelmäßig Ergebnisse der Beweiserhebung und Gutachten oder Stellungnahmen Dritter.

(2) Der Antragsteller soll über den Abschluss des jeweiligen Verfahrens informiert werden.

§ 5 Schutz personenbezogener Daten. (1) [1]Zugang zu personenbezogenen Daten darf nur gewährt werden, soweit das Informationsinteresse des Antragstellers das schutzwürdige Interesse des Dritten am Ausschluss des Informationszugangs überwiegt oder der Dritte eingewilligt hat. [2]Besondere Kategorien personenbezogener Daten im Sinne des Artikels 9 Absatz 1 der Verordnung (EU) 2016/679 des Europäischen Parlaments und des Rates vom 27. April 2016 zum Schutz natürlicher Personen bei der Verarbeitung personenbezogener Daten, zum freien Datenverkehr und zur Aufhebung der Richtlinie 95/46/EG (Datenschutz- Grundverordnung) (ABl. L 119 vom 4.5.2016, S. 1; L 314 vom 22.11.2016, S. 72; L 127 vom 23.5.2018, S. 2) in der jeweils geltenden Fassung dürfen nur übermittelt werden, wenn der Dritte ausdrücklich eingewilligt hat.

(2) Das Informationsinteresse des Antragstellers überwiegt nicht bei Informationen aus Unterlagen, soweit sie mit dem Dienst- oder Amtsverhältnis oder einem Mandat des Dritten in Zusammenhang stehen und bei Informationen, die einem Berufs- oder Amtsgeheimnis unterliegen.

(3) Das Informationsinteresse des Antragstellers überwiegt das schutzwürdige Interesse des Dritten am Ausschluss des Informationszugangs in der Regel dann, wenn sich die Angabe auf Name, Titel, akademischen Grad, Berufs- und Funktionsbezeichnung, Büroanschrift und -telekommunikationsnummer beschränkt und der Dritte als Gutachter, Sachverständiger oder in vergleichbarer Weise eine Stellungnahme in einem Verfahren abgegeben hat.

(4) Name, Titel, akademischer Grad, Berufs- und Funktionsbezeichnung, Büroanschrift und -telekommunikationsnummer von Bearbeitern sind vom Informationszugang nicht ausgeschlossen, soweit sie Ausdruck und Folge der amtlichen Tätigkeit sind und kein Ausnahmetatbestand erfüllt ist.

§ 6 Schutz des geistigen Eigentums und von Betriebs- oder Geschäftsgeheimnissen.

[1]Der Anspruch auf Informationszugang besteht nicht, soweit der Schutz geistigen Eigentums entgegensteht. [2]Zugang zu Betriebs- oder Geschäftsgeheimnissen darf nur gewährt werden, soweit der Betroffene eingewilligt hat.

§ 7 Antrag und Verfahren. (1) [1]Über den Antrag auf Informationszugang entscheidet die Behörde, die zur Verfügung über die begehrten Informationen berechtigt ist. [2]Im Fall des § 1 Abs. 1 Satz 3 ist der Antrag an die Behörde zu richten, die sich der natürlichen oder juristischen Person des Privatrechts zur Erfüllung ihrer öffentlich-rechtlichen Aufgaben bedient. [3]Betrifft der Antrag Daten Dritter im Sinne von § 5 Abs. 1 und 2 oder § 6, muss er begründet werden. [4]Bei gleichförmigen Anträgen von mehr als 50 Personen gelten die §§ 17 bis 19 des Verwaltungsverfahrensgesetzes[1)] entsprechend.

(2) [1]Besteht ein Anspruch auf Informationszugang zum Teil, ist dem Antrag in dem Umfang stattzugeben, in dem der Informationszugang ohne Preisgabe der geheimhaltungsbedürftigen Informationen oder ohne unverhältnismäßigen Verwaltungsaufwand möglich ist. [2]Entsprechendes gilt, wenn sich der Antragsteller in den Fällen, in denen Belange Dritter berührt sind, mit einer Unkenntlichmachung der diesbezüglichen Informationen einverstanden erklärt.

(3) [1]Auskünfte können mündlich, schriftlich oder elektronisch erteilt werden. [2]Die Behörde ist nicht verpflichtet, die inhaltliche Richtigkeit der Information zu prüfen.

(4) [1]Im Fall der Einsichtnahme in amtliche Informationen kann sich der Antragsteller Notizen machen oder Ablichtungen und Ausdrucke fertigen lassen. [2]§ 6 Satz 1 bleibt unberührt.

(5) [1]Die Information ist dem Antragsteller unter Berücksichtigung seiner Belange unverzüglich zugänglich zu machen. [2]Der Informationszugang soll innerhalb eines Monats erfolgen. [3]§ 8 bleibt unberührt.

§ 8 Verfahren bei Beteiligung Dritter. (1) Die Behörde gibt einem Dritten, dessen Belange durch den Antrag auf Informationszugang berührt sind, schriftlich Gelegenheit zur Stellungnahme innerhalb eines Monats, sofern Anhaltspunkte dafür vorliegen, dass er ein schutzwürdiges Interesse am Ausschluss des Informationszugangs haben kann.

(2) [1]Die Entscheidung nach § 7 Abs. 1 Satz 1 ergeht schriftlich und ist auch dem Dritten bekannt zu geben. [2]Der Informationszugang darf erst erfolgen, wenn die Entscheidung dem Dritten gegenüber bestandskräftig ist oder die sofortige Vollziehung angeordnet worden ist und seit der Bekanntgabe der Anordnung an den Dritten zwei Wochen verstrichen sind. [3]§ 9 Abs. 4 gilt entsprechend.

§ 9 Ablehnung des Antrags; Rechtsweg. (1) Die Bekanntgabe einer Entscheidung, mit der der Antrag ganz oder teilweise abgelehnt wird, hat innerhalb der Frist nach § 7 Abs. 5 Satz 2 zu erfolgen.

(2) Soweit die Behörde den Antrag ganz oder teilweise ablehnt, hat sie mitzuteilen, ob und wann der Informationszugang ganz oder teilweise zu einem späteren Zeitpunkt voraussichtlich möglich ist.

(3) Der Antrag kann abgelehnt werden, wenn der Antragsteller bereits über die begehrten Informationen verfügt oder sich diese in zumutbarer Weise aus allgemein zugänglichen Quellen beschaffen kann.

(4) [1]Gegen die ablehnende Entscheidung sind Widerspruch und Verpflichtungsklage zulässig. [2]Ein Widerspruchsverfahren nach den Vorschriften des 8. Abschnitts der Verwaltungsgerichtsordnung[2)] ist auch dann durchzuführen, wenn die Entscheidung von einer obersten Bundesbehörde getroffen wurde.

§ 10 Gebühren und Auslagen. (1) [1]Für individuell zurechenbare öffentliche Leistungen nach diesem Gesetz werden Gebühren und Auslagen erhoben. [2]Dies gilt nicht für die Erteilung einfacher Auskünfte.

(2) Die Gebühren sind auch unter Berücksichtigung des Verwaltungsaufwandes so zu bemessen, dass der Informationszugang nach § 1 wirksam in Anspruch genommen werden kann.

[1)] Nr. **12**.
[2)] Nr. **15**.

(3) [1]Das Bundesministerium des Innern wird ermächtigt, für individuell zurechenbare öffentliche Leistungen nach diesem Gesetz die Gebührentatbestände und Gebührensätze durch Rechtsverordnung ohne Zustimmung des Bundesrates zu bestimmen. [2]§ 10 des Bundesgebührengesetzes findet keine Anwendung.

§ 11 Veröffentlichungspflichten. (1) Die Behörden sollen Verzeichnisse führen, aus denen sich die vorhandenen Informationssammlungen und -zwecke erkennen lassen.

(2) Organisations- und Aktenpläne ohne Angabe personenbezogener Daten sind nach Maßgabe dieses Gesetzes allgemein zugänglich zu machen.

(3) Die Behörden sollen die in den Absätzen 1 und 2 genannten Pläne und Verzeichnisse sowie weitere geeignete Informationen in elektronischer Form allgemein zugänglich machen.

§ 12 Bundesbeauftragter für die Informationsfreiheit. (1) Jeder kann den Bundesbeauftragten für die Informationsfreiheit anrufen, wenn er sein Recht auf Informationszugang nach diesem Gesetz als verletzt ansieht.

(2) Die Aufgabe des Bundesbeauftragten für die Informationsfreiheit wird von dem Bundesbeauftragten für den Datenschutz wahrgenommen.

(3) Die Bestimmungen des Bundesdatenschutzgesetzes in der am 24. Mai 2018 geltenden Fassung über die Kontrollaufgaben des Bundesbeauftragten für den Datenschutz (§ 24 Abs. 1 und 3 bis 5), über Beanstandungen (§ 25 Abs. 1 Satz 1 Nr. 1 und 4, Satz 2 und Abs. 2 und 3) sowie über weitere Aufgaben gemäß § 26 Abs. 1 bis 3 gelten entsprechend.

§ 13 Änderung anderer Vorschriften. *(hier nicht wiedergegeben)*

§ 14 Bericht und Evaluierung. [1]Die Bundesregierung unterrichtet den Deutschen Bundestag zwei Jahre vor Außerkrafttreten über die Anwendung dieses Gesetzes. [2]Der Deutsche Bundestag wird das Gesetz ein Jahr vor Außerkrafttreten auf wissenschaftlicher Grundlage evaluieren.

§ 15 Inkrafttreten. Dieses Gesetz tritt am 1. Januar 2006 in Kraft.

13. Verwaltungszustellungsgesetz (VwZG)[1)]

Vom 12. August 2005
(BGBl. I S. 2354)

FNA 201-9

zuletzt geänd. durch Art. 11 Abs. 3 eIDAS-Durchführungsgesetz v. 18.7.2017 (BGBl. I S. 2745)

§ 1 Anwendungsbereich. (1) Die Vorschriften dieses Gesetzes gelten für das Zustellungsverfahren der Bundesbehörden, der bundesunmittelbaren Körperschaften, Anstalten und Stiftungen des öffentlichen Rechts und der Landesfinanzbehörden.

(2) Zugestellt wird, soweit dies durch Rechtsvorschrift oder behördliche Anordnung bestimmt ist.

§ 2 Allgemeines. (1) Zustellung ist die Bekanntgabe eines schriftlichen oder elektronischen Dokuments in der in diesem Gesetz bestimmten Form.

(2) [1]Die Zustellung wird durch einen Erbringer von Postdienstleistungen (Post), einen nach § 17 des De-Mail-Gesetzes akkreditierten Diensteanbieter oder durch die Behörde ausgeführt. [2]Daneben gelten die in den §§ 9 und 10 geregelten Sonderarten der Zustellung.

(3) [1]Die Behörde hat die Wahl zwischen den einzelnen Zustellungsarten. [2]§ 5 Absatz 5 Satz 2 bleibt unberührt.

§ 3 Zustellung durch die Post mit Zustellungsurkunde. (1) Soll durch die Post mit Zustellungsurkunde zugestellt werden, übergibt die Behörde der Post den Zustellungsauftrag, das zuzustellende Dokument in einem verschlossenen Umschlag und einen vorbereiteten Vordruck einer Zustellungsurkunde.

(2) [1]Für die Ausführung der Zustellung gelten die §§ 177 bis 182 der Zivilprozessordnung entsprechend. [2]Im Fall des § 181 Abs. 1 der Zivilprozessordnung kann das zuzustellende Dokument bei einer von der Post dafür bestimmten Stelle am Ort der Zustellung oder am Ort des Amtsgerichts, in dessen Bezirk der Ort der Zustellung liegt, niedergelegt werden oder bei der Behörde, die den Zustellungsauftrag erteilt hat, wenn sie ihren Sitz an einem der vorbezeichneten Orte hat. [3]Für die Zustellungsurkunde, den Zustellungsauftrag, den verschlossenen Umschlag nach Absatz 1 und die schriftliche Mitteilung nach § 181 Abs. 1 Satz 3 der Zivilprozessordnung sind die Vordrucke nach der Zustellungsvordruckverordnung zu verwenden.

§ 4 Zustellung durch die Post mittels Einschreiben. (1) Ein Dokument kann durch die Post mittels Einschreiben durch Übergabe oder mittels Einschreiben mit Rückschein zugestellt werden.

(2) [1]Zum Nachweis der Zustellung genügt der Rückschein. [2]Im Übrigen gilt das Dokument am dritten Tag nach der Aufgabe zur Post als zugestellt, es sei denn, dass es nicht oder zu einem späteren Zeitpunkt zugegangen ist. [3]Im

[1)] Verkündet als Art. 1 G zur Novellierung des Verwaltungszustellungsrechts v. 12.8.2005 (BGBl. I S. 2354); Inkrafttreten gem. Art. 4 Abs. 1 Satz 2 dieses G am 1.2.2006.

Zweifel hat die Behörde den Zugang und dessen Zeitpunkt nachzuweisen. [4]Der Tag der Aufgabe zur Post ist in den Akten zu vermerken.

§ 5 Zustellung durch die Behörde gegen Empfangsbekenntnis; elektronische Zustellung. (1) [1]Bei der Zustellung durch die Behörde händigt der zustellende Bedienstete das Dokument dem Empfänger in einem verschlossenen Umschlag aus. [2]Das Dokument kann auch offen ausgehändigt werden, wenn keine schutzwürdigen Interessen des Empfängers entgegenstehen. [3]Der Empfänger hat ein mit dem Datum der Aushändigung versehenes Empfangsbekenntnis zu unterschreiben. [4]Der Bedienstete vermerkt das Datum der Zustellung auf dem Umschlag des auszuhändigenden Dokuments oder bei offener Aushändigung auf dem Dokument selbst.

(2) [1]Die §§ 177 bis 181 der Zivilprozessordnung sind anzuwenden. [2]Zum Nachweis der Zustellung ist in den Akten zu vermerken:

1. im Fall der Ersatzzustellung in der Wohnung, in Geschäftsräumen und Einrichtungen nach § 178 der Zivilprozessordnung der Grund, der diese Art der Zustellung rechtfertigt,
2. im Fall der Zustellung bei verweigerter Annahme nach § 179 der Zivilprozessordnung, wer die Annahme verweigert hat und dass das Dokument am Ort der Zustellung zurückgelassen oder an den Absender zurückgesandt wurde sowie der Zeitpunkt und der Ort der verweigerten Annahme,
3. in den Fällen der Ersatzzustellung nach den §§ 180 und 181 der Zivilprozessordnung der Grund der Ersatzzustellung sowie wann und wo das Dokument in einen Briefkasten eingelegt oder sonst niedergelegt und in welcher Weise die Niederlegung schriftlich mitgeteilt wurde.

[3]Im Fall des § 181 Abs. 1 der Zivilprozessordnung kann das zuzustellende Dokument bei der Behörde, die den Zustellungsauftrag erteilt hat, niedergelegt werden, wenn diese Behörde ihren Sitz am Ort der Zustellung oder am Ort des Amtsgerichts hat, in dessen Bezirk der Ort der Zustellung liegt.

(3) [1]Zur Nachtzeit, an Sonntagen und allgemeinen Feiertagen darf nach den Absätzen 1 und 2 im Inland nur mit schriftlicher oder elektronischer Erlaubnis des Behördenleiters zugestellt werden. [2]Die Nachtzeit umfasst die Stunden von 21 bis 6 Uhr. [3]Die Erlaubnis ist bei der Zustellung abschriftlich mitzuteilen. [4]Eine Zustellung, bei der diese Vorschriften nicht beachtet sind, ist wirksam, wenn die Annahme nicht verweigert wird.

(4) Das Dokument kann an Behörden, Körperschaften, Anstalten und Stiftungen des öffentlichen Rechts, an Rechtsanwälte, Patentanwälte, Notare, Steuerberater, Steuerbevollmächtigte, Wirtschaftsprüfer, vereidigte Buchprüfer, Steuerberatungsgesellschaften, Wirtschaftsprüfungsgesellschaften und Buchprüfungsgesellschaften auch auf andere Weise, auch elektronisch, gegen Empfangsbekenntnis zugestellt werden.

(5) [1]Ein elektronisches Dokument kann im Übrigen unbeschadet des Absatzes 4 elektronisch zugestellt werden, soweit der Empfänger hierfür einen Zugang eröffnet. [2]Es ist elektronisch zuzustellen, wenn auf Grund einer Rechtsvorschrift ein Verfahren auf Verlangen des Empfängers in elektronischer Form abgewickelt wird. [3]Für die Übermittlung ist das Dokument mit einer qualifizierten elektronischen Signatur zu versehen und gegen unbefugte Kenntnisnahme Dritter zu schützen.

(6) [1] Bei der elektronischen Zustellung ist die Übermittlung mit dem Hinweis „Zustellung gegen Empfangsbekenntnis“ einzuleiten. [2] Die Übermittlung muss die absendende Behörde, den Namen und die Anschrift des Zustellungsadressaten sowie den Namen des Bediensteten erkennen lassen, der das Dokument zur Übermittlung aufgegeben hat.

(7) [1] Zum Nachweis der Zustellung nach den Absätzen 4 und 5 genügt das mit Datum und Unterschrift versehene Empfangsbekenntnis, das an die Behörde durch die Post oder elektronisch zurückzusenden ist. [2] Ein elektronisches Dokument gilt in den Fällen des Absatzes 5 Satz 2 am dritten Tag nach der Absendung an den vom Empfänger hierfür eröffneten Zugang als zugestellt, wenn der Behörde nicht spätestens an diesem Tag ein Empfangsbekenntnis nach Satz 1 zugeht. [3] Satz 2 gilt nicht, wenn der Empfänger nachweist, dass das Dokument nicht oder zu einem späteren Zeitpunkt zugegangen ist. [4] Der Empfänger ist in den Fällen des Absatzes 5 Satz 2 vor der Übermittlung über die Rechtsfolgen nach den Sätzen 2 und 3 zu belehren. [5] Zum Nachweis der Zustellung ist von der absendenden Behörde in den Akten zu vermerken, zu welchem Zeitpunkt und an welchen Zugang das Dokument gesendet wurde. [6] Der Empfänger ist über den Eintritt der Zustellungsfiktion nach Satz 2 zu benachrichtigen.

§ 5a Elektronische Zustellung gegen Abholbestätigung über De-Mail-Dienste. (1) [1] Die elektronische Zustellung kann unbeschadet des § 5 Absatz 4 und 5 Satz 1 und 2 durch Übermittlung der nach § 17 des De-Mail-Gesetzes akkreditierten Diensteanbieter gegen Abholbestätigung nach § 5 Absatz 9 des De-Mail-Gesetzes an das De-Mail-Postfach des Empfängers erfolgen. [2] Für die Zustellung nach Satz 1 ist § 5 Absatz 4 und 6 mit der Maßgabe anzuwenden, dass an die Stelle des Empfangsbekenntnisses die Abholbestätigung tritt.

(2) [1] Der nach § 17 des De-Mail-Gesetzes akkreditierte Diensteanbieter hat eine Versandbestätigung nach § 5 Absatz 7 des De-Mail-Gesetzes und eine Abholbestätigung nach § 5 Absatz 9 des De-Mail-Gesetzes zu erzeugen. [2] Er hat diese Bestätigungen unverzüglich der absendenden Behörde zu übermitteln.

(3) [1] Zum Nachweis der elektronischen Zustellung genügt die Abholbestätigung nach § 5 Absatz 9 des De-Mail-Gesetzes. [2] Für diese gelten § 371 Absatz 1 Satz 2 und § 371a Absatz 3 der Zivilprozessordnung.

(4) [1] Ein elektronisches Dokument gilt in den Fällen des § 5 Absatz 5 Satz 2 am dritten Tag nach der Absendung an das De-Mail-Postfach des Empfängers als zugestellt, wenn er dieses Postfach als Zugang eröffnet hat und der Behörde nicht spätestens an diesem Tag eine elektronische Abholbestätigung nach § 5 Absatz 9 des De-Mail-Gesetzes zugeht. [2] Satz 1 gilt nicht, wenn der Empfänger nachweist, dass das Dokument nicht oder zu einem späteren Zeitpunkt zugegangen ist. [3] Der Empfänger ist in den Fällen des § 5 Absatz 5 Satz 2 vor der Übermittlung über die Rechtsfolgen nach den Sätzen 1 und 2 zu belehren. [4] Als Nachweis der Zustellung nach Satz 1 dient die Versandbestätigung nach § 5 Absatz 7 des De-Mail-Gesetzes oder ein Vermerk der absendenden Behörde in den Akten, zu welchem Zeitpunkt und an welches De-Mail-Postfach das Dokument gesendet wurde. [5] Der Empfänger ist über den Eintritt der Zustellungsfiktion nach Satz 1 elektronisch zu benachrichtigen.

§ 6 Zustellung an gesetzliche Vertreter. (1) [1] Bei Geschäftsunfähigen oder beschränkt Geschäftsfähigen ist an ihre gesetzlichen Vertreter zuzustellen. [2] Gleiches gilt bei Personen, für die ein Betreuer bestellt ist, soweit der Aufgabenkreis des Betreuers reicht.

(2) [1]Bei Behörden wird an den Behördenleiter, bei juristischen Personen, nicht rechtsfähigen Personenvereinigungen und Zweckvermögen an ihre gesetzlichen Vertreter zugestellt. [2]§ 34 Abs. 2 der Abgabenordnung bleibt unberührt.

(3) Bei mehreren gesetzlichen Vertretern oder Behördenleitern genügt die Zustellung an einen von ihnen.

(4) Der zustellende Bedienstete braucht nicht zu prüfen, ob die Anschrift den Vorschriften der Absätze 1 bis 3 entspricht.

§ 7 Zustellung an Bevollmächtigte. (1) [1]Zustellungen können an den allgemeinen oder für bestimmte Angelegenheiten bestellten Bevollmächtigten gerichtet werden. [2]Sie sind an ihn zu richten, wenn er schriftliche Vollmacht vorgelegt hat. [3]Ist ein Bevollmächtigter für mehrere Beteiligte bestellt, so genügt die Zustellung eines Dokuments an ihn für alle Beteiligten.

(2) Einem Zustellungsbevollmächtigten mehrerer Beteiligter sind so viele Ausfertigungen oder Abschriften zuzustellen, als Beteiligte vorhanden sind.

(3) Auf § 180 Abs. 2 der Abgabenordnung beruhende Regelungen und § 183 der Abgabenordnung bleiben unberührt.

§ 8 Heilung von Zustellungsmängeln. Lässt sich die formgerechte Zustellung eines Dokuments nicht nachweisen oder ist es unter Verletzung zwingender Zustellungsvorschriften zugegangen, gilt es als in dem Zeitpunkt zugestellt, in dem es dem Empfangsberechtigten tatsächlich zugegangen ist, im Fall des § 5 Abs. 5 in dem Zeitpunkt, in dem der Empfänger das Empfangsbekenntnis zurückgesendet hat.

§ 9 Zustellung im Ausland. (1) Eine Zustellung im Ausland erfolgt

1. durch Einschreiben mit Rückschein, soweit die Zustellung von Dokumenten unmittelbar durch die Post völkerrechtlich zulässig ist,
2. auf Ersuchen der Behörde durch die Behörden des fremden Staates oder durch die zuständige diplomatische oder konsularische Vertretung der Bundesrepublik Deutschland,
3. auf Ersuchen der Behörde durch das Auswärtige Amt an eine Person, die das Recht der Immunität genießt und zu einer Vertretung der Bundesrepublik Deutschland im Ausland gehört, sowie an Familienangehörige einer solchen Person, wenn diese das Recht der Immunität genießen, oder
4. durch Übermittlung elektronischer Dokumente, soweit dies völkerrechtlich zulässig ist.

(2) [1]Zum Nachweis der Zustellung nach Absatz 1 Nr. 1 genügt der Rückschein. [2]Die Zustellung nach Absatz 1 Nr. 2 und 3 wird durch das Zeugnis der ersuchten Behörde nachgewiesen. [3]Der Nachweis der Zustellung gemäß Absatz 1 Nr. 4 richtet sich nach § 5 Abs. 7 Satz 1 bis 3 und 5 sowie nach § 5a Absatz 3 und 4 Satz 1, 2 und 4.

(3) [1]Die Behörde kann bei der Zustellung nach Absatz 1 Nr. 2 und 3 anordnen, dass die Person, an die zugestellt werden soll, innerhalb einer angemessenen Frist einen Zustellungsbevollmächtigten benennt, der im Inland wohnt oder dort einen Geschäftsraum hat. [2]Wird kein Zustellungsbevollmäch-

tigter benannt, können spätere Zustellungen bis zur nachträglichen Benennung dadurch bewirkt werden, dass das Dokument unter der Anschrift der Person, an die zugestellt werden soll, zur Post gegeben wird. [3]Das Dokument gilt am siebenten Tag nach Aufgabe zur Post als zugestellt, wenn nicht feststeht, dass es den Empfänger nicht oder zu einem späteren Zeitpunkt erreicht hat. [4]Die Behörde kann eine längere Frist bestimmen. [5]In der Anordnung nach Satz 1 ist auf diese Rechtsfolgen hinzuweisen. [6]Zum Nachweis der Zustellung ist in den Akten zu vermerken, zu welcher Zeit und unter welcher Anschrift das Dokument zur Post gegeben wurde. [7]Ist durch Rechtsvorschrift angeordnet, dass ein Verwaltungsverfahren über eine einheitliche Stelle nach den Vorschriften des Verwaltungsverfahrensgesetzes[1)] abgewickelt werden kann, finden die Sätze 1 bis 6 keine Anwendung.

§ 10 Öffentliche Zustellung. (1) [1]Die Zustellung kann durch öffentliche Bekanntmachung erfolgen, wenn

1. der Aufenthaltsort des Empfängers unbekannt ist und eine Zustellung an einen Vertreter oder Zustellungsbevollmächtigten nicht möglich ist,
2. bei juristischen Personen, die zur Anmeldung einer inländischen Geschäftsanschrift zum Handelsregister verpflichtet sind, eine Zustellung weder unter der eingetragenen Anschrift noch unter einer im Handelsregister eingetragenen Anschrift einer für Zustellungen empfangsberechtigten Person oder einer ohne Ermittlungen bekannten anderen inländischen Anschrift möglich ist oder
3. sie im Fall des § 9 nicht möglich ist oder keinen Erfolg verspricht.

[2]Die Anordnung über die öffentliche Zustellung trifft ein zeichnungsberechtigter Bediensteter.

(2) [1]Die öffentliche Zustellung erfolgt durch Bekanntmachung einer Benachrichtigung an der Stelle, die von der Behörde hierfür allgemein bestimmt ist, oder durch Veröffentlichung einer Benachrichtigung im Bundesanzeiger. [2]Die Benachrichtigung muss

1. die Behörde, für die zugestellt wird,
2. den Namen und die letzte bekannte Anschrift des Zustellungsadressaten,
3. das Datum und das Aktenzeichen des Dokuments sowie
4. die Stelle, wo das Dokument eingesehen werden kann,

erkennen lassen. [3]Die Benachrichtigung muss den Hinweis enthalten, dass das Dokument öffentlich zugestellt wird und Fristen in Gang gesetzt werden können, nach deren Ablauf Rechtsverluste drohen können. [4]Bei der Zustellung einer Ladung muss die Benachrichtigung den Hinweis enthalten, dass das Dokument eine Ladung zu einem Termin enthält, dessen Versäumung Rechtsnachteile zur Folge haben kann. [5]In den Akten ist zu vermerken, wann und wie die Benachrichtigung bekannt gemacht wurde. [6]Das Dokument gilt als zugestellt, wenn seit dem Tag der Bekanntmachung der Benachrichtigung zwei Wochen vergangen sind.

[1)] Nr. **12**.

14. Verwaltungs-Vollstreckungsgesetz (VwVG)[1)]

Vom 27. April 1953

(BGBl. I S. 157)

FNA 201-4

zuletzt geänd. durch Art. 1 G zur Verbesserung der Sachaufklärung in der Verwaltungsvollstreckung v. 30.6.2017 (BGBl. I S. 2094)

Nichtamtliche Inhaltsübersicht

Der Bundestag hat mit Zustimmung des Bundesrates das folgende Gesetz beschlossen:

Erster Abschnitt. Vollstreckung wegen Geldforderungen

§ 1 Vollstreckbare Geldforderungen. (1) Die öffentlich-rechtlichen Geldforderungen des Bundes und der bundesunmittelbaren juristischen Personen des öffentlichen Rechts werden nach den Bestimmungen dieses Gesetzes im Verwaltungswege vollstreckt.

(2) Ausgenommen sind solche öffentlich-rechtlichen Geldforderungen, die im Wege des Parteistreites vor den Verwaltungsgerichten verfolgt werden oder für die ein anderer Rechtsweg als der Verwaltungsrechtsweg begründet ist.

(3) Die Vorschriften der Abgabenordnung, des Sozialversicherungsrechts einschließlich der Arbeitslosenversicherung und des Justizbeitreibungsgesetzes bleiben unberührt.

§ 2 Vollstreckungsschuldner. (1) Als Vollstreckungsschuldner kann in Anspruch genommen werden,

a) wer eine Leistung als Selbstschuldner schuldet;

b) wer für die Leistung, die ein anderer schuldet, persönlich haftet.

(2) Wer zur Duldung der Zwangsvollstreckung verpflichtet ist, wird dem Vollstreckungsschuldner gleichgestellt, soweit die Duldungspflicht reicht.

§ 3 Vollstreckungsanordnung. (1) Die Vollstreckung wird gegen den Vollstreckungsschuldner durch Vollstreckungsanordnung eingeleitet; eines vollstreckbaren Titels bedarf es nicht.

(2) Voraussetzungen für die Einleitung der Vollstreckung sind:

a) der Leistungsbescheid, durch den der Schuldner zur Leistung aufgefordert worden ist;

b) die Fälligkeit der Leistung;

c) der Ablauf einer Frist von einer Woche seit Bekanntgabe des Leistungsbescheides oder, wenn die Leistung erst danach fällig wird, der Ablauf einer Frist von einer Woche nach Eintritt der Fälligkeit.

(3) Vor Anordnung der Vollstreckung soll der Schuldner ferner mit einer Zahlungsfrist von einer weiteren Woche besonders gemahnt werden.

(4) Die Vollstreckungsanordnung wird von der Behörde erlassen, die den Anspruch geltend machen darf.

§ 4 Vollstreckungsbehörden. Vollstreckungsbehörden sind:

a) die von einer obersten Bundesbehörde im Einvernehmen mit dem Bundesminister des Innern bestimmten Behörden des betreffenden Verwaltungszweiges;

b) die Vollstreckungsbehörden der Bundesfinanzverwaltung, wenn eine Bestimmung nach Buchstabe a nicht getroffen worden ist.

§ 5 Anzuwendende Vollstreckungsvorschriften. (1) Das Verwaltungszwangsverfahren und der Vollstreckungsschutz richten sich im Falle des § 4 nach den Vorschriften der Abgabenordnung (§§ 77, 249 bis 258, 260, 262 bis 267, 281 bis 317, 318 Abs. 1 bis 4, §§ 319 bis 327).

(2) Wird die Vollstreckung im Wege der Amtshilfe von Organen der Länder vorgenommen, so ist sie nach landesrechtlichen Bestimmungen durchzuführen.

§ 5a Ermittlung des Aufenthaltsorts des Vollstreckungsschuldners.

(1) Ist der Wohnsitz oder der gewöhnliche Aufenthaltsort des Vollstreckungsschuldners nicht durch Anfrage bei der Meldebehörde zu ermitteln, so darf die Vollstreckungsbehörde folgende Angaben erheben:

1. beim Ausländerzentralregister die Angaben zur aktenführenden Ausländerbehörde und die Angaben zum Zuzug oder Fortzug des Vollstreckungsschuldners und bei der Ausländerbehörde, die nach der Auskunft aus dem Ausländerzentralregister aktenführend ist, den Aufenthaltsort des Vollstreckungsschuldners,
2. bei den Trägern der gesetzlichen Rentenversicherung die dort bekannte derzeitige Anschrift und den derzeitigen oder zukünftigen Aufenthaltsort des Vollstreckungsschuldners sowie
3. beim Kraftfahrt-Bundesamt die Halterdaten nach § 35 Absatz 4c Nummer 2 des Straßenverkehrsgesetzes.

(2) Die Vollstreckungsbehörde darf die gegenwärtigen Anschriften, den Ort der Hauptniederlassung oder den Sitz des Vollstreckungsschuldners erheben

1. durch Einsicht in das Handels-, Genossenschafts-, Partnerschafts-, Unternehmens- oder Vereinsregister oder
2. durch Einholung der Anschrift bei den nach Landesrecht für die Durchführung der Aufgaben nach § 14 Absatz 1 der Gewerbeordnung zuständigen Behörden.

(3) Nach Absatz 1 Nummer 2 und Absatz 2 erhobene Daten, die innerhalb der letzten drei Monate bei der Vollstreckungsbehörde eingegangen sind, dürfen von der Vollstreckungsbehörde auch einer weiteren Vollstreckungsbehörde übermittelt werden, wenn die Voraussetzungen für die Datenerhebung auch bei der weiteren Vollstreckungsbehörde vorliegen.

(4) [1] Ist der Vollstreckungsschuldner Unionsbürger, so darf die Vollstreckungsbehörde die Daten nach Absatz 1 Nummer 1 nur erheben, wenn ihr tatsächliche Anhaltspunkte für die Vermutung vorliegen, dass bei der betroffenen Person das Nichtbestehen oder der Verlust des Freizügigkeitsrechts festgestellt worden ist. [2] Eine Übermittlung der Daten nach Absatz 1 Nummer 1 an die Vollstreckungsbehörde ist ausgeschlossen, wenn der Vollstreckungsschuldner ein Unionsbürger ist, für den eine Feststellung des Nichtbestehens oder des Verlusts des Freizügigkeitsrechts nicht vorliegt.

§ 5b Auskunftsrechte der Vollstreckungsbehörde. (1) Kommt der Vollstreckungsschuldner seiner Pflicht, eine Vermögensauskunft nach § 5 Absatz 1 dieses Gesetzes in Verbindung mit § 284 Absatz 1 der Abgabenordnung zu erteilen, nicht nach oder ist bei einer Vollstreckung in die in der Vermögensauskunft angeführten Vermögensgegenstände eine vollständige Befriedigung der Forderung, wegen der die Vermögensauskunft verlangt wird, voraussichtlich nicht zu erwarten, so darf die Vollstreckungsbehörde

1. bei den Trägern der gesetzlichen Rentenversicherung den Namen und die Vornamen oder die Firma sowie die Anschriften der derzeitigen Arbeitgeber eines versicherungspflichtigen Beschäftigungsverhältnisses des Vollstreckungsschuldners erheben und

2. beim Kraftfahrt-Bundesamt die Fahrzeug- und Halterdaten nach § 35 Absatz 1 Nummer 17 des Straßenverkehrsgesetzes.

(2) Nach Absatz 1 erhobene Daten, die innerhalb der letzten drei Monate bei der Vollstreckungsbehörde eingegangen sind, dürfen von der Vollstreckungsbehörde auch einer weiteren Vollstreckungsbehörde übermittelt werden, wenn die Voraussetzungen für die Datenerhebung auch bei der weiteren Vollstreckungsbehörde vorliegen.

Zweiter Abschnitt. Erzwingung von Handlungen, Duldungen oder Unterlassungen

§ 6 Zulässigkeit des Verwaltungszwanges. (1) Der Verwaltungsakt, der auf die Herausgabe einer Sache oder auf die Vornahme einer Handlung oder auf Duldung oder Unterlassung gerichtet ist, kann mit den Zwangsmitteln nach § 9 durchgesetzt werden, wenn er unanfechtbar ist oder wenn sein sofortiger Vollzug angeordnet oder wenn dem Rechtsmittel keine aufschiebende Wirkung beigelegt ist.

(2) Der Verwaltungszwang kann ohne vorausgehenden Verwaltungsakt angewendet werden, wenn der sofortige Vollzug zur Verhinderung einer rechtswidrigen Tat, die einen Straf- oder Bußgeldtatbestand verwirklicht, oder zur Abwendung einer drohenden Gefahr notwendig ist und die Behörde hierbei innerhalb ihrer gesetzlichen Befugnisse handelt.

§ 7 Vollzugsbehörden. (1) Ein Verwaltungsakt wird von der Behörde vollzogen, die ihn erlassen hat; sie vollzieht auch Beschwerdeentscheidungen.

(2) Die Behörde der unteren Verwaltungsstufe kann für den Einzelfall oder allgemein mit dem Vollzug beauftragt werden.

§ 8 Örtliche Zuständigkeit. Muß eine Zwangsmaßnahme außerhalb des Bezirks der Vollzugsbehörde ausgeführt werden, so hat die entsprechende Bundesbehörde des Bezirks, in dem sie ausgeführt werden soll, auf Ersuchen der Vollzugsbehörde den Verwaltungszwang durchzuführen.

§ 9 Zwangsmittel. (1) Zwangsmittel sind:

a) Ersatzvornahme (§ 10),

b) Zwangsgeld (§ 11),

c) unmittelbarer Zwang (§ 12).

(2) [1] Das Zwangsmittel muß in einem angemessenen Verhältnis zu seinem Zweck stehen. [2] Dabei ist das Zwangsmittel möglichst so zu bestimmen, daß der Betroffene und die Allgemeinheit am wenigsten beeinträchtigt werden.

§ 10 Ersatzvornahme. Wird die Verpflichtung, eine Handlung vorzunehmen, deren Vornahme durch einen anderen möglich ist (vertretbare Handlung), nicht erfüllt, so kann die Vollzugsbehörde einen anderen mit der Vornahme der Handlung auf Kosten des Pflichtigen beauftragen.

§ 11 Zwangsgeld. (1) [1] Kann eine Handlung durch einen anderen nicht vorgenommen werden und hängt sie nur vom Willen des Pflichtigen ab, so kann der Pflichtige zur Vornahme der Handlung durch ein Zwangsgeld angehalten werden. [2]Bei vertretbaren Handlungen kann es verhängt werden, wenn die Ersatzvornahme untunlich ist, besonders, wenn der Pflichtige außerstande ist, die Kosten zu tragen, die aus der Ausführung durch einen anderen entstehen.

(2) Das Zwangsgeld ist auch zulässig, wenn der Pflichtige der Verpflichtung zuwiderhandelt, eine Handlung zu dulden oder zu unterlassen.

(3) Die Höhe des Zwangsgeldes beträgt bis zu 25 000 Euro.

§ 12 Unmittelbarer Zwang. Führt die Ersatzvornahme oder das Zwangsgeld nicht zum Ziel oder sind sie untunlich, so kann die Vollzugsbehörde den Pflichtigen zur Handlung, Duldung oder Unterlassung zwingen oder die Handlung selbst vornehmen.

§ 13 Androhung der Zwangsmittel. (1) [1]Die Zwangsmittel müssen, wenn sie nicht sofort angewendet werden können (§ 6 Abs. 2), schriftlich angedroht werden. [2]Hierbei ist für die Erfüllung der Verpflichtung eine Frist zu bestimmen, innerhalb der der Vollzug dem Pflichtigen billigerweise zugemutet werden kann.

(2) [1]Die Androhung kann mit dem Verwaltungsakt verbunden werden, durch den die Handlung, Duldung oder Unterlassung aufgegeben wird. [2]Sie soll mit ihm verbunden werden, wenn der sofortige Vollzug angeordnet oder den Rechtsmitteln keine aufschiebende Wirkung beigelegt ist.

(3) [1]Die Androhung muß sich auf ein bestimmtes Zwangsmittel beziehen. [2]Unzulässig ist die gleichzeitige Androhung mehrerer Zwangsmittel und die Androhung, mit der sich die Vollzugsbehörde die Wahl zwischen mehreren Zwangsmitteln vorbehält.

(4) [1]Soll die Handlung auf Kosten des Pflichtigen (Ersatzvornahme) ausgeführt werden, so ist in der Androhung der Kostenbetrag vorläufig zu veranschlagen. [2]Das Recht auf Nachforderung bleibt unberührt, wenn die Ersatzvornahme einen höheren Kostenaufwand verursacht.

(5) Der Betrag des Zwangsgeldes ist in bestimmter Höhe anzudrohen.

(6) [1]Die Zwangsmittel können auch neben einer Strafe oder Geldbuße angedroht und so oft wiederholt und hierbei jeweils erhöht oder gewechselt werden, bis die Verpflichtung erfüllt ist. [2]Eine neue Androhung ist erst dann zulässig, wenn das zunächst angedrohte Zwangsmittel erfolglos ist.

(7) [1]Die Androhung ist zuzustellen. [2]Dies gilt auch dann, wenn sie mit dem zugrunde liegenden Verwaltungsakt verbunden ist und für ihn keine Zustellung vorgeschrieben ist.

§ 14 Festsetzung der Zwangsmittel. [1]Wird die Verpflichtung innerhalb der Frist, die in der Androhung bestimmt ist, nicht erfüllt, so setzt die Vollzugsbehörde das Zwangsmittel fest. [2]Bei sofortigem Vollzug (§ 6 Abs. 2) fällt die Festsetzung weg.

§ 15 Anwendung der Zwangsmittel. (1) Das Zwangsmittel wird der Festsetzung gemäß angewendet.

(2) [1]Leistet der Pflichtige bei der Ersatzvornahme oder bei unmittelbarem Zwang Widerstand, so kann dieser mit Gewalt gebrochen werden. [2]Die Polizei hat auf Verlangen der Vollzugsbehörde Amtshilfe zu leisten.

(3) Der Vollzug ist einzustellen, sobald sein Zweck erreicht ist.

§ 16 Ersatzzwangshaft. (1) [1]Ist das Zwangsgeld uneinbringlich, so kann das Verwaltungsgericht auf Antrag der Vollzugsbehörde nach Anhörung des Pflichtigen durch Beschluß Ersatzzwangshaft anordnen, wenn bei Androhung des Zwangsgeldes hierauf hingewiesen worden ist. [2]Das Grundrecht des Artikels 2 Abs. 2 Satz 2 des Grundgesetzes[1)] wird insoweit eingeschränkt.

(2) Die Ersatzzwangshaft beträgt mindestens einen Tag, höchstens zwei Wochen.

(3) Die Ersatzzwangshaft ist auf Antrag der Vollzugsbehörde von der Justizverwaltung nach den Bestimmungen der §§ 802g, 802h und 802j Abs. 2 der Zivilprozeßordnung zu vollstrecken.

§ 17 Vollzug gegen Behörden. Gegen Behörden und juristische Personen des öffentlichen Rechts sind Zwangsmittel unzulässig, soweit nicht etwas anderes bestimmt ist.

§ 18 Rechtsmittel. (1) [1]Gegen die Androhung eines Zwangsmittels sind die Rechtsmittel gegeben, die gegen den Verwaltungsakt zulässig sind, dessen Durchsetzung erzwungen werden soll. [2]Ist die Androhung mit dem zugrunde liegenden Verwaltungsakt verbunden, so erstreckt sich das Rechtsmittel zugleich auf den Verwaltungsakt, soweit er nicht bereits Gegenstand eines Rechtsmittel- oder gerichtlichen Verfahrens ist. [3]Ist die Androhung nicht mit dem zugrunde liegenden Verwaltungsakt verbunden und ist dieser unanfechtbar geworden, so kann die Androhung nur insoweit angefochten werden, als eine Rechtsverletzung durch die Androhung selbst behauptet wird.

(2) Wird ein Zwangsmittel ohne vorausgehenden Verwaltungsakt angewendet (§ 6 Abs. 2), so sind hiergegen die Rechtsmittel zulässig, die gegen Verwaltunsgakte allgemein gegeben sind.

Dritter Abschnitt. Kosten

§ 19 Kosten. (1) [1]Für Amtshandlungen nach diesem Gesetz werden Kosten (Gebühren und Auslagen) gemäß § 337 Abs. 1, §§ 338 bis 346 der Abgabenordnung erhoben. [2]Für die Gewährung einer Entschädigung an Auskunftspflichtige, Sachverständige und Treuhänder, gelten §§ 107 und 318 Abs. 5 der Abgabenordnung.

(2) [1]Für die Mahnung nach § 3 Abs. 3 wird eine Mahngebühr erhoben. [2]Sie beträgt ein halbes Prozent des Mahnbetrages, mindestens jedoch 5 Euro und höchstens 150 Euro. [3]Die Mahngebühr wird auf volle Euro aufgerundet.

(3) Soweit die Bundespolizei nach diesem Gesetz tätig wird, werden Gebühren und Auslagen nach dem Bundesgebührengesetz erhoben.

§ 19a Vollstreckungspauschale, Verordnungsermächtigung. (1) [1] Bundesunmittelbare Körperschaften und Anstalten des öffentlichen Rechts, die den Vollstreckungsbehörden der Bundesfinanzverwaltung nach § 4 Buchstabe b Vollstreckungsanordnungen übermitteln, sind verpflichtet, für jede ab dem 1. Juli 2014 übermittelte Vollstreckungsanordnung einen Pauschalbetrag für bei den Vollstreckungsschuldnern uneinbringliche Gebühren und Auslagen (Vollstreckungspauschale) zu zahlen. [2] Dies gilt nicht für Vollstreckungsanordnungen wegen Geldforderungen nach dem Bundeskindergeldgesetz.

(2) Die Vollstreckungspauschale bemisst sich nach dem Gesamtbetrag der im Berechnungszeitraum auf Grund von Vollstreckungsanordnungen der juristischen Personen nach Absatz 1 festgesetzten Gebühren und Auslagen, die bei den Vollstreckungsschuldnern nicht beigetrieben werden konnten, geteilt durch die Anzahl aller in diesem Zeitraum von diesen Anordnungsbehörden übermittelten Vollstreckungsanordnungen.

(3) Das Bundesministerium der Finanzen wird ermächtigt, im Einvernehmen mit dem Bundesministerium für Arbeit und Soziales und dem Bundesministerium für Gesundheit durch Rechtsverordnung, die nicht der Zustimmung des Bundesrates bedarf, die Höhe der Vollstreckungspauschale zu bestimmen sowie den Berechnungszeitraum, die Entstehung und die Fälligkeit der Vollstreckungspauschale, den Abrechnungszeitraum, das Abrechnungsverfahren und die abrechnende Stelle zu regeln.

(4) Die Höhe der Vollstreckungspauschale ist durch das Bundesministerium der Finanzen nach Maßgabe des Absatzes 2 alle drei Jahre zu überprüfen und durch Rechtsverordnung nach Absatz 3 anzupassen, wenn die nach Maßgabe des Absatzes 2 berechnete Vollstreckungspauschale um mehr als 20 Prozent von der Vollstreckungspauschale in der geltenden Fassung abweicht.

(5) Die juristischen Personen nach Absatz 1 sind nicht berechtigt, den Vollstreckungsschuldner mit der Vollstreckungspauschale zu belasten.

Vierter Abschnitt. Übergangs- und Schlußvorschriften

§ 20 Außerkrafttreten früherer Bestimmungen. Soweit die Vollstreckung in Bundesgesetzen abweichend von diesem Gesetz geregelt ist, sind für Bundesbehörden und bundesunmittelbare juristische Personen des öffentlichen Rechts die Bestimmungen dieses Gesetzes anzuwenden; § 1 Abs. 3 bleibt unberührt.

§ 21 *(aufgehoben)*

§ 22 Inkrafttreten. Dieses Gesetz tritt am 1. Mai 1953 in Kraft.

15. Verwaltungsgerichtsordnung (VwGO) [1] [2][3]

In der Fassung der Bekanntmachung vom 19. März 1991[4]
(BGBl. I S. 686)

FNA 340-1

zuletzt geänd. durch Art. 56 G zur Regelung des Sozialen Entschädigungsrechts v. 12.12.2019 (BGBl. I S. 2652)

Inhaltsübersicht

Teil I. Gerichtsverfassung

1. Abschnitt. Gerichte

§ 1 [Unabhängigkeit der Verwaltungsgerichte] Die Verwaltungsgerichtsbarkeit wird durch unabhängige, von den Verwaltungsbehörden getrennte Gerichte ausgeübt.

§ 2 [Gerichte und Instanzen der Verwaltungsgerichtsbarkeit] Gerichte der Verwaltungsgerichtsbarkeit sind in den Ländern die Verwaltungsgerichte

---

[1] Die Änderungen durch G v. 10.10.2013 (BGBl. I S. 3786) treten teilweise erst **mWv 1.1.2022** in Kraft und sind insoweit im Text noch nicht berücksichtigt.

[2] Die Änderungen durch G v. 5.7.2017 (BGBl. I S. 2208) treten teilweise erst **mWv 1.1.2026** in Kraft und sind insoweit im Text noch nicht berücksichtigt.

[3] Die Änderungen durch G v. 12.12.2019 (BGBl. I S. 2652) treten erst **mWv 1.1.2024** in Kraft und sind im Text noch nicht berücksichtigt.

[4] Neubekanntmachung der VwGO v. 21.1.1960 (BGBl. I S. 17) in der ab 1.1.1991 geltenden Fassung.

und je ein Oberverwaltungsgericht, im Bund das Bundesverwaltungsgericht mit Sitz in Leipzig.

§ 3 [Gerichtsorganisation] (1) Durch Gesetz werden angeordnet

1. die Errichtung und Aufhebung eines Verwaltungsgerichts oder eines Oberverwaltungsgerichts,
2. die Verlegung eines Gerichtssitzes,
3. Änderungen in der Abgrenzung der Gerichtsbezirke,
4. die Zuweisung einzelner Sachgebiete an ein Verwaltungsgericht für die Bezirke mehrerer Verwaltungsgerichte,

4a. die Zuweisung von Verfahren, bei denen sich die örtliche Zuständigkeit nach § 52 Nr. 2 Satz 1, 2 oder 5 bestimmt, an ein anderes Verwaltungsgericht oder an mehrere Verwaltungsgerichte des Landes,

5. die Errichtung einzelner Kammern des Verwaltungsgerichts oder einzelner Senate des Oberverwaltungsgerichts an anderen Orten,
6. der Übergang anhängiger Verfahren auf ein anderes Gericht bei Maßnahmen nach den Nummern 1, 3, 4 und 4a, wenn sich die Zuständigkeit nicht nach den bisher geltenden Vorschriften richten soll.

(2) Mehrere Länder können die Errichtung eines gemeinsamen Gerichts oder gemeinsamer Spruchkörper eines Gerichts oder die Ausdehnung von Gerichtsbezirken über die Landesgrenzen hinaus, auch für einzelne Sachgebiete, vereinbaren.

§ 4 [Präsidium und Geschäftsverteilung] [1]Für die Gerichte der Verwaltungsgerichtsbarkeit gelten die Vorschriften des Zweiten Titels des Gerichtsverfassungsgesetzes entsprechend. [2]Die Mitglieder und drei Vertreter des für Entscheidungen nach § 99 Abs. 2 zuständigen Spruchkörpers bestimmt das Präsidium jeweils für die Dauer von vier Jahren. [3]Die Mitglieder und ihre Vertreter müssen Richter auf Lebenszeit sein.

§ 5 [Besetzung und Gliederung der Verwaltungsgerichte] (1) Das Verwaltungsgericht besteht aus dem Präsidenten und aus den Vorsitzenden Richtern und weiteren Richtern in erforderlicher Anzahl.

(2) Bei dem Verwaltungsgericht werden Kammern gebildet.

(3) [1]Die Kammer des Verwaltungsgerichts entscheidet in der Besetzung von drei Richtern und zwei ehrenamtlichen Richtern, soweit nicht ein Einzelrichter entscheidet. [2]Bei Beschlüssen außerhalb der mündlichen Verhandlung und bei Gerichtsbescheiden (§ 84) wirken die ehrenamtlichen Richter nicht mit.

§ 6 [Übertragung auf Einzelrichter, Rückübertragung auf die Kammer] (1) [1]Die Kammer soll in der Regel den Rechtsstreit einem ihrer Mitglieder als Einzelrichter zur Entscheidung übertragen, wenn

1. die Sache keine besonderen Schwierigkeiten tatsächlicher oder rechtlicher Art aufweist und
2. die Rechtssache keine grundsätzliche Bedeutung hat.

[2] Ein Richter auf Probe darf im ersten Jahr nach seiner Ernennung nicht Einzelrichter sein.

(2) Der Rechtsstreit darf dem Einzelrichter nicht übertragen werden, wenn bereits vor der Kammer mündlich verhandelt worden ist, es sei denn, daß inzwischen ein Vorbehalts-, Teil- oder Zwischenurteil ergangen ist.

(3) [1] Der Einzelrichter kann nach Anhörung der Beteiligten den Rechtsstreit auf die Kammer zurückübertragen, wenn sich aus einer wesentlichen Änderung der Prozeßlage ergibt, daß die Rechtssache grundsätzliche Bedeutung hat oder die Sache besondere Schwierigkeiten tatsächlicher oder rechtlicher Art aufweist. [2] Eine erneute Übertragung auf den Einzelrichter ist ausgeschlossen.

(4) [1] Beschlüsse nach den Absätzen 1 und 3 sind unanfechtbar. [2] Auf eine unterlassene Übertragung kann ein Rechtsbehelf nicht gestützt werden.

§§ 7 und 8 (weggefallen)

§ 9 [Besetzung und Gliederung der Oberverwaltungsgerichte]

(1) Das Oberverwaltungsgericht besteht aus dem Präsidenten und aus den Vorsitzenden Richtern und weiteren Richtern in erforderlicher Anzahl.

(2) Bei dem Oberverwaltungsgericht werden Senate gebildet.

(3) [1] Die Senate des Oberverwaltungsgerichts entscheiden in der Besetzung von drei Richtern; die Landesgesetzgebung kann vorsehen, daß die Senate in der Besetzung von fünf Richtern entscheiden, von denen zwei auch ehrenamtliche Richter sein können. [2] Für die Fälle des § 48 Abs. 1 kann auch vorgesehen werden, daß die Senate in der Besetzung von fünf Richtern und zwei ehrenamtlichen Richtern entscheiden. [3] Satz 1 Halbsatz 2 und Satz 2 gelten nicht für die Fälle des § 99 Abs. 2.

§ 10 [Besetzung und Gliederung des Bundesverwaltungsgerichts]

(1) Das Bundesverwaltungsgericht besteht aus dem Präsidenten und aus den Vorsitzenden Richtern und weiteren Richtern in erforderlicher Anzahl.

(2) Bei dem Bundesverwaltungsgericht werden Senate gebildet.

(3) Die Senate des Bundesverwaltungsgerichts entscheiden in der Besetzung von fünf Richtern, bei Beschlüssen außerhalb der mündlichen Verhandlung in der Besetzung von drei Richtern.

§ 11 [Großer Senat beim Bundesverwaltungsgericht] (1) Bei dem Bundesverwaltungsgericht wird ein Großer Senat gebildet.

(2) Der Große Senat entscheidet, wenn ein Senat in einer Rechtsfrage von der Entscheidung eines anderen Senats oder des Großen Senats abweichen will.

(3) [1] Eine Vorlage an den Großen Senat ist nur zulässig, wenn der Senat, von dessen Entscheidung abgewichen werden soll, auf Anfrage des erkennenden Senats erklärt hat, daß er an seiner Rechtsauffassung festhält. [2] Kann der Senat, von dessen Entscheidung abgewichen werden soll, wegen einer Änderung des Geschäftsverteilungsplanes mit der Rechtsfrage nicht mehr befaßt werden, tritt der Senat an seine Stelle, der nach dem Geschäftsverteilungsplan für den Fall, in dem abweichend entschieden wurde, nunmehr zuständig wäre. [3] Über die Anfrage und die Antwort entscheidet der jeweilige Senat durch Beschluß in der für Urteile erforderlichen Besetzung.

(4) Der erkennende Senat kann eine Frage von grundsätzlicher Bedeutung dem Großen Senat zur Entscheidung vorlegen, wenn das nach seiner Auffassung zur Fortbildung des Rechts oder zur Sicherung einer einheitlichen Rechtsprechung erforderlich ist.

(5) [1] Der Große Senat besteht aus dem Präsidenten und je einem Richter der Revisionssenate, in denen der Präsident nicht den Vorsitz führt. [2] Legt ein anderer als ein Revisionssenat vor oder soll von dessen Entscheidung abgewichen werden, ist auch ein Mitglied dieses Senats im Großen Senat vertreten. [3] Bei einer Verhinderung des Präsidenten tritt ein Richter des Senats, dem er angehört, an seine Stelle.

(6) [1] Die Mitglieder und die Vertreter werden durch das Präsidium für ein Geschäftsjahr bestellt. [2] Das gilt auch für das Mitglied eines anderen Senats nach Absatz 5 Satz 2 und für seinen Vertreter. [3] Den Vorsitz im Großen Senat führt der Präsident, bei Verhinderung das dienstälteste Mitglied. [4] Bei Stimmengleichheit gibt die Stimme des Vorsitzenden den Ausschlag.

(7) [1] Der Große Senat entscheidet nur über die Rechtsfrage. [2] Er kann ohne mündliche Verhandlung entscheiden. [3] Seine Entscheidung ist in der vorliegenden Sache für den erkennenden Senat bindend.

§ 12 [Großer Senat beim Oberverwaltungsgericht] (1) [1] Die Vorschriften des § 11 gelten für das Oberverwaltungsgericht entsprechend, soweit es über eine Frage des Landesrechts endgültig entscheidet. [2] An die Stelle der Revisionssenate treten die nach diesem Gesetz gebildeten Berufungssenate.

(2) Besteht ein Oberverwaltungsgericht nur aus zwei Berufungssenaten, so treten an die Stelle des Großen Senats die Vereinigten Senate.

(3) Durch Landesgesetz kann eine abweichende Zusammensetzung des Großen Senats bestimmt werden.

§ 13 [Geschäftsstelle] [1] Bei jedem Gericht wird eine Geschäftsstelle eingerichtet. [2] Sie wird mit der erforderlichen Anzahl von Urkundsbeamten besetzt.

§ 14 [Rechts- und Amtshilfe] Alle Gerichte und Verwaltungsbehörden leisten den Gerichten der Verwaltungsgerichtsbarkeit Rechts- und Amtshilfe.

2. Abschnitt. Richter

§ 15 [Hauptamtliche Richter] (1) Die Richter werden auf Lebenszeit ernannt, soweit nicht in §§ 16 und 17 Abweichendes bestimmt ist.

(2) (weggefallen)

(3) Die Richter des Bundesverwaltungsgerichts müssen das fünfunddreißigste Lebensjahr vollendet haben.

§ 16 [Richter im Nebenamt] Bei dem Oberverwaltungsgericht und bei dem Verwaltungsgericht können auf Lebenszeit ernannte Richter anderer Gerichte und ordentliche Professoren des Rechts für eine bestimmte Zeit von mindestens zwei Jahren, längstens jedoch für die Dauer ihres Hauptamts, zu Richtern im Nebenamt ernannt werden.

§ 17 [Richter auf Probe, Richter kraft Auftrags, Richter auf Zeit]
Bei den Verwaltungsgerichten können auch folgende Richter verwendet werden:

1. Richter auf Probe,
2. Richter kraft Auftrags und
3. Richter auf Zeit.

§ 18 [Ernennung zum Richter auf Zeit] [1] Zur Deckung eines nur vorübergehenden Personalbedarfs kann ein Beamter auf Lebenszeit mit der Befähigung zum Richteramt für die Dauer von mindestens zwei Jahren, längstens jedoch für die Dauer seines Hauptamts, zum Richter auf Zeit ernannt werden. [2] § 15 Absatz 1 Satz 1 und 3 sowie Absatz 2 des Deutschen Richtergesetzes ist entsprechend anzuwenden.

3. Abschnitt. Ehrenamtliche Richter

§ 19 [Aufgaben] Der ehrenamtliche Richter wirkt bei der mündlichen Verhandlung und der Urteilsfindung mit gleichen Rechten wie der Richter mit.

§ 20 [Voraussetzungen der Berufung] [1] Der ehrenamtliche Richter muß Deutscher sein. [2] Er soll das 25. Lebensjahr vollendet und seinen Wohnsitz innerhalb des Gerichtsbezirks haben.

§ 21 [Ausschluss vom Ehrenamt] (1) Vom Amt des ehrenamtlichen Richters sind ausgeschlossen

1. Personen, die infolge Richterspruchs die Fähigkeit zur Bekleidung öffentlicher Ämter nicht besitzen oder wegen einer vorsätzlichen Tat zu einer Freiheitsstrafe von mehr als sechs Monaten verurteilt worden sind,
2. Personen, gegen die Anklage wegen einer Tat erhoben ist, die den Verlust der Fähigkeit zur Bekleidung öffentlicher Ämter zur Folge haben kann,
3. Personen, die nicht das Wahlrecht zu den gesetzgebenden Körperschaften des Landes besitzen.

(2) Personen, die in Vermögensverfall geraten sind, sollen nicht zu ehrenamtlichen Richtern berufen werden.

§ 22 [Hinderungsgründe für Laienbeisitzer] Zu ehrenamtlichen Richtern können nicht berufen werden

1. Mitglieder des Bundestages, des Europäischen Parlaments, der gesetzgebenden Körperschaften eines Landes, der Bundesregierung oder einer Landesregierung,
2. Richter,
3. Beamte und Angestellte im öffentlichen Dienst, soweit sie nicht ehrenamtlich tätig sind,
4. Berufssoldaten und Soldaten auf Zeit,

4a. *(aufgehoben)*

5. Rechtsanwälte, Notare und Personen, die fremde Rechtsangelegenheiten geschäftsmäßig besorgen.

§ 23 [Ablehnungsrecht] (1) Die Berufung zum Amt des ehrenamtlichen Richters dürfen ablehnen

1. Geistliche und Religionsdiener,
2. Schöffen und andere ehrenamtliche Richter,
3. Personen, die zwei Amtsperioden lang als ehrenamtliche Richter bei Gerichten der allgemeinen Verwaltungsgerichtsbarkeit tätig gewesen sind,
4. Ärzte, Krankenpfleger, Hebammen,
5. Apothekenleiter, die keinen weiteren Apotheker beschäftigen,
6. Personen, die die Regelaltersgrenze nach dem Sechsten Buch Sozialgesetzbuch erreicht haben.

(2) In besonderen Härtefällen kann außerdem auf Antrag von der Übernahme des Amtes befreit werden.

§ 24 [Entbindung vom Ehrenamt] (1) Ein ehrenamtlicher Richter ist von seinem Amt zu entbinden, wenn er

1. nach §§ 20 bis 22 nicht berufen werden konnte oder nicht mehr berufen werden kann oder
2. seine Amtspflichten gröblich verletzt hat oder
3. einen Ablehnungsgrund nach § 23 Abs. 1 geltend macht oder
4. die zur Ausübung seines Amtes erforderlichen geistigen oder körperlichen Fähigkeiten nicht mehr besitzt oder
5. seinen Wohnsitz im Gerichtsbezirk aufgibt.

(2) In besonderen Härtefällen kann außerdem auf Antrag von der weiteren Ausübung des Amtes entbunden werden.

(3) [1] Die Entscheidung trifft ein Senat des Oberverwaltungsgerichts in den Fällen des Absatzes 1 Nr. 1, 2 und 4 auf Antrag des Präsidenten des Verwaltungsgerichts, in den Fällen des Absatzes 1 Nr. 3 und 5 und des Absatzes 2 auf Antrag des ehrenamtlichen Richters. [2] Die Entscheidung ergeht durch Beschluß nach Anhörung des ehrenamtlichen Richters. [3] Sie ist unanfechtbar.

(4) Absatz 3 gilt entsprechend in den Fällen des § 23 Abs. 2.

(5) Auf Antrag des ehrenamtlichen Richters ist die Entscheidung nach Absatz 3 von dem Senat des Oberverwaltungsgerichts aufzuheben, wenn Anklage nach § 21 Nr. 2 erhoben war und der Angeschuldigte rechtskräftig außer Verfolgung gesetzt oder freigesprochen worden ist.

§ 25 [Wahlperiode] Die ehrenamtlichen Richter werden auf fünf Jahre gewählt.

§ 26 [Wahlausschuss] (1) Bei jedem Verwaltungsgericht wird ein Ausschuß zur Wahl der ehrenamtlichen Richter bestellt.

(2) [1] Der Ausschuß besteht aus dem Präsidenten des Verwaltungsgerichts als Vorsitzendem, einem von der Landesregierung bestimmten Verwaltungsbeamten und sieben Vertrauensleuten als Beisitzern. [2] Die Vertrauensleute, ferner sieben Vertreter werden aus den Einwohnern des Verwaltungsgerichtsbezirks vom Landtag oder von einem durch ihn bestimmten Landtagsausschuß oder nach Maßgabe eines Landesgesetzes gewählt. [3] Sie müssen die Voraussetzungen

zur Berufung als ehrenamtliche Richter erfüllen. [4]Die Landesregierungen werden ermächtigt, durch Rechtsverordnung die Zuständigkeit für die Bestimmung des Verwaltungsbeamten abweichend von Satz 1 zu regeln. [5]Sie können diese Ermächtigung auf oberste Landesbehörden übertragen. [6]In den Fällen des § 3 Abs. 2 richtet sich die Zuständigkeit für die Bestellung des Verwaltungsbeamten sowie des Landes für die Wahl der Vertrauensleute nach dem Sitz des Gerichts. [7]Die Landesgesetzgebung kann in diesen Fällen vorsehen, dass jede beteiligte Landesregierung einen Verwaltungsbeamten in den Ausschuss entsendet und dass jedes beteiligte Land mindestens zwei Vertrauensleute bestellt.

(3) Der Ausschuß ist beschlußfähig, wenn wenigstens der Vorsitzende, ein Verwaltungsbeamter und drei Vertrauensleute anwesend sind.

§ 27 [Zahl der ehrenamtlichen Richter] Die für jedes Verwaltungsgericht erforderliche Zahl von ehrenamtlichen Richtern wird durch den Präsidenten so bestimmt, daß voraussichtlich jeder zu höchstens zwölf ordentlichen Sitzungstagen im Jahr herangezogen wird.

§ 28 [Vorschlagsliste] [1]Die Kreise und kreisfreien Städte stellen in jedem fünften Jahr eine Vorschlagsliste für ehrenamtliche Richter auf. [2]Der Ausschuß bestimmt für jeden Kreis und für jede kreisfreie Stadt die Zahl der Personen, die in die Vorschlagsliste aufzunehmen sind. [3]Hierbei ist die doppelte Anzahl der nach § 27 erforderlichen ehrenamtlichen Richter zugrunde zu legen. [4]Für die Aufnahme in die Liste ist die Zustimmung von zwei Dritteln der anwesenden Mitglieder der Vertretungskörperschaft des Kreises oder der kreisfreien Stadt, mindestens jedoch die Hälfte der gesetzlichen Mitgliederzahl erforderlich. [5]Die jeweiligen Regelungen zur Beschlussfassung der Vertretungskörperschaft bleiben unberührt. [6]Die Vorschlagslisten sollen außer dem Namen auch den Geburtsort, den Geburtstag und Beruf des Vorgeschlagenen enthalten; sie sind dem Präsidenten des zuständigen Verwaltungsgerichts zu übermitteln.

§ 29 [Wahlverfahren] (1) Der Ausschuß wählt aus den Vorschlagslisten mit einer Mehrheit von mindestens zwei Dritteln der Stimmen die erforderliche Zahl von ehrenamtlichen Richtern.

(2) Bis zur Neuwahl bleiben die bisherigen ehrenamtlichen Richter im Amt.

§ 30 [Heranziehung zu Sitzungen, Vertreter] (1) Das Präsidium des Verwaltungsgerichts bestimmt vor Beginn des Geschäftsjahres die Reihenfolge, in der die ehrenamtlichen Richter zu den Sitzungen heranzuziehen sind.

(2) Für die Heranziehung von Vertretern bei unvorhergesehener Verhinderung kann eine Hilfsliste aus ehrenamtlichen Richtern aufgestellt werden, die am Gerichtssitz oder in seiner Nähe wohnen.

§ 31 (weggefallen)

§ 32 [Entschädigung] Der ehrenamtliche Richter und der Vertrauensmann (§ 26) erhalten eine Entschädigung nach dem Justizvergütungs- und -entschädigungsgesetz.

§ 33 [Ordnungsgeld] (1) [1]Gegen einen ehrenamtlichen Richter, der sich ohne genügende Entschuldigung zu einer Sitzung nicht rechtzeitig einfindet oder der sich seinen Pflichten auf andere Weise entzieht, kann ein Ordnungsgeld festgesetzt werden. [2]Zugleich können ihm die durch sein Verhalten verursachten Kosten auferlegt werden.

(2) [1]Die Entscheidung trifft der Vorsitzende. [2]Bei nachträglicher Entschuldigung kann er sie ganz oder zum Teil aufheben.

§ 34 [Ehrenamtliche Richter beim Oberverwaltungsgericht] §§ 19 bis 33 gelten für die ehrenamtlichen Richter bei dem Oberverwaltungsgericht entsprechend, wenn die Landesgesetzgebung bestimmt hat, daß bei diesem Gericht ehrenamtliche Richter mitwirken.

4. Abschnitt. Vertreter des öffentlichen Interesses

§ 35 [Vertreter des Bundesinteresses beim Bundesverwaltungsgericht]

(1) [1]Die Bundesregierung bestellt einen Vertreter des Bundesinteresses beim Bundesverwaltungsgericht und richtet ihn im Bundesministerium des Innern ein. [2]Der Vertreter des Bundesinteresses beim Bundesverwaltungsgericht kann sich an jedem Verfahren vor dem Bundesverwaltungsgericht beteiligen; dies gilt nicht für Verfahren vor den Wehrdienstsenaten. [3]Er ist an die Weisungen[1)] der Bundesregierung gebunden.

(2) Das Bundesverwaltungsgericht gibt dem Vertreter des Bundesinteresses beim Bundesverwaltungsgericht Gelegenheit zur Äußerung.

§ 36 [Vertreter des öffentlichen Interesses] (1) [1]Bei dem Oberverwaltungsgericht und bei dem Verwaltungsgericht kann nach Maßgabe einer Rechtsverordnung der Landesregierung ein Vertreter des öffentlichen Interesses bestimmt werden. [2]Dabei kann ihm allgemein oder für bestimmte Fälle die Vertretung des Landes oder von Landesbehörden übertragen werden.

(2) § 35 Abs. 2 gilt entsprechend.

§ 37 [Befähigung zum Richteramt] (1) Der Vertreter des Bundesinteresses beim Bundesverwaltungsgericht und seine hauptamtlichen Mitarbeiter des höheren Dienstes müssen die Befähigung zum Richteramt haben oder die Voraussetzungen des § 110 Satz 1 des Deutschen Richtergesetzes erfüllen.

(2) Der Vertreter des öffentlichen Interesses bei dem Oberverwaltungsgericht und bei dem Verwaltungsgericht muß die Befähigung zum Richteramt nach dem Deutschen Richtergesetz haben; § 174 bleibt unberührt.

5. Abschnitt. Gerichtsverwaltung

§ 38 [Dienstaufsicht] (1) Der Präsident des Gerichts übt die Dienstaufsicht über die Richter, Beamten, Angestellten und Arbeiter aus.

(2) Übergeordnete Dienstaufsichtsbehörde für das Verwaltungsgericht ist der Präsident des Oberverwaltungsgerichts.

§ 39 [Verwaltungsgeschäfte] Dem Gericht dürfen keine Verwaltungsgeschäfte außerhalb der Gerichtsverwaltung übertragen werden.

[1)] Siehe die AVwV zu § 35 VwGO – Dienstanweisung für den Vertreter des Bundesinteresses beim Bundesverwaltungsgericht – idF der Bek. v. 31.1.2002 (BAnz. Nr. 26 S. 2253).

6. Abschnitt. Verwaltungsrechtsweg und Zuständigkeit

§ 40[1)] **[Zulässigkeit des Verwaltungsrechtsweges]** (1) [1]Der Verwaltungsrechtsweg ist in allen öffentlich-rechtlichen Streitigkeiten nichtverfassungsrechtlicher Art gegeben, soweit die Streitigkeiten nicht durch Bundesgesetz einem anderen Gericht ausdrücklich zugewiesen sind. [2]Öffentlich-rechtliche Streitigkeiten auf dem Gebiet des Landesrechts können einem anderen Gericht auch durch Landesgesetz zugewiesen werden.

(2) [1]Für vermögensrechtliche Ansprüche aus Aufopferung für das gemeine Wohl und aus öffentlich-rechtlicher Verwahrung sowie für Schadensersatzansprüche aus der Verletzung öffentlich-rechtlicher Pflichten, die nicht auf einem öffentlich-rechtlichen Vertrag beruhen, ist der ordentliche Rechtsweg gegeben; dies gilt nicht für Streitigkeiten über das Bestehen und die Höhe eines Ausgleichsanspruchs im Rahmen des Artikels 14 Abs. 1 Satz 2 des Grundgesetzes[2)]. [2]Die besonderen Vorschriften des Beamtenrechts sowie über den

---

[1)] Siehe hierzu auch folgende Vorschriften des GerichtsverfassungsG idF der Bek. v. 9.5.1975 (BGBl. I S. 1077), zuletzt geänd. durch G v. 12.12.2019 (BGBl. I S. 2633):

„**§ 17 [Rechtshängigkeit; Entscheidung des Rechtsstreits]** (1) [1]Die Zulässigkeit des beschrittenen Rechtsweges wird durch eine nach Rechtshängigkeit eintretende Veränderung der sie begründenden Umstände nicht berührt. [2]Während der Rechtshängigkeit kann die Sache von keiner Partei anderweitig anhängig gemacht werden.

(2) [1]Das Gericht des zulässigen Rechtsweges entscheidet den Rechtsstreit unter allen in Betracht kommenden rechtlichen Gesichtspunkten. [2]Artikel 14 Abs. 3 Satz 4 und Artikel 34 Satz 3 des Grundgesetzes bleiben unberührt.

§ 17a [Rechtsweg] (1) Hat ein Gericht den zu ihm beschrittenen Rechtsweg rechtskräftig für zulässig erklärt, sind andere Gerichte an diese Entscheidung gebunden.

(2) [1]Ist der beschrittene Rechtsweg unzulässig, spricht das Gericht dies nach Anhörung der Parteien von Amts wegen aus und verweist den Rechtsstreit zugleich an das zuständige Gericht des zulässigen Rechtsweges. [2]Sind mehrere Gerichte zuständig, wird an das vom Kläger oder Antragsteller auszuwählende Gericht verwiesen oder, wenn die Wahl unterbleibt, an das vom Gericht bestimmte. [3]Der Beschluß ist für das Gericht, an das der Rechtsstreit verwiesen worden ist, hinsichtlich des Rechtsweges bindend.

(3) [1]Ist der beschrittene Rechtsweg zulässig, kann das Gericht dies vorab aussprechen. [2]Es hat vorab zu entscheiden, wenn eine Partei die Zulässigkeit des Rechtsweges rügt.

(4) [1]Der Beschluß nach den Absätzen 2 und 3 kann ohne mündliche Verhandlung ergehen. [2]Er ist zu begründen. [3]Gegen den Beschluß ist die sofortige Beschwerde nach den Vorschriften der jeweils anzuwendenden Verfahrensordnung gegeben. [4]Den Beteiligten steht die Beschwerde gegen einen Beschluß des oberen Landesgerichts an den obersten Gerichtshof des Bundes nur zu, wenn sie in dem Beschluß zugelassen worden ist. [5]Die Beschwerde ist zuzulassen, wenn die Rechtsfrage grundsätzliche Bedeutung hat oder wenn das Gericht von der Entscheidung eines obersten Gerichtshofes des Bundes oder des Gemeinsamen Senats der obersten Gerichtshöfe des Bundes abweicht. [6]Der oberste Gerichtshof des Bundes ist an die Zulassung der Beschwerde gebunden.

(5) Das Gericht, das über ein Rechtsmittel gegen eine Entscheidung in der Hauptsache entscheidet, prüft nicht, ob der beschrittene Rechtsweg zulässig ist.

(6) Die Absätze 1 bis 5 gelten für die in bürgerlichen Rechtsstreitigkeiten, Familiensachen und Angelegenheiten der freiwilligen Gerichtsbarkeit zuständigen Spruchkörper in ihrem Verhältnis zueinander entsprechend.

§ 17b [Anhängigkeit nach Verweisung; Kosten] (1) [1]Nach Eintritt der Rechtskraft des Verweisungsbeschlusses wird der Rechtsstreit mit Eingang der Akten bei dem im Beschluß bezeichneten Gericht anhängig. [2]Die Wirkungen der Rechtshängigkeit bleiben bestehen.

(2) [1]Wird ein Rechtsstreit an ein anderes Gericht verwiesen, so werden die Kosten im Verfahren vor dem angegangenen Gericht als Teil der Kosten behandelt, die bei dem Gericht erwachsen, an das der Rechtsstreit verwiesen wurde. [2]Dem Kläger sind die entstandenen Mehrkosten auch dann aufzuerlegen, wenn er in der Hauptsache obsiegt.

(3) Absatz 2 Satz 2 gilt nicht in Familiensachen und in Angelegenheiten der freiwilligen Gerichtsbarkeit."

[2)] Nr. **1**.

Rechtsweg bei Ausgleich von Vermögensnachteilen wegen Rücknahme rechtswidriger Verwaltungsakte bleiben unberührt.

§ 41 (weggefallen)

§ 42 [Anfechtungs- und Verpflichtungsklage] (1) Durch Klage kann die Aufhebung eines Verwaltungsakts (Anfechtungsklage) sowie die Verurteilung zum Erlaß eines abgelehnten oder unterlassenen Verwaltungsakts (Verpflichtungsklage) begehrt werden.

(2) Soweit gesetzlich nichts anderes bestimmt ist, ist die Klage nur zulässig, wenn der Kläger geltend macht, durch den Verwaltungsakt oder seine Ablehnung oder Unterlassung in seinen Rechten verletzt zu sein.

§ 43 [Feststellungsklage] (1) Durch Klage kann die Feststellung des Bestehens oder Nichtbestehens eines Rechtsverhältnisses oder der Nichtigkeit eines Verwaltungsakts begehrt werden, wenn der Kläger ein berechtigtes Interesse an der baldigen Feststellung hat (Feststellungsklage).

(2) [1] Die Feststellung kann nicht begehrt werden, soweit der Kläger seine Rechte durch Gestaltungs- oder Leistungsklage verfolgen kann oder hätte verfolgen können. [2] Dies gilt nicht, wenn die Feststellung der Nichtigkeit eines Verwaltungsakts begehrt wird.

§ 44 [Objektive Klagehäufung] Mehrere Klagebegehren können vom Kläger in einer Klage zusammen verfolgt werden, wenn sie sich gegen denselben Beklagten richten, im Zusammenhang stehen und dasselbe Gericht zuständig ist.

§ 44a [Rechtsbehelfe gegen behördliche Verfahrenshandlungen]

[1] Rechtsbehelfe gegen behördliche Verfahrenshandlungen können nur gleichzeitig mit den gegen die Sachentscheidung zulässigen Rechtsbehelfen geltend gemacht werden. [2] Dies gilt nicht, wenn behördliche Verfahrenshandlungen vollstreckt werden können oder gegen einen Nichtbeteiligten ergehen.

§ 45 [Sachliche Zuständigkeit] Das Verwaltungsgericht entscheidet im ersten Rechtszug über alle Streitigkeiten, für die der Verwaltungsrechtsweg offensteht.

§ 46 [Instanzielle Zuständigkeit des Oberverwaltungsgerichts] Das Oberverwaltungsgericht entscheidet über das Rechtsmittel

1. der Berufung gegen Urteile des Verwaltungsgerichts und
2. der Beschwerde gegen andere Entscheidungen des Verwaltungsgerichts.

§ 47 [Sachliche Zuständigkeit des Oberverwaltungsgerichts bei der Normenkontrolle] (1) Das Oberverwaltungsgericht entscheidet im Rahmen seiner Gerichtsbarkeit auf Antrag über die Gültigkeit

1. von Satzungen, die nach den Vorschriften des Baugesetzbuchs[1] erlassen worden sind, sowie von Rechtsverordnungen auf Grund des § 246 Abs. 2 des Baugesetzbuchs,
2. von anderen im Rang unter dem Landesgesetz stehenden Rechtsvorschriften, sofern das Landesrecht dies bestimmt.

(2) [1]Den Antrag kann jede natürliche oder juristische Person, die geltend macht, durch die Rechtsvorschrift oder deren Anwendung in ihren Rechten verletzt zu sein oder in absehbarer Zeit verletzt zu werden, sowie jede Behörde innerhalb eines Jahres nach Bekanntmachung der Rechtsvorschrift stellen. [2]Er ist gegen die Körperschaft, Anstalt oder Stiftung zu richten, welche die Rechtsvorschrift erlassen hat. [3]Das Oberverwaltungsgericht kann dem Land und anderen juristischen Personen des öffentlichen Rechts, deren Zuständigkeit durch die Rechtsvorschrift berührt wird, Gelegenheit zur Äußerung binnen einer zu bestimmenden Frist geben. [4]§ 65 Abs. 1 und 4 und § 66 sind entsprechend anzuwenden.

(3) Das Oberverwaltungsgericht prüft die Vereinbarkeit der Rechtsvorschrift mit Landesrecht nicht, soweit gesetzlich vorgesehen ist, daß die Rechtsvorschrift ausschließlich durch das Verfassungsgericht eines Landes nachprüfbar ist.

(4) Ist ein Verfahren zur Überprüfung der Gültigkeit der Rechtsvorschrift bei einem Verfassungsgericht anhängig, so kann das Oberverwaltungsgericht anordnen, daß die Verhandlung bis zur Erledigung des Verfahrens vor dem Verfassungsgericht auszusetzen sei.

(5) [1]Das Oberverwaltungsgericht entscheidet durch Urteil oder, wenn es eine mündliche Verhandlung nicht für erforderlich hält, durch Beschluß. [2]Kommt das Oberverwaltungsgericht zu der Überzeugung, daß die Rechtsvorschrift ungültig ist, so erklärt es sie für unwirksam; in diesem Fall ist die Entscheidung allgemein verbindlich und die Entscheidungsformel vom Antragsgegner ebenso zu veröffentlichen wie die Rechtsvorschrift bekanntzumachen wäre. [3]Für die Wirkung der Entscheidung gilt § 183 entsprechend.

(6) Das Gericht kann auf Antrag eine einstweilige Anordnung erlassen, wenn dies zur Abwehr schwerer Nachteile oder aus anderen wichtigen Gründen dringend geboten ist.

§ 48 [Weitere sachliche Zuständigkeit des Oberverwaltungsgerichts]

(1) [1]Das Oberverwaltungsgericht entscheidet im ersten Rechtszug über sämtliche Streitigkeiten, die betreffen

1. die Errichtung, den Betrieb, die sonstige Innehabung, die Veränderung, die Stillegung, den sicheren Einschluß und den Abbau von Anlagen im Sinne der §§ 7 und 9a Abs. 3 des Atomgesetzes,

1a. das Bestehen und die Höhe von Ausgleichsansprüchen auf Grund der §§ 7e und 7f des Atomgesetzes,

2. die Bearbeitung, Verarbeitung und sonstige Verwendung von Kernbrennstoffen außerhalb von Anlagen der in § 7 des Atomgesetzes bezeichneten Art (§ 9 des Atomgesetzes) und die wesentliche Abweichung oder die wesentliche Veränderung im Sinne des § 9 Abs. 1 Satz 2 des Atomgesetzes

[1] Nr. **10**.

sowie die Aufbewahrung von Kernbrennstoffen außerhalb der staatlichen Verwahrung (§ 6 des Atomgesetzes),

3. die Errichtung, den Betrieb und die Änderung von Kraftwerken mit Feuerungsanlagen für feste, flüssige und gasförmige Brennstoffe mit einer Feuerungswärmeleistung von mehr als dreihundert Megawatt,

4. Planfeststellungsverfahren gemäß § 43 des Energiewirtschaftsgesetzes, soweit nicht die Zuständigkeit des Bundesverwaltungsgerichts nach § 50 Absatz 1 Nummer 6 begründet ist,

4a. Planfeststellungsverfahren für die Errichtung, den Betrieb und die Änderung von Einrichtungen nach § 45 Absatz 1 des Windenergie-auf-See-Gesetzes,

5. Verfahren für die Errichtung, den Betrieb und die wesentliche Änderung von ortsfesten Anlagen zur Verbrennung oder thermischen Zersetzung von Abfällen mit einer jährlichen Durchsatzleistung (effektive Leistung) von mehr als einhunderttausend Tonnen und von ortsfesten Anlagen, in denen ganz oder teilweise Abfälle im Sinne des § 48 des Kreislaufwirtschaftsgesetzes gelagert oder abgelagert werden,

6. das Anlegen, die Erweiterung oder Änderung und den Betrieb von Verkehrsflughäfen und von Verkehrslandeplätzen mit beschränktem Bauschutzbereich,

7. Planfeststellungsverfahren für den Bau oder die Änderung der Strecken von Straßenbahnen, Magnetschwebebahnen und von öffentlichen Eisenbahnen sowie für den Bau oder die Änderung von Rangier- und Containerbahnhöfen,

8. Planfeststellungsverfahren für den Bau oder die Änderung von Bundesfernstraßen,

9. Planfeststellungsverfahren für den Neubau oder den Ausbau von Bundeswasserstraßen und

10. Planfeststellungsverfahren für Maßnahmen des öffentlichen Küsten- oder Hochwasserschutzes.

[2]Satz 1 gilt auch für Streitigkeiten über Genehmigungen, die anstelle einer Planfeststellung erteilt werden, sowie für Streitigkeiten über sämtliche für das Vorhaben erforderlichen Genehmigungen und Erlaubnisse, auch soweit sie Nebeneinrichtungen betreffen, die mit ihm in einem räumlichen und betrieblichen Zusammenhang stehen. [3]Die Länder können durch Gesetz vorschreiben, daß über Streitigkeiten, die Besitzeinweisungen in den Fällen des Satzes 1 betreffen, das Oberverwaltungsgericht im ersten Rechtszug entscheidet.

(2) Das Oberverwaltungsgericht entscheidet im ersten Rechtszug ferner über Klagen gegen die von einer obersten Landesbehörde nach § 3 Abs. 2 Nr. 1 des Vereinsgesetzes[1)] ausgesprochenen Vereinsverbote und nach § 8 Abs. 2 Satz 1 des Vereinsgesetzes erlassenen Verfügungen.

§ 49 [Instanzielle Zuständigkeit des Bundesverwaltungsgerichts]

Das Bundesverwaltungsgericht entscheidet über das Rechtsmittel

1. der Revision gegen Urteile des Oberverwaltungsgerichts nach § 132,

---

[1)] Nr. 8.

2. der Revision gegen Urteile des Verwaltungsgerichts nach §§ 134 und 135,
3. der Beschwerde nach § 99 Abs. 2 und § 133 Abs. 1 dieses Gesetzes sowie nach § 17a Abs. 4 Satz 4 des Gerichtsverfassungsgesetzes.

§ 50 [Sachliche Zuständigkeit des Bundesverwaltungsgerichts]

(1) Das Bundesverwaltungsgericht entscheidet im ersten und letzten Rechtszug

1. über öffentlich-rechtliche Streitigkeiten nichtverfassungsrechtlicher Art zwischen dem Bund und den Ländern und zwischen verschiedenen Ländern,
2. über Klagen gegen die vom Bundesminister des Innern nach § 3 Abs. 2 Nr. 2 des Vereinsgesetzes[1] ausgesprochenen Vereinsverbote und nach § 8 Abs. 2 Satz 1 des Vereinsgesetzes erlassenen Verfügungen,
3. über Streitigkeiten gegen Abschiebungsanordnungen nach § 58a des Aufenthaltsgesetzes und ihre Vollziehung, sowie den Erlass eines Einreise- und Aufenthaltsverbots auf dieser Grundlage,
4. über Klagen, denen Vorgänge im Geschäftsbereich des Bundesnachrichtendienstes zugrunde liegen,
5. über Klagen gegen Maßnahmen und Entscheidungen nach § 44a des Abgeordnetengesetzes[2], nach den Verhaltensregeln für Mitglieder des Deutschen Bundestages[3], nach § 6b des Bundesministergesetzes und nach § 7 des Gesetzes über die Rechtsverhältnisse der Parlamentarischen Staatssekretäre in Verbindung mit § 6b des Bundesministergesetzes,
6. über sämtliche Streitigkeiten, die Planfeststellungsverfahren und Plangenehmigungsverfahren für Vorhaben betreffen, die in dem Allgemeinen Eisenbahngesetz, dem Bundesfernstraßengesetz, dem Bundeswasserstraßengesetz, dem Energieleitungsausbaugesetz, dem Bundesbedarfsplangesetz oder dem Magnetschwebebahnplanungsgesetz bezeichnet sind.

(2) (weggefallen)

(3) Hält das Bundesverwaltungsgericht nach Absatz 1 Nr. 1 eine Streitigkeit für verfassungsrechtlich, so legt es die Sache dem Bundesverfassungsgericht zur Entscheidung vor.

§ 51 [Aussetzung bei Verfahren über Vereinsverbote] (1) Ist gemäß § 5 Abs. 2 des Vereinsgesetzes[1] das Verbot des Gesamtvereins anstelle des Verbots eines Teilvereins zu vollziehen, so ist ein Verfahren über eine Klage dieses Teilvereins gegen das ihm gegenüber erlassene Verbot bis zum Erlaß der Entscheidung über eine Klage gegen das Verbot des Gesamtvereins auszusetzen.

(2) Eine Entscheidung des Bundesverwaltungsgerichts bindet im Falle des Absatzes 1 die Oberverwaltungsgerichte.

(3) Das Bundesverwaltungsgericht unterrichtet die Oberverwaltungsgerichte über die Klage eines Vereins nach § 50 Abs. 1 Nr. 2.

---

[1] Nr. **8**.
[2] Nr. **3**.
[3] Siehe Anl. 1 der Geschäftsordnung des Deutschen Bundestages (Nr. **2**).

§ 52 [Örtliche Zuständigkeit] Für die örtliche Zuständigkeit gilt folgendes:

1. In Streitigkeiten, die sich auf unbewegliches Vermögen oder ein ortsgebundenes Recht oder Rechtsverhältnis beziehen, ist nur das Verwaltungsgericht örtlich zuständig, in dessen Bezirk das Vermögen oder der Ort liegt.
2. [1] Bei Anfechtungsklagen gegen den Verwaltungsakt einer Bundesbehörde oder einer bundesunmittelbaren Körperschaft, Anstalt oder Stiftung des öffentlichen Rechts ist das Verwaltungsgericht örtlich zuständig, in dessen Bezirk die Bundesbehörde, die Körperschaft, Anstalt oder Stiftung ihren Sitz hat, vorbehaltlich der Nummern 1 und 4. [2] Dies gilt auch bei Verpflichtungsklagen in den Fällen des Satzes 1. [3] In Streitigkeiten nach dem Asylgesetz ist jedoch das Verwaltungsgericht örtlich zuständig, in dessen Bezirk der Ausländer nach dem Asylgesetz seinen Aufenthalt zu nehmen hat; ist eine örtliche Zuständigkeit danach nicht gegeben, bestimmt sie sich nach Nummer 3. [4] Soweit ein Land, in dem der Ausländer seinen Aufenthalt zu nehmen hat, von der Möglichkeit nach § 83 Absatz 3 des Asylgesetzes Gebrauch gemacht hat, ist das Verwaltungsgericht örtlich zuständig, das nach dem Landesrecht für Streitigkeiten nach dem Asylgesetz betreffend den Herkunftsstaat des Ausländers zuständig ist. [5] Für Klagen gegen den Bund auf Gebieten, die in die Zuständigkeit der diplomatischen und konsularischen Auslandsvertretungen der Bundesrepublik Deutschland fallen, ist das Verwaltungsgericht örtlich zuständig, in dessen Bezirk die Bundesregierung ihren Sitz hat.
3. [1] Bei allen anderen Anfechtungsklagen vorbehaltlich der Nummern 1 und 4 ist das Verwaltungsgericht örtlich zuständig, in dessen Bezirk der Verwaltungsakt erlassen wurde. [2] Ist er von einer Behörde, deren Zuständigkeit sich auf mehrere Verwaltungsgerichtsbezirke erstreckt, oder von einer gemeinsamen Behörde mehrerer oder aller Länder erlassen, so ist das Verwaltungsgericht zuständig, in dessen Bezirk der Beschwerte seinen Sitz oder Wohnsitz hat. [3] Fehlt ein solcher innerhalb des Zuständigkeitsbereichs der Behörde, so bestimmt sich die Zuständigkeit nach Nummer 5. [4] Bei Anfechtungsklagen gegen Verwaltungsakte einer von den Ländern mit der Vergabe von Studienplätzen beauftragten Behörde ist jedoch das Verwaltungsgericht örtlich zuständig, in dessen Bezirk die Behörde ihren Sitz hat. [5] Dies gilt auch bei Verpflichtungsklagen in den Fällen der Sätze 1, 2 und 4.
4. [1] Für alle Klagen aus einem gegenwärtigen oder früheren Beamten-, Richter-, Wehrpflicht-, Wehrdienst- oder Zivildienstverhältnis und für Streitigkeiten, die sich auf die Entstehung eines solchen Verhältnisses beziehen, ist das Verwaltungsgericht örtlich zuständig, in dessen Bezirk der Kläger oder Beklagte seinen dienstlichen Wohnsitz oder in Ermangelung dessen seinen Wohnsitz hat. [2] Hat der Kläger oder Beklagte keinen dienstlichen Wohnsitz oder keinen Wohnsitz innerhalb des Zuständigkeitsbereichs der Behörde, die den ursprünglichen Verwaltungsakt erlassen hat, so ist das Gericht örtlich zuständig, in dessen Bezirk diese Behörde ihren Sitz hat. [3] Die Sätze 1 und 2 gelten für Klagen nach § 79 des *Gesetzes zur Regelung der Rechtsverhältnisse der unter Artikel 131 des Grundgesetzes fallenden Personen*[1)] entsprechend.

[1)] G zur Regelung der Rechtsverhältnisse der unter Artikel 131 des Grundgesetzes fallendenPersonen aufgehoben mWv 1.10.1994 durch G v. 20.9.1994 (BGBl. I S. 2442).

5. In allen anderen Fällen ist das Verwaltungsgericht örtlich zuständig, in dessen Bezirk der Beklagte seinen Sitz, Wohnsitz oder in Ermangelung dessen seinen Aufenthalt hat oder seinen letzten Wohnsitz oder Aufenthalt hatte.

§ 53 [Bestimmung des zuständigen Gerichts] (1) Das zuständige Gericht innerhalb der Verwaltungsgerichtsbarkeit wird durch das nächsthöhere Gericht bestimmt,

1. wenn das an sich zuständige Gericht in einem einzelnen Fall an der Ausübung der Gerichtsbarkeit rechtlich oder tatsächlich verhindert ist,
2. wenn es wegen der Grenzen verschiedener Gerichtsbezirke ungewiß ist, welches Gericht für den Rechtsstreit zuständig ist,
3. wenn der Gerichtsstand sich nach § 52 richtet und verschiedene Gerichte in Betracht kommen,
4. wenn verschiedene Gerichte sich rechtskräftig für zuständig erklärt haben,
5. wenn verschiedene Gerichte, von denen eines für den Rechtsstreit zuständig ist, sich rechtskräftig für unzuständig erklärt haben.

(2) Wenn eine örtliche Zuständigkeit nach § 52 nicht gegeben ist, bestimmt das Bundesverwaltungsgericht das zuständige Gericht.

(3) [1]Jeder am Rechtsstreit Beteiligte und jedes mit dem Rechtsstreit befaßte Gericht kann das im Rechtszug höhere Gericht oder das Bundesverwaltungsgericht anrufen. [2]Das angerufene Gericht kann ohne mündliche Verhandlung entscheiden.

Teil II. Verfahren

7. Abschnitt. Allgemeine Verfahrensvorschriften

§ 54 [Ausschließung und Ablehnung von Gerichtspersonen] (1) Für die Ausschließung und Ablehnung der Gerichtspersonen gelten §§ 41 bis 49 der Zivilprozeßordnung entsprechend.

(2) Von der Ausübung des Amtes als Richter oder ehrenamtlicher Richter ist auch ausgeschlossen, wer bei dem vorausgegangenen Verwaltungsverfahren mitgewirkt hat.

(3) Besorgnis der Befangenheit nach § 42 der Zivilprozeßordnung ist stets dann begründet, wenn der Richter oder ehrenamtliche Richter der Vertretung einer Körperschaft angehört, deren Interessen durch das Verfahren berührt werden.

§ 55 [Ordnungsvorschriften des GVG] §§ 169, 171a bis 198 des Gerichtsverfassungsgesetzes über die Öffentlichkeit, Sitzungspolizei, Gerichtssprache, Beratung und Abstimmung finden entsprechende Anwendung.

§ 55a[1)] [Elektronische Dokumentenübermittlung] (1) Vorbereitende Schriftsätze und deren Anlagen, schriftlich einzureichende Anträge und Erklä-

[1)] Siehe auch die VO über den elektronischen Rechtsverkehr beim Bundesverwaltungsgericht und beim Bundesfinanzhof v. 26.11.2004 (BGBl. I S. 3091), aufgeh. mit Ablauf des 31.12.2017 durch VO v. 24.11.2017 (BGBl. I S. 3803).

rungen der Beteiligten sowie schriftlich einzureichende Auskünfte, Aussagen, Gutachten, Übersetzungen und Erklärungen Dritter können nach Maßgabe der Absätze 2 bis 6 als elektronische Dokumente bei Gericht eingereicht werden.

(2) [1]Das elektronische Dokument muss für die Bearbeitung durch das Gericht geeignet sein. [2]Die Bundesregierung bestimmt durch Rechtsverordnung mit Zustimmung des Bundesrates die für die Übermittlung und Bearbeitung geeigneten technischen Rahmenbedingungen.

(3) [1]Das elektronische Dokument muss mit einer qualifizierten elektronischen Signatur der verantwortenden Person versehen sein oder von der verantwortenden Person signiert und auf einem sicheren Übermittlungsweg eingereicht werden. [2]Satz 1 gilt nicht für Anlagen, die vorbereitenden Schriftsätzen beigefügt sind.

(4) Sichere Übermittlungswege sind

1. der Postfach- und Versanddienst eines De-Mail-Kontos, wenn der Absender bei Versand der Nachricht sicher im Sinne des § 4 Absatz 1 Satz 2 des De-Mail-Gesetzes angemeldet ist und er sich die sichere Anmeldung gemäß § 5 Absatz 5 des De-Mail-Gesetzes bestätigen lässt,
2. der Übermittlungsweg zwischen dem besonderen elektronischen Anwaltspostfach nach § 31a der Bundesrechtsanwaltsordnung oder einem entsprechenden, auf gesetzlicher Grundlage errichteten elektronischen Postfach und der elektronischen Poststelle des Gerichts,
3. der Übermittlungsweg zwischen einem nach Durchführung eines Identifizierungsverfahrens eingerichteten Postfach einer Behörde oder einer juristischen Person des öffentlichen Rechts und der elektronischen Poststelle des Gerichts; das Nähere regelt die Verordnung nach Absatz 2 Satz 2,
4. sonstige bundeseinheitliche Übermittlungswege, die durch Rechtsverordnung der Bundesregierung mit Zustimmung des Bundesrates festgelegt werden, bei denen die Authentizität und Integrität der Daten sowie die Barrierefreiheit gewährleistet sind.

(5) [1]Ein elektronisches Dokument ist eingegangen, sobald es auf der für den Empfang bestimmten Einrichtung des Gerichts gespeichert ist. [2]Dem Absender ist eine automatisierte Bestätigung über den Zeitpunkt des Eingangs zu erteilen. [3]Die Vorschriften dieses Gesetzes über die Beifügung von Abschriften für die übrigen Beteiligten finden keine Anwendung.

(6) [1]Ist ein elektronisches Dokument für das Gericht zur Bearbeitung nicht geeignet, ist dies dem Absender unter Hinweis auf die Unwirksamkeit des Eingangs und die geltenden technischen Rahmenbedingungen unverzüglich mitzuteilen. [2]Das Dokument gilt als zum Zeitpunkt der früheren Einreichung eingegangen, sofern der Absender es unverzüglich in einer für das Gericht zur Bearbeitung geeigneten Form nachreicht und glaubhaft macht, dass es mit dem zuerst eingereichten Dokument inhaltlich übereinstimmt.

(7) [1]Soweit eine handschriftliche Unterzeichnung durch den Richter oder den Urkundsbeamten der Geschäftsstelle vorgeschrieben ist, genügt dieser Form die Aufzeichnung als elektronisches Dokument, wenn die verantwortenden Personen am Ende des Dokuments ihren Namen hinzufügen und das Dokument mit einer qualifizierten elektronischen Signatur versehen. [2]Der in Satz 1 genannten Form genügt auch ein elektronisches Dokument, in welches

das handschriftlich unterzeichnete Schriftstück gemäß § 55b Absatz 6 Satz 4 übertragen worden ist.

§ 55b [Elektronische Aktenführung] (1) [1]Die Prozessakten können elektronisch geführt werden. [2]Die Bundesregierung und die Landesregierungen bestimmen jeweils für ihren Bereich durch Rechtsverordnung den Zeitpunkt, von dem an die Prozessakten elektronisch geführt werden. [3]In der Rechtsverordnung sind die organisatorisch-technischen Rahmenbedingungen für die Bildung, Führung und Verwahrung der elektronischen Akten festzulegen. [4]Die Landesregierungen können die Ermächtigung auf die für die Verwaltungsgerichtsbarkeit zuständigen obersten Landesbehörden übertragen. [5]Die Zulassung der elektronischen Akte kann auf einzelne Gerichte oder Verfahren beschränkt werden; wird von dieser Möglichkeit Gebrauch gemacht, kann in der Rechtsverordnung bestimmt werden, dass durch Verwaltungsvorschrift, die öffentlich bekanntzumachen ist, geregelt wird, in welchen Verfahren die Prozessakten elektronisch zu führen sind. [6]Die Rechtsverordnung der Bundesregierung bedarf nicht der Zustimmung des Bundesrates.

(1a) [1]Die Prozessakten werden ab dem 1. Januar 2026 elektronisch geführt. [2]Die Bundesregierung und die Landesregierungen bestimmen jeweils für ihren Bereich durch Rechtsverordnung die organisatorischen und dem Stand der Technik entsprechenden technischen Rahmenbedingungen für die Bildung, Führung und Verwahrung der elektronischen Akten einschließlich der einzuhaltenden Anforderungen der Barrierefreiheit. [3]Die Bundesregierung und die Landesregierungen können jeweils für ihren Bereich durch Rechtsverordnung bestimmen, dass Akten, die in Papierform angelegt wurden, in Papierform weitergeführt werden. [4]Die Landesregierungen können die Ermächtigungen nach den Sätzen 2 und 3 auf die für die Verwaltungsgerichtsbarkeit zuständigen obersten Landesbehörden übertragen. [5]Die Rechtsverordnungen der Bundesregierung bedürfen nicht der Zustimmung des Bundesrates.

(2) [1]Werden die Akten in Papierform geführt, ist von einem elektronischen Dokument ein Ausdruck für die Akten zu fertigen. [2]Kann dies bei Anlagen zu vorbereitenden Schriftsätzen nicht oder nur mit unverhältnismäßigem Aufwand erfolgen, so kann ein Ausdruck unterbleiben. [3]Die Daten sind in diesem Fall dauerhaft zu speichern; der Speicherort ist aktenkundig zu machen.

(3) Wird das elektronische Dokument auf einem sicheren Übermittlungsweg eingereicht, so ist dies aktenkundig zu machen.

(4) Ist das elektronische Dokument mit einer qualifizierten elektronischen Signatur versehen und nicht auf einem sicheren Übermittlungsweg eingereicht, muss der Ausdruck einen Vermerk darüber enthalten,

1. welches Ergebnis die Integritätsprüfung des Dokumentes ausweist,
2. wen die Signaturprüfung als Inhaber der Signatur ausweist,
3. welchen Zeitpunkt die Signaturprüfung für die Anbringung der Signatur ausweist.

(5) Ein eingereichtes elektronisches Dokument kann im Falle von Absatz 2 nach Ablauf von sechs Monaten gelöscht werden.

(6) [1]Werden die Prozessakten elektronisch geführt, sind in Papierform vorliegende Schriftstücke und sonstige Unterlagen nach dem Stand der Technik zur Ersetzung der Urschrift in ein elektronisches Dokument zu übertragen.

[2] Es ist sicherzustellen, dass das elektronische Dokument mit den vorliegenden Schriftstücken und sonstigen Unterlagen bildlich und inhaltlich übereinstimmt. [3] Das elektronische Dokument ist mit einem Übertragungsnachweis zu versehen, der das bei der Übertragung angewandte Verfahren und die bildliche und inhaltliche Übereinstimmung dokumentiert. [4] Wird ein von den verantwortenden Personen handschriftlich unterzeichnetes gerichtliches Schriftstück übertragen, ist der Übertragungsnachweis mit einer qualifizierten elektronischen Signatur des Urkundsbeamten der Geschäftsstelle zu versehen. [5] Die in Papierform vorliegenden Schriftstücke und sonstigen Unterlagen können sechs Monate nach der Übertragung vernichtet werden, sofern sie nicht rückgabepflichtig sind.

§ 55c Formulare; Verordnungsermächtigung. [1] Das Bundesministerium der Justiz und für Verbraucherschutz kann durch Rechtsverordnung mit Zustimmung des Bundesrates elektronische Formulare einführen. [2] Die Rechtsverordnung kann bestimmen, dass die in den Formularen enthaltenen Angaben ganz oder teilweise in strukturierter maschinenlesbarer Form zu übermitteln sind. [3] Die Formulare sind auf einer in der Rechtsverordnung zu bestimmenden Kommunikationsplattform im Internet zur Nutzung bereitzustellen. [4] Die Rechtsverordnung kann bestimmen, dass eine Identifikation des Formularverwenders abweichend von § 55a Absatz 3 auch durch Nutzung des elektronischen Identitätsnachweises nach § 18 des Personalausweisgesetzes ***[ab 1.11. 2020:*** *, § 12 des eID-Karte-Gesetzes]* oder § 78 Absatz 5 des Aufenthaltsgesetzes erfolgen kann.

§ 56 [Zustellungen] (1) Anordnungen und Entscheidungen, durch die eine Frist in Lauf gesetzt wird, sowie Terminbestimmungen und Ladungen sind zuzustellen, bei Verkündung jedoch nur, wenn es ausdrücklich vorgeschrieben ist.

(2) Zugestellt wird von Amts wegen nach den Vorschriften der Zivilprozessordnung.

(3) Wer nicht im Inland wohnt, hat auf Verlangen einen Zustellungsbevollmächtigten zu bestellen.

§ 56a [Öffentliche Bekanntmachung im Massenverfahren] (1) [1] Sind gleiche Bekanntgaben an mehr als fünfzig Personen erforderlich, kann das Gericht für das weitere Verfahren die Bekanntgabe durch öffentliche Bekanntmachung anordnen. [2] In dem Beschluß muß bestimmt werden, in welchen Tageszeitungen die Bekanntmachungen veröffentlicht werden; dabei sind Tageszeitungen vorzusehen, die in dem Bereich verbreitet sind, in dem sich die Entscheidung voraussichtlich auswirken wird. [3] Der Beschluß ist den Beteiligten zuzustellen. [4] Die Beteiligten sind darauf hinzuweisen, auf welche Weise die weiteren Bekanntgaben bewirkt werden und wann das Dokument als zugestellt gilt. [5] Der Beschluß ist unanfechtbar. [6] Das Gericht kann den Beschluß jederzeit aufheben; es muß ihn aufheben, wenn die Voraussetzungen des Satzes 1 nicht vorlagen oder nicht mehr vorliegen.

(2) [1] Die öffentliche Bekanntmachung erfolgt durch Aushang an der Gerichtstafel oder durch Einstellung in ein elektronisches Informationssystem, das im Gericht öffentlich zugänglich ist und durch Veröffentlichung im Bundes-

anzeiger sowie in den im Beschluss nach Absatz 1 Satz 2 bestimmten Tageszeitungen. [2] Sie kann zusätzlich in einem von dem Gericht für Bekanntmachungen bestimmten Informations- und Kommunikationssystem erfolgen. [3] Bei einer Entscheidung genügt die öffentliche Bekanntmachung der Entscheidungsformel und der Rechtsbehelfsbelehrung. [4] Statt des bekannt zu machenden Dokuments kann eine Benachrichtigung öffentlich bekannt gemacht werden, in der angegeben ist, wo das Dokument eingesehen werden kann. [5] Eine Terminbestimmung oder Ladung muss im vollständigen Wortlaut öffentlich bekannt gemacht werden.

(3) [1] Das Dokument gilt als an dem Tage zugestellt, an dem seit dem Tage der Veröffentlichung im Bundesanzeiger zwei Wochen verstrichen sind; darauf ist in jeder Veröffentlichung hinzuweisen. [2] Nach der öffentlichen Bekanntmachung einer Entscheidung können die Beteiligten eine Ausfertigung schriftlich anfordern; darauf ist in der Veröffentlichung gleichfalls hinzuweisen.

§ 57 [Fristen] (1) Der Lauf einer Frist beginnt, soweit nichts anderes bestimmt ist, mit der Zustellung oder, wenn diese nicht vorgeschrieben ist, mit der Eröffnung oder Verkündung.

(2) Für die Fristen gelten die Vorschriften der §§ 222, 224 Abs. 2 und 3, §§ 225 und 226 der Zivilprozeßordnung[1)].

§ 58 [Rechtsbehelfsbelehrung] (1) Die Frist für ein Rechtsmittel oder einen anderen Rechtsbehelf beginnt nur zu laufen, wenn der Beteiligte über den Rechtsbehelf, die Verwaltungsbehörde oder das Gericht, bei denen der Rechtsbehelf anzubringen ist, den Sitz und die einzuhaltende Frist schriftlich oder elektronisch belehrt worden ist.

(2) [1] Ist die Belehrung unterblieben oder unrichtig erteilt, so ist die Einlegung des Rechtsbehelfs nur innerhalb eines Jahres seit Zustellung, Eröffnung oder Verkündung zulässig, außer wenn die Einlegung vor Ablauf der Jahresfrist infolge höherer Gewalt unmöglich war oder eine schriftliche oder elektronische Belehrung dahin erfolgt ist, daß ein Rechtsbehelf nicht gegeben sei. [2] § 60 Abs. 2 gilt für den Fall höherer Gewalt entsprechend.

§ 59 *(aufgehoben)*

§ 60 [Wiedereinsetzung] (1) Wenn jemand ohne Verschulden verhindert war, eine gesetzliche Frist einzuhalten, so ist ihm auf Antrag Wiedereinsetzung in den vorigen Stand zu gewähren.

(2) [1] Der Antrag ist binnen zwei Wochen nach Wegfall des Hindernisses zu stellen; bei Versäumung der Frist zur Begründung der Berufung, des Antrags

---

[1)] § 222 ZPO idF der Bek. v. 5.12.2005 (BGBl. I S. 3202, ber. 2006 S. 431, 2007 S. 1781), zuletzt geänd. durch G v. 12.12.2019 (BGBl. I S. 2633) lautet:

„**§ 222 Fristberechnung.** (1) Für die Berechnung der Fristen gelten die Vorschriften des Bürgerlichen Gesetzbuchs.

(2) Fällt das Ende einer Frist auf einen Sonntag, einen allgemeinen Feiertag oder einen Sonnabend, so endet die Frist mit Ablauf des nächsten Werktages.

(3) Bei der Berechnung einer Frist, die nach Stunden bestimmt ist, werden Sonntage, allgemeine Feiertage und Sonnabende nicht mitgerechnet."

Vgl. hierzu §§ 187-193 BGB, abgedruckt als Anm. zu **Nr. 12** § 31.

auf Zulassung der Berufung, der Revision, der Nichtzulassungsbeschwerde oder der Beschwerde beträgt die Frist einen Monat. [2]Die Tatsachen zur Begründung des Antrags sind bei der Antragstellung oder im Verfahren über den Antrag glaubhaft zu machen. [3]Innerhalb der Antragsfrist ist die versäumte Rechtshandlung nachzuholen. [4]Ist dies geschehen, so kann die Wiedereinsetzung auch ohne Antrag gewährt werden.

(3) Nach einem Jahr seit dem Ende der versäumten Frist ist der Antrag unzulässig, außer wenn der Antrag vor Ablauf der Jahresfrist infolge höherer Gewalt unmöglich war.

(4) Über den Wiedereinsetzungsantrag entscheidet das Gericht, das über die versäumte Rechtshandlung zu befinden hat.

(5) Die Wiedereinsetzung ist unanfechtbar.

§ 61 [Beteiligungsfähigkeit] Fähig, am Verfahren beteiligt zu sein, sind
1. natürliche und juristische Personen,
2. Vereinigungen, soweit ihnen ein Recht zustehen kann,
3. Behörden, sofern das Landesrecht dies bestimmt.

§ 62 [Prozessfähigkeit] (1) Fähig zur Vornahme von Verfahrenshandlungen sind
1. die nach bürgerlichem Recht Geschäftsfähigen,
2. die nach bürgerlichem Recht in der Geschäftsfähigkeit Beschränkten, soweit sie durch Vorschriften des bürgerlichen oder öffentlichen Rechts für den Gegenstand des Verfahrens als geschäftsfähig anerkannt sind.

(2) Betrifft ein Einwilligungsvorbehalt nach § 1903 des Bürgerlichen Gesetzbuchs den Gegenstand des Verfahrens, so ist ein geschäftsfähiger Betreuter nur insoweit zur Vornahme von Verfahrenshandlungen fähig, als er nach den Vorschriften des bürgerlichen Rechts ohne Einwilligung des Betreuers handeln kann oder durch Vorschriften des öffentlichen Rechts als handlungsfähig anerkannt ist.

(3) Für Vereinigungen sowie für Behörden handeln ihre gesetzlichen Vertreter und Vorstände.

(4) §§ 53 bis 58 der Zivilprozeßordnung gelten entsprechend.

§ 63 [Beteiligte] Beteiligte am Verfahren sind
1. der Kläger,
2. der Beklagte,
3. der Beigeladene (§ 65),
4. der Vertreter des Bundesinteresses beim Bundesverwaltungsgericht oder der Vertreter des öffentlichen Interesses, falls er von seiner Beteiligungsbefugnis Gebrauch macht.

§ 64 [Streitgenossenschaft] Die Vorschriften der §§ 59 bis 63 der Zivilprozeßordnung über die Streitgenossenschaft sind entsprechend anzuwenden.

§ 65 [Beiladung Dritter] (1) Das Gericht kann, solange das Verfahren noch nicht rechtskräftig abgeschlossen oder in höherer Instanz anhängig ist, von Amts wegen oder auf Antrag andere, deren rechtliche Interessen durch die Entscheidung berührt werden, beiladen.

(2) Sind an dem streitigen Rechtsverhältnis Dritte derart beteiligt, daß die Entscheidung auch ihnen gegenüber nur einheitlich ergehen kann, so sind sie beizuladen (notwendige Beiladung).

(3) [1] Kommt nach Absatz 2 die Beiladung von mehr als fünfzig Personen in Betracht, kann das Gericht durch Beschluß anordnen, daß nur solche Personen beigeladen werden, die dies innerhalb einer bestimmten Frist beantragen. [2] Der Beschluß ist unanfechtbar. [3] Er ist im Bundesanzeiger bekanntzumachen. [4] Er muß außerdem in Tageszeitungen veröffentlicht werden, die in dem Bereich verbreitet sind, in dem sich die Entscheidung voraussichtlich auswirken wird. [5] Die Bekanntmachung kann zusätzlich in einem von dem Gericht für Bekanntmachungen bestimmten Informations- und Kommunikationssystem erfolgen. [6] Die Frist muß mindestens drei Monate seit Veröffentlichung im Bundesanzeiger betragen. [7] In der Veröffentlichung in Tageszeitungen ist mitzuteilen, an welchem Tage die Frist abläuft. [8] Für die Wiedereinsetzung in den vorigen Stand bei Versäumung der Frist gilt § 60 entsprechend. [9] Das Gericht soll Personen, die von der Entscheidung erkennbar in besonderem Maße betroffen werden, auch ohne Antrag beiladen.

(4) [1] Der Beiladungsbeschluß ist allen Beteiligten zuzustellen. [2] Dabei sollen der Stand der Sache und der Grund der Beiladung angegeben werden. [3] Die Beiladung ist unanfechtbar.

§ 66 [Prozessuale Rechte des Beigeladenen] [1] Der Beigeladene kann innerhalb der Anträge eines Beteiligten selbständig Angriffs- und Verteidigungsmittel geltend machen und alle Verfahrenshandlungen wirksam vornehmen. [2] Abweichende Sachanträge kann er nur stellen, wenn eine notwendige Beiladung vorliegt.

§ 67 [Prozessbevollmächtigte und Beistände] (1) Die Beteiligten können vor dem Verwaltungsgericht den Rechtsstreit selbst führen.

(2) [1] Die Beteiligten können sich durch einen Rechtsanwalt oder einen Rechtslehrer an einer staatlichen oder staatlich anerkannten Hochschule eines Mitgliedstaates der Europäischen Union, eines anderen Vertragsstaates des Abkommens über den Europäischen Wirtschaftsraum oder der Schweiz, der die Befähigung zum Richteramt besitzt, als Bevollmächtigten vertreten lassen. [2] Darüber hinaus sind als Bevollmächtigte vor dem Verwaltungsgericht vertretungsbefugt nur

1. Beschäftigte des Beteiligten oder eines mit ihm verbundenen Unternehmens (§ 15 des Aktiengesetzes); Behörden und juristische Personen des öffentlichen Rechts einschließlich der von ihnen zur Erfüllung ihrer öffentlichen Aufgaben gebildeten Zusammenschlüsse können sich auch durch Beschäftigte anderer Behörden oder juristischer Personen des öffentlichen Rechts einschließlich der von ihnen zur Erfüllung ihrer öffentlichen Aufgaben gebildeten Zusammenschlüsse vertreten lassen,
2. volljährige Familienangehörige (§ 15 der Abgabenordnung, § 11 des Lebenspartnerschaftsgesetzes), Personen mit Befähigung zum Richteramt und

Streitgenossen, wenn die Vertretung nicht im Zusammenhang mit einer entgeltlichen Tätigkeit steht,

3. Steuerberater, Steuerbevollmächtigte, Wirtschaftsprüfer und vereidigte Buchprüfer, Personen und Vereinigungen im Sinn des § 3a des Steuerberatungsgesetzes sowie Gesellschaften im Sinn des § 3 Nr. 2 und 3 des Steuerberatungsgesetzes, die durch Personen im Sinn des § 3 Nr. 1 des Steuerberatungsgesetzes handeln, in Abgabenangelegenheiten,
4. berufsständische Vereinigungen der Landwirtschaft für ihre Mitglieder,
5. Gewerkschaften und Vereinigungen von Arbeitgebern sowie Zusammenschlüsse solcher Verbände für ihre Mitglieder oder für andere Verbände oder Zusammenschlüsse mit vergleichbarer Ausrichtung und deren Mitglieder,
6. Vereinigungen, deren satzungsgemäße Aufgaben die gemeinschaftliche Interessenvertretung, die Beratung und Vertretung der Leistungsempfänger nach dem sozialen Entschädigungsrecht oder der behinderten Menschen wesentlich umfassen und die unter Berücksichtigung von Art und Umfang ihrer Tätigkeit sowie ihres Mitgliederkreises die Gewähr für eine sachkundige Prozessvertretung bieten, für ihre Mitglieder in Angelegenheiten der Kriegsopferfürsorge und des Schwerbehindertenrechts sowie der damit im Zusammenhang stehenden Angelegenheiten,
7. juristische Personen, deren Anteile sämtlich im wirtschaftlichen Eigentum einer der in den Nummern 5 und 6 bezeichneten Organisationen stehen, wenn die juristische Person ausschließlich die Rechtsberatung und Prozessvertretung dieser Organisation und ihrer Mitglieder oder anderer Verbände oder Zusammenschlüsse mit vergleichbarer Ausrichtung und deren Mitglieder entsprechend deren Satzung durchführt, und wenn die Organisation für die Tätigkeit der Bevollmächtigten haftet.

[3] Bevollmächtigte, die keine natürlichen Personen sind, handeln durch ihre Organe und mit der Prozessvertretung beauftragten Vertreter.

(3) [1] Das Gericht weist Bevollmächtigte, die nicht nach Maßgabe des Absatzes 2 vertretungsbefugt sind, durch unanfechtbaren Beschluss zurück. [2] Prozesshandlungen eines nicht vertretungsbefugten Bevollmächtigten und Zustellungen oder Mitteilungen an diesen Bevollmächtigten sind bis zu seiner Zurückweisung wirksam. [3] Das Gericht kann den in Absatz 2 Satz 2 Nr. 1 und 2 bezeichneten Bevollmächtigten durch unanfechtbaren Beschluss die weitere Vertretung untersagen, wenn sie nicht in der Lage sind, das Sach- und Streitverhältnis sachgerecht darzustellen.

(4) [1] Vor dem Bundesverwaltungsgericht und dem Oberverwaltungsgericht müssen sich die Beteiligten, außer im Prozesskostenhilfeverfahren, durch Prozessbevollmächtigte vertreten lassen. [2] Dies gilt auch für Prozesshandlungen, durch die ein Verfahren vor dem Bundesverwaltungsgericht oder einem Oberverwaltungsgericht eingeleitet wird. [3] Als Bevollmächtigte sind nur die in Absatz 2 Satz 1 bezeichneten Personen zugelassen. [4] Behörden und juristische Personen des öffentlichen Rechts einschließlich der von ihnen zur Erfüllung ihrer öffentlichen Aufgaben gebildeten Zusammenschlüsse können sich durch eigene Beschäftigte mit Befähigung zum Richteramt oder durch Beschäftigte mit Befähigung zum Richteramt anderer Behörden oder juristischer Personen des öffentlichen Rechts einschließlich der von ihnen zur Erfüllung ihrer öffentlichen Aufgaben gebildeten Zusammenschlüsse vertreten lassen. [5] Vor dem

Bundesverwaltungsgericht sind auch die in Absatz 2 Satz 2 Nr. 5 bezeichneten Organisationen einschließlich der von ihnen gebildeten juristischen Personen gemäß Absatz 2 Satz 2 Nr. 7 als Bevollmächtigte zugelassen, jedoch nur in Angelegenheiten, die Rechtsverhältnisse im Sinne des § 52 Nr. 4 betreffen, in Personalvertretungsangelegenheiten und in Angelegenheiten, die in einem Zusammenhang mit einem gegenwärtigen oder früheren Arbeitsverhältnis von Arbeitnehmern im Sinne des § 5 des Arbeitsgerichtsgesetzes stehen, einschließlich Prüfungsangelegenheiten. [6]Die in Satz 5 genannten Bevollmächtigten müssen durch Personen mit der Befähigung zum Richteramt handeln. [7]Vor dem Oberverwaltungsgericht sind auch die in Absatz 2 Satz 2 Nr. 3 bis 7 bezeichneten Personen und Organisationen als Bevollmächtigte zugelassen. [8]Ein Beteiligter, der nach Maßgabe der Sätze 3, 5 und 7 zur Vertretung berechtigt ist, kann sich selbst vertreten.

(5) [1]Richter dürfen nicht als Bevollmächtigte vor dem Gericht auftreten, dem sie angehören. [2]Ehrenamtliche Richter dürfen, außer in den Fällen des Absatzes 2 Satz 2 Nr. 1, nicht vor einem Spruchkörper auftreten, dem sie angehören. [3]Absatz 3 Satz 1 und 2 gilt entsprechend.

(6) [1]Die Vollmacht ist schriftlich zu den Gerichtsakten einzureichen. [2]Sie kann nachgereicht werden; hierfür kann das Gericht eine Frist bestimmen. [3]Der Mangel der Vollmacht kann in jeder Lage des Verfahrens geltend gemacht werden. [4]Das Gericht hat den Mangel der Vollmacht von Amts wegen zu berücksichtigen, wenn nicht als Bevollmächtigter ein Rechtsanwalt auftritt. [5]Ist ein Bevollmächtigter bestellt, sind die Zustellungen oder Mitteilungen des Gerichts an ihn zu richten.

(7) [1]In der Verhandlung können die Beteiligten mit Beiständen erscheinen. [2]Beistand kann sein, wer in Verfahren, in denen die Beteiligten den Rechtsstreit selbst führen können, als Bevollmächtigter zur Vertretung in der Verhandlung befugt ist. [3]Das Gericht kann andere Personen als Beistand zulassen, wenn dies sachdienlich ist und hierfür nach den Umständen des Einzelfalls ein Bedürfnis besteht. [4]Absatz 3 Satz 1 und 3 und Absatz 5 gelten entsprechend. [5]Das von dem Beistand Vorgetragene gilt als von dem Beteiligten vorgebracht, soweit es nicht von diesem sofort widerrufen oder berichtigt wird.

§ 67a [Gemeinsamer Bevollmächtigter] (1) [1]Sind an einem Rechtsstreit mehr als zwanzig Personen im gleichen Interesse beteiligt, ohne durch einen Prozeßbevollmächtigten vertreten zu sein, kann das Gericht ihnen durch Beschluß aufgeben, innerhalb einer angemessenen Frist einen gemeinsamen Bevollmächtigten zu bestellen, wenn sonst die ordnungsgemäße Durchführung des Rechtsstreits beeinträchtigt wäre. [2]Bestellen die Beteiligten einen gemeinsamen Bevollmächtigten nicht innerhalb der ihnen gesetzten Frist, kann das Gericht einen Rechtsanwalt als gemeinsamen Vertreter durch Beschluß bestellen. [3]Die Beteiligten können Verfahrenshandlungen nur durch den gemeinsamen Bevollmächtigten oder Vertreter vornehmen. [4]Beschlüsse nach den Sätzen 1 und 2 sind unanfechtbar.

(2) [1]Die Vertretungsmacht erlischt, sobald der Vertreter oder der Vertretene dies dem Gericht schriftlich oder zu Protokoll des Urkundsbeamten der Geschäftsstelle erklärt; der Vertreter kann die Erklärung nur hinsichtlich aller Vertretenen abgeben. [2]Gibt der Vertretene eine solche Erklärung ab, so erlischt die Vertretungsmacht nur, wenn zugleich die Bestellung eines anderen Bevollmächtigten angezeigt wird.

8. Abschnitt. Besondere Vorschriften für Anfechtungs- und Verpflichtungsklagen

§ 68 [Vorverfahren] (1) [1] Vor Erhebung der Anfechtungsklage sind Rechtmäßigkeit und Zweckmäßigkeit des Verwaltungsakts in einem Vorverfahren nachzuprüfen. [2] Einer solchen Nachprüfung bedarf es nicht, wenn ein Gesetz dies bestimmt oder wenn

1. der Verwaltungsakt von einer obersten Bundesbehörde oder von einer obersten Landesbehörde erlassen worden ist, außer wenn ein Gesetz die Nachprüfung vorschreibt, oder
2. der Abhilfebescheid oder der Widerspruchsbescheid erstmalig eine Beschwer enthält.

(2) Für die Verpflichtungsklage gilt Absatz 1 entsprechend, wenn der Antrag auf Vornahme des Verwaltungsakts abgelehnt worden ist.

§ 69 [Widerspruch] Das Vorverfahren beginnt mit der Erhebung des Widerspruchs.

§ 70 [Form und Frist des Widerspruchs] (1) [1] Der Widerspruch ist innerhalb eines Monats, nachdem der Verwaltungsakt dem Beschwerten bekanntgegeben worden ist, schriftlich, in elektronischer Form nach § 3a Absatz 2 des Verwaltungsverfahrensgesetzes[1)] oder zur Niederschrift bei der Behörde zu erheben, die den Verwaltungsakt erlassen hat. [2] Die Frist wird auch durch Einlegung bei der Behörde, die den Widerspruchsbescheid zu erlassen hat, gewahrt.

(2) §§ 58 und 60 Abs. 1 bis 4 gelten entsprechend.

§ 71 Anhörung. Ist die Aufhebung oder Änderung eines Verwaltungsakts im Widerspruchsverfahren erstmalig mit einer Beschwer verbunden, soll der Betroffene vor Erlaß des Abhilfebescheids oder des Widerspruchsbescheids gehört werden.

§ 72 [Abhilfe] Hält die Behörde den Widerspruch für begründet, so hilft sie ihm ab und entscheidet über die Kosten.

§ 73 [Widerspruchsbescheid] (1) [1] Hilft die Behörde dem Widerspruch nicht ab, so ergeht ein Widerspruchsbescheid. [2] Diesen erläßt

1. die nächsthöhere Behörde, soweit nicht durch Gesetz eine andere höhere Behörde bestimmt wird,
2. wenn die nächsthöhere Behörde eine oberste Bundes- oder oberste Landesbehörde ist, die Behörde, die den Verwaltungsakt erlassen hat,
3. in Selbstverwaltungsangelegenheiten die Selbstverwaltungsbehörde, soweit nicht durch Gesetz anderes bestimmt wird.

[3] Abweichend von Satz 2 Nr. 1 kann durch Gesetz bestimmt werden, dass die Behörde, die den Verwaltungsakt erlassen hat, auch für die Entscheidung über den Widerspruch zuständig ist.

---

1) Nr. 12.

(2) [1] Vorschriften, nach denen im Vorverfahren des Absatzes 1 Ausschüsse oder Beiräte an die Stelle einer Behörde treten, bleiben unberührt. [2] Die Ausschüsse oder Beiräte können abweichend von Absatz 1 Nr. 1 auch bei der Behörde gebildet werden, die den Verwaltungsakt erlassen hat.

(3) [1] Der Widerspruchsbescheid ist zu begründen, mit einer Rechtsmittelbelehrung zu versehen und zuzustellen. [2] Zugestellt wird von Amts wegen nach den Vorschriften des Verwaltungszustellungsgesetzes[1]. [3] Der Widerspruchsbescheid bestimmt auch, wer die Kosten trägt.

§ 74 [Klagefrist] (1) [1] Die Anfechtungsklage muß innerhalb eines Monats nach Zustellung des Widerspruchsbescheids erhoben werden. [2] Ist nach § 68 ein Widerspruchsbescheid nicht erforderlich, so muß die Klage innerhalb eines Monats nach Bekanntgabe des Verwaltungsakts erhoben werden.

(2) Für die Verpflichtungsklage gilt Absatz 1 entsprechend, wenn der Antrag auf Vornahme des Verwaltungsakts abgelehnt worden ist.

§ 75 [Klage bei Untätigkeit der Behörden] [1] Ist über einen Widerspruch oder über einen Antrag auf Vornahme eines Verwaltungsakts ohne zureichenden Grund in angemessener Frist sachlich nicht entschieden worden, so ist die Klage abweichend von § 68 zulässig. [2] Die Klage kann nicht vor Ablauf von drei Monaten seit der Einlegung des Widerspruchs oder seit dem Antrag auf Vornahme des Verwaltungsakts erhoben werden, außer wenn wegen besonderer Umstände des Falles eine kürzere Frist geboten ist. [3] Liegt ein zureichender Grund dafür vor, daß über den Widerspruch noch nicht entschieden oder der beantragte Verwaltungsakt noch nicht erlassen ist, so setzt das Gericht das Verfahren bis zum Ablauf einer von ihm bestimmten Frist, die verlängert werden kann, aus. [4] Wird dem Widerspruch innerhalb der vom Gericht gesetzten Frist stattgegeben oder der Verwaltungsakt innerhalb dieser Frist erlassen, so ist die Hauptsache für erledigt zu erklären.

§ 76 (weggefallen)

§ 77 [Ausschließlichkeit des Widerspruchsverfahrens] (1) Alle bundesrechtlichen Vorschriften in anderen Gesetzen über Einspruchs- oder Beschwerdeverfahren sind durch die Vorschriften dieses Abschnitts ersetzt.

(2) Das gleiche gilt für landesrechtliche Vorschriften über Einspruchs- oder Beschwerdeverfahren als Voraussetzung der verwaltungsgerichtlichen Klage.

§ 78 [Beklagter] (1) Die Klage ist zu richten

1. gegen den Bund, das Land oder die Körperschaft, deren Behörde den angefochtenen Verwaltungsakt erlassen oder den beantragten Verwaltungsakt unterlassen hat; zur Bezeichnung des Beklagten genügt die Angabe der Behörde,
2. sofern das Landesrecht dies bestimmt, gegen die Behörde selbst, die den angefochtenen Verwaltungsakt erlassen oder den beantragten Verwaltungsakt unterlassen hat.

---

[1] Nr. **13**.

(2) Wenn ein Widerspruchsbescheid erlassen ist, der erstmalig eine Beschwer enthält (§ 68 Abs. 1 Satz 2 Nr. 2), ist Behörde im Sinne des Absatzes 1 die Widerspruchsbehörde.

§ 79 [Gegenstand der Anfechtungsklage] (1) Gegenstand der Anfechtungsklage ist

1. der ursprüngliche Verwaltungsakt in der Gestalt, die er durch den Widerspruchsbescheid gefunden hat,
2. der Abhilfebescheid oder Widerspruchsbescheid, wenn dieser erstmalig eine Beschwer enthält.

(2) [1] Der Widerspruchsbescheid kann auch dann alleiniger Gegenstand der Anfechtungsklage sein, wenn und soweit er gegenüber dem ursprünglichen Verwaltungsakt eine zusätzliche selbständige Beschwer enthält. [2] Als eine zusätzliche Beschwer gilt auch die Verletzung einer wesentlichen Verfahrensvorschrift, sofern der Widerspruchsbescheid auf dieser Verletzung beruht. [3] § 78 Abs. 2 gilt entsprechend.

§ 80 [Aufschiebende Wirkung] (1) [1] Widerspruch und Anfechtungsklage haben aufschiebende Wirkung. [2] Das gilt auch bei rechtsgestaltenden und feststellenden Verwaltungsakten sowie bei Verwaltungsakten mit Doppelwirkung (§ 80a).

(2) [1] Die aufschiebende Wirkung entfällt nur

1. bei der Anforderung von öffentlichen Abgaben und Kosten,
2. bei unaufschiebbaren Anordnungen und Maßnahmen von Polizeivollzugsbeamten,
3. in anderen durch Bundesgesetz oder für Landesrecht durch Landesgesetz vorgeschriebenen Fällen, insbesondere für Widersprüche und Klagen Dritter gegen Verwaltungsakte, die Investitionen oder die Schaffung von Arbeitsplätzen betreffen,
4. in den Fällen, in denen die sofortige Vollziehung im öffentlichen Interesse oder im überwiegenden Interesse eines Beteiligten von der Behörde, die den Verwaltungsakt erlassen oder über den Widerspruch zu entscheiden hat, besonders angeordnet wird.

[2] Die Länder können auch bestimmen, daß Rechtsbehelfe keine aufschiebende Wirkung haben, soweit sie sich gegen Maßnahmen richten, die in der Verwaltungsvollstreckung durch die Länder nach Bundesrecht getroffen werden.

(3) [1] In den Fällen des Absatzes 2 Nr. 4 ist das besondere Interesse an der sofortigen Vollziehung des Verwaltungsakts schriftlich zu begründen. [2] Einer besonderen Begründung bedarf es nicht, wenn die Behörde bei Gefahr im Verzug, insbesondere bei drohenden Nachteilen für Leben, Gesundheit oder Eigentum vorsorglich eine als solche bezeichnete Notstandsmaßnahme im öffentlichen Interesse trifft.

(4) [1] Die Behörde, die den Verwaltungsakt erlassen oder über den Widerspruch zu entscheiden hat, kann in den Fällen des Absatzes 2 die Vollziehung aussetzen, soweit nicht bundesgesetzlich etwas anderes bestimmt ist. [2] Bei der Anforderung von öffentlichen Abgaben und Kosten kann sie die Vollziehung auch gegen Sicherheit aussetzen. [3] Die Aussetzung soll bei öffentlichen Abga-

ben und Kosten erfolgen, wenn ernstliche Zweifel an der Rechtmäßigkeit des angegriffenen Verwaltungsakts bestehen oder wenn die Vollziehung für den Abgaben- oder Kostenpflichtigen eine unbillige, nicht durch überwiegende öffentliche Interessen gebotene Härte zur Folge hätte.

(5) [1] Auf Antrag kann das Gericht der Hauptsache die aufschiebende Wirkung in den Fällen des Absatzes 2 Nr. 1 bis 3 ganz oder teilweise anordnen, im Falle des Absatzes 2 Nr. 4 ganz oder teilweise wiederherstellen. [2] Der Antrag ist schon vor Erhebung der Anfechtungsklage zulässig. [3] Ist der Verwaltungsakt im Zeitpunkt der Entscheidung schon vollzogen, so kann das Gericht die Aufhebung der Vollziehung anordnen. [4] Die Wiederherstellung der aufschiebenden Wirkung kann von der Leistung einer Sicherheit oder von anderen Auflagen abhängig gemacht werden. [5] Sie kann auch befristet werden.

(6) [1] In den Fällen des Absatzes 2 Nr. 1 ist der Antrag nach Absatz 5 nur zulässig, wenn die Behörde einen Antrag auf Aussetzung der Vollziehung ganz oder zum Teil abgelehnt hat. [2] Das gilt nicht, wenn

1. die Behörde über den Antrag ohne Mitteilung eines zureichenden Grundes in angemessener Frist sachlich nicht entschieden hat oder
2. eine Vollstreckung droht.

(7) [1] Das Gericht der Hauptsache kann Beschlüsse über Anträge nach Absatz 5 jederzeit ändern oder aufheben. [2] Jeder Beteiligte kann die Änderung oder Aufhebung wegen veränderter oder im ursprünglichen Verfahren ohne Verschulden nicht geltend gemachter Umstände beantragen.

(8) In dringenden Fällen kann der Vorsitzende entscheiden.

§ 80a [Verwaltungsakte mit Doppelwirkung] (1) Legt ein Dritter einen Rechtsbehelf gegen den an einen anderen gerichteten, diesen begünstigenden Verwaltungsakt ein, kann die Behörde

1. auf Antrag des Begünstigten nach § 80 Abs. 2 Nr. 4 die sofortige Vollziehung anordnen,
2. auf Antrag des Dritten nach § 80 Abs. 4 die Vollziehung aussetzen und einstweilige Maßnahmen zur Sicherung der Rechte des Dritten treffen.

(2) Legt ein Betroffener gegen einen an ihn gerichteten belastenden Verwaltungsakt, der einen Dritten begünstigt, einen Rechtsbehelf ein, kann die Behörde auf Antrag des Dritten nach § 80 Abs. 2 Nr. 4 die sofortige Vollziehung anordnen.

(3) [1] Das Gericht kann auf Antrag Maßnahmen nach den Absätzen 1 und 2 ändern oder aufheben oder solche Maßnahmen treffen. [2] § 80 Abs. 5 bis 8 gilt entsprechend.

§ 80b [Ende der aufschiebenden Wirkung] (1) [1] Die aufschiebende Wirkung des Widerspruchs und der Anfechtungsklage endet mit der Unanfechtbarkeit oder, wenn die Anfechtungsklage im ersten Rechtszug abgewiesen worden ist, drei Monate nach Ablauf der gesetzlichen Begründungsfrist des gegen die abweisende Entscheidung gegebenen Rechtsmittels. [2] Dies gilt auch, wenn die Vollziehung durch die Behörde ausgesetzt oder die aufschiebende Wirkung durch das Gericht wiederhergestellt oder angeordnet worden ist, es sei denn, die Behörde hat die Vollziehung bis zur Unanfechtbarkeit ausgesetzt.

(2) Das Oberverwaltungsgericht kann auf Antrag anordnen, daß die aufschiebende Wirkung fortdauert.

(3) § 80 Abs. 5 bis 8 und § 80a gelten entsprechend.

9. Abschnitt. Verfahren im ersten Rechtszug

§ 81 [Klageerhebung] (1) [1]Die Klage ist bei dem Gericht schriftlich zu erheben. [2]Bei dem Verwaltungsgericht kann sie auch zu Protokoll des Urkundsbeamten der Geschäftsstelle erhoben werden.

(2) Der Klage und allen Schriftsätzen sollen vorbehaltlich des § 55a Absatz 5 Satz 3 Abschriften für die übrigen Beteiligten beigefügt werden.

§ 82 [Inhalt der Klageschrift] (1) [1]Die Klage muß den Kläger, den Beklagten und den Gegenstand des Klagebegehrens bezeichnen. [2]Sie soll einen bestimmten Antrag enthalten. [3]Die zur Begründung dienenden Tatsachen und Beweismittel sollen angegeben, die angefochtene Verfügung und der Widerspruchsbescheid sollen in Abschrift beigefügt werden.

(2) [1]Entspricht die Klage diesen Anforderungen nicht, hat der Vorsitzende oder der nach § 21g des Gerichtsverfassungsgesetzes zuständige Berufsrichter (Berichterstatter) den Kläger zu der erforderlichen Ergänzung innerhalb einer bestimmten Frist aufzufordern. [2]Er kann dem Kläger für die Ergänzung eine Frist mit ausschließender Wirkung setzen, wenn es an einem der in Absatz 1 Satz 1 genannten Erfordernisse fehlt. [3]Für die Wiedereinsetzung in den vorigen Stand gilt § 60 entsprechend.

§ 83 [Sachliche und örtliche Zuständigkeit] [1]Für die sachliche und örtliche Zuständigkeit gelten die §§ 17 bis 17b des Gerichtsverfassungsgesetzes entsprechend. [2]Beschlüsse entsprechend § 17a Abs. 2 und 3 des Gerichtsverfassungsgesetzes sind unanfechtbar.

§ 84 [Gerichtsbescheid] (1) [1]Das Gericht kann ohne mündliche Verhandlung durch Gerichtsbescheid entscheiden, wenn die Sache keine besonderen Schwierigkeiten tatsächlicher oder rechtlicher Art aufweist und der Sachverhalt geklärt ist. [2]Die Beteiligten sind vorher zu hören. [3]Die Vorschriften über Urteile gelten entsprechend.

(2) Die Beteiligten können innerhalb eines Monats nach Zustellung des Gerichtsbescheids

1. Berufung einlegen, wenn sie zugelassen worden ist (§ 124a),
2. Zulassung der Berufung oder mündliche Verhandlung beantragen; wird von beiden Rechtsbehelfen Gebrauch gemacht, findet mündliche Verhandlung statt,
3. Revision einlegen, wenn sie zugelassen worden ist,
4. Nichtzulassungsbeschwerde einlegen oder mündliche Verhandlung beantragen, wenn die Revision nicht zugelassen worden ist; wird von beiden Rechtsbehelfen Gebrauch gemacht, findet mündliche Verhandlung statt,
5. mündliche Verhandlung beantragen, wenn ein Rechtsmittel nicht gegeben ist.

(3) Der Gerichtsbescheid wirkt als Urteil; wird rechtzeitig mündliche Verhandlung beantragt, gilt er als nicht ergangen.

(4) Wird mündliche Verhandlung beantragt, kann das Gericht in dem Urteil von einer weiteren Darstellung des Tatbestandes und der Entscheidungsgründe absehen, soweit es der Begründung des Gerichtsbescheides folgt und dies in seiner Entscheidung feststellt.

§ 85 [Klagezustellung] [1]Der Vorsitzende verfügt die Zustellung der Klage an den Beklagten. [2]Zugleich mit der Zustellung ist der Beklagte aufzufordern, sich schriftlich zu äußern; § 81 Abs. 1 Satz 2 gilt entsprechend. [3]Hierfür kann eine Frist gesetzt werden.

§ 86 [Untersuchungsgrundsatz; Aufklärungspflicht; vorbereitende Schriftsätze] (1) [1]Das Gericht erforscht den Sachverhalt von Amts wegen; die Beteiligten sind dabei heranzuziehen. [2]Es ist an das Vorbringen und an die Beweisanträge der Beteiligten nicht gebunden.

(2) Ein in der mündlichen Verhandlung gestellter Beweisantrag kann nur durch einen Gerichtsbeschluß, der zu begründen ist, abgelehnt werden.

(3) Der Vorsitzende hat darauf hinzuwirken, daß Formfehler beseitigt, unklare Anträge erläutert, sachdienliche Anträge gestellt, ungenügende tatsächliche Angaben ergänzt, ferner alle für die Feststellung und Beurteilung des Sachverhalts wesentlichen Erklärungen abgegeben werden.

(4) [1]Die Beteiligten sollen zur Vorbereitung der mündlichen Verhandlung Schriftsätze einreichen. [2]Hierzu kann sie der Vorsitzende unter Fristsetzung auffordern. [3]Die Schriftsätze sind den Beteiligten von Amts wegen zu übermitteln.

(5) [1]Den Schriftsätzen sind die Urkunden oder elektronischen Dokumente, auf die Bezug genommen wird, in Abschrift ganz oder im Auszug beizufügen. [2]Sind die Urkunden dem Gegner bereits bekannt oder sehr umfangreich, so genügt die genaue Bezeichnung mit dem Anerbieten, Einsicht bei Gericht zu gewähren.

§ 86a *(aufgehoben)*

§ 87 [Vorbereitendes Verfahren] (1) [1]Der Vorsitzende oder der Berichterstatter hat schon vor der mündlichen Verhandlung alle Anordnungen zu treffen, die notwendig sind, um den Rechtsstreit möglichst in einer mündlichen Verhandlung zu erledigen. [2]Er kann insbesondere

1. die Beteiligten zur Erörterung des Sach- und Streitstandes und zur gütlichen Beilegung des Rechtsstreits laden und einen Vergleich entgegennehmen;
2. den Beteiligten die Ergänzung oder Erläuterung ihrer vorbereitenden Schriftsätze, die Vorlegung von Urkunden, die Übermittlung von elektronischen Dokumenten und die Vorlegung von anderen zur Niederlegung bei Gericht geeigneten Gegenständen aufgeben, insbesondere eine Frist zur Erklärung über bestimmte klärungsbedürftige Punkte setzen;
3. Auskünfte einholen;
4. die Vorlage von Urkunden oder die Übermittlung von elektronischen Dokumenten anordnen;
5. das persönliche Erscheinen der Beteiligten anordnen; § 95 gilt entsprechend;
6. Zeugen und Sachverständige zur mündlichen Verhandlung laden.

(2) Die Beteiligten sind von jeder Anordnung zu benachrichtigen.

(3) [1]Der Vorsitzende oder der Berichterstatter kann einzelne Beweise erheben. [2]Dies darf nur insoweit geschehen, als es zur Vereinfachung der Verhandlung vor dem Gericht sachdienlich und von vornherein anzunehmen ist, daß das Gericht das Beweisergebnis auch ohne unmittelbaren Eindruck von dem Verlauf der Beweisaufnahme sachgemäß zu würdigen vermag.

§ 87a [Entscheidung im vorbereitenden Verfahren] (1) Der Vorsitzende entscheidet, wenn die Entscheidung im vorbereitenden Verfahren ergeht,

1. über die Aussetzung und das Ruhen des Verfahrens;
2. bei Zurücknahme der Klage, Verzicht auf den geltend gemachten Anspruch oder Anerkenntnis des Anspruchs, auch über einen Antrag auf Prozesskostenhilfe;
3. bei Erledigung des Rechtsstreits in der Hauptsache, auch über einen Antrag auf Prozesskostenhilfe;
4. über den Streitwert;
5. über Kosten;
6. über die Beiladung.

(2) Im Einverständnis der Beteiligten kann der Vorsitzende auch sonst anstelle der Kammer oder des Senats entscheiden.

(3) Ist ein Berichterstatter bestellt, so entscheidet dieser anstelle des Vorsitzenden.

§ 87b [Fristsetzung, Fristversäumnis] (1) [1]Der Vorsitzende oder der Berichterstatter kann dem Kläger eine Frist setzen zur Angabe der Tatsachen, durch deren Berücksichtigung oder Nichtberücksichtigung im Verwaltungsverfahren er sich beschwert fühlt. [2]Die Fristsetzung nach Satz 1 kann mit der Fristsetzung nach § 82 Abs. 2 Satz 2 verbunden werden.

(2) Der Vorsitzende oder der Berichterstatter kann einem Beteiligten unter Fristsetzung aufgeben, zu bestimmten Vorgängen

1. Tatsachen anzugeben oder Beweismittel zu bezeichnen,
2. Urkunden oder andere bewegliche Sachen vorzulegen sowie elektronische Dokumente zu übermitteln, soweit der Beteiligte dazu verpflichtet ist.

(3) [1]Das Gericht kann Erklärungen und Beweismittel, die erst nach Ablauf einer nach den Absätzen 1 und 2 gesetzten Frist vorgebracht werden, zurückweisen und ohne weitere Ermittlungen entscheiden, wenn

1. ihre Zulassung nach der freien Überzeugung des Gerichts die Erledigung des Rechtsstreits verzögern würde und
2. der Beteiligte die Verspätung nicht genügend entschuldigt und
3. der Beteiligte über die Folgen einer Fristversäumung belehrt worden ist.

[2]Der Entschuldigungsgrund ist auf Verlangen des Gerichts glaubhaft zu machen. [3]Satz 1 gilt nicht, wenn es mit geringem Aufwand möglich ist, den Sachverhalt auch ohne Mitwirkung des Beteiligten zu ermitteln.

§ 88 [Bindung an Klagebegehren] Das Gericht darf über das Klagebegehren nicht hinausgehen, ist aber an die Fassung der Anträge nicht gebunden.

§ 89 [Widerklage] (1) [1]Bei dem Gericht der Klage kann eine Widerklage erhoben werden, wenn der Gegenanspruch mit dem in der Klage geltend gemachten Anspruch oder mit den gegen ihn vorgebrachten Verteidigungsmitteln zusammenhängt. [2]Dies gilt nicht, wenn in den Fällen des § 52 Nr. 1 für die Klage wegen des Gegenanspruchs ein anderes Gericht zuständig ist.

(2) Bei Anfechtungs- und Verpflichtungsklagen ist die Widerklage ausgeschlossen.

§ 90 [Rechtshängigkeit] *(1)* [1]Durch Erhebung der Klage wird die Streitsache rechtshängig. [2]In Verfahren nach dem Siebzehnten Titel des Gerichtsverfassungsgesetzes wegen eines überlangen Gerichtsverfahrens wird die Streitsache erst mit Zustellung der Klage rechtshängig.

(2) (weggefallen)

(3) (weggefallen)

§ 91 [Klageänderung] (1) Eine Änderung der Klage ist zulässig, wenn die übrigen Beteiligten einwilligen oder das Gericht die Änderung für sachdienlich hält.

(2) Die Einwilligung des Beklagten in die Änderung der Klage ist anzunehmen, wenn er sich, ohne ihr zu widersprechen, in einem Schriftsatz oder in einer mündlichen Verhandlung auf die geänderte Klage eingelassen hat.

(3) Die Entscheidung, daß eine Änderung der Klage nicht vorliegt oder zuzulassen sei, ist nicht selbständig anfechtbar.

§ 92 [Klagerücknahme] (1) [1]Der Kläger kann bis zur Rechtskraft des Urteils seine Klage zurücknehmen. [2]Die Zurücknahme nach Stellung der Anträge in der mündlichen Verhandlung setzt die Einwilligung des Beklagten und, wenn ein Vertreter des öffentlichen Interesses an der mündlichen Verhandlung teilgenommen hat, auch seine Einwilligung voraus. [3]Die Einwilligung gilt als erteilt, wenn der Klagerücknahme nicht innerhalb von zwei Wochen seit Zustellung des die Rücknahme enthaltenden Schriftsatzes widersprochen wird; das Gericht hat auf diese Folge hinzuweisen.

(2) [1]Die Klage gilt als zurückgenommen, wenn der Kläger das Verfahren trotz Aufforderung des Gerichts länger als zwei Monate nicht betreibt. [2]Absatz 1 Satz 2 und 3 gilt entsprechend. [3]Der Kläger ist in der Aufforderung auf die sich aus Satz 1 und § 155 Abs. 2 ergebenden Rechtsfolgen hinzuweisen. [4]Das Gericht stellt durch Beschluß fest, daß die Klage als zurückgenommen gilt.

(3) [1]Ist die Klage zurückgenommen oder gilt sie als zurückgenommen, so stellt das Gericht das Verfahren durch Beschluß ein und spricht die sich nach diesem Gesetz ergebenden Rechtsfolgen der Zurücknahme aus. [2]Der Beschluß ist unanfechtbar.

§ 93 [Verbindung und Trennung von Verfahren] [1]Das Gericht kann durch Beschluß mehrere bei ihm anhängige Verfahren über den gleichen Gegenstand zu gemeinsamer Verhandlung und Entscheidung verbinden und wieder trennen. [2]Es kann anordnen, daß mehrere in einem Verfahren erhobene Ansprüche in getrennten Verfahren verhandelt und entschieden werden.

§ 93a [Musterverfahren] (1) [1] Ist die Rechtmäßigkeit einer behördlichen Maßnahme Gegenstand von mehr als zwanzig Verfahren, kann das Gericht eines oder mehrere geeignete Verfahren vorab durchführen (Musterverfahren) und die übrigen Verfahren aussetzen. [2] Die Beteiligten sind vorher zu hören. [3] Der Beschluß ist unanfechtbar.

(2) [1] Ist über die durchgeführten Verfahren rechtskräftig entschieden worden, kann das Gericht nach Anhörung der Beteiligten über die ausgesetzten Verfahren durch Beschluß entscheiden, wenn es einstimmig der Auffassung ist, daß die Sachen gegenüber rechtskräftig entschiedenen Musterverfahren keine wesentlichen Besonderheiten tatsächlicher oder rechtlicher Art aufweisen und der Sachverhalt geklärt ist. [2] Das Gericht kann in einem Musterverfahren erhobene Beweise einführen; es kann nach seinem Ermessen die wiederholte Vernehmung eines Zeugen oder eine neue Begutachtung durch denselben oder andere Sachverständige anordnen. [3] Beweisanträge zu Tatsachen, über die bereits im Musterverfahren Beweis erhoben wurde, kann das Gericht ablehnen, wenn ihre Zulassung nach seiner freien Überzeugung nicht zum Nachweis neuer entscheidungserheblicher Tatsachen beitragen und die Erledigung des Rechtsstreits verzögern würde. [4] Die Ablehnung kann in der Entscheidung nach Satz 1 erfolgen. [5] Den Beteiligten steht gegen den Beschluß nach Satz 1 das Rechtsmittel zu, das zulässig wäre, wenn das Gericht durch Urteil entschieden hätte. [6] Die Beteiligten sind über dieses Rechtsmittel zu belehren.

§ 94 [Aussetzung des Verfahrens] Das Gericht kann, wenn die Entscheidung des Rechtsstreits ganz oder zum Teil von dem Bestehen oder Nichtbestehen eines Rechtsverhältnisses abhängt, das den Gegenstand eines anderen anhängigen Rechtsstreits bildet oder von einer Verwaltungsbehörde festzustellen ist, anordnen, daß die Verhandlung bis zur Erledigung des anderen Rechtsstreits oder bis zur Entscheidung der Verwaltungsbehörde auszusetzen sei.

§ 95 [Persönliches Erscheinen] (1) [1] Das Gericht kann das persönliche Erscheinen eines Beteiligten anordnen. [2] Für den Fall des Ausbleibens kann es Ordnungsgeld wie gegen einen im Vernehmungstermin nicht erschienenen Zeugen androhen. [3] Bei schuldhaftem Ausbleiben setzt das Gericht durch Beschluß das angedrohte Ordnungsgeld fest. [4] Androhung und Festsetzung des Ordnungsgelds können wiederholt werden.

(2) Ist Beteiligter eine juristische Person oder eine Vereinigung, so ist das Ordnungsgeld dem nach Gesetz oder Satzung Vertretungsberechtigten anzudrohen und gegen ihn festzusetzen.

(3) Das Gericht kann einer beteiligten öffentlich-rechtlichen Körperschaft oder Behörde aufgeben, zur mündlichen Verhandlung einen Beamten oder Angestellten zu entsenden, der mit einem schriftlichen Nachweis über die Vertretungsbefugnis versehen und über die Sach- und Rechtslage ausreichend unterrichtet ist.

§ 96 [Unmittelbarkeit der Beweisaufnahme] (1) [1] Das Gericht erhebt Beweis in der mündlichen Verhandlung. [2] Es kann insbesondere Augenschein einnehmen, Zeugen, Sachverständige und Beteiligte vernehmen und Urkunden heranziehen.

(2) Das Gericht kann in geeigneten Fällen schon vor der mündlichen Verhandlung durch eines seiner Mitglieder als beauftragten Richter Beweis erhe-

ben lassen oder durch Bezeichnung der einzelnen Beweisfragen ein anderes Gericht um die Beweisaufnahme ersuchen.

§ 97 [Beweistermine] [1]Die Beteiligten werden von allen Beweisterminen benachrichtigt und können der Beweisaufnahme beiwohnen. [2]Sie können an Zeugen und Sachverständige sachdienliche Fragen richten. [3]Wird eine Frage beanstandet, so entscheidet das Gericht.

§ 98 [Beweisaufnahme] Soweit dieses Gesetz nicht abweichende Vorschriften enthält, sind auf die Beweisaufnahme §§ 358 bis 444 und 450 bis 494 der Zivilprozeßordnung entsprechend anzuwenden.

§ 99 [Vorlage- und Auskunftspflicht der Behörden] (1) [1]Behörden sind zur Vorlage von Urkunden oder Akten, zur Übermittlung elektronischer Dokumente und zu Auskünften verpflichtet. [2]Wenn das Bekanntwerden des Inhalts dieser Urkunden, Akten, elektronischen Dokumente oder dieser Auskünfte dem Wohl des Bundes oder eines Landes Nachteile bereiten würde oder wenn die Vorgänge nach einem Gesetz oder ihrem Wesen nach geheim gehalten werden müssen, kann die zuständige oberste Aufsichtsbehörde die Vorlage von Urkunden oder Akten, die Übermittlung der elektronischen Dokumente und die Erteilung der Auskünfte verweigern.

(2) [1]Auf Antrag eines Beteiligten stellt das Oberverwaltungsgericht ohne mündliche Verhandlung durch Beschluss fest, ob die Verweigerung der Vorlage der Urkunden oder Akten, der Übermittlung der elektronischen Dokumente oder der Erteilung von Auskünften rechtmäßig ist. [2]Verweigert eine oberste Bundesbehörde die Vorlage, Übermittlung oder Auskunft mit der Begründung, das Bekanntwerden des Inhalts der Urkunden, der Akten, der elektronischen Dokumente oder der Auskünfte würde dem Wohl des Bundes Nachteile bereiten, entscheidet das Bundesverwaltungsgericht; Gleiches gilt, wenn das Bundesverwaltungsgericht nach § 50 für die Hauptsache zuständig ist. [3]Der Antrag ist bei dem für die Hauptsache zuständigen Gericht zu stellen. [4]Dieses gibt den Antrag und die Hauptsacheakten an den nach § 189 zuständigen Spruchkörper ab. [5]Die oberste Aufsichtsbehörde hat die nach Absatz 1 Satz 2 verweigerten Urkunden oder Akten auf Aufforderung dieses Spruchkörpers vorzulegen, die elektronischen Dokumente zu übermitteln oder die verweigerten Auskünfte zu erteilen. [6]Sie ist zu diesem Verfahren beizuladen. [7]Das Verfahren unterliegt den Vorschriften des materiellen Geheimschutzes. [8]Können diese nicht eingehalten werden oder macht die zuständige Aufsichtsbehörde geltend, dass besondere Gründe der Geheimhaltung oder des Geheimschutzes der Übergabe der Urkunden oder Akten oder der Übermittlung der elektronischen Dokumente an das Gericht entgegenstehen, wird die Vorlage oder Übermittlung nach Satz 5 dadurch bewirkt, dass die Urkunden, Akten oder elektronischen Dokumente dem Gericht in von der obersten Aufsichtsbehörde bestimmten Räumlichkeiten zur Verfügung gestellt werden. [9]Für die nach Satz 5 vorgelegten Akten, elektronischen Dokumente und für die gemäß Satz 8 geltend gemachten besonderen Gründe gilt § 100 nicht. [10]Die Mitglieder des Gerichts sind zur Geheimhaltung verpflichtet; die Entscheidungsgründe dürfen Art und Inhalt der geheim gehaltenen Urkunden, Akten, elektronischen Dokumente und Auskünfte nicht erkennen lassen. [11]Für das nichtrichterliche Personal gelten die Regelungen des personellen Geheimschutzes. [12]Soweit

nicht das Bundesverwaltungsgericht entschieden hat, kann der Beschluss selbständig mit der Beschwerde angefochten werden. [13]Über die Beschwerde gegen den Beschluss eines Oberverwaltungsgerichts entscheidet das Bundesverwaltungsgericht. [14]Für das Beschwerdeverfahren gelten die Sätze 4 bis 11 sinngemäß.

§ 100 [Akteneinsicht; Abschriften] (1) [1]Die Beteiligten können die Gerichtsakten und die dem Gericht vorgelegten Akten einsehen. [2]Beteiligte können sich auf ihre Kosten durch die Geschäftsstelle Ausfertigungen, Auszüge, Ausdrucke und Abschriften erteilen lassen.

(2) [1]Werden die Prozessakten elektronisch geführt, wird Akteneinsicht durch Bereitstellung des Inhalts der Akten zum Abruf gewährt. [2]Auf besonderen Antrag wird Akteneinsicht durch Einsichtnahme in die Akten in Diensträumen gewährt. [3]Ein Aktenausdruck oder ein Datenträger mit dem Inhalt der Akten wird auf besonders zu begründenden Antrag nur übermittelt, wenn der Antragsteller hieran ein berechtigtes Interesse darlegt. [4]Stehen der Akteneinsicht in der nach Satz 1 vorgesehenen Form wichtige Gründe entgegen, kann die Akteneinsicht in der nach den Sätzen 2 und 3 vorgesehenen Form auch ohne Antrag gewährt werden. [5]Über einen Antrag nach Satz 3 entscheidet der Vorsitzende; die Entscheidung ist unanfechtbar. [6]§ 87a Absatz 3 gilt entsprechend.

(3) [1]Werden die Prozessakten in Papierform geführt, wird Akteneinsicht durch Einsichtnahme in die Akten in Diensträumen gewährt. [2]Die Akteneinsicht kann, soweit nicht wichtige Gründe entgegenstehen, auch durch Bereitstellung des Inhalts der Akten zum Abruf gewährt werden. [3]Nach dem Ermessen des Vorsitzenden kann der nach § 67 Absatz 2 Satz 1 und 2 Nummer 3 bis 6 bevollmächtigten Person die Mitnahme der Akten in die Wohnung oder Geschäftsräume gestattet werden. [4]§ 87a Absatz 3 gilt entsprechend.

(4) In die Entwürfe zu Urteilen, Beschlüssen und Verfügungen, die Arbeiten zu ihrer Vorbereitung und die Dokumente, die Abstimmungen betreffen, wird Akteneinsicht nach den Absätzen 1 bis 3 nicht gewährt.

§ 101 [Grundsatz der mündlichen Verhandlung] (1) Das Gericht entscheidet, soweit nichts anderes bestimmt ist, auf Grund mündlicher Verhandlung.

(2) Mit Einverständnis der Beteiligten kann das Gericht ohne mündliche Verhandlung entscheiden.

(3) Entscheidungen des Gerichts, die nicht Urteile sind, können ohne mündliche Verhandlung ergehen, soweit nichts anderes bestimmt ist.

§ 102 [Ladung; Sitzungen außerhalb des Gerichtssitzes] (1) [1]Sobald der Termin zur mündlichen Verhandlung bestimmt ist, sind die Beteiligten mit einer Ladungsfrist von mindestens zwei Wochen, bei dem Bundesverwaltungsgericht von mindestens vier Wochen, zu laden. [2]In dringenden Fällen kann der Vorsitzende die Frist abkürzen.

(2) Bei der Ladung ist darauf hinzuweisen, daß beim Ausbleiben eines Beteiligten auch ohne ihn verhandelt und entschieden werden kann.

(3) Die Gerichte der Verwaltungsgerichtsbarkeit können Sitzungen auch außerhalb des Gerichtssitzes abhalten, wenn dies zur sachdienlichen Erledigung notwendig ist.

(4) § 227 Abs. 3 Satz 1 der Zivilprozeßordnung ist nicht anzuwenden.

§ 102a [Verhandlung im Wege der Bild- und Tonübertragung]

(1) [1]Das Gericht kann den Beteiligten, ihren Bevollmächtigten und Beiständen auf Antrag oder von Amts wegen gestatten, sich während einer mündlichen Verhandlung an einem anderen Ort aufzuhalten und dort Verfahrenshandlungen vorzunehmen. [2]Die Verhandlung wird zeitgleich in Bild und Ton an diesen Ort und in das Sitzungszimmer übertragen.

(2) [1]Das Gericht kann auf Antrag gestatten, dass sich ein Zeuge, ein Sachverständiger oder ein Beteiligter während einer Vernehmung an einem anderen Ort aufhält. [2]Die Vernehmung wird zeitgleich in Bild und Ton an diesen Ort und in das Sitzungszimmer übertragen. [3]Ist Beteiligten, Bevollmächtigten und Beiständen nach Absatz 1 Satz 1 gestattet worden, sich an einem anderen Ort aufzuhalten, so wird die Vernehmung auch an diesen Ort übertragen.

(3) [1]Die Übertragung wird nicht aufgezeichnet. [2]Entscheidungen nach Absatz 1 Satz 1 und Absatz 2 Satz 1 sind unanfechtbar.

(4) Die Absätze 1 und 3 gelten entsprechend für Erörterungstermine (§ 87 Absatz 1 Satz 2 Nummer 1).

§ 103 [Gang der mündlichen Verhandlung] (1) Der Vorsitzende eröffnet und leitet die mündliche Verhandlung.

(2) Nach Aufruf der Sache trägt der Vorsitzende oder der Berichterstatter den wesentlichen Inhalt der Akten vor.

(3) Hierauf erhalten die Beteiligten das Wort, um ihre Anträge zu stellen und zu begründen.

§ 104 [Richterliche Frage- und Erörterungspflicht] (1) Der Vorsitzende hat die Streitsache mit den Beteiligten tatsächlich und rechtlich zu erörtern.

(2) [1]Der Vorsitzende hat jedem Mitglied des Gerichts auf Verlangen zu gestatten, Fragen zu stellen. [2]Wird eine Frage beanstandet, so entscheidet das Gericht.

(3) [1]Nach Erörterung der Streitsache erklärt der Vorsitzende die mündliche Verhandlung für geschlossen. [2]Das Gericht kann die Wiedereröffnung beschließen.

§ 105 [Protokoll über die mündliche Verhandlung] Für das Protokoll gelten die §§ 159 bis 165 der Zivilprozeßordnung entsprechend.

§ 106 [Gerichtlicher Vergleich] [1]Um den Rechtsstreit vollständig oder zum Teil zu erledigen, können die Beteiligten zu Protokoll des Gerichts oder des beauftragten oder ersuchten Richters einen Vergleich schließen, soweit sie über den Gegenstand des Vergleichs verfügen können. [2]Ein gerichtlicher Vergleich kann auch dadurch geschlossen werden, daß die Beteiligten einen in der Form eines Beschlusses ergangenen Vorschlag des Gerichts, des Vorsitzenden oder des Berichterstatters schriftlich oder durch Erklärung zu Protokoll in der mündlichen Verhandlung gegenüber dem Gericht annehmen.

10. Abschnitt. Urteile und andere Entscheidungen

§ 107 [Entscheidung durch Urteil] Über die Klage wird, soweit nichts anderes bestimmt ist, durch Urteil entschieden.

§ 108 [Urteilsgrundlage; freie Beweiswürdigung; rechtliches Gehör]

(1) [1]Das Gericht entscheidet nach seiner freien, aus dem Gesamtergebnis des Verfahrens gewonnenen Überzeugung. [2]In dem Urteil sind die Gründe anzugeben, die für die richterliche Überzeugung leitend gewesen sind.

(2) Das Urteil darf nur auf Tatsachen und Beweisergebnisse gestützt werden, zu denen die Beteiligten sich äußern konnten.

§ 109 [Zwischenurteil] Über die Zulässigkeit der Klage kann durch Zwischenurteil vorab entschieden werden.

§ 110 [Teilurteil] Ist nur ein Teil des Streitgegenstands zur Entscheidung reif, so kann das Gericht ein Teilurteil erlassen.

§ 111 [Zwischenurteil über den Grund] [1]Ist bei einer Leistungsklage ein Anspruch nach Grund und Betrag streitig, so kann das Gericht durch Zwischenurteil über den Grund vorab entscheiden. [2]Das Gericht kann, wenn der Anspruch für begründet erklärt ist, anordnen, daß über den Betrag zu verhandeln ist.

§ 112 [Besetzung des Gerichts] Das Urteil kann nur von den Richtern und ehrenamtlichen Richtern gefällt werden, die an der dem Urteil zugrunde liegenden Verhandlung teilgenommen haben.

§ 113 [Urteilstenor] (1) [1]Soweit der Verwaltungsakt rechtswidrig und der Kläger dadurch in seinen Rechten verletzt ist, hebt das Gericht den Verwaltungsakt und den etwaigen Widerspruchsbescheid auf. [2]Ist der Verwaltungsakt schon vollzogen, so kann das Gericht auf Antrag auch aussprechen, daß und wie die Verwaltungsbehörde die Vollziehung rückgängig zu machen hat. [3]Dieser Ausspruch ist nur zulässig, wenn die Behörde dazu in der Lage und diese Frage spruchreif ist. [4]Hat sich der Verwaltungsakt vorher durch Zurücknahme oder anders erledigt, so spricht das Gericht auf Antrag durch Urteil aus, daß der Verwaltungsakt rechtswidrig gewesen ist, wenn der Kläger ein berechtigtes Interesse an dieser Feststellung hat.

(2) [1]Begehrt der Kläger die Änderung eines Verwaltungsakts, der einen Geldbetrag festsetzt oder eine darauf bezogene Feststellung trifft, kann das Gericht den Betrag in anderer Höhe festsetzen oder die Feststellung durch eine andere ersetzen. [2]Erfordert die Ermittlung des festzusetzenden oder festzustellenden Betrags einen nicht unerheblichen Aufwand, kann das Gericht die Änderung des Verwaltungsakts durch Angabe der zu Unrecht berücksichtigten oder nicht berücksichtigten tatsächlichen oder rechtlichen Verhältnisse so bestimmen, daß die Behörde den Betrag auf Grund der Entscheidung errechnen kann. [3]Die Behörde teilt den Beteiligten das Ergebnis der Neuberechnung

unverzüglich formlos mit; nach Rechtskraft der Entscheidung ist der Verwaltungsakt mit dem geänderten Inhalt neu bekanntzugeben.

(3) [1] Hält das Gericht eine weitere Sachaufklärung für erforderlich, kann es, ohne in der Sache selbst zu entscheiden, den Verwaltungsakt und den Widerspruchsbescheid aufheben, soweit nach Art oder Umfang die noch erforderlichen Ermittlungen erheblich sind und die Aufhebung auch unter Berücksichtigung der Belange der Beteiligten sachdienlich ist. [2] Auf Antrag kann das Gericht bis zum Erlaß des neuen Verwaltungsakts eine einstweilige Regelung treffen, insbesondere bestimmen, daß Sicherheiten geleistet werden oder ganz oder zum Teil bestehen bleiben und Leistungen zunächst nicht zurückgewährt werden müssen. [3] Der Beschluß kann jederzeit geändert oder aufgehoben werden. [4] Eine Entscheidung nach Satz 1 kann nur binnen sechs Monaten seit Eingang der Akten der Behörde bei Gericht ergehen.

(4) Kann neben der Aufhebung eines Verwaltungsakts eine Leistung verlangt werden, so ist im gleichen Verfahren auch die Verurteilung zur Leistung zulässig.

(5) [1] Soweit die Ablehnung oder Unterlassung des Verwaltungsakts rechtswidrig und der Kläger dadurch in seinen Rechten verletzt ist, spricht das Gericht die Verpflichtung der Verwaltungsbehörde aus, die beantragte Amtshandlung vorzunehmen, wenn die Sache spruchreif ist. [2] Andernfalls spricht es die Verpflichtung aus, den Kläger unter Beachtung der Rechtsauffassung des Gerichts zu bescheiden.

§ 114 [Nachprüfung von Ermessensentscheidungen] [1] Soweit die Verwaltungsbehörde ermächtigt ist, nach ihrem Ermessen zu handeln, prüft das Gericht auch, ob der Verwaltungsakt oder die Ablehnung oder Unterlassung des Verwaltungsakts rechtswidrig ist, weil die gesetzlichen Grenzen des Ermessens überschritten sind oder von dem Ermessen in einer dem Zweck der Ermächtigung nicht entsprechenden Weise Gebrauch gemacht ist. [2] Die Verwaltungsbehörde kann ihre Ermessenserwägungen hinsichtlich des Verwaltungsaktes auch noch im verwaltungsgerichtlichen Verfahren ergänzen.

§ 115 [Klagen gegen den Widerspruchsbescheid] §§ 113 und 114 gelten entsprechend, wenn nach § 79 Abs. 1 Nr. 2 und Abs. 2 der Widerspruchsbescheid Gegenstand der Anfechtungsklage ist.

§ 116 [Verkündung und Zustellung des Urteils] (1) [1] Das Urteil wird, wenn eine mündliche Verhandlung stattgefunden hat, in der Regel in dem Termin, in dem die mündliche Verhandlung geschlossen wird, verkündet, in besonderen Fällen in einem sofort anzuberaumenden Termin, der nicht über zwei Wochen hinaus angesetzt werden soll. [2] Das Urteil ist den Beteiligten zuzustellen.

(2) Statt der Verkündung ist die Zustellung des Urteils zulässig; dann ist das Urteil binnen zwei Wochen nach der mündlichen Verhandlung der Geschäftsstelle zu übermitteln.

(3) Entscheidet das Gericht ohne mündliche Verhandlung, so wird die Verkündung durch Zustellung an die Beteiligten ersetzt.

§ 117 [Form und Inhalt des Urteils] (1) [1]Das Urteil ergeht „Im Namen des Volkes". [2]Es ist schriftlich abzufassen und von den Richtern, die bei der Entscheidung mitgewirkt haben, zu unterzeichnen. [3]Ist ein Richter verhindert, seine Unterschrift beizufügen, so wird dies mit dem Hinderungsgrund vom Vorsitzenden oder, wenn er verhindert ist, vom dienstältesten beisitzenden Richter unter dem Urteil vermerkt. [4]Der Unterschrift der ehrenamtlichen Richter bedarf es nicht.

(2) Das Urteil enthält

1. die Bezeichnung der Beteiligten, ihrer gesetzlichen Vertreter und der Bevollmächtigten nach Namen, Beruf, Wohnort und ihrer Stellung im Verfahren,
2. die Bezeichnung des Gerichts und die Namen der Mitglieder, die bei der Entscheidung mitgewirkt haben,
3. die Urteilsformel,
4. den Tatbestand,
5. die Entscheidungsgründe,
6. die Rechtsmittelbelehrung.

(3) [1]Im Tatbestand ist der Sach- und Streitstand unter Hervorhebung der gestellten Anträge seinem wesentlichen Inhalt nach gedrängt darzustellen. [2]Wegen der Einzelheiten soll auf Schriftsätze, Protokolle und andere Unterlagen verwiesen werden, soweit sich aus ihnen der Sach- und Streitstand ausreichend ergibt.

(4) [1]Ein Urteil, das bei der Verkündung noch nicht vollständig abgefaßt war, ist vor Ablauf von zwei Wochen, vom Tag der Verkündung an gerechnet, vollständig abgefaßt der Geschäftsstelle zu übermitteln. [2]Kann dies ausnahmsweise nicht geschehen, so ist innerhalb dieser zwei Wochen das von den Richtern unterschriebene Urteil ohne Tatbestand, Entscheidungsgründe und Rechtsmittelbelehrung der Geschäftsstelle zu übermitteln; Tatbestand, Entscheidungsgründe und Rechtsmittelbelehrung sind alsbald nachträglich niederzulegen, von den Richtern besonders zu unterschreiben und der Geschäftsstelle zu übermitteln.

(5) Das Gericht kann von einer weiteren Darstellung der Entscheidungsgründe absehen, soweit es der Begründung des Verwaltungsakts oder des Widerspruchsbescheids folgt und dies in seiner Entscheidung feststellt.

(6) [1]Der Urkundsbeamte der Geschäftsstelle hat auf dem Urteil den Tag der Zustellung und im Falle des § 116 Abs. 1 Satz 1 den Tag der Verkündung zu vermerken und diesen Vermerk zu unterschreiben. [2]Werden die Akten elektronisch geführt, hat der Urkundsbeamte der Geschäftsstelle den Vermerk in einem gesonderten Dokument festzuhalten. [3]Das Dokument ist mit dem Urteil untrennbar zu verbinden.

§ 118 [Urteilsberichtigung] (1) Schreibfehler, Rechenfehler und ähnliche offenbare Unrichtigkeiten im Urteil sind jederzeit vom Gericht zu berichtigen.

(2) [1]Über die Berichtigung kann ohne vorgängige mündliche Verhandlung entschieden werden. [2]Der Berichtigungsbeschluß wird auf dem Urteil und den Ausfertigungen vermerkt. [3]Ist das Urteil elektronisch abgefasst, ist auch der Beschluss elektronisch abzufassen und mit dem Urteil untrennbar zu verbinden.

§ 119 [Berichtigung des Tatbestands eines Urteils] (1) Enthält der Tatbestand des Urteils andere Unrichtigkeiten oder Unklarheiten, so kann die Berichtigung binnen zwei Wochen nach Zustellung des Urteils beantragt werden.

(2) [1] Das Gericht entscheidet ohne Beweisaufnahme durch Beschluß. [2] Der Beschluß ist unanfechtbar. [3] Bei der Entscheidung wirken nur die Richter mit, die beim Urteil mitgewirkt haben. [4] Ist ein Richter verhindert, so entscheidet bei Stimmengleichheit die Stimme des Vorsitzenden. [5] Der Berichtigungsbeschluß wird auf dem Urteil und den Ausfertigungen vermerkt. [6] Ist das Urteil elektronisch abgefasst, ist auch der Beschluss elektronisch abzufassen und mit dem Urteil untrennbar zu verbinden.

§ 120 [Urteilsergänzung] (1) Wenn ein nach dem Tatbestand von einem Beteiligten gestellter Antrag oder die Kostenfolge bei der Entscheidung ganz oder zum Teil übergangen ist, so ist auf Antrag das Urteil durch nachträgliche Entscheidung zu ergänzen.

(2) Die Entscheidung muß binnen zwei Wochen nach Zustellung des Urteils beantragt werden.

(3) [1] Die mündliche Verhandlung hat nur den nicht erledigten Teil des Rechtsstreits zum Gegenstand. [2] Von der Durchführung einer mündlichen Verhandlung kann abgesehen werden, wenn mit der Ergänzung des Urteils nur über einen Nebenanspruch oder über die Kosten entschieden werden soll und wenn die Bedeutung der Sache keine mündliche Verhandlung erfordert.

§ 121 [Rechtskraft] Rechtskräftige Urteile binden, soweit über den Streitgegenstand entschieden worden ist,

1. die Beteiligten und ihre Rechtsnachfolger und
2. im Fall des § 65 Abs. 3 die Personen, die einen Antrag auf Beiladung nicht oder nicht fristgemäß gestellt haben.

§ 122 [Beschlüsse] (1) §§ 88, 108 Abs. 1 Satz 1, §§ 118, 119 und 120 gelten entsprechend für Beschlüsse.

(2) [1] Beschlüsse sind zu begründen, wenn sie durch Rechtsmittel angefochten werden können oder über einen Rechtsbehelf entscheiden. [2] Beschlüsse über die Aussetzung der Vollziehung (§§ 80, 80a) und über einstweilige Anordnungen (§ 123) sowie Beschlüsse nach Erledigung des Rechtsstreits in der Hauptsache (§ 161 Abs. 2) sind stets zu begründen. [3] Beschlüsse, die über ein Rechtsmittel entscheiden, bedürfen keiner weiteren Begründung, soweit das Gericht das Rechtsmittel aus den Gründen der angefochtenen Entscheidung als unbegründet zurückweist.

11. Abschnitt. Einstweilige Anordnung

§ 123 [Erlass einstweiliger Anordnungen] (1) [1] Auf Antrag kann das Gericht, auch schon vor Klageerhebung, eine einstweilige Anordnung in bezug auf den Streitgegenstand treffen, wenn die Gefahr besteht, daß durch eine Veränderung des bestehenden Zustands die Verwirklichung eines Rechts des Antragstellers vereitelt oder wesentlich erschwert werden könnte. [2] Einstweilige Anordnungen sind auch zur Regelung eines vorläufigen Zustands in bezug auf ein streitiges Rechtsverhältnis zulässig, wenn diese Regelung, vor allem bei dauernden Rechtsverhältnissen, um wesentliche Nachteile abzuwenden oder drohende Gewalt zu verhindern oder aus anderen Gründen nötig erscheint.

(2) [1]Für den Erlaß einstweiliger Anordnungen ist das Gericht der Hauptsache zuständig. [2]Dies ist das Gericht des ersten Rechtszugs und, wenn die Hauptsache im Berufungsverfahren anhängig ist, das Berufungsgericht. [3]§ 80 Abs. 8 ist entsprechend anzuwenden.

(3) Für den Erlaß einstweiliger Anordnungen gelten §§ 920, 921, 923, 926, 928 bis 932, 938, 939, 941 und 945 der Zivilprozeßordnung entsprechend.[1)]

(4) Das Gericht entscheidet durch Beschluß.

(5) Die Vorschriften der Absätze 1 bis 3 gelten nicht für die Fälle der §§ 80 und 80a.

Teil III. Rechtsmittel und Wiederaufnahme des Verfahrens

12. Abschnitt. Berufung

§ 124 [Zulässigkeit der Berufung] (1) Gegen Endurteile einschließlich der Teilurteile nach § 110 und gegen Zwischenurteile nach den §§ 109 und 111 steht den Beteiligten die Berufung zu, wenn sie von dem Verwaltungsgericht oder dem Oberverwaltungsgericht zugelassen wird.

(2) Die Berufung ist nur zuzulassen,

1. wenn ernstliche Zweifel an der Richtigkeit des Urteils bestehen,
2. wenn die Rechtssache besondere tatsächliche oder rechtliche Schwierigkeiten aufweist,
3. wenn die Rechtssache grundsätzliche Bedeutung hat,
4. wenn das Urteil von einer Entscheidung des Oberverwaltungsgerichts, des Bundesverwaltungsgerichts, des Gemeinsamen Senats der obersten Gerichtshöfe des Bundes oder des Bundesverfassungsgerichts abweicht und auf dieser Abweichung beruht oder
5. wenn ein der Beurteilung des Berufungsgerichts unterliegender Verfahrensmangel geltend gemacht wird und vorliegt, auf dem die Entscheidung beruhen kann.

§ 124a [Zulassung und Begründung der Berufung] (1) [1]Das Verwaltungsgericht lässt die Berufung in dem Urteil zu, wenn die Gründe des § 124 Abs. 2 Nr. 3 oder Nr. 4 vorliegen. [2]Das Oberverwaltungsgericht ist an die Zulassung gebunden. [3]Zu einer Nichtzulassung der Berufung ist das Verwaltungsgericht nicht befugt.

[1)] Siehe hierzu insbesondere §§ 920 und 294 ZPO idF der Bek. v. 5.12.2005 (BGBl. I S. 3202, ber. 2006 S. 431, 2007 S. 1781), zuletzt geänd. durch G v. 12.12.2019 (BGBl. I S. 2633):

„**§ 920 Arrestgesuch.** (1) Das Gesuch soll die Bezeichnung des Anspruchs unter Angabe des Geldbetrages oder des Geldwertes sowie die Bezeichnung des Arrestgrundes enthalten.

(2) Der Anspruch und der Arrestgrund sind glaubhaft zu machen.

(3) Das Gesuch kann vor der Geschäftsstelle zu Protokoll erklärt werden.

§ 294 Glaubhaftmachung. (1) Wer eine tatsächliche Behauptung glaubhaft zu machen hat, kann sich aller Beweismittel bedienen, auch zur Versicherung an Eides statt zugelassen werden.

(2) Eine Beweisaufnahme, die nicht sofort erfolgen kann, ist unstatthaft."

Vgl. hierzu §§ 187-193 BGB, abgedruckt als Anm. zu **Nr. 12** § 31.

(2) [1]Die Berufung ist, wenn sie von dem Verwaltungsgericht zugelassen worden ist, innerhalb eines Monats nach Zustellung des vollständigen Urteils bei dem Verwaltungsgericht einzulegen. [2]Die Berufung muss das angefochtene Urteil bezeichnen.

(3) [1]Die Berufung ist in den Fällen des Absatzes 2 innerhalb von zwei Monaten nach Zustellung des vollständigen Urteils zu begründen. [2]Die Begründung ist, sofern sie nicht zugleich mit der Einlegung der Berufung erfolgt, bei dem Oberverwaltungsgericht einzureichen. [3]Die Begründungsfrist kann auf einen vor ihrem Ablauf gestellten Antrag von dem Vorsitzenden des Senats verlängert werden. [4]Die Begründung muss einen bestimmten Antrag enthalten sowie die im Einzelnen anzuführenden Gründe der Anfechtung (Berufungsgründe). [5]Mangelt es an einem dieser Erfordernisse, so ist die Berufung unzulässig.

(4) [1]Wird die Berufung nicht in dem Urteil des Verwaltungsgerichts zugelassen, so ist die Zulassung innerhalb eines Monats nach Zustellung des vollständigen Urteils zu beantragen. [2]Der Antrag ist bei dem Verwaltungsgericht zu stellen. [3]Er muss das angefochtene Urteil bezeichnen. [4]Innerhalb von zwei Monaten nach Zustellung des vollständigen Urteils sind die Gründe darzulegen, aus denen die Berufung zuzulassen ist. [5]Die Begründung ist, soweit sie nicht bereits mit dem Antrag vorgelegt worden ist, bei dem Oberverwaltungsgericht einzureichen. [6]Die Stellung des Antrags hemmt die Rechtskraft des Urteils.

(5) [1]Über den Antrag entscheidet das Oberverwaltungsgericht durch Beschluss. [2]Die Berufung ist zuzulassen, wenn einer der Gründe des § 124 Abs. 2 dargelegt ist und vorliegt. [3]Der Beschluss soll kurz begründet werden. [4]Mit der Ablehnung des Antrags wird das Urteil rechtskräftig. [5]Lässt das Oberverwaltungsgericht die Berufung zu, wird das Antragsverfahren als Berufungsverfahren fortgesetzt; der Einlegung einer Berufung bedarf es nicht.

(6) [1]Die Berufung ist in den Fällen des Absatzes 5 innerhalb eines Monats nach Zustellung des Beschlusses über die Zulassung der Berufung zu begründen. [2]Die Begründung ist bei dem Oberverwaltungsgericht einzureichen. [3]Absatz 3 Satz 3 bis 5 gilt entsprechend.

§ 124b *(aufgehoben)*

§ 125 [Berufungsverfahren; Entscheidung bei Unzulässigkeit]

(1) [1]Für das Berufungsverfahren gelten die Vorschriften des Teils II entsprechend, soweit sich aus diesem Abschnitt nichts anderes ergibt. [2]§ 84 findet keine Anwendung.

(2) [1]Ist die Berufung unzulässig, so ist sie zu verwerfen. [2]Die Entscheidung kann durch Beschluß ergehen. [3]Die Beteiligten sind vorher zu hören. [4]Gegen den Beschluß steht den Beteiligten das Rechtsmittel zu, das zulässig wäre, wenn das Gericht durch Urteil entschieden hätte. [5]Die Beteiligten sind über dieses Rechtsmittel zu belehren.

§ 126 [Zurücknahme der Berufung] (1) [1]Die Berufung kann bis zur Rechtskraft des Urteils zurückgenommen werden. [2]Die Zurücknahme nach Stellung der Anträge in der mündlichen Verhandlung setzt die Einwilligung des Beklagten und, wenn ein Vertreter des öffentlichen Interesses an der mündlichen Verhandlung teilgenommen hat, auch seine Einwilligung voraus.

(2) [1] Die Berufung gilt als zurückgenommen, wenn der Berufungskläger das Verfahren trotz Aufforderung des Gerichts länger als drei Monate nicht betreibt. [2] Absatz 1 Satz 2 gilt entsprechend. [3] Der Berufungskläger ist in der Aufforderung auf die sich aus Satz 1 und § 155 Abs. 2 ergebenden Rechtsfolgen hinzuweisen. [4] Das Gericht stellt durch Beschluß fest, daß die Berufung als zurückgenommen gilt.

(3) [1] Die Zurücknahme bewirkt den Verlust des eingelegten Rechtsmittels. [2] Das Gericht entscheidet durch Beschluß über die Kostenfolge.

§ 127 [Anschlussberufung] (1) [1] Der Berufungsbeklagte und die anderen Beteiligten können sich der Berufung anschließen. [2] Die Anschlussberufung ist bei dem Oberverwaltungsgericht einzulegen.

(2) [1] Die Anschließung ist auch statthaft, wenn der Beteiligte auf die Berufung verzichtet hat oder die Frist für die Berufung oder den Antrag auf Zulassung der Berufung verstrichen ist. [2] Sie ist zulässig bis zum Ablauf eines Monats nach der Zustellung der Berufungsbegründungsschrift.

(3) [1] Die Anschlussberufung muss in der Anschlussschrift begründet werden. [2] § 124a Abs. 3 Satz 2, 4 und 5 gilt entsprechend.

(4) Die Anschlussberufung bedarf keiner Zulassung.

(5) Die Anschließung verliert ihre Wirkung, wenn die Berufung zurückgenommen oder als unzulässig verworfen wird.

§ 128 [Umfang der Nachprüfung] [1] Das Oberverwaltungsgericht prüft den Streitfall innerhalb des Berufungsantrags im gleichen Umfang wie das Verwaltungsgericht. [2] Es berücksichtigt auch neu vorgebrachte Tatsachen und Beweismittel.

§ 128a [Neue Erklärungen und Beweismittel; Verspätung; Ausschluss] (1) [1] Neue Erklärungen und Beweismittel, die im ersten Rechtszug entgegen einer hierfür gesetzten Frist (§ 87b Abs. 1 und 2) nicht vorgebracht worden sind, sind nur zuzulassen, wenn nach der freien Überzeugung des Gerichts ihre Zulassung die Erledigung des Rechtsstreits nicht verzögern würde oder wenn der Beteiligte die Verspätung genügend entschuldigt. [2] Der Entschuldigungsgrund ist auf Verlangen des Gerichts glaubhaft zu machen. [3] Satz 1 gilt nicht, wenn der Beteiligte im ersten Rechtszug über die Folgen einer Fristversäumung nicht nach § 87b Abs. 3 Nr. 3 belehrt worden ist oder wenn es mit geringem Aufwand möglich ist, den Sachverhalt auch ohne Mitwirkung des Beteiligten zu ermitteln.

(2) Erklärungen und Beweismittel, die das Verwaltungsgericht zu Recht zurückgewiesen hat, bleiben auch im Berufungsverfahren ausgeschlossen.

§ 129 [Bindung an die Anträge] Das Urteil des Verwaltungsgerichts darf nur soweit geändert werden, als eine Änderung beantragt ist.

§ 130 [Zurückverweisung] (1) Das Oberverwaltungsgericht hat die notwendigen Beweise zu erheben und in der Sache selbst zu entscheiden.

(2) Das Oberverwaltungsgericht darf die Sache, soweit ihre weitere Verhandlung erforderlich ist, unter Aufhebung des Urteils und des Verfahrens an das Verwaltungsgericht nur zurückverweisen,

1. soweit das Verfahren vor dem Verwaltungsgericht an einem wesentlichen Mangel leidet und aufgrund dieses Mangels eine umfangreiche oder aufwändige Beweisaufnahme notwendig ist oder
2. wenn das Verwaltungsgericht noch nicht in der Sache selbst entschieden hat

und ein Beteiligter die Zurückverweisung beantragt.

(3) Das Verwaltungsgericht ist an die rechtliche Beurteilung der Berufungsentscheidung gebunden.

§ 130a [Entscheidung durch Beschluss] [1]Das Oberverwaltungsgericht kann über die Berufung durch Beschluß entscheiden, wenn es sie einstimmig für begründet oder einstimmig für unbegründet hält und eine mündliche Verhandlung nicht für erforderlich hält. [2]§ 125 Abs. 2 Satz 3 bis 5 gilt entsprechend.

§ 130b [Vereinfachte Abfassung des Berufungsurteils] [1]Das Oberverwaltungsgericht kann in dem Urteil über die Berufung auf den Tatbestand der angefochtenen Entscheidung Bezug nehmen, wenn es sich die Feststellungen des Verwaltungsgerichts in vollem Umfange zu eigen macht. [2]Von einer weiteren Darstellung der Entscheidungsgründe kann es absehen, soweit es die Berufung aus den Gründen der angefochtenen Entscheidung als unbegründet zurückweist.

§ 131 *(aufgehoben)*

13. Abschnitt. Revision

§ 132 [Zulassung der Revision] (1) Gegen das Urteil des Oberverwaltungsgerichts (§ 49 Nr. 1) und gegen Beschlüsse nach § 47 Abs. 5 Satz 1 steht den Beteiligten die Revision an das Bundesverwaltungsgericht zu, wenn das Oberverwaltungsgericht oder auf Beschwerde gegen die Nichtzulassung das Bundesverwaltungsgericht sie zugelassen hat.

(2) Die Revision ist nur zuzulassen, wenn

1. die Rechtssache grundsätzliche Bedeutung hat,
2. das Urteil von einer Entscheidung des Bundesverwaltungsgerichts, des Gemeinsamen Senats der obersten Gerichtshöfe des Bundes oder des Bundesverfassungsgerichts abweicht und auf dieser Abweichung beruht oder
3. ein Verfahrensmangel geltend gemacht wird und vorliegt, auf dem die Entscheidung beruhen kann.

(3) Das Bundesverwaltungsgericht ist an die Zulassung gebunden.

§ 133 [Beschwerde gegen die Nichtzulassung der Revision] (1) Die Nichtzulassung der Revision kann durch Beschwerde angefochten werden.

(2) [1]Die Beschwerde ist bei dem Gericht, gegen dessen Urteil Revision eingelegt werden soll, innerhalb eines Monats nach Zustellung des vollständigen Urteils einzulegen. [2]Die Beschwerde muß das angefochtene Urteil bezeichnen.

(3) [1]Die Beschwerde ist innerhalb von zwei Monaten nach der Zustellung des vollständigen Urteils zu begründen. [2]Die Begründung ist bei dem Gericht,

gegen dessen Urteil Revision eingelegt werden soll, einzureichen. [3]In der Begründung muß die grundsätzliche Bedeutung der Rechtssache dargelegt oder die Entscheidung, von der das Urteil abweicht, oder der Verfahrensmangel bezeichnet werden.

(4) Die Einlegung der Beschwerde hemmt die Rechtskraft des Urteils.

(5) [1]Wird der Beschwerde nicht abgeholfen, entscheidet das Bundesverwaltungsgericht durch Beschluß. [2]Der Beschluß soll kurz begründet werden; von einer Begründung kann abgesehen werden, wenn sie nicht geeignet ist, zur Klärung der Voraussetzungen beizutragen, unter denen eine Revision zuzulassen ist. [3]Mit der Ablehnung der Beschwerde durch das Bundesverwaltungsgericht wird das Urteil rechtskräftig.

(6) Liegen die Voraussetzungen des § 132 Abs. 2 Nr. 3 vor, kann das Bundesverwaltungsgericht in dem Beschluß das angefochtene Urteil aufheben und den Rechtsstreit zur anderweitigen Verhandlung und Entscheidung zurückverweisen.

§ 134 [Sprungrevision] (1) [1]Gegen das Urteil eines Verwaltungsgerichts (§ 49 Nr. 2) steht den Beteiligten die Revision unter Übergehung der Berufungsinstanz zu, wenn der Kläger und der Beklagte der Einlegung der Sprungrevision schriftlich zustimmen und wenn sie von dem Verwaltungsgericht im Urteil oder auf Antrag durch Beschluß zugelassen wird. [2]Der Antrag ist innerhalb eines Monats nach Zustellung des vollständigen Urteils schriftlich zu stellen. [3]Die Zustimmung zu der Einlegung der Sprungrevision ist dem Antrag oder, wenn die Revision im Urteil zugelassen ist, der Revisionsschrift beizufügen.

(2) [1]Die Revision ist nur zuzulassen, wenn die Voraussetzungen des § 132 Abs. 2 Nr. 1 oder 2 vorliegen. [2]Das Bundesverwaltungsgericht ist an die Zulassung gebunden. [3]Die Ablehnung der Zulassung ist unanfechtbar.

(3) [1]Lehnt das Verwaltungsgericht den Antrag auf Zulassung der Revision durch Beschluß ab, beginnt mit der Zustellung dieser Entscheidung der Lauf der Frist für den Antrag auf Zulassung der Berufung von neuem, sofern der Antrag in der gesetzlichen Frist und Form gestellt und die Zustimmungserklärung beigefügt war. [2]Läßt das Verwaltungsgericht die Revision durch Beschluß zu, beginnt der Lauf der Revisionsfrist mit der Zustellung dieser Entscheidung.

(4) Die Revision kann nicht auf Mängel des Verfahrens gestützt werden.

(5) Die Einlegung der Revision und die Zustimmung gelten als Verzicht auf die Berufung, wenn das Verwaltungsgericht die Revision zugelassen hat.

§ 135 [Revision bei Ausschluss der Berufung] [1]Gegen das Urteil eines Verwaltungsgerichts (§ 49 Nr. 2) steht den Beteiligten die Revision an das Bundesverwaltungsgericht zu, wenn durch Bundesgesetz die Berufung ausgeschlossen ist. [2]Die Revision kann nur eingelegt werden, wenn das Verwaltungsgericht oder auf Beschwerde gegen die Nichtzulassung das Bundesverwaltungsgericht sie zugelassen hat. [3]Für die Zulassung gelten die §§ 132 und 133 entsprechend.

§ 136 *(aufgehoben)*

§ 137 [Zulässige Revisionsgründe] (1) Die Revision kann nur darauf gestützt werden, daß das angefochtene Urteil auf der Verletzung

1. von Bundesrecht oder
2. einer Vorschrift des Verwaltungsverfahrensgesetzes eines Landes, die ihrem Wortlaut nach mit dem Verwaltungsverfahrensgesetz[1)] des Bundes übereinstimmt,

beruht.

(2) Das Bundesverwaltungsgericht ist an die in dem angefochtenen Urteil getroffenen tatsächlichen Feststellungen gebunden, außer wenn in bezug auf diese Feststellungen zulässige und begründete Revisionsgründe vorgebracht sind.

(3) [1] Wird die Revision auf Verfahrensmängel gestützt und liegt nicht zugleich eine der Voraussetzungen des § 132 Abs. 2 Nr. 1 und 2 vor, so ist nur über die geltend gemachten Verfahrensmängel zu entscheiden. [2] Im übrigen ist das Bundesverwaltungsgericht an die geltend gemachten Revisionsgründe nicht gebunden.

§ 138 [Absolute Revisionsgründe] Ein Urteil ist stets als auf der Verletzung von Bundesrecht beruhend anzusehen, wenn

1. das erkennende Gericht nicht vorschriftsmäßig besetzt war,
2. bei der Entscheidung ein Richter mitgewirkt hat, der von der Ausübung des Richteramts kraft Gesetzes ausgeschlossen oder wegen Besorgnis der Befangenheit mit Erfolg abgelehnt war,
3. einem Beteiligten das rechtliche Gehör versagt war,
4. ein Beteiligter im Verfahren nicht nach Vorschrift des Gesetzes vertreten war, außer wenn er der Prozeßführung ausdrücklich oder stillschweigend zugestimmt hat,
5. das Urteil auf eine mündliche Verhandlung ergangen ist, bei der die Vorschriften über die Öffentlichkeit des Verfahrens verletzt worden sind, oder
6. die Entscheidung nicht mit Gründen versehen ist.

§ 139 [Frist; Revisionseinlegung; Revisionsbegründung] (1) [1] Die Revision ist bei dem Gericht, dessen Urteil angefochten wird, innerhalb eines Monats nach Zustellung des vollständigen Urteils oder des Beschlusses über die Zulassung der Revision nach § 134 Abs. 3 Satz 2 schriftlich einzulegen. [2] Die Revisionsfrist ist auch gewahrt, wenn die Revision innerhalb der Frist bei dem Bundesverwaltungsgericht eingelegt wird. [3] Die Revision muß das angefochtene Urteil bezeichnen.

(2) [1] Wird der Beschwerde gegen die Nichtzulassung der Revision abgeholfen oder läßt das Bundesverwaltungsgericht die Revision zu, so wird das Beschwerdeverfahren als Revisionsverfahren fortgesetzt, wenn nicht das Bundesverwaltungsgericht das angefochtene Urteil nach § 133 Abs. 6 aufhebt; der Einlegung einer Revision durch den Beschwerdeführer bedarf es nicht. [2] Darauf ist in dem Beschluß hinzuweisen.

[1)] Nr. **12**.

(3) [1]Die Revision ist innerhalb von zwei Monaten nach Zustellung des vollständigen Urteils oder des Beschlusses über die Zulassung der Revision nach § 134 Abs. 3 Satz 2 zu begründen; im Falle des Absatzes 2 beträgt die Begründungsfrist einen Monat nach Zustellung des Beschlusses über die Zulassung der Revision. [2]Die Begründung ist bei dem Bundesverwaltungsgericht einzureichen. [3]Die Begründungsfrist kann auf einen vor ihrem Ablauf gestellten Antrag von dem Vorsitzenden verlängert werden. [4]Die Begründung muß einen bestimmten Antrag enthalten, die verletzte Rechtsnorm und, soweit Verfahrensmängel gerügt werden, die Tatsachen angeben, die den Mangel ergeben.

§ 140 [Zurücknahme der Revision] (1) [1]Die Revision kann bis zur Rechtskraft des Urteils zurückgenommen werden. [2]Die Zurücknahme nach Stellung der Anträge in der mündlichen Verhandlung setzt die Einwilligung des Revisionsbeklagten und, wenn der Vertreter des Bundesinteresses beim Bundesverwaltungsgericht an der mündlichen Verhandlung teilgenommen hat, auch seine Einwilligung voraus.

(2) [1]Die Zurücknahme bewirkt den Verlust des eingelegten Rechtsmittels. [2]Das Gericht entscheidet durch Beschluß über die Kostenfolge.

§ 141 [Revisionsverfahren] [1]Für die Revision gelten die Vorschriften über die Berufung entsprechend, soweit sich aus diesem Abschnitt nichts anderes ergibt. [2]Die §§ 87a, 130a und 130b finden keine Anwendung.

§ 142 [Unzulässigkeit von Klageänderungen und Beiladungen]

(1) [1]Klageänderungen und Beiladungen sind im Revisionsverfahren unzulässig. [2]Das gilt nicht für Beiladungen nach § 65 Abs. 2.

(2) [1]Ein im Revisionsverfahren nach § 65 Abs. 2 Beigeladener kann Verfahrensmängel nur innerhalb von zwei Monaten nach Zustellung des Beiladungsbeschlusses rügen. [2]Die Frist kann auf einen vor ihrem Ablauf gestellten Antrag von dem Vorsitzenden verlängert werden.

§ 143 [Prüfung der Zulässigkeitsvoraussetzungen] [1]Das Bundesverwaltungsgericht prüft, ob die Revision statthaft und ob sie in der gesetzlichen Form und Frist eingelegt und begründet worden ist. [2]Mangelt es an einem dieser Erfordernisse, so ist die Revision unzulässig.

§ 144 [Revisionsentscheidung] (1) Ist die Revision unzulässig, so verwirft sie das Bundesverwaltungsgericht durch Beschluß.

(2) Ist die Revision unbegründet, so weist das Bundesverwaltungsgericht die Revision zurück.

(3) [1]Ist die Revision begründet, so kann das Bundesverwaltungsgericht

1. in der Sache selbst entscheiden,
2. das angefochtene Urteil aufheben und die Sache zur anderweitigen Verhandlung und Entscheidung zurückverweisen.

[2]Das Bundesverwaltungsgericht verweist den Rechtsstreit zurück, wenn der im Revisionsverfahren nach § 142 Abs. 1 Satz 2 Beigeladene ein berechtigtes Interesse daran hat.

(4) Ergeben die Entscheidungsgründe zwar eine Verletzung des bestehenden Rechts, stellt sich die Entscheidung selbst aber aus anderen Gründen als richtig dar, so ist die Revision zurückzuweisen.

(5) [1] Verweist das Bundesverwaltungsgericht die Sache bei der Sprungrevision nach § 49 Nr. 2 und nach § 134 zur anderweitigen Verhandlung und Entscheidung zurück, so kann es nach seinem Ermessen auch an das Oberverwaltungsgericht zurückverweisen, das für die Berufung zuständig gewesen wäre. [2] Für das Verfahren vor dem Oberverwaltungsgericht gelten dann die gleichen Grundsätze, wie wenn der Rechtsstreit auf eine ordnungsgemäß eingelegte Berufung bei dem Oberverwaltungsgericht anhängig geworden wäre.

(6) Das Gericht, an das die Sache zur anderweitigen Verhandlung und Entscheidung zurückverwiesen ist, hat seiner Entscheidung die rechtliche Beurteilung des Revisionsgerichts zugrunde zu legen.

(7) [1] Die Entscheidung über die Revision bedarf keiner Begründung, soweit das Bundesverwaltungsgericht Rügen von Verfahrensmängeln nicht für durchgreifend hält. [2] Das gilt nicht für Rügen nach § 138 und, wenn mit der Revision ausschließlich Verfahrensmängel geltend gemacht werden, für Rügen, auf denen die Zulassung der Revision beruht.

§ 145 *(aufgehoben)*

14. Abschnitt. Beschwerde, Erinnerung, Anhörungsrüge

§ 146 [Statthaftigkeit der Beschwerde] (1) Gegen die Entscheidungen des Verwaltungsgerichts, des Vorsitzenden oder des Berichterstatters, die nicht Urteile oder Gerichtsbescheide sind, steht den Beteiligten und den sonst von der Entscheidung Betroffenen die Beschwerde an das Oberverwaltungsgericht zu, soweit nicht in diesem Gesetz etwas anderes bestimmt ist.

(2) Prozeßleitende Verfügungen, Aufklärungsanordnungen, Beschlüsse über eine Vertagung oder die Bestimmung einer Frist, Beweisbeschlüsse, Beschlüsse über Ablehnung von Beweisanträgen, über Verbindung und Trennung von Verfahren und Ansprüchen und über die Ablehnung von Gerichtspersonen sowie Beschlüsse über die Ablehnung der Prozesskostenhilfe, wenn das Gericht ausschließlich die persönlichen oder wirtschaftlichen Voraussetzungen der Prozesskostenhilfe verneint, können nicht mit der Beschwerde angefochten werden.

(3) Außerdem ist vorbehaltlich einer gesetzlich vorgesehenen Beschwerde gegen die Nichtzulassung der Revision die Beschwerde nicht gegeben in Streitigkeiten über Kosten, Gebühren und Auslagen, wenn der Wert des Beschwerdegegenstands zweihundert Euro nicht übersteigt.

(4) [1] Die Beschwerde gegen Beschlüsse des Verwaltungsgerichts in Verfahren des vorläufigen Rechtsschutzes (§§ 80, 80a und 123) ist innerhalb eines Monats nach Bekanntgabe der Entscheidung zu begründen. [2] Die Begründung ist, sofern sie nicht bereits mit der Beschwerde vorgelegt worden ist, bei dem Oberverwaltungsgericht einzureichen. [3] Sie muss einen bestimmten Antrag enthalten, die Gründe darlegen, aus denen die Entscheidung abzuändern oder aufzuheben ist, und sich mit der angefochtenen Entscheidung auseinander setzen. [4] Mangelt es an einem dieser Erfordernisse, ist die Beschwerde als unzulässig zu verwerfen. [5] Das Verwaltungsgericht legt die Beschwerde unver-

züglich vor; § 148 Abs. 1 findet keine Anwendung. [6]Das Oberverwaltungsgericht prüft nur die dargelegten Gründe.

§ 147 [Form; Frist] (1) [1]Die Beschwerde ist bei dem Gericht, dessen Entscheidung angefochten wird, schriftlich oder zu Protokoll des Urkundsbeamten der Geschäftsstelle innerhalb von zwei Wochen nach Bekanntgabe der Entscheidung einzulegen. [2]§ 67 Abs. 4 bleibt unberührt.

(2) Die Beschwerdefrist ist auch gewahrt, wenn die Beschwerde innerhalb der Frist bei dem Beschwerdegericht eingeht.

§ 148 [Abhilfe; Vorlage an das Oberverwaltungsgericht] (1) Hält das Verwaltungsgericht, der Vorsitzende oder der Berichterstatter, dessen Entscheidung angefochten wird, die Beschwerde für begründet, so ist ihr abzuhelfen; sonst ist sie unverzüglich dem Oberverwaltungsgericht vorzulegen.

(2) Das Verwaltungsgericht soll die Beteiligten von der Vorlage der Beschwerde an das Oberverwaltungsgericht in Kenntnis setzen.

§ 149 [Aufschiebende Wirkung] (1) [1]Die Beschwerde hat nur dann aufschiebende Wirkung, wenn sie die Festsetzung eines Ordnungs- oder Zwangsmittels zum Gegenstand hat. [2]Das Gericht, der Vorsitzende oder der Berichterstatter, dessen Entscheidung angefochten wird, kann auch sonst bestimmen, daß die Vollziehung der angefochtenen Entscheidung einstweilen auszusetzen ist.

(2) §§ 178 und 181 Abs. 2 des Gerichtsverfassungsgesetzes bleiben unberührt.

§ 150 [Entscheidung durch Beschluss] Über die Beschwerde entscheidet das Oberverwaltungsgericht durch Beschluß.

§ 151 [Beauftragter oder ersuchter Richter; Urkundsbeamter] [1]Gegen die Entscheidungen des beauftragten oder ersuchten Richters oder des Urkundsbeamten kann innerhalb von zwei Wochen nach Bekanntgabe die Entscheidung des Gerichts beantragt werden. [2]Der Antrag ist schriftlich oder zu Protokoll des Urkundsbeamten der Geschäftsstelle des Gerichts zu stellen. [3]§§ 147 bis 149 gelten entsprechend.

§ 152 [Beschwerde zum Bundesverwaltungsgericht] (1) Entscheidungen des Oberverwaltungsgerichts können vorbehaltlich des § 99 Abs. 2 und des § 133 Abs. 1 dieses Gesetzes sowie des § 17a Abs. 4 Satz 4 des Gerichtsverfassungsgesetzes nicht mit der Beschwerde an das Bundesverwaltungsgericht angefochten werden.

(2) Im Verfahren vor dem Bundesverwaltungsgericht gilt für Entscheidungen des beauftragten oder ersuchten Richters oder des Urkundsbeamten der Geschäftsstelle § 151 entsprechend.

§ 152a [Anhörungsrüge] (1) [1]Auf die Rüge eines durch eine gerichtliche Entscheidung beschwerten Beteiligten ist das Verfahren fortzuführen, wenn

1. ein Rechtsmittel oder ein anderer Rechtsbehelf gegen die Entscheidung nicht gegeben ist und

2. das Gericht den Anspruch dieses Beteiligten auf rechtliches Gehör in entscheidungserheblicher Weise verletzt hat.

[2] Gegen eine der Endentscheidung vorausgehende Entscheidung findet die Rüge nicht statt.

(2) [1] Die Rüge ist innerhalb von zwei Wochen nach Kenntnis von der Verletzung des rechtlichen Gehörs zu erheben; der Zeitpunkt der Kenntniserlangung ist glaubhaft zu machen. [2] Nach Ablauf eines Jahres seit Bekanntgabe der angegriffenen Entscheidung kann die Rüge nicht mehr erhoben werden. [3] Formlos mitgeteilte Entscheidungen gelten mit dem dritten Tage nach Aufgabe zur Post als bekannt gegeben. [4] Die Rüge ist schriftlich oder zu Protokoll des Urkundsbeamten der Geschäftsstelle bei dem Gericht zu erheben, dessen Entscheidung angegriffen wird. [5] § 67 Abs. 4 bleibt unberührt. [6] Die Rüge muss die angegriffene Entscheidung bezeichnen und das Vorliegen der in Absatz 1 Satz 1 Nr. 2 genannten Voraussetzungen darlegen.

(3) Den übrigen Beteiligten ist, soweit erforderlich, Gelegenheit zur Stellungnahme zu geben.

(4) [1] Ist die Rüge nicht statthaft oder nicht in der gesetzlichen Form oder Frist erhoben, so ist sie als unzulässig zu verwerfen. [2] Ist die Rüge unbegründet, weist das Gericht sie zurück. [3] Die Entscheidung ergeht durch unanfechtbaren Beschluss. [4] Der Beschluss soll kurz begründet werden.

(5) [1] Ist die Rüge begründet, so hilft ihr das Gericht ab, indem es das Verfahren fortführt, soweit dies aufgrund der Rüge geboten ist. [2] Das Verfahren wird in die Lage zurückversetzt, in der es sich vor dem Schluss der mündlichen Verhandlung befand. [3] In schriftlichen Verfahren tritt an die Stelle des Schlusses der mündlichen Verhandlung der Zeitpunkt, bis zu dem Schriftsätze eingereicht werden können. [4] Für den Ausspruch des Gerichts ist § 343 der Zivilprozessordnung entsprechend anzuwenden.

(6) § 149 Abs. 1 Satz 2 ist entsprechend anzuwenden.

15. Abschnitt. Wiederaufnahme des Verfahrens

§ 153 [Wiederaufnahme des Verfahrens] (1) Ein rechtskräftig beendetes Verfahren kann nach den Vorschriften des Vierten Buchs der Zivilprozeßordnung wiederaufgenommen werden.

(2) Die Befugnis zur Erhebung der Nichtigkeitsklage und der Restitutionsklage steht auch dem Vertreter des öffentlichen Interesses, im Verfahren vor dem Bundesverwaltungsgericht im ersten und letzten Rechtszug auch dem Vertreter des Bundesinteresses beim Bundesverwaltungsgericht zu.

Teil IV. Kosten und Vollstreckung

16. Abschnitt. Kosten

§ 154 [Kostentragungspflicht] (1) Der unterliegende Teil trägt die Kosten des Verfahrens.

(2) Die Kosten eines ohne Erfolg eingelegten Rechtsmittels fallen demjenigen zur Last, der das Rechtsmittel eingelegt hat.

(3) Dem Beigeladenen können Kosten nur auferlegt werden, wenn er Anträge gestellt oder Rechtsmittel eingelegt hat; § 155 Abs. 4 bleibt unberührt.

(4) Die Kosten des erfolgreichen Wiederaufnahmeverfahrens können der Staatskasse auferlegt werden, soweit sie nicht durch das Verschulden eines Beteiligten entstanden sind.

§ 155 [Kostenverteilung] (1) [1]Wenn ein Beteiligter teils obsiegt, teils unterliegt, so sind die Kosten gegeneinander aufzuheben oder verhältnismäßig zu teilen. [2]Sind die Kosten gegeneinander aufgehoben, so fallen die Gerichtskosten jedem Teil zur Hälfte zur Last. [3]Einem Beteiligten können die Kosten ganz auferlegt werden, wenn der andere nur zu einem geringen Teil unterlegen ist.

(2) Wer einen Antrag, eine Klage, ein Rechtsmittel oder einen anderen Rechtsbehelf zurücknimmt, hat die Kosten zu tragen.

(3) Kosten, die durch einen Antrag auf Wiedereinsetzung in den vorigen Stand entstehen, fallen dem Antragsteller zur Last.

(4) Kosten, die durch Verschulden eines Beteiligten entstanden sind, können diesem auferlegt werden.

§ 156 [Kosten bei sofortigem Anerkenntnis] Hat der Beklagte durch sein Verhalten keine Veranlassung zur Erhebung der Klage gegeben, so fallen dem Kläger die Prozeßkosten zur Last, wenn der Beklagte den Anspruch sofort anerkennt.

§ 157 (weggefallen)

§ 158 [Anfechtung der Kostenentscheidung] (1) Die Anfechtung der Entscheidung über die Kosten ist unzulässig, wenn nicht gegen die Entscheidung in der Hauptsache ein Rechtsmittel eingelegt wird.

(2) Ist eine Entscheidung in der Hauptsache nicht ergangen, so ist die Entscheidung über die Kosten unanfechtbar.

§ 159 [Mehrere Kostenpflichtige] [1]Besteht der kostenpflichtige Teil aus mehreren Personen, so gilt § 100 der Zivilprozeßordnung entsprechend. [2]Kann das streitige Rechtsverhältnis dem kostenpflichtigen Teil gegenüber nur einheitlich entschieden werden, so können die Kosten den mehreren Personen als Gesamtschuldnern auferlegt werden.

§ 160 [Kostenpflicht bei Vergleich] [1]Wird der Rechtsstreit durch Vergleich erledigt und haben die Beteiligten keine Bestimmung über die Kosten getroffen, so fallen die Gerichtskosten jedem Teil zur Hälfte zur Last. [2]Die außergerichtlichen Kosten trägt jeder Beteiligte selbst.

§ 161 [Kostenentscheidung; Erledigung der Hauptsache] (1) Das Gericht hat im Urteil oder, wenn das Verfahren in anderer Weise beendet worden ist, durch Beschluß über die Kosten zu entscheiden.

(2) [1]Ist der Rechtsstreit in der Hauptsache erledigt, so entscheidet das Gericht außer in den Fällen des § 113 Abs. 1 Satz 4 nach billigem Ermessen über die Kosten des Verfahrens durch Beschluß; der bisherige Sach- und Streitstand ist zu berücksichtigen. [2]Der Rechtsstreit ist auch in der Hauptsache erledigt, wenn der Beklagte der Erledigungserklärung des Klägers nicht innerhalb von

zwei Wochen seit Zustellung des die Erledigungserklärung enthaltenden Schriftsatzes widerspricht und er vom Gericht auf diese Folge hingewiesen worden ist.

(3) In den Fällen des § 75 fallen die Kosten stets dem Beklagten zur Last, wenn der Kläger mit seiner Bescheidung vor Klageerhebung rechnen durfte.

§ 162 [Erstattungsfähige Kosten] (1) Kosten sind die Gerichtskosten (Gebühren und Auslagen) und die zur zweckentsprechenden Rechtsverfolgung oder Rechtsverteidigung notwendigen Aufwendungen der Beteiligten einschließlich der Kosten des Vorverfahrens.

(2) [1] Die Gebühren und Auslagen eines Rechtsanwalts oder eines Rechtsbeistands, in Abgabenangelegenheiten auch einer der in § 67 Abs. 2 Satz 2 Nr. 3 genannten Personen, sind stets erstattungsfähig. [2] Soweit ein Vorverfahren geschwebt hat, sind Gebühren und Auslagen erstattungsfähig, wenn das Gericht die Zuziehung eines Bevollmächtigten für das Vorverfahren für notwendig erklärt. [3] Juristische Personen des öffentlichen Rechts und Behörden können an Stelle ihrer tatsächlichen notwendigen Aufwendungen für Post- und Telekommunikationsdienstleistungen den in Nummer 7002 der Anlage 1 zum Rechtsanwaltsvergütungsgesetz bestimmten Höchstsatz der Pauschale fordern.

(3) Die außergerichtlichen Kosten des Beigeladenen sind nur erstattungsfähig, wenn sie das Gericht aus Billigkeit der unterliegenden Partei oder der Staatskasse auferlegt.

§ 163 (weggefallen)

§ 164[1)] [Kostenfestsetzung] Der Urkundsbeamte des Gerichts des ersten Rechtszugs setzt auf Antrag den Betrag der zu erstattenden Kosten fest.

§ 165 [Anfechtung der Kostenfestsetzung] [1] Die Beteiligten können die Festsetzung der zu erstattenden Kosten anfechten. [2] § 151 gilt entsprechend.

§ 165a [Prozesskostensicherheit] § 110 der Zivilprozessordnung gilt entsprechend.

§ 166 [Prozesskostenhilfe] (1) [1] Die Vorschriften der Zivilprozeßordnung über die Prozeßkostenhilfe[2)] sowie § 569 Abs. 3 Nr. 2 der Zivilprozessordnung gelten entsprechend. [2] Einem Beteiligten, dem Prozesskostenhilfe bewilligt worden ist, kann auch ein Steuerberater, Steuerbevollmächtigter, Wirtschaftsprüfer oder vereidigter Buchprüfer beigeordnet werden. [3] Die Vergütung richtet sich nach den für den beigeordneten Rechtsanwalt geltenden Vorschriften des Rechtsanwaltsvergütungsgesetzes.

(2) [1] Die Prüfung der persönlichen und wirtschaftlichen Verhältnisse nach den §§ 114 bis 116 der Zivilprozessordnung einschließlich der in § 118 Absatz 2 der Zivilprozessordnung bezeichneten Maßnahmen, der Beurkundung von Vergleichen nach § 118 Absatz 1 Satz 3 der Zivilprozessordnung und der Entscheidungen nach § 118 Absatz 2 Satz 4 der Zivilprozessordnung obliegt

---

[1)] Siehe hierzu auch den Streitwertkatalog VwGO v. 15.11.2013.

[2)] Siehe §§ 114 bis 127 ZPO idF der Bek. v. 5.12.2005 (BGBl. I S. 3202, ber. 2006 S. 431, 2007 S. 1781), zuletzt geänd. durch G v. 12.12.2019 (BGBl. I S. 2633).

dem Urkundsbeamten der Geschäftsstelle des jeweiligen Rechtszugs, wenn der Vorsitzende ihm das Verfahren insoweit überträgt. [2] Liegen die Voraussetzungen für die Bewilligung der Prozesskostenhilfe hiernach nicht vor, erlässt der Urkundsbeamte die den Antrag ablehnende Entscheidung; anderenfalls vermerkt der Urkundsbeamte in den Prozessakten, dass dem Antragsteller nach seinen persönlichen und wirtschaftlichen Verhältnissen Prozesskostenhilfe gewährt werden kann und in welcher Höhe gegebenenfalls Monatsraten oder Beträge aus dem Vermögen zu zahlen sind.

(3) Dem Urkundsbeamten obliegen im Verfahren über die Prozesskostenhilfe ferner die Bestimmung des Zeitpunkts für die Einstellung und eine Wiederaufnahme der Zahlungen nach § 120 Absatz 3 der Zivilprozessordnung sowie die Änderung und die Aufhebung der Bewilligung der Prozesskostenhilfe nach den §§ 120a und 124 Absatz 1 Nummer 2 bis 5 der Zivilprozessordnung.

(4) [1] Der Vorsitzende kann Aufgaben nach den Absätzen 2 und 3 zu jedem Zeitpunkt an sich ziehen. [2] § 5 Absatz 1 Nummer 1, die §§ 6, 7, 8 Absatz 1 bis 4 und § 9 des Rechtspflegergesetzes gelten entsprechend mit der Maßgabe, dass an die Stelle des Rechtspflegers der Urkundsbeamte der Geschäftsstelle tritt.

(5) § 87a Absatz 3 gilt entsprechend.

(6) Gegen Entscheidungen des Urkundsbeamten nach den Absätzen 2 und 3 kann innerhalb von zwei Wochen nach Bekanntgabe die Entscheidung des Gerichts beantragt werden.

(7) Durch Landesgesetz kann bestimmt werden, dass die Absätze 2 bis 6 für die Gerichte des jeweiligen Landes nicht anzuwenden sind.

17. Abschnitt. Vollstreckung

§ 167 [Anwendung der ZPO; vorläufige Vollstreckbarkeit] (1) [1] Soweit sich aus diesem Gesetz nichts anderes ergibt, gilt für die Vollstreckung das Achte Buch der Zivilprozeßordnung[1)] entsprechend. [2] Vollstreckungsgericht ist das Gericht des ersten Rechtszugs.

(2) Urteile auf Anfechtungs- und Verpflichtungsklagen können nur wegen der Kosten für vorläufig vollstreckbar erklärt werden.

§ 168 [Vollstreckungstitel] (1) Vollstreckt wird

1. aus rechtskräftigen und aus vorläufig vollstreckbaren gerichtlichen Entscheidungen,
2. aus einstweiligen Anordnungen,
3. aus gerichtlichen Vergleichen,
4. aus Kostenfestsetzungsbeschlüssen,
5. aus den für vollstreckbar erklärten Schiedssprüchen öffentlich-rechtlicher Schiedsgerichte, sofern die Entscheidung über die Vollstreckbarkeit rechtskräftig oder für vorläufig vollstreckbar erklärt ist.

(2) Für die Vollstreckung können den Beteiligten auf ihren Antrag Ausfertigungen des Urteils ohne Tatbestand und ohne Entscheidungsgründe erteilt

---

[1)] Siehe §§ 704 bis 945 ZPO idF der Bek. v. 5.12.2005 (BGBl. I S. 3202, ber. 2006 S. 431, 2007 S. 1781), zuletzt geänd. durch G v. 12.12.2019 (BGBl. I S. 2633).

werden, deren Zustellung in den Wirkungen der Zustellung eines vollständigen Urteils gleichsteht.

§ 169 [Vollstreckung zugunsten der öffentlichen Hand] (1) [1]Soll zugunsten des Bundes, eines Landes, eines Gemeindeverbands, einer Gemeinde oder einer Körperschaft, Anstalt oder Stiftung des öffentlichen Rechts vollstreckt werden, so richtet sich die Vollstreckung nach dem Verwaltungsvollstreckungsgesetz[1)]. [2]Vollstreckungsbehörde im Sinne des Verwaltungsvollstreckungsgesetzes ist der Vorsitzende des Gerichts des ersten Rechtszugs; er kann für die Ausführung der Vollstreckung eine andere Vollstreckungsbehörde oder einen Gerichtsvollzieher in Anspruch nehmen.

(2) Wird die Vollstreckung zur Erzwingung von Handlungen, Duldungen und Unterlassungen im Wege der Amtshilfe von Organen der Länder vorgenommen, so ist sie nach landesrechtlichen Bestimmungen durchzuführen.

§ 170 [Vollstreckung gegen die öffentliche Hand] (1) [1]Soll gegen den Bund, ein Land, einen Gemeindeverband, eine Gemeinde, eine Körperschaft, eine Anstalt oder Stiftung des öffentlichen Rechts wegen einer Geldforderung vollstreckt werden, so verfügt auf Antrag des Gläubigers das Gericht des ersten Rechtszugs die Vollstreckung. [2]Es bestimmt die vorzunehmenden Vollstreckungsmaßnahmen und ersucht die zuständige Stelle um deren Vornahme. [3]Die ersuchte Stelle ist verpflichtet, dem Ersuchen nach den für sie geltenden Vollstreckungsvorschriften nachzukommen.

(2) [1]Das Gericht hat vor Erlaß der Vollstreckungsverfügung die Behörde oder bei Körperschaften, Anstalten und Stiftungen des öffentlichen Rechts, gegen die vollstreckt werden soll, die gesetzlichen Vertreter von der beabsichtigten Vollstreckung zu benachrichtigen mit der Aufforderung, die Vollstreckung innerhalb einer vom Gericht zu bemessenden Frist abzuwenden. [2]Die Frist darf einen Monat nicht übersteigen.

(3) [1]Die Vollstreckung ist unzulässig in Sachen, die für die Erfüllung öffentlicher Aufgaben unentbehrlich sind oder deren Veräußerung ein öffentliches Interesse entgegensteht. [2]Über Einwendungen entscheidet das Gericht nach Anhörung der zuständigen Aufsichtsbehörde oder bei obersten Bundes- oder Landesbehörden des zuständigen Ministers.

(4) Für öffentlich-rechtliche Kreditinstitute gelten die Absätze 1 bis 3 nicht.

(5) Der Ankündigung der Vollstreckung und der Einhaltung einer Wartefrist bedarf es nicht, wenn es sich um den Vollzug einer einstweiligen Anordnung handelt.

§ 171 [Vollstreckungsklausel] In den Fällen der §§ 169, 170 Abs. 1 bis 3 bedarf es einer Vollstreckungsklausel nicht.

§ 172 [Zwangsgeld gegen die Behörde] [1]Kommt die Behörde in den Fällen des § 113 Abs. 1 Satz 2 und Abs. 5 und des § 123 der ihr im Urteil oder in der einstweiligen Anordnung auferlegten Verpflichtung nicht nach, so kann das Gericht des ersten Rechtszugs auf Antrag unter Fristsetzung gegen sie ein Zwangsgeld bis zehntausend Euro durch Beschluß androhen, nach fruchtlosem

---

[1)] Nr. **14**.

Fristablauf festsetzen und von Amts wegen vollstrecken. [2]Das Zwangsgeld kann wiederholt angedroht, festgesetzt und vollstreckt werden.

Teil V. Schluß- und Übergangsbestimmungen

§ 173 [Entsprechende Anwendung des GVG und der ZPO] [1]Soweit dieses Gesetz keine Bestimmungen über das Verfahren enthält, sind das Gerichtsverfassungsgesetz[1)] und die Zivilprozeßordnung einschließlich § 278 Absatz 5 und § 278a entsprechend anzuwenden, wenn die grundsätzlichen Unterschiede der beiden Verfahrensarten dies nicht ausschließen; Buch 6 der Zivilprozessordnung ist nicht anzuwenden. [2]Die Vorschriften des Siebzehnten Titels des Gerichtsverfassungsgesetzes sind mit der Maßgabe entsprechend anzuwenden, dass an die Stelle des Oberlandesgerichts das Oberverwaltungsgericht, an die Stelle des Bundesgerichtshofs das Bundesverwaltungsgericht und an die Stelle der Zivilprozessordnung die Verwaltungsgerichtsordnung tritt. [3]Gericht im Sinne des § 1062 der Zivilprozeßordnung ist das zuständige Verwaltungsgericht, Gericht im Sinne des § 1065 der Zivilprozeßordnung das zuständige Oberverwaltungsgericht.

§ 174 [Befähigung zum Richteramt] (1) Für den Vertreter des öffentlichen Interesses bei dem Oberverwaltungsgericht und bei dem Verwaltungsgericht steht der Befähigung zum Richteramt nach dem Deutschen Richtergesetz die Befähigung zum höheren Verwaltungsdienst gleich, wenn sie nach mindestens dreijährigem Studium der Rechtswissenschaft an einer Universität und dreijähriger Ausbildung im öffentlichen Dienst durch Ablegen der gesetzlich vorgeschriebenen Prüfungen erlangt worden ist.

(2) Bei Kriegsteilnehmern gilt die Voraussetzung des Absatzes 1 als erfüllt, wenn sie den für sie geltenden besonderen Vorschriften genügt haben.

§ 175 [§ 43 EGGVG] § 43 des Einführungsgesetzes zum Gerichtsverfassungsgesetz gilt entsprechend.

§§ 176, 177. (weggefallen)

§ 176 (weggefallen)

§ 177 (weggefallen)

§§ 178 und 179 (Änderungsvorschriften)

§ 180 [Zeugen- und Sachverständigenvernehmung nach dem VwVfG oder dem SGB X] [1]Erfolgt die Vernehmung oder die Vereidigung von Zeugen und Sachverständigen nach dem Verwaltungsverfahrensgesetz[2)] oder nach dem Zehnten Buch Sozialgesetzbuch durch das Verwaltungsgericht, so findet sie vor dem dafür im Geschäftsverteilungsplan bestimmten Richter statt. [2]Über die Rechtmäßigkeit einer Verweigerung des Zeugnisses, des Gutachtens oder der Eidesleistung nach dem Verwaltungsverfahrensgesetz oder nach dem

---

[1)] Siehe hierzu insbesondere §§ 17, 17a und 17b GVG idF der Bek. v. 9.5.1975 (BGBl. I S. 1077), zuletzt geänd. durch G v. 12.12.2019 (BGBl. I S. 2633); abgedruckt als Anm. zu § 40.

[2)] Nr. **12**.

Zehnten Buch Sozialgesetzbuch entscheidet das Verwaltungsgericht durch Beschluß.

§§ 181 und 182 (Änderungsvorschriften)

§ 183 [Nichtigkeit von Landesrecht] [1] Hat das Verfassungsgericht eines Landes die Nichtigkeit von Landesrecht festgestellt oder Vorschriften des Landesrechts für nichtig erklärt, so bleiben vorbehaltlich einer besonderen gesetzlichen Regelung durch das Land die nicht mehr anfechtbaren Entscheidungen der Gerichte der Verwaltungsgerichtsbarkeit, die auf der für nichtig erklärten Norm beruhen, unberührt. [2] Die Vollstreckung aus einer solchen Entscheidung ist unzulässig. [3] § 767 der Zivilprozeßordnung gilt entsprechend.

§ 184 [Sonderregelungen der Länder] Das Land kann bestimmen, daß das Oberverwaltungsgericht die bisherige Bezeichnung „Verwaltungsgerichtshof" weiterführt.

§ 185 [Sonderregelungen für Berlin, Brandenburg, Bremen, Hamburg, Mecklenburg-Vorpommern, Saarland und Schleswig-Holstein]

(1) In den Ländern Berlin und Hamburg treten an die Stelle der Kreise im Sinne des § 28 die Bezirke.

(2) Die Länder Berlin, Brandenburg, Bremen, Hamburg, Mecklenburg-Vorpommern, Saarland und Schleswig-Holstein können Abweichungen von den Vorschriften des § 73 Abs. 1 Satz 2 zulassen.

§ 186 [Sonderregelungen für Berlin, Bremen und Hamburg] [1] § 22 Nr. 3 findet in den Ländern Berlin, Bremen und Hamburg auch mit der Maßgabe Anwendung, daß in der öffentlichen Verwaltung ehrenamtlich tätige Personen nicht zu ehrenamtlichen Richtern berufen werden können. [2] § 6 des Einführungsgesetzes zum Gerichtsverfassungsgesetz gilt entsprechend.

§ 187 [Disziplinar-, Schieds- und Berufsgerichtsbarkeit; Personalvertretungsrecht] (1) Die Länder können den Gerichten der Verwaltungsgerichtsbarkeit Aufgaben der Disziplinargerichtsbarkeit und der Schiedsgerichtsbarkeit bei Vermögensauseinandersetzungen öffentlich-rechtlicher Verbände übertragen, diesen Gerichten Berufsgerichte angliedern sowie dabei die Besetzung und das Verfahren regeln.

(2) Die Länder können ferner für das Gebiet des Personalvertretungsrechts von diesem Gesetz abweichende Vorschriften über die Besetzung und das Verfahren der Verwaltungsgerichte und des Oberverwaltungsgerichts erlassen.

§ 188 [Sozialkammern; Sozialsenate; Kostenfreiheit] [1] Die Sachgebiete in Angelegenheiten der Fürsorge mit Ausnahme der Angelegenheiten der Sozialhilfe und des Asylbewerberleistungsgesetzes, der Jugendhilfe, der Kriegsopferfürsorge, der Schwerbehindertenfürsorge sowie der Ausbildungsförderung sollen in einer Kammer oder in einem Senat zusammengefaßt werden. [2] Gerichtskosten (Gebühren und Auslagen) werden in den Verfahren dieser Art nicht erhoben; dies gilt nicht für Erstattungsstreitigkeiten zwischen Sozialleistungsträgern.

§ 189 [Fachsenate für Entscheidungen nach § 99 Abs. 2] Für die nach § 99 Abs. 2 zu treffenden Entscheidungen sind bei den Oberverwaltungsgerichten und dem Bundesverwaltungsgericht Fachsenate zu bilden.

§ 190 [Fortgeltung bestimmter Sonderregelungen] (1) Die folgenden Gesetze, die von diesem Gesetz abweichen, bleiben unberührt:

1. das Lastenausgleichsgesetz vom 14. August 1952 (Bundesgesetzbl. I S. 446) in der Fassung der dazu ergangenen Änderungsgesetze,
2. das *Gesetz über die Errichtung eines Bundesaufsichtsamtes für das Versicherungs- und Bausparwesen*[1] vom 31. Juli 1951 (Bundesgesetzbl. I S. 480) in der Fassung des Gesetzes zur Ergänzung des Gesetzes über die Errichtung eines Bundesaufsichtsamtes für das Versicherungs- und Bausparwesen vom 22. Dezember 1954 (Bundesgesetzbl. I S. 501),
3. (weggefallen)
4. das Flurbereinigungsgesetz vom 14. Juli 1953 (Bundesgesetzbl. I S. 591),
5. das *Personalvertretungsgesetz*[2] vom 5. August 1955 (Bundesgesetzbl. I S. 477),
6. die Wehrbeschwerdeordnung (WBO) vom 23. Dezember 1956 (Bundesgesetzbl. I S. 1066),
7. das *Kriegsgefangenenentschädigungsgesetz (KgfEG)*[3] in der Fassung vom 8. Dezember 1956 (Bundesgesetzbl. I S. 908),
8. § 13 Abs. 2 des Patentgesetzes und die Vorschriften über das Verfahren vor dem Deutschen Patentamt.

(2) (weggefallen)

(3) (weggefallen)

§ 191 [Revision bei Klagen aus dem Beamtenverhältnis] (1) (Änderungsvorschrift)

(2) § 127 des Beamtenrechtsrahmengesetzes und § 54 des Beamtenstatusgesetzes bleiben unberührt.

§ 192 (Änderungsvorschrift)

§ 193 [Oberverwaltungsgericht als Verfassungsgericht] In einem Land, in dem kein Verfassungsgericht besteht, bleibt eine dem Oberverwaltungsgericht übertragene Zuständigkeit zur Entscheidung von Verfassungsstreitigkeiten innerhalb des Landes bis zur Errichtung eines Verfassungsgerichts unberührt.

§ 194 [Übergangsvorschriften für Rechtsmittel] (1) Die Zulässigkeit der Berufungen richtet sich nach dem bis zum 31. Dezember 2001 geltenden Recht, wenn vor dem 1. Januar 2002

---

[1] Aufgehoben mWv 2.9.2005 durch G v. 29.8.2005 (BGBl. I S. 2546).

[2] Aufgehoben mWv 1.4.1974 durch G v. 15.3.1974 (BGBl. I S. 693); siehe jetzt das BundespersonalvertretungsG v. 15.3.1974 (BGBl. I S. 693), zuletzt geänd. durch G v. 17.7.2017 (BGBl. I S. 2581).

[3] Aufgehoben mWv 1.1.1993 durch G v. 21.12.1992 (BGBl. I S. 2094).

1. die mündliche Verhandlung, auf die das anzufechtende Urteil ergeht, geschlossen worden ist,
2. in Verfahren ohne mündliche Verhandlung die Geschäftsstelle die anzufechtende Entscheidung zum Zwecke der Zustellung an die Parteien herausgegeben hat.

(2) Im Übrigen richtet sich die Zulässigkeit eines Rechtsmittels gegen eine gerichtliche Entscheidung nach dem bis zum 31. Dezember 2001 geltenden Recht, wenn vor dem 1. Januar 2002 die gerichtliche Entscheidung bekannt gegeben oder verkündet oder von Amts wegen an Stelle einer Verkündung zugestellt worden ist.

(3) Fristgerecht vor dem 1. Januar 2002 eingelegte Rechtsmittel gegen Beschlüsse in Verfahren der Prozesskostenhilfe gelten als durch das Oberverwaltungsgericht zugelassen.

(4) In Verfahren, die vor dem 1. Januar 2002 anhängig geworden sind oder für die die Klagefrist vor diesem Tage begonnen hat, sowie in Verfahren über Rechtsmittel gegen gerichtliche Entscheidungen, die vor dem 1. Januar 2002 bekannt gegeben oder verkündet oder von Amts wegen an Stelle einer Verkündung zugestellt worden sind, gelten für die Prozessvertretung der Beteiligten die bis zu diesem Zeitpunkt geltenden Vorschriften.

(5) § 40 Abs. 2 Satz 1, § 154 Abs. 3, § 162 Abs. 2 Satz 3 und § 188 Satz 2 sind für die ab 1. Januar 2002 bei Gericht anhängig werdenden Verfahren in der zu diesem Zeitpunkt geltenden Fassung anzuwenden.

§ 195 [Inkrafttreten, Außerkrafttreten] (1) (Inkrafttreten)

(2) bis (6) (Aufhebungs-, Änderungs- und zeitlich überholte Vorschriften)

(7) Für Rechtsvorschriften im Sinne des § 47, die vor dem 1. Januar 2007 bekannt gemacht worden sind, gilt die Frist des § 47 Abs. 2 in der bis zum Ablauf des 31. Dezember 2006 geltenden Fassung.

16. Vertrag über die Europäische Union idF des Vertrags von Lissabon

In der Fassung des Vertrages von Lissabon vom 13. Dezember 2007 [1)2)]
(ABl. Nr. C 306 S. 1, ber. ABl. 2008 Nr. C 111 S. 56, ABl. 2009 Nr. C 290 S. 1, ABl. 2011 Nr. C 378 S. 3)

Celex-Nr. 1 1992 M

Der Vertrag über die Europäische Union[3)] wurde verkündet am 7.2.1992 (ABl. Nr. C 191 S. 1) und zwischenzeitlich geänd. durch Beitrittsvertrag[4)] v. 24.6.1994 (ABl. Nr. L 1 S. 1, ber. 1997 Nr. L 179 S. 12), Vertrag von Amsterdam[5)] v. 2.10.1997 (ABl. Nr. C 340 S. 1), Vertrag von Nizza[6)] v. 26.2.2001 (ABl. Nr. C 80 S. 1, ber. ABl. Nr. C 96 S. 2[7)], EU-Beitrittsakte 20037) v. 16.4.2003 (ABl. Nr. L 236 S. 33), EU-Beitrittsakte 2005[8)] v. 25.4.2005 (ABl. Nr. L 157 S. 203) und Art. 13, 14 Abs. 1 EU-Beitrittsakte 2013[9)] v. 9.12.2011 (ABl. 2012 Nr. L 112 S. 21)

Nichtamtliche Inhaltsübersicht

Titel I. Gemeinsame Bestimmungen

Titel II. Bestimmungen über die demokratischen Grundsätze

[1)] Die Bundesrepublik Deutschland hat dem Vertrag durch G v. 8.1.2008 (BGBl. II S. 1038) zugestimmt. Der Vertrag ist laut Bek. v. 13.11.2009 (BGBl. II S. 1223) am 1.12.2009 in Kraft getreten.

[2)] Die Artikelfolge und Verweise/Bezugnahmen auf Vorschriften des AEUV sind gemäß Art. 5 des Vertrags von Lissabon in Verbindung mit den Übereinstimmungstabellen an die neue Nummerierung angepasst worden.

[3)] Die Bundesrepublik Deutschland hat dem Vertrag mit G v. 28.12.1992 (BGBl. II S. 1251) zugestimmt. Der Vertrag ist laut Bek. v. 19.10.1993 (BGBl. II S. 1947) am 1.11.1993 in Kraft getreten.

[4)] Die Bundesrepublik Deutschland hat dem Vertrag mit G v. 2.9.1994 (BGBl. II S. 2022) zugestimmt. Der Vertrag ist laut Bek. v. 30.8.1996 (BGBl. II S. 1486) am 1.1.1995 in Kraft getreten.

[5)] Die Bundesrepublik Deutschland hat dem Vertrag mit G v. 8.4.1997 (BGBl. 1998 II S. 386, ber. 1999 II S. 416) zugestimmt. Der Vertrag ist laut Bek. v. 6.4.1999 (BGBl. II S. 296) am 1.5.1999 in Kraft getreten.

[6)] Die Bundesrepublik Deutschland hat dem Vertrag mit G v. 21.12.2001 (BGBl. II S. 1667) zugestimmt. Der Vertrag ist laut Bek. v. 20.8.2003 (BGBl. II S. 1477) am 1.2.2003 in Kraft getreten.

[7)] Die Bundesrepublik Deutschland hat dem Vertrag mit G v. 18.9.2003 (BGBl. II S. 1408) zugestimmt. Der Vertrag ist laut Bek. v. 28.6.2004 (BGBl. II S. 1102) am 1.5.2004 in Kraft getreten.

[8)] Die Bundesrepublik Deutschland hat dem Vertrag mit G v. 7.12.2006 (BGBl. II S. 1146) zugestimmt. Der Vertrag ist laut Bek. v. 26.1.2007 (BGBl. II S. 127) am 1.1.2007 in Kraft getreten.

[9)] Die Bundesrepublik Deutschland hat dem Vertrag mit G v. 14.6.2013 (BGBl. II S. 586) zugestimmt.

Titel III. Bestimmungen über die Organe

Titel IV. Bestimmungen über eine Verstärkte Zusammenarbeit

Titel V. Allgemeine Bestimmungen über das auswärtige Handeln der Union und besondere Bestimmungen über die gemeinsame Außen- und Sicherheitspolitik

Kapitel 1. Allgemeine Bestimmungen über das auswärtige Handeln der Union

Kapitel 2. Besondere Bestimmungen über die Gemeinsame Außen- und Sicherheitspolitik

Abschnitt 1. Gemeinsame Bestimmungen

Abschnitt 2. Bestimmungen über die Gemeinsame Sicherheits- und Verteidigungspolitik

Titel VI. Schlußbestimmungen

SEINE MAJESTÄT DER KÖNIG DER BELGIER,
IHRE MAJESTÄT DIE KÖNIGIN VON DÄNEMARK,
DER PRÄSIDENT DER BUNDESREPUBLIK DEUTSCHLAND,
DER PRÄSIDENT DER GRIECHISCHEN REPUBLIK,
SEINE MAJESTÄT DER KÖNIG VON SPANIEN,
DER PRÄSIDENT DER FRANZÖSISCHEN REPUBLIK,
DER PRÄSIDENT IRLANDS,
DER PRÄSIDENT DER ITALIENISCHEN REPUBLIK,
SEINE KÖNIGLICHE HOHEIT DER GROSSHERZOG VON LUXEMBURG,
IHRE MAJESTÄT DIE KÖNIGIN DER NIEDERLANDE,
DER PRÄSIDENT DER PORTUGIESISCHEN REPUBLIK,
IHRE MAJESTÄT DIE KÖNIGIN DES VEREINIGTEN KÖNIGREICHS GROSSBRITANNIEN UND NORDIRLAND,[1]

ENTSCHLOSSEN, den mit der Gründung der Europäischen Gemeinschaften eingeleiteten Prozeß der europäischen Integration auf eine neue Stufe zu heben,

SCHÖPFEND aus dem kulturellen, religiösen und humanistischen Erbe Europas, aus dem sich die unverletzlichen und unveräußerlichen Rechte des Menschen sowie Freiheit, Demokratie, Gleichheit und Rechtsstaatlichkeit als universelle Werte entwickelt haben,

EINGEDENK der historischen Bedeutung der Überwindung der Teilung des europäischen Kontinents und der Notwendigkeit, feste Grundlagen für die Gestalt des zukünftigen Europas zu schaffen,

IN BESTÄTIGUNG ihres Bekenntnisses zu den Grundsätzen der Freiheit, der Demokratie und der Achtung der Menschenrechte und Grundfreiheiten und der Rechtsstaatlichkeit,

IN BESTÄTIGUNG der Bedeutung, die sie den sozialen Grundrechten beimessen, wie sie in der am 18. Oktober 1961 in Turin unterzeichneten Europäischen Sozialcharta und in der Gemeinschaftscharta der sozialen Grundrechte der Arbeitnehmer von 1989 festgelegt sind,

IN DEM WUNSCH, die Solidarität zwischen ihren Völkern unter Achtung ihrer Geschichte, ihrer Kultur und ihrer Traditionen zu stärken,

IN DEM WUNSCH, Demokratie und Effizienz in der Arbeit der Organe weiter zu stärken, damit diese in die Lage versetzt werden, die ihnen übertragenen Aufgaben in einem einheitlichen institutionellen Rahmen besser wahrzunehmen,

ENTSCHLOSSEN, die Stärkung und die Konvergenz ihrer Volkswirtschaften herbeizuführen und eine Wirtschafts- und Währungsunion zu errichten, die im

---

[1] **Amtl. Anm.:** Seit dem ursprünglichen Vertragsschluss sind Mitgliedstaaten der Europäischen Union geworden: die Republik Kroatien, die Republik Bulgarien, die Tschechische Republik, die Republik Estland, die Republik Zypern, die Republik Lettland, die Republik Litauen, die Republik Ungarn, die Republik Malta, die Republik Österreich, die Republik Polen, Rumänien, die Republik Slowenien, die Slowakische Republik, die Republik Finnland und das Königreich Schweden.

Einklang mit diesem Vertrag und dem Vertrag über die Arbeitsweise der Europäischen Union[1] eine einheitliche, stabile Währung einschließt,

IN DEM FESTEN WILLEN, im Rahmen der Verwirklichung des Binnenmarkts sowie der Stärkung des Zusammenhalts und des Umweltschutzes den wirtschaftlichen und sozialen Fortschritt ihrer Völker unter Berücksichtigung des Grundsatzes der nachhaltigen Entwicklung zu fördern und Politiken zu verfolgen, die gewährleisten, dass Fortschritte bei der wirtschaftlichen Integration mit parallelen Fortschritten auf anderen Gebieten einhergehen,

ENTSCHLOSSEN, eine gemeinsame Unionsbürgerschaft für die Staatsangehörigen ihrer Länder einzuführen,

ENTSCHLOSSEN, eine Gemeinsame Außen- und Sicherheitspolitik zu verfolgen, wozu nach Maßgabe des Artikels 42 auch die schrittweise Festlegung einer gemeinsamen Verteidigungspolitik gehört, die zu einer gemeinsamen Verteidigung führen könnte, und so die Identität und Unabhängigkeit Europas zu stärken, um Frieden, Sicherheit und Fortschritt in Europa und in der Welt zu fördern,

ENTSCHLOSSEN, die Freizügigkeit unter gleichzeitiger Gewährleistung der Sicherheit ihrer Bürger durch den Aufbau eines Raums der Freiheit, der Sicherheit und des Rechts nach Maßgabe der Bestimmungen dieses Vertrags und des Vertrags über die Arbeitsweise der Europäischen Union[1] zu fördern,

ENTSCHLOSSEN, den Prozeß der Schaffung einer immer engeren Union der Völker Europas, in der die Entscheidungen entsprechend dem Subsidiaritätsprinzip möglichst bürgernah getroffen werden, weiterzuführen,

IM HINBLICK auf weitere Schritte, die getan werden müssen, um die europäische Integration voranzutreiben,

HABEN BESCHLOSSEN, eine Europäische Union zu gründen; sie haben zu diesem Zweck zu ihren Bevollmächtigten ernannt:

SEINE MAJESTÄT DER KÖNIG DER BELGIER:

Mark EYSKENS,

Minister für auswärtige Angelegenheiten;

Philippe MAYSTADT,

Minister der Finanzen;

IHRE MAJESTÄT DIE KÖNIGIN VON DÄNEMARK:

Uffe ELLEMANN-JENSEN,

Minister für auswärtige Angelegenheiten;

Anders FOGH RASMUSSEN,

Minister für Wirtschaft;

DER PRÄSIDENT DER BUNDESREPUBLIK DEUTSCHLAND:

Hans-Dietrich GENSCHER,

Bundesminister des Auswärtigen;

Theodor WAIGEL,

Bundesminister der Finanzen;

DER PRÄSIDENT DER GRIECHISCHEN REPUBLIK:

---

[1] Nr. **18**.

Antonios SAMARAS,
Minister für auswärtige Angelegenheiten;
Efthymios CHRISTODOULOU,
Minister für Wirtschaft;
SEINE MAJESTÄT DER KÖNIG VON SPANIEN:
Francisco FERNÁNDEZ ORDÓÑEZ,
Minister für auswärtige Angelegenheiten;
Carlos SOLCHAGA CATALÁN,
Minister für Wirtschaft und Finanzen;
DER PRÄSIDENT DER FRANZÖSISCHEN REPUBLIK:
Roland DUMAS,
Minister für auswärtige Angelegenheiten;
Pierre BEREGOVOY,
Minister für Wirtschaft, Finanzen und Haushalt;
DER PRÄSIDENT IRLANDS:
Gerard COLLINS,
Minister für auswärtige Angelegenheiten;
Bertie AHERN,
Minister der Finanzen;
DER PRÄSIDENT DER ITALIENISCHEN REPUBLIK:
Giannni DE MICHELIS,
Minister für auswärtige Angelegenheiten;
Guido CARLI,
Schatzminister;
SEINE KÖNIGLICHE HOHEIT DER GROSSHERZOG VON LUXEMBURG:
Jacques F. POOS,
Vizepremierminister,
Minister für auswärtige Angelegenheiten;
Jean-Claude JUNCKER,
Minister der Finanzen;
IHRE MAJESTÄT DIE KÖNIGIN DER NIEDERLANDE:
Hans VAN DEN BRÖK,
Minister für auswärtige Angelegenheiten;
Willem KOK,
Minister der Finanzen;
DER PRÄSIDENT DER PORTUGIESISCHEN REPUBLIK:
Joao de Deus PINHEIRO,
Minister für auswärtige Angelegenheiten;
Jorge BRAGA de MACEDO,
Minister der Finanzen;

IHRE MAJESTÄT DIE KÖNIGIN DES VEREINIGTEN KÖNIGREICHS GROSSBRITANNIEN UND NORDIRLAND:
Rt. Hon. Douglas HURD,
Minister für auswärtige Angelegenheiten und Commonwealth-Fragen;
Hon. Francis MAUDE,
Financial Secretary im Schatzamt;
DIESE SIND nach Austausch ihrer als gut und gehörig befundenen Vollmachten wie folgt ÜBEREINGEKOMMEN:

Titel I. Gemeinsame Bestimmungen

Art. 1 [Gründung der Europäischen Union; Grundlagen] *[1]* Durch diesen Vertrag gründen die Hohen Vertragsparteien untereinander eine EUROPÄISCHE UNION (im Folgenden „Union"), der die Mitgliedstaaten Zuständigkeiten zur Verwirklichung ihrer gemeinsamen Ziele übertragen.

[2] Dieser Vertrag stellt eine neue Stufe bei der Verwirklichung einer immer engeren Union der Völker Europas dar, in der die Entscheidungen möglichst offen und möglichst bürgernah getroffen werden.

[3] [1] Grundlage der Union sind dieser Vertrag und der Vertrag über die Arbeitsweise der Europäischen Union[1)] (im Folgenden „Verträge"). [2] Beide Verträge sind rechtlich gleichrangig. [3] Die Union tritt an die Stelle der Europäischen Gemeinschaft, deren Rechtsnachfolgerin sie ist.

Art. 2 [Grundlegende Werte] [1] Die Werte, auf die sich die Union gründet, sind die Achtung der Menschenwürde, Freiheit, Demokratie, Gleichheit, Rechtsstaatlichkeit und die Wahrung der Menschenrechte einschließlich der Rechte der Personen, die Minderheiten angehören. [2] Diese Werte sind allen Mitgliedstaaten in einer Gesellschaft gemeinsam, die sich durch Pluralismus, Nichtdiskriminierung, Toleranz, Gerechtigkeit, Solidarität und die Gleichheit von Frauen und Männern auszeichnet.

Art. 3 [Ziel der Union] (1) Ziel der Union ist es, den Frieden, ihre Werte und das Wohlergehen ihrer Völker zu fördern.

(2) Die Union bietet ihren Bürgerinnen und Bürgern einen Raum der Freiheit, der Sicherheit und des Rechts ohne Binnengrenzen, in dem – in Verbindung mit geeigneten Maßnahmen in Bezug auf die Kontrollen an den Außengrenzen, das Asyl, die Einwanderung sowie die Verhütung und Bekämpfung der Kriminalität – der freie Personenverkehr gewährleistet ist.

(3) *[1]* [1] Die Union errichtet einen Binnenmarkt. [2] Sie wirkt auf die nachhaltige Entwicklung Europas auf der Grundlage eines ausgewogenen Wirtschaftswachstums und von Preisstabilität, eine in hohem Maße wettbewerbsfähige soziale Marktwirtschaft, die auf Vollbeschäftigung und sozialen Fortschritt abzielt, sowie ein hohes Maß an Umweltschutz und Verbesserung der Umweltqualität hin. [3] Sie fördert den wissenschaftlichen und technischen Fortschritt.

[1)] Nr. **18**.

[2] Sie bekämpft soziale Ausgrenzung und Diskriminierungen und fördert soziale Gerechtigkeit und sozialen Schutz, die Gleichstellung von Frauen und Männern, die Solidarität zwischen den Generationen und den Schutz der Rechte des Kindes.

[3] Sie fördert den wirtschaftlichen, sozialen und territorialen Zusammenhalt und die Solidarität zwischen den Mitgliedstaaten.

[4] Sie wahrt den Reichtum ihrer kulturellen und sprachlichen Vielfalt und sorgt für den Schutz und die Entwicklung des kulturellen Erbes Europas.

(4) Die Union errichtet eine Wirtschafts- und Währungsunion, deren Währung der Euro ist.

(5) [1] In ihren Beziehungen zur übrigen Welt schützt und fördert die Union ihre Werte und Interessen und trägt zum Schutz ihrer Bürgerinnen und Bürger bei. [2] Sie leistet einen Beitrag zu Frieden, Sicherheit, globaler nachhaltiger Entwicklung, Solidarität und gegenseitiger Achtung unter den Völkern, zu freiem und gerechtem Handel, zur Beseitigung der Armut und zum Schutz der Menschenrechte, insbesondere der Rechte des Kindes, sowie zur strikten Einhaltung und Weiterentwicklung des Völkerrechts, insbesondere zur Wahrung der Grundsätze der Charta der Vereinten Nationen.

(6) Die Union verfolgt ihre Ziele mit geeigneten Mitteln entsprechend den Zuständigkeiten, die ihr in den Verträgen übertragen sind.

Art. 4 [Zuständigkeiten der Union] (1) Alle der Union nicht in den Verträgen übertragenen Zuständigkeiten verbleiben gemäß Artikel 5 bei den Mitgliedstaaten.

(2) [1] Die Union achtet die Gleichheit der Mitgliedstaaten vor den Verträgen und ihre jeweilige nationale Identität, die in ihren grundlegenden politischen und verfassungsmäßigen Strukturen einschließlich der regionalen und lokalen Selbstverwaltung zum Ausdruck kommt. [2] Sie achtet die grundlegenden Funktionen des Staates, insbesondere die Wahrung der territorialen Unversehrtheit, die Aufrechterhaltung der öffentlichen Ordnung und den Schutz der nationalen Sicherheit. [3] Insbesondere die nationale Sicherheit fällt weiterhin in die alleinige Verantwortung der einzelnen Mitgliedstaaten.

(3) *[1]* Nach dem Grundsatz der loyalen Zusammenarbeit achten und unterstützen sich die Union und die Mitgliedstaaten gegenseitig bei der Erfüllung der Aufgaben, die sich aus den Verträgen ergeben.

[2] Die Mitgliedstaaten ergreifen alle geeigneten Maßnahmen allgemeiner oder besonderer Art zur Erfüllung der Verpflichtungen, die sich aus den Verträgen oder den Handlungen der Organe der Union ergeben.

[3] Die Mitgliedstaaten unterstützen die Union bei der Erfüllung ihrer Aufgabe und unterlassen alle Maßnahmen, die die Verwirklichung der Ziele der Union gefährden könnten.

Art. 5 [Subsidiaritäts- und Verhältnismäßigkeitsgrundsatz] (1) [1] Für die Abgrenzung der Zuständigkeiten der Union gilt der Grundsatz der begrenzten Einzelermächtigung. [2] Für die Ausübung der Zuständigkeiten der Union gelten die Grundsätze der Subsidiarität und der Verhältnismäßigkeit.

(2) [1] Nach dem Grundsatz der begrenzten Einzelermächtigung wird die Union nur innerhalb der Grenzen der Zuständigkeiten tätig, die die Mitglied-

staaten ihr in den Verträgen zur Verwirklichung der darin niedergelegten Ziele übertragen haben. [2] Alle der Union nicht in den Verträgen übertragenen Zuständigkeiten verbleiben bei den Mitgliedstaaten.

(3) *[1]* Nach dem Subsidiaritätsprinzip wird die Union in den Bereichen, die nicht in ihre ausschließliche Zuständigkeit fallen, nur tätig, sofern und soweit die Ziele der in Betracht gezogenen Maßnahmen von den Mitgliedstaaten weder auf zentraler noch auf regionaler oder lokaler Ebene ausreichend verwirklicht werden können, sondern vielmehr wegen ihres Umfangs oder ihrer Wirkungen auf Unionsebene besser zu verwirklichen sind.

[2] [1] Die Organe der Union wenden das Subsidiaritätsprinzip nach dem Protokoll über die Anwendung der Grundsätze der Subsidiarität und der Verhältnismäßigkeit[1)] an. [2] Die nationalen Parlamente achten auf die Einhaltung des Subsidiaritätsprinzips nach dem in jenem Protokoll vorgesehenen Verfahren.

(4) *[1]* Nach dem Grundsatz der Verhältnismäßigkeit gehen die Maßnahmen der Union inhaltlich wie formal nicht über das zur Erreichung der Ziele der Verträge erforderliche Maß hinaus.

[2] Die Organe der Union wenden den Grundsatz der Verhältnismäßigkeit nach dem Protokoll über die Anwendung der Grundsätze der Subsidiarität und der Verhältnismäßigkeit an.

Art. 6 [Grundrechte-Charta und EMRK] (1) *[1]* Die Union erkennt die Rechte, Freiheiten und Grundsätze an, die in der Charta der Grundrechte der Europäischen Union vom 7. Dezember 2000 in der am 12. Dezember 2007 in Straßburg angepassten Fassung niedergelegt sind; die Charta der Grundrechte und die Verträge sind rechtlich gleichrangig.

[2] Durch die Bestimmungen der Charta werden die in den Verträgen festgelegten Zuständigkeiten der Union in keiner Weise erweitert.

[3] Die in der Charta niedergelegten Rechte, Freiheiten und Grundsätze werden gemäß den allgemeinen Bestimmungen des Titels VII der Charta, der ihre Auslegung und Anwendung regelt, und unter gebührender Berücksichtigung der in der Charta angeführten Erläuterungen, in denen die Quellen dieser Bestimmungen angegeben sind, ausgelegt.

(2) [1] Die Union tritt der Europäischen Konvention zum Schutz der Menschenrechte und Grundfreiheiten[2)] bei. [2] Dieser Beitritt ändert nicht die in den Verträgen festgelegten Zuständigkeiten der Union.

(3) Die Grundrechte, wie sie in der Europäischen Konvention zum Schutz der Menschenrechte und Grundfreiheiten gewährleistet sind und wie sie sich aus den gemeinsamen Verfassungsüberlieferungen der Mitgliedstaaten ergeben, sind als allgemeine Grundsätze Teil des Unionsrechts.

Art. 7 [Verletzung fundamentaler Grundsätze durch einen Mitgliedstaat] (1) *[1]* [1] Auf begründeten Vorschlag eines Drittels der Mitgliedstaaten, des Europäischen Parlaments oder der Europäischen Kommission kann der Rat mit der Mehrheit von vier Fünfteln seiner Mitglieder nach Zustimmung des Europäischen Parlaments feststellen, dass die eindeutige Gefahr einer schwer-

---

[1)] Nr. **18/2**.
[2)] Nr. **19**.

wiegenden Verletzung der in Artikel 2 genannten Werte durch einen Mitgliedstaat besteht. [2]Der Rat hört, bevor er eine solche Feststellung trifft, den betroffenen Mitgliedstaat und kann Empfehlungen an ihn richten, die er nach demselben Verfahren beschließt.

[2] Der Rat überprüft regelmäßig, ob die Gründe, die zu dieser Feststellung geführt haben, noch zutreffen.

(2) Auf Vorschlag eines Drittels der Mitgliedstaaten oder der Europäischen Kommission und nach Zustimmung des Europäischen Parlaments kann der Europäische Rat einstimmig feststellen, dass eine schwerwiegende und anhaltende Verletzung der in Artikel 2 genannten Werte durch einen Mitgliedstaat vorliegt, nachdem er den betroffenen Mitgliedstaat zu einer Stellungnahme aufgefordert hat.

(3) *[1]* [1]Wurde die Feststellung nach Absatz 2 getroffen, so kann der Rat mit qualifizierter Mehrheit beschließen, bestimmte Rechte auszusetzen, die sich aus der Anwendung der Verträge auf den betroffenen Mitgliedstaat herleiten, einschließlich der Stimmrechte des Vertreters der Regierung dieses Mitgliedstaats im Rat. [2]Dabei berücksichtigt er die möglichen Auswirkungen einer solchen Aussetzung auf die Rechte und Pflichten natürlicher und juristischer Personen.

[2] Die sich aus den Verträgen ergebenden Verpflichtungen des betroffenen Mitgliedstaats sind für diesen auf jeden Fall weiterhin verbindlich.

(4) Der Rat kann zu einem späteren Zeitpunkt mit qualifizierter Mehrheit beschließen, nach Absatz 3 getroffene Maßnahmen abzuändern oder aufzuheben, wenn in der Lage, die zur Verhängung dieser Maßnahmen geführt hat, Änderungen eingetreten sind.

(5) Die Abstimmungsmodalitäten, die für die Zwecke dieses Artikels für das Europäische Parlament, den Europäischen Rat und den Rat gelten, sind in Artikel 354 des Vertrags über die Arbeitsweise der Europäischen Union[1)] festgelegt.

Art. 8 [Nachbarschaftspolitik] (1) Die Union entwickelt besondere Beziehungen zu den Ländern in ihrer Nachbarschaft, um einen Raum des Wohlstands und der guten Nachbarschaft zu schaffen, der auf den Werten der Union aufbaut und sich durch enge, friedliche Beziehungen auf der Grundlage der Zusammenarbeit auszeichnet.

(2) [1]Für die Zwecke des Absatzes 1 kann die Union spezielle Übereinkünfte mit den betreffenden Ländern schließen. [2]Diese Übereinkünfte können gegenseitige Rechte und Pflichten umfassen und die Möglichkeit zu gemeinsamem Vorgehen eröffnen. [3]Zur Durchführung der Übereinkünfte finden regelmäßige Konsultationen statt.

Titel II. Bestimmungen über die demokratischen Grundsätze

Art. 9 [Gleichheitsgrundsatz; Unionsbürgerschaft] [1]Die Union achtet in ihrem gesamten Handeln den Grundsatz der Gleichheit ihrer Bürgerinnen und Bürger, denen ein gleiches Maß an Aufmerksamkeit seitens der Organe, Ein-

---

[1)] Nr. **18**.

richtungen und sonstigen Stellen der Union zuteil wird. [2]Unionsbürger ist, wer die Staatsangehörigkeit eines Mitgliedstaats besitzt. [3]Die Unionsbürgerschaft tritt zur nationalen Staatsbürgerschaft hinzu, ersetzt sie aber nicht.

Art. 10 [Demokratische Grundsätze] (1) Die Arbeitsweise der Union beruht auf der repräsentativen Demokratie.

(2) *[1]* Die Bürgerinnen und Bürger sind auf Unionsebene unmittelbar im Europäischen Parlament vertreten.

[2] Die Mitgliedstaaten werden im Europäischen Rat von ihrem jeweiligen Staats- oder Regierungschef und im Rat von ihrer jeweiligen Regierung vertreten, die ihrerseits in demokratischer Weise gegenüber ihrem nationalen Parlament oder gegenüber ihren Bürgerinnen und Bürgern Rechenschaft ablegen müssen.

(3) [1]Alle Bürgerinnen und Bürger haben das Recht, am demokratischen Leben der Union teilzunehmen. [2]Die Entscheidungen werden so offen und bürgernah wie möglich getroffen.

(4) Politische Parteien auf europäischer Ebene tragen zur Herausbildung eines europäischen politischen Bewusstseins und zum Ausdruck des Willens der Bürgerinnen und Bürger der Union bei.

Art. 11 [Bürgerbeteiligung] (1) Die Organe geben den Bürgerinnen und Bürgern und den repräsentativen Verbänden in geeigneter Weise die Möglichkeit, ihre Ansichten in allen Bereichen des Handelns der Union öffentlich bekannt zu geben und auszutauschen.

(2) Die Organe pflegen einen offenen, transparenten und regelmäßigen Dialog mit den repräsentativen Verbänden und der Zivilgesellschaft.

(3) Um die Kohärenz und die Transparenz des Handelns der Union zu gewährleisten, führt die Europäische Kommission umfangreiche Anhörungen der Betroffenen durch.

(4) *[1]* Unionsbürgerinnen und Unionsbürger, deren Anzahl mindestens eine Million betragen und bei denen es sich um Staatsangehörige einer erheblichen Anzahl von Mitgliedstaaten handeln muss, können die Initiative ergreifen und die Europäische Kommission auffordern, im Rahmen ihrer Befugnisse geeignete Vorschläge zu Themen zu unterbreiten, zu denen es nach Ansicht jener Bürgerinnen und Bürger eines Rechtsakts der Union bedarf, um die Verträge umzusetzen.

[2] Die Verfahren und Bedingungen, die für eine solche Bürgerinitiative gelten, werden nach Artikel 24 Absatz 1 des Vertrags über die Arbeitsweise der Europäischen Union[1)] festgelegt.

Art. 12 [Beteiligung der nationalen Parlamente] Die nationalen Parlamente tragen aktiv zur guten Arbeitsweise der Union bei, indem sie

a) von den Organen der Union unterrichtet werden und ihnen die Entwürfe von Gesetzgebungsakten der Union gemäß dem Protokoll über die Rolle der nationalen Parlamente in der Europäischen Union zugeleitet werden;

[1)] Nr. **18**.

b) dafür sorgen, dass der Grundsatz der Subsidiarität gemäß den in dem Protokoll über die Anwendung der Grundsätze der Subsidiarität und der Verhältnismäßigkeit vorgesehenen Verfahren beachtet wird;
c) sich im Rahmen des Raums der Freiheit, der Sicherheit und des Rechts an den Mechanismen zur Bewertung der Durchführung der Unionspolitiken in diesem Bereich nach Artikel 70 des Vertrags über die Arbeitsweise der Europäischen Union[1] beteiligen und in die politische Kontrolle von Europol und die Bewertung der Tätigkeit von Eurojust nach den Artikeln 88 und 85 des genannten Vertrags einbezogen werden;
d) sich an den Verfahren zur Änderung der Verträge nach Artikel 48 dieses Vertrags beteiligen;
e) über Anträge auf Beitritt zur Union nach Artikel 49 dieses Vertrags unterrichtet werden;
f) sich an der interparlamentarischen Zusammenarbeit zwischen den nationalen Parlamenten und mit dem Europäischen Parlament gemäß dem Protokoll über die Rolle der nationalen Parlamente in der Europäischen Union beteiligen.

Titel III. Bestimmungen über die Organe

Art. 13 [Organe der Union] (1) *[1]* Die Union verfügt über einen institutionellen Rahmen, der zum Zweck hat, ihren Werten Geltung zu verschaffen, ihre Ziele zu verfolgen, ihren Interessen, denen ihrer Bürgerinnen und Bürger und denen der Mitgliedstaaten zu dienen sowie die Kohärenz, Effizienz und Kontinuität ihrer Politik und ihrer Maßnahmen sicherzustellen.

[2] Die Organe der Union sind
- das Europäische Parlament,
- der Europäische Rat,
- der Rat,
- die Europäische Kommission (im Folgenden „Kommission"),
- der Gerichtshof der Europäischen Union,
- die Europäische Zentralbank,
- der Rechnungshof.

(2) [1] Jedes Organ handelt nach Maßgabe der ihm in den Verträgen zugewiesenen Befugnisse nach den Verfahren, Bedingungen und Zielen, die in den Verträgen festgelegt sind. [2] Die Organe arbeiten loyal zusammen.

(3) Die Bestimmungen über die Europäische Zentralbank und den Rechnungshof sowie die detaillierten Bestimmungen über die übrigen Organe sind im Vertrag über die Arbeitsweise der Europäischen Union[1] enthalten.

(4) Das Europäische Parlament, der Rat und die Kommission werden von einem Wirtschafts- und Sozialausschuss sowie einem Ausschuss der Regionen unterstützt, die beratende Aufgaben wahrnehmen.

---

[1] Nr. **18**.

Art. 14[1] [Europäisches Parlament] (1) [1]Das Europäische Parlament wird gemeinsam mit dem Rat als Gesetzgeber tätig und übt gemeinsam mit ihm die Haushaltsbefugnisse aus. [2]Es erfüllt Aufgaben der politischen Kontrolle und Beratungsfunktionen nach Maßgabe der Verträge. [3]Es wählt den Präsidenten der Kommission.

(2) *[1]* [1]Das Europäische Parlament setzt sich aus Vertretern der Unionsbürgerinnen und Unionsbürger zusammen. [2]Ihre Anzahl darf 750 nicht überschreiten, zuzüglich des Präsidenten. [3]Die Bürgerinnen und Bürger sind im Europäischen Parlament degressiv proportional, mindestens jedoch mit sechs Mitgliedern je Mitgliedstaat vertreten. [4]Kein Mitgliedstaat erhält mehr als 96 Sitze.

[2] Der Europäische Rat erlässt einstimmig auf Initiative des Europäischen Parlaments und mit dessen Zustimmung einen Beschluss über die Zusammensetzung des Europäischen Parlaments, in dem die in Unterabsatz 1 genannten Grundsätze gewahrt sind.

(3) Die Mitglieder des Europäischen Parlaments werden in allgemeiner, unmittelbarer, freier und geheimer Wahl für eine Amtszeit von fünf Jahren gewählt.

(4) Das Europäische Parlament wählt aus seiner Mitte seinen Präsidenten und sein Präsidium.

Art. 15 [Europäischer Rat] (1) [1]Der Europäische Rat gibt der Union die für ihre Entwicklung erforderlichen Impulse und legt die allgemeinen politischen Zielvorstellungen und Prioritäten hierfür fest. [2]Er wird nicht gesetzgeberisch tätig.

(2) [1]Der Europäische Rat setzt sich zusammen aus den Staats- und Regierungschefs der Mitgliedstaaten sowie dem Präsidenten des Europäischen Rates und dem Präsidenten der Kommission. [2]Der Hohe Vertreter der Union für Außen- und Sicherheitspolitik nimmt an seinen Arbeiten teil.

(3) [1]Der Europäische Rat tritt zweimal pro Halbjahr zusammen; er wird von seinem Präsidenten einberufen. [2]Wenn es die Tagesordnung erfordert, können die Mitglieder des Europäischen Rates beschließen, sich jeweils von einem Minister oder – im Fall des Präsidenten der Kommission – von einem Mitglied der Kommission unterstützen zu lassen. [3]Wenn es die Lage erfordert, beruft der Präsident eine außerordentliche Tagung des Europäischen Rates ein.

(4) Soweit in den Verträgen nichts anderes festgelegt ist, entscheidet der Europäische Rat im Konsens.

(5) [1]Der Europäische Rat wählt seinen Präsidenten mit qualifizierter Mehrheit für eine Amtszeit von zweieinhalb Jahren; der Präsident kann einmal wiedergewählt werden. [2]Im Falle einer Verhinderung oder einer schweren Verfehlung kann der Europäische Rat ihn im Wege des gleichen Verfahrens von seinem Amt entbinden.

(6) *[1]* Der Präsident des Europäischen Rates

---

[1] Art. 19 der EU-Beitrittsakte 2013 v. 9.12.2011 (ABl. 2012 L 112 S. 21) regelt abweichend zu diesem Artikel die kroatische Wahl zum Europäischen Parlament und dessen Anzahl an kroatischen Sitzen.

a) führt den Vorsitz bei den Arbeiten des Europäischen Rates und gibt ihnen Impulse,

b) sorgt in Zusammenarbeit mit dem Präsidenten der Kommission auf der Grundlage der Arbeiten des Rates „Allgemeine Angelegenheiten" für die Vorbereitung und Kontinuität der Arbeiten des Europäischen Rates,

c) wirkt darauf hin, dass Zusammenhalt und Konsens im Europäischen Rat gefördert werden,

d) legt dem Europäischen Parlament im Anschluss an jede Tagung des Europäischen Rates einen Bericht vor.

[2] Der Präsident des Europäischen Rates nimmt auf seiner Ebene und in seiner Eigenschaft, unbeschadet der Befugnisse des Hohen Vertreters der Union für Außen- und Sicherheitspolitik, die Außenvertretung der Union in Angelegenheiten der Gemeinsamen Außen- und Sicherheitspolitik wahr.

[3] Der Präsident des Europäischen Rates darf kein einzelstaatliches Amt ausüben.

Art. 16 [Rat] (1) [1] Der Rat wird gemeinsam mit dem Europäischen Parlament als Gesetzgeber tätig und übt gemeinsam mit ihm die Haushaltsbefugnisse aus. [2] Zu seinen Aufgaben gehört die Festlegung der Politik und die Koordinierung nach Maßgabe der Verträge.

(2) Der Rat besteht aus je einem Vertreter jedes Mitgliedstaats auf Ministerebene, der befugt ist, für die Regierung des von ihm vertretenen Mitgliedstaats verbindlich zu handeln und das Stimmrecht auszuüben.

(3) Soweit in den Verträgen nichts anderes festgelegt ist, beschließt der Rat mit qualifizierter Mehrheit.

(4) *[1]* Ab dem 1. November 2014 gilt als qualifizierte Mehrheit eine Mehrheit von mindestens 55 % der Mitglieder des Rates, gebildet aus mindestens 15 Mitgliedern, sofern die von diesen vertretenen Mitgliedstaaten zusammen mindestens 65 % der Bevölkerung der Union ausmachen.[1)]

[2] Für eine Sperrminorität sind mindestens vier Mitglieder des Rates erforderlich, andernfalls gilt die qualifizierte Mehrheit als erreicht.

[3] Die übrigen Modalitäten für die Abstimmung mit qualifizierter Mehrheit sind in Artikel 238 Absatz 2 des Vertrags über die Arbeitsweise der Europäischen Union[2)] festgelegt.

(5) Die Übergangsbestimmungen für die Definition der qualifizierten Mehrheit, die bis zum 31. Oktober 2014 gelten, sowie die Übergangsbestimmungen, die zwischen dem 1. November 2014 und dem 31. März 2017 gelten, sind im Protokoll über die Übergangsbestimmungen festgelegt.

(6) *[1]* Der Rat tagt in verschiedenen Zusammensetzungen; die Liste dieser Zusammensetzungen wird nach Artikel 236 des Vertrags über die Arbeitsweise der Europäischen Union angenommen.

[2] [1] Als Rat „Allgemeine Angelegenheiten" sorgt er für die Kohärenz der Arbeiten des Rates in seinen verschiedenen Zusammensetzungen. [2] In Verbindung mit dem Präsidenten des Europäischen Rates und mit der Kommission

---

1) Näheres siehe hierzu im Beschluss 2009/857/EG v. 13.12.2007 (ABl. 2009 L 314 S. 73).

2) Nr. **18**.

bereitet er die Tagungen des Europäischen Rates vor und sorgt für das weitere Vorgehen.

[3] Als Rat „Auswärtige Angelegenheiten" gestaltet er das auswärtige Handeln der Union entsprechend den strategischen Vorgaben des Europäischen Rates und sorgt für die Kohärenz des Handelns der Union.

(7) Ein Ausschuss der Ständigen Vertreter der Regierungen der Mitgliedstaaten ist für die Vorbereitung der Arbeiten des Rates verantwortlich.

(8) [1] Der Rat tagt öffentlich, wenn er über Entwürfe zu Gesetzgebungsakten berät und abstimmt. [2] Zu diesem Zweck wird jede Ratstagung in zwei Teile unterteilt, von denen der eine den Beratungen über die Gesetzgebungsakte der Union und der andere den nicht die Gesetzgebung betreffenden Tätigkeiten gewidmet ist.

(9) Der Vorsitz im Rat in allen seinen Zusammensetzungen mit Ausnahme des Rates „Auswärtige Angelegenheiten" wird von den Vertretern der Mitgliedstaaten im Rat unter Bedingungen, die gemäß Artikel 236 des Vertrags über die Arbeitsweise der Europäischen Union festgelegt werden, nach einem System der gleichberechtigten Rotation wahrgenommen.

Art. 17 [Kommission] (1) [1] Die Kommission fördert die allgemeinen Interessen der Union und ergreift geeignete Initiativen zu diesem Zweck. [2] Sie sorgt für die Anwendung der Verträge sowie der von den Organen kraft der Verträge erlassenen Maßnahmen. [3] Sie überwacht die Anwendung des Unionsrechts unter der Kontrolle des Gerichtshofs der Europäischen Union. [4] Sie führt den Haushaltsplan aus und verwaltet die Programme. [5] Sie übt nach Maßgabe der Verträge Koordinierungs-, Exekutiv- und Verwaltungsfunktionen aus. [6] Außer in der Gemeinsamen Außen- und Sicherheitspolitik und den übrigen in den Verträgen vorgesehenen Fällen nimmt sie die Vertretung der Union nach außen wahr. [7] Sie leitet die jährliche und die mehrjährige Programmplanung der Union mit dem Ziel ein, interinstitutionelle Vereinbarungen zu erreichen.

(2) [1] Soweit in den Verträgen nichts anderes festgelegt ist, darf ein Gesetzgebungsakt der Union nur auf Vorschlag der Kommission erlassen werden. [2] Andere Rechtsakte werden auf der Grundlage eines Kommissionsvorschlags erlassen, wenn dies in den Verträgen vorgesehen ist.

(3) *[1]* Die Amtszeit der Kommission beträgt fünf Jahre.

[2] Die Mitglieder der Kommission werden aufgrund ihrer allgemeinen Befähigung und ihres Einsatzes für Europa unter Persönlichkeiten ausgewählt, die volle Gewähr für ihre Unabhängigkeit bieten.

[3] [1] Die Kommission übt ihre Tätigkeit in voller Unabhängigkeit aus. [2] Die Mitglieder der Kommission dürfen unbeschadet des Artikels 18 Absatz 2 Weisungen von einer Regierung, einem Organ, einer Einrichtung oder jeder anderen Stelle weder einholen noch entgegennehmen. [3] Sie enthalten sich jeder Handlung, die mit ihrem Amt oder der Erfüllung ihrer Aufgaben unvereinbar ist.

(4) Die Kommission, die zwischen dem Zeitpunkt des Inkrafttretens des Vertrags von Lissabon und dem 31. Oktober 2014 ernannt wird, besteht einschließlich ihres Präsidenten und des Hohen Vertreters der Union für Außen- und Sicherheitspolitik, der einer der Vizepräsidenten der Kommission ist, aus je einem Staatsangehörigen jedes Mitgliedstaats.

(5) *[1]* Ab dem 1. November 2014 besteht die Kommission, einschließlich ihres Präsidenten und des Hohen Vertreters der Union für Außen- und Sicherheitspolitik, aus einer Anzahl von Mitgliedern, die zwei Dritteln der Zahl der Mitgliedstaaten entspricht, sofern der Europäische Rat nicht einstimmig eine Änderung dieser Anzahl beschließt.

[2] [1] Die Mitglieder der Kommission werden unter den Staatsangehörigen der Mitgliedstaaten in einem System der strikt gleichberechtigten Rotation zwischen den Mitgliedstaaten so ausgewählt, dass das demografische und geografische Spektrum der Gesamtheit der Mitgliedstaaten zum Ausdruck kommt. [2] Dieses System wird vom Europäischen Rat nach Artikel 244 des Vertrags über die Arbeitsweise der Europäischen Union[1)] einstimmig festgelegt.

(6) *[1]* Der Präsident der Kommission

a) legt die Leitlinien fest, nach denen die Kommission ihre Aufgaben ausübt,
b) beschließt über die interne Organisation der Kommission, um die Kohärenz, die Effizienz und das Kollegialitätsprinzip im Rahmen ihrer Tätigkeit sicherzustellen,
c) ernennt, mit Ausnahme des Hohen Vertreters der Union für Außen- und Sicherheitspolitik, die Vizepräsidenten aus dem Kreis der Mitglieder der Kommission.

[2] [1] Ein Mitglied der Kommission legt sein Amt nieder, wenn es vom Präsidenten dazu aufgefordert wird. [2] Der Hohe Vertreter der Union für Außen- und Sicherheitspolitik legt sein Amt nach dem Verfahren des Artikels 18 Absatz 1 nieder, wenn er vom Präsidenten dazu aufgefordert wird.

(7) *[1]* [1] Der Europäische Rat schlägt dem Europäischen Parlament nach entsprechenden Konsultationen mit qualifizierter Mehrheit einen Kandidaten für das Amt des Präsidenten der Kommission vor; dabei berücksichtigt er das Ergebnis der Wahlen zum Europäischen Parlament. [2] Das Europäische Parlament wählt diesen Kandidaten mit der Mehrheit seiner Mitglieder. [3] Erhält dieser Kandidat nicht die Mehrheit, so schlägt der Europäische Rat dem Europäischen Parlament innerhalb eines Monats mit qualifizierter Mehrheit einen neuen Kandidaten vor, für dessen Wahl das Europäische Parlament dasselbe Verfahren anwendet.

[2] [1] Der Rat nimmt, im Einvernehmen mit dem gewählten Präsidenten, die Liste der anderen Persönlichkeiten an, die er als Mitglieder der Kommission vorschlägt. [2] Diese werden auf der Grundlage der Vorschläge der Mitgliedstaaten entsprechend den Kriterien nach Absatz 3 Unterabsatz 2 und Absatz 5 Unterabsatz 2 ausgewählt.

[3] [1] Der Präsident, der Hohe Vertreter der Union für Außen- und Sicherheitspolitik und die übrigen Mitglieder der Kommission stellen sich als Kollegium einem Zustimmungsvotum des Europäischen Parlaments. [2] Auf der Grundlage dieser Zustimmung wird die Kommission vom Europäischen Rat mit qualifizierter Mehrheit ernannt.

(8) [1] Die Kommission ist als Kollegium dem Europäischen Parlament verantwortlich. [2] Das Europäische Parlament kann nach Artikel 234 des Vertrags über die Arbeitsweise der Europäischen Union einen Misstrauensantrag gegen die Kommission annehmen. [3] Wird ein solcher Antrag angenommen, so müssen

---

[1)] Nr. **18**.

die Mitglieder der Kommission geschlossen ihr Amt niederlegen, und der Hohe Vertreter der Union für Außen- und Sicherheitspolitik muss sein im Rahmen der Kommission ausgeübtes Amt niederlegen.

Art. 18 [Hoher Vertreter für Außen- und Sicherheitspolitik] (1) [1]Der Europäische Rat ernennt mit qualifizierter Mehrheit und mit Zustimmung des Präsidenten der Kommission den Hohen Vertreter der Union für Außen- und Sicherheitspolitik. [2]Der Europäische Rat kann die Amtszeit des Hohen Vertreters nach dem gleichen Verfahren beenden.

(2) [1]Der Hohe Vertreter leitet die Gemeinsame Außen- und Sicherheitspolitik der Union. [2]Er trägt durch seine Vorschläge zur Festlegung dieser Politik bei und führt sie im Auftrag des Rates durch. [3]Er handelt ebenso im Bereich der Gemeinsamen Sicherheits- und Verteidigungspolitik.

(3) Der Hohe Vertreter führt den Vorsitz im Rat „Auswärtige Angelegenheiten".

(4) [1]Der Hohe Vertreter ist einer der Vizepräsidenten der Kommission. [2]Er sorgt für die Kohärenz des auswärtigen Handelns der Union. [3]Er ist innerhalb der Kommission mit deren Zuständigkeiten im Bereich der Außenbeziehungen und mit der Koordinierung der übrigen Aspekte des auswärtigen Handelns der Union betraut. [4]Bei der Wahrnehmung dieser Zuständigkeiten in der Kommission und ausschließlich im Hinblick auf diese Zuständigkeiten unterliegt der Hohe Vertreter den Verfahren, die für die Arbeitsweise der Kommission gelten, soweit dies mit den Absätzen 2 und 3 vereinbar ist.

Art. 19 [Europäischer Gerichtshof] (1) *[1]* [1]Der Gerichtshof der Europäischen Union umfasst den Gerichtshof, das Gericht und Fachgerichte. [2]Er sichert die Wahrung des Rechts bei der Auslegung und Anwendung der Verträge.

[2] Die Mitgliedstaaten schaffen die erforderlichen Rechtsbehelfe, damit ein wirksamer Rechtsschutz in den vom Unionsrecht erfassten Bereichen gewährleistet ist.

(2) *[1]* [1]Der Gerichtshof besteht aus einem Richter je Mitgliedstaat. [2]Er wird von Generalanwälten unterstützt.

[2] Das Gericht besteht aus mindestens einem Richter je Mitgliedstaat.

[3] [1]Als Richter und Generalanwälte des Gerichtshofs und als Richter des Gerichts sind Persönlichkeiten auszuwählen, die jede Gewähr für Unabhängigkeit bieten und die Voraussetzungen der Artikel 253 und 254 des Vertrags über die Arbeitsweise der Europäischen Union[1)] erfüllen. [2]Sie werden von den Regierungen der Mitgliedstaaten im gegenseitigen Einvernehmen für eine Amtszeit von sechs Jahren ernannt. [3]Die Wiederernennung ausscheidender Richter und Generalanwälte ist zulässig.

(3) Der Gerichtshof der Europäischen Union entscheidet nach Maßgabe der Verträge

a) über Klagen eines Mitgliedstaats, eines Organs oder natürlicher oder juristischer Personen;

[1)] Nr. **18**.

b) im Wege der Vorabentscheidung auf Antrag der einzelstaatlichen Gerichte über die Auslegung des Unionsrechts oder über die Gültigkeit der Handlungen der Organe;
c) in allen anderen in den Verträgen vorgesehenen Fällen.

Titel IV. Bestimmungen über eine Verstärkte Zusammenarbeit

Art. 20 [Verstärkte Zusammenarbeit] (1) *[1]* Die Mitgliedstaaten, die untereinander eine Verstärkte Zusammenarbeit im Rahmen der nicht ausschließlichen Zuständigkeiten der Union begründen wollen, können, in den Grenzen und nach Maßgabe dieses Artikels und der Artikel 326 bis 334 des Vertrags über die Arbeitsweise der Europäischen Union[1)], die Organe der Union in Anspruch nehmen und diese Zuständigkeiten unter Anwendung der einschlägigen Bestimmungen der Verträge ausüben.

[2] [1] Eine Verstärkte Zusammenarbeit ist darauf ausgerichtet, die Verwirklichung der Ziele der Union zu fördern, ihre Interessen zu schützen und ihren Integrationsprozess zu stärken. [2] Sie steht allen Mitgliedstaaten nach Artikel 328 des Vertrags über die Arbeitsweise der Europäischen Union jederzeit offen.

(2) [1] Der Beschluss über die Ermächtigung zu einer Verstärkten Zusammenarbeit wird vom Rat als letztes Mittel erlassen, wenn dieser feststellt, dass die mit dieser Zusammenarbeit angestrebten Ziele von der Union in ihrer Gesamtheit nicht innerhalb eines vertretbaren Zeitraums verwirklicht werden können, und sofern an der Zusammenarbeit mindestens neun Mitgliedstaaten beteiligt sind. [2] Der Rat beschließt nach dem in Artikel 329 des Vertrags über die Arbeitsweise der Europäischen Union vorgesehenen Verfahren.

(3) [1] Alle Mitglieder des Rates können an dessen Beratungen teilnehmen, aber nur die Mitglieder des Rates, die die an der Verstärkten Zusammenarbeit beteiligten Mitgliedstaaten vertreten, nehmen an der Abstimmung teil. [2] Die Abstimmungsmodalitäten sind in Artikel 330 des Vertrags über die Arbeitsweise der Europäischen Union vorgesehen.

(4) [1] An die im Rahmen einer Verstärkten Zusammenarbeit erlassenen Rechtsakte sind nur die an dieser Zusammenarbeit beteiligten Mitgliedstaaten gebunden. [2] Sie gelten nicht als Besitzstand, der von beitrittswilligen Staaten angenommen werden muss.

Titel V. Allgemeine Bestimmungen über das auswärtige Handeln der Union und besondere Bestimmungen über die gemeinsame Außen- und Sicherheitspolitik

Kapitel 1. Allgemeine Bestimmungen über das auswärtige Handeln der Union

Art. 21 [Grundsätze europäischer Außenpolitik] (1) *[1]* Die Union lässt sich bei ihrem Handeln auf internationaler Ebene von den Grundsätzen leiten, die für ihre eigene Entstehung, Entwicklung und Erweiterung maßgebend waren und denen sie auch weltweit zu stärkerer Geltung verhelfen will: Demo-

---

1) Nr. **18**.

kratie, Rechtsstaatlichkeit, die universelle Gültigkeit und Unteilbarkeit der Menschenrechte und Grundfreiheiten, die Achtung der Menschenwürde, der Grundsatz der Gleichheit und der Grundsatz der Solidarität sowie die Achtung der Grundsätze der Charta der Vereinten Nationen und des Völkerrechts.

[2] [1]Die Union strebt an, die Beziehungen zu Drittländern und zu regionalen oder weltweiten internationalen Organisationen, die die in Unterabsatz 1 aufgeführten Grundsätze teilen, auszubauen und Partnerschaften mit ihnen aufzubauen. [2]Sie setzt sich insbesondere im Rahmen der Vereinten Nationen für multilaterale Lösungen bei gemeinsamen Problemen ein.

(2) Die Union legt die gemeinsame Politik sowie Maßnahmen fest, führt diese durch und setzt sich für ein hohes Maß an Zusammenarbeit auf allen Gebieten der internationalen Beziehungen ein, um

a) ihre Werte, ihre grundlegenden Interessen, ihre Sicherheit, ihre Unabhängigkeit und ihre Unversehrtheit zu wahren;
b) Demokratie, Rechtsstaatlichkeit, die Menschenrechte und die Grundsätze des Völkerrechts zu festigen und zu fördern;
c) nach Maßgabe der Ziele und Grundsätze der Charta der Vereinten Nationen sowie der Prinzipien der Schlussakte von Helsinki und der Ziele der Charta von Paris, einschließlich derjenigen, die die Außengrenzen betreffen, den Frieden zu erhalten, Konflikte zu verhüten und die internationale Sicherheit zu stärken;
d) die nachhaltige Entwicklung in Bezug auf Wirtschaft, Gesellschaft und Umwelt in den Entwicklungsländern zu fördern mit dem vorrangigen Ziel, die Armut zu beseitigen;
e) die Integration aller Länder in die Weltwirtschaft zu fördern, unter anderem auch durch den schrittweisen Abbau internationaler Handelshemmnisse;
f) zur Entwicklung von internationalen Maßnahmen zur Erhaltung und Verbesserung der Qualität der Umwelt und der nachhaltigen Bewirtschaftung der weltweiten natürlichen Ressourcen beizutragen, um eine nachhaltige Entwicklung sicherzustellen;
g) den Völkern, Ländern und Regionen, die von Naturkatastrophen oder von vom Menschen verursachten Katastrophen betroffen sind, zu helfen; und
h) eine Weltordnung zu fördern, die auf einer verstärkten multilateralen Zusammenarbeit und einer verantwortungsvollen Weltordnungspolitik beruht.

(3) *[1]* Die Union wahrt bei der Ausarbeitung und Umsetzung ihres auswärtigen Handelns in den verschiedenen unter diesen Titel und den Fünften Teil des Vertrags über die Arbeitsweise der Europäischen Union[1)] fallenden Bereichen sowie der externen Aspekte der übrigen Politikbereiche die in den Absätzen 1 und 2 genannten Grundsätze und Ziele.

[2] [1]Die Union achtet auf die Kohärenz zwischen den einzelnen Bereichen ihres auswärtigen Handelns sowie zwischen diesen und ihren übrigen Politikbereichen. [2]Der Rat und die Kommission, die vom Hohen Vertreter der Union für Außen- und Sicherheitspolitik unterstützt werden, stellen diese Kohärenz sicher und arbeiten zu diesem Zweck zusammen.

[1)] Nr. **18**.

Art. 22 [Strategische Interessen und Ziele] (1) *[1]* Auf der Grundlage der in Artikel 21 aufgeführten Grundsätze und Ziele legt der Europäische Rat die strategischen Interessen und Ziele der Union fest.

[2] [1] Die Beschlüsse des Europäischen Rates über die strategischen Interessen und Ziele der Union erstrecken sich auf die Gemeinsame Außen- und Sicherheitspolitik sowie auf andere Bereiche des auswärtigen Handelns der Union. [2] Sie können die Beziehungen der Union zu einem Land oder einer Region betreffen oder aber ein bestimmtes Thema zum Gegenstand haben. [3] Sie enthalten Bestimmungen zu ihrer Geltungsdauer und zu den von der Union und den Mitgliedstaaten bereitzustellenden Mitteln.

[3] [1] Der Europäische Rat beschließt einstimmig auf Empfehlung des Rates, die dieser nach den für den jeweiligen Bereich vorgesehenen Regelungen abgibt. [2] Die Beschlüsse des Europäischen Rates werden nach Maßgabe der in den Verträgen vorgesehenen Verfahren durchgeführt.

(2) Der Hohe Vertreter der Union für Außen- und Sicherheitspolitik und die Kommission können dem Rat gemeinsame Vorschläge vorlegen, wobei der Hohe Vertreter für den Bereich der Gemeinsamen Außen- und Sicherheitspolitik und die Kommission für die anderen Bereiche des auswärtigen Handelns zuständig ist.

Kapitel 2. Besondere Bestimmungen über die Gemeinsame Außen- und Sicherheitspolitik

Abschnitt 1. Gemeinsame Bestimmungen

Art. 23 [Grundsätze europäischer Außenpolitik; Verweis] Das Handeln der Union auf internationaler Ebene im Rahmen dieses Kapitels beruht auf den Grundsätzen des Kapitel 1, verfolgt die darin genannten Ziele und steht mit den allgemeinen Bestimmungen jenes Kapitels im Einklang.

Art. 24 [Zuständigkeit; Verfahren; Pflichten der Mitgliedstaaten]

(1) *[1]* Die Zuständigkeit der Union in der Gemeinsamen Außen- und Sicherheitspolitik erstreckt sich auf alle Bereiche der Außenpolitik sowie auf sämtliche Fragen im Zusammenhang mit der Sicherheit der Union, einschließlich der schrittweisen Festlegung einer gemeinsamen Verteidigungspolitik, die zu einer gemeinsamen Verteidigung führen kann.

[2] [1] Für die Gemeinsame Außen- und Sicherheitspolitik gelten besondere Bestimmungen und Verfahren. [2] Sie wird vom Europäischen Rat und vom Rat einstimmig festgelegt und durchgeführt, soweit in den Verträgen nichts anderes vorgesehen ist. [3] Der Erlass von Gesetzgebungsakten ist ausgeschlossen. [4] Die Gemeinsame Außen- und Sicherheitspolitik wird vom Hohen Vertreter der Union für Außen- und Sicherheitspolitik und von den Mitgliedstaaten gemäß den Verträgen durchgeführt. [5] Die spezifische Rolle des Europäischen Parlaments und der Kommission in diesem Bereich ist in den Verträgen festgelegt. [6] Der Gerichtshof der Europäischen Union ist in Bezug auf diese Bestimmungen nicht zuständig; hiervon ausgenommen ist die Kontrolle der Einhaltung des Artikels 40 dieses Vertrags und die Überwachung der Rechtmäßigkeit

bestimmter Beschlüsse nach Artikel 275 Absatz 2 des Vertrags über die Arbeitsweise der Europäischen Union[1)].

(2) Die Union verfolgt, bestimmt und verwirklicht im Rahmen der Grundsätze und Ziele ihres auswärtigen Handelns eine Gemeinsame Außen- und Sicherheitspolitik, die auf einer Entwicklung der gegenseitigen politischen Solidarität der Mitgliedstaaten, der Ermittlung der Fragen von allgemeiner Bedeutung und der Erreichung einer immer stärkeren Konvergenz des Handelns der Mitgliedstaaten beruht.

(3) *[1]* Die Mitgliedstaaten unterstützen die Außen- und Sicherheitspolitik der Union aktiv und vorbehaltlos im Geiste der Loyalität und der gegenseitigen Solidarität und achten das Handeln der Union in diesem Bereich.

[2] [1] Die Mitgliedstaaten arbeiten zusammen, um ihre gegenseitige politische Solidarität zu stärken und weiterzuentwickeln. [2] Sie enthalten sich jeder Handlung, die den Interessen der Union zuwiderläuft oder ihrer Wirksamkeit als kohärente Kraft in den internationalen Beziehungen schaden könnte.

[3] Der Rat und der Hohe Vertreter tragen für die Einhaltung dieser Grundsätze Sorge.

Art. 25 [Handlungsformen] Die Union verfolgt ihre Gemeinsame Außen- und Sicherheitspolitik, indem sie

a) die allgemeinen Leitlinien bestimmt,
b) Beschlüsse erlässt zur Festlegung
   i) der von der Union durchzuführenden Aktionen,
   ii) der von der Union einzunehmenden Standpunkte,
   iii) der Einzelheiten der Durchführung der unter den Ziffern i und ii genannten Beschlüsse,

   und
c) die systematische Zusammenarbeit der Mitgliedstaaten bei der Führung ihrer Politik ausbaut.

Art. 26 [Ziele und allgemeine Leitlinien] (1) *[1]* [1] Der Europäische Rat bestimmt die strategischen Interessen der Union und legt die Ziele und die allgemeinen Leitlinien der Gemeinsamen Außen- und Sicherheitspolitik fest, und zwar auch bei Fragen mit verteidigungspolitischen Bezügen. [2] Er erlässt die erforderlichen Beschlüsse.

[2] Wenn eine internationale Entwicklung es erfordert, beruft der Präsident des Europäischen Rates eine außerordentliche Tagung des Europäischen Rates ein, um die strategischen Vorgaben für die Politik der Union angesichts dieser Entwicklung festzulegen.

(2) *[1]* Der Rat gestaltet die Gemeinsame Außen- und Sicherheitspolitik und fasst die für die Festlegung und Durchführung dieser Politik erforderlichen Beschlüsse auf der Grundlage der vom Europäischen Rat festgelegten allgemeinen Leitlinien und strategischen Vorgaben.

[1)] Nr. **18**.

[2] Der Rat und der Hohe Vertreter der Union für Außen- und Sicherheitspolitik tragen für ein einheitliches, kohärentes und wirksames Vorgehen der Union Sorge.

(3) Die Gemeinsame Außen- und Sicherheitspolitik wird vom Hohen Vertreter und von den Mitgliedstaaten mit einzelstaatlichen Mitteln und den Mitteln der Union durchgeführt.

Art. 27 [Kompetenzen des Hohen Vertreters; Europäischer Auswärtiger Dienst] (1) Der Hohe Vertreter der Union für Außen- und Sicherheitspolitik, der im Rat „Auswärtige Angelegenheiten“ den Vorsitz führt, trägt durch seine Vorschläge zur Festlegung der Gemeinsamen Außen- und Sicherheitspolitik bei und stellt sicher, dass die vom Europäischen Rat und vom Rat erlassenen Beschlüsse durchgeführt werden.

(2) [1]Der Hohe Vertreter vertritt die Union in den Bereichen der Gemeinsamen Außen- und Sicherheitspolitik. [2]Er führt im Namen der Union den politischen Dialog mit Dritten und vertritt den Standpunkt der Union in internationalen Organisationen und auf internationalen Konferenzen.

(3) [1]Bei der Erfüllung seines Auftrags stützt sich der Hohe Vertreter auf einen Europäischen Auswärtigen Dienst. [2]Dieser Dienst arbeitet mit den diplomatischen Diensten der Mitgliedstaaten zusammen und umfasst Beamte aus den einschlägigen Abteilungen des Generalsekretariats des Rates und der Kommission sowie abgeordnetes Personal der nationalen diplomatischen Dienste. [3]Die Organisation und die Arbeitsweise des Europäischen Auswärtigen Dienstes werden durch einen Beschluss des Rates festgelegt. [4]Der Rat beschließt auf Vorschlag des Hohen Vertreters nach Anhörung des Europäischen Parlaments und nach Zustimmung der Kommission.

Art. 28 [Operatives Vorgehen der Union] (1) *[1]* [1]Verlangt eine internationale Situation ein operatives Vorgehen der Union, so erlässt der Rat die erforderlichen Beschlüsse. [2]In den Beschlüssen sind ihre Ziele, ihr Umfang, die der Union zur Verfügung zu stellenden Mittel sowie die Bedingungen und erforderlichenfalls der Zeitraum für ihre Durchführung festgelegt.

[2] Tritt eine Änderung der Umstände mit erheblichen Auswirkungen auf eine Angelegenheit ein, die Gegenstand eines solchen Beschlusses ist, so überprüft der Rat die Grundsätze und Ziele dieses Beschlusses und erläßt die erforderlichen Beschlüsse.

(2) Die Beschlüsse nach Absatz 1 sind für die Mitgliedstaaten bei ihren Stellungnahmen und ihrem Vorgehen bindend.

(3) [1]Jede einzelstaatliche Stellungnahme oder Maßnahme, die im Rahmen eines Beschlusses nach Absatz 1 geplant ist, wird von dem betreffenden Mitgliedstaat so rechtzeitig mitgeteilt, daß erforderlichenfalls eine vorherige Abstimmung im Rat stattfinden kann. [2]Die Pflicht zur vorherigen Unterrichtung gilt nicht für Maßnahmen, die eine bloße praktische Umsetzung der Beschlüsse des Rates auf einzelstaatlicher Ebene darstellen.

(4) [1]Bei zwingender Notwendigkeit aufgrund der Entwicklung der Lage, und falls eine Überprüfung des Beschlusses des Rates nach Absatz 1 nicht stattfindet, können die Mitgliedstaaten unter Berücksichtigung der allgemeinen Ziele des genannten Beschlusses die erforderlichen Sofortmaßnahmen ergrei-

fen. [2]Der betreffende Mitgliedstaat unterrichtet den Rat sofort über derartige Maßnahmen.

(5) [1]Ein Mitgliedstaat befaßt den Rat, wenn sich bei der Durchführung eines Beschlusses nach diesem Artikel größere Schwierigkeiten ergeben; der Rat berät darüber und sucht nach angemessenen Lösungen. [2]Diese dürfen nicht im Widerspruch zu den Zielen des Beschlusses nach Absatz 1 stehen oder seiner Wirksamkeit schaden.

Art. 29 [Standpunkte der Union] [1]Der Rat erlässt Beschlüsse, in denen der Standpunkt der Union zu einer bestimmten Frage geographischer oder thematischer Art bestimmt wird. [2]Die Mitgliedstaaten tragen dafür Sorge, daß ihre einzelstaatliche Politik mit den Standpunkten der Union in Einklang steht.

Art. 30 [Initiativ- und Vorschlagsrecht; Eilentscheidungen] (1) Jeder Mitgliedstaat, der Hohe Vertreter der Union für Außen- und Sicherheitspolitik oder der Hohe Vertreter mit Unterstützung der Kommission kann den Rat mit einer Frage der Gemeinsamen Außen- und Sicherheitspolitik befassen und ihm Initiativen beziehungsweise Vorschläge unterbreiten.

(2) In den Fällen, in denen eine rasche Entscheidung notwendig ist, beruft der Hohe Vertreter von sich aus oder auf Antrag eines Mitgliedstaats innerhalb von 48 Stunden, bei absoluter Notwendigkeit in kürzerer Zeit, eine außerordentliche Tagung des Rates ein.

Art. 31 [Verfahren der Beschlussfassung] (1) *[1]* [1]Beschlüsse nach diesem Kapitel werden vom Europäischen Rat und vom Rat einstimmig gefasst, soweit in diesem Kapitel nichts anderes festgelegt ist. [2]Der Erlass von Gesetzgebungsakten ist ausgeschlossen.

[2] [1]Bei einer Stimmenthaltung kann jedes Ratsmitglied zu seiner Enthaltung eine förmliche Erklärung im Sinne dieses Unterabsatzes abgeben. [2]In diesem Fall ist es nicht verpflichtet, den Beschluß durchzuführen, akzeptiert jedoch, daß der Beschluß für die Union bindend ist. [3]Im Geiste gegenseitiger Solidarität unterläßt der betreffende Mitgliedstaat alles, was dem auf diesem Beschluß beruhenden Vorgehen der Union zuwiderlaufen oder es behindern könnte, und die anderen Mitgliedstaaten respektieren seinen Standpunkt. [4]Vertreten die Mitglieder des Rates, die bei ihrer Stimmenthaltung eine solche Erklärung abgeben, mindestens ein Drittel der Mitgliedstaaten, die mindestens ein Drittel der Unionsbevölkerung ausmachen, so wird der Beschluss nicht erlassen.

(2) *[1]* Abweichend von Absatz 1 beschließt der Rat mit qualifizierter Mehrheit, wenn er

– auf der Grundlage eines Beschlusses des Europäischen Rates über die strategischen Interessen und Ziele der Union nach Artikel 22 Absatz 1 einen Beschluss erlässt, mit dem eine Aktion oder ein Standpunkt der Union festgelegt wird;
– auf einen Vorschlag hin, den ihm der Hohe Vertreter der Union für Außen- und Sicherheitspolitik auf spezielles Ersuchen des Europäischen Rates unterbreitet hat, das auf dessen eigene Initiative oder auf eine Initiative des Hohen Vertreters zurückgeht, einen Beschluss erlässt, mit dem eine Aktion oder ein Standpunkt der Union festgelegt wird;

– einen Beschluss zur Durchführung eines Beschlusses, mit dem eine Aktion oder ein Standpunkt der Union festgelegt wird, erlässt,
– nach Artikel 33 einen Sonderbeauftragten ernennt.

[2] [1] Erklärt ein Mitglied des Rates, daß es aus wesentlichen Gründen der nationalen Politik, die es auch nennen muß, die Absicht hat, einen mit qualifizierter Mehrheit zu fassenden Beschluß abzulehnen, so erfolgt keine Abstimmung. [2] Der Hohe Vertreter bemüht sich in engem Benehmen mit dem betroffenen Mitgliedstaat um eine für diesen Mitgliedstaat annehmbare Lösung. [3] Gelingt dies nicht, so kann der Rat mit qualifizierter Mehrheit veranlassen, dass die Frage im Hinblick auf einen einstimmigen Beschluss an den Europäischen Rat verwiesen wird.

(3) Der Europäische Rat kann einstimmig einen Beschluss erlassen, in dem vorgesehen ist, dass der Rat in anderen als den in Absatz 2 genannten Fällen mit qualifizierter Mehrheit beschließt.

(4) Die Absätze 2 und 3 gelten nicht für Beschlüsse mit militärischen oder verteidigungspolitischen Bezügen.

(5) In Verfahrensfragen beschließt der Rat mit der Mehrheit seiner Mitglieder.

Art. 32 [Zusammenarbeit der Mitgliedstaaten im Rat] *[1]* [1] Die Mitgliedstaaten stimmen sich im Europäischen Rat und im Rat zu jeder außen- und sicherheitspolitischen Frage von allgemeiner Bedeutung ab, um ein gemeinsames Vorgehen festzulegen. [2] Bevor ein Mitgliedstaat in einer Weise, die die Interessen der Union berühren könnte, auf internationaler Ebene tätig wird oder eine Verpflichtung eingeht, konsultiert er die anderen Mitgliedstaaten im Europäischen Rat oder im Rat. [3] Die Mitgliedstaaten gewährleisten durch konvergentes Handeln, dass die Union ihre Interessen und ihre Werte auf internationaler Ebene geltend machen kann. [4] Die Mitgliedstaaten sind untereinander solidarisch.

[2] Hat der Europäische Rat oder der Rat ein gemeinsames Vorgehen der Union im Sinne des Absatzes 1 festgelegt, so koordinieren der Hohe Vertreter der Union für Außen- und Sicherheitspolitik und die Minister für auswärtige Angelegenheiten der Mitgliedstaaten ihre Tätigkeiten im Rat.

[3] Die diplomatischen Vertretungen der Mitgliedstaaten und die Delegationen der Union in Drittländern und bei internationalen Organisationen arbeiten zusammen und tragen zur Festlegung und Durchführung des gemeinsamen Vorgehens bei.

Art. 33 [Sonderbeauftragter] [1] Der Rat kann auf Vorschlag des Hohen Vertreters der Union für Außen- und Sicherheitspolitik einen Sonderbeauftragten für besondere politische Fragen ernennen. [2] Der Sonderbeauftragte übt sein Mandat unter der Verantwortung des Hohen Vertreters aus.

Art. 34 [Koordiniertes Auftreten auf internationaler Ebene; Unterrichtungspflicht der Sicherheitsratsmitglieder] (1) *[1]* [1] Die Mitgliedstaaten koordinieren ihr Handeln in internationalen Organisationen und auf internationalen Konferenzen. [2] Sie treten dort für die Standpunkte der Union ein.

[3]Der Hohe Vertreter der Union für Außen- und Sicherheitspolitik trägt für die Organisation dieser Koordinierung Sorge.

[2] In den internationalen Organisationen und auf internationalen Konferenzen, bei denen nicht alle Mitgliedstaaten vertreten sind, setzen sich die dort vertretenen Mitgliedstaaten für die Standpunkte der Union ein.

(2) *[1]* Nach Artikel 24 Absatz 3 unterrichten die Mitgliedstaaten, die in internationalen Organisationen oder auf internationalen Konferenzen vertreten sind, die dort nicht vertretenen Mitgliedstaaten und den Hohen Vertreter laufend über alle Fragen von gemeinsamem Interesse.

[2] [1]Die Mitgliedstaaten, die auch Mitglieder des Sicherheitsrats der Vereinten Nationen sind, stimmen sich ab und unterrichten die übrigen Mitgliedstaaten sowie den Hohen Vertreter in vollem Umfang. [2]Die Mitgliedstaaten, die Mitglieder des Sicherheitsrats sind, setzen sich bei der Wahrnehmung ihrer Aufgaben unbeschadet ihrer Verantwortlichkeiten aufgrund der Charta der Vereinten Nationen für die Standpunkte und Interessen der Union ein.

[3] Wenn die Union einen Standpunkt zu einem Thema festgelegt hat, das auf der Tagesordnung des Sicherheitsrats der Vereinten Nationen steht, beantragen die dort vertretenen Mitgliedstaaten, dass der Hohe Vertreter gebeten wird, den Standpunkt der Union vorzutragen.

Art. 35 [Abgestimmtes Verhalten auf diplomatischer und konsularischer Ebene] *[1]* Die diplomatischen und konsularischen Vertretungen der Mitgliedstaaten und die Delegationen der Union in dritten Ländern und auf internationalen Konferenzen sowie ihre Vertretungen bei internationalen Organisationen stimmen sich ab, um die Einhaltung und Durchführung der nach diesem Kapitel erlassenen Beschlüsse, mit denen Standpunkte und Aktionen der Union festgelegt werden, zu gewährleisten.

[2] Sie intensivieren ihre Zusammenarbeit durch Informationsaustausch und gemeinsame Bewertungen.

[3] Sie tragen zur Verwirklichung des in Artikel 20 Absatz 2 Buchstabe c des Vertrags über die Arbeitsweise der Europäischen Union[1)] genannten Rechts der Unionsbürgerinnen und Unionsbürger auf Schutz im Hoheitsgebiet von Drittländern und zur Durchführung der nach Artikel 23 des genannten Vertrags erlassenen Maßnahmen bei.

Art. 36 [Beteiligung des Europäischen Parlaments] *[1]* [1]Der Hohe Vertreter der Union für Außen- und Sicherheitspolitik hört das Europäische Parlament regelmäßig zu den wichtigsten Aspekten und den grundlegenden Weichenstellungen der Gemeinsamen Außen- und Sicherheitspolitik und der Gemeinsamen Sicherheits- und Verteidigungspolitik und unterrichtet es über die Entwicklung der Politik in diesen Bereichen. [2]Er achtet darauf, dass die Auffassungen des Europäischen Parlaments gebührend berücksichtigt werden. [3]Die Sonderbeauftragten können zur Unterrichtung des Europäischen Parlaments mit herangezogen werden.

[2] [1]Das Europäische Parlament kann Anfragen oder Empfehlungen an den Rat und den Hohen Vertreter richten. [2]Zweimal jährlich führt es eine Aus-

---

[1)] Nr. **18**.

sprache über die Fortschritte bei der Durchführung der Gemeinsamen Außen- und Sicherheitspolitik, einschließlich der Gemeinsamen Sicherheits- und Verteidigungspolitik.

Art. 37 [Übereinkünfte mit dritten Staaten und internationalen Organisationen] Die Union kann in den unter dieses Kapitel fallenden Bereichen Übereinkünfte mit einem oder mehreren Staaten oder internationalen Organisationen schließen.

Art. 38 [Politisches und Sicherheitspoltisches Komitee] *[1]* [1]Unbeschadet des Artikels 240 des Vertrags über die Arbeitsweise der Europäischen Union[1)] verfolgt ein Politisches und Sicherheitspolitisches Komitee die internationale Lage in den Bereichen der Gemeinsamen Außen- und Sicherheitspolitik und trägt auf Ersuchen des Rates, des Hohen Vertreters der Union für Außen- und Sicherheitspolitik oder von sich aus durch an den Rat gerichtete Stellungnahmen zur Festlegung der Politiken bei. [2]Ferner überwacht es die Durchführung vereinbarter Politiken; dies gilt unbeschadet der Zuständigkeiten des Hohen Vertreters.

[2] Im Rahmen dieses Kapitels nimmt das Politische und Sicherheitspolitische Komitee unter der Verantwortung des Rates und des Hohen Vertreters die politische Kontrolle und strategische Leitung von Krisenbewältigungsoperationen im Sinne des Artikels 43 wahr.

[3] Der Rat kann das Komitee für den Zweck und die Dauer einer Operation zur Krisenbewältigung, die vom Rat festgelegt werden, ermächtigen, geeignete Beschlüsse hinsichtlich der politischen Kontrolle und strategischen Leitung der Operation zu fassen.

Art. 39 [Datenschutz] [1]Gemäß Artikel 16 des Vertrags über die Arbeitsweise der Europäischen Union[1)] und abweichend von Absatz 2 des genannten Artikels erlässt der Rat einen Beschluss zur Festlegung von Vorschriften über den Schutz natürlicher Personen bei der Verarbeitung personenbezogener Daten durch die Mitgliedstaaten im Rahmen der Ausübung von Tätigkeiten, die in den Anwendungsbereich dieses Kapitels fallen, und über den freien Datenverkehr. [2]Die Einhaltung dieser Vorschriften wird von unabhängigen Behörden überwacht.

Art. 40 [Kompetenzabgrenzung] *[1]* Die Durchführung der Gemeinsamen Außen- und Sicherheitspolitik lässt die Anwendung der Verfahren und den jeweiligen Umfang der Befugnisse der Organe, die in den Verträgen für die Ausübung der in den Artikeln 3 bis 6 des Vertrags über die Arbeitsweise der Europäischen Union[1)] aufgeführten Zuständigkeiten der Union vorgesehen sind, unberührt.

[2] Ebenso lässt die Durchführung der Politik nach den genannten Artikeln die Anwendung der Verfahren und den jeweiligen Umfang der Befugnisse der Organe, die in den Verträgen für die Ausübung der Zuständigkeiten der Union nach diesem Kapitel vorgesehen sind, unberührt.

[1)] Nr. **18**.

Art. 41 [Finanzierung] (1) Die Verwaltungsausgaben, die den Organen aus der Durchführung dieses Kapitels entstehen, gehen zu Lasten des Haushalts der Union.

(2) *[1]* Die operativen Ausgaben im Zusammenhang mit der Durchführung dieses Kapitels gehen ebenfalls zu Lasten des Haushalts der Union, mit Ausnahme der Ausgaben aufgrund von Maßnahmen mit militärischen oder verteidigungspolitischen Bezügen und von Fällen, in denen der Rat einstimmig etwas anderes beschließt.

[2] [1] In Fällen, in denen die Ausgaben nicht zu Lasten des Haushalts der Union gehen, gehen sie nach dem Bruttosozialprodukt-Schlüssel zu Lasten der Mitgliedstaaten, sofern der Rat nicht einstimmig etwas anderes beschließt. [2] Die Mitgliedstaaten, deren Vertreter im Rat eine förmliche Erklärung nach Artikel 31 Absatz 1 Unterabsatz 2 abgegeben haben, sind nicht verpflichtet, zur Finanzierung von Ausgaben für Maßnahmen mit militärischen oder verteidigungspolitischen Bezügen beizutragen.

(3) *[1]* [1] Der Rat erlässt einen Beschluss zur Festlegung besonderer Verfahren, um den schnellen Zugriff auf die Haushaltsmittel der Union zu gewährleisten, die für die Sofortfinanzierung von Initiativen im Rahmen der Gemeinsamen Außen- und Sicherheitspolitik, insbesondere von Tätigkeiten zur Vorbereitung einer Mission nach Artikel 42 Absatz 1 und Artikel 43 bestimmt sind. [2] Er beschließt nach Anhörung des Europäischen Parlaments.

[2] Die Tätigkeiten zur Vorbereitung der in Artikel 42 Absatz 1 und in Artikel 43 genannten Missionen, die nicht zulasten des Haushalts der Union gehen, werden aus einem aus Beiträgen der Mitgliedstaaten gebildeten Anschubfonds finanziert.

[3] Der Rat erlässt mit qualifizierter Mehrheit auf Vorschlag des Hohen Vertreters der Union für Außen- und Sicherheitspolitik die Beschlüsse über

a) die Einzelheiten für die Bildung und die Finanzierung des Anschubfonds, insbesondere die Höhe der Mittelzuweisungen für den Fonds;

b) die Einzelheiten für die Verwaltung des Anschubfonds;

c) die Einzelheiten für die Finanzkontrolle.

[4] [1] Kann die geplante Mission nach Artikel 42 Absatz 1 und Artikel 43 nicht aus dem Haushalt der Union finanziert werden, so ermächtigt der Rat den Hohen Vertreter zur Inanspruchnahme dieses Fonds. [2] Der Hohe Vertreter erstattet dem Rat Bericht über die Erfüllung dieses Mandats.

Abschnitt 2. Bestimmungen über die Gemeinsame Sicherheits- und Verteidigungspolitik

Art. 42 [Gemeinsame Verteidigungspolitik; Europäische Verteidigungsagentur; Beistandsklausel] (1) [1] Die Gemeinsame Sicherheits- und Verteidigungspolitik ist integraler Bestandteil der Gemeinsamen Außen- und Sicherheitspolitik. [2] Sie sichert der Union eine auf zivile und militärische Mittel gestützte Operationsfähigkeit. [3] Auf diese kann die Union bei Missionen außerhalb der Union zur Friedenssicherung, Konfliktverhütung und Stärkung der internationalen Sicherheit in Übereinstimmung mit den Grundsätzen der Charta der Vereinten Nationen zurückgreifen. [4] Sie erfüllt diese Aufgaben mit Hilfe der Fähigkeiten, die von den Mitgliedstaaten bereitgestellt werden.

(2) *[1]* [1]Die Gemeinsame Sicherheits- und Verteidigungspolitik umfasst die schrittweise Festlegung einer gemeinsamen Verteidigungspolitik der Union. [2]Diese führt zu einer gemeinsamen Verteidigung, sobald der Europäische Rat dies einstimmig beschlossen hat. [3]Er empfiehlt in diesem Fall den Mitgliedstaaten, einen Beschluss in diesem Sinne im Einklang mit ihren verfassungsrechtlichen Vorschriften zu erlassen.

[2] Die Politik der Union nach diesem Abschnitt berührt nicht den besonderen Charakter der Sicherheits- und Verteidigungspolitik bestimmter Mitgliedstaaten; sie achtet die Verpflichtungen einiger Mitgliedstaaten, die ihre gemeinsame Verteidigung in der Nordatlantikvertrags-Organisation (NATO) verwirklicht sehen, aus dem Nordatlantikvertrag und ist vereinbar mit der in jenem Rahmen festgelegten gemeinsamen Sicherheits- und Verteidigungspolitik.

(3) *[1]* [1]Die Mitgliedstaaten stellen der Union für die Umsetzung der Gemeinsamen Sicherheits- und Verteidigungspolitik zivile und militärische Fähigkeiten als Beitrag zur Verwirklichung der vom Rat festgelegten Ziele zur Verfügung. [2]Die Mitgliedstaaten, die zusammen multinationale Streitkräfte aufstellen, können diese auch für die Gemeinsame Sicherheits- und Verteidigungspolitik zur Verfügung stellen.

[2] [1]Die Mitgliedstaaten verpflichten sich, ihre militärischen Fähigkeiten schrittweise zu verbessern. [2]Die Agentur für die Bereiche Entwicklung der Verteidigungsfähigkeiten, Forschung, Beschaffung und Rüstung (im Folgenden „Europäische Verteidigungsagentur“) ermittelt den operativen Bedarf und fördert Maßnahmen zur Bedarfsdeckung, trägt zur Ermittlung von Maßnahmen zur Stärkung der industriellen und technologischen Basis des Verteidigungssektors bei und führt diese Maßnahmen gegebenenfalls durch, beteiligt sich an der Festlegung einer europäischen Politik im Bereich der Fähigkeiten und der Rüstung und unterstützt den Rat bei der Beurteilung der Verbesserung der militärischen Fähigkeiten.

(4) [1]Beschlüsse zur Gemeinsamen Sicherheits- und Verteidigungspolitik, einschließlich der Beschlüsse über die Einleitung einer Mission nach diesem Artikel, werden vom Rat einstimmig auf Vorschlag des Hohen Vertreters der Union für Außen- und Sicherheitspolitik oder auf Initiative eines Mitgliedstaats erlassen. [2]Der Hohe Vertreter kann gegebenenfalls gemeinsam mit der Kommission den Rückgriff auf einzelstaatliche Mittel sowie auf Instrumente der Union vorschlagen.

(5) [1]Der Rat kann zur Wahrung der Werte der Union und im Dienste ihrer Interessen eine Gruppe von Mitgliedstaaten mit der Durchführung einer Mission im Rahmen der Union beauftragen. [2]Die Durchführung einer solchen Mission fällt unter Artikel 44.

(6) [1]Die Mitgliedstaaten, die anspruchsvollere Kriterien in Bezug auf die militärischen Fähigkeiten erfüllen und die im Hinblick auf Missionen mit höchsten Anforderungen untereinander weiter gehende Verpflichtungen eingegangen sind, begründen eine Ständige Strukturierte Zusammenarbeit im Rahmen der Union. [2]Diese Zusammenarbeit erfolgt nach Maßgabe von Artikel 46. [3]Sie berührt nicht die Bestimmungen des Artikels 43.

(7) *[1]* [1]Im Falle eines bewaffneten Angriffs auf das Hoheitsgebiet eines Mitgliedstaats schulden die anderen Mitgliedstaaten ihm alle in ihrer Macht stehende Hilfe und Unterstützung, im Einklang mit Artikel 51 der Charta der Ver-

einten Nationen. [2]Dies lässt den besonderen Charakter der Sicherheits- und Verteidigungspolitik bestimmter Mitgliedstaaten unberührt.

[2] Die Verpflichtungen und die Zusammenarbeit in diesem Bereich bleiben im Einklang mit den im Rahmen der Nordatlantikvertrags-Organisation eingegangenen Verpflichtungen, die für die ihr angehörenden Staaten weiterhin das Fundament ihrer kollektiven Verteidigung und das Instrument für deren Verwirklichung ist.

Art. 43 [Missionen der GSVP] (1) [1]Die in Artikel 42 Absatz 1 vorgesehenen Missionen, bei deren Durchführung die Union auf zivile und militärische Mittel zurückgreifen kann, umfassen gemeinsame Abrüstungsmaßnahmen, humanitäre Aufgaben und Rettungseinsätze, Aufgaben der militärischen Beratung und Unterstützung, Aufgaben der Konfliktverhütung und der Erhaltung des Friedens sowie Kampfeinsätze im Rahmen der Krisenbewältigung einschließlich Frieden schaffender Maßnahmen und Operationen zur Stabilisierung der Lage nach Konflikten. [2]Mit allen diesen Missionen kann zur Bekämpfung des Terrorismus beigetragen werden, unter anderem auch durch die Unterstützung für Drittländer bei der Bekämpfung des Terrorismus in ihrem Hoheitsgebiet.

(2) [1]Der Rat erlässt die Beschlüsse über Missionen nach Absatz 1; in den Beschlüssen sind Ziel und Umfang der Missionen sowie die für sie geltenden allgemeinen Durchführungsbestimmungen festgelegt. [2]Der Hohe Vertreter der Union für Außen- und Sicherheitspolitik sorgt unter Aufsicht des Rates und in engem und ständigem Benehmen mit dem Politischen und Sicherheitspolitischen Komitee für die Koordinierung der zivilen und militärischen Aspekte dieser Missionen.

Art. 44 [Missionsübertragung] (1) [1]Im Rahmen der nach Artikel 43 erlassenen Beschlüsse kann der Rat die Durchführung einer Mission einer Gruppe von Mitgliedstaaten übertragen, die dies wünschen und über die für eine derartige Mission erforderlichen Fähigkeiten verfügen. [2]Die betreffenden Mitgliedstaaten vereinbaren in Absprache mit dem Hohen Vertreter der Union für Außen- und Sicherheitspolitik untereinander die Ausführung der Mission.

(2) [1]Die an der Durchführung der Mission teilnehmenden Mitgliedstaaten unterrichten den Rat von sich aus oder auf Antrag eines anderen Mitgliedstaats regelmäßig über den Stand der Mission. [2]Die teilnehmenden Mitgliedstaaten befassen den Rat sofort, wenn sich aus der Durchführung der Mission schwerwiegende Konsequenzen ergeben oder das Ziel der Mission, ihr Umfang oder die für sie geltenden Regelungen, wie sie in den in Absatz 1 genannten Beschlüssen festgelegt sind, geändert werden müssen. [3]Der Rat erlässt in diesen Fällen die erforderlichen Beschlüsse.

Art. 45 [Aufgabe der Europäischen Verteidigungsagentur] (1) Aufgabe der in Artikel 42 Absatz 3 genannten, dem Rat unterstellten Europäischen Verteidigungsagentur ist es,

a) bei der Ermittlung der Ziele im Bereich der militärischen Fähigkeiten der Mitgliedstaaten und der Beurteilung, ob die von den Mitgliedstaaten in Bezug auf diese Fähigkeiten eingegangenen Verpflichtungen erfüllt wurden, mitzuwirken;

b) auf eine Harmonisierung des operativen Bedarfs sowie die Festlegung effizienter und kompatibler Beschaffungsverfahren hinzuwirken;
c) multilaterale Projekte zur Erfüllung der Ziele im Bereich der militärischen Fähigkeiten vorzuschlagen und für die Koordinierung der von den Mitgliedstaaten durchgeführten Programme sowie die Verwaltung spezifischer Kooperationsprogramme zu sorgen;
d) die Forschung auf dem Gebiet der Verteidigungstechnologie zu unterstützen, gemeinsame Forschungsaktivitäten sowie Studien zu technischen Lösungen, die dem künftigen operativen Bedarf gerecht werden, zu koordinieren und zu planen;
e) dazu beizutragen, dass zweckdienliche Maßnahmen zur Stärkung der industriellen und technologischen Basis des Verteidigungssektors und für einen wirkungsvolleren Einsatz der Verteidigungsausgaben ermittelt werden, und diese Maßnahmen gegebenenfalls durchzuführen.

(2) [1] Alle Mitgliedstaaten können auf Wunsch an der Arbeit der Europäischen Verteidigungsagentur teilnehmen. [2] Der Rat erlässt mit qualifizierter Mehrheit einen Beschluss, in dem die Rechtsstellung, der Sitz und die Funktionsweise der Agentur festgelegt werden. [3] Dieser Beschluss trägt dem Umfang der effektiven Beteiligung an den Tätigkeiten der Agentur Rechnung. [4] Innerhalb der Agentur werden spezielle Gruppen gebildet, in denen Mitgliedstaaten zusammenkommen, die gemeinsame Projekte durchführen. [5] Die Agentur versieht ihre Aufgaben erforderlichenfalls in Verbindung mit der Kommission.

Art. 46 [Ständige Strukturierte Zusammenarbeit] (1) Die Mitgliedstaaten, die sich an der Ständigen Strukturierten Zusammenarbeit im Sinne des Artikels 42 Absatz 6 beteiligen möchten und hinsichtlich der militärischen Fähigkeiten die Kriterien erfüllen und die Verpflichtungen eingehen, die in dem Protokoll über die Ständige Strukturierte Zusammenarbeit enthalten sind, teilen dem Rat und dem Hohen Vertreter der Union für Außen- und Sicherheitspolitik ihre Absicht mit.

(2) [1] Der Rat erlässt binnen drei Monaten nach der in Absatz 1 genannten Mitteilung einen Beschluss über die Begründung der Ständigen Strukturierten Zusammenarbeit und über die Liste der daran teilnehmenden Mitgliedstaaten. [2] Der Rat beschließt nach Anhörung des Hohen Vertreters mit qualifizierter Mehrheit.

(3) *[1]* Jeder Mitgliedstaat, der sich zu einem späteren Zeitpunkt an der Ständigen Strukturierten Zusammenarbeit beteiligen möchte, teilt dem Rat und dem Hohen Vertreter seine Absicht mit.

[2] [1] Der Rat erlässt einen Beschluss, in dem die Teilnahme des betreffenden Mitgliedstaats, der die Kriterien und Verpflichtungen nach den Artikeln 1 und 2 des Protokolls über die Ständige Strukturierte Zusammenarbeit erfüllt beziehungsweise eingeht, bestätigt wird. [2] Der Rat beschließt mit qualifizierter Mehrheit nach Anhörung des Hohen Vertreters. [3] Nur die Mitglieder des Rates, die die teilnehmenden Mitgliedstaaten vertreten, sind stimmberechtigt.

[3] Die qualifizierte Mehrheit bestimmt sich nach Artikel 238 Absatz 3 Buchstabe a des Vertrags über die Arbeitsweise der Europäischen Union[1)].

---

1) Nr. **18**.

(4) *[1]* Erfüllt ein teilnehmender Mitgliedstaat die Kriterien nach den Artikeln 1 und 2 des Protokolls über die Ständige Strukturierte Zusammenarbeit nicht mehr oder kann er den darin genannten Verpflichtungen nicht mehr nachkommen, so kann der Rat einen Beschluss erlassen, durch den die Teilnahme dieses Staates ausgesetzt wird.

[2] [1]Der Rat beschließt mit qualifizierter Mehrheit. [2]Nur die Mitglieder des Rates, die die teilnehmenden Mitgliedstaaten mit Ausnahme des betroffenen Mitgliedstaats vertreten, sind stimmberechtigt.

[3] Die qualifizierte Mehrheit bestimmt sich nach Artikel 238 Absatz 3 Buchstabe a des Vertrags über die Arbeitsweise der Europäischen Union.

(5) Wünscht ein teilnehmender Mitgliedstaat, von der Ständigen Strukturierten Zusammenarbeit Abstand zu nehmen, so teilt er seine Entscheidung dem Rat mit, der zur Kenntnis nimmt, dass die Teilnahme des betreffenden Mitgliedstaats beendet ist.

(6) [1]Mit Ausnahme der Beschlüsse nach den Absätzen 2 bis 5 erlässt der Rat die Beschlüsse und Empfehlungen im Rahmen der Ständigen Strukturierten Zusammenarbeit einstimmig. [2]Für die Zwecke dieses Absatzes bezieht sich die Einstimmigkeit allein auf die Stimmen der Vertreter der an der Zusammenarbeit teilnehmenden Mitgliedstaaten.

Titel VI. Schlußbestimmungen

Art. 47 [Rechtspersönlichkeit der Union] Die Union besitzt Rechtspersönlichkeit.

Art. 48 [Vertragsänderung] (1) [1]Die Verträge können gemäß dem ordentlichen Änderungsverfahren geändert werden. [2]Sie können ebenfalls nach vereinfachten Änderungsverfahren geändert werden.

Ordentliches Änderungsverfahren

(2) [1]Die Regierung jedes Mitgliedstaats, das Europäische Parlament oder die Kommission kann dem Rat Entwürfe zur Änderung der Verträge vorlegen. [2]Diese Entwürfe können unter anderem eine Ausdehnung oder Verringerung der der Union in den Verträgen übertragenen Zuständigkeiten zum Ziel haben. [3]Diese Entwürfe werden vom Rat dem Europäischen Rat übermittelt und den nationalen Parlamenten zur Kenntnis gebracht.

(3) *[1]* [1]Beschließt der Europäische Rat nach Anhörung des Europäischen Parlaments und der Kommission mit einfacher Mehrheit die Prüfung der vorgeschlagenen Änderungen, so beruft der Präsident des Europäischen Rates einen Konvent von Vertretern der nationalen Parlamente, der Staats- und Regierungschefs der Mitgliedstaaten, des Europäischen Parlaments und der Kommission ein. [2]Bei institutionellen Änderungen im Währungsbereich wird auch die Europäische Zentralbank gehört. [3]Der Konvent prüft die Änderungsentwürfe und nimmt im Konsensverfahren eine Empfehlung an, die an eine Konferenz der Vertreter der Regierungen der Mitgliedstaaten nach Absatz 4 gerichtet ist.

[2] [1]Der Europäische Rat kann mit einfacher Mehrheit nach Zustimmung des Europäischen Parlaments beschließen, keinen Konvent einzuberufen, wenn seine Einberufung aufgrund des Umfangs der geplanten Änderungen nicht

gerechtfertigt ist. [2] In diesem Fall legt der Europäische Rat das Mandat für eine Konferenz der Vertreter der Regierungen der Mitgliedstaaten fest.

(4) *[1]* Eine Konferenz der Vertreter der Regierungen der Mitgliedstaaten wird vom Präsidenten des Rates einberufen, um die an den Verträgen vorzunehmenden Änderungen zu vereinbaren.

[2] Die Änderungen treten in Kraft, nachdem sie von allen Mitgliedstaaten nach Maßgabe ihrer verfassungsrechtlichen Vorschriften ratifiziert worden sind.

(5) Haben nach Ablauf von zwei Jahren nach der Unterzeichnung eines Vertrags zur Änderung der Verträge vier Fünftel der Mitgliedstaaten den genannten Vertrag ratifiziert und sind in einem Mitgliedstaat oder mehreren Mitgliedstaaten Schwierigkeiten bei der Ratifikation aufgetreten, so befasst sich der Europäische Rat mit der Frage.

Vereinfachte Änderungsverfahren

(6) *[1]* Die Regierung jedes Mitgliedstaats, das Europäische Parlament oder die Kommission kann dem Europäischen Rat Entwürfe zur Änderung aller oder eines Teils der Bestimmungen des Dritten Teils des Vertrags über die Arbeitsweise der Europäischen Union[1)] über die internen Politikbereiche der Union vorlegen.

[2] [1] Der Europäische Rat kann einen Beschluss zur Änderung aller oder eines Teils der Bestimmungen des Dritten Teils des Vertrags über die Arbeitsweise der Europäischen Union erlassen. [2] Der Europäische Rat beschließt einstimmig nach Anhörung des Europäischen Parlaments und der Kommission sowie, bei institutionellen Änderungen im Währungsbereich, der Europäischen Zentralbank. [3] Dieser Beschluss tritt erst nach Zustimmung der Mitgliedstaaten im Einklang mit ihren jeweiligen verfassungsrechtlichen Vorschriften in Kraft.

[3] Der Beschluss nach Unterabsatz 2 darf nicht zu einer Ausdehnung der der Union im Rahmen der Verträge übertragenen Zuständigkeiten führen.

(7) *[1]* [1] In Fällen, in denen der Rat nach Maßgabe des Vertrags über die Arbeitsweise der Europäischen Union oder des Titels V dieses Vertrags in einem Bereich oder in einem bestimmten Fall einstimmig beschließt, kann der Europäische Rat einen Beschluss erlassen, wonach der Rat in diesem Bereich oder in diesem Fall mit qualifizierter Mehrheit beschließen kann. [2] Dieser Unterabsatz gilt nicht für Beschlüsse mit militärischen oder verteidigungspolitischen Bezügen.

[2] In Fällen, in denen nach Maßgabe des Vertrags über die Arbeitsweise der Europäischen Union Gesetzgebungsakte vom Rat gemäß einem besonderen Gesetzgebungsverfahren erlassen werden müssen, kann der Europäische Rat einen Beschluss erlassen, wonach die Gesetzgebungsakte gemäß dem ordentlichen Gesetzgebungsverfahren erlassen werden können.

[3] [1] Jede vom Europäischen Rat auf der Grundlage von Unterabsatz 1 oder Unterabsatz 2 ergriffene Initiative wird den nationalen Parlamenten übermittelt. [2] Wird dieser Vorschlag innerhalb von sechs Monaten nach der Übermittlung von einem nationalen Parlament abgelehnt, so wird der Beschluss nach Unterabsatz 1 oder Unterabsatz 2 nicht erlassen. [3] Wird die Initiative nicht abgelehnt, so kann der Europäische Rat den Beschluss erlassen.

[1)] Nr. **18**.

[4] Der Europäische Rat erlässt die Beschlüsse nach den Unterabsätzen 1 oder 2 einstimmig nach Zustimmung des Europäischen Parlaments, das mit der Mehrheit seiner Mitglieder beschließt.

Art. 49 [Beitritt zur Union] *[1]* [1]Jeder Europäische Staat, der die in Artikel 2 genannten Werte achtet und sich für ihre Förderung einsetzt, kann beantragen, Mitglied der Union zu werden. [2]Das Europäische Parlament und die nationalen Parlamente werden über diesen Antrag unterrichtet. [3]Der antragstellende Staat richtet seinen Antrag an den Rat; dieser beschließt einstimmig nach Anhörung der Kommission und nach Zustimmung des Europäischen Parlaments, das mit der Mehrheit seiner Mitglieder beschließt. [4]Die vom Europäischen Rat vereinbarten Kriterien werden berücksichtigt.

[2] [1]Die Aufnahmebedingungen und die durch eine Aufnahme erforderlich werdenden Anpassungen der Verträge, auf denen die Union beruht, werden durch ein Abkommen zwischen den Mitgliedstaaten und dem antragstellenden Staat geregelt. [2]Das Abkommen bedarf der Ratifikation durch alle Vertragsstaaten gemäß ihren verfassungsrechtlichen Vorschriften.

Art. 50 [Austritt aus der Union] (1) Jeder Mitgliedstaat kann im Einklang mit seinen verfassungsrechtlichen Vorschriften beschließen, aus der Union auszutreten.

(2) [1]Ein Mitgliedstaat, der auszutreten beschließt, teilt dem Europäischen Rat seine Absicht mit. [2]Auf der Grundlage der Leitlinien des Europäischen Rates handelt die Union mit diesem Staat ein Abkommen über die Einzelheiten des Austritts aus und schließt das Abkommen, wobei der Rahmen für die künftigen Beziehungen dieses Staates zur Union berücksichtigt wird. [3]Das Abkommen wird nach Artikel 218 Absatz 3 des Vertrags über die Arbeitsweise der Europäischen Union[1)] ausgehandelt. [4]Es wird vom Rat im Namen der Union geschlossen; der Rat beschließt mit qualifizierter Mehrheit nach Zustimmung des Europäischen Parlaments.

(3) Die Verträge finden auf den betroffenen Staat ab dem Tag des Inkrafttretens des Austrittsabkommens oder andernfalls zwei Jahre nach der in Absatz 2 genannten Mitteilung keine Anwendung mehr, es sei denn, der Europäische Rat beschließt im Einvernehmen mit dem betroffenen Mitgliedstaat einstimmig, diese Frist zu verlängern.

(4) *[1]* Für die Zwecke der Absätze 2 und 3 nimmt das Mitglied des Europäischen Rates und des Rates, das den austretenden Mitgliedstaat vertritt, weder an den diesen Mitgliedstaat betreffenden Beratungen noch an der entsprechenden Beschlussfassung des Europäischen Rates oder des Rates teil.

[2] Die qualifizierte Mehrheit bestimmt sich nach Artikel 238 Absatz 3 Buchstabe b des Vertrags über die Arbeitsweise der Europäischen Union.

(5) Ein Staat, der aus der Union ausgetreten ist und erneut Mitglied werden möchte, muss dies nach dem Verfahren des Artikels 49 beantragen.

Art. 51 [Protokolle, Anhänge] Die Protokolle und Anhänge der Verträge sind Bestandteil der Verträge.

[1)] Nr. **18**.

Art. 52 [Geltungsbereich] (1) Die Verträge gelten für das Königreich Belgien, die Republik Bulgarien, die Tschechische Republik, das Königreich Dänemark, die Bundesrepublik Deutschland, die Republik Estland, Irland, die Hellenische Republik, das Königreich Spanien, die Französische Republik, die Republik Kroatien, die Italienische Republik, die Republik Zypern, die Republik Lettland, die Republik Litauen, das Großherzogtum Luxemburg, die Republik Ungarn, die Republik Malta, das Königreich der Niederlande, die Republik Österreich, die Republik Polen, die Portugiesische Republik, Rumänien, die Republik Slowenien, die Slowakische Republik, die Republik Finnland, das Königreich Schweden und das Vereinigte Königreich Großbritannien und Nordirland.

(2) Der räumliche Geltungsbereich der Verträge wird in Artikel 355 des Vertrags über die Arbeitsweise der Europäischen Union[1)] im Einzelnen angegeben.

Art. 53 [Unbefristete Geltung] Dieser Vertrag gilt auf unbegrenzte Zeit.

Art. 54 [Ratifikation] (1) [1] Dieser Vertrag bedarf der Ratifikation durch die Hohen Vertragsparteien gemäß ihren verfassungsrechtlichen Vorschriften. [2] Die Ratifikationsurkunden werden bei der Regierung der Italienischen Republik hinterlegt.

(2) Dieser Vertrag tritt am 1. Januar 1993 in Kraft, sofern alle Ratifikationsurkunden hinterlegt worden sind, oder andernfalls am ersten Tag des auf die Hinterlegung der letzten Ratifikationsurkunde folgenden Monats.

Art. 55 [Verbindlicher Wortlaut; Hinterlegung] (1) Dieser Vertrag ist in einer Urschrift in bulgarischer, dänischer, deutscher, englischer, estnischer, finnischer, französischer, griechischer, irischer, italienischer, kroatischer, lettischer, litauischer, maltesischer, niederländischer, polnischer, portugiesischer, rumänischer, schwedischer, slowakischer, slowenischer, spanischer, tschechischer und ungarischer Sprache abgefasst, wobei jeder Wortlaut gleichermaßen verbindlich ist; er wird im Archiv der Regierung der Italienischen Republik hinterlegt; diese übermittelt der Regierung jedes anderen Unterzeichnerstaats eine beglaubigte Abschrift.

(2) [1] Dieser Vertrag kann ferner in jede andere von den Mitgliedstaaten bestimmte Sprache übersetzt werden, sofern diese Sprache nach der Verfassungsordnung des jeweiligen Mitgliedstaats in dessen gesamtem Hoheitsgebiet oder in Teilen davon Amtssprache ist. [2] Die betreffenden Mitgliedstaaten stellen eine beglaubigte Abschrift dieser Übersetzungen zur Verfügung, die in den Archiven des Rates hinterlegt wird.

ZU URKUND DESSEN haben die unterzeichneten Bevollmächtigten ihre Unterschriften unter diesen Vertrag gesetzt.

GESCHEHEN zu Maastricht am siebten Februar neunzehnhundertzweiundneunzig.

Mark EYSKENS, Philippe MAYSTADT
Uffe ELLEMANN-JENSEN Anders FOGH RASMUSSEN

[1)] Nr. **18**.

Hans-Dietrich GENSCHER	Theodor WAIGEL
Antonios SAMARAS	Efthymios CHRISTODOULOU
Francisco FERNÁNDEZ ORDÓÑEZ	Carlos SOLCHAGA CATALÁN
Roland DUMAS	Pierre BEREGOVOY
Gerard COLLINS	Bertie AHERN
Giannni DE MICHELIS	Guido CARLI
Jacques F. POOS	Jean-Claude JUNCKER
Hans VAN DEN BROEK	Willem KOK
João de Deus PINHEIRO	Jorge BRAGA de MACEDO
Douglas HURD	Francis MAUDE

17. Charta der Grundrechte der Europäischen Union[1]

Vom 12. Dezember 2007[2]

(ABl. Nr. C 303 S. 1)

Celex-Nr. 3 2007 X 1214 (01)

Nichtamtliche Inhaltsübersicht

---

[1] Die amtliche deutsche Fassung ist in der Veröffentlichung v. 8.10.2008 (BGBl. II S. 1165) einzusehen.

[2] Der hier wiedergegebene Wortlaut übernimmt mit Anpassungen die am 7.12.2000 proklamierte Charta. Die Charta wurde mit der Ratifizierung des Vertrags von Lissabon zum 1.12.2009 rechtswirksam.

Präambel

Die Völker Europas sind entschlossen, auf der Grundlage gemeinsamer Werte eine friedliche Zukunft zu teilen, indem sie sich zu einer immer engeren Union verbinden.

[1] In dem Bewusstsein ihres geistig-religiösen und sittlichen Erbes gründet sich die Union auf die unteilbaren und universellen Werte der Würde des Menschen, der Freiheit, der Gleichheit und der Solidarität. [2] Sie beruht auf den Grundsätzen der Demokratie und der Rechtsstaatlichkeit. [3] Sie stellt den Menschen in den Mittelpunkt ihres Handelns, indem sie die Unionsbürgerschaft und einen Raum der Freiheit, der Sicherheit und des Rechts begründet.

[1] Die Union trägt zur Erhaltung und zur Entwicklung dieser gemeinsamen Werte unter Achtung der Vielfalt der Kulturen und Traditionen der Völker Europas sowie der nationalen Identität der Mitgliedstaaten und der Organisation ihrer staatlichen Gewalt auf nationaler, regionaler und lokaler Ebene bei. [2] Sie ist bestrebt, eine ausgewogene und nachhaltige Entwicklung zu fördern und stellt den freien Personen-, Dienstleistungs-, Waren- und Kapitalverkehr sowie die Niederlassungsfreiheit sicher.

Zu diesem Zweck ist es notwendig, angesichts der Weiterentwicklung der Gesellschaft, des sozialen Fortschritts und der wissenschaftlichen und technologischen Entwicklungen den Schutz der Grundrechte zu stärken, indem sie in einer Charta sichtbarer gemacht werden.

[1] Diese Charta bekräftigt unter Achtung der Zuständigkeiten und Aufgaben der Union und des Subsidiaritätsprinzips die Rechte, die sich vor allem aus den gemeinsamen Verfassungstraditionen und den gemeinsamen internationalen Verpflichtungen der Mitgliedstaaten, aus der Europäischen Konvention zum

Schutz der Menschenrechte und Grundfreiheiten[1]), aus den von der Union und dem Europarat beschlossenen Sozialchartas sowie aus der Rechtsprechung des Gerichtshofs der Europäischen Union und des Europäischen Gerichtshofs für Menschenrechte ergeben. [2]In diesem Zusammenhang erfolgt die Auslegung der Charta durch die Gerichte der Union und der Mitgliedstaaten unter gebührender Berücksichtigung der Erläuterungen, die unter der Leitung des Präsidiums des Konvents zur Ausarbeitung der Charta formuliert und unter der Verantwortung des Präsidiums des Europäischen Konvents aktualisiert wurden.

Die Ausübung dieser Rechte ist mit Verantwortung und mit Pflichten sowohl gegenüber den Mitmenschen als auch gegenüber der menschlichen Gemeinschaft und den künftigen Generationen verbunden.

Daher erkennt die Union die nachstehend aufgeführten Rechte, Freiheiten und Grundsätze an.

Titel I. Würde des Menschen

Art. 1 Würde des Menschen. [1]Die Würde des Menschen ist unantastbar. [2]Sie ist zu achten und zu schützen.

Art. 2 Recht auf Leben. (1) Jeder Mensch hat das Recht auf Leben.

(2) Niemand darf zur Todesstrafe verurteilt oder hingerichtet werden.

Art. 3 Recht auf Unversehrtheit. (1) Jeder Mensch hat das Recht auf körperliche und geistige Unversehrtheit.

(2) Im Rahmen der Medizin und der Biologie muss insbesondere Folgendes beachtet werden:

a) die freie Einwilligung des Betroffenen nach vorheriger Aufklärung entsprechend den gesetzlich festgelegten Einzelheiten,
b) das Verbot eugenischer Praktiken, insbesondere derjenigen, welche die Selektion von Menschen zum Ziel haben,
c) das Verbot, den menschlichen Körper und Teile davon als solche zur Erzielung von Gewinnen zu nutzen,
d) das Verbot des reproduktiven Klonens von Menschen.

Art. 4 Verbot der Folter und unmenschlicher oder erniedrigender Strafe oder Behandlung. Niemand darf der Folter oder unmenschlicher oder erniedrigender Strafe oder Behandlung unterworfen werden.

Art. 5 Verbot der Sklaverei und der Zwangsarbeit. (1) Niemand darf in Sklaverei oder Leibeigenschaft gehalten werden.

(2) Niemand darf gezwungen werden, Zwangs- oder Pflichtarbeit zu verrichten.

(3) Menschenhandel ist verboten.

---

[1]) Nr. **19**.

Titel II. Freiheiten

Art. 6 Recht auf Freiheit und Sicherheit. Jeder Mensch hat das Recht auf Freiheit und Sicherheit.

Art. 7 Achtung des Privat- und Familienlebens. Jede Person hat das Recht auf Achtung ihres Privat- und Familienlebens, ihrer Wohnung sowie ihrer Kommunikation.

Art. 8 Schutz personenbezogener Daten. (1) Jede Person hat das Recht auf Schutz der sie betreffenden personenbezogenen Daten.

(2) [1] Diese Daten dürfen nur nach Treu und Glauben für festgelegte Zwecke und mit Einwilligung der betroffenen Person oder auf einer sonstigen gesetzlich geregelten legitimen Grundlage verarbeitet werden. [2] Jede Person hat das Recht, Auskunft über die sie betreffenden erhobenen Daten zu erhalten und die Berichtigung der Daten zu erwirken.

(3) Die Einhaltung dieser Vorschriften wird von einer unabhängigen Stelle überwacht.

Art. 9 Recht, eine Ehe einzugehen und eine Familie zu gründen. Das Recht, eine Ehe einzugehen, und das Recht, eine Familie zu gründen, werden nach den einzelstaatlichen Gesetzen gewährleistet, welche die Ausübung dieser Rechte regeln.

Art. 10 Gedanken-, Gewissens- und Religionsfreiheit. (1) [1] Jede Person hat das Recht auf Gedanken-, Gewissens- und Religionsfreiheit. [2] Dieses Recht umfasst die Freiheit, die Religion oder Weltanschauung zu wechseln, und die Freiheit, seine Religion oder Weltanschauung einzeln oder gemeinsam mit anderen öffentlich oder privat durch Gottesdienst, Unterricht, Bräuche und Riten zu bekennen.

(2) Das Recht auf Wehrdienstverweigerung aus Gewissensgründen wird nach den einzelstaatlichen Gesetzen anerkannt, welche die Ausübung dieses Rechts regeln.

Art. 11 Freiheit der Meinungsäußerung und Informationsfreiheit. (1) [1] Jede Person hat das Recht auf freie Meinungsäußerung. [2] Dieses Recht schließt die Meinungsfreiheit und die Freiheit ein, Informationen und Ideen ohne behördliche Eingriffe und ohne Rücksicht auf Staatsgrenzen zu empfangen und weiterzugeben.

(2) Die Freiheit der Medien und ihre Pluralität werden geachtet.

Art. 12 Versammlungs- und Vereinigungsfreiheit. (1) Jede Person hat das Recht, sich insbesondere im politischen, gewerkschaftlichen und zivilgesellschaftlichen Bereich auf allen Ebenen frei und friedlich mit anderen zu versammeln und frei mit anderen zusammenzuschließen, was das Recht jeder Person umfasst, zum Schutz ihrer Interessen Gewerkschaften zu gründen und Gewerkschaften beizutreten.

(2) Politische Parteien auf der Ebene der Union tragen dazu bei, den politischen Willen der Unionsbürgerinnen und Unionsbürger zum Ausdruck zu bringen.

Art. 13 Freiheit der Kunst und der Wissenschaft. [1] Kunst und Forschung sind frei. [2] Die akademische Freiheit wird geachtet.

Art. 14 Recht auf Bildung. (1) Jede Person hat das Recht auf Bildung sowie auf Zugang zur beruflichen Ausbildung und Weiterbildung.

(2) Dieses Recht umfasst die Möglichkeit, unentgeltlich am Pflichtschulunterricht teilzunehmen.

(3) Die Freiheit zur Gründung von Lehranstalten unter Achtung der demokratischen Grundsätze sowie das Recht der Eltern, die Erziehung und den Unterricht ihrer Kinder entsprechend ihren eigenen religiösen, weltanschaulichen und erzieherischen Überzeugungen sicherzustellen, werden nach den einzelstaatlichen Gesetzen geachtet, welche ihre Ausübung regeln.

Art. 15 Berufsfreiheit und Recht zu arbeiten. (1) Jede Person hat das Recht, zu arbeiten und einen frei gewählten oder angenommenen Beruf auszuüben.

(2) Alle Unionsbürgerinnen und Unionsbürger haben die Freiheit, in jedem Mitgliedstaat Arbeit zu suchen, zu arbeiten, sich niederzulassen oder Dienstleistungen zu erbringen.

(3) Die Staatsangehörigen dritter Länder, die im Hoheitsgebiet der Mitgliedstaaten arbeiten dürfen, haben Anspruch auf Arbeitsbedingungen, die denen der Unionsbürgerinnen und Unionsbürger entsprechen.

Art. 16 Unternehmerische Freiheit. Die unternehmerische Freiheit wird nach dem Unionsrecht und den einzelstaatlichen Rechtsvorschriften und Gepflogenheiten anerkannt.

Art. 17 Eigentumsrecht. (1) [1] Jede Person hat das Recht, ihr rechtmäßig erworbenes Eigentum zu besitzen, zu nutzen, darüber zu verfügen und es zu vererben. [2] Niemandem darf sein Eigentum entzogen werden, es sei denn aus Gründen des öffentlichen Interesses in den Fällen und unter den Bedingungen, die in einem Gesetz vorgesehen sind, sowie gegen eine rechtzeitige angemessene Entschädigung für den Verlust des Eigentums. [3] Die Nutzung des Eigentums kann gesetzlich geregelt werden, soweit dies für das Wohl der Allgemeinheit erforderlich ist.

(2) Geistiges Eigentum wird geschützt.

Art. 18 Asylrecht. Das Recht auf Asyl wird nach Maßgabe des Genfer Abkommens vom 28. Juli 1951 und des Protokolls vom 31. Januar 1967 über die Rechtsstellung der Flüchtlinge sowie nach Maßgabe des Vertrags über die Europäische Union[1)] und des Vertrags über die Arbeitsweise der Europäischen Union[2)] (im Folgenden „die Verträge“) gewährleistet.

[1)] Nr. **16**.
[2)] Nr. **18**.

Art. 19 Schutz bei Abschiebung, Ausweisung und Auslieferung.
(1) Kollektivausweisungen sind nicht zulässig.

(2) Niemand darf in einen Staat abgeschoben oder ausgewiesen oder an einen Staat ausgeliefert werden, in dem für sie oder ihn das ernsthafte Risiko der Todesstrafe, der Folter oder einer anderen unmenschlichen oder erniedrigenden Strafe oder Behandlung besteht.

Titel III. Gleichheit

Art. 20 Gleichheit vor dem Gesetz. Alle Personen sind vor dem Gesetz gleich.

Art. 21 Nichtdiskriminierung. (1) Diskriminierungen insbesondere wegen des Geschlechts, der Rasse, der Hautfarbe, der ethnischen oder sozialen Herkunft, der genetischen Merkmale, der Sprache, der Religion oder der Weltanschauung, der politischen oder sonstigen Anschauung, der Zugehörigkeit zu einer nationalen Minderheit, des Vermögens, der Geburt, einer Behinderung, des Alters oder der sexuellen Ausrichtung sind verboten.

(2) Unbeschadet besonderer Bestimmungen der Verträge ist in ihrem Anwendungsbereich jede Diskriminierung aus Gründen der Staatsangehörigkeit verboten.

Art. 22 Vielfalt der Kulturen, Religionen und Sprachen. Die Union achtet die Vielfalt der Kulturen, Religionen und Sprachen.

Art. 23 Gleichheit von Frauen und Männern. *[1]* Die Gleichheit von Frauen und Männern ist in allen Bereichen, einschließlich der Beschäftigung, der Arbeit und des Arbeitsentgelts, sicherzustellen.

[2] Der Grundsatz der Gleichheit steht der Beibehaltung oder der Einführung spezifischer Vergünstigungen für das unterrepräsentierte Geschlecht nicht entgegen.

Art. 24 Rechte des Kindes. (1) [1] Kinder haben Anspruch auf den Schutz und die Fürsorge, die für ihr Wohlergehen notwendig sind. [2] Sie können ihre Meinung frei äußern. [3] Ihre Meinung wird in den Angelegenheiten, die sie betreffen, in einer ihrem Alter und ihrem Reifegrad entsprechenden Weise berücksichtigt.

(2) Bei allen Kinder betreffenden Maßnahmen öffentlicher Stellen oder privater Einrichtungen muss das Wohl des Kindes eine vorrangige Erwägung sein.

(3) Jedes Kind hat Anspruch auf regelmäßige persönliche Beziehungen und direkte Kontakte zu beiden Elternteilen, es sei denn, dies steht seinem Wohl entgegen.

Art. 25 Rechte älterer Menschen. Die Union anerkennt und achtet das Recht älterer Menschen auf ein würdiges und unabhängiges Leben und auf Teilnahme am sozialen und kulturellen Leben.

Art. 26 Integration von Menschen mit Behinderung. Die Union anerkennt und achtet den Anspruch von Menschen mit Behinderung auf Maßnahmen zur Gewährleistung ihrer Eigenständigkeit, ihrer sozialen und beruflichen Eingliederung und ihrer Teilnahme am Leben der Gemeinschaft.

Titel IV. Solidarität

Art. 27 Recht auf Unterrichtung und Anhörung der Arbeitnehmerinnen und Arbeitnehmer im Unternehmen. Für die Arbeitnehmerinnen und Arbeitnehmer oder ihre Vertreter muss auf den geeigneten Ebenen eine rechtzeitige Unterrichtung und Anhörung in den Fällen und unter den Voraussetzungen gewährleistet sein, die nach dem Unionsrecht und den einzelstaatlichen Rechtsvorschriften und Gepflogenheiten vorgesehen sind.

Art. 28 Recht auf Kollektivverhandlungen und Kollektivmaßnahmen. Die Arbeitnehmerinnen und Arbeitnehmer sowie die Arbeitgeberinnen und Arbeitgeber oder ihre jeweiligen Organisationen haben nach dem Unionsrecht und den einzelstaatlichen Rechtsvorschriften und Gepflogenheiten das Recht, Tarifverträge auf den geeigneten Ebenen auszuhandeln und zu schließen sowie bei Interessenkonflikten kollektive Maßnahmen zur Verteidigung ihrer Interessen, einschließlich Streiks, zu ergreifen.

Art. 29 Recht auf Zugang zu einem Arbeitsvermittlungsdienst. Jeder Mensch hat das Recht auf Zugang zu einem unentgeltlichen Arbeitsvermittlungsdienst.

Art. 30 Schutz bei ungerechtfertigter Entlassung. Jede Arbeitnehmerin und jeder Arbeitnehmer hat nach dem Unionsrecht und den einzelstaatlichen Rechtsvorschriften und Gepflogenheiten Anspruch auf Schutz vor ungerechtfertigter Entlassung.

Art. 31 Gerechte und angemessene Arbeitsbedingungen. (1) Jede Arbeitnehmerin und jeder Arbeitnehmer hat das Recht auf gesunde, sichere und würdige Arbeitsbedingungen.

(2) Jede Arbeitnehmerin und jeder Arbeitnehmer hat das Recht auf eine Begrenzung der Höchstarbeitszeit, auf tägliche und wöchentliche Ruhezeiten sowie auf bezahlten Jahresurlaub.

Art. 32 Verbot der Kinderarbeit und Schutz der Jugendlichen am Arbeitsplatz. *[1]* [1] Kinderarbeit ist verboten. [2] Unbeschadet günstigerer Vorschriften für Jugendliche und abgesehen von begrenzten Ausnahmen darf das Mindestalter für den Eintritt in das Arbeitsleben das Alter, in dem die Schulpflicht endet, nicht unterschreiten.

[2] Zur Arbeit zugelassene Jugendliche müssen ihrem Alter angepasste Arbeitsbedingungen erhalten und vor wirtschaftlicher Ausbeutung und vor jeder Arbeit geschützt werden, die ihre Sicherheit, ihre Gesundheit, ihre körperliche, geistige, sittliche oder soziale Entwicklung beeinträchtigen oder ihre Erziehung gefährden könnte.

Art. 33 Familien- und Berufsleben. (1) Der rechtliche, wirtschaftliche und soziale Schutz der Familie wird gewährleistet.

(2) Um Familien- und Berufsleben miteinander in Einklang bringen zu können, hat jeder Mensch das Recht auf Schutz vor Entlassung aus einem mit der Mutterschaft zusammenhängenden Grund sowie den Anspruch auf einen bezahlten Mutterschaftsurlaub und auf einen Elternurlaub nach der Geburt oder Adoption eines Kindes.

Art. 34 Soziale Sicherheit und soziale Unterstützung. (1) Die Union anerkennt und achtet das Recht auf Zugang zu den Leistungen der sozialen Sicherheit und zu den sozialen Diensten, die in Fällen wie Mutterschaft, Krankheit, Arbeitsunfall, Pflegebedürftigkeit oder im Alter sowie bei Verlust des Arbeitsplatzes Schutz gewährleisten, nach Maßgabe des Unionsrechts und der einzelstaatlichen Rechtsvorschriften und Gepflogenheiten.

(2) Jeder Mensch, der in der Union seinen rechtmäßigen Wohnsitz hat und seinen Aufenthalt rechtmäßig wechselt, hat Anspruch auf die Leistungen der sozialen Sicherheit und die sozialen Vergünstigungen nach dem Unionsrecht und den einzelstaatlichen Rechtsvorschriften und Gepflogenheiten.

(3) Um die soziale Ausgrenzung und die Armut zu bekämpfen, anerkennt und achtet die Union das Recht auf eine soziale Unterstützung und eine Unterstützung für die Wohnung, die allen, die nicht über ausreichende Mittel verfügen, ein menschenwürdiges Dasein sicherstellen sollen, nach Maßgabe des Unionsrechts und der einzelstaatlichen Rechtsvorschriften und Gepflogenheiten.

Art. 35 Gesundheitsschutz. [1]Jeder Mensch hat das Recht auf Zugang zur Gesundheitsvorsorge und auf ärztliche Versorgung nach Maßgabe der einzelstaatlichen Rechtsvorschriften und Gepflogenheiten. [2]Bei der Festlegung und Durchführung der Politik und Maßnahmen der Union in allen Bereichen wird ein hohes Gesundheitsschutzniveau sichergestellt.

Art. 36 Zugang zu Dienstleistungen von allgemeinem wirtschaftlichen Interesse. Die Union anerkennt und achtet den Zugang zu Dienstleistungen von allgemeinem wirtschaftlichen Interesse, wie er durch die einzelstaatlichen Rechtsvorschriften und Gepflogenheiten im Einklang mit den Verträgen geregelt ist, um den sozialen und territorialen Zusammenhalt der Union zu fördern.

Art. 37 Umweltschutz. Ein hohes Umweltschutzniveau und die Verbesserung der Umweltqualität müssen in die Politik der Union einbezogen und nach dem Grundsatz der nachhaltigen Entwicklung sichergestellt werden.

Art. 38 Verbraucherschutz. Die Politik der Union stellt ein hohes Verbraucherschutzniveau sicher.

Titel V. Bürgerrechte

Art. 39 Aktives und passives Wahlrecht bei den Wahlen zum Europäischen Parlament. (1) Die Unionsbürgerinnen und Unionsbürger besitzen in dem Mitgliedstaat, in dem sie ihren Wohnsitz haben, das aktive und passive Wahlrecht bei den Wahlen zum Europäischen Parlament unter denselben Bedingungen wie die Angehörigen des betreffenden Mitgliedstaats.

(2) Die Mitglieder des Europäischen Parlaments werden in allgemeiner, unmittelbarer, freier und geheimer Wahl gewählt.

Art. 40 Aktives und passives Wahlrecht bei den Kommunalwahlen. Die Unionsbürgerinnen und Unionsbürger besitzen in dem Mitgliedstaat, in dem sie ihren Wohnsitz haben, das aktive und passive Wahlrecht bei Kommunalwahlen unter denselben Bedingungen wie die Angehörigen des betreffenden Mitgliedstaats.

Art. 41 Recht auf eine gute Verwaltung. (1) Jede Person hat ein Recht darauf, dass ihre Angelegenheiten von den Organen, Einrichtungen und sonstigen Stellen der Union unparteiisch, gerecht und innerhalb einer angemessenen Frist behandelt werden.

(2) Dieses Recht umfasst insbesondere

a) das Recht jeder Person, gehört zu werden, bevor ihr gegenüber eine für sie nachteilige individuelle Maßnahme getroffen wird,

b) das Recht jeder Person auf Zugang zu den sie betreffenden Akten unter Wahrung des berechtigten Interesses der Vertraulichkeit sowie des Berufs- und Geschäftsgeheimnisses,

c) die Verpflichtung der Verwaltung, ihre Entscheidungen zu begründen.

(3) Jede Person hat Anspruch darauf, dass die Union den durch ihre Organe oder Bediensteten in Ausübung ihrer Amtstätigkeit verursachten Schaden nach den allgemeinen Rechtsgrundsätzen ersetzt, die den Rechtsordnungen der Mitgliedstaaten gemeinsam sind.

(4) Jede Person kann sich in einer der Sprachen der Verträge an die Organe der Union wenden und muss eine Antwort in derselben Sprache erhalten.

Art. 42 Recht auf Zugang zu Dokumenten. Die Unionsbürgerinnen und Unionsbürger sowie jede natürliche oder juristische Person mit Wohnsitz oder satzungsmäßigem Sitz in einem Mitgliedstaat haben das Recht auf Zugang zu den Dokumenten der Organe, Einrichtungen und sonstigen Stellen der Union, unabhängig von der Form der für diese Dokumente verwendeten Träger.

Art. 43 Der Europäische Bürgerbeauftragte. Die Unionsbürgerinnen und Unionsbürger sowie jede natürliche oder juristische Person mit Wohnsitz oder satzungsmäßigem Sitz in einem Mitgliedstaat haben das Recht, den Europäischen Bürgerbeauftragten im Falle von Missständen bei der Tätigkeit der Organe, Einrichtungen und sonstigen Stellen der Union, mit Ausnahme des Gerichtshofs der Europäischen Union in Ausübung seiner Rechtsprechungsbefugnisse, zu befassen.

Art. 44 Petitionsrecht. Die Unionsbürgerinnen und Unionsbürger sowie jede natürliche oder juristische Person mit Wohnsitz oder satzungsmäßigem Sitz in einem Mitgliedstaat haben das Recht, eine Petition an das Europäische Parlament zu richten.

Art. 45 Freizügigkeit und Aufenthaltsfreiheit. (1) Die Unionsbürgerinnen und Unionsbürger haben das Recht, sich im Hoheitsgebiet der Mitgliedstaaten frei zu bewegen und aufzuhalten.

(2) Staatsangehörigen von Drittländern, die sich rechtmäßig im Hoheitsgebiet eines Mitgliedstaats aufhalten, kann nach Maßgabe der Verträge Freizügigkeit und Aufenthaltsfreiheit gewährt werden.

Art. 46 Diplomatischer und konsularischer Schutz. Die Unionsbürgerinnen und Unionsbürger genießen im Hoheitsgebiet eines Drittlands, in dem der Mitgliedstaat, dessen Staatsangehörigkeit sie besitzen, nicht vertreten ist, den Schutz durch die diplomatischen und konsularischen Behörden eines jeden Mitgliedstaats unter denselben Bedingungen wie Staatsangehörige dieses Staates.

Titel VI. Justizielle Rechte

Art. 47 Recht auf einen wirksamen Rechtsbehelf und ein unparteiisches Gericht. *[1]* Jede Person, deren durch das Recht der Union garantierte Rechte oder Freiheiten verletzt worden sind, hat das Recht, nach Maßgabe der in diesem Artikel vorgesehenen Bedingungen bei einem Gericht einen wirksamen Rechtsbehelf einzulegen.

[2] [1] Jede Person hat ein Recht darauf, dass ihre Sache von einem unabhängigen, unparteiischen und zuvor durch Gesetz errichteten Gericht in einem fairen Verfahren, öffentlich und innerhalb angemessener Frist verhandelt wird. [2] Jede Person kann sich beraten, verteidigen und vertreten lassen.

[3] Personen, die nicht über ausreichende Mittel verfügen, wird Prozesskostenhilfe bewilligt, soweit diese Hilfe erforderlich ist, um den Zugang zu den Gerichten wirksam zu gewährleisten.

Art. 48 Unschuldsvermutung und Verteidigungsrechte. (1) Jeder Angeklagte gilt bis zum rechtsförmlich erbrachten Beweis seiner Schuld als unschuldig.

(2) Jedem Angeklagten wird die Achtung der Verteidigungsrechte gewährleistet.

Art. 49 Grundsätze der Gesetzmäßigkeit und der Verhältnismäßigkeit im Zusammenhang mit Straftaten und Strafen. (1) [1] Niemand darf wegen einer Handlung oder Unterlassung verurteilt werden, die zur Zeit ihrer Begehung nach innerstaatlichem oder internationalem Recht nicht strafbar war. [2] Es darf auch keine schwerere Strafe als die zur Zeit der Begehung angedrohte Strafe verhängt werden. [3] Wird nach Begehung einer Straftat durch Gesetz eine mildere Strafe eingeführt, so ist diese zu verhängen.

(2) Dieser Artikel schließt nicht aus, dass eine Person wegen einer Handlung oder Unterlassung verurteilt oder bestraft wird, die zur Zeit ihrer Begehung nach den allgemeinen, von der Gesamtheit der Nationen anerkannten Grundsätzen strafbar war.

(3) Das Strafmaß darf zur Straftat nicht unverhältnismäßig sein.

Art. 50 Recht, wegen derselben Straftat nicht zweimal strafrechtlich verfolgt oder bestraft zu werden. Niemand darf wegen einer Straftat, derentwegen er bereits in der Union nach dem Gesetz rechtskräftig verurteilt oder freigesprochen worden ist, in einem Strafverfahren erneut verfolgt oder bestraft werden.

Titel VII. Allgemeine Bestimmungen über die Auslegung und Anwendung der Charta

Art. 51 Anwendungsbereich. (1) [1]Diese Charta gilt für die Organe, Einrichtungen und sonstigen Stellen der Union unter Wahrung des Subsidiaritätsprinzips und für die Mitgliedstaaten ausschließlich bei der Durchführung des Rechts der Union. [2]Dementsprechend achten sie die Rechte, halten sie sich an die Grundsätze und fördern sie deren Anwendung entsprechend ihren jeweiligen Zuständigkeiten und unter Achtung der Grenzen der Zuständigkeiten, die der Union in den Verträgen übertragen werden.

(2) Diese Charta dehnt den Geltungsbereich des Unionsrechts nicht über die Zuständigkeiten der Union hinaus aus und begründet weder neue Zuständigkeiten noch neue Aufgaben für die Union, noch ändert sie die in den Verträgen festgelegten Zuständigkeiten und Aufgaben.

Art. 52 Tragweite und Auslegung der Rechte und Grundsätze.

(1) [1]Jede Einschränkung der Ausübung der in dieser Charta anerkannten Rechte und Freiheiten muss gesetzlich vorgesehen sein und den Wesensgehalt dieser Rechte und Freiheiten achten. [2]Unter Wahrung des Grundsatzes der Verhältnismäßigkeit dürfen Einschränkungen nur vorgenommen werden, wenn sie erforderlich sind und den von der Union anerkannten dem Gemeinwohl dienenden Zielsetzungen oder den Erfordernissen des Schutzes der Rechte und Freiheiten anderer tatsächlich entsprechen.

(2) Die Ausübung der durch diese Charta anerkannten Rechte, die in den Verträgen geregelt sind, erfolgt im Rahmen der in den Verträgen festgelegten Bedingungen und Grenzen.

(3) [1]Soweit diese Charta Rechte enthält, die den durch die Europäische Konvention zum Schutz der Menschenrechte und Grundfreiheiten garantierten Rechten entsprechen, haben sie die gleiche Bedeutung und Tragweite, wie sie ihnen in der genannten Konvention verliehen wird. [2]Diese Bestimmung steht dem nicht entgegen, dass das Recht der Union einen weiter gehenden Schutz gewährt.

(4) Soweit in dieser Charta Grundrechte anerkannt werden, wie sie sich aus den gemeinsamen Verfassungsüberlieferungen der Mitgliedstaaten ergeben, werden sie im Einklang mit diesen Überlieferungen ausgelegt.

(5) [1]Die Bestimmungen dieser Charta, in denen Grundsätze festgelegt sind, können durch Akte der Gesetzgebung und der Ausführung der Organe, Einrichtungen und sonstigen Stellen der Union sowie durch Akte der Mitgliedstaaten zur Durchführung des Rechts der Union in Ausübung ihrer jeweiligen Zuständigkeiten umgesetzt werden. [2]Sie können vor Gericht nur bei der Auslegung dieser Akte und bei Entscheidungen über deren Rechtmäßigkeit herangezogen werden.

(6) Den einzelstaatlichen Rechtsvorschriften und Gepflogenheiten ist, wie es in dieser Charta bestimmt ist, in vollem Umfang Rechnung zu tragen.

(7) Die Erläuterungen, die als Anleitung für die Auslegung dieser Charta verfasst wurden, sind von den Gerichten der Union und der Mitgliedstaaten gebührend zu berücksichtigen.

Art. 53 Schutzniveau. Keine Bestimmung dieser Charta ist als eine Einschränkung oder Verletzung der Menschenrechte und Grundfreiheiten auszulegen, die in dem jeweiligen Anwendungsbereich durch das Recht der Union und das Völkerrecht sowie durch die internationalen Übereinkünfte, bei denen die Union oder alle Mitgliedstaaten Vertragsparteien sind, darunter insbesondere die Europäische Konvention zum Schutz der Menschenrechte und Grundfreiheiten, sowie durch die Verfassungen der Mitgliedstaaten anerkannt werden.

Art. 54 Verbot des Missbrauchs der Rechte. Keine Bestimmung dieser Charta ist so auszulegen, als begründe sie das Recht, eine Tätigkeit auszuüben oder eine Handlung vorzunehmen, die darauf abzielt, die in der Charta anerkannten Rechte und Freiheiten abzuschaffen oder sie stärker einzuschränken, als dies in der Charta vorgesehen ist.

Der vorstehende Wortlaut übernimmt mit Anpassungen die am 7. Dezember 2000 proklamierte Charta und ersetzt sie ab dem Zeitpunkt des Inkrafttretens des Vertrags von Lissabon.
Geschehen zu Strassburg am zwölften Dezember zweitausendsieben.[1]

---

[1] Es folgen die Unterschriften der Präsidenten des Europäischen Parlaments, des Rats der Europäischen Union und der Kommission der Europäischen Gemeinschaften.

18. Vertrag über die Arbeitsweise der Europäischen Union [1)2)]

In der Fassung des Vertrages von Lissabon vom 13. Dezember 2007 [3)4)]

(ABl. Nr. C 306 S. 1, ber. ABl. 2008 Nr. C111 S. 56, ABl. 2009 Nr. C 290 S. 1, ABl. 2010 Nr. C 81 S. 1 ABl. 2016 Nr. C 150 S. 1), ÄndBeschl. 2011/199/EU v. 25.3.2011 (ABl. Nr. L 91 S.1) und ÄndBeschl. 2012/419/EU v. 11.7.2012 (ABl. Nr. L 204 S. 131)

EU-Dok.-Nr.1 1957 E

Der Vertrag wurde als Vertrag zur Gründung der Europäischen Wirtschaftsgemeinschaft [5) 6)] v. 25.3. 1957 (Internationale Quelle UNTS Bd. 298 S. 11) verkündet und zwischenzeitlich geänd. durch die Einheitliche Europäische Akte von Luxemburg [7)] v. 28.2.1986 (ABl. Nr. L 169 S. 1), Vertrag über die Europäische Union von Maastricht [8)] v. 7.2.1992 (ABl. Nr. C 191 S. 1), Beitrittsvertrag [9)] v. 24.6.1994 (ABl. Nr. L 1 S. 1, ber. 1997 Nr. L 179 S. 12), Vertrag von Amsterdam [10)] v. 2.10.1997 (ABl. Nr. C 340 S. 1), Vertrag von Nizza [11)] v. 26.2.2001 (ABl. Nr. C 80 S. 1, ber. ABl. Nr. C 96 S. 27) iVm EU-Erweiterungs-Protokoll v. 26.2.2001 (ABl. Nr. C 80 S. 49, geänd. ABl. 2003 Nr. L 236 S. 33), EU-Beitrittsakte 2003 [12)] v. 16.4.2003 (ABl. Nr. L 236 S. 33) iVm Protokoll Nr.3 zur EU-Beitrittsakte 2003 v. 16.4.2003 (ABl. Nr. L 236 S. 940), EU-Beitrittsakte 20051) v. 25.4.2005 (ABl. Nr. L 157 S. 203) und EU- Beitrittsakte 20132) v. 9.12.2011 (ABl. 2012 Nr. L 112 S. 21)

---

1) Vertragsparteien sind Belgien, Bulgarien, Dänemark, Deutschland, Estland, Finnland, Frankreich, Griechenland, Großbritannien, Irland, Italien, Kroatien, Lettland, Litauen, Luxemburg, Malta, die Niederlande, Österreich, Polen, Portugal, Rumänien, Schweden, Slowakei, Slowenien, Spanien, Tschechien, Ungarn und Zypern.

2) Zu den Assoziationsregelungen und sonstigen Vereinbarungen und Vorschriften, die sich auf den EU-Arbeitsweisevertrag beziehen, vgl. den jährlich zum 31.12. abgeschlossenen Fundstellennachweis B der geltenden völkerrechtlichen Vereinbarungen der Bundesrepublik Deutschland unter dem Datum 25.3.1957.

3) Die Bundesrepublik Deutschland hat dem Vertrag von Lissabon mit G. v. 8.10.2008 (BGBl. II S. 1038) zugestimmt. Der Vertrag ist laut Bek. v. 13.11.2009 (BGBl. II S. 1223) am 1.12.2009 in Kraft getreten.

4) Die Artikelfolge und Verweise/Bezugnahmen auf Vorschriften des EUV (Nr. **16**) sind gemäß Art. 5 des Vertrags von Lissabon in Verbindung mit den Übereinstimmungstabellen an die neue Nummerierung angepasst worden.

5) Die Bundesrepublik Deutschland hat dem Vertrag mit G v. 27.7.1957 (BGBl. II S. 753) zugestimmt. Der Vertrag ist laut Bek. v. 27.12.1957 (BGBl. 1958 II S. 1) am 1.1.1958 in Kraft getreten.

6) **U**nited **N**ations **T**reaty **S**eries.

7) Die Bundesrepublik Deutschland hat dem Vertrag mit G v. 19.12.1986 (BGBl. II S. 1102) zugestimmt. Der Vertrag ist laut Bek. v. 31.7.1987 (BGBl. II S. 451) am 1.7.1987 in Kraft getreten.

8) Die Bundesrepublik Deutschland hat dem Vertrag mit G v. 28.12.1992 (BGBl. II S. 1251) zugestimmt. Der Vertrag ist laut Bek. v. 19.10.1993 (BGBl. II S. 1947) am 1.11.1993 in Kraft getreten.

9) Die Bundesrepublik Deutschland hat dem Vertrag mit G v. 2.9.1994 (BGBl. II S. 2022) zugestimmt. Der Vertrag ist laut Bek. v. 30.8.1996 (BGBl. II S. 1486) am 1.1.1995 in Kraft getreten.

10) Die Bundesrepublik Deutschland hat dem Vertrag mit G v. 8.4.1997 (BGBl. 1998 II S. 386, ber. 1999 II S. 416) zugestimmt. Der Vertrag ist laut Bek. v. 6.4.1999 (BGBl. II S. 296) am 1.5.1999 in Kraft getreten.

11) Die Bundesrepublik Deutschland hat dem Vertrag mit G v. 21.12.2001 (BGBl. II S. 1667) zugestimmt. Der Vertrag ist laut Bek. v. 20.8.2003 (BGBl. II S. 1477) am 1.2.2003 in Kraft getreten.

12) Die Bundesrepublik Deutschland hat dem Vertrag mit G v. 18.9.2003 (BGBl. II S. 1408) zugestimmt. Der Vertrag ist laut Bek. v. 28.6.2004 (BGBl. II S. 1102) am 1.5.2004 in Kraft getreten.

Nichtamtliche Inhaltsübersicht

Erster Teil. Grundsätze

Präambel

SEINE MAJESTÄT DER KÖNIG DER BELGIER, DER PRÄSIDENT DER BUNDESREPUBLIK DEUTSCHLAND, DER PRÄSIDENT DER FRANZÖSISCHEN REPUBLIK, DER PRÄSIDENT DER ITALIENISCHEN REPUBLIK, IHRE KÖNIGLICHE HOHEIT DIE GROSS-

HERZOGIN VON LUXEMBURG, IHRE MAJESTÄT DIE KÖNIGIN DER NIEDERLANDE[1)],

IN DEM FESTEN WILLEN, die Grundlagen für einen immer engeren Zusammenschluss der europäischen Völker zu schaffen,

ENTSCHLOSSEN, durch gemeinsames Handeln den wirtschaftlichen und sozialen Fortschritt ihrer Staaten zu sichern, indem sie die Europa trennenden Schranken beseitigen,

IN DEM VORSATZ, die stetige Besserung der Lebens- und Beschäftigungsbedingungen ihrer Völker als wesentliches Ziel anzustreben,

IN DER ERKENNTNIS, dass zur Beseitigung der bestehenden Hindernisse ein einverständliches Vorgehen erforderlich ist, um eine beständige Wirtschaftsausweitung, einen ausgewogenen Handelsverkehr und einen redlichen Wettbewerb zu gewährleisten,

IN DEM BESTREBEN, ihre Volkswirtschaften zu einigen und deren harmonische Entwicklung zu fördern, indem sie den Abstand zwischen einzelnen Gebieten und den Rückstand weniger begünstigter Gebiete verringern,

IN DEM WUNSCH, durch eine gemeinsame Handelspolitik zur fortschreitenden Beseitigung der Beschränkungen im zwischenstaatlichen Wirtschaftsverkehr beizutragen,

IN DER ABSICHT, die Verbundenheit Europas mit den überseeischen Ländern zu bekräftigen, und in dem Wunsch, entsprechend den Grundsätzen der Satzung der Vereinten Nationen den Wohlstand der überseeischen Länder zu fördern,

ENTSCHLOSSEN, durch diesen Zusammenschluss ihrer Wirtschaftskräfte Frieden und Freiheit zu wahren und zu festigen, und mit der Aufforderung an die anderen Völker Europas, die sich zu dem gleichen hohen Ziel bekennen, sich diesen Bestrebungen anzuschließen,

ENTSCHLOSSEN, durch umfassenden Zugang zur Bildung und durch ständige Weiterbildung auf einen möglichst hohen Wissensstand ihrer Völker hinzuwirken,

HABEN zu diesem Zweck zu ihren Bevollmächtigten ERNANNT:

(Aufzählung der Bevollmächtigten nicht wiedergegeben)

DIESE SIND nach Austausch ihrer als gut und gehörig befundenen Vollmachten wie folgt übereingekommen:

Erster Teil. Grundsätze

Art. 1 [Regelungsbereich] (1) Dieser Vertrag regelt die Arbeitsweise der Union und legt die Bereiche, die Abgrenzung und die Einzelheiten der Ausübung ihrer Zuständigkeiten fest.

[1)] **Amtl. Anm.:** Seit dem ursprünglichen Vertragsschluss sind Mitgliedstaaten der Europäischen Union geworden ***[Red. Anm.:*** *Stand: 1.12.2009]*: die Republik Bulgarien, die Tschechische Republik, das Königreich Dänemark, die Republik Estland, die Hellenische Republik, das Königreich Spanien, Irland, die Republik Zypern, die Republik Lettland, die Republik Litauen, die Republik Ungarn, die Republik Malta, die Republik Österreich, die Republik Polen, die Portugiesische Republik, Rumänien, die Republik Slowenien, die Slowakische Republik, die Republik Finnland, das Königreich Schweden und das Vereinigte Königreich Großbritannien und Nordirland.

(2) [1] Dieser Vertrag und der Vertrag über die Europäische Union[1)] bilden die Verträge, auf die sich die Union gründet. [2] Diese beiden Verträge, die rechtlich gleichrangig sind, werden als „die Verträge" bezeichnet.

Titel I. Arten und Bereiche der Zuständigkeit der Union

Art. 2 [Arten von Zuständigkeiten] (1) Übertragen die Verträge der Union für einen bestimmten Bereich eine ausschließliche Zuständigkeit, so kann nur die Union gesetzgeberisch tätig werden und verbindliche Rechtsakte erlassen; die Mitgliedstaaten dürfen in einem solchen Fall nur tätig werden, wenn sie von der Union hierzu ermächtigt werden, oder um Rechtsakte der Union durchzuführen.

(2) [1] Übertragen die Verträge der Union für einen bestimmten Bereich eine mit den Mitgliedstaaten geteilte Zuständigkeit, so können die Union und die Mitgliedstaaten in diesem Bereich gesetzgeberisch tätig werden und verbindliche Rechtsakte erlassen. [2] Die Mitgliedstaaten nehmen ihre Zuständigkeit wahr, sofern und soweit die Union ihre Zuständigkeit nicht ausgeübt hat. [3] Die Mitgliedstaaten nehmen ihre Zuständigkeit erneut wahr, sofern und soweit die Union entschieden hat, ihre Zuständigkeit nicht mehr auszuüben.

(3) Die Mitgliedstaaten koordinieren ihre Wirtschafts- und Beschäftigungspolitik im Rahmen von Regelungen nach Maßgabe dieses Vertrags, für deren Festlegung die Union zuständig ist.

(4) Die Union ist nach Maßgabe des Vertrags über die Europäische Union[1)] dafür zuständig, eine gemeinsame Außen- und Sicherheitspolitik einschließlich der schrittweisen Festlegung einer gemeinsamen Verteidigungspolitik zu erarbeiten und zu verwirklichen.

(5) *[1]* In bestimmten Bereichen ist die Union nach Maßgabe der Verträge dafür zuständig, Maßnahmen zur Unterstützung, Koordinierung oder Ergänzung der Maßnahmen der Mitgliedstaaten durchzuführen, ohne dass dadurch die Zuständigkeit der Union für diese Bereiche an die Stelle der Zuständigkeit der Mitgliedstaaten tritt.

[2] Die verbindlichen Rechtsakte der Union, die aufgrund der diese Bereiche betreffenden Bestimmungen der Verträge erlassen werden, dürfen keine Harmonisierung der Rechtsvorschriften der Mitgliedstaaten beinhalten.

(6) Der Umfang der Zuständigkeiten der Union und die Einzelheiten ihrer Ausübung ergeben sich aus den Bestimmungen der Verträge zu den einzelnen Bereichen.

Art. 3 [Ausschließliche Zuständigkeiten] (1) Die Union hat ausschließliche Zuständigkeit in folgenden Bereichen:

a) Zollunion,

b) Festlegung der für das Funktionieren des Binnenmarkts erforderlichen Wettbewerbsregeln,

c) Währungspolitik für die Mitgliedstaaten, deren Währung der Euro ist,

d) Erhaltung der biologischen Meeresschätze im Rahmen der gemeinsamen Fischereipolitik,

e) gemeinsame Handelspolitik.

[1)] Nr. **16**.

(2) Die Union hat ferner die ausschließliche Zuständigkeit für den Abschluss internationaler Übereinkünfte, wenn der Abschluss einer solchen Übereinkunft in einem Gesetzgebungsakt der Union vorgesehen ist, wenn er notwendig ist, damit sie ihre interne Zuständigkeit ausüben kann, oder soweit er gemeinsame Regeln beeinträchtigen oder deren Tragweite verändern könnte.

Art. 4 [Geteilte Zuständigkeiten] (1) Die Union teilt ihre Zuständigkeit mit den Mitgliedstaaten, wenn ihr die Verträge außerhalb der in den Artikeln 3 und 6 genannten Bereiche eine Zuständigkeit übertragen.

(2) Die von der Union mit den Mitgliedstaaten geteilte Zuständigkeit erstreckt sich auf die folgenden Hauptbereiche:

a) Binnenmarkt,

b) Sozialpolitik hinsichtlich der in diesem Vertrag genannten Aspekte,

c) wirtschaftlicher, sozialer und territorialer Zusammenhalt,

d) Landwirtschaft und Fischerei, ausgenommen die Erhaltung der biologischen Meeresschätze,

e) Umwelt,

f) Verbraucherschutz,

g) Verkehr,

h) transeuropäische Netze,

i) Energie,

j) Raum der Freiheit, der Sicherheit und des Rechts,

k) gemeinsame Sicherheitsanliegen im Bereich der öffentlichen Gesundheit hinsichtlich der in diesem Vertrag genannten Aspekte.

(3) In den Bereichen Forschung, technologische Entwicklung und Raumfahrt erstreckt sich die Zuständigkeit der Union darauf, Maßnahmen zu treffen, insbesondere Programme zu erstellen und durchzuführen, ohne dass die Ausübung dieser Zuständigkeit die Mitgliedstaaten hindert, ihre Zuständigkeit auszuüben.

(4) In den Bereichen Entwicklungszusammenarbeit und humanitäre Hilfe erstreckt sich die Zuständigkeit der Union darauf, Maßnahmen zu treffen und eine gemeinsame Politik zu verfolgen, ohne dass die Ausübung dieser Zuständigkeit die Mitgliedstaaten hindert, ihre Zuständigkeit auszuüben.

Art. 5 [Koordinierung der Wirtschafts-, Beschäftigungs- und Sozialpolitik] (1) *[1]* [1]Die Mitgliedstaaten koordinieren ihre Wirtschaftspolitik innerhalb der Union. [2]Zu diesem Zweck erlässt der Rat Maßnahmen; insbesondere beschließt er die Grundzüge dieser Politik.

[2] Für die Mitgliedstaaten, deren Währung der Euro ist, gelten besondere Regelungen.

(2) Die Union trifft Maßnahmen zur Koordinierung der Beschäftigungspolitik der Mitgliedstaaten, insbesondere durch die Festlegung von Leitlinien für diese Politik.

(3) Die Union kann Initiativen zur Koordinierung der Sozialpolitik der Mitgliedstaaten ergreifen.

Art. 6 [Unterstützungs-, Koordinierungs- und Ergänzungsmaßnahmen] [1] Die Union ist für die Durchführung von Maßnahmen zur Unterstützung, Koordinierung oder Ergänzung der Maßnahmen der Mitgliedstaaten zuständig. [2] Diese Maßnahmen mit europäischer Zielsetzung können in folgenden Bereichen getroffen werden:

a) Schutz und Verbesserung der menschlichen Gesundheit,

b) Industrie,

c) Kultur,

d) Tourismus,

e) allgemeine und berufliche Bildung, Jugend und Sport,

f) Katastrophenschutz,

g) Verwaltungszusammenarbeit.

Titel II. Allgemein geltende Bestimmungen

Art. 7 [Kohärenzprinzip] Die Union achtet auf die Kohärenz zwischen ihrer Politik und ihren Maßnahmen in den verschiedenen Bereichen und trägt dabei unter Einhaltung des Grundsatzes der begrenzten Einzelermächtigung ihren Zielen in ihrer Gesamtheit Rechnung.

Art. 8 [Gleichstellung; Querschnittsklausel] Bei allen ihren Tätigkeiten wirkt die Union darauf hin, Ungleichheiten zu beseitigen und die Gleichstellung von Männern und Frauen zu fördern.

Art. 9 [Sozialer Schutz; Querschnittsklausel] Bei der Festlegung und Durchführung ihrer Politik und ihrer Maßnahmen trägt die Union den Erfordernissen im Zusammenhang mit der Förderung eines hohen Beschäftigungsniveaus, mit der Gewährleistung eines angemessenen sozialen Schutzes, mit der Bekämpfung der sozialen Ausgrenzung sowie mit einem hohen Niveau der allgemeinen und beruflichen Bildung und des Gesundheitsschutzes Rechnung.

Art. 10 [Bekämpfung von Diskriminierungen; Querschnittsklausel]

Bei der Festlegung und Durchführung ihrer Politik und ihrer Maßnahmen zielt die Union darauf ab, Diskriminierungen aus Gründen des Geschlechts, der Rasse, der ethnischen Herkunft, der Religion oder der Weltanschauung, einer Behinderung, des Alters oder der sexuellen Ausrichtung zu bekämpfen.

Art. 11 [Umweltschutz; Querschnittsklausel] Die Erfordernisse des Umweltschutzes müssen bei der Festlegung und Durchführung der Unionspolitiken und -maßnahmen insbesondere zur Förderung einer nachhaltigen Entwicklung einbezogen werden.

Art. 12 [Verbraucherschutz; Querschnittsklausel] Den Erfordernissen des Verbraucherschutzes wird bei der Festlegung und Durchführung der anderen Unionspolitiken und -maßnahmen Rechnung getragen.

Art. 13 [Tierschutz; Querschnittsklausel] Bei der Festlegung und Durchführung der Politik der Union in den Bereichen Landwirtschaft, Fischerei, Verkehr, Binnenmarkt, Forschung, technologische Entwicklung und Raumfahrt tragen die Union und die Mitgliedstaaten den Erfordernissen des Wohlergehens der Tiere als fühlende Wesen in vollem Umfang Rechnung; sie berücksichtigen hierbei die Rechts- und Verwaltungsvorschriften und die Gepflogenheiten der Mitgliedstaaten insbesondere in Bezug auf religiöse Riten, kulturelle Traditionen und das regionale Erbe.

Art. 14 [Dienste von allgemeinem wirtschaftlichem Interesse] [1] Unbeschadet des Artikels 4 des Vertrags über die Europäische Union[1)] und der Artikel 93, 106 und 107 dieses Vertrags und in Anbetracht des Stellenwerts, den Dienste von allgemeinem wirtschaftlichen Interesse innerhalb der gemeinsamen Werte der Union einnehmen, sowie ihrer Bedeutung bei der Förderung des sozialen und territorialen Zusammmenhalts tragen die Union und die Mitgliedstaaten im Rahmen ihrer jeweiligen Befugnisse im Anwendungsbereich der Verträge dafür Sorge, dass die Grundsätze und Bedingungen, insbesondere jene wirtschaftlicher und finanzieller Art, für das Funktionieren dieser Dienste so gestaltet sind, dass diese ihren Aufgaben nachkommen können. [2] Diese Grundsätze und Bedingungen werden vom Europäischen Parlament und vom Rat durch Verordnungen gemäß dem ordentlichen Gesetzgebungsverfahren festgelegt, unbeschadet der Zuständigkeit der Mitgliedstaaten, diese Dienste im Einklang mit den Verträgen zur Verfügung zu stellen, in Auftrag zu geben und zu finanzieren.

Art. 15 [Grundsatz der Offenheit] (1) Um eine verantwortungsvolle Verwaltung zu fördern und die Beteiligung der Zivilgesellschaft sicherzustellen, handeln die Organe, Einrichtungen und sonstigen Stellen der Union unter weitestgehender Beachtung des Grundsatzes der Offenheit.

(2) Das Europäische Parlament tagt öffentlich; dies gilt auch für den Rat, wenn er über Entwürfe zu Gesetzgebungsakten berät oder abstimmt.

(3) *[1]* Jeder Unionsbürger sowie jede natürliche oder juristische Person mit Wohnsitz oder satzungsgemäßem Sitz in einem Mitgliedstaat hat das Recht auf Zugang zu Dokumenten der Organe, Einrichtungen und sonstigen Stellen der Union, unabhängig von der Form der für diese Dokumente verwendeten Träger, vorbehaltlich der Grundsätze und Bedingungen, die nach diesem Absatz festzulegen sind.

[2] Die allgemeinen Grundsätze und die aufgrund öffentlicher oder privater Interessen geltenden Einschränkungen für die Ausübung dieses Rechts auf Zugang zu Dokumenten werden vom Europäischen Parlament und vom Rat durch Verordnungen gemäß dem ordentlichen Gesetzgebungsverfahren festgelegt.

[3] Die Organe, Einrichtungen und sonstigen Stellen gewährleisten die Transparenz ihrer Tätigkeit und legen im Einklang mit gemäß den in Unterabsatz 2 genannten Verordnungen in ihrer Geschäftsordnung Sonderbestimmungen hinsichtlich des Zugangs zu ihren Dokumenten fest.

---

1) Nr. **16**.

[4] Dieser Absatz gilt für den Gerichtshof der Europäischen Union, die Europäische Zentralbank und die Europäische Investitionsbank nur dann, wenn sie Verwaltungsaufgaben wahrnehmen.

[5] Das Europäische Parlament und der Rat sorgen dafür, dass die Dokumente, die die Gesetzgebungsverfahren betreffen, nach Maßgabe der in Unterabsatz 2 genannten Verordnungen öffentlich zugänglich gemacht werden.

Art. 16 [Datenschutz] (1) Jede Person hat das Recht auf Schutz der sie betreffenden personenbezogenen Daten.

(2) *[1]* [1] Das Europäische Parlament und der Rat erlassen gemäß dem ordentlichen Gesetzgebungsverfahren Vorschriften über den Schutz natürlicher Personen bei der Verarbeitung personenbezogener Daten durch die Organe, Einrichtungen und sonstigen Stellen der Union sowie durch die Mitgliedstaaten im Rahmen der Ausübung von Tätigkeiten, die in den Anwendungsbereich des Unionsrechts fallen, und über den freien Datenverkehr. [2] Die Einhaltung dieser Vorschriften wird von unabhängigen Behörden überwacht.

[2] Die auf der Grundlage dieses Artikels erlassenen Vorschriften lassen die spezifischen Bestimmungen des Artikels 39 des Vertrags über die Europäische Union[1)] unberührt.

Art. 17 [Religiöse und weltanschauliche Gemeinschaften] (1) Die Union achtet den Status, den Kirchen und religiöse Vereinigungen oder Gemeinschaften in den Mitgliedstaaten nach deren Rechtsvorschriften genießen, und beeinträchtigt ihn nicht.

(2) Die Union achtet in gleicher Weise den Status, den weltanschauliche Gemeinschaften nach den einzelstaatlichen Rechtsvorschriften genießen.

(3) Die Union pflegt mit diesen Kirchen und Gemeinschaften in Anerkennung ihrer Identität und ihres besonderen Beitrags einen offenen, transparenten und regelmäßigen Dialog.

Zweiter Teil. Nichtdiskriminierung und Unionsbürgerschaft

Art. 18 [Diskriminierungsverbot] *[1]* Unbeschadet besonderer Bestimmungen der Verträge ist in ihrem Anwendungsbereich jede Diskriminierung aus Gründen der Staatsangehörigkeit verboten.

[2] Das Europäische Parlament und der Rat können gemäß dem ordentlichen Gesetzgebungsverfahren Regelungen für das Verbot solcher Diskriminierungen treffen.

Art. 19 [Antidiskriminierungsmaßnahmen] (1) Unbeschadet der sonstigen Bestimmungen der Verträge kann der Rat im Rahmen der durch die Verträge auf die Union übertragenen Zuständigkeiten gemäß einem besonderen Gesetzgebungsverfahren und nach Zustimmung des Europäischen Parlaments einstimmig geeignete Vorkehrungen treffen, um Diskriminierungen aus Gründen des Geschlechts, der Rasse, der ethnischen Herkunft, der Religion oder der Weltanschauung, einer Behinderung, des Alters oder der sexuellen Ausrichtung zu bekämpfen.

[1)] Nr. **16**.

(2) Abweichend von Absatz 1 können das Europäische Parlament und der Rat gemäß dem ordentlichen Gesetzgebungsverfahren die Grundprinzipien für Fördermaßnahmen der Union unter Ausschluss jeglicher Harmonisierung der Rechts- und Verwaltungsvorschriften der Mitgliedstaaten zur Unterstützung der Maßnahmen festlegen, die die Mitgliedstaaten treffen, um zur Verwirklichung der in Absatz 1 genannten Ziele beizutragen.

Art. 20 [Unionsbürgerschaft] (1) [1] Es wird eine Unionsbürgerschaft eingeführt. [2] Unionsbürger ist, wer die Staatsangehörigkeit eines Mitgliedstaats besitzt. [3] Die Unionsbürgerschaft tritt zur nationalen Staatsbürgerschaft hinzu, ersetzt sie aber nicht.

(2) [1] Die Unionsbürgerinnen und Unionsbürger haben die in den Verträgen vorgesehenen Rechte und Pflichten. [2] Sie haben unter anderem

a) das Recht, sich im Hoheitsgebiet der Mitgliedstaaten frei zu bewegen und aufzuhalten;
b) in dem Mitgliedstaat, in dem sie ihren Wohnsitz haben, das aktive und passive Wahlrecht bei den Wahlen zum Europäischen Parlament und bei den Kommunalwahlen, wobei für sie dieselben Bedingungen gelten wie für die Angehörigen des betreffenden Mitgliedstaats;
c) im Hoheitsgebiet eines Drittlands, in dem der Mitgliedstaat, dessen Staatsangehörigkeit sie besitzen, nicht vertreten ist, Recht auf Schutz durch die diplomatischen und konsularischen Behörden eines jeden Mitgliedstaats unter denselben Bedingungen wie Staatsangehörige dieses Staates;
d) das Recht, Petitionen an das Europäische Parlament zu richten und sich an den Europäischen Bürgerbeauftragten zu wenden, sowie das Recht, sich in einer der Sprachen der Verträge an die Organe und die beratenden Einrichtungen der Union zu wenden und eine Antwort in derselben Sprache zu erhalten.

[3] Diese Rechte werden unter den Bedingungen und innerhalb der Grenzen ausgeübt, die in den Verträgen und durch die in Anwendung der Verträge erlassenen Maßnahmen festgelegt sind.

Art. 21 [Freizügigkeit] (1) Jeder Unionsbürger hat das Recht, sich im Hoheitsgebiet der Mitgliedstaaten vorbehaltlich der in den Verträgen und in den Durchführungsvorschriften vorgesehenen Beschränkungen und Bedingungen frei zu bewegen und aufzuhalten.

(2) Erscheint zur Erreichung dieses Ziels ein Tätigwerden der Union erforderlich und sehen die Verträge hierfür keine Befugnisse vor, so können das Europäische Parlament und der Rat gemäß dem ordentlichen Gesetzgebungsverfahren Vorschriften erlassen, mit denen die Ausübung der Rechte nach Absatz 1 erleichtert wird.

(3) [1] Zu den gleichen wie den in Absatz 1 genannten Zwecken kann der Rat, sofern die Verträge hierfür keine Befugnisse vorsehen, gemäß einem besonderen Gesetzgebungsverfahren Maßnahmen erlassen, die die soziale Sicherheit oder den sozialen Schutz betreffen. [2] Der Rat beschließt einstimmig nach Anhörung des Europäischen Parlaments.

Art. 22 [Wahlrecht] (1) [1]Jeder Unionsbürger mit Wohnsitz in einem Mitgliedstaat, dessen Staatsangehörigkeit er nicht besitzt, hat in dem Mitgliedstaat, in dem er seinen Wohnsitz hat, das aktive und passive Wahlrecht bei Kommunalwahlen, wobei für ihn dieselben Bedingungen gelten wie für die Angehörigen des betreffenden Mitgliedstaats. [2]Dieses Recht wird vorbehaltlich der Einzelheiten ausgeübt, die vom Rat einstimmig gemäß einem besonderen Gesetzgebungsverfahren und nach Anhörung des Europäischen Parlaments festgelegt werden; in diesen können Ausnahmeregelungen vorgesehen werden, wenn dies aufgrund besonderer Probleme eines Mitgliedstaats gerechtfertigt ist.

(2) [1]Unbeschadet des Artikels 223 Absatz 1 und der Bestimmungen zu dessen Durchführung besitzt jeder Unionsbürger mit Wohnsitz in einem Mitgliedstaat, dessen Staatsangehörigkeit er nicht besitzt, in dem Mitgliedstaat, in dem er seinen Wohnsitz hat, das aktive und passive Wahlrecht bei den Wahlen zum Europäischen Parlament, wobei für ihn dieselben Bedingungen gelten wie für die Angehörigen des betreffenden Mitgliedstaats. [2]Dieses Recht wird vorbehaltlich der Einzelheiten ausgeübt, die vom Rat einstimmig gemäß einem besonderen Gesetzgebungsverfahren und nach Anhörung des Europäischen Parlaments festgelegt werden; in diesen können Ausnahmeregelungen vorgesehen werden, wenn dies aufgrund besonderer Probleme eines Mitgliedstaats gerechtfertigt ist.

Art. 23 [Diplomatischer und konsularischer Schutz] *[1]* [1]Jeder Unionsbürger genießt im Hoheitsgebiet eines dritten Landes, in dem der Mitgliedstaat, dessen Staatsangehörigkeit er besitzt, nicht vertreten ist, den diplomatischen und konsularischen Schutz eines jeden Mitgliedstaats unter denselben Bedingungen wie Staatsangehörige dieses Staates. [2]Die Mitgliedstaaten treffen die notwendigen Vorkehrungen und leiten die für diesen Schutz erforderlichen internationalen Verhandlungen ein.

[2] Der Rat kann gemäß einem besonderen Gesetzgebungsverfahren und nach Anhörung des Europäischen Parlaments Richtlinien zur Festlegung der notwendigen Koordinierungs- und Kooperationsmaßnahmen zur Erleichterung dieses Schutzes erlassen.

Art. 24 [Petitionsrecht] *[1]* Die Bestimmungen über die Verfahren und Bedingungen, die für eine Bürgerinitiative im Sinne des Artikels 11 des Vertrags über die Europäische Union[1)] gelten, einschließlich der Mindestzahl der Mitgliedstaaten, aus denen die Bürgerinnen und Bürger, die diese Initiative ergreifen, kommen müssen, werden vom Europäischen Parlament und vom Rat gemäß dem ordentlichen Gesetzgebungsverfahren durch Verordnungen festgelegt.

[2] Jeder Unionsbürger besitzt das Petitionsrecht beim Europäischen Parlament nach Artikel 227.

[3] Jeder Unionsbürger kann sich an den nach Artikel 228 eingesetzten Bürgerbeauftragten wenden.

[4] Jeder Unionsbürger kann sich schriftlich in einer der in Artikel 55 Absatz 1 des Vertrags über die Europäische Union genannten Sprachen an jedes Organ oder an jede Einrichtung wenden, die in dem vorliegenden Artikel oder

---

[1)] Nr. **16**.

in Artikel 13 des genannten Vertrags genannt sind, und eine Antwort in derselben Sprache erhalten.[1)]

Art. 25 [Fortentwicklung der Unionsbürgerschaft] *[1]* [1] Die Kommission erstattet dem Europäischen Parlament, dem Rat und dem Wirtschafts- und Sozialausschuss alle drei Jahre über die Anwendung dieses Teils Bericht. [2] In dem Bericht wird der Fortentwicklung der Union Rechnung getragen.

[2] [1] Auf dieser Grundlage kann der Rat unbeschadet der anderen Bestimmungen der Verträge zur Ergänzung der in Artikel 20 Absatz 2 aufgeführten Rechte einstimmig gemäß einem besonderen Gesetzgebungsverfahren nach Zustimmung des Europäischen Parlaments Bestimmungen erlassen. [2] Diese Bestimmungen treten nach Zustimmung der Mitgliedstaaten im Einklang mit ihren jeweiligen verfassungsrechtlichen Vorschriften in Kraft.

Dritter Teil. Die internen Politiken und Maßnahmen der Union

Titel I. Der Binnenmarkt

Art. 26 [Verwirklichung des Binnenmarkts] (1) Die Union erlässt die erforderlichen Maßnahmen, um nach Maßgabe der einschlägigen Bestimmungen der Verträge den Binnenmarkt zu verwirklichen beziehungsweise dessen Funktionieren zu gewährleisten.

(2) Der Binnenmarkt umfasst einen Raum ohne Binnengrenzen, in dem der freie Verkehr von Waren, Personen, Dienstleistungen und Kapital gemäß den Bestimmungen der Verträge gewährleistet ist.

(3) Der Rat legt auf Vorschlag der Kommission die Leitlinien und Bedingungen fest, die erforderlich sind, um in allen betroffenen Sektoren einen ausgewogenen Fortschritt zu gewährleisten.

Art. 27 [Ausnahmeregelungen] *[1]* Bei der Formulierung ihrer Vorschläge zur Verwirklichung der Ziele des Artikels 26 berücksichtigt die Kommission den Umfang der Anstrengungen, die einigen Volkswirtschaften mit unterschiedlichem Entwicklungsstand für die Errichtung des Binnenmarkts abverlangt werden, und kann geeignete Bestimmungen vorschlagen.

[2] Erhalten diese Bestimmungen die Form von Ausnahmeregelungen, so müssen sie vorübergehender Art sein und dürfen das Funktionieren des Binnenmarkts so wenig wie möglich stören.

Titel II. Der freie Warenverkehr

Art. 28 [Zollunion] (1) Die Union umfasst eine Zollunion, die sich auf den gesamten Warenaustausch erstreckt; sie umfasst das Verbot, zwischen den Mitgliedstaaten Ein- und Ausfuhrzölle und Abgaben gleicher Wirkung zu erheben, sowie die Einführung eines Gemeinsamen Zolltarifs gegenüber dritten Ländern.

[1)] Vgl. zu dieser Vorschrift auch die Erklärung Nr. 4 zur Schlussakte v. 16.2.2001 (ABl. C 80 S. 70) der Konferenz von Nizza.

(2) Artikel 30 und Kapitel 3 dieses Titels gelten für die aus den Mitgliedstaaten stammenden Waren sowie für diejenigen Waren aus dritten Ländern, die sich in den Mitgliedstaaten im freien Verkehr befinden.

Art. 29 [Freier Verkehr von Waren aus dritten Ländern] Als im freien Verkehr eines Mitgliedstaats befindlich gelten diejenigen Waren aus dritten Ländern, für die in dem betreffenden Mitgliedstaat die Einfuhrförmlichkeiten erfüllt sowie die vorgeschriebenen Zölle und Abgaben gleicher Wirkung erhoben und nicht ganz oder teilweise rückvergütet worden sind.

Kapitel 1. Die Zollunion

Art. 30 [Verbot von Zöllen] [1] Ein- und Ausfuhrzölle oder Abgaben gleicher Wirkung sind zwischen den Mitgliedstaaten verboten. [2] Dieses Verbot gilt auch für Finanzzölle.

Art. 31 [Gemeinsame Zolltarif] Der Rat legt die Sätze des Gemeinsamen Zolltarifs auf Vorschlag der Kommission fest.

Art. 32 [Zielsetzung der Kommissionsaufgaben] Bei der Ausübung der ihr aufgrund dieses Kapitels übertragenen Aufgaben geht die Kommission von folgenden Gesichtspunkten aus:

a) der Notwendigkeit, den Handelsverkehr zwischen den Mitgliedstaaten und dritten Ländern zu fördern;
b) der Entwicklung der Wettbewerbsbedingungen innerhalb der Union, soweit diese Entwicklung zu einer Zunahme der Wettbewerbsfähigkeit der Unternehmen führt;
c) dem Versorgungsbedarf der Union an Rohstoffen und Halbfertigwaren; hierbei achtet die Kommission darauf, zwischen den Mitgliedstaaten die Wettbewerbsbedingungen für Fertigwaren nicht zu verfälschen;
d) der Notwendigkeit, ernsthafte Störungen im Wirtschaftsleben der Mitgliedstaaten zu vermeiden und eine rationelle Entwicklung der Erzeugung sowie eine Ausweitung des Verbrauchs innerhalb der Union zu gewährleisten.

Kapitel 2. Die Zusammenarbeit im Zollwesen

Art. 33 [Ausbau der Zusammenarbeit] Das Europäische Parlament und der Rat treffen im Rahmen des Geltungsbereichs der Verträge gemäß dem ordentlichen Gesetzgebungsverfahrens Maßnahmen zum Ausbau der Zusammenarbeit im Zollwesen zwischen den Mitgliedstaaten sowie zwischen den Mitgliedstaaten und der Kommission.

Kapitel 3. Verbot von mengenmäßigen Beschränkungen zwischen den Mitgliedstaaten

Art. 34 [Verbot von Einfuhrbeschränkungen] Mengenmäßige Einfuhrbeschränkungen sowie alle Maßnahmen gleicher Wirkung sind zwischen den Mitgliedstaaten verboten.

Art. 35 [Verbot von Ausfuhrbeschränkungen] Mengenmäßige Ausfuhrbeschränkungen sowie alle Maßnahmen gleicher Wirkung sind zwischen den Mitgliedstaaten verboten.

Art. 36 [Ausnahmen] [1]Die Bestimmungen der Artikel 34 und 35 stehen Einfuhr-, Ausfuhr- und Durchfuhrverboten oder -beschränkungen nicht entgegen, die aus Gründen der öffentlichen Sittlichkeit, Ordnung und Sicherheit, zum Schutze der Gesundheit und des Lebens von Menschen, Tieren oder Pflanzen, des nationalen Kulturguts von künstlerischem, geschichtlichem oder archäologischem Wert oder des gewerblichen und kommerziellen Eigentums gerechtfertigt sind. [2]Diese Verbote oder Beschränkungen dürfen jedoch weder ein Mittel zur willkürlichen Diskriminierung noch eine verschleierte Beschränkung des Handels zwischen den Mitgliedstaaten darstellen.

Art. 37 [Staatliche Handelsmonopole] (1) *[1]* Die Mitgliedstaaten formen ihre staatlichen Handelsmonopole derart um, dass jede Diskriminierung in den Versorgungs- und Absatzbedingungen zwischen den Angehörigen der Mitgliedstaaten ausgeschlossen ist.

[2] [1]Dieser Artikel gilt für alle Einrichtungen, durch die ein Mitgliedstaat unmittelbar oder mittelbar die Einfuhr oder die Ausfuhr zwischen den Mitgliedstaaten rechtlich oder tatsächlich kontrolliert, lenkt oder merklich beeinflusst. [2]Er gilt auch für die von einem Staat auf andere Rechtsträger übertragenen Monopole.

(2) Die Mitgliedstaaten unterlassen jede neue Maßnahme, die den in Absatz 1 genannten Grundsätzen widerspricht oder die Tragweite der Artikel über das Verbot von Zöllen und mengenmäßigen Beschränkungen zwischen den Mitgliedstaaten einengt.

(3) Ist mit einem staatlichen Handelsmonopol eine Regelung zur Erleichterung des Absatzes oder der Verwertung landwirtschaftlicher Erzeugnisse verbunden, so sollen bei der Anwendung dieses Artikels gleichwertige Sicherheiten für die Beschäftigung und Lebenshaltung der betreffenden Erzeuger gewährleistet werden.

Titel III. Die Landwirtschaft und die Fischerei

Art. 38 [Binnenmarkt und Landwirtschaft] (1) *[1]* Die Union legt eine gemeinsame Agrar- und Fischereipolitik fest und führt sie durch.

[2] [1]Der Binnenmarkt umfasst auch die Landwirtschaft, die Fischerei und den Handel mit landwirtschaftlichen Erzeugnissen. [2]Unter landwirtschaftlichen Erzeugnissen sind die Erzeugnisse des Bodens, der Viehzucht und der Fischerei sowie die mit diesen in unmittelbarem Zusammenhang stehenden Erzeugnisse der ersten Verarbeitungsstufe zu verstehen. [3]Die Bezugnahmen auf die gemeinsame Agrarpolitik oder auf die Landwirtschaft und die Verwendung des Wortes „landwirtschaftlich" sind in dem Sinne zu verstehen, dass damit unter Berücksichtigung der besonderen Merkmale des Fischereisektors auch die Fischerei gemeint ist.

(2) Die Vorschriften für die Errichtung oder das Funktionieren des Binnenmarkts finden auf die landwirtschaftlichen Erzeugnisse Anwendung, soweit in den Artikeln 39 bis 44 nicht etwas anderes bestimmt ist.

(3) Die Erzeugnisse, für welche die Artikel 39 bis 44 gelten, sind in Anhang I aufgeführt.

(4) Mit dem Funktionieren und der Entwicklung des Binnenmarkts für landwirtschaftliche Erzeugnisse muss die Gestaltung einer gemeinsamen Agrarpolitik Hand in Hand gehen.

Art. 39 [Ziel gemeinsamer Agrarpolitik] (1) Ziel der gemeinsamen Agrarpolitik ist es,

a) die Produktivität der Landwirtschaft durch Förderung des technischen Fortschritts, Rationalisierung der landwirtschaftlichen Erzeugung und den bestmöglichen Einsatz der Produktionsfaktoren, insbesondere der Arbeitskräfte, zu steigern;

b) auf diese Weise der landwirtschaftlichen Bevölkerung, insbesondere durch Erhöhung des Pro-Kopf-Einkommens der in der Landwirtschaft tätigen Personen, eine angemessene Lebenshaltung zu gewährleisten;

c) die Märkte zu stabilisieren;

d) die Versorgung sicherzustellen;

e) für die Belieferung der Verbraucher zu angemessenen Preisen Sorge zu tragen.

(2) Bei der Gestaltung der gemeinsamen Agrarpolitik und der hierfür anzuwendenden besonderen Methoden ist Folgendes zu berücksichtigen:

a) die besondere Eigenart der landwirtschaftlichen Tätigkeit, die sich aus dem sozialen Aufbau der Landwirtschaft und den strukturellen und naturbedingten Unterschieden der verschiedenen landwirtschaftlichen Gebiete ergibt;

b) die Notwendigkeit, die geeigneten Anpassungen stufenweise durchzuführen;

c) die Tatsache, dass die Landwirtschaft in den Mitgliedstaaten einen mit der gesamten Volkswirtschaft eng verflochtenen Wirtschaftsbereich darstellt.

Art. 40 [Gemeinsame Marktorganisation] (1) *[1]* Um die Ziele des Artikels 39 zu erreichen, wird eine gemeinsame Organisation der Agrarmärkte geschaffen.

[2] Diese besteht je nach Erzeugnis aus einer der folgenden Organisationsformen:

a) gemeinsame Wettbewerbsregeln,

b) bindende Koordinierung der verschiedenen einzelstaatlichen Marktordnungen,

c) eine Europäische Marktordnung.

(2) *[1]* Die nach Absatz 1 gestaltete gemeinsame Organisation kann alle zur Durchführung des Artikels 39 erforderlichen Maßnahmen einschließen, insbesondere Preisregelungen, Beihilfen für die Erzeugung und die Verteilung der verschiedenen Erzeugnisse, Einlagerungs- und Ausgleichsmaßnahmen, gemeinsame Einrichtungen zur Stabilisierung der Ein- oder Ausfuhr.

[2] Die gemeinsame Organisation hat sich auf die Verfolgung der Ziele des Artikels 39 zu beschränken und jede Diskriminierung zwischen Erzeugern oder Verbrauchern innerhalb der Union auszuschließen.

[3] Eine etwaige gemeinsame Preispolitik muss auf gemeinsamen Grundsätzen und einheitlichen Berechnungsmethoden beruhen.

(3) Um der in Absatz 1 genannten gemeinsamen Organisation die Erreichung ihrer Ziele zu ermöglichen, können ein oder mehrere Ausrichtungs- oder Garantiefonds für die Landwirtschaft geschaffen werden.

Art. 41 [Maßnahmen im Rahmen einer gemeinsamen Agrarpolitik]

Um die Ziele des Artikels 39 zu erreichen, können im Rahmen der gemeinsamen Agrarpolitik folgende Maßnahmen vorgesehen werden:

a) eine wirksame Koordinierung der Bestrebungen auf dem Gebiet der Berufsausbildung, der Forschung und der Verbreitung landwirtschaftlicher Fachkenntnisse; hierbei können Vorhaben oder Einrichtungen gemeinsam finanziert werden;

b) gemeinsame Maßnahmen zur Förderung des Verbrauchs bestimmter Erzeugnisse.

Art. 42 [Anwendung der Wettbewerbs- und Beihilferegeln] *[1]* Das Kapitel über die Wettbewerbsregeln findet auf die Produktion landwirtschaftlicher Erzeugnisse und den Handel mit diesen nur insoweit Anwendung, als das Europäische Parlament und der Rat dies unter Berücksichtigung der Ziele des Artikels 39 im Rahmen des Artikels 43 Absatz 2 und gemäß dem dort vorgesehenen Verfahren bestimmt.

[2] Der Rat kann auf Vorschlag der Kommission genehmigen, dass Beihilfen gewährt werden

a) zum Schutz von Betrieben, die durch strukturelle oder naturgegebene Bedingungen benachteiligt sind, oder

b) im Rahmen wirtschaftlicher Entwicklungsprogramme.

Art. 43 [Rechtsetzung, Kompetenzen und Verfahren] (1) *[1]* Die Kommission legt zur Gestaltung und Durchführung der gemeinsamen Agrarpolitik Vorschläge vor, welche unter anderem die Ablösung der einzelstaatlichen Marktordnungen durch eine der in Artikel 40 Absatz 1 vorgesehenen gemeinsamen Organisationsformen sowie die Durchführung der in diesem Titel bezeichneten Maßnahmen vorsehen.

[2] Diese Vorschläge müssen dem inneren Zusammenhang der in diesem Titel aufgeführten landwirtschaftlichen Fragen Rechnung tragen.

(2) Das Europäische Parlament und der Rat legen gemäß dem ordentlichen Gesetzgebungsverfahren und nach Anhörung des Wirtschafts- und Sozialausschusses die gemeinsame Organisation der Agrarmärkte nach Artikel 40 Absatz 1 sowie die anderen Bestimmungen fest, die für die Verwirklichung der Ziele der gemeinsamen Agrar- und Fischereipolitik notwendig sind.

(3) Der Rat erlässt auf Vorschlag der Kommission die Maßnahmen zur Festsetzung der Preise, der Abschöpfungen, der Beihilfen und der mengenmäßigen Beschränkungen sowie zur Festsetzung und Aufteilung der Fangmöglichkeiten in der Fischerei.

(4) Die einzelstaatlichen Marktordnungen können nach Maßgabe des Absatzes 2 durch die in Artikel 40 Absatz 1 vorgesehene gemeinsame Organisation ersetzt werden,

a) wenn sie den Mitgliedstaaten, die sich gegen diese Maßnahme ausgesprochen haben und eine eigene Marktordnung für die in Betracht kommende Erzeugung besitzen, gleichwertige Sicherheiten für die Beschäftigung und Lebenshaltung der betreffenden Erzeuger bietet; hierbei sind die im Zeitablauf möglichen Anpassungen und erforderlichen Spezialisierungen zu berücksichtigen, und

b) wenn die gemeinsame Organisation für den Handelsverkehr innerhalb der Union Bedingungen sicherstellt, die denen eines Binnenmarkts entsprechen.

(5) Wird eine gemeinsame Organisation für bestimmte Rohstoffe geschaffen, bevor eine gemeinsame Organisation für die entsprechenden weiterverarbeiteten Erzeugnisse besteht, so können die betreffenden Rohstoffe aus Ländern außerhalb der Union eingeführt werden, wenn sie für weiterverarbeitete Erzeugnisse verwendet werden, die zur Ausfuhr nach dritten Ländern bestimmt sind.

Art. 44 [Ausgleichsabgaben] *[1]* Besteht in einem Mitgliedstaat für ein Erzeugnis eine innerstaatliche Marktordnung oder Regelung gleicher Wirkung und wird dadurch eine gleichartige Erzeugung in einem anderen Mitgliedstaat in ihrer Wettbewerbslage beeinträchtigt, so erheben die Mitgliedstaaten bei der Einfuhr des betreffenden Erzeugnisses aus dem Mitgliedstaat, in dem die genannte Marktordnung oder Regelung besteht, eine Ausgleichsabgabe, es sei denn, dass dieser Mitgliedstaat eine Ausgleichsabgabe bei der Ausfuhr erhebt.

[2] Die Kommission setzt diese Abgaben in der zur Wiederherstellung des Gleichgewichts erforderlichen Höhe fest; sie kann auch andere Maßnahmen genehmigen, deren Bedingungen und Einzelheiten sie festlegt.

Titel IV. Die Freizügigkeit, der freie Dienstleistungs- und Kapitalverkehr

Kapitel 1. Die Arbeitskräfte

Art. 45 [Freizügigkeit der Arbeitnehmer] (1) Innerhalb der Union ist die Freizügigkeit der Arbeitnehmer gewährleistet.

(2) Sie umfasst die Abschaffung jeder auf der Staatsangehörigkeit beruhenden unterschiedlichen Behandlung der Arbeitnehmer der Mitgliedstaaten in Bezug auf Beschäftigung, Entlohnung und sonstige Arbeitsbedingungen.

(3) Sie gibt – vorbehaltlich der aus Gründen der öffentlichen Ordnung, Sicherheit und Gesundheit gerechtfertigten Beschränkungen – den Arbeitnehmern das Recht,

a) sich um tatsächlich angebotene Stellen zu bewerben;

b) sich zu diesem Zweck im Hoheitsgebiet der Mitgliedstaaten frei zu bewegen;

c) sich in einem Mitgliedstaat aufzuhalten, um dort nach den für die Arbeitnehmer dieses Staates geltenden Rechts- und Verwaltungsvorschriften eine Beschäftigung auszuüben;

d) nach Beendigung einer Beschäftigung im Hoheitsgebiet eines Mitgliedstaats unter Bedingungen zu verbleiben, welche die Kommission durch Verordnungen festlegt.

(4) Dieser Artikel findet keine Anwendung auf die Beschäftigung in der öffentlichen Verwaltung.

Art. 46 [Maßnahmen zur Herstellung der Freizügigkeit] Das Europäische Parlament und der Rat treffen gemäß dem ordentlichen Gesetzgebungsverfahren und nach Anhörung des Wirtschafts- und Sozialausschusses durch Richtlinien oder Verordnungen alle erforderlichen Maßnahmen, um die Freizügigkeit der Arbeitnehmer im Sinne des Artikels 45 herzustellen, insbesondere

a) durch Sicherstellung einer engen Zusammenarbeit zwischen den einzelstaatlichen Arbeitsverwaltungen;

b) durch die Beseitigung der Verwaltungsverfahren und -praktiken sowie der für den Zugang zu verfügbaren Arbeitsplätzen vorgeschriebenen Fristen, die sich aus innerstaatlichen Rechtsvorschriften oder vorher zwischen den Mitgliedstaaten geschlossenen Übereinkünften ergeben und deren Beibehaltung die Herstellung der Freizügigkeit der Arbeitnehmer hindert;

c) durch die Beseitigung aller Fristen und sonstigen Beschränkungen, die in innerstaatlichen Rechtsvorschriften oder vorher zwischen den Mitgliedstaaten geschlossenen Übereinkünften vorgesehen sind und die den Arbeitnehmern der anderen Mitgliedstaaten für die freie Wahl des Arbeitsplatzes andere Bedingungen als den inländischen Arbeitnehmern auferlegen;

d) durch die Schaffung geeigneter Verfahren für die Zusammenführung und den Ausgleich von Angebot und Nachfrage auf dem Arbeitsmarkt zu Bedingungen, die eine ernstliche Gefährdung der Lebenshaltung und des Beschäftigungsstands in einzelnen Gebieten und Industrien ausschließen.

Art. 47 [Austausch junger Arbeitskräfte] Die Mitgliedstaaten fördern den Austausch junger Arbeitskräfte im Rahmen eines gemeinsamen Programms.

Art. 48 [Sicherstellung der Ansprüche und Leistungen auf dem Gebiet der sozialen Sicherheit] *[1]* Das Europäische Parlament und der Rat beschließen gemäß dem ordentlichen Gesetzgebungsverfahren die auf dem Gebiet der sozialen Sicherheit für die Herstellung der Freizügigkeit der Arbeitnehmer notwendigen Maßnahmen; zu diesem Zweck führen sie insbesondere ein System ein, das zu- und abwandernden Arbeitnehmern und Selbstständigen sowie deren anspruchsberechtigten Angehörigen Folgendes sichert:

a) die Zusammenrechnung aller nach den verschiedenen innerstaatlichen Rechtsvorschriften berücksichtigten Zeiten für den Erwerb und die Aufrechterhaltung des Leistungsanspruchs sowie für die Berechnung der Leistungen;

b) die Zahlung der Leistungen an Personen, die in den Hoheitsgebieten der Mitgliedstaaten wohnen.

[2] [1] Erklärt ein Mitglied des Rates, dass ein Entwurf eines Gesetzgebungsakts nach Absatz 1 wichtige Aspekte seines Systems der sozialen Sicherheit,

insbesondere dessen Geltungsbereich, Kosten oder Finanzstruktur, verletzen oder dessen finanzielles Gleichgewicht beeinträchtigen würde, so kann es beantragen, dass der Europäische Rat befasst wird. [2] In diesem Fall wird das ordentliche Gesetzgebungsverfahren ausgesetzt. [3] Nach einer Aussprache geht der Europäische Rat binnen vier Monaten nach Aussetzung des Verfahrens wie folgt vor:

a) er verweist den Entwurf an den Rat zurück, wodurch die Aussetzung des ordentlichen Gesetzgebungsverfahrens beendet wird, oder
b) er sieht von einem Tätigwerden ab, oder aber er ersucht die Kommission um Vorlage eines neuen Vorschlags; in diesem Fall gilt der ursprünglich vorgeschlagene Rechtsakt als nicht erlassen.

Kapitel 2. Das Niederlassungsrecht

Art. 49 [Niederlassungsfreiheit] *[1]* [1] Die Beschränkungen der freien Niederlassung von Staatsangehörigen eines Mitgliedstaats im Hoheitsgebiet eines anderen Mitgliedstaats sind nach Maßgabe der folgenden Bestimmungen verboten. [2] Das Gleiche gilt für Beschränkungen der Gründung von Agenturen, Zweigniederlassungen oder Tochtergesellschaften durch Angehörige eines Mitgliedstaats, die im Hoheitsgebiet eines Mitgliedstaats ansässig sind.

[2] Vorbehaltlich des Kapitels über den Kapitalverkehr umfasst die Niederlassungsfreiheit die Aufnahme und Ausübung selbstständiger Erwerbstätigkeiten sowie die Gründung und Leitung von Unternehmen, insbesondere von Gesellschaften im Sinne des Artikels 54 Absatz 2, nach den Bestimmungen des Aufnahmestaats für seine eigenen Angehörigen.

Art. 50 [Maßnahmen zur Verwirklichung der Niederlassungsfreiheit]

(1) Das Europäische Parlament und der Rat erlassen gemäß dem ordentlichen Gesetzgebungsverfahren und nach Anhörung des Wirtschafts- und Sozialausschusses Richtlinien zur Verwirklichung der Niederlassungsfreiheit für eine bestimmte Tätigkeit.

(2) Das Europäische Parlament, der Rat und die Kommission erfüllen die Aufgaben, die ihnen aufgrund der obigen Bestimmungen übertragen sind, indem sie insbesondere

a) im Allgemeinen diejenigen Tätigkeiten mit Vorrang behandeln, bei denen die Niederlassungsfreiheit die Entwicklung der Produktion und des Handels in besonderer Weise fördert;
b) eine enge Zusammenarbeit zwischen den zuständigen Verwaltungen der Mitgliedstaaten sicherstellen, um sich über die besondere Lage auf den verschiedenen Tätigkeitsgebieten innerhalb der Union zu unterrichten;
c) die aus innerstaatlichen Rechtsvorschriften oder vorher zwischen den Mitgliedstaaten geschlossenen Übereinkünften abgeleiteten Verwaltungsverfahren und -praktiken ausschalten, deren Beibehaltung der Niederlassungsfreiheit entgegensteht;
d) dafür Sorge tragen, dass Arbeitnehmer eines Mitgliedstaats, die im Hoheitsgebiet eines anderen Mitgliedstaats beschäftigt sind, dort verbleiben und eine selbstständige Tätigkeit unter denselben Voraussetzungen ausüben können,

die sie erfüllen müssten, wenn sie in diesen Staat erst zu dem Zeitpunkt einreisen würden, in dem sie diese Tätigkeit aufzunehmen beabsichtigen;

e) den Erwerb und die Nutzung von Grundbesitz im Hoheitsgebiet eines Mitgliedstaats durch Angehörige eines anderen Mitgliedstaats ermöglichen, soweit hierdurch die Grundsätze des Artikels 39 Absatz 2 nicht beeinträchtigt werden;

f) veranlassen, dass bei jedem in Betracht kommenden Wirtschaftszweig die Beschränkungen der Niederlassungsfreiheit in Bezug auf die Voraussetzungen für die Errichtung von Agenturen, Zweigniederlassungen und Tochtergesellschaften im Hoheitsgebiet eines Mitgliedstaats sowie für den Eintritt des Personals der Hauptniederlassung in ihre Leitungs- oder Überwachungsorgane schrittweise aufgehoben werden;

g) soweit erforderlich, die Schutzbestimmungen koordinieren, die in den Mitgliedstaaten den Gesellschaften im Sinne des Artikels 54 Absatz 2 im Interesse der Gesellschafter sowie Dritter vorgeschrieben sind, um diese Bestimmungen gleichwertig zu gestalten;

h) sicherstellen, dass die Bedingungen für die Niederlassung nicht durch Beihilfen der Mitgliedstaaten verfälscht werden.

Art. 51 [Ausübung öffentlicher Gewalt] *[1]* Auf Tätigkeiten, die in einem Mitgliedstaat dauernd oder zeitweise mit der Ausübung öffentlicher Gewalt verbunden sind, findet dieses Kapitel in dem betreffenden Mitgliedstaat keine Anwendung.

[2] Das Europäische Parlament und der Rat können gemäß dem ordentlichen Gesetzgebungsverfahren beschließen, dass dieses Kapitel auf bestimmte Tätigkeiten keine Anwendung findet.

Art. 52 [Öffentliche Ordnung; Sicherheit; Gesundheit] (1) Dieses Kapitel und die aufgrund desselben getroffenen Maßnahmen beeinträchtigen nicht die Anwendbarkeit der Rechts- und Verwaltungsvorschriften, die eine Sonderregelung für Ausländer vorsehen und aus Gründen der öffentlichen Ordnung, Sicherheit oder Gesundheit gerechtfertigt sind.

(2) Das Europäische Parlament und der Rat erlassen gemäß dem ordentlichen Gesetzgebungsverfahren Richtlinien für die Koordinierung der genannten Vorschriften.

RG

Art. 53 [Gegenseitige Anerkennung von Diplomen; Koordinierungsrechtsetzung] (1) Um die Aufnahme und Ausübung selbstständiger Tätigkeiten zu erleichtern, erlassen das Europäische Parlament und der Rat gemäß dem ordentlichen Gesetzgebungsverfahren Richtlinien für die gegenseitige Anerkennung der Diplome, Prüfungszeugnisse und sonstigen Befähigungsnachweise sowie für die Koordinierung der Rechts- und Verwaltungsvorschriften der Mitgliedstaaten über die Aufnahme und Ausübung selbstständiger Tätigkeiten.

(2) Die schrittweise Aufhebung der Beschränkungen für die ärztlichen, arztähnlichen und pharmazeutischen Berufe setzt die Koordinierung der Bedingungen für die Ausübung dieser Berufe in den einzelnen Mitgliedstaaten voraus.

Art. 54 [Gleichstellung der Gesellschaften] *[1]* Für die Anwendung dieses Kapitels stehen die nach den Rechtsvorschriften eines Mitgliedstaats gegründeten Gesellschaften, die ihren satzungsmäßigen Sitz, ihre Hauptverwaltung oder ihre Hauptniederlassung innerhalb der Union haben, den natürlichen Personen gleich, die Angehörige der Mitgliedstaaten sind.

[2] Als Gesellschaften gelten die Gesellschaften des bürgerlichen Rechts und des Handelsrechts einschließlich der Genossenschaften und die sonstigen juristischen Personen des öffentlichen und privaten Rechts mit Ausnahme derjenigen, die keinen Erwerbszweck verfolgen.

Art. 55 [Diskriminierungsverbot bei Kapitalbeteiligungen] Unbeschadet der sonstigen Bestimmungen der Verträge stellen die Mitgliedstaaten die Staatsangehörigen der anderen Mitgliedstaaten hinsichtlich ihrer Beteiligung am Kapital von Gesellschaften im Sinne des Artikels 54 den eigenen Staatsangehörigen gleich.

Kapitel 3. Dienstleistungen

Art. 56 [Dienstleistungsfreiheit] *[1]* Die Beschränkungen des freien Dienstleistungsverkehrs innerhalb der Union für Angehörige der Mitgliedstaaten, die in einem anderen Mitgliedstaat als demjenigen des Leistungsempfängers ansässig sind, sind nach Maßgabe der folgenden Bestimmungen verboten.

[2] Das Europäische Parlament und der Rat können gemäß dem ordentlichen Gesetzgebungsverfahren beschließen, dass dieses Kapitel auch auf Erbringer von Dienstleistungen Anwendung findet, welche die Staatsangehörigkeit eines dritten Landes besitzen und innerhalb der Union ansässig sind.

Art. 57 [Dienstleistungen] *[1]* Dienstleistungen im Sinne der Verträge sind Leistungen, die in der Regel gegen Entgelt erbracht werden, soweit sie nicht den Vorschriften über den freien Waren- und Kapitalverkehr und über die Freizügigkeit der Personen unterliegen.

[2] Als Dienstleistungen gelten insbesondere:

a) gewerbliche Tätigkeiten,

b) kaufmännische Tätigkeiten,

c) handwerkliche Tätigkeiten,

d) freiberufliche Tätigkeiten.

[3] Unbeschadet des Kapitels über die Niederlassungsfreiheit kann der Leistende zwecks Erbringung seiner Leistungen seine Tätigkeit vorübergehend in dem Mitgliedstaat ausüben, in dem die Leistung erbracht wird, und zwar unter den Voraussetzungen, welche dieser Mitgliedstaat für seine eigenen Angehörigen vorschreibt.

Art. 58 [Verkehrsdienstleistungen; Kapitalverkehr] (1) Für den freien Dienstleistungsverkehr auf dem Gebiet des Verkehrs gelten die Bestimmungen des Titels über den Verkehr.

(2) Die Liberalisierung der mit dem Kapitalverkehr verbundenen Dienstleistungen der Banken und Versicherungen wird im Einklang mit der Liberalisierung des Kapitalverkehrs durchgeführt.

Art. 59 [Liberalisierungsmaßnahmen] (1) Das Europäische Parlament und der Rat erlassen gemäß dem ordentlichen Gesetzgebungsverfahren und nach Anhörung des Wirtschafts- und Sozialausschusses Richtlinien zur Liberalisierung einer bestimmten Dienstleistung.

(2) Bei den in Absatz 1 genannten Richtlinien sind im Allgemeinen mit Vorrang diejenigen Dienstleistungen zu berücksichtigen, welche die Produktionskosten unmittelbar beeinflussen oder deren Liberalisierung zur Förderung des Warenverkehrs beiträgt.

Art. 60 [Weitergehende Liberalisierung] *[1]* Die Mitgliedstaaten bemühen sich, über das Ausmaß der Liberalisierung der Dienstleistungen, zu dem sie aufgrund der Richtlinien gemäß Artikel 59 Absatz 1 verpflichtet sind, hinauszugehen, falls ihre wirtschaftliche Gesamtlage und die Lage des betreffenden Wirtschaftszweigs dies zulassen.

[2] Die Kommission richtet entsprechende Empfehlungen an die betreffenden Staaten.

Art. 61 [Übergangsregelung] Solange die Beschränkungen des freien Dienstleistungsverkehrs nicht aufgehoben sind, wendet sie jeder Mitgliedstaat ohne Unterscheidung nach Staatsangehörigkeit oder Aufenthaltsort auf alle in Artikel 56 Absatz 1 bezeichneten Erbringer von Dienstleistungen an.

Art. 62 [Entsprechende Anwendung von Vorschriften des Niederlassungsrechts] Die Bestimmungen der Artikel 51 bis 54 finden auf das in diesem Kapitel geregelte Sachgebiet Anwendung.

Kapitel 4. Der Kapital- und Zahlungsverkehr

Art. 63 [Freier Kapital- und Zahlungsverkehr] (1) Im Rahmen der Bestimmungen dieses Kapitels sind alle Beschränkungen des Kapitalverkehrs zwischen den Mitgliedstaaten sowie zwischen den Mitgliedstaaten und dritten Ländern verboten.

(2) Im Rahmen der Bestimmungen dieses Kapitels sind alle Beschränkungen des Zahlungsverkehrs zwischen den Mitgliedstaaten sowie zwischen den Mitgliedstaaten und dritten Ländern verboten.

Art. 64 [Ausnahmen im Kapitalverkehr mit Drittstaaten] (1) [1] Artikel 63 berührt nicht die Anwendung derjenigen Beschränkungen auf dritte Länder, die am 31. Dezember 1993 aufgrund einzelstaatlicher Rechtsvorschriften oder aufgrund von Rechtsvorschriften der Union für den Kapitalverkehr mit dritten Ländern im Zusammenhang mit Direktinvestitionen einschließlich Anlagen in Immobilien, mit der Niederlassung, der Erbringung von Finanzdienstleistungen oder der Zulassung von Wertpapieren zu den Kapitalmärkten bestehen. [2] Für in Bulgarien, Estland und Ungarn bestehende Beschränkungen nach innerstaatlichem Recht ist der maßgebliche Zeitpunkt der 31. Dezember 1999. [3] Für in Kroatien nach innerstaatlichem Recht bestehende Beschränkungen ist der maßgebliche Zeitpunkt der 31. Dezember 2002.

(2) Unbeschadet der anderen Kapitel der Verträge sowie ihrer Bemühungen um eine möglichst weit gehende Verwirklichung des Zieles eines freien Kapitalverkehrs zwischen den Mitgliedstaaten und dritten Ländern beschließen

das Europäische Parlament und der Rat gemäß dem ordentlichen Gesetzgebungsverfahren Maßnahmen für den Kapitalverkehr mit dritten Ländern im Zusammenhang mit Direktinvestitionen einschließlich Anlagen in Immobilien, mit der Niederlassung, der Erbringung von Finanzdienstleistungen oder der Zulassung von Wertpapieren zu den Kapitalmärkten.

(3) Abweichend von Absatz 2 kann nur der Rat gemäß einem besonderen Gesetzgebungsverfahren und nach Anhörung des Europäischen Parlaments Maßnahmen einstimmig beschließen, die im Rahmen des Unionsrechts für die Liberalisierung des Kapitalverkehrs mit Drittländern einen Rückschritt darstellen.

Art. 65 [Nationale Beschränkungen] (1) Artikel 63 berührt nicht das Recht der Mitgliedstaaten,

a) die einschlägigen Vorschriften ihres Steuerrechts anzuwenden, die Steuerpflichtige mit unterschiedlichem Wohnort oder Kapitalanlageort unterschiedlich behandeln,
b) die unerlässlichen Maßnahmen zu treffen, um Zuwiderhandlungen gegen innerstaatliche Rechts- und Verwaltungsvorschriften, insbesondere auf dem Gebiet des Steuerrechts und der Aufsicht über Finanzinstitute, zu verhindern, sowie Meldeverfahren für den Kapitalverkehr zwecks administrativer oder statistischer Information vorzusehen oder Maßnahmen zu ergreifen, die aus Gründen der öffentlichen Ordnung oder Sicherheit gerechtfertigt sind.

(2) Dieses Kapitel berührt nicht die Anwendbarkeit von Beschränkungen des Niederlassungsrechts, die mit den Verträgen vereinbar sind.

(3) Die in den Absätzen 1 und 2 genannten Maßnahmen und Verfahren dürfen weder ein Mittel zur willkürlichen Diskriminierung noch eine verschleierte Beschränkung des freien Kapital- und Zahlungsverkehrs im Sinne des Artikels 63 darstellen.

(4) [1] Sind keine Maßnahmen nach Artikel 64 Absatz 3 erlassen worden, so kann die Kommission oder, wenn diese binnen drei Monaten nach der Vorlage eines entsprechenden Antrags des betreffenden Mitgliedstaats keinen Beschluss erlassen hat, der Rat einen Beschluss erlassen, mit dem festgelegt wird, dass die von einem Mitgliedstaat in Bezug auf ein oder mehrere Drittländer getroffenen restriktiven steuerlichen Maßnahmen insofern als mit den Verträgen vereinbar anzusehen sind, als sie durch eines der Ziele der Union gerechtfertigt und mit dem ordnungsgemäßen Funktionieren des Binnenmarkts vereinbar sind. [2] Der Rat beschließt einstimmig auf Antrag eines Mitgliedstaats.

Art. 66 [Kurzfristige Schutzmaßnahmen] Falls Kapitalbewegungen nach oder aus dritten Ländern unter außergewöhnlichen Umständen das Funktionieren der Wirtschafts- und Währungsunion schwerwiegend stören oder zu stören drohen, kann der Rat auf Vorschlag der Kommission und nach Anhörung der Europäischen Zentralbank gegenüber dritten Ländern Schutzmaßnahmen mit einer Geltungsdauer von höchstens sechs Monaten treffen, wenn diese unbedingt erforderlich sind.

Titel V. Der Raum der Freiheit, der Sicherheit und des Rechts

Kapitel 1. Allgemeine Bestimmungen

Art. 67 [Grundsätze] (1) Die Union bildet einen Raum der Freiheit, der Sicherheit und des Rechts, in dem die Grundrechte und die verschiedenen Rechtsordnungen und -traditionen der Mitgliedstaaten geachtet werden.

(2) [1] Sie stellt sicher, dass Personen an den Binnengrenzen nicht kontrolliert werden, und entwickelt eine gemeinsame Politik in den Bereichen Asyl, Einwanderung und Kontrollen an den Außengrenzen, die sich auf die Solidarität der Mitgliedstaaten gründet und gegenüber Drittstaatsangehörigen angemessen ist. [2] Für die Zwecke dieses Titels werden Staatenlose den Drittstaatsangehörigen gleichgestellt.

(3) Die Union wirkt darauf hin, durch Maßnahmen zur Verhütung und Bekämpfung von Kriminalität sowie von Rassismus und Fremdenfeindlichkeit, zur Koordinierung und Zusammenarbeit von Polizeibehörden und Organen der Strafrechtspflege und den anderen zuständigen Behörden sowie durch die gegenseitige Anerkennung strafrechtlicher Entscheidungen und erforderlichenfalls durch die Angleichung der strafrechtlichen Rechtsvorschriften ein hohes Maß an Sicherheit zu gewährleisten.

(4) Die Union erleichtert den Zugang zum Recht, insbesondere durch den Grundsatz der gegenseitigen Anerkennung gerichtlicher und außergerichtlicher Entscheidungen in Zivilsachen.

Art. 68 [Strategische Leitlinien] Der Europäische Rat legt die strategischen Leitlinien für die gesetzgeberische und operative Programmplanung im Raum der Freiheit, der Sicherheit und des Rechts fest.

Art. 69 [Achtung des Subsidiaritätsprinzips] Die nationalen Parlamente tragen bei Gesetzgebungsvorschlägen und -initiativen, die im Rahmen der Kapitel 4 und 5 vorgelegt werden, Sorge für die Achtung des Subsidiaritätsprinzips nach Maßgabe des Protokolls über die Anwendung der Grundsätze der Subsidiarität und der Verhältnismäßigkeit[1)].

Art. 70 [Kontrollsystem für nationale Durchführungsmaßnahmen]
[1] Unbeschadet der Artikel 258, 259 und 260 kann der Rat auf Vorschlag der Kommission Maßnahmen erlassen, mit denen Einzelheiten festgelegt werden, nach denen die Mitgliedstaaten in Zusammenarbeit mit der Kommission eine objektive und unparteiische Bewertung der Durchführung der unter diesen Titel fallenden Unionspolitik durch die Behörden der Mitgliedstaaten vornehmen, insbesondere um die umfassende Anwendung des Grundsatzes der gegenseitigen Anerkennung zu fördern. [2] Das Europäische Parlament und die nationalen Parlamente werden vom Inhalt und den Ergebnissen dieser Bewertung unterrichtet.

Art. 71 [Ständiger Ausschuss „Innere Sicherheit"] [1] Im Rat wird ein ständiger Ausschuss eingesetzt, um sicherzustellen, dass innerhalb der Union die operative Zusammenarbeit im Bereich der inneren Sicherheit gefördert und

---

[1)] Nr. **18/2**.

verstärkt wird. [2]Er fördert unbeschadet des Artikels 240 die Koordinierung der Maßnahmen der zuständigen Behörden der Mitgliedstaaten. [3]Die Vertreter der betroffenen Einrichtungen und sonstigen Stellen der Union können an den Arbeiten des Ausschusses beteiligt werden. [4]Das Europäische Parlament und die nationalen Parlamente werden über die Arbeiten des Ausschusses auf dem Laufenden gehalten.

Art. 72 [Nationale Zuständigkeiten] Dieser Titel berührt nicht die Wahrnehmung der Zuständigkeiten der Mitgliedstaaten für die Aufrechterhaltung der öffentlichen Ordnung und den Schutz der inneren Sicherheit.

Art. 73 [Zusammenarbeit der Mitgliedstaaten] Es steht den Mitgliedstaaten frei, untereinander und in eigener Verantwortung Formen der Zusammenarbeit und Koordinierung zwischen den zuständigen Dienststellen ihrer für den Schutz der nationalen Sicherheit verantwortlichen Verwaltungen einzurichten, die sie für geeignet halten.

Art. 74 [Maßnahmen zur Verwaltungszusammenarbeit] [1]Der Rat erlässt Maßnahmen, um die Verwaltungszusammenarbeit zwischen den zuständigen Dienststellen der Mitgliedstaaten in den Bereichen dieses Titels sowie die Zusammenarbeit zwischen diesen Dienststellen und der Kommission zu gewährleisten. [2]Dabei beschließt er auf Vorschlag der Kommission vorbehaltlich des Artikels 76 und nach Anhörung des Europäischen Parlaments.

Art. 75 [Maßnahmen gegen Terrorismusfinanzierung] *[1]* Sofern dies notwendig ist, um die Ziele des Artikels 67 in Bezug auf die Verhütung und Bekämpfung von Terrorismus und damit verbundener Aktivitäten zu verwirklichen, schaffen das Europäische Parlament und der Rat gemäß dem ordentlichen Gesetzgebungsverfahren durch Verordnungen einen Rahmen für Verwaltungsmaßnahmen in Bezug auf Kapitalbewegungen und Zahlungen, wozu das Einfrieren von Geldern, finanziellen Vermögenswerten oder wirtschaftlichen Erträgen gehören kann, deren Eigentümer oder Besitzer natürliche oder juristische Personen, Gruppierungen oder nichtstaatliche Einheiten sind.

[2] Der Rat erlässt auf Vorschlag der Kommission Maßnahmen zur Umsetzung des in Absatz 1 genannten Rahmens.

[3] In den Rechtsakten nach diesem Artikel müssen die erforderlichen Bestimmungen über den Rechtsschutz vorgesehen sein.

Art. 76 [Initiativrecht] Die in den Kapiteln 4 und 5 genannten Rechtsakte sowie die in Artikel 74 genannten Maßnahmen, mit denen die Verwaltungszusammenarbeit in den Bereichen der genannten Kapitel gewährleistet wird, werden wie folgt erlassen:

a) auf Vorschlag der Kommission oder

b) auf Initiative eines Viertels der Mitgliedstaaten.

Kapitel 2. Politik im Bereich Grenzkontrollen, Asyl und Einwanderung

Art. 77 [Grenzschutzpolitik] (1) Die Union entwickelt eine Politik, mit der

a) sichergestellt werden soll, dass Personen unabhängig von ihrer Staatsangehörigkeit beim Überschreiten der Binnengrenzen nicht kontrolliert werden;
b) die Personenkontrolle und die wirksame Überwachung des Grenzübertritts an den Außengrenzen sichergestellt werden soll;
c) schrittweise ein integriertes Grenzschutzsystem an den Außengrenzen eingeführt werden soll.

(2) Für die Zwecke des Absatzes 1 erlassen das Europäische Parlament und der Rat gemäß dem ordentlichen Gesetzgebungsverfahren Maßnahmen, die folgende Bereiche betreffen:
a) die gemeinsame Politik in Bezug auf Visa und andere kurzfristige Aufenthaltstitel;
b) die Kontrollen, denen Personen beim Überschreiten der Außengrenzen unterzogen werden;
c) die Voraussetzungen, unter denen sich Drittstaatsangehörige innerhalb der Union während eines kurzen Zeitraums frei bewegen können;
d) alle Maßnahmen, die für die schrittweise Einführung eines integrierten Grenzschutzsystems an den Außengrenzen erforderlich sind;
e) die Abschaffung der Kontrolle von Personen gleich welcher Staatsangehörigkeit beim Überschreiten der Binnengrenzen.

(3) [1] Erscheint zur Erleichterung der Ausübung des in Artikel 20 Absatz 2 Buchstabe a genannten Rechts ein Tätigwerden der Union erforderlich, so kann der Rat gemäß einem besonderen Gesetzgebungsverfahren Bestimmungen betreffend Pässe, Personalausweise, Aufenthaltstitel oder diesen gleichgestellte Dokumente erlassen, sofern die Verträge hierfür anderweitig keine Befugnisse vorsehen. [2] Der Rat beschließt einstimmig nach Anhörung des Europäischen Parlaments.

(4) Dieser Artikel berührt nicht die Zuständigkeit der Mitgliedstaaten für die geografische Festlegung ihrer Grenzen nach dem Völkerrecht.

Art. 78 [Asylpolitik] (1) [1] Die Union entwickelt eine gemeinsame Politik im Bereich Asyl, subsidiärer Schutz und vorübergehender Schutz, mit der jedem Drittstaatsangehörigen, der internationalen Schutz benötigt, ein angemessener Status angeboten und die Einhaltung des Grundsatzes der Nicht-Zurückweisung gewährleistet werden soll. [2] Diese Politik muss mit dem Genfer Abkommen vom 28. Juli 1951 und dem Protokoll vom 31. Januar 1967 über die Rechtsstellung der Flüchtlinge sowie den anderen einschlägigen Verträgen im Einklang stehen.

(2) Für die Zwecke des Absatzes 1 erlassen das Europäische Parlament und der Rat gemäß dem ordentlichen Gesetzgebungsverfahren Maßnahmen in Bezug auf ein gemeinsames europäisches Asylsystem, das Folgendes umfasst:
a) einen in der ganzen Union gültigen einheitlichen Asylstatus für Drittstaatsangehörige;
b) einen einheitlichen subsidiären Schutzstatus für Drittstaatsangehörige, die keinen europäischen Asylstatus erhalten, aber internationalen Schutz benötigen;

c) eine gemeinsame Regelung für den vorübergehenden Schutz von Vertriebenen im Falle eines Massenzustroms;
d) gemeinsame Verfahren für die Gewährung und den Entzug des einheitlichen Asylstatus beziehungsweise des subsidiären Schutzstatus;
e) Kriterien und Verfahren zur Bestimmung des Mitgliedstaats, der für die Prüfung eines Antrags auf Asyl oder subsidiären Schutz zuständig ist;
f) Normen über die Aufnahmebedingungen von Personen, die Asyl oder subsidiären Schutz beantragen;
g) Partnerschaft und Zusammenarbeit mit Drittländern zur Steuerung des Zustroms von Personen, die Asyl oder subsidiären beziehungsweise vorübergehenden Schutz beantragen.

(3) [1] Befinden sich ein oder mehrere Mitgliedstaaten aufgrund eines plötzlichen Zustroms von Drittstaatsangehörigen in einer Notlage, so kann der Rat auf Vorschlag der Kommission vorläufige Maßnahmen zugunsten der betreffenden Mitgliedstaaten erlassen. [2] Er beschließt nach Anhörung des Europäischen Parlaments.

Art. 79 [Einwanderungspolitik] (1) Die Union entwickelt eine gemeinsame Einwanderungspolitik, die in allen Phasen eine wirksame Steuerung der Migrationsströme, eine angemessene Behandlung von Drittstaatsangehörigen, die sich rechtmäßig in einem Mitgliedstaat aufhalten, sowie die Verhütung und verstärkte Bekämpfung von illegaler Einwanderung und Menschenhandel gewährleisten soll.

(2) Für die Zwecke des Absatzes 1 erlassen das Europäische Parlament und der Rat gemäß dem ordentlichen Gesetzgebungsverfahren Maßnahmen in folgenden Bereichen:
a) Einreise- und Aufenthaltsvoraussetzungen sowie Normen für die Erteilung von Visa und Aufenthaltstiteln für einen langfristigen Aufenthalt, einschließlich solcher zur Familienzusammenführung, durch die Mitgliedstaaten;
b) Festlegung der Rechte von Drittstaatsangehörigen, die sich rechtmäßig in einem Mitgliedstaat aufhalten, einschließlich der Bedingungen, unter denen sie sich in den anderen Mitgliedstaaten frei bewegen und aufhalten dürfen;
c) illegale Einwanderung und illegaler Aufenthalt, einschließlich Abschiebung und Rückführung solcher Personen, die sich illegal in einem Mitgliedstaat aufhalten;
d) Bekämpfung des Menschenhandels, insbesondere des Handels mit Frauen und Kindern.

(3) Die Union kann mit Drittländern Übereinkünfte über eine Rückübernahme von Drittstaatsangehörigen in ihr Ursprungs- oder Herkunftsland schließen, die die Voraussetzungen für die Einreise in das Hoheitsgebiet eines der Mitgliedstaaten oder die Anwesenheit oder den Aufenthalt in diesem Gebiet nicht oder nicht mehr erfüllen.

(4) Das Europäische Parlament und der Rat können gemäß dem ordentlichen Gesetzgebungsverfahren unter Ausschluss jeglicher Harmonisierung der Rechtsvorschriften der Mitgliedstaaten Maßnahmen festlegen, mit denen die Bemühungen der Mitgliedstaaten um die Integration der sich rechtmäßig in

ihrem Hoheitsgebiet aufhaltenden Drittstaatsangehörigen gefördert und unterstützt werden.

(5) Dieser Artikel berührt nicht das Recht der Mitgliedstaaten, festzulegen, wie viele Drittstaatsangehörige aus Drittländern in ihr Hoheitsgebiet einreisen dürfen, um dort als Arbeitnehmer oder Selbstständige Arbeit zu suchen.

Art. 80 [Grundsatz der Solidarität] [1] Für die unter dieses Kapitel fallende Politik der Union und ihre Umsetzung gilt der Grundsatz der Solidarität und der gerechten Aufteilung der Verantwortlichkeiten unter den Mitgliedstaaten, einschließlich in finanzieller Hinsicht. [2] Die aufgrund dieses Kapitels erlassenen Rechtsakte der Union enthalten, immer wenn dies erforderlich ist, entsprechende Maßnahmen für die Anwendung dieses Grundsatzes.

Kapitel 3. Justizielle Zusammenarbeit in Zivilsachen

Art. 81 [Justizielle Zusammenarbeit in Zivilsachen] (1) [1] Die Union entwickelt eine justizielle Zusammenarbeit in Zivilsachen mit grenzüberschreitendem Bezug, die auf dem Grundsatz der gegenseitigen Anerkennung gerichtlicher und außergerichtlicher Entscheidungen beruht. [2] Diese Zusammenarbeit kann den Erlass von Maßnahmen zur Angleichung der Rechtsvorschriften der Mitgliedstaaten umfassen.

(2) Für die Zwecke des Absatzes 1 erlassen das Europäische Parlament und der Rat, insbesondere wenn dies für das reibungslose Funktionieren des Binnenmarkts erforderlich ist, gemäß dem ordentlichen Gesetzgebungsverfahren Maßnahmen, die Folgendes sicherstellen sollen:

a) die gegenseitige Anerkennung und die Vollstreckung gerichtlicher und außergerichtlicher Entscheidungen zwischen den Mitgliedstaaten;
b) die grenzüberschreitende Zustellung gerichtlicher und außergerichtlicher Schriftstücke;
c) die Vereinbarkeit der in den Mitgliedstaaten geltenden Kollisionsnormen und Vorschriften zur Vermeidung von Kompetenzkonflikten;
d) die Zusammenarbeit bei der Erhebung von Beweismitteln;
e) einen effektiven Zugang zum Recht;
f) die Beseitigung von Hindernissen für die reibungslose Abwicklung von Zivilverfahren, erforderlichenfalls durch Förderung der Vereinbarkeit der in den Mitgliedstaaten geltenden zivilrechtlichen Verfahrensvorschriften;
g) die Entwicklung von alternativen Methoden für die Beilegung von Streitigkeiten;
h) die Förderung der Weiterbildung von Richtern und Justizbediensteten.

(3) *[1]* [1] Abweichend von Absatz 2 werden Maßnahmen zum Familienrecht mit grenzüberschreitendem Bezug vom Rat gemäß einem besonderen Gesetzgebungsverfahren festgelegt. [2] Dieser beschließt einstimmig nach Anhörung des Europäischen Parlaments.

[2] [1] Der Rat kann auf Vorschlag der Kommission einen Beschluss erlassen, durch den die Aspekte des Familienrechts mit grenzüberschreitendem Bezug bestimmt werden, die Gegenstand von Rechtsakten sein können, die gemäß dem ordentlichen Gesetzgebungsverfahren erlassen werden. [2] Der Rat beschließt einstimmig nach Anhörung des Europäischen Parlaments.

[3] [1] Der in Unterabsatz 2 genannte Vorschlag wird den nationalen Parlamenten übermittelt. [2] Wird dieser Vorschlag innerhalb von sechs Monaten nach der Übermittlung von einem nationalen Parlament abgelehnt, so wird der Beschluss nicht erlassen. [3] Wird der Vorschlag nicht abgelehnt, so kann der Rat den Beschluss erlassen.

Kapitel 4. Justizielle Zusammenarbeit in Strafsachen

Art. 82 [Grundsatz der gegenseitigen Anerkennung; Mindestvorschriften] (1) *[1]* Die justizielle Zusammenarbeit in Strafsachen in der Union beruht auf dem Grundsatz der gegenseitigen Anerkennung gerichtlicher Urteile und Entscheidungen und umfasst die Angleichung der Rechtsvorschriften der Mitgliedstaaten in den in Absatz 2 und in Artikel 83 genannten Bereichen.

[2] Das Europäische Parlament und der Rat erlassen gemäß dem ordentlichen Gesetzgebungsverfahren Maßnahmen, um

a) Regeln und Verfahren festzulegen, mit denen die Anerkennung aller Arten von Urteilen und gerichtlichen Entscheidungen in der gesamten Union sichergestellt wird;
b) Kompetenzkonflikte zwischen den Mitgliedstaaten zu verhindern und beizulegen;
c) die Weiterbildung von Richtern und Staatsanwälten sowie Justizbediensteten zu fördern;
d) die Zusammenarbeit zwischen den Justizbehörden oder entsprechenden Behörden der Mitgliedstaaten im Rahmen der Strafverfolgung sowie des Vollzugs und der Vollstreckung von Entscheidungen zu erleichtern.

(2) *[1]* [1] Soweit dies zur Erleichterung der gegenseitigen Anerkennung gerichtlicher Urteile und Entscheidungen und der polizeilichen und justiziellen Zusammenarbeit in Strafsachen mit grenzüberschreitender Dimension erforderlich ist, können das Europäische Parlament und der Rat gemäß dem ordentlichen Gesetzgebungsverfahren durch Richtlinien Mindestvorschriften festlegen. [2] Bei diesen Mindestvorschriften werden die Unterschiede zwischen den Rechtsordnungen und -traditionen der Mitgliedstaaten berücksichtigt.

[2] Die Vorschriften betreffen Folgendes:

a) die Zulässigkeit von Beweismitteln auf gegenseitiger Basis zwischen den Mitgliedstaaten;
b) die Rechte des Einzelnen im Strafverfahren;
c) die Rechte der Opfer von Straftaten;
d) sonstige spezifische Aspekte des Strafverfahrens, die zuvor vom Rat durch Beschluss bestimmt worden sind; dieser Beschluss wird vom Rat einstimmig nach Zustimmung des Europäischen Parlaments erlassen.

[3] Der Erlass von Mindestvorschriften nach diesem Absatz hindert die Mitgliedstaaten nicht daran, ein höheres Schutzniveau für den Einzelnen beizubehalten oder einzuführen.

(3) *[1]* [1] Ist ein Mitglied des Rates der Auffassung, dass ein Entwurf einer Richtlinie nach Absatz 2 grundlegende Aspekte seiner Strafrechtsordnung berühren würde, so kann es beantragen, dass der Europäische Rat befasst wird. [2] In diesem Fall wird das ordentliche Gesetzgebungsverfahren ausgesetzt. [3] Nach

einer Aussprache verweist der Europäische Rat im Falle eines Einvernehmens den Entwurf binnen vier Monaten nach Aussetzung des Verfahrens an den Rat zurück, wodurch die Aussetzung des ordentlichen Gesetzgebungsverfahrens beendet wird.

[2] [1] Sofern kein Einvernehmen erzielt wird, mindestens neun Mitgliedstaaten aber eine Verstärkte Zusammenarbeit auf der Grundlage des betreffenden Entwurfs einer Richtlinie begründen möchten, teilen diese Mitgliedstaaten dies binnen derselben Frist dem Europäischen Parlament, dem Rat und der Kommission mit. [2] In diesem Fall gilt die Ermächtigung zu einer Verstärkten Zusammenarbeit nach Artikel 20 Absatz 2 des Vertrags über die Europäische Union[1)] und Artikel 329 Absatz 1 dieses Vertrags als erteilt, und die Bestimmungen über die Verstärkte Zusammenarbeit finden Anwendung.

Art. 83 [Straftaten mit grenzüberschreitender Dimension] (1) *[1]* Das Europäische Parlament und der Rat können gemäß dem ordentlichen Gesetzgebungsverfahren durch Richtlinien Mindestvorschriften zur Festlegung von Straftaten und Strafen in Bereichen besonders schwerer Kriminalität festlegen, die aufgrund der Art oder der Auswirkungen der Straftaten oder aufgrund einer besonderen Notwendigkeit, sie auf einer gemeinsamen Grundlage zu bekämpfen, eine grenzüberschreitende Dimension haben.

[2] Derartige Kriminalitätsbereiche sind: Terrorismus, Menschenhandel und sexuelle Ausbeutung von Frauen und Kindern, illegaler Drogenhandel, illegaler Waffenhandel, Geldwäsche, Korruption, Fälschung von Zahlungsmitteln, Computerkriminalität und organisierte Kriminalität.

[3] [1] Je nach Entwicklung der Kriminalität kann der Rat einen Beschluss erlassen, in dem andere Kriminalitätsbereiche bestimmt werden, die die Kriterien dieses Absatzes erfüllen. [2] Er beschließt einstimmig nach Zustimmung des Europäischen Parlaments.

(2) [1] Erweist sich die Angleichung der strafrechtlichen Rechtsvorschriften der Mitgliedstaaten als unerlässlich für die wirksame Durchführung der Politik der Union auf einem Gebiet, auf dem Harmonisierungsmaßnahmen erfolgt sind, so können durch Richtlinien Mindestvorschriften für die Festlegung von Straftaten und Strafen auf dem betreffenden Gebiet festgelegt werden. [2] Diese Richtlinien werden unbeschadet des Artikels 76 gemäß dem gleichen ordentlichen oder besonderen Gesetzgebungsverfahren wie die betreffenden Harmonisierungsmaßnahmen erlassen.

(3) *[1]* [1] Ist ein Mitglied des Rates der Auffassung, dass der Entwurf einer Richtlinie nach den Absätzen 1 oder 2 grundlegende Aspekte seiner Strafrechtsordnung berühren würde, so kann es beantragen, dass der Europäische Rat befasst wird. [2] In diesem Fall wird das ordentliche Gesetzgebungsverfahren ausgesetzt. [3] Nach einer Aussprache verweist der Europäische Rat im Falle eines Einvernehmens den Entwurf binnen vier Monaten nach Aussetzung des Verfahrens an den Rat zurück, wodurch die Aussetzung des ordentlichen Gesetzgebungsverfahrens beendet wird.

[2] [1] Sofern kein Einvernehmen erzielt wird, mindestens neun Mitgliedstaaten aber eine Verstärkte Zusammenarbeit auf der Grundlage des betreffenden Entwurfs einer Richtlinie begründen möchten, teilen diese Mitgliedstaaten dies

---

[1)] Nr. **16**.

binnen derselben Frist dem Europäischen Parlament, dem Rat und der Kommission mit. [2] In diesem Fall gilt die Ermächtigung zu einer Verstärkten Zusammenarbeit nach Artikel 20 Absatz 2 des Vertrags über die Europäische Union[1)] und Artikel 329 Absatz 1 dieses Vertrags als erteilt, und die Bestimmungen über die Verstärkte Zusammenarbeit finden Anwendung.

Art. 84 [Kriminalprävention] Das Europäische Parlament und der Rat können gemäß dem ordentlichen Gesetzgebungsverfahren unter Ausschluss jeglicher Harmonisierung der Rechtsvorschriften der Mitgliedstaaten Maßnahmen festlegen, um das Vorgehen der Mitgliedstaaten im Bereich der Kriminalprävention zu fördern und zu unterstützen.

Art. 85 [Eurojust] (1) *[1]* Eurojust hat den Auftrag, die Koordinierung und Zusammenarbeit zwischen den nationalen Behörden zu unterstützen und zu verstärken, die für die Ermittlung und Verfolgung von schwerer Kriminalität zuständig sind, wenn zwei oder mehr Mitgliedstaaten betroffen sind oder eine Verfolgung auf gemeinsamer Grundlage erforderlich ist; Eurojust stützt sich dabei auf die von den Behörden der Mitgliedstaaten und von Europol durchgeführten Operationen und gelieferten Informationen.

[2] [1] Zu diesem Zweck legen das Europäische Parlament und der Rat gemäß dem ordentlichen Gesetzgebungsverfahren durch Verordnungen den Aufbau, die Arbeitsweise, den Tätigkeitsbereich und die Aufgaben von Eurojust fest. [2] Zu diesen Aufgaben kann Folgendes gehören:

a) Einleitung von strafrechtlichen Ermittlungsmaßnahmen sowie Vorschläge zur Einleitung von strafrechtlichen Verfolgungsmaßnahmen, die von den zuständigen nationalen Behörden durchgeführt werden, insbesondere bei Straftaten zum Nachteil der finanziellen Interessen der Union;
b) Koordinierung der unter Buchstabe a genannten Ermittlungs- und Verfolgungsmaßnahmen;
c) Verstärkung der justiziellen Zusammenarbeit, unter anderem auch durch die Beilegung von Kompetenzkonflikten und eine enge Zusammenarbeit mit dem Europäischen Justiziellen Netz.

[3] Durch diese Verordnungen werden ferner die Einzelheiten für die Beteiligung des Europäischen Parlaments und der nationalen Parlamente an der Bewertung der Tätigkeit von Eurojust festgelegt.

(2) Im Rahmen der Strafverfolgungsmaßnahmen nach Absatz 1 werden die förmlichen Prozesshandlungen unbeschadet des Artikels 86 durch die zuständigen einzelstaatlichen Bediensteten vorgenommen.

Art. 86 [Europäische Staatsanwaltschaft] (1) *[1]* [1] Zur Bekämpfung von Straftaten zum Nachteil der finanziellen Interessen der Union kann der Rat gemäß einem besonderen Gesetzgebungsverfahren durch Verordnungen ausgehend von Eurojust eine Europäische Staatsanwaltschaft einsetzen. [2] Der Rat beschließt einstimmig nach Zustimmung des Europäischen Parlaments.

[2] [1] Sofern keine Einstimmigkeit besteht, kann eine Gruppe von mindestens neun Mitgliedstaaten beantragen, dass der Europäische Rat mit dem Entwurf

---

[1)] Nr. **16**.

einer Verordnung befasst wird. [2] In diesem Fall wird das Verfahren im Rat ausgesetzt. [3] Nach einer Aussprache verweist der Europäische Rat im Falle eines Einvernehmens den Entwurf binnen vier Monaten nach Aussetzung des Verfahrens an den Rat zur Annahme zurück.

[3] [1] Sofern kein Einvernehmen erzielt wird, mindestens neun Mitgliedstaaten aber eine Verstärkte Zusammenarbeit auf der Grundlage des betreffenden Entwurfs einer Verordnung begründen möchten, teilen diese Mitgliedstaaten dies binnen derselben Frist dem Europäischen Parlament, dem Rat und der Kommission mit. [2] In diesem Fall gilt die Ermächtigung zu einer Verstärkten Zusammenarbeit nach Artikel 20 Absatz 2 des Vertrags über die Europäische Union[1)] und Artikel 329 Absatz 1 dieses Vertrags als erteilt, und die Bestimmungen über die Verstärkte Zusammenarbeit finden Anwendung.

(2) [1] Die Europäische Staatsanwaltschaft ist, gegebenenfalls in Verbindung mit Europol, zuständig für die strafrechtliche Untersuchung und Verfolgung sowie die Anklageerhebung in Bezug auf Personen, die als Täter oder Teilnehmer Straftaten zum Nachteil der finanziellen Interessen der Union begangen haben, die in der Verordnung nach Absatz 1 festgelegt sind. [2] Die Europäische Staatsanwaltschaft nimmt bei diesen Straftaten vor den zuständigen Gerichten der Mitgliedstaaten die Aufgaben der Staatsanwaltschaft wahr.

(3) Die in Absatz 1 genannte Verordnung legt die Satzung der Europäischen Staatsanwaltschaft, die Einzelheiten für die Erfüllung ihrer Aufgaben, die für ihre Tätigkeit geltenden Verfahrensvorschriften sowie die Regeln für die Zulässigkeit von Beweismitteln und für die gerichtliche Kontrolle der von der Europäischen Staatsanwaltschaft bei der Erfüllung ihrer Aufgaben vorgenommenen Prozesshandlungen fest.

(4) [1] Der Europäische Rat kann gleichzeitig mit der Annahme der Verordnung oder im Anschluss daran einen Beschluss zur Änderung des Absatzes 1 mit dem Ziel einer Ausdehnung der Befugnisse der Europäischen Staatsanwaltschaft auf die Bekämpfung der schweren Kriminalität mit grenzüberschreitender Dimension und zur entsprechenden Änderung des Absatzes 2 hinsichtlich Personen, die als Täter oder Teilnehmer schwere, mehr als einen Mitgliedstaat betreffende Straftaten begangen haben, erlassen. [2] Der Europäische Rat beschließt einstimmig nach Zustimmung des Europäischen Parlaments und nach Anhörung der Kommission.

Kapitel 5. Polizeiliche Zusammenarbeit

Art. 87 [Polizeiliche Zusammenarbeit] (1) Die Union entwickelt eine polizeiliche Zusammenarbeit zwischen allen zuständigen Behörden der Mitgliedstaaten, einschließlich der Polizei, des Zolls und anderer auf die Verhütung oder die Aufdeckung von Straftaten sowie entsprechende Ermittlungen spezialisierter Strafverfolgungsbehörden.

(2) Für die Zwecke des Absatzes 1 können das Europäische Parlament und der Rat gemäß dem ordentlichen Gesetzgebungsverfahren Maßnahmen erlassen, die Folgendes betreffen:

a) Einholen, Speichern, Verarbeiten, Analysieren und Austauschen sachdienlicher Informationen;

---

1) Nr. **16**.

b) Unterstützung bei der Aus- und Weiterbildung von Personal sowie Zusammenarbeit in Bezug auf den Austausch von Personal, die Ausrüstungsgegenstände und die kriminaltechnische Forschung;

c) gemeinsame Ermittlungstechniken zur Aufdeckung schwerwiegender Formen der organisierten Kriminalität.

(3) *[1]* [1]Der Rat kann gemäß einem besonderen Gesetzgebungsverfahren Maßnahmen erlassen, die die operative Zusammenarbeit zwischen den in diesem Artikel genannten Behörden betreffen. [2]Der Rat beschließt einstimmig nach Anhörung des Europäischen Parlaments.

[2] [1]Sofern keine Einstimmigkeit besteht, kann eine Gruppe von mindestens neun Mitgliedstaaten beantragen, dass der Europäische Rat mit dem Entwurf von Maßnahmen befasst wird. [2]In diesem Fall wird das Verfahren im Rat ausgesetzt. [3]Nach einer Aussprache verweist der Europäische Rat im Falle eines Einvernehmens den Entwurf binnen vier Monaten nach Aussetzung des Verfahrens an den Rat zur Annahme zurück.

[3] [1]Sofern kein Einvernehmen erzielt wird, mindestens neun Mitgliedstaaten aber eine Verstärkte Zusammenarbeit auf der Grundlage des betreffenden Entwurfs von Maßnahmen begründen möchten, teilen diese Mitgliedstaaten dies binnen derselben Frist dem Europäischen Parlament, dem Rat und der Kommission mit. [2]In diesem Fall gilt die Ermächtigung zu einer Verstärkten Zusammenarbeit nach Artikel 20 Absatz 2 des Vertrags über die Europäische Union[1)] und Artikel 329 Absatz 1 dieses Vertrags als erteilt, und die Bestimmungen über die Verstärkte Zusammenarbeit finden Anwendung.

[4] Das besondere Verfahren nach den Unterabsätzen 2 und 3 gilt nicht für Rechtsakte, die eine Weiterentwicklung des Schengen-Besitzstands darstellen.

Art. 88 [Europol] (1) Europol hat den Auftrag, die Tätigkeit der Polizeibehörden und der anderen Strafverfolgungsbehörden der Mitgliedstaaten sowie deren gegenseitige Zusammenarbeit bei der Verhütung und Bekämpfung der zwei oder mehr Mitgliedstaaten betreffenden schweren Kriminalität, des Terrorismus und der Kriminalitätsformen, die ein gemeinsames Interesse verletzen, das Gegenstand einer Politik der Union ist, zu unterstützen und zu verstärken.

(2) *[1]* [1]Das Europäische Parlament und der Rat legen gemäß dem ordentlichen Gesetzgebungsverfahren durch Verordnungen den Aufbau, die Arbeitsweise, den Tätigkeitsbereich und die Aufgaben von Europol fest. [2]Zu diesen Aufgaben kann Folgendes gehören:

a) Einholen, Speichern, Verarbeiten, Analysieren und Austauschen von Informationen, die insbesondere von den Behörden der Mitgliedstaaten oder Drittländern beziehungsweise Stellen außerhalb der Union übermittelt werden;

b) Koordinierung, Organisation und Durchführung von Ermittlungen und von operativen Maßnahmen, die gemeinsam mit den zuständigen Behörden der Mitgliedstaaten oder im Rahmen gemeinsamer Ermittlungsgruppen durchgeführt werden, gegebenenfalls in Verbindung mit Eurojust.

[1)] Nr. **16**.

[2] Durch diese Verordnungen werden ferner die Einzelheiten für die Kontrolle der Tätigkeiten von Europol durch das Europäische Parlament festgelegt; an dieser Kontrolle werden die nationalen Parlamente beteiligt.

(3) [1] Europol darf operative Maßnahmen nur in Verbindung und in Absprache mit den Behörden des Mitgliedstaats oder der Mitgliedstaaten ergreifen, deren Hoheitsgebiet betroffen ist. [2] Die Anwendung von Zwangsmaßnahmen bleibt ausschließlich den zuständigen einzelstaatlichen Behörden vorbehalten.

Art. 89 [Grenzüberschreitende Behördentätigkeit] [1] Der Rat legt gemäß einem besonderen Gesetzgebungsverfahren fest, unter welchen Bedingungen und innerhalb welcher Grenzen die in den Artikeln 82 und 87 genannten zuständigen Behörden der Mitgliedstaaten im Hoheitsgebiet eines anderen Mitgliedstaats in Verbindung und in Absprache mit dessen Behörden tätig werden dürfen. [2] Der Rat beschließt einstimmig nach Anhörung des Europäischen Parlaments.

Titel VI. Der Verkehr

Art. 90 [Gemeinsame Verkehrspolitik] Auf dem in diesem Titel geregelten Sachgebiet werden die Ziele der Verträge im Rahmen einer gemeinsamen Verkehrspolitik verfolgt.

Art. 91 [Erlass von zweckdienlichen Maßnahmen] (1) Zur Durchführung des Artikels 90 werden das Europäische Parlament und der Rat unter Berücksichtigung der Besonderheiten des Verkehrs gemäß dem ordentlichen Gesetzgebungsverfahren und nach Anhörung des Wirtschafts- und Sozialausschusses sowie des Ausschusses der Regionen

a) für den internationalen Verkehr aus oder nach dem Hoheitsgebiet eines Mitgliedstaats oder für den Durchgangsverkehr durch das Hoheitsgebiet eines oder mehrerer Mitgliedstaaten gemeinsame Regeln aufstellen;

b) für die Zulassung von Verkehrsunternehmern zum Verkehr innerhalb eines Mitgliedstaats, in dem sie nicht ansässig sind, die Bedingungen festlegen;

c) Maßnahmen zur Verbesserung der Verkehrssicherheit erlassen;

d) alle sonstigen zweckdienlichen Vorschriften erlassen.

(2) Beim Erlass von Maßnahmen nach Absatz 1 wird den Fällen Rechnung getragen, in denen die Anwendung den Lebensstandard und die Beschäftigungslage in bestimmten Regionen sowie den Betrieb der Verkehrseinrichtungen ernstlich beeinträchtigen könnte.

Art. 92 [Stillhalteverpflichtung] Bis zum Erlass der in Artikel 91 Absatz 1 genannten Vorschriften darf ein Mitgliedstaat die verschiedenen, am 1. Januar 1958 oder, im Falle später beigetretener Staaten, zum Zeitpunkt ihres Beitritts auf diesem Gebiet geltenden Vorschriften in ihren unmittelbaren oder mittelbaren Auswirkungen auf die Verkehrsunternehmer anderer Mitgliedstaaten im Vergleich zu den inländischen Verkehrsunternehmern nicht ungünstiger gestalten, es sei denn, dass der Rat einstimmig eine Maßnahme billigt, die eine Ausnahmeregelung gewährt.

Art. 93 [Ausnahmen vom Beihilfeverbot] Mit den Verträgen vereinbar sind Beihilfen, die den Erfordernissen der Koordinierung des Verkehrs oder der

Abgeltung bestimmter, mit dem Begriff des öffentlichen Dienstes zusammenhängender Leistungen entsprechen.

Art. 94 [Berücksichtigung der wirtschaftlichen Lage der Verkehrsunternehmer] Jede Maßnahme auf dem Gebiet der Beförderungsentgelte und -bedingungen, die im Rahmen der Verträge getroffen wird, hat der wirtschaftlichen Lage der Verkehrsunternehmer Rechnung zu tragen.

Art. 95 [Beseitigung von Diskriminierungen] (1) Im Verkehr innerhalb der Union sind Diskriminierungen verboten, die darin bestehen, dass ein Verkehrsunternehmer in denselben Verkehrsverbindungen für die gleichen Güter je nach ihrem Herkunfts- oder Bestimmungsland unterschiedliche Frachten und Beförderungsbedingungen anwendet.

(2) Absatz 1 schließt sonstige Maßnahmen nicht aus, die das Europäische Parlament und der Rat gemäß Artikel 91 Absatz 1 treffen können.

(3) *[1]* Der Rat trifft auf Vorschlag der Kommission und nach Anhörung des Europäischen Parlaments und des Wirtschafts- und Sozialausschusses eine Regelung zur Durchführung des Absatzes 1.

[2] Er kann insbesondere die erforderlichen Vorschriften erlassen, um es den Organen der Union zu ermöglichen, für die Beachtung des Absatzes 1 Sorge zu tragen, und um den Verkehrsnutzern die Vorteile dieser Bestimmung voll zukommen zu lassen.

(4) Die Kommission prüft von sich aus oder auf Antrag eines Mitgliedstaats die Diskriminierungsfälle des Absatzes 1 und erlässt nach Beratung mit jedem in Betracht kommenden Mitgliedstaat die erforderlichen Beschlüsse im Rahmen der gemäß Absatz 3 getroffenen Regelung.

Art. 96 [Verbot von Unterstützungsmaßnahmen, Ausnahmen]

(1) Im Verkehr innerhalb der Union sind die von einem Mitgliedstaat auferlegten Frachten und Beförderungsbedingungen verboten, die in irgendeiner Weise der Unterstützung oder dem Schutz eines oder mehrerer bestimmter Unternehmen oder Industrien dienen, es sei denn, dass die Kommission die Genehmigung hierzu erteilt.

(2) *[1]* Die Kommission prüft von sich aus oder auf Antrag eines Mitgliedstaats die in Absatz 1 bezeichneten Frachten und Beförderungsbedingungen; hierbei berücksichtigt sie insbesondere sowohl die Erfordernisse einer angemessenen Standortpolitik, die Bedürfnisse der unterentwickelten Gebiete und die Probleme der durch politische Umstände schwer betroffenen Gebiete als auch die Auswirkungen dieser Frachten und Beförderungsbedingungen auf den Wettbewerb zwischen den Verkehrsarten.

[2] Die Kommission erlässt die erforderlichen Beschlüsse nach Beratung mit jedem in Betracht kommenden Mitgliedstaat.

(3) Das in Absatz 1 genannte Verbot trifft nicht die Wettbewerbstarife.

Art. 97 [Abgaben und Gebühren bei Grenzübergang] *[1]* Die Abgaben oder Gebühren, die ein Verkehrsunternehmer neben den Frachten beim Grenzübergang in Rechnung stellt, dürfen unter Berücksichtigung der hierdurch tatsächlich verursachten Kosten eine angemessene Höhe nicht übersteigen.

[2] Die Mitgliedstaaten werden bemüht sein, diese Kosten schrittweise zu verringern.

[3] Die Kommission kann zur Durchführung dieses Artikels Empfehlungen an die Mitgliedstaaten richten.

Art. 98 [Teilungsbedingte Ausnahmen für gewisse deutsche Gebiete]

[1] Die Bestimmungen dieses Titels stehen Maßnahmen in der Bundesrepublik Deutschland nicht entgegen, soweit sie erforderlich sind, um die wirtschaftlichen Nachteile auszugleichen, die der Wirtschaft bestimmter, von der Teilung Deutschlands betroffener Gebiete der Bundesrepublik aus dieser Teilung entstehen. [2] Der Rat kann fünf Jahre nach dem Inkrafttreten des Vertrags von Lissabon auf Vorschlag der Kommission einen Beschluss erlassen, mit dem dieser Artikel aufgehoben wird.

Art. 99 [Beratender Ausschuss] [1] Bei der Kommission wird ein beratender Ausschuss gebildet; er besteht aus Sachverständigen, die von den Regierungen der Mitgliedstaaten ernannt werden. [2] Die Kommission hört den Ausschuss je nach Bedarf in Verkehrsfragen an.

Art. 100 [Betroffene Verkehrsmittel] (1) Dieser Titel gilt für die Beförderungen im Eisenbahn-, Straßen- und Binnenschiffsverkehr.

(2) [1] Das Europäische Parlament und der Rat können gemäß dem ordentlichen Gesetzgebungsverfahren geeignete Vorschriften für die Seeschifffahrt und die Luftfahrt erlassen. [2] Sie beschließen nach Anhörung des Wirtschafts- und Sozialausschusses und des Ausschusses der Regionen.

Titel VII. Gemeinsame Regeln betreffend Wettbewerb, Steuerfragen und Angleichung der Rechtsvorschriften

Kapitel 1. Wettbewerbsregeln

Abschnitt 1. Vorschriften für Unternehmen

Art. 101 [Kartellverbot[1])] (1) Mit dem Binnenmarkt unvereinbar und verboten sind alle Vereinbarungen zwischen Unternehmen, Beschlüsse von Unternehmensvereinigungen und aufeinander abgestimmte Verhaltensweisen, welche den Handel zwischen Mitgliedstaaten zu beeinträchtigen geeignet sind und eine Verhinderung, Einschränkung oder Verfälschung des Wettbewerbs innerhalb des Binnenmarkts bezwecken oder bewirken, insbesondere

a) die unmittelbare oder mittelbare Festsetzung der An- oder Verkaufspreise oder sonstiger Geschäftsbedingungen;
b) die Einschränkung oder Kontrolle der Erzeugung, des Absatzes, der technischen Entwicklung oder der Investitionen;
c) die Aufteilung der Märkte oder Versorgungsquellen;
d) die Anwendung unterschiedlicher Bedingungen bei gleichwertigen Leistungen gegenüber Handelspartnern, wodurch diese im Wettbewerb benachteiligt werden;

---

[1]) Siehe ua die Leitlinien zur Anwendung von Artikel 101 des Vertrags über die Arbeitsweise der Europäischen Union auf Technologietransfer-Vereinbarungen v. 28.3.2014 (ABl. C 89 S. 3).

e) die an den Abschluss von Verträgen geknüpfte Bedingung, dass die Vertragspartner zusätzliche Leistungen annehmen, die weder sachlich noch nach Handelsbrauch in Beziehung zum Vertragsgegenstand stehen.

(2) Die nach diesem Artikel verbotenen Vereinbarungen oder Beschlüsse sind nichtig.

(3) Die Bestimmungen des Absatzes 1 können für nicht anwendbar erklärt werden auf

– Vereinbarungen oder Gruppen von Vereinbarungen zwischen Unternehmen,
– Beschlüsse oder Gruppen von Beschlüssen von Unternehmensvereinigungen,
– aufeinander abgestimmte Verhaltensweisen oder Gruppen von solchen,

die unter angemessener Beteiligung der Verbraucher an dem entstehenden Gewinn zur Verbesserung der Warenerzeugung oder -verteilung oder zur Förderung des technischen oder wirtschaftlichen Fortschritts beitragen, ohne dass den beteiligten Unternehmen

a) Beschränkungen auferlegt werden, die für die Verwirklichung dieser Ziele nicht unerlässlich sind, oder
b) Möglichkeiten eröffnet werden, für einen wesentlichen Teil der betreffenden Waren den Wettbewerb auszuschalten.

Art. 102 [Missbrauch einer marktbeherrschenden Stellung] *[1]* Mit dem Binnenmarkt unvereinbar und verboten ist die missbräuchliche Ausnutzung einer beherrschenden Stellung auf dem Binnenmarkt oder auf einem wesentlichen Teil desselben durch ein oder mehrere Unternehmen, soweit dies dazu führen kann, den Handel zwischen Mitgliedstaaten zu beeinträchtigen.

[2] Dieser Missbrauch kann insbesondere in Folgendem bestehen:

a) der unmittelbaren oder mittelbaren Erzwingung von unangemessenen Einkaufs- oder Verkaufspreisen oder sonstigen Geschäftsbedingungen;
b) der Einschränkung der Erzeugung, des Absatzes oder der technischen Entwicklung zum Schaden der Verbraucher;
c) der Anwendung unterschiedlicher Bedingungen bei gleichwertigen Leistungen gegenüber Handelspartnern, wodurch diese im Wettbewerb benachteiligt werden;
d) der an den Abschluss von Verträgen geknüpften Bedingung, dass die Vertragspartner zusätzliche Leistungen annehmen, die weder sachlich noch nach Handelsbrauch in Beziehung zum Vertragsgegenstand stehen.

Art. 103 [Erlass von Verordnungen und Richtlinien] (1) Die zweckdienlichen Verordnungen oder Richtlinien zur Verwirklichung der in den Artikeln 101 und 102 niedergelegten Grundsätze werden vom Rat auf Vorschlag der Kommission und nach Anhörung des Europäischen Parlaments beschlossen.

(2) Die in Absatz 1 vorgesehenen Vorschriften bezwecken insbesondere,

a) die Beachtung der in Artikel 101 Absatz 1 und Artikel 102 genannten Verbote durch die Einführung von Geldbußen und Zwangsgeldern zu gewährleisten;

b) die Einzelheiten der Anwendung des Artikels 101 Absatz 3 festzulegen; dabei ist dem Erfordernis einer wirksamen Überwachung bei möglichst einfacher Verwaltungskontrolle Rechnung zu tragen;
c) gegebenenfalls den Anwendungsbereich der Artikel 101 und 102 für die einzelnen Wirtschaftszweige näher zu bestimmen;
d) die Aufgaben der Kommission und des Gerichtshofs der Europäischen Union bei der Anwendung der in diesem Absatz vorgesehenen Vorschriften gegeneinander abzugrenzen;
e) das Verhältnis zwischen den innerstaatlichen Rechtsvorschriften einerseits und den in diesem Abschnitt enthaltenen oder aufgrund dieses Artikels getroffenen Bestimmungen andererseits festzulegen.

Art. 104 [Übergangsbestimmung] Bis zum Inkrafttreten der gemäß Artikel 103 erlassenen Vorschriften entscheiden die Behörden der Mitgliedstaaten im Einklang mit ihren eigenen Rechtsvorschriften und den Bestimmungen der Artikel 101, insbesondere Absatz 3, und 102 über die Zulässigkeit von Vereinbarungen, Beschlüssen und aufeinander abgestimmten Verhaltensweisen sowie über die missbräuchliche Ausnutzung einer beherrschenden Stellung auf dem Binnenmarkt.

Art. 105 [Wettbewerbsaufsicht] (1) [1] Unbeschadet des Artikels 104 achtet die Kommission auf die Verwirklichung der in den Artikeln 101 und 102 niedergelegten Grundsätze. [2] Sie untersucht auf Antrag eines Mitgliedstaats oder von Amts wegen in Verbindung mit den zuständigen Behörden der Mitgliedstaaten, die ihr Amtshilfe zu leisten haben, die Fälle, in denen Zuwiderhandlungen gegen diese Grundsätze vermutet werden. [3] Stellt sie eine Zuwiderhandlung fest, so schlägt sie geeignete Mittel vor, um diese abzustellen.

(2) [1] Wird die Zuwiderhandlung nicht abgestellt, so trifft die Kommission in einem mit Gründen versehenen Beschluss die Feststellung, dass eine derartige Zuwiderhandlung vorliegt. [2] Sie kann den Beschluss veröffentlichen und die Mitgliedstaaten ermächtigen, die erforderlichen Abhilfemaßnahmen zu treffen, deren Bedingungen und Einzelheiten sie festlegt.

(3) Die Kommission kann Verordnungen zu den Gruppen von Vereinbarungen erlassen, zu denen der Rat nach Artikel 103 Absatz 2 Buchstabe b eine Verordnung oder Richtlinie erlassen hat.

Art. 106 [Öffentliche Unternehmen; Dienstleistungen von allgemeinem wirtschaftlichem Interesse] (1) Die Mitgliedstaaten werden in Bezug auf öffentliche Unternehmen und auf Unternehmen, denen sie besondere oder ausschließliche Rechte gewähren, keine den Verträgen und insbesondere den Artikeln 18 und 101 bis 109 widersprechende Maßnahmen treffen oder beibehalten.

(2) [1] Für Unternehmen, die mit Dienstleistungen von allgemeinem wirtschaftlichem Interesse betraut sind oder den Charakter eines Finanzmonopols haben, gelten die Vorschriften der Verträge, insbesondere die Wettbewerbsregeln, soweit die Anwendung dieser Vorschriften nicht die Erfüllung der ihnen übertragenen besonderen Aufgabe rechtlich oder tatsächlich verhindert. [2] Die

Entwicklung des Handelsverkehrs darf nicht in einem Ausmaß beeinträchtigt werden, das dem Interesse der Union zuwiderläuft.

(3) Die Kommission achtet auf die Anwendung dieses Artikels und richtet erforderlichenfalls geeignete Richtlinien oder Beschlüsse an die Mitgliedstaaten.

Abschnitt 2. Staatliche Beihilfen

Art. 107 [Beihilfeverbot; Ausnahmen] (1) Soweit in den Verträgen nicht etwas anderes bestimmt ist, sind staatliche oder aus staatlichen Mitteln gewährte Beihilfen gleich welcher Art, die durch die Begünstigung bestimmter Unternehmen oder Produktionszweige den Wettbewerb verfälschen oder zu verfälschen drohen, mit dem Binnenmarkt unvereinbar, soweit sie den Handel zwischen Mitgliedstaaten beeinträchtigen.

(2) Mit dem Binnenmarkt vereinbar sind:

a) Beihilfen sozialer Art an einzelne Verbraucher, wenn sie ohne Diskriminierung nach der Herkunft der Waren gewährt werden;
b) Beihilfen zur Beseitigung von Schäden, die durch Naturkatastrophen oder sonstige außergewöhnliche Ereignisse entstanden sind;
c) Beihilfen für die Wirtschaft bestimmter, durch die Teilung Deutschlands betroffener Gebiete der Bundesrepublik Deutschland, soweit sie zum Ausgleich der durch die Teilung verursachten wirtschaftlichen Nachteile erforderlich sind. Der Rat kann fünf Jahre nach dem Inkrafttreten des Vertrags von Lissabon auf Vorschlag der Kommission einen Beschluss erlassen, mit dem dieser Buchstabe aufgehoben wird.

(3) Als mit dem Binnenmarkt vereinbar können angesehen werden:

a) Beihilfen zur Förderung der wirtschaftlichen Entwicklung von Gebieten, in denen die Lebenshaltung außergewöhnlich niedrig ist oder eine erhebliche Unterbeschäftigung herrscht, sowie der in Artikel 349 genannten Gebiete unter Berücksichtigung ihrer strukturellen, wirtschaftlichen und sozialen Lage;
b) Beihilfen zur Förderung wichtiger Vorhaben von gemeinsamem europäischem Interesse oder zur Behebung einer beträchtlichen Störung im Wirtschaftsleben eines Mitgliedstaats;
c) Beihilfen zur Förderung der Entwicklung gewisser Wirtschaftszweige oder Wirtschaftsgebiete, soweit sie die Handelsbedingungen nicht in einer Weise verändern, die dem gemeinsamen Interesse zuwiderläuft;
d) Beihilfen zur Förderung der Kultur und der Erhaltung des kulturellen Erbes, soweit sie die Handels- und Wettbewerbsbedingungen in der Union nicht in einem Maß beeinträchtigen, das dem gemeinsamen Interesse zuwiderläuft;
e) sonstige Arten von Beihilfen, die der Rat durch einen Beschluss auf Vorschlag der Kommission bestimmt.

Art. 108 [Beihilfeaufsicht] (1) [1] Die Kommission überprüft fortlaufend in Zusammenarbeit mit den Mitgliedstaaten die in diesen bestehenden Beihilferegelungen. [2] Sie schlägt ihnen die zweckdienlichen Maßnahmen vor, welche die fortschreitende Entwicklung und das Funktionieren des Binnenmarkts erfordern.

(2) *[1]* Stellt die Kommission fest, nachdem sie den Beteiligten eine Frist zur Äußerung gesetzt hat, dass eine von einem Staat oder aus staatlichen Mitteln gewährte Beihilfe mit dem Binnenmarkt nach Artikel 107 unvereinbar ist oder dass sie missbräuchlich angewandt wird, so beschließt sie, dass der betreffende Staat sie binnen einer von ihr bestimmten Frist aufzuheben oder umzugestalten hat.

[2] Kommt der betreffende Staat diesem Beschluss innerhalb der festgesetzten Frist nicht nach, so kann die Kommission oder jeder betroffene Staat in Abweichung von den Artikeln 258 und 259 den Gerichtshof der Europäischen Union unmittelbar anrufen.

[3] [1] Der Rat kann einstimmig auf Antrag eines Mitgliedstaats beschließen, dass eine von diesem Staat gewährte oder geplante Beihilfe in Abweichung von Artikel 107 oder von den nach Artikel 109 erlassenen Verordnungen als mit dem Binnenmarkt vereinbar gilt, wenn außergewöhnliche Umstände einen solchen Beschluss rechtfertigen. [2] Hat die Kommission bezüglich dieser Beihilfe das in Unterabsatz 1 dieses Absatzes vorgesehene Verfahren bereits eingeleitet, so bewirkt der Antrag des betreffenden Staates an den Rat die Aussetzung dieses Verfahrens, bis der Rat sich geäußert hat.

[4] Äußert sich der Rat nicht binnen drei Monaten nach Antragstellung, so beschließt die Kommission.

(3) [1] Die Kommission wird von jeder beabsichtigten Einführung oder Umgestaltung von Beihilfen so rechtzeitig unterrichtet, dass sie sich dazu äußern kann. [2] Ist sie der Auffassung, dass ein derartiges Vorhaben nach Artikel 107 mit dem Binnenmarkt unvereinbar ist, so leitet sie unverzüglich das in Absatz 2 vorgesehene Verfahren ein. [3] Der betreffende Mitgliedstaat darf die beabsichtigte Maßnahme nicht durchführen, bevor die Kommission einen abschließenden Beschluss erlassen hat.

(4) Die Kommission kann Verordnungen zu den Arten von staatlichen Beihilfen erlassen, für die der Rat nach Artikel 109 festgelegt hat, dass sie von dem Verfahren nach Absatz 3 ausgenommen werden können.

Art. 109 [Erlass von Durchführungsverordnungen] Der Rat kann auf Vorschlag der Kommission und nach Anhörung des Europäischen Parlaments alle zweckdienlichen Durchführungsverordnungen zu den Artikeln 107 und 108 erlassen und insbesondere die Bedingungen für die Anwendung des Artikels 108 Absatz 3 sowie diejenigen Arten von Beihilfen festlegen, die von diesem Verfahren ausgenommen sind.

Kapitel 2. Steuerliche Vorschriften

Art. 110 [Diskriminierungs- und Protektionsverbot] *[1]* Die Mitgliedstaaten erheben auf Waren aus anderen Mitgliedstaaten weder unmittelbar noch mittelbar höhere inländische Abgaben gleich welcher Art, als gleichartige inländische Waren unmittelbar oder mittelbar zu tragen haben.

[2] Die Mitgliedstaaten erheben auf Waren aus anderen Mitgliedstaaten keine inländischen Abgaben, die geeignet sind, andere Produktionen mittelbar zu schützen.

Art. 111 [Privilegierungsverbot für Rückvergütungen] Werden Waren in das Hoheitsgebiet eines Mitgliedstaats ausgeführt, so darf die Rückvergütung für inländische Abgaben nicht höher sein als die auf die ausgeführten Waren mittelbar oder unmittelbar erhobenen inländischen Abgaben.

Art. 112 [Kompensationsverbot unter Genehmigungsvorbehalt]

Für Abgaben außer Umsatzsteuern, Verbrauchsabgaben und sonstigen indirekten Steuern sind Entlastungen und Rückvergütungen bei der Ausfuhr nach anderen Mitgliedstaaten sowie Ausgleichsabgaben bei der Einfuhr aus den Mitgliedstaaten nur zulässig, soweit der Rat sie vorher auf Vorschlag der Kommission für eine begrenzte Frist genehmigt hat.

Art. 113 [Harmonisierung der indirekten Steuern] Der Rat erlässt gemäß einem besonderen Gesetzgebungsverfahren und nach Anhörung des Europäischen Parlaments und des Wirtschafts- und Sozialausschusses einstimmig die Bestimmungen zur Harmonisierung der Rechtsvorschriften über die Umsatzsteuern, die Verbrauchsabgaben und sonstige indirekte Steuern, soweit diese Harmonisierung für die Errichtung und das Funktionieren des Binnenmarkts und die Vermeidung von Wettbewerbsverzerrungen notwendig ist.

Kapitel 3. Angleichung der Rechtsvorschriften

Art. 114 [Rechtsangleichung im Binnenmarkt] (1) [1] Soweit in den Verträgen nichts anderes bestimmt ist, gilt für die Verwirklichung der Ziele des Artikels 26 die nachstehende Regelung. [2] Das Europäische Parlament und der Rat erlassen gemäß dem ordentlichen Gesetzgebungsverfahren und nach Anhörung des Wirtschafts- und Sozialausschusses die Maßnahmen zur Angleichung der Rechts- und Verwaltungsvorschriften der Mitgliedstaaten, welche die Errichtung und das Funktionieren des Binnenmarkts zum Gegenstand haben.

(2) Absatz 1 gilt nicht für die Bestimmungen über die Steuern, die Bestimmungen über die Freizügigkeit und die Bestimmungen über die Rechte und Interessen der Arbeitnehmer.

(3) [1] Die Kommission geht in ihren Vorschlägen nach Absatz 1 in den Bereichen Gesundheit, Sicherheit, Umweltschutz und Verbraucherschutz von einem hohen Schutzniveau aus und berücksichtigt dabei insbesondere alle auf wissenschaftliche Ergebnisse gestützten neuen Entwicklungen. [2] Im Rahmen ihrer jeweiligen Befugnisse streben das Europäische Parlament und der Rat dieses Ziel ebenfalls an.

(4) Hält es ein Mitgliedstaat nach dem Erlass einer Harmonisierungsmaßnahme durch das Europäische Parlament und den Rat beziehungsweise durch den Rat oder die Kommission für erforderlich, einzelstaatliche Bestimmungen beizubehalten, die durch wichtige Erfordernisse im Sinne des Artikels 36 oder in Bezug auf den Schutz der Arbeitsumwelt oder den Umweltschutz gerechtfertigt sind, so teilt er diese Bestimmungen sowie die Gründe für ihre Beibehaltung der Kommission mit.

(5) Unbeschadet des Absatzes 4 teilt ferner ein Mitgliedstaat, der es nach dem Erlass einer Harmonisierungsmaßnahme durch das Europäische Parlament und den Rat beziehungsweise durch den Rat oder die Kommission für erforderlich hält, auf neue wissenschaftliche Erkenntnisse gestützte einzelstaatliche Bestimmungen zum Schutz der Umwelt oder der Arbeitsumwelt aufgrund eines spezifischen Problems für diesen Mitgliedstaat, das sich nach dem Erlass

der Harmonisierungsmaßnahme ergibt, einzuführen, die in Aussicht genommenen Bestimmungen sowie die Gründe für ihre Einführung der Kommission mit.

(6) *[1]* Die Kommission beschließt binnen sechs Monaten nach den Mitteilungen nach den Absätzen 4 und 5, die betreffenden einzelstaatlichen Bestimmungen zu billigen oder abzulehnen, nachdem sie geprüft hat, ob sie ein Mittel zur willkürlichen Diskriminierung und eine verschleierte Beschränkung des Handels zwischen den Mitgliedstaaten darstellen und ob sie das Funktionieren des Binnenmarkts behindern.

[2] Erlässt die Kommission innerhalb dieses Zeitraums keinen Beschluss, so gelten die in den Absätzen 4 und 5 genannten einzelstaatlichen Bestimmungen als gebilligt.

[3] Die Kommission kann, sofern dies aufgrund des schwierigen Sachverhalts gerechtfertigt ist und keine Gefahr für die menschliche Gesundheit besteht, dem betreffenden Mitgliedstaat mitteilen, dass der in diesem Absatz genannte Zeitraum gegebenenfalls um einen weiteren Zeitraum von bis zu sechs Monaten verlängert wird.

(7) Wird es einem Mitgliedstaat nach Absatz 6 gestattet, von der Harmonisierungsmaßnahme abweichende einzelstaatliche Bestimmungen beizubehalten oder einzuführen, so prüft die Kommission unverzüglich, ob sie eine Anpassung dieser Maßnahme vorschlägt.

(8) Wirft ein Mitgliedstaat in einem Bereich, der zuvor bereits Gegenstand von Harmonisierungsmaßnahmen war, ein spezielles Gesundheitsproblem auf, so teilt er dies der Kommission mit, die dann umgehend prüft, ob sie dem Rat entsprechende Maßnahmen vorschlägt.

(9) In Abweichung von dem Verfahren der Artikel 258 und 259 kann die Kommission oder ein Mitgliedstaat den Gerichtshof der Europäischen Union unmittelbar anrufen, wenn die Kommission oder der Staat der Auffassung ist, dass ein anderer Mitgliedstaat die in diesem Artikel vorgesehenen Befugnisse missbraucht.

(10) Die vorgenannten Harmonisierungsmaßnahmen sind in geeigneten Fällen mit einer Schutzklausel verbunden, welche die Mitgliedstaaten ermächtigt, aus einem oder mehreren der in Artikel 36 genannten nichtwirtschaftlichen Gründe vorläufige Maßnahmen zu treffen, die einem Kontrollverfahren der Union unterliegen.

Art. 115 [Nationales Recht mit unmittelbarer Auswirkung auf den Binnenmarkt; Rechtsangleichung] Unbeschadet des Artikels 114 erlässt der Rat gemäß einem besonderen Gesetzgebungsverfahren einstimmig und nach Anhörung des Europäischen Parlaments und des Wirtschafts- und Sozialausschusses Richtlinien für die Angleichung derjenigen Rechts- und Verwaltungsvorschriften der Mitgliedstaaten, die sich unmittelbar auf die Errichtung oder das Funktionieren des Binnenmarkts auswirken.

Art. 116 [Behandlung bestehender wettbewerbsverzerrender Vorschriften] *[1]* Stellt die Kommission fest, dass vorhandene Unterschiede in den Rechts- und Verwaltungsvorschriften der Mitgliedstaaten die Wettbewerbsbedingungen auf dem Binnenmarkt verfälschen und dadurch eine Verzerrung hervorrufen, die zu beseitigen ist, so tritt sie mit den betreffenden Mitgliedstaaten in Beratungen ein.

[2] [1] Führen diese Beratungen nicht zur Beseitigung dieser Verzerrung, so erlassen das Europäische Parlament und der Rat gemäß dem ordentlichen Gesetzgebungsverfahren die erforderlichen Richtlinien. [2] Es können alle sonstigen in den Verträgen vorgesehenen zweckdienlichen Maßnahmen erlassen werden.

Art. 117 [Behandlung geplanter wettbewerbsverzerrender Vorschriften] (1) [1] Ist zu befürchten, dass der Erlass oder die Änderung einer Rechts- oder Verwaltungsvorschrift eine Verzerrung im Sinne des Artikels 116 verursacht, so setzt sich der Mitgliedstaat, der diese Maßnahmen beabsichtigt, mit der Kommission ins Benehmen. [2] Diese empfiehlt nach Beratung mit den Mitgliedstaaten den beteiligten Staaten die zur Vermeidung dieser Verzerrung geeigneten Maßnahmen.

(2) [1] Kommt der Staat, der innerstaatliche Vorschriften erlassen oder ändern will, der an ihn gerichteten Empfehlung der Kommission nicht nach, so kann nicht gemäß Artikel 116 verlangt werden, dass die anderen Mitgliedstaaten ihre innerstaatlichen Vorschriften ändern, um die Verzerrung zu beseitigen. [2] Verursacht ein Mitgliedstaat, der die Empfehlung der Kommission außer acht lässt, eine Verzerrung lediglich zu seinem eigenen Nachteil, so findet Artikel 116 keine Anwendung.

Art. 118 [Schutz des geistigen Eigentums] *[1]* Im Rahmen der Verwirklichung oder des Funktionierens des Binnenmarkts erlassen das Europäische Parlament und der Rat gemäß dem ordentlichen Gesetzgebungsverfahren Maßnahmen zur Schaffung europäischer Rechtstitel über einen einheitlichen Schutz der Rechte des geistigen Eigentums in der Union sowie zur Einführung von zentralisierten Zulassungs-, Koordinierungs- und Kontrollregelungen auf Unionsebene.

[2] [1] Der Rat legt gemäß einem besonderen Gesetzgebungsverfahren durch Verordnungen die Sprachenregelungen für die europäischen Rechtstitel fest. [2] Der Rat beschließt einstimmig nach Anhörung des Europäischen Parlaments.

Titel VIII. Die Wirtschafts- und Währungspolitik

Art. 119 [Europäische Wirtschaftsverfassung; Grundsätze] (1) Die Tätigkeit der Mitgliedstaaten und der Union im Sinne des Artikels 3 des Vertrags über die Europäische Union[1)] umfasst nach Maßgabe der Verträge die Einführung einer Wirtschaftspolitik, die auf einer engen Koordinierung der Wirtschaftspolitik der Mitgliedstaaten, dem Binnenmarkt und der Festlegung gemeinsamer Ziele beruht und dem Grundsatz einer offenen Marktwirtschaft mit freiem Wettbewerb verpflichtet ist.

(2) Parallel dazu umfasst diese Tätigkeit nach Maßgabe der Verträge und der darin vorgesehenen Verfahren eine einheitliche Währung, den Euro, sowie die Festlegung und Durchführung einer einheitlichen Geld- sowie Wechselkurspolitik, die beide vorrangig das Ziel der Preisstabilität verfolgen und unbeschadet dieses Zieles die allgemeine Wirtschaftspolitik in der Union unter

---

[1)] Nr. **16**.

Beachtung des Grundsatzes einer offenen Marktwirtschaft mit freiem Wettbewerb unterstützen sollen.

(3) Diese Tätigkeit der Mitgliedstaaten und der Union setzt die Einhaltung der folgenden richtungsweisenden Grundsätze voraus: stabile Preise, gesunde öffentliche Finanzen und monetäre Rahmenbedingungen sowie eine tragfähige Zahlungsbilanz.

Kapitel 1. Die Wirtschaftspolitik

Art. 120 [Marktwirtschaftliche Ausrichtung] [1]Die Mitgliedstaaten richten ihre Wirtschaftspolitik so aus, dass sie im Rahmen der in Artikel 121 Absatz 2 genannten Grundzüge zur Verwirklichung der Ziele der Union im Sinne des Artikels 3 des Vertrags über die Europäische Union[1)] beitragen. [2]Die Mitgliedstaaten und die Union handeln im Einklang mit dem Grundsatz einer offenen Marktwirtschaft mit freiem Wettbewerb, wodurch ein effizienter Einsatz der Ressourcen gefördert wird, und halten sich dabei an die in Artikel 119 genannten Grundsätze.

Art. 121 [Koordinierung der Wirtschaftspolitik] (1) Die Mitgliedstaaten betrachten ihre Wirtschaftspolitik als eine Angelegenheit von gemeinsamem Interesse und koordinieren sie im Rat nach Maßgabe des Artikels 120.

(2) *[1]* Der Rat erstellt auf Empfehlung der Kommission einen Entwurf für die Grundzüge der Wirtschaftspolitik der Mitgliedstaaten und der Union und erstattet dem Europäischen Rat hierüber Bericht.

[2] Der Europäische Rat erörtert auf der Grundlage dieses Berichtes des Rates eine Schlussfolgerung zu den Grundzügen der Wirtschaftspolitik der Mitgliedstaaten und der Union.

[3] [1]Auf der Grundlage dieser Schlussfolgerung verabschiedet der Rat eine Empfehlung, in der diese Grundzüge dargelegt werden. [2]Der Rat unterrichtet das Europäische Parlament über seine Empfehlung.

(3) *[1]* Um eine engere Koordinierung der Wirtschaftspolitik und eine dauerhafte Konvergenz der Wirtschaftsleistungen der Mitgliedstaaten zu gewährleisten, überwacht der Rat anhand von Berichten der Kommission die wirtschaftliche Entwicklung in jedem Mitgliedstaat und in der Union sowie die Vereinbarkeit der Wirtschaftspolitik mit den in Absatz 2 genannten Grundzügen und nimmt in regelmäßigen Abständen eine Gesamtbewertung vor.

[2] Zum Zwecke dieser multilateralen Überwachung übermitteln die Mitgliedstaaten der Kommission Angaben zu wichtigen einzelstaatlichen Maßnahmen auf dem Gebiet ihrer Wirtschaftspolitik sowie weitere von ihnen für erforderlich erachtete Angaben.

(4) *[1]* [1]Wird im Rahmen des Verfahrens nach Absatz 3 festgestellt, dass die Wirtschaftspolitik eines Mitgliedstaats nicht mit den in Absatz 2 genannten Grundzügen vereinbar ist oder das ordnungsgemäße Funktionieren der Wirtschafts- und Währungsunion zu gefährden droht, so kann die Kommission eine Verwarnung an den betreffenden Mitgliedstaat richten. [2]Der Rat kann auf Empfehlung der Kommission die erforderlichen Empfehlungen an den betref-

---

[1)] Nr. **16**.

fenden Mitgliedstaat richten. [3]Der Rat kann auf Vorschlag der Kommission beschließen, seine Empfehlungen zu veröffentlichen.

[2] Der Rat beschließt im Rahmen dieses Absatzes ohne Berücksichtigung der Stimme des den betreffenden Mitgliedstaat vertretenden Mitglieds des Rates.

[3] Die qualifizierte Mehrheit der übrigen Mitglieder des Rates bestimmt sich nach Artikel 238 Absatz 3 Buchstabe a.

(5) [1]Der Präsident des Rates und die Kommission erstatten dem Europäischen Parlament über die Ergebnisse der multilateralen Überwachung Bericht. [2]Der Präsident des Rates kann ersucht werden, vor dem zuständigen Ausschuss des Europäischen Parlaments zu erscheinen, wenn der Rat seine Empfehlungen veröffentlicht hat.

(6) Das Europäische Parlament und der Rat können gemäß dem ordentlichen Gesetzgebungsverfahren durch Verordnungen die Einzelheiten des Verfahrens der multilateralen Überwachung im Sinne der Absätze 3 und 4 festlegen.

Art. 122[1)] [Gravierende Schwierigkeiten] (1) Der Rat kann auf Vorschlag der Kommission unbeschadet der sonstigen in den Verträgen vorgesehenen Verfahren im Geiste der Solidarität zwischen den Mitgliedstaaten über die der Wirtschaftslage angemessenen Maßnahmen beschließen, insbesondere falls gravierende Schwierigkeiten in der Versorgung mit bestimmten Waren, vor allem im Energiebereich, auftreten.

(2) [1]Ist ein Mitgliedstaat aufgrund von Naturkatastrophen oder außergewöhnlichen Ereignissen, die sich seiner Kontrolle entziehen, von Schwierigkeiten betroffen oder von gravierenden Schwierigkeiten ernstlich bedroht, so kann der Rat auf Vorschlag der Kommission beschließen, dem betreffenden Mitgliedstaat unter bestimmten Bedingungen einen finanziellen Beistand der Union zu gewähren. [2]Der Präsident des Rates unterrichtet das Europäische Parlament über den Beschluss.

Art. 123 [Verbot von Kreditfazilitäten für öffentliche Einrichtungen]

(1) Überziehungs- oder andere Kreditfazilitäten bei der Europäischen Zentralbank oder den Zentralbanken der Mitgliedstaaten (im Folgenden als „nationale Zentralbanken" bezeichnet) für Organe, Einrichtungen oder sonstige Stellen der Union, Zentralregierungen, regionale oder lokale Gebietskörperschaften oder andere öffentlich-rechtliche Körperschaften, sonstige Einrichtungen des öffentlichen Rechts oder öffentliche Unternehmen der Mitgliedstaaten sind ebenso verboten wie der unmittelbare Erwerb von Schuldtiteln von diesen durch die Europäische Zentralbank oder die nationalen Zentralbanken.

(2) Die Bestimmungen des Absatzes 1 gelten nicht für Kreditinstitute in öffentlichem Eigentum; diese werden von der jeweiligen nationalen Zentralbank und der Europäischen Zentralbank, was die Bereitstellung von Zentralbankgeld betrifft, wie private Kreditinstitute behandelt.

[1)] Vgl. zu dieser Vorschrift auch die Erklärung Nr. 6 zur Schlussakte v. 16.2.2001 (ABl. C 80 S. 70) der Konferenz von Nizza.

Art. 124 [Verbot bevorrechtigten Zugangs zu Finanzinstituten für öffentliche Einrichtungen] Maßnahmen, die nicht aus aufsichtsrechtlichen Gründen getroffen werden und einen bevorrechtigten Zugang der Organe, Einrichtungen oder sonstigen Stellen der Union, der Zentralregierungen, der regionalen oder lokalen Gebietskörperschaften oder anderen öffentlich-rechtlichen Körperschaften, sonstiger Einrichtungen des öffentlichen Rechts oder öffentlicher Unternehmen der Mitgliedstaaten zu den Finanzinstituten schaffen, sind verboten.

Art. 125 [Haftungsausschlüsse] (1) [1]Die Union haftet nicht für die Verbindlichkeiten der Zentralregierungen, der regionalen oder lokalen Gebietskörperschaften oder anderen öffentlich–rechtlichen Körperschaften, sonstiger Einrichtungen des öffentlichen Rechts oder öffentlicher Unternehmen von Mitgliedstaaten und tritt nicht für derartige Verbindlichkeiten ein; dies gilt unbeschadet der gegenseitigen finanziellen Garantien für die gemeinsame Durchführung eines bestimmten Vorhabens. [2]Ein Mitgliedstaat haftet nicht für die Verbindlichkeiten der Zentralregierungen, der regionalen oder lokalen Gebietskörperschaften oder anderen öffentlich–rechtlichen Körperschaften, sonstiger Einrichtungen des öffentlichen Rechts oder öffentlicher Unternehmen eines anderen Mitgliedstaats und tritt nicht für derartige Verbindlichkeiten ein; dies gilt unbeschadet der gegenseitigen finanziellen Garantien für die gemeinsame Durchführung eines bestimmten Vorhabens.

(2) Der Rat kann erforderlichenfalls auf Vorschlag der Kommission und nach Anhörung des Europäischen Parlaments die Definitionen für die Anwendung der in den Artikeln 123 und 124 sowie in diesem Artikel vorgesehenen Verbote näher bestimmen.

Art. 126 [Vermeidung übermäßiger Defizite; Haushaltsdisziplin]

(1) Die Mitgliedstaaten vermeiden übermäßige öffentliche Defizite.

(2) [1]Die Kommission überwacht die Entwicklung der Haushaltslage und der Höhe des öffentlichen Schuldenstands in den Mitgliedstaaten im Hinblick auf die Feststellung schwerwiegender Fehler. [2]Insbesondere prüft sie die Einhaltung der Haushaltsdisziplin anhand von zwei Kriterien, nämlich daran,

a) ob das Verhältnis des geplanten oder tatsächlichen öffentlichen Defizits zum Bruttoinlandsprodukt einen bestimmten Referenzwert überschreitet, es sei denn, dass
   - entweder das Verhältnis erheblich und laufend zurückgegangen ist und einen Wert in der Nähe des Referenzwerts erreicht hat
   - oder der Referenzwert nur ausnahmsweise und vorübergehend überschritten wird und das Verhältnis in der Nähe des Referenzwerts bleibt,

b) ob das Verhältnis des öffentlichen Schuldenstands zum Bruttoinlandsprodukt einen bestimmten Referenzwert überschreitet, es sei denn, dass das Verhältnis hinreichend rückläufig ist und sich rasch genug dem Referenzwert nähert.

[3]Die Referenzwerte werden in einem den Verträgen beigefügten Protokoll über das Verfahren bei einem übermäßigen Defizit im Einzelnen festgelegt.

(3) *[1]* [1]Erfüllt ein Mitgliedstaat keines oder nur eines dieser Kriterien, so erstellt die Kommission einen Bericht. [2]In diesem Bericht wird berücksichtigt, ob das öffentliche Defizit die öffentlichen Ausgaben für Investitionen übertrifft;

berücksichtigt werden ferner alle sonstigen einschlägigen Faktoren, einschließlich der mittelfristigen Wirtschafts- und Haushaltslage des Mitgliedstaats.

[2] Die Kommission kann ferner einen Bericht erstellen, wenn sie ungeachtet der Erfüllung der Kriterien der Auffassung ist, dass in einem Mitgliedstaat die Gefahr eines übermäßigen Defizits besteht.

(4) Der Wirtschafts- und Finanzausschuss gibt eine Stellungnahme zu dem Bericht der Kommission ab.

(5) Ist die Kommission der Auffassung, dass in einem Mitgliedstaat ein übermäßiges Defizit besteht oder sich ergeben könnte, so legt sie dem betreffenden Mitgliedstaat eine Stellungnahme vor und unterrichtet den Rat.

(6) Der Rat beschließt auf Vorschlag der Kommission und unter Berücksichtigung der Bemerkungen, die der betreffende Mitgliedstaat gegebenenfalls abzugeben wünscht, nach Prüfung der Gesamtlage, ob ein übermäßiges Defizit besteht.

(7) [1] Stellt der Rat nach Absatz 6 ein übermäßiges Defizit fest, so richtet er auf Empfehlung der Kommission unverzüglich Empfehlungen an den betreffenden Mitgliedstaat mit dem Ziel, dieser Lage innerhalb einer bestimmten Frist abzuhelfen. [2] Vorbehaltlich des Absatzes 8 werden diese Empfehlungen nicht veröffentlicht.

(8) Stellt der Rat fest, dass seine Empfehlungen innerhalb der gesetzten Frist keine wirksamen Maßnahmen ausgelöst haben, so kann er seine Empfehlungen veröffentlichen.

(9) *[1]* Falls ein Mitgliedstaat den Empfehlungen des Rates weiterhin nicht Folge leistet, kann der Rat beschließen, den Mitgliedstaat mit der Maßgabe in Verzug zu setzen, innerhalb einer bestimmten Frist Maßnahmen für den nach Auffassung des Rates zur Sanierung erforderlichen Defizitabbau zu treffen.

[2] Der Rat kann in diesem Fall den betreffenden Mitgliedstaat ersuchen, nach einem konkreten Zeitplan Berichte vorzulegen, um die Anpassungsbemühungen des Mitgliedstaats überprüfen zu können.

(10) Das Recht auf Klageerhebung nach den Artikeln 258 und 259 kann im Rahmen der Absätze 1 bis 9 dieses Artikels nicht ausgeübt werden.

(11) *[1]* Solange ein Mitgliedstaat einen Beschluss nach Absatz 9 nicht befolgt, kann der Rat beschließen, eine oder mehrere der nachstehenden Maßnahmen anzuwenden oder gegebenenfalls zu verschärfen, nämlich

- von dem betreffenden Mitgliedstaat verlangen, vor der Emission von Schuldverschreibungen und sonstigen Wertpapieren vom Rat näher zu bezeichnende zusätzliche Angaben zu veröffentlichen,
- die Europäische Investitionsbank ersuchen, ihre Darlehenspolitik gegenüber dem Mitgliedstaat zu überprüfen,
- von dem Mitgliedstaat verlangen, eine unverzinsliche Einlage in angemessener Höhe bei der Union zu hinterlegen, bis das übermäßige Defizit nach Ansicht des Rates korrigiert worden ist,
- Geldbußen in angemessener Höhe verhängen.

[2] Der Präsident des Rates unterrichtet das Europäische Parlament von den Beschlüssen.

(12) [1]Der Rat hebt einige oder sämtliche Beschlüsse oder Empfehlungen nach den Absätzen 6 bis 9 und 11 so weit auf, wie das übermäßige Defizit in dem betreffenden Mitgliedstaat nach Ansicht des Rates korrigiert worden ist. [2]Hat der Rat zuvor Empfehlungen veröffentlicht, so stellt er, sobald der Beschluss nach Absatz 8 aufgehoben worden ist, in einer öffentlichen Erklärung fest, dass in dem betreffenden Mitgliedstaat kein übermäßiges Defizit mehr besteht.

(13) *[1]* Die Beschlussfassung und die Empfehlungen des Rates nach den Absätzen 8, 9, 11 und 12 erfolgen auf Empfehlung der Kommission.

[2] Erlässt der Rat Maßnahmen nach den Absätzen 6 bis 9 sowie den Absätzen 11 und 12, so beschließt er ohne Berücksichtigung der Stimme des den betreffenden Mitgliedstaat vertretenden Mitglieds des Rates.

[3] Die qualifizierte Mehrheit der übrigen Mitglieder des Rates bestimmt sich nach Artikel 238 Absatz 3 Buchstabe a.

(14) *[1]* Weitere Bestimmungen über die Durchführung des in diesem Artikel beschriebenen Verfahrens sind in dem den Verträgen beigefügten Protokoll über das Verfahren bei einem übermäßigen Defizit enthalten.

[2] Der Rat verabschiedet gemäß einem besonderen Gesetzgebungsverfahren einstimmig und nach Anhörung des Europäischen Parlaments sowie der Europäischen Zentralbank die geeigneten Bestimmungen, die sodann das genannte Protokoll ablösen.

[3] Der Rat beschließt vorbehaltlich der sonstigen Bestimmungen dieses Absatzes auf Vorschlag der Kommission und nach Anhörung des Europäischen Parlaments nähere Einzelheiten und Begriffsbestimmungen für die Durchführung des genannten Protokolls.

Kapitel 2. Die Währungspolitik

Art. 127 [Ziele und Aufgaben des ESZB] (1) [1]Das vorrangige Ziel des Europäischen Systems der Zentralbanken (im Folgenden „ESZB") ist es, die Preisstabilität zu gewährleisten. [2]Soweit dies ohne Beeinträchtigung des Zieles der Preisstabilität möglich ist, unterstützt das ESZB die allgemeine Wirtschaftspolitik in der Union, um zur Verwirklichung der in Artikel 3 des Vertrags über die Europäische Union[1)] festgelegten Ziele der Union beizutragen. [3]Das ESZB handelt im Einklang mit dem Grundsatz einer offenen Marktwirtschaft mit freiem Wettbewerb, wodurch ein effizienter Einsatz der Ressourcen gefördert wird, und hält sich dabei an die in Artikel 119 genannten Grundsätze.

(2) Die grundlegenden Aufgaben des ESZB bestehen darin,
- die Geldpolitik der Union festzulegen und auszuführen,
- Devisengeschäfte im Einklang mit Artikel 219 durchzuführen,
- die offiziellen Währungsreserven der Mitgliedstaaten zu halten und zu verwalten,
- das reibungslose Funktionieren der Zahlungssysteme zu fördern.

(3) Absatz 2 dritter Gedankenstrich berührt nicht die Haltung und Verwaltung von Arbeitsguthaben in Fremdwährungen durch die Regierungen der Mitgliedstaaten.

[1)] Nr. **16**.

(4) *[1]* Die Europäische Zentralbank wird gehört

- zu allen Vorschlägen für Rechtsakte der Union im Zuständigkeitsbereich der Europäischen Zentralbank,
- von den nationalen Behörden zu allen Entwürfen für Rechtsvorschriften im Zuständigkeitsbereich der Europäischen Zentralbank, und zwar innerhalb der Grenzen und unter den Bedingungen, die der Rat nach dem Verfahren des Artikels 129 Absatz 4 festlegt.

[2] Die Europäischen Zentralbank kann gegenüber den zuständigen Organen, Einrichtungen und sonstigen Stellen der Union und gegenüber den nationalen Behörden Stellungnahmen zu in ihren Zuständigkeitsbereich fallenden Fragen abgeben.

(5) Das ESZB trägt zur reibungslosen Durchführung der von den zuständigen Behörden auf dem Gebiet der Aufsicht über die Kreditinstitute und der Stabilität des Finanzsystems ergriffenen Maßnahmen bei.

(6) Der Rat kann einstimmig durch Verordnungen gemäß einem besonderen Gesetzgebungsverfahren und nach Anhörung des Europäischen Parlaments und der Europäischen Zentralbank besondere Aufgaben im Zusammenhang mit der Aufsicht über Kreditinstitute und sonstige Finanzinstitute mit Ausnahme von Versicherungsunternehmen der Europäischen Zentralbank übertragen.

Art. 128 [Ausgabe von Banknoten und Münzen] (1) [1] Die Europäische Zentralbank hat das ausschließliche Recht, die Ausgabe von Euro-Banknoten innerhalb der Union zu genehmigen. [2] Die Europäische Zentralbank und die nationalen Zentralbanken sind zur Ausgabe dieser Banknoten berechtigt. [3] Die von der Europäischen Zentralbank und den nationalen Zentralbanken ausgegebenen Banknoten sind die einzigen Banknoten, die in der Union als gesetzliches Zahlungsmittel gelten.

(2) [1] Die Mitgliedstaaten haben das Recht zur Ausgabe von Euro-Münzen, wobei der Umfang dieser Ausgabe der Genehmigung durch die Europäische Zentralbank bedarf. [2] Der Rat kann auf Vorschlag der Kommission und nach Anhörung des Europäischen Parlaments und der Europäischen Zentralbank Maßnahmen erlassen, um die Stückelung und die technischen Merkmale aller für den Umlauf bestimmten Münzen so weit zu harmonisieren, wie dies für deren reibungslosen Umlauf innerhalb der Union erforderlich ist.

Art. 129 [Struktur des ESZB; Satzung] (1) Das ESZB wird von den Beschlussorganen der Europäischen Zentralbank, nämlich dem Rat der Europäischen Zentralbank und dem Direktorium, geleitet.

(2) Die Satzung des Europäischen Systems der Zentralbanken und der Europäischen Zentralbank (im Folgenden „Satzung des ESZB und der EZB") ist in einem den Verträgen beigefügten Protokoll festgelegt.

(3) [1] Das Europäische Parlament und der Rat können die Artikel 5.1, 5.2, 5.3, 17, 18, 19.1, 22, 23, 24, 26, 32.2, 32.3, 32.4, 32.6, 33.1 Buchstabe a und 36 der Satzung des ESZB und der EZB gemäß dem ordentlichen Gesetzgebungsverfahren ändern. [2] Sie beschließen entweder auf Empfehlung der Europäischen Zentralbank nach Anhörung der Kommission oder auf Empfehlung der Kommission nach Anhörung der Europäischen Zentralbank.

(4) Der Rat erlässt entweder auf Vorschlag der Kommission und nach Anhörung des Europäischen Parlaments und der Europäischen Zentralbank oder auf Empfehlung der Europäischen Zentralbank und nach Anhörung des Europäischen Parlaments und der Kommission die in den Artikeln 4, 5.4, 19.2, 20, 28.1, 29.2, 30.4 und 34.3 der Satzung des ESZB und der EZB genannten Bestimmungen.

Art. 130 [Unabhängigkeit von EZB und nationalen Zentralbanken]

[1] Bei der Wahrnehmung der ihnen durch die Verträge und die Satzung des ESZB und der EZB übertragenen Befugnisse, Aufgaben und Pflichten darf weder die Europäische Zentralbank noch eine nationale Zentralbank noch ein Mitglied ihrer Beschlussorgane Weisungen von Organen, Einrichtungen oder sonstigen Stellen der Union, Regierungen der Mitgliedstaaten oder anderen Stellen einholen oder entgegennehmen. [2] Die Organe, Einrichtungen oder sonstigen Stellen der Union sowie die Regierungen der Mitgliedstaaten verpflichten sich, diesen Grundsatz zu beachten und nicht zu versuchen, die Mitglieder der Beschlussorgane der Europäischen Zentralbank oder der nationalen Zentralbanken bei der Wahrnehmung ihrer Aufgaben zu beeinflussen.

Art. 131 [Anpassungspflicht der Mitgliedstaaten] Jeder Mitgliedstaat stellt sicher, dass seine innerstaatlichen Rechtsvorschriften einschließlich der Satzung seiner nationalen Zentralbank mit den Verträgen sowie mit der Satzung des ESZB und der EZB im Einklang stehen.

Art. 132 [Rechtsakte] (1) Zur Erfüllung der dem ESZB übertragenen Aufgaben werden von der Europäischen Zentralbank gemäß den Verträgen und unter den in der Satzung des ESZB und der EZB vorgesehenen Bedingungen

- Verordnungen erlassen, insoweit dies für die Erfüllung der in Artikel 3.1 erster Gedankenstrich, Artikel 19.1, Artikel 22 oder Artikel 25.2 der Satzung des ESZB und der EZB festgelegten Aufgaben erforderlich ist; sie erlässt Verordnungen ferner in den Fällen, die in den Rechtsakten des Rates nach Artikel 129 Absatz 4 vorgesehen werden,
- Beschlüsse erlassen, die zur Erfüllung der dem ESZB nach den Verträgen und der Satzung des ESZB und der EZB übertragenen Aufgaben erforderlich sind,
- Empfehlungen und Stellungnahmen abgegeben.

(2) Die Europäische Zentralbank kann die Veröffentlichung ihrer Beschlüsse, Empfehlungen und Stellungnahmen beschließen.

(3) Innerhalb der Grenzen und unter den Bedingungen, die der Rat nach dem Verfahren des Artikels 129 Absatz 4 festlegt, ist die Europäische Zentralbank befugt, Unternehmen bei Nichteinhaltung der Verpflichtungen, die sich aus ihren Verordnungen und Beschlüssen ergeben, mit Geldbußen oder in regelmäßigen Abständen zu zahlenden Zwangsgeldern zu belegen.

Art. 133 [Rechtsakte betreffend den Euro] [1] Unbeschadet der Befugnisse der Europäischen Zentralbank erlassen das Europäische Parlament und der Rat gemäß dem ordentlichen Gesetzgebungsverfahren die Maßnahmen, die für die Verwendung des Euro als einheitliche Währung erforderlich sind. [2] Diese Maßnahmen werden nach Anhörung der Europäischen Zentralbank erlassen.

Kapitel 3. Institutionelle Bestimmungen

Art. 134 [Wirtschafts- und Finanzausschuss] (1) Um die Koordinierung der Politiken der Mitgliedstaaten in dem für das Funktionieren des Binnenmarkts erforderlichen Umfang zu fördern, wird ein Wirtschafts- und Finanzausschuss eingesetzt.

(2) *[1]* Der Wirtschafts- und Finanzausschuss hat die Aufgabe,

- auf Ersuchen des Rates oder der Kommission oder von sich aus Stellungnahmen an diese Organe abzugeben;
- die Wirtschafts- und Finanzlage der Mitgliedstaaten und der Union zu beobachten und dem Rat und der Kommission regelmäßig darüber Bericht zu erstatten, insbesondere über die finanziellen Beziehungen zu dritten Ländern und internationalen Einrichtungen;
- unbeschadet des Artikels 240 an der Vorbereitung der in Artikel 66, Artikel 75, Artikel 121 Absätze 2, 3, 4 und 6, Artikel 122, Artikel 124, Artikel 125, Artikel 126, Artikel 127 Absatz 6, Artikel 128 Absatz 2, Artikel 129 Absätze 3 und 4, Artikel 138, Artikel 140 Absätze 2 und 3, Artikel 143, Artikel 144 Absätze 2 und 3 und Artikel 219 genannten Arbeiten des Rates mitzuwirken und die sonstigen ihm vom Rat übertragenen Beratungsaufgaben und vorbereitenden Arbeiten auszuführen;
- mindestens einmal jährlich die Lage hinsichtlich des Kapitalverkehrs und der Freiheit des Zahlungsverkehrs, wie sie sich aus der Anwendung der Verträge und der Maßnahmen des Rates ergeben, zu prüfen; die Prüfung erstreckt sich auf alle Maßnahmen im Zusammenhang mit dem Kapital- und Zahlungsverkehr; der Ausschuss erstattet der Kommission und dem Rat Bericht über das Ergebnis dieser Prüfung.

[2] Jeder Mitgliedstaat sowie die Kommission und die Europäische Zentralbank ernennen jeweils höchstens zwei Mitglieder des Ausschusses.

(3) [1] Der Rat legt auf Vorschlag der Kommission und nach Anhörung der Europäische Zentralbank und des in diesem Artikel genannten Ausschusses im Einzelnen fest, wie sich der Wirtschafts- und Finanzausschuss zusammensetzt. [2] Der Präsident des Rates unterrichtet das Europäische Parlament über diesen Beschluss.

(4) Sofern und solange es Mitgliedstaaten gibt, für die eine Ausnahmeregelung nach Artikel 139 gilt, hat der Ausschuss zusätzlich zu den in Absatz 2 beschriebenen Aufgaben die Währungs- und Finanzlage sowie den allgemeinen Zahlungsverkehr der betreffenden Mitgliedstaaten zu beobachten und dem Rat und der Kommission regelmäßig darüber Bericht zu erstatten.

Art. 135 [Empfehlungen und Vorschläge der Kommission] [1] Bei Fragen, die in den Geltungsbereich von Artikel 121 Absatz 4, Artikel 126 mit Ausnahme von Absatz 14, Artikel 138, Artikel 140 Absatz 1, Artikel 140 Absatz 2 Unterabsatz 1, Artikel 140 Absatz 3 und Artikel 219 fallen, kann der Rat oder ein Mitgliedstaat die Kommission ersuchen, je nach Zweckmäßigkeit eine Empfehlung oder einen Vorschlag zu unterbreiten. [2] Die Kommission prüft dieses Ersuchen und unterbreitet dem Rat umgehend ihre Schlussfolgerungen.

Kapitel 4. Besondere Bestimmungen für die Mitgliedstaaten, deren Währung der Euro ist

Art. 136 [Haushaltsdisziplin; Grundzüge der Wirtschaftspolitik]

(1) Im Hinblick auf das reibungslose Funktionieren der Wirtschafts- und Währungsunion erlässt der Rat für die Mitgliedstaaten, deren Währung der Euro ist, Maßnahmen nach den einschlägigen Bestimmungen der Verträge und dem entsprechenden Verfahren unter den in den Artikeln 121 und 126 genannten Verfahren, mit Ausnahme des in Artikel 126 Absatz 14 genannten Verfahrens, um

a) die Koordinierung und Überwachung ihrer Haushaltsdisziplin zu verstärken,

b) für diese Staaten Grundzüge der Wirtschaftspolitik auszuarbeiten, wobei darauf zu achten ist, dass diese mit den für die gesamte Union angenommenen Grundzügen der Wirtschaftspolitik vereinbar sind, und ihre Einhaltung zu überwachen.

(2) *[1]* Bei den in Absatz 1 genannten Maßnahmen sind nur die Mitglieder des Rates stimmberechtigt, die die Mitgliedstaaten vertreten, deren Währung der Euro ist.

[2] Die qualifizierte Mehrheit dieser Mitglieder bestimmt sich nach Artikel 238 Absatz 3 Buchstabe a.

(3) [1] Die Mitgliedstaaten, deren Währung der Euro ist, können einen Stabilitätsmechanismus einrichten, der aktiviert wird, wenn dies unabdingbar ist, um die Stabilität des Euro-Währungsgebiets insgesamt zu wahren. [2] Die Gewährung aller erforderlichen Finanzhilfen im Rahmen des Mechanismus wird strengen Auflagen unterliegen.

Art. 137 [Tagungen der Euro-Gruppe] Die Einzelheiten für die Tagungen der Minister der Mitgliedstaaten, deren Währung der Euro ist, sind in dem Protokoll betreffend die Euro-Gruppe festgelegt.

Art. 138 [Euro im internationalen Währungssystem] (1) [1] Zur Gewährleistung der Stellung des Euro im internationalen Währungssystem erlässt der Rat auf Vorschlag der Kommission einen Beschluss zur Festlegung der innerhalb der zuständigen internationalen Einrichtungen und Konferenzen im Finanzbereich einzunehmenden gemeinsamen Standpunkte zu den Fragen, die von besonderer Bedeutung für die Wirtschafts- und Währungsunion sind. [2] Der Rat beschließt nach Anhörung der Europäischen Zentralbank.

(2) [1] Der Rat kann auf Vorschlag der Kommission geeignete Maßnahmen mit dem Ziel erlassen, eine einheitliche Vertretung bei den internationalen Einrichtungen und Konferenzen im Finanzbereich sicherzustellen. [2] Der Rat beschließt nach Anhörung der Europäischen Zentralbank.

(3) *[1]* Bei den in den Absätzen 1 und 2 genannten Maßnahmen sind nur die Mitglieder des Rates stimmberechtigt, die die Mitgliedstaaten vertreten, deren Währung der Euro ist.

[2] Die qualifizierte Mehrheit dieser Mitglieder bestimmt sich nach Artikel 238 Absatz 3 Buchstabe a.

Kapitel 5. Übergangsbestimmungen

Art. 139 [Mitgliedstaaten mit Ausnahmeregelung] (1) Die Mitgliedstaaten, für die der Rat nicht beschlossen hat, dass sie die erforderlichen Voraussetzungen für die Einführung des Euro erfüllen, werden im Folgenden als „Mitgliedstaaten, für die eine Ausnahmeregelung gilt" oder „Mitgliedstaaten mit Ausnahmeregelung" bezeichnet.

(2) *[1]* Auf die Mitgliedstaaten, für die eine Ausnahmeregelung gilt, finden die im Folgenden aufgeführten Bestimmungen der Verträge keine Anwendung:

a) Annahme der das Euro-Währungsgebiet generell betreffenden Teile der Grundzüge der Wirtschaftspolitik (Artikel 121 Absatz 2);
b) Zwangsmittel zum Abbau eines übermäßigen Defizits (Artikel 126 Absätze 9 und 11);
c) Ziele und Aufgaben des ESZB (Artikel 127 Absätze 1, 2, 3 und 5);
d) Ausgabe des Euro (Artikel 128);
e) Rechtsakte der Europäischen Zentralbank (Artikel 132);
f) Maßnahmen bezüglich der Verwendung des Euro (Artikel 133);
g) Währungsvereinbarungen und andere Maßnahmen bezüglich der Wechselkurspolitik (Artikel 219);
h) Ernennung der Mitglieder des Direktoriums der Europäischen Zentralbank (Artikel 283 Absatz 2);
i) Beschlüsse zur Festlegung der innerhalb der zuständigen internationalen Einrichtungen und Konferenzen im Finanzbereich einzunehmenden gemeinsamen Standpunkte zu den Fragen, die von besonderer Bedeutung für die Wirtschafts- und Währungsunion sind (Artikel 138 Absatz 1);
j) Maßnahmen zur Sicherstellung einer einheitlichen Vertretung bei den internationalen Einrichtungen und Konferenzen im Finanzbereich (Artikel 138 Absatz 2).

[2] Somit sind „Mitgliedstaaten" im Sinne der in den Buchstaben a bis j genannten Artikel die Mitgliedstaaten, deren Währung der Euro ist.

(3) Die Mitgliedstaaten, für die eine Ausnahmeregelung gilt, und deren nationale Zentralbanken sind nach Kapitel IX der Satzung des ESZB und der EZB von den Rechten und Pflichten im Rahmen des ESZB ausgeschlossen.

(4) *[1]* Das Stimmrecht der Mitglieder des Rates, die Mitgliedstaaten mit Ausnahmeregelung vertreten, ruht beim Erlass von Maßnahmen nach den in Absatz 2 genannten Artikeln durch den Rat sowie bei

a) Empfehlungen an die Mitgliedstaaten, deren Währung der Euro ist, im Rahmen der multilateralen Überwachung, einschließlich Empfehlungen zu den Stabilitätsprogrammen und Verwarnungen (Artikel 121 Absatz 4);
b) Maßnahmen bei übermäßigem Defizit von Mitgliedstaaten, deren Währung der Euro ist (Artikel 126 Absätze 6, 7, 8, 12 und 13).

[2] Die qualifizierte Mehrheit der übrigen Mitglieder des Rates bestimmt sich nach Artikel 238 Absatz 3 Buchstabe a.

Art. 140 [Konvergenzbericht] (1) *[1]* [1] Mindestens einmal alle zwei Jahre oder auf Antrag eines Mitgliedstaats, für den eine Ausnahmeregelung gilt, berichten die Kommission und die Europäische Zentralbank dem Rat, inwieweit die Mitgliedstaaten, für die eine Ausnahmeregelung gilt, bei der Verwirklichung der Wirtschafts- und Währungsunion ihren Verpflichtungen bereits nachgekommen sind. [2]In ihren Berichten wird auch die Frage geprüft, inwieweit die innerstaatlichen Rechtsvorschriften jedes einzelnen dieser Mitgliedstaaten einschließlich der Satzung der jeweiligen nationalen Zentralbank mit Artikel 130 und Artikel 131 sowie der Satzung des ESZB und der EZB vereinbar sind. [3]Ferner wird darin geprüft, ob ein hoher Grad an dauerhafter Konvergenz erreicht ist; Maßstab hierfür ist, ob die einzelnen Mitgliedstaaten folgende Kriterien erfüllen:

- Erreichung eines hohen Grades an Preisstabilität, ersichtlich aus einer Inflationsrate, die der Inflationsrate jener – höchstens drei – Mitgliedstaaten nahe kommt, die auf dem Gebiet der Preisstabilität das beste Ergebnis erzielt haben;
- eine auf Dauer tragbare Finanzlage der öffentlichen Hand, ersichtlich aus einer öffentlichen Haushaltslage ohne übermäßiges Defizit im Sinne des Artikels 126 Absatz 6;
- Einhaltung der normalen Bandbreiten des Wechselkursmechanismus des Europäischen Währungssystems seit mindestens zwei Jahren ohne Abwertung gegenüber dem Euro;
- Dauerhaftigkeit der von dem Mitgliedstaat mit Ausnahmeregelung erreichten Konvergenz und seiner Teilnahme am Wechselkursmechanismus, die im Niveau der langfristigen Zinssätze zum Ausdruck kommt.

[2] [1]Die vier Kriterien in diesem Absatz sowie die jeweils erforderliche Dauer ihrer Einhaltung sind in einem den Verträgen beigefügten Protokoll näher festgelegt. [2]Die Berichte der Kommission und der Europäischen Zentralbank berücksichtigen auch die Ergebnisse bei der Integration der Märkte, den Stand und die Entwicklung der Leistungsbilanzen, die Entwicklung bei den Lohnstückkosten und andere Preisindizes.

(2) *[1]* Der Rat beschließt nach Anhörung des Europäischen Parlaments und nach Aussprache im Europäischen Rat auf Vorschlag der Kommission, welche der Mitgliedstaaten, für die eine Ausnahmeregelung gilt, die auf den Kriterien des Absatzes 1 beruhenden Voraussetzungen erfüllen, und hebt die Ausnahmeregelungen der betreffenden Mitgliedstaaten auf.

[2] Der Rat beschließt auf Empfehlung einer qualifizierten Mehrheit derjenigen seiner Mitglieder, die Mitgliedstaaten vertreten, deren Währung der Euro ist. Diese Mitglieder beschließen innerhalb von sechs Monaten nach Eingang des Vorschlags der Kommission beim Rat.

[3] Die in Unterabsatz 2 genannte qualifizierte Mehrheit dieser Mitglieder bestimmt sich nach Artikel 238 Absatz 3 Buchstabe a.

(3) Wird nach dem Verfahren des Absatzes 2 beschlossen, eine Ausnahmeregelung aufzuheben, so legt der Rat aufgrund eines einstimmigen Beschlusses der Mitgliedstaaten, deren Währung der Euro ist, und des betreffenden Mitgliedstaats auf Vorschlag der Kommission und nach Anhörung der Europäischen Zentralbank den Kurs, zu dem dessen Währung durch den Euro ersetzt wird, unwiderruflich fest und ergreift die sonstigen erforderlichen Maßnahmen zur Einführung des Euro als einheitliche Währung in dem betreffenden Mitgliedstaat.

Art. 141 [Erweiterter Rat der EZB] (1) Sofern und solange es Mitgliedstaaten gibt, für die eine Ausnahmeregelung gilt, wird unbeschadet des Artikels 129 Absatz 1 der in Artikel 44 der Satzung des ESZB und der EZB bezeichnete Erweiterte Rat der Europäischen Zentralbank als drittes Beschlussorgan der Europäischen Zentralbank errichtet.

(2) Sofern und solange es Mitgliedstaaten gibt, für die eine Ausnahmeregelung gilt, ist es die Aufgabe der Europäischen Zentralbank, in Bezug auf diese Mitgliedstaaten

- die Zusammenarbeit zwischen den nationalen Zentralbanken zu verstärken;
- die Koordinierung der Geldpolitiken der Mitgliedstaaten mit dem Ziel zu verstärken, die Preisstabilität aufrechtzuerhalten;
- das Funktionieren des Wechselkursmechanismus zu überwachen;
- Konsultationen zu Fragen durchzuführen, die in die Zuständigkeit der nationalen Zentralbanken fallen und die Stabilität der Finanzinstitute und -märkte berühren;
- die seinerzeitigen Aufgaben des Europäischen Fonds für währungspolitische Zusammenarbeit, die zuvor vom Europäischen Währungsinstitut übernommen worden waren, wahrzunehmen.

Art. 142 [Wechselkurspolitik] [1] Jeder Mitgliedstaat, für den eine Ausnahmeregelung gilt, behandelt seine Wechselkurspolitik als eine Angelegenheit von gemeinsamem Interesse. [2] Er berücksichtigt dabei die Erfahrungen, die bei der Zusammenarbeit im Rahmen des Wechselkursmechanismus gesammelt worden sind.

Art. 143 [Zahlungsbilanzschwierigkeiten] (1) *[1]* [1] Ist ein Mitgliedstaat, für den eine Ausnahmeregelung gilt, hinsichtlich seiner Zahlungsbilanz von Schwierigkeiten betroffen oder ernstlich bedroht, die sich entweder aus einem Ungleichgewicht seiner Gesamtzahlungsbilanz oder aus der Art der ihm zur Verfügung stehenden Devisen ergeben, und sind diese Schwierigkeiten geeignet, insbesondere das Funktionieren des Binnenmarkts oder die Verwirklichung der gemeinsamen Handelspolitik zu gefährden, so prüft die Kommission unverzüglich die Lage dieses Staates sowie die Maßnahmen, die er getroffen hat oder unter Einsatz aller ihm zur Verfügung stehenden Mittel nach den Verträgen treffen kann. [2] Die Kommission gibt die Maßnahmen an, die sie dem betreffenden Mitgliedsstaat empfiehlt.

[2] Erweisen sich die von einem Mitgliedstaat mit Ausnahmeregelung ergriffenen und die von der Kommission angeregten Maßnahmen als unzureichend, die aufgetretenen oder drohenden Schwierigkeiten zu beheben, so empfiehlt die Kommission dem Rat nach Anhörung des Wirtschafts- und Finanzausschusses einen gegenseitigen Beistand und die dafür geeigneten Methoden.

[3] Die Kommission unterrichtet den Rat regelmäßig über die Lage und ihre Entwicklung.

(2) [1] Der Rat gewährt den gegenseitigen Beistand; er erlässt Richtlinien oder Beschlüsse, welche die Bedingungen und Einzelheiten hierfür festlegen. [2] Der gegenseitige Beistand kann insbesondere erfolgen

a) durch ein abgestimmtes Vorgehen bei anderen internationalen Organisationen, an die sich die Mitgliedstaaten, für die eine Ausnahmeregelung gilt, wenden können;

b) durch Maßnahmen, die notwendig sind, um Verlagerungen von Handelsströmen zu vermeiden, falls der in Schwierigkeiten befindliche Mitgliedstaat mit Ausnahmeregelung mengenmäßige Beschränkungen gegenüber dritten Ländern beibehält oder wieder einführt;

c) durch Bereitstellung von Krediten in begrenzter Höhe seitens anderer Mitgliedstaaten; hierzu ist ihr Einverständnis erforderlich.

(3) *[1]* Stimmt der Rat dem von der Kommission empfohlenen gegenseitigen Beistand nicht zu oder sind der gewährte Beistand und die getroffenen Maßnahmen unzureichend, so ermächtigt die Kommission den in Schwierigkeiten befindlichen Mitgliedstaat mit Ausnahmeregelung, Schutzmaßnahmen zu treffen, deren Bedingungen und Einzelheiten sie festlegt.

[2] Der Rat kann diese Ermächtigung aufheben und die Bedingungen und Einzelheiten ändern.

Art. 144 [Plötzliche Zahlungsbilanzkrise; Schutzmaßnahmen]

(1) [1] Gerät ein Mitgliedstaat, für den eine Ausnahmeregelung gilt, in eine plötzliche Zahlungsbilanzkrise und wird ein Beschluss im Sinne des Artikels 143 Absatz 2 nicht unverzüglich getroffen, so kann der betreffende Staat vorsorglich die erforderlichen Schutzmaßnahmen ergreifen. [2] Sie dürfen nur ein Mindestmaß an Störungen im Funktionieren des Binnenmarkts hervorrufen und nicht über das zur Behebung der plötzlich aufgetretenen Schwierigkeiten unbedingt erforderliche Ausmaß hinausgehen.

(2) [1] Die Kommission und die anderen Mitgliedstaaten werden über die Schutzmaßnahmen spätestens bei deren Inkrafttreten unterrichtet. [2] Die Kommission kann dem Rat den gegenseitigen Beistand nach Artikel 143 empfehlen.

(3) Auf Empfehlung der Kommission und nach Anhörung des Wirtschafts- und Finanzausschusses kann der Rat beschließen, dass der betreffende Mitgliedstaat diese Schutzmaßnahmen zu ändern, auszusetzen oder aufzuheben hat.

Titel IX. Beschäftigung

Art. 145 [Koordinierte Beschäftigungsstrategie] Die Mitgliedstaaten und die Union arbeiten nach diesem Titel auf die Entwicklung einer koordinierten Beschäftigungsstrategie und insbesondere auf die Förderung der Qualifizierung, Ausbildung und Anpassungsfähigkeit der Arbeitnehmer sowie der Fähigkeit der Arbeitsmärkte hin, auf die Erfordernisse des wirtschaftlichen Wandels zu reagieren, um die Ziele des Artikels 3 des Vertrags über die Europäische Union[1)] zu erreichen.

Art. 146 [Abgestimmte Beschäftigungspolitik der Mitgliedstaaten]

(1) Die Mitgliedstaaten tragen durch ihre Beschäftigungspolitik im Einklang mit den nach Artikel 121 Absatz 2 verabschiedeten Grundzügen der Wirtschaftspolitik der Mitgliedstaaten und der Union zur Erreichung der in Artikel 145 genannten Ziele bei.

[1)] Nr. **16**.

(2) Die Mitgliedstaaten betrachten die Förderung der Beschäftigung als Angelegenheit von gemeinsamem Interesse und stimmen ihre diesbezüglichen Tätigkeiten nach Maßgabe des Artikels 148 im Rat aufeinander ab, wobei die einzelstaatlichen Gepflogenheiten in Bezug auf die Verantwortung der Sozialpartner berücksichtigt werden.

Art. 147 [Hohes Beschäftigungsniveau] (1) [1]Die Union trägt zu einem hohen Beschäftigungsniveau bei, indem sie die Zusammenarbeit zwischen den Mitgliedstaaten fördert und deren Maßnahmen in diesem Bereich unterstützt und erforderlichenfalls ergänzt. [2]Hierbei wird die Zuständigkeit der Mitgliedstaaten beachtet.

(2) Das Ziel eines hohen Beschäftigungsniveaus wird bei der Festlegung und Durchführung der Unionspolitiken und -maßnahmen berücksichtigt.

Art. 148 [Beschäftigungspolitische Leitlinien] (1) Anhand eines gemeinsamen Jahresberichts des Rates und der Kommission prüft der Europäische Rat jährlich die Beschäftigungslage in der Union und nimmt hierzu Schlussfolgerungen an.

(2) [1]Anhand der Schlussfolgerungen des Europäischen Rates legt der Rat auf Vorschlag der Kommission und nach Anhörung des Europäischen Parlaments, des Wirtschafts- und Sozialausschusses, des Ausschusses der Regionen und des in Artikel 150 genannten Beschäftigungsausschusses jährlich Leitlinien fest, welche die Mitgliedstaaten in ihrer Beschäftigungspolitik berücksichtigen. [2]Diese Leitlinien müssen mit den nach Artikel 121 Absatz 2 verabschiedeten Grundzügen in Einklang stehen.

(3) Jeder Mitgliedstaat übermittelt dem Rat und der Kommission jährlich einen Bericht über die wichtigsten Maßnahmen, die er zur Durchführung seiner Beschäftigungspolitik im Lichte der beschäftigungspolitischen Leitlinien nach Absatz 2 getroffen hat.

(4) [1]Anhand der in Absatz 3 genannten Berichte und nach Stellungnahme des Beschäftigungsausschusses unterzieht der Rat die Durchführung der Beschäftigungspolitik der Mitgliedstaaten im Lichte der beschäftigungspolitischen Leitlinien jährlich einer Prüfung. [2]Der Rat kann dabei auf Empfehlung der Kommission Empfehlungen an die Mitgliedstaaten richten, wenn er dies aufgrund der Ergebnisse dieser Prüfung für angebracht hält.

(5) Auf der Grundlage der Ergebnisse der genannten Prüfung erstellen der Rat und die Kommission einen gemeinsamen Jahresbericht für den Europäischen Rat über die Beschäftigungslage in der Union und über die Umsetzung der beschäftigungspolitischen Leitlinien.

Art. 149 [Anreizmaßnahmen zur Förderung der Zusammenarbeit]

[1] Das Europäische Parlament und der Rat kann gemäß dem ordentlichen Gesetzgebungsverfahren und nach Anhörung des Wirtschafts- und Sozialausschusses sowie des Ausschusses der Regionen Anreizmaßnahmen zur Förderung der Zusammenarbeit zwischen den Mitgliedstaaten und zur Unterstützung ihrer Beschäftigungsmaßnahmen durch Initiativen beschließen, die darauf abzielen, den Austausch von Informationen und bewährten Verfahren zu entwickeln, vergleichende Analysen und Gutachten bereitzustellen sowie innovati-

ve Ansätze zu fördern und Erfahrungen zu bewerten, und zwar insbesondere durch den Rückgriff auf Pilotvorhaben.

[2] Diese Maßnahmen schließen keinerlei Harmonisierung der Rechts- und Verwaltungsvorschriften der Mitgliedstaaten ein.

Art. 150 [Beschäftigungsausschuss] *[1]* [1] Der Rat, der mit einfacher Mehrheit beschließt, setzt nach Anhörung des Europäischen Parlaments einen Beschäftigungsausschuss mit beratender Funktion zur Förderung der Koordinierung der Beschäftigungs- und Arbeitsmarktpolitik ein. [2] Der Ausschuss hat folgende Aufgaben:

- Er verfolgt die Beschäftigungslage und die Beschäftigungspolitik in den Mitgliedstaaten und der Union;
- er gibt unbeschadet des Artikels 240 auf Ersuchen des Rates oder der Kommission oder von sich aus Stellungnahmen ab und trägt zur Vorbereitung der in Artikel 148 genannten Beratungen des Rates bei.

[2] Bei der Erfüllung seines Auftrags hört der Ausschuss die Sozialpartner.

[3] Jeder Mitgliedstaat und die Kommission entsenden zwei Mitglieder in den Ausschuss.

Titel X. Sozialpolitik

Art. 151 [Ziele und Mittel abgestimmter und gemeinsamer Sozialpolitik] *[1]* Die Union und die Mitgliedstaaten verfolgen eingedenk der sozialen Grundrechte, wie sie in der am 18. Oktober 1961 in Turin unterzeichneten Europäischen Sozialcharta und in der Gemeinschaftscharta der sozialen Grundrechte der Arbeitnehmer von 1989 festgelegt sind, folgende Ziele: die Förderung der Beschäftigung, die Verbesserung der Lebens- und Arbeitsbedingungen, um dadurch auf dem Wege des Fortschritts ihre Angleichung zu ermöglichen, einen angemessenen sozialen Schutz, den sozialen Dialog, die Entwicklung des Arbeitskräftepotenzials im Hinblick auf ein dauerhaft hohes Beschäftigungsniveau und die Bekämpfung von Ausgrenzungen.

[2] Zu diesem Zweck führen die Union und die Mitgliedstaaten Maßnahmen durch, die der Vielfalt der einzelstaatlichen Gepflogenheiten, insbesondere in den vertraglichen Beziehungen, sowie der Notwendigkeit, die Wettbewerbsfähigkeit der Wirtschaft der Union zu erhalten, Rechnung tragen.

[3] Sie sind der Auffassung, dass sich eine solche Entwicklung sowohl aus dem eine Abstimmung der Sozialordnungen begünstigenden Wirken des Binnenmarkts als auch aus den in den Verträgen vorgesehenen Verfahren sowie aus der Angleichung ihrer Rechts- und Verwaltungsvorschriften ergeben wird.

Art. 152 [Rolle der Sozialpartner; Sozialer Dialog; Sozialgipfel]

[1] [1] Die Union anerkennt und fördert die Rolle der Sozialpartner auf Ebene der Union unter Berücksichtigung der Unterschiedlichkeit der nationalen Systeme. [2] Sie fördert den sozialen Dialog und achtet dabei die Autonomie der Sozialpartner.

[2] Der Dreigliedrige Sozialgipfel für Wachstum und Beschäftigung trägt zum sozialen Dialog bei.

Art. 153 [Unionskompetenzen] (1) Zur Verwirklichung der Ziele des Artikels 151 unterstützt und ergänzt die Union die Tätigkeit der Mitgliedstaaten auf folgenden Gebieten:

a) Verbesserung insbesondere der Arbeitsumwelt zum Schutz der Gesundheit und der Sicherheit der Arbeitnehmer,

b) Arbeitsbedingungen,

c) soziale Sicherheit und sozialer Schutz der Arbeitnehmer,

d) Schutz der Arbeitnehmer bei Beendigung des Arbeitsvertrags,

e) Unterrichtung und Anhörung der Arbeitnehmer,

f) Vertretung und kollektive Wahrnehmung der Arbeitnehmer- und Arbeitgeberinteressen, einschließlich der Mitbestimmung, vorbehaltlich des Absatzes 5,

g) Beschäftigungsbedingungen der Staatsangehörigen dritter Länder, die sich rechtmäßig im Gebiet der Union aufhalten,

h) berufliche Eingliederung der aus dem Arbeitsmarkt ausgegrenzten Personen, unbeschadet des Artikels 166,

i) Chancengleichheit von Männern und Frauen auf dem Arbeitsmarkt und Gleichbehandlung am Arbeitsplatz,

j) Bekämpfung der sozialen Ausgrenzung,

k) Modernisierung der Systeme des sozialen Schutzes, unbeschadet des Buchstabens c.

(2) *[1]* Zu diesem Zweck können das Europäische Parlament und der Rat

a) unter Ausschluss jeglicher Harmonisierung der Rechts- und Verwaltungsvorschriften der Mitgliedstaaten Maßnahmen annehmen, die dazu bestimmt sind, die Zusammenarbeit zwischen den Mitgliedstaaten durch Initiativen zu fördern, die die Verbesserung des Wissensstands, die Entwicklung des Austauschs von Informationen und bewährten Verfahren, die Förderung innovativer Ansätze und die Bewertung von Erfahrungen zum Ziel haben;

b) in den in Absatz 1 Buchstaben a bis i genannten Bereichen unter Berücksichtigung der in den einzelnen Mitgliedstaaten bestehenden Bedingungen und technischen Regelungen durch Richtlinien Mindestvorschriften erlassen, die schrittweise anzuwenden sind. Diese Richtlinien sollen keine verwaltungsmäßigen, finanziellen oder rechtlichen Auflagen vorschreiben, die der Gründung und Entwicklung von kleinen und mittleren Unternehmen entgegenstehen.

[2] Das Europäische Parlament und der Rat beschließen gemäß dem ordentliche Gesetzgebungsverfahren nach Anhörung des Wirtschafts- und Sozialausschusses und des Ausschusses der Regionen.

[3] In den in Absatz 1 Buchstaben c, d, f und g genannten Bereichen beschließt der Rat einstimmig gemäß einem besonderen Gesetzgebungsverfahren nach Anhörung des Europäischen Parlaments und der genannten Ausschüsse.

[4] Der Rat kann einstimmig auf Vorschlag der Kommission nach Anhörung des Europäischen Parlaments beschließen, dass das ordentlichen Gesetzgebungsverfahren auf Absatz 1 Buchstaben d, f und g angewandt wird.

(3) *[1]* Ein Mitgliedstaat kann den Sozialpartnern auf deren gemeinsamen Antrag die Durchführung von aufgrund des Absatzes 2 angenommenen Richt-

linien oder gegebenenfalls die Durchführung eines nach Artikel 155 erlassenen Beschlusses des Rates übertragen.

[2] In diesem Fall vergewissert sich der Mitgliedstaat, dass die Sozialpartner spätestens zu dem Zeitpunkt, zu dem eine Richtlinie umgesetzt oder ein Beschluss durchgeführt sein muss, im Wege einer Vereinbarung die erforderlichen Vorkehrungen getroffen haben; dabei hat der Mitgliedstaat alle erforderlichen Maßnahmen zu treffen, um jederzeit gewährleisten zu können, dass die durch diese Richtlinie oder diesen Beschluss vorgeschriebenen Ergebnisse erzielt werden.

(4) Die aufgrund dieses Artikels erlassenen Bestimmungen

- berühren nicht die anerkannte Befugnis der Mitgliedstaaten, die Grundprinzipien ihres Systems der sozialen Sicherheit festzulegen, und dürfen das finanzielle Gleichgewicht dieser Systeme nicht erheblich beeinträchtigen;
- hindern die Mitgliedstaaten nicht daran, strengere Schutzmaßnahmen beizubehalten oder zu treffen, die mit den Verträgen vereinbar sind.

(5) Dieser Artikel gilt nicht für das Arbeitsentgelt, das Koalitionsrecht, das Streikrecht sowie das Aussperrungsrecht.

Art. 154 [Anhörung der Sozialpartner] (1) Die Kommission hat die Aufgabe, die Anhörung der Sozialpartner auf Unionsebene zu fördern, und erlässt alle zweckdienlichen Maßnahmen, um den Dialog zwischen den Sozialpartnern zu erleichtern, wobei sie für Ausgewogenheit bei der Unterstützung der Parteien sorgt.

(2) Zu diesem Zweck hört die Kommission vor Unterbreitung von Vorschlägen im Bereich der Sozialpolitik die Sozialpartner zu der Frage, wie eine Unionsaktion gegebenenfalls ausgerichtet werden sollte.

(3) [1] Hält die Kommission nach dieser Anhörung eine Unionsmaßnahme für zweckmäßig, so hört sie die Sozialpartner zum Inhalt des in Aussicht genommenen Vorschlags. [2] Die Sozialpartner übermitteln der Kommission eine Stellungnahme oder gegebenenfalls eine Empfehlung.

(4) [1] Bei den Anhörungen nach den Absätzen 2 und 3 können die Sozialpartner der Kommission mitteilen, dass sie den Prozess nach Artikel 155 in Gang setzen wollen. [2] Die Dauer dieses Prozesses darf höchstens neun Monate betragen, sofern die betroffenen Sozialpartner und die Kommission nicht gemeinsam eine Verlängerung beschließen.

Art. 155 [Dialog zwischen den Sozialpartnern] (1) Der Dialog zwischen den Sozialpartnern auf Unionsebene kann, falls sie es wünschen, zur Herstellung vertraglicher Beziehungen einschließlich des Abschlusses von Vereinbarungen führen.

(2) *[1]* [1] Die Durchführung der auf Unionsebene geschlossenen Vereinbarungen erfolgt entweder nach den jeweiligen Verfahren und Gepflogenheiten der Sozialpartner und der Mitgliedstaaten oder – in den durch Artikel 153 erfassten Bereichen – auf gemeinsamen Antrag der Unterzeichnerparteien durch einen Beschluss des Rates auf Vorschlag der Kommission. [2] Das Europäische Parlament wird unterrichtet.

[2] Der Rat beschließt einstimmig, sofern die betreffende Vereinbarung eine oder mehrere Bestimmungen betreffend einen der Bereiche enthält, für die nach Artikel 153 Absatz 2 Einstimmigkeit erforderlich ist.

Art. 156 [Fördermaßnahmen der Kommission] *[1]* Unbeschadet der sonstigen Bestimmungen der Verträge fördert die Kommission im Hinblick auf die Erreichung der Ziele des Artikels 151 die Zusammenarbeit zwischen den Mitgliedstaaten und erleichtert die Abstimmung ihres Vorgehens in allen unter dieses Kapitel fallenden Bereichen der Sozialpolitik, insbesondere auf dem Gebiet

- der Beschäftigung,
- des Arbeitsrechts und der Arbeitsbedingungen,
- der beruflichen Ausbildung und Fortbildung,
- der sozialen Sicherheit,
- der Verhütung von Berufsunfällen und Berufskrankheiten,
- des Gesundheitsschutzes bei der Arbeit,
- des Koalitionsrechts und der Kollektivverhandlungen zwischen Arbeitgebern und Arbeitnehmern.

[2] [1] Zu diesem Zweck wird die Kommission in enger Verbindung mit den Mitgliedstaaten durch Untersuchungen, Stellungnahmen und die Durchführung von Konsultationen in Bezug auf innerstaatlich oder in den internationalen Organisationen zu behandelnde Fragen tätig, und zwar insbesondere im Wege von Initiativen, die darauf abzielen, Leitlinien und Indikatoren festzulegen, den Austausch bewährter Verfahren durchzuführen und die erforderlichen Elemente für eine regelmäßige Überwachung und Bewertung auszuarbeiten. [2] Das Europäische Parlament wird in vollem Umfang unterrichtet.

[3] Vor Abgabe der in diesem Artikel vorgesehenen Stellungnahmen hört die Kommission den Wirtschafts- und Sozialausschuss.

Art. 157 [Gleichstellung von Mann und Frau im Erwerbsleben]

(1) Jeder Mitgliedstaat stellt die Anwendung des Grundsatzes des gleichen Entgelts für Männer und Frauen bei gleicher oder gleichwertiger Arbeit sicher.

(2) *[1]* Unter „Entgelt" im Sinne dieses Artikels sind die üblichen Grund- oder Mindestlöhne und -gehälter sowie alle sonstigen Vergütungen zu verstehen, die der Arbeitgeber aufgrund des Dienstverhältnisses dem Arbeitnehmer unmittelbar oder mittelbar in bar oder in Sachleistungen zahlt.

[2] Gleichheit des Arbeitsentgelts ohne Diskriminierung aufgrund des Geschlechts bedeutet,

a) dass das Entgelt für eine gleiche nach Akkord bezahlte Arbeit aufgrund der gleichen Maßeinheit festgesetzt wird,

b) dass für eine nach Zeit bezahlte Arbeit das Entgelt bei gleichem Arbeitsplatz gleich ist.

(3) Das Europäische Parlament und der Rat beschließen gemäß dem ordentlichen Gesetzgebungsverfahren und nach Anhörung des Wirtschafts- und Sozialausschusses Maßnahmen zur Gewährleistung der Anwendung des Grundsatzes der Chancengleichheit und der Gleichbehandlung von Männern und Frauen in

Arbeits- und Beschäftigungsfragen, einschließlich des Grundsatzes des gleichen Entgelts bei gleicher oder gleichwertiger Arbeit.

(4) Im Hinblick auf die effektive Gewährleistung der vollen Gleichstellung von Männern und Frauen im Arbeitsleben hindert der Grundsatz der Gleichbehandlung die Mitgliedstaaten nicht daran, zur Erleichterung der Berufstätigkeit des unterrepräsentierten Geschlechts oder zur Verhinderung bzw. zum Ausgleich von Benachteiligungen in der beruflichen Laufbahn spezifische Vergünstigungen beizubehalten oder zu beschließen.

Art. 158 [Bezahlte Freizeit] Die Mitgliedstaaten sind bestrebt, die bestehende Gleichwertigkeit der Ordnungen über die bezahlte Freizeit beizubehalten.

Art. 159 [Bericht zur sozialen und demografischen Lage] [1] Die Kommission erstellt jährlich einen Bericht über den Stand der Verwirklichung der in Artikel 151 genannten Ziele sowie über die demografische Lage in der Union. [2] Sie übermittelt diesen Bericht dem Europäischen Parlament, dem Rat und dem Wirtschafts- und Sozialausschuss.

Art. 160 [Ausschuss für Sozialschutz] *[1]* [1] Der Rat, der mit einfacher Mehrheit beschließt, setzt nach Anhörung des Europäischen Parlaments einen Ausschuss für Sozialschutz mit beratender Aufgabe ein, um die Zusammenarbeit im Bereich des sozialen Schutzes zwischen den Mitgliedstaaten und mit der Kommission zu fördern. [2] Der Ausschuss hat folgende Aufgaben:

- Er verfolgt die soziale Lage und die Entwicklung der Politiken im Bereich des sozialen Schutzes in den Mitgliedstaaten und der Union;
- er fördert den Austausch von Informationen, Erfahrungen und bewährten Verfahren zwischen den Mitgliedstaaten und mit der Kommission;
- unbeschadet des Artikels 240 arbeitet er auf Ersuchen des Rates oder der Kommission oder von sich aus in seinem Zuständigkeitsbereich Berichte aus, gibt Stellungnahmen ab oder wird auf andere Weise tätig.

[2] Bei der Erfüllung seines Auftrags stellt der Ausschuss geeignete Kontakte zu den Sozialpartnern her.

[3] Jeder Mitgliedstaat und die Kommission ernennen zwei Mitglieder des Ausschusses.

Art. 161 [Jahresbericht der Kommission] *[1]* Der Jahresbericht der Kommission an das Europäische Parlament hat stets ein besonderes Kapitel über die Entwicklung der sozialen Lage in der Union zu enthalten.

[2] Das Europäische Parlament kann die Kommission auffordern, Berichte über besondere, die soziale Lage betreffende Fragen auszuarbeiten.

Titel XI. Der Europäische Sozialfonds

Art. 162 [Errichtung und Ziel des Europäischen Sozialfonds] Um die Beschäftigungsmöglichkeiten der Arbeitskräfte im Binnenmarkt zu verbessern und damit zur Hebung der Lebenshaltung beizutragen, wird nach Maßgabe der folgenden Bestimmungen ein Europäischer Sozialfonds errichtet, dessen Ziel es ist, innerhalb der Union die berufliche Verwendbarkeit und die örtliche und berufliche Mobilität der Arbeitskräfte zu fördern sowie die Anpassung an die industriellen Wandlungsprozesse und an Veränderungen der Produktionssysteme insbesondere durch berufliche Bildung und Umschulung zu erleichtern.

Art. 163 [Verwaltung des Fonds] *[1]* Die Verwaltung des Fonds obliegt der Kommission.

[2] Die Kommission wird hierbei von einem Ausschuss unterstützt, der aus Vertretern der Regierungen sowie der Arbeitgeber- und der Arbeitnehmerverbände besteht; den Vorsitz führt ein Mitglied der Kommission.

Art. 164 [Durchführungsverordnungen] Das Europäische Parlament und der Rat erlassen gemäß dem ordentlichen Gesetzgebungsverfahren und nach Anhörung des Wirtschafts- und Sozialausschusses sowie des Ausschusses der Regionen die den Europäischen Sozialfonds betreffenden Durchführungsverordnungen.

Titel XII. Allgemeine und berufliche Bildung, Jugend und Sport

Art. 165 [Beitrag der Union; Ziele] (1) *[1]* Die Union trägt zur Entwicklung einer qualitativ hoch stehenden Bildung dadurch bei, dass sie die Zusammenarbeit zwischen den Mitgliedstaaten fördert und die Tätigkeit der Mitgliedstaaten unter strikter Beachtung der Verantwortung der Mitgliedstaaten für die Lehrinhalte und die Gestaltung des Bildungssystems sowie der Vielfalt ihrer Kulturen und Sprachen erforderlichenfalls unterstützt und ergänzt.

[2] Die Union trägt zur Förderung der europäischen Dimension des Sports bei und berücksichtigt dabei dessen besondere Merkmale, dessen auf freiwilligem Engagement basierende Strukturen sowie dessen soziale und pädagogische Funktion.

(2) Die Tätigkeit der Union hat folgende Ziele:
- Entwicklung der europäischen Dimension im Bildungswesen, insbesondere durch Erlernen und Verbreitung der Sprachen der Mitgliedstaaten;
- Förderung der Mobilität von Lernenden und Lehrenden, auch durch die Förderung der akademischen Anerkennung der Diplome und Studienzeiten;
- Förderung der Zusammenarbeit zwischen den Bildungseinrichtungen;
- Ausbau des Informations- und Erfahrungsaustauschs über gemeinsame Probleme im Rahmen der Bildungssysteme der Mitgliedstaaten;
- Förderung des Ausbaus des Jugendaustauschs und des Austauschs sozialpädagogischer Betreuer und verstärkte Beteiligung der Jugendlichen am demokratischen Leben in Europa;
- Förderung der Entwicklung der Fernlehre;
- Entwicklung der europäischen Dimension des Sports durch Förderung der Fairness und der Offenheit von Sportwettkämpfen und der Zusammenarbeit zwischen den für den Sport verantwortlichen Organisationen sowie durch den Schutz der körperlichen und seelischen Unversehrtheit der Sportler, insbesondere der jüngeren Sportler.

(3) Die Union und die Mitgliedstaaten fördern die Zusammenarbeit mit dritten Ländern und den für den Bildungsbereich und den Sport zuständigen internationalen Organisationen, insbesondere dem Europarat.

(4) Als Beitrag zur Verwirklichung der Ziele dieses Artikels
- erlassen das Europäische Parlament und der Rat gemäß dem ordentlichen Gesetzgebungsverfahren und nach Anhörung des Wirtschafts- und Sozialausschusses und des Ausschusses der Regionen Fördermaßnahmen unter Ausschluss jeglicher Harmonisierung der Rechts- und Verwaltungsvorschriften der Mitgliedstaaten;
- erlässt der Rat auf Vorschlag der Kommission Empfehlungen.

Art. 166 [Berufliche Bildung; Ziele] (1) Die Union führt eine Politik der beruflichen Bildung, welche die Maßnahmen der Mitgliedstaaten unter strikter Beachtung der Verantwortung der Mitgliedstaaten für Inhalt und Gestaltung der beruflichen Bildung unterstützt und ergänzt.

(2) Die Tätigkeit der Union hat folgende Ziele:
- Erleichterung der Anpassung an die industriellen Wandlungsprozesse, insbesondere durch berufliche Bildung und Umschulung;
- Verbesserung der beruflichen Erstausbildung und Weiterbildung zur Erleichterung der beruflichen Eingliederung und Wiedereingliederung in den Arbeitsmarkt;
- Erleichterung der Aufnahme einer beruflichen Bildung sowie Förderung der Mobilität der Ausbilder und der in beruflicher Bildung befindlichen Personen, insbesondere der Jugendlichen;
- Förderung der Zusammenarbeit in Fragen der beruflichen Bildung zwischen Unterrichtsanstalten und Unternehmen;
- Ausbau des Informations- und Erfahrungsaustauschs über gemeinsame Probleme im Rahmen der Berufsbildungssysteme der Mitgliedstaaten.

(3) Die Union und die Mitgliedstaaten fördern die Zusammenarbeit mit dritten Ländern und den für die berufliche Bildung zuständigen internationalen Organisationen.

(4) Das Europäische Parlament und der Rat erlassen gemäß dem ordentlichen Gesetzgebungsverfahren und nach Anhörung des Wirtschafts- und Sozialausschusses sowie des Ausschusses der Regionen Maßnahmen, die zur Verwirklichung der Ziele dieses Artikels beitragen, unter Ausschluss jeglicher Harmonisierung der Rechts- und Verwaltungsvorschriften der Mitgliedstaaten, und der Rat erlässt auf Vorschlag der Kommission Empfehlungen.

Titel XIII. Kultur

Art. 167 [Beitrag der Union unter Wahrung und Förderung der Kulturvielfalt] (1) Die Union leistet einen Beitrag zur Entfaltung der Kulturen der Mitgliedstaaten unter Wahrung ihrer nationalen und regionalen Vielfalt sowie gleichzeitiger Hervorhebung des gemeinsamen kulturellen Erbes.

(2) Die Union fördert durch ihre Tätigkeit die Zusammenarbeit zwischen den Mitgliedstaaten und unterstützt und ergänzt erforderlichenfalls deren Tätigkeit in folgenden Bereichen:
- Verbesserung der Kenntnis und Verbreitung der Kultur und Geschichte der europäischen Völker,
- Erhaltung und Schutz des kulturellen Erbes von europäischer Bedeutung,

– nichtkommerzieller Kulturaustausch,
– künstlerisches und literarisches Schaffen, einschließlich im audiovisuellen Bereich.

(3) Die Union und die Mitgliedstaaten fördern die Zusammenarbeit mit dritten Ländern und den für den Kulturbereich zuständigen internationalen Organisationen, insbesondere mit dem Europarat.

(4) Die Union trägt bei ihrer Tätigkeit aufgrund anderer Bestimmungen der Verträge den kulturellen Aspekten Rechnung, insbesondere zur Wahrung und Förderung der Vielfalt ihrer Kulturen.

(5) Als Beitrag zur Verwirklichung der Ziele dieses Artikels
– erlassen das Europäische Parlament und der Rat gemäß dem ordentlichen Gesetzgebungsverfahren und nach Anhörung des Ausschusses der Regionen Fördermaßnahmen unter Ausschluss jeglicher Harmonisierung der Rechts- und Verwaltungsvorschriften der Mitgliedstaaten.
– erlässt der Rat auf Vorschlag der Kommission Empfehlungen.

Titel XIV. Gesundheitswesen

Art. 168 [Beitrag der Union zur Sicherstellung eines hohen Gesundheitsschutzniveaus] (1) *[1]* Bei der Festlegung und Durchführung aller Unionspolitiken und -maßnahmen wird ein hohes Gesundheitsschutzniveau sichergestellt.

[2] [1] Die Tätigkeit der Union ergänzt die Politik der Mitgliedstaaten und ist auf die Verbesserung der Gesundheit der Bevölkerung, die Verhütung von Humankrankheiten und die Beseitigung von Ursachen für die Gefährdung der körperlichen und geistigen Gesundheit gerichtet. [2] Sie umfasst die Bekämpfung der weit verbreiteten schweren Krankheiten, wobei die Erforschung der Ursachen, der Übertragung und der Verhütung dieser Krankheiten sowie Gesundheitsinformation und -erziehung gefördert werden; außerdem umfasst sie die Beobachtung, frühzeitige Meldung und Bekämpfung schwerwiegender grenzüberschreitender Gesundheitsgefahren.

[3] Die Union ergänzt die Maßnahmen der Mitgliedstaaten zur Verringerung drogenkonsumbedingter Gesundheitsschäden einschließlich der Informations- und Vorbeugungsmaßnahmen.

(2) *[1]* [1] Die Union fördert die Zusammenarbeit zwischen den Mitgliedstaaten in den in diesem Artikel genannten Bereichen und unterstützt erforderlichenfalls deren Tätigkeit. [2] Sie fördert insbesondere die Zusammenarbeit zwischen den Mitgliedstaaten, die darauf abzielt, die Komplementarität ihrer Gesundheitsdienste in den Grenzgebieten zu verbessern.

[2] [1] Die Mitgliedstaaten koordinieren untereinander im Benehmen mit der Kommission ihre Politiken und Programme in den in Absatz 1 genannten Bereichen. [2] Die Kommission kann in enger Verbindung mit den Mitgliedstaaten alle Initiativen ergreifen, die dieser Koordinierung förderlich sind, insbesondere Initiativen, die darauf abzielen, Leitlinien und Indikatoren festzulegen, den Austausch bewährter Verfahren durchzuführen und die erforderlichen Elemente für eine regelmäßige Überwachung und Bewertung auszuarbeiten. [3] Das Europäische Parlament wird in vollem Umfang unterrichtet.

(3) Die Union und die Mitgliedstaaten fördern die Zusammenarbeit mit dritten Ländern und den für das Gesundheitswesen zuständigen internationalen Organisationen.

(4) Abweichend von Artikel 2 Absatz 5 und Artikel 6 Buchstabe a tragen das Europäische Parlament und der Rat nach Artikel 4 Absatz 2 Buchstabe k gemäß dem ordentlichen Gesetzgebungsverfahren und nach Anhörung des Wirtschafts- und Sozialausschusses sowie des Ausschusses der Regionen mit folgenden Maßnahmen zur Verwirklichung der Ziele dieses Artikels bei, um den gemeinsamen Sicherheitsanliegen Rechnung zu tragen:

a) Maßnahmen zur Festlegung hoher Qualitäts- und Sicherheitsstandards für Organe und Substanzen menschlichen Ursprungs sowie für Blut und Blutderivate; diese Maßnahmen hindern die Mitgliedstaaten nicht daran, strengere Schutzmaßnahmen beizubehalten oder einzuführen;

b) Maßnahmen in den Bereichen Veterinärwesen und Pflanzenschutz, die unmittelbar den Schutz der Gesundheit der Bevölkerung zum Ziel haben;

c) Maßnahmen zur Festlegung hoher Qualitäts- und Sicherheitsstandards für Arzneimittel und Medizinprodukte.

(5) Das Europäische Parlament und der Rat können unter Ausschluss jeglicher Harmonisierung der Rechtsvorschriften der Mitgliedstaaten gemäß dem ordentlichen Gesetzgebungsverfahren und nach Anhörung des Wirtschafts- und Sozialausschusses und des Ausschusses der Regionen auch Fördermaßnahmen zum Schutz und zur Verbesserung der menschlichen Gesundheit sowie insbesondere zur Bekämpfung der weit verbreiteten schweren grenzüberschreitenden Krankheiten, Maßnahmen zur Beobachtung, frühzeitigen Meldung und Bekämpfung schwerwiegender grenzüberschreitender Gesundheitsgefahren sowie Maßnahmen, die unmittelbar den Schutz der Gesundheit der Bevölkerung vor Tabakkonsum und Alkoholmissbrauch zum Ziel haben, erlassen.

(6) Der Rat kann ferner auf Vorschlag der Kommission für die in diesem Artikel genannten Zwecke Empfehlungen erlassen.

(7) [1] Bei der Tätigkeit der Union wird die Verantwortung der Mitgliedstaaten für die Festlegung ihrer Gesundheitspolitik sowie für die Organisation des Gesundheitswesens und die medizinische Versorgung gewahrt. [2] Die Verantwortung der Mitgliedstaaten umfasst die Verwaltung des Gesundheitswesens und der medizinischen Versorgung sowie die Zuweisung der dafür bereitgestellten Mittel. [3] Die Maßnahmen nach Absatz 4 Buchstabe a lassen die einzelstaatlichen Regelungen über die Spende oder die medizinische Verwendung von Organen und Blut unberührt.

Titel XV. Verbraucherschutz

Art. 169 [Beitrag der Union; Mindeststandards] (1) Zur Förderung der Interessen der Verbraucher und zur Gewährleistung eines hohen Verbraucherschutzniveaus leistet die Union einen Beitrag zum Schutz der Gesundheit, der Sicherheit und der wirtschaftlichen Interessen der Verbraucher sowie zur Förderung ihres Rechtes auf Information, Erziehung und Bildung von Vereinigungen zur Wahrung ihrer Interessen.

(2) Die Union leistet einen Beitrag zur Erreichung der in Absatz 1 genannten Ziele durch

a) Maßnahmen, die sie im Rahmen der Verwirklichung des Binnenmarkts nach Artikel 114 erlässt;
b) Maßnahmen zur Unterstützung, Ergänzung und Überwachung der Politik der Mitgliedstaaten.

(3) Das Europäische Parlament und der Rat beschließen gemäß dem ordentlichen Gesetzgebungsverfahren und nach Anhörung des Wirtschafts- und Sozialausschusses die Maßnahmen nach Absatz 2 Buchstabe b.

(4) [1] Die nach Absatz 3 beschlossenen Maßnahmen hindern die einzelnen Mitgliedstaaten nicht daran, strengere Schutzmaßnahmen beizubehalten oder zu ergreifen. [2] Diese Maßnahmen müssen mit den Verträgen vereinbar sein. [3] Sie werden der Kommission mitgeteilt.

Titel XVI. Transeuropäische Netze

Art. 170 [Beitrag zum Auf- und Ausbau] (1) Um einen Beitrag zur Verwirklichung der Ziele der Artikel 26 und 174 zu leisten und den Bürgern der Union, den Wirtschaftsbeteiligten sowie den regionalen und lokalen Gebietskörperschaften in vollem Umfang die Vorteile zugute kommen zu lassen, die sich aus der Schaffung eines Raumes ohne Binnengrenzen ergeben, trägt die Union zum Auf- und Ausbau transeuropäischer Netze in den Bereichen der Verkehrs-, Telekommunikations- und Energieinfrastruktur bei.

(2) [1] Die Tätigkeit der Union zielt im Rahmen eines Systems offener und wettbewerbsorientierter Märkte auf die Förderung des Verbunds und der Interoperabilität der einzelstaatlichen Netze sowie des Zugangs zu diesen Netzen ab. [2] Sie trägt insbesondere der Notwendigkeit Rechnung, insulare, eingeschlossene und am Rande gelegene Gebiete mit den zentralen Gebieten der Union zu verbinden.

Art. 171 [Handlungsinstrumente der Union] (1) *[1]* Zur Erreichung der Ziele des Artikels 170 geht die Union wie folgt vor:
– Sie stellt eine Reihe von Leitlinien auf, in denen die Ziele, die Prioritäten und die Grundzüge der im Bereich der transeuropäischen Netze in Betracht gezogenen Aktionen erfasst werden; in diesen Leitlinien werden Vorhaben von gemeinsamem Interesse ausgewiesen;
– sie führt jede Aktion durch, die sich gegebenenfalls als notwendig erweist, um die Interoperabilität der Netze zu gewährleisten, insbesondere im Bereich der Harmonisierung der technischen Normen;
– sie kann von den Mitgliedstaaten unterstützte Vorhaben von gemeinsamem Interesse, die im Rahmen der Leitlinien gemäß dem ersten Gedankenstrich ausgewiesen sind, insbesondere in Form von Durchführbarkeitsstudien, Anleihebürgschaften oder Zinszuschüssen unterstützen; die Union kann auch über den nach Artikel 177 errichteten Kohäsionsfonds zu spezifischen Verkehrsinfrastrukturvorhaben in den Mitgliedstaaten finanziell beitragen.

[2] Die Union berücksichtigt bei ihren Maßnahmen die potentielle wirtschaftliche Lebensfähigkeit der Vorhaben.

(2) [1] Die Mitgliedstaaten koordinieren untereinander in Verbindung mit der Kommission die einzelstaatlichen Politiken, die sich erheblich auf die Verwirklichung der Ziele des Artikels 170 auswirken können. [2] Die Kommission kann

in enger Zusammenarbeit mit den Mitgliedstaaten alle Initiativen ergreifen, die dieser Koordinierung förderlich sind.

(3) Die Union kann beschließen, mit dritten Ländern zur Förderung von Vorhaben von gemeinsamem Interesse sowie zur Sicherstellung der Interoperabilität der Netze zusammenzuarbeiten.

Art. 172 [Beschlussfassung] *[1]* Die Leitlinien und die übrigen Maßnahmen nach Artikel 171 Absatz 1 werden vom Europäischen Parlament und vom Rat gemäß dem ordentlichen Gesetzgebungsverfahren und nach Anhörung des Wirtschafts- und Sozialausschusses und des Ausschusses der Regionen festgelegt.

[2] Leitlinien und Vorhaben von gemeinsamem Interesse, die das Hoheitsgebiet eines Mitgliedstaats betreffen, bedürfen der Billigung des betroffenen Mitgliedstaats.

Titel XVII. Industrie

Art. 173 [Förderung der Wettbewerbsfähigkeit; Subventionsverbot]

(1) *[1]* Die Union und die Mitgliedstaaten sorgen dafür, dass die notwendigen Voraussetzungen für die Wettbewerbsfähigkeit der Industrie der Union gewährleistet sind.

[2] Zu diesem Zweck zielt ihre Tätigkeit entsprechend einem System offener und wettbewerbsorientierter Märkte auf Folgendes ab:
- Erleichterung der Anpassung der Industrie an die strukturellen Veränderungen;
- Förderung eines für die Initiative und Weiterentwicklung der Unternehmen in der gesamten Union, insbesondere der kleinen und mittleren Unternehmen, günstigen Umfelds;
- Förderung eines für die Zusammenarbeit zwischen Unternehmen günstigen Umfelds;
- Förderung einer besseren Nutzung des industriellen Potenzials der Politik in den Bereichen Innovation, Forschung und technologische Entwicklung.

(2) [1] Die Mitgliedstaaten konsultieren einander in Verbindung mit der Kommission und koordinieren, soweit erforderlich, ihre Maßnahmen. [2] Die Kommission kann alle Initiativen ergreifen, die dieser Koordinierung förderlich sind, insbesondere Initiativen, die darauf abzielen, Leitlinien und Indikatoren festzulegen, den Austausch bewährter Verfahren durchzuführen und die erforderlichen Elemente für eine regelmäßige Überwachung und Bewertung auszuarbeiten. [3] Das Europäische Parlament wird in vollem Umfang unterrichtet.

(3) *[1]* [1] Die Union trägt durch die Politik und die Maßnahmen, die sie aufgrund anderer Bestimmungen der Verträge durchführt, zur Erreichung der Ziele des Absatzes 1 bei. [2] Das Europäische Parlament und der Rat können unter Ausschluss jeglicher Harmonisierung der Rechtsvorschriften der Mitgliedstaaten gemäß dem ordentlichen Gesetzgebungsverfahren und nach Anhörung des Wirtschafts- und Sozialausschusses spezifische Maßnahmen zur Unterstützung der in den Mitgliedstaaten durchgeführten Maßnahmen im Hinblick auf die Verwirklichung der Ziele des Absatzes 1 beschließen.

[2] Dieser Titel bietet keine Grundlage dafür, dass die Union irgendeine Maßnahme einführt, die zu Wettbewerbsverzerrungen führen könnte oder steuerliche Vorschriften oder Bestimmungen betreffend die Rechte und Interessen der Arbeitnehmer enthält.

Titel XVIII. Wirtschaftlicher, sozialer und territorialer Zusammenhalt

Art. 174 [Ziele der Strukturpolitik] *[1]* Die Union entwickelt und verfolgt weiterhin ihre Politik zur Stärkung ihres wirtschaftlichen, sozialen und territorialen Zusammenhalts, um eine harmonische Entwicklung der Union als Ganzes zu fördern.

[2] Die Union setzt sich insbesondere zum Ziel, die Unterschiede im Entwicklungsstand der verschiedenen Regionen und den Rückstand der am stärksten benachteiligten Gebiete zu verringern.

[3] Unter den betreffenden Gebieten gilt besondere Aufmerksamkeit den ländlichen Gebieten, den vom industriellen Wandel betroffenen Gebieten und den Gebieten mit schweren und dauerhaften natürlichen oder demografischen Nachteilen, wie den nördlichsten Regionen mit sehr geringer Bevölkerungsdichte sowie den Insel-, Grenz- und Bergregionen.

Art. 175 [Rolle der Strukturfonds; Aktionen außerhalb der Fonds]

[1] [1] Die Mitgliedstaaten führen und koordinieren ihre Wirtschaftspolitik in der Weise, dass auch die in Artikel 174 genannten Ziele erreicht werden. [2] Die Festlegung und Durchführung der Politiken und Aktionen der Union sowie die Errichtung des Binnenmarkts berücksichtigen die Ziele des Artikels 174 und tragen zu deren Verwirklichung bei. [3] Die Union unterstützt auch diese Bemühungen durch die Politik, die sie mit Hilfe der Strukturfonds (Europäischer Ausrichtungs- und Garantiefonds für die Landwirtschaft – Abteilung Ausrichtung, Europäischer Sozialfonds, Europäischer Fonds für regionale Entwicklung), der Europäischen Investitionsbank und der sonstigen vorhandenen Finanzierungsinstrumente führt.

[2] [1] Die Kommission erstattet dem Europäischen Parlament, dem Rat, dem Wirtschafts- und Sozialausschuss und dem Ausschuss der Regionen alle drei Jahre Bericht über die Fortschritte bei der Verwirklichung des wirtschaftlichen, sozialen und territorialen Zusammenhalts und über die Art und Weise, in der die in diesem Artikel vorgesehenen Mittel hierzu beigetragen haben. [2] Diesem Bericht werden erforderlichenfalls entsprechende Vorschläge beigefügt.

[3] Falls sich spezifische Aktionen außerhalb der Fonds und unbeschadet der im Rahmen der anderen Politiken der Union beschlossenen Maßnahmen als erforderlich erweisen, so können sie vom Europäischen Parlament und vom Rat gemäß dem ordentlichen Gesetzgebungsverfahren nach Anhörung des Wirtschafts- und Sozialausschusses und des Ausschusses der Regionen beschlossen werden.

Art. 176 [Europäischer Regionalfonds] Aufgabe des Europäischen Fonds für regionale Entwicklung ist es, durch Beteiligung an der Entwicklung und an der strukturellen Anpassung der rückständigen Gebiete und an der Umstellung der Industriegebiete mit rückläufiger Entwicklung zum Ausgleich der wichtigsten regionalen Ungleichgewichte in der Union beizutragen.

Art. 177 [Strukturfonds; Kohäsionsfonds[1])] *[1]* [1] Unbeschadet des Artikels 178 legen das Europäische Parlament und der Rat durch Verordnungen gemäß dem ordentlichen Gesetzgebungsverfahren und nach Anhörung des Wirtschafts- und Sozialausschusses und des Ausschusses der Regionen die Aufgaben, die vorrangigen Ziele und die Organisation der Strukturfonds fest, was ihre Neuordnung einschließen kann. [2] Nach demselben Verfahren werden ferner die für die Fonds geltenden allgemeinen Regeln sowie die Bestimmungen festgelegt, die zur Gewährleistung einer wirksamen Arbeitsweise und zur Koordinierung der Fonds sowohl untereinander als auch mit den anderen vorhandenen Finanzierungsinstrumenten erforderlich sind.

[2] Ein nach demselben Verfahren errichteter Kohäsionsfonds trägt zu Vorhaben in den Bereichen Umwelt und transeuropäische Netze auf dem Gebiet der Verkehrsinfrastruktur finanziell bei.

Art. 178 [Durchführungsverordnungen] *[1]* Die den Europäischen Fonds für regionale Entwicklung betreffenden Durchführungsverordnungen werden vom Europäischen Parlament und vom Rat gemäß dem ordentlichen Gesetzgebungsverfahren und nach Anhörung des Wirtschafts- und Sozialausschusses sowie des Ausschusses der Regionen gefasst.

[2] Für den Europäischen Ausrichtungs- und Garantiefonds für die Landwirtschaft, Abteilung Ausrichtung, und den Europäischen Sozialfonds sind die Artikel 43 bzw. 164 weiterhin anwendbar.

Titel XIX. Forschung, technologische Entwicklung und Raumfahrt

Art. 179 [Europäischer Raum der Forschung] (1) Die Union hat zum Ziel, ihre wissenschaftlichen und technologischen Grundlagen dadurch zu stärken, dass ein europäischer Raum der Forschung geschaffen wird, in dem Freizügigkeit für Forscher herrscht und wissenschaftliche Erkenntnisse und Technologien frei ausgetauscht werden, die Entwicklung ihrer Wettbewerbsfähigkeit einschließlich der ihrer Industrie zu fördern sowie alle Forschungsmaßnahmen zu unterstützen, die aufgrund anderer Kapitel der Verträge für erforderlich gehalten werden.

(2) In diesem Sinne unterstützt sie in der gesamten Union die Unternehmen – einschließlich der kleinen und mittleren Unternehmen –, die Forschungszentren und die Hochschulen bei ihren Bemühungen auf dem Gebiet der Forschung und technologischen Entwicklung von hoher Qualität; sie fördert ihre Zusammenarbeitsbestrebungen, damit vor allem die Forscher ungehindert über die Grenzen hinweg zusammenarbeiten und die Unternehmen die Möglichkeiten des Binnenmarkts in vollem Umfang nutzen können, und zwar insbesondere durch Öffnen des einzelstaatlichen öffentlichen Auftragswesens, Festlegung gemeinsamer Normen und Beseitigung der dieser Zusammenarbeit entgegenstehenden rechtlichen und steuerlichen Hindernisse.

(3) Alle Maßnahmen der Union aufgrund der Verträge auf dem Gebiet der Forschung und der technologischen Entwicklung, einschließlich der Demons-

---

[1]) Vgl. zu dieser Vorschrift auch die von der Konferenz von Nizza zur Kenntnis genommenen Erklärungen Nr. 2 und Nr. 3 der Schlussakte v. 16.2.2001 (ABl. C 80 S. 70) verschiedener Mitgliedstaaten.

trationsvorhaben, werden nach Maßgabe dieses Titels beschlossen und durchgeführt.

Art. 180 [Ergänzende Unionsmaßnahmen] Zur Erreichung dieser Ziele trifft die Union folgende Maßnahmen, welche die in den Mitgliedstaaten durchgeführten Aktionen ergänzen:

a) Durchführung von Programmen für Forschung, technologische Entwicklung und Demonstration unter Förderung der Zusammenarbeit mit und zwischen Unternehmen, Forschungszentren und Hochschulen;

b) Förderung der Zusammenarbeit mit dritten Ländern und internationalen Organisationen auf dem Gebiet der Forschung der Union, technologischen Entwicklung und Demonstration;

c) Verbreitung und Auswertung der Ergebnisse der Tätigkeiten auf dem Gebiet der Forschung der Union, technologischen Entwicklung und Demonstration;

d) Förderung der Ausbildung und der Mobilität der Forscher aus der Union.

Art. 181 [Koordinierung; Rolle der Kommission] (1) Die Union und die Mitgliedstaaten koordinieren ihre Tätigkeiten auf dem Gebiet der Forschung und der technologischen Entwicklung, um die Kohärenz der einzelstaatlichen Politiken und der Politik der Union sicherzustellen.

(2) [1] Die Kommission kann in enger Zusammenarbeit mit den Mitgliedstaaten alle Initiativen ergreifen, die der Koordinierung nach Absatz 1 förderlich sind, insbesondere Initiativen, die darauf abzielen, Leitlinien und Indikatoren festzulegen, den Austausch bewährter Verfahren durchzuführen und die erforderlichen Elemente für eine regelmäßige Überwachung und Bewertung auszuarbeiten. [2] Das Europäische Parlament wird in vollem Umfang unterrichtet.

Art. 182 [Mehrjähriges Rahmenprogramm; spezifische Programme]

(1) *[1]* Das Europäische Parlament und der Rat stellen gemäß dem ordentlichen Gesetzgebungsverfahren und nach Anhörung des Wirtschafts- und Sozialausschusses ein mehrjähriges Rahmenprogramm auf, in dem alle Aktionen der Union zusammengefasst werden.

[2] In dem Rahmenprogramm werden

– die wissenschaftlichen und technologischen Ziele, die mit den Maßnahmen nach Artikel 180 erreicht werden sollen, sowie die jeweiligen Prioritäten festgelegt;

– die Grundzüge dieser Maßnahmen angegeben;

– der Gesamthöchstbetrag und die Einzelheiten der finanziellen Beteiligung der Union am Rahmenprogramm sowie die jeweiligen Anteile der vorgesehenen Maßnahmen festgelegt.

(2) Das Rahmenprogramm wird je nach Entwicklung der Lage angepasst oder ergänzt.

(3) [1] Die Durchführung des Rahmenprogramms erfolgt durch spezifische Programme, die innerhalb einer jeden Aktion entwickelt werden. [2] In jedem spezifischen Programm werden die Einzelheiten seiner Durchführung, seine Laufzeit und die für notwendig erachteten Mittel festgelegt. [3] Die Summe der

in den spezifischen Programmen für notwendig erachteten Beträge darf den für das Rahmenprogramm und für jede Aktion festgesetzten Gesamthöchstbetrag nicht überschreiten.

(4) Die spezifischen Programme werden vom Rat gemäß einem besonderen Gesetzgebungsverfahren nach Anhörung des Europäischen Parlaments und des Wirtschafts- und Sozialausschusses beschlossen.

(5) Ergänzend zu den in dem mehrjährigen Rahmenprogramm vorgesehenen Aktionen erlassen das Europäische Parlament und der Rat gemäß dem ordentlichen Gesetzgebungsverfahren und nach Anhörung des Wirtschafts- und Sozialausschusses die Maßnahmen, die für die Verwirklichung des Europäischen Raums der Forschung notwendig sind.

Art. 183 [Durchführung des Rahmenprogramms] Zur Durchführung des mehrjährigen Rahmenprogramms legt die Union Folgendes fest:

- die Regeln für die Beteiligung der Unternehmen, der Forschungszentren und der Hochschulen;
- die Regeln für die Verbreitung der Forschungsergebnisse.

Art. 184 [Zusatzprogramme] *[1]* Bei der Durchführung des mehrjährigen Rahmenprogramms können Zusatzprogramme beschlossen werden, an denen nur bestimmte Mitgliedstaaten teilnehmen, die sie vorbehaltlich einer etwaigen Beteiligung der Union auch finanzieren.

[2] Die Union legt die Regeln für die Zusatzprogramme fest, insbesondere hinsichtlich der Verbreitung der Kenntnisse und des Zugangs anderer Mitgliedstaaten.

Art. 185 [Beteiligung der Union] Die Union kann im Einvernehmen mit den betreffenden Mitgliedstaaten bei der Durchführung des mehrjährigen Rahmenprogramms eine Beteiligung an Forschungs- und Entwicklungsprogrammen mehrerer Mitgliedstaaten, einschließlich der Beteiligung an den zu ihrer Durchführung geschaffenen Strukturen, vorsehen.

Art. 186 [Zusammenarbeit mit Drittländern; Abkommen] *[1]* Die Union kann bei der Durchführung des mehrjährigen Rahmenprogramms eine Zusammenarbeit auf dem Gebiet der Forschung, technologischen Entwicklung und Demonstration mit dritten Ländern oder internationalen Organisationen vorsehen.

[2] Die Einzelheiten dieser Zusammenarbeit können Gegenstand von Abkommen zwischen der Union und den betreffenden dritten Parteien sein.

Art. 187 [Gründung gemeinsamer Unternehmen] Die Union kann gemeinsame Unternehmen gründen oder andere Strukturen schaffen, die für die ordnungsgemäße Durchführung der Programme für Forschung, technologische Entwicklung und Demonstration der Union erforderlich sind.

Art. 188 [Beschlussfassung] *[1]* Der Rat legt auf Vorschlag der Kommission und nach Anhörung des Europäischen Parlaments und des Wirtschafts- und Sozialausschusses die in Artikel 187 vorgesehenen Bestimmungen fest.

[2] [1] Das Europäische Parlament und der Rat legen gemäß dem ordentlichen Gesetzgebungsverfahren und nach Anhörung des Wirtschafts- und Sozialausschusses die in den Artikeln 183, 184 und 185 vorgesehenen Bestimmungen fest. [2] Für die Verabschiedung der Zusatzprogramme ist die Zustimmung der daran beteiligten Mitgliedstaaten erforderlich.

Art. 189 [Europäische Raumfahrtpolitik] (1) [1] Zur Förderung des wissenschaftlichen und technischen Fortschritts, der Wettbewerbsfähigkeit der Industrie und der Durchführung ihrer Politik arbeitet die Union eine europäische Raumfahrtpolitik aus. [2] Sie kann zu diesem Zweck gemeinsame Initiativen fördern, die Forschung und technologische Entwicklung unterstützen und die Anstrengungen zur Erforschung und Nutzung des Weltraums koordinieren.

(2) Als Beitrag zur Erreichung der Ziele des Absatzes 1 werden vom Europäischen Parlament und vom Rat unter Ausschluss jeglicher Harmonisierung der Rechtsvorschriften der Mitgliedstaaten gemäß dem ordentlichen Gesetzgebungsverfahren die notwendigen Maßnahmen erlassen, was in Form eines europäischen Raumfahrtprogramms geschehen kann.

(3) Die Union stellt die zweckdienlichen Verbindungen zur Europäischen Weltraumorganisation her.

(4) Dieser Artikel gilt unbeschadet der sonstigen Bestimmungen dieses Titels.

Art. 190 [Jährlicher Forschungsbericht] [1] Zu Beginn jedes Jahres unterbreitet die Kommission dem Europäischen Parlament und dem Rat einen Bericht. [2] Dieser Bericht erstreckt sich insbesondere auf die Tätigkeiten auf dem Gebiet der Forschung und technologischen Entwicklung und der Verbreitung der Ergebnisse dieser Tätigkeiten während des Vorjahrs sowie auf das Arbeitsprogramm des laufenden Jahres.

Titel XX. Umwelt

Art. 191 [Umweltpolitische Ziele; Schutzmaßnahmen; Internationale Zusammenarbeit] (1) Die Umweltpolitik der Union trägt zur Verfolgung der nachstehenden Ziele bei:
- Erhaltung und Schutz der Umwelt sowie Verbesserung ihrer Qualität;
- Schutz der menschlichen Gesundheit;
- umsichtige und rationelle Verwendung der natürlichen Ressourcen;
- Förderung von Maßnahmen auf internationaler Ebene zur Bewältigung regionaler oder globaler Umweltprobleme und insbesondere zur Bekämpfung des Klimawandels.

(2) *[1]* [1] Die Umweltpolitik der Union zielt unter Berücksichtigung der unterschiedlichen Gegebenheiten in den einzelnen Regionen der Union auf ein hohes Schutzniveau ab. [2] Sie beruht auf den Grundsätzen der Vorsorge und Vorbeugung, auf dem Grundsatz, Umweltbeeinträchtigungen mit Vorrang an ihrem Ursprung zu bekämpfen, sowie auf dem Verursacherprinzip.

[2] Im Hinblick hierauf umfassen die den Erfordernissen des Umweltschutzes entsprechenden Harmonisierungsmaßnahmen gegebenenfalls eine Schutzklausel, mit der die Mitgliedstaaten ermächtigt werden, aus nicht wirtschaftlich

bedingten umweltpolitischen Gründen vorläufige Maßnahmen zu treffen, die einem Kontrollverfahren der Union unterliegen.

(3) Bei der Erarbeitung ihrer Umweltpolitik berücksichtigt die Union
- die verfügbaren wissenschaftlichen und technischen Daten;
- die Umweltbedingungen in den einzelnen Regionen der Union;
- die Vorteile und die Belastung aufgrund des Tätigwerdens bzw. eines Nichttätigwerdens;
- die wirtschaftliche und soziale Entwicklung der Union insgesamt sowie die ausgewogene Entwicklung ihrer Regionen.

(4) *[1]* [1] Die Union und die Mitgliedstaaten arbeiten im Rahmen ihrer jeweiligen Befugnisse mit dritten Ländern und den zuständigen internationalen Organisationen zusammen. [2] Die Einzelheiten der Zusammenarbeit der Union können Gegenstand vom Abkommen zwischen dieser und den betreffenden dritten Parteien sein.

[2] Unterabsatz 1 berührt nicht die Zuständigkeit der Mitgliedstaaten, in internationalen Gremien zu verhandeln und internationale Abkommen zu schließen.

Art. 192[1)] [Beschlussfassung; Finanzierung; Verursacherprinzip]

(1) Das Europäische Parlament und der Rat beschließen gemäß dem ordentlichen Gesetzgebungsverfahren und nach Anhörung des Wirtschafts- und Sozialausschusses sowie des Ausschusses der Regionen über das Tätigwerden der Union zur Erreichung der in Artikel 191 genannten Ziele.

(2) *[1]* Abweichend von dem Beschlussverfahren des Absatzes 1 und unbeschadet des Artikels 114 erlässt der Rat gemäß einem besonderen Gesetzgebungsverfahren nach Anhörung des Europäischen Parlaments, des Wirtschafts- und Sozialausschusses sowie des Ausschusses der Regionen einstimmig

a) Vorschriften überwiegend steuerlicher Art;

b) Maßnahmen, die
   - die Raumordnung berühren,
   - die mengenmäßige Bewirtschaftung der Wasserressourcen berühren oder die Verfügbarkeit dieser Ressourcen mittelbar oder unmittelbar betreffen,
   - die Bodennutzung mit Ausnahme der Abfallbewirtschaftung berühren;

c) Maßnahmen, welche die Wahl eines Mitgliedstaats zwischen verschiedenen Energiequellen und die allgemeine Struktur seiner Energieversorgung erheblich berühren.

[2] Der Rat kann auf Vorschlag der Kommission und nach Anhörung des Europäischen Parlaments, des Wirtschafts- und Sozialausschusses und des Ausschusses der Regionen einstimmig festlegen, dass für die in Unterabsatz 1 genannten Bereiche das ordentliche Gesetzgebungsverfahren gilt.

(3) *[1]* Das Europäische Parlament und der Rat beschließen gemäß dem ordentlichen Gesetzgebungsverfahren und nach Anhörung des Wirtschafts-

---

[1)] Vgl. zu dieser Vorschrift auch die Erklärung Nr. 9 zur Schlussakte v. 16.2.2001 (ABl. C 80 S. 70) der Konferenz von Nizza.

und Sozialausschusses sowie des Ausschusses der Regionen allgemeine Aktionsprogramme, in denen die vorrangigen Ziele festgelegt werden.

[2] Die zur Durchführung dieser Programme erforderlichen Maßnahmen werden, je nach Fall, nach dem in Absatz 1 beziehungsweise Absatz 2 vorgesehenen Verfahren erlassen.

(4) Unbeschadet bestimmter Maßnahmen der Union tragen die Mitgliedstaaten für die Finanzierung und Durchführung der Umweltpolitik Sorge.

(5) Sofern eine Maßnahme nach Absatz 1 mit unverhältnismäßig hohen Kosten für die Behörden eines Mitgliedstaats verbunden ist, werden darin unbeschadet des Verursacherprinzips geeignete Bestimmungen in folgender Form vorgesehen:

– vorübergehende Ausnahmeregelungen und/oder
– eine finanzielle Unterstützung aus dem nach Artikel 177 errichteten Kohäsionsfonds.

Art. 193 [Schutzmaßnahmen der Mitgliedstaaten] [1] Die Schutzmaßnahmen, die aufgrund des Artikels 192 getroffen werden, hindern die einzelnen Mitgliedstaaten nicht daran, verstärkte Schutzmaßnahmen beizubehalten oder zu ergreifen. [2] Die betreffenden Maßnahmen müssen mit den Verträgen vereinbar sein. [3] Sie werden der Kommission notifiziert.

Titel XXI. Energie

Art. 194 [Europäische Energiepolitik; Ziele und Maßnahmen]

(1) Die Energiepolitik der Union verfolgt im Geiste der Solidarität zwischen den Mitgliedstaaten im Rahmen der Verwirklichung oder des Funktionierens des Binnenmarkts und unter Berücksichtigung der Notwendigkeit der Erhaltung und Verbesserung der Umwelt folgende Ziele:

a) Sicherstellung des Funktionierens des Energiemarkts;
b) Gewährleistung der Energieversorgungssicherheit in der Union;
c) Förderung der Energieeffizienz und von Energieeinsparungen sowie Entwicklung neuer und erneuerbarer Energiequellen und
d) Förderung der Interkonnektion der Energienetze.

(2) *[1]* [1] Unbeschadet der Anwendung anderer Bestimmungen der Verträge erlassen das Europäische Parlament und der Rat gemäß dem ordentlichen Gesetzgebungsverfahren die Maßnahmen, die erforderlich sind, um die Ziele nach Absatz 1 zu verwirklichen. [2] Der Erlass dieser Maßnahmen erfolgt nach Anhörung des Wirtschafts- und Sozialausschusses und des Ausschusses der Regionen.

[2] Diese Maßnahmen berühren unbeschadet des Artikels 192 Absatz 2 Buchstabe c nicht das Recht eines Mitgliedstaats, die Bedingungen für die Nutzung seiner Energieressourcen, seine Wahl zwischen verschiedenen Energiequellen und die allgemeine Struktur seiner Energieversorgung zu bestimmen.

(3) Abweichend von Absatz 2 erlässt der Rat die darin genannten Maßnahmen gemäß einem besonderen Gesetzgebungsverfahren einstimmig nach Anhörung des Europäischen Parlaments, wenn sie überwiegend steuerlicher Art sind.

Titel XXII. Tourismus

Art. 195 [Maßnahmen im Tourismussektor] (1) *[1]* Die Union ergänzt die Maßnahmen der Mitgliedstaaten im Tourismussektor, insbesondere durch die Förderung der Wettbewerbsfähigkeit der Unternehmen der Union in diesem Sektor.

[2] Die Union verfolgt zu diesem Zweck mit ihrer Tätigkeit das Ziel,

a) die Schaffung eines günstigen Umfelds für die Entwicklung der Unternehmen in diesem Sektor anzuregen;
b) die Zusammenarbeit zwischen den Mitgliedstaaten insbesondere durch den Austausch bewährter Praktiken zu unterstützen.

(2) Das Europäische Parlament und der Rat erlassen unter Ausschluss jeglicher Harmonisierung der Rechtsvorschriften der Mitgliedstaaten gemäß dem ordentlichen Gesetzgebungsverfahren die spezifischen Maßnahmen zur Ergänzung der Maßnahmen, die die Mitgliedstaaten zur Verwirklichung der in diesem Artikel genannten Ziele durchführen.

Titel XXIII. Katastrophenschutz

Art. 196 [Förderung der Zusammenarbeit in Mitgliedstaaten]

(1) *[1]* Die Union fördert die Zusammenarbeit zwischen den Mitgliedstaaten, um die Systeme zur Verhütung von Naturkatastrophen oder von vom Menschen verursachten Katastrophen und zum Schutz vor solchen Katastrophen wirksamer zu gestalten.

[2] Die Tätigkeit der Union hat folgende Ziele:

a) Unterstützung und Ergänzung der Tätigkeit der Mitgliedstaaten auf nationaler, regionaler und kommunaler Ebene im Hinblick auf die Risikoprävention, auf die Ausbildung der in den Mitgliedstaaten am Katastrophenschutz Beteiligten und auf Einsätze im Falle von Naturkatastrophen oder von vom Menschen verursachten Katastrophen in der Union;
b) Förderung einer schnellen und effizienten Zusammenarbeit in der Union zwischen den einzelstaatlichen Katastrophenschutzstellen;
c) Verbesserung der Kohärenz der Katastrophenschutzmaßnahmen auf internationaler Ebene.

(2) Das Europäische Parlament und der Rat erlassen unter Ausschluss jeglicher Harmonisierung der Rechtsvorschriften der Mitgliedstaaten gemäß dem ordentlichen Gesetzgebungsverfahren die erforderlichen Maßnahmen zur Verfolgung der Ziele des Absatzes 1.

Titel XXIV. Verwaltungszusammenarbeit

Art. 197 [Effektive Durchführung des Unionsrechts] (1) Die für das ordnungsgemäße Funktionieren der Union entscheidende effektive Durchführung des Unionsrechts durch die Mitgliedstaaten ist als Frage von gemeinsamem Interesse anzusehen.

(2) [1] Die Union kann die Mitgliedstaaten in ihren Bemühungen um eine Verbesserung der Fähigkeit ihrer Verwaltung zur Durchführung des Unionsrechts unterstützen. [2] Dies kann insbesondere die Erleichterung des Austauschs von Informationen und von Beamten sowie die Unterstützung von Aus- und

Weiterbildungsprogrammen beinhalten. [3] Die Mitgliedstaaten müssen diese Unterstützung nicht in Anspruch nehmen. [4] Das Europäische Parlament und der Rat erlassen die erforderlichen Maßnahmen unter Ausschluss jeglicher Harmonisierung der Rechtsvorschriften der Mitgliedstaaten durch Verordnungen gemäß dem ordentlichen Gesetzgebungsverfahren.

(3) [1] Dieser Artikel berührt weder die Verpflichtung der Mitgliedstaaten, das Unionsrecht durchzuführen, noch die Befugnisse und Pflichten der Kommission. [2] Er berührt auch nicht die übrigen Bestimmungen der Verträge, in denen eine Verwaltungszusammenarbeit unter den Mitgliedstaaten sowie zwischen diesen und der Union vorgesehen ist.

Vierter Teil. Die Assoziierung der überseeischen Länder und Hoheitsgebiete

Art. 198 [Ziele der Assoziierung] *[1]* [1] Die Mitgliedstaaten kommen überein, die außereuropäischen Länder und Hoheitsgebiete, die mit Dänemark, Frankreich, den Niederlanden und dem Vereinigten Königreich besondere Beziehungen unterhalten, der Union zu assoziieren. [2] Diese Länder und Hoheitsgebiete, im Folgenden als „Länder und Hoheitsgebiete" bezeichnet, sind in Anhang II aufgeführt.

[2] Ziel der Assoziierung ist die Förderung der wirtschaftlichen und sozialen Entwicklung der Länder und Hoheitsgebiete und die Herstellung enger Wirtschaftsbeziehungen zwischen ihnen und der gesamten Union.

[3] Entsprechend den in der Präambel dieses Vertrags aufgestellten Grundsätzen soll die Assoziierung in erster Linie den Interessen der Einwohner dieser Länder und Hoheitsgebiete dienen und ihren Wohlstand fördern, um sie der von ihnen erstrebten wirtschaftlichen, sozialen und kulturellen Entwicklung entgegenzuführen.

Art. 199 [Zwecke der Assoziierung] Mit der Assoziierung werden folgende Zwecke verfolgt:

1. Die Mitgliedstaaten wenden auf ihren Handelsverkehr mit den Ländern und Hoheitsgebieten das System an, das sie aufgrund der Verträge untereinander anwenden.
2. Jedes Land oder Hoheitsgebiet wendet auf seinen Handelsverkehr mit den Mitgliedstaaten und den anderen Ländern und Hoheitsgebieten das System an, das es auf den europäischen Staat anwendet, mit dem es besondere Beziehungen unterhält.
3. Die Mitgliedstaaten beteiligen sich an den Investitionen, welche die fortschreitende Entwicklung dieser Länder und Hoheitsgebiete erfordert.
4. Bei Ausschreibungen und Lieferungen für Investitionen, die von der Union finanziert werden, steht die Beteiligung zu gleichen Bedingungen allen natürlichen und juristischen Personen offen, welche die Staatsangehörigkeit der Mitgliedstaaten oder der Länder oder Hoheitsgebiete besitzen.
5. Soweit aufgrund des Artikels 203 nicht Sonderregelungen getroffen werden, gelten zwischen den Mitgliedstaaten und den Ländern und Hoheitsgebieten für das Niederlassungsrecht ihrer Staatsangehörigen und Gesellschaften die

Bestimmungen und Verfahrensregeln des Kapitels Niederlassungsfreiheit, und zwar unter Ausschluss jeder Diskriminierung.

Art. 200 [Verbot von Zöllen; Ausnahmen] (1) Zölle bei der Einfuhr von Waren aus den Ländern und Hoheitsgebieten in die Mitgliedstaaten sind verboten; dies geschieht nach Maßgabe des in den Verträgen vorgesehenen Verbots von Zöllen zwischen den Mitgliedstaaten.

(2) In jedem Land und Hoheitsgebiet sind Zölle bei der Einfuhr von Waren aus den Mitgliedstaaten und den anderen Ländern und Hoheitsgebieten nach Maßgabe des Artikels 30 verboten.

(3) *[1]* Die Länder und Hoheitsgebiete können jedoch Zölle erheben, die den Erfordernissen ihrer Entwicklung und Industrialisierung entsprechen oder als Finanzzölle der Finanzierung ihres Haushalts dienen.

[2] Die in Unterabsatz 1 genannten Zölle dürfen nicht höher sein als diejenigen, die für die Einfuhr von Waren aus dem Mitgliedstaat gelten, mit dem das entsprechende Land oder Hoheitsgebiet besondere Beziehungen unterhält.

(4) Absatz 2 gilt nicht für die Länder und Hoheitsgebiete, die aufgrund besonderer internationaler Verpflichtungen bereits einen nichtdiskriminierenden Zolltarif anwenden.

(5) Die Festlegung oder Änderung der Zollsätze für Waren, die in die Länder und Hoheitsgebiete eingeführt werden, darf weder rechtlich noch tatsächlich zu einer mittelbaren oder unmittelbaren Diskriminierung zwischen den Einfuhren aus den einzelnen Mitgliedstaaten führen.

Art. 201 [Abhilfe bei nachteiliger Verkehrsverlagerung] Ist die Höhe der Zollsätze, die bei der Einfuhr in ein Land oder Hoheitsgebiet für Waren aus einem dritten Land gelten, bei Anwendung des Artikels 200 Absatz 1 geeignet, Verkehrsverlagerungen zum Nachteil eines Mitgliedstaats hervorzurufen, so kann dieser die Kommission ersuchen, den anderen Mitgliedstaaten die erforderlichen Abhilfemaßnahmen vorzuschlagen.

Art. 202 [Regelung der Freizügigkeit der Arbeitskräfte] Vorbehaltlich der Bestimmungen über die Volksgesundheit und die öffentliche Sicherheit und Ordnung werden für die Freizügigkeit der Arbeitskräfte aus den Ländern und Hoheitsgebieten in den Mitgliedstaaten und der Arbeitskräfte aus den Mitgliedstaaten in den Ländern und Hoheitsgebieten Rechtsakte nach Artikel 203 erlassen.

Art. 203 [Durchführungsgesetzgebung] [1]Der Rat erlässt einstimmig auf Vorschlag der Kommission und aufgrund der im Rahmen der Assoziierung der Länder und Hoheitsgebiete an die Union erzielten Ergebnisse und der Grundsätze der Verträge die Bestimmungen über die Einzelheiten und das Verfahren für die Assoziierung der Länder und Hoheitsgebiete an die Union. [2]Werden diese Bestimmungen vom Rat gemäß einem besonderen Gesetzgebungsverfahren angenommen, so beschließt er einstimmig auf Vorschlag der Kommission nach Anhörung des Europäischen Parlaments.

Art. 204 [Anwendung auf Grönland] Die Artikel 198 bis 203 sind auf Grönland anwendbar, vorbehaltlich der spezifischen Bestimmungen für Grönland in dem Protokoll über die Sonderregelung für Grönland im Anhang zu den Verträgen.

Fünfter Teil. Das auswärtige Handeln der Union

Titel I. Allgemeine Bestimmungen über das auswärtige Handeln der Union

Art. 205 [Handlungsgrundsätze auf internationaler Ebene] Das Handeln der Union auf internationaler Ebene im Rahmen dieses Teils wird von den Grundsätzen bestimmt, von den Zielen geleitet und an den allgemeinen Bestimmungen ausgerichtet, die in Titel V Kapitel 1 des Vertrags über die Europäische Union[1)] niedergelegt sind.

Titel II. Gemeinsame Handelspolitik

Art. 206 [Ziele der Handelspolitik] Durch die Schaffung einer Zollunion nach den Artikeln 28 bis 32 trägt die Union im gemeinsamen Interesse zur harmonischen Entwicklung des Welthandels, zur schrittweisen Beseitigung der Beschränkungen im internationalen Handelsverkehr und bei den ausländischen Direktinvestitionen sowie zum Abbau der Zollschranken und anderer Schranken bei.

Art. 207 [Grundsätze der gemeinsamen Handelspolitik] (1) [1]Die gemeinsame Handelspolitik wird nach einheitlichen Grundsätzen gestaltet; dies gilt insbesondere für die Änderung von Zollsätzen, für den Abschluss von Zoll- und Handelsabkommen, die den Handel mit Waren und Dienstleistungen betreffen, und für die Handelsaspekte des geistigen Eigentums, die ausländischen Direktinvestitionen, die Vereinheitlichung der Liberalisierungsmaßnahmen, die Ausfuhrpolitik sowie die handelspolitischen Schutzmaßnahmen, zum Beispiel im Fall von Dumping und Subventionen. [2]Die gemeinsame Handelspolitik wird im Rahmen der Grundsätze und Ziele des auswärtigen Handelns der Union gestaltet.

(2) Das Europäische Parlament und der Rat erlassen durch Verordnungen gemäß dem ordentlichen Gesetzgebungsverfahren die Maßnahmen, mit denen der Rahmen für die Umsetzung der gemeinsamen Handelspolitik bestimmt wird.

(3) *[1]* Sind mit einem oder mehreren Drittländern oder internationalen Organisationen Abkommen auszuhandeln und zu schließen, so findet Artikel 218 vorbehaltlich der besonderen Bestimmungen dieses Artikels Anwendung.

[2] [1]Die Kommission legt dem Rat Empfehlungen vor; dieser ermächtigt die Kommission zur Aufnahme der erforderlichen Verhandlungen. [2]Der Rat und die Kommission haben dafür Sorge zu tragen, dass die ausgehandelten Abkommen mit der internen Politik und den internen Vorschriften der Union vereinbar sind.

[3] [1]Die Kommission führt diese Verhandlungen im Benehmen mit einem zu ihrer Unterstützung vom Rat bestellten Sonderausschuss und nach Maßgabe

---

1) Nr. **16**.

der Richtlinien, die ihr der Rat erteilen kann. [2]Die Kommission erstattet dem Sonderausschuss sowie dem Europäischen Parlament regelmäßig Bericht über den Stand der Verhandlungen.

(4) *[1]* Über die Aushandlung und den Abschluss der in Absatz 3 genannten Abkommen beschließt der Rat mit qualifizierter Mehrheit.

[2] Über die Aushandlung und den Abschluss eines Abkommens über den Dienstleistungsverkehr, über Handelsaspekte des geistigen Eigentums oder über ausländische Direktinvestitionen beschließt der Rat einstimmig, wenn das betreffende Abkommen Bestimmungen enthält, bei denen für die Annahme interner Vorschriften Einstimmigkeit erforderlich ist.

[3] Der Rat beschließt ebenfalls einstimmig über die Aushandlung und den Abschluss von Abkommen in den folgenden Bereichen:

a) Handel mit kulturellen und audiovisuellen Dienstleistungen, wenn diese Abkommen die kulturelle und sprachliche Vielfalt in der Union beeinträchtigen könnten;
b) Handel mit Dienstleistungen des Sozial-, des Bildungs- und des Gesundheitssektors, wenn diese Abkommen die einzelstaatliche Organisation dieser Dienstleistungen ernsthaft stören und die Verantwortlichkeit der Mitgliedstaaten für ihre Erbringung beinträchtigen könnten.

(5) Für die Aushandlung und den Abschluss von internationalen Abkommen im Bereich des Verkehrs gelten der Dritte Teil Titel VI sowie Artikel 218.

(6) Die Ausübung der durch diesen Artikel übertragenen Zuständigkeiten im Bereich der gemeinsamen Handelspolitik hat keine Auswirkungen auf die Abgrenzung der Zuständigkeiten zwischen der Union und den Mitgliedstaaten und führt nicht zu einer Harmonisierung der Rechtsvorschriften der Mitgliedstaaten, soweit eine solche Harmonisierung in den Verträgen ausgeschlossen wird.

Titel III. Zusammenarbeit mit Drittländern und humanitäre Hilfe

Kapitel 1. Entwicklungszusammenarbeit

Art. 208 [Beitrag der Union; Ziel] (1) *[1]* [1]Die Politik der Union auf dem Gebiet der Entwicklungszusammenarbeit wird im Rahmen der Grundsätze und Ziele des auswärtigen Handelns der Union durchgeführt. [2]Die Politik der Union und die Politik der Mitgliedstaaten auf dem Gebiet der Entwicklungszusammenarbeit ergänzen und verstärken sich gegenseitig.

[2] [1]Hauptziel der Unionspolitik in diesem Bereich ist die Bekämpfung und auf längere Sicht die Beseitigung der Armut. [2]Bei der Durchführung politischer Maßnahmen, die sich auf die Entwicklungsländer auswirken können, trägt die Union den Zielen der Entwicklungszusammenarbeit Rechnung.

(2) Die Union und die Mitgliedstaaten kommen den im Rahmen der Vereinten Nationen und anderer zuständiger internationaler Organisationen gegebenen Zusagen nach und berücksichtigen die in diesem Rahmen gebilligten Zielsetzungen.

Art. 209 [Mehrjahres- und thematische Programme; Vertragsschlusskompetenz; Rolle der EIB] (1) Das Europäische Parlament und der Rat erlassen gemäß dem ordentlichen Gesetzgebungsverfahren die zur Durchführung der Politik im Bereich der Entwicklungszusammenarbeit erforderlichen Maßnahmen; diese Maßnahmen können Mehrjahresprogramme für die Zusammenarbeit mit Entwicklungsländern oder thematische Programme betreffen.

(2) *[1]* Die Union kann mit Drittländern und den zuständigen internationalen Organisationen alle Übereinkünfte schließen, die zur Verwirklichung der Ziele des Artikels 21 des Vertrags über die Europäische Union[1] und des Artikels 208 dieses Vertrags beitragen.

[2] Unterabsatz 1 berührt nicht die Zuständigkeit der Mitgliedstaaten, in internationalen Gremien zu verhandeln und Übereinkünfte zu schließen.

(3) Die Europäische Investitionsbank trägt nach Maßgabe ihrer Satzung zur Durchführung der Maßnahmen im Sinne des Absatzes 1 bei.

Art. 210 [Koordinierung] (1) [1]Die Union und die Mitgliedstaaten koordinieren ihre Politik auf dem Gebiet der Entwicklungszusammenarbeit und stimmen ihre Hilfsprogramme aufeinander ab, auch in internationalen Organisationen und auf internationalen Konferenzen, damit ihre Maßnahmen einander besser ergänzen und wirksamer sind. [2]Sie können gemeinsame Maßnahmen ergreifen. [3]Die Mitgliedstaaten tragen erforderlichenfalls zur Durchführung der Hilfsprogramme der Union bei.

(2) Die Kommission kann alle Initiativen ergreifen, die der in Absatz 1 genannten Koordinierung förderlich sind.

Art. 211 [Internationale Zusammenarbeit] Die Union und die Mitgliedstaaten arbeiten im Rahmen ihrer jeweiligen Befugnisse mit dritten Ländern und den zuständigen internationalen Organisationen zusammen.

Kapitel 2. Wirtschaftliche, finanzielle und technische Zusammenarbeit mit Drittländern

Art. 212[2] [Grundsätze der Zusammenarbeit mit Nicht-Entwicklungsländern] (1) [1]Unbeschadet der übrigen Bestimmungen der Verträge, insbesondere der Artikel 208 bis 211, führt die Union mit Drittländern, die keine Entwicklungsländer sind, Maßnahmen der wirtschaftlichen, finanziellen und technischen Zusammenarbeit durch, die auch Unterstützung, insbesondere im finanziellen Bereich, einschließen. [2]Diese Maßnahmen stehen mit der Entwicklungspolitik der Union im Einklang und werden im Rahmen der Grundsätze und Ziele ihres auswärtigen Handelns durchgeführt. [3]Die Maßnahmen der Union und die Maßnahmen der Mitgliedstaaten ergänzen und verstärken sich gegenseitig.

(2) Das Europäische Parlament und der Rat erlassen gemäß dem ordentlichen Gesetzgebungsverfahren die zur Durchführung des Absatzes 1 erforderlichen Maßnahmen.

(3) *[1]* [1]Die Union und die Mitgliedstaaten arbeiten im Rahmen ihrer jeweiligen Zuständigkeiten mit Drittländern und den zuständigen internationalen Organisationen zusammen. [2]Die Einzelheiten der Zusammenarbeit der Union

---

[1] Nr. **16**.

[2] Vgl. zu dieser Vorschrift auch die Erklärung Nr. 10 zur Schlussakte v. 16.2.2001 (ABl. C 80 S. 70) der Konferenz von Nizza.

können in Abkommen zwischen dieser und den betreffenden dritten Parteien geregelt werden.

[2] Unterabsatz 1 berührt nicht die Zuständigkeit der Mitgliedstaaten, in internationalen Gremien zu verhandeln und internationale Abkommen zu schließen.

Art. 213 [Finanzielle Hilfe für Drittländer] Ist es aufgrund der Lage in einem Drittland notwendig, dass die Union umgehend finanzielle Hilfe leistet, so erlässt der Rat auf Vorschlag der Kommission die erforderlichen Beschlüsse.

Kapitel 3. Humanitäre Hilfe

Art. 214 [Maßnahmen; Europäisches Freiwilligenkorps] (1) [1] Den Rahmen für die Maßnahmen der Union im Bereich der humanitären Hilfe bilden die Grundsätze und Ziele des auswärtigen Handelns der Union. [2] Die Maßnahmen dienen dazu, Einwohnern von Drittländern, die von Naturkatastrophen oder von vom Menschen verursachten Katastrophen betroffen sind, gezielt Hilfe, Rettung und Schutz zu bringen, damit die aus diesen Notständen resultierenden humanitären Bedürfnisse gedeckt werden können. [3] Die Maßnahmen der Union und die Maßnahmen der Mitgliedstaaten ergänzen und verstärken sich gegenseitig.

(2) Die Maßnahmen der humanitären Hilfe werden im Einklang mit den Grundsätzen des Völkerrechts sowie den Grundsätzen der Unparteilichkeit, der Neutralität und der Nichtdiskriminierung durchgeführt.

(3) Das Europäische Parlament und der Rat legen gemäß dem ordentlichen Gesetzgebungsverfahren die Maßnahmen zur Festlegung des Rahmens fest, innerhalb dessen die Maßnahmen der humanitären Hilfe der Union durchgeführt werden.

(4) *[1]* Die Union kann mit Drittländern und den zuständigen internationalen Organisationen alle Übereinkünfte schließen, die zur Verwirklichung der Ziele des Absatzes 1 und des Artikels 21 des Vertrags über die Europäische Union[1)] beitragen.

[2] Unterabsatz 1 berührt nicht die Zuständigkeit der Mitgliedstaaten, in internationalen Gremien zu verhandeln und Übereinkünfte zu schließen.

(5) [1] Als Rahmen für gemeinsame Beiträge der jungen Europäer zu den Maßnahmen der humanitären Hilfe der Union wird ein Europäisches Freiwilligenkorps für humanitäre Hilfe geschaffen. [2] Das Europäische Parlament und der Rat legen gemäß dem ordentlichen Gesetzgebungsverfahren durch Verordnungen die Rechtsstellung und die Einzelheiten der Arbeitsweise des Korps fest.

(6) Die Kommission kann alle Initiativen ergreifen, die der Koordinierung zwischen den Maßnahmen der Union und denen der Mitgliedstaaten förderlich sind, damit die Programme der Union und der Mitgliedstaaten im Bereich der humanitären Hilfe wirksamer sind und einander besser ergänzen.

(7) Die Union trägt dafür Sorge, dass ihre Maßnahmen der humanitären Hilfe mit den Maßnahmen der internationalen Organisationen und Einrich-

---

[1)] Nr. **16**.

tungen, insbesondere derer, die zum System der Vereinten Nationen gehören, abgestimmt werden und im Einklang mit ihnen stehen.

Titel IV. Restriktive Maßnahmen

Art. 215 [Wirtschaftsembargo; Beschlussfassung; Rechtsschutz]

(1) [1] Sieht ein nach Titel V Kapitel 2 des Vertrags über die Europäische Union[1)] erlassener Beschluss die Aussetzung, Einschränkung oder vollständige Einstellung der Wirtschafts- und Finanzbeziehungen zu einem oder mehreren Drittländern vor, so erlässt der Rat die erforderlichen Maßnahmen mit qualifizierter Mehrheit auf gemeinsamen Vorschlag des Hohen Vertreters der Union für Außen- und Sicherheitspolitik und der Kommission. [2] Er unterrichtet hierüber das Europäische Parlament.

(2) Sieht ein nach Titel V Kapitel 2 des Vertrags über die Europäische Union erlassener Beschluss dies vor, so kann der Rat nach dem Verfahren des Absatzes 1 restriktive Maßnahmen gegen natürliche oder juristische Personen sowie Gruppierungen oder nichtstaatliche Einheiten erlassen.

(3) In den Rechtsakten nach diesem Artikel müssen die erforderlichen Bestimmungen über den Rechtsschutz vorgesehen sein.

Titel V. Internationale Übereinkünfte

Art. 216 [Vertragsschlusskompetenz] (1) Die Union kann mit einem oder mehreren Drittländern oder einer oder mehreren internationalen Organisationen eine Übereinkunft schließen, wenn dies in den Verträgen vorgesehen ist oder wenn der Abschluss einer Übereinkunft im Rahmen der Politik der Union entweder zur Verwirklichung eines der in den Verträgen festgesetzten Ziele erforderlich oder in einem verbindlichen Rechtsakt der Union vorgesehen ist oder aber gemeinsame Vorschriften beeinträchtigen oder deren Anwendungsbereich ändern könnte.

(2) Die von der Union geschlossenen Übereinkünfte binden die Organe der Union und die Mitgliedstaaten.

Art. 217 [Assoziierungsabkommen] Die Union kann mit einem oder mehreren Drittländern oder einer oder mehrerer internationaler Organisationen Abkommen schließen, die eine Assoziierung mit gegenseitigen Rechten und Pflichten, gemeinsamem Vorgehen und besonderen Verfahren herstellen.

Art. 218 [Vertragsschlussverfahren; Gutachten des EuGH] (1) Unbeschadet der besonderen Bestimmungen des Artikels 207 werden Übereinkünfte zwischen der Union und Drittländern oder internationalen Organisationen nach dem im Folgenden beschriebenen Verfahren ausgehandelt und geschlossen.

(2) Der Rat erteilt eine Ermächtigung zur Aufnahme von Verhandlungen, legt Verhandlungsrichtlinien fest, genehmigt die Unterzeichnung und schließt die Übereinkünfte.

(3) Die Kommission oder, wenn sich die geplante Übereinkunft ausschließlich oder hauptsächlich auf die Gemeinsame Außen- und Sicherheitspolitik

---

1) Nr. **16**.

bezieht, der Hohe Vertreter der Union für Außen- und Sicherheitspolitik legt dem Rat Empfehlungen vor; dieser erlässt einen Beschluss über die Ermächtigung zur Aufnahme von Verhandlungen und über die Benennung, je nach dem Gegenstand der geplanten Übereinkunft, des Verhandlungsführers oder des Leiters des Verhandlungsteams der Union.

(4) Der Rat kann dem Verhandlungsführer Richtlinien erteilen und einen Sonderausschuss bestellen; die Verhandlungen sind im Benehmen mit diesem Ausschuss zu führen.

(5) Der Rat erlässt auf Vorschlag des Verhandlungsführers einen Beschluss, mit dem die Unterzeichnung der Übereinkunft und gegebenenfalls deren vorläufige Anwendung vor dem Inkrafttreten genehmigt werden.

(6) *[1]* Der Rat erlässt auf Vorschlag des Verhandlungsführers einen Beschluss über den Abschluss der Übereinkunft.

[2] Mit Ausnahme der Übereinkünfte, die ausschließlich die Gemeinsame Außen- und Sicherheitspolitik betreffen, erlässt der Rat den Beschluss über den Abschluss der Übereinkunft

a) nach Zustimmung des Europäischen Parlaments in folgenden Fällen:
   i) Assoziierungsabkommen;
   ii) Übereinkunft über den Beitritt der Union zur Europäischen Konvention zum Schutz der Menschenrechte und Grundfreiheiten[1];
   iii) Übereinkünfte, die durch die Einführung von Zusammenarbeitsverfahren einen besonderen institutionellen Rahmen schaffen;
   iv) Übereinkünfte mit erheblichen finanziellen Folgen für die Union;
   v) Übereinkünfte in Bereichen, für die entweder das ordentliche Gesetzgebungsverfahren oder, wenn die Zustimmung des Europäischen Parlaments erforderlich ist, das besondere Gesetzgebungsverfahren gilt.

   Das Europäische Parlament und der Rat können in dringenden Fällen eine Frist für die Zustimmung vereinbaren.
b) nach Anhörung des Europäischen Parlaments in den übrigen Fällen. Das Europäische Parlament gibt seine Stellungnahme innerhalb einer Frist ab, die der Rat entsprechend der Dringlichkeit festlegen kann. Ergeht innerhalb dieser Frist keine Stellungnahme, so kann der Rat einen Beschluss fassen.

(7) [1]Abweichend von den Absätzen 5, 6 und 9 kann der Rat den Verhandlungsführer bei Abschluss einer Übereinkunft ermächtigen, im Namen der Union Änderungen der Übereinkunft zu billigen, wenn die Übereinkunft vorsieht, dass diese Änderungen im Wege eines vereinfachten Verfahrens oder durch ein durch die Übereinkunft eingesetztes Gremium anzunehmen sind. [2]Der Rat kann diese Ermächtigung gegebenenfalls mit besonderen Bedingungen verbinden.

(8) *[1]* Der Rat beschließt während des gesamten Verfahrens mit qualifizierter Mehrheit.

[2] [1]Er beschließt jedoch einstimmig, wenn die Übereinkunft einen Bereich betrifft, in dem für den Erlass eines Rechtsakts der Union Einstimmigkeit erforderlich ist, sowie bei Assoziierungsabkommen und Übereinkünften nach Artikel 212 mit beitrittswilligen Staaten. [2]Auch über die Übereinkunft über

---

[1] Nr. **19**.

den Beitritt der Union zur Europäischen Konvention zum Schutz der Menschenrechte und Grundfreiheiten beschließt der Rat einstimmig; der Beschluss zum Abschluss dieser Übereinkunft tritt in Kraft, nachdem die Mitgliedstaaten im Einklang mit ihren jeweiligen verfassungsrechtlichen Vorschriften zugestimmt haben.

(9) Der Rat erlässt auf Vorschlag der Kommission oder des Hohen Vertreters der Union für Außen- und Sicherheitspolitik einen Beschluss über die Aussetzung der Anwendung einer Übereinkunft und zur Festlegung der Standpunkte, die im Namen der Union in einem durch eine Übereinkunft eingesetzten Gremium zu vertreten sind, sofern dieses Gremium rechtswirksame Akte, mit Ausnahme von Rechtsakten zur Ergänzung oder Änderung des institutionellen Rahmens der betreffenden Übereinkunft, zu erlassen hat.

(10) Das Europäische Parlament wird in allen Phasen des Verfahrens unverzüglich und umfassend unterrichtet.

(11) [1] Ein Mitgliedstaat, das Europäische Parlament, der Rat oder die Kommission können ein Gutachten des Gerichtshofs über die Vereinbarkeit einer geplanten Übereinkunft mit den Verträgen einholen. [2] Ist das Gutachten des Gerichtshofs ablehnend, so kann die geplante Übereinkunft nur in Kraft treten, wenn sie oder die Verträge geändert werden.

Art. 219[1)] [Wechselkursfestlegung nach außen; Internationale Vereinbarungen] (1) *[1]* [1] Abweichend von Artikel 218 kann der Rat entweder auf Empfehlung der Europäischen Zentralbank oder auf Empfehlung der Kommission und nach Anhörung der Europäischen Zentralbank in dem Bemühen, zu einem mit dem Ziel der Preisstabilität im Einklang stehenden Konsens zu gelangen, förmliche Vereinbarungen über ein Wechselkurssystem für den Euro gegenüber den Währungen von Drittstaaten treffen. [2] Der Rat beschließt nach dem Verfahren des Absatzes 3 einstimmig nach Anhörung des Europäischen Parlaments.

[2] [1] Der Rat kann entweder auf Empfehlung der Europäischen Zentralbank oder auf Empfehlung der Kommission und nach Anhörung der Europäischen Zentralbank in dem Bemühen, zu einem mit dem Ziel der Preisstabilität im Einklang stehenden Konsens zu gelangen, die Euro-Leitkurse innerhalb des Wechselkurssystems festlegen, ändern oder aufgeben. [2] Der Präsident des Rates unterrichtet das Europäische Parlament von der Festlegung, Änderung oder Aufgabe der Euro-Leitkurse.

(2) [1] Besteht gegenüber einer oder mehreren Währungen von Drittstaaten kein Wechselkurssystem nach Absatz 1, so kann der Rat entweder auf Empfehlung der Kommission und nach Anhörung der Europäischen Zentralbank oder auf Empfehlung der Europäischen Zentralbank allgemeine Orientierungen für die Wechselkurspolitik gegenüber diesen Währungen aufstellen. [2] Diese allgemeinen Orientierungen dürfen das vorrangige Ziel des ESZB, die Preisstabilität zu gewährleisten, nicht beeinträchtigen.

(3) [1] Wenn von der Union mit einem oder mehreren Drittstaaten oder internationalen Organisationen Vereinbarungen im Zusammenhang mit Währungsfragen oder Devisenregelungen auszuhandeln sind, beschließt der Rat

---

[1)] Vgl. zu dieser Vorschrift auch die Erklärung Nr. 7 zur Schlussakte v. 16.2.2001 (ABl. C 80 S. 70) der Konferenz von Nizza.

abweichend von Artikel 218 auf Empfehlung der Kommission und nach Anhörung der Europäischen Zentralbank die Modalitäten für die Aushandlung und den Abschluss solcher Vereinbarungen. [2] Mit diesen Modalitäten wird gewährleistet, dass die Union einen einheitlichen Standpunkt vertritt. [3] Die Kommission wird an den Verhandlungen in vollem Umfang beteiligt.

(4) Die Mitgliedstaaten haben das Recht, unbeschadet der Unionszuständigkeit und der Unionsvereinbarungen über die Wirtschafts- und Währungsunion in internationalen Gremien Verhandlungen zu führen und internationale Vereinbarungen zu treffen.

Titel VI. Beziehungen der Union zu internationalen Organisationen und Drittländern sowie Delegationen der Union

Art. 220 [Beziehungen zu internationalen Organisationen]

(1) *[1]* Die Union betreibt jede zweckdienliche Zusammenarbeit mit den Organen der Vereinten Nationen und ihrer Sonderorganisationen, dem Europarat, der Organisation für Sicherheit und Zusammenarbeit in Europa und der Organisation für wirtschaftliche Zusammenarbeit und Entwicklung.

[2] Die Union unterhält ferner, soweit zweckdienlich, Beziehungen zu anderen internationalen Organisationen.

(2) Die Durchführung dieses Artikels obliegt dem Hohen Vertreter der Union für Außen- und Sicherheitspolitik und der Kommission.

Art. 221 [Vertretung der Union in Drittländern] (1) Die Delegationen der Union in Drittländern und bei internationalen Organisationen sorgen für die Vertretung der Union.

(2) [1] Die Delegationen der Union unterstehen der Leitung des Hohen Vertreters der Union für Außen- und Sicherheitspolitik. [2] Sie werden in enger Zusammenarbeit mit den diplomatischen und konsularischen Vertretungen der Mitgliedstaaten tätig.

Titel VII. Solidaritätsklausel

Art. 222 [Gegenseitige Unterstützung bei Terroranschlägen und Katastrophen] (1) [1] Die Union und ihre Mitgliedstaaten handeln gemeinsam im Geiste der Solidarität, wenn ein Mitgliedstaat von einem Terroranschlag, einer Naturkatastrophe oder einer vom Menschen verursachten Katastrophe betroffen ist. [2] Die Union mobilisiert alle ihr zur Verfügung stehenden Mittel, einschließlich der ihr von den Mitgliedstaaten bereitgestellten militärischen Mittel, um

a) – terroristische Bedrohungen im Hoheitsgebiet von Mitgliedstaaten abzuwenden;
   – die demokratischen Institutionen und die Zivilbevölkerung vor etwaigen Terroranschlägen zu schützen;
   – im Falle eines Terroranschlags einen Mitgliedstaat auf Ersuchen seiner politischen Organe innerhalb seines Hoheitsgebiets zu unterstützen;

b) im Falle einer Naturkatastrophe oder einer vom Menschen verursachten Katastrophe einen Mitgliedstaat auf Ersuchen seiner politischen Organe innerhalb seines Hoheitsgebiets zu unterstützen.

(2) [1] Ist ein Mitgliedstaat von einem Terroranschlag, einer Naturkatastrophe oder einer vom Menschen verursachten Katastrophe betroffen, so leisten die anderen Mitgliedstaaten ihm auf Ersuchen seiner politischen Organe Unterstützung. [2] Zu diesem Zweck sprechen die Mitgliedstaaten sich im Rat ab.

(3) *[1]* [1] Die Einzelheiten für die Anwendung dieser Solidaritätsklausel durch die Union werden durch einen Beschluss festgelegt, den der Rat aufgrund eines gemeinsamen Vorschlags der Kommission und des Hohen Vertreters der Union für Außen- und Sicherheitspolitik erlässt. [2] Hat dieser Beschluss Auswirkungen im Bereich der Verteidigung, so beschließt der Rat nach Artikel 31 Absatz 1 des Vertrags über die Europäische Union[1)]. [3] Das Europäische Parlament wird darüber unterrichtet.

[2] Für die Zwecke dieses Absatzes unterstützen den Rat unbeschadet des Artikels 240 das Politische und Sicherheitspolitische Komitee, das sich hierbei auf die im Rahmen der Gemeinsamen Sicherheits- und Verteidigungspolitik entwickelten Strukturen stützt, sowie der Ausschuss nach Artikel 71, die dem Rat gegebenenfalls gemeinsame Stellungnahmen vorlegen.

(4) Damit die Union und ihre Mitgliedstaaten auf effiziente Weise tätig werden können, nimmt der Europäische Rat regelmäßig eine Einschätzung der Bedrohungen vor, denen die Union ausgesetzt ist.

Sechster Teil. Institutionelle Bestimmungen und Finanzvorschriften

Titel I. Vorschriften über die Organe

Kapitel 1.[2)] Die Organe

Abschnitt 1. Das Europäische Parlament

Art. 223 [Einheitliches Wahlverfahren; Abgeordneten-Statut]

(1) *[1]* Das Europäische Parlament erstellt einen Entwurf der erforderlichen Bestimmungen für die allgemeine unmittelbare Wahl seiner Mitglieder nach einem einheitlichen Verfahren in allen Mitgliedstaaten oder im Einklang mit den allen Mitgliedstaaten gemeinsamen Grundsätzen.

[2] [1] Der Rat erlässt die erforderlichen Bestimmungen einstimmig gemäß einem besonderen Gesetzgebungsverfahren und nach Zustimmung des Europäischen Parlaments, die mit der Mehrheit seiner Mitglieder erteilt wird. [2] Diese Bestimmungen treten nach Zustimmung der Mitgliedstaaten im Einklang mit ihren jeweiligen verfassungsrechtlichen Vorschriften in Kraft.

(2) [1] Das Europäische Parlament legt aus eigener Initiative gemäß einem besonderen Gesetzgebungsverfahren durch Verordnungen nach Anhörung der Kommission und mit Zustimmung des Rates die Regelungen und allgemeinen Bedingungen für die Wahrnehmung der Aufgaben seiner Mitglieder fest. [2] Alle Vorschriften und Bedingungen, die die Steuerregelung für die Mitglieder oder ehemaligen Mitglieder betreffen, sind vom Rat einstimmig festzulegen.

[1)] Nr. **16**.

[2)] Vgl. zu diesem Kapitel auch die „Erklärung zur Erweiterung der Europäischen Union" (Erklärung Nr. 20) zur Schlussakte v. 16.2.2001 (ABl. C 80 S. 70) der Konferenz von Nizza.

Art. 224[1] **[Politische Parteien]** Das Europäische Parlament und der Rat legen gemäß dem ordentlichen Gesetzgebungsverfahren durch Verordnungen die Regelung für die politischen Parteien auf europäischer Ebene nach Artikel 10 Absatz 4 des Vertrags über die Europäische Union[2] und insbesondere die Vorschriften über ihre Finanzierung fest.

Art. 225 [Indirektes Initiativrecht] [1]Das Europäische Parlament kann mit der Mehrheit seiner Mitglieder die Kommission auffordern, geeignete Vorschläge zu Fragen zu unterbreiten, die nach seiner Auffassung die Ausarbeitung eines Unionsakts zur Durchführung der Verträge erfordern. [2]Legt die Kommission keinen Vorschlag vor, so teilt sie dem Europäischen Parlament die Gründe dafür mit.

Art. 226 [Untersuchungsausschuss] *[1]* Das Europäische Parlament kann bei der Erfüllung seiner Aufgaben auf Antrag eines Viertels seiner Mitglieder die Einsetzung eines nichtständigen Untersuchungsausschusses beschließen, der unbeschadet der Befugnisse, die anderen Organen oder Einrichtungen durch die Verträge übertragen sind, behauptete Verstöße gegen das Unionsrecht oder Missstände bei der Anwendung desselben prüft; dies gilt nicht, wenn ein Gericht mit den behaupteten Sachverhalten befasst ist, solange das Gerichtsverfahren nicht abgeschlossen ist.

[2] Mit der Vorlage seines Berichtes hört der nichtständige Untersuchungsausschuss auf zu bestehen.

[3] Die Einzelheiten der Ausübung des Untersuchungsrechts werden vom Europäischen Parlament festgelegt, das aus eigener Initiative gemäß einem besonderen Gesetzgebungsverfahren durch Verordnungen nach Zustimmung des Rates und der Kommission beschließt.

Art. 227 [Petitionsrecht] Jeder Bürger der Union sowie jede natürliche oder juristische Person mit Wohnort oder satzungsmäßigem Sitz in einem Mitgliedstaat kann allein oder zusammen mit anderen Bürgern oder Personen in Angelegenheiten, die in die Tätigkeitsbereiche der Union fallen und die ihn oder sie unmittelbar betreffen, eine Petition an das Europäische Parlament richten.

Art. 228 [Bürgerbeauftragter] (1) *[1]* [1]Ein vom Europäischen Parlament gewählter Europäischer Bürgerbeauftragter ist befugt, Beschwerden von jedem Bürger der Union oder von jeder natürlichen oder juristischen Person mit Wohnort oder satzungsmäßigem Sitz in einem Mitgliedstaat über Missstände bei der Tätigkeit der Organe, Einrichtungen oder sonstige Stellen der Union, mit Ausnahme des Gerichtshofs der Europäischen Union in Ausübung seiner Rechtsprechungsbefugnisse, entgegenzunehmen. [2]Er untersucht diese Beschwerden und erstattet darüber Bericht.

[2] [1]Der Bürgerbeauftragte führt im Rahmen seines Auftrags von sich aus oder aufgrund von Beschwerden, die ihm unmittelbar oder über ein Mitglied des Europäischen Parlaments zugehen, Untersuchungen durch, die er für gerecht-

---

[1] Vgl. zu dieser Vorschrift auch die Erklärung Nr. 11 zur Schlussakte v. 16.2.2001 (ABl. C 80 S. 70) der Konferenz von Nizza.

[2] Nr. **16**.

fertigt hält; dies gilt nicht, wenn die behaupteten Sachverhalte Gegenstand eines Gerichtsverfahrens sind oder waren. [2] Hat der Bürgerbeauftragte einen Missstand festgestellt, so befasst er das betreffende Organ, die betreffende Einrichtung oder sonstige Stelle, das bzw. die über eine Frist von drei Monaten verfügt, um ihm seine bzw. ihre Stellungnahme zu übermitteln. [3] Der Bürgerbeauftragte legt anschließend dem Europäischen Parlament und dem betreffenden Organ, der betreffenden Einrichtung oder sonstigen Stelle einen Bericht vor. [4] Der Beschwerdeführer wird über das Ergebnis dieser Untersuchungen unterrichtet.

[3] Der Bürgerbeauftragte legt dem Europäischen Parlament jährlich einen Bericht über die Ergebnisse seiner Untersuchungen vor.

(2) *[1]* [1] Der Bürgerbeauftragte wird nach jeder Wahl des Europäischen Parlaments für die Dauer der Wahlperiode gewählt. [2] Wiederwahl ist zulässig.

[2] Der Bürgerbeauftragte kann auf Antrag des Europäischen Parlaments vom Gerichtshof seines Amtes enthoben werden, wenn er die Voraussetzungen für die Ausübung seines Amtes nicht mehr erfüllt oder eine schwere Verfehlung begangen hat.

(3) [1] Der Bürgerbeauftragte übt sein Amt in völliger Unabhängigkeit aus. [2] Er darf bei der Erfüllung seiner Pflichten von keiner Regierung, keinem Organ, keiner Einrichtung oder sonstigen Stelle Weisungen einholen oder entgegennehmen. [3] Der Bürgerbeauftragte darf während seiner Amtszeit keine andere entgeltliche oder unentgeltliche Berufstätigkeit ausüben.

(4) Das Europäische Parlament legt aus eigener Initiative gemäß einem besonderen Gesetzgebungsverfahren durch Verordnungen nach Stellungnahme der Kommission und nach Zustimmung des Rates die Regelungen und allgemeinen Bedingungen für die Ausübung der Aufgaben des Bürgerbeauftragten fest.

Art. 229 [Ordentliche und außerordentliche Sitzungsperiode]

[1] [1] Das Europäische Parlament hält jährlich eine Sitzungsperiode ab. [2] Es tritt, ohne dass es einer Einberufung bedarf, am zweiten Dienstag des Monats März zusammen.

[2] Das Europäische Parlament kann auf Antrag der Mehrheit seiner Mitglieder sowie auf Antrag des Rates oder der Kommission zu einer außerordentlichen Sitzungsperiode zusammentreten.

Art. 230 [Anhörungsrecht von Kommission; Rat und Europäischem Rat] *[1]* Die Kommission kann an allen Sitzungen des Europäischen Parlaments teilnehmen und wird auf ihren Antrag gehört.

[2] Die Kommission antwortet mündlich oder schriftlich auf die ihr vom Europäischen Parlament oder von dessen Mitgliedern gestellten Fragen.

[3] Der Europäische Rat und der Rat werden vom Europäischen Parlament nach Maßgabe der Geschäftsordnung des Europäischen Rates und der Geschäftsordnung des Rates gehört.

Art. 231 [Abstimmung; Beschlussfähigkeit] *[1]* Soweit die Verträge nicht etwas anderes bestimmen, beschließt das Europäische Parlament mit der Mehrheit der abgegebenen Stimmen.

[2] Die Geschäftsordnung legt die Beschlussfähigkeit fest.

Art. 232 [Geschäftsordnung; Verhandlungsniederschriften] *[1]* Das Europäische Parlament gibt sich seine Geschäftsordnung; hierzu sind die Stimmen der Mehrheit seiner Mitglieder erforderlich.

[2] Die Verhandlungsniederschriften des Europäischen Parlaments werden nach Maßgabe der Verträge und seiner Geschäftsordnung veröffentlicht.

Art. 233 [Jährlicher Gesamtbericht] Das Europäische Parlament erörtert in öffentlicher Sitzung den jährlichen Gesamtbericht, der ihm von der Kommission vorgelegt wird.

Art. 234 [Misstrauensantrag gegen die Kommission] *[1]* Wird wegen der Tätigkeit der Kommission ein Misstrauensantrag eingebracht, so darf das Europäische Parlament nicht vor Ablauf von drei Tagen nach seiner Einbringung und nur in offener Abstimmung darüber entscheiden.

[2] [1] Wird der Misstrauensantrag mit der Mehrheit von zwei Dritteln der abgegebenen Stimmen und mit der Mehrheit der Mitglieder des Europäischen Parlaments angenommen, so legen die Mitglieder der Kommission geschlossen ihr Amt nieder, und der Hohe Vertreter der Union für Außen- und Sicherheitspolitik legt sein im Rahmen der Kommission ausgeübtes Amt nieder. [2] Sie bleiben im Amt und führen die laufenden Geschäfte bis zu ihrer Ersetzung nach Artikel 17 des Vertrags über die Europäische Union[1)] weiter. [3] In diesem Fall endet die Amtszeit der zu ihrer Ersetzung ernannten Mitglieder der Kommission zu dem Zeitpunkt, zu dem die Amtszeit der Mitglieder der Kommission, die ihr Amt geschlossen niederlegen mussten, geendet hätte.

Abschnitt 2. Der Europäische Rat

Art. 235 [Verfahrensfragen; Geschäftsordnung] (1) *[1]* Jedes Mitglied des Europäischen Rates kann sich das Stimmrecht höchstens eines anderen Mitglieds übertragen lassen.

[2] [1] Beschließt der Europäische Rat mit qualifizierter Mehrheit, so gelten für ihn Artikel 16 Absatz 4 des Vertrags über die Europäische Union[1)] und Artikel 238 Absatz 2 dieses Vertrags. [2] An Abstimmungen im Europäischen Rat nehmen dessen Präsident und der Präsident der Kommission nicht teil.

[3] Die Stimmenthaltung von anwesenden oder vertretenen Mitgliedern steht dem Zustandekommen von Beschlüssen des Europäischen Rates, zu denen Einstimmigkeit erforderlich ist, nicht entgegen.

(2) Der Präsident des Europäischen Parlaments kann vom Europäischen Rat gehört werden.

(3) Der Europäische Rat beschließt mit einfacher Mehrheit über Verfahrensfragen sowie über den Erlass seiner Geschäftsordnung.

(4) Der Europäische Rat wird vom Generalsekretariat des Rates unterstützt.

Art. 236 [Beschlüsse zur Zusammensetzung und Vorsitz des Rates]

Der Europäische Rat erlässt mit qualifizierter Mehrheit

a) einen Beschluss zur Festlegung der Zusammensetzungen des Rates, mit Ausnahme des Rates „Allgemeine Angelegenheiten" und des Rates „Auswärtige

---

[1)] Nr. **16**.

Angelegenheiten" nach Artikel 16 Absatz 6 des Vertrags über die Europäische Union[1];

b) einen Beschluss nach Artikel 16 Absatz 9 des Vertrags über die Europäische Union zur Festlegung des Vorsitzes im Rat in allen seinen Zusammensetzungen mit Ausnahme des Rates „Auswärtige Angelegenheiten".

Abschnitt 3.[2] Der Rat

Art. 237 [Einberufung] Der Rat wird von seinem Präsidenten aus eigenem Entschluss oder auf Antrag eines seiner Mitglieder oder der Kommission einberufen.

Art. 238 [Beschlussfassung; Mehrheiten] (1) Ist zu einem Beschluss des Rates die einfache Mehrheit erforderlich, so beschließt der Rat mit der Mehrheit seiner Mitglieder.

(2) Beschließt der Rat nicht auf Vorschlag der Kommission oder des Hohen Vertreters der Union für Außen- und Sicherheitspolitik, so gilt ab dem 1. November 2014 abweichend von Artikel 16 Absatz 4 des Vertrags über die Europäische Union[1] und vorbehaltlich der Vorschriften des Protokolls über die Übergangsbestimmungen als qualifizierte Mehrheit eine Mehrheit von mindestens 72 % der Mitglieder des Rates, sofern die von ihnen vertretenen Mitgliedstaaten zusammen mindestens 65 % der Bevölkerung der Union ausmachen.[3]

(3) In den Fällen, in denen in Anwendung der Verträge nicht alle Mitglieder des Rates stimmberechtigt sind, gilt ab dem 1. November 2014 vorbehaltlich der Vorschriften des Protokolls über die Übergangsbestimmungen für die qualifizierte Mehrheit Folgendes:

a) Als qualifizierte Mehrheit gilt eine Mehrheit von mindestens 55 % derjenigen Mitglieder des Rates, die die beteiligten Mitgliedstaaten vertreten, sofern die von ihnen vertretenen Mitgliedstaaten zusammen mindestens 65 % der Bevölkerung der beteiligten Mitgliedstaaten ausmachen.
Für eine Sperrminorität bedarf es mindestens der Mindestzahl von Mitgliedern des Rates, die zusammen mehr als 35 % der Bevölkerung der beteiligten Mitgliedstaaten vertreten, zuzüglich eines Mitglieds; andernfalls gilt die qualifizierte Mehrheit als erreicht.

b) Beschließt der Rat nicht auf Vorschlag der Kommission oder des Hohen Vertreters der Union für Außen- und Sicherheitspolitik, so gilt abweichend von Buchstabe a als qualifizierte Mehrheit eine Mehrheit von mindestens 72 % derjenigen Mitglieder des Rates, die die beteiligten Mitgliedstaaten

---

[1] Nr. **16**.

[2] Siehe auch Art. 5 EUV (Nr. **16**). Beachte ferner den Beschluss (93/591/EU, Euratom, EGKS, EG) des Rates über seine Bezeichnung im Anschluss an das Inkrafttreten des Vertrags über die Europäische Union v. 8.11.1993 (ABl. L 281 S. 18, ber. ABl. L 285 S. 41): „Der Rat wird nunmehr ‚Rat der Europäischen Union' genannt und als solcher insbesondere in den von ihm erlassenen Rechtsakten, einschließlich derjenigen im Rahmen der Titel V und VI des Vertrags über die Europäische Union, bezeichnet; desgleichen werden die politischen Erklärungen, die der Rat im Rahmen der gemeinsamen Außen- und Sicherheitspolitik annimmt, im Namen der ‚Europäischen Union' abgegeben."

[3] Näheres siehe hierzu im Beschluss 2009/857/EG v. 13.12.2007 (ABl. 2009 L 314 S. 73).

vertreten, sofern die von ihnen vertretenen Mitgliedstaaten zusammen mindestens 65 % der Bevölkerung der beteiligten Mitgliedstaaten ausmachen.

(4) Die Stimmenthaltung von anwesenden oder vertretenen Mitgliedern steht dem Zustandekommen von Beschlüssen des Rates, zu denen Einstimmigkeit erforderlich ist, nicht entgegen.

Art. 239 [Stimmrechtsübertragung] Jedes Mitglied kann sich das Stimmrecht höchstens eines anderen Mitglieds übertragen lassen.

Art. 240 [Ausschuss der Ständigen Vertreter; Generalsekretariat; Geschäftsordnung] (1) [1] Ein Ausschuss, der sich aus den Ständigen Vertretern der Regierungen der Mitgliedstaaten zusammensetzt, trägt die Verantwortung, die Arbeiten des Rates vorzubereiten und die ihm vom Rat übertragenen Aufträge auszuführen. [2] Der Ausschuss kann in Fällen, die in der Geschäftsordnung des Rates vorgesehen sind, Verfahrensbeschlüsse fassen.

(2) *[1]* Der Rat wird von einem Generalsekretariat unterstützt, das einem vom Rat ernannten Generalsekretär untersteht.

[2] Der Rat beschließt mit einfacher Mehrheit über die Organisation des Generalsekretariats.

(3) Der Rat beschließt mit einfacher Mehrheit über Verfahrensfragen sowie über den Erlass seiner Geschäftsordnung.

Art. 241 [Indirektes Initiativrecht] [1] Der Rat, der mit einfacher Mehrheit beschließt, kann die Kommission auffordern, die nach seiner Ansicht zur Verwirklichung der gemeinsamen Ziele geeigneten Untersuchungen vorzunehmen und ihm entsprechende Vorschläge zu unterbreiten. [2] Legt die Kommission keinen Vorschlag vor, so teilt sie dem Rat die Gründe dafür mit.

Art. 242 [Regelung der Rechtsstellung der Ausschüsse] Der Rat, der mit einfacher Mehrheit beschließt, regelt nach Anhörung der Kommission die rechtliche Stellung der in den Verträgen vorgesehenen Ausschüsse.

Art. 243 [Festsetzung von Gehältern und Vergütungen] [1] Der Rat setzt die Gehälter, Vergütungen und Ruhegehälter für den Präsidenten des Europäischen Rates, den Präsidenten der Kommission, den Hohen Vertreter der Union für Außen- und Sicherheitspolitik, die Mitglieder der Kommission, die Präsidenten, die Mitglieder und die Kanzler des Gerichtshofs der Europäischen Union sowie den Generalsekretär des Rates fest. [2] Er setzt ebenfalls alle als Entgelt gezahlten Vergütungen fest.

Abschnitt 4. Die Kommission

Art. 244 [Rotationsprinzip] Gemäß Artikel 17 Absatz 5 des Vertrags über die Europäische Union[1)] werden die Kommissionsmitglieder in einem vom Europäischen Rat einstimmig festgelegten System der Rotation ausgewählt, das auf folgenden Grundsätzen beruht:

---

1) Nr. **16**.

a) Die Mitgliedstaaten werden bei der Festlegung der Reihenfolge und der Dauer der Amtszeiten ihrer Staatsangehörigen in der Kommission vollkommen gleich behandelt; demzufolge kann die Gesamtzahl der Mandate, welche Staatsangehörige zweier beliebiger Mitgliedstaaten innehaben, niemals um mehr als eines voneinander abweichen.
b) Vorbehaltlich des Buchstabens a ist jede der aufeinander folgenden Kommissionen so zusammengesetzt, dass das demografische und geografische Spektrum der Gesamtheit der Mitgliedstaaten auf zufrieden stellende Weise zum Ausdruck kommt.

Art. 245 [Amtspflichten der Kommissare; Amtsenthebung] *[1]* [1]Die Mitglieder der Kommission haben jede Handlung zu unterlassen, die mit ihren Aufgaben unvereinbar ist. [2]Die Mitgliedstaaten achten ihre Unabhängigkeit und versuchen nicht, sie bei der Erfüllung ihrer Aufgaben zu beeinflussen.

[2] [1]Die Mitglieder der Kommission dürfen während ihrer Amtszeit keine andere entgeltliche oder unentgeltliche Berufstätigkeit ausüben. [2]Bei der Aufnahme ihrer Tätigkeit übernehmen sie die feierliche Verpflichtung, während der Ausübung und nach Ablauf ihrer Amtstätigkeit die sich aus ihrem Amt ergebenden Pflichten zu erfüllen, insbesondere die Pflicht, bei der Annahme gewisser Tätigkeiten oder Vorteile nach Ablauf dieser Tätigkeit ehrenhaft und zurückhaltend zu sein. [3]Werden diese Pflichten verletzt, so kann der Gerichtshof auf Antrag des Rates, der mit einfacher Mehrheit beschließt, oder der Kommission das Mitglied je nach Lage des Falles gemäß Artikel 247 seines Amtes entheben oder ihm seine Ruhegehaltsansprüche oder andere an ihrer Stelle gewährte Vergünstigungen aberkennen.

Art. 246 [Neubesetzung während der Amtszeit] *[1]* Abgesehen von den regelmäßigen Neubesetzungen und von Todesfällen endet das Amt eines Mitglieds der Kommission durch Rücktritt oder Amtsenthebung.

[2] Für ein zurückgetretenes, seines Amtes enthobenes oder verstorbenes Mitglied wird für die verbleibende Amtszeit vom Rat mit Zustimmung des Präsidenten der Kommission nach Anhörung des Europäischen Parlaments und nach den Anforderungen des Artikels 17 Absatz 3 Unterabsatz 2 des Vertrags über die Europäische Union[1)] ein neues Mitglied derselben Staatsangehörigkeit ernannt.

[3] Der Rat kann auf Vorschlag des Präsidenten der Kommission einstimmig beschließen, dass ein ausscheidendes Mitglied der Kommission für die verbleibende Amtszeit nicht ersetzt werden muss, insbesondere wenn es sich um eine kurze Zeitspanne handelt.

[4] [1]Bei Rücktritt, Amtsenthebung oder Tod des Präsidenten wird für die verbleibende Amtszeit ein Nachfolger ernannt. [2]Für die Ersetzung findet das Verfahren des Artikels 17 Absatz 7 Unterabsatz 1 des Vertrags über die Europäische Union Anwendung.

[5] Bei Rücktritt, Amtsenthebung oder Tod des Hohen Vertreters der Union für die Außen- und Sicherheitspolitik wird für die verbleibende Amtszeit nach

---

[1)] Nr. **16**.

Artikel 18 Absatz 1 des Vertrags über die Europäische Union ein Nachfolger ernannt.

[6] Bei Rücktritt aller Mitglieder der Kommission bleiben diese bis zur Neubesetzung ihres Sitzes nach Artikel 17 des Vertrags über die Europäische Union für die verbleibende Amtszeit im Amt und führen die laufenden Geschäfte weiter.

Art. 247 [Amtsenthebung] Jedes Mitglied der Kommission, das die Voraussetzungen für die Ausübung seines Amtes nicht mehr erfüllt oder eine schwere Verfehlung begangen hat, kann auf Antrag des Rates, der mit einfacher Mehrheit beschließt, oder der Kommission durch den Gerichtshof seines Amtes enthoben werden.

Art. 248 [Zuständigkeitsaufteilung durch den Präsidenten] [1] Die Zuständigkeiten der Kommission werden unbeschadet des Artikels 18 Absatz 4 des Vertrags über die Europäische Union[1)] von ihrem Präsidenten nach Artikel 17 Absatz 6 des genannten Vertrags gegliedert und zwischen ihren Mitgliedern aufgeteilt. [2] Der Präsident kann diese Zuständigkeitsverteilung im Laufe der Amtszeit ändern. [3] Die Mitglieder der Kommission üben die ihnen vom Präsidenten übertragenen Aufgaben unter dessen Leitung aus.

Art. 249 [Geschäftsordnung; Jährlicher Gesamtbericht] (1) [1] Die Kommission gibt sich eine Geschäftsordnung, um ihr ordnungsgemäßes Arbeiten und das ihrer Dienststellen zu gewährleisten. [2] Sie sorgt für die Veröffentlichung dieser Geschäftsordnung.

(2) Die Kommission veröffentlicht jährlich, und zwar spätestens einen Monat vor Beginn der Sitzungsperiode des Europäischen Parlaments, einen Gesamtbericht über die Tätigkeit der Union.

Art. 250 [Beschlussfassung] *[1]* Die Beschlüsse der Kommission werden mit der Mehrheit ihrer Mitglieder gefasst.

[2] Die Beschlussfähigkeit wird in ihrer Geschäftsordnung festgelegt.

Abschnitt 5. Der Gerichtshof der Europäischen Union

Art. 251 [Spruchkörper des Gerichtshofs] *[1]* Der Gerichtshof tagt in Kammern oder als Große Kammer entsprechend den hierfür in der Satzung des Gerichtshofs der Europäischen Union vorgesehenen Regeln.

[2] Wenn die Satzung es vorsieht, kann der Gerichtshof auch als Plenum tagen.

Art. 252 [Generalanwälte] *[1]* [1] Der Gerichtshof wird von acht Generalanwälten unterstützt. [2] Auf Antrag des Gerichtshofs kann der Rat einstimmig die Zahl der Generalanwälte erhöhen.

[2] Der Generalanwalt hat öffentlich in völliger Unparteilichkeit und Unabhängigkeit begründete Schlussanträge zu den Rechtssachen zu stellen, in denen nach der Satzung des Gerichtshofs der Europäischen Union seine Mitwirkung erforderlich ist.

[1)] Nr. **16**.

Art. 253 [Ernennung der Richter, Generalanwälte und des Kanzlers; Amtsdauer; Verfahrensordnung] *[1]* Zu Richtern und Generalanwälten des Gerichtshofs sind Persönlichkeiten auszuwählen, die jede Gewähr für Unabhängigkeit bieten und in ihrem Staat die für die höchsten richterlichen Ämter erforderlichen Voraussetzungen erfüllen oder Juristen von anerkannt hervorragender Befähigung sind; sie werden von den Regierungen der Mitgliedstaaten im gegenseitigen Einvernehmen nach Anhörung des in Artikel 255 vorgesehenen Ausschusses auf sechs Jahre ernannt.

[2] Alle drei Jahre findet nach Maßgabe der Satzung des Gerichtshofs der Europäischen Union eine teilweise Neubesetzung der Stellen der Richter und Generalanwälte statt.

[3] [1] Die Richter wählen aus ihrer Mitte den Präsidenten des Gerichtshofs für die Dauer von drei Jahren. [2] Wiederwahl ist zulässig.

[4] Die Wiederernennung ausscheidender Richter und Generalanwälte ist zulässig.

[5] Der Gerichtshof ernennt seinen Kanzler und bestimmt dessen Stellung.

[6] [1] Der Gerichtshof erlässt seine Verfahrensordnung. [2] Sie bedarf der Genehmigung des Rates.

Art. 254 [Zusammensetzung des Gerichts; Verfahrensordnung]

[1] [1] Die Zahl der Richter des Gerichts wird in der Satzung des Gerichtshofs der Europäischen Union festgelegt. [2] In der Satzung kann vorgesehen werden, dass das Gericht von Generalanwälten unterstützt wird.

[2] [1] Zu Mitgliedern des Gerichts sind Personen auszuwählen, die jede Gewähr für Unabhängigkeit bieten und über die Befähigung zur Ausübung hoher richterlicher Tätigkeiten verfügen. [2] Sie werden von den Regierungen der Mitgliedstaaten im gegenseitigen Einvernehmen nach Anhörung des in Artikel 255 vorgesehenen Ausschusses für sechs Jahre ernannt. [3] Alle drei Jahre wird das Gericht teilweise neu besetzt. [4] Die Wiederernennung ausscheidender Mitglieder ist zulässig.

[3] [1] Die Richter wählen aus ihrer Mitte den Präsidenten des Gerichts für die Dauer von drei Jahren. [2] Wiederwahl ist zulässig.

[4] Das Gericht ernennt seinen Kanzler und bestimmt dessen Stellung.

[5] [1] Das Gericht erlässt seine Verfahrensordnung im Einvernehmen mit dem Gerichtshof. [2] Sie bedarf der Genehmigung des Rates.

[6] Soweit die Satzung des Gerichtshofs der Europäischen Union nichts anderes vorsieht, finden die den Gerichtshof betreffenden Bestimmungen der Verträge auf das Gericht Anwendung.

Art. 255 [Ausschuss „Bewerberprüfung"] *[1]* Es wird ein Ausschuss eingerichtet, der die Aufgabe hat, vor einer Ernennung durch die Regierungen der Mitgliedstaaten nach den Artikeln 253 und 254 eine Stellungnahme zur Eignung der Bewerber für die Ausübung des Amts eines Richters oder Generalanwalts beim Gerichtshof oder beim Gericht abzugeben.

[2] [1] Der Ausschuss setzt sich aus sieben Persönlichkeiten zusammen, die aus dem Kreis ehemaliger Mitglieder des Gerichtshofs und des Gerichts, der Mitglieder der höchsten einzelstaatlichen Gerichte und der Juristen von anerkannt hervorragender Befähigung ausgewählt werden, von denen einer vom Europäi-

schen Parlament vorgeschlagen wird. [2]Der Rat erlässt einen Beschluss zur Festlegung der Vorschriften für die Arbeitsweise und einen Beschluss zur Ernennung der Mitglieder dieses Ausschusses. [3]Er beschließt auf Initiative des Präsidenten des Gerichtshofs.

Art. 256[1)] [Gericht, Zuständigkeiten; Rechtszug; Verweisung in Grundsatzfragen] (1) *[1]* [1]Das Gericht ist für Entscheidungen im ersten Rechtszug über die in den Artikeln 263, 265, 268, 270 und 272 genannten Klagen zuständig, mit Ausnahme derjenigen Klagen, die einem nach Artikel 257 gebildeten Fachgericht übertragen werden, und der Klagen, die gemäß der Satzung dem Gerichtshof vorbehalten sind. [2]In der Satzung kann vorgesehen werden, dass das Gericht für andere Kategorien von Klagen zuständig ist.

[2] Gegen die Entscheidungen des Gerichts aufgrund dieses Absatzes kann nach Maßgabe der Bedingungen und innerhalb der Grenzen, die in der Satzung vorgesehen sind, beim Gerichtshof ein auf Rechtsfragen beschränktes Rechtsmittel eingelegt werden.

(2) *[1]* Das Gericht ist für Entscheidungen über Rechtsmittel gegen die Entscheidungen der Fachgerichte zuständig.

[2] Die Entscheidungen des Gerichts aufgrund dieses Absatzes können nach Maßgabe der Bedingungen und innerhalb der Grenzen, die in der Satzung vorgesehen sind, in Ausnahmefällen vom Gerichtshof überprüft werden, wenn die ernste Gefahr besteht, dass die Einheit oder Kohärenz des Unionsrechts berührt wird.

(3) *[1]* Das Gericht ist in besonderen in der Satzung festgelegten Sachgebieten für Vorabentscheidungen nach Artikel 267 zuständig.

[2] Wenn das Gericht der Auffassung ist, dass eine Rechtssache eine Grundsatzentscheidung erfordert, die die Einheit oder die Kohärenz des Unionsrechts berühren könnte, kann es die Rechtssache zur Entscheidung an den Gerichtshof verweisen.

[3] Die Entscheidungen des Gerichts über Anträge auf Vorabentscheidung können nach Maßgabe der Bedingungen und innerhalb der Grenzen, die in der Satzung vorgesehen sind, in Ausnahmefällen vom Gerichtshof überprüft werden, wenn die ernste Gefahr besteht, dass die Einheit oder die Kohärenz des Unionsrechts berührt wird.

Art. 257 [Fachgerichte] *[1]* [1]Das Europäische Parlament und der Rat können gemäß dem ordentlichen Gesetzgebungsverfahren dem Gericht beigeordnete Fachgerichte bilden, die für Entscheidungen im ersten Rechtszug über bestimmte Kategorien von Klagen zuständig sind, die auf besonderen Sachgebieten erhoben werden. [2]Das Europäische Parlament und der Rat beschließen durch Verordnungen entweder auf Vorschlag der Kommission nach Anhörung des Gerichtshofs oder auf Antrag des Gerichtshofs nach Anhörung der Kommission.

[2] In der Verordnung über die Bildung eines Fachgerichts werden die Regeln für die Zusammensetzung dieses Gerichts und der ihm übertragene Zuständigkeitsbereich festgelegt.

---

1) Vgl. zu dieser Vorschrift auch die Erklärungen Nr. 12, 13, 14 und 15 zur Schlussakte v. 16.2.2001 (ABl. C 80 S. 70) der Konferenz von Nizza.

[3] Gegen die Entscheidungen der Fachgerichte kann vor dem Gericht ein auf Rechtsfragen beschränktes Rechtsmittel oder, wenn die Verordnung über die Bildung des Fachgerichts dies vorsieht, ein auch Sachfragen betreffendes Rechtsmittel eingelegt werden.

[4] [1] Zu Mitgliedern der Fachgerichte sind Personen auszuwählen, die jede Gewähr für Unabhängigkeit bieten und über die Befähigung zur Ausübung richterlicher Tätigkeiten verfügen. [2] Sie werden einstimmig vom Rat ernannt.

[5] [1] Die Fachgerichte erlassen ihre Verfahrensordnung im Einvernehmen mit dem Gerichtshof. [2] Diese Verfahrensordnung bedarf der Genehmigung des Rates.

[6] [1] Soweit die Verordnung über die Bildung der Fachgerichte nichts anderes vorsieht, finden die den Gerichtshof der Europäischen Union betreffenden Bestimmungen der Verträge und die Satzung des Gerichtshofs der Europäischen Union auf die Fachgerichte Anwendung. [2] Titel I und Artikel 64 der Satzung gelten auf jeden Fall für die Fachgerichte.

Art. 258 [Vertragsverletzungsverfahren] *[1]* Hat nach Auffassung der Kommission ein Mitgliedstaat gegen eine Verpflichtung aus den Verträgen verstoßen, so gibt sie eine mit Gründen versehene Stellungnahme hierzu ab; sie hat dem Staat zuvor Gelegenheit zur Äußerung zu geben.

[2] Kommt der Staat dieser Stellungnahme innerhalb der von der Kommission gesetzten Frist nicht nach, so kann die Kommission den Gerichtshof der Europäischen Union anrufen.

Art. 259 [Vertragsverletzungsverfahren; Anrufung durch einen Mitgliedstaat] *[1]* Jeder Mitgliedstaat kann den Gerichtshof der Europäischen Union anrufen, wenn er der Auffassung ist, dass ein anderer Mitgliedstaat gegen eine Verpflichtung aus den Verträgen verstoßen hat.

[2] Bevor ein Mitgliedstaat wegen einer angeblichen Verletzung der Verpflichtungen aus den Verträgen gegen einen anderen Staat Klage erhebt, muss er die Kommission damit befassen.

[3] Die Kommission erlässt eine mit Gründen versehene Stellungnahme; sie gibt den beteiligten Staaten zuvor Gelegenheit zu schriftlicher und mündlicher Äußerung in einem kontradiktorischen Verfahren.

[4] Gibt die Kommission binnen drei Monaten nach dem Zeitpunkt, in dem ein entsprechender Antrag gestellt wurde, keine Stellungnahme ab, so kann ungeachtet des Fehlens der Stellungnahme vor dem Gerichtshof geklagt werden.

Art. 260 [Wirkung und Durchsetzung von Urteilen; Zwangsgeld]

(1) Stellt der Gerichtshof der Europäischen Union fest, dass ein Mitgliedstaat gegen eine Verpflichtung aus den Verträgen verstoßen hat, so hat dieser Staat die Maßnahmen zu ergreifen, die sich aus dem Urteil des Gerichtshofs ergeben.

(2) *[1]* [1] Hat der betreffende Mitgliedstaat die Maßnahmen, die sich aus dem Urteil des Gerichtshofs ergeben, nach Auffassung der Kommission nicht getroffen, so kann die Kommission den Gerichtshof anrufen, nachdem sie diesem Staat zuvor Gelegenheit zur Äußerung gegeben hat. [2] Hierbei benennt sie die

Höhe des von dem betreffenden Mitgliedstaat zu zahlenden Pauschalbetrags oder Zwangsgelds, die sie den Umständen nach für angemessen hält.

[2] Stellt der Gerichtshof fest, dass der betreffende Mitgliedstaat seinem Urteil nicht nachgekommen ist, so kann er die Zahlung eines Pauschalbetrags oder Zwangsgelds verhängen.

[3] Dieses Verfahren lässt den Artikel 259 unberührt.

(3) *[1]* Erhebt die Kommission beim Gerichtshof Klage nach Artikel 258, weil sie der Auffassung ist, dass der betreffende Mitgliedstaat gegen seine Verpflichtung verstoßen hat, Maßnahmen zur Umsetzung einer gemäß einem Gesetzgebungsverfahren erlassenen Richtlinie mitzuteilen, so kann sie, wenn sie dies für zweckmäßig hält, die Höhe des von dem betreffenden Mitgliedstaat zu zahlenden Pauschalbetrags oder Zwangsgelds benennen, die sie den Umständen nach für angemessen hält.

[2] [1] Stellt der Gerichtshof einen Verstoß fest, so kann er gegen den betreffenden Mitgliedstaat die Zahlung eines Pauschalbetrags oder eines Zwangsgelds bis zur Höhe des von der Kommission genannten Betrags verhängen. [2] Die Zahlungsverpflichtung gilt ab dem vom Gerichtshof in seinem Urteil festgelegten Zeitpunkt.

Art. 261 [Ermessensnachprüfung; Zwangsmaßnahmen] Aufgrund der Verträge vom Europäischen Parlament und vom Rat gemeinsam sowie vom Rat erlassene Verordnungen können hinsichtlich der darin vorgesehenen Zwangsmaßnahmen dem Gerichtshof der Europäischen Union eine Zuständigkeit übertragen, welche die Befugnis zu unbeschränkter Ermessensnachprüfung und zur Änderung oder Verhängung solcher Maßnahmen umfasst.

Art. 262[1)] [Rechtsstreitigkeiten im Bereich des geistigen Eigentums]

[1] Unbeschadet der sonstigen Bestimmungen der Verträge kann der Rat gemäß einem besonderen Gesetzgebungsverfahren nach Anhörung des Europäischen Parlaments einstimmig Bestimmungen erlassen, mit denen dem Gerichtshof der Europäischen Union in dem vom Rat festgelegten Umfang die Zuständigkeit übertragen wird, über Rechtsstreitigkeiten im Zusammenhang mit der Anwendung von aufgrund der Verträge erlassenen Rechtsakten, mit denen europäische Rechtstitel für das geistige Eigentum geschaffen werden, zu entscheiden. [2] Diese Bestimmungen treten nach Zustimmung der Mitgliedstaaten im Einklang mit ihren jeweiligen verfassungsrechtlichen Vorschriften in Kraft.

Art. 263 [Nichtigkeitsklage] *[1]* [1] Der Gerichtshof der Europäischen Union überwacht die Rechtmäßigkeit der Gesetzgebungsakte sowie der Handlungen des Rates, der Kommission und der Europäischen Zentralbank, soweit es sich nicht um Empfehlungen oder Stellungnahmen handelt, und der Handlungen des Europäischen Parlaments und des Europäischen Rates mit Rechtswirkung gegenüber Dritten. [2] Er überwacht ebenfalls die Rechtmäßigkeit der Handlungen der Einrichtungen oder sonstigen Stellen der Union mit Rechtswirkung gegenüber Dritten.

---

1) Vgl. zu dieser Vorschrift auch die Erklärung Nr. 17 zur Schlussakte v. 16.2.2001 (ABl. C 80 S. 70) der Konferenz von Nizza.

[2] Zu diesem Zweck ist der Gerichtshof der Europäischen Union für Klagen zuständig, die ein Mitgliedstaat, das Europäische Parlament, der Rat oder die Kommission wegen Unzuständigkeit, Verletzung wesentlicher Formvorschriften, Verletzung der Verträge oder einer bei seiner Durchführung anzuwendenden Rechtsnorm oder wegen Ermessensmissbrauchs erhebt.

[3] Der Gerichtshof der Europäischen Union ist unter den gleichen Voraussetzungen zuständig für Klagen des Rechnungshofs, der Europäischen Zentralbank und des Ausschusses der Regionen, die auf die Wahrung ihrer Rechte abzielen.

[4] Jede natürliche oder juristische Person kann unter den Bedingungen nach den Absätzen 1 und 2 gegen die an sie gerichteten oder sie unmittelbar und individuell betreffenden Handlungen sowie gegen Rechtsakte mit Verordnungscharakter, die sie unmittelbar betreffen und keine Durchführungsmaßnahmen nach sich ziehen, Klage erheben.

[5] In den Rechtsakten zur Gründung von Einrichtungen und sonstigen Stellen der Union können besondere Bedingungen und Einzelheiten für die Erhebung von Klagen von natürlichen oder juristischen Personen gegen Handlungen dieser Einrichtungen und sonstigen Stellen vorgesehen werden, die eine Rechtswirkung gegenüber diesen Personen haben.

[6] Die in diesem Artikel vorgesehenen Klagen sind binnen zwei Monaten zu erheben; diese Frist läuft je nach Lage des Falles von der Bekanntgabe der betreffenden Handlung, ihrer Mitteilung an den Kläger oder in Ermangelung dessen von dem Zeitpunkt an, zu dem der Kläger von dieser Handlung Kenntnis erlangt hat.

Art. 264 [Nichtigkeitsklage; Urteilswirkung] *[1]* Ist die Klage begründet, so erklärt der Gerichtshof der Europäischen Union die angefochtene Handlung für nichtig.

[2] Erklärt der Gerichtshof eine Handlung für nichtig, so bezeichnet er, falls er dies für notwendig hält, diejenigen ihrer Wirkungen, die als fortgeltend zu betrachten sind.

Art. 265 [Untätigkeitsklage] *[1]* [1] Unterlässt es das Europäische Parlament, der Europäische Rat, der Rat, die Kommission oder die Europäische Zentralbank unter Verletzung der Verträge, einen Beschluss zu fassen, so können die Mitgliedstaaten und die anderen Organe der Union beim Gerichtshof der Europäischen Union Klage auf Feststellung dieser Vertragsverletzung erheben. [2] Dieser Artikel gilt entsprechend für die Einrichtungen und sonstigen Stellen der Union, die es unterlassen, tätig zu werden.

[2] [1] Diese Klage ist nur zulässig, wenn das in Frage stehende Organ, die in Frage stehende Einrichtung oder sonstige Stelle zuvor aufgefordert worden ist, tätig zu werden. [2] Hat es bzw. sie binnen zwei Monaten nach dieser Aufforderung nicht Stellung genommen, so kann die Klage innerhalb einer weiteren Frist von zwei Monaten erhoben werden.

[3] Jede natürliche oder juristische Person kann nach Maßgabe der Absätze 1 und 2 vor dem Gerichtshof Beschwerde darüber führen, dass ein Organ oder eine Einrichtung oder sonstige Stelle der Union es unterlassen hat, einen anderen Akt als eine Empfehlung oder eine Stellungnahme an sie zu richten.

Art. 266 [Verpflichtung aus dem Urteil] *[1]* Die Organe, Einrichtungen oder sonstigen Stellen, denen das für nichtig erklärte Handeln zur Last fällt oder deren Untätigkeit als vertragswidrig erklärt worden ist, haben die sich aus dem Urteil des Gerichtshofs der Europäischen Union ergebenden Maßnahmen zu ergreifen.

[2] Diese Verpflichtung besteht unbeschadet der Verpflichtungen, die sich aus der Anwendung des Artikels 340 Absatz 2 ergeben.

Art. 267 [Vorabentscheidungsverfahren] *[1]* Der Gerichtshof der Europäischen Union entscheidet im Wege der Vorabentscheidung

a) über die Auslegung der Verträge,

b) über die Gültigkeit und die Auslegung der Handlungen der Organe, Einrichtungen oder sonstigen Stellen der Union.

[2] Wird eine derartige Frage einem Gericht eines Mitgliedstaats gestellt und hält dieses Gericht eine Entscheidung darüber zum Erlass seines Urteils für erforderlich, so kann es diese Frage dem Gerichtshof zur Entscheidung vorlegen.

[3] Wird eine derartige Frage in einem schwebenden Verfahren bei einem einzelstaatlichen Gericht gestellt, dessen Entscheidungen selbst nicht mehr mit Rechtsmitteln des innerstaatlichen Rechts angefochten werden können, so ist dieses Gericht zur Anrufung des Gerichtshofs verpflichtet.

[4] Wird eine derartige Frage in einem schwebenden Verfahren, das eine inhaftierte Person betrifft, bei einem einzelstaatlichen Gericht gestellt, so entscheidet der Gerichtshof innerhalb kürzester Zeit.

Art. 268 [Schadenersatzklage] Der Gerichtshof der Europäischen Union ist für Streitsachen über den in Artikel 340 Absätze 2 und 3 vorgesehenen Schadensersatz zuständig.

Art. 269 [Eingeschränkte Zuständigkeit bei Suspendierung von Mitgliedschaftsrechten] *[1]* Der Gerichtshof ist für Entscheidungen über die Rechtmäßigkeit eines nach Artikel 7 des Vertrags über die Europäische Union[1)] erlassenen Rechtsakts des Europäischen Rates oder des Rates nur auf Antrag des von einer Feststellung des Europäischen Rates oder des Rates betroffenen Mitgliedstaats und lediglich im Hinblick auf die Einhaltung der in dem genannten Artikel vorgesehenen Verfahrensbestimmungen zuständig.

[2] [1] Der Antrag muss binnen eines Monats nach der jeweiligen Feststellung gestellt werden. [2] Der Gerichtshof entscheidet binnen eines Monats nach Antragstellung.

Art. 270 [Dienstrechtliche Streitigkeiten] Der Gerichtshof der Europäischen Union ist für alle Streitsachen zwischen der Union und deren Bediensteten innerhalb der Grenzen und nach Maßgabe der Bedingungen zuständig, die im Statut der Beamten der Union und in den Beschäftigungsbedingungen für die sonstigen Bediensteten der Union festgelegt sind.

[1)] Nr. **16**.

Art. 271 [Zuständigkeit für gewisse Streitigkeiten betreffend EIB und EZB] Der Gerichtshof der Europäischen Union ist nach Maßgabe der folgenden Bestimmungen zuständig in Streitsachen über

a) die Erfüllung der Verpflichtungen der Mitgliedstaaten aus der Satzung der Europäischen Investitionsbank. Der Verwaltungsrat der Bank besitzt hierbei die der Kommission in Artikel 258 übertragenen Befugnisse;

b) die Beschlüsse des Rates der Gouverneure der Europäischen Investitionsbank. Jeder Mitgliedstaat, die Kommission und der Verwaltungsrat der Bank können hierzu nach Maßgabe des Artikels 263 Klage erheben;

c) die Beschlüsse des Verwaltungsrats der Europäischen Investitionsbank. Diese können nach Maßgabe des Artikels 263 nur von Mitgliedstaaten oder der Kommission und lediglich wegen Verletzung der Formvorschriften des Artikels 19 Absatz 2 und Absätze 5 bis 7 der Satzung der Investitionsbank angefochten werden;

d) die Erfüllung der sich aus den Verträgen und der Satzung des ESZB und der EZB ergebenden Verpflichtungen durch die nationalen Zentralbanken. Der Rat der Gouverneure der Europäischen Zentralbank besitzt hierbei gegenüber den nationalen Zentralbanken die Befugnisse, die der Kommission in Artikel 258 gegenüber den Mitgliedstaaten eingeräumt werden. Stellt der Gerichtshof der Europäischen Union fest, dass eine nationale Zentralbank gegen eine Verpflichtung aus den Verträgen verstoßen hat, so hat diese Bank die Maßnahmen zu ergreifen, die sich aus dem Urteil des Gerichtshofs ergeben.

Art. 272 [Zuständigkeit aufgrund einer Schiedsklausel] Der Gerichtshof der Europäischen Union ist für Entscheidungen aufgrund einer Schiedsklausel zuständig, die in einem von der Union oder für ihre Rechnung abgeschlossenen öffentlich-rechtlichen oder privatrechtlichen Vertrag enthalten ist.

Art. 273 [Zuständigkeit aufgrund eines Schiedsvertrags] Der Gerichtshof ist für jede mit dem Gegenstand der Verträge in Zusammenhang stehende Streitigkeit zwischen Mitgliedstaaten zuständig, wenn diese bei ihm aufgrund eines Schiedsvertrags anhängig gemacht wird.

Art. 274 [Zuständigkeit einzelstaatlicher Gerichte] Soweit keine Zuständigkeit des Gerichtshofs der Europäischen Union aufgrund der Verträge besteht, sind Streitsachen, bei denen die Union Partei ist, der Zuständigkeit der einzelstaatlichen Gerichte nicht entzogen.

Art. 275 [Unzuständigkeit in der Außen- und Sicherheitspolitik; Ausnahmen] *[1]* Der Gerichtshof der Europäischen Union ist nicht zuständig für die Bestimmungen hinsichtlich der Gemeinsamen Außen- und Sicherheitspolitik und für die auf der Grundlage dieser Bestimmungen erlassenen Rechtsakte.

[2] Der Gerichtshof ist jedoch zuständig für die Kontrolle der Einhaltung von Artikel 40 des Vertrags über die Europäische Union[1] und für die unter den Voraussetzungen des Artikels 263 Absatz 4 dieses Vertrags erhobenen Klagen

---

[1] Nr. **16**.

im Zusammenhang mit der Überwachung der Rechtmäßigkeit von Beschlüssen über restriktive Maßnahmen gegenüber natürlichen oder juristischen Personen, die der Rat auf der Grundlage von Titel V Kapitel 2 des Vertrags über die Europäische Union erlassen hat.

Art. 276 [Unzuständigkeit für mitgliedstaatliche Polizeimaßnahmen]

Bei der Ausübung seiner Befugnisse im Rahmen der Bestimmungen des Dritten Teils Titel V Kapitel 4 und 5 über den Raum der Freiheit, der Sicherheit und des Rechts ist der Gerichtshof der Europäischen Union nicht zuständig für die Überprüfung der Gültigkeit oder Verhältnismäßigkeit von Maßnahmen der Polizei oder anderer Strafverfolgungsbehörden eines Mitgliedstaats oder der Wahrnehmung der Zuständigkeiten der Mitgliedstaaten für die Aufrechterhaltung der öffentlichen Ordnung und den Schutz der inneren Sicherheit.

Art. 277 [Inzidente Normenkontrolle] Ungeachtet des Ablaufs der in Artikel 263 Absatz 6 genannten Frist kann jede Partei in einem Rechtsstreit, bei dem die Rechtmäßigkeit eines von einem Organ, einer Einrichtung oder einer sonstigen Stelle der Union erlassenen Rechtsakts mit allgemeiner Geltung angefochten wird, vor dem Gerichtshof der Europäischen Union die Unanwendbarkeit dieses Rechtsakts aus den in Artikel 263 Absatz 2 genannten Gründen geltend machen.

Art. 278 [Keine aufschiebende Wirkung; Aussetzung] [1] Klagen bei dem Gerichtshof der Europäischen Union haben keine aufschiebende Wirkung. [2] Der Gerichtshof kann jedoch, wenn er dies den Umständen nach für nötig hält, die Durchführung der angefochtenen Handlung aussetzen.

Art. 279 [Einstweilige Anordnungen] Der Gerichtshof der Europäischen Union kann in den bei ihm anhängigen Sachen die erforderlichen einstweiligen Anordnungen treffen.

Art. 280 [Vollstreckbarkeit der Urteile] Die Urteile des Gerichtshofs der Europäischen Union sind gemäß Artikel 299 vollstreckbar.

Art. 281 [Satzung] *[1]* Die Satzung des Gerichtshofs der Europäischen Union wird in einem besonderen Protokoll festgelegt.

[2] [1] Das Europäische Parlament und der Rat können gemäß dem ordentlichen Gesetzgebungsverfahren die Satzung mit Ausnahme ihres Titels I und ihres Artikels 64 ändern. [2] Das Europäische Parlament und der Rat beschließen entweder auf Antrag des Gerichtshofs nach Anhörung der Kommission oder auf Vorschlag der Kommission nach Anhörung des Gerichtshofs.

Abschnitt 6. Die Europäische Zentralbank

Art. 282 [Aufgaben und Maßnahmen; Rechtspersönlichkeit; Unabhängigkeit; Anhörungsrecht] (1) [1] Die Europäische Zentralbank und die nationalen Zentralbanken bilden das Europäische System der Zentralbanken (ESZB). [2] Die Europäische Zentralbank und die nationalen Zentralbanken der Mitgliedstaaten, deren Währung der Euro ist, bilden das Eurosystem und betreiben die Währungspolitik der Union.

(2) [1]Das ESZB wird von den Beschlussorganen der Europäischen Zentralbank geleitet. [2]Sein vorrangiges Ziel ist es, die Preisstabilität zu gewährleisten. [3]Unbeschadet dieses Zieles unterstützt es die allgemeine Wirtschaftspolitik in der Union, um zur Verwirklichung ihrer Ziele beizutragen.

(3) [1]Die Europäische Zentralbank besitzt Rechtspersönlichkeit. [2]Sie allein ist befugt, die Ausgabe des Euro zu genehmigen. [3]Sie ist in der Ausübung ihrer Befugnisse und der Verwaltung ihrer Mittel unabhängig. [4]Die Organe, Einrichtungen oder sonstigen Stellen der Union sowie die Regierungen der Mitgliedstaaten achten diese Unabhängigkeit.

(4) [1]Die Europäische Zentralbank erlässt die für die Erfüllung ihrer Aufgaben erforderlichen Maßnahmen nach den Artikeln 127 bis 133 und Artikel 138 und nach Maßgabe der Satzung des ESZB und der EZB. [2]Nach diesen Artikeln behalten die Mitgliedstaaten, deren Währung nicht der Euro ist, sowie deren Zentralbanken ihre Zuständigkeiten im Währungsbereich.

(5) Die Europäische Zentralbank wird in den Bereichen, auf die sich ihre Befugnisse erstrecken, zu allen Entwürfen für Rechtsakte der Union sowie zu allen Entwürfen für Rechtsvorschriften auf einzelstaatlicher Ebene gehört und kann Stellungnahmen abgeben.

Art. 283 [Organstruktur] (1) Der Rat der Europäischen Zentralbank besteht aus den Mitgliedern des Direktoriums der Europäischen Zentralbank und den Präsidenten der nationalen Zentralbanken der Mitgliedstaaten, deren Währung der Euro ist.

(2) *[1]* Das Direktorium besteht aus dem Präsidenten, dem Vizepräsidenten und vier weiteren Mitgliedern.

[2] Der Präsident, der Vizepräsident und die weiteren Mitglieder des Direktoriums werden vom Europäischen Rat auf Empfehlung des Rates, der hierzu das Europäische Parlament und den Rat der Europäischen Zentralbank anhört, aus dem Kreis der in Währungs- oder Bankfragen anerkannten und erfahrenen Persönlichkeiten mit qualifizierter Mehrheit ausgewählt und ernannt.

[3] Ihre Amtszeit beträgt acht Jahre; Wiederernennung ist nicht zulässig.

[4] Nur Staatsangehörige der Mitgliedstaaten können Mitglieder des Direktoriums werden.

Art. 284 [Teilnahmerechte; Jahresbericht] (1) [1]Der Präsident des Rates und ein Mitglied der Kommission können ohne Stimmrecht an den Sitzungen des Rates der Europäischen Zentralbank teilnehmen. [2]Der Präsident des Rates kann dem Rat der Europäischen Zentralbank einen Antrag zur Beratung vorlegen.

(2) Der Präsident der Europäischen Zentralbank wird zur Teilnahme an den Tagungen des Rates eingeladen, wenn dieser Fragen im Zusammenhang mit den Zielen und Aufgaben des ESZB erörtert.

(3) *[1]* [1]Die Europäische Zentralbank unterbreitet dem Europäischen Parlament, dem Rat und der Kommission sowie auch dem Europäischen Rat einen Jahresbericht über die Tätigkeit des ESZB und die Geld- und Währungspolitik im vergangenen und im laufenden Jahr. [2]Der Präsident der Europäischen Zentralbank legt den Bericht dem Rat und dem Europäischen Parlament vor, das auf dieser Grundlage eine allgemeine Aussprache durchführen kann.

[2] Der Präsident der Europäischen Zentralbank und die anderen Mitglieder des Direktoriums können auf Ersuchen des Europäischen Parlaments oder auf ihre Initiative hin von den zuständigen Ausschüssen des Europäischen Parlaments gehört werden.

Abschnitt 7.[1]) Der Rechnungshof

Art. 285 [Aufgabe; Zusammensetzung] *[1]* Der Rechnungshof nimmt die Rechnungsprüfung der Union wahr.

[2] [1]Der Rechnungshof besteht aus einem Staatsangehörigen je Mitgliedstaat. [2]Seine Mitglieder üben ihre Aufgaben in voller Unabhängigkeit zum allgemeinen Wohl der Union aus.

Art. 286 [Anforderungen an die Mitglieder; Ernennung und Ausscheiden aus dem Amt] (1) [1]Zu Mitgliedern des Rechnungshofs sind Persönlichkeiten auszuwählen, die in ihren Staaten Rechnungsprüfungsorganen angehören oder angehört haben oder die für dieses Amt besonders geeignet sind. [2]Sie müssen jede Gewähr für Unabhängigkeit bieten.

(2) *[1]* [1]Die Mitglieder des Rechnungshofs werden auf sechs Jahre ernannt. [2]Der Rat nimmt die gemäß den Vorschlägen der einzelnen Mitgliedstaaten erstellte Liste der Mitglieder nach Anhörung des Europäischen Parlaments an. [3]Die Wiederernennung der Mitglieder des Rechnungshofs ist zulässig.

[2] [1]Sie wählen aus ihrer Mitte den Präsidenten des Rechnungshofs für drei Jahre. [2]Wiederwahl ist zulässig.

(3) [1]Die Mitglieder des Rechnungshofs dürfen bei der Erfüllung ihrer Pflichten Anweisungen von einer Regierung oder einer anderen Stelle weder anfordern noch entgegennehmen. [2]Sie haben jede Handlung zu unterlassen, die mit ihren Aufgaben unvereinbar ist.

(4) [1]Die Mitglieder des Rechnungshofs dürfen während ihrer Amtszeit keine andere entgeltliche oder unentgeltliche Berufstätigkeit ausüben. [2]Bei der Aufnahme ihrer Tätigkeit übernehmen sie die feierliche Verpflichtung, während der Ausübung und nach Ablauf ihrer Amtstätigkeit die sich aus ihrem Amt ergebenden Pflichten zu erfüllen, insbesondere die Pflicht, bei der Annahme gewisser Tätigkeiten oder Vorteile nach Ablauf dieser Tätigkeit ehrenhaft und zurückhaltend zu sein.

(5) *[1]* Abgesehen von regelmäßigen Neubesetzungen und von Todesfällen endet das Amt eines Mitglieds des Rechnungshofs durch Rücktritt oder durch Amtsenthebung durch den Gerichtshof gemäß Absatz 6.

[2] Für das ausscheidende Mitglied wird für die verbleibende Amtszeit ein Nachfolger ernannt.

[3] Außer im Fall der Amtsenthebung bleiben die Mitglieder des Rechnungshofs bis zu Neubesetzung ihres Sitzes im Amt.

(6) Ein Mitglied des Rechnungshofs kann nur dann seines Amtes enthoben oder seiner Ruhegehaltsansprüche oder anderer an ihrer Stelle gewährter Vergünstigungen für verlustig erklärt werden, wenn der Gerichtshof auf Antrag des Rechnungshofs feststellt, dass es nicht mehr die erforderlichen Voraussetzungen

---

[1]) Vgl. zu diesem Abschnitt auch die Erklärung Nr. 18 der Schlussakte v. 16.2.2001 (ABl. C 80 S. 70) der Konferenz von Nizza.

erfüllt oder den sich aus seinem Amt ergebenden Verpflichtungen nicht mehr nachkommt.

(7) [1]Der Rat setzt die Beschäftigungsbedingungen für den Präsidenten und die Mitglieder des Rechnungshofs fest, insbesondere die Gehälter, Vergütungen und Ruhegehälter. [2]Er setzt alle sonstigen als Entgelt gezahlten Vergütungen fest.

(8) Die für die Richter des Gerichtshofs der Europäischen Union geltenden Bestimmungen des Protokolls über die Vorrechte und Befreiungen der Europäischen Union gelten auch für die Mitglieder des Rechnungshofs.

Art. 287 [Rechnungsprüfung] (1) *[1]* [1]Der Rechnungshof prüft die Rechnung über alle Einnahmen und Ausgaben der Union. [2]Er prüft ebenfalls die Rechnung über alle Einnahmen und Ausgaben jeder von der Union geschaffenen Einrichtung oder sonstigen Stelle, soweit der Gründungsakt dies nicht ausschließt.

[2] [1]Der Rechnungshof legt dem Europäischen Parlament und dem Rat eine Erklärung über die Zuverlässigkeit der Rechnungsführung sowie die Rechtmäßigkeit und Ordnungsmäßigkeit der zugrunde liegenden Vorgänge vor, die im *Amtsblatt der Europäischen Union* veröffentlicht wird. [2]Diese Erklärung kann durch spezifische Beurteilungen zu allen größeren Tätigkeitsbereichen der Union ergänzt werden.

(2) *[1]* [1]Der Rechnungshof prüft die Rechtmäßigkeit und Ordnungsmäßigkeit der Einnahmen und Ausgaben und überzeugt sich von der Wirtschaftlichkeit der Haushaltsführung. [2]Dabei berichtet er insbesondere über alle Fälle von Unregelmäßigkeiten.

[2] Die Prüfung der Einnahmen erfolgt anhand der Feststellungen und der Zahlungen der Einnahmen an die Union.

[3] Die Prüfung der Ausgaben erfolgt anhand der Mittelbindungen und der Zahlungen.

[4] Diese Prüfungen können vor Abschluss der Rechnung des betreffenden Haushaltsjahrs durchgeführt werden.

(3) *[1]* [1]Die Prüfung wird anhand der Rechnungsunterlagen und erforderlichenfalls an Ort und Stelle bei den anderen Organen der Union, in den Räumlichkeiten der Einrichtungen oder sonstigen Stellen, die Einnahmen oder Ausgaben für Rechnung der Union verwalten, sowie der natürlichen und juristischen Personen, die Zahlungen aus dem Haushalt erhalten, und in den Mitgliedstaaten durchgeführt. [2]Die Prüfung in den Mitgliedstaaten erfolgt in Verbindung mit den einzelstaatlichen Rechnungsprüfungsorganen oder, wenn diese nicht über die erforderliche Zuständigkeit verfügen, mit den zuständigen einzelstaatlichen Dienststellen. [3]Der Rechnungshof und die einzelstaatlichen Rechnungsprüfungsorgane arbeiten unter Wahrung ihrer Unabhängigkeit vertrauensvoll zusammen. [4]Diese Organe oder Dienststellen teilen dem Rechnungshof mit, ob sie an der Prüfung teilzunehmen beabsichtigen.

[2] Die anderen Organe der Union, die Einrichtungen oder sonstigen Stellen, die Einnahmen oder Ausgaben für Rechnung der Union verwalten, die natürlichen oder juristischen Personen, die Zahlungen aus dem Haushalt erhalten, und die einzelstaatlichen Rechnungsprüfungsorgane oder, wenn diese nicht über die erforderliche Zuständigkeit verfügen, die zuständigen einzel-

staatlichen Dienststellen übermitteln dem Rechnungshof auf dessen Antrag die für die Erfüllung seiner Aufgabe erforderlichen Unterlagen oder Informationen.

[3] 1 Die Rechte des Rechnungshofs auf Zugang zu Informationen der Europäischen Investitionsbank im Zusammenhang mit deren Tätigkeit bei der Verwaltung von Einnahmen und Ausgaben der Union werden in einer Vereinbarung zwischen dem Rechnungshof, der Bank und der Kommission geregelt. 2 Der Rechnungshof hat auch dann Recht auf Zugang zu den Informationen, die für die Prüfung der von der Bank verwalteten Einnahmen und Ausgaben der Union erforderlich sind, wenn eine entsprechende Vereinbarung nicht besteht.

(4) *[1]* 1 Der Rechnungshof erstattet nach Abschluss eines jeden Haushaltsjahrs einen Jahresbericht. 2 Dieser Bericht wird den anderen Organen der Union vorgelegt und im *Amtsblatt der Europäischen Union* zusammen mit den Antworten dieser Organe auf die Bemerkungen des Rechnungshofs veröffentlicht.

[2] Der Rechnungshof kann ferner jederzeit seine Bemerkungen zu besonderen Fragen vorlegen, insbesondere in Form von Sonderberichten, und auf Antrag eines der anderen Organe der Union Stellungnahmen abgeben.

[3] 1 Er nimmt seine jährlichen Berichte, Sonderberichte oder Stellungnahmen mit der Mehrheit seiner Mitglieder an. 2 Er kann jedoch für die Annahme bestimmter Arten von Berichten oder Stellungnahmen nach Maßgabe seiner Geschäftsordnung Kammern bilden.

[4] Er unterstützt das Europäische Parlament und den Rat bei der Kontrolle der Ausführung des Haushaltsplans.

[5] 1 Der Rechnungshof gibt sich eine Geschäftsordnung. 2 Diese bedarf der Genehmigung des Rates.

Kapitel 2. Rechtsakte der Union, Annahmeverfahren und sonstige Vorschriften

Abschnitt 1. Die Rechtsakte der Union

Art. 288 [Rechtsakte; Katalog] *[1]* Für die Ausübung der Zuständigkeiten der Union nehmen die Organe Verordnungen, Richtlinien, Beschlüsse, Empfehlungen und Stellungnahmen an.

[2] 1 Die Verordnung hat allgemeine Geltung. 2 Sie ist in allen ihren Teilen verbindlich und gilt unmittelbar in jedem Mitgliedstaat.

[3] Die Richtlinie ist für jeden Mitgliedstaat, an den sie gerichtet wird, hinsichtlich des zu erreichenden Ziels verbindlich, überlässt jedoch den innerstaatlichen Stellen die Wahl der Form und der Mittel.

[4] 1 Beschlüsse sind in allen ihren Teilen verbindlich. 2 Sind sie an bestimmte Adressaten gerichtet, so sind sie nur für diese verbindlich.

[5] Die Empfehlungen und Stellungnahmen sind nicht verbindlich.

Art. 289 [Ordentliches und besonderes Gesetzgebungsverfahren; Initiativrecht in besonderen Fällen] (1) 1 Das ordentliche Gesetzgebungsverfahren besteht in der gemeinsamen Annahme einer Verordnung, einer Richtlinie oder eines Beschlusses durch das Europäische Parlament und den Rat auf Vorschlag der Kommission. [2] Dieses Verfahren ist in Artikel 294 festgelegt.

(2) In bestimmten, in den Verträgen vorgesehenen Fällen erfolgt als besonderes Gesetzgebungsverfahren die Annahme einer Verordnung, einer Richtlinie oder eines Beschlusses durch das Europäische Parlament mit Beteiligung des Rates oder durch den Rat mit Beteiligung des Europäischen Parlaments.

(3) Rechtsakte, die gemäß einem Gesetzgebungsverfahren angenommen werden, sind Gesetzgebungsakte.

(4) In bestimmten, in den Verträgen vorgesehenen Fällen können Gesetzgebungsakte auf Initiative einer Gruppe von Mitgliedstaaten oder des Europäischen Parlaments, auf Empfehlung der Europäischen Zentralbank oder auf Antrag des Gerichtshofs oder der Europäischen Investitionsbank erlassen werden.

Art. 290 [Delegation von Rechtsetzungsbefugnissen auf die Kommission] (1) *[1]* In Gesetzgebungsakten kann der Kommission die Befugnis übertragen werden, Rechtsakte ohne Gesetzescharakter mit allgemeiner Geltung zur Ergänzung oder Änderung bestimmter nicht wesentlicher Vorschriften des betreffenden Gesetzgebungsaktes zu erlassen.

[2] [1] In den betreffenden Gesetzgebungsakten werden Ziele, Inhalt, Geltungsbereich und Dauer der Befugnisübertragung ausdrücklich festgelegt. [2] Die wesentlichen Aspekte eines Bereichs sind dem Gesetzgebungsakt vorbehalten und eine Befugnisübertragung ist für sie deshalb ausgeschlossen.

(2) *[1]* Die Bedingungen, unter denen die Übertragung erfolgt, werden in Gesetzgebungsakten ausdrücklich festgelegt, wobei folgende Möglichkeiten bestehen:

a) Das Europäische Parlament oder der Rat kann beschließen, die Übertragung zu widerrufen.

b) Der delegierte Rechtsakt kann nur in Kraft treten, wenn das Europäische Parlament oder der Rat innerhalb der im Gesetzgebungsakt festgelegten Frist keine Einwände erhebt.

[21] Für die Zwecke der Buchstaben a und b beschließt das Europäische Parlament mit der Mehrheit seiner Mitglieder und der Rat mit qualifizierter Mehrheit.

(3) In den Titel der delegierten Rechtsakte wird das Wort „delegiert" eingefügt.

Art. 291 [Durchführungsrechtsakte] (1) Die Mitgliedstaaten ergreifen alle zur Durchführung der verbindlichen Rechtsakte der Union erforderlichen Maßnahmen nach innerstaatlichem Recht.

(2) Bedarf es einheitlicher Bedingungen für die Durchführung der verbindlichen Rechtsakte der Union, so werden mit diesen Rechtsakten der Kommission oder, in entsprechend begründeten Sonderfällen und in den in den Artikeln 24 und 26 des Vertrags über die Europäische Union[1)] vorgesehenen Fällen, dem Rat Durchführungsbefugnisse übertragen.

[1)] Nr. **16**.

(3) Für die Zwecke des Absatzes 2 legen das Europäische Parlament und der Rat gemäß dem ordentlichen Gesetzgebungsverfahren durch Verordnungen im Voraus allgemeine Regeln und Grundsätze fest, nach denen die Mitgliedstaaten die Wahrnehmung der Durchführungsbefugnisse durch die Kommission kontrollieren.

(4) In den Titel der Durchführungsrechtsakte wird der Wortteil „Durchführungs-“ eingefügt.

Art. 292 [Rechtsgrundlage für Empfehlungen] [1]Der Rat gibt Empfehlungen ab. [2]Er beschließt auf Vorschlag der Kommission in allen Fällen, in denen er nach Maßgabe der Verträge Rechtsakte auf Vorschlag der Kommission erlässt. [3]In den Bereichen, in denen für den Erlass eines Rechtsakts der Union Einstimmigkeit vorgesehen ist, beschließt er einstimmig. [4]Die Kommission und, in bestimmten in den Verträgen vorgesehenen Fällen, die Europäische Zentralbank geben Empfehlungen ab.

Abschnitt 2. Annahmeverfahren und sonstige Vorschriften

Art. 293 [Kommissionsvorschlag; Änderungsrecht] (1) Wird der Rat aufgrund der Verträge auf Vorschlag der Kommission tätig, so kann er diesen Vorschlag nur einstimmig abändern; dies gilt nicht in den Fällen nach Artikel 294 Absätze 10 und 13, nach Artikel 310, Artikel 312, Artikel 314 und nach Artikel 315 Absatz 2.

(2) Solange ein Beschluss des Rates nicht ergangen ist, kann die Kommission ihren Vorschlag jederzeit im Verlauf der Verfahren zur Annahme eines Rechtsakts der Union ändern.

Art. 294 [Ordentliches Gesetzgebungsverfahren] (1) Wird in den Verträgen hinsichtlich der Annahme eines Rechtsakts auf das ordentliche Gesetzgebungsverfahren Bezug genommen, so gilt das nachstehende Verfahren.

(2) Die Kommission unterbreitet dem Europäischen Parlament und dem Rat einen Vorschlag.

Erste Lesung

(3) Das Europäische Parlament legt seinen Standpunkt in erster Lesung fest und übermittelt ihn dem Rat.

(4) Billigt der Rat den Standpunkt des Europäischen Parlaments, so ist der betreffende Rechtsakt in der Fassung des Standpunkts des Europäischen Parlaments erlassen.

(5) Billigt der Rat den Standpunkt des Europäischen Parlaments nicht, so legt er seinen Standpunkt in erster Lesung fest und übermittelt ihn dem Europäischen Parlament.

(6) [1]Der Rat unterrichtet das Europäische Parlament in allen Einzelheiten über die Gründe, aus denen er seinen Standpunkt in erster Lesung festgelegt hat. [2]Die Kommission unterrichtet das Europäische Parlament in vollem Umfang über ihren Standpunkt.

Zweite Lesung

(7) Hat das Europäische Parlament binnen drei Monaten nach der Übermittlung

a) den Standpunkt des Rates in erster Lesung gebilligt oder sich nicht geäußert, so gilt der betreffende Rechtsakt als in der Fassung des Standpunkts des Rates erlassen;

b) den Standpunkt des Rates in erster Lesung mit der Mehrheit seiner Mitglieder abgelehnt, so gilt der vorgeschlagene Rechtsakt als nicht erlassen;

c) mit der Mehrheit seiner Mitglieder Abänderungen an dem Standpunkt des Rates in erster Lesung vorgeschlagen, so wird die abgeänderte Fassung dem Rat und der Kommission zugeleitet; die Kommission gibt eine Stellungnahme zu diesen Abänderungen ab.

(8) Hat der Rat binnen drei Monaten nach Eingang der Abänderungen des Europäischen Parlaments mit qualifizierter Mehrheit

a) alle diese Abänderungen gebilligt, so gilt der betreffende Rechtsakt als erlassen;

b) nicht alle Abänderungen gebilligt, so beruft der Präsident des Rates im Einvernehmen mit dem Präsidenten des Europäischen Parlaments binnen sechs Wochen den Vermittlungsausschuss ein.

(9) Über Abänderungen, zu denen die Kommission eine ablehnende Stellungnahme abgegeben hat, beschließt der Rat einstimmig.

Vermittlung

(10) Der Vermittlungsausschuss, der aus den Mitgliedern des Rates oder deren Vertretern und ebenso vielen das Europäische Parlament vertretenden Mitgliedern besteht, hat die Aufgabe, mit der qualifizierten Mehrheit der Mitglieder des Rates oder deren Vertretern und der Mehrheit der das Europäische Parlament vertretenden Mitglieder binnen sechs Wochen nach seiner Einberufung eine Einigung auf der Grundlage der Standpunkte des Europäischen Parlaments und des Rates in zweiter Lesung zu erzielen.

(11) Die Kommission nimmt an den Arbeiten des Vermittlungsausschusses teil und ergreift alle erforderlichen Initiativen, um auf eine Annäherung der Standpunkte des Europäischen Parlaments und des Rates hinzuwirken.

(12) Billigt der Vermittlungsausschuss binnen sechs Wochen nach seiner Einberufung keinen gemeinsamen Entwurf, so gilt der vorgeschlagene Rechtsakt als nicht erlassen.

Dritte Lesung

(13) [1] Billigt der Vermittlungsausschuss innerhalb dieser Frist einen gemeinsamen Entwurf, so verfügen das Europäische Parlament und der Rat ab dieser Billigung über eine Frist von sechs Wochen, um den betreffenden Rechtsakt entsprechend diesem Entwurf zu erlassen, wobei im Europäischen Parlament die Mehrheit der abgegebenen Stimmen und im Rat die qualifizierte Mehrheit erforderlich ist. [2] Andernfalls gilt der vorgeschlagene Rechtsakt als nicht erlassen.

(14) Die in diesem Artikel genannten Fristen von drei Monaten beziehungsweise sechs Wochen werden auf Initiative des Europäischen Parlaments oder des Rates um höchstens einen Monat beziehungsweise zwei Wochen verlängert.

Besondere Bestimmungen

(15) *[1]* Wird in den in den Verträgen vorgesehenen Fällen ein Gesetzgebungsakt auf Initiative einer Gruppe von Mitgliedstaaten, auf Empfehlung der Europäischen Zentralbank oder auf Antrag des Gerichtshofs im ordentlichen Gesetzgebungsverfahren erlassen, so finden Absatz 2, Absatz 6 Satz 2 und Absatz 9 keine Anwendung.

[2] [1] In diesen Fällen übermitteln das Europäische Parlament und der Rat der Kommission den Entwurf des Rechtsakts sowie ihre jeweiligen Standpunkte in erster und zweiter Lesung. [2] Das Europäische Parlament oder der Rat kann die Kommission während des gesamten Verfahrens um eine Stellungnahme bitten, die die Kommission auch von sich aus abgeben kann. [3] Sie kann auch nach Maßgabe des Absatzes 11 an dem Vermittlungsausschuss teilnehmen, sofern sie dies für erforderlich hält.

Art. 295 [Interinstitutionelle Vereinbarungen] [1] Das Europäische Parlament, der Rat und die Kommission beraten sich und regeln einvernehmlich die Einzelheiten ihrer Zusammenarbeit. [2] Dazu können sie unter Wahrung der Verträge interinstitutionelle Vereinbarungen schließen, die auch bindenden Charakter haben können.

Art. 296 [Wahl der Handlungsform; Begründung] *[1]* Wird die Art des zu erlassenden Rechtsakts von den Verträgen nicht vorgegeben, so entscheiden die Organe darüber von Fall zu Fall unter Einhaltung der geltenden Verfahren und des Grundsatzes der Verhältnismäßigkeit.

[2] Die Rechtsakte sind mit einer Begründung zu versehen und nehmen auf die in den Verträgen vorgesehenen Vorschläge, Initiativen, Empfehlungen, Anträge oder Stellungnahmen Bezug.

[3] Werden das Europäische Parlament und der Rat mit dem Entwurf eines Gesetzgebungsakts befasst, so nehmen sie keine Rechtsakte an, die gemäß dem für den betreffenden Bereich geltenden Gesetzgebungsverfahren nicht vorgesehen sind.

Art. 297 [Unterzeichnung; Veröffentlichung; Inkrafttreten]

(1) *[1]* Gesetzgebungsakte, die gemäß dem ordentlichen Gesetzgebungsverfahren erlassen wurden, werden vom Präsidenten des Europäischen Parlaments und vom Präsidenten des Rates unterzeichnet.

[2] Gesetzgebungsakte, die gemäß einem besonderen Gesetzgebungsverfahren erlassen wurden, werden vom Präsidenten des Organs unterzeichnet, das sie erlassen hat.

[3] [1] Die Gesetzgebungsakte werden im *Amtsblatt der Europäischen Union* veröffentlicht. [2] Sie treten zu dem durch sie festgelegten Zeitpunkt oder anderenfalls am zwanzigsten Tag nach ihrer Veröffentlichung in Kraft.

(2) *[1]* Rechtsakte ohne Gesetzescharakter, die als Verordnung, Richtlinie oder Beschluss, der an keinen bestimmten Adressaten gerichtet ist, erlassen wurden, werden vom Präsidenten des Organs unterzeichnet, das sie erlassen hat.

[2] [1] Verordnungen, Richtlinien, die an alle Mitgliedstaaten gerichtet sind, sowie Beschlüsse, die an keinen bestimmten Adressaten gerichtet sind, werden

im *Amtsblatt der Europäischen Union* veröffentlicht. [2]Sie treten zu dem durch sie festgelegten Zeitpunkt oder anderenfalls am zwanzigsten Tag nach ihrer Veröffentlichung in Kraft.

[3] Die anderen Richtlinien sowie die Beschlüsse, die an einen bestimmten Adressaten gerichtet sind, werden denjenigen, für die sie bestimmt sind, bekannt gegeben und durch diese Bekanntgabe wirksam.

Art. 298 [Europäische Verwaltung] (1) Zur Ausübung ihrer Aufgaben stützen sich die Organe, Einrichtungen oder sonstigen Stellen der Union auf eine offene, effiziente und unabhängige europäische Verwaltung.

(2) Die Bestimmungen zu diesem Zweck werden unter Beachtung des Statuts und der Beschäftigungsbedingungen nach Artikel 336 vom Europäischen Parlament und vom Rat gemäß dem ordentlichen Gesetzgebungsverfahren durch Verordnungen erlassen.

Art. 299 [Entscheidungen als vollstreckbare Titel; Zwangsvollstreckung] *[1]* Die Rechtsakte des Rates, der Kommission oder der Europäischen Zentralbank, die eine Zahlung auferlegen, sind vollstreckbare Titel; dies gilt nicht gegenüber Staaten.

[2] [1]Die Zwangsvollstreckung erfolgt nach den Vorschriften des Zivilprozessrechts des Staates, in dessen Hoheitsgebiet sie stattfindet. [2]Die Vollstreckungsklausel wird nach einer Prüfung, die sich lediglich auf die Echtheit des Titels erstrecken darf, von der staatlichen Behörde erteilt, welche die Regierung jedes Mitgliedstaats zu diesem Zweck bestimmt und der Kommission und dem Gerichtshof der Europäischen Union benennt.

[3] Sind diese Formvorschriften auf Antrag der die Vollstreckung betreibenden Partei erfüllt, so kann diese die Zwangsvollstreckung nach innerstaatlichem Recht betreiben, indem sie die zuständige Stelle unmittelbar anruft.

[4] [1]Die Zwangsvollstreckung kann nur durch eine Entscheidung des Gerichtshofs der Europäischen Union ausgesetzt werden. [2]Für die Prüfung der Ordnungsmäßigkeit der Vollstreckungsmaßnahmen sind jedoch die einzelstaatlichen Rechtsprechungsorgane zuständig.

Kapitel 3. Die beratenden Einrichtungen der Union

Art. 300 [Wirtschafts- und Sozialausschuss; Ausschuss der Regionen]

(1) Das Europäische Parlament, der Rat und die Kommission werden von einem Wirtschafts- und Sozialausschuss sowie einem Ausschuss der Regionen unterstützt, die beratende Aufgaben wahrnehmen.

(2) Der Wirtschafts- und Sozialausschuss setzt sich zusammen aus Vertretern der Organisationen der Arbeitgeber und der Arbeitnehmer sowie anderen Vertretern der Zivilgesellschaft, insbesondere aus dem sozialen und wirtschaftlichen, dem staatsbürgerlichen, dem beruflichen und dem kulturellen Bereich.

(3) Der Ausschuss der Regionen setzt sich zusammen aus Vertretern der regionalen und lokalen Gebietskörperschaften, die entweder ein auf Wahlen beruhendes Mandat in einer regionalen oder lokalen Gebietskörperschaft innehaben oder gegenüber einer gewählten Versammlung politisch verantwortlich sind.

(4) [1]Die Mitglieder des Wirtschafts- und Sozialausschusses und des Ausschusses der Regionen sind an keine Weisungen gebunden. [2]Sie üben ihre Tätigkeit in voller Unabhängigkeit zum allgemeinen Wohl der Union aus.

(5) [1]Die Vorschriften der Absätze 2 und 3 über die Art der Zusammensetzung dieser Ausschüsse werden in regelmäßigen Abständen vom Rat überprüft, um der wirtschaftlichen, sozialen und demografischen Entwicklung in der Union Rechnung zu tragen. [2]Der Rat erlässt auf Vorschlag der Kommission Beschlüsse zu diesem Zweck.

Abschnitt 1. Der Wirtschafts- und Sozialausschuss

Art. 301 [Zusammensetzung] *[1]* Der Wirtschafts- und Sozialausschuss hat höchstens dreihundertfünfzig Mitglieder.

[2] Der Rat erlässt einstimmig auf Vorschlag der Kommission einen Beschluss über die Zusammensetzung des Ausschusses.

[3] Der Rat setzt die Vergütungen für die Mitglieder des Ausschusses fest.

Art. 302 [Ernennung der Mitglieder] (1) [1]Die Mitglieder des Ausschusses werden für fünf Jahre ernannt. [2]Der Rat nimmt die gemäß den Vorschlägen der einzelnen Mitgliedstaaten erstellte Liste der Mitglieder an. [3]Die Wiederernennung der Mitglieder des Ausschusses ist zulässig.

(2) [1]Der Rat beschließt nach Anhörung der Kommission. [2]Er kann die Meinung der maßgeblichen europäischen Organisationen der verschiedenen Zweige des Wirtschafts- und Soziallebens und der Zivilgesellschaft einholen, die von der Tätigkeit der Union betroffen sind.

Art. 303 [Präsident; Präsidium; Geschäftsordnung; Einberufung]

[1] Der Ausschuss wählt aus seiner Mitte seinen Präsidenten und sein Präsidium auf zweieinhalb Jahre.

[2] Er gibt sich eine Geschäftsordnung.

[3] [1]Der Ausschuss wird von seinem Präsidenten auf Antrag des Europäischen Parlaments, des Rates oder der Kommission einberufen. [2]Er kann auch von sich aus zusammentreten.

Art. 304 [Anhörungsrechte] *[1]* [1]Der Ausschuss wird vom Europäischen Parlament, vom Rat oder der Kommission in den in den Verträgen vorgesehenen Fällen gehört. [2]Er kann von diesen Organen in allen Fällen gehört werden, in denen diese es für zweckmäßig erachten. [3]Er kann von sich aus eine Stellungnahme in den Fällen abgeben, in denen er dies für zweckmäßig erachtet.

[2] [1]Wenn das Europäische Parlament, der Rat oder die Kommission es für notwendig erachten, setzen sie dem Ausschuss für die Vorlage seiner Stellungnahme eine Frist; diese beträgt mindestens einen Monat, vom Eingang der Mitteilung beim Präsidenten des Ausschusses an gerechnet. [2]Nach Ablauf der Frist kann das Fehlen einer Stellungnahme unberücksichtigt bleiben.

[3] Die Stellungnahmen des Ausschusses sowie ein Bericht über die Beratungen werden dem Europäischen Parlament, dem Rat und der Kommission übermittelt.

Abschnitt 2. Der Ausschuss der Regionen

Art. 305 [Zusammensetzung; Auswahl und Ernennung der Mitglieder] *[1]* Der Ausschuss der Regionen hat höchstens dreihundertfünfzig Mitglieder.

[2] Der Rat erlässt einstimmig auf Vorschlag der Kommission einen Beschluss über die Zusammensetzung des Ausschusses.

[3] [1]Die Mitglieder des Ausschusses sowie eine gleiche Anzahl von Stellvertretern werden auf fünf Jahre ernannt. [2]Wiederernennung ist zulässig. [3]Der Rat nimmt die gemäß den Vorschlägen der einzelnen Mitgliedstaaten erstellte Liste der Mitglieder und Stellvertreter an. [4]Die Amtszeit der Mitglieder des Ausschusses endet automatisch bei Ablauf des in Artikel 300 Absatz 3 genannten Mandats, aufgrund dessen sie vorgeschlagen wurden; für die verbleibende Amtszeit wird nach demselben Verfahren ein Nachfolger ernannt. [5]Ein Mitglied des Ausschusses darf nicht gleichzeitig Mitglied des Europäischen Parlaments sein.

Art. 306 [Präsidium; Geschäftsordnung; Einberufung] *[1]* Der Ausschuss der Regionen wählt aus seiner Mitte seinen Präsidenten und sein Präsidium auf zweieinhalb Jahre.

[2] Er gibt sich eine Geschäftsordnung.

[3] [1]Der Ausschuss wird von seinem Präsidenten auf Antrag des Europäischen Parlaments, des Rates oder der Kommission einberufen. [2]Er kann auch von sich aus zusammentreten.

Art. 307 [Anhörungsrechte] *[1]* Der Ausschuss der Regionen wird vom Europäischen Parlament, vom Rat oder von der Kommission in den in den Verträgen vorgesehenen Fällen und in allen anderen Fällen gehört, in denen eines dieser Organe dies für zweckmäßig erachtet, insbesondere in Fällen, welche die grenzüberschreitende Zusammenarbeit betreffen.

[2] [1]Wenn das Europäische Parlament, der Rat oder die Kommission es für notwendig erachten, setzen sie dem Ausschuss für die Vorlage seiner Stellungnahme eine Frist; diese beträgt mindestens einen Monat, vom Eingang der diesbezüglichen Mitteilung beim Präsidenten des Ausschusses an gerechnet. [2]Nach Ablauf der Frist kann das Fehlen einer Stellungnahme unberücksichtigt bleiben.

[3] [1]Wird der Wirtschafts- und Sozialausschuss nach Artikel 304 gehört, so wird der Ausschuss der Regionen vom Europäischen Parlament, vom Rat oder von der Kommission über dieses Ersuchen um Stellungnahme unterrichtet. [2]Der Ausschuss der Regionen kann, wenn er der Auffassung ist, dass spezifische regionale Interessen berührt werden, eine entsprechende Stellungnahme abgeben.

[4] Er kann, wenn er dies für zweckdienlich erachtet, von sich aus eine Stellungnahme abgeben.

[5] Die Stellungnahme des Ausschusses sowie ein Bericht über die Beratungen werden dem Europäischen Parlament, Rat und der Kommission übermittelt.

Kapitel 4. Die Europäische Investitionsbank

Art. 308 [Rechtspersönlichkeit; Mitglieder; Satzung] *[1]* Die Europäische Investitionsbank besitzt Rechtspersönlichkeit.

[2] Mitglieder der Europäischen Investitionsbank sind die Mitgliedstaaten.

[3] [1]Die Satzung der Europäischen Investitionsbank ist den Verträgen als Protokoll beigefügt. [2]Der Rat kann auf Antrag der Europäischen Investitionsbank und nach Anhörung des Europäischen Parlaments und der Kommission oder auf Vorschlag der Kommission und nach Anhörung des Europäischen Parlaments und der Europäischen Investitionsbank die Satzung der Bank einstimmig gemäß einem besonderen Gesetzgebungsverfahren ändern.

Art. 309 [Aufgabe der EIB] *[1]* [1]Aufgabe der Europäischen Investitionsbank ist es, zu einer ausgewogenen und reibungslosen Entwicklung des Binnenmarkts im Interesse der Union beizutragen; hierbei bedient sie sich des Kapitalmarkts, sowie ihrer eigenen Mittel. [2]In diesem Sinne erleichtert sie ohne Verfolgung eines Erwerbszwecks durch Gewährung von Darlehen und Bürgschaften die Finanzierung der nachstehend bezeichneten Vorhaben in allen Wirtschaftszweigen:

a) Vorhaben zur Erschließung der weniger entwickelten Gebiete;
b) Vorhaben zur Modernisierung oder Umstellung von Unternehmen oder zur Schaffung neuer Arbeitsmöglichkeiten, die sich aus der Errichtung oder dem Funktionieren des Binnenmarkts ergeben und wegen ihres Umfangs oder ihrer Art mit den in den einzelnen Mitgliedstaaten vorhandenen Mitteln nicht vollständig finanziert werden können;
c) Vorhaben von gemeinsamem Interesse für mehrere Mitgliedstaaten, die wegen ihres Umfangs oder ihrer Art mit den in den einzelnen Mitgliedstaaten vorhandenen Mitteln nicht vollständig finanziert werden können.

[2] In Erfüllung ihrer Aufgabe erleichtert die Bank die Finanzierung von Investitionsprogrammen in Verbindung mit der Unterstützung aus den Strukturfonds und anderen Finanzierungsinstrumenten der Union.

Titel II. Finanzvorschriften

Art. 310 [Haushaltsplan; Grundsätze; Haushaltsdisziplin; Betrugsbekämpfung] (1) *[1]* Alle Einnahmen und Ausgaben der Union werden für jedes Haushaltsjahr veranschlagt und in den Haushaltsplan eingesetzt.

[2] Der jährliche Haushaltsplan der Union wird vom Europäischen Parlament und vom Rat nach Maßgabe des Artikels 314 aufgestellt.

[3] Der Haushaltsplan ist in Einnahmen und Ausgaben auszugleichen.

(2) Die in den Haushaltsplan eingesetzten Ausgaben werden für ein Haushaltsjahr entsprechend der Verordnung nach Artikel 322 bewilligt.

(3) Die Ausführung der in den Haushaltsplan eingesetzten Ausgaben setzt den Erlass eines verbindlichen Rechtsakts der Union voraus, mit dem die Maßnahme der Union und die Ausführung der entsprechenden Ausgabe entsprechend der Verordnung nach Artikel 322 eine Rechtsgrundlage erhalten, soweit nicht diese Verordnung Ausnahmen vorsieht.

(4) Um die Haushaltsdisziplin sicherzustellen, erlässt die Union keine Rechtsakte, die erhebliche Auswirkungen auf den Haushaltsplan haben könn-

ten, ohne die Gewähr zu bieten, dass die mit diesen Rechtsakten verbundenen Ausgaben im Rahmen der Eigenmittel der Union und unter Einhaltung des mehrjährigen Finanzrahmens nach Artikel 312 finanziert werden können.

(5) [1] Der Haushaltsplan wird entsprechend dem Grundsatz der Wirtschaftlichkeit der Haushaltsführung ausgeführt. [2] Die Mitgliedstaaten arbeiten mit der Union zusammen, um sicherzustellen, dass die in den Haushaltsplan eingesetzten Mittel nach diesem Grundsatz verwendet werden.

(6) Die Union und die Mitgliedstaaten bekämpfen nach Artikel 325 Betrügereien und sonstige gegen die finanziellen Interessen der Union gerichtete rechtswidrige Handlungen.

Kapitel 1. Die Eigenmittel der Union

Art. 311 [Finanzierung aus Eigenmitteln; Eigenmittelbeschluss]

[1] Die Union stattet sich mit den erforderlichen Mitteln aus, um ihre Ziele erreichen und ihre Politik durchführen zu können.

[2] Der Haushalt wird unbeschadet der sonstigen Einnahmen vollständig aus Eigenmitteln finanziert.

[3] [1] Der Rat erlässt gemäß einem besonderen Gesetzgebungsverfahren einstimmig und nach Anhörung des Europäischen Parlaments einen Beschluss, mit dem die Bestimmungen über das System der Eigenmittel der Union festgelegt werden. [2] Darin können neue Kategorien von Eigenmitteln eingeführt oder bestehende Kategorien abgeschafft werden. [3] Dieser Beschluss tritt erst nach Zustimmung der Mitgliedstaaten im Einklang mit ihren jeweiligen verfassungsrechtlichen Vorschriften in Kraft.

[4] [1] Der Rat legt gemäß einem besonderen Gesetzgebungsverfahren durch Verordnungen Durchführungsmaßnahmen zu dem System der Eigenmittel der Union fest, sofern dies in dem nach Absatz 3 erlassenen Beschluss vorgesehen ist. [2] Der Rat beschließt nach Zustimmung des Europäischen Parlaments.

Kapitel 2. Der mehrjährige Finanzrahmen

Art. 312 [Mehrjähriger Finanzrahmen] (1) *[1]* Mit dem mehrjährigen Finanzrahmen soll sichergestellt werden, dass die Ausgaben der Union innerhalb der Grenzen ihrer Eigenmittel eine geordnete Entwicklung nehmen.

[2] Er wird für einen Zeitraum von mindestens fünf Jahren aufgestellt.

[3] Bei der Aufstellung des jährlichen Haushaltsplans der Union ist der mehrjährige Finanzrahmen einzuhalten.

(2) *[1]* [1] Der Rat erlässt gemäß einem besonderen Gesetzgebungsverfahren eine Verordnung zur Festlegung des mehrjährigen Finanzrahmens. [2] Er beschließt einstimmig nach Zustimmung des Europäischen Parlaments, die mit der Mehrheit seiner Mitglieder erteilt wird.

[2] Der Europäische Rat kann einstimmig einen Beschluss fassen, wonach der Rat mit qualifizierter Mehrheit beschließen kann, wenn er die in Unterabsatz 1 genannte Verordnung erlässt.

(3) *[1]* [1] In dem Finanzrahmen werden die jährlichen Obergrenzen der Mittel für Verpflichtungen je Ausgabenkategorie und die jährliche Obergrenze der Mittel für Zahlungen festgelegt. [2] Die Ausgabenkategorien, von denen es nur wenige geben darf, entsprechen den Haupttätigkeitsbereichen der Union.

[2] Der Finanzrahmen enthält auch alle sonstigen für den reibungslosen Ablauf des jährlichen Haushaltsverfahrens sachdienlichen Bestimmungen.

(4) Hat der Rat bis zum Ablauf des vorangegangenen Finanzrahmens keine Verordnung zur Aufstellung eines neuen Finanzrahmens erlassen, so werden die Obergrenzen und sonstigen Bestimmungen des letzten Jahres des vorangegangenen Finanzrahmens bis zum Erlass dieses Rechtsakts fortgeschrieben.

(5) Das Europäische Parlament, der Rat und die Kommission treffen während des gesamten Verfahrens zur Annahme des Finanzrahmens alle erforderlichen Maßnahmen, um den Erlass des Rechtsakts zu erleichtern.

Kapitel 3. Der Jahreshaushaltsplan der Union

Art. 313 [Haushaltsjahr] Das Haushaltsjahr beginnt am 1. Januar und endet am 31. Dezember.

Art. 314 [Jahreshaushaltsplan; Verfahren zur Annahme] Das Europäische Parlament und der Rat legen den Jahreshaushaltsplan der Union im Rahmen eines besonderen Gesetzgebungsverfahrens nach den folgenden Bestimmungen fest:

(1) *[1]* [1] Jedes Organ, mit Ausnahme der Europäischen Zentralbank, stellt vor dem 1. Juli einen Haushaltsvoranschlag für seine Ausgaben für das folgende Haushaltsjahr auf. [2] Die Kommission fasst diese Voranschläge in einem Entwurf für den Haushaltsplan zusammen, der abweichende Voranschläge enthalten kann.

[2] Dieser Entwurf umfasst den Ansatz der Einnahmen und den Ansatz der Ausgaben.

(2) *[1]* Die Kommission legt dem Europäischen Parlament und dem Rat spätestens am 1. September des Jahres, das dem entsprechenden Haushaltsjahr vorausgeht, einen Vorschlag mit dem Entwurf des Haushaltsplans vor.

[2] Die Kommission kann den Entwurf des Haushaltsplans während des laufenden Verfahrens bis zur Einberufung des in Absatz 5 genannten Vermittlungsausschusses ändern.

(3) [1] Der Rat legt seinen Standpunkt zu dem Entwurf des Haushaltsplans fest und leitet ihn spätestens am 1. Oktober des Jahres, das dem entsprechenden Haushaltsjahr vorausgeht, dem Europäischen Parlament zu. [2] Er unterrichtet das Europäische Parlament in vollem Umfang über die Gründe, aus denen er seinen Standpunkt festgelegt hat.

(4) Hat das Europäische Parlament binnen 42 Tagen nach der Übermittlung

a) den Standpunkt des Rates gebilligt, so ist der Haushaltsplan erlassen;

b) keinen Beschluss gefasst, so gilt der Haushaltsplan als erlassen;

c) mit der Mehrheit seiner Mitglieder Abänderungen angenommen, so wird die abgeänderte Fassung des Entwurfs dem Rat und der Kommission zugeleitet. Der Präsident des Europäischen Parlaments beruft im Einvernehmen mit dem Präsidenten des Rates umgehend den Vermittlungsausschuss ein. Der Vermittlungsausschuss tritt jedoch nicht zusammen, wenn der Rat dem Europäischen Parlament binnen zehn Tagen nach der Übermittlung des geänderten Entwurfs mitteilt, dass er alle seine Abänderungen billigt.

(5) *[1]* Der Vermittlungsausschuss, der aus den Mitgliedern des Rates oder deren Vertretern und ebenso vielen das Europäische Parlament vertretenden Mitgliedern besteht, hat die Aufgabe, binnen 21 Tagen nach seiner Einberufung auf der Grundlage der Standpunkte des Europäischen Parlaments und des Rates mit der qualifizierten Mehrheit der Mitglieder des Rates oder deren Vertretern und der Mehrheit der das Europäische Parlament vertretenden Mitglieder eine Einigung über einen gemeinsamen Entwurf zu erzielen.

[2] Die Kommission nimmt an den Arbeiten des Vermittlungsausschusses teil und ergreift alle erforderlichen Initiativen, um eine Annäherung der Standpunkte des Europäischen Parlaments und des Rates zu bewirken.

(6) Einigt sich der Vermittlungsausschuss innerhalb der in Absatz 5 genannten Frist von 21 Tagen auf einen gemeinsamen Entwurf, so verfügen das Europäische Parlament und der Rat ab dieser Einigung über eine Frist von 14 Tagen, um den gemeinsamen Entwurf zu billigen.

(7) Wenn innerhalb der in Absatz 6 genannten Frist von 14 Tagen

a) der gemeinsame Entwurf sowohl vom Europäischen Parlament als auch vom Rat gebilligt wird oder beide keinen Beschluss fassen oder eines dieser Organe den gemeinsamen Entwurf billigt, während das andere Organ keinen Beschluss fasst, so gilt der Haushaltsplan als entsprechend dem gemeinsamen Entwurf endgültig erlassen, oder

b) der gemeinsame Entwurf sowohl vom Europäischen Parlament mit der Mehrheit seiner Mitglieder als auch vom Rat abgelehnt wird oder eines dieser Organe den gemeinsamen Entwurf ablehnt, während das andere Organ keinen Beschluss fasst, so legt die Kommission einen neuen Entwurf für den Haushaltsplan vor, oder

c) der gemeinsame Entwurf vom Europäischen Parlament mit der Mehrheit seiner Mitglieder abgelehnt wird, während er vom Rat gebilligt wird, so legt die Kommission einen neuen Entwurf für den Haushaltsplan vor, oder

d) der gemeinsame Entwurf vom Europäischen Parlament gebilligt wird, während er vom Rat abgelehnt wird, so kann das Europäische Parlament binnen 14 Tagen ab dem Tag der Ablehnung durch den Rat mit der Mehrheit seiner Mitglieder und drei Fünfteln der abgegebenen Stimmen beschließen, alle oder einige der in Absatz 4 Buchstabe c genannten Abänderungen zu bestätigen. Wird eine Abänderung des Europäischen Parlaments nicht bestätigt, so wird der im Vermittlungsausschuss vereinbarte Standpunkt zu dem Haushaltsposten, der Gegenstand der Abänderung ist, übernommen. Der Haushaltsplan gilt als auf dieser Grundlage endgültig erlassen.

(8) Einigt sich der Vermittlungsausschuss nicht binnen der in Absatz 5 genannten Frist von 21 Tagen auf einen gemeinsamen Entwurf, so legt die Kommission einen neuen Entwurf für den Haushaltsplan vor.

(9) Nach Abschluss des Verfahrens dieses Artikels stellt der Präsident des Europäischen Parlaments fest, dass der Haushaltsplan endgültig erlassen ist.

(10) Jedes Organ übt die ihm aufgrund dieses Artikels zufallenden Befugnisse unter Wahrung der Verträge und der Rechtsakte aus, die auf der Grundlage der Verträge insbesondere im Bereich der Eigenmittel der Union und des Gleichgewichts von Einnahmen und Ausgaben erlassen wurden.

Art. 315 [Nothaushalt] *[1]* Ist zu Beginn eines Haushaltsjahres der Haushaltsplan noch nicht endgültig erlassen, so können nach der gemäß Artikel 322 festgelegten Haushaltsordnung für jedes Kapitel monatliche Ausgaben bis zur Höhe eines Zwölftels der im betreffenden Kapitel des Haushaltsplans des vorangegangenen Haushaltsjahres eingesetzten Mittel vorgenommen werden, die jedoch ein Zwölftel der Mittelansätze des gleichen Kapitels des Haushaltsplanentwurfs nicht überschreiten dürfen.

[2] [1] Der Rat kann auf Vorschlag der Kommission unter Beachtung der sonstigen Bestimmungen des Absatzes 1 entsprechend der nach Artikel 322 erlassenen Verordnung Ausgaben genehmigen, die über dieses Zwölftel hinausgehen. [2] Er leitet seinen Beschluss unverzüglich dem Europäischen Parlament zu.

[4] In dem Beschluss nach Absatz 2 werden unter Beachtung der in Artikel 311 genannten Rechtsakte die zur Durchführung dieses Artikels erforderlichen Maßnahmen betreffend die Mittel vorgesehen.

[5] Der Beschluss tritt 30 Tage nach seinem Erlass in Kraft, sofern das Europäische Parlament nicht innerhalb dieser Frist mit der Mehrheit seiner Mitglieder beschließt, diese Ausgaben zu kürzen.

Art. 316 [Übertragbarkeit; Spezialität] *[1]* Nach Maßgabe der aufgrund des Artikels 322 erlassenen Vorschriften dürfen die nicht für Personalausgaben vorgesehenen Mittel, die bis zum Ende der Durchführungszeit eines Haushaltsplans nicht verbraucht worden sind, lediglich auf das nächste Haushaltsjahr übertragen werden.

[2] Die vorgesehenen Mittel werden nach Kapiteln gegliedert, in denen die Ausgaben nach Art oder Bestimmung zusammengefasst sind; die Kapitel werden nach der gemäß Artikel 322 festgelegten Haushaltsordnung unterteilt.

[3] Die Ausgaben des Europäischen Parlaments, des Europäischen Rates und des Rates, der Kommission sowie des Gerichtshofs der Europäischen Union werden unbeschadet einer besonderen Regelung für bestimmte gemeinsame Ausgaben in gesonderten Teilen des Haushaltsplans aufgeführt.

Kapitel 4. Ausführung des Hauhaltsplans und Entlastung

Art. 317 [Vollzug des Haushaltsplans] *[1]* [1] Die Kommission führt den Haushaltsplan zusammen mit den Mitgliedstaaten gemäß der nach Artikel 322 festgelegten Haushaltsordnung in eigener Verantwortung und im Rahmen der zugewiesenen Mittel entsprechend dem Grundsatz der Wirtschaftlichkeit der Haushaltsführung aus. [2] Die Mitgliedstaaten arbeiten mit der Kommission zusammen, um sicherzustellen, dass die Mittel nach dem Grundsatz der Wirtschaftlichkeit der Haushaltsführung verwendet werden.

[2] [1] In der Haushaltsordnung sind die Kontroll- und Wirtschaftsprüfungspflichten der Mitgliedstaaten bei der Ausführung des Haushaltsplans sowie die damit verbundenen Verantwortlichkeiten geregelt. [2] Darin sind ferner die Verantwortlichkeiten und die besonderen Einzelheiten geregelt, nach denen jedes Organ an der Vornahme seiner Ausgaben beteiligt ist.

[3] Die Kommission kann nach der gemäß Artikel 322 festgelegten Haushaltsordnung Mittel von Kapitel zu Kapitel oder von Untergliederung zu Untergliederung übertragen.

Art. 318 [Rechnungslegung] *[1]* [1]Die Kommission legt dem Europäischen Parlament und dem Rat jährlich die Rechnung des abgelaufenen Haushaltsjahres für die Rechnungsvorgänge des Haushaltsplans vor. [2]Sie übermittelt ihnen ferner eine Übersicht über das Vermögen und die Schulden der Union.

[2] Die Kommission legt dem Europäischen Parlament und dem Rat ferner einen Evaluierungsbericht zu den Finanzen der Union vor, der sich auf die Ergebnisse stützt, die insbesondere in Bezug auf die Vorgaben erzielt wurden, die vom Europäischen Parlament und vom Rat nach Artikel 319 erteilt wurden.

Art. 319 [Entlastung der Kommission] (1) [1]Auf Empfehlung des Rates erteilt das Europäische Parlament der Kommission Entlastung zur Ausführung des Haushaltsplans. [2]Zu diesem Zweck prüft es nach dem Rat die Rechnung, die Übersicht und den Evaluierungsbericht nach Artikel 318 sowie den Jahresbericht des Rechnungshofs zusammen mit den Antworten der kontrollierten Organe auf dessen Bemerkungen, die in Artikel 287 Absatz 1 Unterabsatz 2 genannte Zuverlässigkeitserklärung und die einschlägigen Sonderberichte des Rechnungshofs.

(2) [1]Das Europäische Parlament kann vor der Entlastung der Kommission sowie auch zu anderen Zwecken im Zusammenhang mit der Ausübung ihrer Haushaltsbefugnisse die Kommission auffordern, Auskunft über die Vornahme der Ausgaben oder die Arbeitsweise der Finanzkontrollsysteme zu erteilen. [2]Die Kommission legt dem Europäischen Parlament auf dessen Ersuchen alle notwendigen Informationen vor.

(3) *[1]* Die Kommission trifft alle zweckdienlichen Maßnahmen, um den Bemerkungen in den Entlastungsbeschlüssen und anderen Bemerkungen des Europäischen Parlaments zur Vornahme der Ausgaben sowie den Erläuterungen, die den Entlastungsempfehlungen des Rates beigefügt sind, nachzukommen.

[2] [1]Auf Ersuchen des Europäischen Parlaments oder des Rates erstattet die Kommission Bericht über die Maßnahmen, die aufgrund dieser Bemerkungen und Erläuterungen getroffen wurden, insbesondere über die Weisungen, die den für die Ausführung des Haushaltsplans zuständigen Dienststellen erteilt worden sind. [2]Diese Berichte sind auch dem Rechnungshof zuzuleiten.

Kapitel 5. Gemeinsame Bestimmungen

Art. 320 [Rechnungseinheit Euro] Der mehrjährige Finanzrahmen und der Jahreshaushaltsplan werden in Euro aufgestellt.

Art. 321 [Transferleistungen; Kommunikation auf dem Finanzsektor] *[1]* [1]Die Kommission kann vorbehaltlich der Unterrichtung der zuständigen Behörden der betreffenden Mitgliedstaaten ihre Guthaben in der Währung eines dieser Staaten in die Währung eines anderen Mitgliedstaats transferieren, soweit dies erforderlich ist, um diese Guthaben für die in den Verträgen vorgesehenen Zwecke zu verwenden. [2]Besitzt die Kommission verfügbare oder flüssige Guthaben in der benötigten Währung, so vermeidet sie soweit möglich derartige Transferierungen.

[2] [1]Die Kommission verkehrt mit jedem Mitgliedstaat über die von diesem bezeichnete Behörde. [2]Bei der Durchführung ihrer Finanzgeschäfte nimmt sie

die Notenbank des betreffenden Mitgliedstaats oder ein anderes von diesem genehmigtes Finanzinstitut in Anspruch.

Art. 322 [Haushaltsvorschriften] (1) Das Europäische Parlament und der Rat erlassen gemäß dem ordentlichen Gesetzgebungsverfahren durch Verordnungen nach Anhörung des Rechnungshofs

a) die Haushaltsvorschriften, in denen insbesondere die Aufstellung und Ausführung des Haushaltsplans sowie die Rechnungslegung und Rechnungsprüfung im Einzelnen geregelt werden;

b) die Vorschriften, die die Kontrolle der Verantwortung der Finanzakteure und insbesondere der Anweisungsbefugten und der Rechnungsführer regeln.

(2) Der Rat legt auf Vorschlag der Kommission und nach Anhörung des Europäischen Parlaments und des Rechnungshofs die Einzelheiten und das Verfahren fest, nach denen die Haushaltseinnahmen, die in der Regelung über die Eigenmittel der Union vorgesehen sind, der Kommission zur Verfügung gestellt werden, sowie die Maßnahmen, die zu treffen sind, um gegebenenfalls die erforderlichen Kassenmittel bereitzustellen.

Art. 323 [Sicherung der Finanzmittel] Das Europäische Parlament, der Rat und die Kommission stellen sicher, dass der Union die Finanzmittel zur Verfügung stehen, die es ihr ermöglichen, ihren rechtlichen Verpflichtungen gegenüber Dritten nachzukommen.

Art. 324 [Konsultationen der am Haushaltsverfahren beteiligten Organe] [1] Auf Initiative der Kommission werden im Rahmen der nach diesem Titel vorgesehenen Haushaltsverfahren regelmäßige Treffen der Präsidenten des Europäischen Parlaments, des Rates und der Kommission einberufen. [2] Diese treffen alle erforderlichen Maßnahmen, um die Abstimmung und Annäherung der Standpunkte der Organe, denen sie vorstehen, zu fördern und so die Durchführung dieses Titels zu erleichtern.

Kapitel 6. Betrugsbekämpfung

Art. 325 [Schutz der finanziellen Interessen der Union] (1) Die Union und die Mitgliedstaaten bekämpfen Betrügereien und sonstige gegen die finanziellen Interessen der Union gerichtete rechtswidrige Handlungen mit Maßnahmen nach diesem Artikel, die abschreckend sind und in den Mitgliedstaaten sowie in den Organen, Einrichtungen und sonstigen Stellen der Union einen effektiven Schutz bewirken.

(2) Zur Bekämpfung von Betrügereien, die sich gegen die finanziellen Interessen der Union richten, ergreifen die Mitgliedstaaten die gleichen Maßnahmen, die sie auch zur Bekämpfung von Betrügereien ergreifen, die sich gegen ihre eigenen finanziellen Interessen richten.

(3) [1] Die Mitgliedstaaten koordinieren unbeschadet der sonstigen Bestimmungen der Verträge ihre Tätigkeit zum Schutz der finanziellen Interessen der Union vor Betrügereien. [2] Sie sorgen zu diesem Zweck zusammen mit der Kommission für eine enge, regelmäßige Zusammenarbeit zwischen den zuständigen Behörden.

(4) Zur Gewährleistung eines effektiven und gleichwertigen Schutzes in den Mitgliedstaaten sowie in den Organen, Einrichtungen und sonstigen Stellen der Union beschließen das Europäische Parlament und der Rat gemäß dem ordentlichen Gesetzgebungsverfahren nach Anhörung des Rechnungshofs die erforderlichen Maßnahmen zur Verhütung und Bekämpfung von Betrügereien, die sich gegen die finanziellen Interessen der Union richten.

(5) Die Kommission legt in Zusammenarbeit mit den Mitgliedstaaten dem Europäischen Parlament und dem Rat jährlich einen Bericht über die Maßnahmen vor, die zur Durchführung dieses Artikels getroffen wurden.

Titel III. Verstärkte Zusammenarbeit

Art. 326 [Grundsätze] *[1]* Eine Verstärkte Zusammenarbeit achtet die Verträge und das Recht der Union.

[2] [1] Sie darf weder den Binnenmarkt noch den wirtschaftlichen, sozialen und territorialen Zusammenhalt beeinträchtigen. [2] Sie darf für den Handel zwischen den Mitgliedstaaten weder ein Hindernis noch eine Diskriminierung darstellen noch darf sie zu Verzerrungen des Wettbewerbs zwischen den Mitgliedstaaten führen.

Art. 327 [Nichtbeteiligte Mitgliedstaaten] [1] Eine Verstärkte Zusammenarbeit achtet die Zuständigkeiten, Rechte und Pflichten der nicht an der Zusammenarbeit beteiligten Mitgliedstaaten. [2] Diese stehen der Durchführung der Verstärkten Zusammenarbeit durch die daran beteiligten Mitgliedstaaten nicht im Wege.

Art. 328 [Offenheit für weitere Mitgliedstaaten] (1) *[1]* [1] Bei ihrer Begründung steht eine Verstärkte Zusammenarbeit allen Mitgliedstaaten offen, sofern sie die in dem hierzu ermächtigenden Beschluss gegebenenfalls festgelegten Teilnahmevoraussetzungen erfüllen. [2] Dies gilt auch zu jedem anderen Zeitpunkt, sofern sie neben den genannten Voraussetzungen auch die in diesem Rahmen bereits erlassenen Rechtsakte beachten.

[2] Die Kommission und die an einer Verstärkten Zusammenarbeit teilnehmenden Mitgliedstaaten tragen dafür Sorge, dass die Teilnahme möglichst vieler Mitgliedstaaten gefördert wird.

(2) Die Kommission und gegebenenfalls der Hohe Vertreter der Union für die Außen- und Sicherheitspolitik unterrichten das Europäische Parlament und den Rat regelmäßig über die Entwicklung einer Verstärkten Zusammenarbeit.

Art. 329 [Ermächtigungsverfahren] (1) *[1]* [1] Die Mitgliedstaaten, die in einem der Bereiche der Verträge – mit Ausnahme der Bereiche, für die die Union die ausschließliche Zuständigkeit besitzt, und der Gemeinsamen Außen- und Sicherheitspolitik – untereinander eine Verstärkte Zusammenarbeit begründen möchten, richten einen Antrag an die Kommission, in dem der Anwendungsbereich und die Ziele aufgeführt werden, die mit der beabsichtigten Verstärkten Zusammenarbeit angestrebt werden. [2] Die Kommission kann dem Rat einen entsprechenden Vorschlag vorlegen. [3] Legt die Kommission keinen Vorschlag vor, so teilt sie den betroffenen Mitgliedstaaten ihre Gründe dafür mit.

[2] Die Ermächtigung zur Einleitung einer Verstärkten Zusammenarbeit nach Unterabsatz 1 wird vom Rat auf Vorschlag der Kommission und nach Zustimmung des Europäischen Parlaments erteilt.

(2) *[1]* [1]Der Antrag der Mitgliedstaaten, die untereinander im Rahmen der Gemeinsamen Außen- und Sicherheitspolitik eine Verstärkte Zusammenarbeit begründen möchten, wird an den Rat gerichtet. [2]Er wird dem Hohen Vertreter der Union für die Außen- und Sicherheitspolitik, der zur Kohärenz der beabsichtigten Verstärkten Zusammenarbeit mit der Gemeinsamen Außen- und Sicherheitspolitik der Union Stellung nimmt, sowie der Kommission übermittelt, die insbesondere zur Kohärenz der beabsichtigten Verstärkten Zusammenarbeit mit der Politik der Union in anderen Bereichen Stellung nimmt. [3]Der Antrag wird ferner dem Europäischen Parlament zur Unterrichtung übermittelt.

[2] Die Ermächtigung zur Einleitung einer Verstärkten Zusammenarbeit wird mit einem Beschluss des Rates erteilt, der einstimmig beschließt.

Art. 330 [Beratungen; Stimmberechtigung] *[1]* Alle Mitglieder des Rates können an dessen Beratungen teilnehmen, aber nur die Mitglieder des Rates, die die an der Verstärkten Zusammenarbeit beteiligten Mitgliedstaaten vertreten, sind stimmberechtigt.

[2] Die Einstimmigkeit bezieht sich allein auf die Stimmen der Vertreter der an der Verstärkten Zusammenarbeit beteiligten Mitgliedstaaten.

[3] Die qualifizierte Mehrheit bestimmt sich nach Artikel 238 Absatz 3.

Art. 331 [Beitritt weiterer Staaten] (1) *[1]* Jeder Mitgliedstaat, der sich einer bestehenden Verstärkten Zusammenarbeit in einem der in Artikel 329 Absatz 1 genannten Bereiche anschließen will, teilt dem Rat und der Kommission seine Absicht mit.

[2] [1]Die Kommission bestätigt binnen vier Monaten nach Eingang der Mitteilung die Beteiligung des betreffenden Mitgliedstaats. [2]Dabei stellt sie gegebenenfalls fest, dass die Beteiligungsvoraussetzungen erfüllt sind, und erlässt die notwendigen Übergangsmaßnahmen zur Anwendung der im Rahmen der Verstärkten Zusammenarbeit bereits erlassenen Rechtsakte.

[3] [1]Ist die Kommission jedoch der Auffassung, dass die Beteiligungsvoraussetzungen nicht erfüllt sind, so gibt sie an, welche Bestimmungen zur Erfüllung dieser Voraussetzungen erlassen werden müssen, und legt eine Frist für die erneute Prüfung des Antrags fest. [2]Nach Ablauf dieser Frist prüft sie den Antrag erneut nach dem in Unterabsatz 2 vorgesehenen Verfahren. [3]Ist die Kommission der Auffassung, dass die Beteiligungsvoraussetzungen weiterhin nicht erfüllt sind, so kann der betreffende Mitgliedstaat mit dieser Frage den Rat befassen, der über den Antrag befindet. [4]Der Rat beschließt nach Artikel 330. [5]Er kann außerdem auf Vorschlag der Kommission die in Unterabsatz 2 genannten Übergangsmaßnahmen erlassen.

(2) *[1]* Jeder Mitgliedstaat, der an einer bestehenden Verstärkten Zusammenarbeit im Rahmen der Gemeinsamen Außen- und Sicherheitspolitik teilnehmen möchte, teilt dem Rat, dem Hohen Vertreter der Union für die Außen- und Sicherheitspolitik und der Kommission seine Absicht mit.

[2] [1]Der Rat bestätigt die Teilnahme des betreffenden Mitgliedstaats nach Anhörung des Hohen Vertreters der Union für die Außen- und Sicherheits-

politik und gegebenenfalls nach der Feststellung, dass die Teilnahmevoraussetzungen erfüllt sind. [2]Der Rat kann auf Vorschlag des Hohen Vertreters ferner die notwendigen Übergangsmaßnahmen zur Anwendung der im Rahmen der Verstärkten Zusammenarbeit bereits erlassenen Rechtsakte treffen. [3]Ist der Rat jedoch der Auffassung, dass die Teilnahmevoraussetzungen nicht erfüllt sind, so gibt er an, welche Schritte zur Erfüllung dieser Voraussetzungen notwendig sind, und legt eine Frist für die erneute Prüfung des Antrags auf Teilnahme fest.

[3] Für die Zwecke dieses Absatzes beschließt der Rat einstimmig nach Artikel 330.

Art. 332 [Budgetlast] Die sich aus der Durchführung einer Verstärkten Zusammenarbeit ergebenden Ausgaben, mit Ausnahme der Verwaltungskosten der Organe, werden von den beteiligten Mitgliedstaaten getragen, sofern der Rat nicht nach Anhörung des Europäischen Parlaments durch einstimmigen Beschluss sämtlicher Mitglieder des Rates etwas anderes beschließt.

Art. 333 [Abstimmungsregeln] (1) Wenn nach einer Bestimmung der Verträge, die im Rahmen einer Verstärkten Zusammenarbeit angewendet werden könnte, der Rat einstimmig beschließen muss, kann der Rat nach Artikel 330 einstimmig einen Beschluss dahin gehend erlassen, dass er mit qualifizierter Mehrheit beschließt.

(2) [1]Wenn nach einer Bestimmung der Verträge, die im Rahmen einer Verstärkten Zusammenarbeit angewendet werden könnte, Rechtsakte vom Rat gemäß einem besonderen Gesetzgebungsverfahren erlassen werden müssen, kann der Rat nach Artikel 330 einstimmig einen Beschluss dahin gehend erlassen, dass er gemäß dem ordentlichen Gesetzgebungsverfahren beschließt. [2]Der Rat beschließt nach Anhörung des Europäischen Parlaments.

(3) Die Absätze 1 und 2 gelten nicht für Beschlüsse mit militärischen oder verteidigungspolitischen Bezügen.

Art. 334 [Wahrung der Kohärenz] Der Rat und die Kommission stellen sicher, dass die im Rahmen einer Verstärkten Zusammenarbeit durchgeführten Maßnahmen untereinander und mit der Politik der Union im Einklang stehen, und arbeiten entsprechend zusammen.

Siebter Teil. Allgemeine und Schlussbestimmungen

Art. 335 [Rechts- und Geschäftsfähigkeit der Union] [1]Die Union besitzt in jedem Mitgliedstaat die weitestgehende Rechts- und Geschäftsfähigkeit, die juristischen Personen nach dessen Rechtsvorschriften zuerkannt ist; sie kann insbesondere bewegliches und unbewegliches Vermögen erwerben und veräußern sowie vor Gericht stehen. [2]Zu diesem Zweck wird sie von der Kommission vertreten. [3]In Fragen, die das Funktionieren der einzelnen Organe betreffen, wird die Union hingegen aufgrund von deren Verwaltungsautonomie von dem betreffenden Organ vertreten.

Art. 336 [Beamtenstatut; Beschäftigungsbedingungen] Das Europäische Parlament und der Rat erlassen gemäß dem ordentlichen Gesetzgebungsverfahren durch Verordnungen nach Anhörung der anderen betroffenen Organe das Statut der Beamten der Europäischen Union und die Beschäftigungsbedingungen für die sonstigen Bediensteten der Union.

Art. 337 [Auskunfts- und Nachprüfungsrecht der Kommission] Zur Erfüllung der ihr übertragenen Aufgaben kann die Kommission alle erforderlichen Auskünfte einholen und alle erforderlichen Nachprüfungen vornehmen; der Rahmen und die nähere Maßgabe hierfür werden vom Rat, der mit einfacher Mehrheit beschließt, gemäß den Bestimmungen der Verträge festgelegt.

Art. 338 [Unionsstatistiken] (1) Unbeschadet des Artikels 5 des Protokolls über die Satzung des Europäischen Systems der Zentralbanken und der Europäischen Zentralbank beschließen das Europäische Parlament und der Rat gemäß dem ordentlichen Gesetzgebungsverfahren Maßnahmen für die Erstellung von Statistiken, wenn dies für die Durchführung der Tätigkeiten der Union erforderlich ist.

(2) Die Erstellung der Unionsstatistiken erfolgt unter Wahrung der Unparteilichkeit, der Zuverlässigkeit, der Objektivität, der wissenschaftlichen Unabhängigkeit, der Kostenwirksamkeit und der statistischen Geheimhaltung; der Wirtschaft dürfen dadurch keine übermäßigen Belastungen entstehen.

Art. 339 [Geheimhaltungspflicht] Die Mitglieder der Organe der Union, die Mitglieder der Ausschüsse sowie die Beamten und sonstigen Bediensteten der Union sind verpflichtet, auch nach Beendigung ihrer Amtstätigkeit Auskünfte, die ihrem Wesen nach unter das Berufsgeheimnis fallen, nicht preiszugeben; dies gilt insbesondere für Auskünfte über Unternehmen sowie deren Geschäftsbeziehungen oder Kostenelemente.

Art. 340 [Amtshaftung der Union] *[1]* Die vertragliche Haftung der Union bestimmt sich nach dem Recht, das auf den betreffenden Vertrag anzuwenden ist.

[2] Im Bereich der außervertraglichen Haftung ersetzt die Union den durch ihre Organe oder Bediensteten in Ausübung ihrer Amtstätigkeit verursachten Schaden nach den allgemeinen Rechtsgrundsätzen, die den Rechtsordnungen der Mitgliedstaaten gemeinsam sind.

[3] Abweichend von Absatz 2 ersetzt die Europäische Zentralbank den durch sie oder ihre Bediensteten in Ausübung ihrer Amtstätigkeit verursachten Schaden nach den allgemeinen Rechtsgrundsätzen, die den Rechtsordnungen der Mitgliedstaaten gemeinsam sind.

[4] Die persönliche Haftung der Bediensteten gegenüber der Union bestimmt sich nach den Vorschriften ihres Statuts oder der für sie geltenden Beschäftigungsbedingungen.

Art. 341[1)] [Sitz der Organe der Union] Der Sitz der Organe der Union wird im Einvernehmen zwischen den Regierungen der Mitgliedstaaten bestimmt.

---

1) Siehe hierzu das Europolsitz-Protokoll v. 2.10.1997 (ABl. C 340 S. 112), geänd. durch Protokoll v. 13.12.2007 (ABl. C 306 S. 165).

Art. 342 [Sprachenfrage] Die Regelung der Sprachenfrage für die Organe der Union wird unbeschadet der Satzung des Gerichtshofs der Europäischen Union vom Rat einstimmig durch Verordnungen getroffen.

Art. 343 [Vorrechte und Befreiungen der Union] [1] Die Union genießt im Hoheitsgebiet der Mitgliedstaaten die zur Erfüllung ihrer Aufgabe erforderlichen Vorrechte und Befreiungen nach Maßgabe des Protokolls vom 8. April 1965 über die Vorrechte und Befreiungen der Europäischen Union. [2] Dasselbe gilt für die Europäische Zentralbank und die Europäische Investitionsbank.

Art. 344 [Exklusivität der unionsrechtlichen Streitbeilegungsmechanismen] Die Mitgliedstaaten verpflichten sich, Streitigkeiten über die Auslegung oder Anwendung der Verträge nicht anders als hierin vorgesehen zu regeln.

Art. 345 [Eigentumsordnung] Die Verträge lassen die Eigentumsordnung in den verschiedenen Mitgliedstaaten unberührt.

Art. 346 [Ausnahme bei wesentlichen Sicherheitsinteressen; Rüstungsgüter] (1) Die Vorschriften der Verträge stehen folgenden Bestimmungen nicht entgegen:

a) Ein Mitgliedstaat ist nicht verpflichtet, Auskünfte zu erteilen, deren Preisgabe seines Erachtens seinen wesentlichen Sicherheitsinteressen widerspricht;
b) jeder Mitgliedstaat kann die Maßnahmen ergreifen, die seines Erachtens für die Wahrung seiner wesentlichen Sicherheitsinteressen erforderlich sind, soweit sie die Erzeugung von Waffen, Munition und Kriegsmaterial oder den Handel damit betreffen; diese Maßnahmen dürfen auf dem Binnenmarkt die Wettbewerbsbedingungen hinsichtlich der nicht eigens für militärische Zwecke bestimmten Waren nicht beeinträchtigen.

(2) Der Rat kann die von ihm am 15. April 1958 festgelegte Liste der Waren, auf die Absatz 1 Buchstabe b Anwendung findet, einstimmig auf Vorschlag der Kommission ändern.

Art. 347 [Notstandsvorbehalt] Die Mitgliedstaaten setzen sich miteinander ins Benehmen, um durch gemeinsames Vorgehen zu verhindern, dass das Funktionieren des Binnenmarkts durch Maßnahmen beeinträchtigt wird, die ein Mitgliedstaat bei einer schwerwiegenden innerstaatlichen Störung der öffentlichen Ordnung, im Kriegsfall, bei einer ernsten, eine Kriegsgefahr darstellenden internationalen Spannung oder in Erfüllung der Verpflichtungen trifft, die er im Hinblick auf die Aufrechterhaltung des Friedens und der internationalen Sicherheit übernommen hat.

Art. 348 [Anpassungsmaßnahmen; besonderes Vertragsverletzungsverfahren] *[1]* Werden auf dem Binnenmarkt die Wettbewerbsbedingungen durch Maßnahmen aufgrund der Artikel 346 und 347 verfälscht, so prüft die Kommission gemeinsam mit dem beteiligten Staat, wie diese Maßnahmen den Vorschriften der Verträge angepasst werden können.

[2] [1]In Abweichung von dem in den Artikeln 258 und 259 vorgesehenen Verfahren kann die Kommission oder ein Mitgliedstaat den Gerichtshof unmittelbar anrufen, wenn die Kommission oder der Staat der Auffassung ist, dass ein anderer Mitgliedstaat die in den Artikeln 346 und 347 vorgesehenen Befugnisse missbraucht. [2]Der Gerichtshof entscheidet unter Ausschluss der Öffentlichkeit.

Art. 349 [Sonderregelungen für bestimmte außereuropäische Territorien der Mitgliedstaaten] *[1]* [1]Unter Berücksichtigung der strukturbedingten sozialen und wirtschaftlichen Lage von Guadeloupe, Französisch-Guayana, Martinique, Mayotte, Réunion und Saint-Martin, der Azoren, Madeiras und der Kanarischen Inseln, die durch die Faktoren Abgelegenheit, Insellage, geringe Größe, schwierige Relief- und Klimabedingungen und wirtschaftliche Abhängigkeit von einigen wenigen Erzeugnissen erschwert wird, die als ständige Gegebenheiten und durch ihr Zusammenwirken die Entwicklung schwer beeinträchtigen, beschließt der Rat auf Vorschlag der Kommission nach Anhörung des Europäischen Parlaments spezifische Maßnahmen, die insbesondere darauf abzielen, die Bedingungen für die Anwendung der Verträge auf die genannten Gebiete, einschließlich gemeinsamer Politiken, festzulegen. [2]Werden die betreffenden spezifischen Maßnahmen vom Rat gemäß einem besonderen Gesetzgebungsverfahren erlassen, so beschließt er ebenfalls auf Vorschlag der Kommission und nach Anhörung des Europäischen Parlaments.

[2] Die Maßnahmen nach Absatz 1 betreffen insbesondere die Zoll- und Handelspolitik, Steuerpolitik, Freizonen, Agrar- und Fischereipolitik, die Bedingungen für die Versorgung mit Rohstoffen und grundlegenden Verbrauchsgütern, staatliche Beihilfen sowie die Bedingungen für den Zugang zu den Strukturfonds und zu den horizontalen Unionsprogrammen.

[3] Der Rat beschließt die in Absatz 1 genannten Maßnahmen unter Berücksichtigung der besonderen Merkmale und Zwänge der Gebiete in äußerster Randlage, ohne dabei die Integrität und Kohärenz der Rechtsordnung der Union, die auch den Binnenmarkt und die gemeinsamen Politiken umfasst, auszuhöhlen.

Art. 350 [Benelux-Union] Die Verträge stehen dem Bestehen und der Durchführung der regionalen Zusammenschlüsse zwischen Belgien und Luxemburg sowie zwischen Belgien, Luxemburg und den Niederlanden nicht entgegen, soweit die Ziele dieser Zusammenschlüsse durch Anwendung der Verträge nicht erreicht sind.

Art. 351 [Frühere Abkommen der Mitgliedstaaten] *[1]* Die Rechte und Pflichten aus Übereinkünften, die vor dem 1. Januar 1958 oder, im Falle später beigetretener Staaten, vor dem Zeitpunkt ihres Beitritts zwischen einem oder mehreren Mitgliedstaaten einerseits und einem oder mehreren dritten Ländern andererseits geschlossen wurden, werden durch die Verträge nicht berührt.

[2] [1]Soweit diese Übereinkünfte mit den Verträgen nicht vereinbar sind, wenden der oder die betreffenden Mitgliedstaaten alle geeigneten Mittel an, um die festgestellten Unvereinbarkeiten zu beheben. [2]Erforderlichenfalls leisten die Mitgliedstaaten zu diesem Zweck einander Hilfe; sie nehmen gegebenenfalls eine gemeinsame Haltung ein.

[3] Bei Anwendung der in Absatz 1 bezeichneten Übereinkünfte tragen die Mitgliedstaaten dem Umstand Rechnung, dass die in den Verträgen von jedem Mitgliedstaat gewährten Vorteile Bestandteil der Errichtung der Union sind und daher in untrennbarem Zusammenhang stehen mit der Schaffung gemeinsamer Organe, der Übertragung von Zuständigkeiten auf diese und der Gewährung der gleichen Vorteile durch alle anderen Mitgliedstaaten.

Art. 352 [Kompetenzergänzungsklausel] (1) [1] Erscheint ein Tätigwerden der Union im Rahmen der in den Verträgen festgelegten Politikbereiche erforderlich, um eines der Ziele der Verträge zu verwirklichen, und sind in den Verträgen die hierfür erforderlichen Befugnisse nicht vorgesehen, so erlässt der Rat einstimmig auf Vorschlag der Kommission und nach Zustimmung des Europäischen Parlaments die geeigneten Vorschriften. [2] Werden diese Vorschriften vom Rat gemäß einem besonderen Gesetzgebungsverfahren erlassen, so beschließt er ebenfalls einstimmig auf Vorschlag der Kommission und nach Zustimmung des Europäischen Parlaments.

(2) Die Kommission macht die nationalen Parlamente im Rahmen des Verfahrens zur Kontrolle der Einhaltung des Subsidiaritätsprinzips nach Artikel 5 Absatz 3 des Vertrags über die Europäische Union[1)] auf die Vorschläge aufmerksam, die sich auf diesen Artikel stützen.

(3) Die auf diesem Artikel beruhenden Maßnahmen dürfen keine Harmonisierung der Rechtsvorschriften der Mitgliedstaaten in den Fällen beinhalten, in denen die Verträge eine solche Harmonisierung ausschließen.

(4) Dieser Artikel kann nicht als Grundlage für die Verwirklichung von Zielen der Gemeinsamen Außen- und Sicherheitspolitik dienen, und Rechtsakte, die nach diesem Artikel erlassen werden, müssen innerhalb der in Artikel 40 Absatz 2 des Vertrags über die Europäische Union festgelegten Grenzen bleiben.

Art. 353 [Änderung der Einstimmigkeit] Artikel 48 Absatz 7 des Vertrags über die Europäische Union[1)] findet keine Anwendung auf die folgenden Artikel:
– Artikel 311 Absätze 3 und 4,
– Artikel 312 Absatz 2 Unterabsatz 1,
– Artikel 352 und
– Artikel 354.

Art. 354 [Stimmrechtsaussetzung] *[1]* [1] Für die Zwecke des Artikels 7 des Vertrags über die Europäische Union[1)] über die Aussetzung bestimmter mit der Zugehörigkeit zur Union verbundener Rechte ist das Mitglied des Europäischen Rates oder des Rates, das den betroffenen Mitgliedstaat vertritt, nicht stimmberechtigt und der betreffende Mitgliedstaat wird bei der Berechnung des Drittels oder der vier Fünftel der Mitgliedstaaten nach den Absätzen 1 und 2 des genannten Artikels nicht berücksichtigt. [2] Die Stimmenthaltung von anwesenden oder vertretenen Mitgliedern steht dem Erlass von Beschlüssen nach Absatz 2 des genannten Artikels nicht entgegen.

[1)] Nr. **16**.

[2] Für den Erlass von Beschlüssen nach Artikel 7 Absätze 3 und 4 des Vertrags über die Europäische Union bestimmt sich die qualifizierte Mehrheit nach Artikel 238 Absatz 3 Buchstabe b dieses Vertrags.

[3] Beschließt der Rat nach dem Erlass eines Beschlusses über die Aussetzung der Stimmrechte nach Artikel 7 Absatz 3 des Vertrags über die Europäische Union auf der Grundlage einer Bestimmung der Verträge mit qualifizierter Mehrheit, so bestimmt sich die qualifizierte Mehrheit hierfür nach Artikel 238 Absatz 3 Buchstabe b dieses Vertrags oder, wenn der Rat auf Vorschlag der Kommission oder des Hohen Vertreters der Union für die Außen- und Sicherheitspolitik handelt, nach Artikel 238 Absatz 3 Buchstabe a.

[4] Für die Zwecke des Artikels 7 des Vertrags über die Europäische Union beschließt das Europäische Parlament mit der Mehrheit von zwei Dritteln der abgegebenen Stimmen und mit der Mehrheit seiner Mitglieder.

Art. 355 [Geltungsbereich der Verträge; Sonderfälle] Zusätzlich zu den Bestimmungen des Artikels 52 des Vertrags über die Europäische Union[1] über den räumlichen Geltungsbereich der Verträge gelten folgende Bestimmungen:

(1) Die Verträge gelten nach Artikel 349 für Guadeloupe, Französisch-Guayana, Martinique, Mayotte, Réunion, Saint-Martin, die Azoren, Madeira und die Kanarischen Inseln.

(2) *[1]* Für die in Anhang II aufgeführten überseeischen Länder und Hoheitsgebiete gilt das besondere Assoziierungssystem, das im Vierten Teil festgelegt ist.

[2] Die Verträge finden keine Anwendung auf die überseeischen Länder und Hoheitsgebiete, die besondere Beziehungen zum Vereinigten Königreich Großbritannien und Nordirland unterhalten und die in dem genannten Anhang nicht aufgeführt sind.

(3) Die Verträge finden auf die europäischen Hoheitsgebiete Anwendung, deren auswärtige Beziehungen ein Mitgliedstaat wahrnimmt.

(4) Die Verträge finden entsprechend den Bestimmungen des Protokolls Nr. 2 zur Akte über die Bedingungen des Beitritts der Republik Österreich, der Republik Finnland und des Königsreichs Schweden auf die Ålandinseln Anwendung.

(5) Abweichend von Artikel 52 des Vertrags über die Europäische Union und von den Absätzen 1 bis 4 dieses Artikels gilt:

a) Die Verträge finden auf die Färöer keine Anwendung.
b) Die Verträge finden auf die Hoheitszonen des Vereinigten Königreichs auf Zypern, Akrotiri und Dhekelia, nur insoweit Anwendung, als dies erforderlich ist, um die Anwendung der Regelungen des Protokolls über die Hoheitszonen des Vereinigten Königreichs Großbritannien und Nordirland in Zypern, das der Akte über die Bedingungen des Beitritts der Tschechischen Republik, der Republik Estland, der Republik Zypern, der Republik Lettland, der Republik Litauen, der Republik Ungarn, der Republik Malta, der Republik Polen, der Republik Slowenien und der Slowakischen Republik zur Europäischen Union beigefügt ist, nach Maßgabe jenes Protokolls sicherzustellen.

---

[1] Nr. **16**.

c) Die Verträge finden auf die Kanalinseln und die Insel Man nur insoweit Anwendung, als dies erforderlich ist, um die Anwendung der Regelung sicherzustellen, die in dem am 22. Januar 1972 unterzeichneten Vertrag über den Beitritt neuer Mitgliedstaaten zur Europäischen Wirtschaftsgemeinschaft und zur Europäischen Atomgemeinschaft für diese Inseln vorgesehen ist.

(6) [1] Der Europäische Rat kann auf Initiative des betroffenen Mitgliedstaats einen Beschluss zur Änderung des Status eines in den Absätzen 1 und 2 genannten dänischen, französischen oder niederländischen Landes oder Hoheitsgebiets gegenüber der Union erlassen. [2] Der Europäische Rat beschließt einstimmig nach Anhörung der Kommission.

Art. 356 [Geltungsdauer] Dieser Vertrag gilt auf unbegrenzte Zeit.

Art. 357 [Ratifizierung und Inkrafttreten] *[1]* [1] Dieser Vertrag bedarf der Ratifizierung durch die Hohen Vertragsparteien gemäß ihren verfassungsrechtlichen Vorschriften. [2] Die Ratifikationsurkunden werden bei der Regierung der Italienischen Republik hinterlegt.

[2] [1] Dieser Vertrag tritt am ersten Tag des auf die Hinterlegung der letzten Ratifikationsurkunde folgenden Monats in Kraft. [2] Findet diese Hinterlegung weniger als fünfzehn Tage vor Beginn des folgenden Monats statt, so tritt der Vertrag am ersten Tag des zweiten Monats nach dieser Hinterlegung in Kraft.

Art. 358 [Verbindlicher Wortlaut; Hinterlegung] Die Bestimmungen des Artikels 55 des Vertrags über die Europäische Union[1)] sind auf diesen Vertrag anwendbar.

ZU URKUND DESSEN haben die unterzeichnenden Bevollmächtigten ihre Unterschriften unter diesen Vertrag gesetzt.

Geschehen zu Rom am fünfundzwanzigsten März neunzehnhundertsiebenundfünfzig.

(Aufzählung der Unterzeichner nicht wiedergegeben)

[1)] Nr. **16**.

Anhang I. Listen zu Artikel 38 des Vertrags

–1– Nummer des Brüsseler Zolltarifschemas	–2– Warenbezeichnung
Kapitel 1	Lebende Tiere
Kapitel 2	Fleisch und genießbarer Schlachtabfall
Kapitel 3	Fische, Krebstiere und Weichtiere
Kapitel 4	Milch und Milcherzeugnisse, Vogeleier; natürlicher Honig
Kapitel 5	
05.04	Därme, Blasen und Mägen von anderen Tieren als Fischen, ganz oder geteilt
05.15	Waren tierischen Ursprungs, anderweit weder genannt noch inbegriffen; nicht lebende Tiere des Kapitels 1 oder 3, ungenießbar
Kapitel 6	Lebende Pflanzen und Waren des Blumenhandels
Kapitel 7	Gemüse, Pflanzen, Wurzeln und Knollen, die zu Ernährungszwecken verwendet werden
Kapitel 8	Genießbare Früchte, Schalen von Zitrusfrüchten oder von Melonen
Kapitel 9	Kaffee, Tee und Gewürze, ausgenommen Mate (Position 09.03)
Kapitel 10	Getreide
Kapitel 11	Müllereierzeugnisse, Malz; Stärke; Kleber, Inullin
Kapitel 12	Ölsaaten und ölhaltige Früchte; verschiedene Samen und Früchte; Pflanzen zum Gewerbe- oder Heilgebrauch, Stroh und Futter
Kapitel 13	
ex 13.03	Pektin
Kapitel 15	
15.01	Schweineschmalz; Geflügelfett, ausgepreßt oder ausgeschmolzen
15.02	Talg von Rindern, Schafen oder Ziegen, roh oder ausgeschmolzen, einschließlich Premier Jus
15.03	Schmalzstearin; Oleostearin; Schmalzöl, Oleomargarine und Talgöl, weder emulgiert, vermischt noch anders verarbeitet
15.04	Fette und Öle von Fischen oder Meeressäugetieren, auch raffiniert
15.07	Fette pflanzliche Öle, flüssig oder fest, roh, gereinigt oder raffiniert
15.12	Tierische und pflanzliche Fette und Öle, gehärtete, auch raffiniert, jedoch nicht weiter verarbeitet
15.13	Margarine, Kunstspeisefett und andere genießbare verarbeitete Fette
15.17	Rückstände aus der Verarbeitung von Fettstoffen oder von tierischen oder pflanzlichen Wachsen
Kapitel 16	Zubereitungen von Fleisch, Fischen, Krebstieren und Weichtieren
Kapitel 17	
17.01	Rüben- und Rohrzucker
17.02	Andere Zucker; Sirupe; Kunsthonig, auch mit natürlichem Honig vermischt; Zucker und Melassen, karamellisiert
17.03	Melassen, auch entfärbt
17.05[*]	Zucker, Sirupe und Melassen, aromatisiert und gefärbt (einschließlich Vanille- und Vanillinzucker), ausgenommen Fruchtsäfte mit beliebigem Zusatz von Zucker
Kapitel 18	
18.01	Kakaobohnen, auch Bruch, roh oder geröstet
18.02	Kakaoschalen, Kakaohäutchen und anderer Kakaoabfall

–1– Nummer des Brüsseler Zolltarifschemas	–2– Warenbezeichnung
Kapitel 20	Zubereitungen von Gemüse, Küchenkräutern, Früchten und anderen Pflanzen oder Pflanzenteilen
Kapitel 22	
22.04	Traubenmost, teilweise vergoren, auch ohne Alkohol stummgemacht
22.05	Wein aus frischen Weintrauben; mit Alkohol stummgemachter Most aus frischen Weintrauben
22.07	Apfelwein, Birnenwein, Met und andere gegorene Getränke
ex 22.08(*) ex 22.09(*)	Ätylalkohol und Sprit, vergällt und unvergällt mit einem beliebigen Ätylalkoholgehalt, hergestellt aus landwirtschaftlichen Erzeugnissen, die in Anhang I aufgeführt sind (ausgenommen Brandwein, Likör und andere alkoholische Getränke, zusammengesetzte alkoholische Zubereitungen – Essenzen – zur Herstellung von Getränken)
ex 22.10(*)	Speiseessig
Kapitel 23	Rückstände und Abfälle der Lebensmittelindustrie; zubereitetes Futter
Kapitel 24	
24.01	Tabak, unverarbeitet; Tabakabfälle
Kapitel 45	
45.01	Naturkork, unbearbeitet, und Korkabfälle; Korkschrot, Korkmehl
Kapitel 54	
54.01	Flachs, roh, geröstet, geschwungen, gehechelt oder anders bearbeitet, jedoch nicht versponnen; Werg und Abfälle (einschließlich Reißspinnstoff)
Kapitel 57	
57.01	Hanf (Cannabis sativa), roh, geröstet, geschwungen, gehechelt oder anders bearbeitet, jedoch nicht versponnen; Werg und Abfälle (einschließlich Reißspinnstoff)

(*) **Amtl. Anm.:** Position eingefügt gemäß Artikel 1 der Verordnung Nr. 7a des Rates der Europäischen Wirtschaftsgemeinschaft vom 18.12.1959 (ABl. 7 vom 30.1.1961, S. 71/61).

Anhang II. Überseeische Länder und Hoheitsgebiete, auf welche der vierte Teil des Vertrags Anwendung findet

- Grönland,
- Neukaledonien und Nebengebiete,
- Französisch–Polynesien,
- Französische Süd- und Antarktisgebiete,
- Wallis und Futuna,
- St. Pierre und Miquelon,
- Saint-Barthélemy,
- Aruba,
- Niederländische Antillen:
  - Bonaire,
  - Curacao,
  - Saba,
  - Sint Eustatius,
  - Sint Maarten,
- Anguilla,
- Kaimaninseln,
- Falklandinseln,
- Südgeorgien und südliche Sandwichinseln,
- Montserrat,
- Pitcairn,
- St. Helena und Nebengebiete,
- Britisches Territorium im Indischen Ozean,
- Turks- und Caicosinseln,
- Britische Jungferninseln,
- Bermuda.

18/1. Protokoll über die Rolle der nationalen Parlamente in der Europäischen Union[1)]

Vom 13. Dezember 2007

(ABl. C 306 S. 146)

EU-Dok.-Nr. 1 2007 L/PRO/A/01

DIE HOHEN VERTRAGSPARTEIEN –

EINGEDENK dessen, dass die Art der Kontrolle der Regierungen durch die nationalen Parlamente hinsichtlich der Tätigkeiten der Europäischen Union Sache der besonderen verfassungsrechtlichen Gestaltung und Praxis jedes Mitgliedstaats ist,

IN DEM WUNSCH, eine stärkere Beteiligung der nationalen Parlamente an den Tätigkeiten der Europäischen Union zu fördern und ihnen bessere Möglichkeiten zu geben, sich zu den Entwürfen von Gesetzgebungsakten der Europäischen Union sowie zu anderen Fragen, die für sie von besonderem Interesse sein können, zu äußern –

SIND über folgende Bestimmungen ÜBEREINGEKOMMEN, die dem Vertrag über die Europäische Union[2)], dem Vertrag über die Arbeitsweise der Europäischen Union[3)] und dem Vertrag zur Gründung der Europäischen Atomgemeinschaft beigefügt sind:

Titel I. Unterrichtung der nationalen Parlamente

Art. 1 [Weiterleitung von Dokumenten] [1] Die Konsultationsdokumente der Kommission (Grün- und Weißbücher sowie Mitteilungen) werden bei ihrer Veröffentlichung von der Kommission direkt den nationalen Parlamenten zugeleitet. [2] Ferner leitet die Kommission den nationalen Parlamenten gleichzeitig mit der Übermittlung an das Europäische Parlament und den Rat das jährliche Rechtsetzungsprogramm sowie alle weiteren Dokumente für die Ausarbeitung der Rechtsetzungsprogramme oder politischen Strategien zu.

Art. 2 [Weiterleitung von Gesetzgebungsakten] *[1]* Die an das Europäische Parlament und den Rat gerichteten Entwürfe von Gesetzgebungsakten werden den nationalen Parlamenten zugeleitet.

[2] Im Sinne dieses Protokolls bezeichnet „Entwurf eines Gesetzgebungsakts" die Vorschläge der Kommission, die Initiativen einer Gruppe von Mitgliedstaaten, die Initiativen des Europäischen Parlaments, die Anträge des Gerichtshofs, die Empfehlungen der Europäischen Zentralbank und die Anträge der Europäischen Investitionsbank, die den Erlass eines Gesetzgebungsaktes zum Ziel haben.

[1)] Verkündet mit dem Vertrag von Lissabon am 13.12.2007 (ABl. C 306 S. 1). Die Bundesrepublik Deutschland hat dem Vertrag mit G. v. 8.10.2008 (BGBl. II S. 1038) zugestimmt; Inkrafttreten am **1.12.2009**, siehe Bek. v. 13.11.2009 (BGBl. II S. 1223).

[2)] Nr. **16**.

[3)] Nr. **18**.

[3] Die von der Kommission vorgelegten Entwürfe von Gesetzgebungsakten werden von der Kommission gleichzeitig mit der Übermittlung an das Europäische Parlament und den Rat direkt den nationalen Parlamenten zugeleitet.

[4] Die vom Europäischen Parlament vorgelegten Entwürfe von Gesetzgebungsakten werden vom Europäischen Parlament direkt den nationalen Parlamenten zugeleitet.

[5] Die von einer Gruppe von Mitgliedstaaten, vom Gerichtshof, von der Europäischen Zentralbank oder von der Europäischen Investitionsbank vorgelegten Entwürfe von Gesetzgebungsakten werden vom Rat den nationalen Parlamenten zugeleitet.

Art. 3 [Subsidiaritätsprinzip] *[1]* Die nationalen Parlamente können nach dem im Protokoll über die Anwendung der Grundsätze der Subsidiarität und der Verhältnismäßigkeit vorgesehenen Verfahren eine begründete Stellungnahme zur Übereinstimmung eines Entwurfs eines Gesetzgebungsakts mit dem Subsidiaritätsprinzip an die Präsidenten des Europäischen Parlaments, des Rates und der Kommission richten.

[2] Wird der Entwurf eines Gesetzgebungsakts von einer Gruppe von Mitgliedstaaten vorgelegt, so übermittelt der Präsident des Rates die begründete Stellungnahme oder die begründeten Stellungnahmen den Regierungen dieser Mitgliedstaaten.

[3] Wird der Entwurf eines Gesetzgebungsakts vom Gerichtshof, von der Europäischen Zentralbank oder von der Europäischen Investitionsbank vorgelegt, so übermittelt der Präsident des Rates die begründete Stellungnahme oder die begründeten Stellungnahmen dem betreffenden Organ oder der betreffenden Einrichtung.

Art. 4 [Fristen] [1] Zwischen dem Zeitpunkt, zu dem ein Entwurf eines Gesetzgebungsakts den nationalen Parlamenten in den Amtssprachen der Union zugeleitet wird, und dem Zeitpunkt, zu dem er zwecks Erlass oder zur Festlegung eines Standpunkts im Rahmen eines Gesetzgebungsverfahrens auf die vorläufige Tagesordnung des Rates gesetzt wird, müssen acht Wochen liegen. [2] In dringenden Fällen, die in dem Rechtsakt oder dem Standpunkt des Rates begründet werden, sind Ausnahmen möglich. [3] Außer in ordnungsgemäß begründeten dringenden Fällen darf in diesen acht Wochen keine Einigung über den Entwurf eines Gesetzgebungsakts festgestellt werden. [4] Außer in ordnungsgemäß begründeten dringenden Fällen müssen zwischen der Aufnahme des Entwurfs eines Gesetzgebungsakts in die vorläufige Tagesordnung für die Tagung des Rates und der Festlegung eines Standpunkts zehn Tage liegen.

Art. 5 [Tagesordnungen des Rates] Den nationalen Parlamenten werden die Tagesordnungen für die Tagungen des Rates und die Ergebnisse dieser Tagungen, einschließlich der Protokolle der Tagungen, auf denen der Rat über Entwürfe von Gesetzgebungsakten berät, gleichzeitig mit der Übermittlung an die Regierungen der Mitgliedstaaten direkt zugeleitet.

Art. 6 [Vertragsänderungen] Beabsichtigt der Europäische Rat, Artikel 48 Absatz 7 Unterabsatz 1 oder Unterabsatz 2 des Vertrags über die Europäische

Union[1)] in Anspruch zu nehmen, so werden die nationalen Parlamente mindestens sechs Monate vor dem Erlass eines Beschlusses von der Initiative des Europäischen Rates unterrichtet.

Art. 7 [Jahresbericht des Rechnungshofs] Der Rechnungshof übermittelt den nationalen Parlamenten gleichzeitig mit der Übermittlung an das Europäische Parlament und den Rat seinen Jahresbericht zur Unterrichtung.

Art. 8 [Zweikammersystem] Handelt es sich bei dem System des nationalen Parlaments nicht um ein Einkammersystem, so gelten die Artikel 1 bis 7 für jede der Kammern des Parlaments.

Titel II. Zusammenarbiet zwischen den Parlamenten

Art. 9 [Regelung der Zusammenarbeit] Das Europäische Parlament und die nationalen Parlamente legen gemeinsam fest, wie eine effiziente und regelmäßige Zusammenarbeit zwischen den Parlamenten innerhalb der Union gestaltet und gefördert werden kann.

Art. 10 [Konferenz der Europa-Ausschüsse] [1]Eine Konferenz der Europa-Ausschüsse der Parlamente kann jeden ihr zweckmäßig erscheinenden Beitrag dem Europäischen Parlament, dem Rat und der Kommission zur Kenntnis bringen. [2]Diese Konferenz fördert ferner den Austausch von Informationen und bewährten Praktiken zwischen den nationalen Parlamenten und dem Europäischen Parlament, einschließlich ihrer Fachausschüsse. [3]Sie kann auch interparlamentarische Konferenzen zu Einzelthemen organisieren, insbesondere zur Erörterung von Fragen der Gemeinsamen Außen- und Sicherheitspolitik, einschließlich der Gemeinsamen Sicherheits- und Verteidigungspolitik. [4]Die Beiträge der Konferenz binden nicht die nationalen Parlamente und greifen ihrem Standpunkt nicht vor.

[1)] Nr. **16**.

18/2. Protokoll über die Anwendung der Grundsätze der Subsidiarität und der Verhältnismäßigkeit[1)]

Vom 13. Dezember 2007
(ABl. C 306 S. 150)

Celex-Nr. 1 2007 L/PRO/A/02

DIE HOHEN VERTRAGSPARTEIEN –

IN DEM WUNSCH sicherzustellen, dass die Entscheidungen in der Union so bürgernah wie möglich getroffen werden,

ENTSCHLOSSEN, die Bedingungen für die Anwendung der in Artikel 5 des Vertrags über die Europäische Union[2)] verankerten Grundsätze der Subsidiarität und der Verhältnismäßigkeit festzulegen und ein System zur Kontrolle der Anwendung dieser Grundsätze zu schaffen –

SIND über folgende Bestimmungen ÜBEREINGEKOMMEN, die dem Vertrag über die Europäische Union[2)] und dem Vertrag über die Arbeitsweise der Europäischen Union[3)] beigefügt sind:

Art. 1 [Pflichten der Organe] Jedes Organ trägt stets für die Einhaltung der in Artikel 5 des Vertrags über die Europäische Union[2)] niedergelegten Grundsätze der Subsidiarität und der Verhältnismäßigkeit Sorge.

Art. 2 [Anhörungen] [1]Die Kommission führt umfangreiche Anhörungen durch, bevor sie einen Gesetzgebungsakt vorschlägt. [2]Dabei ist gegebenenfalls der regionalen und lokalen Bedeutung der in Betracht gezogenen Maßnahmen Rechnung zu tragen. [3]In außergewöhnlich dringenden Fällen führt die Kommission keine Konsultationen durch. [4]Sie begründet dies in ihrem Vorschlag.

Art. 3 [Definition des „Gesetzgebungsakts"] Im Sinne dieses Protokolls bezeichnet „Entwurf eines Gesetzgebungsakts" die Vorschläge der Kommission, die Initiativen einer Gruppe von Mitgliedstaaten, die Initiativen des Europäischen Parlaments, die Anträge des Gerichtshofs, die Empfehlungen der Europäischen Zentralbank und die Anträge der Europäischen Investitionsbank, die den Erlass eines Gesetzgebungsakts zum Ziel haben.

Art. 4 [Weiterleitung der Gesetzgebungsentwürfe] *[1]* Die Kommission leitet ihre Entwürfe für Gesetzgebungsakte und ihre geänderten Entwürfe den nationalen Parlamenten und dem Unionsgesetzgeber gleichzeitig zu.

[2] Das Europäische Parlament leitet seine Entwürfe von Gesetzgebungsakten sowie seine geänderten Entwürfe den nationalen Parlamenten zu.

[3] Der Rat leitet die von einer Gruppe von Mitgliedstaaten, vom Gerichtshof, von der Europäischen Zentralbank oder von der Europäischen Investiti-

---

1) Die Verweise/Bezugnahmen auf Vorschriften des AEUV sind bereits gemäß Art. 5 des Vertrags von Lissabon iVm der Übereinstimmungstabelle an die neue Nummerierung angepasst worden.

2) Nr. **16**.

3) Nr. **18**.

onsbank vorgelegten Entwürfe von Gesetzgebungsakten sowie die geänderten Entwürfe den nationalen Parlamenten zu.

[4] Sobald das Europäische Parlament seine legislativen Entschließungen angenommen und der Rat seine Standpunkte festgelegt hat, leiten sie diese den nationalen Parlamenten zu.

Art. 5 [Anforderungen an die Entwürfe] [1]Die Entwürfe von Gesetzgebungsakten werden im Hinblick auf die Grundsätze der Subsidiarität und der Verhältnismäßigkeit begründet. [2]Jeder Entwurf eines Gesetzgebungsakts sollte einen Vermerk mit detaillierten Angaben enthalten, die es ermöglichen zu beurteilen, ob die Grundsätze der Subsidiarität und der Verhältnismäßigkeit eingehalten wurden. [3]Dieser Vermerk sollte Angaben zu den voraussichtlichen finanziellen Auswirkungen sowie im Fall einer Richtlinie zu den Auswirkungen auf die von den Mitgliedstaaten zu erlassenden Rechtsvorschriften, einschließlich gegebenenfalls der regionalen Rechtsvorschriften, enthalten. [4]Die Feststellung, dass ein Ziel der Union besser auf Unionsebene erreicht werden kann, beruht auf qualitativen und, soweit möglich, quantitativen Kriterien. [5]Die Entwürfe von Gesetzgebungsakten berücksichtigen dabei, dass die finanzielle Belastung und der Verwaltungsaufwand der Union, der nationalen Regierungen, der regionalen und lokalen Behörden, der Wirtschaftsteilnehmer und der Bürgerinnen und Bürger so gering wie möglich gehalten werden und in einem angemessenen Verhältnis zu dem angestrebten Ziel stehen müssen.

Art. 6 [Stellungnahme der nationalen Parlamente] *[1]* [1]Die nationalen Parlamente oder die Kammern eines dieser Parlamente können binnen acht Wochen nach dem Zeitpunkt der Übermittlung eines Entwurfs eines Gesetzgebungsakts in den Amtssprachen der Union in einer begründeten Stellungnahme an die Präsidenten des Europäischen Parlaments, des Rates und der Kommission darlegen, weshalb der Entwurf ihres Erachtens nicht mit dem Subsidiaritätsprinzip vereinbar ist. [2]Dabei obliegt es dem jeweiligen nationalen Parlament oder der jeweiligen Kammer eines nationalen Parlaments, gegebenenfalls die regionalen Parlamente mit Gesetzgebungsbefugnissen zu konsultieren.

[2] Wird der Entwurf eines Gesetzgebungsakts von einer Gruppe von Mitgliedstaaten vorgelegt, so übermittelt der Präsident des Rates die Stellungnahme den Regierungen dieser Mitgliedstaaten.

[3] Wird der Entwurf eines Gesetzgebungsakts vom Gerichtshof, von der Europäischen Zentralbank oder von der Europäischen Investitionsbank vorgelegt, so übermittelt der Präsident des Rates die Stellungnahme dem betreffenden Organ oder der betreffenden Einrichtung.

Art. 7 [Abstimmung über Stellungnahmen] (1) *[1]* Das Europäische Parlament, der Rat und die Kommission sowie gegebenenfalls die Gruppe von Mitgliedstaaten, der Gerichtshof, die Europäische Zentralbank oder die Europäische Investitionsbank, sofern der Entwurf eines Gesetzgebungsakts von ihnen vorgelegt wurde, berücksichtigen die begründeten Stellungnahmen der nationalen Parlamente oder einer der Kammern eines dieser Parlamente.

[2] [1]Jedes nationale Parlament hat zwei Stimmen, die entsprechend dem einzelstaatlichen parlamentarischen System verteilt werden. [2]In einem Zweikammersystem hat jede der beiden Kammern eine Stimme.

(2) *[1]* [1] Erreicht die Anzahl begründeter Stellungnahmen, wonach der Entwurf eines Gesetzgebungsakts nicht mit dem Subsidiaritätsprinzip im Einklang steht, mindestens ein Drittel der Gesamtzahl der den nationalen Parlamenten nach Absatz 1 Unterabsatz 2 zugewiesenen Stimmen, so muss der Entwurf überprüft werden. [2] Die Schwelle beträgt ein Viertel der Stimmen, wenn es sich um den Entwurf eines Gesetzgebungsakts auf der Grundlage des Artikels 76 des Vertrags über die Arbeitsweise der Europäischen Union[1)] betreffend den Raum der Freiheit, der Sicherheit und des Rechts handelt.

[2] [1] Nach Abschluss der Überprüfung kann die Kommission oder gegebenenfalls die Gruppe von Mitgliedstaaten, das Europäische Parlament, der Gerichtshof, die Europäische Zentralbank oder die Europäische Investitionsbank, sofern der Entwurf eines Gesetzgebungsakts von ihr beziehungsweise ihm vorgelegt wurde, beschließen, an dem Entwurf festzuhalten, ihn zu ändern oder ihn zurückzuziehen. [2] Dieser Beschluss muss begründet werden.

(3) *[1]* [1] Außerdem gilt im Rahmen des ordentlichen Gesetzgebungsverfahrens Folgendes: Erreicht die Anzahl begründeter Stellungnahmen, wonach der Vorschlag für einen Gesetzgebungsakt nicht mit dem Subsidiaritätsprinzip im Einklang steht, mindestens die einfache Mehrheit der Gesamtzahl der den nationalen Parlamenten nach Absatz 1 Unterabsatz 2 zugewiesenen Stimmen, so muss der Vorschlag überprüft werden. [2] Nach Abschluss dieser Überprüfung kann die Kommission beschließen, an dem Vorschlag festzuhalten, ihn zu ändern oder ihn zurückzuziehen.

[2] [1] Beschließt die Kommission, an dem Vorschlag festzuhalten, so hat sie in einer begründeten Stellungnahme darzulegen, weshalb der Vorschlag ihres Erachtens mit dem Subsidiaritätsprinzip im Einklang steht. [2] Die begründete Stellungnahme der Kommission wird zusammen mit den begründeten Stellungnahmen der nationalen Parlamente dem Unionsgesetzgeber vorgelegt, damit dieser sie im Rahmen des Verfahrens berücksichtigt:

a) Vor Abschluss der ersten Lesung prüft der Gesetzgeber (das Europäische Parlament und der Rat), ob der Gesetzgebungsvorschlag mit dem Subsidiaritätsprinzip im Einklang steht; hierbei berücksichtigt er insbesondere die angeführten Begründungen, die von einer Mehrheit der nationalen Parlamente unterstützt werden, sowie die begründete Stellungnahme der Kommission.

b) Ist der Gesetzgeber mit der Mehrheit von 55 % der Mitglieder des Rates oder einer Mehrheit der abgegebenen Stimmen im Europäischen Parlament der Ansicht, dass der Vorschlag nicht mit dem Subsidiaritätsprinzip im Einklang steht, wird der Gesetzgebungsvorschlag nicht weiter geprüft.

Art. 8 [EuGH-Zuständigkeit] *[1]* Der Gerichtshof der Europäischen Union ist für Klagen wegen Verstoßes eines Gesetzgebungsakts gegen das Subsidiaritätsprinzip zuständig, die nach Maßgabe des Artikels 263 des Vertrags über die Arbeitsweise der Europäischen Union[1)] von einem Mitgliedstaat erhoben oder entsprechend der jeweiligen innerstaatlichen Rechtsordnung von einem Mitgliedstaat im Namen seines nationalen Parlaments oder einer Kammer dieses Parlaments übermittelt werden.

[1)] Nr. **18**.

[2] Nach Maßgabe des genannten Artikels können entsprechende Klagen in Bezug auf Gesetzgebungsakte, für deren Erlass die Anhörung des Ausschusses der Regionen nach dem Vertrag über die Arbeitsweise der Europäischen Union vorgeschrieben ist, auch vom Ausschuss der Regionen erhoben werden.

Art. 9 [Jahresbericht der Kommission] [1] Die Kommission legt dem Europäischen Rat, dem Europäischen Parlament, dem Rat und den nationalen Parlamenten jährlich einen Bericht über die Anwendung des Artikels 5 des Vertrags über die Europäische Union[1)] vor. [2] Dieser Jahresbericht wird auch dem Wirtschafts- und Sozialausschuss und dem Ausschuss der Regionen zugeleitet.

[1)] Nr. **16**.

18/3. Protokoll über den Beschluss des Rates über die Anwendung des Artikels 16 Absatz 4 des Vertrags über die Europäische Union und des Artikels 238 Absatz 2 des Vertrags über die Arbeitsweise der Europäischen Union zwischen dem 1. November 2014 und dem 31. März 2017 einerseits und ab dem 1. April 2017 andererseits

Vom 13. Dezember 2007
(ABl. C 306 S. 157)

DIE HOHEN VERTRAGSPARTEIEN –

UNTER BERÜCKSICHTIGUNG der Tatsache, dass es zum Zeitpunkt der Billigung des Vertrags von Lissabon von grundlegender Bedeutung war, dass eine Einigung über den Beschluss des Rates über die Anwendung des Artikels 16 Absatz 4 des Vertrags über die Europäische Union[1] und des Artikels 238 Absatz 2 des Vertrags über die Arbeitsweise der Europäischen Union[2] zwischen dem 1. November 2014 und dem 31. März 2017 einerseits und ab dem 1. April 2017 andererseits (im Folgenden „Beschluss") zustande kommt –

SIND über folgende Bestimmung ÜBEREINGEKOMMEN, die dem Vertrag über die Europäische Union[1] und dem Vertrag über die Arbeitsweise der Europäischen Union[2] beigefügt ist:

Einziger Artikel. [Vorläufige Beratung]

Bevor der Rat einen Entwurf prüft, der entweder darauf abzielt, den Beschluss oder eine seiner Bestimmungen zu ändern oder aufzuheben, oder aber darauf abzielt, eine mittelbare Änderung seines Geltungsbereichs oder seiner Bedeutung zu bewirken, indem ein anderer Rechtsakt der Union geändert wird, führt der Europäische Rat eine vorläufige Beratung über diesen Entwurf durch, wobei er gemäß Artikel 15 Absatz 4 des Vertrags über die Europäische Union[1] im Konsens handelt.

---

[1] Nr. **16**.
[2] Nr. **18**.

18/4. Protokoll über die Übergangsbestimmungen[1]

Vom 13. Dezember 2007
(ABl. C 306 S. 159)

Celex-Nr. 1 2007 L/PRO/A/11

zuletzt geänd. durch Art. 20, Art. 23 und Art. 24 EU-Beitrittsakte 2013 (Kroatien) v. 9.12.2011 (ABl. 2012 L 112 S. 21)

DIE HOHEN VERTRAGSPARTEIEN –

IN DER ERWÄGUNG, dass zur Regelung des Übergangs von den institutionellen Bestimmungen der Verträge, die vor dem Inkrafttreten des Vertrags von Lissabon anwendbar sind, zu den Bestimmungen des genannten Vertrags Übergangsbestimmungen vorgesehen werden müssen –

SIND über folgende Bestimmungen ÜBEREINGEKOMMEN, die dem Vertrag über die Europäische Union[2], dem Vertrag über die Arbeitsweise der Europäischen Union[3] und dem Vertrag zur Gründung der Europäischen Atomgemeinschaft beigefügt sind:

Art. 1 [Definition] In diesem Protokoll bezeichnet der Ausdruck „die Verträge“ den Vertrag über die Europäische Union, den Vertrag über die Arbeitsweise der Europäischen Union und den Vertrag zur Gründung der Europäischen Atomgemeinschaft.

Titel I. Bestimmungen über das Europäische Parlament

Art. 2 [Zusammensetzung des EP] (1) Für den ab Inkrafttreten dieses Artikels verbleibenden Zeitraum der Legislaturperiode 2009–2014 werden in Abweichung von Artikel 189 Absatz 2 und Artikel 190 Absatz 2 des Vertrags zur Gründung der Europäischen Gemeinschaft sowie von Artikel 107 Absatz 2 und Artikel 108 Absatz 2 des Vertrags zur Gründung der Europäischen Atomgemeinschaft, die zum Zeitpunkt der Wahlen zum Europäischen Parlament im Juni 2009 in Kraft waren, sowie in Abweichung von der in Artikel 14 Absatz 2 Unterabsatz 1 des Vertrags über die Europäische Union[2] vorgesehenen Anzahl der Sitze den bestehenden 736 Sitzen die folgenden 18 Sitze hinzugefügt, wodurch sich die Gesamtzahl der Mitglieder des Europäischen Parlaments bis zum Ende der Legislaturperiode 2009–2014 vorübergehend auf 754 erhöht:

Bulgarien	1
Spanien	4
Frankreich	2
Italien	1
Lettland	1

---

[1] Die Verweise/Bezugnahmen auf Vorschriften des EUV (Nr. **16**) und/oder AEUV (Nr. **18**) sind bereits gemäß Art. 5 des Vertrags von Lissabon v. 13.12.2007 (ABl. C 306 S. 1, ber. ABl. 2008 C 111 S. 56, ABl. 2009 C 290 S. 1, ABl. 2010 C 81 S. 1, ABl. 2016 L 150 S. 1) iVm den Übereinstimmungstabellen an die neue Nummerierung angepasst worden.

[2] Nr. **16**.

[3] Nr. **18**.

Malta	1
Niederlande	1
Österreich	2
Polen	1
Slowenien	1
Schweden	2
Vereinigtes Königreich	1

(2) In Abweichung von Artikel 14 Absatz 3 des Vertrags über die Europäische Union benennen die betroffenen Mitgliedstaaten die Personen, die die zusätzlichen Sitze nach Absatz 1 einnehmen werden, nach ihren innerstaatlichen Rechtsvorschriften und unter der Voraussetzung, dass diese Personen in allgemeinen unmittelbaren Wahlen gewählt wurden, und zwar:

a) in allgemeinen, unmittelbaren Ad-hoc-Wahlen in dem betroffenen Mitgliedstaat gemäß den für die Wahlen zum Europäischen Parlament geltenden Bestimmungen,

b) auf der Grundlage der Ergebnisse der Wahlen zum Europäischen Parlament vom 4. bis 7. Juni 2009 oder

c) indem das nationale Parlament des betroffenen Mitgliedstaats die erforderliche Zahl von Mitgliedern aus seiner Mitte nach dem von dem jeweiligen Mitgliedstaat festgelegten Verfahren benennt.

(3) Rechtzeitig vor den Wahlen zum Europäischen Parlament 2014 erlässt der Europäische Rat nach Artikel 14 Absatz 2 Unterabsatz 2 des Vertrags über die Europäische Union einen Beschluss über die Zusammensetzung des Europäischen Parlaments.

Titel II. Bestimmungen über die qualifizierte Mehrheit

Art. 3 [Qualifizierte Mehrheit] (1) Nach Artikel 16 Absatz 4 des Vertrags über die Europäische Union[1)] treten die Bestimmungen dieses Absatzes und die Bestimmungen des Artikels 238 Absatz 2 des Vertrags über die Arbeitsweise der Europäischen Union[2)] zur Definition der qualifizierten Mehrheit im Europäischen Rat und im Rat am 1. November 2014 in Kraft.

(2) [1] Für den Zeitraum vom 1. November 2014 bis zum 31. März 2017 gilt Folgendes: Ist für eine Beschlussfassung eine qualifizierte Mehrheit erforderlich, kann ein Mitglied des Rates beantragen, dass die Beschlussfassung mit der qualifizierten Mehrheit nach Absatz 3 erfolgt. [2] In diesem Fall finden die Absätze 3 und 4 Anwendung.

(3) *[1]* Bis zum 31. Oktober 2014 gelten unbeschadet des Artikels 235 Absatz 1 Unterabsatz 2 des Vertrags über die Arbeitsweise der Europäischen Union die nachstehenden Bestimmungen.

[2] Ist für die Beschlussfassung im Europäischen Rat und im Rat eine qualifizierte Mehrheit erforderlich, so werden die Stimmen der Mitglieder wie folgt gewichtet:

---

1) Nr. **16**.
2) Nr. **18**.

Belgien	12
Bulgarien	10
Tschechische Republik	12
Dänemark	7
Deutschland	29
Estland	4
Irland	7
Griechenland	12
Spanien	27
Frankreich	29
Kroatien	7
Italien	29
Zypern	4
Lettland	4
Litauen	7
Luxemburg	4
Ungarn	12
Malta	3
Niederlande	13
Österreich	10
Polen	27
Portugal	12
Rumänien	14
Slowenien	4
Slowakei	7
Finnland	7
Schweden	10
Vereinigtes Königreich	29

[3] [1] In den Fällen, in denen Beschlüsse nach den Verträgen auf Vorschlag der Kommission zu fassen sind, kommen diese Beschlüsse mit einer Mindestzahl von 260 Stimmen zustande, die die Zustimmung der Mehrheit der Mitglieder umfasst. [2] In den anderen Fällen kommen die Beschlüsse mit einer Mindestzahl von 260 Stimmen zustande, die die Zustimmung von mindestens zwei Dritteln der Mitglieder umfasst.

[4] [1] Ein Mitglied des Europäischen Rates oder des Rates kann beantragen, dass beim Erlass eines Rechtsakts des Europäischen Rates oder des Rates mit qualifizierter Mehrheit überprüft wird, ob die Mitgliedstaaten, die diese qualifizierte Mehrheit bilden, mindestens 62 % der Gesamtbevölkerung der Union ausmachen. [2] Falls sich erweist, dass diese Bedingung nicht erfüllt ist, wird der betreffende Rechtsakt nicht erlassen.

(4) Bis zum 31. Oktober 2014 gilt in den Fällen, in denen in Anwendung der Verträge nicht alle Mitglieder des Rates stimmberechtigt sind, das heißt in den Fällen, in denen auf die qualifizierte Mehrheit nach Artikel 238 Absatz 3

des Vertrags über die Arbeitsweise der Europäischen Union Bezug genommen wird, als qualifizierte Mehrheit derselbe Anteil der gewogenen Stimmen und derselbe Anteil der Anzahl der Mitglieder des Rates sowie gegebenenfalls derselbe Prozentsatz der Bevölkerung der betreffenden Mitgliedstaaten wie in Absatz 3 dieses Artikels festgelegt.

Titel III. Bestimmungen über die Zusammensetzungen des Rates

Art. 4 [Zusammensetzungen des Rates] Bis zum Inkrafttreten des Beschlusses nach Artikel 16 Absatz 6 Unterabsatz 1 des Vertrags über die Europäische Union[1)] kann der Rat in den in den Unterabsätzen 2 und 3 des genannten Absatzes vorgesehenen Zusammensetzungen sowie in anderen Zusammensetzungen zusammentreten, deren Liste durch einen Beschluss des Rates in seiner Zusammensetzung „Allgemeine Angelegenheiten" festgesetzt wird, der mit einfacher Mehrheit beschließt.

Titel IV. Bestimmungen über die Kommission einschließlich des hohen Vertreters der Union für Außen- und Sicherheitspolitik

Art. 5 [Amtszeiten der Kommissionsmitglieder] [1] Die zum Zeitpunkt des Inkrafttretens des Vertrags von Lissabon amtierenden Mitglieder der Kommission bleiben bis zum Ende ihrer Amtszeit im Amt. [2] Am Tag der Ernennung des Hohen Vertreters der Union für Außen- und Sicherheitspolitik endet jedoch die Amtszeit des Mitglieds, das die gleiche Staatsangehörigkeit wie dieser besitzt.

Titel V. Bestimmungen betreffend den Generalsekretär des Rates und hohen Vertreter für die gemeinsame Außen- und Sicherheitspolitik und den Stellvertretenden Generalsekretär des Rates

Art. 6 [Amtszeit des Generalsekretärs des Rates] [1] Die Amtszeit des Generalsekretärs des Rates und Hohen Vertreters für die Gemeinsame Außen- und Sicherheitspolitik sowie des Stellvertretenden Generalsekretärs des Rates endet zum Zeitpunkt des Inkrafttretens des Vertrags von Lissabon. [2] Der Rat ernennt seinen Generalsekretär nach Artikel 240 Absatz 2 des Vertrags über die Arbeitsweise der Europäischen Union[2)].

Titel VI. Bestimmungen über die beratenden Einrichtungen

Art. 7 [Wirtschafts- und Sozialausschusses] Bis zum Inkrafttreten des Beschlusses nach Artikel 301 des Vertrags über die Arbeitsweise der Europäischen Union[2)] verteilen sich die Mitglieder des Wirtschafts- und Sozialausschusses wie folgt:

Belgien	12
Bulgarien	12

[1)] Nr. **16**.
[2)] Nr. **18**.

Tschechische Republik	12
Dänemark	9
Deutschland	24
Estland	7
Irland	9
Griechenland	12
Spanien	21
Frankreich	24
Kroatien	9
Italien	24
Zypern	6
Lettland	7
Litauen	9
Luxemburg	6
Ungarn	12
Malta	5
Niederlande	12
Österreich	12
Polen	21
Portugal	12
Rumänien	15
Slowenien	7
Slowakei	9
Finnland	9
Schweden	12
Vereinigtes Königreich	24

Art. 8 [Ausschuss der Regionen] Bis zum Inkrafttreten des Beschlusses nach Artikel 305 des Vertrags über die Arbeitsweise der Europäischen Union[1] verteilen sich die Mitglieder des Ausschusses der Regionen wie folgt:

Belgien	12
Bulgarien	12
Tschechische Republik	12
Dänemark	9
Deutschland	24
Estland	7
Irland	9
Griechenland	12
Spanien	21

[1] Nr. **18**.

Frankreich	24
Kroatien	9
Italien	24
Zypern	6
Lettland	7
Litauen	9
Luxemburg	6
Ungarn	12
Malta	5
Niederlande	12
Österreich	12
Polen	21
Portugal	12
Rumänien	15
Slowenien	7
Slowakei	9
Finnland	9
Schweden	12
Vereinigtes Königreich	24

Titel VII. Übergangsbestimmungen über die vor dem Inkrafttreten des Vertrags von Lissabon auf der Grundlage der Titel V und VI des Vertrags über die Europäische Union angenommenen Rechtsakte

Art. 9 [Gültigkeit von Rechtsakten] [1] Die Rechtsakte der Organe, Einrichtungen und sonstigen Stellen der Union, die vor dem Inkrafttreten des Vertrags von Lissabon auf der Grundlage des Vertrags über die Europäische Union angenommen wurden, behalten so lange Rechtswirkung, bis sie in Anwendung der Verträge aufgehoben, für nichtig erklärt oder geändert werden. [2] Dies gilt auch für Übereinkommen, die auf der Grundlage des Vertrags über die Europäische Union zwischen Mitgliedstaaten geschlossen wurden.

Art. 10[1)] **[Polizeiliche und justizielle Zusammenarbeit]** (1) Als Übergangsmaßnahme gilt bezüglich der Befugnisse der Organe bei Rechtsakten der Union im Bereich der polizeilichen Zusammenarbeit und der justiziellen Zusammenarbeit in Strafsachen, die vor dem Inkrafttreten des Vertrags von Lissa-

---

[1)] Siehe hierzu ua:
B 2014/836/EU für das Vereinigten Königreich von Großbritannien und Nordirland zur Neubestimmung der Mitarbeit im Bereich PJZS v. 27.11.2014 (ABl. L 343 S. 11).
Falls das Vereinigte Königreich eine der in Artikel 2 des Beschlusses 2014/836/EU festgelegten Fristen nicht einhält oder beschließt, sich nicht an den Prüm-Beschlüssen zu beteiligen, erstattet es die im Rahmen des Programms „Kriminalprävention und Kriminalitätsbekämpfung" erhaltenen Mittel bis zu einer Höhe von 1 508 855 EUR an den Gesamthaushalt der Union zurück, vgl. Art. 1 des B 2014/837/EU zur Bestimmung der unmittelbaren finanziellen Folgen bzgl. der Beendigung der Beteiligung des Vereinigten Königreichs von Großbritannien und Nordirland im Bereich PJZS v. 27.11.2014 (ABl. L 343 S. 17).

bon angenommen wurden, bei Inkrafttreten des genannten Vertrags Folgendes: Die Befugnisse der Kommission nach Artikel 258 des Vertrags über die Arbeitsweise der Europäischen Union[1)] gelten nicht, und die Befugnisse des Gerichtshofs der Europäischen Union nach Titel VI des Vertrags über die Europäische Union in der vor dem Inkrafttreten des Vertrags von Lissabon geltenden Fassung bleiben unverändert, einschließlich in den Fällen, in denen sie nach Artikel 35 Absatz 2 des genannten Vertrags über die Europäische Union anerkannt wurden.

(2) Die Änderung eines in Absatz 1 genannten Rechtsakts hat zur Folge, dass hinsichtlich des geänderten Rechtsakts in Bezug auf diejenigen Mitgliedstaaten, für die der geänderte Rechtsakt gilt, die in den Verträgen vorgesehenen Befugnisse der in Absatz 1 genannten Organe gelten.

(3) Die Übergangsmaßnahme nach Absatz 1 tritt auf jeden Fall fünf Jahre nach dem Inkrafttreten des Vertrags von Lissabon außer Kraft.

(4) *[1]* [1]Das Vereinigte Königreich kann dem Rat spätestens sechs Monate vor dem Ende des Übergangszeitraums nach Absatz 3 mitteilen, dass es hinsichtlich der Rechtsakte nach Absatz 1 die in den Verträgen festgelegten Befugnisse der in Absatz 1 genannten Organe nicht anerkennt. [2]Im Falle einer solchen Mitteilung durch das Vereinigte Königreich gelten alle Rechtsakte nach Absatz 1 für das Vereinigte Königreich nicht mehr ab dem Tag, an dem der Übergangszeitraum nach Absatz 3 endet. [3]Dieser Unterabsatz gilt nicht in Bezug auf die geänderten Rechtsakte nach Absatz 2, die für das Vereinigte Königreich gelten.

[2] [1]Der Rat beschließt mit qualifizierter Mehrheit auf Vorschlag der Kommission die erforderlichen Folge- und Übergangsmaßnahmen. [2]Das Vereinigte Königreich nimmt an der Annahme dieses Beschlusses nicht teil. [3]Die qualifizierte Mehrheit des Rates bestimmt sich nach Artikel 238 Absatz 3 Buchstabe a des Vertrags über die Arbeitsweise der Europäischen Union.

[3] Der Rat kann mit qualifizierter Mehrheit auf Vorschlag der Kommission ferner einen Beschluss annehmen, mit dem bestimmt wird, dass das Vereinigte Königreich etwaige unmittelbare finanzielle Folgen trägt, die sich zwangsläufig und unvermeidbar daraus ergeben, dass es sich nicht mehr an diesen Rechtsakten beteiligt.

(5) [1]Das Vereinigte Königreich kann dem Rat in der Folge jederzeit mitteilen, dass es sich an Rechtsakten beteiligen möchte, die nach Absatz 4 Unterabsatz 1 für das Vereinigte Königreich nicht mehr gelten. [2]In diesem Fall finden die einschlägigen Bestimmungen des Protokolls über den in den Rahmen der Europäischen Union einbezogenen Schengen-Besitzstand bzw. des Protokolls über die Position des Vereinigten Königreichs und Irlands hinsichtlich des Raums der Freiheit, der Sicherheit und des Rechts Anwendung. [3]In Bezug auf diese Rechtsakte gelten die in den Verträgen festgelegten Befugnisse der Organe. [4]Handeln die Organe der Union und das Vereinigte Königreich im Rahmen der betreffenden Protokolle, so bemühen sie sich, das größtmögliche Maß an Beteiligung des Vereinigten Königreichs am Besitzstand der Union bezüglich des Raums der Freiheit, der Sicherheit und des Rechts wiederherzustellen, ohne dass die praktische Funktionsfähigkeit seiner verschiedenen Bestandteile ernsthaft beeinträchtigt wird, und unter Wahrung von deren Kohärenz.

[1)] Nr. **18**.

19. Konvention zum Schutz der Menschenrechte und Grundfreiheiten

In der Fassung der Bekanntmachung vom 22. Oktober 2010 [1) 2)3)]
(BGBl. II S. 1198)[4)]

geänd. durch 15. EMRK-Protokoll[5)] v. 24.6.2013 (BGBl. 2014 II S. 1034)

Nichtamtliche Inhaltsübersicht

---

1) Neubekanntmachung der Europäischen Menschenrechtskonvention v. 4.11.1950 (BGBl. 1952 II S. 685, ber. S. 953) nach Art. 2 G v. 21.2.2006 (BGBl. II S. 138) in einer sprachlich überarbeiteten deutschen Übersetzung in der ab 1.6.2010 geltenden Fassung.

2) Der Geltungsbereich der Konvention ist in der nichtamtlichen Anlage wiedergegeben (Stand: 29.12.2015).

3) Vorbehalte und Erklärungen zu dieser Konvention sind in englischer und französischer Sprache auf der Webseite des Europarats unter www.conventions.coe.int einsehbar. Gleiches gilt für die ggf. gemäß Konvention zu benennenden Zentralen Behörden oder Kontaktstellen.

4) Internationale Quelle: UNTS Bd. 213 S. 221.

5) Die Bundesrepublik Deutschland hat dem Protokoll Nr. 15 zur Konvention zum Schutz der Menschenrechte und Grundfreiheiten v. 24.6.2013 (BGBl. 2014 II S. 1034, 1035) zugestimmt, vgl. G v. 2.12.2014 (BGBl. II S. 1034). Der Tag des Inkraftretens ist noch im Bundesgesetzblatt bekannt zu geben.

(Übersetzung)

Die Unterzeichnerregierungen, Mitglieder des Europarats –

in Anbetracht der Allgemeinen Erklärung der Menschenrechte, die am 10. Dezember 1948 von der Generalversammlung der Vereinten Nationen verkündet worden ist;

in der Erwägung, dass diese Erklärung bezweckt, die universelle und wirksame Anerkennung und Einhaltung der in ihr aufgeführten Rechte zu gewährleisten;

in der Erwägung, dass es das Ziel des Europarats ist, eine engere Verbindung zwischen seinen Mitgliedern herzustellen, und dass eines der Mittel zur Erreichung dieses Zieles die Wahrung und Fortentwicklung der Menschenrechte und Grundfreiheiten ist;

in Bekräftigung ihres tiefen Glaubens an diese Grundfreiheiten, welche die Grundlage von Gerechtigkeit und Frieden in der Welt bilden und die am besten durch eine wahrhaft demokratische politische Ordnung sowie durch ein gemeinsames Verständnis und eine gemeinsame Achtung der diesen Grundfreiheiten zugrunde liegenden Menschenrechte gesichert werden;

entschlossen, als Regierungen europäischer Staaten, die vom gleichen Geist beseelt sind und ein gemeinsames Erbe an politischen Überlieferungen, Idealen, Achtung der Freiheit und Rechtsstaatlichkeit besitzen, die ersten Schritte auf dem Weg zu einer kollektiven Garantie bestimmter in der Allgemeinen Erklärung aufgeführter Rechte zu unternehmen –

haben Folgendes vereinbart:

Art. 1 Verpflichtung zur Achtung der Menschenrechte. Die Hohen Vertragsparteien sichern allen ihrer Hoheitsgewalt unterstehenden Personen die in Abschnitt I bestimmten Rechte und Freiheiten zu.

Abschnitt I. Rechte und Freiheiten

Art. 2 Recht auf Leben. (1) [1]Das Recht jedes Menschen auf Leben wird gesetzlich geschützt. [2]Niemand darf absichtlich getötet werden, außer durch Vollstreckung eines Todesurteils, das ein Gericht wegen eines Verbrechens verhängt hat, für das die Todesstrafe gesetzlich vorgesehen ist.

(2) Eine Tötung wird nicht als Verletzung dieses Artikels betrachtet, wenn sie durch eine Gewaltanwendung verursacht wird, die unbedingt erforderlich ist, um

a) jemanden gegen rechtswidrige Gewalt zu verteidigen;
b) jemanden rechtmäßig festzunehmen oder jemanden, dem die Freiheit rechtmäßig entzogen ist, an der Flucht zu hindern;
c) einen Aufruhr oder Aufstand rechtmäßig niederzuschlagen.

Art. 3 Verbot der Folter. Niemand darf der Folter oder unmenschlicher oder erniedrigender Behandlung oder Strafe unterworfen werden.

Art. 4 Verbot der Sklaverei und der Zwangsarbeit. (1) Niemand darf in Sklaverei oder Leibeigenschaft gehalten werden.

(2) Niemand darf gezwungen werden, Zwangs- oder Pflichtarbeit zu verrichten.

(3) Nicht als Zwangs- oder Pflichtarbeit im Sinne dieses Artikels gilt:

a) eine Arbeit, die üblicherweise von einer Person verlangt wird, der unter den Voraussetzungen des Artikels 5 die Freiheit entzogen oder die bedingt entlassen worden ist;
b) eine Dienstleistung militärischer Art oder eine Dienstleistung, die an die Stelle des im Rahmen der Wehrpflicht zu leistenden Dienstes tritt, in Ländern, wo die Dienstverweigerung aus Gewissensgründen anerkannt ist;
c) eine Dienstleistung, die verlangt wird, wenn Notstände oder Katastrophen das Leben oder das Wohl der Gemeinschaft bedrohen;
d) eine Arbeit oder Dienstleistung, die zu den üblichen Bürgerpflichten gehört.

Art. 5 Recht auf Freiheit und Sicherheit. (1) [1]Jede Person hat das Recht auf Freiheit und Sicherheit. [2]Die Freiheit darf nur in den folgenden Fällen und nur auf die gesetzlich vorgeschriebene Weise entzogen werden:

a) rechtmäßige Freiheitsentziehung[1)] nach Verurteilung durch ein zuständiges Gericht;

[1)] Österreich und Schweiz: rechtmäßiger Freiheitsentzug.

b) rechtmäßige Festnahme oder Freiheitsentziehung[1] wegen Nichtbefolgung einer rechtmäßigen gerichtlichen Anordnung oder zur Erzwingung der Erfüllung einer gesetzlichen Verpflichtung;

c) rechtmäßige Festnahme oder Freiheitsentziehung[1] zur Vorführung vor die zuständige Gerichtsbehörde, wenn hinreichender Verdacht besteht, dass die betreffende Person eine Straftat begangen hat, oder wenn begründeter Anlass zu der Annahme besteht, dass es notwendig ist, sie an der Begehung einer Straftat oder an der Flucht nach Begehung einer solchen zu hindern;

d) rechtmäßige Freiheitsentziehung[1] bei Minderjährigen zum Zweck überwachter Erziehung oder zur Vorführung vor die zuständige Behörde;

e) rechtmäßige Freiheitsentziehung[1] mit dem Ziel, eine Verbreitung ansteckender Krankheiten zu verhindern, sowie bei psychisch Kranken, Alkohol- oder Rauschgiftsüchtigen und Landstreichern;

f) rechtmäßige Festnahme oder Freiheitsentziehung[1] zur Verhinderung der unerlaubten Einreise sowie bei Personen, gegen die ein Ausweisungs- oder Auslieferungsverfahren im Gange ist.

(2) Jeder festgenommenen Person muss innerhalb möglichst kurzer Frist in einer ihr verständlichen Sprache mitgeteilt werden, welches die Gründe für ihre Festnahme sind und welche Beschuldigungen gegen sie erhoben werden.

(3) [1]Jede Person, die nach Absatz 1 Buchstabe c von Festnahme oder Freiheitsentziehung[2] betroffen ist, muss unverzüglich einem Richter oder einer anderen gesetzlich zur Wahrnehmung richterlicher Aufgaben ermächtigten Person vorgeführt werden; sie hat Anspruch auf ein Urteil innerhalb angemessener Frist oder auf Entlassung während des Verfahrens. [2]Die Entlassung kann von der Leistung einer Sicherheit für das Erscheinen vor Gericht abhängig gemacht werden.

(4) Jede Person, die festgenommen oder der die Freiheit entzogen ist, hat das Recht zu beantragen, dass ein Gericht innerhalb kurzer Frist über die Rechtmäßigkeit der Freiheitsentziehung[3] entscheidet und ihre Entlassung anordnet, wenn die Freiheitsentziehung[4] nicht rechtmäßig ist.

(5) Jede Person, die unter Verletzung dieses Artikels von Festnahme oder Freiheitsentziehung[2] betroffen ist, hat Anspruch auf Schadensersatz.

Art. 6 Recht auf ein faires Verfahren. (1) [1]Jede Person hat ein Recht darauf, dass über Streitigkeiten in Bezug auf ihre zivilrechtlichen Ansprüche und Verpflichtungen oder über eine gegen sie erhobene strafrechtliche Anklage von einem unabhängigen und unparteiischen, auf Gesetz beruhenden Gericht in einem fairen Verfahren, öffentlich und innerhalb angemessener Frist verhandelt wird. [2]Das Urteil muss öffentlich verkündet werden; Presse und Öffentlichkeit können jedoch während des ganzen oder eines Teiles des Verfahrens ausgeschlossen werden, wenn dies im Interesse der Moral, der öffentlichen Ordnung oder der nationalen Sicherheit in einer demokratischen Gesellschaft liegt, wenn die Interessen von Jugendlichen oder der Schutz des Pri-

---

[1] Österreich und Schweiz: rechtmäßiger Freiheitsentzug.
[2] Österreich und Schweiz: Freiheitsentzug.
[3] Österreich und Schweiz: des Freiheitsentzuges.
[4] Österreich und Schweiz: der Freiheitsentzug.

vatlebens der Prozessparteien es verlangen oder – soweit das Gericht es für unbedingt erforderlich hält – wenn unter besonderen Umständen eine öffentliche Verhandlung die Interessen der Rechtspflege beeinträchtigen würde.

(2) Jede Person, die einer Straftat angeklagt ist, gilt bis zum gesetzlichen Beweis ihrer Schuld als unschuldig.

(3) Jede angeklagte Person hat mindestens[1)] folgende Rechte:

a) innerhalb möglichst kurzer Frist in einer ihr verständlichen Sprache in allen Einzelheiten über Art und Grund der gegen sie erhobenen Beschuldigung unterrichtet zu werden;
b) ausreichende Zeit und Gelegenheit zur Vorbereitung ihrer Verteidigung zu haben;
c) sich selbst zu verteidigen, sich durch einen Verteidiger ihrer Wahl verteidigen zu lassen oder, falls ihr die Mittel zur Bezahlung fehlen, unentgeltlich den Beistand eines Verteidigers zu erhalten, wenn dies im Interesse der Rechtspflege erforderlich ist;
d) Fragen an Belastungszeugen zu stellen oder stellen zu lassen und die Ladung und Vernehmung von Entlastungszeugen unter denselben Bedingungen zu erwirken, wie sie für Belastungszeugen gelten;
e) unentgeltliche Unterstützung durch einen Dolmetscher zu erhalten, wenn sie die Verhandlungssprache des Gerichts nicht versteht oder spricht.

Art. 7 Keine Strafe ohne Gesetz. (1) [1] Niemand darf wegen einer Handlung oder Unterlassung verurteilt werden, die zur Zeit ihrer Begehung nach innerstaatlichem oder internationalem Recht nicht strafbar war. [2] Es darf auch keine schwerere als die zur Zeit der Begehung angedrohte Strafe verhängt werden.

(2)[2)] Dieser Artikel schließt nicht aus, dass jemand wegen einer Handlung oder Unterlassung verurteilt oder bestraft wird, die zur Zeit ihrer Begehung nach den von den zivilisierten Völkern anerkannten allgemeinen Rechtsgrundsätzen strafbar war.

Art. 8 Recht auf Achtung des Privat- und Familienlebens. (1) Jede Person hat das Recht auf Achtung ihres Privat- und Familienlebens, ihrer Wohnung und ihrer Korrespondenz.

(2) Eine Behörde darf in die Ausübung dieses Rechts nur eingreifen, soweit der Eingriff gesetzlich vorgesehen und in einer demokratischen Gesellschaft notwendig ist für die nationale oder öffentliche Sicherheit, für das wirtschaftliche Wohl des Landes, zur Aufrechterhaltung der Ordnung, zur Verhütung von Straftaten, zum Schutz der Gesundheit oder der Moral oder zum Schutz der Rechte und Freiheiten anderer.

Art. 9 Gedanken-, Gewissens- und Religionsfreiheit. (1) Jede Person hat das Recht auf Gedanken-, Gewissens- und Religionsfreiheit; dieses Recht

---

[1)] Der Wortlaut der englischen Fassung ist: „minimum rights"; in der franz. Sprachfassung heißt es: „notamment".

[2)] Bezüglich Art. 7 Abs. 2 hat die Bundesregierung mit Zustimmung des Bundestages und des Bundesrates den nach Art. 57 der Konvention (Nr. **19**) zulässigen Vorbehalt gemacht, dass auf jeden Fall die Grenzen von Art. 103 Abs. 2 GG (Nr. **1**) gewahrt werden, siehe hierzu die Bek. v. 15.12.1953 (BGBl. 1954 II S. 14).

umfasst die Freiheit, seine Religion oder Weltanschauung zu wechseln, und die Freiheit, seine Religion oder Weltanschauung einzeln oder gemeinsam mit anderen öffentlich oder privat durch Gottesdienst, Unterricht oder Praktizieren von Bräuchen und Riten zu bekennen.

(2) Die Freiheit, seine Religion oder Weltanschauung zu bekennen, darf nur Einschränkungen unterworfen werden, die gesetzlich vorgesehen und in einer demokratischen Gesellschaft notwendig sind für die öffentliche Sicherheit, zum Schutz der öffentlichen Ordnung, Gesundheit oder Moral oder zum Schutz der Rechte und Freiheiten anderer.

Art. 10 Freiheit der Meinungsäußerung. (1) [1]Jede Person hat das Recht auf freie Meinungsäußerung. [2]Dieses Recht schließt die Meinungsfreiheit und die Freiheit ein, Informationen und Ideen ohne behördliche Eingriffe und ohne Rücksicht auf Staatsgrenzen zu empfangen und weiterzugeben. [3]Dieser Artikel hindert die Staaten nicht, für Hörfunk-[1], Fernseh- oder Kinounternehmen eine Genehmigung vorzuschreiben.

(2) Die Ausübung dieser Freiheiten ist mit Pflichten und Verantwortung verbunden; sie kann daher Formvorschriften, Bedingungen, Einschränkungen oder Strafdrohungen unterworfen werden, die gesetzlich vorgesehen und in einer demokratischen Gesellschaft notwendig sind für die nationale Sicherheit, die territoriale Unversehrtheit oder die öffentliche Sicherheit, zur Aufrechterhaltung der Ordnung oder zur Verhütung von Straftaten, zum Schutz der Gesundheit oder der Moral, zum Schutz des guten Rufes oder der Rechte anderer, zur Verhinderung der Verbreitung vertraulicher Informationen oder zur Wahrung der Autorität und der Unparteilichkeit der Rechtsprechung.

Art. 11 Versammlungs- und Vereinigungsfreiheit. (1) Jede Person hat das Recht, sich frei und friedlich mit anderen zu versammeln und sich frei mit anderen zusammenzuschließen; dazu gehört auch das Recht, zum Schutz seiner Interessen Gewerkschaften zu gründen und Gewerkschaften beizutreten.

(2) [1]Die Ausübung dieser Rechte darf nur Einschränkungen unterworfen werden, die gesetzlich vorgesehen und in einer demokratischen Gesellschaft notwendig sind für die nationale oder öffentliche Sicherheit, zur Aufrechterhaltung der Ordnung oder zur Verhütung von Straftaten, zum Schutz der Gesundheit oder der Moral oder zum Schutz der Rechte und Freiheiten anderer. [2]Dieser Artikel steht rechtmäßigen Einschränkungen der Ausübung dieser Rechte für Angehörige der Streitkräfte, der Polizei oder der Staatsverwaltung nicht entgegen.

Art. 12 Recht auf Eheschließung. Männer und Frauen im heiratsfähigen Alter haben das Recht, nach den innerstaatlichen Gesetzen, welche die Ausübung dieses Rechts regeln, eine Ehe einzugehen und eine Familie zu gründen.

Art. 13 Recht auf wirksame Beschwerde. Jede Person, die in ihren in dieser Konvention anerkannten Rechten oder Freiheiten verletzt worden ist, hat das Recht, bei einer innerstaatlichen Instanz eine wirksame Beschwerde zu

[1] Schweiz und Liechtenstein: Radio.

erheben, auch wenn die Verletzung von Personen begangen worden ist, die in amtlicher Eigenschaft gehandelt haben.

Art. 14 Diskriminierungsverbot. Der Genuss der in dieser Konvention anerkannten Rechte und Freiheiten ist ohne Diskriminierung insbesondere wegen des Geschlechts, der Rasse, der Hautfarbe, der Sprache, der Religion, der politischen oder sonstigen Anschauung, der nationalen oder sozialen Herkunft, der Zugehörigkeit zu einer nationalen Minderheit, des Vermögens, der Geburt oder eines sonstigen Status zu gewährleisten.

Art. 15 Abweichen im Notstandsfall. (1) Wird das Leben der Nation durch Krieg oder einen anderen öffentlichen Notstand bedroht, so kann jede Hohe Vertragspartei Maßnahmen treffen, die von den in dieser Konvention vorgesehenen Verpflichtungen abweichen, jedoch nur, soweit es die Lage unbedingt erfordert und wenn die Maßnahmen nicht in Widerspruch zu den sonstigen völkerrechtlichen Verpflichtungen der Vertragspartei stehen.

(2) Aufgrund des Absatzes 1 darf von Artikel 2 nur bei Todesfällen infolge rechtmäßiger Kriegshandlungen und von Artikel 3, Artikel 4 Absatz 1 und Artikel 7 in keinem Fall abgewichen werden.

(3) [1] Jede Hohe Vertragspartei, die dieses Recht auf Abweichung ausübt, unterrichtet den Generalsekretär des Europarats umfassend über die getroffenen Maßnahmen und deren Gründe. [2] Sie unterrichtet den Generalsekretär des Europarats auch über den Zeitpunkt, zu dem diese Maßnahmen außer Kraft getreten sind und die Konvention wieder volle Anwendung findet.

Art. 16 Beschränkungen der politischen Tätigkeit ausländischer Personen. Die Artikel 10, 11 und 14 sind nicht so auszulegen, als untersagten sie den Hohen Vertragsparteien, die politische Tätigkeit ausländischer Personen zu beschränken.

Art. 17 Verbot des Missbrauchs der Rechte. Diese Konvention ist nicht so auszulegen, als begründe sie für einen Staat, eine Gruppe oder eine Person das Recht, eine Tätigkeit auszuüben oder eine Handlung vorzunehmen, die darauf abzielt, die in der Konvention festgelegten Rechte und Freiheiten abzuschaffen oder sie stärker einzuschränken, als es in der Konvention vorgesehen ist.

Art. 18 Begrenzung der Rechtseinschränkungen. Die nach dieser Konvention zulässigen Einschränkungen der genannten Rechte und Freiheiten dürfen nur zu den vorgesehenen Zwecken erfolgen.

Abschnitt II. Europäischer Gerichtshof für Menschenrechte

Art. 19 Errichtung des Gerichtshofs. [1] Um die Einhaltung der Verpflichtungen sicherzustellen, welche die Hohen Vertragsparteien in dieser Konvention und den Protokollen dazu übernommen haben, wird ein Europäischer Gerichtshof für Menschenrechte, im Folgenden als „Gerichtshof" bezeichnet, errichtet. [2] Er nimmt seine Aufgaben als ständiger Gerichtshof wahr.

Art. 20 Zahl der Richter. Die Zahl der Richter des Gerichtshofs entspricht derjenigen der Hohen Vertragsparteien.

Art. 21 Voraussetzungen für das Amt. (1) Die Richter müssen hohes sittliches Ansehen genießen und entweder die für die Ausübung hoher richterlicher Ämter erforderlichen Voraussetzungen erfüllen oder Rechtsgelehrte von anerkanntem Ruf sein.

(2) Die Richter gehören dem Gerichtshof in ihrer persönlichen Eigenschaft an.

(3) Während ihrer Amtszeit dürfen die Richter keine Tätigkeit ausüben, die mit ihrer Unabhängigkeit, ihrer Unparteilichkeit oder mit den Erfordernissen der Vollzeitbeschäftigung in diesem Amt unvereinbar ist; alle Fragen, die sich aus der Anwendung dieses Absatzes ergeben, werden vom Gerichtshof entschieden.

Art. 22 Wahl der Richter. Die Richter werden von der Parlamentarischen Versammlung für jede Hohe Vertragspartei mit der Mehrheit der abgegebenen Stimmen aus einer Liste von drei Kandidaten gewählt, die von der Hohen Vertragspartei vorgeschlagen werden.

Art. 23 Amtszeit und Entlassung. (1) [1] Die Richter werden für neun Jahre gewählt. [2] Ihre Wiederwahl ist nicht zulässig.

(2) Die Amtszeit der Richter endet mit Vollendung des 70. Lebensjahrs.

(3) [1] Die Richter bleiben bis zum Amtsantritt ihrer Nachfolger im Amt. [2] Sie bleiben jedoch in den Rechtssachen tätig, mit denen sie bereits befasst sind.

(4) Ein Richter kann nur entlassen werden, wenn die anderen Richter mit Zweidrittelmehrheit entscheiden, dass er die erforderlichen Voraussetzungen nicht mehr erfüllt.

Art. 24 Kanzlei und Berichterstatter. (1) Der Gerichtshof hat eine Kanzlei, deren Aufgaben und Organisation in der Verfahrensordnung des Gerichtshofs festgelegt werden.

(2) [1] Wenn der Gerichtshof in Einzelrichterbesetzung tagt, wird er von Berichterstattern unterstützt, die ihre Aufgaben unter der Aufsicht des Präsidenten des Gerichtshofs ausüben. [2] Sie gehören der Kanzlei des Gerichtshofs an.

Art. 25 Plenum des Gerichtshofs. Das Plenum des Gerichtshofs

a) wählt seinen Präsidenten und einen oder zwei Vizepräsidenten für drei Jahre; ihre Wiederwahl ist zulässig;
b) bildet Kammern für einen bestimmten Zeitraum;
c) wählt die Präsidenten der Kammern des Gerichtshofs; ihre Wiederwahl ist zulässig;
d) beschließt die Verfahrensordnung des Gerichtshofs;
e) wählt den Kanzler und einen oder mehrere stellvertretende Kanzler;
f) stellt Anträge nach Artikel 26 Absatz 2.

Art. 26 Einzelrichterbesetzung, Ausschüsse, Kammern und Große Kammer. (1) [1] Zur Prüfung der Rechtssachen, die bei ihm anhängig gemacht werden, tagt der Gerichtshof in Einzelrichterbesetzung, in Ausschüssen mit drei Richtern, in Kammern mit sieben Richtern und in einer Großen Kammer mit siebzehn Richtern. [2] Die Kammern des Gerichtshofs bilden die Ausschüsse für einen bestimmten Zeitraum.

(2) Auf Antrag des Plenums des Gerichtshofs kann die Anzahl der Richter je Kammer für einen bestimmten Zeitraum durch einstimmigen Beschluss des Ministerkomitees auf fünf herabgesetzt werden.

(3) Ein Richter, der als Einzelrichter tagt, prüft keine Beschwerde gegen die Hohe Vertragspartei, für die er gewählt worden ist.

(4) [1] Der Kammer und der Großen Kammer gehört von Amts wegen der für eine als Partei beteiligte Hohe Vertragspartei gewählte Richter an. [2] Wenn ein solcher nicht vorhanden ist oder er an den Sitzungen nicht teilnehmen kann, nimmt eine Person in der Eigenschaft eines Richters an den Sitzungen teil, die der Präsident des Gerichtshofs aus einer Liste auswählt, welche ihm die betreffende Vertragspartei vorab unterbreitet hat.

(5) [1] Der Großen Kammer gehören ferner der Präsident des Gerichtshofs, die Vizepräsidenten, die Präsidenten der Kammern und andere nach der Verfahrensordnung des Gerichtshofs ausgewählte Richter an. [2] Wird eine Rechtssache nach Artikel 43 an die Große Kammer verwiesen, so dürfen Richter der Kammer, die das Urteil gefällt hat, der Großen Kammer nicht angehören; das gilt nicht für den Präsidenten der Kammer und den Richter, welcher in der Kammer für die als Partei beteiligte Hohe Vertragspartei mitgewirkt hat.

Art. 27 Befugnisse des Einzelrichters. (1) Ein Einzelrichter kann eine nach Artikel 34 erhobene Beschwerde für unzulässig erklären oder im Register streichen, wenn eine solche Entscheidung ohne weitere Prüfung getroffen werden kann.

(2) Die Entscheidung ist endgültig.

(3) Erklärt der Einzelrichter eine Beschwerde nicht für unzulässig und streicht er sie auch nicht im Register des Gerichtshofs, so übermittelt er sie zur weiteren Prüfung an einen Ausschuss oder eine Kammer.

Art. 28 Befugnisse der Ausschüsse. (1) Ein Ausschuss, der mit einer nach Artikel 34 erhobenen Beschwerde befasst wird, kann diese durch einstimmigen Beschluss

a) für unzulässig erklären oder im Register streichen, wenn eine solche Entscheidung ohne weitere Prüfung getroffen werden kann; oder
b) für zulässig erklären und zugleich ein Urteil über die Begründetheit fällen, sofern die der Rechtssache zugrunde liegende Frage der Auslegung oder Anwendung dieser Konvention oder der Protokolle dazu Gegenstand einer gefestigten Rechtsprechung des Gerichtshofs ist.

(2) Die Entscheidungen und Urteile nach Absatz 1 sind endgültig.

(3) Ist der für die als Partei beteiligte Hohe Vertragspartei gewählte Richter nicht Mitglied des Ausschusses, so kann er von Letzterem jederzeit während des Verfahrens eingeladen werden, den Sitz eines Mitglieds im Ausschuss einzunehmen; der Ausschuss hat dabei alle erheblichen Umstände einschließlich

der Frage, ob diese Vertragspartei der Anwendung des Verfahrens nach Absatz 1 Buchstabe b entgegengetreten ist, zu berücksichtigen.

Art. 29 Entscheidungen der Kammern über die Zulässigkeit und Begründetheit. (1) [1]Ergeht weder eine Entscheidung nach Artikel 27 oder 28 noch ein Urteil nach Artikel 28, so entscheidet eine Kammer über die Zulässigkeit und Begründetheit der nach Artikel 34 erhobenen Beschwerden. [2]Die Entscheidung über die Zulässigkeit kann gesondert ergehen.

(2) [1]Eine Kammer entscheidet über die Zulässigkeit und Begründetheit der nach Artikel 33 erhobenen Staatenbeschwerden. [2]Die Entscheidung über die Zulässigkeit ergeht gesondert, sofern der Gerichtshof in Ausnahmefällen nicht anders entscheidet.

Art. 30 Abgabe der Rechtssache an die Große Kammer. Wirft eine bei einer Kammer anhängige Rechtssache eine schwerwiegende Frage der Auslegung dieser Konvention oder der Protokolle dazu auf oder kann die Entscheidung einer ihr vorliegenden Frage zu einer Abweichung von einem früheren Urteil des Gerichtshofs führen, so kann die Kammer diese Sache jederzeit, bevor sie ihr Urteil gefällt hat, an die Große Kammer abgeben, sofern nicht eine Partei widerspricht.

Art. 31 Befugnisse der Großen Kammer. Die Große Kammer

a) entscheidet über nach Artikel 33 oder Artikel 34 erhobene Beschwerden, wenn eine Kammer die Rechtssache nach Artikel 30 an sie abgegeben hat oder wenn die Sache nach Artikel 43 an sie verwiesen worden ist,
b) entscheidet über Fragen, mit denen der Gerichtshof durch das Ministerkomitee nach Artikel 46 Absatz 4 befasst wird, und
c) behandelt Anträge nach Artikel 47 auf Erstattung von Gutachten.

Art. 32 Zuständigkeit des Gerichtshofs. (1) Die Zuständigkeit des Gerichtshofs umfasst alle die Auslegung und Anwendung dieser Konvention und der Protokolle dazu betreffenden Angelegenheiten, mit denen er nach den Artikeln 33, 34, 46 und 47 befasst wird.

(2) Besteht Streit über die Zuständigkeit des Gerichtshofs, so entscheidet der Gerichtshof.

Art. 33 Staatenbeschwerden. Jede Hohe Vertragspartei kann den Gerichtshof wegen jeder behaupteten Verletzung dieser Konvention und der Protokolle dazu durch eine andere Hohe Vertragspartei anrufen.

Art. 34 Individualbeschwerden. [1]Der Gerichtshof kann von jeder natürlichen Person, nichtstaatlichen Organisation oder Personengruppe, die behauptet, durch eine der Hohen Vertragsparteien in einem der in dieser Konvention oder den Protokollen dazu anerkannten Rechte verletzt zu sein, mit einer Beschwerde befasst werden. [2]Die Hohen Vertragsparteien verpflichten sich, die wirksame Ausübung dieses Rechts nicht zu behindern.

Art. 35 Zulässigkeitsvoraussetzungen. (1) Der Gerichtshof kann sich mit einer Angelegenheit erst nach Erschöpfung aller innerstaatlichen Rechtsbehelfe[1)] in Übereinstimmung mit den allgemein anerkannten Grundsätzen des Völkerrechts und nur innerhalb einer Frist von sechs Monaten nach der endgültigen innerstaatlichen Entscheidung befassen.

(2) Der Gerichtshof befasst sich nicht mit einer nach Artikel 34 erhobenen Individualbeschwerde, die

a) anonym ist oder

b) im Wesentlichen mit einer schon vorher vom Gerichtshof geprüften Beschwerde übereinstimmt oder schon einer anderen internationalen Untersuchungs- oder Vergleichsinstanz unterbreitet worden ist und keine neuen Tatsachen enthält.

(3) Der Gerichtshof erklärt eine nach Artikel 34 erhobene Individualbeschwerde für unzulässig,

a) wenn er sie für unvereinbar mit dieser Konvention oder den Protokollen dazu, für offensichtlich unbegründet oder für missbräuchlich hält oder

b) wenn er der Ansicht ist, dass dem Beschwerdeführer kein erheblicher Nachteil entstanden ist, es sei denn, die Achtung der Menschenrechte, wie sie in dieser Konvention und den Protokollen dazu anerkannt sind, erfordert eine Prüfung der Begründetheit der Beschwerde, und vorausgesetzt, es wird aus diesem Grund nicht eine Rechtssache zurückgewiesen, die noch von keinem innerstaatlichen Gericht gebührend geprüft worden ist.

(4) [1] Der Gerichtshof weist eine Beschwerde zurück, die er nach diesem Artikel für unzulässig hält. [2] Er kann dies in jedem Stadium des Verfahrens tun.

Art. 36 Beteiligung Dritter. (1) In allen bei einer Kammer oder der Großen Kammer anhängigen Rechtssachen ist die Hohe Vertragspartei, deren Staatsangehörigkeit der Beschwerdeführer besitzt, berechtigt, schriftliche Stellungnahmen abzugeben und an den mündlichen Verhandlungen teilzunehmen.

(2) Im Interesse der Rechtspflege kann der Präsident des Gerichtshofs jeder Hohen Vertragspartei, die in dem Verfahren nicht Partei ist, oder jeder betroffenen Person, die nicht Beschwerdeführer ist, Gelegenheit geben, schriftlich Stellung zu nehmen oder an den mündlichen Verhandlungen teilzunehmen.

(3) In allen bei einer Kammer oder der Großen Kammer anhängigen Rechtssachen kann der Kommissar für Menschenrechte des Europarats schriftliche Stellungnahmen abgeben und an den mündlichen Verhandlungen teilnehmen.

Art. 37 Streichung von Beschwerden. (1) [1] Der Gerichtshof kann jederzeit während des Verfahrens entscheiden, eine Beschwerde in seinem Register zu streichen, wenn die Umstände Grund zur Annahme geben, dass

a) der Beschwerdeführer seine Beschwerde nicht weiterzuverfolgen beabsichtigt;

b) die Streitigkeit einer Lösung zugeführt worden ist oder

[1)] Vorbehalt Österreichs, „Rechtsmittel“ zu setzen.

c) eine weitere Prüfung der Beschwerde aus anderen vom Gerichtshof festgestellten Gründen nicht gerechtfertigt ist.

[2] Der Gerichtshof setzt jedoch die Prüfung der Beschwerde fort, wenn die Achtung der Menschenrechte, wie sie in dieser Konvention und den Protokollen dazu anerkannt sind, dies erfordert.

(2) Der Gerichtshof kann die Wiedereintragung einer Beschwerde in sein Register anordnen, wenn er dies den Umständen nach für gerechtfertigt hält.

Art. 38 Prüfung der Rechtssache. Der Gerichtshof prüft die Rechtssache mit den Vertretern der Parteien und nimmt, falls erforderlich, Ermittlungen vor; die betreffenden Hohen Vertragsparteien haben alle zur wirksamen Durchführung der Ermittlungen erforderlichen Erleichterungen zu gewähren.

Art. 39 Gütliche Einigung. (1) Der Gerichtshof kann sich jederzeit während des Verfahrens zur Verfügung der Parteien halten mit dem Ziel, eine gütliche Einigung auf der Grundlage der Achtung der Menschenrechte, wie sie in dieser Konvention und den Protokollen dazu anerkannt sind, zu erreichen.

(2) Das Verfahren nach Absatz 1 ist vertraulich.

(3) Im Fall einer gütlichen Einigung streicht der Gerichtshof durch eine Entscheidung, die sich auf eine kurze Angabe des Sachverhalts und der erzielten Lösung beschränkt, die Rechtssache in seinem Register.

(4) Diese Entscheidung ist dem Ministerkomitee zuzuleiten; dieses überwacht die Durchführung der gütlichen Einigung, wie sie in der Entscheidung festgehalten wird.

Art. 40 Öffentliche Verhandlung und Akteneinsicht. (1) Die Verhandlung ist öffentlich, soweit nicht der Gerichtshof auf Grund besonderer Umstände anders entscheidet.

(2) Die beim Kanzler verwahrten Schriftstücke sind der Öffentlichkeit zugänglich, soweit nicht der Präsident des Gerichtshofs anders entscheidet.

Art. 41 Gerechte Entschädigung. Stellt der Gerichtshof fest, dass diese Konvention oder die Protokolle dazu verletzt worden sind, und gestattet das innerstaatliche Recht der Hohen Vertragspartei nur eine unvollkommene Wiedergutmachung für die Folgen dieser Verletzung, so spricht der Gerichtshof der verletzten Partei eine gerechte Entschädigung zu, wenn dies notwendig ist.

Art. 42 Urteile der Kammern. Urteile der Kammern werden nach Maßgabe des Artikels 44 Absatz 2 endgültig.

Art. 43 Verweisung an die Große Kammer. (1) Innerhalb von drei Monaten nach dem Datum des Urteils der Kammer kann jede Partei in Ausnahmefällen die Verweisung der Rechtssache an die Große Kammer beantragen.

(2) Ein Ausschuss von fünf Richtern der Großen Kammer nimmt den Antrag an, wenn die Rechtssache eine schwerwiegende Frage der Auslegung oder Anwendung dieser Konvention oder der Protokolle dazu oder eine schwerwiegende Frage von allgemeiner Bedeutung aufwirft.

(3) Nimmt der Ausschuss den Antrag an, so entscheidet die Große Kammer die Sache durch Urteil.

Art. 44 Endgültige Urteile. (1) Das Urteil der Großen Kammer ist endgültig.

(2) Das Urteil einer Kammer wird endgültig,

a) wenn die Parteien erklären, dass sie die Verweisung der Rechtssache an die Große Kammer nicht beantragen werden;
b) drei Monate nach dem Datum des Urteils, wenn nicht die Verweisung der Rechtssache an die Große Kammer beantragt worden ist; oder
c) wenn der Ausschuss der Großen Kammer den Antrag auf Verweisung nach Artikel 43 abgelehnt hat.

(3) Das endgültige Urteil wird veröffentlicht.

Art. 45 Begründung der Urteile und Entscheidungen. (1) Urteile sowie Entscheidungen, mit denen Beschwerden für zulässig oder für unzulässig erklärt werden, werden begründet.

(2) Bringt ein Urteil ganz oder teilweise nicht die übereinstimmende Meinung der Richter zum Ausdruck, so ist jeder Richter berechtigt, seine abweichende Meinung darzulegen.

Art. 46 Verbindlichkeit und Durchführung[1)] der Urteile. (1) Die Hohen Vertragsparteien verpflichten sich, in allen Rechtssachen, in denen sie Partei sind, das endgültige Urteil des Gerichtshofs zu befolgen.

(2) Das endgültige Urteil des Gerichtshofs ist dem Ministerkomitee zuzuleiten; dieses überwacht seine Durchführung.

(3) [1] Wird die Überwachung der Durchführung eines endgültigen Urteils nach Auffassung des Ministerkomitees durch eine Frage betreffend die Auslegung dieses Urteils behindert, so kann das Ministerkomitee den Gerichtshof anrufen, damit er über diese Auslegungsfrage entscheidet. [2] Der Beschluss des Ministerkomitees, den Gerichtshof anzurufen, bedarf der Zweidrittelmehrheit der Stimmen der zur Teilnahme an den Sitzungen des Komitees berechtigten Mitglieder.

(4) Weigert sich eine Hohe Vertragspartei nach Auffassung des Ministerkomitees, in einer Rechtssache, in der sie Partei ist, ein endgültiges Urteil des Gerichtshofs zu befolgen, so kann das Ministerkomitee, nachdem es die betreffende Partei gemahnt hat, durch einen mit Zweidrittelmehrheit der Stimmen der zur Teilnahme an den Sitzungen des Komitees berechtigten Mitglieder gefassten Beschluss den Gerichtshof mit der Frage befassen, ob diese Partei ihrer Verpflichtung nach Absatz 1 nachgekommen ist.

(5) [1] Stellt der Gerichtshof eine Verletzung des Absatzes 1 fest, so weist er die Rechtssache zur Prüfung der zu treffenden Maßnahmen an das Ministerkomitee zurück. [2] Stellt der Gerichtshof fest, dass keine Verletzung des Absatzes 1 vorliegt, so weist er die Rechtssache an das Ministerkomitee zurück; dieses beschließt die Einstellung seiner Prüfung.

---

1) Schweiz: Vollzug.

Art. 47 Gutachten. (1) Der Gerichtshof kann auf Antrag des Ministerkomitees Gutachten über Rechtsfragen erstatten, welche die Auslegung dieser Konvention und der Protokolle dazu betreffen.

(2) Diese Gutachten dürfen keine Fragen zum Gegenstand haben, die sich auf den Inhalt oder das Ausmaß der in Abschnitt I dieser Konvention und in den Protokollen dazu anerkannten Rechte und Freiheiten beziehen, noch andere Fragen, über die der Gerichtshof oder das Ministerkomitee auf Grund eines nach dieser Konvention eingeleiteten Verfahrens zu entscheiden haben könnte.

(3) Der Beschluss des Ministerkomitees, ein Gutachten beim Gerichtshof zu beantragen, bedarf der Mehrheit der Stimmen der zur Teilnahme an den Sitzungen des Komitees berechtigten Mitglieder.

Art. 48 Gutachterliche Zuständigkeit des Gerichtshofs. Der Gerichtshof entscheidet, ob ein vom Ministerkomitee gestellter Antrag auf Erstattung eines Gutachtens in seine Zuständigkeit nach Artikel 47 fällt.

Art. 49 Begründung der Gutachten. (1) Die Gutachten des Gerichtshofs werden begründet.

(2) Bringt das Gutachten ganz oder teilweise nicht die übereinstimmende Meinung der Richter zum Ausdruck, so ist jeder Richter berechtigt, seine abweichende Meinung darzulegen.

(3) Die Gutachten des Gerichtshofs werden dem Ministerkomitee übermittelt.

Art. 50 Kosten des Gerichtshofs. Die Kosten des Gerichtshofs werden vom Europarat getragen.

Art. 51 Vorrechte[1] und Immunitäten der Richter. Die Richter genießen bei der Ausübung ihres Amtes die Vorrechte[1] und Immunitäten, die in Artikel 40 der Satzung des Europarats und den auf Grund jenes Artikels geschlossenen Übereinkünften vorgesehen sind.

Abschnitt III. Verschiedene Bestimmungen

Art. 52 Anfragen des Generalsekretärs. Auf Anfrage des Generalsekretärs des Europarats erläutert jede Hohe Vertragspartei, auf welche Weise die wirksame Anwendung aller Bestimmungen dieser Konvention in ihrem innerstaatlichen Recht gewährleistet wird.

Art. 53 Wahrung anerkannter Menschenrechte. Diese Konvention ist nicht so auszulegen, als beschränke oder beeinträchtige sie Menschenrechte und Grundfreiheiten, die in den Gesetzen einer Hohen Vertragspartei oder in einer anderen Übereinkunft, deren Vertragspartei sie ist, anerkannt werden.

---

[1] Österreich und Schweiz: Privilegien.

Art. 54 Befugnisse des Ministerkomitees. Diese Konvention berührt nicht die dem Ministerkomitee durch die Satzung des Europarats übertragenen Befugnisse.

Art. 55 Ausschluss anderer Verfahren zur Streitbeilegung. Die Hohen Vertragsparteien kommen überein, dass sie sich vorbehaltlich besonderer Vereinbarungen nicht auf die zwischen ihnen geltenden Verträge, sonstigen Übereinkünfte oder Erklärungen berufen werden, um eine Streitigkeit über die Auslegung oder Anwendung dieser Konvention einem anderen als dem in der Konvention vorgesehenen Beschwerdeverfahren zur Beilegung zu unterstellen.

Art. 56 Räumlicher Geltungsbereich. (1) Jeder Staat kann bei der Ratifikation oder jederzeit danach durch eine an den Generalsekretär des Europarats gerichtete Notifikation erklären, dass diese Konvention vorbehaltlich des Absatzes 4 auf alle oder einzelne Hoheitsgebiete Anwendung findet, für deren internationale Beziehungen er verantwortlich ist.[1)]

(2) Die Konvention findet auf jedes in der Erklärung bezeichnete Hoheitsgebiet ab dem dreißigsten Tag nach Eingang der Notifikation beim Generalsekretär des Europarats Anwendung.

(3) In den genannten Hoheitsgebieten wird diese Konvention unter Berücksichtigung der örtlichen Notwendigkeiten angewendet.

(4) Jeder Staat, der eine Erklärung nach Absatz 1 abgegeben hat, kann jederzeit danach für eines oder mehrere der in der Erklärung bezeichneten Hoheitsgebiete erklären, dass er die Zuständigkeit des Gerichtshofs für die Entgegennahme von Beschwerden von natürlichen Personen, nichtstaatlichen Organisationen oder Personengruppen nach Artikel 34 anerkennt.

Art. 57 Vorbehalte. (1) [1]Jeder Staat kann bei der Unterzeichnung dieser Konvention oder bei der Hinterlegung seiner Ratifikationsurkunde einen Vorbehalt zu einzelnen Bestimmungen der Konvention anbringen, soweit ein zu dieser Zeit in seinem Hoheitsgebiet geltendes Gesetz mit der betreffenden Bestimmung nicht übereinstimmt.[2)] [2]Vorbehalte allgemeiner Art sind nach diesem Artikel nicht zulässig.

(2) Jeder nach diesem Artikel angebrachte Vorbehalt muss mit einer kurzen Darstellung des betreffenden Gesetzes verbunden sein.

Art. 58 Kündigung. (1) Eine Hohe Vertragspartei kann diese Konvention frühestens fünf Jahre nach dem Tag, an dem sie Vertragspartei geworden ist, unter Einhaltung einer Kündigungsfrist von sechs Monaten durch eine an den Generalsekretär des Europarats gerichtete Notifikation kündigen; dieser unterrichtet die anderen Hohen Vertragsparteien.

[1)] Die Konvention findet Anwendung auf folgende Gebiete, für deren internationale Beziehungen Vertragsstaaten verantwortlich sind (vgl. BGBl. 1966 II S. 773; 1970 II S. 1016): Surinam und Niederländische Antillen auf Grund einer Erklärung der niederländischen Regierung mWv 31.12. 1955 (unter Ausschluss des Art. 6 Abs. 3 Buchst. c); Grönland auf Grund einer Erklärung der dänischen Regierung mWv 3.9.1953; die sog. abhängigen Gebiete Großbritanniens auf Grund einer Erklärung der britischen Regierung v. 3.4.1984 (BGBl. II S. 564).

[2)] Zum Vorbehalt der Bundesrepublik Deutschland v. 5.12.1952 siehe Fußnote zu Art. 7 Abs. 2.

(2) Die Kündigung befreit die Hohe Vertragspartei nicht von ihren Verpflichtungen aus dieser Konvention in Bezug auf Handlungen, die sie vor dem Wirksamwerden der Kündigung vorgenommen hat und die möglicherweise eine Verletzung dieser Verpflichtungen darstellen.

(3) Mit derselben Maßgabe scheidet eine Hohe Vertragspartei, deren Mitgliedschaft im Europarat endet, als Vertragspartei dieser Konvention aus.

(4) Die Konvention kann in Bezug auf jedes Hoheitsgebiet, auf das sie durch eine Erklärung nach Artikel 56 anwendbar geworden ist, nach den Absätzen 1 bis 3 gekündigt werden.

Art. 59 Unterzeichnung und Ratifikation. (1) [1]Diese Konvention liegt für die Mitglieder des Europarats zur Unterzeichnung auf. [2]Sie bedarf der Ratifikation. [3]Die Ratifikationsurkunden werden beim Generalsekretär des Europarats hinterlegt.

(2) Die Europäische Union kann dieser Konvention beitreten.

(3) Diese Konvention tritt nach Hinterlegung von zehn Ratifikationsurkunden in Kraft.

(4) Für jeden Unterzeichner, der die Konvention später ratifiziert, tritt sie mit der Hinterlegung seiner Ratifikationsurkunde in Kraft.[1)]

(5) [1]Der Generalsekretär des Europarats notifiziert allen Mitgliedern des Europarats das Inkrafttreten der Konvention, die Namen der Hohen Vertragsparteien, die sie ratifiziert haben, und jede spätere Hinterlegung einer Ratifikationsurkunde.

Geschehen zu Rom am 4. November 1950 in englischer und französischer Sprache, wobei jeder Wortlaut gleichermaßen verbindlich[2)] ist, in einer Urschrift, die im Archiv des Europarats hinterlegt wird. Der Generalsekretär übermittelt allen Unterzeichnern beglaubigte Abschriften.[3)]

Nichtamtliche Anlage: Geltungsbereich[4)]

Vertragsparteien	in Kraft am	BGBl. Jahrgang		BGBl. Seite
Albanien	2.10.1996	1997	II	1738
Andorra	22. 1.1996	1997	II	733
Armenien	26. 4.2002	2003	II	1575
Aserbaidschan	15. 4.2002	2003	II	1575
Belgien	14. 6.1955	1955	II	832
Bosnien und Herzegowina	12. 7.2002	2003	II	1575

[1)] Inkrafttreten für die Bundesrepublik Deutschland am 3.9.1953 gem. Bek. v. 15.12.1953 (BGBl. 1954 II S. 14).

[2)] Österreich: authentisch.

[3)] Die Verkündungsformel ist in der Neubekanntmachung amtlich nicht mehr enthalten. Von der Wiedergabe des in der Neubekanntmachung im Anschluss abgedruckten Zusatzprotokolls (Nr. **19/1**) sowie der Protokolle Nr. 4 (Nr. **19/2**) und Nr. 6 (Nr. **19/3**) wird an dieser Stelle abgesehen.

[4)] Stand: 29.12.2015.

Vertragsparteien	in Kraft am	BGBl. Jahrgang		BGBl. Seite
Bulgarien	7. 9.1992	1993	II	808
Dänemark	3. 9.1953	1954	II	14
Deutschland	3. 9.1953	1954	II	14
Estland	16. 4.1996	1997	II	733
Finnland	10. 5.1990	1990	II	806
Frankreich	3. 5.1974	1975	II	1346
Georgien	20. 5.1999	2003	II	1575
Griechenland	28.11.1974	1975	II	1144
Irland	3. 9.1953	1954	II	14
Island	3. 9.1953	1954	II	14
Italien	26.10.1955	1955	II	942
Kroatien	5.11.1997	1998	II	898
Lettland	27. 6.1997	1998	II	898
Liechtenstein	8. 9.1982	1983	II	628
Litauen	20. 6.1995	1997	II	733
Luxemburg	3. 9.1953	1954	II	14
Malta	23. 1.1967	1967	II	2051
Mazedonien, ehem. jugoslawische Republik	10. 4.1997	1997	II	1738
Moldau, Republik	12. 9.1997	1998	II	898
Monaco	30.11.2005	2009	II	358
Montenegro	6. 6.2006	2009	II	358
Niederlande	31. 8.1954	1954	II	1044
Norwegen	3. 9.1953	1954	II	14
Österreich	3. 9.1958	1959	II	107
Polen	19. 1.1993	1993	II	808
Portugal	9.11.1978	1979	II	1040
Rumänien	20. 6.1994	1994	II	3623
Russische Föderation	5. 5.1998	1998	II	2932
San Marino	22. 3.1989	1989	II	619
Schweden	3. 9.1953	1954	II	14
Schweiz	28.11.1974	1975	II	910
Serbien	3. 3.2004	2005	II	87
Slowakei	1. 1.1993	1994	II	352
Slowenien	28. 6.1994	1994	II	3623
Spanien	4.10.1979	1986	II	78
Tschechische Republik	1. 1.1993	1994	II	352
Türkei	18. 5.1954	1954	II	719
Ukraine	11. 9.1997	2015	II	1619

Vertragsparteien	in Kraft am	BGBl. Jahrgang		BGBl. Seite
Ungarn	5.11.1992	1993	II	808
Vereinigtes Königreich	3. 9.1953	1954	II	14
Zypern	6.10.1962	1968	II	847

19/1. Zusatzprotokoll zur Konvention zum Schutz der Menschenrechte und Grundfreiheiten

In der Fassung der Bekanntmachung vom 22. Oktober 2010[1]
(BGBl. II S. 1198, 1218)

(Übersetzung)

Die Unterzeichnerregierungen, Mitglieder des Europarats –

entschlossen, Maßnahmen zur kollektiven Gewährleistung gewisser Rechte und Freiheiten zu treffen, die in Abschnitt I der am 4. November 1950 in Rom unterzeichneten Konvention zum Schutz der Menschenrechte und Grundfreiheiten (im Folgenden als „Konvention" bezeichnet) noch nicht enthalten sind –

haben Folgendes vereinbart:

Art. 1 Schutz des Eigentums. *[1]* [1]Jede natürliche oder juristische Person hat das Recht auf Achtung ihres Eigentums. [2]Niemandem darf sein Eigentum entzogen werden, es sei denn, dass das öffentliche Interesse es verlangt, und nur unter den durch Gesetz und durch die allgemeinen Grundsätze des Völkerrechts vorgesehenen Bedingungen.

[2] Absatz 1 beeinträchtigt jedoch nicht das Recht des Staates, diejenigen Gesetze anzuwenden, die er für die Regelung der Benutzung des Eigentums im Einklang mit dem Allgemeininteresse oder zur Sicherung der Zahlung der Steuern oder sonstigen Abgaben oder von Geldstrafen für erforderlich hält.

Art. 2 Recht auf Bildung. [1]Niemandem darf das Recht auf Bildung verwehrt werden. [2]Der Staat hat bei Ausübung der von ihm auf dem Gebiet der Erziehung und des Unterrichts übernommenen Aufgaben das Recht der Eltern zu achten, die Erziehung und den Unterricht entsprechend ihren eigenen religiösen und weltanschaulichen Überzeugungen sicherzustellen.

Art. 3 Recht auf freie Wahlen. Die Hohen Vertragsparteien verpflichten sich, in angemessenen Zeitabständen freie und geheime Wahlen unter Bedingungen abzuhalten, welche die freie Äußerung der Meinung des Volkes bei der Wahl der gesetzgebenden Körperschaften gewährleisten.

Art. 4 Räumlicher Geltungsbereich. *[1]* Jede Hohe Vertragspartei kann im Zeitpunkt der Unterzeichnung oder Ratifikation dieses Protokolls oder zu jedem späteren Zeitpunkt an den Generalsekretär des Europarats eine Erklärung darüber richten, in welchem Umfang sie sich zur Anwendung dieses Protokolls auf die in der Erklärung angegebenen Hoheitsgebiete verpflichtet, für deren internationale Beziehungen sie verantwortlich ist.

---

[1] Neubekanntmachung des Zusatzprotokolls v. 20.3.1952 (BGBl. 1956 II S. 1879, 1880) in einer sprachlich überarbeiteten deutschen Übersetzung in der ab 1.6.2010 geltenden Fassung.

[2] Jede Hohe Vertragspartei, die eine Erklärung nach Absatz 1 abgegeben hat, kann jederzeit eine weitere Erklärung abgeben, die den Inhalt einer früheren Erklärung ändert oder die Anwendung der Bestimmungen dieses Protokolls auf irgendein Hoheitsgebiet beendet.

[3] Eine nach diesem Artikel abgegebene Erklärung gilt als eine Erklärung im Sinne des Artikels 56 Absatz 1 der Konvention[1].

Art. 5 Verhältnis zur Konvention. Die Hohen Vertragsparteien betrachten die Artikel 1, 2, 3 und 4 dieses Protokolls als Zusatzartikel zur Konvention; alle Bestimmungen der Konvention[1] sind dementsprechend anzuwenden.

Art. 6 Unterzeichnung und Ratifikation. *[1]* [1]Dieses Protokoll liegt für die Mitglieder des Europarats, die Unterzeichner der Konvention[1] sind, zur Unterzeichnung auf; es wird gleichzeitig mit der Konvention oder zu einem späteren Zeitpunkt ratifiziert. [2]Es tritt nach Hinterlegung von zehn Ratifikationsurkunden in Kraft. [3]Für jeden Unterzeichner, der das Protokoll später ratifiziert, tritt es mit der Hinterlegung seiner Ratifikationsurkunde in Kraft.[2]

[2] Die Ratifikationsurkunden werden beim Generalsekretär des Europarats hinterlegt, der allen Mitgliedern die Namen derjenigen Staaten, die das Protokoll ratifiziert haben, notifiziert.

Geschehen zu Paris am 20. März 1952 in englischer und französischer Sprache, wobei jeder Wortlaut gleichermaßen verbindlich ist, in einer Urschrift, die im Archiv des Europarats hinterlegt wird. Der Generalsekretär übermittelt allen Unterzeichnerregierungen beglaubigte Abschriften.

---

[1] Nr. **19**.

[2] Inkrafttreten für die Bundesrepublik Deutschland gemäß Bek. v. 13.4.1957 (BGBl. I S. 226) am 13.2.1957. Zum weiteren Geltungsbereich vgl. BGBl. II Fundstellennachweis B, abgeschlossen am 31. 12. jeden Jahres.

19/2. Protokoll Nr. 4 zur Konvention zum Schutz der Menschenrechte und Grundfreiheiten, durch das gewisse Rechte und Freiheiten gewährleistet werden, die nicht bereits in der Konvention oder im ersten Zusatzprotokoll enthalten sind

In der Fassung der Bekanntmachung vom 22. Oktober 2010[1]
(BGBl. II S. 1198, 1220)

(Übersetzung)

Die Unterzeichnerregierungen, Mitglieder des Europarats –

entschlossen, Maßnahmen zur kollektiven Gewährleistung gewisser Rechte und Freiheiten zu treffen, die in Abschnitt I der am 4. November 1950 in Rom unterzeichneten Konvention zum Schutz der Menschenrechte und Grundfreiheiten[2] (im Folgenden als „Konvention" bezeichnet) und in den Artikeln 1 bis 3 des am 20. März 1952 in Paris unterzeichneten ersten Zusatzprotokolls zur Konvention[3] noch nicht enthalten sind –

haben Folgendes vereinbart:

Art. 1 Verbot der Freiheitsentziehung wegen Schulden. Niemandem darf die Freiheit allein deshalb entzogen werden, weil er nicht in der Lage ist, eine vertragliche Verpflichtung zu erfüllen.

Art. 2 Freizügigkeit. (1) Jede Person, die sich rechtmäßig im Hoheitsgebiet eines Staates aufhält, hat das Recht, sich dort frei zu bewegen und ihren Wohnsitz frei zu wählen.

(2) Jeder Person steht es frei, jedes Land, einschließlich des eigenen, zu verlassen.

(3) Die Ausübung dieser Rechte darf nur Einschränkungen unterworfen werden, die gesetzlich vorgesehen und in einer demokratischen Gesellschaft notwendig sind für die nationale oder öffentliche Sicherheit, zur Aufrechterhaltung der öffentlichen Ordnung, zur Verhütung von Straftaten, zum Schutz der Gesundheit oder der Moral oder zum Schutz der Rechte und Freiheiten anderer.

(4) Die in Absatz 1 anerkannten Rechte können ferner für bestimmte Gebiete Einschränkungen unterworfen werden, die gesetzlich vorgesehen und in einer demokratischen Gesellschaft durch das öffentliche Interesse gerechtfertigt sind.

---

[1] Neubekanntmachung des Protokolls Nr. 4 v. 16.9.1963 (BGBl. 1968 II S. 422, 423) in einer sprachlich überarbeiteten deutschen Übersetzung in der ab 1.6.2010 geltenden Fassung.
[2] Nr. **19**.
[3] Nr. **19/1**.

Art. 3 Verbot der Ausweisung eigener Staatsangehöriger. (1) Niemand darf durch eine Einzel- oder Kollektivmaßnahme aus dem Hoheitsgebiet des Staates ausgewiesen werden, dessen Angehöriger er ist.

(2) Niemandem darf das Recht entzogen werden, in das Hoheitsgebiet des Staates einzureisen, dessen Angehöriger er ist.

Art. 4 Verbot der Kollektivausweisung ausländischer Personen. Kollektivausweisungen ausländischer Personen sind nicht zulässig.

Art. 5 Räumlicher Geltungsbereich. (1) Jede Hohe Vertragspartei kann im Zeitpunkt der Unterzeichnung oder Ratifikation dieses Protokolls oder zu jedem späteren Zeitpunkt an den Generalsekretär des Europarats eine Erklärung darüber richten, in welchem Umfang sie sich zur Anwendung dieses Protkolls auf die in der Erklärung angegebenen Hoheitsgebiete verpflichtet, für deren internationale Beziehungen sie verantwortlich ist.

(2) Jede Hohe Vertragspartei, die eine Erklärung nach Absatz 1 abgegeben hat, kann jederzeit eine weitere Erklärung abgeben, die den Inhalt einer früheren Erklärung ändert oder die Anwendung der Bestimmungen dieses Protokolls auf irgendein Hoheitsgebiet beendet.

(3) Eine nach diesem Artikel abgegebene Erklärung gilt als eine Erklärung im Sinne des Artikels 56 Absatz 1 der Konvention[1)].

(4) Das Hoheitsgebiet eines Staates, auf das dieses Protokoll aufgrund der Ratifikation oder Annahme durch diesen Staat Anwendung findet, und jedes Hoheitsgebiet, auf welches das Protokoll aufgrund einer von diesem Staat nach diesem Artikel abgegebenen Erklärung Anwendung findet, werden als getrennte Hoheitsgebiete betrachtet, soweit die Artikel 2 und 3 auf das Hoheitsgebiet eines Staates Bezug nehmen.

(5) Jeder Staat, der eine Erklärung nach Absatz 1 oder 2 abgegeben hat, kann jederzeit danach für eines oder mehrere der in der Erklärung bezeichneten Hoheitsgebiete erklären, dass er die Zuständigkeit des Gerichtshofs, Beschwerden von natürlichen Personen, nichtstaatlichen Organisationen oder Personengruppen nach Artikel 34 der Konvention entgegenzunehmen, für die Artikel 1 bis 4 dieses Protokolls insgesamt oder für einzelne dieser Artikel annimmt.

Art. 6 Verhältnis zur Konvention[1)]. Die Hohen Vertragsparteien betrachten die Artikel 1 bis 5 dieses Protokolls als Zusatzartikel zur Konvention; alle Bestimmungen der Konvention sind dementsprechend anzuwenden.

Art. 7 Unterzeichnung und Ratifikation. (1) [1]Dieses Protokoll liegt für die Mitglieder des Europarats, die Unterzeichner der Konvention[1)] sind, zur Unterzeichnung auf; es wird gleichzeitig mit der Konvention oder zu einem späteren Zeitpunkt ratifiziert. [2]Es tritt nach Hinterlegung von fünf Ratifikationsurkunden in Kraft. [3]Für jeden Unterzeichner, der das Protokoll später ratifiziert, tritt es mit der Hinterlegung der Ratifikationsurkunde in Kraft.[2)]

[1)] Nr. **19**.

[2)] Inkrafttreten für die Bundesrepublik Deutschland gemäß Bek. v. 18.11.1968 (BGBl. II S. 1109) am 1.6.1968. Zum weiteren Geltungsbereich vgl. BGBl. II Fundstellennachweis B, abgeschlossen am 31. 12. jeden Jahres.

(2) Die Ratifikationsurkunden werden beim Generalsekretär des Europarats hinterlegt, der allen Mitgliedern die Namen derjenigen Staaten, die das Protokoll ratifiziert haben, notifiziert.

Zu Urkund dessen haben die hierzu gehörig befugten Unterzeichneten dieses Protokoll unterschrieben.

Geschehen zu Straßburg am 16. September 1963 in englischer und französischer Sprache, wobei jeder Wortlaut gleichermaßen verbindlich ist, in einer Urschrift, die im Archiv des Europarats hinterlegt wird. Der Generalsekretär übermittelt allen Unterzeichnerstaaten beglaubigte Abschriften.

19/3. Protokoll Nr. 6 zur Konvention zum Schutz der Menschenrechte und Grundfreiheiten über die Abschaffung der Todesstrafe

In der Fassung der Bekanntmachung vom 22. Oktober 2010[1]
(BGBl. II S. 1198, 1223)

SEV 114

(Übersetzung)

Die Mitgliedstaaten des Europarats, die dieses Protokoll zu der am 4. November 1950 in Rom unterzeichneten Konvention zum Schutz der Menschenrechte und Grundfreiheiten[2] (im Folgenden als „Konvention" bezeichnet) unterzeichnen –

in der Erwägung, dass die in verschiedenen Mitgliedstaaten des Europarats eingetretene Entwicklung eine allgemeine Tendenz zugunsten der Abschaffung der Todesstrafe zum Ausdruck bringt –

haben Folgendes vereinbart:

Art. 1 Abschaffung der Todesstrafe. [1]Die Todesstrafe ist abgeschafft. [2]Niemand darf zu dieser Strafe verurteilt oder hingerichtet werden.

Art. 2 Todesstrafe in Kriegszeiten. [1]Ein Staat kann in seinem Recht die Todesstrafe für Taten vorsehen, die in Kriegszeiten oder bei unmittelbarer Kriegsgefahr begangen werden; diese Strafe darf nur in den Fällen, die im Recht vorgesehen sind, und in Übereinstimmung mit dessen Bestimmungen angewendet werden. [2]Der Staat übermittelt dem Generalsekretär des Europarats die einschlägigen Rechtsvorschriften.

Art. 3 Verbot des Abweichens. Von diesem Protokoll darf nicht nach Artikel 15 der Konvention[2] abgewichen werden.

Art. 4 Verbot von Vorbehalten. Vorbehalte nach Artikel 57 der Konvention[2] zu Bestimmungen dieses Protokolls sind nicht zulässig.

Art. 5 Räumlicher Geltungsbereich. (1) Jeder Staat kann bei der Unterzeichnung oder bei der Hinterlegung seiner Ratifikations-, Annahme- oder Genehmigungsurkunde einzelne oder mehrere Hoheitsgebiete bezeichnen, auf die dieses Protokoll Anwendung findet.

(2) [1]Jeder Staat kann jederzeit danach durch eine an den Generalsekretär des Europarats gerichtete Erklärung die Anwendung dieses Protokolls auf jedes weitere in der Erklärung bezeichnete Hoheitsgebiet erstrecken. [2]Das Protokoll tritt für dieses Hoheitsgebiet am ersten Tag des Monats in Kraft, der auf den Eingang der Erklärung beim Generalsekretär folgt.

---

[1] Neubekanntmachung des Protokolls Nr. 6 v. 28.4.1983 (BGBl. 1988 II S. 662, 663) in einer sprachlich überarbeiteten deutschen Übersetzung in der ab 1.6.2010 geltenden Fassung.

[2] Nr. **19**.

(3) [1]Jede nach den Absätzen 1 und 2 abgegebene Erklärung kann in Bezug auf jedes darin bezeichnete Hoheitsgebiet durch eine an den Generalsekretär gerichtete Notifikation zurückgenommen werden. [2]Die Rücknahme wird am ersten Tag des Monats wirksam, der auf den Eingang der Notifikation beim Generalsekretär folgt.

Art. 6 Verhältnis zur Konvention[1]. Die Vertragsstaaten betrachten die Artikel 1 bis 5 dieses Protokolls als Zusatzartikel zur Konvention; alle Bestimmungen der Konvention sind dementsprechend anzuwenden.

Art. 7 Unterzeichnung und Ratifikation. [1]Dieses Protokoll liegt für die Mitgliedstaaten des Europarats, welche die Konvention[1] unterzeichnet haben, zur Unterzeichnung auf. [2]Es bedarf der Ratifikation, Annahme oder Genehmigung. [3]Ein Mitgliedstaat des Europarats kann dieses Protokoll nur ratifizieren, annehmen oder genehmigen, wenn er die Konvention gleichzeitig ratifiziert oder sie früher ratifiziert hat. [4]Die Ratifikations-, Annahme- oder Genehmigungsurkunden werden beim Generalsekretär des Europarats hinterlegt.

Art. 8 Inkrafttreten. (1) Dieses Protokoll tritt am ersten Tag des Monats in Kraft, der auf den Tag folgt, an dem fünf Mitgliedstaaten des Europarats nach Artikel 7 ihre Zustimmung ausgedrückt haben, durch das Protokoll gebunden zu sein.

(2) Für jeden Mitgliedstaat, der später seine Zustimmung ausdrückt, durch das Protokoll gebunden zu sein, tritt es am ersten Tag des Monats in Kraft, der auf die Hinterlegung der Ratifikations-, Annahme- oder Genehmigungsurkunde folgt.[2]

Art. 9 Aufgaben des Verwahrers. Der Generalsekretär des Europarats notifiziert den Mitgliedstaaten des Rates

a) jede Unterzeichnung;

b) jede Hinterlegung einer Ratifikations-, Annahme- oder Genehmigungsurkunde;

c) jeden Zeitpunkt des Inkrafttretens dieses Protokolls nach den Artikeln 5 und 8;

d) jede andere Handlung, Notifikation oder Mitteilung im Zusammenhang mit diesem Protokoll.

Zu Urkund dessen haben die hierzu gehörig befugten Unterzeichneten dieses Protokoll unterschrieben.

Geschehen zu Straßburg am 28. April 1983 in englischer und französischer Sprache, wobei jeder Wortlaut gleichermaßen verbindlich[3] ist, in einer Urschrift, die im Archiv des Europarats hinterlegt wird. Der Generalsekretär des Europarats übermittelt allen Mitgliedstaaten des Europarats beglaubigte Abschriften.

---

[1] Nr. **19**.

[2] Inkrafttreten für die Bundesrepublik Deutschland gemäß Bek. v. 27.9.1989 (BGBl. II S. 814) am 1.8. 1989. Zum weiteren Geltungsbereich vgl. BGBl. II Fundstellennachweis B, abgeschlossen am 31. 12. jeden Jahres.

[3] Österreich: authentisch.

19/4. Protokoll Nr. 7 zur Konvention zum Schutze der Menschenrechte und Grundfreiheiten

Vom 22. November 1984

(ÖBGBl. 1988 II S. 628)

geänd. durch Art. 2 Abs. 7 Elftes EMRK-Protokoll[1] v. 11.5.1994 (BGBl. 1995 II S. 578, 579)

(Übersetzung)

Die Mitgliedstaaten des Europarates, die dieses Protokoll unterzeichnen,

entschlossen, weitere Maßnahmen zur kollektiven Gewährleistung gewisser Rechte und Freiheiten durch die am 4. November 1950 in Rom unterzeichnete Konvention zum Schutze der Menschenrechte und Grundfreiheiten[2] (im Folgenden als „Konvention[2]" bezeichnet) zu treffen,

haben Folgendes vereinbart:

Art. 1 Verfahrensrechtliche Schutzvorschriften in bezug auf die Ausweisung von Ausländern. (1) Ein Ausländer, der seinen rechtmäßigen Aufenthalt im Hoheitsgebiet eines Staates hat, darf aus diesem nur aufgrund einer rechtmäßig ergangenen Entscheidung ausgewiesen werden; ihm muß gestattet werden,

a) Gründe vorzubringen, die gegen seine Ausweisung sprechen,

b) seinen Fall prüfen zu lassen und

c) sich zu diesem Zweck vor der zuständigen Behörde oder von einer oder mehreren von dieser Behörde bestimmten Personen vertreten zu lassen.

(2) Ein Ausländer kann vor Ausübung der in Abs. 1 Lit. a, b und c genannten Rechte ausgewiesen werden, wenn die Ausweisung im Interesse der öffentlichen Ordnung erforderlich ist oder aus Gründen der nationalen Sicherheit erfolgt.

Art. 2 Rechtsmittel in Strafsachen. (1) [1]Wer von einem Gericht wegen einer strafbaren Handlung verurteilt worden ist, hat das Recht, das Urteil von einem übergeordneten Gericht nachprüfen zu lassen. [2]Die Ausübung dieses Rechts, einschließlich der Gründe, aus denen es ausgeübt werden kann, richtet sich nach dem Gesetz.

(2) Ausnahmen von diesem Recht sind für strafbare Handlungen geringfügiger Art, wie sie durch Gesetz näher bestimmt sind, oder in Fällen möglich, in denen das Verfahren gegen eine Person in erster Instanz vor dem obersten Gericht stattgefunden hat oder in denen sie nach einem gegen ihren Freispruch eingelegten Rechtsmittel verurteilt worden ist.

Art. 3 Recht auf Entschädigung bei Fehlurteilen. Ist jemand wegen einer strafbaren Handlung rechtskräftig verurteilt und ist das Urteil später aufgehoben

---

[1] Inkrafttreten gemäß Bek. v. 12.2.2001 (BGBl. II S. 231) am 1.11.1998.

[2] Nr. **19**.

oder der Verurteilte begnadigt worden, weil eine neue oder eine neu bekannt gewordene Tatsache schlüssig beweist, daß ein Fehlurteil vorlag, so ist derjenige, der aufgrund eines solchen Urteils eine Strafe verbüßt hat, entsprechend dem Gesetz oder der Übung des betreffenden Staates zu entschädigen, sofern nicht nachgewiesen wird, daß das nicht rechtzeitige Bekanntwerden der betreffenden Tatsache ganz oder teilweise ihm zuzuschreiben ist.

Art. 4 Recht, wegen derselben Sache nicht zweimal vor Gericht gestellt oder bestraft zu werden. (1) Niemand darf wegen einer Straftat, wegen der er bereits nach dem Gesetz und dem Strafverfahrensrecht eines Staates rechtskräftig verurteilt oder freigesprochen worden ist, in einem Strafverfahren desselben Staates erneut vor Gericht gestellt oder bestraft werden.

(2) Abs. 1 schließt die Wiederaufnahme des Verfahrens nach dem Gesetz und dem Strafverfahrensrecht des betreffenden Staates nicht aus, falls neue oder neu bekannt gewordene Tatsachen vorliegen oder das vorausgegangene Verfahren schwere, den Ausgang des Verfahrens berührende Mängel aufweist.

(3) Dieser Artikel darf nicht nach Art. 15 der Konvention[1)] außer Kraft gesetzt werden.

Art. 5 Gleichberechtigung der Ehegatten. [1] Ehegatten haben untereinander und in ihren Beziehungen zu ihren Kindern gleiche Rechte und Pflichten privatrechtlicher Art hinsichtlich der Eheschließung, während der Ehe und bei Auflösung der Ehe. [2] Dieser Artikel verwehrt es den Staaten nicht, die im Interesse der Kinder notwendigen Maßnahmen zu treffen.

Art. 6 Räumlicher Geltungsbereich. (1) Jeder Staat kann bei der Unterzeichnung oder bei der Hinterlegung seiner Ratifikations-, Annahme- oder Genehmigungsurkunde einzelne oder mehrere Hoheitsgebiete bezeichnen, auf die dieses Protokoll Anwendung findet, und erklären, in welchem Umfang er sich zur Anwendung dieses Protokolls auf diese Hoheitsgebiete verpflichtet.

(2) [1] Jeder Staat kann jederzeit danach durch eine an den Generalsekretär des Europarates gerichtete Erklärung die Anwendung dieses Protokoll auf jedes weitere in der Erklärung bezeichnete Hoheitsgebiet erstrecken. [2] Das Protokoll tritt für dieses Hoheitsgebiet am ersten Tag des Monats in Kraft, der auf einen Zeitabschnitt von zwei Monaten nach Eingang der Erklärung beim Generalsekretär folgt.

(3) [1] Jede nach den Abs. 1 und 2 abgegebene Erklärung kann in bezug auf jedes darin bezeichnete Hoheitsgebiet durch eine an den Generalsekretär gerichtete Notifikation zurückgenommen oder geändert werden. [2] Die Rücknahme oder Änderung wird am ersten Tag des Monats wirksam, der auf einen Zeitabschnitt von zwei Monaten nach Eingang der Notifikation beim Generalsekretär folgt.

(4) Eine nach diesem Artikel abgegebene Erklärung gilt als eine Erklärung im Sinne des Art. 56 Abs. 1 der Konvention[1)].

(5) Das Hoheitsgebiet eines Staates, auf das dieses Protokoll aufgrund der Ratifikation, Annahme oder Genehmigung durch diesen Staat Anwendung findet, und jedes Hoheitsgebiet, auf welches das Protokoll aufgrund einer von

---

[1)] Nr. **19**.

diesem Staat nach diesem Artikel abgegebenen Erklärung Anwendung findet, können als getrennte Hoheitsgebiete betrachtet werden, soweit Art. 1 auf das Hoheitsgebiet eines Staates Bezug nimmt.

(6) Jeder Staat, der eine Erklärung nach Absatz 1 oder 2 abgegeben hat, kann jederzeit danach für eines oder mehrere der in der Erklärung bezeichneten Hoheitsgebiete erklären, daß er die Zuständigkeit des Gerichtshofs, Beschwerden von natürlichen Personen, nichtstaatlichen Organisationen oder Personengruppen nach Artikel 34 der Konvention entgegenzunehmen, für die Artikel 1 bis 5 dieses Protokolls[1] annimmt.

Art. 7 Verhältnis zur Konvention[2]. Die Vertragsstaaten betrachten die Art. 1 bis 6 dieses Protokolls[1] als Zusatzartikel zur Konvention; alle Bestimmungen der Konvention sind dementsprechend anzuwenden.

Art. 8 Unterzeichnung und Ratifikation. [1] Dieses Protokoll liegt für die Mitgliedstaaten des Europarates, welche die Konvention[2] unterzeichnet haben, zur Unterzeichnung auf. [2] Es bedarf der Ratifikation, Annahme oder Genehmigung. Ein Mitgliedstaat des Europarates kann dieses Protokoll nicht ratifizieren, annehmen oder genehmigen, ohne die Konvention früher ratifiziert zu haben oder sie gleichzeitig zu ratifizieren. [3] Die Ratifikations-, Annahme- oder Genehmigungsurkunden werden beim Generalsekretär des Europarates hinterlegt.

Art. 9 Inkrafttreten. (1) Dieses Protokoll tritt am ersten Tag des Monates in Kraft, der auf einen Zeitabschnitt von zwei Monaten nach dem Tag folgt, an dem sieben Mitgliedstaaten des Europarates nach Art. 8 ihre Zustimmung ausgedrückt haben, durch das Protokoll gebunden zu sein.[3]

(2) Für jeden Mitgliedstaat, der später seine Zustimmung ausdrückt, durch das Protokoll gebunden zu sein, tritt es am ersten Tag des Monates in Kraft, der auf einen Zeitabschnitt von zwei Monaten nach Hinterlegung der Ratifikations-, Annahme- oder Genehmigungsurkunde folgt.

Art. 10 Aufgaben des Verwahrers. Der Generalsekretär des Europarats notifiziert allen Mitgliedstaaten des Europarates:

a) jede Unterzeichnung;

b) jede Hinterlegung einer Ratifikations-, Annahme- oder Genehmigungsurkunde;

c) jeden Zeitpunkt des Inkrafttretens dieses Protokolls nach den Art. 6 und 9;

d) jede andere Handlung, Notifikation oder Erklärung im Zusammenhang mit diesem Protokoll.

Zu Urkund dessen haben die hiezu gehörig befugten Unterzeichneten dieses Protokoll unterschrieben.

---

[1] Nr. **19/4**.

[2] Nr. **19**.

[3] Das Protokoll ist am 1.11.1988 in Kraft getreten. Die Bundesrepublik Deutschland hat das Protokoll bislang nicht ratifiziert.

Geschehen zu Straßburg am 22. November 1984 in englischer und französischer Sprache, wobei jeder Wortlaut gleichermaßen verbindlich[1] ist, in einer Urschrift, die im Archiv des Europarates hinterlegt wird. Der Generalsekretär des Europarats übermittelt allen Unterzeichnerstaaten des Europarates beglaubigte Abschriften.

Erklärungen. *(hier nicht wiedergeben)*

[1] Österreich: authentisch.

Sachverzeichnis

Die fetten Zahlen bezeichnen die laufende Nummer eines Textes in dieser Ausgabe; die mageren Zahlen bezeichnen die jeweiligen Artikel oder Paragraphen.

Obersatz

I SB - GÜ - Bezug
- Wort Art 282

II Eingriff - Menge
- Maß gl. Wirkg
- Untersch. 3 Einschr. - offene
- versteckte D
- sonstige B
- Ausnahme Verf. R.

III Rechtf. - Artikel 36 geschr. Rh
- ungeschr. Rh + nicht wirtschaftliche Gründe
Verbraucherschutz
Umweltschutz
finanzielle GG